民事判例研究

〔XLV〕

民事判例研究會 編

博 英 社

Journal of Private Case Law Studies

〔XLV〕

Academy of Private Case Law Studies

2023

Parkyoung Publishing & Company
Seoul, Korea

머 리 말

2022년에는 다행히 코비드19 상황이 완화되어, 월례회를 본격적으로 현장에서 열게 되었고, 이에 따라 민사판례연구회도 판례의 연구 및 토론을 더욱 심도 있게 할 수 있었습니다.

이번에도 예년과 마찬가지로 10번의 월례회에서 발표된 논문들과 신년 학술회, 하계 심포지엄에서 발표된 글들을 모아서 민사판례연구 제45권을 냅니다. 이렇게 꾸준히 연구활동을 하고 또 그 성과를 묶어 낼 수 있는 것에 감사드립니다.

2022년 하계 심포지엄에서는 "회사법의 제문제"를 대주제로 하여, 회사의 손해, 다중대표소송, 소수주주 축출 목적의 주식병합, 주식매매계약의 진술보증 조항, 주주총회·주식 관련 가처분 등 회사법의 다양한 쟁점에 관하여 최근의 경향과 향후 주목해야 할 이슈를 살펴보는 기회를 가졌습니다. 많은 회원들이 참석한 가운데 열띤 발표와 토론이 있었고, 이 책에 게재된 그 결과물은 향후 회사법 연구에 큰 도움이 되리라고 믿습니다.

올해 하계 심포지엄의 대주제는 "자본시장의 법적 쟁점 및 새로운 동향"입니다. 근년에 가상자산 등과 같이 새롭게 등장한 자산 개념이나 온라인을 통한 새로운 금융거래 방식으로 인해 그동안 살펴보지 못했던 쟁점들이 다수 등장하였습니다. 이에 하계 심포지엄을 통해 자본시장의 새로운 법적 쟁점을 연구하고 그 연구결과에 관한 생산적이고 흥미로운 토론을 하는 자리가 마련될 것으로 기대합니다.

마지막으로 발간을 위하여 애써 주신 조인영 교수님, 이재찬 판사님, 그리고 번거로운 출판작업을 맡아 주신 박영사의 여러분께도 감사의 뜻을 전합니다.

2023년 2월

민사판례연구회 **회장 전 원 열**

目　次

Contents

Articles

법인격 부인의 역적용: 대법원 2021. 4. 15. 선고 2019다293449 판결을 글감으로*

노 혁 준**

요 지

주식회사의 법인격 및 그를 활용한 재산분리는 주식회사라는 도구의 효율적 활용을 돕기 위해 추가된 기능이다. 만약 적절하지 않게 사용되는 경우 주식회사를 둘러싸고 있는 가상의 막(veil)은 제거될 수 있다. 이러한 제거의 방향은 순방향일 수도 있고(법인격 부인론), 역방향일 수도 있다(법인격 부인론의 역적용). 이 글은 2021년 대법원 판결을 전형적인 법인격 부인론 역적용 법리에 비추어 분석한 것이다.

지배주주의 개인재산만이 문제되는 법인격 부인론에 비해 주식회사라는 조직 자체의 보호가 문제되는 역적용은 더 엄격한 요건하에서만 이를 인정할 수 있을 것이다. 구체적으로 지배주주의 지배 요소(주식회사에 대한 완전한 지배, 주식회사 기관의 형해화, 재산 혼용), 주관적 요소(채무면탈 등 남용목적), 선의채권자 보호, 보충성의 네 요건이 필요하다.

이 사건 판결의 쟁점은 주주의 채무에 대한 책임을 그 피지배회사에 묻는다는 점에서 역적용의 그것과 같다. 다만 대법원은 법인격 부인론의 역적용이라는 새로운 길보다는, 기존 판례하의 법인격 남용이라는 비교적 안전하고 편한 길을 택한 것으로 보인다. 다만 동일 지배주주가 지배하는 'P, Q 회

* 이 글은 2022. 4. 18. 민사판례연구회 제450회 월례회에서 발표한 내용을 수정한 것이며, 기업법연구 제36권 제3호(2022. 9.)로 이미 발간된 논문을 형식적 수정을 거쳐 게재하게 된 것임을 밝힌다.
** 서울대학교 법학전문대학원 교수.

사간 재산분리'를 해제하는 기존 판례를 '지배주주와 피지배회사 Q간 재산분리'를 해제하는 데 그대로 적용한 결과 몇 가지 의문점이 남게 되었다.

첫째로 대가의 공정성 요건이다. 기존 판례에는 타당하나 이 사안에는 타당하지 않다. 기존판례에서 (Q회사로부터 P회사에 지급되는) 대가의 불공정성은 그 대가를 책임재산으로 삼는 기존 (P회사의) 채권자 피해로 나타나는 반면, 이 사안에서 기존 (지배주주의) 채권자의 피해는 집행용이한 지배주주의 재산이 집행곤란한 비상장주식으로 전환되는 과정 자체에서 발생하기 때문이다. 둘째로 전후 사업의 동일성 요건이다. 이를 지배주주와 피지배회사에 그대로 적용한다면 결국 이 사건 판결이 적용되는 범위는 제한적일 수밖에 없다. 일례로 아무런 사업을 하지 않던 자연인이 채무면탈 목적으로 주식회사를 설립한 경우 이 사건 판결은 적용하기 어렵다.

향후 법원이 해외 논의 등을 참조하여 법인격 부인의 역적용을 전향적으로 수용함이 타당할 것이다. 선의 피해자 보호 등 그 요건을 명확히 설정한다면 조직격리의 예외적 배제에 따른 일반 투자자, 채권자들의 불안정성은 크지 않을 것이다.

[주 제 어]
- 법인격 부인론
- 부인론의 역적용
- 재산분리
- 분신
- 감시비용
- 유한책임

대상판결 : 대법원 2021. 4. 15. 선고 2019다293449 판결

[사실관계 및 법원의 판단]

원고는 소외 X에 대한 채권자인바, 이 사건에서 X가 대주주로 있는 피고회사(주식회사 두진팩)를 상대로 X의 채무이행을 구하고 있다. 원래 피고회사는 2015. 11. 19. X의 개인사업체(두진칼라팩. 2015. 10. 31. 폐업)가 세무상 이유 등으로 법인전환된 것이었다. 법인전환 당시 ① 원고에 대한 이 사건 채무를 제외한 두진칼라팩의 사업 일체가 피고회사에 포괄양수도 되었고, ② 그 대가로 X는 피고회사 주식 50%를 취득하였으며(나머지 30%는 X의 아버지 Y, 20%는 X의 형 Z가 취득), ③ 피고회사의 이사는 X, Y, Z이고, 대표이사는 X(이후 2016. 6. 10. Y로 변경)였고, ④ 피고회사의 본점 소재지는 두진칼라팩의 사업장 소재지와 동일하였다. 원고는 청구원인으로서 X의 '채무면탈 목적의 법인격 남용'을 주장하였다.[1)]

대법원은 원고의 주장을 받아들였다. 전제 법리로서 "그 개인과 회사의 주주들이 경제적 이해관계를 같이하는 등 개인이 새로 설립한 회사를 실질적으로 운영하면서 자기 마음대로 이용할 수 있는 지배적 지위에 있다고 인정되는 경우로서, 회사 설립과 관련된 개인의 자산 변동 내역, 특히 개인의 자산이 설립된 회사에 이전되었다면 그에 대하여 정당한 대가가 지급되었는지 여부, 개인의 자산이 회사에 유용되었는지 여부와 그 정도 및 제3자에 대한 회사의 채무 부담 여부와 그 부담 경위 등을 종합적으로 살펴보아 회사와 개인이 별개의 인격체임을 내세워 회사 설립 전 개인의 채무 부담행위에 대한 회사의 책임을 부인하는 것이 심히 정의와 형평에 반한다고 인정되는 때에는 회사에 대하여 회사 설립 전에 개인이 부담한 채무의 이행을 청구하는 것도 가능하다고 보아야 한다"고 설시하였다. 이 사안에서 (ⅰ) X는 채무면탈목적으로 개인사업체와 영업목적, 물적설비, 인적 구성원 등이 동일한 피고회사를 설립한 점, (ⅱ) (다른 주주로는 경제적 이해관계를 같이하는 Y, Z만 존재하는 등) 50% 주주인 X가 피고회사를 실질적으로 운영하면서 마음으로 이용할 수 있는 지배적 지위에 있는 점, (ⅲ) 법인전환 시 X의 모든 자산이 피고회사에 이전된 반면, X는 피고회사 주식 50% 이외에 아무런 대가를 지

1) 실제 소송에서는 대물변제 예약 등도 문제되었으나, 이 글에서는 법인격 부인 쟁점에 초점을 맞춘다.

급받지 않은 점에 비추어 볼 때, 피고회사가 X로부터 독립된 인격체라는 이유로 책임을 추궁하지 못하는 것은 심히 정의와 형평에 반한다고 보았다. 따라서 원고는 X뿐 아니라 피고회사에 대하여도 채무이행을 구할 수 있다고 판단했다(대법원 2021. 4. 15. 선고 2019다293449 판결).

〔研　　究〕

Ⅰ. 서　　론

기능적으로 볼 때 주식회사는 도구이다. 사업가가 새로운 아이디어를 상용화하려고 할 때 개인용 재산과 사업용 재산을 구분하지 않는 것은, 사업가 입장에서 볼 때 위험하기도 하고 비효율적이기도 하다. 별도 법인격(주식회사)을 상정하여 여기에 사업관련 계약, 재산을 집중시키는 것은 매우 효과적인 사업영위 수단인 것이다.

주식회사의 법인격이 이렇듯 불변의 철칙이 아니라 기능적으로 그 주인(주주)과 도구(주식회사) 사이에 가상의 막(veil)을 쳐둔 것이라면, 그 기능이 왜곡된 경우 그러한 막을 제거하는 것은 합당한 귀결이다. 통상의 경우 법인격에 의한 차단효과는 주주가 입어야 할 피해(예컨대 사업실패에 따른 부채)의 상당부분을 사업채권자가 짊어지는 형태로 작동한다(주주의 유한책임). 이러한 차단효과가 심히 부당한 때에, 널리 판례 및 통설은 이른바 법인격 부인 법리를 가동하는 것이다. 법인격 부인의 역적용은 어떠한가? 순적용이 개인용 재산(주주 소유)의 보존을 깨기 위한 것이라면, 역적용은 사업용 재산(주식회사 소유)의 보존을 깨기 위한 것이다. 법인격이라는 막을 깬다는 점에서는 공통되나, 적용법리와 효과에서 다소간 차이가 있다.

해외에서는 역적용 가능성에 관해 많은 논란이 있었으나, 국내에서 지배주주의 개인책임을 회사에 물은 것은 이 사건 판결이 처음이다. 이하 논의는 다음의 순이다. 먼저 이론적인 고찰로서 주식회사 제도가 갖는 재산분리 기능의 근거와 한계를 살펴본다(제Ⅱ장). 다음으로 역적용에 관련된 국내외 사안들을 검토한다(제Ⅲ장). 이를 기초로 하여 역적용의 구체적 요건을 분석하고(제Ⅳ장), 사안에 적용해 본다(제Ⅴ장).

Ⅱ. 재산분리의 이론적 근거와 한계

1. 재산분리의 개념과 이론적 근거

(1) 재산분리의 개념

회사에 법인격을 부여할지 여부는 정책적 판단이다. 일례로 합명회사(상법 제178조 이하)는 실제 민법상 조합과 유사하게 작동하나, 상법상 별도 법인격을 갖는다(상법 제169조 참조). 법인격 부여는 각종 사업관련 계약의 연결점, 대표권자의 지명 및 공시 측면에서 유용하기도 하지만, 무엇보다 재산분리(asset partitioning)를 용이하게 한다는 점에서 효용이 크다.

재산분리란 앞서 말했던 개인용 재산과 사업용 재산의 구분을 학술적으로 정리한 개념이다.[2] 여기에는 사업용 재산 보존을 목표로 하는 '조직격리(entity shielding)'와 개인용 재산 보존을 목표로 하는 '소유자격리(owner shielding)'의 두 유형이 있다. 주식회사의 예를 들어 설명하자면 개인용 재산(주주의 재산), 사업용 재산(주식회사의 재산) 분리의 초점은 주주에 대한 채권자(이하 "주주채권자") 및 주식회사에 대한 채권자(이하 "회사채권자")와의 관계에 있다. 즉 주주채권자가 주식회사 재산에 곧바로 강제집행할 수 없도록 함으로써 조직(주식회사)을 보호하는 것이 조직격리이고, 반대로 회사채권자가 주주 재산에 강제집행할 수 없도록 함으로써 소유자(주주)를 보호하는 것이 소유자격리이다. 이에 따르면 주주가 파산하더라도 주식회사 재산은 보존되고(조직격리. 이에 따른 불이익은 주주채권자가 부담), 주식회사가 파산하더라도 주주 재산은 보존된다(소유자격리. 이에 따른 불이익은 회사채권자가 부담).

소유자격리는 주주유한책임을 뜻하며, 이해하기 어렵지 않다. 즉 주

---

2) Reinier Kraakman et al., *The Anatomy of Corporate Law: A Comparative and Functional Approach* (3rd ed.), Oxford University Press (2017), pp. 5-8.

식회사 파산 시 주주 개인재산에 누구의 우선권을 인정할 것인지에 관해 회사채권자와 주주 중 주주의 손을 들어주는 것이다. 주주에 대한 채권자가 존재하지 않더라도 이러한 결론을 바꿀 이유가 없다. 반면 조직격리는 추가설명을 요한다. 주주 파산 시 회사재산에 누구의 우선권을 인정할 것인가? 회사채권자와 주주(및 주주의 채권자) 중 회사채권자의 손을 들어줌은 당연하다. 회사채권자가 없거나 회사자력이 충분한 경우는 어떠한가? 딜레마는 해당 주식의 유통성이 없어서 그 집행이 쉽지 않은 반면 주식회사의 재산은 강제집행이 용이한 경우에 발생한다. 이때 해당 구성원의 탈퇴 및 조직의 일부청산을 인정하고 주주채권자로 하여금 그 청산대금에서 만족을 얻도록 함이 합당해 보이기도 한다. 하지만 전형적 조직격리(이른바 '강형 조직격리'[3])는 계속기업가치 보존 차원에서 이러한 일부청산도 금지한다(청산방지: Liquidation protection). 우리 주식회사 법제도 강형 조직격리에 따른다.[4]

(2) 재산분리의 이론적 근거

일찍이 주식회사 법제의 특성으로서 재산분리를 들었던 한스만(Henry Hansmann) 교수와 크라크만(Reinier Kraakman) 교수는 재산분리 법제야말로 조직법(organizational law)의 핵심으로서 당사자들간의 사전 계약을 통하여 창출되기 어려운 시스템이라고 본다.[5] 한스만 교수 등의 최근 글에 나타

---

3) Id. at 5-6은 우선의 원칙(회사채권자에게 주주에 대한 채권자보다 우선순위 부여)은 인정되나 청산방지 원칙이 작동되지 않는 경우를 약형 조직격리라고 본다. 아래에서 설명하듯 우리나라의 민법상 조합인 경우, 청산방지 원칙이 작동하지 않는 반면 우선의 원칙은 작동하므로[즉 조합재산에 대하여 조합원(및 그 채권자)은 조합채권자를 상대로 선순위 또는 동순위를 주장할 수 없다] 약형 조직격리라고 할 수 있다.

4) 반면 우리나라 조합법제는 강형 조직격리에는 미치지 못한다. 조합원의 개인채권자는 조합재산에 대하여 직접 압류 기타 강제집행을 실행할 수 없기는 하다. 하지만 조합원의 탈퇴권을 대위행사한 다음 그 지분을 환급받아 변제에 충당하는 방식으로 실질적인 조합의 일부 청산이 가능한 것이다. 대법원 2007. 11. 30.자 2005마1130 결정 참조. 관련 설명으로서 노혁준, "주식회사와 신탁에 관한 비교고찰-재산분리 기능을 중심으로", 증권법연구 제14권 제2호(2013), 640면.

5) Henry Hansmann & Reinier Kraakman, The Essential Role of Organizational Law, 110 *Yale L. J.* 387, 390 (2000). 한편 Henry Hansmann and Richard Squire, External

난 주식회사의 재산분리 유용성을 정리해 보자면 다음과 같다.[6)]

먼저 회사관련자들의 **감시비용(monitoring cost)을 크게 줄인다**. 소유자격리가 없다면 주주채권자는 회사의 재무상태를 예의주시해야 한다.[7)] 조직격리가 없다면 회사채권자 역시 주주의 파산 여부에 신경을 쓸 수밖에 없다. 주주 상호간에도 서로 재무상태에 유의할 필요가 있다. 소유자격리가 없는 상태에서 내가 회사 빚을 변제했다면 다른 주주로부터 그 중 일부라도 상환받아야 하기 때문이다.[8)] 조직격리가 없다면 다른 주주의 파산이 곧 회사의 계속기업가치에 영향을 미칠 수 있다.

다음으로 재산분리는 **원활한 주식거래를 가능하게 함으로써 주식시장을 활성화**한다. 소유자격리에 따라 투자자의 투자손실은 투자금액에 한정되므로, 모험적 투자 및 포트폴리오 다양화[9)]가 가능하다. 소유자격리 및 조직격리가 유지되는 이상 기존 주주가 누구인지 모르더라도 크게 문제될 것 없다.[10)] 만약 재산분리가 없다면 지배주주가 아닌 주주 교체도 주가에 큰 영향을 줄 수 있어 시장의 불확실성이 커진다. 결국 재산분리는 투자유입 및 주식시장 발전을 위해서도 필수적이다.

마지막으로 재산분리는 **실패한 사업가의 재기**를 가능하게 한다. 이는 주로 소유와 경영이 합치된 중소기업 경영자의 경우에 적용된다. 소

---

and Internal Asset Partitioning: Corporations and their Subsidiaries in the *Oxford Handbook of Corporate Law and Governance* (ed. by Jeffrey N. Gordon & Wolf-Georg Ringe) Oxford University Press (2018), p. 256은 주주들이 청산방지 원칙에 사전합의하더라도 이러한 계약의 효력을 계약당사자가 아닌 주주채권자들에게까지 강제하기는 쉽지 않다고 본다.

6) 그 밖에도 Henry Hansmann and Richard Squire, supra note 5, at 256은 재산격리가 파산절차를 단순화하는 장점(즉 파산법원이 회사와 주주의 재산상태를 복합적으로 고려할 필요 없음) 등도 들고 있다.

7) 한편 소유자격리가 없더라도 공개회사의 회사채권자들이 실제 다수주주들을 상대로 회사채권을 집행하는 것이 쉽지 않을 것임을 지적하는 견해로 Thilo Kuntz, Asset Partitioning, Limited Liability and Veil Piercing: Review Essay on Bainbridge/Henderson, Limited Liability, 19 Eur. Bus. L. Rev. 439, 448 (2018).

8) Henry Hansmann and Richard Squire, supra note 5, at 254.

9) Id. at 255.

10) Id. at 254-255.

유자격리를 통해 주주경영자는 실패한 사업으로부터 개인자산을 보존하여 다음 사업을 위한 종잣돈으로 활용가능하다. 설사 이러한 종잣돈마저 없더라도 조직격리는 재기의 인프라가 된다.[11] 주식회사 설립 후 새로운 사업구상으로 자금을 차입할 때, 자산격리는 신규 회사채권자들이 지배주주의 자산상태에도 불구하고 회사에 자금을 융통해 줄 안전판을 제공하는 것이다.

2. 재산분리의 한계

먼저 위 재산분리의 이론적 근거와 관련하여 살펴본다. 두 번째 및 세 번째 근거는 거시적 관점에서 재산분리가 주식거래 생태계 및 창업 생태계의 필수요소가 된다는 것이어서 딱히 이를 부인하기 쉽지 않다. 반면 첫 번째 근거에 관하여는, 미시적으로 볼 때 개별 폐쇄회사에 주주 숫자가 많지 않고 채권자들도 장기적으로 자금을 대여해 온 경우라면 감시비용이 크지 않을 것이라는 식의 반론이 제기될 여지가 있다.[12]

보다 근본적 문제는 주주들이 재산분리를 남용하여 기회주의적으로 행동할 여지가 크다는 점이다. 원래 채무자는 자신의 이익을 추구하면서 손실을 채권자에 전가할 유인이 있다(이른바 부채의 대리인비용[13]). 즉 재산희석(asset dilution, 채무자가 책임재산을 빼돌림), 청구권희석(claim dilution, 채무자가 추가차입), 재산교체(asset substitution, 채무자가 고유동성 자산을 저유동성 자산으로 교체하거나, 저위험 자산을 고위험 자산으로 교체) 등을 통해 채무자의 이기적 결정에 따른 피해를 채권자에 전가할 수 있는 것이다.[14] 이

---

11) Id. at 257.

12) 관련 논의로서 Thilo Kuntz, supra note 7, at 452-453.

13) 일찍이 젠센 교수와 메클링 교수는 채무자의 일탈행위 및 이를 방지하지 위한 감시비용, 확증비용이 부채의 대리인비용(agency costs of debt)을 구성한다고 설명한 바 있다. Michael C. Jensen & William H. Meckling, Theory of the Firm: Managerial Behavior, Agency Costs and Ownership Structure, 3 *J. Fin. Econ.* 305 (1976).

14) William W. Bratton, Bond Covenants and Creditor Protection- Economics and Law, Theory and Practice, Substance and Process, 7 *Eur. Bus. Organ. L. Rev.* 39, 46-48 (2006). 한편 윤영신, “주주와 사채권자의 이익충돌과 사채권자의 보호”, 상

는 개인채무자의 경우에도 나타나지만, 주식회사 설립 및 재산분리의 경우 더욱 현저하다. 먼저 **회사채권자**와의 관계를 살펴본다. 문제되는 것은 소유자격리(유한책임)이다. 소유자(주주)는 배당 등을 통해 조직(주식회사)의 재산을 소유자에 이전함으로써 쉽게 책임재산을 빼돌릴 수 있다. 과도한 청구권희석(추가차입) 또는 고위험 사업의 결과 회사가 파산하더라도 유한책임 특권을 주장할 수 있다. 다음으로 **주주채권자**와의 관계를 본다. 문제되는 것은 조직격리이다. 주주가 아무런 대가 없이 개인재산을 주식회사에 빼돌리는 경우라면 재산희석 측면이 있고, 대가로서 주식을 받고 유동성이 높은 현금 등을 주식회사에 출연한 경우라면 재산교체 측면이 있다. 후자의 경우 강제집행이 용이했던 주주의 개인재산이 강제집행이 곤란한 비상장주식화한 것으로서, 주주채권자 입장에서는 채권추심에 어려움을 겪게 된다.[15]

요컨대 재산분리 남용 사안은 재산분리의 외부효과(externality)가 발생하여 회사채권자 또는 주주채권자에게 불측의 피해가 발생하는 경우라 할 수 있다.[16] 외부효과를 내부화(internalization)한다는 차원에서, 재산분리를 무력화하고 주주재산과 회사재산을 한 덩어리로 보아야 할 경우가 발생할 수 있는 것이다.

3. 소결론 - 조직격리 배제와 소유자격리의 배제의 비교

법인격이 그러하듯이 재산분리도 정책적 판단의 산물이다. 역사적으로도 재산분리의 출현은 법인격 개념의 탄생보다 늦고, 실제 초기법

사법연구 제17권 제1호(1998), 314-317면은 재산희석, 청구권희석, 위험투자, 과소투자로 구분하고 있다.

15) 다만 100% 주주가 동일한 개인재산을 회사에 현물출자하면서 신주를 추가인수한 경우와 100% 주주가 개인재산을 회사에 증여한 경우에 위 주주가 보유한 100% 주식의 가치는 차이가 없을 것이다(세법상 효과 제외). 즉 이러한 경우 대가의 수수 여부가 가져오는 차이는 실제 크지 않다.

16) Steven L. Schwarcz, Collapsing Corporate Structures: Resolving the Tension Between Form and Substance, 60 *The Bus. Law.* 109, 120 (2004)은 법인격 부인론은 결국 외부효과를 발생시키는 회사계약을 허물거나 재정의하려는 법원의 시도라고 본다.

인들은 조직격리, 소유자격리를 알지 못했다.[17] 다만 재산분리는 그 순기능이 매우 뛰어난바, 비분리가 적용될 가능성 자체가 기업법제 전반에 악영향을 미칠 수 있다. 비분리의 요건과 효과가 명확해야 할 이유이다.

재산비분리는 소규모 폐쇄회사의 경우에만 논의될 수 있다. 대규모 상장회사와 달리 지배주주와 회사재산이 실질적으로 통합관리될 가능성이 많고, 재산분리를 부인하다 하더라도 감시비용이 크지는 않기 때문이다. 일정 요건하에 소규모 폐쇄회사의 재산분리가 배제될 수 있다고 할 때, 그 요건은 ① 조직격리 배제와 ② 소유자격리 배제에 동일하게 작용할 것인가? 간단한 예를 들어 설명한다. Q회사에 지배주주 X와 소수주주 Y가 있는데, Q회사의 재산은 이를 전적으로 지배하는 X의 재산과 종종 혼용(commingle)되고 있다. 한편 A는 Q회사의 회사채권자이고, B는 X의 주주채권자이다.

소유자격리를 배제함에 더 엄격해야 한다는 입론도 가능하다. (ⅰ) 채권자들(A 또는 B)의 측면을 본다. 회사채권자 및 주주채권자는 그들의 우선순위가 보장되는 범위 내에서는 재산분리가 완화되더라도 큰 상관이 없다. 조직격리가 배제되더라도 회사채권자(A)는 직접적인 불이익이 없다. 주주채권자는 주주의 권리 이상을 행사할 수 없고, 주주는 구조적으로 회사채권자에 비해 후순위이기 때문이다.[18] 반면 소유자격리 배제인 경우 주주채권자(B)에게는 이러한 구조적인 보호장치가 없다. 다음으로 (ⅱ) 소수주주(Y) 입장을 본다. 조직격리가 배제되는 경우 Y의 피해는 주식투자분에 한한다. 반면 소유자격리가 배제되는 경우 Y의 개인재산 전체가 Q회사 채무에 관한 책임재산이 된다.

하지만 일반적으로 조직격리 배제에 좀 더 엄격한 잣대를 적용할

17) 실제 1900년까지 법인의 유한책임은 미국에서 일반적인 원칙이 아니었다. Mariana Pargendler, The Fallacy of Complete Corporate Separateness (2021), p. 7(https://papers.ssrn.com/sol3/papers.cfm?abstract_id=3994854).

18) 조합의 경우도 그러하다. 즉 조합원에 대한 채권자도 조합채권자에 비해 후순위이다. 노혁준, 앞의 논문(각주 4), 639-640면 참조.

필요가 있다고 생각된다. 즉 동일하게 Q회사가 X주주의 분신(alter ego)으로 작동하고 있더라도, 조직격리 배제는 좀 더 신중해야 한다. 그 이유는 다음과 같다. 먼저 앞서 (ⅰ), (ⅱ) 주장에 대한 반론이다. 이러한 논의는 다분히 기술적 측면이다. (ⅰ)의 경우 주주채권자에 피해가 없는 경우에 한하여 소유자격리를 배제하도록 운용하면 되는 것이다. (ⅱ)의 경우도 지배주주가 아닌 소수주주를 상대로 한 소유자격리 배제를 허용하지 않으면 족하고, 실제 실무례도 그러하다. 두 번째로 개인과 주식회사를 비교할 때 후자에 더 많은 이해관계자가 관련될 가능성이 크기 때문이다. 소유자격리 배제가 논의되는 상황이란, 해당 주식회사에 도산법제에 따른 이해조정이 이루어진 상황에서 추가적으로 주주의 책임이 문제되는 경우이다. 이러한 추가적 책임 논의에서 불이익은 주주채권자들에 한한다. 반면 조직격리 배제가 인정되면, 그 불이익은 회사를 둘러싼 다른 소수주주, 회사채권자들 전반에 미친다. 아무래도 조직격리 배제의 파급효과가 상대적으로 클 수밖에 없는 것이다.[19] 마지막으로 조직격리 배제에 대한 대안으로서의 지배주식 집행가능성이다. 소유자격리 배제가 논의되는 상황에서 회사채권자에게는 아무런 집행대상이 없는 것이 보통이다. 반면 조직격리 배제가 논의되는 상황에서 주주채권자는 회사재산을 표창하는 지배주식을 집행할 수 있다. 이때 실제 비상장주식을 시장에 매각할 수 있는지 등에 관해 다양한 가능성이 있으므로 일률적으로 조직격리를 부인할 것은 아니다. 한편 지배주주 입장에서 볼 때에도 회사재산을 개인재산으로 빼돌려서(앞서 논의한 '재산희석') 얻는 이득은 확실한 반면, 개인재산을 회사재산으로 출연하면서 비상장주식으로 전환(앞서 논의한 '재산교체')함에 따른 이득은 불확실하므로, 후자의 해악성 또는 남용가능성이 더 낮다고 볼 여지도 있다.

---

19) David G. Epstein & Jake Weiss, The Fourth Circuit, "Suem" and Reverse Veil Piercing in Delaware, 70 *S. C. L. Rev.* 1189, 1208 (2019)은 소유자격리 배제는 위법행위자 자신에 책임을 부과하고자 하는 것임에 반해 조직격리 배제는 (위법행위자가 아닌) 또다른 주체에 책임을 부과하려는 것이라고 설명한다.

Ⅲ. 국내외 사례검토-역적용을 중심으로

재산분리 중 소유자격리를 배제한 것이 법인격 부인이고 반대로 조직격리를 배제한 것이 법인격 부인의 역적용이다. 이하 사례검토는 미국과 우리나라를 중심으로 한다.[20] 역적용 사례를 검토하기에 앞서 순적용에 관한 양국의 기존 논의를 간단히 짚어 본다.

미국에서 법인격 부인(이른바 'piercing the corporate veil')을 인정한 최초 사례는 1809년 Bank of United States v. Deveaux 사건[21]으로 알려져 있다.[22] 이후 그 개념의 유용성에 관하여 찬반논의가 있었지만,[23] 법인격 부인론을 채택한 판례는 모든 주에서 찾을 수 있다.[24] 소유자격리(즉 주주유한책임)를 배제하기 위해 미국 판례들이 제시하는 요건은 다양하나, 크게 보면 ① 지배(control), ② 불공정(injustice)으로 요약된다.[25] 첫 번째로 해당 주주가 주식회사를 하나의 분신(alter ego)에 불과할 정도로 완전히 지배하는 상태여야 한다. 주주총회, 이사회 등 회사기관이 제대로 작

20) 한편 일본에서는 법인격 부인의 역적용에 관한 논의가 상대적으로 활발하지 않다. 예컨대 江頭憲治郎, 株式會社法(第8版), 有斐閣(2021) 41-48면은 법인격 부인론을 설명하면서 역적용에 관해 별다른 분석이 없다. 田中 亘, 会社法(第3版), 東京大學出版会(2021), 33-35면도 마찬가지이다. 남용적 회사분할을 포함하여 법인격 부인 역적용과 유사한 결과가 발생하는 일본 논의에 관한 전반적인 설명으로서 이종욱, "법인격 부인론의 역적용-외부자의 법인격 부인론 역적용을 중심으로", 민사법학 제98호(2022), 200-210면.

21) 9 U.S. 61 (1809).

22) David G. Epstein & Jake Weiss, supra note 19, at 1192.

23) 예컨대 대표적인 법인격 부인론 폐지론자로서 Stephen M. Bainbridge, Abolishing Veil Piercing, 26 *J. Corp. L.* 479 (2001); 법인격 부인론 옹호론자로서 Jonathan Macey and Joshua Mitts, Finding Order in the Morass: The Three Real Justifications for Piercing the Corporate Veil, 100 *Cornell L. Rev.* 99 (2014).

24) Peter B. Oh, Veil-Piercing, 89 *Tex. L. Rev.* 81, 81 (2010); Robert B. Thompson, Piercing the Corporate Veil: An Empirical Study, 76 *Cornell L. Rev.* 1036, 1044 (1991).

25) 법인격 부인의 두 요건으로서, Henry Hansmann and Richard Squire, supra note 5, at 269는 'alter ego'와 'injustice'를 들고 있고, Michael Richardson, The Helter Skelter Application of the Reverse Piercing Doctrine, 79 *U. Cin. L. Rev.* 1605, 1608 (2011)은 'control'과 'equity'를 들고 있다. 이 중 alter ego는 control과 injustice는 equity와 상응하는 면이 많다.

동되는지, 회사재산과 개인재산이 정확하게 구분 관리되고 있는지[26]를 따지게 된다. 두 번째로 채권자에 대한 오도 등을 고려할 때 별도 법인격을 인정함이 형평에 맞지 않아야 한다. 구체적으로 지배주주가 법인 형태를 사기적, 불법적 기타 형평에 맞지 않게(fraudulent, illegal or otherwise inequitable) 활용하였는지 여부를 검토하게 된다.[27] 이 불공정 요소에 주관적 요소, 특히 지배주주의 남용의사가 요구되는지 논란이 있다. 델라웨어법 해석에 관해 일부 판례는 사기적 목적은 요건이 아니고 전반적인 불공정 여부를 판단하면 족하다고 판시한 반면,[28] 다른 판례는 사기적 목적에 주목한 경우도 있다.[29] 적어도 지배주주의 의사가 주요 판단지표로 고려될 수는 있을 것이다.

한국 판례상 법인격 부인론은 통상 법인격 형해화와 법인격 남용으로 구분하여 고찰하는 것이 일반적이다.[30] 이 중 법인격 남용은 후술하기로 하고 여기에서는 전형적인 법인격 부인론에 해당하는 법인격 형해화를 간단히 짚어 본다. 대법원은 "회사가 외형상으로 법인의 형식을 갖추고 있으나 이는 법인의 형태를 빌리고 있는 것에 지나지 아니하고 그 실질에 있어서는 완전히 그 법인격의 배후에 있는 타인의 개인기업에 불

26) Henry Hansmann and Richard Squire, supra note 5, at 269는 채권자보호법제는 정확한 회계정보를 바탕으로 하는바, 법원이 법인격 부인과 관련하여 엄격한 회계자료 구분 및 관리를 요구함으로써 결국 부채의 대리인 비용을 줄이게 된다고 본다.

27) Michael Richardson, supra note 25, at 1608.

28) Sky Cable v. DIRECT Inc. 886 F.3d 375 (4th Cir. 2018)에서 피고회사측은 델라웨어법상 지배주주의 사기적 목적(fraudulent purpose)이 법인격 부인 요건임에도 원고는 이를 입증하지 못했다고 주장함에 대해 제4항소법원은 델라웨어법이 "전반적인 비정의 또는 불공정(injustice or unfairness)"이 요구될 뿐이라고 하면서 피고회사측 주장을 받아들이지 않았다.

29) Wallace ex rel. Cencom Cable Income Partners II, L.P. v. Wood, 752 A.2d 1175 (Del. Ch. 1999)에서 델라웨어 형평법원은 "Piercing the corporate veil under the alter ego theory requires that the corporate structure cause fraud or similar injustice. Effectively, the corporation must be a sham and exist for no other purpose than as a vehicle for fraud"라고 하여 지배주주의 설립목적에 상당한 비중을 두고 판단했다.

30) 김건식/노혁준/천경훈, 회사법(제6판), 박영사(2022), 62면; 송옥렬, 상법강의(제12판), 홍문사(2022), 711면.

과"한 경우에는 법인격 형해화로서 지배주주의 책임을 인정한다(대법원 2001. 1. 19. 선고 97다21604 판결 등). 판례의 설시에 따르면 위 ① 지배 요소에 초점을 맞추고 있는 것으로 보인다. 즉 주로 지배주주의 완전한 지배, 회사기관의 형해화, 자산의 혼용이 판단기준으로 작동한다. 이에 따르면 불공정요소, 특히 지배주주의 주관적 의사가 그 자체로 요건은 아니다. 다만 우리나라에서 지배 요소를 충족하는 경우 지배주주의 남용의사(넓게는 불공정 요소)도 인정되는 경우가 많을 것이라는 점[31]에서, 앞서 미국의 법인격 부인론과 큰 차이가 나지는 않는다.

법인격 부인의 역적용은 위 순적용에 비해 상대적으로 논의의 역사가 짧다. 위 순적용에 관한 논의가 큰 영향을 미쳤지만 항상 동일한 요건이 적용된 것은 아니다. 이하 양국의 사례를 살펴본다.

1. 미국의 경우

미국에서 법인격 부인의 역적용은 내부자 역적용(insider reverse piercing)과 외부자 역적용(outsider reverse piercing)으로 나뉜다.[32] 둘 다 회사재산을 마치 주주의 개인재산처럼 본다는 점은 공통된다. 그중 내부자 역적용은 주주측(즉 내부자)의 이익을 위한 것이다. 법률적으로는 회사재산임에도, 이를 만약 주주 개인재산으로 본다면 관련 법령상 주주측에 더 유리한 결론이 내려질 때 주장된다.[33] 반면 외부자 역적용은 주주채권자(즉

31) 김건식/노혁준/천경훈, 위의 책, 64면.

32) Stephen M. Bainbridge, *Corporate Law* (2nd ed), Foundation Press (2009), pp. 66-67; Laura Spitz, The Case for outside Reverse Veil Piercing in New Mexico, 51 *N. M. L. Rev.* 349, 351 (2021).

33) Roepke v. Western National Mutual Insurance Co.302 N.W.2d 350, 352 [Minn. 1981)] 사건이 대표적인 사례이다[David G. Epstein & Jake Weiss, supra note 19, at 1194에 따르면, 이 사건은 미국 판례상 '역적용(reverse piercing)'이라는 표현이 사용된 최초 판례라고 한다]. 본건은 회사의 1인 주주이자 회장인 남편이 자동차 사고로 사망한 후 그 처에 지급될 보험금 범위가 문제된 사안이다. 관련 보험법규 및 계약해석상, 위 사고차량을 법적 형식에 따라 회사소유로 본다면 보험금은 1만 달러임에 반해 실질을 중시하여 개인소유로 본다면 보험금은 6만 달러였다. 법원은 내부자 역적용을 긍정하여 후자로 판단하였다. 그 밖에 내부자 역적용이 긍정된 사례로서 Cargill, Inc. v. Hedge, 375 N.W.2d 477 (Minn. 1985) 등 참조.

외부자)를 보호하기 위함이다. 주주채권자로 하여금 조직격리를 넘어 회사재산에 직접 집행할 수 있도록 허용하는 것이다. 내부자 역적용은 관련 법령이 개인재산에 비해 회사재산에 더 엄격한 잣대를 적용하고 있을 때 주장의 실익이 있고 따라서 작동범위가 넓지 않다. 관련 법령의 개별적 해석이 문제되는 경우가 많고 굳이 일반론으로서 법인격 부인 역적용을 차용해야 하는지 의문이 있을 수 있다. 우리나라에서 논의되는 역적용도 외부자 역적용에 한한다. 이하 논의는 이른바 외부자 역적용에 관한 것이다.

미국에서 역적용 가능성이 최초로 검토된 판결은 1929년 킹스톤 드라이 독 사건(Kingston Dry Dock Co. v. Lake Champlain Transportation Co.[34])으로 알려져 있다.[35] 사안에서 모회사가 도산하자 그 채권자는 자회사 재산에 집행하려고 하였다. 1심 법원은 이를 받아들였으나 제2항소법원은 이를 파기하였다. 비록 모회사와 자회사간 이사회 구성은 동일하지만, 자회사가 모회사의 의사결정에 영향을 미친 증거는 없다는 점을 들었다. 다만 제2항소법원은 역적용의 가능성을 완전히 닫아 두지는 않았다.[36] 이후 역적용에 관해 다양한 판결이 내려졌는바, 먼저 미국 회사법제의 중추를 이루는 델라웨어법 관련 판례와 그 밖의 판례로 나누어 설명한다.

(1) 델라웨어주법 관련 판례

자타가 공인하듯이 델라웨어주는 실질적으로 미국의 회사법제를 이끌고 있다. 다만 공개회사를 중심으로 그 법리가 발전하여 폐쇄회사에 적용되는 법인격 부인론 및 그 역적용에 관하여는 논의가 더디다는 평가도 있었다.[37] 하지만 최근 역적용에 관한 주요 판결들이 내려지면서 주목을 받고 있다.

---

34) 31 F.2d 265 (2d Cir. 1929).

35) 다만 이 사건에서 명시적으로 'reverse piercing'이라는 표현이 사용되지는 않았다.

36) 법원은 자회사가 모회사채무에 책임을 지는 경우가 전혀 없다고 단정할 수는 없지만 이는 극히 예외적인 경우에 한정된다고 설시하였다("… it would be too much to say that a subsidiary can never be liable for a transaction done in the name of the parent … But such instances, if possible at all, must be extremely rare …").

37) Stephen M. Bainbridge, supra note 32, at 65.

(가) Manichaean Capital, LLC v. Exela Tech., Inc.[38]

델라웨어 형평법원은 2021년에 최초로 법인격 부인 역적용을 긍정한 판결을 내렸다. 사실관계는 다음과 같다. 원고들은 S회사(SourceHov Holdings, Inc.)의 지분권자이다. S회사는 2017. 7. 12. H회사(Exela Technologies, Inc.)의 100% 자회사가 되는 방식으로 인수되었다. 원고들은 위 인수과정에서 S회사를 상대로 지분매수청구권을 행사하였고, 법원은 2020. 3. 26. S회사가 원고들에게 $57,684,471 및 지연이자를 지급할 의무가 있음을 확정하였다. 이후 원고들은 2020. 7. 17. S회사의 100% 자회사인 S1회사(SourceHov, LLC) 지분에 관해 부담부과명령(charging order)을 신청하였고, 법원은 2020. 8. 15. 이를 인용하였다. 이에 따르면 원고들은 S회사가 S1회사로부터 받는 배당 등으로부터 우선적 만족을 얻을 수 있다.[39] 하지만 실제 원고들은 위 부담부과명령에 따른 아무런 변제도 받지 못했다. 그 이유는 위 매수대금 확정 몇 주 전인 2020. 1. 10. H회사가 S1회사 및 그 자회사들과 협의하여 현금흐름이 S회사로 흘러 들어가지 않도록 유동화구조를 짜 두었기 때문이었다.[40]

원고들은 청구원인으로서 ① S회사의 자회사들에 대한 집행(법인격 부인의 역적용), ② S회사의 지배주주인 H회사에 대한 집행(법인격 부인), ③ H회사가 취득한 부당이득 반환을 주장하였다. 사안은 피고측의 소각하 신청에 대한 판단인바, 델라웨어 형평법원은 사실관계에 대하여는 원

---

38) C.A. No. 2020-0601-JRS (Del. Ch. May 25, 2021).

39) Charging order는 델라웨어 유한책임회사법(Delaware Limited Liability Company Act) 제18-703조에 의해 인정되는 것이다. 해당 조문 (a)항의 내용은 다음과 같다.

(a) On application by a judgment creditor of a member or of a member's assignee, a court having jurisdiction may charge the limited liability company interest of the judgment debtor to satisfy the judgment. To the extent so charged, the judgment creditor has only the right to receive any distribution or distributions to which the judgment debtor would otherwise have been entitled in respect of such limited liability company interest.

40) 구체적으로 S1회사가 보유하는 13개 자회사들은 그 미수금 $1.6억를 A회사에 매각하였고, A회사는 다시 이를 B회사에 매각하는 형태로 유동화하였다. B회사는 S회사와 아무런 지분관계가 없고 H회사가 간접적으로 소유하는 회사였다.

고들의 주장이 맞다는 전제하에 법리를 검토하였다. 그 결과 ①, ②는 인정하였고, ③ 주장은 받아들이지 않았다.[41] 선례적 가치가 큰 것은 ①의 점이었다.

법원은 역적용을 위해서는 일반적인 법인격 부인요건인 분신(alter ego)적 요소, 즉 재산혼용, 기관미비, 과소자본, 지배주주를 위한 외피(facade), 법인의 도산뿐 아니라 추가적 요소도 고려해야 한다고 보았다.[42] 추가적 고려요소로서, (ⅰ) 피고법인의 다른 선의주주들에 대한 피해 및 주주 일반의 불안 요소로 작용할 정도, (ⅱ) 피고법인이 그 지배주주에 갖는 영향력, (ⅲ) 원고의 피해와 위 피고법인의 영향력과의 관련성 및 피고법인과 지배주주간 재산비분리에 관한 원고의 합리적 신뢰 정도, (ⅳ) 역적용을 통해 달성되는 공적 편의(public convenience[43]), (ⅴ) 피고법인이 행한 위법행위의 범위와 심각성, (ⅵ) 원고 스스로가 형평법상 구제를 배척할 정도의 위법행위를 했을 가능성, (ⅶ) 역적용이 피고법인의 선의채권자들을 해하는 정도, (ⅷ) 원고에게 다른 현실적인 구제수단이 가능한 정도가 열거되었다.

구체적으로 이 사건 판결은 위 추가적 요소에 대하여 상세히 설시하고 있다. 즉 (ⅰ) 100% 지분관계로 연결되어 다른 주주는 없었다. (ⅱ), (ⅲ)의 경우 H회사 및 S1회사 등이 위 유동화구조를 통해 결국 S 및 그 채권자인 원고들에 피해를 입혔다. (ⅳ) 위 유동화구조는 결국 원

41) 델라웨어 유한책임회사법 제18-703조 (d)는 유한회사의 지분에 관한 집행방식으로서 부담부과명령을 배타적인 수단으로 규정하고 있다("The entry of a charging order is the exclusive remedy by which a judgment creditor of a member or a member's assignee may satisfy a judgment out of the judgment debtor's limited liability company interest and attachment, garnishment, foreclosure or other legal or equitable remedies are not available to the judgment creditor, whether the limited liability company has 1 member or more than 1 member." 밑줄 필자 추가). 이에 따라 별도의 부당이득반환청구는 허용되지 않는다고 보았다.

42) C.A. No. 2020-0601-JRS (Del. Ch. May 25, 2021) at 35-36.

43) Id. at 37은 공적편의 여부를 판단할 때에는 회사채권자 또는 채무자의 일반적 기대를 충족시킨다는 사회적 가치와 특정 사안에서 역적용을 인정함으로써 달성할 수 있는 정책적 중요성을 비교형량해야 한다고 설시한다.

고들에 정당한 보상을 지급하려는 매수청구절차의 취지 및 공적 편의에 반하는 것이다. (v) H회사 및 피고법인의 행위는 결국 원고들에게 아무런 대가를 지급함이 없이 지분을 인수하려는 위법적 행위이다. (vi) 원고들의 위법행위를 인정할 자료는 없다. (vii) 진정한 사실관계는 별론으로 하고, 원고들이 주장한 사실관계에 따르면 피고법인의 선의채권자에 대한 피해는 없다. (viii) 원고들의 구제를 위한 다른 현실적인 수단이 없는 것으로 보인다.

(나) Sky Cable v. DIRECT Inc.[44]

델라웨어주를 관할하는 제4항소법원이 2018년 법인격 부인의 역적용을 긍정한 판례이다. 원고회사(Direct TV, Inc.)는 랜디 콜리(Randy Coley)에 대한 채권자인바, 랜디 콜리가 세운 피고회사(Thundertime, LLC)를 상대로 그 채권의 집행을 구하고 있다. 피고회사는 델라웨어주법에 근거한 유한책임회사인바, 랜디 콜리가 매수한 부동산을 보유하기 위해 설립한 회사이다. 항소법원은 1심과 마찬가지로 원고회사의 청구를 인용하면서, 랜디 콜리는 피고회사의 1인 지분권자인 점,[45] 피고법인은 랜디 콜리의 분신으로 볼 수 있는 점, 역적용은 랜디 콜리의 사기적 이전을 구제하기 위한 것으로 달리 실질적인 구제수단이 없는 점 등을 들었다.

(다) 그 밖의 판례

위 두 판결 이전 델라웨어 주법 해석 관련 판례들은 역적용의 이론적 가능성을 열어 두면서도 결론적으로 그 요건이 충족되지 않았다고 보거나, 아예 그 가능성을 부인한 경우가 많았다. 일례로 Cancan Development v. Manno 판결[46]에서 델라웨어 형평법원은 역적용은 순적용과 다른 요건이 적용된다고 보아[47] 역적용 주장을 배척하였고, Spring Real Estate

---

44) 886 F.3d 375 (4th Cir. 2018).

45) David G. Epstein & Jake Weiss, supra note 19, at 1212는 이 판결이 1인 주주(지분권자)에 한하여 적용가능한 사안이라고 풀이한다.

46) No. 6429-VCL, 2015 WL 3400789 (Del. Ch. Mar. 27, 2015).

47) "Reverse pierce claims implicate different policies and require a different analytical framework from the more routine corporate creditor veil-piercing attempts …"

v. Echo/RT Holdings, LLC 판결[48]에서도 위 법원은 역적용 요건이 충족되지 않았다고 보았다. 나아가 델라웨어의 유한책임회사가 관련된 사안(PNC Bank v. Udell 판결[49])에서 일리노이주 연방지방법원은 델라웨어주법상 법인격 부인의 역적용은 청구원인이 되지 못한다고 설시하기도 하였다.

(2) 다른 주의 판례

(가) 역적용을 부정한 사례

Cascade Energy & Metals Corp. v. Banks[50]는 지배주주에 대한 채권을 주장하는 이들이 지배주주의 지배를 받는 회사들의 자산에 대해 역적용을 구한 사안이다. 제10항소법원은 이를 부인하면서 ① 회사라는 형식은 원칙적으로 존중되어야 하고, ② 역적용은 전통적인 집행방식을 불필요하게 우회하는 것이며, ③ 역적용을 통해 회사의 선의주주들이 피해를 입게 되고, ④ 역적용과 동일한 목적을 달성할 다른 전통적 대안들이 있다는 점을 들었다.[51] Acree v. McMahan[52] 판결도 역적용은 기존의 법인격 부인론에 대한 급격한 변화(radical change)이므로 입법 없이 단지 해석상으로 이를 인정할 수는 없다고 보았다.

한편 원고가 자연인에 대한 채권자 또는 계약채권자인 경우 이 점을 들어 역적용을 부인한 사례도 있다. Sweeney, Cohn, Stahl & Vaccaro v. Kane[53]은 Tara Asher으로부터 $400,000를 출연받은 법인을 상대로 역적용이 시도된 사안이다. 적용 법률은 테네시법이었는바, 법원은 테네시법의 해석상 역적용은 모자회사간에만 가능한바, 사안처럼 자연인 지배주주(즉 Tara Asher)에 대한 채권자는 이를 주장할 수 없다고 보았다. Stotz v. Everson[54]은 임대인이 임차인의 미납임료를 임차인이 주주로 있는 회사

48) No. 7994-VCN, 2016 WL 769586 (Del. Ch. Feb. 18, 2016).
49) No. 16 C 5400, 2017 WL 3478814 (N.D. Ill. Aug. 13, 2017).
50) 896 F.2d 1557 (10th Cir. 1990)
51) 제10항소법원은 이후 Floyd v. IRS, 151 F.3d 1295 (10th Cir. 1998)에서도 비슷한 취지를 반복한 바 있다.
52) 585 S.E.2d 873, 874-75 (Ga. 2003).
53) 6 A.D.3d 72 (N.Y. App. Div. 2004).

에 청구한 사안이다. 법원은 이와 같은 계약채권에서 역적용은 극히 예외적인 사항에서만 가능하다고 보아 임대인의 청구를 기각하였다.[55)]

(나) 역적용을 긍정한 사례

과거 많은 주에서 역적용을 긍정해왔다.[56)] 특히 원고가 조세채권자인 경우 채무자가 지배하는 회사 또는 신탁재산에 대한 역적용은 비교적 넓게 인정되어 왔다.[57)] 그 밖에 채권자가 계약채권자인 경우,[58)] 이혼합의금 채권자인 경우,[59)] 폰지사기 피해자인 경우[60)] 등에도 회사재산에 대한 직접 집행을 허용한 사례가 있다.

구체적 요건에 관하여, 전통적 법인격 부인 요건을 그대로 역적용에 적용한 경우도 많다. State v. Easton[61)]은 뉴욕주가 Karl Easton에 대한 (공공의료보험 사기로 인한) 750만 달러 채권을 그가 지배하는 두 회사에 대하여 행사한 사안이다. 법원은 "일반적 요건이 충족되는 경우 (법인격 부인의) 방향은 중요하지 않다"[62)]고 설시하면서 역적용을 인정하였다. 전

---

54) No. CV 94 06 29 06, 1994 Conn. Super. LEXIS 3106 (Conn. Super. Ct. Nov. 8, 1994).

55) 그 밖에 오하이오, 조지아, 캘리포니아 주의 법원들은 대체로 역적용에 부정적인 것으로 분석된다. Laura Spitz, supra note 32, at 365.

56) Laura Spitz, supra note 32, at 263에 의하면 유타, 와이오밍, 콜로라도주의 판례는 명시적으로 역적용을 인정하였고, 아이다호, 인디애나, 아이오와, 몬태나, 네브래스카, 네바다, 뉴욕, 노스캐롤라이나, 펜실베이니아, 테네시, 텍사스, 버지니아, 워싱턴, 위스콘신, 콜롬비아 자치구 등이 역적용에 관해 긍정적으로 설시하였다고 한다.

57) 예컨대 In United States v. Bigalk, 654 F. Supp. 2d 983 (D. Minn. 2009)에서 법원은 "역적용은 연방세법 영역에서 확립된 이론이다"라고 설시한 바도 있다.

58) Addison v. Tessier, 65 N.M. 222, 335 P.2d 554 (1959). 채무자가 주요재산을 그가 98% 지분을 보유한 회사로 이전해 둔 사안이다. 법원은 원고채권자가 채무자의 주식에 대해 강제집행을 시도하지 않았다 하더라도, 채무자가 법인을 재산은닉 및 사기의 도구로 사용했다는 점을 고려하여 역적용을 긍정하였다.

59) W.G. Platts v. Platts, 298 P.2d 1107 (Wash. 1956). 다만 이 사안에서는 남편이 그가 지배하는 회사에 대한 처(이혼합의금 채권자)의 압류에 동의하였다는 점도 고려되었다.

60) United States v. Dimeglio, 2014 WL 1761674 (W.D. Tex. May 1, 2014).

61) 169 Misc. 2d 282 (N.Y. Sup. Ct. 1995).

62) "the direction of the piercing is immaterial where the general rule has been met"

통적 법인격의 판단기준인 지배 및 불공정을 그대로 역적용에도 차용하는 설시는 다수 판결에서 발견된다.[63] 반면 역적용의 요건을 달리 보면서, 예컨대 지배 요소만을 요구한 경우도 있다. McCall Stock Farms, Inc. v. United States[64]는 2인의 지배주주에 대한 대출채권자가 그들이 지배한 회사에 대하여 직접 채권을 주장한 사안이다. 법원은 (지배주주가 그 회사를 사기적으로 활용하였는지 여부와 무관하게) 그 회사를 지배주주들의 분신으로 볼 수 있는지를 집중적으로 판단하였다.[65]

(3) 입 법 례

해석에 의해 역적용 여부를 판단하는 다른 주와 달리 코네티컷주는 최근 명시적으로 역적용을 부인하는 입법을 도입하였다. 2019년 개정된 코네티컷 사업회사법[66]은 제33-673b조에 전통적인 법인격 부인 요건을 규정하는 한편,[67] 제33-673c조에서 역적용이 허용되지 않음을 명시하였다. 즉 "주내 조직체(domestic entity)[68]들은 법인격 부인 역적용 원칙, 청구 및 구제수단에 터 잡아 이루어지는 지분권자의 부채, 채무 기타 다른 책임 주장에 관하여 아무런 책임이 없다(No domestic entity shall be responsible for a debt, obligation or other liability of an interest holder of such entity based upon a reverse veil piercing doctrine, claim or remedy)"고 규정하

63) 예컨대 C.F. Trust, Inc. v. First Flight L.P. (580 S.E.2d 806 (Va. 2003)은 전통적인 법인격 부인과 역적용을 구분할 논리적 근거가 없다고 설시하였다("We conclude that there is no logical basis upon which to distinguish between a traditional veil piercing action and an outsider reverse piercing action").

64) 14 F.3d 1562 (Fed. Cir. 1993).

65) 해당 판례에 관한 설명으로 Michael Richardson, supra note 25, at 1616-1617.

66) Connecticut Business Corporation Act. Sections §§ 33-600 to 33-998 (General Statutes of Connecticut Title 33 Chapter 601) (available at https://www.cga.ct.gov/2020/sup/chap_601.htm).

67) 이에 따르면 법인격 부인의 주요 요건은 (ⅰ) 지분권자가 완전한 지배권을 행사하였을 것, (ⅱ) 그 지배권이 사기적, 위법적으로 사용되었을 것, (ⅲ) 지배권행사 등으로 인해 원고의 피해가 발생하였을 것이다.

68) 코네티컷 사업회사법에 의하면 주내(domestic)란 그 내부법률관계가 코네티컷주법에 따라 다루어지는 경우를 의미하고[제33-673a조 (2)], 조직체(entity)란 사업회사, 유한책임 파트너십 등을 포함하는 폭넓은 개념이다[제33-673a조 (3)].

였다.

흥미로운 것은 위 조항이 코네티컷주 대법원의 역적용 긍정 판례[69] 이후 곧바로 도입되었다는 점이다. 전통적인 법인격 부인론과 달리 역적용은 회사관련 일반채권자 및 일반주주에 우려를 자아낼 수 있다는 점을 감안하여 조직격리(entity shielding)를 강하게 보장한 것으로 보인다.

(4) 소 결 론

법인격 부인의 역적용은 미국의 많은 주에서 수용되고 있다. 법원이 역적용을 인정할지 여부는 전적으로 사실관계에 달린 것이기는 하지만,[70] 특히 원고가 조세채권자,[71] 이혼합의금 채권자,[72] 불법행위 피해자[73]인 경우에 법원이 역적용을 인정할 가능성이 비교적 높다. 한편 최근 델라웨어 형평법원이 정면으로 역적용을 받아들이고 그 요건을 제시함으로써[74] 역적용이 더 확산될 가능성이 있다. 다만 여전히 일부 판례는 역적용에 부정적이다. 특히 코네티컷주의 경우 명시적으로 역적용을 배제하는 입법을 도입할 정도로 거부감이 크다.

구체적인 역적용 요건이 전통적 법인격 부인과 동일한 것인지도 견해가 엇갈리는 부분이다. 이를 동일시한 설시들도 있으나,[75] 달리 취급한 경우도 많다. 예컨대 위 델라웨어 판결은 역적용에 추가요건을 부과하였고, 코네티컷 입법례는 순적용은 긍정하고 역적용은 부정함으로써 둘이 전혀 다른 평면에 있다는 시각을 보였다.

---

69) McKay v. Longman, 211 A.3d 20 (Conn. 2019).

70) Laura Spitz, supra note 32, at 366은 역적용 판례들의 판단이 사실관계에 크게 좌우된다고 분석한다.

71) Michael Richardson, supra note 25, at 1628.

72) Id.

73) Peter B. Oh, supra note 24, at 90. 한편 Christopher W. Peterson, Piercing the Corporate Veil in Nebraska, 51 Creighton L. Rev. 247, 276 (2018)은 법원이 불법행위 피해자에 대하여 역적용의 다른 기준을 갖고 있는 것은 아니지만, 동일한 기준을 좀 더 유연하게 적용하는 것으로 보인다고 분석한다.

74) Manichaean Capital, LLC v. Exela Tech., Inc. C.A. No. 2020-0601-JRS (Del. Ch. May 25, 2021).

75) Laura Spitz, supra note 32, at 366은 다수 판례들이 순적용과 역적용의 유사성을 강조하면서 둘 다 동등한 정책목표를 지향함을 밝혔다고 분석한다.

2. 한국의 경우

앞서 우리 판례상 법인격 부인 사례를 법인격 형해화와 법인격 남용으로 구분한바 있다. 역적용과 관련되어 논의되는 것은 법인격 남용, 특히 채무면탈 목적으로 재산을 주식회사에 이전하는 경우이다. 지배주주 X가 P회사를 운영하다가 도산위기에 처하게 되자, 그와 실질적으로 동일한 Q회사를 설립하고 여기에 P회사의 주요재산을 이전한 경우이다. 대법원은 일정 요건하에 P회사의 채권자 A가 Q회사에 채권을 주장할 수 있다고 본다.

여기에서 알 수 있듯이 우리나라의 법인격 남용은 앞서 미국 판례에서 살펴본 전형적 역적용과 차이가 있다. 주주의 개인채권자가 회사재산에 집행하는 것이 아니라, 특정회사의 회사채권자가 그와 동등한 다른 회사의 재산에 집행하려는 것이다. 다만 법인격 남용도 역적용의 한 유형이라고 보는 견해도 유력하다.[76] 위 사례에서 A는 ① 일단 지배주주 X의 책임을 묻고, ② X의 책임을 그가 지배하는 Q회사에 묻는 구조라고 보아 ①에 법인격 부인론, ②에 부인론의 역적용이 작동한다는 취지[77]로 보인다.

후술하듯이 이 사건 평석대상 판결은 법인격 남용에 관한 기존 판결의 연장선에 서 있다. 역적용 사례인지 논란이 있기는 하지만 채무면탈 목적 법인격 남용 판례들을 검토하는 이유이다.

(1) 주요 법인격 남용 사례

(가) 대법원 2004. 11. 12. 선고 2002다66892 판결(안건사 사건)

채무면탈 목적의 회사이용에 법인격 남용을 언급한 최초의 사례는 대법원 1995. 5. 12. 선고 93다44531 판결[78]이나, 실제 피고회사의 책임

---

76) 한국상사법학회 편, 주식회사법대계 I(제3판, 김정호 집필부분), 법문사(2019), 150면.

77) 송옥렬, 앞의 책(각주 30), 713면. 다만 이 글에서도 우리 판례상 법인격 부인의 역적용이라는 개념은 채택되어 있지 않다고 본다.

78) 대법원은 "갑 회사와 을 회사가 기업의 형태·내용이 실질적으로 동일하고, 갑

을 인정한 것은 대법원 2004. 11. 12. 선고 2002다66892 판결(안건사 사건)이다. 대법원은 "기존회사가 채무를 면탈할 목적으로 기업의 형태, 내용이 실질적으로 동일한 신설회사를 설립하였다면, 신설회사의 설립은 기존회사의 채무면탈이라는 위법한 목적달성을 위하여 회사제도를 남용한 것이므로, 기존회사의 채권자에 대하여 위 두 회사가 별개의 법인격을 갖고 있음을 주장하는 것은 신의성실의 원칙상 허용될 수 없다"고 전제하였다. 사안에서 대법원은 원고가 임대차보증금 반환청구권을 원래의 채무자 회사뿐 아니라 신설회사에 대하여도 행사할 수 있다고 보았다. 즉 주요 이사진 및 주주 구성, 영업의 동질성을 고려할 때 기존회사와 신설회사 사이에 형태, 내용상의 동일성이 인정된다고 판단했다.

위 판시사항에 따르면, 법인격 남용은 ① 채무면탈목적,[79] ② 기존회사와 신설회사의 실질적 동일성의 두 가지 요건을 갖춘 때에 발동된다고 할 수 있었다.

(나) 대법원 2008. 8. 21. 선고 2006다24438 판결

위 판결에 따른 두 요건 중 채무면탈목적은 상황으로부터 추단될 수밖에 없으므로 실제 기존회사와 신설회사간 동일성이 주요 잣대가 된다. 그런데 이렇듯 동일성을 중시하여 법인격 남용을 인정하면 실패한 사업가의 재기를 가로막는 결과가 될 수 있다. 판단기준 중 하나로서 기존회사의 재산희석(asset dilution), 즉 ③ 정당한 대가 없는 재산이전이 포

회사는 을 회사의 채무를 면탈할 목적으로 설립된 것으로서 갑 회사가 을 회사의 채권자에 대하여 을 회사와는 별개의 법인격을 가지는 회사라는 주장을 하는 것이 신의성실의 원칙에 반하거나 법인격을 남용하는 것으로 인정되는 경우에도, 권리관계의 공권적인 확정 및 그 신속·확실한 실현을 도모하기 위하여 절차의 명확·안정을 중시하는 소송절차 및 강제집행절차에 있어서는 그 절차의 성격상 을 회사에 대한 판결의 기판력 및 집행력의 범위를 갑 회사에까지 확장하는 것은 허용되지 아니한다"고 하였다. 즉 법인격 남용이라는 개념을 인정하면서도 기판력 및 집행력 확장은 인정하지 않았고, 당시 원고는 패소하였다.

79) 안건사 사건 이후 대법원 2006. 8. 25. 선고 2004다26119 판결(KT 자회사 사건)도 판결이유 중에 "… 채무면탈이라는 위법한 목적 달성을 위하여 회사제도를 남용하는 등 주관적 의도 또는 목적이 인정되어야 할 것이다"라고 주관적 요건을 명시한바 있다. 다만 이 건은 채무면탈 목적의 회사신설 사안은 아니었다.

함되어야 한다. 2006다24438 판결은 명시적으로 이를 지적하였다. 다만 구체적인 설시 방식으로서, ③을 독립요소로 특정하기보다는 ①에 포함된 요소로 보았다. 즉 대법원은 "기존회사의 채무를 면탈할 의도로 신설회사를 설립한 것인지 여부는 기존회사의 폐업 당시 경영상태나 자산상황, 신설회사의 설립시점, 기존회사에서 신설회사로 유용된 자산의 유무와 그 정도, 기존회사에서 신설회사로 이전된 자산이 있는 경우 그 정당한 대가가 지급되었는지 여부 등 제반 사정을 종합적으로 고려하여 판단하여야 한다"고 설시하였다.

구체적으로 본 사안에서 신설회사(피고회사)는 기존회사와 기업형태, 내용이 동일하고 기존회사와 동일한 지배주주에 의해 지배받고 있었다. 원심은 피고회사와 기존회사의 기업형태, 내용이 동일한 점 및 피고회사 설립비용이 지배주주로부터 출연된 점을 근거로 법인격 남용을 긍정하였다. 대법원은 이를 파기하면서, 그 주된 사유로 신설회사가 정당한 대가를 직접 지급하거나 임의경매절차에 참여해 낙찰대금을 지급함으로써 기존회사 자산을 매입한 점을 들었다.

(다) 그 밖의 판례

이후의 판결은 대체로 위 2006다24483판결의 연장선에 서 있다. **대법원 2010. 1. 14. 선고 2009다77327 판결**은 기존회사의 주주와 신설회사의 주주가 완전히 다른 점(②의 관점), 기존회사로부터 무상으로 이전받은 자산이 없는 점(③의 관점)을 들어 법인격 남용을 부정하였다. **대법원 2011. 5. 13. 선고 2010다94472 판결**은 기존회사와 피고회사[80]간 영업목적 및 소재지가 동일하고 동일인의 지배를 받는 점(②의 관점), 토지와 사업권이 정당한 대가 없이 이전된 점(③의 관점)을 들어 법인격 남용을 인정하였다. 한편 **대법원 2019. 12. 13. 선고 2017다271643 판결**도 기존회

80) 통상적 법인격 남용 사례와 달리 본건에서는 채무면탈목적 재산이전이 '신설회사'가 아니라 '이미 설립되어 있던 회사'을 상대로 이루어졌다. 기존회사와 동일한 지배주주가 지배하는 다른 회사로 이전되는 것이라면, 그 다른 회사(재산의 수령주체)가 신설회사이든 이미 설립되어 있던 회사이든 법적 평가는 동일해야 할 것이다. 이 판결도 같은 취지이다.

사와 피고회사가 동일인의 지배를 받으면서 설립목적과 형태, 내용이 동일한 점(②의 관점), 기존회사의 자산인 건축주 지위가 정당한 대가 없이 이전된 점[81](③의 관점)을 들어 법인격 남용을 긍정하였다.

한편 위 법인격 남용을 긍정한 두 판례는 기존회사로부터 이전된 재산이 기존회사의 유일한 재산이라는 점도 밝히고 있다. 이를 채무면탈 목적을 추단하는 한 요소로 참고한 것으로 보인다.

(2) 소 결 론

우리 판례상 법인격 남용은 일반적 역적용과는 상당한 차이가 있어 보인다. 지배주주 X가 P, Q 회사를 지배하는 상황에서, P의 채권자가 첫 단계로 X로 향한 다음(법인격 부인. P는 X의 분신), 두 번째 단계로 다시 Q 회사 재산으로 향하는 것(역적용, Q는 X의 분신)이라면, 두 번째 단계는 역적용이다. 그 결과 X의 채권자는 X, P, Q의 연대책임을 물을 수 있다. 우리 판례는 이러한 취지인가?

법인격 남용 판례는 단지 P, Q 사이의 동일성을 인정하는 취지로 읽힌다(Q는 P의 분신). 대법원은 반복적으로 "기존회사의 채권자는 위 두 회사 어느 쪽에 대하여서도 채무의 이행을 청구할 수 있다고 볼 것이다"라고 설시한다(대법원 2004. 11. 12. 선고 2002다66892 판결 등). 실질적으로 문제되는 것은 지배주주 X에 충분한 집행대상 재산이 있는 경우이다. 이러한 경우 P회사 채권자는 첫 단계로 X에 청구하는 것은 가능하나(법인격 부인), 두 번째 단계까지 나아가기 어렵다. 첫 단계를 통해 X의 채권자로 인정받았는바, 충분한 집행대상재산이 있음에도 굳이 별도로 조직격리를 깨는 것(즉 Q회사 재산에 집행)을 정당화하기 어렵다(후술하는 역적용의 보충성).

앞서 살펴보았듯이 법인격 남용 판례는 P, Q의 동일성 및 재산이전의 대가수수 여부에 관심을 가질 뿐 배후자인 지배주주의 재산상태 등을

81) 사실관계상 기존회사의 건축주 지위는 소외 갑회사를 거쳐 피고회사에 이전되었는바, 대법원은 비록 기존회사가 갑회사로부터 대금을 수령하기는 했으나 이후 이루어진 갑회사와 피고회사간 지위이전 계약상 대금을 실제 갑회사가 지급하였으므로, 결국 기존회사가 무상으로 피고회사에 건축주 지위를 이전한 것과 동일하다고 보았다.

고려하지는 않는다. 채권자의 입장에서 볼 때 역적용 사례에 전형적으로 나타나는 재산교체(특히 고유동성 자산을 저유동성 자산으로 교체)가 아니라 법인격 부인 사례에서 전형적으로 나타나는 재산희석(채무자가 책임재산을 빼돌림)이 문제되는 상황이다. P에서 Q로의 재산이전 대가수수(앞서 ②의 관점) 문제가 이를 여실히 나타낸다. 결국 일부 학설의 주장과 달리 우리나라의 기존 판례상 역적용이 도입되어 있었던 것으로 보기는 어렵다.

Ⅳ. 이론적 분석

1. 역적용에 대한 비판론

(1) 선의의 주주 및 채권자 피해

역적용에 대한 일차적 비판은 지배주주의 책임을 회사에 물을 경우 발생하는 선의 피해자에 관한 것이다. 이는 역적용을 논의한 대부분의 미국 판례에서도 지적하는 바이다.[82] 법인격 부인론의 경우 그 집행은 개인 지배주주에 향하므로, 역적용의 경제적 효과 즉 법인의 일부청산은 발생하지 않는다. 먼저 소수주주 관점에서 보자면, 법인격 부인론은 소수주주가 있는 회사의 지배주주를 향해 적용되는바,[83] 반면 역적용을 소수주주 있는 회사에 적용한다면 소수주주의 지분가치 손실이 불가피하다. 회사채권자 관점에서 보자면, 회사재산의 유출로 채권의 만족을 얻기 어렵게 될 수 있다.[84]

다만 기존 소수주주 및 회사채권자를 충분히 보호할 장치가 마련되거나 소수주주 또는 회사채권자가 없는 상태라면 이 비판은 설득력이 떨어지게 된다. 먼저 소수주주 측면에서는, 연대책임 등으로 인해 채권자가

---

82) 예컨대 C.F. Trust, Inc. v. First Flight L.P. (580 S.E.2d 806 (Va.2003) ("it is the burden of the party moving for reverse piercing to prove that innocent shareholders will not be affected").

83) 예컨대 Telenor Mobile Communications AS v. Storm LLC, 587 F. Supp. 2d 594 (S.D.N.Y. 2008) ("A company that owns a majority stake in another controls that company's operations, even if it does not have 100% ownership").

84) 이미 기득권이 있는 회사채권자에 피해를 입히는 경우 적법절차(due process)가 문제될 수도 있다는 지적으로서 Michael Richardson, supra note 25, at 1628.

소수주주를 포함한 모든 주주에 채권을 행사할 수 있는 상태이거나 또는 1인 주주인 회사라면 별도의 소수주주 피해 문제는 없다. 다음 회사채권 측면에서도, 회사에 충분한 책임재산이 남아 있거나 주주채권자에 비해 우선순위를 보장받을 수 있다면 별다른 피해가 발생하는 것은 아니다.[85)]

(2) 다른 대안의 존재

역적용은 조직격리를 해체함으로써 회사제도의 근간을 흔드는 것인 바, 이보다는 다른 대안을 활용함이 타당하다는 비판이다. 특히 미국에서 법인론 부인론 및 역적용은 형평법상의 구제수단이므로 보통법상 구제수단이 소진된 이후 비로소 발동가능하다고 본다.[86)]

대표적 대안이 지배주주가 보유하는 지배주식에 대한 집행이다.[87)] 법인격 부인론이 적용되는 사안인 경우 채무자회사에 아무 재산도 없는 것이 보통이다. 반면 역적용 사안에서 채무자인 주주는 지배주식을 보유한다. 이 지배주식은 결국 피지배회사의 재산을 표창하는 것이므로 지배주식 자체를 강제집행하여 환가하면 충분하다는 것이다.[88)] 그 밖에 다른 대안으로 제시되는 것으로서 (ⅰ) 회사가 지배주주의 채무성립에 관련된 경우 회사 역시 채무자로 인정하여 공동피고로 삼는 방안,[89)] (ⅱ) 지배주주가 보유재산을 회사에 출연하는 행위 자체를 사해행위로 보아 이를 취

---

85) Laura Spitz, supra note 32, at 370. 이 글은 나아가 미국 형평법원은 전체적인 상황을 고려하여 합리적인 소수주주, 채권자보호조치를 취할 권한이 있는 점도 지적한다.

86) Michael Richardson, supra note 25, at 1624; David G. Epstein & Jake Weiss, supra note 19, at 1218.

87) 이철송, 회사법강의(제30판), 박영사(2022), 58면.

88) 다만 미국 캘리포니아 법제상 유한책임회사(LLC)의 지분은 주식과 달리 강제집행 및 환가가 어려우므로 이를 감안하여 주식회사의 경우 역적용을 부인하고 유한책임회사에만 역적용을 긍정하는 경향이 있다고 한다. David G. Epstein & Jake Weiss, supra note 19, at 1217-1218[유한책임회사에 관한 사안인 Curci Investments, LLC v. Baldwin, 221 Cal. Rptr. 3d 847, 848 (Cal. Ct. App. 2017)과 주식회사에 관한 사안인 Postal Instant Press v. Kaswa Corp., 77 Cal. Rptr. 3d 96, 98 (Cal. Ct. App. 2008)을 비교].

89) Stephen M. Bainbridge, supra note 23, at 516(주로 순적용에서의 직접 책임부과에 관한 논의임)은 이러한 직접 책임이 더 합리적인 기준을 제시할 것이라고 본다.

소하는 방안[90]이 있다. 특히 사해행위 취소는 회사보유 재산 전체가 아니라 개별 재산을 대상으로 하므로 역적용보다 회사관계에 미치는 혼란이 적을 수 있다.[91]

다만 위 대안이 실제 실현가능한지는 사안별로 따져볼 필요가 있다. 주식에 대한 집행은 특히 해당 주식이 비상장인 경우 용이하지 않을 수 있다. 회사 자체가 지배주주의 행위에 관여하여 직접 채무자로 인정되는 경우는 매우 제한적일 것이다. 재산평가 측면에서 담보재산이 감소한 것은 아니고[92] 변제 등으로 재산이 유출[93]되지 않았음에도 재산의 회사출연이 사해행위를 구성한다고 보기도 쉽지 않다.[94]

(3) 불확실성에 따른 비용증가

역적용이 일반화하는 경우 회사를 둘러싼 법률관계의 안정을 해할 가능성이 높다. 회사채권자들은 주주의 재산상태 역시 회사재산에 영향을 미치게 되므로 이러한 위험확대에 대응하여 사전적으로 더 높은 이율 등을 부과할 수 있다.[95] 한편 역적용의 가능성이 열려 있으면 이를 활용

---

90) 예컨대 Delaware Code, Title 6 - Commerce and Trade, CHAPTER 13. FRAUDULENT TRANSFERS § 1304 Transfers fraudulent as to present and future creditors 참조. 한편 Federal Deposit Ins. Corp. v. Almodovar, 671 F. Supp. 851, 881 (D.P.R. 1987) 판결은 역적용이 문제되는 사안이 동시에 사해행위로서 취소될 여지가 있음을 밝힌바 있다.

91) 한편 이러한 이유 때문에 주주채권자는 오히려 역적용을 사해행위 취소보다 선호할 수 있다. David G. Epstein & Jake Weiss, supra note 19, at 1220.

92) 회계적으로는 출연한 재산만큼 그 대가로 수령한 주식가액이 인정될 가능성이 높다.

93) 우리 대법원은 채무자의 책임재산이 부족함에도 그 재산을 특정 채권자에 대물변제나 담보조로 제공하였다면 원칙적으로 민법 제407조의 사해행위가 된다고 보고(대법원 2002. 1. 14. 선고 2018다295103 판결 등), 채무자가 유일한 재산인 부동산을 매각하여 소비하기 쉬운 금전으로 바꾼 경우 그 매각이 정당한 변제를 위해 상당한 가격으로 이루어진 등 사정이 없는 한 사해행위가 된다고 본다(대법원 2010. 7. 15. 선고 2007다21245 판결 등). 회사에의 주식출연은 이러한 사례에 해당한다고 보기 어려울 것이다.

94) 한편 일찍이 Robert C. Clark, *Corporate Law*, Little, Brown & Company (1986), p. 85는 법인격 부인론이 사해행위 취소보다 더 많이 활용되는 이유에 관하여 그 요건이 덜 엄격하고 법원에 더 많은 재량이 인정되어 있기 때문이라고 보았다.

95) Floyd v. IRS, 151 F.3d 1295 (10th Cir. 1998) at 1299 ("Corporate creditors are likely to insist on being compensated for the increased risk of default posed by

하려는 주주채권자들의 소송으로 각종 분쟁비용도 증가한다. 어느 모로 보나 회사에 추가비용이 발생한 여지가 있는 것이다.[96] 한편 역적용 또는 순적용이 발동되는 요건은 매우 불확실하고 복잡하다. 기업가들 중 유능한 법률전문가의 조언은 받을 여력이 있는 사람들과 그렇지 못한 사람들 사이에 차이가 나타날 수 있다. 결국 대응능력이 떨어지는 기업가들만이 예외적 역적용 대상에 해당하게 되어 바람직하지 못한 결과가 나타날 수 있다.[97] 이러한 사항을 종합할 때, 사전적으로 역부인이 가능하다는 것만으로 발생하는 사회적 비용이 그 인정에 따른 효용을 능가하므로 그 가능성을 차단할 필요가 있다는 것이다.

다만 이렇듯 불확실성으로 인하여 추가되는 사회적 비용이 어느 정도인지는 논란의 소지가 있다. 역적용은 매우 특수한 상황에서 예외적으로 적용되므로 회사채권자 등이 이를 미리 감안하여 거래조건에 반영할 가능성은 높지 않다는 견해도 유력하다.[98] 대부분의 법률원칙에는 예외가 있는바, 예외의 존재만으로 거래비용이 크게 늘어나는 것이 아니다. 예외를 얼마나 예측가능하고 합리적으로 구성할지의 문제일 수 있다.

2. 검 토

(1) 역적용의 필요성

법인격 부인론(또는 그 역적용)이 재산분리의 문제점에 관한 안전판이 되기보다는 불명확성, 불확실성 등으로 더 큰 문제를 일으키므로 일체 불필요하다는 견해도 있기는 하다.[99] 하지만 이렇듯 역적용 가능성을 전

---

outside reverse-piercing claims, which will reduce the effectiveness of the corporate form as a means of raising credit").

96) Stephen M. Bainbridge, supra note 23, at 535는 법인격 부인론이 회사에 대한 준조세로 작동한다고 본다.

97) Id. at 535.

98) Ariella M. Lvov, Preserving Limited Liability: Mitigating the Inequities of Reverse Veil Piercing with a Comprehensive Framework, 18 *U.C. Davis Bus. L.J.* 161, 192 (2017).

99) 대표적으로 Stephen M. Bainbridge, Abolishing LLC Veil Piercing, 2005 *U. Ill. L. Rev.* p. 77 (2005) ("veil piercing is too weak a tool by which to accomplish so

면 부인하는 입장에는 찬성하기 어렵다. 재산분리는 하나의 철칙이 아니라 그에 따른 이득이 매우 크기 때문에 인정되는 것이다.[100] 제도가 남용되는 경우 주주와 도구(주식회사) 사이의 가상의 막을 제거할 수 있고, 이러한 제거는 주주쪽과 도구쪽의 양방향으로 적용되어야 한다.

위 역적용에 대한 비판도 결국 재산분리의 유용성, 즉 (i) 회사관련자의 감시비용을 줄이고, (ii) 원활한 주식거래를 가능하게 함으로써 주식시장을 활성화하며, (iii) 실패한 사업가의 재기를 가능하게 하는 장점을 희석시킬 것이라는 우려이다. 선의 주주, 채권자의 피해가 없을 때에만 역적용을 작동한다면 위 유용성은 대체로 유지된다. 요컨대 제도남용에 따른 대응책으로서 역적용은 인정하되, 그 요건을 엄격히 설정하여 예측가능성을 부여함이 타당할 것이다.

(2) 역적용의 요건

(가) 총설: 법인격 부인 요건과의 비교

앞서 살펴본 바와 같이 일부 미국 판례는 법인격 부인 요건과 그 역적용 요건을 동일시한다.[101] 국내에서도 역적용을 순적용의 연장선상에서 파악하는 견해가 있다.[102] 아마도 법인격 부인의 요건 자체가 '지배' 및 '불공정' 등 극히 추상적 개념으로 구성되어 있기 때문에, 그러한 큰 틀에서 유사하다고 파악하는 듯하다.

하지만 조직격리의 배제(즉 역적용)와 소유자격리의 배제(즉 법인격 부인)는 적용국면이 다름에도 이를 동치하여 동일 요건을 적용함은 타당하지 않다.[103] 어떻게 달리 적용할 것인가? 앞서 미국과 우리나라의 법인격

much").

100) Mariana Pargendler, supra note 17, at 9도 유한책임의 강도(strength of limited liability)는 정책적 선택의 문제라고 본다.

101) State v. Easton, 169 Misc. 2d 282 (N.Y. Sup. Ct. 1995) 등.

102) 한국상사법학회 편, 앞의 책(각주 76), 198면.

103) Stephen M. Bainbridge, supra note 32, at 67-68은 법인격 부인과 그 역적용은 매우 다르고 설사 공통점이 있더라도 이는 표면적인 것에 불과하다고 본다; 송옥렬, 앞의 책(각주 30), 714면도 역적용은 법인격 부인론의 연장선이 아니라 독립적인 정책적인 판단이 필요하다고 본다.

부인시 주요 판단기준으로서 (ⅰ) 지배 요소(지배주주의 완전한 지배, 회사기관의 형해화, 재산의 혼용), (ⅱ) 불공정 요소(지배주주의 의도 및 상대방의 오인)를 든 바 있다. 이러한 요소를 완화할 것인가 아니면, 엄격히 볼 것인지의 문제이다.

가장 너그럽게 역적용을 인정하는 입장에서는, 직접적 선의피해자(소수주주, 회사채권자)가 없는 이상 주주채권자의 회사재산에 대한 집행을 허용해야 한다고 볼 수 있다. 이에 따르면 굳이 위 (ⅰ) 및 (ⅱ) 요소가 필요하지 않다. 기존 소수주주 및 회사채권자에 피해가 없는 이상(예컨대 잉여금이 많은 1인 회사의 경우), 역적용을 통한 회사 일부청산을 막을 이유가 없다는 것이다. 이를 일관하자면 적어도 회사채권자 보호 측면에서는 굳이 청산방지 원칙(즉 주주채권자에 의한 회사재산 집행금지)이 필요 없고 우선의 원칙(회사채권자가 주주채권자에 우선)으로 충분하게 된다. 그러나 주식회사의 조직격리를 이렇듯 '약형'으로 후퇴시키는 것은 바람직하지 않다. 주식회사 관련 이해관계자는 현재의 '직접적'인 이해를 갖는 소수주주, 회사채권자뿐 아니라 잠재적 투자자, 거래희망자를 포함하기 때문이다. 언제든지 일부청산 가능한 불안정한 조직은 아무래도 거래상대방으로서의 매력이 떨어지게 된다. 주식회사에 일반적으로 '강형' 조직격리를 규정한 이유이다.

생각건대 역적용 요건은 법인격 부인보다 엄격하게 설정되어야 할 것이다. 앞서 언급한 바와 같이 ① 조직격리 배제(역적용)란 회사조직의 일부청산을 의미하는바, 개인적 책임 추궁에 그치는 소유자격리 배제(법인격 부인)보다 다수 이해관계인이 관련되고, ② 조직격리 배제에 대한 대안으로서 (소유자격리의 경우와 달리) 지배주식에 대한 집행 가능성이 있기 때문이다. 법인격 부인을 허용하되 역적용은 명시적으로 부인한 코네티컷주의 입법례,[104] 역적용에 법인격 부인 요건 이외에 추가요건을 부가한 델라웨어 형평법원 판례[105]도 널리 이러한 취지에 서 있다고 할

---

104) Connecticut Business Corporation Act, Sections §§ 33-673b, 33-673c.

105) Manichaean Capital, LLC v. Exela Tech., Inc. C.A. No. 2020-0601-JRS (Del. Ch.

수 있다.

(나) 구체적 쟁점의 검토

1) 지배 요소

전통적인 법인격 부인론에서 지배 요소, 즉 지배주주의 완전한 지배, 회사기관의 형해화, 재산의 혼용은 그 핵심을 이룬다. 역적용도 마찬가지인가? 회사기관의 형해화와 재산 혼용은 유사하게 적용될 것이다. 나아가 지배주주의 완전한 지배는 역적용의 경우 더 엄격히 요구되어야 한다. 법인격 부인론인 경우 해당 회사에 소수주주가 있더라도 지배주주의 완전한 지배 인정 및 지배주주 개인재산에 대한 집행이 크게 불합리하지는 않다. 반면 역적용의 경우 소수주주가 있는 상태에서 회사재산에 대한 집행은 소수주주의 이익을 침해한다. 역적용은 1인 회사 또는 실질적으로 이와 동일하게 평가할 수 있는 경우(예컨대 소수주주도 지배주주와 동일한 연대책임을 부담하는 경우)에 한하여 발동될 수 있다. 결국 '소수주주 보호' 관점에서 역적용의 지배 요소는 강화된다.

2) 불공정 요소(주관적 요소)

앞서 우리 판례상 법인격 형해화의 요건으로서 별도의 불공정 요소, 특히 지배주주의 법인격 남용 의사는 요구되지 않는다고 설명한 바 있다. 그러나 역적용의 경우 지배주주에 관한 주관적 요건이 필요하다고 보아야 할 것이다. 우리나라의 민법상 사해행위 취소의 경우에도 채무자의 사해의사가 필요하다(민법 제406조). 역적용은 해당 법인의 재산전체가 집행대상이 될 수 있다는 점에서 사해행위 취소보다 파급효과가 크다. 여기에 법인격 부인론보다 엄격한 요건을 적용할 필요성을 보태어 보면, 주관적 요건을 요구함이 타당하다고 생각된다. 다만 위 지배 요소가 충족되는 경우 이러한 주관적 요건을 추단할 수 있는 경우가 많을 것이다.

3) 선의채권자 보호

역적용 시에 소수주주 이외에 회사채권자들도 불측의 피해를 입을

May 25, 2021).

수 있다. 역적용으로부터 회사채권자를 보호하는 방안으로서 (a) 회사에 재무상태를 먼저 검토하여 충분한 자력이 있는 때에만 역적용을 허용하는 방식과 (b) 회사의 재무상태를 불문하고 허용하되 회사채권자에 주주채권자에 대한 우선순위를 주는 방식이 있을 수 있다. 역적용을 제한하고 가급적 조직의 일부청산을 억제한다는 차원에서 (a)의 방안이 타당하다. (b)에 따르면 결국 해당 법인이 채무초과 상태임에도 일단 역적용을 허용하게 되는데, 이는 주주채권자에 큰 실익이 없는 행위일 뿐 아니라 회사채권자의 뜻에 반할 수 있다.[106] 회사에 충분한 자력이 있는지는 원고(주주채권자)측이 증명하여야 할 것이다.

4) 보충성 요건

법인격 부인론의 경우 달리 대안이 없을 때에만 이를 적용할 수 있는지에 논란이 있다.[107] 어느 견해에 의하더라도 역적용의 경우 보충성을 요한다고 보아야 한다. 법인격 부인 사례와 달리 역적용에서 문제되는 채무자인 지배주주에게는 지배주식이 있다. 지배주식이 매매가능하다거나 다른 집행대상 재산이 있는 경우 파급효과가 큰 역적용을 인정해서는 안 된다. 그 대안으로서는 지배주식 등의 집행 이외에 사해행위 취소(민법 제406조), 해당 법인의 공동불법행위 책임(민법 제760조) 등 기존 법리를 고려할 수 있을 것이다. 다만 대안이 활용가능하다는 점에 대하여는 피고법인이 증명책임을 부담한다고 하겠다.

5) 기타: 채권자 또는 지배주주 유형에 따른 차등 여부

법인격 부인론 적용 시 원고가 자발적인 채권자(계약채권자)인 경우와 비자발적 채권자(불법행위 피해자 등)인 경우로 나누어, 후자의 경우 법인격 부인론을 더 유연하게 적용하든지 나아가 유한책임을 부정해야 한

---

106) 회사채권자는 채무초과회사의 재무적 회복을 기다렸다가 전체 채권을 추심하기 원할 수도 있다.

107) 회사의 가장 근본적인 속성인 법인성, 유한책임을 부정하는 것이므로 신중해야 한다는 견지에서 보충성을 긍정하는 견해로서 김건식/노혁준/천경훈, 앞의 책(각주 30), 67면; 송옥렬, 앞의 책(각주 30), 712면. 반면 구체적인 타당성 실현 관점에서 이를 엄격히 적용할 필요가 없다는 근거로 보충성을 부정하는 견해로서 한국상사법학회 편, 앞의 책(각주 76), 161면.

다는 견해도 유력하다.[108] 계약채권자인 경우 해당 법인과 거래를 할 당시 지배주주의 보증책임을 요구하거나 기타 채권을 보전할 수단을 취할 수 있었음을 근거로 한다. 만약 이를 수용한다면 동일한 논리가 역적용에도 적용될 수 있을 것이다. 지배주주를 상대로 한 계약채권자는 거래 당시 채권 보전 수단을 취할 있었기 때문이다. 실제 앞서 언급한 바와 같이 미국 판례상 불법행위 피해자의 경우 더 넓게 역적용이 인정되는 것으로 보인다.[109]

다음으로 지배주주의 유형에 따른 차등이다. 법인격 부인론과 관련하여 피고가 법인주주인 경우 개인주주와 달리 더 수월하게 법인격 부인을 인정해야 한다는 주장이 제기된 바 있다.[110] 그 근거로 (i) 법인주주란 결국 모자회사 관계를 뜻하는바, 양 회사의 경영진이 겸직하는 경우가 많아서 자회사 도산에 모회사도 책임이 있을 가능성이 높은 점, (ii) 모회사 주주들 역시 유한책임 법리하에 보호를 받으므로 이러한 보호막 없이 무한책임이 노출된 개인 지배주주에 비해 법인격 부인에 따른 파급효과가 제한적이라는 점을 들고 있다. 이러한 주장의 당위를 떠나 적어도 역적용의 경우 지배주주가 법인인지 개인인지를 구분할 필요는 없다고 생각된다. 이러한 구분은 결국 법인주주를 상대한 채권자와 개인주주를 상대한 채권자 사이에 보호정도를 달리한다는 것인데, 이러한 차등을 합리화할 근거는 없다.

(다) 소 결 론

역적용 요건을 정리하면 다음과 같다. 첫 번째로 지배 요소이다. 즉 지배주주의 완전한 지배, 회사기관의 형해화, 재산의 혼융이 필요하다. 소수주주가 있는 경우 그가 지배주주와 동일한 책임을 지는 때에 한하여 그 채권자는 회사재산에 집행할 수 있다. 둘째로 주관적 요건으로서 지

---

108) 대표적으로 Henry Hansmann & Reinier Kraakman, Toward Unlimited Shareholder Liability for Corporate Torts, 100 *Yale L. J.* 1879 (1991).

109) Christopher W. Peterson, supra note 73, at 276.

110) Frank H. Easterbrook & Daniel R. Fischel, Limited Liability and the Corporation, 52 *Univ. Chic. L. Rev.* 89, 110-111 (1985).

배주주의 법인격 남용 의사가 인정되어야 한다. 셋째 회사채권자에 피해가 없는 경우, 즉 회사가 변제자력이 충분한 때에 한하여 역적용이 가능하다. 넷째 역적용 이외에 달리 주주채권자를 위한 구제수단이 없어야 한다.

이를 델라웨어 형평법원 판례상 요건과 비교해 본다. 앞서 살펴본 바와 같이 Manichaean Capital, LLC v. Exela Tech., Inc. 판결[111]은 역적용에 관해 일반적 법인격 부인 요건 외에 8가지 추가 요소를 열거한 바 있다. 그중 (ⅰ) 피고법인의 선의주주 보호, (ⅶ) 피고법인의 선의채권자 보호, (ⅷ) 다른 대안의 존재 여부는 위 분석과 동일하다. 그 밖에 위 판결이 제시한 요소는 대체로 형평법상의 추상적 요청이거나,[112] 회사의 책임을 묻기 위한 일종의 귀책사유로서 (지배주주의 회사에 대한 영향력이 아니라) 오히려 회사의 지배주주에 대한 영향력을 요구한 것이므로,[113] 우리 법제의 해석상 굳이 반영할 필요는 없어 보인다.

Ⅴ. 이 사건 판결에의 적용

1. 개 관

이론적 측면에서 (a) 전통적 역적용 사안, (b) 기존의 법인격 남용판례, (c) 이 사건 판결 사안을 상호 비교하면 다음과 같다. 공통점은 모두 조직격리를 배제한다는 점이다. 단지 배후자의 개인재산에 집행하는 법인격 부인론과 달리 위 세 경우 모두 회사재산에 대한 집행을 목표로 한다. 어떤 경우이든 소수주주, 회사채권자에 대한 보호요건이 필요한 이유이다.

---

111) C.A. No. 2020-0601-JRS (Del. Ch. May 25, 2021).

112) (ⅳ) 역적용을 통해 달성되는 공적 편의(public convenience), (ⅴ) 피고법인이 행한 위법행위의 범위와 심각성, (ⅵ) 원고 스스로가 형평법상 구제를 배척할 정도의 위법행위를 했을 가능성 등이 여기에 해당한다.

113) (ⅱ) 피고법인이 그 지배주주에 갖는 영향력, (ⅲ) 원고의 피해와 위 피고법인의 영향력과의 관련성 및 피고법인과 지배주주간 재산비분리에 관한 원고의 합리적 신뢰 정도가 여기에 해당한다.

법리의 적용 결과는 어떠한가? 이는 누가 분신(alter ego)인지의 문제이다. (b)의 경우 지배주주 X가 동시에 지배하는 P, Q 회사 중 Q회사가 P회사의 분신이다(P→Q). 반면 (a), (c)의 결과는 동일하다. 즉 피지배회사 Q가 지배주주 X의 분신이다(X→Q). 또한 채권자가 직면하게 되는 위험도 (b)의 경우 (a) 및 (c)와 다르다. 앞서 언급한 바와 같이, (b)는 P회사 채권자의 재산희석 위험에 대비한 것이다. Q회사를 세워 P회사 재산을 빼돌리지 않도록 견제함이 주기능이다. P회사에서 Q회사로 이전된 재산에 대한 정당한 대가가 중요하게 된다. 반면 (a), (c)는 그보다는 재산교체 위험이 더 큰 상황이라 할 수 있다. 지배주주가 보유하던 집행가능 재산이 집행이 곤란한 재산(즉 비상장회사 주식)으로 바뀌는 것이 문제이다.

2. 이 사건 판결을 바라보는 두 시각

이 사건 판결은 조직격리를 배제하기 위한 요건으로서 (ⅰ) 지배 요소("개인이 새로 설립한 회사를 실질적으로 운영하면서 자기 마음대로 이용할 수 있는 지배적 지위에 있다고 인정되는 경우"), (ⅱ) 주관적 요소("이 사건 채무를 면탈하기 위한 목적으로"), (ⅲ) 선의의 회사채권자 보호("제3자에 대한 회사의 채무 부담 여부와 그 부담경위"), (ⅳ) 실질적인 동일성("개인사업체와 영업목적, 물적설비, 인적 구성원 등이 동일"), (ⅴ) 정당한 대가 지급 여부(개인의 자산이 설립된 회사에 이전되었다면 그에 대하여 정당한 대가가 지급되었는지 여부, 개인의 자산이 회사에 유용되었는지 여부와 그 정도")를 제시하였다.

이 판결을 이해하는 방식으로서 두 접근법이 가능하다. 먼저 역적용 법리를 도입한 것으로 보는 입장이다.[114] 위 개관에서 보았듯, 이 사건 판결의 결과는 지배주주가 출연한 회사의 조직격리를 배제한 것으로서 역적용과 동일하다. 이 사건 판결을 대법원 종합법률정보(https://glaw.scourt.go.kr)에서 검색하면 사건명에 부제로 "개인의 채권자가 개인이 설립한 회사에

114) 예컨대 이종욱, 앞의 논문(각주 20), 217면.

대하여 법인격 부인론의 역적용을 전제로 채무의 이행을 청구하는 사건(밑줄 필자 추가)"이라는 해설이 달려 있기도 하다.

반면 위 부제와 달리 대법원이 딱히 역적용을 표방한 것이라기보다는 기존 법인격 남용판례를 확장한 것으로 볼 수도 있다. 기존 법인격 남용판례는 지배주주 X가 P회사를 운영하다가 도산위기에 처하게 되자 그와 실질적으로 동일한 Q회사를 설립하여 여기에 P회사의 주요재산을 정당한 대가 없이 이전한 사안들이다. 법인격 남용 판례는 결국 Q를 P의 분신처럼 판단하고 'P, Q 사이'의 재산분리를 해제하는 것이다. P회사 자리에 개인사업자인 X를 넣으면 어떠한가? Q를 X의 분신으로 판단하여 'X, Q 사이'의 재산분리를 부정한 것이 이 사건 판결이라고 풀이할 수 있는 것이다.

생각건대 이 사건 판결의 설시는 기존 법인격 남용 판례에 터 잡은 것으로 보인다. 물론 위 (ⅰ) 내지 (ⅲ)의 요소는 역적용 요건들이다.[115] 반면 (ⅳ), (ⅴ)의 요소는 기존 법인격 남용 판례를 떠나서 설명하기 어려운 것들이다. 즉 기존 판례상 법인격 남용 요건은 ① 채무면탈목적, ② 기존회사와 신설회사의 실질적 동일성, ③ 정당한 대가 없는 재산이전인바, 위 (ⅳ), (ⅴ)는 ②, ③에 해당한다. 실제 이 사건 판결은 구체적 판단의 상당부분을 위 ① 내지 ③ 요소에 집중함으로써[116] 기존 법인격 남용 판례에 크게 의지하였다.

3. 구체적 분석

사실관계에 따르면 원고는 채무자 X가 채무면탈 목적으로 피고회사

115) 한편 사안에서 원고는 역적용 이외에 마땅한 집행수단이 없었던 것으로 보인다. 이 사건 판결에서도 보충성에 관하여 별다른 주장이 오고 가지는 않았다.

116) 구체적으로 ①, ②의 점에 관하여 "소외 X는 이 사건 채무를 면탈할 목적으로 자신의 개인사업체인 두진칼라팩과 영업목적이나 물적설비, 인적 구성원 등이 동일한 피고를 설립한 것이고"라고 설시하고, ③의 점에 관하여 "이 사건 부동산을 포함하여 두진칼라팩의 모든 자산이 피고에게 이전된 반면, 소외 X는 자본금 3억 원으로 설립된 피고 주식 중 50%를 취득한 외에 아무런 대가를 지급하지 않은 점"이라고 설시하였다.

를 설립함에 따라 그 채권을 실행하기 어려운 상황에 처하게 되었다. 피고회사에 대한 직접 청구를 허용한 결론은 설득력이 있다. 다만 이러한 결론에 이르는 과정에는 몇 가지 짚어 볼 부분이 있다. 이 사건 판결이 제시한 요건 중 (ⅴ) 정당한 대가 수수 요건, (ⅲ) 선의 회사채권자 보호 요건, (ⅳ) 실질적인 동일성 요건을 중심으로 살펴본다.

(1) 정당한 대가 수수 요건?

앞서 살펴본 것처럼 기존 법인격 남용 판례는 '정당한 대가 없는 재산이전'을 법인격 남용의 지표로 파악한다.[117] 이 사건 판결은 이러한 입장을 답습하였다. 즉 "개인의 자산이 설립된 회사에 이전되었다면 그에 대하여 정당한 대가가 지급되었는지 여부"를 살펴야 한다고 전제한 다음, 사안에서 지배주주가 "자본금 3억원으로 설립된 피고 주식 중 50%를 취득한 외에 아무런 대가를 지급받지 않은 점"을 법인격 남용의 근거로 삼았다(나머지 주식은 지배주주와 경제적 이해관계를 같이하는 가족들이 수령함).

이러한 설시는 문제가 있다. 만약 선의의 소수주주가 존재한다면 역적용이든 법인격 남용이든 발동되기 어렵다. 한편 사안처럼 실제 선의의 소수주주가 존재하는 않는다면 대가의 공정성은 문제되지 않는다고 보아야 한다. 만약 지배주주 X가 피고회사 주식 100%를 전부 공정한 가액으로 취득했었다면 그 때문에 청구를 기각해야 하는가? 그렇지 않다. 이 경우에도 집행이 용이했던 X의 재산이 피고회사 비상장주식으로 바뀜에 따른 X의 채권자의 피해는 마찬가지로 발생하기 때문이다.

근본적으로 이 사건 판결 사안은 재산희석이 아니라 재산교체가 문제되는 사안이다. 일반 역적용 사안과 마찬가지로 대가의 불공정성 자체는 큰 이슈가 아니라고 볼 것이다.

(2) 선의 회사채권자 보호 요건

조직격리 배제가 문제되는 경우 항상 해당 조직의 소수주주 및 채

117) 물론 이 경우에도 채무초과인 상태에서 유일한 재산인 부동산을 매각하여 현금화하였다면 그 자체로 민법 제406조에 의한 채권자취소권이 발생할 여지가 있다는 것이 판례의 입장이기는 하다. 대법원 2010. 7. 15. 선고 2007다21245 판결 등.

권자 보호 문제가 발생한다. 기존 법인격 남용 판례는 이 점에서 약간 미흡한 점이 있었다. 기존 판례상 요구되는 구법인과 신설법인간 동일성에는 주주의 동일성도 포함한다. 따라서 신설법인의 선의 소수주주 피해 문제는 발생하지 않는다. 반면 신설법인의 회사채권자에 대하여는 별다른 고려를 명시하지 않았다. 물론 실제 사안에서 '실질적 동일성'을 파악할 때에 선의의 회사채권자 추가 여부도 고려되었을 수 있으나, 적어도 명문으로 이를 설시하지는 않았다.[118)]

이 사건 판결은 "제3자에 대한 회사의 채무부담 여부와 그 부담 경위"를 고려요소로 명시함으로써 위 제기된 문제를 보완하였다. 진일보한 판시라고 하겠다.

(3) 이 사건 판결의 한계-실질적인 동일성 요건과 관련하여

기존 법인격 남용 판례에서 출발한 탓에 이 사건 판결은 전후 사업의 동일성을 중시한다. 즉 "소외 X가 … 자신의 개인사업체인 두진칼라팩과 영업목적이나 물적 설비, 인적 구성원 등이 동일한 피고를 설립한 것이고"라고 설시한다.

만약 사업을 전혀 영위하지 않던 X에 의해 설립된 Q회사가 일반적 역적용 요건을 모두 갖추었다면 어떠한가? 즉 X가 채무면탈목적으로 그가 1인 주주로서 완전히 지배하는 Q회사를 설립하였는바, 선의채권자 보호가 문제되지 않고 X의 채권자를 위한 마땅한 구제수단도 없는 경우는 어떠한가? 단지 사업의 동일성이 없다(정확히는 기존 사업이 없다)는 이유만으로 달리 취급함이 타당한가?

기존 법인격 남용 판례에서 회사와 회사 사이에 '영업목적, 물적 설비, 인적 구성원' 등 실질적 동일성을 요구하는 것은 나름 합리성이 있다. 즉 이때에는 지배주주 X가 동시에 지배하는 P, Q 회사 중 Q회사가

---

118) 김태선, "법인격 부인론의 역적용에 대한 소고-대법원 2021. 4. 15. 선고 2019다293449 판결을 계기로", 이화여대 법학논집 제25권 제4호(2021), 543면은 신설회사의 채권자 보호를 이유로 역적용을 적용하지 않는 입장에 대하여 회의적인 입장을 취하면서 '실질적 동일성' 요건 등을 통해 신설회사 채권자와 기존회사 채권자간 보호의 균형을 이룰 수 있다는 입장이다.

P회사의 분신인지 여부가 쟁점이다(P → Q). 회사는 본디 영업을 위한 조직이므로 사업상 동일성이 중요한 지표가 된다. 반면 이 사건에서는 피지배회사 Q가 지배주주 X의 분신인지가 문제된다(X → Q). 자연인(X)과 회사(Q)간 비교에 사업상 동일성을 일괄하여 요구할 필요는 없다. 이 경우 자연인에 의한 완전한 지배 여부를 따지면 충분한 것이다.

Ⅵ. 결 론

주식회사의 법인격 및 그를 활용한 재산분리는 주식회사라는 도구의 효율적 활용을 돕기 위해 추가된 기능이다. 만약 적절하지 않게 사용되는 경우 주식회사를 둘러싸고 있는 가상의 막(veil)은 제거될 수 있다. 이러한 제거의 방향은 순방향일 수도 있고(법인격 부인론), 역방향일 수도 있다(법인격 부인론의 역적용).

다만 지배주주의 개인재산만이 문제되는 법인격 부인론에 비해 주식회사라는 조직 자체의 보호가 문제되는 역적용은 더 엄격한 요건하에서만 이를 인정할 수 있을 것이다. 구체적으로 지배주주의 지배 요소(주식회사에 대한 완전한 지배, 주식회사 기관의 형해화, 재산 혼용), 주관적 요소(채무면탈 등 남용목적), 선의채권자 보호, 보충성의 네 요건이 필요하다.

이 사건 판결의 쟁점은 주주의 채무에 대한 책임을 그 피지배회사에 묻는다는 점에서 역적용의 그것과 같다. 다만 대법원은 법인격 부인론의 역적용이라는 새로운 길보다는, 기존 판례하의 법인격 남용이라는 비교적 안전하고 편한 길을 택한 것으로 보인다. 동일 지배주주가 지배하는 'P, Q 회사간 재산분리'를 해제하는 기존 판례를 '지배주주와 피지배회사 Q간 재산분리'를 해제하는데 그대로 적용한 결과 몇 가지 의문점이 남게 되었다. 첫째로 대가의 공정성 요건이다. 기존 판례에는 타당하나 이 사안에는 타당하지 않다. 기존판례에서 (Q회사로부터 P회사에 지급되는) 대가의 불공정성은 그 대가를 책임재산으로 삼는 기존 (P회사의) 채권자 피해로 나타나는 반면, 이 사안에서 기존 (지배주주의) 채권자의 피해는 집행용이한 지배주주의 재산이 집행곤란한 비상장주식으로 전환되는 과정 자체에서 발생하기 때문이다. 둘째로 전후 사업의 동일성 요건이다. 이를 지배주주와 피지배회사에 그대로 적용한다면 결국 이 사건 판결이 적용되는 범위는 제한적일 수밖에 없다. 일례로 아무런 사업을 하지 않던 자연인이 채무면탈 목적으로 주식회사를 설립한 경우 이 사건 판결은 적용하기 어렵다.

향후 법원이 해외 논의 등을 참조하여 법인격 부인의 역적용을 전향적으로 수용함이 타당할 것이다. 선의 피해자 보호 등 그 요건을 명확히 설정한다면 조직격리의 예외적 배제에 따른 일반 투자자, 채권자들의 불안정성은 크지 않을 것이다.

[Abstract]

Reverse Piercing in Korea–A Critical Analysis of Recent Korean Supreme Court Decision

Rho, Hyeok Joon*

Asset partitioning is a basic principle for corporate organization: owner shielding (or limited liability theorem) protects shareholders' personal assets from corporate creditors' claims; entity shielding prohibits partial dissolution of a corporation by shareholders' creditors. (Outsider) Reverse piercing is to remove entity shielding, benefiting controlling shareholder's creditors – under reversing piercing scheme, controller's creditors may extend their claims to corporate assets. Unlike traditional piercing jurisprudence, the applicability of reverse piercing has been controversial both in US and Korea.

In May 2021, the Delaware chancery court explicitly adopted reverse piercing theory and allowed shareholder's creditors to charge against corporate assets. The court imposed very strict requirements: on top of traditional piercing the veil requirements, the court should take into consideration (i) the other shareholders not responsible for the conduct of controllers, (ii) public conveniences, (iii) innocent third-party creditors of the corporation, etc.

In Korea, reversing piercing has been discussed in the context of new entity incorporation with the assets of debt-ridden firm. What happens, if Z, a controller of ailing X company, siphoned X's assets and established Y company, whose business portfolio and management was just the same as

* Professor, Seoul National University School of Law.

those in X company? The Korean Supreme Court viewed Y as alter ego of X and repeatedly allowed creditors in X to extend their claim to Y. While similar in that entity shielding is eliminated, the jurisprudence above is different from typical reverse piercing: the issue here was whether a corporation should be responsible for debts of 'another identical corporation' (not for debts of its controller).

In 2021 Korea Supreme Court case (2019da293449), an individual set up a close corporation and transferred his business to it. A business creditor of the individual raised a lawsuit against the new corporation, arguing the individual abused the legal personality and the newly established corporation should be subject to reverse piercing. The Court sided with the creditor, pointing to that the individual did not receive fair compensation from the business transfer and the new corporation's business portfolio and management was just the same as the individual's prior business.

This paper agrees with the conclusion that the corporation should be responsible for the debt of the individual in such a case. However, the logic should be different. The Supreme Court should explicitly adopt general reverse piercing theory which do not require fair compensation and the identical business elements. Rather, the Court need only to focus upon how to protect minority shareholders and creditors of the company subject to reverse piercing.

[Key word]

- piercing the corporate veil
- reverse piercing
- asset partitioning
- alter ego
- monitoring cost
- limited liability

참고문헌

[국내문헌]

김건식/노혁준/천경훈, 회사법(제6판), 박영사(2022).

김건식, 법인격과 법인격 부인법리-우리 판례를 중심으로, BFL 제69호(2015).

김태선, 법인격 부인론의 역적용에 대한 소고-대법원 2021. 4. 15. 선고 2019다293449 판결을 계기로, 이화여대 법학논집 제25권 제4호(2021).

노혁준, 주식회사와 신탁에 관한 비교고찰-재산분리 기능을 중심으로, 증권법연구 제14권 제2호(2013).

송옥렬, 상법강의(제12판), 홍문사(2022).

윤영신, 주주와 사채권자의 이익충돌과 사채권자의 보호, 상사법연구 제17권 제1호(1998).

이종욱, 법인격부인론의 역적용-외부자의 법인격 부인론 역적용을 중심으로, 민사법학 제98호(2022).

이철송, 회사법강의(제30판), 박영사(2022).

한국상사법학회 편, 주식회사법대계 I (제3판, 김정호 집필부분), 법문사(2019).

[외국문헌]

江頭憲治郎, 株式會社法(第8版), 有斐閣(2021).

田中 亘, 会社法(第3版), 東京大學出版会(2021).

Ariella M. Lvov, Preserving Limited Liability: Mitigating the Inequities of Reverse Veil Piercing with a Comprehensive Framework, 18 U.C. Davis Bus. L.J. 161 (2017).

Christopher W. Peterson, Piercing the Corporate Veil in Nebraska, 51 Creighton L. Rev. 247 (2018).

David Cabrelli, The Case Against "Outsider Reverse" Veil Piercing, 10 Journal of Corporate Law Studies 343 (2010).

David G. Epstein & Jake Weiss, The Fourth Circuit, "Suem" and Reverse Veil Piercing in Delaware, 70 S. C. L. Rev. 1189 (2019).

Frank H. Easterbrook & Daniel R. Fischel, Limited Liability and the Corporation, 52 The University of Chicago Law Review 89 (1985).

Henry Hansmann & Reinier Kraakman, The Essential Role of Organizational Law, 110 Yale L. J. 387, 390 (2000).

Henry Hansmann & Richard Squire, External and Internal Asset Partitioning: Corporations and their Subsidiaries in The Oxford Handbook of Corporate Law and Governance (ed. by Jeffrey N. Gordon & Wolf-Georg Ringe) Oxford University Press (2018).

Jonathan Macey & Joshua Mitts, Finding Order in the Morass: The Three Real Justifications for Piercing the Corporate Veil, 100 Cornell L. Rev. 99 (2014).

Laura Spitz, The Case for outside Reverse Veil Piercing in New Mexico, 51 N.M. L. Rev. 349 (2021).

Mariana Pargendler, The Fallacy of Complete Corporate Separateness (2021) [https://papers.ssrn.com/sol3/papers.cfm?abstract_id=3994854].

Michael C. Jensen & William H. Meckling, Theory of the Firm: Managerial Behavior, Agency Costs and Ownership Structure, 3 J. Fin. Econ. 305 (1976).

Michael Richardson, The Helter Skelter Application of the Reverse Piercing Doctrine, 79 U. Cin. L. Rev. 1605 (2011).

Peter B. Oh, Veil-Piercing, 89 Tex. L. Rev. 81, 81 (2010).

Reinier Kraakman et al., The Anatomy of Corporate Law: A Comparative and Functional Approach (3rd ed.), Oxford Univ. Press (2017).

Robert B. Thompson, Piercing the Corporate Veil: An Empirical Study, 76 Cornell L. Rev. 1036, 1044 (1991).

Robert C. Clark, Corporate Law, Little, Brown & Company (1986).

Stephen M. Bainbridge, Abolishing LLC Veil Piercing, 2005 U. Ill. L. Rev. 77 (2005).

______, Abolishing Veil Piercing, 26 J. Corp. L. 479 (2001).

______, Corporate Law (2nd ed), Foundation Press (2009).

Steven L. Schwarcz, Collapsing Corporate Structures: Resolving the Tension Between Form and Substance, 60 The Bus. Law. 109 (2004).

Thilo Kuntz, Asset Partitioning, Limited Liability and Veil Piercing: Review Essay on Bainbridge/Henderson, Limited Liability, 19 Eur. Bus. Law Rev. 439 (2018).

William W. Bratton, Bond Covenants and Creditor Protection- Economics and Law, Theory and Practice, Substance and Process, Eur. Bus. Organ. Law Rev. vol. 7 (2006).

임대차보증금반환채권 담보 목적의 전세권에 저당권이 설정된 경우 통정허위표시 법리의 적용 여부

임 윤 한*

■요 지■

임대차계약에 따른 임대차보증금반환채권의 담보가치를 활용하기 위하여 이를 피담보채권으로 하는 전세권을 설정하고 이에 대한 저당권이 설정되는 사례가 많다. 종래 임대차보증금반환채권 담보 목적의 전세권의 효력에 대해 전세권자의 사용·수익을 완전히 배제하는 것이 아닌 이상 원칙적으로 유효하다는 판결과 이러한 전세권설정계약은 통정허위표시로서 무효로 볼 수 있다는 판결이 병존하였는데, 대상판결은 전세권자의 사용·수익을 완전히 배제하는 것이 아닌 한 전세권설정등기는 유효하다고 보면서도 그 전세권설정계약은 임대차계약과 양립할 수 없는 범위에서 통정허위표시로서 무효라고 하여, 악의의 전세권저당권자는 연체차임 등이 공제된 전세금의 반환만을 구할 수 있다고 하였다.

그러나 채권담보 목적의 전세권에서 전세금은 설정된 신용액을 나타내는 것일 뿐 부동산의 사용대가나 보증금으로 기능하지 않고, 보증금에서 연체차임 등이 공제되는 법률효과는 전세권설정계약과 구분되는 임대차계약에 의한 것이므로, 임대차보증금반환 담보 목적의 전세권이라 하더라도 전세금에서 연체차임 등이 공제될 수 없다. 대상판결은 임대차보증금에서 연체차임 등을 공제하고 남은 돈을 전세금으로 하는 '임대인과 임차인의 합치된 의사'가 있

* 대법원 재판연구관(판사).

음을 주된 근거로 삼고 있으나, 대상판결이 상정하는 의사는 경제적 목적에 관한 것이지 법률행위의 내용으로 볼 수 없고 일반인에게 널리 알려진 법률지식과도 맞지 않으며, 그러한 의사표시의 효력을 인정하면 채권관계인 임대차의 모습 그대로를 물권인 전세권으로 승인하게 되어 물권법정주의에 어긋나는 결과가 된다. 나아가 연체차임 등의 공제에 관한 전세권설정자의 기대보다 전세권이 법률에서 정한 내용에 따른 담보가치를 가질 것이라는 전세권저당권자의 기대가 더 보호가치가 있다.

따라서 임대차보증금반환채권 담보 목적의 전세권에 저당권이 설정된 경우 통정허위표시의 법리를 적용하는 대상판결의 입장은 타당하지 않다. 또한 대법원은 전세권저당권자의 물상대위 행사에 있어 전세권설정자의 반대채권 취득 시점에 따라 합리적 기대이익이 인정되는 경우 그에 대한 상계 주장을 제한적으로 허용하고 있으나, 전세권설정자에게는 전세금반환채권과의 상계에 대한 합리적 기대이익이 인정되지 않는다고 보아야 한다. 위 양자의 판결 모두 전세권설정자와 전세권자 사이의 채권적 요소를 전세권의 담보가치에 개입시킴으로써 전세권저당권자의 담보물권자로서의 지위를 약화시키는 결과를 가져오는 것으로서 그 타당성을 재고할 필요가 있다.

[주 제 어]
- 채권담보 목적의 전세권
- 전세권저당권
- 허위표시
- 전세금반환채권에 대한 공제
- 전세권저당권자에 대한 상계

대상판결 : 대법원 2021. 12. 30. 선고 2018다268538 판결

[사안의 개요]

1. 사실관계

가. 원고는 2014. 5. 19. 甲에게 이 사건 상가를 임대차보증금 1억 원, 임대차기간 2014. 6. 19.부터 2016. 6. 18.까지, 차임 월 500만 원으로 정하여 임대하는 계약을 체결하면서 甲 앞으로 전세권설정등기를 마치기로 약정하였고, 甲은 2014. 6. 19.까지 임대차보증금 1억 원을 지급하였다.

나. 甲은 2014. 11. 26. 이 사건 상가에 관하여 전세금 1억 원, 존속기간 2014. 6. 19.부터 2016. 6. 18.까지인 이 사건 전세권설정등기를 마침과 동시에 피고에게 이 사건 전세권에 관하여 채권최고액 1억 원인 근저당권설정등기를 마쳐주었다.

다. 원고는 甲의 차임 연체에 따라 임대차계약을 해지하였다며 2015. 9. 18. 甲을 상대로 이 사건 상가의 인도를 구하는 소를 제기하였는데, 소송계속 중이던 2015. 12. 21. 甲에 대하여 파산이 선고되었다.

라. 피고는 2016. 2. 17. 위 1억 원의 전세금반환채권에 대해 물상대위에 의한 채권압류 및 추심명령을 받았고, 위 명령은 2016. 2. 23. 원고에게 송달되었다.

마. 원고는 2016년 5월경 甲의 파산관재인과 사이에, 이 사건 전세권설정등기를 말소하고 이 사건 상가는 원고에게 인도된 것으로 간주한다는 취지의 합의를 하였고, 甲의 파산관재인은 2016. 6. 7. 위 합의에 대하여 파산법원의 허가를 받았다.

바. 원고는 피고에 대하여 이 사건 전세권설정등기의 말소등기에 대한 승낙의 의사표시를 구하는 이 사건 소를 제기하였다.

2. 소송의 경과

가. 원심은 이 사건 전세권설정계약이 통정허위표시로서 무효이고, 피고가 근저당권 설정 당시 이 사건 전세권설정계약이 통정허위표시로서 무효임을 알고 있었으므로 원고는 피고에 대해 그 무효를 주장할 수 있다는 이유로, 피고는 이 사건 전세권설정등기의 말소에 대해 승낙의 의사표시를 할 의무가 있다고 보았다.[1)]

나. 피고는 임대차보증금 담보를 목적으로 한 이 사건 전세권설정계약은 통정허위표시가 아니고 유효하다고 주장(상고이유 2점)하면서 상고하였다.[2)]

3. 대상판결의 요지

가. 전세권이 용익물권적 성격과 담보물권적 성격을 모두 갖추고 있고, 목적물의 인도는 전세권의 성립요건이 아닌 점 등에 비추어 볼 때, 당사자가 주로 채권담보의 목적으로 전세권을 설정하였고, 그 설정과 동시에 목적물을 인도하지 아니한 경우라 하더라도, 장차 전세권자가 목적물을 사용·수익하는 것을 완전히 배제하는 것이 아니라면 그 전세권의 효력을 부인할 수는 없다. 전세금의 지급은 전세권 성립의 요소가 되는 것이지만 그렇다고 하여 전세금의 지급이 반드시 현실적으로 수수되어야만 하는 것은 아니고 기존의 채권으로 전세금 지급을 대신할 수도 있다.

나. 임대차계약에 따른 임대차보증금반환채권을 담보할 목적으로 임대인과 임차인 사이의 합의에 따라 임차인 명의로 전세권설정등기를 마친 경우, 그 전세금의 지급은 이미 지급한 임대차보증금으로 대신한 것이고, 장차 전세권자가 목적물을 사용·수익하는 것을 완전히 배제하는 것도 아니므로, 그 전세권설정등기는 유효하다. 이때 임대인과 임차인이 그와 같은 전세권설정등기를 마치기 위하여 전세권설정계약을 체결하여도, 임대차보증금은 임대차계약이 종료된 후 임차인이 목적물을 인도할 때까지 발생하는 차임 및 기타 임차인의 채무를 담보하는 것이므로, 임대인과 임차인이 위와 같이 임대차보증금반환채권을 담보할 목적으로 전세권을 설정하기 위하여 전세권설정계약을 체결하였다면, 임대차보증금에서 연체차임 등을 공제하고 남은 돈을 전세금으로 하는 것이 임대인과 임차인의 합치된 의사라고 볼 수 있다. 그러나 그 전세권설정계약은 외관상으로는 그 내용에 차임지급 약정이 존재하지 않고 이에 따라 전세금이 연체차임으로 공제되지 않는 등 임대인과 임차인의 진의와 일치하지 않는 부분이 존재한다. 따라서 그러한 전세권설정계약은 위와 같이 임대차계약과 양립할 수 없는 범위에서 통정허위표시에 해당하여 무

1) 부산지방법원 2018. 8. 30. 선고 2017나52849 판결.

2) 대상판결에 대한 판례해설인 이봉민, “임대차보증금반환채권 담보 목적의 전세권에 저당권이 설정된 경우 전세권의 효력과 전세권설정자와 전세권저당권자 사이의 법률관계”, 대법원판례해설 제129호(법원도서관, 2022), 125면. 한편, 피고는 선의임을 주장하였으나(상고이유 1점) 대상판결은 받아들이지 않았다.

효라고 봄이 타당하다. 다만 그러한 전세권설정계약에 의하여 형성된 법률관계에 기초하여 새로이 법률상 이해관계를 가지게 된 제3자에 대하여는 그 제3자가 그와 같은 사정을 알고 있었던 경우에만 그 무효를 주장할 수 있다.

다. 전세권을 목적으로 한 저당권이 설정된 경우, 전세권의 존속기간이 만료되면 전세권의 용익물권적 권능이 소멸하기 때문에 더 이상 전세권 자체에 대하여 저당권을 실행할 수 없게 되고, 저당권자는 저당권의 목적물인 전세권에 갈음하여 존속하는 것으로 볼 수 있는 전세금반환채권에 대하여 압류 및 추심명령 또는 전부명령을 받거나 제3자가 전세금반환채권에 대하여 실시한 강제집행절차에서 배당요구를 하는 등의 방법으로 물상대위권을 행사하여 전세금의 지급을 구하여야 한다. 전세권저당권자가 물상대위권을 행사하여 전세금반환채권에 대하여 압류 및 추심명령 또는 전부명령을 받고 이에 기하여 추심금 또는 전부금을 청구하는 경우 제3채무자인 전세권설정자는 일반적 채권집행의 법리에 따라 압류 및 추심명령 또는 전부명령이 송달된 때를 기준으로 하여 그 이전에 채무자와 사이에 발생한 모든 항변사유로 압류채권자에게 대항할 수 있다. 다만 임대차계약에 따른 임대차보증금반환채권을 담보할 목적으로 유효한 전세권설정등기가 마쳐진 경우에는 전세권저당권자가 저당권 설정 당시 그 전세권설정등기가 임대차보증금반환채권을 담보할 목적으로 마쳐진 것임을 알고 있었다면, 제3채무자인 전세권설정자는 전세권저당권자에게 그 전세권설정계약이 임대차계약과 양립할 수 없는 범위에서 무효임을 주장할 수 있으므로, 그 임대차계약에 따른 연체차임 등의 공제 주장으로 대항할 수 있다.

〔研　究〕

Ⅰ. 들어가며

전세권은 종래 관습상 제도로서의 전세를 성문화한 것으로, 전세금을 지급하고 타인의 부동산을 점유하여 그 용도에 좇아 사용 · 수익하며, 그 부동산 전부에 대하여 후순위권리자 기타 채권자보다 전세금의 우선변제를 받을 수 있는 물권을 말한다(민법 제303조 제1항). 실무에서는 민법이 예정하고 있는 고유한 형태의 전세권보다 별도의 계약관계에서 발생한 채권을 담보하기 위하여 설정된 전세권과 관련한 분쟁이 더 흔하다.[3] 민법은 전세권자의 투하자본 회수를 위하여, 전세권을 타인에게 양도 또는 담보로 제공하거나 존속기간 내에서 전전세 또는 임대할 수 있고(제306조 본문), 전세권을 목적으로 하는 저당권을 설정할 수 있다(제371조 제1항)고 규정하는데, 임대인과 임차인이 임대차보증금반환채권의 담보가치를 활용하고자 임대차보증금반환채권의 확보를 위한 전세권을 마치는 경우가 많다.[4]

이와 같은 채권담보 목적의 전세권에 대하여는 물권법정주의와 통정허위표시의 관점에서 유효한 것인지 의문이 제기되어 왔고, 많은 경우에 저당권을 설정하기 위한 전제로서 설정되었던 만큼 전세권설정자와 전세권저당권자 사이에서 그 효력이 다투어졌다. 대상판결은 임대차보증금반환채권 담보 목적의 전세권에 저당권이 설정된 경우 전세권의 효력과 전세권설정자와 전세권저당권자 사이의 법률관계에 관하여 기존 판례의 취지를 따르면서도 이유 제시를 구체화하여, 그러한 전세권설정계약은 임대차계약과 양립할 수 없는 범위에서만 통정허위표시로서 무효라는 점을 명확히 하였다.[5] 대상판결의 법리에 따르면, 전세권저당권자가 가지는 전세권의 담보가치는 임대차보증금반환채권 담보 목적으로 마쳐진 전세권인지에 대한 인식 여부에 의해 결정되고, 그 결과 선의인 전세권저당권자는 피담보채권의 범위에서 전세금 전부의 반환을 구할 수 있지만, 악의인 경우 연체차임 등이 공제된 나머지 전세금의 반환만을 구할 수 있다. 이는 채권담보 목적으로 마쳐진 전세권의 유효성을 긍정하면서도 악

---

3) 오경미, "채권담보전세권과 그 저당권의 법률관계", 민사재판의 제문제 제19권(한국사법행정학회, 2010. 12.), 119면. 이 글에서는 전세권설정 당사자 사이의 별도의 계약관계를 '기본계약관계'로 지칭한다.

4) 임대차보증금반환채권의 확보를 위한 전세권의 설정은 ① 주택임대차보호법이나 상가임대차보호법에 따른 대항력과 비교할 때 처음부터 등기를 통하여 전세금이 공시되고 그에 대한 대항력을 취득함으로써 처분하거나 담보로 이용하기에 편리하고, ② 등기된 임차권 또는 저당권과 비교할 때 양도와 담보 제공이 자유롭다는 장점이 있다. 김제완, "전세권을 목적으로 한 저당권자의 우선변제권과 상계적상", 고려법학 제76호(고려대학교 법학연구소, 2015. 3.), 282-285면.

5) 이봉민(주 2), 148면.

의의 전세권저당권자에 대하여는 전세권설정자가 임대차관계에 기한 항변으로 대항할 수 있도록 함으로써 당사자 사이의 이해관계 조정을 도모한 것으로 평가된다.[6] 그러나 이러한 결과가 법리적 측면이나 정당한 이익형량의 측면에서 타당한가에 대해 의문이 있다.

이하에서는 전세권의 법적 성질에 대한 논의를 간단히 살펴보고(Ⅱ.), 대상판결의 쟁점인 채권담보 목적의 전세권의 효력(Ⅲ.)과 임대차보증금반환채권 담보 목적의 전세권에 저당권이 설정된 경우 통정허위표시 법리의 적용 문제(Ⅳ.)를 검토한 후, 보론으로 물상대위권을 행사하는 전세권저당권자에 대한 상계 주장의 허용 여부(Ⅴ.)를 검토한다. 이를 바탕으로 대상판결 사안의 해결방안을 제시한다(Ⅵ.).

Ⅱ. 전세권의 법적 성질

1. 문제의 소재

제정 당시 민법에는 전세권자의 우선변제권에 관한 명문의 규정이 없었는데,[7] 1984년 개정 민법(1984. 4. 10. 법률 제3723호) 제303조 제1항 후단에서 "그 부동산 전부에 대하여 후순위권리자 기타 채권자보다 전세금의 우선변제를 받을 권리가 있다."고 규정하여 전세금의 우선변제권을 명문으로 인정하였다. 개정 후 전세권의 법적 성질에 대해서도 용익물권설,[8] 담보물권설[9]이 주장되나, 용익물권성과 담보물권성을 겸유한다는

6) 최수정, "임대차보증금반환채권을 담보하기 위한 전세권의 효력과 효과: 대법원 2021. 12. 30. 선고 2018다268538 판결에 대한 비판적 검토를 통하여", 민사법학 제99호(한국민사법학회, 2022. 6.), 389면.

7) 1984년 개정 민법 시행 전의 학설은 전세권을 그 객체에 대한 사용·수익의 권능을 요소로 하는 용익물권이라고만 볼 것인지 아니면 저당권처럼 대상목적물의 교환가치를 목적으로 하는 담보물권이라고 볼 것인지, 그리고 명문규정이 없음에도 우선변제권이 인정될 수 있을 것인지에 관하여 크게 용익물권설, 담보물권설 및 특수용익물권설로 나뉘어 있었다. 위 학설의 소개는 편집대표 곽윤직, 민법주해[Ⅵ](물권 3), 박영사(2011), 170-172면(박병대 집필 부분) 참조.

8) 양창수, "전세권", 고시계 제37권 제3호(국가고시학회, 1992. 2.), 95면. 전세금반환채권은 전세권이 소멸되어야 비로소 발생하는 것으로 그 만족을 위해 우선변제권 등이 인정되었다고 해서 이미 소멸한 전세권이 담보물권으로 존속할 수는 없고, 전세권 소멸 후의 전세권자는 일종의 우선특권자 지위에 있다고 한다.

견해가 일반적이다. 다만 어느 것이 주된 것인지에 관하여 입장이 나뉜다.

2. 학 설

(1) 용익물권위주설

전세권의 기본성격은 용익물권이고 담보물권성은 부수적이라는 견해이다.[10] 전세권은 타인 부동산의 사용·수익을 본체로 하고, 사회통념상으로도 부동산의 대차와 이에 대한 대가의 수수가 주된 목적이지 금전대차와 이에 대한 채권확보를 주된 목적으로 하는 것은 아니며, 담보물권성은 전세금의 수수라는 전세권성립의 단계에서 부분적으로 현출되고, 전세권의 존속기간 중에는 내재하고 있다가 전세권이 소멸하는 경우에 전세금반환채권의 확보를 위하여 제한적으로 드러난다고 한다.

(2) 동 격 설

전세권은 용익물권성과 담보물권성이 동등한 가치를 가지고 성립, 존속, 소멸에 있어 두 가지 성질을 공유하는 특수한 물권이라는 견해이다.[11] 전세권설정자는 자기의 부동산을 담보로 일시에 부동산 가액에 상

---

9) 김기선, 한국물권법, 법문사(1990), 306면. 전세권은 용익물권인 지상권·지역권과 달리 전세금의 지급이 필수요건이고, 부동산가액의 약 5할에 이르는 고율의 금전을 융통하게 해 주며, 경매청구권과 우선변제권이 인정되고, 법정지상권이 인정되는 것은 객체인 건물의 사용가치보다 교환가치·담보가치를 보유하기 위한 것으로, 부동산질권과 다를 것이 없다고 설명한다.

10) 민법주해[Ⅵ](물권 3)(주 7), 174면(박병대 집필 부분); 이상태, "전세권저당권자의 법적 지위", 민사법학 제38호(한국민사법학회, 2007. 9.), 583면; 이호행, "전세권의 본질과 전세권저당권의 실행", 민사법학 제71호(한국민사법학회, 2015. 6.), 9-12면.

11) 편집대표 김용덕, 주석민법(물권 3) 제5판, 한국행정사법학회(2019), 261면(조용현 집필 부분); 김동옥, "저당권의 목적물로 된 전세권이 기간만료로 종료된 경우의 법률관계", 판례연구 제12집(부산판례연구회, 2001. 6.), 683면; 박순성, "전세권에 관한 판례의 동향과 전망: 전세권의 담보물권성을 중심으로", 21세기 한국민사법학의 과제와 전망; 심당송상현선생화갑기념논문집(박영사, 2002), 85-86면; 남양우, "전세권을 목적으로 한 저당권의 효력에 관하여: 대법원 1999. 9. 17. 선고 98다31301 판결을 중심으로", 대전지방법원 실무연구자료 제7권(2006. 1.), 81면; 강대성, "전세권저당권의 우선변제적 효력", 토지법학 제24-1호(한국토지법학회, 2008. 6.), 33면; 배병일, "전세권저당권", 저스티스 통권 제139호(한국법학원, 2013. 12.), 10면; 장병주, "전세기간 만료 후 전세권저당권자의 법적 지위", 법학논총 제33권 제3호(국민대학교 법학연구소, 2021. 2.), 633면.

당하는 금융을 전세권자로부터 얻고 전세권자는 목적부동산을 점유 · 사용하는 용익권자인 동시에 금전채권자이자 담보권자가 되는 것이며, 담보 목적의 전세권을 무효라고 할 법적 근거가 없으므로 전세권이 용익 위주로 설정될 것을 강제할 수 없다고 한다.

(3) 담보물권위주설

전세권은 용익물권으로서의 특성보다 담보물권으로서의 특성이 더 강하다는 견해이다.[12] 전세권은 가사전당(家舍典當)의 관습에서 출발하였고, 여타 다른 담보물권과 같이 우선변제권이 인정되지만 다른 용익물권과는 달리 전세금의 지급을 필수성립요건으로 하며, 전세권자가 전세기간 중 양도나 전대, 저당권을 설정하여 따로 금융을 할 수 있고, 사회적 인식으로 볼 때 전세권자의 입장에서 부동산을 사용 · 수익하겠다는 의미보다 우선변제권을 확보하겠다는 뜻과 전세권설정자의 입장에서 일정한 금융을 하겠다는 인식이 강하며, 담보물권의 통유성이 인정되는 점 등을 근거로 한다.

3. 판례의 입장

대법원은 "전세권이 용익물권적 성격과 담보물권적 성격을 겸비하고 있다"고 한 바 있고,[13] 이후 "전세권설정등기를 마친 민법상의 전세권은 그 성질상 용익물권적 성격과 담보물권적 성격을 겸비한 것으로서, 전세권의 존속기간이 만료되면 전세권의 용익물권적 권능은 전세권설정등기의 말소 없이도 당연히 소멸하고 단지 전세금반환채권을 담보하는 담보물권적 권능의 범위 내에서 전세금의 반환시까지 그 전세권설정등기의 효력이 존속하고 있다"고 하여[14] 겸유설의 입장이나, 양자의 관계에 대하

12) 오시영, "전세권 존속기간 경과 후 전세권저당권의 물상대위성에 대한 고찰", 한양법학 제22권 제3집(한양법학회, 2011. 8.), 511-513면; 추신영, "전세권저당권의 실행방안: 대법원 2006. 2. 9. 선고 2005다59864 판결", 재산법연구 제28권 제2호(한국재산법학회, 2011. 8.), 60-61면.

13) 대법원 1995. 2. 10. 선고 94다18508 판결.

14) 대법원 2005. 3. 25. 선고 2003다35659 판결 등.

여는 명확하게 언급하지 않고 있다.[15)]

4. 검　토

전세권은 민법의 제정 당시부터 부동산을 점유하여 그 용도에 좇아 이를 사용·수익하는 것을 내용으로 하는 물권으로서(제303조 제1항 전단) 용익물권으로서의 성격을 가지고 있음은 분명하다. 그리고 신용의 수수라는 사회적 기능으로 보나 우선변제권과 경매청구권을 인정하는 민법의 규정(제303조 제1항 후단, 제318조)으로 보나 전세권이 담보물권으로서의 성격을 가지고 있다는 점도 부정할 수 없다.[16)] 따라서 전세권은 용익물권성과 담보물권성을 겸유하는 권리라 할 것이다.

또한 연혁적으로 볼 때 전세권은 용익물권으로 편제되었으나 전세금반환채권의 담보를 위하여 경매청구권이나 우선변제권이 인정된 것이므로 담보물권성은 부수적인 것으로 볼 수 있는 점,[17)] 전세금반환채권은 존속기간이 만료된 후 전세금을 전세권자의 채무에 충당하고 남는 것이 있음을 정지조건으로 하는 조건부 권리이고(민법 제315조 제2항, 제317조), 경매청구권은 이러한 전세금반환채권의 반환이 지체된 때에 행사할 수 있으며(민법 제318조), 최선순위 전세권은 경매절차에서 원칙적으로 소멸되지 않고 인수되는 등(민사집행법 제91조 제3항, 제4항 본문) 담보물권적 권능은 용익물권적 권능이 소멸하는 전세관계의 청산 단계에서 두드러지게 나타나는 점[18)]에 비추어, 용익물권위주설이 타당하다고 생각한다.

---

15) 동격설의 입장으로 평가하는 견해로, 오경미(주 3), 113-114면; 배병일(주 11), 10면. 반면, "전세권이 기간만료로 종료된 경우 전세권은 전세권설정등기의 말소등기 없이도 당연히 소멸되는 것"이라는 원심 판단을 수긍한 대법원 1999. 9. 17. 선고 98다31301 판결과 "전세권이 전세금 채권을 담보하는 담보물권적 성질을 가지고 있다고 하여도 전세권은 전세금이 존재하지 않으면 독립하여 존재할 수 없는 용익물권"이라고 한 대법원 2000. 6. 9. 선고 99다15122 판결에서 용익물권위주설을 취하였다는 견해로, 이상태(주 10), 582면; 남양우(주 11), 80면; 강대성(주 11), 33면.

16) 민법주해[VI](물권 3)(주 7), 173면(박병대 집필 부분); 주석민법(물권 3)(주 11), 261면(조용현 집필 부분).

17) 윤진수, 민법기본판례(제2판), 홍문사(2020), 239면.

18) 한편, 최선순위 전세권이라도 배당요구가 있으면 우선변제권이 인정되지만 이러

Ⅲ. 채권담보 목적의 전세권의 효력

1. 문제의 소재

채권담보 목적의 전세권은 전세권설정자와 전세권자 사이에 현실적인 전세금의 수수가 이루어지지 않고, 전세권자가 목적부동산을 인도받아 사용·수익하지 않는 경우 그러한 전세권이 물권법정주의의 원칙에 위배되는지와 관련하여 유효성에 대한 의문이 제기되었다. 전자는 전세금의 수수가 전세권의 성립요건인지의 문제와 관련되고, 후자는 전세권의 용익물권적 권능 측면이 문제된다.

2. 판례의 입장

(ⅰ) 대법원 1995. 2. 10. 선고 94다18508 판결[19]은 공사대금채권의 담보를 위하여 마쳐진 전세권에 대해 "당사자가 주로 채권담보의 목적으로 전세권을 설정하였고, 그 설정과 동시에 목적물을 인도하지 아니한 경우라 하더라도, 장차 전세권자가 목적물을 사용·수익하는 것을 완전히 배제하는 것이 아니라면, 그 전세권의 효력을 부인할 수는 없다"고 하여 채권담보 목적으로 마쳐진 전세권의 유효성을 인정하였는데, 대상판결과

한 경우 그 매각으로 인해 전세권이 소멸하므로(민사집행법 제91조 제4항 단서), 청산 단계에서 담보물권적 권능이 발현되는 경우로 보아야 할 것이다.

19) 위 판결의 사안은 乙로부터 건축공사를 도급받은 甲이 공사비 충당을 위한 분양권한을 부여받은 후 공사대금 채권의 담보를 위하여 제3자인 피고 앞으로 다세대주택 1세대에 관한 전세권설정등기를 마친 경우이다. 원고는 전세권의 존속기간 중 경매절차에서 위 주택을 매수한 사람이고, 피고는 甲에 대한 도배공사금 채권자로서 위 주택을 인도받지 않았으며, 乙의 아들이 위 주택에서 거주하여 왔다. 위 사안에서는 채권자가 그 담보권의 명의를 제3자로 하는 것이 가능한지 문제되었는데, 원심은 채권과 그를 담보하는 전세권은 담보물권의 부수성에 의하여 주체를 달리할 수 없다는 이유로 피고 앞으로 마쳐진 전세권설정등기가 무효라고 판단하였으나, 대법원은 "채권담보를 위하여 담보권을 설정하는 경우 채권자와 채무자 및 제3자 사이의 합의가 있으면 채권자가 그 담보권의 명의를 제3자로 하는 것도 가능하고, 이와 같은 경우에는 채무자와 담보권명의자인 제3자와 사이에 담보계약 관계가 성립하는 것으로 그 담보권명의자는 그 피담보채권을 수령하고 그 담보권을 실행하는 등의 담보계약상의 권한을 가진다"고 하여 이를 긍정하였다.

같이 전세권이 용익물권적 성격과 담보물권적 성격을 겸비하고 있다는 점, 목적물의 인도는 전세권 성립요건이 아닌 점, 전세금의 지급은 전세권 성립의 요소가 되는 것이지만 전세금의 지급이 반드시 현실적으로 수수되어야만 하는 것은 아니고 기존의 채권으로 갈음할 수도 있다는 점을 논거로 제시하였다.

(ii) 이어진 대법원 1998. 9. 4. 선고 98다20981 판결은 임대차보증금반환채권의 담보를 위해 제3자 앞으로 임대차보증금과 같은 금액을 전세금으로 하는 전세권이 설정되고 이에 대한 저당권이 설정된 사안에서, 채권담보 목적의 전세권이 유효함을 전제로 '전세권자의 명의를 제3자의 명의로 하는 것도 가능하고, 임차인과 임대인 또는 제3자 사이에 실제로 전세권설정계약이 체결되거나 전세금이 수수된 바 없다거나, 전세권설정등기의 피담보채권인 임대차보증금반환채권의 귀속자는 임차인이고 제3자는 임대인에 대하여 직접 어떤 채권을 가지고 있지 아니하다 하더라도 달리 볼 것은 아니'라고 한 원심 판단이 정당하다고 하였다. 이후 임대차보증금반환채권을 담보하기 위하여 설정된 전세권이 원칙적으로 유효하다는 취지의 판례가 다수 선고되었다.[20)]

(iii) 그리고 대상판결과 같은 날 선고된 대법원 2018다40235, 40242 판결은, 위 대법원 94다18508 판결의 법리를 인용한 다음 "전세권설정계약의 당사자가 전세권의 핵심인 사용·수익 권능을 배제하고 채권담보만을 위해 전세권을 설정하였다면, 법률이 정하지 않은 새로운 내용의 전

20) (i) 대법원 94다18508 판결의 법리를 인용하며 채권담보 목적의 전세권의 유효성을 직접 긍정한 예로 대법원 2009. 1. 30. 선고 2008다67217 판결과 대상판결 등이 있고, (ii) 대법원 98다20981 판결과 같이 임대차보증금반환채권을 담보할 목적으로 설정된 전세권이 유효함을 전제로 임대인, 임차인 및 제3자 사이의 합의에 따라 제3자 앞으로 마쳐진 전세권설정등기가 유효하다고 본 예로 대법원 2005. 5. 26. 선고 2003다12311 판결이 있다. (iii) 한편, 전세권의 효력에 대한 판단 없이 임대차보증금을 전세금으로 하는 전세권설정등기를 경료한 경우 임대차보증금은 전세금의 성질을 겸하게 된다고 한 예로 대법원 2011. 3. 24. 선고 2010다95062 판결, 2018. 3. 15. 선고 2015다217324 판결, 대법원 2018. 7. 20. 선고 2014다83937 판결 등이 있는데, 위 판결들은 채권담보 목적의 전세권이 유효하다는 점을 전제하고 있는 것이다.

세권을 창설하는 것으로서 물권법정주의에 반하여 허용되지 않고 이러한 전세권설정등기는 무효라고 보아야 한다"고 판시하였다.[21)]

3. 학　설

(1) 유 효 설

다수의 견해는 전세권의 법적 성격과 물권법정주의와의 관계에서 검토할 때 채권담보 목적의 전세권은 원칙적으로 유효하고, 다만 선의의 제3자를 보호하기 위해 허위표시 규정의 적용 가능성을 검토할 수 있다는 입장이다.[22)] 즉, 채권담보 목적의 전세권이 전세금의 지급과 목적부동산의 사용·수익이라는 두 가지 본질적인 측면에서 내용을 갖추고 있으므로 원칙적으로 유효성을 인정하되, 다만 장차 전세권자가 사용·수익하는 것을 완전히 배제하는 것은 부동산의 사용·수익을 본질로 하는 전세권의 성격상 물권법정주의에 위배되므로 유효성을 인정할 수 없다고 한다.

(2) 무 효 설

이 견해는 전세권자가 목적부동산을 사용·수익한다는 것은 전세권

---

21) 사실관계를 설명하면 다음과 같다. 이 사건 식당의 소유자인 피고 A는 1997년 다른 식당의 임차인인 甲에게 임대차보증금반환채권 담보 목적으로 이 사건 식당에 관한 전세권을 설정하였고, 이후 그 전세권이 乙, 丙 앞으로 순차 이전되었는데, 乙은 이 사건 식당을 운영하거나 점유하지 않았고, 丙은 피고 A의 직원으로서 형식적인 임대차계약서를 작성한 채 사용·수익에 관여하지 않았으며, 피고 A가 직접 식당을 운영하였다. 원고는 2007년 3월 피고 A에 대한 대여금채권을 담보할 목적으로 피고 A 및 丙과 사이에 전세권을 이전받는 계약을 체결하고, 그 후 피고 A가 대여금을 변제하지 않자 丙을 상대로 확정판결을 받아 2015년 6월 전세권 이전의 부기등기를 마쳤다. 피고 B가 강제경매절차에서 2015년 7월 이 사건 식당을 매수하자, 원고는 2015년 7월 피고들을 상대로 이 사건 식당의 점유·사용 방해금지를 구하는 가처분을 신청하였는데, 원고의 전세권이 사용·수익권을 포함하고 있다고 보기 어렵다는 이유로 가처분 신청을 기각한 결정이 항고·재항고를 거쳐 확정되었다. 원심은 원고의 전세권이 사용·수익을 배제하고 채권담보만을 목적으로 설정된 것으로서 무효라고 판단하였고, 대법원은 원심의 판단이 정당하다고 보았다.

22) 오경미(주 3), 123-127면; 강대성(주 11), 34면; 배병일(주 11), 8-9면; 최준규, "전세권과 허위표시: 대법원 2010. 3. 25. 선고 2009다35743 판결", 민사법학 제63-1호(한국민사법학회, 2013. 6.), 369-370면; 박근웅, "채권담보를 위한 전세권의 법률관계", 법학연구 제26권 제4호(연세대학교 법학연구소, 2016. 12.), 115-120면.

의 기본적인 내용이고 전세권자가 목적부동산을 사용·수익하는 것을 배제하는 전세권은 무효인데, 채권을 담보하기 위하여 전세권을 설정하면서 적극적으로 목적부동산을 사용·수익하는 것을 의욕하지 않는다면 이는 허위표시로서 무효라고 한다.[23]

4. 검 토

(1) 전세금 지급과의 관계

(가) 먼저 전세금의 지급이 전세권의 성립요건인지 문제된다. 긍정하는 견해는 민법 제303조 제1항의 '전세권자는 전세금을 지급하고…'라는 문언 등을 근거로 약정된 전세금의 지급이 있어야 전세권이 성립한다고 한다.[24] 부정하는 견해는 위 법문은 전세권의 내용을 제시하는 데 그치는 것으로, 전세권 설정에 관한 채권적 합의에 전세금을 지급하기로 하는 내용이 포함되어 있으면 충분하다고 한다.[25] 판례는 '전세금의 지급은 전세권 성립의 요소'라고 하고[26] '전세금 지급이 없으면 전세권은 성립하지 아니하는 등 분리될 수 없는 요소'라고도 하여[27] 성립요건 긍정설의 입장이다.

전세권은 전세금의 존재를 내용으로 하므로 전세금이 없는 전세권을 생각할 수 없다. 만일 전세금 약정이 이행되지 아니한 채로 전세권이 성립한다면, 그 약정의 효력이 미치지 않는 제3취득자[28]나 전세권 양수인

23) 윤진수(주 17), 239면.

24) 민법주해[Ⅵ](물권 3)(주 7), 191면(박병대 집필 부분); 주석민법(물권 3)(주 11), 262면(조용현 집필 부분); 오경미(주 3), 116면; 이상태(주 10), 591-592면; 김대경, "전세관계 종료 후 전세권저당권의 법률관계: 전세권저당권자의 법적 지위와 채권 실행방법", 법과 정책 제20집 제2호(제주대학교 법과 정책연구원, 2014. 8.), 61면.

25) 양창수·김형석, 민법Ⅲ: 권리의 보전과 담보(제4판), 박영사(2021), 727면; 지원림, 민법강의(제19판), 홍문사(2022), 729면; 양창수(주 8), 100면; 장병주(주 11), 638-639면; 이홍민, "전세권의 법적 구조와 전세권저당권에 관한 법률관계", 법학논총 제20집 제3호(조선대학교 법학연구소, 2013), 331면.

26) 위 대법원 94다18508 판결(주 13).

27) 대법원 2002. 8. 23. 선고 2001다69122 판결.

28) 판례는 전세권이 성립한 후 목적부동산의 소유권이 이전된 경우 전세권은 전세권자와 목적부동산의 소유권을 취득한 신 소유자 사이에서 계속 동일한 내용으로

과의 관계에서 전세금에 관한 권리관계의 규율이 불분명해진다.[29] 또한 전세금은 전세권등기의 기재사항으로서(부동산등기법 제72조 제1항 제1호), 그 지급에 관한 채권적 합의가 아니라 이미 존재하는 전세금을 공시의 대상으로 삼고 있다고 할 것이다. 따라서 성립요건 긍정설에 찬성한다.

(나) 그러나 성립요건 긍정설을 취하는 판례에서도 기존의 채권으로 전세금의 지급에 갈음할 수 있다고 보고 있고,[30] 이러한 입장에 반대하는 견해는 찾기 어렵다. 엄밀히 말해 전세금의 지급에 갈음하여 채권양도나 채무면제가 있는 것은 아니지만, 전세권설정자가 기존 채무의 담보를 위해 전세금 있는 전세권을 설정하는 이상 전세금 약정의 이행 문제를 남기지 않고, 그 후 목적부동산의 소유권이 이전되거나 전세권이 양도되더라도 새로이 전세금의 지급 여부가 문제될 것이 없으므로, 전세금의 현실적 수수가 없었음을 들어 그 유효성을 부정할 필요는 없다. 한편, 대상판결에서는 기존의 채권으로 전세금의 지급을 '대신'할 수 있다고 하고 더 나아가 '전세금의 지급은 이미 지급한 임대차보증금으로 대신한 것'이라고도 하였는데, 그 의미에 대해서는 아래 Ⅳ. 4. (1) (나)항에서 살펴보기로 한다.

(2) 물권법정주의의 문제

(가) 판례는 채권담보 목적의 전세권을 '당사자가 주로 채권담보의 목적으로 전세권을 설정하였고, 그 설정과 동시에 목적물을 인도하지 아니한 경우'라고 표현하고 있는데, 전세권자가 임대차관계 등에 기해 목적부동산을 사용·수익하는 것이 아닌 이상 전세권 설정 당시 그 사용·수익을 적극적으로 의욕하지 않았을 가능성이 크다.

(나) 물권법정주의는 당사자가 법률이 규정하는 것과 다른 종류라든

존속하게 된다고 한다. 위 대법원 99다15122 판결(주 15), 대법원 2006. 5. 11. 선고 2006다6072 판결 등.

29) 같은 취지의 견해로 최준규(주 22), 370면. 전세금 지급 없이 경료된 전세권 등기도 유효하다면 전세권 양수인이 어떠한 근거로 전세금반환청구권을 취득하는지 설명이 쉽지 않고, 만일 전세금반환청구권을 취득하지 못한다면 전세금 없는 전세권을 인정하는 결과가 된다고 한다.

30) 위 2.항의 (ⅰ) 대법원 94다18508 판결 참조.

가 내용을 달리하는 물권을 창설하는 것은 허용되지 않는다는 원칙을 말한다(민법 제185조). 그런데 전세권설정등기가 마쳐진 경우 등기신청서류가 위조되었다는 등의 특별한 사정이 없는 이상 전세권설정에 관한 합의는 존재하고, 전세금 지급과 달리 목적물의 인도는 전세권의 성립요건이 아니다. 따라서 전세권자는 전세권설정등기를 마침으로써 전세권을 취득하고, 다만 '주로 채권담보의 목적' 범위에서 전세권을 행사하기로 한 당사자 사이의 약정에 따라 전세권설정자 또는 그의 승낙을 받은 제3자의 사용·수익을 용인하다가, 담보권 실행사유가 발생하면 목적물을 인도받아 직접 사용·수익하거나 사용·수익 권능이 있는 전세권을 담보제공 또는 양도하기도 하며, 전세권의 존속기간 만료 후 경매청구권·우선변제권을 행사하여 피담보채권의 변제에 충당함으로써 그 경제적 목적을 실현하게 될 것이다. 그렇다면 통상의 경우 채권담보 목적의 전세권을 설정하는 당사자들은 새로운 종류나 내용의 물권을 창설하려는 의사라기보다 법률에서 정한 내용대로의 전세권을 설정하려는 의사였다고 할 것이고, 전세권자의 사용·수익은 전세권을 담보 목적의 범위에서 활용하기로 한 당사자 사이의 채권적 약정에 의해 잠정적으로 제한되는 것에 불과하다. 이렇게 본다면 전세권 설정 당시부터 목적물의 관념적 지배가능성 측면에서 전세권자에게 사용·수익 권능이 부여되어 있으므로, 현실적인 사용·수익이 없다고 하여 물권법정주의에 위배된다고 할 수 없다.

(다) 그런데 만일 당사자들의 의사가 전세권자의 사용·수익을 완전히 배제하고 오로지 담보 목적으로만 전세권을 설정한 것이라면 어떠한가? 이에 대하여는 목적물의 사용·수익을 본질로 하는 전세권의 성격상 물권법정주의에 위배된다는 견해가 있고,[31] 판례도 같은 입장이다.[32] 그러나 이 경우 전세권설정계약 자체는 법률에서 정한 내용대로의 전세권

---

31) 오경미(주 3), 123-124면; 최수정(주 6), 384면; 강대성(주 11), 34면.

32) 위 2.항의 (iii) 대법원 2018다40235, 40242 판결. 한편, 위 판결 이전에도 전세권자의 사용·수익이 완전히 배제된 전세권은 무효라는 원심을 수긍한 심리불속행 기각 판결이 다수 있었다고 한다. 이봉민(주 2), 135면.

을 설정하려는 효과의사로써 체결되었다고 보되, 그러한 효과의사는 용익물권성 없는 전세권을 설정하고자 한 당사자들의 진의와 다른 외형상의 것으로 민법 제108조 제1항에 따라 무효라고 할 것이다.[33] 이와 같이 허위표시로 규율하는 것이 사용·수익 권능을 배제하는 내심의 효과의사를 알지 못하고 전세권설정계약을 기초로 새로이 법률상 이해관계를 맺은 전세권저당권자 등 제3자를 보호할 수 있다는 점에서도 타당하다.[34]

(라) 위와 같은 구분에 대하여는 어떠한 경우에 전세권자의 사용·수익 권능이 완전히 배제된 것으로 볼 것인지 기준이 모호하다는 비판이 가능하다. 무효설은 당사자가 명시적으로 사용·수익을 배제한다는 특약을 하지 않는 이상 채권담보 목적의 전세권은 항상 유효하다는 결론에 이르게 된다고 지적한다. 그러나 당사자들이 사용·수익 권능을 배제한 전세권을 설정하려는 것이었는지는 법률행위의 해석에 의해 판단할 문제이지 명시적 특약 여부에 좌우될 것이 아니다. 대법원 2018다40235, 40242 판결도 당사자의 의사해석에 따라 판단하도록 하면서, 그 기준으로 '전세권 설정의 동기와 경위, 달성하려는 목적, 채권의 발생 원인과 목적물의 관계, 전세권자의 사용·수익 여부와 그 가능성, 당사자의 진정한 의사 등'을 제시하였다. 구체적인 사실관계를 토대로 판단하여야 하지만, 물권법정주의는 법정된 물권의 내용을 테두리로 하여 그 구체적 내

---

33) 같은 취지의 견해로 황경웅, "전세권 저당권의 등기의 효력과 그 실행방법: 대법원 2008. 3. 13. 선고 2006다29373, 29389 판결의 평석", 중앙법학 제15집 제3호(중앙법학회, 2013. 9.), 117면.

34) 허위표시에서 의사표시는 이중의 구조를 가지고, 표면에 나타난 외형적 표시행위와 그 표시행위로부터 추단되는 효과의사대로 효력을 발생시키지 않는다는 숨은 합의의 두 개의 의사표시가 동시에 이루어지는데, 민법 제108조 제2항은 그 숨은 합의의 효력으로 선의의 제3자에게 대항할 수 없으므로 표시된 대로 효력이 생기게 되는 상대적 무효를 의미하는 것으로 설명된다. 전세권자의 사용·수익을 배제한 전세권에 있어 내심의 효과의사가 물권법정주의에 위반한 전세권을 설정하려는 것으로 원시적 불능에 해당하여 절대적 무효라 하더라도, 그것과 별개로 표시상의 효과의사가 통상의 전세권을 설정하는 내용으로 이루어진 이상 민법 제108조 제2항의 적용을 배제할 이유가 없다. 또한 선의의 제3자와의 관계에서 통상의 전세권 설정계약으로서의 효력이 인정된다고 하여 강행규정인 물권법정주의의 취지를 잠탈할 염려가 있다고 보기 어렵다.

용을 결정할 자유를 허용한다는 점[35]에서, 채권담보 목적 전세권에 대해 용익물권성이 없다는 이유로 그 유효성을 엄격히 제한할 것은 아니라고 생각한다.

Ⅳ. 임대차보증금반환채권 담보 목적의 전세권에 저당권이 설정된 경우 통정허위표시 법리의 적용 문제

1. 문제의 소재

거래현실에서 채권담보 목적의 전세권을 설정함으로써 기대하는 편익의 하나는 전세권자가 전세권에 저당권을 설정함으로써 투하자본을 쉽게 회수할 수 있다는 점에 있다. 그런데 전세권자는 전세권설정자의 동의 없이 전세권에 대한 저당권을 설정할 수 있으므로, 그에 관여하지 않은 전세권설정자는 전세권저당권자에 대해 전세권자와의 채권관계에서 발생한 항변사유를 주장하고, 전세권저당권자는 이와 무관한 물권적 지위에 있음을 주장함으로써 이해가 충돌하게 된다. 아래에서 보듯이, 이에 관한 대부분의 사례는 임대차보증금반환채권을 담보하기 위해 전세권이 설정된 경우 전세권설정자가 전세권저당권자에 대해 연체차임의 공제 등 임대차계약의 효력을 주장할 수 있는지에 대한 것이었고, 대상판결의 사안도 같다.

2. 판례의 입장

대법원은 임대차보증금반환채권 담보 목적의 전세권에 저당권이 설정된 사안에서 통정허위표시 법리를 적용하여 왔다. 그 전개 과정을 정리하면 다음과 같다.

(ⅰ) 대법원 1998. 9. 4. 선고 98다20981 판결은 전세권설정자인 임대인이 전세권저당권자에게 연체차임 공제 주장으로 대항할 수 있느냐를 쟁점으로 삼은 최초의 판결이다.[36] 해당 사안에서 임대차보증금반환채권

---

35) 편집대표 곽윤직, 민법주해[Ⅳ](물권 1), 박영사(2011), 118면(김황식 집필 부분).
36) 오경미(주 3), 151면.

을 담보할 목적으로 전세권을 설정한 원고가 전세권저당권자인 피고를 상대로 근저당권의 말소를 구하였는데, 원심은 ① 전세권설정등기가 통정허위표시에 기한 것으로 무효라는 원고 주장에 대해 '가사 위에서 본 경위를 사상한 채 위 전세권설정계약만 놓고 보아 그것이 통정허위표시에 해당하여 무효라고 한다 하더라도 이로써 위 전세권설정계약에 의하여 형성된 법률관계를 토대로 별개의 법률원인에 의하여 새로운 법률상 이해관계를 갖게 된 제3자인 피고에게 대항하기 위해서는 피고가 그와 같은 사정을 알고 있었어야 할 것인데 이를 인정할 아무런 증거가 없다'는 이유로 배척하고, ② 연체차임이 임대차보증금을 초과함으로써 전세권설정등기가 말소되어야 한다는 주장에 대해 '당사자 사이에 있어서는 은닉된 위 임대차계약만이 유효하고 외형만 작출된 위 전세권설정계약은 무효라고 주장할 수 있다고 하더라도 제3자인 피고와 사이에 있어서는 피고가 그와 같은 사정을 알고 있었던 경우에만 위와 같은 주장을 할 수 있다고 할 것인데, 피고가 이를 알고 있었다고 볼 증거가 없으므로 원고로서는 피고에 대하여 위 임대차계약의 효력을 주장할 수 없다'는 이유로 배척하였으며, 대법원은 원심의 판단이 정당하다고 하였다.

이어진 대법원 2006. 2. 9. 선고 2005다59864 판결의 사안에서는 전세권저당권자인 원고가 전세권의 존속기간 만료 후 전세금반환채권에 대해 채권압류 및 전부명령을 받아 전부금의 지급을 구하였는데, 대법원은 위 판결의 ②부분을 인용하며 피고의 연체차임 공제 주장을 배척한 원심의 결론을 수긍하였다.

(ii) 그런데 이와 달리 대법원 2001. 11. 9. 선고 2001다51336 판결 및 대법원 2004. 6. 25. 선고 2003다46260, 53879 판결은 전세권이 임대차보증금반환채권을 담보하기 위하여 설정된 것임을 알았던 전세권저당권자가 물상대위권을 행사하여 전세금반환채권에 대한 압류·추심명령 또는 전부명령을 받고 그 지급을 구한 사안에서 "채권적 청구권인 전세금반환채권의 압류 및 추심명령 또는 전부명령에 기한 채권자의 추심금 또는 전부금 청구에 대하여 제3채무자인 전세권설정자는 일반적 채권집

행의 법리에 따라 압류 및 추심명령 또는 전부명령이 송달된 때를 기준시로 하여 그 이전에 채무자와 사이에 발생한 모든 항변사유로 압류채권자에게 대항할 수 있다"는 이유로, 전세권설정자가 연체차임, 관리비, 원상복구비 등을 공제한 나머지 금액을 공탁한 것은 유효하므로 전세금반환채무가 소멸하였다고 판단하였다.

(iii) 대법원 2008. 3. 13. 선고 2006다29372, 29389 판결[37]은 "실제로는 전세권설정계약이 없으면서도 임대차계약에 기한 임차보증금 반환채권을 담보할 목적으로 임차인과 임대인 사이의 합의에 따라 임차인 명의로 전세권설정등기를 경료한 후 그 전세권에 대하여 근저당권이 설정된 경우, 가사 위 전세권설정계약만 놓고 보아 그것이 통정허위표시에 해당하여 무효라 하더라도 이로써 위 전세권설정계약에 의하여 형성된 법률관계를 토대로 별개의 법률원인에 의하여 새로운 법률상 이해관계를 갖게 된 근저당권자에 대하여는 그와 같은 사정을 알고 있었던 경우에만 그 무효를 주장할 수 있다."는 법리를 판시하고, 전세권설정자는 선의인 전세권저당권자에 대해 전세권설정계약의 무효를 주장할 수 없어 이와 양립할 수 없는 임대차계약에 의하여 발생한 연체차임, 관리비, 손해배상 등의 채권을 주장할 수 없으므로 전세권저당권자가 물상대위권의 행사로서 압류·추심한 전세금반환채권과 상계할 수도 없다고 하면서, 대법원 2003다46260, 53879 판결은 전세권근저당권자가 그 전세권이 임대차보증금을 담보하기 위한 것임을 알지 못하였던 이 사건에는 원용할 수 없다고 하였다.[38]

---

37) 위 판결의 원심은, 전세권설정자인 원고들의 본소 중 근저당권설정등기말소청구에 대해 전세권저당권자인 피고가 근저당권 설정 당시 실제로는 임대차계약이 체결되었다는 사정을 알았다고 볼 증거가 없어 임대차계약의 해지, 연체차임 등의 공제 등을 주장할 수 없다고 하면서, 본소 중 채무부존재확인 청구 및 반소인 추심금 청구에 대하여는 대법원 2003다46260, 53879 판결을 인용하며 원고들은 추심명령의 송달 시까지 발생한 연체차임 등 채권과의 상계로 피고에게 대항할 수 있다고 보아 추심금지급채무가 존재하지 않는다고 판단하였다. 이에 피고는 채무부존재확인 청구와 추심금 청구 부분에 대해서만 상고하였다.

38) 위 판결과 같은 날 선고된 대법원 2006다58912 판결은 전세권설정자인 원고들의 근저당권설정등기말소청구에 대해 전세권저당권자인 피고가 전부금 채권을 주장하

(ⅳ) 위와 같은 대상판결 이전의 판례에 대하여는, 한편으로 전세권자의 사용·수익을 완전히 배제하는 것이 아닌 이상 채권담보 목적 전세권이 유효하다고 보면서도 가정적 표현을 통해 전세권설정계약이 통정허위표시로서 무효임을 전제로 제3자의 선악 여부에 따라 대항가능 여부를 판단하고 있어 논리 모순이고,[39] 전세권저당권자 등 제3자가 선의인 경우에는 통정허위표시 법리를 적용하고 악의인 경우에는 일반적 채권집행의 법리를 적용하여 일관성이 없다[40]는 비판이 제기되어 왔다.

이에 대상판결은 '임대차보증금에서 연체차임 등을 공제한 나머지를 전세금으로 하는 것'이 임대인과 임차인의 합치된 의사(= 진의)로 보면서, 전세권설정계약은 외관상 전세금이 연체차임으로 공제되지 않는 등 임대차계약과 양립할 수 없는 범위에서 통정허위표시에 해당하여 무효라고 함으로써, 적용 범위를 명확히 하였다.

3. 학　설

(1) 적용 긍정설

임대차보증금반환채권의 담보 목적으로 설정된 전세권에 대해 통정허위표시 법리를 적용하여야 한다는 견해이다. 적용 긍정설에 속하는 견해들은 악의의 전세권저당권자에 대한 연체차임 등 공제 주장이 허용된다는 데에 결론을 같이한다.

며 동시이행항변을 한 사안에서, 같은 취지의 법리를 판시하면서 원고들은 전세금반환채권을 전부받은 피고에 대하여 전세권설정계약과 양립할 수 없는 임대차보증금의 수액이나 연체차임, 관리비 등의 채권을 주장할 수 없다고 보았다. 이후 대법원은 전세권부채권의 가압류권자(대법원 2010. 3. 25. 선고 2009다35743 판결), 전세권근저당권부 채권의 압류권자(대법원 2013. 2. 15. 선고 2012다49292 판결)를 통정허위표시인 전세권설정계약을 기초로 새로이 법률상 이해관계를 가진 제3자로 보아 같은 취지의 법리를 판시하였다.

39) 김제완(주 4), 280면.

40) 황경웅(주 33), 116면; 이승훈, "전세권저당권의 실행방법과 전세권설정자의 공제 및 상계주장 가부", 민사판례연구 제38권(박영사, 2016), 201-202면. 이에 대해 판례가 다소 정리되지 않은 양상을 보이다가 대법원 2006다29372, 29389 판결을 통해 통정허위표시 이론을 근거로 전세권저당권자의 선의 여부에 따라 보호 범위를 결정함으로써 논란을 해결하였다는 평가로, 오경미(주 3), 111, 151면.

(i) 전세권설정자의 연체차임 공제 주장에 대하여 저당권설정등기 말소청구와 전세금반환청구의 판단기준을 달리할 이유가 없으므로 판례와 같이 허위표시이론에 의하여 해결되어야 한다는 견해가 있다.[41]

(ii) 다른 설명으로, 전세권설정계약은 허위표시로서 무효이지만 은닉행위인 임대차계약의 내용에 따른 전세권관계가 성립하였다고 보는 견해가 있다.[42] 다만, 전세권과 관련한 허위표시는 실제 작출된 허위외관별로 검토하여야 하고, 전세권설정계약 전체를 허위표시로 포섭하면 당사자들의 실제 의사와 달리 허위외관을 확대해석할 위험이 있다고 한다.

(iii) 한편, 이러한 채권담보 목적의 전세권에 대해 임차권을 전세권으로 등기한 것으로 파악하여 최소한 임대차보증금반환채권을 담보하는 효력을 인정하여야 한다는 견해도 있다.[43] 전세권저당권자가 악의인 경우라도 전세권 자체는 무효로 보지 않고, 전세권저당권자가 선의인 경우 허위표시의 이론에 따라 임대차보증금반환채권을 담보하기 위한 것임을 대항할 수 없다는 판례 입장에 기본적으로 찬성하는 입장이다.

(2) 적용 부정설

채권담보 목적의 전세권은 원칙적으로 유효하고 통정허위표시임을 들어 그 유효성을 제한할 수 없다는 견해이다. 적용 부정설은 악의인 전세권저당권자에 대해 연체차임 등의 공제 주장을 할 수 있는지에 대해 입장이 나뉜다.

(i) 채권담보 목적의 전세권은 당사자 사이에 전세권을 설정하는 의사가 일치하므로 전세권설정계약을 허위표시라고 할 수 없지만, 기본계약상의 피담보채권을 담보할 목적으로 전세권을 설정한다는 점에서 외형과 실질이 다른 변칙담보에 해당하므로 외관을 믿은 선의의 제3자를 보호하기 위하여 민법 제108조 제2항의 유추적용을 주장하는 견해가 있

41) 이미선, "전세권저당권자의 지위와 관련된 쟁점에 관한 검토", 대전지방변호사회지 제4호(대전지방변호사회, 2007. 1.), 225면.
42) 최준규(주 22), 368-369면.
43) 황경웅(주 33), 118-119면.

다.[44] 이러한 전세권에 설정된 저당권의 목적물은 외형상의 순수한 전세권이 아닌 비전형담보물권으로서의 전세권이므로 전세권설정자는 원칙적으로 전세권저당권자에 대해 기본계약에 관한 사항으로 대항할 수 있지만 순수한 전세권으로 믿은 선의의 전세권저당권자에 대하여는 피담보채무에 관한 사항으로 대항할 수 없다면서, 이는 민법 제108조 제2항을 유추적용한 결과이므로 채권담보 목적 전세권의 유효성과는 별개의 문제라고 설명한다.

(ⅱ) 위의 (ⅰ) 견해와 같은 결론에 이르지만 다른 시각에서 설명하는 견해도 있다.[45] 즉, 채권담보 목적의 전세권을 무효로 볼 법적 근거가 없고, 유효로 보더라도 이해관계인에게 아무런 불이익이 없는 반면 무효로 보게 되면 전세권저당권자만 저당권을 잃는 불이익을 입게 된다는 점 등을 제시하며 채권담보 목적의 전세권 및 그에 설정된 저당권은 모두 유효하고, 따라서 허위표시이론을 도입하는 것은 적절하지 않지만, 전세권저당권자가 악의인 경우 전세권설정자의 보호 문제가 남게 된다면서, 전세권저당권자가 악의라면 실질에 따라 공제 주장 등을 인정하더라도 불리하다고 할 수 없고 그의 의사도 그와 같은 사정을 감수하고 저당권을 설정한 것이므로 당사자의 의사를 근거로 연체차임 등의 공제 주장을 할 수 있다고 본다.

(ⅲ) 이와 달리 채권담보 목적의 전세권에 대해 통정허위표시의 법리를 적용하여 연체차임 등의 공제 문제를 해결하는 것은 부당하다는 견해가 있다.[46] 전세권자의 사용·수익가능성이 인정되어 채권담보 목적의 전세권이 유효하게 되는 경우에 통정허위표시의 법리를 논할 것은 아니라고 하거나, 허위표시는 병리적인 현상으로 쉽게 인정하거나 확대하는 것을 경계해야 한다는 점 등을 이유로, 전세권과 이를 기초로 한 저당권은 유효하고, 전세권설정자가 전세권자와의 관계에서 채권적으로 주장할

44) 오경미(주 3), 125-127면, 154-155면.
45) 이승훈(주 40), 202-203면.
46) 최수정(주 6), 388-389면; 박근웅(주 22), 122-123면.

수 있는 연체차임 등의 공제 주장을 전세권저당권자에게까지 인정하기는 곤란하다고 한다.

4. 검 토

(1) 법리적 측면

(가) 허위표시는 상대방과 통정하여서 하는 허위의 의사표시를 말한다(민법 제108조 제1항). 허위표시가 인정되려면 진의와 표시가 일치하지 않아야 하므로, 표시상의 효과의사에 대응하는 내심의 효과의사가 존재하지 않는다는 점에서 신탁행위와 구별된다. 민법상의 신탁행위는 어떤 경제적 목적의 달성을 위하여 상대방에게 그 목적달성에 필요한 정도를 넘는 권리를 이전하면서 상대방으로 하여금 그 이전받은 권리를 경제적 목적의 범위 안에서만 행사하게 하는 행위를 말한다. 구체적인 법률행위가 신탁행위인지 가장행위인지는 법률행위의 해석의 문제로서, 당사자가 그 법률행위에 의하여 추구된 효과를 달성하기 위하여 가장행위의 존재만을 충분한 것으로 여겼는가 아니면 진정으로 의욕된 행위가 있어야 한다고 생각했는가에 따라 결정한다.[47] 예를 들어 동산양도담보는 채권담보라는 경제적 목적을 소유권 양도라는 법률적 수단으로써 달성하려는 것일 뿐, 소유권 양도라는 의사표시 그 자체는 진의이므로 통정허위표시가 아니다.[48]

임대차보증금반환채권 담보 목적의 전세권을 설정한 당사자들의 의사는 어떠한가? 전세권설정의 당사자들은 임대차계약이 유효하게 체결되었음에도 이와 별도로 임대차보증금반환채권을 담보하기 위한 전세권을 설정하였고, 문제되는 상황에서 전세권에 대한 저당권이 설정되었음을 고려하면, 그 저당권 설정이 전세권자의 배신행위에 기한 것이 아닌 이상, 전세권을 담보로 제공할 것을 전제하거나 적어도 그러한 가능성을 상정

47) 편집대표 곽윤직, 민법주해[Ⅱ](총칙 2), 박영사(2011), 354-355면(송덕수 집필 부분).
48) 편집대표 김용덕, 주석민법(총칙 2) 제5판, 한국행정사법학회(2019), 662면(윤강열 집필 부분).

하고 전세권설정계약을 체결하였다고 보인다. 그렇다면 전세권설정계약에 따라 전세권이 유효하게 성립할 것을 의욕하였다고 할 것이다.

(나) 법률행위의 일부만이 허위표시일 수 있고, 이러한 때에는 일부무효의 법리(민법 제137조)에 의하여 법률행위의 효력이 결정되어야 한다.[49] 전세권설정계약이 임대차계약과 양립할 수 없는 범위에서 통정허위표시에 해당한다고 한 대상판결의 법리도 일부무효 법리를 적용한 결과라고 볼 수 있다.[50]

그 전제로서 대상판결은 '전세금의 지급은 이미 지급한 임대차보증금으로 대신한 것'이라고 하고 나아가 '임대차보증금에서 연체차임 등을 공제하고 남은 돈을 전세금으로 하는 것이 임대인과 임차인의 합치된 의사'라고 한다. 대상판결은 이러한 해석을 통해 전세금을 연체차임까지 담보하는 것으로 의제한다.

전세금은 목적부동산의 사용대가로서 지급되는 것이고, 신용수수의 수단으로 기능하며, 전세권자의 채무를 담보하기 위한 보증금으로서의 성질[51]을 갖는다. 그런데 채권담보 목적의 전세권에 있어 전세금은 현실적인 지급을 요하지 않고, 설정 당시 전세권에 기한 용익관계가 형성되지 않아 사용대가나 보증금으로서 기능하지 않으며, 당사자 사이에 수수된 신용액을 나타내는 기능을 할 뿐이다. 만일 대상판결이 전세금을 대신하는 다른 금원이 지급되었어야 한다는 논리라면 현실적인 수수를 요하지 않는다는 판단과 상충되고, 공사대금채권의 담보를 위하여 마쳐진 전세권의 유효성[52]을 설명할 수 없다. 따라서 임대차보증금반환채권 담보 목적

---

49) 민법주해[Ⅱ](총칙 2)(주 47), 351면(송덕수 집필 부분).

50) 이봉민(주 2), 142면.

51) 대법원은 전세금이 민법 제315조에서 정한 '목적물의 멸실'로 인한 손해배상채권만을 담보한다고 판시한 바 있고(대법원 2008. 3. 13. 선고 2006다29372, 29389 판결), 다수설은 민법 제315조 외에 제308조, 제309조, 제311조 제2항 등과 같이 전세권의 다른 법률규정에 의하여 발생하는 채권도 전세금으로 담보되어야 한다는 입장이다. 민법주해[Ⅵ](물권 3)(주 7), 192-193면(박병대 집필 부분); 주석민법(물권 3)(주 11), 265면(조용현 집필 부분); 양창수 · 김형석(주 25), 731면; 지원림(주 25), 732면.

52) Ⅲ. 2.항의 (ⅰ) 대법원 94다18508 판결 참조.

의 전세권에서 전세금은 반환할 임대차보증금이 아니라 설정 당시의 신용수수액을 나타낸다고 보아야 한다.[53)]

한편, 임대차보증금은 임대차에 따른 임차인의 모든 채무를 담보하는 것으로서, 그 피담보채무인 연체차임 등의 공제는 전세권관계의 바깥에 있는 임대차계약에 기한 법률효과이다. 따라서 임대차보증금으로 지급된 '금원'으로 전세금을 대신하였다 보더라도 연체차임 등이 공제되는 법률효과가 전세금에서 발현되는 근거가 되지 않는다. 그럼에도 대상판결은 '당사자들의 합치된 의사'를 토대로 전세금을 임대차보증금으로 치환한다. 이는 임대차보증금반환채권의 확보나 담보가치의 활용 등과 같은 전세권 설정의 목적을 전세권설정계약의 내용에 반영하려는 것으로 보이나, 내심의 의사표시는 법적인 효과의사를 가리키는 것으로 '경제적 목적'과 구별되고,[54)] 피담보채권인 임대차보증금반환채권과 담보로서 설정한 전세권의 요소인 전세금을 같이 볼 필요가 없으며, 전세권에는 차임이 없어 연체차임 공제가 문제되지 않고 이것이 일반에 잘 알려진 내용이라는 점에서 당사자들의 의사를 그와 같이 의제할 수 없다. 오히려 전세권설정의 당사자들 사이에 목적달성의 범위 내에서 전세권을 행사하기로 하는 채권적 약정이 있다고 보는 것이 간명하고 실제에 부합한다. 따라서 보증금으로서의 전세금은 전세권관계에서 발생하는 채권 이외의 것을 담보할 수 없고, 차임지급 약정 없는 전세권설정계약과 임대차계약은 병존하는 것이며, 진의와 표시의 불일치도 없다.

전세금 외에 차임을 지급하기로 하는 특약이 있더라도 그러한 특약은 제3자에게 대항할 수 없고,[55)] 채권적 효력과는 별개로 그것이 전세권의 내용으로 되지는 않는다. 그런데 대상판결의 입장에 따르면, '임대차

53) 이러한 측면에서 볼 때, 전세금의 수수 없이 설정되는 채권담보 목적 전세권의 유효성을 긍정하는 판례와 다수설의 입장은 곧 무상의 전세권을 인정하는 것으로, 전세권의 성립요건과 관련하여 전세금의 '지급'이 아닌 전세금의 '존재'를 요구하게 된다.

54) 양창수 · 김재형, 민법 I : 계약법(제3판), 박영사(2020), 759면.

55) 민법주해[Ⅵ](물권 3)(주 7), 191-192면(박병대 집필 부분).

보증금반환채권 그 자체를 피담보채권으로 하는 담보물권으로서의 전세권'을 긍정하는 결과가 된다. 이러한 의미의 변칙담보는 전세금에 임대차의 용익관계에 기한 보증금의 성격을 부여하는 것이고, 나아가 용익관계도 임대차계약에 따라 규율될 것이므로, 채권관계인 임대차의 모습 그대로를 물권으로 승인하는 것과 같다. 따라서 이러한 전세권은 관습법에 의해 승인되지 않는 이상 물권법정주의(내용 강제)에 어긋난다고 보아야 하고, 일부무효의 법리에 따라 통상적인 전세권설정계약의 효력을 인정하거나 아니면 전부를 무효로 할 것이다.[56] 반대로 이러한 변칙담보가 유효하고 당사자들이 이를 의욕한 것이라면 통정한 허위표시가 아니라 차임지급 약정이 공시되지 않는 것에 불과하다.

(다) 대상판결의 법리를 긍정하는 입장에서, 악의인 전세권저당권자는 원래 전세권자가 가질 수 있는 진정한 약정인 임대차계약에 따른 이익만을 가진다는 설명이 있다.[57] 그런데 채권담보 목적의 전세권에 있어 용익물권성은 관념적 지배가능성에 의해 인정되었고, 전세권설정자는 기존 채무의 담보를 위해 전세권을 설정함으로써 그 전세금의 반환채무를 부담하였으며, 여기에서 전세금은 주로 신용수수의 기능을 담당하는 것이다. 따라서 전세권자는 임대차계약에 따른 이익만을 가진 것이 아니라 전세금 상당의 신용을 부여하고 전세권의 담보가치를 취득하였다고 할 수 있다. 위의 설명은 이러한 전세권의 담보물권적 권능을 도외시한 것이므로 동의할 수 없다.

(2) 이익형량의 측면

(가) 대상판결은 악의의 전세권저당권자에 대해 임대차계약에 따른 항변으로 대항할 수 있게 하여 전세권설정자의 이익을 보호하고자 한 것으로 볼 수 있다. 적용 긍정설은 물론, 적용 부정설 중 (ⅰ), (ⅱ) 견해도

---

56) 같은 취지의 견해로 박근웅(주 22), 118면. 반면, 연체차임까지 담보하는 전세금을 구성요소로 한 전세권을 허용하더라도 물권법정주의에 반하지 않는다는 견해로, 최준규(주 22), 369-370면.
57) 이봉민(주 2), 141면.

이와 같은 결론에 이른다. 그런데 이러한 결과가 정당한가?

(나) 전세권설정자는 임대차보증금반환채권을 담보할 목적으로 전세권을 설정한 것이므로, 임대차보증금의 확보를 위한 범위에서만 전세금반환채무를 부담할 것으로 기대하였을 수 있다. 그러나 전세권설정자는 전세권 설정 여부를 결정할 수 있는 지위에 있었고, 전세권을 설정함으로써 그에 기초하여 새로이 법률상 이해관계를 맺는 전세권저당권자 등 제3자에 대해 채권관계인 임대차의 효력을 주장할 수 없는 결과를 감수하였다고 볼 수 있다. 만일 이러한 결과를 피하고자 하였다면 설정행위로 양도나 담보제공을 금지할 수도 있었다(민법 제306조 단서). 또한 전세권에 대한 저당권은 전세권설정자의 동의 없이 설정되는 것인데, 전세권저당권자가 저당권 설정 당시 전세권이 임대차보증금반환채권을 담보하기 위한 것임을 인식하였는지는 전세권설정자의 입장에서 우연한 사정에 불과하다. 따라서 전세권설정자의 연체차임 등 공제에 관한 기대 내지 신뢰는 합리적이라고 할 수 없고, 이를 보호할 가치는 크지 않다.

(다) 반면, 전세권저당권자는 전세권의 존속기간 만료 후에도 전세금이 법률에 따라 담보하는 채권의 범위에서만 충당될 것으로 기대하거나 신뢰하면서 담보를 취득하였다고 볼 수 있고, 이는 악의인 전세권저당권자라고 하여도 사정이 다르지 않다. 전세권저당권자가 취득한 담보는 전세권이지 임대차보증금반환채권이 아니고, 전세권설정 당사자들의 경제적 목적을 떠나 법률에서 정한 내용대로의 전세권의 담보가치를 신뢰하였기 때문에 임대차보증금반환채권이 아닌 전세권을 담보로 취득한 것이며, 전세권자에게 신용을 공여하면서 전세권설정자와의 관계에서 그와 관련 없는 임대차계약에 따른 차임채권의 위험부담을 인수할 의사였다고 보는 것은 무리이기 때문이다. 반면, 악의인 전세권저당권자에게 임대차계약에 따른 차임 공제 등을 감수할 의사가 있었으므로 공제 주장이 허용된다는 견해는 그와 같이 해석할 근거가 부족하다. 전세권저당권자는 신용의 공여 전 전세권의 담보가치를 조사할 필요가 있는데, 이를 충실히 한 결과 오히려 불리한 지위에 처하게 된다는 점에서도 위 견해를 따르기

어렵다.

(라) 대상판결과 같이 악의인 전세권저당권자에 대한 연체차임 등 공제를 허용할 경우 이를 회피할 수 있는 경우를 상정할 수 있다. 예를 들어, 경매절차에서 전세권을 취득한 양수인에 대해 연체차임 공제 등 임대차계약의 효력을 주장할 수 없으므로, 전세권저당권자가 전세권의 존속기간 만료 전 저당권을 실행하였다면 연체차임 등을 고려하지 않은 전세권의 교환가치에서 피담보채권의 만족을 얻을 수 있었던 반면, 존속기간 만료 후 저당권을 실행하는 경우 연체차임 등이 공제된 전세금의 범위에서만 만족을 얻게 된다. 또한 판례는 '선의의 제3자가 보호될 수 있는 법률상 이해관계는 전세권설정계약의 당사자를 상대로 하여 직접 법률상 이해관계를 가지는 경우 외에도 그 법률상 이해관계를 바탕으로 다시 전세권설정계약에 의하여 형성된 법률관계와 새로이 법률상 이해관계를 가지는 경우도 포함된다'고 하여 전세권근저당권부 채권의 압류권자가 선의라면 비록 전세권근저당권자가 악의라 하더라도 압류권자에 대해 통정허위표시를 이유로 대항할 수 없다'는 입장인데,[58] 동일한 법리를 전세권저당권부 채권의 양수인에 대해 적용하면, 악의의 전세권저당권자는 선의의 제3자에게 피담보채권과 함께 저당권을 이전함으로써 연체차임 등 공제 주장을 단절시키고 양도대가에서 채권의 만족을 얻을 수도 있다. 이와 같은 상황이 발생하는 근본적 원인은, 전세권설정자가 전세권저당권자의 주관적 요건에 따라 전세권자와의 채권계약인 임대차계약의 효력으로 대항하게 하는 것이 물권적 법리와 어울리지 않는다는 데에 있다.

(3) 소　결

따라서 임대차보증금반환채권 담보 목적의 전세권에 저당권이 설정된 경우 통정허위표시 법리를 적용하는 대상판결의 입장은 법리적인 면이나 이익형량의 관점에서 타당하다고 할 수 없고, 전세권저당권자가 저

58) 위 대법원 2012다49292 판결(주 38).

당권 설정 당시 전세권이 임대차보증금을 담보하기 위한 것임을 알았다고 하더라도 전세권설정자는 전세권자와의 임대차계약 효력에 따른 연체차임 등의 공제를 주장할 수 없다고 보아야 한다.

Ⅴ. 보론(補論): 물상대위권을 행사하는 전세권저당권자에 대한 상계 주장의 허용 여부

1. 전세권저당권의 실행방법

(1) 전세권의 존속기간 만료 전

판례[59]는 전세권에 대하여 설정된 저당권은 민사집행법 제264조에서 규정한 부동산경매절차에 의하여 실행하는 것이라고 하고, 다수설[60]도 저당권의 목적인 전세권은 부동산과 같이 볼 수 있다는 이유로 판례와 입장을 같이 한다. 이 경우 경매의 목적물은 전세권이므로 매수인은 부동산소유권이 아니라 전세권을 취득하게 된다.

(2) 전세권의 존속기간 만료 후

존속기간 만료 후에는 전세권저당권의 존속 여부 및 그에 따른 실행방법과 관련하여 크게 물상대위설과 채권질권설의 대립이 있다.

물상대위설[61]은 전세권저당권이 존속기간의 만료로 그 대상을 잃어 소멸한다는 전제에서 전세금반환채권에 물상대위권을 행사하여야 한다는 견해이다. 판례는 "전세권의 존속기간이 만료되면 전세권의 용익물권적 권능이 소멸하기 때문에 더 이상 전세권 자체에 대하여 저당권을 실행할

---

59) 대법원 1995. 9. 18.자 95마684 결정.

60) 편집대표 곽윤직, 민법주해[Ⅶ](물권 4), 박영사(2011), 239면(조대현 집필 부분); 편집대표 김용덕, 주석민법(물권 4) 제5판, 한국행정사법학회(2019), 291면(오민석 집필 부분); 오경미(주 3), 136-137면; 이상태(주 10), 589면; 이호행(주 10), 26면; 강대성(주 11), 40면; 배병일(주 11), 15면; 황경웅(주 33), 123면.

61) 오경미(주 3), 139-141면; 김동옥(주 11), 691-692면; 이홍민(주 25), 343-344면; 이원일, "전세권에 대하여 저당권이 설정되어 있는데 전세권이 기간만료로 종료된 경우, 전세금반환채권에 대한 제3자의 압류 등이 없는 한 전세권설정자는 전세권자에 대하여만 전세금반환의무를 부담하는지 여부 및 그 저당권의 실행방법", 대법원판례해설 제33호(법원도서관, 2000), 98면; 이혜리, "전세권저당권의 목적인 채권의 상계", 원광법학 제32권 제2호(원광대학교 법학연구소, 2016. 6.), 106-108면.

수 없게 되고, 저당권의 목적물인 전세권에 갈음하여 존속하는 것으로 볼 수 있는 전세금반환채권에 대하여 압류 및 추심명령 또는 전부명령을 받거나 제3자가 전세금반환채권에 대하여 실시한 강제집행절차에서 배당요구를 하는 등의 방법으로 물상대위권을 행사하여 전세금의 지급을 구하여야 한다"고 하여[62] 물상대위설의 입장에 있고, 대상판결에서도 이를 확인하고 있다.

채권질권설[63]은 존속기간의 만료 이후에도 전세권저당권은 소멸하지 아니하고 채권질권의 실질을 띠게 되어 민법 제349조나 제353조를 준용할 수 있다는 견해로서, 전세권저당권자는 저당권설정사실의 통지나 승낙이 있으면 압류 및 추심명령이나 전부명령이 없더라도 전세권설정자에 대해 저당권을 주장할 수 있고, 자기 채권의 한도에서 직접 전세금의 반환을 청구하거나 전세금반환채권의 변제기가 먼저 도래하는 경우 전세금의 공탁을 청구할 수 있다고 한다. 2004년과 2014년의 민법 개정시안은 채권질권설의 입장에서 전세권저당권자가 직접 전세금의 반환을 청구할 수 있는 것으로 하였으나,[64] 국회 임기만료로 폐기된 바 있다.

물상대위설과 채권질권설에는 각각 이론상 난점이 존재하고, 입법으로 해결해야 한다는 견해도 있다. 대상판결 사안에서 피고는 전세금반환

62) 위 대법원 95마684 결정(주 59), 대법원 98다31301 판결(주 15) 등.

63) 이상태(주 10), 597-598면; 박순성(주 11), 111-112면; 남양우(주 11), 87-88면; 배병일(주 11), 22면; 장병주(주 11), 652-653면; 오시영(주 12), 530-534면; 추신영(주 12), 70-72면; 박근웅(주 22), 127면; 김대경(주 24), 81-83면; 황경웅(주 33), 129-130면; 김창섭, "전세권에 대한 저당권의 우선변제적 효력의 인정 여부", 법조 제50권 제4호(법조협회, 2001. 4.), 235-243면.

64) 2004년 민법개정시안은 제371조 제3항을 신설하여 "전세권을 목적으로 하는 저당권에 있어서 저당권자는 우선변제권의 범위 내에서 전세권설정자에 대하여 전세금의 반환을 직접 청구할 수 있다. 이 경우에는 제353조 제3항의 규정을 준용한다."고 규정하였고, 2014년 민법개정시안의 제373조 제3항도 이와 유사하게 "전세권을 목적으로 하는 저당권에 있어서 전세권자가 그 전세물을 사용·수익할 권리가 소멸한 때에는 저당권자는 우선변제권의 범위 내에서 전세권설정자에 대하여 전세금의 반환을 직접 청구할 수 있다. 이 경우에는 제353조를 준용한다."고 규정하였다.

채권에 대해 물상대위에 의한 채권압류 및 추심명령을 받았으므로, 이하에서는 물상대위설을 전제로 물상대위권을 행사하는 전세권저당권자에 대한 상계 주장의 허용 여부에 대해 추가 검토한다.

2. 전세권저당권자의 물상대위와 상계

(1) 문제의 소재

상계권자는 상대방의 변제자력이 충분하지 못한 때에도 수동채권의 범위 내에서 다른 채권자들에 우선하여 자기 채권을 회수할 수 있는데, 이를 상계의 담보적 기능이라 한다. 상계의 담보적 기능을 강조하는 경우 채권자평등의 원칙을 침해하거나 회피하는 결과가 초래될 수 있다.[65] 물상대위권을 행사하는 전세권저당권자에 대한 상계 주장의 허용 여부는 이러한 이익충돌의 양상에서 상계의 담보적 기능을 어디까지 인정할 것인지의 문제이다.

(2) 학　　설

(가) 상계 긍정설

전세권설정자가 전세권저당권자에 대하여 상계를 주장할 수 있다는 견해이다. 압류와 상계의 우열관계에 관한 합리적 기대이익설(변제기기준설)[66]을 전제로, 상계 가능한 반대채권의 취득 기준시점에 대해 (ⅰ) 전세권저당권의 설정시점을 기준으로 하는 견해,[67] (ⅱ) 압류시점을 기준으

---

65) 편집대표 김용덕, 주석민법(채권총칙 4) 제5판, 한국행정사법학회(2020), 468면(강경구 집필 부분).

66) 대법원은 일반채권자인 압류채권자에 대한 상계의 대항요건과 관련하여 합리적 기대이익설 중 변제기기준설을 취하였다(대법원 2012. 2. 16. 선고 2011다45521 전원합의체 판결). 이에 대한 상세한 논의는 주석민법(채권총칙 4)(주 65), 581-638면(강경구 집필 부분) 참조.

67) 최수정(주 6), 400-403면, 이혜리(주 61), 117-119면. 한편, 고석범, “물상대위권과 상계권의 우열: 전세권저당권을 중심으로”, 서울대학교 법학석사학위논문(2016), 81-89면은 전세권저당권 설정시점을 기준으로 하면서도 반대채권이 용익관계에서 비롯되는 차임채권 등의 경우에는 저당권 설정시점과 무관하게 전세권저당권자의 선악 여부에 따라 상계를 허용하여 연체차임 공제 등에 관한 판례의 허위표시이론 적용과 결론을 같이하고, 박근웅(주 22), 129-130면; 황경웅(주 33), 121-122면; 이승훈(주 40), 214-215면은 채권질권설의 입장에서 저당권설정의 통지 시점을 기준

로 하는 견해[68] 등으로 나뉜다.

(나) 상계 부정설

전세권설정자의 반대채권이 전세권설정계약과 무관하게 발생한 채권이라면 전세권자에 대하여 상계를 주장할 수 없고 따라서 전세권저당권자에 대해서도 대항할 수 없다는 견해이다.[69] 전세권설정자의 상계에의 기대는 전세권의 물권성으로 인하여 보호받을 수 없고, 전세권저당권자는 전세권을 둘러싼 물권법 관계의 직접적 당사자로서 원칙적으로 전세권설정자와 전세권자 사이의 채권관계에 따른 구속을 받지 않으며, 일반채권자인 전세권설정자는 담보물권자에게 대항할 수 없다고 한다.

(3) 판례의 입장

(ⅰ) 대법원 2008. 3. 13. 선고 2006다29372, 29389 판결은 전세권설정자가 전세권자에 대하여 민법 제315조 소정의 손해배상채권 외 다른 채권을 가지고 있더라도 다른 특별한 사정이 없는 한 이를 가지고 전세금반환채권에 대하여 물상대위권을 행사한 전세권저당권자에게 상계 등으로 대항할 수 없다고 판시한 바 있다.[70]

(ⅱ) 그러나 대법원 2014. 10. 27. 선고 2013다91672 판결은 '전세권저당권자가 전세금반환채권으로부터 우선변제를 받을 권리가 있으므로 압류 당시에 전세권설정자의 반대채권과 전세금반환채권이 상계적상에 있다는 사정만으로 상계로써 대항할 수 없다'고 하면서도, "전세금반환채권은 전세권이 성립하였을 때부터 이미 그 발생이 예정되어 있다고 볼 수 있으므로, 전세권저당권이 설정된 때에 이미 전세권설정자가 전세권자

으로 삼고 있다.

68) 배병일(주 11), 23-24면; 이미선(주 41), 225-226면; 여하윤, "전세권설정자와 전세권저당권자의 이익 충돌", 재산법연구 제36권 제1호(한국재산법학회, 2019. 5.), 97-98면.

69) 김제완(주 4), 285면 이하; 이호행(주 10), 41면; 최준규(주 22), 378-379면; 조경임, "담보물권의 목적인 채권의 상계", 민사법학 제73호(한국민사법학회, 2015. 12.), 9면 이하; 이동진, "물상대위와 상계: 동산양도담보와 전세권 저당을 중심으로", 민사법학 제83호(한국사법행정학회, 2018. 6.), 56-59면.

70) Ⅳ. 2.항의 (ⅲ) 참조.

에 대하여 반대채권을 가지고 있고 그 반대채권의 변제기가 장래 발생할 전세금반환채권의 변제기와 동시에 또는 그보다 먼저 도래하는 경우와 같이 전세권설정자에게 합리적 기대이익을 인정할 수 있는 경우에는 특별한 사정이 없는 한 전세권설정자는 그 반대채권을 자동채권으로 하여 전세금반환채권과 상계함으로써 전세권저당권자에게 대항할 수 있다"고 판시하면서, 대법원 2006다29372, 29389 판결은 임대차보증금반환채권의 담보를 목적으로 전세권이 설정된 것임을 저당권자가 몰랐던 사안에서 임대차계약에 의하여 발생한 채권을 자동채권으로 하여 전세금반환채권과 상계할 수 없다고 한 것으로 사안이 다르다고 하였다.

(4) 검　토

(가) 압류시점 기준설은 제3채무자가 우선권자의 존재를 확실히 알 수 없었던 압류명령 송달시점까지 가졌던 상계의 기대를 보호한다. 그러나 물상대위는 우선변제를 받을 수 있는 담보물권의 본질상 당연히 인정되는 것으로(가치권설), 민법 제342조 단서에 관한 다수설·판례[71]인 특정성유지설의 입장에서 볼 때 저당권자는 담보권 실행의 방법으로서 물상대위권을 행사하는 것이지 그 압류를 통해 우선변제적 효력을 취득하는 것이 아니고, 저당권의 경우 등기를 통해 권리관계가 공시되므로 제3채무자에 대한 통지·승낙과 같은 대항요건을 필요로 하지 않는다. 따라서 전세권설정자가 저당권설정등기 후 압류 전에 반대채권을 취득한 경우 전세권저당권자의 담보권에 터 잡은 물상대위권이 우선되어야 하므로, 압류시점 기준설은 타당하지 않다.

---

71) 대법원 1998. 9. 22. 선고 98다12812 판결 등. 전세권저당권에 대하여도 "민법 제370조, 제342조 단서가 저당권자는 물상대위권을 행사하기 위하여 저당권설정자가 받을 금전 기타 물건의 지급 또는 인도 전에 압류하여야 한다고 규정한 것은 물상대위의 목적인 채권의 특정성을 유지하여 그 효력을 보전함과 동시에 제3자에게 불측의 손해를 입히지 않으려는 데 그 목적이 있으므로, 적법한 기간 내에 적법한 방법으로 물상대위권을 행사한 저당권자는 전세권자에 대한 일반채권자보다 우선변제를 받을 수 있다"고 하고[위 (3)항의 (ⅰ) 대법원 2006다29372, 29389 판결], 또한 전세권저당권자가 우선권 있는 채권에 기하여 전부명령을 받은 경우에는 형식상 압류가 경합되었다 하더라도 그 전부명령은 유효하다고 하였다(대법원 2008. 12. 24. 선고 2008다65396 판결).

(나) 문제는 전세권설정자가 저당권 설정 전에 반대채권을 취득한 경우인데, 아래와 같은 이유에서 이러한 경우에도 전세권설정자의 상계에 대한 기대는 보호될 수 없다고 보아야 한다.

먼저, 전세권설정자가 전세권자에 대한 반대채권을 취득한 후 전세권이 양도된 경우 전세권설정자의 반대채권과 전세권 양수인의 전세금반환채권은 상호 대립하지 않으므로 상계할 수 없는데, 전세권저당권자도 전세권의 교환가치에 대한 지배권을 취득한다는 점에서 전세권의 양도에 준하여 같은 법리가 적용되어야 한다는 점을 들 수 있다.[72] 또한 전세권저당권자가 존속기간 만료 전 저당권을 실행한 경우 전세권설정자는 경매절차에서 전세권을 취득한 양수인에 대해 상계를 주장할 수 없으므로, 전세권저당권 설정시점 기준설에 의하면 전세권저당권자의 저당권 실행시점에 따라 상계의 허용 여부를 달리 취급하는 것이 되어 부당하다. 이에 대해 전세권저당권 설정시점 기준설의 입장에서는 전세권설정자가 '전세권이 그 존속기간 중 제3자에게 양도되지 않으면 반대채권으로 전세금반환채권과 상계할 수 있다'는 합리적 기대이익을 가지고, 전세권의 양도나 존속기간 중 저당권의 실행이라는 가정적 이유로 상계를 불허하는 것은 전세권설정자에게 지나치게 불리하다고 주장한다.[73] 그러나 일반채권자가 새로운 이해관계인이 등장하는 사후의 변화에 따라 상계가 부정되어야 할 지위에 있다면 그 형성 시점을 기준으로 할 때에도 합리적인 상계의 기대이익으로 보기 어렵다고 보아야 할 것이다.[74]

한편, 상계는 일방의 의사표시에 의해 바로 자기 채권이 만족되는 효과를 발생시키므로 사적인 강제집행이 허용되어 있는 것과 같다.[75] 따

72) 같은 취지의 견해로 김제완(주 4), 291면; 최준규(주 22), 378-379면; 이동진(주 69), 57면.

73) 이승훈(주 40), 214면; 김정민, "전세권저당권자가 물상대위로서 전세금반환채권에 대하여 압류 및 추심명령을 받은 경우, 제3채무자인 전세권설정자가 전세권이나 그 기초가 된 임대차계약과 무관한 자동채권으로 상계할 수 있는지 여부", 대법원판례해설 제101호(법원도서관, 2014), 77-78면.

74) 같은 취지의 견해로 조경임(주 69), 41면.

75) 위 대법원 2011다45521 전원합의체 판결(주 66)의 다수의견에 대한 보충의견(양

라서 채권집행의 경합 과정에서 제3채무자의 상계가 허용되면 수동채권의 범위에서 반대채권에 대해 우선변제적 효력을 누리게 되는데, 일반채권자인 전세권설정자가 상계로써 전세권저당권자에 대항할 수 있다면 일반채권자를 담보물권자보다 우선하는 결과가 된다.[76] 이러한 양상은 채권질권에 있어 제3채무자의 상계와 유사하다. 그러나 질권자가 담보로 취득한 채권은 질권 설정 이전부터 제3채무자와 질권설정자 사이의 채권관계로 인해 담보가치가 소멸할 위험이 있었던 것으로 민법에서 질권 설정의 대항요건을 갖춘 때를 제3채무자 항변사유의 취득 기준시점으로 정하고 있는 반면(제349조 제2항, 제451조), 전세권저당권자가 담보로 취득한 전세권은 물권으로서 저당권 설정 이전에 전세금반환채권이 상계로 소멸할 수 없고 저당권 설정에 대항요건을 갖출 것을 요하지 않는다는 점에서 다르다. 따라서 전세권설정자는 전세권저당권 설정 이전에 반대채권을 취득한 경우라도 그 후 물권적 지위를 취득한 전세권저당권자와의 관계에서 전세금반환채권에 대한 우선변제권을 주장할 수 없다고 보아야 한다.

나아가 전세권저당권 설정시점 기준설에 따르면, 전세권저당권자는 담보가치를 파악하기 위해 담보목적물인 전세권의 내용뿐만 아니라 전세권설정자와 전세권자 사이의 채권관계까지 조사하여야 할 부담을 안게 되므로 그에게 지나치게 불리한 결과가 되고, 등기부의 공시만으로는 전세권의 담보가치를 정확히 파악할 수 없게 되므로 전세권을 저당권의 목적으로 하는 거래의 안전을 해하게 된다.

(다) 대법원 2013다91672 판결은 대법원 2011다45521 전원합의체 판결 법리의 확대 적용을 시도한 것으로 볼 수 있으나, 전세권설정자가 전세권의 존속기간 중 전세권자에 대한 반대채권을 보유하였더라도 전세금반환채권과의 상계에 대하여 합리적 기대이익을 가지고 있었다고 볼 수 없다는 점에서 부당하다. 대법원 2006다29372, 29389 판결은 상계를 부정

창수 대법관) 참조.

76) 같은 취지의 견해로 조경임(주 69), 7-10면.

한 결론에 있어 타당하나, 전세권저당권자가 악의인 경우에 상계가 허용된다는 취지라면 통정허위표시 법리의 적용을 부정하는 입장에서 동의할 수 없다. 물상대위권을 행사하는 전세권저당권자에 대한 상계 주장은 허용될 수 없다는 부정설에 찬성한다.

Ⅵ. 대상판결 사안에 대한 검토

1. 대상판결은 이 사건 전세권설정계약은 임대차계약과 양립할 수 없는 범위에서 통정허위표시에 해당하여 무효이나 이 사건 전세권설정등기는 임대차보증금반환채권을 담보할 목적으로 마쳐진 것으로서 유효하고, 다만 이 사건 전세권설정등기가 담보 목적으로 마쳐진 것임을 알고 있었던 피고의 추심금 청구에 대하여 원고는 연체차임 등의 공제 주장으로 대항할 수 있을 뿐이므로, 이 사건 전세권설정등기는 임대차보증금 중 연체차임 등을 공제한 나머지를 담보하는 범위에서 여전히 유효하다고 보아, 원고 일부승소 취지로 파기환송하였다.[77)]

2. 위에서 검토한 바에 따르면, 채권담보 목적의 전세권은 원칙적으로 유효하다고 보아야 하고, 대상판결도 같은 취지로 판시하였다.

그러나 임대차보증금반환채권을 담보할 목적으로 전세권이 설정된 경우, 전세권설정의 당사자들은 법률이 정한 내용대로의 전세권을 설정하되, 그 경제적 목적에 따라 필요한 범위 내에서만 전세권을 행사하기로 하는 약정이 있었다고 보는 것이 타당하다. 이렇게 보는 관점에서는 차임지급 약정 등이 존재하지 않는 전세권설정계약에 진의와 일치하지 않

---

77) 관련사건인 대법원 2020다200832호 추심금 사건에서 피고는 甲의 전세금반환채권에 대해 압류·추심명령을 받아 원고에 대해 추심금 지급을 구하였는데, 원심은 2015년 5월부터 9월까지의 연체차임, 관리비 등을 공제한 71,062,890원의 지급을 명하였고(부산지방법원 2019. 12. 4. 선고 2017나52856 판결), 대법원은 대상판결과 같은 날 상고기각 판결을 선고하였다. 대상판결의 파기환송심은 원고가 관련사건의 판결 확정 후 추심금을 변제공탁하고 피고가 이를 수령하였음을 이유로 파기환송 전 원심과 같이 원고승소 판결을 선고하였다(부산지방법원 2022. 8. 26. 선고 2022나40765 판결).

는 부분이 있다거나 임대차계약과 양립할 수 없는 범위에서 통정허위표시에 해당한다고 볼 수 없다. 따라서 연체차임 등의 공제와 관련하여 통정허위표시 법리를 적용하는 것은 부당하다. 또한 통정허위표시 법리의 적용 결과 전세권설정자가 전세권저당권자에 대해 임대차계약의 효력으로 대항할 수 있게 하는 것은 전세권저당권자의 담보가치에 대한 기대 내지 신뢰를 전세권설정자의 연체차임 등 공제에 대한 그것보다 우선해야 한다는 점에서도 부당하다. 따라서 이 사건 전세권설정등기는 연체차임 등이 공제되지 아니한 전세금반환채권을 담보하는 범위에서 유효하다고 보아야 하므로, 전세금 전액의 지급과 동시에 이 사건 전세권설정등기의 말소에 대한 승낙의 의사표시를 명하여야 한다.[78)]

3. 원고가 甲에 대한 연체차임 등 채권을 반대채권으로 하는 상계항변을 하는 경우를 가정하는 경우, 전세권설정자는 저당권 설정 이후는 물론 그 설정 전에 취득한 반대채권에 기하여도 물상대위권을 행사하는 전세권저당권자에 대해 상계로써 대항할 수 없으므로 같은 결론이 된다(상계 부정설). 전세권저당권 설정시점 기준설을 취하는 판례의 입장에서도 피고의 근저당권 설정 당시 연체차임 등 반대채권이 존재하지 않았던 이상 상계를 부정할 것이나, 압류시점 기준설에 따르면 상계가 허용될 것이다.

---

78) 대상판결의 1심 판결문에는 원고의 청구원인으로 차임, 관리비 상당액의 공제로써 '피고의 전세권근저당권의 피담보채권이 소멸'하였다고 기재되어 있으나, 실제 의미는 이 사건 전세권의 피담보채권인 전세금반환채권이 소멸하였다는 것으로 해석된다. 원고가 피담보채무 전액을 변제하였음을 주장하면서 등기의 말소를 청구하는 경우, 심리결과 원고에게 아직 채무가 남아 있는 것으로 밝혀진 경우에는 특별한 사정이 없으면 남은 채무의 변제를 조건으로 등기의 말소를 구한다는 취지도 포함되었다고 보아야 하고(대법원 1981. 9. 22. 선고 80다2270 판결 등), 전세권설정자의 전세금반환의무와 물상대위권을 행사한 전세권저당권자의 말소의무는 동시이행관계에 있으며(대법원 2008. 3. 13. 선고 2006다58912 판결), 등기상 이해관계 있는 제3자의 말소등기에 대한 승낙의무는 실체법상의 의무 여부에 의하여 결정되므로 전세권말소등기에 대한 승낙의무도 동일하게 보아야 할 것이다.

Ⅶ. 마치면서

종래 전세권저당권에 대한 논의는 존속기간 만료 후의 실행방법과 관련하여 활발하게 이루어졌다. 그러나 판례의 확고한 입장에 따라 실무가 정착되면서 전세권저당권자가 존속기간 만료 전 미리 장래의 전세금반환채권에 대해 압류 및 추심·전부명령을 받는 경우가 늘게 되고, 물상대위권을 행사한 전세권저당권자에게 우선변제권이 인정되는 결과 견해대립의 실질적인 차이는 크지 않게 되었다. 이에 논의의 초점은 전세권저당권자에 대해 전세권설정자가 전세권자와의 사이에서 발생한 항변사유로 대항할 수 있는지의 문제로 이동하였고, 임대차보증금반환채권 담보 목적의 전세권에서 연체차임 등의 공제나 상계 주장의 허용 여부 등이 주요한 쟁점이 되었다.

대상판결은 통정허위표시 법리가 적용되는 범위와 연체차임 등 공제 주장의 허용 범위를 분명히 하였다. 그 결과 임대차보증금반환채권을 담보할 목적으로 마쳐진 전세권은 원칙적으로 유효성이 인정되지만, 온전한 전세권으로서의 효력은 인정되지 않는다. 또한 대법원은 제한적이나마 전세권설정자가 전세권저당권의 설정시점 이전에 취득한 반대채권과 전세금반환채권의 상계를 허용한다. 이러한 대법원의 해석론에 의하면 전세권저당권자가 물권관계에 기초하여 파악하고자 하였던 전세권의 담보가치에 전세권설정자와 전세권자 사이의 채권적 요소가 개입되고 전세권저당권자의 주관적 요건에 따라 그 개입 여부가 좌우되기도 하여 법률관계가 불안정하게 된다. 이에 따라 전세권저당권자는 당초 인식하였던 담보가치를 누리지 못하게 되고, 전세권을 담보로 하는 거래가 위축될 염려가 있다. 이 글은 이러한 문제의식에서 출발하여 판례의 법리를 비판적으로 검토하고자 하였고, 법률이 정한 전세권 내용대로의 담보가치를 인정함으로써 전세권저당권자의 신뢰를 보호하는 것이 타당하다는 의견을 제시하였다. 이러한 견해 차이는 채권담보 목적 전세권의 법리적 구성에 대한 시각을 달리하기 때문일 수 있고, 전세권설정자와 전세권저당권자의 기대 중 어느 쪽을 우선할 것인가의 가치판단을 달리한 결과일 수도 있다. 향후 전세권설정자와 전세권저당권자 사이의 이해관계 충돌 문제를 합리적으로 규율하기 위한 논의가 지속되어야 할 것으로 생각한다.

[Abstract]

A Case Review: Applicability of the Principle of Fictitious Declaration of Intention in Collusion in a Case Where a Mortgage Lien was Established on a Chonsegwon Which had been Placed to Secure the Tenant's Claim to the Return of the Lease Deposit

Im, Yun Han*

There are many cases where tenants establish a Chonsegwon to secure their claim to the return of the deposit on their lease contract and subsequently have a mortgage lien placed on the Chonsegwon in order to utilize the value of their claim to the deposit return as collateral. There have been two contradicting judgments on the question of the validity of a Chonsegwon established to secure the tenant's claim to the return of the lease deposit: one judgment determined that it is valid in principle unless it entirely excludes the Chonsegwon-holder's use or benefit while the other ruled that a contract to establish such Chonsegwon may be deemed void as fictitious declaration of intention in collusion. Against this backdrop, the judgment in question (the Supreme Court 2021. 12. 30. pronouncement 2018da268538 judgment) ruled that the registration of the Chonsegwon is valid as long as it does not entirely excludes the Chonsegwon-holder's use or benefit. But at the same time it added that, to the extent that the contract to establish the Chonsegwon is inconsistent with the lease contract, it is void as fictitious declaration of intention in collusion so the mortgage lien-holder on the Chonsegwon who acted in bad faith may only seek the

* Judge, Research Division, Supreme Court of Korea.

return of the Chonsegwon deposit after deduction of overdue lease payments.

However, in the context of a Chonsegwon established to secure a contractual claim, a Chonsegwon deposit does not serve as a rental fee for lease nor a security deposit but only indicates the involved amount of credit. And the deduction of overdue lease payments from the lease deposit is a legal effect of the lease contract which is distinguished from the contract to establish the Chonsegwon so overdue lease payments should not be deducted from the Chonsegwon deposit even though the purpose of the Chonsegwon was to secure the return of the lease deposit. The basis of the judgment in question is that there existed the "meeting of intents between the lessor and the lessee" that the amount of the Chonsegwon deposit would be that of the lease deposit less overdue lease payments. However, the "intents" referred to in the judgment in question do not constitute the substance of a legal act but are only about economic purposes and the judgment's interpretation thereof is inconsistent with commonly accepted legal knowledge. And acknowledging the validity of such declaration of intention would result in acknowledging a contractual claim based on a lease contract as a property right (i.e. a Chonsegwon), which would be against the principle of Numerus Clausus. Furthermore, the expectation of a mortgage lien-holder on a Chonsegwon that the Chonsegwon will carry a collateral value in accordance with the laws is more worthy of protection than a Chonsegwon-settlor's expectation of deduction of overdue lease payments.

Therefore, the judgment in question is not reasonable in terms of its position that applies the principle of fictitious declaration of intention in collusion in a case where a mortgage lien was established on a Chonsegwon which had been placed to secure the tenant's claim to the return of the lease deposit. On the other hand, with regard to a mortgage lien-holder on a Chonsegwon exercising his right of real subrogation, the Supreme Court allows the Chonsegwon-settlor offsets in a limited manner when his reasonable anticipated profit is recognized depending on the timing that he acquired a counter-claim. But it will be sensible that the Chonsegwon-settlor should be denied any reasonable anticipated profit of offseting against a claim of a third party that is, in this case, the mortgage lien-holder on the Chonsegwon. Both the judgments discussed above have elements of contractual claim between a Chonsegwon-settlor and a Chonsegwon-holder interfering with the collatoral value of a Chonsegwon, which results in undermining the status of a mortgage lien-holder on a Chonsegwon as a security real right holder so the validity of those judgments should be reconsidered.

[Key word]

- Chonsegwon established to secure a contractual claim
- mortgage lien on a Chonsegwon
- fictitious declaration of intention
- deduction from a claim to the return of a Chonsegwon deposit
- offset against a mortgage lien-holder on a Chonsegwon

참고문헌

[주 석 서]

편집대표 곽윤직, 민법주해[Ⅱ](총칙 2), 박영사(2011).
______, 민법주해[Ⅳ](물권 1), 박영사(2011).
______, 민법주해[Ⅵ](물권 3), 박영사(2011).
______, 민법주해[Ⅶ](물권 4), 박영사(2011).
편집대표 김용덕, 주석민법(총칙 2) 제5판, 한국행정사법학회(2019).
______, 주석민법(물권 3) 제5판, 한국행정사법학회(2019).
______, 주석민법(물권 4) 제5판, 한국행정사법학회(2019).
______, 주석민법(채권총칙 4) 제5판, 한국행정사법학회(2020).

[단 행 본]

김기선, 한국물권법, 법문사(1990).
양창수 · 김재형, 민법 Ⅰ: 계약법(제3판), 박영사(2020).
양창수 · 김형석, 민법 Ⅲ: 권리의 보전과 담보(제4판), 박영사(2021).
윤진수, 민법기본판례(제2판), 홍문사(2020).
지원림, 민법강의(제19판), 홍문사(2022).

[논 문]

강대성, "전세권저당권의 우선변제적 효력", 토지법학 제24-1호(한국토지법학회, 2008. 6.).
고석범, "물상대위권과 상계권의 우열: 전세권저당권을 중심으로", 서울대학교 법학석사학위논문(2016).
김대경, "전세관계 종료 후 전세권저당권의 법률관계: 전세권저당권자의 법적 지위와 채권실행방법", 법과 정책 제20집 제2호(제주대학교 법과 정책연구원, 2014. 8.).
김동옥, "저당권의 목적물로 된 전세권이 기간만료로 종료된 경우의 법률관계", 판례연구 제12집(부산판례연구회, 2001. 6.).

김제완, "전세권을 목적으로 한 저당권자의 우선변제권과 상계적상", 고려법학 제76호(고려대학교 법학연구소, 2015. 3.).

김정민, "전세권저당권자가 물상대위로서 전세금반환채권에 대하여 압류 및 추심명령을 받은 경우, 제3채무자인 전세권설정자가 전세권이나 그 기초가 된 임대차계약과 무관한 자동채권으로 상계할 수 있는지 여부", 대법원판례해설 제101호(법원도서관, 2014).

김창섭, "전세권에 대한 저당권의 우선변제적 효력의 인정 여부", 법조 제50권 제4호(법조협회, 2001. 4.).

남양우, "전세권을 목적으로 한 저당권의 효력에 관하여: 대법원 1999. 9. 17. 선고 98다31301 판결을 중심으로", 대전지방법원 실무연구자료 제7권(2006. 1.).

박근웅, "채권담보를 위한 전세권의 법률관계", 법학연구 제26권 제4호(연세대학교 법학연구소, 2016. 12.).

박순성, "전세권에 관한 판례의 동향과 전망: 전세권의 담보물권성을 중심으로", 21세기 한국민사법학의 과제와 전망; 심당송상현선생화갑기념논문집(박영사, 2002).

배병일, "전세권저당권", 저스티스 통권 제139호(한국법학원, 2013. 12.).

양창수, "전세권", 고시계 제37권 제3호(국가고시학회, 1992. 2.).

여하윤, "전세권설정자와 전세권저당권자의 이익 충돌", 재산법연구 제36권 제1호(한국재산법학회, 2019. 5.).

오경미, "채권담보전세권과 그 저당권의 법률관계", 민사재판의 제문제 제19권(한국사법행정학회, 2010. 12.).

오시영, "전세권 존속기간 경과 후 전세권저당권의 물상대위성에 대한 고찰", 한양법학 제22권 제3집(한양법학회, 2011. 8.).

이동진, "물상대위와 상계: 동산양도담보와 전세권 저당을 중심으로", 민사법학 제83호(한국사법행정학회, 2018. 6.).

이미선, "전세권저당권자의 지위와 관련된 쟁점에 관한 검토", 대전지방변호사회지 제4호(대전지방변호사회, 2007. 1.).

이봉민, "임대차보증금반환채권 담보 목적의 전세권에 저당권이 설정된 경우 전세권의 효력과 전세권설정자와 전세권저당권자 사이의 법률관계", 대법원판례해설 제129호(법원도서관, 2022).

이상태, "전세권저당권자의 법적 지위", 민사법학 제38호(한국민사법학회, 2007. 9.).

이승훈, “전세권저당권의 실행방법과 전세권설정자의 공제 및 상계주장 가부”, 민사판례연구 제38권(박영사, 2016).
이원일, “전세권에 대하여 저당권이 설정되어 있는데 전세권이 기간만료로 종료된 경우, 전세금반환채권에 대한 제3자의 압류 등이 없는 한 전세권설정자는 전세권자에 대하여만 전세금반환의무를 부담하는지 여부 및 그 저당권의 실행방법”, 대법원판례해설 제33호(법원도서관, 2000).
이혜리, “전세권저당권의 목적인 채권의 상계”, 원광법학 제32권 제2호(원광대학교 법학연구소, 2016. 6.).
이호행, “전세권의 본질과 전세권저당권의 실행”, 민사법학 제71호(한국민사법학회, 2015. 6.).
이홍민, “전세권의 법적 구조와 전세권저당권에 관한 법률관계”, 법학논총 제20집 제3호(조선대학교 법학연구소, 2013).
장병주, “전세기간 만료 후 전세권저당권자의 법적 지위”, 법학논총 제33권 제3호(국민대학교 법학연구소, 2021. 2.).
조경임, “담보물권의 목적인 채권의 상계”, 민사법학 제73호(한국민사법학회, 2015. 12).
최수정, “임대차보증금반환채권을 담보하기 위한 전세권의 효력과 효과: 대법원 2021. 12. 30. 선고 2018다268538 판결에 대한 비판적 검토를 통하여”, 민사법학 제99호(한국민사법학회, 2022. 6.).
최준규, “전세권과 허위표시: 대법원 2010. 3. 25. 선고 2009다35743 판결”, 민사법학 제63-1호(한국민사법학회, 2013. 6.).
추신영, “전세권저당권의 실행방안: 대법원 2006. 2. 9. 선고 2005다59864 판결”, 재산법연구 제28권 제2호(한국재산법학회, 2011. 8.).
황경웅, “전세권 저당권의 등기의 효력과 그 실행방법: 대법원 2008. 3. 13. 선고 2006다29373, 29389 판결의 평석”, 중앙법학 제15집 제3호(중앙법학회, 2013. 9.).

명의도용에 의한 전자금융거래의 효력과 책임*

김 상 중**

요 지

본 논문은 대법원 2018. 3. 29. 선고 2017다257395 판결, 서울중앙지방법원 2021. 1. 13. 선고 2019가합575672 판결을 계기로 하여 명의도용에 의한 전자금융거래에서 명의자 본인에 대한 거래의 효과귀속 및 그 사고위험의 금융기관·이용자 사이의 부담내용에 관하여 살펴보았다. 이 글에서 주장한 바는 먼저 명의도용에 의한 전자금융거래에 적용되는 전자문서법 제7조 제2항과 전자금융거래법 제9조 사이의 단계적 파악, 즉 전자는 계약의 효력 발생 내지 귀속단계, 후자는 그에 따른 사후적 손해배상단계라는 단계론적 파악에 관하여 의구심을 피력하였다. 만약 이 같은 단계적 법리구성을 유지하는 경우에도 전자문서법 제7조 제2항은 적어도 전자금융거래에서는 금융사고에 대한 금융기관의 원칙적 위험부담을 결정한 전자금융거래법 제9조 제1항의 취지를 반영, 해석하여야 한다. 다시 말해 전자문서법 제7조 제2항의 "정당한 이유" 여부는 본인확인의 외관존재와 이에 따른 수신자(금융기관)의 신뢰 이외에 외관형성에 대한 명의자 본인(이용자)의 책임·관여를 함께 참작하여 판단되어야 할 것이다. 한편 전자금융거래법 제9조 제2항에 따른 사고발생에

---

* 이 글은 2022. 5. 23. 민사판례연구회 제451호에서 발표한 내용이며, 발표 후 한국민사법학회 발간의 민사법학 제99호, 279면 이하에 게재되었다. 위 발표회 당시 토론을 해 주신 이병준 교수님, 유형웅 판사님과 발표준비 과정에서 함께 견해를 나누어 주신 여러 교수님, 그리고 전자금융거래에서 비대면 본인확인 절차에 관한 자료제공 등을 해 주신 김태연 변호사님(법무법인 율촌)께도 고마움을 표한다.

** 고려대학교 법학전문대학원 교수, 법학박사.

대한 이용자의 중과실 역시 이 글에서 주장한 바에 따르면 전자금융거래법 제9조 제1항에 의한 금융기관의 위험부담 원칙을 충분히 고려하여, 이용자에게 사고발생의 책임을 물을 수 있을 비난의 여지가 있어야 하고 그 관여의 정도가 사고발생에 전적으로 또는 주된 영향을 주었다고 판단되는 경우에 한하여 인정될 수 있을 뿐이라고 판단하였다.

이러한 전제 위에서 대법원 판례가 중과실의 판단을 위해 제시한 '금융사고의 구체적 경위'라는 표지는 본인인증절차의 신뢰성·안전성의 정도, 기망행위의 수법 외에 개인정보를 포함한 접근매체의 노출경위(이용자의 관여 여부와 정도), 이용자가 노출한 개인정보 등이 금융사고 발생에 어느 정도 직접적이고 충분한 원인으로 되었는지, 그리고 이용자가 개인정보 등의 관리소홀 당시에 후속적 금융사고 발생에 관하여 구체적 예측가능성을 갖고 있었는지 등으로 보다 자세하게 표현될 수 있다고 할 것이다. 이와 같이 명의도용의 전자금융사고에서 전자금융거래법 제9조 제1항의 원칙에 대한 주의환기와 더불어 전자금융거래법 제9조 제2항에서 금융사고 발생에 관하여 이용자의 중과실이 있는 경우에는 이용자가 그 위험을 (전부 이외에) 금융기관과 나누어 부담하도록 규정한 취지도 보다 적극적으로 고려되어야 한다고 주장하였다. 이와 같은 주장에 따르면 대상판결 1의 판시, 즉 작성자 명의의 대출거래를 맺는 데 있어서 통신사기피해환급법상의 전화이용 등의 추가확인절차를 거치지 않은 채 공동인증서(당시 공인인증서)에 의한 본인확인절차만으로 수신자인 금융업자의 신뢰할 만한 정당한 이유가 있었음을 인정한 판시에 관하여는 찬동하기 어렵다. 이 같은 평가는 대상판결 1에서 문제된 바와 같이 대부업자에게는 위 법률이 적용되지 않는다고 하더라도 달라지지 않는다고 본다. 한편 작성자 본인의 개인정보와 접근매체를 본인의 관여 없이 부정취득한 사안이 다투어진 대상판결 2는 작성자 본인에 대한 효과귀속을 부정한 결론 그 자체에는 찬동하는 바이다. 다만 그 논거와 관련하여 대상판결 2는 공인인증서에 의한 본인확인과 달리 휴대폰인증을 포함한 비대면 본인확인방식에 관하여 작성 명의자의 동일성 추정을 인정하지 않음으로써 전자문서법 제7조 제2항에 따른 본인에의 효과귀속을 부정하고 있는데, 이러한 판시는 비대면 방식의 본인확인절차가 제대로 수행된 이상 그 신뢰성을 인정한 다른 하급심 판결례도 존재하고 있어서 주의하여 이해할 필요가 있다.

더 나아가 대상판결 2는 공인인증서에 의한 본인확인절차를 거친 경우에는 작성 명의자가 그 같은 권리외관에 아무 관여한 바가 없는 때에도 전자문서법 제7조 제2항에 따른 본인에의 효과귀속을 인정하고 있다. 물론 대상 판결 2는 전자금융거래법 제9조 제1항에 의한 금융기관의 손해배상책임을 통하여 본인귀속에 따른 위의 불합리한 결과를 모면하고 있다. 그렇지만 이용자가 개인정보 등의 도용에 아무 기여한 바가 없음에도 권리외관의 효과를 귀속시킨 다음에 그 불이익을 신뢰 수신자의 손해배상책임에 의하여 벗어나도록 하는 법리구성은 잘 납득되지 않는다. 전자금융거래법 제9조 제1항의 위험부담 원칙이 명의도용 금융사고에서 보다 충분하게 고려되기를 바라며, 하급심 판결의 일관된 법리전개 이외에 입법적 개선도 있기를 기대한다.

[주 제 어]

- 타인 명의의 법률행위
- 명의도용
- 전자거래
- 온라인금융
- 본인인증

대상판결 1 : 대법원 2018. 3. 29. 선고 2017다257395 판결

[사안의 개요]

1. 원고들(16명)은 취업을 준비하던 여성들인데, 취업알선을 가장한 보이스피싱 사기단에 속아서 주민등록번호, 주소, 휴대폰번호 등 개인정보가 담긴 근로계약서 및 운전면허증을 촬영한 사진, 신분증 사본 등을 이메일과 휴대전화로 전송하는 한편, 급여통장 명목의 예금계좌를 개설하였다.

2. 보이스피싱 사기단은 A 은행의 대표전화인 것처럼 속여서 원고들에게 전화를 걸어 계좌번호, 보안카드번호, 공인인증서 비밀번호 등을 알아내는 한편, 이미 수집한 원고들의 개인정보를 이용하여 원고들 명의의 휴대폰을 개통하였다.

3. 그 후 보이스피싱 사기단은 2015. 4.~7. 원고들 명의의 공인인증서를 재발급받았고 이를 이용해 피고 대부업체들의 전자금융거래시스템에 접근하여 이미 보유하고 있던 원고들의 계좌번호와 그 비밀번호, 공인인증서 비밀번호와 보안카드번호를 정확히 입력하는 한편, 신분증 사본을 팩스로 전송하면서 전자대출을 신청하였다. 피고들이 원고들 명의의 예금계좌로 대출을 실행하자, 보이스피싱 사기단은 위 계좌에 입금된 예금을 모두 인출하였다.

4. 원고들은 피고 대부업체 등을 상대로 위의 대출계약 모두 취업알선 명목으로 기망하여 얻어진 금융거래 관련 개인정보를 이용해 공인인증서를 부정한 방법으로 재발급받아 체결된 것으로서 원고들에 대하여 유효하다고 할 수 없음을 이유로 채무부존재확인의 소를 제기하였다.

[소송의 경과]

1. 제1심 법원의 판단(서울중앙지방법원 2016. 11. 11. 선고 2015가단5343462 판결)

제1심과 원심 모두 원고들의 청구를 인용하였다. 제1심은 원고들의 청구를 인용하였는데, 먼저 전자문서법 제7조 제2항 제2호에 따른 명의 피도용자에 대한 명의도용거래의 효과귀속 가능성을 언급하면서도 "위 법조항들이 제3자가 거래의 일방 당사자의 의식적인 관여나 도움이 없이 임의로 그 당사자 명의의 공인인증서를 발급받아서 그 명의를 도용하여 거래상의 의사표시를 한 경우에도 단지 그러한 공인인증서가 본인 확인의 도구로 사용되었다는 점만으로 거래 명의자인 원고들의 의사표시의 존재를 간주하거나 의제하는 조항이라거나, 계약은 당사자 쌍방의 자유로운 의사의 합치에 의하여 이루어진다는 민법상의 원칙을 전자거래와 관련하여 폐지한 조항이라고 볼 수 없" 다는 것을 판단의 근거로 제시하였다.

2. 제2심 법원의 판단(서울중앙지방법원 2017. 8. 9. 선고 2016나80085)

원심판결 역시 제1심 법원과 마찬가지로 원고들의 주장을 받아들여 피고들의 항소를 기각하였는데, ① 명의도용거래에서 사용된 원고들 명의의 공인인증서가 보이스피싱 사기단의 기망에 의하여 얻어진 원고들의 개인정보를 이용해 재발급되었던 점, ② 원고들 스스로는 자신들 명의의 공인인증서 재발급에 관하여 전혀 알지 못하고 있었던 점, ③ 원고들이 자신들 명의의 공인인증서 재발급을 받았던 보이스피싱 조직원과 사전에 아무 관계도 없었다는 점, ④ 「전기통신금융사기 피해방지 및 피해금 환급에 관한 특별법」(이하 '통신사기피해환급법')에 따르면 전자대출의 경우에는 본인확인절차[1)]가 요구되고 있는 점, 그리고 피고들과 동종의 영업을 수행하는 다른 금융업자의 경우에 휴대전화를 이용해 본인확인절차를 거쳤음에도 피고들은 위 사건의 대출을 실행함에 있어서 휴대전화 또는 이에 준하는 본인확인조치를 취하였음을 인정할 수 없다는 점을 근거로 원고들에 대한 명의도용 전자대출의 효과귀속을 부정하였다.

3. 대법원(대상판결 1)의 판단

대법원은 위의 제1심, 원심판결과는 달리 전자문서법 제7조 제2항 제2호, 공인인증서를 이용한 본인확인에 관한 당시의 전자서명법 제3조 제2항, 제18조의2의 내용[2)] 및 전자문서 및 전자거래의 안전성과 신뢰성을 확보하고

---

1) 위 법률의 시행령 제2조의3 제1항에 의하면 대출거래 등에서 요구되는 금융회사의 본인확인조치 방법은 다음 어느 하나의 방법, 즉 ① 이용자의 전화(휴대전화 포함)를 이용하는 방법, ② 이용자와 대면하여 확인하는 방법, ③ 그 밖에 제1호와 같은 수준 이상의 본인확인조치 방법이라고 금융위원회가 인정하여 고시하는 방법으로 되어 있다. 금융위원회는 '그 밖의 방법'에 관하여 2015. 12. 22. 고시(제2015-41호)에서 「금융실명거래 및 비밀보장에 관한 법률」 제3조 제1항에 따른 실명거래의 확인방법 중 비대면 실명거래확인 방법이라고 정하고 있다. 비대면 실명거래확인 방법에 관하여는 아래 Ⅲ.1. 참고.

2) (2020년 전면개정 이전의) 전자서명법 제3조(전자서명의 효력) ① 전자서명은 전자적 형태라는 이유만으로 서명, 서명날인 또는 기명날인으로서의 효력이 부인되지 아니한다.

자 하는 입법목적 등을 종합적으로 고려하는 한, "전자문서에 의한 거래에서 공인인증기관이 발급한 공인인증서에 의하여 본인임이 확인된 자에 의하여 송신된 전자문서는, 설령 본인의 의사에 반하여 작성·송신되었다고 하더라도, 특별한 사정이 없는 한 전자문서법 제7조 제2항 제2호에 규정된 '수신된 전자문서가 작성자 또는 그 대리인과의 관계에 의하여 수신자가 그것이 작성자 또는 그 대리인의 의사에 기한 것이라고 믿을 만한 정당한 이유가 있는 자에 의하여 송신된 경우'에 해당한다고 봄이 타당하다. 따라서 이러한 경우 전자문서의 수신자는 전화통화나 면담 등의 추가적인 본인확인절차 없이도 전자문서에 포함된 의사표시를 작성자의 것으로 보아 법률행위를 할 수 있다"고 판단하였다. 더 나아가 대상판결은 위 사건에서 피고 대부업자들에게 적용되는 「대부업 등의 등록 및 금융이용자 보호에 관한 법률」(이하 '대부업법') 제6조의2 제3항 제1호[3]의 규정내용 역시 휴대전화 등의 추가적 본인확인절차 없이 공인인증서에 의한 확인절차만으로 명의도용계약의 명의자 본인에 대한 효과귀속의 근거로 될 수 있다고 적시하였다.

대상판결 2 : 서울중앙지방법원 2021. 1. 13. 선고 2019가합575672

[사안의 개요]

1. 금융범죄 조직 A는 국내 포털사이트를 검색하여 평소 일면식도 없는 원고의 사진을 다운로드받는 등의 방법으로 원고의 개인정보를 수집, 이용해 원고 명의의 운전면허증을 위조한 다음, 위조 면허증을 사용해 원고 명의의

② 법령의 규정 또는 당사자 간의 약정에 따라 서명, 서명날인 또는 기명날인의 방식으로 전자서명을 선택한 경우 그 전자서명은 서명, 서명날인 또는 기명날인으로서의 효력을 가진다.

제18조의2(공인인증서를 이용한 본인확인) 다른 법률에서 공인인증서를 이용하여 본인임을 확인하는 것을 제한 또는 배제하고 있지 아니한 경우에는 이 법의 규정에 따라 공인인증기관이 발급한 공인인증서에 의하여 본인임을 확인할 수 있다.

3) 대부업법 제6조의2 ③ 대부계약 또는 이와 관련된 보증계약을 체결할 때 다음 각 호의 어느 하나에 해당하는 경우에는 대부업자는 (…) 거래상대방 또는 보증인이 자필로 기재하게 한 것으로 본다.

1. 전자서명법 제2조제6호에 따른 인증서(서명자의 실지명의를 확인할 수 있는 것을 말한다)를 이용하여 거래상대방 또는 보증인이 본인인지 여부를 확인하고, 인터넷을 이용하여 제1항 각 호의 사항 또는 제2항 각 호의 사항을 거래상대방 또는 보증인이 직접 입력하게 하는 경우

휴대폰을 개통하였다. 그 후 A는 2019. 6. 위의 면허증, 핸드폰을 이용하여 원고 명의의 증권계좌를 개설하였고, 원고의 주민등록번호, 운전면허증의 발급일자를 제공하여 비대면의 핸드폰 인증을 통하여 원고 명의의 공인인증서를 발급받았다.

2. A는 2019. 6. 피고 B의 핸드폰 App을 통하여 예금계좌(B 은행계좌)를 개설하였고, 위조 면허증의 실물을 촬영한 사진 전송, 핸드폰 본인인증 등의 방식으로 원고 명의의 대출약정을 체결하여 위의 예금계좌로 대출금을 지급받았다.

3. 한편 A는 2019. 8. 피고 C와의 사이에서도 위조된 면허증 사본의 제공, B 은행계좌에 대한 원고의 사용권한 확인 및 원고 명의의 공인인증서를 통한 인증방식으로 본인 확인절차를 거쳐 대출약정을 맺고, 그 대출금을 위 B 은행계좌로 지급받았다.

4. 원고는 피고 B, C를 상대로 주위적으로는 위의 각 인터넷대출 약정이 원고의 의사에 반하여 신분증 위조, 공인인증서 무단발급 등의 방법으로 개인정보를 도용하여 체결된 것으로서 원고에게 그 효력을 갖지 않으므로 각 대출약정에 따른 채무부존재의 확인을 구하였다. 한편 원고는 예비적 청구원인으로서 만약 위의 각 대출약정이 유효하다고 보더라도 타인의 명의를 도용하여 이루어진 전자금융거래법 제9조 제1항의 사고에 해당하며, 따라서 원고 자신들이 금융사고로 부담하게 된 채무액 전부에 대하여 피고 B, C에게 그 손해의 배상을 청구할 권리가 있는바, 이 같은 원고들의 손해배상채권과 피고들의 대출약정에 따른 대여금상환채권을 상계함으로써 원고들의 대출약정에 따른 채무가 모두 소멸하였음을 주장하였다.[4)]

[소송의 경과 : 서울중앙지방법원(대상판결 2)의 판단]

서울중앙지법은 피고 B, 즉 핸드폰 본인인증 등의 방식으로 대출약정을 맺은 B에 대한 청구와 관련하여 명의도용의 대출약정이 원고에게 효력이 없다고 판단하였다. 대상판결이 제시한 근거는 ① (공인인증서가 아닌) “휴대전

4) 대상판결 2에서는 금융범죄 조직 A가 위의 B, C 외에 D와의 사이에서도 원고 명의의 대출약정을 맺어서 그 대출금을 편취하였는데, D가 그 대출약정에 따른 원고에 대한 대여금채권을 이 사건 소송계속 중 E에게 양도하였던 관계로 원고의 피고 D에 대한 채무부존재확인의 소에 대해서는 확인의 이익이 없어서 부적법하다는 판단을 내렸는데, 이 부분에 대해서는 본 연구에서 다루지 않도록 한다.

화의 본인인증을 통한 본인서명은 서명자를 확인하고 서명자가 당해 전자문서에 서명하였음을 나타내는 것(전자서명법 제2조 제2호)에 불과하므로, 그 존재만으로 서명자 신원의 동일성이 추정되거나 거래상대방이 신뢰할 만한 외관이 창출되었다고 보기 어렵다"는 점, ② "비대면 방식으로 전자금융거래를 진행하는 인터넷 전문은행에게는 그 거래의 신속성과 편리성에 비추어 전자금융거래의 안전성과 신뢰성을 확보할 수 있도록 본인 확인절차에 더욱 주의를 기울일 책임이 있다"는 점, ③ 핸드폰 인증은 타인의 휴대전화를 이용한 금융범죄가 발생하는 점 등에 비추어 공인인증서를 통한 본인확인과 동일한 정도의 신뢰성을 부여할 수 없다는 점, ④ 기존 계좌를 활용한 본인확인 절차 역시 원고의 개인정보를 알고 있다면 손쉽게 접근할 수 있다는 점에서 이 같은 절차만으로 본인확인 절차가 충분하게 이루어졌다고 볼 수 없다는 점[5] 등을 제시하였다.

한편 금융범죄 조직 A가 부정취득한 원고 명의의 공인인증서를 통한 본인인증절차를 거쳐 대출약정을 맺은 피고 C에 대한 청구와 관련하여, 먼저 전자문서법 제7조 제2항 제2호에 따라 대출약정이 명의자인 원고에게 효력을 갖는다고 판단하였다. 그 주된 근거로서 대상판결은 피고 C가 피고 B의 대출약정 경위와 달리 그 대출약정 당시에 본인 확인을 위하여 신분증 사본확인, 기존 계좌에 대한 사용권한 확인, 핸드폰 인증 외에도 신뢰성이 높은 공인인증서를 통한 확인절차를 거쳤다는 점을 제시하였다. 그런 다음 원고의 예비적 청구원인, 즉 원고의 피고 C에 대한 손해배상채권을 반대채권으로 하는 상계에 따른 피고 C의 대여금채권 소멸 주장과 관련하여, 대상판결 2는 전자금융거래법 제9조의 내용과 취지, 같은 조 제2항의 "고의 또는 중대한 과실"의 판단요소를 판시한 다음, 이 사건에서 명의도용자 A가 위조 신분증과 공인인증서를 이용하여 원고의 의사에 반해 무단 대출약정을 맺게 된 경위에 비추어 원고에게는 위 금융사고 발생에 대한 주의의무 위반의 과실이 인정되지 않으며,[6] 이에 피고 C가 원고의 대출채무 원리금 상당의 손해 전

5) 대상판결 2는 이 사건에서 피고 B가 기존계좌를 활용한 본인확인, 즉 기존 타행계좌에 1원을 입금하면서 입금자의 명칭 'T'를 확인하는 절차를 거쳤다는 주장에 대하여 그 여부를 확인할 수 없다고 판시하였고, 만약 이 같은 절차를 거쳤다고 하더라도 이러한 절차만으로는 본인확인의 충분성을 인정할 수 없다고 판단하였다.

6) 위의 대상판결이 인정한 사실관계에 따르면 원고는 자신 명의의 휴대폰 개통 과정에서 통신회사로부터 휴대폰 가입신청의 문자메시지를 전달받았다고 하며, 이에

부를 배상할 책임이 있다고 판단하였다.

〔研　　究〕

Ⅰ. 논의의 계기

전자금융거래의 일반화에 따라 당사자가 직접 대면하지 않고 자동화된 방식으로 금융거래를 맺는 경우가 많아지고 있다. 이로 인하여 금융거래가 신속·편리하게 되었지만, 그 대가로서 명의도용 금융사고의 위험은 거래시스템의 안전성·신뢰성의 지속적 확보 노력에도 불구하고 적지 않은 실정이다. 대체로 명의도용의 금융사고는 권한 없는 자가 부정한 방법으로 전자거래에 필요한 본인인증 수단 등을 취득, 이용하여 금융회사와 대출계약 등의 전자금융거래를 함으로써 명의를 도용당한 자에게 재산상 피해를 발생시킨다.[7] 이때 명의도용 사고의 발생경위는 다양하여, 명의도용을 가능하게 한 피해자의 금융거래정보 등의 누설·노출이 보이스피싱 등 사기범죄에 의해 이루어지는 경우, 피해자 본인이 금융사고와 직접 관계없는 사정으로 명의도용자에게 전자금융거래시스템에 접근할 수 있는 수단 또는 정보(접근매체)를 (일부) 제공한 경우, 심지어는 도용자가 피해자 본인과 전혀 무관하게 인터넷에서 수집한 피해자의 개인정보를 이용하여 금융사고를 야기한 경우도 발생하고 있다. 또한 금융거래에서 비대면 실명확인 방식의 허용[8]과 더불어 최근에는 공인인증서 폐지[9]

원고는 통신회사에 전화하여 개통하지 말 것을 요청하였는데 이후 실제로 개통되었는지 여부를 확인하지는 않았다고 한다. 이에 대하여 대상판결 2는 원고에게 금융사고 발생에 대한 과실이 없다고 판단하였다.

7) 타인의 명의를 명의자 몰래 부정한 방법으로 사용하는 행위와 관련하여 명의모용, 명의도용이라는 용어가 사용되고 있다. 모용(冒用)이라는 표현은 거짓으로 쓴다는 뜻인데, 예를 들어 형법 제232조에서도 사용되지만 일반적으로 익숙하지는 않은 표현인 관계로, 이 글에서는 명의도용(盜用)이라고 표현하도록 한다.

8) 금융위원회 2015. 5. 18. '계좌개설시 실명확인 방식 합리화 방안' 및 그 후 2017. 7. '비대면 실명확인 가이드라인' 참고. 세부 내용에 관하여는 아래 Ⅲ.2. 참고.

9) 공인인증서는 2014년 전자금융거래법의 개정 이래 금융거래에서는 의무적으로 사용될 필요가 없게 되었다가 2020년 전자서명법의 전부개정을 통하여 다양한 전

및 사설인증서의 발전 등으로 본인확인 방식이 다양해짐에 따라 명의도용의 금융사고 역시 보다 다양한 모습으로 벌어지고 있다.[10)]

이와 같은 모습으로 권한 없는 자가 타인의 명의를 도용하여 금융업자와 전자대출약정 등을 맺는 경우 다음과 같은 계약법적 문제가 발생한다. 먼저, 명의를 도용당한 자와 금융업자 사이에 대출약정 등의 전자금융거래가 유효하게 인정되는지, 그리고 만약 대출약정 등의 효력이 인정된다면 그로 인해 대출금을 상환해야 하는 명의도용 피해자의 손해에 대하여 금융업자에게 그 손해를 전부 또는 일부 전가할 수 있는지 여부이다. 이들 문제에 관하여 대법원은 앞서 소개한 2018년 판결을 통하여 그 기본법리를 밝힌 바 있다.[11)] 그런데 이 판결에서 제시된 법리는 학계에서 상당한 비판을 받고 있으며,[12)] 또한 그 판결은 공인인증서에 의한 본인인증을 다루고 있었던 관계로 최근 자주 이용되는 휴대폰 등 비대면 실명확인을 통한 명의도용 금융사고에 대해서는 직접적인 판단내용을 제시하고 있지 않다.[13)] 그런 탓인지 명의도용 금융사고에서 최근의 하급

자서명 인증방식의 발전을 위하여 공인인증이라는 제도 자체가 폐지되었다. 그렇지만 과거의 공인인증서는 그 폐지에도 불구하고 공동인증서라는 명칭으로 지금도 인터넷상에서 주요한 인증수단으로 이용되고 있다. 아래 Ⅲ.2. 참고.

10) 전자금융사기의 여러 유형에 관하여는 김동민, "접근매체를 이용하는 전자금융사기의 범위에 관한 소고", 충남대 법학연구 제31권 제2호, 2020, 55면 이하; 임철현, "전자금융사기 피해에 대한 적극적인 사법구제의 필요성", 경북대 법학논고 제65집, 2019, 259면 이하.

11) 대법원 2018. 3. 29. 선고 2017다257395 판결. 이 판결에 대한 해설로는 이양희, "공인인증서에 의한 전자금융거래의 경우 '작성자 또는 그 대리인의 의사에 기한 것이라고 믿을 만한 정당한 이유'의 존부", 대법원판례해설 제115호, 2018, 232면.

12) 김기창, "전자문서법 제7조와 표현대리", 정보법학 제22권 제2호, 2018, 101면; 김용재, "전자금융거래 사고와 금융기관의 책임", 상사판례연구 제32집 제4권, 2019, 289면. 위 판결 이전에 대법원 2014. 1. 29. 선고 2013다86489 판결에서 내려진 전자금융 이용자의 중대한 과실 여부에 대한 대법원의 판단을 비판해 온 견해로는 김기창, "전자금융거래법상 이용자의 중대한 과실", 정보법학 제18권 제3호, 2015, 191면; 서희석, "전자금융거래법상 이용자의 중과실의 판단기준", 비교사법 제21권 제2호, 781면. 반면 대법원 2018년 판결에서 제시된 법리를 긍정하는 입장으로는 정완용, "무권한자가 타인의 공인인증서를 이용하여 체결한 전자금융거래의 법적 효력", 경희법학 제54권 제3호, 2019, 131면; 문동주, "타인명의의 공인인증서를 이용해 체결한 전자대출약정의 효력과 채무귀속의 문제", 서울지방변호사회 판례연구 제34집, 2021, 11면.

심 판결들이 제시하는 효과귀속 여부의 판단근거가 일견 잘 납득되지 않는 경우도 있으며[14] 판단경향 역시 때로 일관되지 않는다고 보이기도 한다.[15]

본 연구는 명의도용 금융사고에 관한 대법원의 2018년 판결과 그 후의 하급심 판결에 대한 평석을 겸하여 명의 피도용자에 대한 효과귀속[16]과 금융기관의 사고위험 부담 및 이용자에 대한 (일부)전가[17]의 판단

13) 인터넷 법률신문 2022년 4월 11일자 서울중앙지판 2021가단16087 소개기사 참조 (https://www. lawtimes.co.kr/Legal-News/Legal-News-View?serial=177745).

14) 예를 들어 제3자가 금융기관의 비대면 본인확인절차(휴대폰인증, 명의도용 당한 사람의 신분증사본, 주민등록초본, 예금거래내역 등)를 거쳐 타인 명의의 대출계약을 체결한 경우에 공인인증서에 의한 본인확인을 거치지 않았다는 이유로 전자문서법상의 전자문서에 해당하지 않는다고 설시하면서 명의 본인에 대한 대출약정의 효과귀속을 부정한 아래 Ⅱ. 대상판결 2의 판시내용.

15) 위 각주 14의 판결례와 달리 인터넷전문은행의 비대면 본인확인절차를 거쳐 타인 명의로 이루어진 전자금융거래에서 전자문서법 제7조 제2항 제3호에 따라 명의자 본인에 대한 효과 귀속을 인정한 하급심 판결례도 있다. 가령 서울중앙지방법원 2018. 8. 14. 선고 2017가단112162 판결; 이 판결에 대한 소개로는 문동주, 앞의 논문(각주 12), 30면 및 목차 Ⅳ.3. (3) 참고.

16) 「전자문서 및 전자거래 기본법」(이하 '전자문서법') 제7조(작성자가 송신한 것으로 보는 경우) ① 다음 각 호의 어느 하나에 해당하는 전자문서에 포함된 의사표시는 작성자가 송신한 것으로 본다. (중략)

②이하 전자문서의 수신자는 다음 각 호의 어느 하나에 해당하는 경우에는 전자문서에 포함된 의사표시를 작성자의 것으로 보아 행위할 수 있다.

1. 전자문서가 작성자의 것이었는지를 확인하기 위하여 수신자가 미리 작성자와 합의한 절차를 따른 경우
2. 수신된 전자문서가 작성자 또는 그 대리인과의 관계에 의하여 수신자가 그것이 작성자 또는 그 대리인의 의사에 기한 것이라고 믿을 만한 정당한 이유가 있는 자에 의하여 송신된 경우

③ 다음 각 호의 어느 하나에 해당하는 경우에는 제2항을 적용하지 아니한다.

1. 수신자가 작성자로부터 전자문서가 작성자의 것이 아님을 통지받고 그에 따라 필요한 조치를 할 상당한 시간이 있었던 경우
2. 제2항제2호의 경우에 전자문서가 작성자의 것이 아님을 수신자가 알았던 경우 또는 상당한 주의를 하였거나 작성자와 합의된 절차를 따랐으면 알 수 있었을 경우

17) 전자금융거래법 제9조(금융회사 또는 전자금융업자의 책임) ① 금융회사 또는 전자금융업자는 다음 각 호의 어느 하나에 해당하는 사고로 인하여 이용자에게 손해가 발생한 경우에는 그 손해를 배상할 책임을 진다.

1. 접근매체의 위조나 변조로 발생한 사고
2. 계약체결 또는 거래지시의 전자적 전송이나 처리 과정에서 발생한 사고

기준을 정립해 보려고 한다(Ⅲ.). 이미 앞서 소개한 2개의 대상판결은 명의도용 금융사고에 관한 대법원의 기본판결(대상판결 1)이라는 점과 휴대폰 등을 통한 비대면 본인인증 절차에서 발생한 명의도용 거래를 다루고 있다는 점(대상판결 2)에서 선정하였다.

Ⅱ. 명의도용 계약의 효과귀속 일반과 계약법상의 전자서명 인증의 의미

명의도용에 의한 전자금융거래의 효과 귀속과 책임 부담·전가에 관한 본격적 검토 이전에 우선 명의도용의 계약관계 일반에 관하여 서술한 후 전자금융거래를 위해서는 본인의 서명·확인을 필요로 한 관계로 계약법상에서 전자서명 인증, 특히 비대면 본인확인절차의 의미를 검토하도록 한다.

1. 명의도용과 계약의 효과귀속 일반

타인의 명의를 무단으로 이용하여 계약이 체결되는 경우에는 우선 계약당사자의 확정이 문제된다. 상대방의 합리적 관점과 타인 명의 하에 이루어진 계약의 성질·내용에 비추어 계약상대방의 시각에서는 명의자가 누구인지 중요하지 않고 실제로 행위하는 자와 거래관계를 맺는다고 이해하는 경우가 있을 수 있다. 이런 경우에는 상대방은 명의자가 아니라 행위자와의 관계에서 계약관계를 갖게 된다.[18] 반면 위와 달리 본인

---

3. 전자금융거래를 위한 전자적 장치 또는 「정보통신망 이용촉진 및 정보보호 등에 관한 법률」 제2조제1항 제1호에 따른 정보통신망에 침입하여 거짓이나 그 밖의 부정한 방법으로 획득한 접근매체의 이용으로 발생한 사고

② 제1항의 규정에 불구하고 금융회사 또는 전자금융업자는 다음 각 호의 어느 하나에 해당하는 경우에는 그 책임의 전부 또는 일부를 이용자가 부담하게 할 수 있다.

1. 사고 발생에 있어서 이용자의 고의나 중대한 과실이 있는 경우로서 그 책임의 전부 또는 일부를 이용자의 부담으로 할 수 있다는 취지의 약정을 미리 이용자와 체결한 경우

2. 법인(「중소기업기본법」 제2조제2항에 의한 소기업을 제외한다)인 이용자에게 손해가 발생한 경우로 금융회사 또는 전자금융업자가 사고를 방지하기 위하여 보안절차를 수립하고 이를 철저히 준수하는 등 합리적으로 요구되는 충분한 주의의무를 다한 경우 (후략)

확인절차를 거쳐 체결되는 계약과 같이 상대방이 명의자와 법률관계를 갖는다고 생각하는 경우에는 행위자에 의해 무단으로 표시된 명의자가 상대방의 계약당사자라고 해석된다. 그러나 명의자는 상대방과의 계약관계를 의욕하지 않았기 때문에 그 계약은 무효로서 명의자 본인에게 효력을 발생하지 못하게 된다.

다만 위와 같이 명의자가 누구인지 중요한 거래관계에서 타인 명의가 무단 이용된 경우 상대방의 신뢰보호를 위하여 표현대리 법리의 확대, 유추적용을 통하여 그 효과가 예외적으로 본인에게 귀속될 수 있는지 여부는 문제될 수 있다. 이와 관련하여 대법원 판례는 제3자가 본인의 주민등록증, 인감증명서, 인감도장 및 등기권리증을 제시한 채 본인 명의를 무단 이용하여 상대방과 사이에서 부동산 담보제공의 법률행위를 한 사안에서 상대방이 그 제3자를 명의자 본인이라고 정당하게 믿었던 한 표현대리 법리를 유추적용하여 그 행위의 효력은 명의자에게 귀속한다고 판단한 바 있다.[19] 본인으로 행세한 권한 없는 자의 법률행위에 대

18) 명의도용에 따른 계약의 귀속관계 일반에 대해서는 김형배 · 김규완 · 김명숙, 민법학강의, 2015, 266면 이하; 송덕수, 신민법강의, 2022, 162면 이하; 지원림, 민법강의, 2022, 276면 이하; 민법주해(양창수 편집대표) [Ⅲ], 2022, 박영사, 525면 이하(김상중 집필). 금융실명제 이전의 판결로서 대법원 1972. 5. 9. 선고 72다266, 267 판결: "제3자 명의를 모용하여 은행에 금원을 예치한 경우에 있어서 예금계약 당사자는 은행과 실제 예입한 자이므로 그 예금채권자는 그 명의 여하에 불구하고 예입한 본인이다."

19) 대법원 1988. 2. 9. 선고 87다카273 판결: "개인의 동일성을 확인함에 있어서 주민등록증은 가장 확실하고 또 큰 수고없이 용이하게 이용될 수 있는 것이라고 할 것이어서 공적으로 또는 사적으로 개인의 동일성을 확인하는데 널리 이용되고 있다 할지라도 앞서 본 바와 같이 진정한 소유자이거나 또는 그 소유자로부터 어떤 처분권한을 위임받은 자가 아니면 좀처럼 소지할 수 없는 서류와 인장 및 주민등록증을 골고루 갖추고 구비해서 소지하고 있고 당해 부동산을 담보로 제공하려는 사람을 별로 의심할만한 사정도 없는 경우에 위와 같은 상황하에서 그를 소유자인 원고 본인으로 믿고 위와 같은 거래를 한 피고은행이 단지 주민등록증을 제시받아 확인하고도 당시 은행에 출두한 위 소외 1(실제 행위자)이 그 친동생인 원고 본인과 다르다는 것을 적발해 내지 못하였다고 해서 그를 경솔한 것이라고 논단하기는 어렵다고 하여야 할 것이다"(괄호는 인용자). 이 판결례 이전에 본인 자신으로 가장한 권한 없는 자의 행위에 대한 예외적 본인귀속을 인정한 판결로는 대법원 1978. 3. 28. 선고 77다1669 판결.

한 합리적 신뢰보호의 법리는 이후의 판결에서도 지속되고 있으며[20] 학설에서도 대체로 긍정되고 있다.[21] 타인 명의의 무단이용에 따른 거래관계의 효과귀속에 대한 판례와 통설의 이 같은 입장은 명의 본인의 진의에 반함에도 불구하고 무단 이용에 대한 본인의 관여, 상대방의 정당한 이유 있는 신뢰보호의 필요성에 비추어 수긍할 수 있겠다.

2. 전자서명 제도의 현황과 본인 인증의 계약법적 의미

전자금융거래[22]에서 이용자는 금융회사 등에게 지급지시를 하거나 대출거래 등을 맺음에 있어서 전자적 방법으로 그 같은 거래행위를 하게 된다. 이때 전자금융거래에 필요한 거래지시 등의 내용을 포함한 전자적 형태의 정보는 전자문서에 해당하는데,[23] 종이문서에서 인감과 그 증명서를 통한 본인확인과 마찬가지로, 전자문서에 의한 금융거래에서도 이용자 및 거래내용의 진실성·정확성을 확보해 줄 수 있는 방법이 갖추어져 있어야 한다. 전자금융거래법은 이러한 진실성 등의 확보에 필요한 수단 또는 정보를 '접근매체'(access device)라고 하는데, 신용카드 등의 전자식 카드, 금융회사 등의 인터넷에 접속할 수 있는 이용자 ID와 Password, 이용자의 생체정보 외에 전자서명정보 및 인증서 등이 이에 해당한다.[24] 이 가운데 전자서명생성정보와 인증서는 전자문서에 이를 작성·서명하는 자를 결합시키기 위하여 필요로 하는 전자적 정보를 말하는데,[25]

---

20) 대법원 1993. 2. 23. 선고 92다52436 판결.

21) 민법주해(양창수 편집대표)[Ⅲ], 2022, 526, 646-647면(김상중 집필); 주석민법(김용담 집필대표) 총칙(3), 2019, 211-212면(이균용 집필). 일본의 판결 법리도 마찬가지이며[정완용, 앞의 논문(각주 12), 150면 참조], 독일에서도 명의도용의 경우에 권리외관에 따른 명의자 본인에 대한 효과귀속이 인정될 수 있다고 한다. 독일의 태도에 관하여는 MünchKomm/Schubert, 9.Aufl., 2021, § 164, Rn. 156.

22) 전자금융거래법 제2조 제1호에서는 "'전자금융거래'라 함은 금융회사 또는 전자금융업자가 전자적 장치를 통하여 금융상품 및 서비스를 제공(이하 '전자금융업무'라 한다)하고, 이용자가 금융회사 또는 전자금융업자의 종사자와 직접 대면하거나 의사소통을 하지 아니하고 자동화된 방식으로 이를 이용하는 거래를 말한다"고 정의하고 있다.

23) 전자금융거래법 제2조 제9호, 전자문서법 제2조 제1호.

24) 전자금융거래법 제2조 제10호.

2020년 전자서명법 전면 개정 전까지는 전자서명을 위하여 공인인증서가 이용되어 왔다.

그런데 공인인증 제도의 폐지 이전에도 전자금융거래의 경우 공인인증서 사용을 강제하는 근거 규정은 이미 2014년 삭제되었으며, 인터넷전문은행의 설치 전후하여 2015년 금융위원회는 계좌개설에서 실명확인 방식을 합리화한다는 취지에서 비대면인증을 이용한 실명확인방식을 허용하였다. 2017년 금융위원회의 개정 비대면실명확인 가이드라인에 따르면 금융기관은 실명확인을 필요로 하는 전자금융거래를 함에 있어서 ① 실명확인증표 사본의 제출, ② 영상통화, ③ 현금카드, OTP 등 접근매체 전달과정에서 실명확인증표 확인, ④ 기존계좌 활용,[26] ⑤ 생체정보 등 기타 이에 준하는 방법 중 2가지 이상의 방법을 의무적으로 중첩적용하여야 하는 한편, ⑥ 공인인증서, 휴대폰과 같이 타 기관의 확인결과의 활용, ⑦ 고객의 전화번호, 주소, 이메일 등 다수의 고객정보 대조·검증 방법 중 하나의 방법(권장사항)을 추가하도록 되어 있다.[27] 이러한 비대면

---

25) 기존의 공인인증서의 경우에는 신청자가 이를 신청하는 경우 발급기관으로부터 제공받는 컴퓨터 프로그램을 통하여 고유한 키쌍(key pair, 개인키와 공개키 한 쌍) 파일을 생성받게 되는데, 이때 개인키란 전자문서 작성자가 자신의 신원과 서명 사실을 나타내기 위하여 수신자에게 보내는 전자적 정보를 말하며, 수신자는 서명자의 공개키(전자서명검증정보)를 이용하여 서명자 본인의 신원을 확인하게 된다. 이때 전자서명자의 개인키와 공개키는 인증기관의 인증서에 의하여 신원증명이 된 서명자와 결합되어 있으면서 서명자에게 유일하게 속하게 되는데, 전자서명정보는 이러한 인증절차를 거쳐 전자문서와 그 서명자를 결합하게 된다. 공인인증서를 통한 서명자 본인의 확인을 위해서는 인증기관이 신청자의 신청에 따라 생성, 전송해 준 공인인증서 파일과 함께 신청자의 개인키 파일(전자서명생성정보)이 반드시 있어야만 한다고 하며, 이에 전자금융거래법은 전자서명생성정보와 인증서를 함께 접근매체로 정하고 있으며, 이런 맥락에서 종이문서에서 인감과 인감증명서의 관계에 비유되고 있다.

26) 가령 고객의 기존 계좌에 금융기관이 소액이체 등의 방식을 통해 1회용 인증번호 등을 전송하고 고객이 그 인증번호를 입력하는 방법 등이 해당한다.

27) 이에 금융회사 등은 비대면의 계좌개설에 있어서 가령 위의 방법들 중에서 ① 실명확인증표 사본 제출+④ 기존계좌 활용+⑥ 휴대폰 인증에 의한 본인확인 절차를 이용하고 있으며, 금융회사가 이 같은 절차를 이행하는 경우에는 2017년 금융위원회의 「비대면 실명확인 관련 구체적 적용방안(개정안)」에 따르면 금융실명법 제3조 제1항의 실명확인 의무를 준수한 것으로 판단하고 있음.

실명확인 방식은 금융실명법에 따른 계좌개설시의 실명확인의무 이외에 전자금융거래법상 접근매체 발급시 실명확인의무,[28] 통신사기피해환급법상의 본인확인조치의무[29] 등에도 적용되고 있다.

한편 공인인증서에 의한 공인전자서명제도는 2020년 전자서명법의 전면개정으로 폐지되면서,[30] 전자서명 인증제도는 인증사업자가 (공인인증제도의 폐지에 따라 국제기준 등을 참작하여 정부에 의해 마련된) 「전자서명인증업무 운영기준」의 준수사실을 신청, 인정받는 시스템으로 변경, 운영되고 있다.[31] 이 같은 전자서명 제도의 변화는 공인전자서명과 일반전자서명의 법적 효력의 차등을 제거하려는 취지에서 비롯한바, 종래 공인전자서명에 부여된 서명자의 동일성과 내용 불변경(무결성)의 추정 규정[32]은 삭제되었다. 이에 개정된 현행 전자서명법은 전자서명에 대한 추정력 규정을 별도로 두고 있지 않다.[33] 물론 모든 전자서명에 관하여 현실적, 기술적 이유 등에서 진정성립의 추정을 부여할 수는 없을 것이다. 그렇지만 적어도 '운영기준 준수사실'의 인정을 받은 인증사업자의 본인 신원확인 하에 이루어진 전자서명의 경우에는 비대면거래의 안전성과 법관 등의 부담을 경감하기 위하여 서명자의 동일성 등에 관하여 사실상의 추정을 받게 될 것이다.[34]

---

28) 전자금융거래법 제6조, 전자금융감독규정 제34조 제3호.

29) 같은 법 제2조의4 제1항, 시행령 제2조의3 제1항 제3호.

30) 공인인증서를 포함한 일련의 공인전자서명 관련 규정의 폐지 배경에 관하여는 김기창, "전자서명법제 개선방향", 비교사법 제24권 제4호, 2017, 1883면 이하; 김현철, "비대면 시대에 전자서명 제도의 쟁점과 개선방향", 한국법학회 법학연구 제21권 제1호, 2021, 1면 이하.

31) 전자서명법 제20조(손해배상책임) ① 운영기준 준수사실의 인정을 받은 전자서명인증사업자가 전자서명인증업무의 수행과 관련하여 가입자 또는 이용자에게 손해를 입힌 경우에는 그 손해를 배상하여야 한다. 다만, 전자서명인증사업자가 고의 또는 과실이 없음을 입증하면 그 배상책임이 면제된다.

32) 2020년 전면개정 이전의 전자서명법 제3조 규정내용에 관한 앞의 각주 1 참고.

33) 제3조(전자서명의 효력) ① 전자서명은 전자적 형태라는 이유만으로 서명, 서명날인 또는 기명날인으로서의 효력이 부인되지 아니한다.
② 법령의 규정 또는 당사자 간의 약정에 따라 서명, 서명날인 또는 기명날인의 방식으로 전자서명을 선택한 경우 그 전자서명은 서명, 서명날인 또는 기명날인으로서의 효력을 가진다.

이와 같은 전자서명의 본인신원 추정과 관련하여 전자금융거래의 경우 그 거래지시 등을 서명자 본인과 결합시키기 위한 공동인증서 이외에 가령 '휴대폰 인증 + 신분증 사본 제출 + 기존 계좌의 확인'을 통한 비대면의 확인절차를 거친 서명자 본인의 동일성 추정을 인정할 것인지 여부가 문제될 수 있다. 이에 대해 이상의 비대면 확인절차가 공인인증서에 의한 본인확인절차와는 다르다는 점 등에서 위의 비대면 확인절차를 거쳐 작성된 전자문서는 작성자의 의사표시로서 취급할 수 없다고 생각할 수도 있을 것이다.[35] 그러나 법적으로 대면의 실명확인 방식에 갈음하여 인정되는 휴대폰 인증 등을 결합한 비대면 본인확인절차가 소정의 절차에 따라 충분하게 이루어진 이상 서명본인의 동일성에 대한 추정력을 갖는다고 하지 않을 수 없다.[36] 다만 서명자 본인이 작성하지 않았다는 사실, 비대면 본인확인방식의 신뢰성 정도, 본인 아닌 자가 전자서명을 할 수 있었던 경위 등을 고려하여 동일성 추정의 번복, 다시 말해 서명자 본인에 대한 전자금융거래의 효과귀속이 부정될 여지는 있다고 할 것이다.[37]

Ⅲ. 명의도용에 의한 전자금융거래의 효력과 책임

1. 전자문서법 제7조와 전자금융거래법 제9조의 적용관계(단계적 파악의 타당성)

전자금융거래에서 사용되는 전자문서의 작성자(= 명의자 본인)에 대한 귀속 여하에 관하여 전자금융거래법은 명시규정을 직접 두지 않고 전자문서법 제7조를 준용하고 있다. 전자문서법 제7조는 앞서 인용한 바와 같이 '전자문서의 작성자가 이를 송신한 것으로 보는 경우'와 관련하여 대리인 등의 권한있는 자 또는 방식에 의한 전송(제1항)과 명의도용 등의 무권한 행위에 의한 전자문서의 송신이 그 명의자("작성자")에게 귀속되는

34) 김현철, 앞의 논문(각주 30), 15면.
35) 이런 한도에서는 아마도 대상판결 2(5.나.① 판시).
36) 예를 들어 서울중앙지방법원 2018. 8. 14. 선고 2017가단112162 판결.
37) 아래 목차 Ⅲ. 참고.

경우(제2항)로 나누어 규정하고 있다.[38)]

이 중에서 명의도용의 전자금융사고에서 주로 문제되는 전자문서법 제7조 제2항 제2호에 따르면[39)] 권한 없는 자의 무단 거래행위가 그 작성명의자에게 귀속하기 위해서는"수신된 전자문서가 작성자(…과)의 관계에 의하여 수신자가 그것이 작성자(…의) 의사에 기한 것이라고 믿을 만한 정당한 이유가 있는 자에 의하여 송신된 경우"이어야 하며, 다만"전자문서가 작성자의 것이 아님을 수신자가 알았던 경우 또는 상당한 주의를 하였(…)으면 알 수 있었을 경우"에는 그렇지 않게 된다. 한편 전자금융거래법은 제9조 제1항에 따르면 접근매체의 위변조, 부정취득 등에 의하여 금융사고가 발생한 경우에는 그 사고로 인해 이용자(전자문서의 작성명의자)에게 발생한 손해에 대하여 금융기관으로 하여금 배상하도록 규정하고 있다.[40)] 동 규정의 책임은 금융기관의 과실 여부를 묻지 않는 무과실책임이며,[41)] 다만 금융기관은 위와 같은 금융사고가 이용자의 고의 또는

38) 각주 16 참고. 이 규정의 제정과정, 입법례와 연혁에 관한 상세한 소개로는 정완용, 앞의 논문(각주 12), 38면 이하; 온주 전자문서법, 2019, 제7조, 2번 이하(정진명 · 이종구 집필).

39) 전자문서법 제7조 제2항 제1호는 작성자와 수신자, 즉 전자금융거래의 이용자와 금융회사가 본인확인을 위해 "미리 (…) 합의한 절차"가 있는 경우에 적용되는데, 명의도용 금융사고에서 피해자가 인증서를 발급받았던 금융기관으로부터 명의도용자가 피해자 명의로 대출 등을 받는 경우는 드물다고 한다. 문동주, 앞의 논문(각주 12), 26면 각주 11.

40) 본 연구에서 다루어지는 보이스피싱 등 금융사기행위를 통하여 명의자의 개인정보 등을 불법 취득하여 이를 이용해 명의자 본인의 공인인증서 등을 재발급받는 행위가 한때 전자금융거래법 제9조 제1항 제1호의 "접근매체의 위 · 변조"에 해당하는지 다투어져 왔는데, 2013년 개정에서 "전자금융거래를 위한 전자적 장치 또는 정보통신망에 침입하여 거짓이나 그 밖의 부정한 방법으로 획득한 접근매체의 이용"에 따른 금융사고를 제3호에서 명시함으로써 이를 입법적으로 해결하였다고 한다. 이에 관한 설명으로는 이양희, 앞의 논문(각주 11), 246, 251면; 더 나아가 온주 전자금융거래법, 2018, 5번 이하(강현구 집필).

41) 전자금융거래법의 취지와 제정 과정에 관하여는 정경영, "전자금융거래법의 도입에 따른 법적 과제", 금융법연구 제1권 제1호, 2004, 31면 이하(무과실책임 원칙에 대한 비판 등과 함께); 김제완, "전자금융거래법상 금융기관 · 전자금융업자의 책임의 법적 성격", 상사법연구 제25권 제2호, 2006, 39, 56면; 정대익, "무권한 전자지급거래시 위험분배 원칙", 경영법률 제19권 제1호, 2008, 291면(이용자의 경과실에 대한 책임 일부부담의 제안과 함께); 한승수, "전자금융거래사고에 있어서 배상책

중과실로 발생하였음을 증명하면서 그 책임의 전부 또는 일부를 이용자에게 부담하도록 할 수 있다(제2항).

이상과 같이 명의도용에 의한 전자금융거래 사고에서는 전자문서법 제7조 제2항과 전자금융거래법 제9조가 적용되는데, 양 규정의 관계는 학계의 일반적 견해에 따르면 전자의 전자문서법 규정에서는 계약의 성립과 효력(무단행위의 귀속관계)을, 그리고 후자의 전자금융거래법 규정에서는 그로 인한 피해 이용자(명의자)의 손해배상청구 여부를 정하고 있다고 하면서 '계약의 효력'과 '사후의 손해배상'의 단계로 나누어 이해되고 있다('단계적 파악').[42] 이러한 파악은 일단 위 규정의 문언에는 부합하는 해석이라고 하겠다. 그러나 전자금융거래법 제9조가 계약의 효력 귀속과 관계없이 사후적 손해배상의 단계라고 취급되는 것은 비교법적으로 보았을 때에 동일한 명의도용 등의 금융사고 상황에서 명의를 도용당한 피해자에게 원칙적으로 그 효과를 귀속시키지 않는다고 규정한 미국 전자자금이체법(Electronic Fund Transfer Act) 제1693g조,[43] 독일민법 제675u조[44]의

임에 관한 소고", 인하대 법학연구 제18집 제2호, 2015, 152, 169면; 김용재, 앞의 논문(각주 12), 305면; 임철현, 앞의 논문(각주 10), 266면; 온주 전자금융거래법, 2018, 1-2번(강현구 집필).

42) 이에 관하여는 이양희, 앞의 논문(각주 11), 236, 266면; 정완용, 앞의 논문(각주 12), 177면.

43) 15 U.S.C. § 1693g–Consumer liablity (a) Unauthorized electronic fund transfers; limit A consumer shall be liable for any unauthorized electronic fund transfer involving the account of such consumer only if the card or other means of access utilized for such transfer was an accepted card or other meanas of access and if the issuer of such card, code, or other means of access has provided a means whereby the user of such card, code, or other means of access can be identified as the person authorized to use it, such as by signature, photograph, or fingerprint or by electronic or mechanical confirmation. In no event, however, shall a consumer's liability for an unauthorized transfer exceed the lesser of (1)$50; or (후략). 본 규정의 보다 자세한 소개에 관하여는 김용재, 앞의 논문(각주 12), 296-300면.

44) 독일민법 제675u조(무권한의 지급에 대한 지급기관의 책임) 무권한의 지급이 행해진 경우 지급기관은 그 지급에 소요된 비용의 상환을 계좌보유자에게 청구할 수 없다. 무권한의 지급에 소요된 금액이 계좌보유자의 계좌에서 이미 차감된 경우에는 지급기관은 무권한의 지급에 의한 차감이 없었더라면 있었을 상태로 다시 회복해 주어야 한다. 한편 독일민법의 위와 같은 규정에 입법적 바탕이 된 그 당시 유럽연합의 지급서비스지침 내용에 관하여는 김용재, 앞의 논문(각주 12), 302-303면.

내용과는 대조되고 있다.

또한 전자문서법 제7조 제2항과 전자금융거래법 제9조 모두 명의자 본인의 의사에 반하는 권리외관에 따른 금융사고 위험을 작성명의자(이용자)와 수신자(금융기관) 사이에서 분배하는 기능을 담당하는데, 법 문언을 제외하는 한 어떠한 이유에서 위와 같이 단계적으로 나누어, 그것도 서로 정반대의 위험부담을 법정하고 있다고 파악하여야 하는지 잘 납득되지 않는다.[45] 더 나아가 전자문서법 제7조 제2항과 전자금융거래법 제9조의 단계적 파악은 각 규정을 적용하는 데 고려요소를 달리하고 있다는 점에서도 그 적절성에 대한 근본적 의문을 갖게 한다. 즉, 전자문서법 제7조 제2항은 본인인증절차에 따른 외관의 존재 및 이에 대한 수신자(=금융기관)의 신뢰에(만) 집중되어 있는 반면,[46] 전자금융거래법 제9조는 금융기관이 원칙적으로 부담해야 할 사고위험을 제2항에 따라 이용자에게 전가, 분담지울 수 있는지 여부를 판단함에 있어서 접근매체의 위·변조 또는 부정취득 등 금융사고 발생의 구체적 경위를 고려하고 있다. 다시 말해 위의 입장에 의하면 전자에 따른 전자금융거래의 명의 피도용자에 대한 효과귀속의 단계에서는 수신자(=금융기관)의 신뢰보호를 위하여 작성명의자(피해 이용자)의 관여 여하에 관계없이 외관의 존재만으로 결정하는 반면, 후자의 손해배상 여부를 판단하는 단계에 이르러 비로소 피해자의 사고발생에 대한 관여 여부와 정도가 참작될 수 있다고 파악하고 있다.[47] 이 같은 고려요소의 상이함, 그리고 전자금융거래법이 대부업자

45) 즉, 전자문서법 제7조 제2항에 따르면 수신자(금융기관)가 본인확인에 상당한 주의 등을 다하여 믿을 만한 정당한 이유가 있는 경우에는 그 사고위험을 명의자 본인(이용자)이 부담한다고 결정하고 있는 반면, 전자금융거래법 제9조 제1항은 (이용자의 고의 또는 중과실이 없는 한) 수신자의 귀책사유 여하에 관계없이 그 사고위험을 수신자인 금융기관에게 부담하도록 결정하고 있다.

46) 전자문서법 제7조 제2항의 경우 작성 명의자=이용자 본인의 귀책성 여부를 고려하지 않는다는 분명한 입장의 표현으로는 이양희, 앞의 논문(각주 11), 243-244면.

47) 이 같은 고려요소의 상이함에 대하여 어쩌면 전자금융거래법 제9조 제2항은 무단도용 등의 금융사고 위험에 대하여 금융기관(수신자)과 이용자(작성명의자) 사이에서 서로 분담(分擔)시키고 있으므로, 전자문서법 제7조 제2항에 따라 송신자, 수신자 중 일방에 의한 위험전담과는 그 평가요소를 달리한다고 반론할 수도 있겠

에게 적용되지 않는다는 금융업법의 상황에 따른다면 명의도용 등의 금융사고에 있어서 대부업자와 거래관계를 맺은 이용자의 법적 지위가 (전자금융거래법이 적용되는) 은행 등의 금융기관과 거래한 이용자의 지위와 달리 취급된다는 결론을 가져오는데, 이 같은 결과는 전자금융거래법의 적용범위에서 비롯한 바이겠지만 전자금융 이용자 보호 여부의 결론 측면에서는 수긍하기 어렵다.[48)]

전자문서법 제7조 제2항과 전자금융거래법 제9조의 이상과 같은 단계적 파악에 대한 의구심은 전자의 경우 전자거래의 일반규정, 후자의 경우 전자금융거래의 특별규정이라고 파악할 때에는 어느 정도 극복될 수 있을 것이라고 생각된다. 다만 양 법률의 문언내용, 더욱이 이미 굳어진 단계적 파악방식 및 이에 따른 계약의 무효와 손해배상이라는 이용자의 구제수단 풍부화[49)]라는 이유 등에서 양 규정의 단계적 해석태도가 변경되리라고 기대하는 것은 어쩌면 무리일 수도 있다. 이러한 경우에도 무엇보다 중요한 것은 전자문서법 제7조 제2항의 "정당한 이유", 즉 수신

다. 그러나 전자금융거래법 제9조에 따라서도 금융사고의 위험이 금융기관의 원칙적 전부부담과 제2항에 따라 예외적 이용자 전부부담도 인정되고 있다는 점에 유의해야 할 것이다. 실제로 대상판결 2의 경우 전자문서법 제7조 제2항에 따라 무단도용행위의 명의자 본인에 대한 귀속이 인정되었다가 전자금융거래법 제9조 제1항에 의하여 이용자 손해 전부에 대한 금융기관의 배상책임이 인정된 바 있다. 이 경우에 전자금융거래법 제9조에 따른 금융기관의 위험귀속 평가요소가 어떤 이유에서 전자문서에 의한 전자금융거래의 효력발생 여하를 고려하는 평가요소와 달라져야 하는지 잘 납득되지 않는다.

48) 물론 개별 사안에서 타당한 해결을 가져오려는 판결례에서는 이 같은 평가요소의 상이함에 따른 결과를 그대로 방치하지는 않고자 할 것이며, 이에 대상판결 2에서와 같이 공인인증서가 아닌 비대면 인증절차에 따른 본인확인의 신뢰성 부정, 전자문서법 제7조 제3항의 수신자의 "상당한 주의" 정도의 고도화 등의 법리적 구성을 택하게 될 것이다.

49) 즉, 계약의 효력귀속과 손해배상에 의한 위험전가라는 단계적 파악이 수신자(금융기관)를 상대로 한 작성 명의자의 법적 분쟁상황에서 1차적으로는 무효의 효과를, 2차적으로는 금융기관의 손해배상책임을 주장할 수 있어서 명의를 도용당한 피해자의 구제에 유리하다고 생각해 볼 수도 있겠다. 그렇지만 전자문서법 제7조 제2항의 "정당한 이유"가 바로 아래에서 피력하는 바와 같이 전자금융거래법 제9조의 해석에서와 마찬가지로 접근매체의 부정취득에 관한 이용자의 관여 정도 등을 함께 고려해야 한다고 본다면 과연 양 규정의 단계적 파악이 피해자 구제에 과연 유리하다고 볼 수 있는지도 의문이다.

자(금융기관)가 명의도용 등에 의하여 형성된 작성명의자의 권리외관을 믿을 만한 정당한 이유가 있는가에 대한 판단이 전자금융거래법 제9조의 경우와 보다 근접하게 이루어져서 권리외관의 존부만이 아니라 그 형성 경위, 특히 작성명의자의 관여 여부를 참작하여야 한다는 점이다.

2. 전자문서법 제7조 제2항의 "정당한 이유"에 대한 판단요소

(1) 지배적 견해와 이에 대한 비판적 입장

명의도용 등에 따른 전자금융거래의 효력 여부에 적용되는 전자문서법 제7조 제2항에 따른 수신자(금융기관)의 "정당한 이유" 여부와 관련하여 지배적 견해는 대상판결 1의 판시와 마찬가지로 본인확인조치, 특히 공인인증서에 의한 본인확인조치를 거쳐 송신된 전자문서는 수신자가 이를 작성명의자에 의해 송신된 것이라고 믿을 수 있는 정당한 이유가 있다고 파악하고 있다.[50] 이때 수신자인 금융기관은 별도의 전화이용 등의 추가적 본인확인절차를 거치지 않아도 되며(통신사기피해환급법 제2조의3 참조), 다만 당해 전자금융거래가 이용자 및 거래내용의 진실성에 의심을 가질만한 특별한 사정이 있는 이례적인 경우에 한하여 본인확인의 조치를 강화해야 한다고 파악하고 있다.[51] 그러나 이러한 견해에 대하여 일부 문헌은 강력하게 비판하고 있는데, ① 작성명의자와 가족·고용 등의 관계도 없는 명의도용자의 행위에 대한 명의본인에의 부당한 귀속,[52] ② 대출거래를 함에 있어서 전화 등의 추가적 본인확인절차 없이 공인인증서에 의한 확인만으로 외관신뢰의 정당성을 인정하는 태도는 대출거래에서 공인인증서에 의한 확인절차 외에 전화 등의 추가확인을 요구하는 법률 또는 업계 실태에 반한다는 점[53]을 지적하고 있다.

---

50) 다만 이미 앞서 소개한 바와 같이 지금은 폐지된 공인인증서에 의한 본인인증에 부여된 위와 같은 신뢰성이 휴대폰인증 등을 포함한 비대면 인증방식에 관하여 인정되는지 여부는 전자금융사고가 발생한 구체적 경위 등에 따라 달리 판단된다고 생각된다.

51) 이양희, 앞의 논문(각주 11), 260-262면; 문동주, 앞의 논문(각주 12), 28-30면.

52) 김기창, 앞의 논문(각주 12), 112-114면.

53) 김용재, 앞의 논문(각주 12), 319-320면; 서희석, 앞의 논문(각주 12), 810-814면.

(2) "정당한 이유" 여부에 대한 신뢰외관 외에 명의자 본인의 관여 고려

사견으로는 후자의 비판적 입장에 그 취지에서 찬동하는 바인데, 우선 확인할 바는 전자문서법 제7조 제2항의 취지가 권한 없는 자의 행위에 따른 권리외관의 신뢰에 대한 보호라는 점이다.[54] 그런데 외관의 표현법리에 따른 효과귀속은 사법적 법률관계의 양면성에 따라 상대방이 신뢰할만한 외관의 존재 외에도 외관형성에 대한 본인의 책임·관여를 원칙적으로 요구하고 있다.[55] 이러한 신뢰보호의 기본적 판단요소는 무권한의 표현대리에 관한 민법 제126조의 "정당한 이유" 여부에서는 다음과 같이 구체적으로 나타나고 있다. 즉, 민법 제126조의 "정당한 이유" 여부는 ① 대리인이 당해 거래에서 요구되는 제반 서류의 구비 여부, ② 대리인의 본인과의 가족관계 등 일정한 관계가 있는지 여부, ③ 권한 없는 대리행위의 종류와 내용, 그리고 ④ 상대방의 대리권한 조사·확인의무의 정도 등을 참작하여 판단하고 있다.[56]

그런데 신뢰외관의 존재 외에 본인의 관여 등 외관창출의 경위에 대한 이상의 기본적 고려는 위의 지배적 견해에 따르면 전자문서법 제7조 제2항의 적용에서는 본인의 관여를 묻지 않은 채 신뢰외관의 존재만으로 변형, 축소되고 있다. 그 근거로는 ① 채권의 준점유자에 대한 변제에서 (변제자의 선의·무과실 외에) 준점유자라는 신뢰외관의 존재만을 요구한다는 사정, ② 자동화된 본인확인절차를 거친 디지털 서명에서 수신자의 보호와 서명 이용자의 편익증가를 제시하고 있다.[57] 그러나 이러한 근거

54) 이 점에 관하여는 현행 전자문서법 이전에 존재하던 전자거래기본법의 제정 당시에서도 분명히 되었는데 김재형, "전자거래에서 계약의 성립에 관한 개정방안", 전자거래법제의 개정착안점, 2001, 11면; 이철송, "전자거래기본법의 개정방향", 인터넷 법률 제5호, 2001, 18면.

55) 외관의 신뢰보호 법리에 관한 일반적 서술로는 윤진수, "허위표시와 제3자", 민사판례연구 XXIX, 2007, 508-509면; 김상중, "계약의 무효·취소, 해제와 제3자의 보호", 민사법학 제59호, 2012, 160면 이하.

56) 민법주해(양창수 편집대표)[Ⅲ], 제2판, 2022, 651면(김상중 집필); 주석민법(김용담 집필대표) 민법총칙(3), 제5판, 2019, 217면(이균용); 박성수, "월권표현대리에 관한 대법원판결의 검토", 재판실무 1, 1999, 43면.

57) 이양희, 앞의 논문(각주 11), 244, 265-266면.

역시 수긍할 수 없는데, ① 채권의 준점유자에 대한 변제에서 변제자의 주관적 요건만을 요구하는 다수 입장과 달리 채권자 본인의 관여 여부를 함께 고려하자는 견해가 유력하게 제시되어 왔다는 점,[58)] ② 채권의 준점유자 변제는 전자적 방식에 의한 지급지시에는 해당할 수 있겠지만, 명의도용의 금융거래에서는 주로 무단의 대출거래가 문제된다는 점,[59)] ③ 디지털 서명에 대한 수신자의 신뢰보호와 이용자의 편익을 이유로 한 신뢰외관의 일면적 강조는 적어도 전자금융거래법 제9조 제1항의 입법적 결단, 즉 금융기관의 원칙적 사고위험 부담과는 배치된다는 점을 지적하지 않을 수 없다.[60)] 이렇게 이해한다면, 전자금융거래에서 전자문서의 명의자 본인에 대한 효력귀속의 판단은 외관보호법리 일반에서 벗어나야 할 마땅한 이유를 찾을 수는 없고, 이에 신뢰외관과 그 형성의 경위, 즉 인증절차에 따른 본인확인의 신뢰외관 존재 외에 무권한자가 본인확인절차를 통과할 수 있었던 사고경위에 대한 명의자 본인의 책임·관여를 함께 참작하여야 한다. 전자금융거래법의 판단요소가 전자문서의 귀속 여부에서 반영되는 셈이다.

(3) 전화이용 등의 추가적 본인확인 절차 준수 여부

이상의 내용을 정리한다면, 전자문서법 제7조 제2항에 따른 권한 없

58) 김준호, 채권총론, 2007, 법문사, 253면; 김증한·김학동, 채권총론, 1998, 박영사, 350면; 김형배, 채권총론, 1998, 박영사, 678면.

59) 이와 관련하여 임철현, 앞의 논문(각주 10), 274면은 위조수표의 변제에 대해서는 채권의 준점유자 법리를 적용하지 않는다는 대법원 1971. 3. 9. 선고 70다2895 판결을 위의 지배적 견해에 대한 비판의 근거로 제시하고 있다. 이에 관한 상세한 논증으로는 정대익, 앞의 논문(각주 41), 290면.

60) 김기창, 앞의 논문(각주 12), 114면에서는 “절도, 강도, 사기 등의 수단으로 작성명의자에게 접근하여 그로부터 필요한 정보나 방법을 강탈 또는 사취하여 입수한 자에 대하여 그 자의 전자문서 생성, 전송행위가 ‘작성자의 의사에 기한 것이라고 믿을 만한 정당한 이유가 있는 자’라고 판단하는 것은 상식을 벗어난 것”이라고 서술하고 있다. 아래 4.(1)에서 밝히는 바와 같이 사기의 경우에는 위 견해에 관하여 획일적으로 찬동할 수는 없지만, 절도, 강도와 같이 작성 명의자의 아무런 의사 관여 없이 명의도용자의 불법적 방법만으로 이루어진 거래행위의 명의자 본인에 대한 효과귀속은 도품에 대한 선의취득 배제에 관한 민법 제250조의 취지를 보더라도 잘 납득되지 않는다.

는 전자금융거래의 효과귀속을 위한 수신자의 정당한 신뢰 여부는 본인확인에 따른 신뢰외관의 존재 외에 대출, 해지 등 금융거래의 종류·내용(이례성 포함)[61]과 함께 명의도용 등 금융사고 발생에 대한 명의자 본인의 책임·관여 여부와 그 정도를 참작, 판단하여야 한다. 이때 수신자 신뢰의 정당성 여부는 수신자가 본인을 확인함에 있어서 "상당한 주의를 하였"는지를 포함하는데(전자문서법 제7조 제3항 제2호 참조), 대상판결 1과 이를 지지하는 지배적 견해는 공인인증서에 의한 본인확인절차를 거친 한도에서는 통신사기피해환급법 제2조의3에 따라 대출의 신청, 적금 등의 해지에서 전화 등에 의한 추가적 확인절차를 거치지 않더라도 작성명의자에의 귀속을 인정하였다.

이 같은 법리전개는 의문이 아닐 수 없는데, 우선 비대면의 전자금융거래에서 금융사고의 위험성에 대비하여 전화이용, 대면확인 또는 그 밖에 전화이용과 같은 수준 이상의 본인확인 방법[62]을 굳이 규정한 취지를 무색하게 하고 있다.[63] 물론 대상판결 1에서 문제된 바와 같이 대부업자에 대해서는 통신사기피해환급법이 적용되지 않는다는 점에서 전화이용 등에 따른 추가적 본인확인의무가 대부업자에게 법률상 인정되는 것은 아니다. 그러나 대부업자의 업무상 주의의무가 반드시 법정되어 있을 필요는 없으며 당해 업계의 거래관행 등에 의해서도 보완, 정립될 수 있음은 물론이다. 더욱이 대상판결 1에서도 다투어진 바와 같이,[64] 명의도용의 금융범죄 조직은 많은 금융기관에 무단거래를 신청하며, 이 가운데 일부의 대부업자는 공인인증서에 의한 본인확인 외에 휴대전화 확인

61) 본인 계좌에서 지급이체를 지시하는 경우와 대출, 해지의 거래행위에 관하여 이용자보호의 취지에서 금융기관의 본인확인절차를 보다 강화해야 한다는 지적으로는 김용재, 앞의 논문(각주 12), 326면 이하.

62) 통신사기피해환급법 시행령 제2조의3 및 이 시행령 제3호에 따른 금융위원회 고시(제2015-41호)에 의하면 위의 "전화통화와 같은 수준 이상의 본인확인방법"이라는 함은 이미 앞서 소개한 금융실명거래에서 비대면 실명거래확인 방법을 뜻한다고 함.

63) 김용재, 앞의 논문(각주 12), 319-320면. 당시 공인인증서 재발급에 관한 금융기관의 통지의무 인정에 대한 지적으로는 서희석, 앞의 논문(각주 12), 816-818면.

64) 서울중앙지방법원 2017. 8. 9. 선고 2016나80085 판결.

등의 방법을 추가적으로 요청하여 금융사고를 미연에 방지할 수 있었음을 참작하여야 할 것이다.

결론적으로 공인인증서 확인 외에 전화이용 등의 추가적 본인확인조치는 전자금융거래의 편리함에도 불구하고 피할 수 없는 사고위험을 방지하기 위한 최종조치라고 할 것이다. 그럼에도 대상판결 1은 추가조치 준수 여부를 묻지 않는다고 하였는데, 이러한 법리는 업무의 신속성, 편리성을 중시한 나머지 사고위험을 이용자에게 전가할 수 있도록 하고 있으며 이로써 거래시스템을 관리하는 금융기관에 의한 사고위험의 보다 적극적 방지역할 수행에 반하는 결과를 가져다주고 있다. 사견으로는 지금의 공동인증서에 의한 본인확인을 거쳐 대출, 적금해지의 거래행위가 이루어지는 경우에는 전화이용 등의 추가적 본인확인절차가 요구된다고 할 것이며, 이는 통신사기피해환급법의 적용을 받지 않는 대부업자에게도 마찬가지라고 판단된다.

3. 전자금융거래법 제9조의 금융기관 책임감면 규정의 적용

한편 전자금융거래법 제9조는 금융사고 위험에 관하여 원칙적으로 금융기관으로 하여금 부담하도록 하면서, 다만 이용자의 고의 또는 중과실이 있는 경우에 그 위험을 이용자에게 전가 또는 분담하도록 정하고 있다. 접근매체의 부정취득 등에 의한 금융사고의 경우에 주로 다투어지는 이용자의 중과실 여부는 대법원 판례에 따르면 금융사고가 일어난 경위, 그 위조 등 수법의 내용 및 그 수법에 대한 일반인의 인식 정도, 금융거래 이용자의 직업 및 금융거래 이용경력 등의 사정을 고려하여 판단되어야 한다고 한다.[65] 중과실 판단의 이 같은 고려요소는 타당하다고 여겨지는데, 다만 그 구체적 인정 여부에서는 또다시 견해가 엇갈리고 있다. 명의도용에서 자주 문제되는 보이스피싱 등의 경우에 이용자가 사기수법에 넘어가 비밀번호 등 거래정보를 노출한 행위에 대하여 대상판

65) 대법원 2014. 1. 29. 선고 2013다86489 판결.

결 1은 중과실을 인정하는 반면,[66] 일부견해는 무단 접근매체를 통한 전자금융사고 발생의 불가피함, 사기수법의 지능화 등에 따라 이용자의 중과실을 제한적으로만 인정하려는 입장도 피력되고 있다.[67]

전자금융거래법 제9조 제2항의 중과실 여부의 판단에 대한 견해 대립과 관련하여 무엇보다 전자금융거래법에서 밝히고 있는 사고위험의 부담원칙을 충분히 고려해야만 한다. 같은 법 제9조에 따르면 금융사고 위험에 대한 금융기관의 원칙적 부담 및 이용자에의 예외적 전가 · 분담,[68] 다시 말해 접근매체의 선정 · 관리를 포함한 전자금융거래시스템 전반에 대한 관리자 지위[69]에서 비롯한 금융기관의 원칙적 사고위험 부담 및 금융거래정보를 포함한 접근매체의 잘못된 사용 · 관리에 따른 사고발생 관여 정도에 상응하는 이용자의 책임부담[70]을 제시하고 있다. 이 같은 규정 취지와 내용에 따르면 이용자의 중과실은 원래 전자금융거래법 제9조 제1항에 따라 금융사고의 손해위험을 부담하도록 되어 있는 금융기관이 접근매체의 관리소홀에 따른 사고위험의 방치를 이유로 이용자에게 사고의 책임을 물을 수 있을 비난의 여지가 있어야 하며, 그 정도가 중대해야 하기 때문에 이용자의 관여가 금융사고 발생에 전적으로 또는 주된 영향을 주었다고 판단되는 경우에 비로소 인정될 수 있을 것이다.

그렇다면 대법원 판례가 이용자의 중과실 판단을 위해 제시하고 있는 금융사고의 구체적 경위라는 판단요소는 본인인증절차의 신뢰성 · 안전성의 정도,[71] 기망행위의 방법 외에도 개인정보를 포함한 접근매체의

66) 이를 지지하는 견해로서 이양희, 앞의 논문(각주 11), 248, 269-270면; 문동주, 앞의 논문(각주 12), 28-29면; 정완용, 앞의 논문(각주 12), 175-176면.

67) 김기창, 앞의 논문(각주 12), 119-120면; 서희석, 앞의 논문(각주 12), 814면; 임철현, 앞의 논문(각주 10), 271면.

68) 전자금융 이용자 보호의 취지 아래에 전자금융거래법 제9조 제1항, 제2항 사이의 원칙과 예외의 관계를 분명히 하고 있는 견해로는 한승수, 앞의 논문(각주 41), 174면.

69) 서희석, "전자금융거래에서 공인인증서의 발급 및 관리책임", 선진상사법률연구 제68호, 2014, 17면.

70) 전자금융거래법 제6조의2 제3항.

71) 가령 휴대전화에 의한 본인인증 절차는 타인 명의의 휴대전화를 이용한 대출범

노출 경위(이용자의 관여 여부와 정도), 이용자에 의해 노출된 개인정보 · 접근매체가 금융사고 발생에 어느 정도 직접적이고 충분한 원인이 되었는지의 여부, 그리고 이용자가 개인정보 등의 관리소홀 당시에 후속적 사고발생에 관하여 구체적 예측가능성을 갖고 있었는지 등으로 보다 자세하게 표현될 수 있을 것이다. 한편 이런 판단요소에 따라 이용자의 중과실이 인정되는 경우에도 다시 그 비중에 따라 이용자는 금융사고의 위험을 전부 또는 금융기관과 나누어 부담한다는 점을 염두하여야 한다.[72) 이러한 전제 위에서 본 논문은 법원의 판결례 등에서 문제되었던 금융사고의 경위를 유형화하면서 사고위험의 분배내용을 구체적으로 가늠해 보려고 한다.

4. 판결례에서 제시된 사고위험의 분배내용과 그 평가

명의도용의 전자금융사고의 발생에서 전자문서법 제7조 제2항, 전자금융거래법 제9조의 적용에 따른 대출 등의 계약효력의 귀속 및 사고위험의 부담은 우선 이용자의 사고 관여 정도와 계기 등에 따라 ① 이용자 전적 관여형, ② 이용자 무관형, ③ 이용자 일부 관여형으로 나눌 수 있다.

(1) 먼저, 이용자 전적 관여형에는 무엇보다 대상판결 1에서 문제된 바와 같이 피해자가 금융범죄 조직의 보이스피싱 등 사기에 속아서 자신의 금융거래정보, 공인인증서 비밀번호, 계좌번호와 그 비밀번호, 보안카

좌 등이 비교적 용이하다는 점에서 공인인증서에 의한 본인확인 등과 비교하여 그 안전성이 높다고 할 수 없고, 이에 신분증 사본제출과 기존 계좌를 통한 확인방법 등을 의무적으로 결합하도록 정하고 있다.

72) 이용자 중과실의 경우에 금융기관과 이용자의 위험'분담'의 보다 적극적 활용의 제안으로는 김용재, 앞의 논문(각주 12), 322면; 임철현, 앞의 논문(각주 10), 273면. 위 두 논문 모두에서 인용, 소개한 서울중앙지방법원 2015. 1. 15. 선고 2013가합70571 판결에서는 이용자의 중과실이 있는 경우에도 이용자에게 ① 책임의 전부를 부담시킬 정도인지, ② 책임의 일부만을 부담시킬 정도인지, 아니면 ③ 책임의 일부조차 부담시켜야 할 정도에도 미치지 못하는지를 개별적으로 결정해야 한다고 판시한 바 있다. 다만 위 판결의 항소심인 서울고등법원 2015. 9. 9. 선고 2015나2011609판결에서는 명의 피도용자의 중과실을 이유로 금융기관의 전부 면책을 인정하였다. 더 나아가 강희주 · 이상민, "전자금융거래법 제9조에 따른 금융기관 등의 책임", 증권법연구 제15권 제5호, 2014, 274면.

드번호 등 전부를 제공한 경우(사안 ①)가 해당한다.[73] 또한 전자금융 범죄조직이 피해자의 휴대전화를 원격제어하여 개인정보를 탈취하여 금융사고가 발생하였는데, 그 과정에서 피해자가 범죄 조직원의 비상식적인 말("국가안전계좌에 예금보관")에 속아 넘어가는 한편 본인계좌로 입금된 무단대출금을 직접 출금하여 조직원에게 넘겨준 사안[74] 역시 이 유형에 속한다고 할 것이다. 물론 금융거래의 명의자가 범죄조직의 사기행위에 따른 피해자라는 점에서 이와 같은 경우에도 전자금융거래법 제9조 제2항의 이용자의 중과실을 쉽게 인정할 수는 없다는 견해가 피력되고 있다.[75] 그러나 이용자가 전자금융거래를 가능하게 하는 접근매체 또는 그 취득에 필요한 제반의 정보를 범죄조직의 비상식적인 설명을 만연히 믿은 채 제공해 버린 이상에는 원칙적으로 그로 인한 사고위험은 금융기관과의 관계에서 이용자 스스로 부담하지 않을 수 없다고 판단된다. 전자금융사고에서 유사한 위험분담 내용을 규정하고 있는 독일민법 제675의v조 제2항의 "중과실" 여부와 관련하여 독일 법원 역시 피해자가 (보안카드와 유사한) 거래번호(TAN, Transaktionsnummer)를 피싱 등에 속아서 제공한 경우에는 중과실을 인정해 오고 있다.[76]

이러한 경우에는 금융기관은 별도의 사정이 없는 한 명의도용의 전자금융거래에 관하여 명의자 본인의 행위로 신뢰할 수 있으며(전자문서법 제7조 제2항), 이용자의 중과실을 인정하는 한 이용자에게 금융사고에 대

73) 이용자의 중과실 판단기준을 제시한 대법원 2014. 1. 29. 선고 2013다86489 판결 역시 위와 동일한 사안이 문제되었음. 즉 2014년의 위 대법원 판결에서는 검사를 사칭한 범죄조직에게 이용자가 명의도용의 전자금융거래 소요되는 모든 정보를 입력, 제공한 사안이 다루어졌음.

74) 서울중앙지방법원 2020. 12. 24. 선고 2019가합580780 판결.

75) 김기창, 앞의 논문(각주 12), 119-120면; 서희석, 앞의 논문(각주 12), 814면.

76) MünchKomm/Zetzsche, 8.Aufl., § 675v Rn. 53-54. 독일 법원의 판결에 따르면 피싱, 파밍 등 온라인 금융사기에서 고도의 사기수법으로 피해 이용자가 사기행위임을 알 수 없는 상태에서 자신의 거래번호를 입력하는 경우에는 중과실의 인정을 적절하게도 제한하지만 이와 달리 위조임을 쉽게 알 수 있는 인터넷 사이트에서 자신의 개인정보를 노출하는 행위, 수 개의 거래번호를 입력하는 행위 등의 경우에는 이용자의 중과실을 인정하고 있다고 한다.

한 손해배상책임 역시 부담하지 않는다(전자금융거래법 제9조 제2항)고 할 것이다. 보이스피싱 등의 사기조직의 범죄행위가 아니지만, 가령 명의자 본인이 햇살론대출을 위하여 회사 동료에게 신분증, 통장사본, 휴대전화기 등을 교부하였는데, 그 동료가 이를 기화로 위탁자 명의로 무단의 대출거래를 맺은 경우(사안 ①-1)에도 그 거래효과는 명의자 본인에게 전적으로 귀속될 것이다.[77)]

(2) 한편 위의 유형과는 정반대로 명의자 본인의 관여 없이 명의도용 등의 전자금융거래가 이루어지는 '이용자 무관형'도 있다. 대상판결 2에서 다루어진 사안, 즉 금융범죄 조직단이 아무 관계도 없는 명의자의 개인정보를 인터넷 포털사이트 등에서 검색, 수집하여 신분증을 위조발급받은 후 이를 기화로 본인인증에 필요한 매체를 무단발급받아 비대면의 금융거래행위를 한 경우(사안 ②)가 이 유형에 속한다. 이 유형에서 금융사고의 위험은 사고위험의 가능성을 내포하는 비대면의 거래시스템을 운영, 관리하는 금융기관이 과실 여부에 관계없이 부담해야 하는데, 그 법리구성과 관련하여 대체적 입장은 전자금융거래법 제9조 제1항에 따른 금융기관의 피해자에 대한 손해배상책임의 방식으로 구성해 오고 있다. 다만 이 논문과 같이 금융사고 발생에 대한 이용자의 관여 여부가 이미 계약의 효력귀속 단계에서 고려되어야 한다고 판단할 때에는 위 사안 ②의 경우에는 전자문서법 제7조 제2항, 제3항에 따라 권리외관에 대한 금융기관의 신뢰할 말한 정당한 이유가 인정되지 않는다고 해석할 수 있을 것이다.

하급심의 판결례 중에서는 다음과 같은 경우, 즉 20세 남짓의 사회경험이 거의 없는 조카와 함께 살고 있는 고모가 그 조카 명의로 휴대전화를 개통하고 조카 명의의 예금계좌를 이용해 금융거래를 해 오던 중에 조카 몰래 조카 명의의 신용카드를 이용해 비대면의 본인인증을 받으면서 대출약정을 맺은 사안(사안 ②-1)[78)]이 '이용자 무관형'에 가깝다고 사료

77) 수원지방법원 여주지원 2017. 11. 29. 선고 2017가단2993 판결.
78) 서울중앙지방법원 2021. 11. 23. 선고 2020가단5069454 판결.

된다. 물론 이 사안에서는 명의자 본인이 위와 같은 본인확인의 외관창출을 방치해 옴으로써 기여한 바가 없지 않다고 볼 수도 있겠지만, 명의자의 개인적 사정,[79] 휴대폰 본인확인 등의 비대면 본인확인 절차의 사고위험성 등을 참작하여 명의자 본인에 대한 계약효과의 귀속을 인정하기 곤란한 '이용자 무관형'이라고 파악할 수 있을 것이다.

(3) 이상의 두 유형과 달리 명의자가 외관형성에 일부분 관여한 경우도 적지 않다. 즉, 명의자가 비대면의 본인확인에 필요한 매체 중의 일부(가령 휴대폰)를 제공하였는데, 이를 기화로 소지자가 본인 확인에 필요한 그 외의 매체를 불법 발급, 이용하여 무단 금융거래를 행하는 경우이다. 이 경우에는 본인의 일부제공 목적 내지 경위(무단금융거래와의 밀접성), 무단거래에 대한 본인의 예견가능성, 본인확인에 이용된 당해 절차의 안전성, 금융기관에 의한 본인 추가확인절차의 준수 여부 등을 종합적으로 참작하여 금융기관과 이용자 본인 중 일방에 의한 사고위험 전담 외에 이용자의 관여 정도에 따른 위험'분담' 여부와 정도를 결정하여야 할 것이다.

물론 이용자 일부 관여형의 경우에도 이용자가 무단의 전자금융거래를 가능하도록 관여한 비중이 높아서 이용자가 접근매체 및 그 이용에 필요한 제반의 정보를 제공한 앞 (1) 유형과 평가상 동일하게 취급할 수 있는 경우도 있을 것이다. 예를 들어 한 하급심 판결에서는 주유소를 운영하는 시부모가 며느리에게 아파트를 구입해 주겠다고 하면서 부족자금을 대출받는 데 필요하다고 말하여 며느리 명의의 대출거래용 계좌를 개설하고 그 통장과 인터넷뱅킹 보안카드를 보관하고 있던 중 주유소 영업상 연대보증인을 세워야 할 사정이 있어서 위 서류 등을 이용하여 며느리 명의의 공인인증서를 발급하여 연대보증계약을 체결한 사안(사안 ③)이 문제되었다.[80] 이와 같은 사안에서는 무단거래에 대한 명의자의 관여

79) 부모의 이혼에 따라 친가 식구(친할머니, 고모)와 함께 살고 있다는 점, 어린 나이로 경제거래 현실을 모른다는 사정.

80) 대구지방법원 2018. 6. 8. 선고 2017나11160 판결. 이 사안과 기본적으로 유사하

가 이용자 전적 관여의 유형 1에 근접한다고 평가하여 본인에 대한 효과귀속을 수긍할 수도 있을 것이다.[81)]

그러나 위의 경우와 달리 명의자 본인에 대한 효과귀속의 부정 또는 적어도 금융업자와의 위험'분담'이 문제되는 경우도 있겠는데, 이와 관련해 한 하급심의 다음과 같은 사안, 즉 형이 동생 명의로 휴대폰을 발급, 사용하던 도중에 휴대폰 연장을 위해 필요하다고 하면서 동생 명의의 신분증, 통장사본을 전송받아 이를 이용해 동생 명의로 중고자동차의 구입과 함께 그 구매대금에 소요되는 대출약정을 맺은 사안(사안 ④)을 소개할 수 있겠다.[82)] 이 같은 사안에서 법원은 위의 비대면 본인인증에 필요한 개인정보 등의 노출 위험성, 휴대폰 인증 외에 본인추가확인절차의 불충분함[83)]에 비추어 명의자 본인에게 그 거래의 효과를 귀속시키지 않았다. 한편 위 사안과 마찬가지로 한 하급심 판결에서는 명의자(父)가 본인 확인에 필요한 매체 중의 일부인 휴대폰을 금융거래와 무관한 사정으로 신용불량자인 가족(子)에게 건네주었는데 그 아들이 비대면방식으로 父 명의의 회원가입, 예금계좌 개설을 거쳐 대출약정을 맺었던 한 사안(사안 ⑤)이 다투어진 바 있었다.[84)] 그런데 이 사건을 다룬 법원은 위의 판결과는 달리 비대면 본인인증 절차의 신뢰성을 긍정하는 가운데, 명의

게 동생이 언니에게 동생 자신의 연말정산을 부탁하면서 공인인증서와 그 비밀번호를 넘겨주어서 무단의 대출행위를 가능하도록 한 사안에서 본인에의 효과귀속을 인정한 대구지방법원 2017. 8. 30. 선고 2017나1439 판결.

81) 다만 이 사건에서 보증보험회사인 금융업자는 며느리 명의의 연대보증계약 체결 당시에 전화이용 등의 추가적 본인확인절차를 거치지 않았는데, 위 대구지방법원은 대상판결 1에 따라 공인인증서에 의한 본인확인이 이루어진 경우에는 별도의 추가확인을 필요로 하지 않는다는 이유로 명의자에 대한 효과귀속을 인정하였다. 본인의 추가확인 절차가 필요하다는 입장에 따르면 그 같은 판단이 과연 적절한지에 대해서는 의문이 있다.

82) 의정부지방법원 2021. 4. 22. 선고 2019나218005 판결.

83) 금융거래에서 요구되는 비대면 본인확인 방법에 관하여는 Ⅲ.2. 참고. 이 사건에서 금융업자는 운전면허증 번호의 입력과 링크 전송에 의한 본인인증의 절차를 거쳤을 뿐 기존계좌 활용 등의 추가절차를 거치지 않았으며 대출금 역시 대출명의자 명의로 개설된 통장에 입금하지 않았다.

84) 서울중앙지방법원 2018. 8. 14. 선고 2017가단112162 판결.

자가 본인인증에 필요한 추가정보(기존계좌 활용에 필요한 인증단어)를 제공하였다는 사정을 고려하여 명의자 본인에게 그 효과를 귀속시키고 있다. 위 2개의 하급심 판결은 명의자의 관여와 금융업자의 본인확인절차의 준수 정도를 달리 평가하고 있으며, 이런 한도에서 후자의 판결례가 앞의 판결례와 달리 명의자 본인에게 무단거래의 효과를 귀속시킴은 일응 수긍할 만하다. 다만 부친인 명의자가 아들의 무단거래와 관련하여 인증단어를 제공한 계기 여하에 따라서는 전자금융거래법 제9조 제2항을 적용하는 과정에서 금융기관과 명의자 사이의 위험'분담'을 인정할 여지가 있지 않았을까 생각해 본다.

Ⅳ. 맺는 말

1. 지금껏 명의도용에 의한 전자금융거래에서 명의자 본인에 대한 거래의 효과귀속 및 그 사고위험의 금융기관 · 이용자 사이의 부담내용에 관하여 살펴보았다. 이 글에서 주장한 바는 먼저 명의도용에 의한 전자금융거래에 적용되는 전자문서법 제7조 제2항과 전자금융거래법 제9조 사이의 단계적 파악, 즉 전자는 계약의 효력 발생 내지 귀속단계, 후자는 그에 따른 사후적 손해배상단계라는 단계론적 파악에 관하여 의구심을 피력하였다. 만약 이 같은 단계적 법리구성을 유지하는 경우에도 전자문서법 제7조 제2항은 적어도 전자금융거래에서는 금융사고에 대한 금융기관의 원칙적 위험부담을 결정한 전자금융거래법 제9조 제1항의 취지를 반영, 해석하여야 한다. 다시 말해 전자문서법 제7조 제2항의 "정당한 이유" 여부는 본인확인의 외관존재와 이에 따른 수신자(금융기관)의 신뢰 이외에 외관형성에 대한 명의자 본인(이용자)의 책임 · 관여를 함께 참작하여 판단되어야 할 것이다.

2. 한편 전자금융거래법 제9조 제2항에 따른 사고발생에 대한 이용자의 중과실 역시 이 글에서 주장한 바에 따르면 전자금융거래법 제9조 제1항에 의한 금융기관의 위험부담 원칙을 충분히 고려하여, 이용자에게 사고발생의 책임을 물을 수 있을 비난의 여지가 있어야 하고 그 관여의

정도가 사고발생에 전적으로 또는 주된 영향을 주었다고 판단되는 경우에 한하여 인정될 수 있을 뿐이라고 판단하였다.

이러한 전제 위에서 대법원 판례가 중과실의 판단을 위해 제시한 '금융사고의 구체적 경위'라는 표지는 본인인증절차의 신뢰성·안전성의 정도, 기망행위의 수법 외에 개인정보를 포함한 접근매체의 노출경위(이용자의 관여 여부와 정도), 이용자가 노출한 개인정보 등이 금융사고 발생에 어느 정도 직접적이고 충분한 원인으로 되었는지, 그리고 이용자가 개인정보 등의 관리소홀 당시에 후속적 금융사고 발생에 관하여 구체적 예측가능성을 갖고 있었는지 등으로 보다 자세하게 표현될 수 있다고 할 것이다. 이와 같이 명의도용의 전자금융사고에서 전자금융거래법 제9조 제1항의 원칙에 대한 주의환기와 더불어 전자금융거래법 제9조 제2항에서 금융사고 발생에 관하여 이용자의 중과실이 있는 경우에는 이용자가 그 위험을 (전부 이외에) 금융기관과 나누어 부담하도록 규정한 취지도 보다 적극적으로 고려되어야 한다고 주장하였다.

3. 지금껏 주장한 바에 따르면 대상판결 1의 판시, 즉 작성자 명의의 대출거래를 맺는 데 있어서 통신사기피해환급법상의 전화이용 등의 추가확인절차를 거치지 않은 채 공동인증서(당시 공인인증서)에 의한 본인확인절차만으로 수신자인 금융업자의 신뢰할 만한 정당한 이유가 있었음을 인정한 판시에 관하여는 찬동하기 어렵다. 이 같은 평가는 대상판결 1에서 문제된 바와 같이 대부업자에게는 위 법률이 적용되지 않는다고 하더라도 달라지지 않는다고 본다. 한편 작성자 본인의 개인정보와 접근매체를 본인의 관여 없이 부정취득한 사안이 다투어진 대상판결 2는 작성자 본인에 대한 효과귀속을 부정한 결론 그 자체에는 찬동하는 바이다. 다만 그 논거와 관련하여 대상판결 2는 공인인증서에 의한 본인확인과 달리 휴대폰인증을 포함한 비대면 본인확인방식에 관하여 작성 명의자의 동일성 추정을 인정하지 않음으로써 전자문서법 제7조 제2항에 따른 본인에의 효과귀속을 부정하고 있는데, 이러한 판시는 비대면 방식의 본인확인절차가 제대로 수행된 이상 그 신뢰성을 인정한 다른 하급심 판

결례도 존재하고 있어서 주의하여 이해할 필요가 있다.[85)]

더 나아가 대상판결 2는 공인인증서에 의한 본인확인절차를 거친 경우에는 작성 명의자가 그 같은 권리외관에 아무 관여한 바가 없는 때에도 전자문서법 제7조 제2항에 따른 본인에의 효과귀속을 인정하고 있다. 물론 대상판결 2는 전자금융거래법 제9조 제1항에 의한 금융기관의 손해배상책임을 통하여 본인귀속에 따른 위의 불합리한 결과를 모면하고 있다. 그렇지만 이용자가 개인정보 등의 도용에 아무 기여한 바가 없음에도 권리외관의 효과를 귀속시킨 다음에 그 불이익을 신뢰 수신자의 손해배상책임에 의하여 벗어나도록 하는 법리구성은 잘 납득되지 않는다. 전자금융거래법 제9조 제1항의 위험부담 원칙이 명의도용 금융사고에서 보다 충분하게 고려되기를 바라며, 하급심 판결의 일관된 법리전개 이외에 입법적 개선도 있기를 기대한다.

85) 앞의 Ⅲ.2. 와 Ⅳ.3.

[Abstract]

Die Rechtswirksamkeit und Haftung der Onlinebanking durch Identitätstäuschung

Kim, Sang Joong*

Bei der vorliegenden Arbeit geht es um die rechtliche Zurechenbarkeit der identitätsgetäuschten Online-Banking zu dem Namenträger und die Ersatzhaftung der Finanzinstitute wie Banken gegen den geschädigten Namenträger. Dieser Papier wirft Bedenken über die vorherrschenden Ansicht auf, wonach § 7 II E-Dokumentengesetz (EDG, Framework Act on eletronic documets and transactions) in Korea die Zurechung elektronischer Gelddarlehenstransaktioen mit Identitätstäuschung vorschreibt, während § 9 E-Finanztransaktionengesetz(EFG, Electronic financial tranctions act) die Ersatzhaftung für Schäden durch Finanzunfälle wie Identitätstäuschung gegenüber namenstragenden Kunden von Finaninstituten regelt. Auch wenn man nach wie vor diesen zweistufigen Betrachtung der vorherrschen Ansicht folgt, ist der berechtigte Grund des § 7 II EDG nach dem Grundsatz der Risikotragung in § 9 EFG, nämlich nach der gesetzlich grundsätzlichen Übernahme von Unfallrisiken durch Finanzinstitute meines Erachtens unter Berücksichtigung der Verantwortlichkeit bzw. Mitwirkung des Namensträgers bei der getäutschten Erscheinungsbildung zu beurteilen.

Zudem soll die grobe Fahrlässigkeit des Bankkunden zur Minderung bzw. Verzicht der Ersatzhaftung des Kreditinsituts nach § 9 II EFG nur in den Fällen anerkannt werden, wenn ein Verschulden des Bankkunden am Unfallgeschen vorliegen muss und der Grad seiner Beteiligung das

---

* Professor, Korea University, Law School.

Unfallgeschen ganz oder wesentlich beeinflusst hat. Darüber hinaus hingewiesen wird, dass die gerichtlichen Urteilen den 9 II EFG noch aktiver berücksichtigen sollen, wonach das Kreditinstiut bei grober Fahrlässigkeit des Kunden diesem gegenüber von jeglicher Ersatzpflicht freigestellet werden bzw. den Schaden mit dem grob unvorsichtigen Kunden teilen soll. Ob die grobe Fahrlässigkeit des Kunden nach dem § 9 II EFG vorliegt, sollte unter der Berücksichtung der Zuverlässigkeit des E-Authentifizierungsverfahrens, des Grads der Täuschung und des Grunds der unautorisierten Benutzung des Zugansmediums beurteilt werden. Ausserdem sollte berücksichtigt werden, ob der Nutzer die direkte Unfallursache angegenben hat oder der Unfall von ihm konkret vorhersehbar war. Es ist zu hoffen, dass die Vorinstanz den Grundsatz der Unfallrisikotragung durch Finanzinstitute nach § 9 I EFG umfänglich in Rücksicht nimmt, und es sind gesetzliche Verbesserungen zu erwaten.

[Key word]

- Handeln unter fremden Namen
- Elektronische Dokumente
- Online-Banking
- Pharming-Angriff
- Identitätstäuschung
- Identätsdiebstahl
- moblie Zahlungssysteme

참고문헌

1. 단 행 본

김준호, 채권총론, 법문사, 2007.

김증한 · 김학동, 채권총론, 박영사, 1998.

김형배, 채권총론, 1998, 박영사.

김형배 · 김규완 · 김명숙, 민법학강의, 신조사, 2015.

민법주해(양창수 편집대표)[Ⅲ], 박영사, 2022.

송덕수, 신민법강의, 박영사, 2022.

주석민법(김용담 집필대표) 총칙(3), 한국사법행정학회, 2019.

지원림, 민법강의, 홍문사, 2022.

2. 논 문

강희주 · 이상민, "전자금융거래법 제9조에 따른 금융기관 등의 책임", 증권법연구 제15권 제5호, 2014.

김기창, "전자금융거래법상 이용자의 중대한 과실", 정보법학 제18권 제3호, 2015.

______, "전자문서법 제7조와 표현대리", 정보법학 제22권 제2호, 2018.

김동민, "접근매체를 이용하는 전자금융사기의 범위에 관한 소고", 충남대 법학연구 제31권 제2호, 2020.

김상중, "계약의 무효 · 취소, 해제와 제3자의 보호", 민사법학 제59호, 2012.

김용재, "전자금융거래 사고와 금융기관의 책임", 상사판례연구 제32집 제4권, 2019.

김재형, "전자거래에서 계약의 성립에 관한 개정방안", 전자거래법제의 개정착안점, 2001.

김제완, "전자금융거래법상 금융기관 · 전자금융업자의 책임의 법적 성격", 상사법연구 제25권 제2호, 2006.

김현철, "비대면 시대에 전자서명 제도의 쟁점과 개선방향", 한국법학회 법학연구 제21권 제1호, 2021.

문동주, “타인명의의 공인인증서를 이용해 체결한 전자대출약정의 효력과 채무귀속의 문제”, 서울지방변호사회 판례연구 제34집, 2021.

박성수, “월권표현대리에 관한 대법원판결의 검토”, 재판실무 1, 1999.

서희석, “전자금융거래법상 이용자의 중과실의 판단기준”, 비교사법 제21권 제2호, 781면.

_____, “전자금융거래에서 공인인증서의 발급 및 관리책임”, 선진상사법률연구 제68호, 2014.

윤진수, “허위표시와 제3자”, 민사판례연구 XXIX, 2007.

이양희, “공인인증서에 의한 전자금융거래의 경우 ‘작성자 또는 그 대리인의 의사에 기한 것이라고 믿을 만한 정당한 이유’의 존부”, 대법원판례해설 제115호, 2018.

이철송, “전자거래기본법의 개정방향”, 인터넷 법률 제5호, 2001.

임철현, “전자금융사기 피해에 대한 적극적인 사법구제의 필요성”, 경북대 법학논고 제65집, 2019.

정경영, “전자금융거래법의 도입에 따른 법적 과제”, 금융법연구 제1권 제1호, 2004.

정대익, “무권한 전자지급거래시 위험분배 원칙”, 경영법률 제19권 제1호, 2008.

정완용, “무권한자가 타인의 공인인증서를 이용하여 체결한 전자금융거래의 법적 효력”, 경희법학 제54권 제3호, 2019.

한승수, “전자금융거래사고에 있어서 배상책임에 관한 소고”, 인하대 법학연구 제18집 제2호, 2015.

온주 전자금융거래법, 로앤비, 2018.

온주 전자문서 및 전자거래기본법, 로앤비, 2019.

가등기담보 등에 관한 법률에 따른 청산절차를 거치지 않고 이루어진 본등기의 효력과 선의의 제3자 보호

정 우 성*

■ 요 지 ■

대상판결은 담보가등기 상황에서도 가등기담보법 제11조에 따라 선의의 제3자를 보호할 수 있다고 선언한 최초의 판결로, 거래의 안전 보호를 위하여 입법의 공백을 보완하였다는 점에서 의미가 있다.

다만 종래 대법원은 '채권자가 가등기담보법 규정을 위반하여 담보목적 부동산에 관하여 소유권이전등기를 마친 경우 위 등기의 효력은 무효'라는 입장을 견지하여 왔는데, 대상판결은 선의의 제3자가 채권자로부터 담보목적 부동산을 취득하게 되면 그 이전에 채권자가 가등기담보법을 위반하여 마친 무효인 본등기까지 소급하여 유효로 된다고 판시하였다. 그러나 위와 같은 판시 내용은, 가등기담보법에 관한 여러 종전 판례(채권자가 가등기담보법을 위반하여 마친 등기의 효력, 청산절차에서의 정산 시점, 채무자의 환수권 소멸에 따라 채권자가 담보목적부동산의 소유권을 취득하는 시점, 손해배상액 산정의 기준시점 등)들과 정합성 측면에서 의문이 있다. 나아가 대상판결의 논리는 기존의 제3자 보호 법리(민법 제108조, 명의신탁 등)와도 충돌할 여지가 있으며, 기존의 물권법 체계에서 무효인 등기를 유효로 하는 여러 이론에 의하여도 설명하기 어려운 측면이 있고, 법률상 근거 없이 소급효를 인정하는 것은 신중해야 하는 점까지 고려하면, 쉽게 수긍하기 어렵다. 또한 대상판결은 결과

---

* 서울회생법원 판사.

적으로 청산절차를 거치지 않은 채 담보목적부동산을 임의로 제3자에게 처분한 채권자를 채무자보다 더 보호하게 된다는 측면에서 채권자의 사적 처분정산으로의 유인을 가속화할 우려가 있는 문제점도 안고 있다.

[주 제 어]
- 가등기담보 등에 관한 법률 제11조
- 선의의 제3자
- 청산절차
- 담보가등기

대상판결 : 대법원 2021. 10. 28. 선고 2016다248325 판결

[사안의 개요]

Ⅰ. 사실관계

1. 피고, A(피고의 남편), B(이하 피고, A 및 B를 '피고 등'이라고 한다)는 2002. 7. 30. 동광주택건설 주식회사(이하 '동광주택'이라고 한다)에 합계 13억 원을 이자는 월 2%, 변제기는 2002. 12. 15.로 정하여 대여하였다(이하 '이 사건 대여금'이라고 한다).

이때 피고 등은 이 사건 대여금채권을 담보하기 위하여 2002. 7. 26. 동광주택과 사이에, 동광주택이 장차 완공할 건물에 관하여 매수인을 A로 하여 매매예약을 체결하면서 아래와 같은 내용의 부속약정을 체결한 상태였다.

○ 동광주택이 대여금을 모두 변제하면 피고 등의 토지 및 미등기 건물에 대한 모든 권리는 자동 소멸하며 피고 등은 설정된 가등기를 이의 없이 해제한다.

2. 동광주택은 2002. 7. 31. 피고와 B에게 이 사건 대여금채권의 담보로 동광주택 소유의 임야 543㎡ 외 15필지(이하 '이 사건 토지'라고 한다)에 관하여 소유권이전청구권가등기를 마쳐 주었다. 피고와 B는 동광주택의 요구로 이 사건 대여금의 변제기를 2003. 2. 28.로 연기해 주었다가 그때까지 이 사건 대여금을 변제받지 못하자, 2003. 3. 4. 이 사건 토지 중 각 1/2 지분에 관하여 위 가등기에 기한 본등기를 마쳤는데, 당시 매매대금을 5억 6,500만 원으로 정하였다.

3. 동광주택은 이 사건 토지 위에 아파트(이하 '이 사건 아파트'라고 한다)를 신축하여 소유권보존등기를 마친 후, 2006. 9. 15. 이 사건 대여금채권의 담보로 A에게 위 2002. 7. 26.자 매매예약을 원인으로 하는 소유권이전청구권가등기[1]를 마쳐 주었다(이하 '이 사건 가등기'라고 한다).

---

1) 이 사건 대여금채권은 피고와 A 사이(B의 채권은 나중에 A에게 양도됨)의 불가분채권에 해당하고, 동광주택, 피고 및 A는 이 사건 대여금채권을 담보하기 위한 이 사건 가등기를 A 앞으로만 마치기로 합의하였다. 이는 제3자 명의의 담보물권 설정행위로서 일정한 요건 하에 유효로 될 수 있는데(대법원 2000. 12. 12. 선고 2000다49879 판결 참조), 대상판결은 그 유효성을 인정하는 전제하에 이 사건 대여금채권은 이 사건 가등기, 본등기 및 이 사건 근저당권으로 담보되고 있었다는 취지로 판시하였다. 대상판결의 판시 중 이 부분은 법리적으로 타당하므로 찬동하

4. A는 2007. 1. 29. 이 사건 아파트에 관하여 이 사건 가등기에 기한 본등기를 마쳤고(이하 '이 사건 본등기'라고 한다), 당시 이 사건 아파트의 가액은 약 88억 원이었고 이 사건 대여금채무의 원리금 합계액은 약 17억 원이었다.

A는 같은 날 이 사건 대여금채권을 담보하기 위하여 이 사건 아파트에 관하여, ① 근저당권자를 피고, 채무자를 동광주택, 채권최고액을 13억 5,000만 원으로 하는 근저당권설정등기를, ② 근저당권자를 B, 채무자를 동광주택, 채권최고액을 6억 원으로 하는 근저당권설정등기를 각각 마쳤다. 이후 B 명의의 위 근저당권은 피고에게 확정채권양도를 원인으로 이전되었다(이하 위 ①, ② 근저당권을 모두 합하여 '이 사건 근저당권'이라고 한다).

5. 원고는 이 사건 본등기로 인하여 동광주택이 A에 대하여 가지는 청산금채권 중 564,887,671원에 관하여 채권압류 및 추심명령을 받은 후, A를 상대로 추심금청구의 소를 제기하여 '564,887,671원 및 이에 대한 지연손해금'의 지급을 명하는 내용의 판결이 확정되었다(이하 '추심금 확정판결'이라고 한다).

6. 원고 등의 신청으로 이 사건 아파트에 관한 강제경매절차(이하 '이 사건 경매절차'라고 한다)가 진행되었고, A가 적법한 청산절차를 거치지 않고 이 사건 본등기를 마쳤다는 사실을 알지 못하였던 매수인 C가 이 사건 아파트의 소유권을 취득하였다.

7. 피고는 이 사건 근저당권자로서 채권액 합계 19억 5,000만 원을 기재한 채권계산서를, 원고는 A에 대한 일반채권자로서 위 추심금 확정판결에 기한 채권 원리금 합계 768,324,613원을 기재한 채권계산서를 법원에 제출하였는데, 법원은 배당기일에서, 피고에게 1순위로 1,473,699,116원, 2순위로 70,031,375원을 배당하면서, 원고를 배당에서 제외하였다.

8. 이 사건 경매에서 이 사건 아파트의 감정평가액(2012. 10. 24. 기준)은 4,092,000,000원이었고, 이 사건 경매의 배당기일(2014. 9. 26.)까지 발생한 이 사건 대여금채무의 원리금 합계액은 3,474,755,564원이었다.

9. 원고는 아래와 같은 주장[2)]을 하면서 피고를 상대로 소송을 제기하였다.

(1) 가등기담보 등에 관한 법률(이하 '가등기담보법'이라고 한다)을 위반하

고, 연구 주제인 가등기담보법과는 별도의 쟁점이므로, 아래에서는 이 부분에 관하여 별도로 연구하지 않는다.

2) 제1심, 원심 판결문을 토대로 발표자가 정리하였다.

여 마쳐진 A 명의의 본등기는 무효이지만, 이 사건 아파트에 관하여 채권자 A 앞으로 가등기에 기한 본등기가 마쳐진 후 선의의 제3자인 C가 소유권을 취득하였으므로, 위 본등기가 결과적으로 유효하게 되었다.

(2) 따라서 이 사건 대여금채권(이 사건 근저당권의 피담보채권)은 위 본등기 시에 대물변제로 모두 소멸하였다.

(3) 결국 피고는 이 사건 경매절차에서 근저당권자의 지위에서 배당을 받을 수 없고, 피고가 배당받아 간 금액 중 일부를 일반채권자인 원고에게 배당하는 것으로 배당표가 경정되어야 한다.

Ⅱ. 소송의 경과

1. 제1심(대구지방법원 김천지원 2015. 8. 28. 선고 2014가합2078 판결. 원고 승[3])

(1) 이 사건 경매절차를 통하여 선의의 제3자인 C가 이 사건 아파트를 취득한 이상 가등기담보법 제11조 단서에 따라 동광주택은 이 사건 본등기의 말소를 청구할 수 없게 되므로 이 사건 아파트에 대한 A명의 본등기는 유효한 등기가 되었다.

(2) 이 사건 아파트에 대한 본등기 시점의 이 사건 아파트 시가(88억 원)가 당시 이 사건 대여금채무의 원리금 합계액(17억 원)을 월등히 초과하므로, 위 본등기로 인하여 이 사건 대여금채무가 모두 변제되었다.

(3) 이 사건 대여금채권은 이 사건 근저당권의 피담보채권이므로 이 사건 대여금채무가 변제로 인하여 소멸한 이상, 이 사건 근저당권 역시 말소되어야 한다.

(4) 피고는 근저당권자로서 배당받을 수 없으므로, 피고의 배당액은 원고의 채권 한도액 내에서 감액되어야 한다.

2. 원심(대구고등법원 2016. 8. 17. 선고 2015나23100 판결. 제1심 파기, 원고 패)

(1) 이 사건 아파트를 선의의 제3자인 C가 취득하였다고 하더라도, 무효인 A 명의의 이 사건 본등기가 소급하여 유효로 되는 것은 아니다.

(2) 이 사건 본등기는 무효이므로 이에 터 잡아 마쳐진 이 사건 근저당권 역시 무효이다. 다만 이 사건 경매절차가 무효라고 볼 수는 없다.

(3) 동광주택에 대한 담보가등기권자인 피고가 일반채권자인 원고에 우

---

3) 주문에 의하면 일부 패소이나, 지연손해금 등의 계산 오류로 인한 패소로 보인다.

선하므로, 피고가 원고에 우선하여 배당받은 것은 타당하다.

3. 대상판결의 판단(파기환송)

(1) 판결 요지

[가] 가등기담보법 제3조, 제4조를 위반하여 적법한 청산절차를 거치지 아니한 채 담보가등기에 기한 본등기가 이루어진 경우 그 본등기는 무효이다(대법원 1994. 1. 25. 선고 92다20132 판결 등 참조). 이때 가등기담보법 제2조 제2호에서 정한 채무자 등(이하 '채무자 등'이라고 한다)은 청산금채권을 변제받을 때까지는 여전히 가등기담보계약의 존속을 주장하여 그때까지의 이자와 손해금을 포함한 피담보채무액 전부를 변제하고 무효인 위 본등기의 말소를 청구할 수 있다(제11조 본문). 그러나 선의의 제3자가 소유권을 취득한 경우에는 그러하지 아니하다(제11조 단서 후문). 여기서 '선의의 제3자'라 함은 채권자가 적법한 청산절차를 거치지 않고 담보목적부동산에 관하여 본등기를 마쳤다는 사실을 모르고 그 본등기에 터 잡아 소유권이전등기를 마친 자를 뜻한다. 제3자가 악의라는 사실에 관한 주장·증명책임은 무효를 주장하는 사람에게 있다.

[나] 이와 같이 가등기담보법 제3조, 제4조의 청산절차를 위반하여 이루어진 담보가등기에 기한 본등기가 무효라고 하더라도 선의의 제3자가 그 본등기에 터 잡아 소유권이전등기를 마치는 등으로 담보목적부동산의 소유권을 취득하면, 채무자 등은 더 이상 가등기담보법 제11조 본문에 따라 채권자를 상대로 그 본등기의 말소를 청구할 수 없게 된다. 이 경우 그 반사적 효과로서 무효인 채권자 명의의 본등기는 그 등기를 마친 시점으로 소급하여 확정적으로 유효하게 되고, 이에 따라 담보목적부동산에 관한 채권자의 가등기담보권은 소멸하며, 청산절차를 거치지 않아 무효였던 채권자의 위 본등기에 터 잡아 이루어진 등기 역시 소급하여 유효하게 된다고 보아야 한다. 다만 이 경우에도 채무자 등과 채권자 사이의 청산금 지급을 둘러싼 채권·채무관계까지 모두 소멸하는 것은 아니고, 채무자 등은 채권자에게 청산금의 지급을 청구할 수 있다.

이러한 법리는 경매의 법적 성질이 사법상 매매인 점에 비추어 보면 무효인 본등기가 마쳐진 담보목적부동산에 관하여 진행된 경매절차에서 경락인이 본등기가 무효인 사실을 알지 못한 채 담보목적부동산을 매수한 경우에도 마찬가지로 적용된다.

(2) 사안에의 적용[4)]

[가] 이 사건 본등기 당시 이 사건 아파트의 가액이 당시 이 사건 대여금채무 원리금 합계액을 초과함에도 A가 동광주택에 대하여 가등기담보법상 청산절차를 거치지 않았으므로, 이 사건 본등기는 가등기담보법 제4조를 위반하여 무효이다. 그러나 선의의 C가 이 사건 경매에서 가등기담보법 제11조 단서에 따라 적법하게 이 사건 아파트를 취득한 이상 동광주택은 이 사건 본등기의 말소를 청구할 수 없게 된다. 그리고 그 반사적인 효과로 무효였던 이 사건 본등기는 그 등기일에 소급하여 확정적으로 유효하게 된다.

[나] 이 사건 본등기가 유효한 이상 피고의 가등기담보권은 소멸하고, 이 사건 근저당권도 유효하게 된다. 다만 이 사건 본등기 당시 이 사건 아파트의 시가가 이 사건 대여금채무 원리금보다 월등히 큰 이상 이 사건 대여금채권은 변제로 소멸하고, 이 사건 대여금채권을 피담보채권으로 하는 이 사건 근저당권 역시 같은 범위에서 소멸한다. 따라서 피고에 대한 배당액은 소멸한 이 사건 대여금채권액만큼(원고의 채권액을 한도로) 줄어들어야 한다.

〔研　究〕

Ⅰ. 서　론

가등기담보법 시행 후 가등기담보법 제11조의 문언의 의미, 취지와 적용 범위 등과 관련하여 견해의 대립이 있었으나 이와 관련된 확립된 대법원 판례는 찾아보기 어려웠다. 대상판결은 가등기담보법 제11조가 가등기담보 상황에서 청산절차를 거치지 않은 본등기에도 적용된다고 명시적으로 밝힌 최초의 판례로서 의미가 있다. 대상판결은 가등기담보법 제11조 단서의 적용 범위와 관련된 입법의 공백을 해결하였기에, 향후 유사 분쟁의 해결에 중요한 역할을 할 것으로 보인다. 그러나 대상판결은 가등기담보법 제11조 단서에 따라 선의의 제3자가 담보목적부동산의 소유권을 취득하였다면 담보목적부동산에 마쳐진 청산절차를 거치지 않

4) 발표자가 대상판결의 구체적인 판단 부분을 앞서 인정한 사실관계에 부합하도록 요약하였다.

은 본등기의 효력이 소급하여 유효로 된다는 법리를 선언한바, 위와 같은 판시는 기존에 축적된 판례나 법리와 충돌할 여지가 있어 보이고 그 근거나 논리 전개의 타당성에도 다소 의문이 있다.

이하에서는 아래의 순서로 논의를 전개한다. 먼저 가등기담보의 법적 구성과 부동산에 담보목적가등기가 마쳐진 후 채권자가 가등기담보법을 위반하여 청산절차를 거치지 않고 마친 본등기의 효력에 대한 학설과 판례의 논의를 살펴본다. 다음으로는 가등기담보법 제11조의 입법 취지와 적용 범위에 대하여 검토한다. 나아가 대상판결에서 가등기담보법 제11조의 적용 범위에 관하여 판시한 부분, 가등기담보법 제11조 단서에 따라 선의의 제3자가 담보목적부동산의 소유권을 취득한 경우 청산절차를 거치지 않고 마쳐진 채권자 명의 본등기의 효력에 대한 판시 부분을 비판적으로 검토한다. 마지막으로 대상판결과는 다른 전제하에 대상판결 사안에 대한 해결방안을 모색한다.

Ⅱ. 가등기담보의 법적 구성과 담보가등기에 기초하여 마쳐진 본등기의 효력

1. 법적 구성

(1) 가등기담보법 시행 전

가등기담보의 법적 구성에 대하여 가등기담보법 시행 전의 판례는 『가등기담보계약에 따라 담보목적가등기가 마쳐져 있다고 하더라도 이는 소유권이전청구권 보전을 위한 순위보전의 효력만을 가진다』라는 취지의 입장에서, 담보목적가등기의 우선변제권을 인정하지 않아 왔다.[5] 다만,

---

5) 가등기담보법이 시행되기 전에는 채권담보의 목적으로 소유권이전청구권의 가등기가 마쳐진 경우에도 그 가등기에는 순위보전의 효력만이 인정될 뿐 우선변제권은 인정되지 아니하였다가, 가등기담보법이 제정됨에 따라 비로소 법 제13조에 의하여 채권담보의 목적으로 마쳐진 가등기에는 우선변제권이 인정되게 되었으며, 부칙 제1항은 “이 법은 1984. 1. 1.부터 시행한다.”라고 규정하고, 제2항은 “이 법 시행 전에 성립한 담보계약에 대하여는 이 법을 적용하지 아니한다.”라고 규정하고 있으므로, 부칙 조항의 내용 및 취지에 비추어 볼 때 채권자와 채무자가 법 시행일 이전에 채권담보의 목적으로 가등기를 마치기로 하는 내용의 담보계약을 체

판례는 가등기담보계약의 내용 중 대물변제예약에 따라 담보가등기를 마친 채권자가 본등기를 마친 경우에는 위 등기는 '약한 의미의 양도담보'의 효력은 가진다는 취지로 판시[6]하여 왔고, 이에 대하여 가등기담보계약의 실질은 담보권을 설정하려는 것에 있다고 보는 견해가 유력하게 주장되었다.[7]

(2) 가등기담보법 시행 후

가등기담보법 시행 이후의 학설은, 이른바 '신탁적 양도설'[8]도 있기는 하나, 채권자가 가등기로서 일종의 제한물권을 취득한다고 보는 이른바 '담보권설'이 압도적인 통설의 지위를 차지한다고 한다.[9]

판례는 가등기담보법이 적용되지 않는 양도담보의 사례에서 『담보목적의 범위 내에서 부동산의 소유권이 양도담보권자에게 이전된 것』이라는 취지의 판시를 하면서 담보권설의 견해를 취하였다고 이해될 여지도 있으나, 가등기담보법이 적용되는 양도담보의 사례에서는 아직 판례의 태도가 아직 명확하지 않다고 한다.[10]

(3) 검　토

가등기담보법 제4조 제2항은 가등기담보권자가 청산절차를 거쳐야만

결하고 담보계약에 따라 가등기 역시 시행일 이전에 마친 경우 그 가등기에는 위 법이 적용되지 아니하여 우선변제권이 인정되지 아니한다(대법원 1997. 12. 26. 선고 97다33584, 33591 판결 참조).

6) 대물변제예약이 민법 제607조, 제608조에 따라 무효라 할지라도 양도담보의 목적범위에서는 유효하다 할 것이니 양도담보권자가 제3자에게 그 담보목적물을 처분하여 그 등기를 필하였다면 채무자는 그 제3자에 대하여 대물변제예약의 무효를 들어 대항할 수 없다(대법원 1982. 7. 13. 선고 81다254 판결).

7) 김용담(편집대표), 주석민법 물권(4), 한국사법행정학회, 2011, 424면(오영준 집필부분).

8) 이영준, "양도담보 및 가등기담보의 법적 구성", 한국민사법학의 현대적 전개: 연람 배경숙교수 회갑 기념논문집, 1991. 가등기에 의한 본등기가 이루어지면 소유권이 채권자에게 신탁적으로 양도될 것이 예정되어 있고 소유권의 신탁적 양도는 채무불이행에 따른 정지조건의 성취 또는 예약완결권의 행사를 조건으로 행하여지는 것이라고 설명한다.

9) 김용담(주 7), 425면(오영준 집필부분).

10) 김영진, "가등기담보 등에 관한 법률 제11조 단서가 청산절차를 위반한 담보가등기에 기한 본등기에 유추적용 되는지", 윤진수 교수 정년기념 민법논고 이론과 실무, 박영사, 2020, 296-297면.

가등기에 기초한 본등기를 청구하여 담보목적부동산의 소유권을 취득할 수 있도록 정하고 있고, 가등기담보법이 담보가등기를 대체로 저당권과 유사하게 취급하고 있기는 하지만(가등기담보법 제12조 제13조, 제17조 등), 피담보채권액이나 이자 등이 공시되지는 않고, 가등기 상태임에도 일정한 범위에서 담보물권의 효력을 가진다는 점에서 담보가등기는 가등기담보법에 따른 특수한 담보물권[11]이라고 보는 것이 가등기담보법의 체계에 부합[12]하는 해석이라고 생각된다. 따라서 담보가등기에는 담보물권의 통유성도 인정될 수 있을 것이다.

2. 가등기담보법을 위반하여 마친 본등기의 효력

(1) 가등기담보법의 규율

채권자가 가등기담보계약에 따른 담보권을 실행하여 그 담보목적부동산의 소유권을 취득하기 위해서는 그 채권의 변제기 후에 가등기담보법 제4조에 따른 청산금의 평가액을 채무자등에게 통지하고, 그 통지가 채무자등에게 도달한 날부터 2개월(이하 "청산기간"이라고 한다)이 지나야 한다. 채권자는 담보목적부동산에 관하여 이미 소유권이전등기를 마친 경우에는 청산기간이 지난 후 청산금을 채무자등에게 지급한 때에 담보목적부동산의 소유권을 취득하며, 담보가등기를 마친 경우에는 청산기간이 지나야 그 가등기에 따른 본등기를 청구할 수 있다. 위와 같은 규정에 어긋나는 특약으로서 채무자에게 불리한 것은 효력이 없다(가등기담보법 제3조, 제4조).

(2) 학　설

이에 대하여 학설은 ① 청산기간이 경과한 후 청산금을 지급하지 않으면 비록 본등기를 갖추고 있더라도 그 본등기는 무효이고, 따라서

11) 김용담(주 7), 425면(오영준 집필부분)에 따르면 가등기담보권을 저당권과 유사한 담보물권으로 보는 특수저당권설이 현재의 통설이라고 한다.
12) 실제로 '담보권설' 주창자들은 가등기담보법 제정 당시 그 법리적 기초를 제공하였다고 한다. 김용담(주 7), 424면(오영준 집필부분).

채권자는 소유권을 취득하지 못한다는 견해[13](이때 채권자가 선의의 제3자에게 담보목적부동산을 전매한 경우 제3자가 소유권을 취득하는지 여부에 대하여는 긍정설과 부정설로 나뉜다고 한다), ② 채권담보의 목적으로 가등기가 경료되었다가 이에 기한 본등기가 경료된 경우에는 무효행위의 전환에 따라 약한 의미의 양도담보로서 효력이 있다는 견해,[14] ③ 가등기권리자가 '청산기간의 경과' 후 청산금을 지급하지 않고 본등기를 하더라도 그 본등기는 담보의 의미에서는 항상 유효하다는 견해[15] 등으로 나뉜다.

(3) 판　　례

대법원은 일관하여 『채권자가 가등기담보법 규정을 위반하여 담보목적부동산에 관하여 소유권이전등기를 마친 경우 위 등기의 효력은 무효이고 약한 의미의 양도담보로서 담보의 목적 내에서 유효하다고 할 것이 아니다[16]』라는 취지로 판시하여 왔다.

다만 판례[17]는 담보가등기권자가 가등기담보법 제3조, 제4조에 정한 절차에 따라 청산금의 평가액을 채무자 등에게 통지한 후 채무자에게 정당한 청산금을 지급하거나 지급할 청산금이 없는 경우에는 채무자가 그 통지를 받은 날부터 2월의 청산기간이 경과하면 위 무효인 본등기는 실

13) 곽윤직, "가등기담보등에관한법률의 문제점", 서울대학교 법학 제26권 제1호(통권 제61호), 서울대학교법학연구소, 1985, 55-57면.

14) 이영준(주 8), 485면. 가등기담보법을 위반하여 가등기에 기초한 본등기가 이루어지면 이는 무효이지만 무효행위의 전환이론에 의하여 이를 양도담보로서는 유효하다고 볼 수 있고, 이 양도담보가 신탁적인 소유권 이전인 이상 그 전 단계 내지 전신인 가등기담보 역시 신탁적 소유권이전이며, 가등기에 기한 본등기가 행하여지면 소유권이전 예약형은 소유권이전형에 흡수되어 가등기담보의 실체가 신탁적 소유권이전인 양도담보로 된다고 한다.

15) 황적인, "가등기담보법 제11조의 해석", 민법 · 경제법론집, 1995, 312면; 김재형, "진정명의회복을 위한 소유권이전등기청구의 허용범위", 재판의 한길(김용준 헌법재판소장 회갑 기념논문집), 1998, 348면에서 재인용; 김상용, 물권법 제4판, 화산미디어, 2018, 797-798면.

16) 대법원 2010. 8. 26. 선고 2010다27458 판결, 대법원 1994. 1. 25. 선고 92다20132 판결, 대법원 2002. 12. 10. 선고 2002다42001 판결 등 다수. 대상판결도 동일한 취지의 판시를 하였다.

17) 대법원 2002. 6. 11. 선고 99다41657 판결, 대법원 2002. 12. 10. 선고 2002다42001 판결, 대법원 2017. 5. 17. 선고 2017다202296 판결 등 다수.

체적 법률관계에 부합하는 유효한 등기가 될 수 있다고 한다.[18)]

(4) 검　토

가등기담보법을 위반하여 마친 본등기를 원칙적으로 유효하다고 인정하게 되면 가등기담보법 제4조의 문언에 명백히 위반되고, 채권자에게 가등기담보법을 잠탈할 유인을 제공하게 된다. 가등기담보는 소유권을 채권자에게 이전하는 것이 아닌 특수한 형태의 담보권이므로 채권자가 곧바로 소유권을 취득할 수 있도록 본등기에 효력을 부여하여 줄 필요도 없다. 가등기담보법이 위 법 제정 전에는 허용되었던 사적 실행방법이자 위험성이 높은 처분정산형의 담보권실행을 금지하고 있는 점이나 가등기담보법 제정 이전의 판례이론과 같이 담보가등기에 의한 본등기를 마치면 무조건 약한 의미의 양도담보가 성립한다고 보는 것은 이러한 법률적 효력을 부여하겠다는 당사자들의 의사 합치 여부[19)]를 알 수 없다는 점에서 다소 부적절하다고 보이는 점까지 고려할 때, 가등기담보법을 위반하여 청산절차를 거치지 않은 채권자 명의의 본등기는 원칙적으로 무효라고 보는 학설과 판례의 입장에 찬동한다.

---

18) 한편 지귀연, "가등기담보 등에 관한 법률 제3조, 제4조를 위반하여 담보가등기에 기한 본등기가 이루어졌으나, 이후 당사자 사이에 가등기에 기한 본등기를 이행한다는 내용의 화해권고결정이 확정된 경우 본등기의 효력", 대법원판례해설 제133호(2017하), 법원도서관, 2018, 181면에 따르면, 판례는 '가등기담보법을 위반하여 무효인 본등기가 마쳐진 후 화해 등에 의하여 가등기에 기한 본등기가 마쳐졌거나 가등기에 기한 본등기 후 무효등기 유용의 방법으로 화해 등이 이루어졌다고 하더라도, 특별한 사정이 없는 한 위 특약은 무효라고 보아야 할 것이므로, 화해 등에 의하여 가등기에 기한 본등기가 이루어졌더라도 채무자로서는 피담보채무를 변제하고 본등기의 말소를 구할 수 있다. 또한 다만 화해 등 조항 내용이 가등기담보법상 청산절차에 갈음한 것으로 볼 수 있을 정도의 조건 또는 의무조항을 전제로 위와 같은 조건의 성취 또는 의무의 불이행 시에 바로 소유권을 이전해 주기로 하는 등의 특별한 경우에는, 그 내용에 따라 등기가 이루어짐으로써 바로 유효한 등기가 되어 그 소유권을 온전하게 취득한다고 볼 수 있다'라는 입장이라고 한다.

19) 소유권이전청구권 가등기에 기한 본등기는 공동신청주의가 적용되므로 현실적으로는 채무자가 채권자에게 협력하여 담보목적가등기에 기초한 본등기를 마쳐 주었을 가능성이 크다. 그러나 일반적으로 채무자는 채권자의 요구에 협력할 수밖에 없는 지위에 있으므로 채무자가 협력하여 본등기를 마쳐 주었다는 사정만으로 이와 같은 의사의 합치가 있다고 단정할 수는 없다고 생각한다.

또한 이른바 '실체관계에 부합하는 등기' 법리는 진실한 권리관계와 합치되는 경우 등기절차상 하자가 있더라도 하자 있는 등기를 유용[20]도록 허용하는 다소 예외적인 법리이므로, 강행규정인 가등기담보법의 취지를 해치지 않는 선에서 적용될 수 있다고 생각한다. 판례는 가등기담보법을 위반하여 마쳐진 본등기는 채권자가 사실상 가등기담보법상의 청산절차를 거친 것과 동일하게 평가할 수 있는 경우에 한하여 실체관계에 부합하는 등기로서 유효하게 될 수 있다는 입장이라고 생각되고, 판례의 입장에 찬동한다.[21] 이에 따르면 가등기담보법을 위반한 본등기의 효력이 무효인 이상 별도의 청산절차를 거치지 않으면 담보가등기로 담보된 대여금채권은 잔존한 채로 지연손해금이 누적되고, 원리금 총액이 목적물 가액을 초과한 상태에서 채무자에게 청산금 평가액의 통지가 이루어지고 청산기간이 지나면 채권자 명의의 본등기가 실체관계에 부합하는 등기가 될 수 있을 것이다.

Ⅲ. 선의의 제3자가 담보목적부동산의 소유권을 취득하는 경우의 제반 문제

1. 가등기담보법 제11조에 대한 기존 학설 및 판례의 논의

(1) 가등기담보법 제11조의 취지

(가) 가등기담보법의 규율

채무자등은 청산금채권을 변제받을 때까지 그 채무액(반환할 때까지의 이자와 손해금을 포함한다)을 채권자에게 지급하고 그 채권담보의 목적으로

---

20) 대법원 1994. 6. 28. 선고 93다55777 판결 참조.

21) 한편 가등기담보법의 규정을 위반한 본등기를 사후적으로 실체관계에 부합하게 되었다는 이유로 그 본등기의 말소청구를 받아들이지 아니하면 채무자의 동시이행항변권을 유명무실하게 할 우려가 있다는 지적도 있을 수 있다. 그러나 ① 청산금의 지급이 있기 전에는 채권자가 소유권을 취득할 수 없다고 해석함으로써 실체관계에 부합하는 등기가 발생할 개연성이 몹시 좁은 점, ② 채무자는 청산금이 지급될 때까지는 채무원리금을 변제하고 소유권이전등기의 말소를 청구할 수 있는 점 등에 비추어 보면 이를 채무자에게 일방적으로 불리한 해석론이라고도 할 수 없다(박순성, "가등기담보등에관한법률 소정의 청산절차를 거치지 않은 가등기에 기한 본등기의 효력", 대법원판례해설 제42호, 법원도서관, 2003).

마친 소유권이전등기의 말소를 청구할 수 있다. 다만, 그 채무의 변제기가 지난 때부터 10년이 지나거나 선의의 제삼자가 소유권을 취득한 경우[22]에는 그러하지 아니하다(가등기담보법 제11조).

(나) 학설 및 판례

가등기담보법 제11조에 따라 말소의 대상이 되는 등기는 '채권담보의 목적으로 마친 소유권이전등기'인 바, 학설은 기본적으로 위 규정이 양도담보 상황에 적용된다는 전제하에 위 규정의 취지에 대하여 아래와 같이 논의하여 왔다. 위 규정의 취지에 대하여 명시적으로 선언한 판례는 찾아보기 어렵다.

1) '담보권설'은, 양도담보권자는 담보목적부동산에 대하여 일종의 저당권만을 취득할 뿐이므로, 양도담보권자 앞으로 이루어진 소유권이전등기는 일종의 허위표시이고, 가등기담보법 제11조 단서는 민법 제108조 제2항의 취지를 유추[23]하여 선의의 제3자에 대하여 대항할 수 없게 만든 취지라고 본다.

2) '신탁적 양도설'[24]은, 담보목적부동산의 소유권은 대외적으로 채권자에게 신탁적으로 양도되고, 다만 양도담보권자는 소유권을 담보의 목적에서만 행사할 신탁계약상 구속을 받을 뿐이라고 한다. 따라서 담보목적부동산의 소유권은 채권자에게 완전히 이전되므로 원칙적으로 채권자가 목적물을 제3자에게 처분하면 제3자는 선의·악의를 불문하고 소유권

22) 가등기담보법 제11조에 '선의의 제3자가 소유권을 취득하는 경우'라고 기재되어 있기는 하지만, 뒤에서 보는 바와 같이 문언상 위 규정은 양도담보 상황에서 적용된다. 그런데 양도담보의 경우 채권자가 청산금을 지급하기 전까지는 담보목적부동산의 소유권을 취득할 수 없으므로(가등기담보법 제4조 제2항), 위 문언은 "선의의 제3자가 소유권의 취득을 위하여 담보목적부동산에 소유권이전등기를 한 때"라고 해석함이 타당하다[곽윤직(편집대표), 민법주해(Ⅶ) 물권(4), 박영사, 2007, 438면(서정우 집필부분)]. 대법원도 가등기담보법 제11조 단서의 '선의의 제3자'란 채권자가 적법한 청산절차를 거치지 않은 채 채권자 앞으로 본등기를 마쳤다는 사실을 모르고 본등기에 터 잡아 소유권이전등기를 마친 자를 뜻한다(대법원 2000. 7. 28. 선고 2000다22645 판결 참조)고 판시하면서 가등기담보법 제11조 단서의 문언을 같은 취지로 해석하였고, 대상판결도 동일하게 판시하였다.

23) 김용한, 물권법론, 박영사, 1993, 641면.

24) 이영준(주 8).

을 취득하나, 가등기담보법 제11조 단서는 악의의 제3자는 보호 필요성이 없다는 점을 명시하기 위하여 마련한 조항이라고 본다.

3) '등기의 공신력을 인정한 창설적 규정이라는 견해'[25]는, 가등기담보법 시행으로 양도담보권자는 청산절차 없이는 대외적으로 소유권을 유효하게 취득할 수 없게 되어 거래의 안전이 위협받게 되었으므로, 거래의 안전과 채무자 보호 등의 요청을 조화하는 선에서 선의의 제3자에 대한 등기의 공신력을 인정한 것이라고 본다.

(다) 검　토

1) 먼저 '신탁적 양도설'을 전제로 한 입장은 앞서 본 바와 같이 담보권설의 영향을 받아 입법된 가등기담보법과는 다소 어울리지 않는다. 또한 '등기의 공신력을 인정하는 창설적 규정이라는 견해'는 등기의 공신력을 부정해 온 기존의 학설, 판례와 부합되지 않는다. 특히 가등기담보법 제11조는 그 문언상 양도담보의 상황에서 적용되는데, '일반적인 거래 상황에서 직전 등기에 기초하여 소유권이전등기를 마친 사람'과 '양도담보 목적의 소유권이전등기에 기초하여 소유권이전등기를 마친 사람' 사이에 거래의 안전 또는 선의의 제3자 보호의 필요성 정도를 달리 볼 합리적인 이유를 찾기 어렵다.[26] 따라서 가등기담보법 제11조 단서로 인하여 결과적으로 등기의 공신력이 인정되는 것과 같은 반사적 효과가 발생할 뿐, 위 규정이 특별히 양도담보 상황에서의 제3자를 보호하기 위하여 등기의 공신력을 창설한 규정이라고까지 보기는 어렵다고 생각한다.

2) 담보목적부동산의 소유권을 취득하려는 사람(선의의 제3자)은 직전 소유권이전등기의 유·무효 여부를 탐지해야 하는 상황[27]에 처하게 되는

25) 김용담(주 7), 481면(오영준 집필부분).

26) 즉 통상적인 부동산의 순차 매매상황에서 직전 등기가 무효인 경우 공신력이 없어 최종 등기명의자가 아무런 보호를 받지 못하지만, 양도담보의 경우 그 양도담보약정에 따른 소유권이전등기라는 사정이 등기부에 표시되지도 않는데 달리 보아 공신력을 부여하여 선의의 제3자의 소유권 취득을 인정한다는 것은 다소 어색하다.

27) 이러한 문제의식은 가등기담보법 제정 단계에서부터 학계에서 제기되었던 것으로 보인다. 곽윤직, "변칙담보 규제입법에 관한 검토", 재판자료 제13집, 법원도서

데, 부실등기 여부를 탐지하는 것이 사실상 곤란할 뿐만 아니라 상당한 시간과 비용이 소요된다.[28] 이때 채권자와 채무자 사이의 내부관계인 청산절차 등을 거쳤는지 여부 또는 그 등기의 목적[29]이 등기부에 표시되지도 않는 직전 소유권이전등기의 법적 성질에 따라 그 등기에 기초하여 소유권이전등기를 마친 제3자의 소유권 취득 여부가 달라진다고 보면 법적 안정성이나 거래의 안전을 해하고, 부동산 거래와 관련된 사회 경제적 비용을 증가시킬 뿐이다. 즉 양도담보 상황에서의 선의의 제3자 보호 필요성은 궁극적으로는 거래의 안전과 외관상 표시를 신뢰한 제3자의 보호에서 도출된다고 할 것이므로, 가등기담보법 제11조 단서는 그 구조가 비교적 유사[30]하다고 할 수 있는 민법 제108조 제2항의 취지를 유추하여 양도담보권자 앞으로 이루어진 일종의 허위표시인 소유권이전등기를 선의의 제3자에게 대항할 수 없다는 취지의 규정으로 해석[31]함이 타당하다. 담보권설의 견해에 찬동한다.

(2) 가등기담보법 제11조가 가등기담보 상황에도 적용되는 규정인지

(가) 학　　설

앞서 본 바와 같이 가등기담보법을 위반하여 마쳐진 채권자 명의의 본등기의 효력은 무효라고 봄이 타당하므로, 무효인 등기에 기초하여 소유권이전등기를 마친 제3자 명의의 등기는 원칙적으로는 무효이다.

그러나 이 문제에 관하여 학설은 대체로 가등기담보법 제11조 단서

관, 1982, 428-430면.

28) 권영준, "등기의 공신력", 법조 통권 제661호(2011. 10.), 법조협회, 31면 이하.

29) 양도담보 목적으로 마친 소유권이전등기인지 또는 일반적인 소유권이전등기인지

30) 담보목적부동산에 채권자 명의의 담보가등기가 마쳐진 다음 채권자 명의의 본등기가 마쳐진 경우 채무가 변제되지 않으면 채권자가 소유권을 이전받고 채무자는 이에 협력하기로 하며 서로 청산절차를 거치기로 하는 포괄적인 내용의 합의가 존재하기는 하지만, 채무자가 채권자에게 가등기담보법의 규정에도 불구하고 소유권을 이전해 주겠다는 의사가 있었다고 보기는 어려우므로, 채무자의 진의(청산절차를 거쳐서 담보목적부동산의 소유권을 이전하여 주겠다)와 표시(채권자에 대한 확정적인 소유권이전)의 불일치가 있다고 볼 수 있다.

31) 가등기담보법 제11조 단서의 '선의의 제3자가 소유권을 취득한 때'라는 문언은 부적절하지만, 이 규정을 '선의의 제3자에게 본등기의 무효를 대항할 수 없다'라는 의미로 해석하여야 한다는 취지의 견해로는 김재형(주 15), 351면.

가 청산절차를 위반한 본등기에 기초하여 소유권이전등기를 마친 선의의 제3자에게도 '유추적용'[32]되고, 위 규정에 따라 제3자가 담보목적부동산의 소유권을 유효하게 취득할 수 있다고 한다. 이에 대하여 반대하는 견해는 원인무효의 본등기에 기초한 제3자 명의의 등기는 선악을 불문하고 말소 대상이라고 본다.[33]

가등기담보법 제11조의 유추적용을 긍정하는 학설들은 그 근거를 설명함에 있어 ① 가등기담보에 관하여도 채무자 등이 가등기말소청구권을 행사할 수 있는 시기에 대한 규정이 필요하므로 가등기담보법 제11조 단서가 유추적용되어야 하고, 청산절차를 위반한 본등기에 기초하여 소유권이전등기 등을 넘겨받은 제3자는 원칙적으로 소유권을 취득할 수 없으나, 거래의 안전을 보호하기 위하여 예외적으로 유효한 소유권 취득을 인정하는 규정이라고 해석하는 견해,[34] ② 가등기담보법을 위반하여 마쳐진 본등기는 양도담보와 이익상황이 같으므로 거래의 안전을 보호할 필요가 있다는 점에서 근거를 찾는 견해[35] 등으로 나뉘어 있다.

(나) 판　　례

기존의 판례는 가등기담보법 제11조 단서가 청산절차를 위반한 본등기에 기초하여 소유권이전등기를 마친 선의의 제3자에게도 유추적용되는지 여부에 대하여는 명확한 판시를 한 바 없었다. 다만 양도담보 상황에서 선의의 제3자가 소유권을 취득하는 근거에 대하여는 명확하지는 않지만, 실체관계에 부합하는 등기로서 유효하다는 입장으로 볼 여지가 있는 판시를 찾아볼 수 있다.[36]

---

32) 한편 가등기담보 상태에서 청산금의 지급 없이 본등기가 경료되면 이는 담보의 의미를 가지므로 양도담보에 관한 가등기담보법 제11조 규정이 적용되는 것이 당연하다는 견해도 있다고 한다[곽윤직(주 22), 432면(오영준 집필 부분) 참조].

33) 권성, 가등기 · 대물변제, 박영사, 2010, 202면.

34) 곽윤직(주 13), 55-57면. 다만 이 견해는 이러한 형태는 결과적으로 민법상 인정하지 않는 등기의 공신력을 인정하게 되므로 입법상 바람직하지 못한 것이라고 비판한다.

35) 송덕수, 물권법, 박영사, 2017; 김영진(주 10), 제305면에서 재인용. 이 견해 역시 이러한 형태는 결과적으로 민법상 인정하지 않는 등기의 공신력을 인정하게 되므로 입법상 바람직하지 못한 것이라고 비판한다고 한다.

(다) 검 토

1) 가등기담보법 제11조에 따라 말소의 대상이 되는 등기는 '채권담보의 목적으로 마친 소유권이전등기'이므로, 그 문언상 곧바로 담보목적가등기에 기하여 마쳐진 본등기 상황에 대한 적용을 예정하고 있지 않다. 또한 담보목적가등기 이후 그에 기초하여 채권자가 가등기담보법을 위반하여 마친 소유권이전등기는 대체로 채권자가 가등기담보법 제4조 제2항을 잠탈하고 곧바로 담보목적부동산의 소유권을 취득하기 위함이거나 이를 제3자에게 처분하기 위한 목적일 것이므로 위와 같이 마친 소유권이전등기를 '채권담보의 목적으로 마친 것'이라고 보기[37]도 어렵다. 따라서 가등기담보법 제11조의 적용 범위를 특별한 근거 없이 가등기담보 상황까지 확장하는 것은 다소 무리한 해석이라고 생각된다.

2) 한편 앞서 검토한 바와 같이 가등기담보법 제11조 단서의 취지를 민법 제108조 제2항에서 찾는다면, '양도담보목적의 소유권이전등기에 기초하여 소유권이전등기를 마친 제3자'와, '담보목적가등기에 기초하여 마쳐진 본등기에 기초하여 소유권이전등기를 마친 제3자' 사이에 차등을 둘 이유가 없다. 양도담보의 목적으로 마쳐진 소유권이전등기의 효력(일반적

36) 양도담보에 관한 사안이기는 하나, 대법원 2014. 12. 11. 선고 2012다40523 판결 및 그 원심판결인 서울고등법원 2012. 3. 29. 선고 2010나111966 판결 참조. 원심판결은 "피고 A는 가등기담보법 제11조 단서에서 규정한 선의의 제3자라고 할 것이므로, 원고(담보목적부동산의 소유자이자 채무자. 이하 같다)는 피고 A에 대하여 채권자 명의 등기의 말소를 주장할 수 없고 결국 피고 A 명의의 이 사건 각 아파트에 관한 소유권이전등기 및 피고 A가 소유권자임을 전제로 마쳐진 다른 피고들 명의의 근저당권설정등기는 모두 실체관계에 부합하는 유효한 등기가 된다."라는 취지로 판시하였고, 이에 대하여 대법원은 "원심판결의 이 부분 이유 설시에 일부 부적절한 점은 있으나, 원심이 채권자 명의의 위 소유권이전등기가 가등기담보법 제11조에 정한 채권담보 목적의 소유권이전등기에 해당함을 전제로 피고 A가 같은 조 단서에 정한 '선의의 제3자'에 해당한다고 판단한 결론은 정당하고, 거기에 상고이유에서 주장하는 바와 같은 가등기담보법 제11조의 적용범위 등에 관한 법리 오해의 위법이 없다"라고 판시하였다.

37) 위와 같이 마친 소유권이전등기를 채권담보의 목적으로 마친 것으로 보는 견해[황적인, 가등기담보법 제11조의 해석, 곽윤직(주 22), 380면에서 재인용]가 있으나, 이는 위와 같은 소유권이전등기가 약한 의미의 양도담보의 효력을 가진다는 전제하에 있는 견해로, 앞서 본 바와 같이 가등기담보법을 위반하여 마친 본등기의 효력은 원칙적으로 무효라고 보는 입장에서는 수긍하기 어렵다.

으로 약한 의미의 양도담보로서 유효라고 설명한다)과 가등기담보상황에서 청산절차를 거치지 않고 마쳐진 본등기의 효력(무효)에 차이가 있기는 하지만, 앞서 본 바와 같이 제3자 입장에서는 등기부에 유효한 것처럼 표시된 직전의 소유권이전등기를 신뢰하였다는 점에서 이익상황에 유의미한 차이가 없고,[38] 양도담보 목적의 소유권이전등기든 담보목적가등기에 기초하여 마쳐진 본등기든 등기부에 표시된 내용과는 실질이 다르다는 점에서 일종의 허위표시이기 때문이다. 채무자가 등기부에 표시된 외관이 실제와 다르다는 사실을 알면서 위와 같은 외관을 창출하는 데 협력한 책임[39]을 부담할 필요도 있다. 따라서 거래의 안전과 제3자 보호를 위하여 가등기담보법 제11조 단서는 담보가등기에 기초하여 본등기가 마쳐진 상황에 유추적용될 필요성이 있다[40]고 생각된다. 선의의 제3자는 가등기담보법 제11조에 따라 담보목적부동산을 유효하게 취득할 수 있을 것이다.

3) 이렇게 본다면 가등기담보법 제11조가 청산절차를 거치지 않고 마쳐진 채권자 명의의 본등기에 공신력을 부여하는 것과 같은 결과가 발

---

38) 물론 제3자로서는 가등기에 기초하여 마쳐진 본등기가 있다면 가등기담보법에서 정한 청산절차를 거쳤는지 여부를 의심해 볼 수도 있겠지만, 위와 같은 사정은 담보가등기 상황에서 양도담보 상황보다 제3자의 악의가 좀 더 쉽게 인정되는 지표가 될 수 있을 뿐, 가등기담보라는 상황만으로 제3자 보호의 필요성이 없어지는 것은 아닐 것이다.

39) 양도담보 상황의 경우 채무자가 채권자 명의의 소유권이전등기에 협력하였을 것이고, 앞서 본 바와 같이(주 19) 가등기담보 상황에서는 채권자가 본등기를 마칠 때 채무자의 협력을 필요로 한다.

40) 한편, 앞서 소개한 바와 같이 일부 견해는 '가등기담보에 관하여도 채무자 등이 가등기말소청구권을 행사할 수 있는 시기에 대한 규정이 필요하므로 가등기담보법 제11조가 유추적용 되어야 한다'라고 설명하기도 한다. 그러나 앞서 본 바와 같이 가등기담보는 일종의 특수 저당권으로서 부종성이 인정되므로, 채무자가 채무원리금 전액을 변제하면 당연히 담보가등기의 말소를 청구할 수 있다. 또한 앞서 검토한 바와 같이 판례는 일관하여 담보가등기가 마쳐진 후 채권자가 가등기담보법을 위반하여 본등기를 마치는 경우 원칙적으로 무효라는 태도를 견지하고 있으므로, 채무자 등은 가등기담보법을 위반하여 마쳐진 본등기에 대하여 가등기담보법 제11조와 관계없이 말소를 청구할 수 있다. 따라서 굳이 가등기담보법 제11조를 가등기담보 상황에 유추적용하지 않더라도 채무자 등이 말소등기청구권을 행사하는 데 법률적인 장애가 있는 것은 아니다.

생하지만, 이는 민법 제108조 제2항이 적용되는 전형적인 상황과 본질적인 차이는 없어 보인다. 예컨대 채무자 A가 채무 면탈을 위하여 통정허위표시를 통하여 자기 소유 부동산의 소유권을 B에게 이전해 주었는데, B가 A 몰래 이러한 정을 모르는 C에게 위 부동산을 처분하여 순차로 소유권이전등기가 마쳐진 경우,[41] C는 민법 제108조 제2항에 따라 부동산의 소유권을 취득하는데, 이 경우에도 결과적으로는 등기부를 신뢰한 C가 소유권을 유효하게 취득함으로써 등기의 공신력이 인정되는 효과가 발생한다. 명의신탁에 따른 수탁자 명의의 등기를 기초로 부동산의 소유권을 취득한 제3자의 상황 역시 결과적으로는 무효인 명의신탁등기의 공신력을 인정하는 결과가 도출된다는 점에서 가등기담보법과 유사한 상황[42]에 놓이게 된다.

4) 가등기담보법 제11조 단서를 가등기담보 상황에 유추적용하게 되면, 채권자로서는 임의로 담보가등기에 기초한 본등기를 마친 후 선의의 제3자에게 담보목적물을 매각하는 이른바 '사적 처분정산'으로의 유인이 발생할 가능성도 있지만, 이와 같은 비판은 가등기담보법 제11조가 곧바로 적용되는 양도담보에 상황에 관하여도 동일하게 적용될 수 있는 내용으로 결국 거래의 안전과 채무자 보호의 가치 중 어느 쪽에 비중을 둘 것인지 선택의 문제라고 생각된다.

2. 대상판결에 대한 비판적 검토

(1) 가등기담보법 제11조가 가등기담보 상황에 적용되는지

대상판결은 근거를 명확히 설명하고 있지는 않지만, 가등기담보법 제11조가 가등기담보의 경우에도 '적용'된다고 판시한 것으로 보인다.[43]

41) 대법원 1970. 6. 30. 선고 70다415 판결 등 전형적인 민법 제108조 제2항의 사례이다.

42) 가등기담보법 제11조와 부동산 실권리자명의 등기에 관한 법률 제4조를 특별법상의 부동산 선의취득제도로 설명하는 견해로는 이은영, "부동산의 선의취득이 인정되는 경우", 고시연구 제24권 제11호(통권 제284호), 고시연구사, 1997.

43) 대법원은 법규의 '유추적용', '준용', '적용'을 엄격하게 구별하여 판시하고 있다(대법원 1995. 1. 20.자 94마1961 전원합의체 결정 등 참조).

그러나 앞서 본 바와 같이 가등기담보법 제11조는 그 문언상 양도담보 상황에 적용된다고 봄이 타당하고, 거래의 안전이나 제3자 보호 필요성으로 인하여 가등기담보상황에 유추적용될 필요가 있을 뿐이다.

(2) 이 사건 본등기가 소급하여 유효하게 되는지

대상판결은 가등기담보법 제11조 단서에 따라 선의의 제3자가 담보목적부동산을 취득하면 그 반사적 효과로서 청산절차를 거치지 않고 마친 채권자 명의의 본등기가 소급하여 유효로 되고, 그에 터 잡은 다른 등기 역시 유효로 된다고 한다. 이에 따르면 선의의 제3자 명의의 등기는 유효한 채권자 명의 본등기에 기초한 것으로서 당연히 유효하다. 그러나 가등기담보법 제3조, 제4조를 위반하여 마쳐진 본등기가 소급하여 유효로 된다는 대상판결은 쉽게 수긍하기 어렵다. 그 이유는 다음과 같다.

(가) 가등기담보법과 관련된 기존 대법원 판시와 정합성이 떨어짐

앞서 본 바와 같이 대법원은 일관하여 '담보가등기 설정 후 채권자가 가등기담보법을 위반하여 마친 본등기는 원칙적으로 무효이고, 다만 채권자가 사실상 가등기담보법상의 청산절차를 거친 것과 동일하게 평가할 수 있는 경우 실체적 권리관계에 부합하는 등기가 될 수 있다'라는 취지의 판시를 반복하고 있다.

그런데 대상판결은 채권자가 마친 본등기를 무효라고 설시한 다음, 채권자와 채무자가 가등기담보법에 따른 청산절차를 거치지도 않았고 사실상 청산절차가 거친 것과 다름없는 사정이 인정되어 실체관계에 부합하는 등기로서 위 본등기를 유효로 볼 만한 사정이 존재하는 것도 아님에도 무효의 등기를 유효하다고 선언한바, 그 논리구조 자체로 기존의 법리와 충돌할 여지가 있어 보인다. 또한 대상판결은 내용상 가등기담보법 제11조 단서의 제척기간이 경과한 경우 채권자의 소유권 취득 시점에 관한 판례,[44] 채권자가 담보목적부동산을 사용·수익한 경우의 법률관계

44) 대법원 2018. 6. 15. 선고 2018다215947 판결은 '가등기담보법 제11조 단서에 정한 제척기간이 경과함으로써 채무자 등의 말소청구권이 소멸하고 이로써 채권자가

에 대한 판례[45]와도 논리 충돌의 가능성이 있는바, 실질적으로 축적된 판례의 변경이라고 볼 여지가 있음에도 무효인 채권자 명의의 본등기가 왜 유효로 되는지에 대하여 '반사적 효과'라고만 설명할 뿐 특별한 근거를 제시하지 않고 있다. 또한 결과적으로 청산절차를 거치지 않은 채 담보목적부동산을 임의로 제3자에게 처분한 채권자를 채무자보다 더 보호하게 된다는 측면에서 채권자의 사적 처분정산으로의 유인을 가속화할 우려도 있다.

(나) 기존의 제3자 보호 법리와도 충돌함

1) 앞서 본 바와 같이 가등기담보법 제11조를 민법 제108조 제2항의 취지를 유추하여 제3자를 보호하기 위한 규정이라고 본다면, 대상판결은

담보목적부동산의 소유권을 확정적으로 취득한 때에는 채권자는 가등기담보법 제4조에 따라 산정한 청산금을 채무자 등에게 지급할 의무가 있고, 채무자 등은 채권자에게 그 지급을 청구할 수 있다고 보아야 한다'라고 판시하고 있으므로, 위 판결이 가등기담보법 제11조에서 정한 채무자의 환수권이 소멸하였다고 하여 채권자 명의의 소유권이전등기가 소급하여 본등기 시점으로 유효하게 된다거나, 청산금의 산정 시점을 위 본등기 시점으로 보는 입장이라고는 생각되지 않는다.

45) 대법원 2019. 6. 13. 선고 2018다300661 판결은 '담보가등기에 기하여 마쳐진 본등기가 무효인 경우, 담보목적 부동산에 대한 소유권은 담보가등기 설정자인 채무자 등에게 있고 소유권의 권능 중 하나인 사용수익권도 당연히 담보가등기 설정자가 보유한다. 따라서 채무자가 자신이 소유하는 담보목적 부동산에 관하여 채권자와 임대차계약을 체결하고 채권자에게 차임을 지급하거나 채무자가 자신과 임대차계약을 체결하고 있는 임차인으로 하여금 채권자에게 차임을 지급하도록 하여 채권자가 차임을 수령하였다면, 채권자와 채무자 사이에 위 차임을 피담보채무의 변제와는 무관한 별개의 것으로 취급하기로 약정하였거나 달리 차임이 피담보채무의 변제에 충당되었다고 보기 어려운 특별한 사정이 없는 한 위 차임은 피담보채무의 변제에 충당된 것으로 보아야 한다'라고 판시하였다. 위 판결처럼 채권자가 담보목적부동산을 사용·수익하기로 약정한 사안에 대상판결의 논리를 그대로 적용해 보면, 채권자 명의의 본등기가 소급하여 유효로 되면서 '채권자의 본등기 후 제3자에게 처분하기 전까지의 기간' 동안 채권자가 담보목적부동산을 사용·수익하여 얻은 이득은 채무자에 대해서도 부당이득이 되지 않고, 채무원리금에도 귀속되지 않는다는 결론에 이르게 된다. 만약 채무자가 담보목적부동산을 사용·수익하고 있었던 경우 오히려 채무자가 채권자에게 사용수익액 상당의 부당이득을 반환하여야 할 위험도 발생할 것으로 보인다. 위와 같은 후속 분쟁이 발생할 경우 채무자는 상당히 불리한 위치에 놓이게 되는데, 가등기담보법이 채무자를 보호하기 위하여 제정된 법률임을 고려하면, 대상판결의 논리를 관철할 때 도출될 수밖에 없는 위와 같은 결론은 다소 부당하다.

기존의 통정허위표시에서 전개되던 학설, 판례의 이론과 다소 부합하지 않는 측면도 있어 보인다.

기존의 학설과 판례는 통정허위표시의 효력에 관하여 당사자 사이에서는 언제나 무효이고, 선의의 제3자가 허위표시의 유효를 주장할 수 있는 경우도 마찬가지이며, 가장행위의 외관을 신뢰한 선의의 제3자에 대하여 허위표시의 당사자뿐만 아니라 그 누구도 허위표시의 무효로 대항하지 못한다고 설명한다.[46] 따라서 앞서 통정허위표시의 예로 든 사례에서 선의의 제3자인 C가 소유권이전등기를 마친 경우 통정허위표시인 B 명의의 소유권이전등기는 여전히 무효이지만, B 명의의 등기가 무효라고 하더라도 C의 소유권 취득에 아무런 영향이 없다. 그러나 대상판결은 '선의의 제3자 명의의 소유권이전등기가 유효하므로 그 반사적 효과로서 소급하여 채권자 명의의 등기도 유효하게 된다'라는 논리를 전개하고 있는바, 가등기담보법 제11조 단서의 취지를 민법 제108조 제2항에서 찾는다면 대상판결과 같이 채권자 명의의 본등기가 유효하다고 볼 수 없을 뿐만 아니라, 채권자 명의의 본등기의 효력과 관계없이 선의의 제3자는 소유권을 취득하므로, 굳이 채권자 명의의 본등기를 유효하다고 선언하여야 할 논리적인 필요성[47]을 찾기 어렵다.

2) 앞서 본 바와 같이 명의신탁 상황은 '무효인 등기의 효력을 제3자에게 대항할 수 없고 일종의 부동산 선의취득을 인정하는 효과를 부여한다는 측면'에서 가등기담보 상황과 유사한 점이 있다.

대법원은 명의신탁자의 납세의무가 문제된 사안에서 『부동산실명법에 의하면 명의신탁약정과 그에 따른 등기로 이루어진 부동산에 관한 물권변동은 무효이므로 그 효력이 없다는 점에서는 명의수탁자 명의의 등

---

46) 곽윤직(편집대표), 민법주해(Ⅱ) 총칙(2), 박영사, 2008, 367면(송덕수 집필부분) 이하; 대법원 1996. 4. 26. 선고 94다12074 판결 등 다수.

47) 한편 가등기담보법 제11조를 등기의 공신력을 인정하는 창설적 규정으로 보는 견해에 따르더라도 무효인 본등기의 효력을 유효라고 선언하여야 할 논리적인 필요성이 없다. 등기의 공신력이 인정될 경우 직전 등기의 효력은 제3자의 소유권 취득과 아무런 상관관계가 없기 때문이다.

기와 일반적인 원인무효의 등기가 전혀 다르지 않다. 다만 명의수탁자가 제3자에게 신탁부동산을 임의로 처분하는 경우 제3자는 유효하게 그 소유권을 취득하게 되는데, 이러한 점에서는 일반적인 원인무효의 등기와 차이가 있다. 하지만 이처럼 제3자가 신탁부동산을 유효하게 취득하게 되는 것은 부동산실명법이 거래의 안전을 도모하기 위하여 명의신탁약정과 그에 따른 등기의 무효를 제3자에게 대항하지 못하도록 규정한 결과일 뿐이다. 즉, 제3자는 위 규정으로 인하여 결과적으로 소유권을 취득하게 되는 반사적 이익을 누리는 것에 불과하므로, 그 소유권 취득의 전제로서 명의수탁자가 신탁부동산의 소유권 내지 이를 처분할 수 있는 지위를 취득하였다고 평가할 수는 없다』라는 취지로 판시[48]하였는데, 이러한 논리를 대상판결의 사안에서도 참고할 만하다. 즉 담보목적 부동산에 마쳐진 채권자 명의의 본등기가 청산절차를 거치지 않았다는 것을 모르는 선의의 제3자가 그 명의로 소유권이전등기를 마치면, 제3자는 위 본등기가 원인무효임에도 유효하게 소유권을 취득하는데, 그 전제로서 반드시 채권자가 담보목적부동산을 소유권 내지 이를 처분할 수 있는 지위를 취득하였다거나 채권자 명의의 등기가 유효하여야 될 필요는 없는 것이다.

(다) 법리적으로 이 사건 본등기를 유효하다고 설명할 근거가 마땅치 않음

1) 대상판결의 사안에 실질적으로 가등기담보법에 따른 청산절차를 거친 것과 다름없는 사정이 존재하지 않아 기존의 판례에서 선언한 실체관계에 부합하는 등기의 요건을 갖추지 못하였음은 앞서 본 바와 같으므로, 채권자 명의의 본등기를 일반적인 실체적 권리관계에 부합하는 등기이론에 따라 유효로 볼 수 있는지 살펴본다. 이에 대한 기존의 학설이나 판례는 대체로 당사자 사이에 물권변동을 내용으로 하는 유효한 채권계약이 존재하고, 등기청구권 실현에 있어서 법률상 지장이 없어야 하며,

48) 대법원 2018. 3. 22. 선고 2014두43110 전원합의체 판결 중 다수의견에 대한 보충의견.

양도인이 매매계약을 기초로 양수인으로 하여금 사실상 그 목적부동산에 전면적인 지배를 취득하게 한 경우로 볼 수 있다면, 무효인 등기가 실체관계에 부합하여 유효한 등기로 될 수 있다고 한다.[49] 위 요건을 이 사안에 적용하여 보면, 채무자와 채권자 사이에 담보목적부동산에 전면적인 지배를 취득하게 할 의사가 있다고 할 수 없고, 채권자의 채무자에 대한 가등기에 기한 본등기청구권도 가등기담보법 제4조에 따라 일정한 절차를 거치도록 제한을 받는 상황이었으며, 채무자와 채권자 사이에 물권변동을 목적으로 하는 계약이 체결된 것도 아니었고, 오로지 '채권자가 담보목적부동산을 선의의 제3자에게 처분하였다'라는 후발적인 사정이 개입되어 있을 뿐이다. 따라서 채권자 명의의 본등기가 실체관계에 부합하는 유효한 등기로 된다고 보기도 어렵다.

2) 채권자 명의의 본등기가 '무효등기의 유용 법리'에 따라 유효로 된다고 볼 수도 없다. 채권자와 채무자 사이에 등기를 유용하기로 하는 합의가 묵시적으로도 존재한다고 볼 수도 없고, 등기부상 새로운 이해관계인인 선의의 제3자가 부동산의 소유권을 취득하였기 때문이다. 앞서 본 바와 같이 판례[50]도 채권자와 채무자 사이에 무효인 채권자 명의의 본등기를 유용하는 내용의 화해권고결정이 확정되었다고 하더라도 이를 실체관계에 부합하는 등기라고 볼 수 없다는 입장이다.

3) 가등기담보법 제11조 본문이나 단서의 문언상 위 조문에서 이 사건 본등기가 유효라고 볼 만한 논리가 도출되지도 않는다. 또한 채무자가 담보목적부동산의 소유권을 상실하였다거나 가등기담보법 제11조 본

49) 무효인 등기가 실체관계에 부합하는 유효한 등기가 되기 위한 요건에 관하여, 학설은 등기명의를 취득한 자가 권리취득의 근거로 내세우는 실체관계가 확정적으로 적법·유효하여야 하고, 무효·취소·해제 등의 법정하자 사유가 없어야 한다는 견해(이른바 적법, 유효설)와 실체관계에 부합하는 등기항변에서 부합의 의미를 확정적인 합치로 해석하지 않고 외형상, 표현상의 합치로 해석하는 견해(외형설 또는 표현설)가 대립하고, 판례는 '실체관계에 부합하는 유효한 등기가 되기 위해서는 내세우는 실체관계가 무효·취소·해제 등의 하자가 없는 실체관계(확정적인 등기청구권)여야 한다'라는 입장이라고 한다[지귀연(주 18)].

50) 주 18 및 대법원 2017. 8. 18. 선고 2016다30296 판결 참조.

문에 따라 담보목적가등기에 대한 말소등기청구권을 상실하였다고 하더라도 곧바로 이 사건 본등기가 유효하다고 보기도 어렵다.[51)]

4) 대상판결의 사안은 공법상 제한이 있는 계약이[52)] 아니므로, 채권자 명의 본등기의 효력을 이른바 '유동적 무효' 이론에 따라 설명하기도 곤란하다.

(라) 법률상 근거 없이 소급효를 인정하기 어려움

대상판결은 무효인 등기가 유효하다고 선언하는 것을 넘어 소급효까지 인정하였다. 그러나 법률상 뚜렷한 근거가 없이 소급효를 인정하여 법률관계를 변동시키는 것은 우리 법체계상 이례적이다. 민법에서 소급효를 인정하는 경우[53)] 외에 대상판결처럼 제3자 보호를 위하여 특별한 법률적 근거 없이 소급효를 선언한 사례는 쉽게 찾아보기 어렵다.

(마) 법적안정성을 저해하고, 가등기담보법 제11조의 적용 범위가 확장됨

대상판결의 입장을 따르게 되면, 담보목적부동산을 선의의 제3자가

---

51) 대법원은 피고 명의로 소유권보존등기가 마쳐진 토지의 일부 지분에 관하여 A, B 명의의 소유권이전등기가 마쳐졌는데, 원고가 피고와 A, B를 상대로 위 각 등기의 말소를 구하는 소를 제기하여 피고는 을에게 원인무효인 등기의 말소등기절차를 이행할 의무가 있고 A, B 명의 명의의 소유권이전등기는 등기부취득시효 완성을 이유로 유효하다는 취지의 판결이 확정되자, 원고가 피고를 상대로 손해배상을 구한 사안에서, 『물권변동 과정에서 등기부취득시효 완성으로 인하여 기존 등기명의자의 말소등기청구권 배척과 관련하여 말소등기청구권 등의 물권적 청구권은 소유자가 소유권을 상실하면 그 발생의 기반이 소멸되어 더 이상 그 존재 자체가 인정되지 않는다. 따라서 소유자가 소유권을 상실함으로써 등기 말소 등을 청구할 수 없게 되었다면 등기 말소 의무자에 대하여 그 권리의 이행불능을 이유로 민법 제390조에 규정된 손해배상청구권을 가진다고 할 수 없다』라고 판시(대법원 2012. 5. 17. 선고 2010다28604 전원합의체 판결)하였는데, 위 사안에서 대법원은 A, B 명의의 등기가 등기부취득시효 완성으로 실체적 권리관계에 부합하는 등기가 되었고, 이에 따라 원고가 소유권을 상실하여 말소등기청구권을 행사할 수 없다는 취지의 판시를 하였지만, 이로 인하여 피고 명의의 등기가 유효로 된다고 판단하지는 않았다.

52) 계약에 관하여 행정청의 인허가가 필요한 토지거래허가구역에서의 부동산 거래나 재단법인의 기본재산 처분 등의 사안에서 '유동적 무효'의 법리가 형성되어 왔다.

53) 명시적으로 소급효를 인정하는 규정으로는 추인(제133조), 취소(제141조), 소멸시효(제167조), 취득시효(제247조), 선택채권(제386조), 채무인수(제457조), 인지(제860조), 상속재산분할(제1015조), 상속 포기(제1042조)가 있고, 축적된 법리나 판례에 따라 소급효가 있는 것들로는 무효, 해제 등이 있을 것이다.

취득하였는지 여부에 따라 채권자 명의 본등기의 유·무효가 달라진다. 즉 원칙적으로 무효인 채권자 명의의 본등기가 제3자가 '채권자 명의의 본등기가 가등기담보법상 청산절차를 거치지 않았다는 사정을 인지하였는지'라는 지극히 추상적이고 객관적으로 파악하기 어려운 요건으로 인하여 무효인 등기가 사후에 유효로 될 가능성이 생긴 것이다. 또한 가등기담보법은 제11조는 담보목적부동산의 '소유권'을 취득한 선의의 제3자를 보호하는 데 목적이 있고, 소유권 이외에 '제한물권'을 취득한 선의의 제3자는 보호하는 규정은 없다.[54] 그런데 대상판결의 법리를 그대로 관철하면, 청산절차를 거치지 않아 무효인 본등기에 기초하여 담보목적부동산에 설정된 제한물권(본등기가 유효하므로 물권자의 선의, 악의를 불문하게 된다)도 모두 유효하게 된다. 이는 가등기담보법 제11조의 적용 범위를 지나치게 확장하는 결과를 초래하고, 채권자의 사적 처분정산으로의 유인을 가속화할 우려가 있다.

(바) 손해배상 단계에서의 법리 상충 문제

대상판결은 가등기담보법 위반으로 인한 손해배상에 관한 법리를 선언한 기존의 판례[55](이하 '손해배상판례'라고 한다)와도 다소 조화롭지 못하

---

54) 김용담(주 7), 487면(오영준 집필부분).

55) 채권자가 구 가등기담보법에 정해진 청산절차를 밟지 아니하여 담보목적부동산의 소유권을 취득하지 못하였음에도 그 담보목적부동산을 처분하여 선의의 제3자가 소유권을 취득하고 그로 인하여 구 가등기담보법 제11조 단서에 의하여 채무자가 더는 채무액을 채권자에게 지급하고 그 채권담보의 목적으로 마친 소유권이전등기의 말소를 청구할 수 없게 되었다면, 채권자는 위법한 담보목적부동산 처분으로 인하여 채무자가 입은 손해를 배상할 책임이 있다. 이때 채무자가 입은 손해는 다른 특별한 사정이 없는 한 채무자가 더는 그 소유권이전등기의 말소를 청구할 수 없게 된 때의 담보목적부동산의 가액에서 그때까지의 채무액을 공제한 금액이라고 봄이 상당하다. 그리고 채무자가 약정 이자 지급을 연체하였다든지 채무자가 그 채무액을 채권자에게 지급하고 그 채권담보의 목적으로 마친 소유권이전등기의 말소를 청구할 수 있었다는 사정이나 채권자가 담보목적부동산을 처분하여 얻은 이익의 크고 작음 등과 같은 사정은 위법한 담보목적부동산 처분으로 인한 손해배상책임을 제한할 수 있는 사유가 될 수 없다(대법원 2010. 8. 26. 선고 2010다27458 판결). 위 판례는 채권자가 채무자로부터 채권담보의 목적으로 소유권 이전과 관련된 서류를 교부받아 곧바로 소유권이전등기를 마친 후 제3자에게 처분한 사안으로 가등기담보에 관한 사안은 아니지만, 담보목적 부동산이 선의의 제3자에게 매각되었다는 점에서 유사하다.

다. 손해배상판례에 의하면 채무자가 입은 손해는 선의의 제3자가 담보목적부동산을 취득한 시점(이하 '기준시점'이라고 한다)의 부동산 가액에서 그때까지의 채무액을 공제한 금액이 되는데, 채권자가 담보목적부동산을 임의로 처분하는 불법행위를 하였다면 그 불법행위 시를 기준으로 손해를 산정하는 것이 당연할 것이다. 손해배상판례는 채무자가 최종적으로 가등기담보법에 따라 변제를 하고 말소등기청구를 할 수 있었던 시점(즉 '기준시점')의 누적된 채무원리금과 담보목적부동산 시가[56]를 반영한다는 점에서 일응 수긍할 수 있다.

그런데 대상판결의 입장에 따르면, 채권자 명의의 본등기 시점에 소급하여 피담보채무가 모두 소멸하고, 그 효과로 위 본등기 이후 기준시점까지 누적된 이자가 지연손해금 등도 모두 소급하여 소멸한다. 따라서 대상판결의 사안처럼 채권자 명의의 본등기 시점에 담보목적부동산의 가액이 채무원리금 합계액을 초과하는 경우 '기준시점'에 공제할 채무액이 남지 않게 되고, 언제나 '기준시점'의 담보목적부동산 가액이 채무자가 입은 손해가 되어 버린다. 따라서 채무자가 과도한 이득을 얻게 되는 문제가 발생할 수 있어 손해배상의 기본원칙[57]과 부합하지 않는 측면이 있

56) 물론 담보목적부동산 시가의 변동은 채권자, 채무자가 나누어 부담하여야 할 경제적 위험이다.

57) 손해의 개념과 관련하여 통설, 판례는 불법행위가 없었더라면 피해자가 현재 가지고 있었을 이익상태와 불법행위로 인하여 피해자가 현재 가지고 있는 이익상태의 차이를 손해라고 본다(이른바 '차액설'). 가령 담보목적물의 시가와 누적된 피담보채무 원리금이 아래와 같은 상황을 가정하여 본다.

구 분	부동산 시가	피담보채무 원리금 합계
채권자 명의 본등기 시	15억 원	7억 원
선의의 제3자 취득 시	20억 원	10억 원

위 사례에서 차액설에 따르면 채무자가 불법행위가 없었더라면 현재 가지고 있었을 이익상태는 일응 10억 원(20억 원−10억 원)이 되고 이는 손해배상판례의 논리와 부합한다. 그러나 대상판결에 따르면 채무자가 입은 손해는 20억 원[20억 원−0원(피담보채무는 채권자 명의 본등기 시 이미 소멸함)]이고, 채무자는 채권자 명의 본등기 시 피담보채무 소멸과 함께 채권자에 대한 정산금채권[=8억 원(15억 원−7억 원)]까지 취득하게 되므로, 채무자가 불법행위가 없었더라면 현재 가지고 있었을 이익상태를 초과하여 배상을 받는 결론에 이르게 된다.

다. 대상판결의 법리를 관철한다면 기존에 선언된 손해배상판례의 손해 산정 공식은 수정될 필요가 있다. 가등기담보법 제3조, 제4조는 청산금 지급에 관하여 규정하고 있지만, 위 규정은 담보목적부동산이 채무자 또는 채권자의 소유로 남아 있는 경우에 그 실익이 있는 것이지 대상판결의 사안처럼 이미 담보목적부동산이 제3자의 소유가 되었다면 가등기담보법 제3조, 제4조의 청산금 통지절차는 사실상 무의미하다. 손해배상판결의 취지처럼 담보목적 부동산이 선의의 제3자에게 소유권이 이전된 날을 정산시점으로 삼는 것이 타당하다고 생각한다.[58]

(사) 법리의 적용 범위가 불명확함

대상판결의 사안과는 다르게 가등기담보법을 위반한 채권자 명의의 본등기가 마쳐진 후 그러한 사정을 아는 악의의 제3자를 거쳐 선의의 제3자에게 순차로 소유권이전등기가 마쳐진 경우를 가정해 본다. 이때 대상판결의 논리를 그대로 차용하면 채권자 명의의 본등기가 유효하게 되는데, 그 직후 마쳐진 악의의 제3자 명의 등기의 효력에 관하여 ① 유효한 채권자 명의의 본등기에 기초하여 유효인지, ② 대상판결의 법리에 따라 반사적 효과로서 소급하여 유효로 되는지, ③ 가등기담보법 제11조 단서의 반대해석에 따라 무효인지 다소 의문이 생긴다.

3. 소 결 론

가등기담보 상황에서 선의의 제3자가 담보목적부동산에 소유권이전등기를 마쳤다면, 위 제3자는 가등기담보법 제11조의 유추적용에 따라 유효한 소유권을 취득한다. 그러나 그러한 사정만으로 가등기담보법을 위반하여 마쳐진 채권자 명의의 본등기가 그 등기 시점에 소급하여 유효로 된다고 보기는 어렵다고 생각한다.

---

58) 이러한 입장에 선다면, 대상판결의 사안에서는 선의의 제3자 C가 소유권을 취득한 매각대금 완납 시(민사집행법 135조, 민법187조)를 기준시점으로 하여 이 사건 대여금채권 원리금과 이 사건 아파트의 가액을 계산하여 차감할 수밖에 없을 것이다.

Ⅳ. 사안에 대한 보충적 검토

대상판결의 입장과는 달리 이 사건 본등기가 소급하여 유효로 되지 않는다고 본다면, 채권자 A 명의의 이 사건 본등기는 여전히 무효이다. 그렇다면 대상판결 사안의 해결을 위해서는 이 사건 근저당권의 효력, 이 사건 대여금채권이 잔존하고 있는지 여부, 이 사건 경매절차의 효력 및 원고와 피고 사이의 배당순위 등에 관하여 검토가 필요하다.

먼저 A 명의의 사건 본등기가 무효라면, 채권자가 담보목적부동산의 소유권을 취득하였다고 할 수 없으므로, 이 사건 대여금채권이 이 사건 본등기로 인하여 대물변제 되었다고 볼 수도 없다. 따라서 피고의 이 사건 대여금채권은 변제되지 않고 잔존하고 있고, 이자, 지연손해금 등도 누적[59)]되고 있다. 나아가 이 사건 본등기가 무효인 이상 이를 기초로 마쳐진 이 사건 근저당권설정등기 역시 무효로 귀결된다. 따라서 피고는 A의 근저당권자로서 배당에 참가할 수 없게 된다.

채권자 A 명의의 본등기가 무효인 이상 이 사건 경매절차는 동광주택 소유의 이 사건 아파트를 대상으로 한 것으로서 무효에 해당하는 중대한 절차적 하자[60)]가 있다고 보인다. 그러나 배당이의 사건인 대상판결

59) 이 사안과 같이 선의의 제3자가 담보목적부동산의 소유권을 취득하면, 채무자는 부동산의 소유권을 완전히 상실하게 되고, 피담보채권은 변제되지 않은 상태로 계속 증가하게 된다. 이때 채무자는 채권자에 대한 손해배상청구권(담보목적부동산의 임의처분)으로 피담보채권과 상계하는 것 외에는 특별히 방법이 없어 보인다.

60) 원심판결은 이에 대하여 『앞서 본 바와 같이 집행법원이 경매개시결정을 할 당시 최규철의 본등기는 무효였으므로, 이 사건 건물의 소유자는 A가 아니라 동광주택이었는데도, 이 사건 경매절차에서 원고와 피고는 이 사건 건물의 소유자가 A라는 전제하에 자신들이 A에 대한 채권자 또는 근저당권자라고 주장하면서 배당요구를 하였으므로 원고와 피고의 배당요구는 모두 절차상 하자가 있었다. 그러나 이 사건 경매절차에서 낙찰받은 C가 이 사건 건물의 소유권을 취득한 이상 이 사건 경매절차가 무효라고 볼 수 없는 점, 동광주택은 배당이의를 하지 않은 점, 동광주택이 이 사건 경매 결과 이 사건 건물의 소유권을 상실하는 손해를 입었으나 이 사건 건물의 매각대금을 동광주택에 대한 채권자에게 배당할 경우 동광주택은 채무소멸이익에 의하여 결과적으로 손해가 없게 되는 점 등을 종합하면, 원고와 피고가 동광주택에 대하여 가지는 채권을 가지는지, 그 채권의 성질은 무엇인지에 따라 배당 여부와 배당순위를 정하는 것이 타당하다.』라고 판시하여 경매절차를

사안에서 원고나 피고는 경매절차가 무효라고 주장하고 있지는 않으므로, 원고와 피고의 배당요구를 곧바로 무효로 보기는 어렵다고 생각된다. 원고와 피고 모두 동광주택에 대한 채권자의 지위[61]에 있으므로 원고나 피고에게 동광주택 소유인 이 사건 아파트의 매각대금을 배당하는 것이 결과적으로 구체적 타당성이나 형평에 반하지도 않는다.

결국 동광주택에 대한 가등기담보권자[62]였던 피고와 일반채권자인 원고 사이에 누가 우선하여 배당받을 수 있을지 문제된다. 생각건대 이 사건 본등기로 인하여 담보목적가등기가 말소되었다고 하더라도 이 사건 본등기가 무효인 이상 위 가등기는 유효하게 존속하고 있다고 봄이 타당하고, 가등기담보법 제13조,[63] 제15조[64]에 따라 피고가 원고에 우선하여 배당받을 수밖에 없다고 보인다. 원심의 결론에 동의한다.

V. 결 론

대상판결은 담보가등기 상황에서도 가등기담보법 제11조에 따라 선의의 제3자를 보호할 수 있다고 선언한 최초의 판시로서, 가등기담보법의 문언에 다소 부합하지 않는 측면은 있지만, 거래의 안전 보호를 위하여 입법의 공백을 보완한 것으로서 목적론적으로 타당하고 생각한다. 그러나 판시 내용 중 선의의 제3자가 담보목적부동산을 취득함으로써 그

무효로 보지는 않았다. 대상판결과 같은 상황에서 경매절차의 효력이 어떠한지 학설이나 판례의 논의는 찾아보기 어려우나, 원칙적으로 무효라고 볼 수밖에 없다고 생각된다.

61) 피고는 동광주택에 대하여 이 사건 대여금채권이 있고, 원고는 사실관계 5. 기재와 같이 동광주택에 대한 채권에 기초하여 A에 대하여 추심금 확정판결을 받은 것으로 보인다.

62) 피고, A 및 동광주택은 불가분채권인 피고와 A의 이 사건 대여금채권을 담보하기 위하여 담보가등기를 마친 것이므로 피고는 가등기담보권자의 지위에 있다.

63) 담보가등기를 마친 부동산에 대하여 강제경매 등이 개시된 경우에 담보가등기권리자는 다른 채권자보다 자기 채권을 우선변제 받을 권리가 있고, 이 경우 그 순위에 관하여는 그 담보가등기권리를 저당권으로 보고, 그 담보가등기를 마친 때에 그 저당권의 설정등기가 행하여진 것으로 본다.

64) 담보가등기를 마친 부동산에 대하여 강제경매 등이 행하여진 경우에는 담보가등기권리는 그 부동산의 매각에 의하여 소멸한다.

이전에 마쳐진 무효인 본등기까지 소급하여 유효로 된다는 논리는 쉽게 받아들이기 어렵다. 대상판결은 앞서 언급한 경매절차[65]의 하자 문제, 선의의 제3자가 담보목적물의 소유권을 취득하는 경우의 채권자와 채무자 등의 정산 문제 등을 한 번에 해결하기 위하여 판시와 같은 논리를 전개한 것이 아닌지 조심스럽게 추측해 본다. 그러나 어떠한 등기가 결과적으로 유효하게 된다고 하여 그 이전에 마쳐진 무효인 등기들이 모두 소급하여 유효가 된다는 법리는 물권법 체계에서 쉽게 찾아보기 어려울 뿐만 아니라, 가등기담보법 제11조 문언에서 예정하지 않은 효력을 부여한다는 점에서 비판을 면하기 어렵다고 판단된다. 대상판결에 대하여 더욱 활발한 논의를 기대한다.

65) 대상판결에 대한 대법원판례해설도 '선의의 제3자가 경매절차의 매수인인 경우 경매절차의 안정성 침해하는 결과가 발생할 수 있음'을 등기의 소급효를 인정한 이유 중 하나로 언급하고 있다. 이주윤, "가등기담보 등에 관한 법률 제11조 단서 후문에 따른 법률효과", 대법원판례해설 제129호, 법원도서관, 2022, 535면.

[Abstract]

The Validity of the Main Registration Lacking Liquidation Procedures Under the Provisional Registration Security Act and the Protection of a Third Party in Good Faith

Jung, Woo Sung*

Subject judgment of the Supreme Court of Korea is the first decision to declare that Article 11 of the Provisional Registration Security Act can be applied even in the case of provisional security registration to protect third parties in good faith, and it is significant in that it supplemented the legislative gap to protect the safety of transactions.

In spite The Supreme Court's firm attitude through precedents that 'If a creditor in possession of a provisional registration violates the liquidation procedure as prescribed by the Provisional Registration Security Act and transfer the ownership of the real estate by registration, the registration is null or void', the Subject judgment ruled that if a third party in good faith acquires the secured real estate from the creditor, the original registration of the creditor, which was previously invalid, will be retroactively valid.

However, the above judgment is questionable in terms of consistency with various previous precedents concerning the Provisional Registration Security Act(The effect of registration completed by the creditor in violation of the Provisional Registration Security Act, The settlement point in the liquidation process, The time of creditor's acquirement of the secured real es-

* Judge, Anyang Branch Court of Suwon District Court(Position at the time of presentation). Judge, Seoul Bankruptcy Court(Current position).

tate upon the debtor's lapse of the right to redeem, Calculating process of the compensation for damages, etc). Furthermore, the logic used in the subject judgment has room for conflict with the existing third-party protection law(Article 108 of the Korean Civil Act, Premise title trust, etc). There are difficulties explaining its effectiveness within the boundaries of the existing Real Rights(Korean Civil Act) system, and is hard to recognize retroactive effect without legal basis. In addition, the subject judgment may accelerate the inducement of creditors to settle private disposal in that it protects creditors who arbitrarily dispose of collateral real estate to a third party without going through liquidation procedure.

[Key word]

- Provisional Registration Security Act
- Third parties in good faith
- Liquidation
- Provisional security registration

참고문헌

1. 단 행 본

곽윤직(편집대표), 민법주해(Ⅶ) 물권(4), 박영사, 2007.

______, 민법주해(Ⅱ) 총칙(2), 박영사, 2008.

김용담(편집대표), 주석민법 물권(4), 한국사법행정학회, 2011.

권　성, 가등기·대물변제, 박영사, 2010.

김상용, 물권법 제4판, 화산미디어, 2018.

김용한, 물권법론, 박영사, 1993.

2. 논문 등

곽윤직, "가등기담보등에관한법률의 문제점", 서울대학교 법학 제26권 제1호(통권 제61호), 서울대학교법학연구소, 1985.

______, "변칙담보 규제입법에 관한 검토", 재판자료 제13집, 법원도서관, 1982.

권영준, "등기의 공신력", 법조 통권 제661호(2011. 10.), 법조협회.

김영진, "가등기담보 등에 관한 법률 제11조 단서가 청산절차를 위반한 담보가등기에 기한 본등기에 유추적용 되는지", 윤진수 교수 정년기념 민법논고 이론과 실무, 박영사, 2020.

김재형, "진정명의회복을 위한 소유권이전등기청구의 허용범위", 재판의 한 길(김용준 헌법재판소장 화갑기념논문집), 1998.

박순성, "가등기담보등에관한법률 소정의 청산절차를 거치지 않은 가등기에 기한 본등기의 효력", 대법원판례해설 42호, 법원도서관, 2003.

이영준, "양도담보 및 가등기담보의 법적 구성", 한국민사법학의 현대적 전개 : 연람 배경숙 교수 화갑기념논문집, 1991.

이은영, "부동산의 선의취득이 인정되는 경우", 고시연구 제24권 제11호(통권 제284호), 고시연구사, 1997.

이주윤, "가등기담보 등에 관한 법률 제11조 단서 후문에 따른 법률효과", 대법원판례해설 제129호, 법원도서관, 2022.

지귀연, "가등기담보 등에 관한 법률 제3조, 제4조를 위반하여 담보가등기에 기한 본등기가 이루어졌으나, 이후 당사자 사이에 가등기에 기한 본등기를 이행한다는 내용의 화해권고결정이 확정된 경우 본등기의 효력", 대법원판례해설 제133호(2017하), 법원도서관, 2018.

사후(死後) 이행을 위한 제3자를 위한 계약*

김 형 석**

요 지

이 글은 최근의 한 대법원 판결(大判 2022. 1. 14., 2021다271183, 공보 2022, 351)을 계기로 하여 사후 이행을 위한 제3자를 위한 계약의 법률관계를 살펴본다. 그 주요 내용을 요약하면 다음과 같다.

1. 제3자를 위한 계약은 요약자 사후의 이행을 위해 체결될 수 있으며, 그 내용은 제3자 약관의 해석에 의해 결정된다. 대상판결의 사안이나 통상적인 생명보험의 경우, 요약자는 생전에 출연 재산에 대한 처분 가능성을 보유하며, 수익자의 지위는 요약자가 사망한 시점에 비로소 확정될 수 있다.

2. 그러한 사후 이행을 위한 제3자를 위한 계약에 의한 수익권의 출연은 사인처분이 아닌 생전증여이며, 증여 시점은 요약자의 사망 시점이다. 증여 목적은 요약자가 대가관계에서 단독으로 정하며, 그 상속인은 철회·해제 등으로 이를 좌절시킬 수 없다. 유류분의 산정 및 반환과 관련해서도 이 내용이 그대로 타당하다. 증여로 가산할 액수는 요약자가 사망 시점에 처분 또는 철회로 실현할 수 있었을 재산액이며, 이는 생명보험의 경우 보험계약자 사망 시점의 해약환급금이다.

3. 요약자가 사망하는 시점에 그에게 도산 절차가 개시한 경우, 도산법

---

* 이 평석은 2022. 11. 21. 개최된 민사판례연구회 제456회 월례회에서 발표되었고, 이후 『사법』 제62호(2022)에 게재되었다. 토론으로 이 글을 개선할 수 있게 도움을 주신 이화여자대학교 정태윤 교수님, 서울중앙지방법원 김창모 부장판사님 기타 참여자분들께 감사드린다.

** 서울대학교 법학전문대학원 교수.

의 취지상 수익자는 권리 취득을 도산 절차에 대항할 수 없다. 자력 없는 요약자에게 사망 시점에 도산 절차가 개시하지 않았던 경우에는, 상속채권자는 수익자를 상대로 채권자취소권 또는 부인권을 행사하여 만족을 구해야 한다. 이는 사망 시점의 생전증여를 취소/부인하는 것이며, 그 대상은 수익권 즉 생명보험의 경우 보험금 청구권이다.

4. 이상의 내용에 비추어 최근 선고된 대법원 2022. 8. 11. 선고 2020다247428 판결이 전제하고 있는 해석론은 타당하지 않다.

[주 제 어]
- 제3자를 위한 계약
- 사후 이행
- 생전증여
- 사인처분
- 생명보험
- 유류분

대상판결 : 大判 2022. 1. 14., 선고 2021다271183, 공보 2022, 351

[사실관계]

제1심 판결 및 평석 대상인 대법원 판결[1])로부터 확인할 수 있는 사실관계는 다음과 같다.

1. 사망한 D는 2007. 11. 21. 사회복지법인 R과 입소보증금을 118,000,000원으로 정하여 H 실버타운 입소계약을 체결하였고, 그 무렵 R 법인에 이 입소보증금을 지급한 다음 입소하였다.

2. 입소계약에 의하면, 별도의 계약기간 없이 계약 종료 시까지 계약은 지속되고(제5조), 계약관계는 입소자의 사망 또는 해제로 종료된다(제37조). R 법인은 입소보증금을, 계약이 해제로 종료된 경우에는 입소자에게, 입소자의 사망으로 종료된 경우에는 '입소자의 반환금 수취인'에게 반환한다(제40조 제1항, 제2항). 입소자는 사전에 '반환금 수취인' 1명을 정하고(제46조 제1항) 그 수취인은 계약서의 해당란에 자신의 인적 사항 및 입소자와의 관계를 밝혀 기명날인하며, 수취인에게 지장이 생긴 경우에는 입소자가 소외 법인에 바로 그 뜻을 신고해서 소외 법인의 승낙을 얻어 새로운 수취인을 정하여야 한다(제46조 제3항).

3. D는 입소계약 체결 당시 입소보증금에 대한 '반환금 수취인'으로 자신의 장남인 피고를 지정하였고, 피고는 이 사건 계약서의 '반환금 수취인'란에 자신의 인적 사항 및 D와의 관계를 기재하고 기명날인하였다.

4. D가 2019. 7. 9. 사망하였고 이로써 입소계약이 종료되었으므로, R 법인은 그 무렵 이 사건 계약에 따라 피고에게 정산 후 남은 입소보증금으로 117,396,690원(= 입소보증금 잔액 117,286,690원 + D가 선납한 관리비 90,000원)을 반환하였다.

5. 사망한 C(수계 전 선정당사자로서 원고였다) 및 원고 2(아래에서는 '원고들'이라고 함께 지칭한다)는 D의 자녀들이다. 원고들과 피고가 D의 상속인이다.

---

1) 大判 2022. 1. 14., 2021다271183, 공보 2022, 351. 관련해 이 사건 계약서를 구할 수 있도록 도움을 주신 공정거래위원회 권숙현 변호사께 감사드린다.

[소송의 경과]

1. 원고들은 입소계약 종료에 따른 입소보증금의 반환금 채권은 상속재산에 속한다는 이유에서, 피고를 상대로 자신들의 상속분(1/3)에 상응하는 금액을 부당이득으로 반환청구하였다. 제1심 법원은 원고들의 주장을 그대로 받아들였다(부산지방법원 동부지원 2020. 8. 25. 선고 2019가단8971 판결). 원고들의 주장에 대해 피고는 D와의 사이에 "입소보증금 반환채권에 관한 사인증여 계약을 체결하였다는 취지"의 주장을 하였다. 그러나 제1심 법원은 "피고가 이 사건 계약상 반환금 수취인으로 지정되어 있기는 하였으나, 그것만으로는 피고와 D 사이에 위 입소보증금 반환채권에 관한 사인증여계약이 체결되었다고 인정하기에 부족하고, 달리 이를 인정할 증거가 없다"는 이유에서 피고의 주장을 배척하였다.

2. 원심법원도 제1심 법원의 판단을 그대로 유지하였다(부산지방법원 2021. 8. 27. 선고 2020나58571 판결). 한편 제2심에서 피고는 D의 R 법인에 대한 입주보증금 반환채권에 관하여 D와 사인증여 계약을 체결하였다는 주장을 다시 제기하면서, "이 사건 소는 실질적으로 부당이득 반환청구가 아닌 유류분 반환청구에 해당하므로 그 청구금액에서 원고 및 선정자가 D로부터 생전에 증여받은 특별수익과 피고가 지출한 D의 장례비 등의 비용이 공제되어야 한다고 주장"하였다. 그러나 원심 역시 다음과 같은 이유에서 사인증여 주장을 받아들이지 않았다. ① 피고와 D 사이에 작성된 사인증여에 관한 계약서가 존재하지 않고, ② 피고는 D와 R 법인 사이에 작성된 'H 실버타운 입소계약서'에 반환금 수취인으로 지정되어 R 법인으로부터 입소보증금의 반환금을 수령하였는데, 이러한 계약서의 기재만으로는 피고에게 반환금을 수령할 권한을 넘어 이를 종국적으로 피고에게 귀속시킬 수 있는 법률상 권원을 인정하기 어려우며, ③ 특히 피고는 D와의 사이에 사인증여가 체결되었다고 주장하면서 그 근거로 D와 R 법인 사이에 작성된 입소계약서를 제시하고 있는데, 위 각 법률관계의 당사자가 서로 다른 점 등에 비추어 보면, 피고가 제출한 증거만으로는 피고와 D 사이에 사인증여 계약이 체결되었다고 볼 수 없을 뿐만 아니라, 나아가 피고의 돈으로 D의 장례비 중 10,064,600원을 부담하였다고 인정하기에 부족하고, 달리 이를 인정할 증거가 없다는 것이다.

[대법원 판결]

그러나 대법원(주 1)은 원심판결을 파기하였다. 대법원은 우선 일반론으로서, 제3자를 위한 계약의 의의 및 계약해석의 방법을 설명하고, 이어서 제3자를 위한 계약에서 수익의 의사표시(민법[2] 제539조 제2항)가 있어 제3자에게 권리가 확정적으로 성립한 때에는 “요약자와 낙약자의 합의에 의하여 제3자의 권리를 변경·소멸시킬 수 있음을 미리 유보하였거나 제3자의 동의가 있는 경우가 아니면 계약의 당사자인 요약자와 낙약자는 제3자의 권리를 변경·소멸시키지 못하고(제541조), 만일 계약의 당사자가 제3자의 권리를 임의로 변경·소멸시키는 행위를 한 경우 이는 제3자에 대하여 효력이 없다”고 서술한 다음, 이어서 이 사건에 대해 다음과 같이 판시하였다.

> “1) 이 사건 계약은 입소자 사망 후에 입소보증금을 입소자가 정한 반환금 수취인에게 반환할 것을 정한 노인복지시설 입소계약이다. 이러한 계약에서 입소자가 자신이 사망한 경우의 반환금 수취인을 자신 이외의 자로 지정하여 둔 경우, 특별한 사정이 없는 한 그 의미는 입소보증금 반환청구권이 일단 입소자에게 귀속되어 상속재산을 형성하였다가 상속인에게 이전된다는 취지라기보다는, 장래에 입소자의 사망으로 입소보증금 반환청구권이 발생한 때의 수익자를 지정된 ‘반환금 수취인’으로 특정한 것이라고 해석된다. 망인이 이 사건 계약에 따른 ‘반환금 수취인’으로 피고를 지정하였으므로, 이 사건 계약은 망인과 소외 법인이 피고에게 망인의 사망 후에 이 사건 반환금을 반환하기로 정한 제3자를 위한 계약이라고 봄이 타당하다.
>
> 2) 피고는 이 사건 계약에서 정한 ‘반환금 수취인’으로서 이 사건 계약서에 기명날인하였고, 이로써 수익의 의사표시를 하였다고 볼 수 있다.
>
> 3) 따라서 피고는 망인의 사망과 동시에 소외 법인에 대하여 이 사건 계약에 따른 수익자의 지위에서 반환금의 지급을 구할 수 있는 권리를 취득하고, 이는 이 사건 계약의 효력으로 당연히 생기는 것으로서 상속재산이 아니라 피고의 고유재산이라고 보아야 한다.
>
> [⋯] 그럼에도 판시와 같은 이유만으로 이와 달리 본 원심 판단에는 제3자를 위한 계약 및 처분문서의 해석에 관한 법리를 오해하거나 필요한 심리를 다하지 않음으로써 판결에 영향을 미친 잘못이 있다. 이를 지적하는 취지의 상고이유 주장은 이유 있다.”

---

2) 아래에서 별도의 법명 지시 없이 인용하는 조문은 민법의 조문이다.

〔研　　究〕

Ⅰ. 문제의 제기

1. 대상판결의 사안에서 D는 R 재단과 H 실버타운 입소계약을 체결하였다. 판결에 반영되어 있지 않은 부분을 포함하여 그 내용을 보다 자세히 살펴보면 다음과 같다. R 재단은 H 실버타운의 전용거실 및 공용시설의 사용 및 부수 서비스를 제공할 의무를 부담하고(계약서 제2조, 제3조), D는 그 대가로 입소보증금과 입소비용으로 구성되는 입주금을 지급해야 하며(계약서 제8조, 제9조) 그밖에 매월 관리비를 부담할 의무를 진다(계약서 제21조). 계약은 특별한 "해제"(sic)[3] 사유가 있는 경우 외에는(계약서 제35조, 제36조, 제37조 제2호, 제3호), D의 사망으로 종료한다(계약서 제37조 제1호). R 재단의 계약 "해제"는 주로 D의 채무불이행이나 비행을 그 사유로 하는 반면(계약서 제35조 제1항), D는 60일 이상의 예고 기간을 두고 임의로 계약을 "해제"할 수 있다(계약서 제36조 제1항). 계약이 "해제"에 의해 해소되면 입소보증금은 D에게 반환되지만(계약서 제40조 제1항), 사망으로 종료되면 D의 반환금 수취인에게 반환된다(동조 제2항). 반환금 수취인은 D가 한 명을 지정하는데(계약서 제46조 제1항), 반환금 수취인에게 "지장이 생긴 경우에" D는 R 재단에 바로 그 뜻을 신고해서 R 재단의 승낙을 받아 새로운 반환금 수취인을 정해야 한다(동조 제3항).

이 사건에서 D는 자신의 장남인 피고를 반환금 수취인으로 지정하였다. "피고는 이 사건 계약에서 정한 '반환금 수취인'으로서 이 사건 계약서에 기명날인하였"다. 이제 D가 사망하였고, D의 상속인으로 원고들과 피고가 있다. R 재단을 상대로 반환금 117,396,690원에 대한 채권을 가지는 자는 누구인가?

---

3) 계약의 해석상 당연히 "해지"를 의미할 것이다.

2. 원고들은 반환금 채권은 상속재산에 속한다고 주장하였고, 제1심과 원심 법원이 이에 따랐다. 그에 따르면 반환금 채권은 가분채권으로 원고들과 피고 사이에 1/3씩 분할되어 상속되는데,[4] 사안에서는 피고가 이를 전액 수령하였다. 이에 원고들이 피고에게 자신들의 지분에 상응하는 금액을 청구하는 것은 피고의 권한 없는 수령을 추인한 다음 부당이득의 반환(제741조)을 구하는 것으로 이해할 수 있다.[5]

이에 대해 피고는 D와 자신 사이에 반환금 채권에 관한 사인증여(제562조)가 성립하였다고 주장하였다. 사인증여의 법률관계에 대해서는 여러 쟁점에서 다툼이 있으나 일단 통설과 판례를 따른다면,[6] 사인증여는 유언 방식의 준수 없이 효력을 가지지만[7] 그 효과에서는 유증에 준하여 취급된다.[8] 그렇다면 피고의 주장에 따를 때 D의 사망으로 반환금 채권은 상속재산에 속하게 되지만 원고들은 이를 피고에게 이전할 의무를 부담한다(제1095조, 제1101조). 다만 원고들은 유류분 침해가 있는 경우 피고를 상대로 유증에 준하여 그 반환을 청구할 수 있을 것이다(제1115조, 제1116조). 그러나 피고의 주장은 어느 심급에서도 받아들여지지 않았다.

대법원은 입소계약서의 입소보증금 반환 약정에서 반환금 수취인을 수익자로 하는 제3자를 위한 계약을 간취하였다. 즉 이는 "피고에게 D의 사망 후에 이 사건 반환금을 반환하기로 정한 제3자를 위한 계약"으로서, 피고가 계약서에 반환금 수취인으로 서명날인을 함으로써 수익의 의사표시를 한 것이다. 따라서 반환금 채권은 상속재산에 속하지 않고 바로 수익자인 피고에게 귀속한다고 파악된다. 그 결과 반환금 채권이 상속재산

---

4) 大判 1962. 5. 3., 4294민상1105, 집 10-2, 266; 大決 2016. 5. 4., 2014스122, 공보 2016, 874 등.

5) 大判 2012. 10. 25., 2010다32214, 공보 2012, 1894.

6) 상세한 내용은 김형석, "사인증여", 민사법학, 제91호, 2020, 117면 이하 참조.

7) 예컨대 곽윤직, 채권각론, 제6판, 2003, 122면; 大判 1996. 4. 12., 94다37714, 37721, 집 44-1, 335.

8) 예컨대 김주수 · 김상용, 친족 · 상속법, 제18판, 2022, 883면; 大判 2001. 11. 30., 2001다6947, 공보 2002, 170.

에 속함을 전제로 하는 원고들의 주장 및 원심 판결은 타당하지 않다고 판단되었다.

3. 제3자를 위한 계약은 요약자가 사망한 이후에 비로소 수익자가 낙약자로부터 이행을 청구할 수 있다는 내용으로도 체결될 수 있다. 이를 사후(死後) 이행을 위한 제3자를 위한 계약(Vertrag zugunsten Dritter auf den Todesfall)이라고 한다. 이러한 사후 이행을 위한 제3자를 위한 계약은 보통 요약자가 자신이 사망한 이후 그 근친의 부양을 위해 체결하는 경우가 많다. 생명보험(상법 제730조)이 그 대표적인 예이지만, 외국에서 관찰되는 것처럼 다른 형태로도 나타날 수 있다.[9)] 대상판결의 사실관계가 그러한 가능성을 잘 보여 주고 있다.

이러한 사후 이행을 위한 제3자를 위한 계약은 그것이 가지는 사인행위(死因行爲) 또는 사인처분(死因處分; Verfügung von Todes wegen, disposition à cause de mort)과 유사한 효과 때문에, 상속채권자 그리고 상속인에 대한 관계에서, 각각 도산법과 상속법의 강행적 규율을 잠탈하게 할 위험이 있다. 대상판결에서도 D의 사망으로 취득할 것이 없다고 보이는 공동상속인인 원고들이 반환금을 수령한 피고를 상대로 자신들의 "몫"을 주장하고 있는 것이다. 그런데 이러한 사후 이행을 위한 제3자를 위한 계약의 법률관계를 특히 상속인에 대한 관계에서 다루는 대법원 재판례는, 필자가 과문해서인지 모르겠지만, 생명보험금 청구권이 상속재산을 구성하지 않는다는 것[10)] 외에는 그동안 쉽게 발견할 수 없었던 것 같다(그러나 이제 아래 Ⅳ. 2. 참조). 그러한 의미에서 여기서는 대상판결을 계기로

9) 역사적 배경, 독일, 미국, 프랑스의 상황을 개관하는 Hager, "Neuere Tendenzen beim Vertrag zugunsten Dritter auf den Todesfall", *Festschrift für Caemmerer*, 1978, S. 127ff. 참조. 외국에서는 생명보험 외에 저축예금에 대해 예금주가 사망하면 예금을 수령할 수익자를 지정하는 약정이 행해지는데, 우리 은행 실무는 이러한 약정을 할 수 있는 선택지를 제공하지 않는다고 한다.

10) 大判 2001. 12. 28., 2000다31502, 공보 2002, 365. 또한 사망보험금이 지급되는 상해보험에 대해 大判 2004. 7. 9., 2003다29463, 공보 2004, 1321, 공제회의 퇴직생활급여에 대해 大決 2019. 5. 17., 2017스516, 517, 공보 2019, 1237 등도 참조.

사후 이행을 위한 제3자를 위한 계약의 내용을 특히 상속법과의 관련성을 염두에 두고 살펴보기로 한다.

Ⅱ. 사후 수익자의 지위

1. 사후 이행을 위한 제3자를 위한 계약의 내용

제3자를 위한 계약에서 제3자인 수익자가 취득하는 권리의 성립과 내용은 요약자와 낙약자 사이에서 체결된 제3자 약관에서 합의된 바에 따라 정해진다. 수익자가 채권을 취득하는 사안이 통상적이기는 하지만, 그 밖에 수익자에게 물권을 취득하게 하는 약정도 가능하며,[11] 더 나아가 수익자가 낙약자에 대한 채무를 면제받게 하거나[12] 수익자에게 부제소특약[13] 또는 면책약정[14]의 효과를 미치게 할 수도 있다(네덜란드 민법 제6:253조 참조). 마찬가지로 요약자와 낙약자는 수익자의 권리가 성립할 시점을 정하거나, 그 성립과 관련해 조건 또는 기한을 합의할 수도 있다.[15] 권리의 성립과 별도로 이행기를 정할 수 있음도 물론이다.

더 나아가 요약자와 낙약자는 제3자를 위한 계약에서 수익자가 요약자의 사망 이후에 비로소 낙약자를 상대로 이행을 청구할 수 있도록 약정할 수도 있다. 이러한 사후 이행을 청구할 수익자의 지위 역시 합의에 따라 여러 모습으로 정해질 수 있다. 요약자의 사망을 시기(始期)로 하여 그가 사망하는 시점에 수익자가 수익의 의사표시를 하여 권리를 취득할 수 있다고 정할 수도 있지만,[16] 수익의 의사표시 및 그에 따른 권리 성립에 관하여 다른 생전 시점을 특정할 수도 있으며, 이때에도 요약자의

---

11) 곽윤직(주 7), 72-73면 참조. 이 쟁점을 의식하지 못한 채로 大判 2021. 8. 19., 2018다244976, 공보 2021, 1693.
12) 大判 2004. 9. 3., 2002다37405, 공보 2004, 1640.
13) 大判 2006. 1. 12., 2004다46922, 종합법률정보.
14) Kötz, *European Contract Law*, 2nd ed, 2017, pp. 331-332 참조.
15) 곽윤직(주 7), 72면.
16) 수익의 의사표시를 요구하지 않는 독일 민법은 의심스러운 경우 수익자는 요약자 사망으로 권리를 취득한다고 추정하는 의사해석 규정을 두고 있다(동법 제331조 제1항).

철회 가능성을 정하거나 그 밖의 조건을 붙일 수도 있다.[17] 그러므로 사후 이행을 위한 제3자를 위한 계약에서 수익자의 권리가 언제 그리고 어떤 내용으로 성립하는지의 문제는 다투어지고 있는 제3자 약관의 계약해석 문제이다.

2. 대상판결의 경우

(1) 대상판결에서 입소계약에 따른 피고의 지위는 어떠한가? ① 입소계약은 반환금 수취인을 수익자로 하는 제3자 약관을 포함하고 있는데 ("이 사건 계약은 D와 R 법인이 피고에게 D의 사망 후에 이 사건 반환금을 반환하기로 정한 제3자를 위한 계약"), ② 반환금 채권은 D의 사망 시점에 성립하지만("피고는 D의 사망과 동시에 R 법인에 대하여 […] 반환금의 지급을 구할 수 있는 권리를 취득"), ③ 입소계약이 성립하면 피고는 즉시 즉 요약자 사망 전이라도 수익의 의사표시를 할 수 있으며 그는 실제로 이를 실행하였다는 것("피고는 이 사건 계약에서 정한 '반환금 수취인'으로서 이 사건 계약서에 기명날인하였고, 이로써 수익의 의사표시를 하였다")이다.

여기서 중요한 쟁점은 ④ 이러한 수익의 의사표시로 피고의 수익자로서의 지위가 확정되어 "계약의 당사자인 요약자와 낙약자는 제3자의 권리를 변경·소멸시키지 못하고(제541조), 만일 계약의 당사자가 제3자의 권리를 임의로 변경·소멸시키는 행위를 한 경우 이는 제3자에 대하여 효력이 없다"고 볼 것인지 아니면 "요약자와 낙약자의 합의에 의하여 제3자의 권리를 변경·소멸시킬 수 있음을 미리 유보하였거나 제3자의 동의가 있는 경우"에 해당하여 아직 피고의 수익자로서의 지위는 확정되지 못하였고 그 결과 이후 변경·소멸이 가능한지 여부이다. 대상판결은 이 문제에 대해서는 명시적인 판단을 내리지 않고 있는 것으로 보인다.

그러나 앞서 살펴본(위의 Ⅰ. 1. 참조) 입소계약의 내용에 비추어 본다면, 수익자의 지위는 수익의 의사표시에도 불구하고 확정되지 않았으며,

---

17) Gottwald in *Münchener Kommentar zum BGB*, Band 3, 9. Aufl., 2022, § 331 Rn. 3 참조.

요약자인 D는 이후에도 수익자의 수익권을 소멸시킬 수 있는 철회권을 낙약자와의 제3자 약관에 유보해 두었다고 해석해야 한다. 만일 D의 권리가 수익의 의사표시에 따라 확정되어 요약자와 낙약자가 이를 변경·소멸할 수 있는 행위를 할 수 없다면, 이는 D가 이후 H 실버타운에서 자발적으로 퇴소할 수 없다는 것을 의미한다. 계약에 따르면 D는 60일 이상의 예고 기간을 두고 임의로 계약을 해지할 수 있고 이로써 입소보증금은 D에게 반환되므로(계약서 제36조 제1항, 제40조 제1항), D가 자발적인 퇴소를 선택하는 의사표시는 피고의 권리를 소멸시키는 행위에 해당할 것이기 때문이다. 따라서 만일 피고의 수익의 의사표시에 의해 그의 수익자의 지위가 확정된다면, 이는 동시에 D를 H 실버타운에 감금하는 효과를 가지는 법률행위가 된다. 이러한 계약해석이 타당할 수 없음은 명백하다.

그러므로 D가 가지는 계약의 임의해지권 그리고 해지가 있으면 D에게 입소보증금을 반환할 것을 정하는 계약 규정의 취지를 고려하면, 피고는 D의 사망 전에는 어떠한 형태로든 수익자로서의 권리를 확정할 수 있는 가능성을 가져서는 안 된다. 이는 입소계약에 반영되어 있는 전형적인 D의 의사 및 동기를 추측해 보아도 알 수 있다. D는 자신에게 남은 목돈을 가지고 자녀들에게 부담을 주지 않으면서 안정적인 노후를 보낼 수 있도록 H 실버타운에 입소를 하였을 것이다. 그는 남아 있는 자금으로 자신이 사망할 때까지의 생활을 유지하되, 다만 사망 후 남는 금액이 있으면 이를 자녀 중 한 사람인 피고에게 “주고” 싶었을 것이다.[18] 이

18) 여기서는 대법원이 그 판단에서 전제한 사실관계를 기초로 서술한다. 물론 다른 사실인정의 가능성도 완전히 부정할 수는 없다. 이 사건 계약은 반환금 수취인을 한 사람만 정할 수 있도록 한정하여 규정하고 있으므로(계약서 제46조 제1항), D는 반환금 전부를 피고에게 “주는” 것이 아니라, 피고를 대표 수령자의 자격에서 반환금 수취인으로 정한 것일 수도 있다. 그렇다면 이때 D와 피고 사이의 대가관계는 증여(제554조)가 아니라 위임계약(제680조)이며, 피고는 위임으로 정해진 비율(정함이 없으면 통상 상속분)에 따라 원고들에게 반환금을 분배할 의무를 부담할 것이다. 경우에 따라서는 이 위임계약에도 원고들을 위한 제3자 약관이 포함되어, 원고들이 피고를 상대로 직접 청구권을 취득할 가능성도 존재한다.

때 스스로의 거주지 변경의 자유를 박탈하더라도 일정 금원을 반드시 피고에게 출연하겠다는 생각은, 상정 불가능한 것은 아니겠지만, 일반적인 사회 관념에 비추어 극히 이례적이다. 그러므로 이 사안에서 D는 입소보증금에 해당하는 금전을 공동상속인 전원보다는 피고에게, 그러나 피고보다는 자기 자신에게 부여하고자 의욕하였을 것[19]이라는 의사해석이 가장 자연스럽다.

(2) 이러한 D의 이익을 고려하는 계약 내용은 여러 형태로 구성될 수 있을 것이다. 예를 들어 수익자인 피고는 요약자인 D가 사망한 시점에 비로소 수익의 의사표시를 하여 반환금 채권을 확정적으로 취득할 수 있다고 정할 수도 있고, 피고는 D의 사망 전이라도 수익의 의사표시를 할 수 있지만 D는 생전에 언제든지 피고의 지위를 소멸시킬 수 있는 철회권[20]을 가진다고 정할 수도 있다. 양자는 수익의 의사표시를 해야 하는 시점 즉 피고가 수익의 의사표시를 D의 사망 후에 해야 하는지 아니면 D의 생존 시에도 할 수 있는지 여부와 관련해 차이를 가져올 것이다.[21] 그러나 이 쟁점을 제외하면, 실질의 관점에서 이 두 형태는 등가적이다.[22] D는 사망할 때까지 입소보증금으로부터 나오는 이익을 받을 뿐만 아니라, 퇴소를 매개로 그 금액에 대한 처분 가능성도 보유한다. D는 퇴소 및 재입소를 통해 반환금 수취인을 다시 지정할 수 있고, 이로써 사실상 반환금 수취인을 변경할 수 있는 선택지도 가진다.[23] 반면 반환

---

19) Savigny, *System des heutigen römischen Rechts*, 4. Band, 1841, S. 242 참조.

20) 곽윤직(주 7), 77면 참조.

21) 대상판결에서는 수익자가 요약자 생전에 수익의 의사표시를 할 것을 예정하고 있으므로, 후자의 구성이 보다 적절할 것이다.

22) Stadler in Jauernig, *Bürgerliches Gesetzbuch*, 18. Aufl., 2021, § 331 Rn. 5: "철회할 수 있는 권리를 부여한 경우 제3자는 여전히 어떠한 권리나 기대권도 가지지 아니하며, 단순히 장래 권리 취득에 대한 기회만을 가진다."

23) 이 사건 계약은 지정된 반환금 수취인에게 "지장이 생긴 경우에" 재지정을 가능하게 한다(계약서 제46조 제3항). 여기서 "지장이 생긴 경우"가 무엇을 의미하는지 계약해석상 논의가 있을 수 있다. 이 계약은 입소하는 사람을 위해 신원인수인을 정하도록 하면서(계약서 제43조 제1항) 신원인수인에게 일정한 중대한 사유가 발생하면 이를 변경하도록 하고(계약서 제45조 제1항, 제44조 제2호 내지 제4호), 신

금 채권의 취득에 대해 피고는 어떠한 권리나 확고한 기대권도 없으며, D의 의사에 따라 이를 장래에 취득할 수도 있을 것이라는 보호가치 없는 막연한 기대만을 가질 뿐이다.

이상의 내용은 실무에서 빈번히 활용되는 사후 이행을 위한 제3자를 위한 계약인 생명보험에서의 법률관계에서와 마찬가지이다. 생명보험에서도, 보험계약자는 생전에 계약을 임의로 해지하여 해지 환급금을 반환받을 수 있어(상법 제649조 제1항, 생명보험 표준약관 제29조) 자신이 출연한 금전에 대해 처분 가능성을 가지고 있을 뿐만 아니라, 보험수익자를 지정·변경할 권리를 가지므로(상법 제733조, 제734조, 생명보험 표준약관 제11조, 제20조 제2항), 보험수익자는 피보험자가 사망할 때까지 확고한 지위를 취득함 없이 보험금 취득에 대한 막연한 장래 기대만을 가지고 있는 것에 그치기 때문이다.

Ⅲ. 상속법과의 관계 설정

1. 대가관계인 무상출연은 사인처분인가 생전행위인가?

(1) 지금까지 살펴본 바에 따를 때, 생명보험이나 대상판결의 사안과 같은 사후 이행을 위한 제3자를 위한 계약에서, 수익자의 지위는 요약자의 사망 이후에 비로소 확정될 수 있는 반면 요약자는 생전에 출연한 재산에 대해 처분 가능성을 보유한다. 그렇기에 사후 이행을 위한 제3자를

원인수인은 반환금 수취인을 겸할 수 있다고 규정한다(계약서 제46조 제2항). 실제로 이 사건에서 피고는 반환금 수취인뿐만 아니라 신원인수인으로도 지정되었다. 이러한 사정을 고려하면, 이 계약은 신원인수인과 반환금 수취인이 동일인이라는 것을 통상적인 경우로 상정하고 있으며, 그렇다면 "지장이 생긴 경우"는 신원인수인 변경 사유(계약서 제44조 제2호 내지 제4호)를 지시할 가능성이 높다고 생각된다. 그러나 "지장이 생긴 경우"의 내용이 어떻게 해석되든, 본문에서 서술한 바와 같이 D는 퇴소 및 재입소를 통해 임의로 반환금 수취인을 변경할 수 있다는 것도 분명하다. 이 점은 예컨대 유언대용신탁(신탁법 제59조)에서도 마찬가지이다. 이에 대해 김형석, "유류분과 신탁", 가족법연구, 제36권 제1호, 2022, 270면 참조. 이러한 유사성은 우연이 아닌데, 제3자를 매개로 하여 사망을 원인으로 재산을 무상 출연한다는 기본 구조를 공유하고 있기 때문이다. Wieakcer, "Zur lebzeitigen Zuwendung auf den Todesfall", *Kleine juristische Schriften*, 1988, S. 285f. 참조.

위한 계약의 효력 방식은 그것이 생전 계약의 형태로 체결되더라도 유언이나 사인증여 같은 사인행위(사인처분)에 현저하게 접근한다. 따라서 이러한 이익상황의 유사성으로부터 사후 이행을 위한 제3자를 위한 계약이 어느 정도로 상속법이 정하는 규율에 따라야 하는지의 쟁점은 자연스럽게 제기될 수밖에 없다.[24)]

이는 사후 이행을 위한 제3자를 위한 계약에서 요약자와 낙약자 사이의 대가관계의 성질을 어떻게 이해할 것인지와 관련된다. 대상판결에서 대법원이 전제한 사실관계와 같이(다만 주 18 참조), 요약자가 자신의 사망을 원인으로 수익자에게 무상으로 재산을 출연하고자 하는 사안을 상정하기로 한다. 요약자의 사망으로 수익자는 낙약자에 대한 채권을 확정적으로 취득하게 되는데, 이러한 채권 취득의 법률상 원인이 되는 대가관계는 생전증여인가 아니면 사인증여 또는 유증에 해당하는 사인처분적 출연인가? 만일 생전증여라면 그것이 행해진 시점은 언제인가? 만일 사인처분이라면 수익자를 변경하는 단독행위는 실질에서 유언의 변경과 다를 바 없으므로 유언 방식을 따라야 하는가 아니면 그러한 유사성이 있더라도 생전 계약의 내용 변경에 불과하므로 유언 방식을 따를 필요가 없는가? 이러한 쟁점들에 대해 주지하는 바와 같이 독일에서는 민법 제정 직후부터 격렬한 논쟁이 진행되었고, 현재에도 논란이 계속되고 있다.[25)]

(2) 이 문제는 사후 이행을 위한 제3자를 위한 계약이 어느 정도로 사인처분적 요소를 가지고 있는지에 따라 판단될 수밖에 없다. 생전행위와 대비할 때 사인처분을 특징짓는 요소들을 살펴보면 다음과 같다.[26)] 사인처분에서는 ① 처분자가 자신의 사망 이후의 시점에 대해 처분하고

24) 연광석, 제3자를 위한 계약에 관한 연구, 서울대학교 박사학위논문, 2007, 269-270면.

25) 이 논쟁의 역사와 현황을 상세히 살펴보는 것은 본 평석의 범위를 넘어서는 과제일 것이다. 상세한 개관으로 Bayer, *Der Vertrag zugunsten Dritter*, 1995, S. 289ff. 참조. 이 문헌에 의지한 간략한 요약으로 연광석(주 24), 271-272면.

26) Kegel, *Zur Schenkung von Todes wegen*, 1972, S. 35ff.

(권리 이전은 처분자 사망을 시기로 함), ② 그는 자신의 권리를 취득할 자를 지명함에 그치며(처분자는 그밖에 권리 이전에 필요한 행위를 하지 않음), ③ 처분은 그의 사망 시점에 그에게 속한 것만을 대상으로 하며(사인처분은 처분자의 처분권을 원칙적으로 제한하지 않음), ④ 권리를 취득할 자가 처분자 사망 시에 생존해 있어야 한다(처분자 사망 시 취득자가 생존한다는 정지조건). 앞서 살펴보았지만(위의 Ⅱ. 2. 후반부 참조), 사후 이행을 위한 제3자를 위한 계약이 ①, ③의 요소를 가지고 있음은 명백하다. ④ 역시 통상적인 사후 이행을 위한 제3자를 위한 계약에서는 전형적이다. 예를 들어 생명보험에서 수익자의 지위는 그가 사망한 경우 그 상속인에게 당연히 이전하지는 않는다(상법 제733조 제3항). 대상판결의 사안에서도 반환금 수취인이 사망한 때에는 그 지위가 상속되는 것이 아니라 반환금 수취인을 새로 지정해야 하는 것이다(계약서 제46조 제3항 참조).

그러나 사후 이행을 위한 제3자를 위한 계약은 ②의 요소를 상당부분 결여한다. 물론 요약자는 여전히 재산을 처분하거나 철회권을 행사할 수 있는 지위를 보유하고 있다. 그러나 그는 보상관계에서 제3자 약관을 합의함으로써 자신이 처분이나 철회를 하지 않고 사망하는 경우 수익자가 확실하게 권리를 취득하기에 필요한 모든 행위를 완료한다. 게다가 요약자는 사망할 시점까지 이 계약 상태를 유지함으로써 자신의 사망 시점에 수익자가 확정적으로 권리를 취득할 수 있는 상태를 창출한다. 따라서 사망 시점에는 요약자는 ②의 요소를 완전히 제거하는 것이다.[27] 독일 민법의 사인증여 해석에 관한 케겔의 기발한 표현을 빌리자면, "소비와의 비교가 이러한 결론을 지지한다. 왜냐하면 소비의 경우에도 철회와 유사한 상황을 생각할 수 있기 때문이다. 삼킨 사탕은-예를 들자면-다시 뱉을 수 있다. 그러나 그가 뱉지 않는다면, 그것은 소비된 것이다. 마찬가지로 철회할 수 있는 처분이 철회되지 않았다는 사정은 사인처분의 방식을 포기하고 [...] 증여 전체를 생전증여로 취급하기에 충분해야

---

27) Bayer(주 25), S. 295f. 유언대용신탁에서 유사한 법률관계에 대해 김형석(주 24), 271-272면 참조.

한다."[28)]

게다가 사후 이행을 위한 제3자를 위한 계약을 사인처분으로 파악하게 되면, 상속채권자와 유류분 권리자에 대한 관계에서 제3자 약관으로 발생하는 채권은 우선 상속재산에 속하고 수익자가 유언집행자를 상대로 그 이행을 청구해야 한다는 결과를 인정해야 한다. 그러나 이는 민법이 정하는 제3자를 위한 계약의 기본 구조와 어긋난다고 말하지 않을 수 없다. 제539조 제1항은 제3자 약관에 의해 수익자가 낙약자를 상대로 "직접" 그 이행을 청구할 수 있다고 규정하므로, 이렇게 요약자의 지위를 매개로 하는 권리 취득을 상정하고 있지는 않기 때문이다. 또한 종래 확립된 해석에 따르면 대가관계의 흠결은 제3자를 위한 계약에 따른 수익자 권리 취득에 아무런 영향을 줄 수 없으므로,[29)] 대가관계를 사인처분으로 취급하여 권리를 상속재산에 잔류시키는 결과는 이러한 원리에도 반한다.[30)]

그러므로 사후 이행을 위한 제3자를 위한 계약에 따라 요약자 사망 후 수익자가 취득하는 권리는 상속재산에 속하지 않고 제3자 약관에 기초해 직접 낙약자를 상대로 성립한다고 해석해야 한다.[31)] 이러한 해석은 종래 생명보험금 청구권과 관련해 확립된 실무(주 10 참조) 그리고 비교법적 경향과도 일치한다.[32)] 이 점에서 대상판결의 결론은 타당하다. 여기서 대가관계는 생전증여이며, 이 증여의 시점은 요약자의 처분 또는 철회가능성이 종국적으로 소멸하여 권리 취득이 수익자의 의사에 전적으로 의존하게 되는 시점인 요약자의 사망 시점이다. 즉 대가관계에서 수익자는

28) Kegel(주 26), S. 44.

29) 곽윤직(주 7), 74면.

30) Bayer(주 25), S. 294.

31) 결과에서 같은 취지로 장재현, "사후 이행을 위한 제3자를 위한 계약", 비교사법, 창간호, 1995, 107면; 연광석(주 24), 277면; 곽윤직 편집대표, 민법주해[XIII], 1997, 218면(송덕수).

32) Braun and Röthel ed., *Passing Wealth on Death: Will-Substitutes in Comparative Perspective*, 2016의 제1부에 수록된 각국 보고에서 생명보험금 청구권을 상속재산에 포함시키는 나라는 찾아볼 수 없으며, 모두 청구권이 수익자의 고유재산에 성립하는 것으로 해석한다.

요약자 사망 시점의 생전증여에 기초해 낙약자에 대한 권리를 확정적으로 취득하게 되는 것이다.[33] 그리고 대가관계가 생전증여라면, 사인행위인 유언에 요구되는 방식(제1060조, 제1065조; 제562조도 참조)도 적용되지 않는다고 해야 한다.

(3) 요약자가 생전에 수익자에게 권리 취득 가능성을 인정하면서도 철회권을 유보하고 있었던 경우, 요약자가 사망하여도 철회권은 그 상속인에게 승계되지 않는다고 보아야 한다. 요약자가 보상관계에서 유보해 둔 철회권은 수익자를 위한 사후의 이행을 예정하면서도 자신의 생전 처분 가능성을 확보하기 위한 것이므로, 그의 사망 이후에는 존속하지 않는다는 의미를 가지고 있기 때문이다. 요약자는 남는 재산이 자신의 상속인이 아니라 수익자에게 귀속하기를 의욕한 것이고(주 18 및 그 본문 참조), 그에 따른 계약해석은 요약자 사망에 따른 철회권의 소멸을 정당화한다.

이것과 구별되는 문제는 상속인이 수익자에 대한 대가관계에서 생전증여를 철회 또는 해제(제555조 이하)하는 방법으로 수익자의 취득을 저지할 수 있는지 여부이다. 이 문제에 관해 독일의 판례와 다수설은 매우 독특한 해석을 채택하고 있는데, 이를 우리 민법에 적용해 소개하면 다음과 같다.[34] ⓐ 요약자가 생전에 수익자에게 계약 사실을 알렸다면, 원

---

33) 그러나 생명보험과 관련해 이를 사인증여로 판단해 유증에 준하는 견해로 김능환, "유류분 반환청구", 상속법의 제문제(재판자료 제78집), 1998, 30면; 정구태, "생명보험금과 특별수익, 그리고 유류분", 고려법학, 제62호, 2011, 290-291면; 이경희, 유류분 제도, 1995, 163면; 이진만, "유류분의 산정", 민사판례연구[XIX], 1997, 374면 등. 이 견해는 본문에서 중요한 요소로서 고려한 보험계약자(요약자)가 생전에 보험금 취득에 관해 필요한 행위를 모두 실행하였다는 사실을 고려하지 않는다. 그러나 바로 그러한 실행이 있었기 때문에, 사후 이행을 위한 제3자를 위한 계약에서는-유증과는 달리 그러나 증여와는 마찬가지로-출연된 재산은 상속재산에 존재하지 않으며 따라서 상속재산에 가산하는 절차가 필요한 것이다(제1114조). 앞서 인용한 문헌들도 이러한 결과를 인정한다. 그렇다면 수익자의 권리를 증여에 준하여 가산하면서도 반환과 관련해 유증에 준한다는 이 견해의 해석은 모순이라고 하지 않을 수 없다.

34) 전거와 함께 Jauernig/Stadler(주 22), § 331 Rn. 6f. 참조.

인행위로서 증여는 그 시점에 성립하지만 증여 의사가 통상 서면으로 표시되지는 않을 것이므로 해제할 수 있는 증여가 된다(제555조). 그러나 요약자의 사후에 수익자에게 권리가 출연됨으로써 증여는 이행이 되고, 이로써 해제권은 소멸한다(제558조). 따라서 그러한 사안에서 상속인의 해제는 가능하지 않다. ⓑ 문제는 요약자가 사후 이행을 위한 제3자를 위한 계약 예컨대 생명보험의 체결을 수익자에게 알리지 않았던 경우에 발생한다. 낙약자(보험자)는 요약자(보험계약자)에 의해 요약자의 증여 청약을 전달하고 수익자 승낙을 수령하는 사자로 선임되었다. 이러한 사자의 권한은 원래는 제127조 제1호, 제690조의 취지에 따라 요약자의 사망으로 소멸해야 하겠지만, 이 규정은 임의규정이므로 사후 이행을 규율하는 요약자의 의사에 따라 그의 사망 이후에도 존속한다.[35] 그러므로 요약자가 사망한 다음 낙약자가 수익자에게 계약 사실을 알리며 청약을 전달하고(제111조 제2항) 그에 따라 수익자가 이를 승낙하면서 수익의 의사표시를 하는 경우, 수익자의 권리가 확정적으로 취득되는 동시에 요약자의 상속인과 수익자 사이에 증여가 성립하면서 이행된다(제555조, 제558조). 이렇게 성립한 증여는 상속인에 대한 대가관계에서 권리 취득을 정당화하는 법률상 원인(제741조)으로 기능하게 된다. 그러나 동일한 사안에서 계약 사실을 알게 된 상속인이 낙약자의 청약 전달보다 먼저 수익자를 상대로 요약자의 증여 청약을 철회하는 의사표시를 도달시킨다면, 이후 낙약자가 전달하는 청약의 의사표시는 효력을 발생할 수 없어[36] 대가관계에서 증여는 성립할 여지가 없게 된다. 그렇다면 나중에 수익자가 낙약자를 상대로 수익의 의사표시를 하여 권리를 취득한다고 하더라도, 이는 대가관계에서 법률상 원인을 결여하여 요약자의 상속인이 부당이득으로 반환을 청구할 수 있다(제741조).[37] 이로써 요약자의 사후 재산 이전 계획은 좌절되는 결과가 발생한다.

---

35) 곽윤직 · 김재형, 민법총칙, 제9판, 2013, 351면; 곽윤직(주 7), 281면.
36) 곽윤직 · 김재형(주 35), 330-331면.
37) 곽윤직(주 7), 74면.

그러나 이러한 해석은 현실과 유리된 자의적인 의제에 지나지 않는다.[38] 요약자와 낙약자가 그러한 방법으로 성립하는 증여계약을 머리에 떠올린 적도 없다는 점, 아니 심지어 가능한 상상의 영역마저 벗어나 있었을 것이라는 점은 부인할 수 없을 것이다. 게다가 이는 요약자의 무상출연 의사가 우연적인 사정에 따라 좌절된다는 불합리한 결과에 도달한다. 특히 그러한 무상출연이 요약자가 수익자의 장래 부양을 위해 배려한 것임에도 상속인이 자신의 이익을 위해 요약자의 의도를 전적으로 좌절시킬 수 있다는 것은 부당하다(예컨대 피상속인이 상속권 없는 사실혼 배우자를 위해 생명보험을 체결하였음에도 친자인 상속인이 증여의 철회를 통해 보험금을 자신에게 돌리는 경우를 생각해 보라).[39] 그러므로 요약자가 수익자에 대한 대가관계에서 추구하는 증여 의사를 상속인이 철회하여 수익자의 권리 취득을 방해하는 결과는 허용되어서 안 된다.[40]

그렇다면 사후 이행을 위한 제3자를 위한 계약에서 대가관계에서 법률상 원인으로서 증여 목적은 요약자가 단독행위로 설정할 수 있다고 해석해야 한다.[41] 앞서 보았지만[위의 Ⅲ. 1. (2) 참조], 사후 이행을 위한 제3자를 위한 계약은 요약자가 사후 이행을 위한 행위를 완료하고 사망하였다는 점에서 생전행위로 파악되기는 하지만, 그럼에도 넓은 범위에서 사인처분적 요소들을 가지고 있다. 그러므로 피상속인이 유증을 통해 수유자에게 상속인에 대한 채권을 출연하면서 그 법률상 원인인 증여 목적을 단독으로 정하고 수유자에게 유증을 받을 것인지 여부를 결정하게 하는 것처럼(제1074조), 사후 이행을 위한 제3자를 위한 계약에서도 요약자가

---

38) Harder, *Zuwendungen unter Lebenden auf den Todesfall*, 1968, S. 146f.

39) Flume, *Allgemeiner Teil des bürgerlichen Rechts*, 2. Band, 4. Aufl., 1992, S. 151. 실제로 독일에서도 실무적인 주석서나 교과서를 제외한 개별 논문과 단행 연구서에서는 판례를 거부하는 견해가 오히려 우위라고 말할 수 있다. 전거와 함께 비판의 상세한 내용에 대해서는 Bayer(주 25), S. 324ff. 참조.

40) 결과에 있어서 같은 취지로 장재현(주 31), 107면; 연광석(주 24), 277면. 이들은 요약자의 사망으로 제3자의 권리가 확정된다고 설명하나, 그 근거를 밝히지는 않는다.

41) Harder(주 38), S. 148ff.; Flume(주 39), S. 151f.; Bayer(주 25), S. 329ff. 등 참조.

낙약자에 대한 채권을 수익자에게 출연하면서 대가관계에서 법률상 원인인 증여 목적을 단독으로 정하고 수익자에게 채권 출연을 받을 것인지 여부를 결정하게 한다고(제539조 제2항, 제540조) 해석하여도 무리가 없다. 실제로 사후 이행을 위한 제3자를 위한 계약에서 요약자는 수익자와 증여계약을 체결하여 증여 목적에 합의한다고 생각하는 것이 아니라, 자신이 낙약자와 제3자 약관을 약정함으로써 단독으로 증여 목적을 결정한다고 이해할 것이다. 그리고 이러한 생각은 정당하다. 사후 이행을 위한 제3자를 위한 계약은 생전행위임에도 불구하고 상당한 범위에서 사인처분과 비슷한 효과를 가지고 있어 수익자의 수익 여부 결정을 사후로 미루어 두기 때문이다. 이러한 구조적 유사성과 당사자 이익을 고려하여 대가관계에서 요약자가 단독으로 증여 목적을 정할 수 있다는 해석은 가능하다고 해야 한다. 그리고 이러한 증여 목적은 당연히 요약자가 달리 처분·철회하지 않고 사망함으로써 확정된다.

2. 유류분 반환의 법률관계

(1) 사후 이행을 위한 제3자를 위한 계약을 체결한 요약자가 사망하면, 수익자는 이제 확정적으로 권리를 취득할 수 있다. 이 권리는 상속재산을 구성하지 않으며, 상속인이 대가관계의 차원에서 철회나 해제를 통해 요약자의 수익자에 대한 무상 출연을 무위로 돌릴 방법은 없다. 그런데 요약자가 생전 자기 재산의 상당 부분을 수익자에게 출연함으로써 그 상속인의 유류분을 침해하였다면, 상속인은 당연히 유류분의 반환을 청구함으로써 스스로의 보호를 도모할 수 있어야 한다. 따라서 사후 이행을 위한 제3자를 위한 계약에서 상속인의 보호는 증여의 해제·철회가 아니라 유류분 반환에 의해 이루어진다.

상고심에서 피고는 반환금 채권이 자신에게 사인증여로 출연되었다는 것을 전제로 원고들의 반환청구가 유류분 반환청구에 해당한다고 주장하였다. 대상판결은 제3자를 위한 계약을 인정하여 피고에게 반환금 채권이 전부 귀속한다고 받아들이면서도, 원고들의 청구가 유류분 반환청구에 해당하여 타당할 수 있을 가능성은 일단 고려하지 않았다. 이 쟁점은 이제 파기환송심에서 본격적으로 다루어질 것으로 예상된다.

(2) 사후 이행을 위한 제3자를 위한 계약이 생전증여로 파악되므로[앞의 Ⅲ. 1. (2) 참조], 그에 따라 취득되는 권리가 유류분 반환의 대상이 되는지는 제1114조의 적용에 따라 결정된다. 요약자는 대가관계에서 증여 목적을 지정하고 제3자 약관에 의해 낙약자에 대한 권리를 수익자에게 출연하였으므로, 그것이 제1114조가 말하는 “증여”에 해당한다는 점에는 의문이 없다.[42] 그러므로 ① 수익자에 대한 권리 출연이 상속개시 전의 1년 사이에 행해졌거나, ② 요약자와 수익자가 유류분 권리자에게 손해를 가할 것을 알고 한 것이거나, ③ 수익자가 공동상속인 중 한 사람이었던 경우(제1118조, 제1008조),[43] 수익자가 취득한 권리는 유류분을 산정할 때 산입되며 이로써 유류분 반환의 대상이 된다(제1115조, 제1116조). 대상판결의 사안에서는 공동상속인 중의 한 사람이 수익자이므로(③), 수익자가 취득한 반환금 채권이 유류분 반환에서 제1114조의 증여로 고려되어야 한다는 점에는 의문이 없다.

해석상의 문제는 ①과 관련해 제기된다. 사후 이행을 위한 제3자를 위한 계약에서 상속개시 시점과 비교하여 1년 이상의 시간 간격이 존재하는지 여부를 확인하게 하는 “증여”의 시점을 언제로 특정할 것인지의 물음이 제기되는 것이다. 이는 요약자가 수익자의 권리 취득을 저지할 수 없어 그 취득이 수익자의 의사에 의존하게 되는 시점을 기준으로 해야 한다. 그래서 수익자의 권리가 요약자의 사망 후에 발생하도록 정해진 경우나 요약자 생전에 발생하였지만 요약자가 철회 가능성을 유보한 경우에는, “증여” 시점은 요약자가 철회 또는 처분할 수 없게 되어 수익

---

42) 김주수 · 김상용(주 8), 885면 등 참조. 홍진희 · 김판기, “생명보험금과 유류분 반환청구에 관한 민 · 상법적 고찰”, 재산법연구, 제29권 제3호, 2012, 314-315면은 생명보험과 관련해 상속인 아닌 자가 수익자로 지정된 경우 이를 부정하나, 요약자와 수익자 사이의 대과관계와 관련해 그동안 진행된 논의를 고려하지 않고 있어 의문이다.

43) 大判 1996. 2. 9., 95다17885, 집 44-1, 133; 憲裁決 2010. 4. 29., 2007헌바144.

자가 수익의 의사표시로 자신의 권리를 확정시킬 수 있는 시점 즉 요약자가 사망한 시점이다. 앞서 보았지만[위의 Ⅲ. 1. (2) 참조], 바로 그렇기에 대상판결과 같은 사후 이행을 위한 제3자를 위한 계약은 요약자 사망 시점의 생전증여로 취급되는 것이며, 이는 전형적인 사례인 생명보험에서도 마찬가지이다. 특히 이들 사례에서 사후 이행을 위한 제3자를 위한 계약이 체결된 시점이나 수익자 지위 확정의 효력이 없는 생전 수익의 의사표시 시점을 "증여" 시점으로 보아서는 안 된다. 그렇지 않으면 출연 재산에 대해 철회 및 처분 가능성을 가지는 요약자가 실질적인 재산 이전 시점은 사망 이후로 연기하여 사실상 유증과 동일한 효과를 누리면서도 형식적인 계약 시점만을 앞당김으로써 유류분의 적용을 회피할 수 있게 되어 부당하다(제1116조 참조). 되찾을 수 있는 가능성을 가지면서 주는 것은 진정으로 주는 것이 아니다.[44] 그러므로 사후 이행을 위한 제3자를 위한 계약에서 "증여" 시점은 수익자가 요약자의 철회나 처분 가능성에서 벗어나 독자적으로 자신의 권리를 확정할 수 있는 시점 즉 요약자의 사망 시점이어야 한다(관련해 아래 Ⅳ. 2. 참조).[45] 반대로 마찬가지의 논리에 따라 수익자의 권리가 요약자 생전에 수익의 의사표시에 의해 확정적으

44) 이것이 "증여하면서 유보하는 것은 무효"(donner et retenir ne vaut)라는 게르만법 원리의 핵심적인 내용이다. 이 법리의 연원과 비교법 그리고 현대법에 대한 함의에 대해 Wacke, "Donner et retenir ne vaut", *Archiv für die civilistische Praxis* 201 (2001), 256ff. 참조.

45) 생명보험과 관련해 결과에서 마찬가지로 정구태(주 33), 290면; 윤진수 편집대표, 주해 상속법, 제2권, 2019, 942면(최준규). 스위스는 입법으로 이를 명확히 하고 있으며(스위스 민법 제476조; Staehelin in *Basler Kommenar zum ZGB II*, 6. Aufl., 2019, Art. 476 Rn. 3 참조), 독일 해석론도 같다(Schindler in *Beck-Online Grosskommentar zum BGB*, 1.7.2022., § 2325 Rn. 238; Pawlytta in Mayer/Süß/Tanck/Bittler Hrsg., *Handbuch Pflichtteilsrecht*, 4. Aufl., 2018, § 7 Rn. 50). 오스트리아 해석론에서는 이를 명시적으로 언급하지는 경우는 많지 않지만 그러한 해석을 당연한 전제로 설명하고 있으며(예컨대 Eccher in Schwimann, *ABGB. Praxiskommentar*, 3. Aufl., Band 3, 2006, § 785 Rn. 3), 이는 개정된 규정의 입법 의도에 비추어 보다 분명하다(Musger in Koziol/Bydlinski/Bollenberger, *Kurzkommentar zum ABGB*, 6. Aufl.., 2020, §§ 782-783 Rn. 3ff.). 그 밖에 이 점을 명시적으로 언급하는 Müller/Fleischhacker-Hofko/Skreiner, "Liechtensteinische Lebensversicherungen im Spannungsfeld des österreichischen Pflichtteilsrechts", *Journal für Erbercht und Vermögensnachfolge* 2008, 125, 129 참조.

로 발생할 수 있었고 요약자에게 철회 또는 처분 가능성이 유보되어 있지 않다면, "증여" 시점은 수익의 의사표시에 의해 수익자의 권리가 확정될 수 있었던 시점이 된다.

(3) 이상의 내용에 따를 때, 생명보험금 청구권이나 대상판결의 반환금 채권은 수익자의 고유재산에 속하지만 보험계약자 또는 요약자 사망 시점의 생전증여로서 유류분의 적용을 받는다. 그런데 이 경우 유류분 산정에서 상속재산에 가산할 증여의 액수와 관련해서도 해석론적인 논점이 발생한다. 이러한 사후 이행을 위한 제3자를 위한 계약의 경우, 요약자가 낙약자에게 이전하는 재산의 가치와 수익자가 낙약자를 상대로 취득하는 권리의 가치가 불일치하는 사례가 흔하다. 생명보험의 경우 보험수익자는 보험계약자가 납입한 보험료의 총액과는 다른 액수 특히 저축성 생명보험이라면 이자가 가산되어 이를 상회하는 액수의 보험금 청구권을 취득하며, 대상판결의 경우 피고는 D의 입소와 관련된 제반 비용이 공제되어 처음 R 재단에 이전된 금액보다 적은 액수의 반환금 채권을 취득하였다. 이러한 경우 산정의 기초가 되는 재산에 산입할 증여의 액수로는 어떤 것을 선택해야 하는가?

(가) 이 문제는 그동안 주로 생명보험과 관련해 논의되어 왔다. 이에 대해서는 피상속인인 보험계약자가 납입한 보험료 총액을 기준으로 하는 견해,[46] 보험수익자가 취득하는 보험금 청구권의 액수를 기준으로 하는 견해,[47] 보험계약자의 사망 시점에 보험계약을 스스로 해지하였다면 반환받을 수 있었던 해지 가격인 해약반환금의 액수를 기준으로 하는 견해,[48] 이미 납입된 보험료 총액 중 피상속인이 사망시까지 지급한 보험료가 차지하는 비율을 산정해 이를 보험금액에 곱하여 산출된 금액을

---

46) 변동열, "유류분 제도", 민사판례연구[XXV], 2003, 839면; 홍진희 · 김판기, "생명보험금과 민법 제1008조 특별수익과의 관계", 법조, 제668호, 2012, 224면.

47) 주해 상속법(주 45), 944면(최준규).

48) 박병호, 가족법, 1991, 477면; 김주수 · 김상용(주 8), 885면; 이경희(주 33), 112면; 이진만(주 33), 374면; 정구태(주 33), 289면.

기준으로 하는 견해[49]가 주장되고 있다. 다만 마지막 견해는 보험금 청구권의 액수를 기준으로 하되 피상속인 아닌 자도 보험료를 부담한 사정을 고려하는 관점으로(상속세 및 증여세법 시행령 제4조 참조), 두 번째 견해와 구별되는 별도의 독자적인 입장으로 보기는 어렵다.

비교법적으로도 다양한 태도가 관찰된다. 유류분은 알지 못하지만 법원의 재량에 따라 일정한 범위의 근친에게 재산 분여를 가능하게 하는 영국의 1975년 가족 및 피부양자 재산 분여에 관한 상속법률[Inheritance (Provision for Family and Dependants) Act 1975]은 기본적으로 피상속인이 지급한 보험료를 출연한 것으로 파악한다(동법 제10조 제7항 참조).[50] 프랑스법도, 원칙적으로 생명보험과 관련해 상속법 특히 유류분의 적용을 입법적으로 배제하기는 하지만(보험법전 제L.132-13조 제1항), 예외적으로 보험계약자의 능력에 비해 현저히 과도한 보험료 지급이 있으면 그에 상속법 특히 유류분의 적용을 허용하므로(동조 제2항), 이 예외의 영역에서는 보험료가 출연된 것으로 본다고 할 수 있다.[51] 반면 오스트리아 민법(현재는 제781조)의 해석으로는 피상속인이 수익자에게 보험금 청구권을 출연한 것으로 이해되고 있다.[52] 스위스 민법은 입법적으로 해약환급금을 기준으로 한다(동법 제476조, 제529조). 독일 민법에서도 동법 제2325조의 해석과 관련해 오랜 다툼이 있었지만, 판례는 이제 이전의 보험료설에서 해약환급금설로 태도를 변경하였다.[53] 한편 일본의 판례는 피상속인이 자신을 피보험자로 하는 생명보험에서 상속인 아닌 자를 생명보험의 수익자로 변경하는 행위는 유류분 반환의 대상이 되는 유증 또는 증여(개정 전 일본 민법 제1031조, 현행 제1046조)에 해당하지 않는다고 판시하였는

---

49) 곽윤직, 상속법, 개정판, 2004, 107면; 김능환(주 33), 30면.

50) Trulsen, *Pflichtteilsrecht und englische family provision im Vergleich*, 2004, S. 147f.

51) Lambert-Faivre et Leveneur, *Droit des assurances*, 14ᵉ éd., 2017, n° 1094 참조.

52) KBB/Musger(주 45), § 781 Rn. 4; Eccher, *Erbrecht*, 6. Aufl., 2016, § 12 Rn. 12/5.

53) BGHZ 186, 252 = NJW 2010, 3232. 그 이전의 학설·판례 상황과 판례 변경 이후의 논의에 대해 우선 Müller-Engel in Bamberger/Roth/Hau/Poseck, *Bürgerliches Gesetzbuch*, Band 5, 4. Aufl., 2020, § 2325 Rn. 13f.; Pawlytta(주 45), § 7 Rn. 42ff. 참조.

데,[54] 다만 수익자가 공동상속인 중 한 사람인 경우에도 같은 결과가 인정될 것인지 여부에 대해서는 학설에서 논의가 있다고 한다.[55]

(나) 우리 민법의 해석으로는 해약환급금설이 타당하다고 생각된다. 이는 유류분의 제도 목적으로부터 설명된다.[56] 민법은 상속개시 시점의 상속재산에서 출발하여 그에 일정한 증여재산을 가산하고 채무를 공제하여 산출한 기초재산을 바탕으로 유류분 권리자의 유류분을 결정한다(제1112조 내지 제1114조). 이는 증여로 이탈한 재산이 만일 이전되지 않고 상속재산에 그대로 있었다면 존재하였을 상태를 기준으로 법률이 보호하는 유류분 권리자의 이익이 확정된다는 것을 의미한다. 즉 고려되는 사정은 피상속인의 재산으로부터 증여의 대상이 이탈되었다는 사실이다. 그러므로 법률에 따를 때 유류분 권리자의 이해관계는 이탈된 증여의 대상을 계산상 되돌려 산정된 기초재산을 기준으로 결정되고, 유류분 반환은 그 형태가 원물반환이든 가액반환이든 이탈한 증여의 대상을 "회복"하는 모습으로 이루어진다. 이는 피상속인의 재산으로부터 이탈한 재산을—원물 또는 가액의 형태로—되돌리는 것이 유류분의 목적임을 의미한다.[57] 그러므로 피상속인이 철회·변경권을 가지고 있었던 생명보험에서 확정되어야 할 사항은 수익자의 지위가 확정되는 순간인 상속개시 순간에 피상속인으로부터 이탈한 재산이 무엇인지이다. 그것은 그 순간에 피상속인이 그 시점에 보험을 해지하였다면 환급받을 수 있었던 금액일 수밖에 없다.[58]

---

54) 日最判 2002. 11. 5., 民集 56-8, 2069. 상세한 내용은 정구태(주 33), 292면 이하 참조.

55) 전거와 함께 정구태(주 33), 295면 참조.

56) 비슷한 이익상황에 대해 김형석(주 23), 273면 이하 참조.

57) 그러한 의미에서 유류분 반환이 원물반환을 원칙으로 하는지 아니면 가액반환을 원칙으로 하는지, 반환청구가 형성적 효력을 가지는지 아니면 청구권에 그치는지 등은 본고의 쟁점과는 직접 관련이 없는 사항이다.

58) 물론 예를 들어 피상속인이 수익자를 지정하지 않거나 사망 시점에 자기 자신을 수익자로 변경하였다면 보험금 청구권은 상속재산에 속하게 될 것이므로[大判 2000. 10. 6., 2000다38848; 2002. 2. 8., 2000다64502; 학설 상황에 대해 민유숙 편집대표, 주석 민법 상속, 제5판, 2020, 186-187면(윤지상) 참조], 관점에 따라서는

만일 납입한 보험료 총액을 기준으로 하는 경우, 수익자가 공동상속인이 아니라면 통상 상속개시 1년 이내의 보험료만이 반환 대상이 될 것인데(제1114조, 제1118조, 제1008조)[59] 이는 지나치게 단기여서 유류분 권리자의 이익을 적절히 고려할 수 없다.[60] 더 나아가 수익자가 공동상속인인 경우에도, 예컨대 보험약관대출이 있었다면 보험자는 대출을 공제한 금액만을 수익자에게 지급할 것인데,[61] 이때 보험료를 기준으로 하여 유류분 반환을 명하게 되면 수익자는 자신이 받은 액수보다 큰 액수의 보험료를 기준으로 반환해야 할 유류분이 산정된다는 불합리한 결과가 발생한다. 물론 부당한 결과를 회피하기 위해 반환할 유류분 범위는 수익자가 받은 금액으로 제한된다는 예외를 해석상 설정할 수는 있겠지만, 그렇다면 그러한 예외는 보험료설의 관점에서 어떻게 이론적으로 정당화될 수 있는지의 물음을 피하기 어렵다.

반대로 수익자가 취득하는 보험금 청구권을 기준으로 하는 견해는 보험계약자인 피상속인이 수익자에게 보험금 청구권을 출연한 것으로 파악해야 한다는 전제에서 출발한다. 그러나 민법 제1114조는 증여에 의해 수증자가 재산을 취득한다는 점이 아니라 증여된 재산이 상속재산으로부터 이탈됨으로써 상속인이 상속재산에 참여하는 지분이 감소된다는 점에 주목을 하고 있다. 그러므로 보험금 청구권의 가액이 해약환급금의 가액

상속재산으로부터 보험금 청구권이 이탈했다고 보는 설명도 있을 수 있다. 그러나 이는 타당하지 않다. 요약자인 피상속인은 보험금 청구권을 수익자에게 출연하고자 하였고, 그렇기에 사망 시점까지 수익자 지정을 유지하였다. 그리고 유류분 권리자인 상속인으로서는 피상속인이 수익자 변경을 할 것에 대해 아무런 권리나 보호가치 있는 이해관계가 없다. 따라서 피상속인은 그 의사에 기해 수익자에게 보험금 청구권을 출연함으로써 자신의 해약환급금을 포기한 것이고, 이러한 결단은 존중받아야 한다. 그렇다면 본문에서 살펴본 대로, 유류분 반환의 목적에 따라 고려되는 가치는 후자 즉 해약환급금이어야 한다.

59) 변동열(주 46), 839면.

60) 판례 변경 전 보험료설에 따라 운영되었던 독일 민법에서 이 기간은 10년이었으며(개정전 제2325조 제3항), 영국법에서는 6년이며(1975년의 가족 및 피부양자 재산 분여에 관한 상속법률 제10조 제2항 제a호), 프랑스 민법은 아예 그러한 기간 제한이 없이 유류분이 충족될 때까지 소급하여 증여를 가산한다(동법 제923조).

61) 大判(全) 2007. 9. 28., 2005다15598, 집 55-2, 50 참조.

을 상회하는 통상적인 저축성 생명보험에서, 보험금 청구권을 반환 대상으로 삼게 되면 유류분 권리자는 피상속인의 재산으로부터 이탈한 재산의 가액보다 큰 금액을 유류분 산정의 기초재산으로 회복할 수 있게 될 것인데, 이는 제1114조의 규범 목적에 부합하지 않는다. 피상속인이 사망 시점에 가지고 있다가 사망으로 상실한 권리는 생명보험 해지권이고, 그 가치는 해약환급금의 액수이다. 물론 보험금 청구권도 상속재산에 포함될 가능성은 있었지만, 피상속인이 이를 의욕하지 않아 실현될 수 없었다(주 58 참조). 그렇다면 보험회사에 의해 관리되어 해약환급금을 초과하는 보험금이 성립한 경우, 그 초과분은 유류분 권리자가 아닌 수익자에게 귀속하는 결과가 생명보험을 체결한 피보험자의 의사를 존중하는 해석일 것이다. 보험회사가 보험계약의 취지에 따라 조성한 추가적 이익이 무슨 이유에서 수익자가 아니라 유류분 권리자의 이익으로 돌아가야 하는지는 쉽게 이해할 수 없다. 또한 이 견해는 상속세 및 증여세법 시행령 제4조를 근거로 들기도 하지만,[62] 이는 명백히 수익자의 취득에 대한 과세를 목적으로 하는 법령의 목적에 따른 것이므로 요약자로부터 재산이 이탈하였다는 사정에서 출발하는 제1114조의 해석에 참고가 될 수 없음은 자명하다.

그러므로 생명보험을 체결한 피상속인의 상속인이 유류분의 반환을 청구할 때 상속재산에 가산되어야 하는 증여의 가액은 피상속인이 사망하는 시점의 해약환급금이라는 해석이 민법의 유류분 제도의 취지에 가장 부합하며 관계인의 이익을 적절하게 고려한다고 생각된다. 그리고 이러한 내용으로부터 보험계약자에게 철회·변경권 없는 생명보험의 경우 유류분 반환과 관련한 해석도 도출될 수 있다. 보험계약자에게 철회·변경권이 없는 이상 보험계약의 성립으로 수익자의 지위는 확정되므로, 유류분 반환은 수익자가 공동상속인이거나(제1118조, 제1008조), 수익자가 유류분 침해를 알고 있었거나, 그러한 보험계약 성립이 상속개시로부터

62) 주해 상속법(주 45), 944면(최준규).

1년 이내에 있는 때에만 고려된다(제1114조). 이때 산입할 증여된 가치는 수익자 권리가 확정되는 시점의 해약환급금의 가치이며, 그 시점 이후에 납입된 보험료에 대해서는 별도로 유류분 반환청구가 가능하다. 반면 해지권과 수익자 변경권 없는 생명보험에 의해 공동상속인 아닌 자가 유류분 침해를 알지 못하고 상속개시 1년 이전에 수익자로 지정되었다면, 유류분 청구는 상속개시 1년 이전의 기간 동안 행해진 보험료 납입에 대해서만 가능할 것이며, 이때 납입 보험료에 기초한 가치 증가는 고려되지 않는다.[63)]

(다) 이상의 내용을 사후 이행을 위한 제3자를 위한 계약에 대해 일반화하면 다음과 같다. 요약자가 자신의 사망 시점까지 처분 및 철회 가능성을 보유하는 경우 즉 수익자의 권리가 요약자 사망 이후에 발생한다고 정해지거나 그 이전에 수익의 의사표시가 있더라도 요약자에게 철회·변경권이 유보된 경우, 유류분 반환에서 상속재산에 가산할 증여의 가액은 요약자 사망 시점에 요약자가 처분 또는 철회를 통해 실현할 수 있었을 가치이어야 한다. 반면 요약자 생전에 수익자가 수익의 의사표시를 통해 자신의 권리 취득을 확정하고 요약자가 이를 철회·변경할 수 없는 상태였다면, 수익의 의사표시 시점에 수익자는 권리 자체를 제약 없이 출연받은 지위에 있게 되므로 그 시점의 권리의 가치가 증여의 가액으로 상속재산에 가산되어야 하며, 이후 가치 증가는 요약자의 출연을 별도로 고려한다.

(4) 대상판결에서 문제되고 있는 사후 이행을 위한 제3자를 위한 계약은 수익자의 권리가 요약자 사후에 확정될 수 있는 유형이다(위의 Ⅱ. 2. 참조). 그러므로 원고들이 피고를 상대로 유류분 반환을 청구하는 경우, 피고의 지위는 D의 사망 시점에 확정될 수 있으므로 그가 출연받은 반환금 채권은 상속개시 1년 이내의 것이며 공동상속인에 대한 것으로서 반환 대상이 되는 증여에 해당한다[바로 위의 (2)]. 이어서 원고들의 유류분을 산정할 때 상속재산에 가산되어야 할 증여의 가액은 D가 사망의

---

63) Pawlytta(주 45), § 7 Rn. 48f. 참조.

시점에 계약을 해지하였다면 스스로 회수할 수 있는 금액이므로[바로 위의 (3)], 이는 D가 입소할 때 납입한 금액인 118,000,000원이 아니라 사망 시점에 D가 퇴소하였다면 정산을 거쳐 받았을 반환금액인 117,396,690원이다.

3. 보론: 상속채권자에 대한 관계

(1) 사후 이행을 위한 제3자를 위한 계약에서 발생할 수 있는 또 하나의 쟁점은 상속채권자에 대한 관계에서 제기된다. 상속재산으로 완전한 만족을 받을 수 없는 상속채권자는 사후 이행을 위한 제3자를 위한 계약을 통해 출연된 재산으로부터 만족을 구할 수 있는가? 일단 대상판결의 사실관계에서는 이와 관련된 사정은 관찰되지 않는다. 따라서 본고에서는 보론으로 이에 관한 내용을 간단히 언급하는 것으로 그치고자 한다.[64] 이러한 분쟁에서도 주로 저축성 생명보험이 문제될 것이므로, 수익자의 권리가 요약자 사망 이후에 확정될 수 있는 제3자를 위한 계약을 배경으로 하면서, 앞서 살펴본 대로 수익자의 권리는 생전행위로 출연되어 상속재산에 속하지 않는다는 해석을 전제로 한다(위의 Ⅲ. 1. 참조).

(2) 우선 요약자에 대해 사망 전에 이미 도산절차가 개시한 경우, 그가 사망하면 수익자가 제한 없이 낙약자에 대한 권리를 취득하는지 아니면 도산절차의 제약에 따라 취득이 좌절되는지 여부가 문제된다(채무자회생 및 파산에 관한 법률 제329조, 제330조). 결론부터 말한다면, 예컨대 요약자가 파산한 상태에서 사망하였다면, 수익자는 동법 제330조에 따라 권리 취득을 파산채권자에게 대항할 수 없다고 해석해야 한다. 동조는 채무자의 행위가 매개되지 않는 경우에도 원칙적으로 모든 권리 취득을 빠짐없이 파악할 수 있게 하는 포괄규정으로,[65] 바로 이러한 경우에 적용될 것을 예정하고 있기 때문이다. 여기서 수익자의 권리가 형식적으로

---

64) 다양한 사안 유형을 전제로 상세한 내용은 최준규, "생명보험 수익자의 법적 지위", 사법, 제44호, 2018, 369면 이하 참조.

65) Mock in Uhlenbruck, *Insolvenzordnung. Kommentar*, 14. Aufl., 2015, § 91 Rn. 1 참조. 伊藤眞, 破産法・民事再生法, 第4版, 2018, 366면 이하도 참조.

파산재단을 경유하지 않고 직접 낙약자를 상대로 발생한다는 사정만으로는 다른 결과를 인정할 수 없다. 수익자의 권리는 요약자 사망 시점의 출연으로부터 발생한 것이므로, 그의 이해관계는 그 권리가 요약자에게 발생한 다음 이전된다면 존재하였을 이익상황을 기준으로 판단되어야 하기 때문이다. 예외는 그가 요약자 사망 전에 권리 취득과 관련해 요약자의 행위에 좌우되지 않는 확고한 지위를 가지고 있었던 경우에만 인정될 수 있으나,[66] 이 사안 유형이 그렇지 않음은 명백하다.

(3) 반면 요약자가 사망한 시점에 아직 도산절차가 개시되지 아니한 경우, 요약자의 일반채권자가 수익자가 취득한 권리로부터 만족을 받고자 한다면 수익자를 상대로 채권자취소권(제406조)이나 부인권(채무자회생 및 파산에 관한 법률 제391조 이하)을 행사하여야 한다. 채권자취소권이나 고의부인(채무자회생 및 파산에 관한 법률 제391조 제1호)은 수익자의 악의를 요구하는데, 이는 개별 사안에서 충족되지 않거나 증명이 어려울 수도 있다. 따라서 통상 무상부인(동법 제391조 제4호)이 고려된다. 특히 요약자 사망 후에 수익자 권리가 확정될 수 있는 제3자를 위한 계약에서는 요약자 사망 시점을 출연 시점으로 보아야 하므로[위의 Ⅲ. 1. (2) 참조], 무상부인의 기간 요건(지급의 정지, 파산 신청 등이 있은 후 또는 그 전 6개월)은 대체로 무리 없이 충족될 수 있다.

문제는 반환 대상을 사망 시점의 해지 가격(해약환급금)이라고 할 것인지 아니면 수익권(보험금)이라고 할 것인지 여부이다. 유류분 반환과 채권자취소·부인은 규범목적이 이탈된 재산의 회복이라는 관점에서 공통점을 가지므로,[67] 유류분 반환과 관련해 해약환급금을 기준으로 했다면 여기서도 같은 기준을 적용하는 견해도 충분히 고려할 여지가 있다. 그러나 이 맥락에서는 수익권 즉 생명보험의 경우 보험금을 기준으로 하는 것이 보다 적절하지 않은가 생각된다.[68] 유류분 권리자인 상속인은 요약

---

66) 김형석, 담보제도의 연구, 2021, 387면 이하 참조.

67) Hasse, *Lebensversicherung und erbrechtliche Ausgleichsansprüche*, 2005, S. 28 참조.

자 생전에 그의 재산에 대해 아무런 권리를 가지고 있지 않았고, 그러한 이유에서 요약자가 수익자에게 보험금 청구권을 출연하면서 자신의 해약환급금을 포기하는 의사는 존중될 만한 이유가 있었다(주 58 참조). 물론 상속인은 유류분 침해가 있으면 그 반환을 구할 수 있겠지만, 이는 요약자 사후에 비로소 확정되는 관계이다. 반면 상속채권자는 요약자 생전에 이미 그의 재산을 책임재산으로 하여 만족을 받을 수 있는 확정된 지위에 있었고,[69] 여기서 요약자가 기존 채무 변제를 위해 책임재산을 유지하는 것이 아니라 오히려 이를 감소시키면서 의무 없는 무상처분을 하려는 의사는 선뜻 긍정하기 어렵다. 이로써 요약자는 자신의 상속채권자의 만족을 저해할 뿐만 아니라, 자신의 상속인의 유류분도 위태롭게 한다. 그러므로 이익상황은, 요약자가 기존 의무 이행을 도외시하고 무상으로 타인을 배려하는 것보다는, 자기 자신을 수익자로 변경하여 일차적으로 상속채권자의 만족을 도모하는 것을 기대하게 한다. 그렇다면 채권자취소·부인의 맥락에서 요약자로부터 일탈하는 재산이 단순히 해지 가격이 아니라 수익권이라고 판단하여도 반드시 무리라고 말할 수 없을 것이다. 따라서 저축성 생명보험과 같이 수익권의 가치(보험금)가 해지 가격(해약환급금)을 상회하는 사후 이행을 위한 제3자를 위한 계약에서, 채권자취소권 및 부인권의 반환 대상은 전자를 기준으로 하는 것이 타당할 것이다.

Ⅳ. 결 론

1. 본문의 요약

본문의 내용을 요약하면 다음과 같다.

(1) 제3자를 위한 계약은 요약자 사후의 이행을 위해 체결될 수 있으며, 그 내용은 제3자 약관의 해석에 의해 결정된다(Ⅱ. 1.). 대상판결의 사안이나 통상적인 생명보험의 경우, 요약자는 생전에 출연 재산에 대한

---

68) 현재 독일 판례도 같다. BGHZ 156, 350 = NJW 2004, 214.
69) BGHZ 186, 252 = NJW 2010, 3232 Rn. 30 참조.

처분 가능성을 보유하며, 수익자의 지위는 요약자가 사망한 시점에 비로소 확정될 수 있다(Ⅱ. 2.).

(2) 그러한 사후 이행을 위한 제3자를 위한 계약에 의한 수익권의 출연은 사인처분이 아닌 생전증여이며, 증여 시점은 요약자의 사망 시점이다[Ⅲ. 1. (2)]. 증여 목적은 요약자가 대가관계에서 단독으로 정하며, 그 상속인은 철회·해제 등으로 이를 좌절시킬 수 없다[Ⅲ. 1. (3)]. 유류분의 산정 및 반환과 관련해서도 이 내용이 그대로 타당하다[Ⅲ. 2. (2)]. 증여로 가산할 액수는 요약자가 사망 시점에 처분 또는 철회로 실현할 수 있었을 재산액이며, 이는 생명보험의 경우 보험계약자 사망 시점의 해약환급금이다[Ⅲ. 2. (3)].

(3) 요약자가 사망하는 시점에 그에게 도산 절차가 개시한 경우, 도산법의 취지상 수익자는 권리 취득을 도산 절차에 대항할 수 없다[Ⅲ. 3. (2)]. 자력 없는 요약자에게 사망 시점에 도산 절차가 개시하지 않았던 경우에는, 상속채권자는 수익자를 상대로 채권자취소권 또는 부인권을 행사하여 만족을 구해야 한다. 이는 사망 시점의 생전증여를 취소/부인하는 것이며, 그 대상은 수익권 즉 생명보험의 경우 보험금 청구권이다[Ⅲ. 3. (3)].

2. 덧 붙 임

이상의 원고를 작성한 이후에 선고된 대법원 2022. 8. 11. 선고 2020다247428 판결은 사실관계에서 생명보험의 수익자 지정이 문제되었는데, 본고가 다루는 쟁점들에 대해 중요한 판시를 하고 있다.

> "피상속인이 자신을 피보험자로 하되 공동상속인이 아닌 제3자를 보험수익자로 지정한 생명보험계약을 체결하거나 중간에 제3자로 보험수익자를 변경하고 보험회사에 보험료를 납입하다 사망하여 그 제3자가 생명보험금을 수령하는 경우, 피상속인은 보험수익자인 제3자에게 유류분 산정의 기초재산에 포함되는 증여를 하였다고 봄이 타당하다. 또한 공동상속인이 아닌 제3자에 대한 증여이므로 민법 제1114조에 따라 보험수익자를 그 제3자로 지정

또는 변경한 것이 상속개시 전 1년간에 이루어졌거나 당사자 쌍방이 그 당시 유류분권리자에 손해를 가할 것을 알고 이루어졌어야 유류분 산정의 기초재산에 포함되는 증여가 있었다고 볼 수 있다.

이때 유류분 산정의 기초재산에 포함되는 증여 가액은 피상속인이 보험수익자 지정 또는 변경과 보험료 납입을 통해 의도한 목적, 제3자가 보험수익자로서 얻은 실질적 이익 등을 고려할 때, 특별한 사정이 없으면 이미 납입된 보험료 총액 중 피상속인이 납입한 보험료가 차지하는 비율을 산정하여 이를 보험금액에 곱하여 산출한 금액으로 할 수 있다."

즉 유류분 산정에서 생명보험에서 수익자 지정은 증여로 그 시점은 수익자를 지정한 시점이라고 이해하면서, 기초재산에 포함되는 증여 가액과 관련해서는 수정된 보험금 청구권설을 채택한 것이다. 본문에서 서술한 바와 같이, 이 두 판단 모두 타당하지 않다[전자에 대해 Ⅲ. 1. (2), Ⅲ. 2. (2), 후자에 대해 Ⅲ. 2. (3) 참조]. 물론 보다 유해한 판시는 전자이다. 후자는 유류분 산정에서 상속재산에 가산할 증여 재산의 액수에 관한 것이어서 특히 해약환급금설과 비교할 때 당사자들의 지위에 미치는 영향이 그렇게까지 크지는 않을 수도 있다(how much?). 그러나 전자에 따를 경우 유류분 권리자에게 크게 불리한 결과가 발생한다. 피상속인은 생전에 해약환급금의 형태로 언제든지 임의로 처분할 수 있었던 재산을 보유하고 있다가 자신의 사망 시점에 비로소 이를 포기하였음에도 불구하고, 사망하기 1년 이전에 공동상속인 아닌 자를 수익자로 지정하였다는 (언제든지 변경 가능하여 구속력 없는) 형식적 행위를 통해 제1114조에 반하여 유류분의 적용에서 벗어나는 자유를 가지게 되기 때문이다(whether?). 실제로 피상속인이 수익자를 지정할 때 아무런 권리도 수익자에게 구속력 있게 출연되지 않는다. 수익자는 그저 피상속인이 이를 변경하지 않고 사망하면 비로소 보험금 청구권을 취득한다는 보호가치 없는 기대만을 가지게 될 뿐이다. 그렇기 때문에 비교법적으로 보험료를 반환 대상으로 보는 관점은 보험료가 지급된 시점을 기준으로 증여가 행해졌다고 판단하지만(주 50, 51, 60 참조), 반면 해약환급금이나 보험금을 반환대상으로 보는 관점은 피상속인의 재산으로부터 해약환급금이 구속력 있게 일탈하거나 보험금 청구권이 수익자에게 구속력 있게 출연되는 피상속인 사망 시점에 증여가 있었다고 해석하는 것이다(주 45 참조). 그렇다면 이 판결은 유류분 잠탈을 사실상 허용한다는 점에서도 타당하지 않지만, 그 내적 논리에서조차 모순이 있다고 하지 않을 수 없다. 이러한 판단이 타당하다고 보기는 어려울 것이다.

[Abstract]

Contract to the Benefit of a Third Party upon Death

Kim, Hyoung Seok*

Occasioned by a Supreme Court decision, this article attempts to analyze the "contract to the benefit of a third party upon death"("Vertrag zugunsten Dritter auf den Todesfal" in German; hereafter CBTPD). The conclusions are as follows.

1. A contract to the benefit of a third party can be concluded to be performed after its promisee's death. The stipulation's contents should be made clear upon its construction. It is usually agreed by the parties that the promisee reserves the authority to withdraw from the contract or to dispose of the asset which is destined for the beneficiary. Life insurance is a good example.

2. The CBTPD is not a disposition upon death, but a donation *inter vivos* at the moment of the promisee's death. Its *causa donandi* should be fixed by the promisee alone with the result that his or her heir can not hinder the benefit accrued to the beneficiary. Based on this explanation, the rules on forced heirship apply as well. When calculating the forced share, the benefit which the promisee could have realized at the moment of his or her death should be considered, not the benefit conferred upon the beneficiary. As for life insurance, it is its redemption price.

3. When an insolvency proceeding is going on at the moment of the promisee's death, the beneficiary can not assert the benefit against the proceeding's administrator. If an insolvent promisee dies without an insolvency proceeding opened, his or her creditors should rely on the *actio Pauliana*

* Professor, School of Law, Seoul National University.

outside or inside the procedure. This remedy goes for the CBTPD as donation *inter vivos* at the moment of the promisee's death, its object being the accrued benefit itself. As for life insurance, it is its insurance benefit.

4. For these reasons, the Supreme Court's new decision on life insurance is not correct.

[Key word]

- contract to the benefit of a third party
- performance upon death
- donation inter vivos
- disposition upon death
- life insurance
- forced heirship

참고문헌

[한국어 문헌]

곽윤직, 채권각론, 제6판, 2003.

______, 상속법, 개정판, 2004.

곽윤직 편집대표, 민법주해[XIII], 1997.

곽윤직 · 김재형, 민법총칙, 제9판, 2013.

김능환, “유류분 반환청구”, 상속법의 제문제(재판자료 제78집), 1998.

김주수 · 김상용, 친족 · 상속법, 제18판, 2022.

김형석, “사인증여”, 민사법학, 제91호, 2020.

______, 담보제도의 연구, 2021.

______, “유류분과 신탁”, 가족법연구, 제36권 제1호, 2022.

민유숙 편집대표, 주석 민법 상속, 제5판, 2020.

박병호, 가족법, 1991.

변동열, “유류분 제도”, 민사판례연구[XXV], 2003.

연광석, 제3자를 위한 계약에 관한 연구, 서울대학교 박사학위논문, 2007.

윤진수 편집대표, 주해 상속법, 제2권, 2019.

이경희, 유류분 제도, 1995.

이진만, “유류분의 산정”, 민사판례연구[XIX], 1997.

장재현, “사후 이행을 위한 제3자를 위한 계약”, 비교사법, 창간호, 1995.

정구태, “생명보험금과 특별수익, 그리고 유류분”, 고려법학, 제62호, 2011.

최준규, “생명보험 수익자의 법적 지위”, 사법, 제44호, 2018.

홍진희 · 김판기, “생명보험금과 민법 제1008조 특별수익과의 관계”, 법조, 제668호, 2012.

______, “생명보험금과 유류분 반환청구에 관한 민 · 상법적 고찰”, 재산법연구, 제29권 제3호, 2012.

[외국어 문헌]

Bamberger/Roth/Hau/Poseck, *Bürgerliches Gesetzbuch,* Band 5, 4. Aufl., 2020.

Basler Kommenar zum ZGB II, 6. Aufl., 2019.
Bayer, *Der Vertrag zugunsten Dritter,* 1995.
Beck-Online Grosskommentar zum BGB, 1.7.2022.
Braun and Röthel ed., P*assing Wealth on Death: Will-Substitutes in Comparative Perspective*, 2016.
Eccher, *Erbrecht*, 6. Aufl., 2016.
Flume, *Allgemeiner Teil des bürgerlichen Rechts*, 2. Band, 4. Aufl., 1992.
Hager, "Neuere Tendenzen beim Vertrag zugunsten Dritter auf den Todesfall", *Festschrift für Caemmerer*, 1978.
Harder, *Zuwendungen unter Lebenden auf den Todesfall*, 1968.
Hasse, *Lebensversicherung und erbrechtliche Ausgleichsansprüche*, 2005.
Jauernig, *Bürgerliches Gesetzbuch*, 18. Aufl., 2021.
Kegel, *Zur Schenkung von Todes wegen*, 1972.
Koziol/Bydlinski/Bollenberger, *Kurzkommentar zum ABGB*, 6. Aufl., 2020.
Lambert-Faivre et Leveneur, *Droit des assurances*, 14e éd., 2017.
Mayer/Süß/Tanck/Bittler Hrsg., *Handbuch Pflichtteilsrecht,* 4. Aufl., 2018.
Müller/Fleischhacker-Hofko/Skreiner, "Liechtensteinische Lebensversicherungen im Spannungsfeld des österreichischen Pflichtteilsrechts", *Journal für Erbercht und Vermögensnachfolge* 2008, 125.
Münchener Kommentar zum BGB, Band 3, 9. Aufl., 2022.
Savigny, *System des heutigen römischen Rechts*, 4. Band, 1841.
Schwimann, *ABGB. Praxiskommentar*, 3. Aufl., Band 3, 2006.
Trulsen, *Pflichtteilsrecht und englische family provision im Vergleich*, 2004.
Uhlenbruck, *Insolvenzordnung. Kommentar*, 14. Aufl., 2015.
Wacke, "Donner et retenir ne vaut", *Archiv für die civilistische Praxis* 201 (2001), 256.
Wieakcer, "Zur lebzeitigen Zuwendung auf den Todesfall", *Kleine juristische Schriften*, 1988.
伊藤眞, 破産法・民事再生法, 第4版, 2018.

특정물 하자담보책임으로서의 손해배상*

고 유 강**

■ 요 지 ■

대상판결은 폐기물이 매립되어 하자가 있는 토지가 매도되어 매수인이 매매대금을 초과하는 보수비용을 지출한 다음 이를 하자담보책임에 기한 손해배상으로 구한 사안으로, 대법원은 매매대금을 초과하는 보수비용 상당 배상책임을 인정하였다. 대상판결은 폐기물이 매립된 경위나 시기를 알 수 없어 매도인에게 귀책사유가 인정되지 않아, 채무불이행책임이 아니라 순수하게 하자담보책임 손해배상의 범위가 다루어졌던 사안이라는 점이 의미가 있다.

본고가 주된 논의의 대상으로 삼고자 하는 하자담보책임 손해배상의 범위는 구체적인 질문 형태로 바꾸면 '하자담보책임에 따른 손해배상액이 매매대금을 초과할 수 있는가?'의 문제라고 할 수 있다.

하자담보책임의 본질은 채무불이행책임이라고 파악함이 타당하다. 다만 하자담보책임과 관련된 개별 조항의 해석은 당해 규정의 의미와 목적으로부터 도출해야지, 담보책임이 본질에 관하여 어떠한 입장을 취하는지로부터 당연히 연역되지 않는다. 하자담보책임을 규율하는 제580조 이하의 규범목적은 유상, 쌍무계약인 매매에서 급부와 반대급부 사이의 등가관계를 유지하고, 혹시 등가관계가 깨지는 경우에는 이를 회복하는 데에 있다. 이러한 규범목적은 특히 개별 구제수단의 내용이나 한계를 설정하는 장면에서 해석의 출발점이자 경계선 역할을 한다.

하자 있는 특정물의 매도인이 부담하는 손해배상책임의 범위가 어디까지

---

* 이 논문은 민사법학 제101호(2022. 12.)에 게재되었다.

** 서울대학교 법학전문대학원 조교수.

인지에 관하여는 견해의 대립이 있었고, 하자담보책임의 본질론에서 취하는 입장과 필연적으로 연결되는 것도 아니었다. 본고는 하자담보책임 손해배상은 신의칙상 매매대금으로 제한된 범위의 이행이익 배상으로 해석하여야 하고, 특히 하자로 인한 확대손해는 하자담보책임이 아닌 일반채무불이행 손해배상의 요건을 갖추어야 구할 수 있다는 주장이다.

이행이익을 출발점으로 삼는 이유는, 하자담보책임을 하자 없는 물건을 급부할 의무를 위반한 채무불이행책임이라고 보는 관점과 자연스레 상응하고, 보수비용 지출 전 단계에서의 손해를 설명하기 더 용이하기 때문이다. 다만 일반 채무불이행 손해배상과 동일하게 이행이익 전부의 배상을 인정할 수는 없다. 손해배상을 비롯하여 하자담보책임이 매수인에게 부여한 구제수단은 어디까지나 하자의 발생으로 인하여 어긋난 목적물과 매매대금 사이의 등가성을 교정하는 차원에서 머물러야 한다. 하자확대손해는 당사자들이 확보한 매매계약의 등가성을 넘어서는 손해이므로 배제되나, 하자보수비용은 등가성을 확보하기 위한 손해로서 이행이익에 일단 포섭된다.

하자보수비용도, 매매당사자들이 주관적 등가관계에 합치한 지점이라고 할 수 있는 매매대금을 한도로만 인정할 수 있고, 이를 넘어서는 부분은 공평의 원칙 또는 신의칙상 손해배상청구권의 행사가 제한된다고 보는 것이 타당하다. 하자담보책임은 '당사자들이 계약체결시에 하자의 존재를 알았다면 어느 지점(가격)에서 등가관계에 합의하였을지'를 재구성하는 작업으로 이해할 수 있는데, 하자보수비용이 매매대금을 초과한 경우에는 계약체결시로 되돌아가 가정적 재교섭을 시도해 봤을 때, 계약당사자들이 합의하였을 만한 주관적 등가지점을 재구성하기가 곤란하니, 당사자들이 인수한 계약위험의 범위를 벗어난 영역이라고 할 수 있다. 무과실책임으로 운용되는 하자담보책임 손해배상에서 매매대금을 초과한 손해를 매도인이 부담하도록 하는 것은 가혹하기도 하고, 증여자에 대한 담보책임 완화와도 균형을 확보하기 어렵다. 매도인이 매매대금을 초과하는 지출을 하여 입은 손실만큼을 다른 사람에게 전가할 수 있다면 불공평이 그나마 완화될 수 있을지 모른다. 그러나 대상판결 사안은 이 사건 토지에 폐기물을 언제, 누가 매립하였는지조차 제대로 밝혀지지 않은 사안이라 매도인이 자신의 손실을 구상 또는 전가할 대상을 찾기도 힘들다.

대상판결이 하자담보책임으로 매매대금을 초과하는 보수비용 상당 배상책임을 인정한 것은 주관적 등가성의 회복이라는 하자담보책임의 규범목적을 벗어나는 것이어서 찬성하기 어렵다. 손해배상책임은 주관적 등가관계가 합치한 지점인 매매대금을 한도로 신의칙상 제한이 이루어졌어야 한다.

[주 제 어]

- 하자담보책임
- 손해배상
- 주관적 등가성
- 이행이익
- 신뢰이익
- 하자확대손해

대상판결 : 대법원 2021. 4. 8. 선고 2017다202050 판결

[사안의 개요]

1. 사실관계

가. 원고는 2012. 7. 31. 피고[1]로부터 이 사건 토지를 57,368,000원에 매수하고(이하 '이 사건 매매'라 한다), 2012. 9. 25. 소유권이전등기를 마쳤다.

나. 원고는 2014. 3. 19. 아들에게 이 사건 토지를 증여하였고, 2014. 5. 9. 그 지상에 건물을 신축하기 위해 아들 명의로 건축허가를 받았으며, 2014. 9. 15. 지목을 '전(田)'에서 '대지'로 변경하였다.

다. 원고는 2014. 5.경 이 사건 토지에서 굴착공사를 하다가 약 1~2m 깊이에서 폐합성수지와 폐콘크리트 등 약 331톤의 폐기물이 매립되어 있는 것을 발견하였다.

라. 원고는 2014. 5.부터 2014. 9.까지 폐기물을 처리하기 위해 합계 60,925,170원을 지출하였다.

2. 원고 주장의 요지(청구원인)

피고는 원고에게 이 사건 토지의 하자와 관련하여 불완전이행으로 인한 손해배상책임 또는 하자담보책임으로 원고가 지출한 폐기물 처리비용 60,925,170원 및 이에 대한 지연손해금을 지급할 의무가 있다.

3. 소송의 경과

(1) 원심(서울중앙지방법원 2016. 12. 9. 선고 2016나54727 판결)

(가) 손해배상책임의 발생

1) 하자담보책임의 발생 여부

이 사건 토지에 매립된 폐기물의 내용과 수량, 매립위치, 처리를 위하여 소요된 비용 등 제반 사정을 고려하여 보면, 위와 같이 고액의 처리비용이 소요되는 폐기물이 매립되어 있는 것은 매매목적물이 통상 갖출 것으로 기대되는 품질 내지 상태를 갖추지 못한 하자가 있는 경우에 해당한다. 따라서

---

1) 정확하게는 피고의 업무수탁기관인 한국자산관리공사로부터 매수하였는데, 단순화시켰다.

피고는 원고에게 민법 제580조의 하자담보책임으로 위 하자로 인하여 원고가 입은 손해를 배상할 책임이 있다.

피고는, 이 사건 토지 지하에 폐기물이 있더라도 이 사건 매매계약 당시의 지목인 '전'으로 이용하는데 아무런 문제가 없고, 피고가 원고에게 위 토지를 '대지'로 이용할 수 있음을 보증한 것도 아니므로 하자에 해당하지 않는다고 주장하나, 이 사건 토지가 '전'인 상태에서도 식물의 재배를 위한 굴착이 이루어질 수 있고, 이 사건 토지에 매립된 폐기물은 그 위치나 수량에 비추어 볼 때 원고가 위 토지를 '전'으로 이용할 경우에도 식물의 재배에 상당한 영향을 미칠 것으로 보이는 점, 원고가 이 사건 토지의 지목을 '전'에서 '대지'로 변경하였다는 우연한 사정에 따라 이 사건 토지에 폐기물이 매립되어 있는 객관적 상태의 평가가 달라질 수 없는 점 등을 고려하여 볼 때, 피고 주장과 같은 사정을 감안하더라도 이 사건 토지에 하자가 있었다고 인정할 수 있으므로 피고의 위 주장은 이유 없다.

2) 채무불이행책임의 발생 여부

이 사건 토지에 앞서 본 하자가 존재하나, 폐기물이 매립된 시기를 확정할 수 있는 자료가 전혀 없고, 피고가 정상적인 절차를 거치지 않고 폐기물을 무단으로 매립하였다거나, 제3자가 무단으로 폐기물을 매립한다는 사정을 알고도 이를 방치하였다고 보기 어려운 점, 국유지의 면적이나 통상의 관리현황 등에 비추어 단순히 국유지에 제3자가 폐기물을 매립하는 것을 방지하지 못하였다는 점만으로 피고에게 과실이 있다고 보기 어려운 점 등에 비추어, 피고에게 불완전이행에 관한 고의·과실이 있다고 할 수 없어 불완전이행을 전제로 한 손해배상책임을 인정할 수 없다.

(나) 손해배상책임의 범위

1) 원고는 이 사건 토지에 폐기물이 매립된 하자로 폐기물 처리비용에 해당하는 손해를 입었다. 피고는 원고에게 손해배상으로 폐기물 처리비용인 60,925,170원과 그 지연손해금을 지급할 의무가 있다.

2) 피고는, 원고가 이 사건 토지를 소유하고 있는 동안 손해가 현실화된 바 없고 원고가 소외인에게 이 사건 토지를 증여한 후에야 지목변경을 위한 굴착 과정에서 폐기물 매립사실을 알게 된 것인데, 원고는 무상증여자로서 소외인에 대하여 하자담보책임을 부담하지 않으므로 이 사건 토지에 매립된 폐기물을 제거할 아무런 법률상 의무가 없음에도 이를 제거하는 비용을 부담하였는바, 피고가 지출한 비용은 이 사건 토지의 하자와 상당인과관계가 없

는 손해라고 주장한다. 살피건대, 하자담보책임에 기한 원고의 손해배상청구권은 피고로부터 이 사건 토지를 인도받은 때 발생하였고, 이후 원고가 이 사건 토지를 소외인에게 증여하였다는 사정만으로 위 하자담보에 기한 손해배상청구권이 소멸하거나 수증자에게 양도되는 것은 아니어서 이를 다투는 피고의 주장은 이유 없다.

3) 또한 피고는 공평의 원칙에 따라 피고의 손해배상책임이 상당부분 제한되어야 한다고 주장하므로 살피건대, 원고가 이 사건 매매계약 체결 당시에 이 사건 폐기물의 존재를 알았다거나 알지 못한데 과실이 있다고 볼 수 없고, 이 사건 소를 통하여 인정된 손해는 이 사건 토지에 매립된 폐기물의 처리비용에 불과하며 달리 위 처리비용이 특별히 과다하게 산정된 것이라고 볼 자료도 없으므로, 원고에게 하자 발생 및 확대에 잘못이 있다고 볼 수도 없어 피고의 위 책임제한 주장 또한 이유 없다.

(2) 대법원: 상고기각

(가) 손해배상책임의 발생 여부

매매의 목적물이 거래통념상 기대되는 객관적 성질이나 성능을 갖추지 못한 경우 또는 당사자가 예정하거나 보증한 성질을 갖추지 못한 경우에 매도인은 민법 제580조에 따라 매수인에게 그 하자로 인한 담보책임을 부담한다(대법원 2000. 1. 18. 선고 98다18506 판결 참조).

원심은 다음과 같은 이유로 하자담보책임으로 인한 손해배상책임이 인정된다고 판단하였고, 이는 정당하다.

1) 매립된 폐기물의 내용, 수량, 위치와 처리비용 등을 고려하면, 이 사건 토지에 위와 같은 폐기물이 매립되어 있는 것은 매매 목적물이 통상 갖출 것으로 기대되는 품질이나 상태를 갖추지 못한 하자에 해당한다. 따라서 피고는 원고에게 하자담보책임으로 인한 손해배상책임을 진다.

2) 피고는 원고가 이 사건 토지를 매매계약 당시 지목인 '전'으로 이용하는 데 문제가 없고 피고가 '대지'로 이용할 수 있다고 보증하지 않았으므로 폐기물이 있더라도 하자에 해당하지 않는다고 주장하나, 이는 받아들이기 어렵다. 이 사건 토지는 밭인 상태에서도 식물을 재배하기 위해 굴착이 이루어질 수 있다. 매립된 폐기물의 위치나 수량에 비추어 볼 때 원고가 토지를 밭으로 이용할 경우에도 폐기물이 식물의 재배에 상당한 영향을 미칠 것으로 보인다. 원고가 이 사건 토지의 지목을 '전'에서 '대지'로 변경하였다는 사정으로 폐기물이 매립되어 있는 객관적 상태를 달리 평가할 수 없다.

(나) **손해배상책임의 범위**

매매의 목적물에 하자가 있는 경우 매도인의 하자담보책임과 채무불이행책임은 별개의 권원에 의하여 경합적으로 인정된다(대법원 2004. 7. 22. 선고 2002다51586 판결 참조). 이 경우 특별한 사정이 없는 한 하자를 보수하기 위한 비용은 매도인의 하자담보책임과 채무불이행책임에서 말하는 손해에 해당한다. 따라서 매매 목적물인 토지에 폐기물이 매립되어 있고 매수인이 폐기물을 처리하기 위해 비용이 발생한다면 매수인은 그 비용을 민법 제390조에 따라 채무불이행으로 인한 손해배상으로 청구할 수도 있고, 민법 제580조 제1항에 따라 하자담보책임으로 인한 손해배상으로 청구할 수도 있다.

원심은 다음과 같이 판단하였고, 이는 정당하다.

1) 원고는 이 사건 토지에 폐기물이 매립된 하자로 폐기물 처리비용에 해당하는 손해를 입었다. 피고는 원고에게 손해배상으로 폐기물 처리비용인 60,925,170원과 그 지연손해금을 지급할 의무가 있다.

2) 피고는 원고가 소외인에게 이 사건 토지를 증여한 후 폐기물 매립 사실을 알게 되었는데 소외인에 대하여 하자담보책임을 부담하지 않으므로 원고가 지출한 비용과 토지의 하자 사이에 상당인과관계가 없다고 주장하나, 이는 받아들이기 어렵다. 매수인인 원고의 하자담보책임으로 인한 손해배상청구권은 피고로부터 매매 목적물인 이 사건 토지를 인도받은 때 발생하였고 이후 원고가 소외인에게 이 사건 토지를 증여하였다는 사정만으로 손해배상청구권이 소멸하거나 수증자에게 양도되지 않는다.

3) 피고는 손해배상책임을 제한해야 한다고 주장한다. 그러나 원고가 매매계약 체결 당시 폐기물의 존재를 알았다거나 알지 못한 데 과실이 있다고 볼 수 없고, 원고가 구하는 손해가 폐기물 처리비용으로 과다하게 산정되었다고 볼 자료가 없으므로 피고의 위 책임제한 주장은 받아들이지 않는다.

〔研　　究〕

Ⅰ. 들어가며

물건의 하자에 관한 담보책임(하자담보책임)은 민법학에서 오랜 기간 논의가 오간 주제 중 하나다. 특히 종래의 논의는 하자담보책임의 본질이 무엇인지에 집중되어 있었는데, 상대적으로 하자담보책임의 구제수단

별로 구체적인 내용이나 범위, 구제수단들 간 관계를 밝히는 작업 등은 주목을 덜 받았다.

대상판결은 특정물 하자담보책임 손해배상에서 손해의 내용과 손해배상의 범위에 관하여 시사점을 던진다. 물론 이 쟁점을 대법원이 대상판결에서 새삼스레 처음 다룬 것은 아니다. 대상판결은 약 18년 전에 선고된 대법원 2004. 7. 22. 선고 2002다51586 판결과 전체적인 사안구조(폐기물이 매립된 토지의 매매)와 주된 쟁점(하자담보 손해배상, 채무불이행 손해배상의 범위와 경합관계)이 유사하다. 2002다51586 판결은 매도인이 폐기물을 은밀히 매립한 사안으로 매도인에게 하자 발생에 대한 귀책사유가 있다는 점이 분명하여, 채무불이행 손해배상과 하자담보책임 손해배상의 차이가 제대로 부각되지 않았다. 반면 대상판결 사안에서는 폐기물이 매립된 경위가 밝혀지지 않아, 매도인에게 귀책사유를 인정할 수 없어 불완전이행에 따른 채무불이행 손해배상을 물을 수 없던 만큼 순수하게 하자담보책임 손해배상이 다루어졌다.[2)] 대상판결은 매수인이 이 사건 토지에 매립된 폐기물을 처리하기 위하여 투입한 비용이 이 사건 매매계약상 매매대금을 초과하였는데도 불구하고, 폐기물 처리비용 전액을 담보책임 손해배상액으로 인정하였다.

본고가 중점적으로 해결하고자 하는 질문은 '특정물 하자담보책임에 따른 손해배상액이 계약으로 정한 매매대금을 초과할 수 있는가?'라고 할 수 있다. 아래에서 서술하듯 하자담보책임도 그 본질은 계약의 내용에 좇은 급부가 이루어지지 않은 채무불이행책임이라고 파악할 수 있는데, 그렇다면 하자담보책임의 효과로서 손해배상(민법 제580조 제1항, 제575조 제1항. 이하 우리나라 민법 조문을 인용할 때는 법명 기재를 생략한다)과 일반

---

2) 2002다51586 판결에 대한 평석인 이재근, "하자담보책임과 채무불이행책임의 경합 및 그 손해배상의 범위", 민사판례연구 제28권(2006. 2.)의 초록 말미에는 "대상판결[2002다51586]의 사안은 하자발생에 대하여 매도인에게 명확한 귀책사유가 있었던 사안으로서, …중략… 하자의 존재에 대하여도 귀책사유가 없을 경우 순수한 하자담보책임에 의한 손해배상범위는 어떻게 될 것인지에 관하여는 향후의 판결을 기대하여 보며"라고 하였다. 대상판결이 약 17년이 지나 마침 등장한 그 '향후의 판결'이다.

채무불이행 손해배상(제390조) 사이에는 요건과 효과에 어떠한 차이가 있는지 의문이 생기는 게 자연스럽다.

물론 비교법적으로 담보책임법이 채무불이행법에 통합되어 가는 것이 추세이기는 하다. 독일은 2002년 채권현대화법에서 하자담보책임을 급부장애법의 체계로 편입시킴으로써 일반 채무불이행책임과 독립된 특별한 하자담보책임의 의미가 대부분 퇴색되었고,[3] 일본도 2020년부터 시행된 개정 민법에서 담보책임을 채무불이행책임으로 일원화하는 방향을 택하였다.[4] 그러나 아직까지 하자담보책임과 일반 채무불이행을 구분하여 규율하는 우리 민법을 해석할 때는 각 제도의 규범목적과 기능을 면밀히 고려하여 차이점을 밝혀두는 작업이 필요하다.

본고는 특정물 하자담보책임을 규율하는 제580조의 해석을 중심으로 논의를 전개한다. 먼저 하자담보책임의 내용을 보면서 특히 대상판결과 관련된 하자의 개념과 발생시기를 다루고, 이어 본격적으로 하자담보책임으로서의 손해배상에 어떠한 손해가 포함될 수 있는지, 그 구체적인 범위 내지 한계는 어떤지를 검토한다.

Ⅱ. 특정물 하자담보책임의 내용

1. 특정물 하자담보책임의 본질

특정물 하자담보책임의 본질이 무엇인가에 관하여 법정책임설과 채무불이행책임설 간 대립이 오랫동안 있었다. 법정책임설은 특정물의 매도인이 '하자 없는 물건을 급부할 의무'를 부담하지 않는다는 것을 전제로, 매매목적물이 특정된 이상 그 물건을 하자 있는 현상대로 인도함으로써 매도인은 매매계약상 채무를 이행한 것이고(제462조 참조), 물건에 하자가 없으리라는 매수인의 기대는 단순한 동기에 불과하여 계약책임으

---

3) 이병준, "독일채권법개정에서 일반채무불이행법의 변화", 재산법연구 제19권 제1호(2002), 46면.

4) 조인영, "계약책임에 관한 국제적 변화와 우리 민법의 향후 과제", 비교사법 제29권 제1호(2022), 196면.

로는 고려할 방법이 없으나, 유상계약의 급부와 반대급부 사이 등가성 유지를 위하여 법이 특별히 담보책임을 인정한 것이라고 한다.[5)] 반면 채무불이행책임설은 매도인에게 '하자 없는 물건을 급부할 계약상 의무'가 있다는 전제에서, 설령 특정된 목적물에 원시적으로 하자가 있었다고 하더라도 그러한 의무가 부정되지 않고, 매도인의 하자담보책임은 하자 없는 물건을 급부할 계약상 의무를 불이행한 책임이라고 한다.[6)] 채무불이행책임설 내에서도 일반 채무불이행책임과 별도로 하자담보책임을 규정한 취지가 무엇인지는 견해가 갈린다.

판례는 양도목적물의 숨은 하자로부터 손해가 발생한 경우 양도인이 양수인에 대하여 부담하는 하자담보책임은 그 본질이 불완전이행책임이라고 하여,[7)] 채무불이행책임설을 취한 듯한 판시를 한 적이 있다. 또한, 원심이 "제374조와 제462조의 규정이 매매목적물에 하자가 있음에도 매도인이 이행기의 현상대로 인도한 것만으로써 모든 책임을 면한다는 취지가 아니라고"한 판단에 특정물인도채무에 관한 법리를 오해한 위법이 없다고 보아,[8)] 법정책임설이 그 기반을 둔 '매도인은 특정된 목적물에 하

---

5) 김석우, 채권법각론, 박영사, 1978, 182면; 이태재, 신채권각론신강, 진명문화사, 1978, 173면.

6) 편집대표 곽윤직, 민법주해[Ⅸ], 박영사, 1995, 230-231면(양창수); 김주수, 채권각론(제2판), 삼영사, 1997, 199면; 김증한/김학동, 채권각론(제7판), 박영사, 2006, 235면; 김형석, "물건의 하자를 이유로 하는 담보책임의 특질", 한국민법과 프랑스 민법 연구(남효순 교수 정년기념논문집), 박영사, 2021, 295면; 김형배, 채권각론[계약법](신정판), 박영사, 2001, 321면; 남효순, "담보책임의 본질론(Ⅱ)", 서울대학교 법학 제35권 제2호(1994), 228면; 송덕수, 채권법각론(제5판), 박영사, 2021, 187면; 양창수, 민법입문(제8판), 박영사, 2020, 324면; 윤진수, 민법기본판례(제2판), 홍문사, 2020, 468면; 윤철홍, 채권각론(전정판), 법원사, 2009, 196면; 이동진, "매매목적물의 하자로 인한 손해배상", 재산법연구 제38권 제1호(2021. 5.), 145-146면; 이은영, 채권각론(제5판 보정쇄), 박영사, 2007, 309면; 조규창, "물건의 하자담보책임", 법학논집 제21권(1983), 261면; 지원림, 민법강의(제18판), 홍문사, 2021, 1454면. 하자담보책임의 본질은 채무불이행책임이나, 연혁적 이유로 책임과 효과에 입법상 변경이 가해진 법정책임 또는 '특별한 채무불이행책임'이라는 견해[곽윤직, 채권각론(제6판 중판), 박영사, 2018, 137-138면; 김상용, 채권각론(제4판), 화산미디어, 2021, 196면]도 있다.

7) 대법원 1992. 4. 14. 선고 91다17146, 17153 판결. 이 판결의 쟁점은 중재조항의 중재대상에 포섭될 수 있는지 여부였다.

자가 있더라도 이행기 현상대로 목적물을 인도함으로써 자신의 의무를 온전히 이행한 것이다'는 이른바 '특정물 도그마'를 받아들이지 않는 취지로 판시하기도 하였다.

특정물 도그마는 이제 극복되었다고 할 수 있다. 매수인으로서는 매매목적물이 완전하고 하자 없는 것임을 전제로 매수하는 것이고, 이러한 사정은 매매대금의 결정에도 반영된다. 하자담보책임은 매수인의 이러한 합리적인 기대를 보호해주는 기능을 하는 것으로, 매매당사자의 의사를 구체화한 제도라고 할 수 있다.[9] 하자담보책임의 본질은 채무불이행책임이라고 파악함이 타당하다.

하자담보책임의 본질에 관하여 어느 견해를 택하는지에 따라 구체적인 분쟁에서 발생하는 문제들, 가령 일반 채무불이행책임에서 같은 명칭을 가진 구제수단(해제, 손해배상)은 그 내용도 동일하게 해석하여야 하는지, 구제수단 간 경합 여부는 어떻게 처리하여야 하는지 등의 실천적인 해결에는 큰 보탬이 되지 않았다. 하자담보책임의 본질을 어떻게 파악하는지에 따라, 개별 조항들을 어떻게 해석하여 각 문제들을 해결하는지가 논리필연적으로 연결되는 게 아니었기 때문이다.[10] 개별적인 조항의 해석은 문제되는 규정의 의미와 목적으로부터 도출하여야지, 하자담보책임이 본질이 어떤지로부터 당연히 연역되지 않는다.[11] 하자담보책임에 관한 규정은 유상, 쌍무계약인 매매에서 급부와 반대급부 사이의 등가관계를 유지하기 위하여 마련된 것이다.[12] 급부 간 등가관계가 깨졌을 때 이를 다시 교정하기 위한 '등가성의 회복'이라는 하자담보책임의 규범목적

---

8) 대법원 2016. 5. 19. 선고 2009다66549 전원합의체 판결.

9) 윤진수(주 6), 468면.

10) 서광민, "매도인의 하자담보책임-민법규정상의 문제점과 해석론적 해결방법-", 민사법학 제11 · 12호(1995), 170-171면.

11) 김형석(주 6), 295-296면.

12) 종류매매의 완전물급부청구권에 관한 대법원 2014. 5. 16. 선고 2012다72582 판결. 수량지정매매에서의 수량부족 담보책임(제574조)에 관하여도, 판례는 "대가적인 계약관계를 조정하여 그 등가성을 유지하려는 데에 있다"고 하여 담보책임이 정하는 감액청구권의 목적이 대가적 계약관계의 조정에 있다는 점을 명시한 적이 있다(대법원 1992. 12. 22. 선고 92다30580 판결).

은 특히 개별 구제수단의 내용이나 한계를 설정하는 장면에서 해석의 출발점이자 경계선 역할을 하게 된다.

2. 하자담보책임의 요건

(1) 개 관

매도인에게 특정물 하자담보책임을 추궁하려면 매매목적물에 하자가 있어야 하고(제580조 본문), 매수인은 하자가 있음을 몰랐거나 모른 데에 과실이 없어야 한다(제580조 단서). '매수인이 하자가 있음을 안 날부터 6개월'이라는 단기의 제척기간도 준수하여야 한다(제582조). 하자담보책임이 매도인의 귀책사유[13]를 요구하지 않는 무과실책임이라는 데에는 학설이 거의 일치하고,[14] 판례[15]도 마찬가지다.

(2) 하자의 개념

(가) 학 설

'하자'라는 말은 우리 민법전 여러 곳에서 사용되나, 구체적인 의미를 정의한 조문은 없다. 목적물이 당사자들이 합의한 품질이나 성능에 미치지 못한 경우를 하자라고 볼 수도 있고(주관적 기준), 목적물이 객관적으로 갖추어야 할 품질이나 성능을 갖추지 못한 경우를 하자라고 볼 수도 있다(객관적 기준).[16] 두 기준을 모두 활용하되, 먼저 당사자들이 합의한 품질이나 성능에 따른 주관적 기준을 표준으로 하고, 그러한 합의가 있었는지 명백하지 않으면 객관적 기준에 미치지 못하였는지를 검토하여 하자 여부를 판단하는 견해들이 주류인 것으로 보인다.[17]

---

13) 특정물 매매에서 매도인의 귀책사유란, 매도인이 하자 있는 목적물이 인도된다는 것을 알았거나 알 수 있었다는 사정을 의미한다[김형석(주 6), 312면].

14) 편집대표 김용담, 주석민법[채권각칙(3)](제4판), 한국사법행정학회(2016), 164면(김대정).

15) 대법원 1995. 6. 30. 선고 94다23920 판결 등.

16) 곽윤직(주 6), 148면; 박영복, 현대 계약법의 과제, 한국외국어대학교 출판부, 2009, 661면; 윤철홍(주 6), 206면.

17) 송덕수(주 6), 202면; 윤진수(주 6), 467-468면. 서종희, "독일민법에서의 하자담보책임과 다른 책임과의 관계-'하자'의 개념정의와 함께-", 비교사법 제26권 제3호(2019. 8.), 33면도 같은 취지로 이해할 수 있다. 지원림(주 6), 1466-1467면도 주

(나) 판 례

판례는 '매매의 목적물이 거래통념상 기대되는 객관적 성질·성능을 결여하거나, 당사자가 예정 또는 보증한 성질을 결여한 경우에 매도인은 매수인에 대하여 그 하자로 인한 담보책임을 부담한다'고 하여,[18] 주관적 기준과 객관적 기준을 모두 채용하면서 특별히 두 기준 사이 우열을 밝히지 않는 경우도 많다.

판례는 특수한 용도나 사용환경이 문제된 사안에서는, '매도인이 매수인에게 공급한 부품(농업용 난로의 커플링)이 통상의 품질이나 성능을 갖추고 있는 경우, 나아가 내한성이라는 특수한 품질이나 성능을 갖추고 있지 못하여 하자가 있다고 인정할 수 있기 위하여는, 매수인이 매도인에게 완제품이 사용될 환경을 설명하면서 그 환경에 충분히 견딜 수 있는 내한성 있는 부품의 공급을 요구한 데 대하여, 매도인이 부품이 그러한 품질과 성능을 갖춘 제품이라는 점을 명시적으로나 묵시적으로 보증하고 공급하였다는 사실이 인정되어야 한다'고 판단하기도 하였다.[19] 목적물이 통상의 품질·성능을 구비한 경우라도, 당사자 사이에 묵시적으로나마 합의된 용도나 품질·성능기준에 미치지 못하면 하자를 인정할 수 있다는 취지이다.

관적 하자개념과 객관적 하자개념을 함께 고려하여 하자의 유무를 판단하되, 주관적 기준에 의하여 하자가 없다고 판단되면 객관적 완전성이 결여되었더라도 하자가 없다고 해야 한다는 것이어서 주관적 기준을 우선하는 견해로 분류할 수 있다. 객관적 기준과 주관적 기준 사이 우선순위를 명확히 밝히지 않는 견해로는 김재형, "2000년도 민사판례의 동향", 민법론Ⅱ, 박영사, 2004, 488면.

18) 대법원 2000. 1. 18. 선고 98다18506 판결 등.

19) 대법원 1997. 5. 7. 선고 96다39455 판결. "매도인이 매수인에게 공급한 기계가 통상의 품질이나 성능을 갖추고 있는 경우, 그 기계에 작업환경이나 상황이 요구하는 품질이나 성능을 갖추고 있지 못하다 하여 하자가 있다고 인정할 수 있기 위해서는, 매수인이 매도인에게 제품이 사용될 작업환경이나 상황을 설명하면서 그 환경이나 상황에 필요한 품질이나 성능을 갖추고 있는 제품의 공급을 요구한 데 대하여 매도인이 그러한 품질과 성능을 갖춘 제품이라는 점을 명시적으로나 묵시적으로 보증하고 공급하였다는 사실이 인정되어야만 할 것이다."고 판시한 대법원 2002. 4. 12. 선고, 2000다17834 판결, 대법원 2000. 10. 27. 선고 2000다30554, 30561 판결도 같은 취지라고 할 수 있다.

대상판결은 이 사건 토지에 폐기물이 매립되어 있는 것을 매매목적물이 통상 갖출 것으로 기대되는 품질이나 상태를 갖추지 못한 하자에 해당한다고 보면서, 매매계약 당시 지목인 '전'으로 이용할 경우에도 폐기물의 위치나 수량에 비추어 볼 때 식물의 재배에 상당한 영향을 미칠 것으로 보았고, 지목의 변경에도 불구하고 폐기물이 매립되어 있는 객관적 상태를 달리 평가할 수 없다고 하였다. 대상판결은 '매매목적물이 통상 갖출 것으로 기대되는 품질이나 상태를 갖추지 못한 것'을 하자로 평가하였으니 객관적 기준에 따라 하자를 인정한 사례이기는 하나, 주관적 기준보다도 객관적 기준을 우선한 것이라고까지 단정하기는 어렵다.

(다) 검　토

하자담보책임은 매매당사자의 합리적인 기대를 실현할 수 있는 방향으로 해석되어야 한다. 당사자들이 합의한 품질이나 성능을 기준으로 하는 주관적 기준을 우선하고, 목적물에 통상적으로 기대되는 품질이나 성능을 기준으로 하는 객관적 기준을 보충적으로 활용하는 방향이 바람직하다. 구체적인 판단방법을 제시하면 다음과 같다. ① 당사자 간 명시적으로든, 묵시적으로든 합의된 품질 · 성능기준이 있는 경우라면 그에 의한다. → ② 합의된 품질 · 성능기준이 없더라도, 당사자가 합의한 특수한 용도가 있다면 그에 적합한 품질 · 성능기준에 따른다. → ③ 당사자가 합의한 특수한 용도가 없다면, 목적물의 일반적인 용도에 적합한 통상적인 품질 · 성능기준을 적용한다.

대상판결 사안은 이 사건 토지에 관하여 매도인과 매도인이 특정한 품질 · 성능기준을 합의하였다고 보기는 어렵고, 토지의 특수한 용도에 관한 합의가 있었다고 볼 사안도 아니다. 그럼 일반적인 용도로 사용하기에 적합한지를 따져야 하는데, 일반적인 용도에 매매 당시의 토지 지목인 '전'으로서의 사용뿐만 아니라, 가령 '대지'로의 형질변경 가능성까지 고려하여야 하는지 고민이 될 수 있다. 건물부지로 사용하는 것이 토지의 특수한 용도라고까지는 아니라고 볼 여지도 있기 때문이다.[20] 이렇게 일반적인 용도가 여러 가지로 있는 범용의 목적물의 경우, 당사자 사이에 그 중 특정한 용도로의 사용을 미리 예정하지 않은 한은, 반대급부인 매매대금을 결정하는 기초[21]가 된 용도(보통은 매매 당시에 사용되고 있는 용도)에 따라 하자 여부를 판단하는 것이 합리적이다. 대상판결 사안에서 이 사건 토지의 '전'으로서의 사용을 기준으로 폐기물의 양이나 위치(깊이) 등을 따져 하자에 해당한다고 판단한 방식은 옳다.

(3) 하자의 발생(존재)시기

제580조는 하자의 존재만을 요구할 뿐, 그 하자가 언제 발생한 것이어야 하는지에 관하여는 규율하지 않는다. 우리나라 학설 중 계약성립시설은 계약 당시에 이미 존재하는 하자에 대하여만 하자담보책임을 인정하는 견해이다.[22] 위험이전시설은 목적물에 관한 대가위험이 매수인에게 이전되는 시기(통상 인도시기)를 기준으로 그 때 하자가 존재하면 족하다는 견해이다.[23] 판례는 하자의 존부는 매매계약 성립시를 기준으로 판단한다는 입장이다.[24] 독일 민법은 명시적으로 위험이전시에 물건이 약정된 성상을 갖추었는지를 기준으로 하고(독일민법 제434조 제1항 제1문), 프랑스 민법은 명문 규정은 없으나 위험이전시를 기준으로 한 해석이 일반적이다.[25]

계약성립시와 위험이전시 사이에 발생한 하자에 관하여도 매도인에

20) 대상판결 제1심도 '지목변경에 대한 예측가능성이 없었다고 보기도 어렵다'고 하였다.

21) 실제 매매대금이 더 저렴한 용도에 맞추어 결정될 필요는 없고, 매매대금을 정할 때에 다른 용도로의 전용이 고려되었는지를 보는 것이다. 유사한 관점으로 이은영(주 6), 335면도 참조.

22) 편집대표 곽윤직, 민법주해[XIV], 박영사(1997), 502면(남효순); 송덕수(주 6), 204면.

23) 주석민법[채권각칙(3)](주 14), 150면(김대정); 김형배(주 6), 354면; 김형석, "매도인의 하자담보책임에서 하자의 개념", 민법 이론의 새로운 시각-여암 송덕수 교수 정년퇴임 기념, 박영사, 2021, 959-960면; 박영복(주 16), 662면; 양창수/김재형, 민법 I -계약법(제3판), 박영사(2020), 562면; 이은영(주 6), 338-339면; 이상광, 하자담보책임론, 법원사, 2000, 93면; 지원림(주 6), 1468면.

24) 대법원 1958. 2. 13. 선고 4290민상762 판결, 대법원 2000. 1. 18. 선고 98다18506 판결 등.

25) Alain Bénabent, Droit des Contrats Spéciaux Civils et Commerciaux, 14ème éd., LGDJ, 2021, n° 236.

게 하자담보책임을 지우는 게 타당한지의 문제라고 할 수 있다. 위험이전시설이 일견 합리적이라고 생각한다. 하자담보책임을 하자 없는 물건을 급부할 의무를 불이행한 계약책임으로 파악한다면, 매수인은 매도인이 위 의무를 만족스럽게 이행하여 이전받은 목적물에 하자가 있는지(그로 인하여 등가관계가 교란되었는지)에 이해관계가 있고, 그 하자가 계약이 성립할 때 이미 있었는지 아닌지는 관심사가 아니다. 대가위험이 매수인에게 이전되기 전이라면 매수인으로서는 하자가 존재하는지를 쉽게 확인할 수 없기도 하다.

대상판결에서 문제되는 부분은 하자의 발생시점(폐기물이 토지에 매립된 시점)을 애초에 확정할 수 없었다는 점에 있다. 대상판결의 원심도 불완전이행에 관한 고의·과실을 부정하는 근거 중 첫째로 '폐기물이 매립된 시기를 확정할 수 있는 자료가 전혀 없'다는 점을 들었다.

하자의 발생시기에 관하여 계약성립시설을 취하든 위험이전시설을 취하든, 그 시기를 기준으로 하자가 존재하였다는 사실은 하자담보책임을 추궁하고자 하는 매수인이 증명하여야 한다.[26] 대상판결 사안에서 매수인인 원고가 그러한 증명책임을 충실히 이행하였다고 볼 수 있는가? 매도인인 피고(대한민국)는 1948. 9. 11. 권리귀속[27]을 원인으로 이 사건 토지의 소유권이전등기를 마쳤고,[28] 매매계약일인 2012. 7. 31.까지 별도의 소유권 변동 없이 계속하여 위 토지의 소유자로 있었다. 매수인이 이 사건 토지를 인도받은 시점은 판결문상 확인되지 않으나, 늦어도 소유권이전등기를 마친 2012. 9. 25.경 인도받은 것으로 상정한다. 매수인은 2014. 5.경 이 사건 토지에 매립된 폐기물을 발견하였으니 이 사건 토지는 인도 후 약 1년 8개월이 지나서야 매수인[29]에 의하여 하자가 발견된

---

26) 민법주해[XIV](주 22), 508면(남효순).

27) 해방 후인 1948. 9. 11. 대한민국 정부와 미국 정부가 맺은 '재정 및 재산에 관한 최초 협정'에 따라 국유화된 재산임을 알 수 있다.

28) 대상판결 제1심과 원심에서 인정된 기초사실.

29) 원고는 2014. 3. 19. 아들에게 이 사건 토지를 증여하였으나, 이후 토지의 지목변경이나 건축허가, 신축공사, 폐기물처리를 주도한 것으로 보아 실질적으로는 원고가 계속 이 사건 토지를 지배·관리한 것으로 파악되므로 원고와 아들을 굳이

셈인데, 매수인이 인도받고 나서 누군가가 매립행위를 하였을 가능성이 전혀 없다고 할 것인가? 대상판결의 소송과정에서 하자의 발생시기 문제가 엄밀하게 다루어지지 않은 것은, 하자가 발견된 2014. 5.를 기준으로 점유기간만을 기초로 따졌을 때 매도인이 이 사건 토지를 소유하면서 지배한 기간(약 64년)이 압도적으로 더 길기에, 폐기물 매립은 매도인의 지배기간에 발생하였다고 보는 것이 경험칙상 합리적이라는 판단이 깔려있는 게 아니었을까 추측한다.

3. 하자담보책임의 효과: 매수인의 구제수단

제580조, 제575조 제1항은 하자 있는 물건을 받은 매수인에게 해제와 손해배상이라는 두 가지 구제수단을 명시적으로 부여한다. 매수인은 계약의 목적을 달성할 수 없는 경우에 한하여 계약을 해제할 수 있고, 기타의 경우에는 손해배상만을 청구할 수 있다. 본고의 주안점은 손해배상, 그중에서도 대상판결에서처럼 '해제 없이 손해배상만 청구하는 경우'이나, 손해배상의 내용을 정할 때 다른 구제수단과의 관계나 균형도 고려하여야 하므로 그에 필요한 한도에서 간략하게 손해배상 외의 다른 구제수단을 일별하고, 손해배상에 관하여는 항을 바꾸어 Ⅲ.항에서 서술한다.

(1) 해　제

해제가 가능한 '계약의 목적을 달성할 수 없는 경우'란, 하자를 저렴한 비용으로 용이하게 보수할 수 없는 경우라고 한다.30) 하자를 용이하게 보수할 수 있더라도, 하자를 보수하고도 더 이상 계약목적을 달성할 수 없는 경우라면 해제권을 인정할 수 있을 것이다.31) 해제의 효과는 별다른 규정이 없으니 일반적인 채무불이행 해제의 효과를 규율하는 제548조 이하가 적용되어, 매매계약은 소급적으로 효력이 소멸하고 당사자

구별하여 서술하지 않는다.

30) 곽윤직(주 6), 149면.

31) 민법주해[XIV](주 22), 524면(남효순).

들은 기이행부분의 원상회복의무를 부담한다(제548조). 해제에도 불구하고 별도로 남는 손해가 있다면 매수인은 별도로 손해배상을 구할 수도 있다(제551조).

(2) 하자보수청구권

민법은 도급계약의 수급인에게는 하자보수청구권(제667조), 종류물 매수인에게는 하자 없는 물건을 청구할 수 있는 완전물급부청구권(제581조 제2항)을 명문으로 인정하고 있는 반면 특정물 매수인에게는 이러한 청구권을 별도로 규정하고 있지 않다. 추완청구권의 인정 여부로 주로 논의되는 문제다. 추완청구권은 완전물급부청구권과 하자보수청구권의 두 가지로 구성되는데,[32] 근래에는 특정물이라 하더라도 중고자동차와 같이 대체성 있는 공산품인 경우가 많아져,[33] 특정물의 매매에서도 완전물급부청구권이 충분히 기능할 가능성이 있다. 대상판결에서 문제된 목적물은 토지인데, 토지는 간척지 개발 등 특수한 경우가 아니면 새롭게 생산이 가능한 재화가 아니고, 규격화되어 있지도 않은 만큼, 원칙적으로 개성이 강하고 대체성이 없어 완전물급부가 아니라 하자보수청구권의 대상이라고 할 수 있어 이하에서는 하자보수청구권으로 논의 범위를 한정한다.

하자담보책임의 내용으로 하자보수청구권을 인정할 수 있는가? 하자담보책임을 채무불이행책임의 일종으로 파악하는 한, 아직 채무의 내용에 좇은 이행이 이루어지지 않은 것이므로 하자보수를 본래의 급부에 관한 채권에 기하여 청구할 수 있다고 본다.[34] 입법으로 규정을 두어 분명하

32) 김화, "매수인의 추완청구권의 제한원칙에 관한 고찰", 민사법학 제70호(2015. 3), 528-529면.

33) 이동진(주 6), 148면. 부동산의 경우라도 같은 단지 내 아파트와 같이 일종의 규격화된 부동산이라면 동등성이 유지되는 한도에서(동일 면적, 인접 층, 유사 조망 등) 대체성이 있을 수도 있다.

34) 양창수(주 6), 331면 참조. 추완청구권은 급부의 상태를 계약의 내용에 부합시키는 것으로서 급부청구권의 연장이라고 보는 견해로 민법주해[XIV](주 22), 538면(남효순). 반면 매도인은 하자가 '없도록 하여' 인도하겠다고 한 것이 아니라 하자 없는 물건의 인도의무를 불이행한 데에 대한 책임을 지겠다고 한 것일 뿐이므로, 추완청구권을 이행청구권의 연장이라고 볼 수는 없다는 견해로는 이동진(주 6),

게 하는 것이 바람직하나, 해석으로도 강제이행청구권(제389조)에서 근거를 끌어낼 수 있다고 생각한다. 이행청구권의 연장으로는 보기 어려운 완전물급부청구권과는 달리,[35] 적어도 하자보수청구권은 하자 없는 물건의 이행을 청구할 수 있는 채권자의 이행청구권의 연장 내지 변형이라고 보는 데에 큰 무리가 없다. 민법이 수급인과 달리 매수인의 하자보수청구권을 명문으로 인정하지 않은 이유는 매도인은 통상 물건을 판매한 사람이지 제조나 생산을 맡은 게 아니었으니 하자를 보수할 처지에 있지 않기 때문으로 이해되나, 매도인 중에는 생산자가 아니더라도 목적물의 전문가로서 충분히 보수능력을 보유하거나 보수를 더 용이하게 이행하는 자가 있을 수 있고,[36] 특히 직업적으로 해당 분야 거래에 종사하는 매도인이라면 매수인보다 보수할 자를 물색하기에 더 적합한 인적, 물적 네트워크를 가진 경우도 흔하다.

하자보수청구권의 행사를 해석상 허용하더라도, 매도인의 어떠한 희생에도 불구하고 무한히 인정될 수 있는 것은 아니고 적절한 한계가 설정되어야 한다.[37] 하자를 보수하는 데에 드는 비용이 매매대금을 현저히 초과한다면, 하자담보책임이 매매계약의 등가성을 교정하는 역할을 넘어섰다고 볼 수 있고, 그러한 정도로 보수를 이행할 것을 요구하는 하자보수청구권의 행사는 신의칙(제2조)상 제한된다고 할 수 있다. 하자보수청구권의 한계는 본고의 주된 쟁점이기도 한, 제580조를 근거로 한 하자보수에 갈음한 손해배상의 한계와도 맞닿아 있다.

147-149면. 하자보수청구권이 본래의 이행청구권과 그 성질이 동질적이라고 볼 수 있으나, 물건의 수령시점 이후에 적용된다는 측면에서 본래적 이행청구권과 내용, 효과가 다르므로, 종류물매매의 완전물급부청구권을 규정한 제581조 제2항이 특정물매매에서의 하자보수청구권의 실정법적 근거가 된다는 분석으로는 김봉수, "특정물매수인의 하자보수청구권", 비교사법 제17권 제1호(2010. 3.), 61면.

35) 특정물매매의 경우 매매목적물이 특정되어 있어 다른 물건으로 이행하는 것이 채무불이행이 되기 때문이다[이동진(주 6), 147면].

36) 최봉경, "하자손해, 확대손해 및 하자와 무관한 결과손해에 관한 유형론적 비교–독일의 논의를 중심으로", 비교사법 제11권 제4호(2004. 12), 84-85면.

37) 김화(주 32), 544면. 하자보수청구권과 완전물급부청구권을 묶어 '추완의 한계'라는 표제하에서 주로 논의되는 쟁점이다.

(3) 대금감액?

대금감액은 로마법 이래 대다수 입법례가 인정하는 하자담보의 본질적인 효과이므로, 제580조의 '손해배상'은 적어도 무과실의 대금감액을 포괄하는 내용이 되어야 한다는 견해가 있다.[38] 명문의 규정이 없는 구제수단은 그로 인한 입법의 공백이 초래되어야 인정할 수 있다고 생각한다. 먼저 아래에서 보듯, 매수인은 하자로 인한 가치감소분을 손해배상으로 보전받을 수 있다. 가치감소분 상당 손해배상채권과 미지급 매매대금이 상계의 요건을 갖추면 매수인이 상계할 가능성도 있는데, 그 경우에는 감액과 유사한 효과를 누릴 수 있기도 하다.

Ⅲ. 특정물 하자담보책임 손해배상의 내용과 범위

1. 서 설

하자담보책임 해제가 가능한 범위는 제한적이고, 매수인은 해제가 가능하더라도 해제하지 않는 것을 선택할 가능성도 있으므로,[39] 손해배상이 하자담보책임의 원칙적인 구제수단이라고 부를 수 있다. 재판실무상으로도 하자담보책임을 둘러싼 분쟁의 다수가 손해배상을 구하는 사건들이다.[40] 하자 있는 특정물의 매도인이 부담하는 손해배상책임의 내용이 무엇인지, 그 범위는 어디까지인지에 관하여 많은 논란이 있었고, 하자담보책임 본질론에서 택하는 입장과 손해배상의 내용, 범위가 필연적으로 연결되지도 않는다.

2. 학 설

(1) 신뢰이익설

하자담보책임 손해배상은 매매계약이 하자가 없는 것으로 성립하였

38) 주석민법[채권각칙(3)](주 14), 169면(김대정).
39) 대상판결 사안은 폐기물의 규모와 보수비용 액수에 비추어 담보책임 해제의 요건은 충족하였다고 할 수 있는데, 이하에서 보듯 목적물의 가격이 급등하는 사정으로 매수인이 해제를 택할 경제적인 유인이 없었다.
40) 이동진(주 6), 140면.

다고 신뢰한 것으로 인한 손해, 곧 이행이익을 넘지 않는 신뢰이익의 배상으로 한정되어야 한다는 입장이다.[41] 특히 하자담보책임의 본질에 관하여 법정책임설을 취하는 견해들은 대부분 신뢰이익설을 취하는데, 하자 있는 목적물의 성상이 계약의 체결 시에 이미 일부불능이므로, 논리적으로 당연히 일부무효인 계약을 신뢰하여 발생한 손해배상이 문제된다는 논거를 든다.[42]

하자담보책임의 본질을 채무불이행책임으로 보면 종래에는 채무불이행책임이라는 이유로 이행이익의 배상을 인정하여야 한다고 보았으나, 최근에는 채무불이행책임설을 취하면서도 손해배상은 신뢰이익 배상에 한정하는 견해가 지배적이다.[43] 공통적인 근거로는 하자담보책임이 무과실책임이므로 신뢰이익의 배상으로 제한하는 것은 공평하다는 것을 든다.[44] 이행이익의 손해는 채무자의 귀책사유를 요하는 일반적인 채무불이행으로 처리하게 된다.[45]

신뢰이익의 구체적인 내용이 무엇인지는 견해마다 조금씩 차이가 있다. 최소한 약정대금과 하자 있는 목적물의 실제 가치와의 차액을 청구할 수 있다는 견해,[46] 해제가 가능한 경우에는 계약체결을 위한 비용 등 손해, 해제가 불가능한 경우에는 하자 있는 목적물 자체를 그대로 보유·활용해야 하는 상태에서 남게 되는 손해(하자보수비용이나 하자로 인하여 떨어진 가치보상액 등)라는 견해[47] 등으로 나뉜다.

---

41) 김석우(주 5), 184·195면; 이태재(주 5), 176면.

42) 김석우(주 5), 184면. 특수한 채무불이행책임설을 취하는 곽윤직(주 6), 140면도 같은 근거를 든다.

43) 곽윤직(주 6), 140면; 김상용(주 6), 199면; 김형배(주 6), 356면; 송덕수(주 6), 205면; 양창수(주 6), 322면; 지원림(주 6), 1469면.

44) 곽윤직(주 6), 140면.

45) 김대정, "채무불이행책임설에 의한 하자담보책임의 재구성", 민사법학 제9·10호(1993. 7.), 279, 287면.

46) 양창수(주 6), 322면.

47) 김형배(주 6), 356면; 안법영, "매매목적물의 하자로 인한 손해배상", 민사법학 제11·12호(1995. 2.), 221-222면. 덧붙여 물건의 하자는 매도인에게 과실이 없는 하자이기 때문에 손해배상책임에는 제390조 및 제393조가 적용될 수 없음이 명백하다고 한다[김형배(주 6), 356-357면].

(2) 이행이익설

(가) (순수한) 이행이익설

하자담보책임이 채무불이행책임의 본질을 가지는 이상 담보책임에서 특칙으로 정한 요건이나 효과 외에는 채무불이행책임의 일반원칙에 따라야 하고, 하자로 인한 손해배상은 이행이익의 배상을 포함한다는 입장이다.[48] 하자담보책임이 채무불이행책임의 특칙으로서 과실책임이 적용되어야 한다는 전제에서 이행이익이 배상되어야 한다는 견해도 있다.[49]

(나) 수정된 이행이익설 ①

매수인은 하자 없는 물건을 취득한 것과 마찬가지 보호를 받아야 하므로 원칙적으로 이행이익의 배상을 받을 수 있고, 다만 담보책임이 대금지급의무와 견련관계에 있음을 고려하여 손해배상은 매매목적물의 가치 내지 이행이익을 초과할 수 없다는 입장이다. 채무불이행으로 인한 손해배상은 이행이익의 배상이 원칙이고, 제535조처럼 명문 규정이 없는 한 신뢰이익의 배상을 명할 이론적 근거는 없다는 점을 든다. 이행이익을 초과하는 확대손해의 배상은 채무자인 매도인에게 귀책사유가 있음을 요건으로 불완전이행 또는 적극적 채권침해의 법리에 의하여 해결하여야 하고, 담보책임에 의하여 구제를 받을 수는 없다고 한다.[50]

(다) 수정된 이행이익설 ②

손해배상의 내용은 원칙적으로 이행이익이지만, 배상범위는 교환가치 감소분으로 제한한다는 견해이다.[51] 담보책임이 유책성을 전제로 하지 않음을 고려하여 확대손해는 배제한다.[52] 이 견해에서 말하는 배상범위의 한계로서의 '교환가치 감소분'이 정확히 무엇을 가리키는지 다소 불명하나, (매매대금이 아닌) 목적물의 객관적 가치에서 하자로 인하여 감소

48) 윤철홍(주 6), 209면; 이은영(주 6), 311면.
49) 김주수(주 6), 199, 221면.
50) 윤진수(주 6), 468-469면.
51) 황원재, "담보책임법상 감액청구권과 손해배상청구권", 재산법연구 제34권 제3호 (2017. 11.), 83면.
52) 황원재(주 52), 92면.

된 교환가치를 의미하는 것으로 보인다.[53] 다만 매매계약이 해제된 경우라면 급부관계가 반환의무로 전환되기에 이행이익 배상은 문제되지 않고, 계약체결을 전제로 지출한 계약비용, 하자 없는 목적물에 대한 계약을 체결하여 정상적인 사용을 통하여 받았을 이익, 하자 있는 목적물에 대한 계약 때문에 체결하지 못한 제3자와의 유리한 계약으로 얻을 수 있었던 수익 등은 신뢰이익으로 배상이 가능하다고 한다.[54]

(3) 이 원 설

매도인에게 귀책사유가 없다면 매도인은 매매계약의 해제의무가 있고, 해제의 효과로서 수령한 대금과 계약비용을 반환해야 하는 신뢰이익의 배상문제가 발생한다고 한다.[55] 반면 매도인에게 귀책사유가 인정되는 경우, 하자로 인한 모든 이행이익의 손해에 관한 배상책임을 부담한다는 견해다.[56] 확대손해의 배상까지도 담보책임 손해배상에 포함시킬 수 있는지에 관하여는 부정적 유보의 입장을 취한다.[57]

(4) 대금감액설

제580조에 규정된 '손해배상'의 의미를 좁게 해석하여, 하자에도 불구하고 계약의 목적을 달성할 수 있는 경우(즉 담보책임 해제가 불가능한

---

53) 이 견해는 특히 감액청구권과 손해배상의 차이를 강조하면서, "하자로 인하여 감소된 목적물의 가치를 대금감액으로 보거나, 매매대금에서 하자 있는 목적물의 가치를 공제하는 방법을 대금감액의 방식으로 제시하는 견해 역시 타당하지 않다"고 하는데[황원재(주 52), 89면], 정작 해제되지 않은 경우 이행이익을 어떻게 산정하는지에 관하여는 입장이 다소 불명확하다.

54) 황원재(주 52), 83면.

55) 조규창(주 6), 262-263면. "매수인이 하자로 인한 신뢰이익의 배상을 청구하는 한 크게 문제될 것은 없다"고 할 뿐 '매도인의 귀책사유가 없는 경우'에 신뢰이익 배상을 인정한다는 식으로 아주 뚜렷하게 서술한 것은 아니나, 매도인에게 귀책사유가 있는 경우에 이행이익 배상을 인정하는 뒤이은 서술과 대비하여 보면 신뢰이익 배상은 매도인의 귀책사유가 없는 것을 전제로 함을 알 수 있다.

56) 조규창(주 6), 263-264면. 김증한/김학동(주 6), 246면도 매도인에게 귀책사유가 있으면 하자 자체로 인한 손해, 귀책사유가 없으면 하자와 상당관계 있는 모든 손해가 하자담보책임 손해배상 대상이 된다고 하여 유사한 이원설을 취한다.

57) 조규창(주 6), 264-265면: "이행이익의 배상을 하자담보책임에서 해결하고 후속손해는 민법 제390조와 제393조 제2항과 관련시킴으로써 하자로 인한 모든 손해배상 문제를 계약법체계 내에서 충분히 해결할 수 있다(…) 이 문제에 관한 논의는 다음 기회로 미룬다."

경우)에는 물건의 하자에 상응하는 '대금감액'으로 해석하는 견해이다.[58] 하자로 인하여 계약의 목적을 달성할 수 없는 경우에는, 해제에 따른 원상회복으로 전보되지 않는 전매차익이나 과실수익과 같은 이행이익의 손해는 제390조 단서의 요건을 보충하여 매도인에게 과실이 있는 경우에 한하여 청구할 수 있다는 입장이다.[59]

3. 판　　례

(1) 대법원 1989. 11. 14. 선고 89다카15298 판결

매도된 감자종자의 일부가 매매 당시 이미 병에 감염되어, 매수인의 수확량이 현저하게 감소한 사안이다. 대법원은 "매수인이 입은 손해는 감자를 식재, 경작하여 정상적으로 얻을 수 있었던 평균수입금에서 매수인이 실제로 소득한 금액을 제한 나머지가 되어야 할 것이고, 매수인이 제반비용을 정상적으로 들였음을 전제로 하여 그 손해의 절반가량이 매도인이 매도한 감자종자에 기인한 것이라면 매도인에게 그 2분의 1에 대한 손해배상책임이 있다고 할 것이지, 매수인이 실제로 들인 비용에서 매수인이 소득한 금액을 공제한 금액을 기준으로 할 것은 아니"라고 판시하였다. 이행이익의 배상을 명한 것으로 해석하기도 한다.[60]

(2) 대법원 1997. 5. 7. 선고 96다39455 판결

매수인은 농업용 난로를 생산·판매하는 자로, 매도인이 공급한 부품인 커플링이 내한성 부족으로 난로가 제대로 작동하지 않았다. 매수인은 자신의 고객들에게 농작물의 냉해로 입은 피해를 물어준 다음, 이를 매도인에게 손해배상으로 청구한 사안이다. 대법원은 "매매목적물의 하자로 인하여 확대손해 내지 2차 손해가 발생하였다는 이유로 매도인에게 그 확대손해에 대한 배상책임을 지우기 위하여는 채무의 내용으로 된 하

58) 김대정(주 46), 269면; 이상광(주 23), 185면.

59) 김대정(주 46), 279면.

60) 민법주해[XIV](주 21), 529면; 이동진(주 6), 150면. 최근 하급심 중에는 대전지방법원 2021. 5. 20. 선고 2018가단228834 판결이 이 판결을 두고 "명확하지는 않으나 이행이익의 배상을 명하고 있는 것으로 보인다"고 해석하였다.

자 없는 목적물을 인도하지 못한 의무위반사실 외에 그러한 의무위반에 대하여 매도인에게 귀책사유가 인정될 수 있어야만 한다"고 하였다.[61] 이 판례가 확대손해에 관하여 매도인에게 귀책사유를 요구한다는 점은 일단 분명하다. 그런데 매도인의 귀책사유가 인정된다면 손해배상책임이 제580조에 따른 하자담보책임으로서의 손해배상인지, 제390조 일반채무불이행에 따른 손해배상인지는 불분명하다.[62]

(3) 대법원 2004. 7. 22. 선고 2002다51586 판결

매도인이 토지의 성토작업을 기화로 다량의 폐기물을 은밀히 매립한 다음 매도하였는데, 매수인이 폐기물처리비용 상당의 손해를 하자담보책임과 채무불이행책임 모두에 근거하여 배상청구한 사안이다. 일단 매도인이 직접 불법매립행위를 하였으니 귀책사유가 있다는 데에는 의문이 없던 사건이다.

원심[63]은 하자담보책임에 관하여, "매도인이 무과실일 때는 신뢰이익의 배상에 그치지만, 매도인에게 고의·과실이 있을 때, 즉 매도인에게 귀책사유가 있을 때에는 이행이익까지 배상하여야 한다고 해석할 것인바, 이행이익의 배상을 명하는 경우 결국 채무불이행으로 인한 손해배상액과 같게 되어 …(중략)… 위 인정의 채무불이행으로 인한 손해배상의 범위를 초과하는 손해배상액을 인정할 수는 없다"고 하여 이른바 이원설을 취하였다.

---

61) 이 판결은 앞서 하자의 판단기준에서 언급되었던 판례인데, 결국 매수인이 내한성 있는 커플링을 요구하였고 매도인이 그에 걸맞은 품질이나 성능을 보증하였다는 사실이 인정되지 않아 하자의 존재부터 부정된 사례라 실제로 귀책사유가 있었는지 여부는 판례에서 판단이 제대로 이루어지지 않았다. 공기조화기의 과열로 화재가 발생하여 확대손해를 입은 사안에서, 위 96다39455 판결 판시를 법리로 인용하면서 귀책사유를 부정한 원심을 그대로 수긍한 판례인 대법원 2003. 7. 22. 선고 2002다35676 판결도 참조.

62) 양창수, "2004년 민사판례 관견", 민법연구 제8권, 박영사, 2005, 447-448면은 만약 하자담보책임으로서의 손해배상이 확대손해까지도 포용하는 취지라면, 하자담보책임의 제척기간이 도과한 경우가 아니라면 일반적인 채무불이행을 물을 필요가 줄어든다고 보았다.

63) 서울고등법원 2002. 8. 7. 선고 2002나7697 판결.

대법원은 원심의 판단을 수긍한 판시를 하였으나, 이는 원심의 채무불이행의 손해배상액수에 관한 판단 및 하자담보책임의 손해배상 범위가 채무불이행의 손해배상 범위를 넘지 않는다는 판단을 수긍한 데에 그친 것이고, 위 판결이 명확히 이원설을 택한 것이라고 보기는 어렵다.[64)]

이 판결에서 보다 문제적인 판시는 다음 부분이다. 대법원은 "폐기물처리비용이 매매대금을 초과한다는 사정은 원고의 손해배상청구권 행사에 아무런 장애가 되지 않는다"고 하였고, 매매대금 약 87억 원의 배가까이인 약 163억 원의 폐기물처리비용 중 매도인이 매도한 지분에 안분한 92억 원의 손해배상금이 인정되었다.[65)]

매도인의 귀책사유를 요건으로 하는 제390조 일반채무불이행 손해배상이라면 위 판시를 문제 삼을 게 없다. 그러나 위 판시가 하자담보책임을 근거로 한 무과실책임의 손해배상에까지 확장된다는 취지라면, 주관적 등가성의 회복이라는 하자담보책임의 목적을 넘어서는 것으로 부당하다. 그나마 위 판결에선 귀책사유를 전제로 한 채무불이행 손해배상이 주된 쟁점이었으므로, 대법원이 하자담보책임까지 염두에 두고 매매대금을 초과한 손해배상을 인정하였다고 본 것인지 다소 불분명하였다. 그러나 이후 선고된 대상판결은 매도인에게 귀책사유가 없어 하자담보책임 손해배상만이 명확하게 문제된 사안임에도, 매매대금을 초과한 손해배상을 인정하기에 이르렀다.

4. 검　토

하자담보책임 손해배상은 신의칙상 매매대금으로 제한된 범위의 이행이익 배상으로 해석하여야 하고, 특히 하자로 인한 확대손해는 하자담보책임 손해배상의 내용에 포함되지 않고 일반 채무불이행 손해배상의

---

64) 이재근(주 2), 278-279면. 2002다51286 판결은 하자담보책임과 채무불이행 손해배상책임의 경합을 인정한 첫 판결로서 의미가 있다.

65) 매도인의 지분 이외의 부분까지도 손해배상을 명하였어야 한다는 분석으로 송덕수 · 김병선, 민법 핵심판례 220선, 박영사(2021), 311면.

요건을 갖추어 구할 수 있을 뿐이다. 기존에 주장된 견해들 중에는 굳이 분류하면 '수정된 이행이익설 ①'에 가장 가깝다(다만 매매대금이 매수인의 이행이익보다 낮은 경우라도 배상액의 한계로 작용한다는 점을 보다 명확히 한다).

(1) 출발: 이행이익

(가) 이행이익과 신뢰이익의 개념정립

손해배상의 범위를 둘러싼 위의 학설 대립은 이행이익과 신뢰이익 사이의 간극으로 요약할 수 있다. 이행이익의 손해는 계약에 좇은 이행이 있었더라면 존재하였을 채권자의 상태와 현재 상태와의 차이(이른바 '차액설' 관점)를 의미한다고 설명된다.[66] 하자담보책임 손해배상 국면에서도 비교적 일관된 의미로 사용될 수 있다. 하자담보책임에 맞게 조금 다듬는다면 '매도인이 하자 없는 목적물을 급부하였더라면 존재하였을 매수인의 상태와 현재 상태와의 차이' 정도로 표현할 수 있다.

신뢰이익의 개념을 어떻게 잡을지는 상대적으로 까다로운 문제다. 신뢰이익은 우리 민법에서 여러 가지 의미로 사용된다. ① 대표적으로 계약체결상 과실책임에서 등장하는 신뢰이익은 계약이 유효하다고 믿었기 때문에 일방당사자가 입은 손해(제535조)로, 계약의 이행을 준비하기 위하여 지출한 계약비용 등을 포함한다. 여기서의 신뢰이익은 계약이 목적불능으로 무효임에도 '계약이 유효하다'고 신뢰함으로 인하여 받은 손해를 의미한다. ② 입법자는 유효한 계약의 효과로 신뢰이익의 배상을 정할 수도 있다(제601조, 제689조 제2항, 제806조 등 참조).[67] 이 경우는 계약의 무효를 전제로 하지 않는다. ③ 다소 혼동을 가져다주는 것은 판례[68]가 이행이익 대신에 사용하는 신뢰이익 개념으로, 계약의 일방 당사자가 '상대방의 이행'을 신뢰하고 지출한 비용의 배상을 의미할 때이다.[69] 하

66) 김재형, "계약의 해제와 손해배상의 범위", 민법론Ⅱ, 박영사(2004), 78면.
67) 김형석(주 6), 305면.
68) 대법원 1992. 4. 28. 선고 91다29972 판결에서 처음 등장하였다.
69) 판례는 이러한 지출비용 역시 '신뢰이익'의 배상이라고 칭하는데, 여기서의 신뢰이익은 제535조의 신뢰이익과는 다른 일종의 확장된 의미의 신뢰이익이다[권영준,

자담보 손해배상의 범위에 관한 학설대립에서 등장하는 신뢰이익은 고르자면 ① 의미가 변용된 것('계약이 유효하다'고 신뢰한 게 아니라, '하자가 없다'고 신뢰하였다는 점에서 차이)에 가깝다.[70] ③의 신뢰이익은 독일 민법 제284조에 규정된 지출비용 배상에 가깝고, 이행이익을 산정하기가 어려울 때 지출비용을 증명하여 이행이익을 한도로 손해를 전보받을 수 있게 해주는 역할을 한다. 최근의 판례는 개념어의 혼란을 줄이려는 것인지 신뢰이익 배상보다는 지출비용 배상이라는 표현을 선호하는 것으로 보인다.[71] 이하에서 ③의 의미로 사용할 때에는 지출비용으로 용어를 사용하겠다.

(나) 원칙적으로 이행이익을 택하는 근거

채무불이행에 관한 민법규정에서 이행이익과 신뢰이익을 구분하고 있지는 않지만, 채무불이행으로 인한 손해배상의 원칙적인 모습은 이행이익의 배상이다.[72] 하자담보책임에 따른 손해배상의 범위를 원칙적으로 이행이익으로 파악하면 된다고 생각하는 이유 중 하나는, 하자담보책임을 하자 없는 물건을 급부할 의무를 위반한 채무불이행책임이라고 보는 관점과 상응하고, 우리 민법에서 채무불이행 손해배상 범위로 원칙적으로 예정한 방식이라는 단순한 논거에서 출발한다.[73] 목적물에 생긴 하자를 보수하기 위하여 실제로 비용을 지출하기 전 단계에서, 보수에 필요한

"이행이익, 신뢰이익, 중복배상-지출비용과 일실이익의 배상청구와 관련하여-", 인권과 정의 제491호(2020. 8.), 127면].

70) 가령 계약이 유효하게 성립하는 것을 전제하는 하자담보책임에는 신뢰이익을 그대로 도입할 수 없다는 입장[민법주해[XIV](주 22), 248-249면(남효순)]은 신뢰이익의 의미를 ①로 좁게 본 전제에 서있다. 그리고 학설 대립은 대법원 1992. 4. 28. 선고 91다29972 판결 전에 이미 존재하였다.

71) 김영희, "계약이론사에서 신뢰이익 배상과 지출비용 배상", 법조 제69권 제2호(2020. 4.), 147면. 가령 대법원 2016. 4. 15. 선고 2015다59115 판결, 대법원 2017. 2. 15. 선고 2015다235766 판결 등.

72) 권영준(주 70), 125면; 김재형(주 67), 74면. 참고로 대상판결의 판례공보에서 하자담보책임으로 인한 손해배상 관련 판시에 참조조문으로 제580조 외에 제390조도 기재되어 있다.

73) 제535조와 같이 법이 특별히 규정하지 않는 한 굳이 원칙을 변경하여 신뢰이익의 배상이라고 해석할 근거는 부족하다는 견해로 윤진수(주 6), 468-469면 참조.

비용 또는 가치감소분을 손해로 설명하기에도 이행이익의 개념을 차용하는 경우에 더 쉽기도 하다. 하자보수비용을 이미 지출한 경우라도, 이는 목적물에 하자가 없음을 신뢰하고 지출한 비용이 아니라 이미 하자가 발생하였음을 알고 나서 목적물의 가치를 회복시키기 위하여 지출하는 비용이라고 이해할 수 있다.

담보책임법 체계 내 일관된 해석도 들 수 있다. 제580조, 제575조 제1항은 하자담보책임의 효과에 관하여 침묵하고 있는데, 해제를 일반적인 채무불이행 법정해제와 마찬가지로 취급하는 만큼, 손해배상도 채무불이행 손해배상의 원칙적 내용인 이행이익으로 파악하는 게 자연스럽다. 또한, 판례는 권리의 하자로 인한 담보책임의 손해배상은 이행이익 배상이라고 해석한다.[74] 물론 물건의 하자로 인한 담보책임에서 손해배상은 아래에서 보는 것처럼 일정한 한도가 있어 결과적으로 동일한 이행이익은 아니나,[75] 적어도 담보책임법 내에서 손해배상의 내용을 이행이익으로 일관되게 설명할 수 있는 장점이 있다.

부차적이긴 하나, 소송자원의 효율적 이용이라는 실용적인 근거도 있다. 대상판결과 2002다51286 판결은 매수인이 손해배상의 권원으로 하자담보책임과 일반채무불이행책임 모두 주장하였던 사안이다. 각 손해배상책임 사이에 경합을 인정하는 이상 반드시 두 책임의 산정방식을 통일할 필요는 없지만, 서로 다른 방식으로 손해를 산정해야 한다면 증명과 판단의 부담이 가중될 수 있다.[76] 많은 사건에서 하자의 존재는 곧 하자

74) 대법원 1967. 5. 18. 선고 66다2618 전원합의체 판결. 과거 문헌을 보면 판례가 물건의 하자로 인한 담보책임을 포함하여 담보책임 손해배상 일반에 관하여 이행이익설을 취하고 있다고 보는 서술도 발견된다[김주수(주 6), 220면].

75) 권리의 하자로 인한 담보책임과 물건의 하자로 인한 담보책임이 서로 다른 연원, 목적을 가지고 발달한 제도인 것을 감안하면 차이는 정당화될 수 있다.

76) 채무불이행이나 불법행위로 인한 손해배상청구소송에서 손해배상 액수의 산정에 관하여 구체적인 손해의 액수 증명이 곤란한 경우 법원이 변론 전체의 취지와 증거조사의 결과에 의하여 인정되는 모든 사정을 종합하여 상당한 금액을 손해배상액으로 정할 수 있다는 민사소송법 제202조의2는 판례에 따르면 특별법에 따른 손해배상에도 적용되는 일반적 성격의 규정인 만큼(대법원 2020. 3. 26. 선고 2018다301336 판결), 담보책임 손해배상액을 정할 때에도 적용될 수 있을 것이다. 그

있는 물건의 급부로 인한 불완전이행으로도 평가될 것이니, 손해배상의 산정도 통일적인 접근방식을 취하여 사안에 따라서 무척 어려울 수 있는 구체적 배상액 산정문제에 소송당사자들을 집중하도록 할 수 있다.

이행이익의 개념은 비교적 단순하지만, 실제 산정은 쉽지 않은 경우도 많다. 채권자의 현재 재산상태가 대개 곧바로 증명될 수 있는 것과 달리, 가정적 재산상태는 여러 가정과 추론에 의존하므로 확실하게 증명되기 어려울 수 있기 때문이다.[77] 이러한 증명의 어려움은 앞서 본 지출비용 배상의 접근방식을 도입하여 일부 보완할 수 있다. 즉 가정적 재산상태를 통한 이행이익의 증명이 곤란한 경우, 계약이 이행되리라고 믿고 지출한 비용의 배상을 이행이익을 넘지 않는 한도에서 구할 수도 있다.[78]

(2) 한계: 규범목적에 따른 제한

(가) 규범목적으로서 주관적 등가성의 회복

이행이익을 출발점으로 삼는다고 하여, 일반 채무불이행 손해배상(제390조)과 동일하게 이행이익 '전부'의 배상을 인정할 수는 없다. 누차 강조하였듯 하자담보책임의 근본적인 규범목적은, 매매당사자 사이의 주관적 등가성[79]을 회복하기 위하여 매도인에게 한정된 범위의 무과실책임을 지우는 데에 있다.[80] 곧 매도인의 이행이익(대금 전액)과 매수인의 이행이

러나 위 조항이 적용되더라도 우선은 구체적인 손해액을 최대한 심리해야 하는 것이므로, 적어도 본 문제에서는 소송자원 사용의 경감에 별다른 기여를 하지 않을 것이라고 생각한다.

77) 권영준, 민법학의 기본원리, 박영사(2020), 364면; 이동진, "이른바 기회상실에 대한 손해배상 소고", 한국민법과 프랑스민법 연구(남효순 교수 정년기념논문집), 박영사(2021), 380면.

78) 대법원 2002. 6. 11. 선고 2002다2539 판결, 대법원 2017. 2. 15. 선고, 2015다235766 판결 등.

79) 정진명, "등가성 장애에 관한 연구", 민사법학 제62호(2013. 3.), 105-107면은 주관적 등가성론은 당사자가 급부 상호간에 동등한 가치를 가진다고 생각하는 것, 법률행위적 등가성론은 당사자가 법률행위에 의하여 동등하다고 정한 것이라고 하여 두 개념을 구분하고 있다. 하자담보책임에서 논의되는 등가성 문제는 일단 매매계약으로 매매대금이 확정되어, 즉 주관적 등가성의 합치가 있어 법률행위적 등가성으로 고양된 것으로 이해할 수도 있다고 생각한다.

익(목적물 전체)은 상호 견련성을 가지면서 등가성을 구현한다.[81] 계약당사자들은 매매계약을 체결하는 과정에서 거래 내 · 외부의 위험을 각자가 합리적으로 평가하여 급부와 반대급부 사이의 등가관계를 확정하기에 이르고, 매매대금은 합치된 등가관계의 수량적 표현이다. 하자담보책임이 매수인에게 부여한 구제수단들(해제, 손해배상, 보수청구)은 어디까지나 하자의 발생으로 인하여 어긋난 목적물과 매매대금 사이의 등가성을 교정하는 차원에서 머물러야 한다. 매매목적물과 매매대금은 매매계약의 목적이기도 하지만, 동시에 매매의 이행과정에서 생긴 장애에 따른 구제수단의 범위설정 과정에서 일종의 한계 기능도 한다.

(나) 손해의 유형에 따른 이행이익에의 포섭 여부

주관적인 등가성의 회복 기능이라는 관점에서, 몇 가지 전형적인 손해의 유형이 하자담보책임 손해배상으로서 이행이익의 개념에 포섭될 수 있는지 검토한다. 대상판결처럼 해제를 하지 않고 손해배상을 구하는 경우에 한정하여 본다.

① **목적물의 교환가치 감소분**: 하자로 인하여 매수인의 재산상태에 감소가 생긴 것이니 이행이익으로 포섭할 수 있다. 보수에도 불구하고 잔존하는 교환가치 감소분도 여기에 포함될 수 있다.

② **하자보수비용**: 객관적으로 산정되어 과다하지 않은 한, 교환가치 감소분만큼을 복구시키기 위한 비용인 만큼 교환가치 감소분과 동등하게 취급할 수 있어 역시 이행이익에 포함시킬 수 있다. 대상판결 사안처럼 실제로 이미 지출한 하자보수비용의 지급을 손해배상으로 구하는 경우에는 지출비용 배상의 증명방식이라고 볼 수도 있다. 보수비용이 과다한지 여부를 판단할 때 한 가지 생각할 수 있는 기준으로, 하자판단의 기준을 초과한 정도로의 보수를 위한 비용지출은 일응 과도하다고 볼 수 있다.[82] 여기서의 '과다'란 아래에서 보는 하자보수비가 매매대금을 초과하

80) 안법영(주 49), 219-220면.

81) 권영준(주 70), 130면.

82) 가령 대상판결에서, 이 사건 토지를 본래 지목대로 경작용으로 사용하는 것과 비교하여 건축대지용으로 사용하려면 더 깊이 매립되어 있는 폐기물을 굴착하여

는지의 문제는 아니고, 하자보수비의 산정 자체가 부풀려진 경우를 의미한다.

③ **보수기간 중 사용이익 상실**: 하자로 인하여 매수인이 합리적인 보수기간 동안 매매목적물의 사용이익을 온전히 누리지 못함으로 인하여 받은 손해 역시 이행이익에 포함된다고 할 수 있다. 대상판결 사안에서도 폐기물을 처리하는 데에 4개월이 소요되었고, 그 동안 매수인은 목적물을 사용하지 못하였을 것이라 짐작된다(실제 소송에서 이 부분까지는 손해배상의 범위에 포함시키지 않아 판단은 이루어지지 않았다). 물론 매수인이 하자로 인한 교환가치의 감소를 받아들이고 보수할 예정이 없다면 중복배상금지의 원칙상 교환가치 감소분과 별도로 보수기간 중 사용이익의 상실로 인한 손해를 주장할 수 없겠으나, 이는 하자담보책임에 특유한 내용은 아니다.

앞서 본 교환가치 감소분과 달리 목적물 자체의 가치에 관한 직접 손해가 아니다보니 등가성 회복의 범위에 포함되는지 의문이 생길 수 있으나, 넓게 보면 하자보수에 필요한 비용의 영역에 포섭할 여지도 있고, 매매계약 전체적으로 급부 간 어긋난 등가성을 회복하기 위한 비용이라고 설명할 수도 있다. 통상 매수인은 계약이 예정한 인도일부터는 목적물을 온전히 사용·수익할 수 있음을 예정하여 이를 기초로 매매대금을 결정하므로 사용이익 역시 등가성 판단과 완전히 동떨어져있지는 않다. 다만 여기서 배상의 범위에 포함되는 사용수익은 등가성 교정수단으로서의 하자보수를 위해 필요한 기간 사용수익 상실에 대한 보전이므로, 가령 부동산의 경우 객관적인 차임 상당이지 이를 넘어선 영업적 이익까지 배상범위에 포함된다는 취지는 아니다.

결국 ① 교환가치 감소분 또는 ② 하자보수비용의 경우에는 대금감액적 성질의 손해배상에 가까워[83] 신뢰이익설을 취하는 것과 결과에 있

제거하여야 했다고 가정한다면, 적어도 경작용으로 적합하도록 회복하는 범위를 넘어선 폐기물제거비용은 '하자'로 인한 것이라고 보기 어려워 손해배상 범위에서 제외하여야 한다.

어서 실질적인 차이가 없으나(아래에서 보듯 ②에다가 신의칙에 기한 제한까지 가하면 더더욱 그렇다), ③의 경우는 하자가 없음을 신뢰하고 지출한 비용이라고 보기는 어려워, 신뢰이익설에서 말하는 신뢰이익에 포함시키기는 어렵지 않을까 싶다.

④ **하자확대손해:** 하자로 인한 확대손해는 하자 있는 급부로 인하여 매수인의 다른 법익이 해를 입은 경우에 문제되고, 손해의 발생형태를 보면 생명, 신체, 건강, 소유권 내지 기타 재산상의 손해 등 여러 가지로 나타난다.[84] 확대손해는 당사자들이 확보한 매매계약의 등가성을 넘어서는 손해로, 하자담보책임이 규율하는 목적 범위를 벗어난다.

확대손해는 하자담보책임이 아니라, 매도인의 귀책사유를 전제로 하여 일반적인 채무불이행책임으로 해결하여야 한다. 하자로 인한 확대손해의 배상을 채무불이행책임으로만 해결하는 것은, 하자담보책임 손해배상과 채무불이행 손해배상의 경합을 인정하는 큰 논거 중 하나이자 실익이라고 할 수 있다.[85] 매매목적물의 하자로 매수인에게 확대손해가 발생한 경우, 매도인에게 검사의무가 없다면 불이행의 전제가 되는 의무 자체가 없으므로 아예 채무불이행이 고려될 여지가 없고, 매도인이 검사의무를 부담하더라도 검사에 의하여 하자를 발견할 수 없었던 때에는 매도인은 귀책사유가 없어 매수인을 상대로 손해배상책임을 부담하지 않는다.[86]

하자확대손해에 관하여 매도인의 귀책사유를 요구한 96다39455 판결 등 기존 대법원의 입장과도 합치하는 해석이기도 하다(물론 96다39455 판결에 나온 판시가 채무불이행 손해배상에 관한 것이라고 선해한다면 말이다). 나아가 수급인의 하자담보책임에 관하여, 판례는 액젓저장탱크의 제작·설

83) 김형석(주 6), 307면. 다만 하자담보책임을 유상성 내지 견련성 이익을 보장하고 일반 채무불이행책임은 이행이익을 보장하는 제도로서, 주관적 등가성의 회복이라는 목적에 부합하는 범위에서의 신뢰이익 배상을 인정함이 타당하다는 전제에서의 서술이다.

84) 최봉경(주 39), 102-103면.

85) 이재근(주 2), 344면.

86) 김형석, "우리 민법의 채무불이행 규율 체계에 대한 단상", 민사법학 제96호 (2021. 9.), 127-128면.

치도급공사계약으로 완성된 탱크에 균열 하자가 발생한 사안에서, 탱크의 보수비용은 수급인의 하자보수에 갈음한 손해배상(제667조 제2항), 하자로 탱크 내 액젓이 변질되어 발생한 손해는 하자담보책임을 넘어서 채무불이행으로 인하여 도급인의 신체·재산에 발생한 손해에 대한 배상이라고 하여 하자담보책임의 한계범위를 명확히 하였다.[87] 매도인의 하자담보책임도 마찬가지로 보아야 한다.

대상판결 사안처럼 매수인이 토지에 매립된 폐기물의 제거를 위하여 매매대금을 초과하여 지출한 하자보수비는 그 초과부분이 하자확대손해인지 검토한다. 전형적인 확대손해는, 가령 매도된 토지에 매립된 폐기물로 인접한 매수인 소유 토지에 경작된 식물의 성장이나 작황이 피해를 입거나, 폐기물에서 새어 나온 유해물질로 매수인의 건강이 악화된 경우를 생각할 수 있다. 반면 매매목적물 자체에 생긴 하자로 인하여 별도로 목적물의 외연을 넘어선 추가적인 피해까지 아직 발생하지 않았다면 그 하자를 보수하기 위한 비용이 목적물의 교환가치를 초과하는 만큼이더라도 확대손해라고 보기는 곤란하다. 달리 말하면, 매수인으로서는 매매계약에 따라 받은 본래적 급부의 실질적 순가치가 보수비용이라는 '혹'이 붙어 있어 음수(-)인 것이지, 본래적 급부 외의 이익이 침해되었다고 보기는 어렵다. 매수인으로서는 목적물을 전매하는 등으로 양도하여 양수인에게 손해를 전가할 가능성도 남아있다. 이후 매수인이 목적물의 하자보수비용을 실제로 지출하더라도, 매매대금을 초과한 부분이 새삼스레 하자확대손해로 성격이 바뀐다고 평가하기는 곤란하다. 정리하면, 매매대금을 초과한 부분 하자보수비용은 하자확대손해라고 보기 어렵고, 하자담보책임 손해배상에서 당연히 배제되지는 않는다. 이어서 볼 신의칙상 제한을 받는지는 별개 문제이다.

(다) 매매대금을 초과하는 하자보수비용의 처리

이행이익에 일단 포섭된다고 하더라도, 손해배상청구권을 비롯한 매수인

87) 대법원 2004. 8. 20. 선고 2001다70337 판결.

의 구제수단 행사가 등가관계를 회복·교정하는 역할을 넘어 파괴할 정도에 이른다면 공평의 원칙 또는 신의칙(제2조)에 따라 행사의 제한이 이루어져야 한다. 전항에서 본 ①~④의 전형적인 손해유형 중 ② 하자보수비용을 중심으로 매매대금 초과여부를 논할 실익이 있다. ① 가치감소분은 개념상 매매대금을 0원까지만 감액시키는 것을 전제한다고 보는 게 자연스럽다. 예를 들어 하자 있는 물건이 인도된 경우 매수인의 대금감액권을 규정한 독일민법 제441조 제3항 전문이나 CISG 제50조 본문을 보면 하자 없는 상태의 물건의 가치에 대하여 실제로 인도된 물건의 비율만큼 감액을 인정하므로, 감액률은 100%, 즉 전액 감액이 한도라고 보아야 한다. ③ 보수기간의 일실사용이익은 매매대금을 초과하는 경우를 상정하기 어렵고, 설령 매매대금을 초과할 정도로 일실사용이익이 커질 정도라면 사회통념상 보수가 불가능하다고 할 수 있어, 보수를 전제로 한 보수기간 동안의 사용수익상실을 청구하기 어려울 사안으로 보인다(가치감소분 손해배상 등으로 해결해야 하는 문제), ④ 하자보수비용은 하자담보책임으로 전보될 수 있는 이행이익에 포함되지 않으니 배제된다.

판례는 추완청구권의 하나인 종류매매의 완전물급부청구권(제581조 제2항)이 문제된 사안에서, 완전물급부청구권을 제한 없이 인정하면 매도인에게 지나친 불이익이나 부당한 손해를 주어 등가관계를 파괴할 수 있으므로, 하자가 경미하여 수선이 가능한데도 매도인에게 완전물급부의무를 지움으로써 지나치게 큰 불이익이 매도인에게 발생되는 경우 등 하자담보의무의 이행이 공평의 원칙에 반하는 정도라면 완전물급부청구권의 행사를 제한할 수 있다고 판시하였다.[88)]

하자담보책임의 규범목적인 등가관계를 파괴하는 결과에 이르는 추완청구를 허용해서는 안 된다는 위 판례의 추상적 기준은 타당하다고 할 수

88) 대법원 2014. 5. 16. 선고 2012다72582 판결. 하자담보책임의 이행이 공평의 원칙에 반하는 정도인지를 판단하는 기준으로는 "매매목적물의 하자의 정도, 하자 수선의 용이성, 하자의 치유가능성 및 완전물급부의 이행으로 인하여 매도인에게 미치는 불이익의 정도 등의 여러 사정을 종합하여 사회통념에 비추어 개별적·구체적으로 판단하여야 한다"고 설시하였다.

있으나, 특정물의 하자보수와 그 변형물로서 선택적 관계에 있는 하자보수에 갈음하는 손해배상에 적용할 때에는 주의가 필요하다. 위 판례는 기본적으로 추완청구권 내에서 '하자의 보수'와 '완전물의 급부' 사이에 매도인이 입을 불이익을 비교한 것인데, 대체성이 없는 특정물 특정물에 관한 하자보수청구 사안이라면 '하자의 보수'와 비교할 만한 '완전물의 급부'가 없기 때문이다.

그럼 특정물의 하자보수청구와 하자보수에 갈음하는 손해배상(하자보수비용)은 어느 정도에 이르러야 '등가관계가 파괴'되었다고 볼 수 있는가? 매매당사자들이 주관적 등가관계에 합치한 지점이라고 할 수 있는 매매대금을 기준으로 삼을 수 있다. 그런데 형식적, 산술적으로만 보면, 매매대금을 초과한 하자보수비용으로 인하여 순가치가 음수인 목적물을 취득하게 된 매수인의 이익상황을, 매매대금까지 맞추어주기 위해서는 매매대금을 초과한 배상도 등가성을 회복하기 위한 범위 내라고 생각할 수도 있다.[89] 따라서 매매대금의 범위를 초과한 하자보수청구권 또는 하자보수비용채권의 행사를 제한하는 것을 정당화하기 위해서는 정당화요소의 보강이 필요하다.

하자담보책임의 역할을 '가정적 재교섭을 통한 등가성 불균형의 조정작업'이라고 이해하는 데에서 단초를 찾을 수 있다고 생각한다. 특정물 도그마가 극복되어 매도인에게 하자 없는 목적물의 급부의무를 지울 수 있다면, 목적물에 하자가 있던 경우에 계약당사자들이 어떻게 사고하고 행동하였을지를 탐구할 필요가 있다. 즉 만약 당사자들이 계약체결시에 하자의 존재를 알았다면 어느 지점(가격)에서 등가관계에 합의하였을지를 재구성하는 작업이다. 매매계약 체결 당시 매매대금을 초과하는 처리비용이 소요될 정도의 큰 하자의 존재가 밝혀졌을 경우 계약당사자들이 취하였을 법한 가정적 태도를 떠올려 보면, 애초에 매매계약 체결이 결렬

89) 매수인이 매매대금 100을 지불하고 보수에 120이 소요되는 목적물을 매수한 경우, 순가치가 -20인 목적물을 매매대금 100과 등가에 맞추기 위하여 120[=100-(-20)]의 배상을 명하면 되지 않냐고 생각할 수 있기 때문이다.

되었을 가능성이 크다. 하자담보책임의 구제수단에 대응시킨다면, 매수인이 해제권을 행사하는 것이 재구성한 결과에 따른 통상의 기댓값이고, 매매대금을 초과하는 손해배상을 수인할 정도로 매도인이 강력한 보증을 했을 것이라고 기대하기는 어렵다. 이처럼 하자보수비용이 매매대금을 초과한 경우에는 계약체결시로 되돌아가 가정적 재교섭을 시도해 봤을 때, 계약당사자들이 합의하였을 만한 주관적 등가지점을 재구성하기가 곤란하니, 당사자들이 인수한 계약위험의 범위를 벗어난 영역이라고 할 수 있다

최근 판례는 수급인의 하자보수에 갈음한 손해배상이 문제된 사안에서도, 하자가 있는 부분의 철거와 재시공비용 상당액을 손해배상으로서 청구할 수 있다고 하면서도, 비용 부담에 관하여 사전에 약정이 있었다는 등의 특별한 사정이 없는 한 약정된 위 부분의 공사대금 상당액을 초과하여 손해배상을 청구할 수 없다고 판시한 적이 있다.[90] 비록 위 판례가 구체적인 이유를 들거나 근거가 되는 법원칙을 명시하지는 않았지만, 하자보수에 갈음한 손해배상을 계약금액에 제한하려는 취지는 알 수 있다.

매도인과 매수인 사이의 형평도 고려해야 한다. 하자담보책임은 매수인이 매도인에게 귀책사유가 있는지를 불문하고 추궁할 수 있는 강력한 구제수단이다. 매도인에게 아무런 귀책사유가 없음에도 하자가 있는 물건을 매도한 것만으로 매매대금을 초과하는 손해를 하자담보책임으로 청구할 수 있다면, 당사자들이 매매에서 등가로 교환하기로 한 급부이익을 넘어서는 손해의 배상에 대하여 무과실책임을 인정하는 결과라 매도인에게 지나치게 가혹하다.[91] 귀책사유가 없이도 매매대금을 넘는 이행이익의 배상이 가능하게 되면, 민법 일반의 책임귀속원리로서의 과실책임원칙이 무너지고 자기책임 원칙에 반할 수 있다는 지적도 있다.[92] 프랑스 민

---

90) 대법원 2016. 8. 18. 선고 2014다31691, 2014다31707 판결.

91) 김응재, "오염된 토지에 관한 민사적 책임", 사법 제52호(2020. 6.), 35면; 김형석(주 6), 315면. 위 두 문헌은 매매대금을 초과한 손해 부분을 확대손해로 본다는 측면에서, 적어도 목적물 자체의 보수에 필요한 비용은 확대손해로 평가하지 않는 필자와 차이가 있기는 하다.

법 제1646조도 하자의 존재를 몰랐던 선의매도인의 경우, 목적물 자체와 관련된 하자담보책임의 범위를 매매대금의 반환(restitution du prix)에 제한한다.93)

매도인이 매매대금을 초과하는 손해배상금을 지급하게 되면, 매매의 정산결과 순손실을 입게 된다고 할 수 있는데, 증여자가 물건의 하자에 대하여 원칙적으로 담보책임을 지지 않는 것(제559조 제1항)과 비교하였을 때 목적물을 처음부터 무상으로 증여한 것보다도 오히려 재무적으로 더 불리한 결과에 처한다는 것은 납득하기 어렵다. 하자보수비용 배상액을 매매대금을 한도로 제한한다고 하여 매수인에게 가혹하다고 보기도 어려운 것이, 매수인은 해제를 통하여 하자 있는 물건을 매도인에게 반환시킴으로써 하자보수비용을 지출해야 하는 상황을 면할 수 있기 때문이다.

물론 하자담보책임은 6개월이라는 초단기의 제척기간(제582조) 제한을 받는다.94) 그런데 기산점이 '매수인이 하자의 존재를 안 날'인 만큼('알 수 있었던 날'이 아니다), 실제 제척기간 종기는 소멸시효 완성 후95) 시점으로 잡힐 수도 있다.96) 나아가 제582조의 제척기간은 재판 외 권리행사로도 충족될 수 있으니,97) 소멸시효에서의 중단과 같은 개념은 없지만, 제척기

---

92) 이재근(주 2), 312면 참조.

93) 참고로 동조는 매매계약의 체결로 인한 비용(frais occasionnés par la vente)도 책임범위에 포함하고 있는데, 우리나라에서도 만약 매수인이 해제를 통한 청산을 택한 경우라면 계약체결비용도 손해배상 범위에 포함될 수 있을 것이다.

94) 제582조의 단기의 제척기간은 하자담보로 인한 분쟁을 조속히 종결하려는 목적인데, 여기에 이행이익을 내용으로 하는 분쟁을 포함시키는 것은 적절하지 않다는 분석으로 김형석(주 6), 304면.

95) 판례는 하자담보에 기한 매수인의 손해배상청구권은 제척기간 규정으로 인하여 소멸시효 규정의 적용이 배제된다고 볼 수 없고, 특별한 사정이 없는 한 매수인이 매매의 목적물을 인도받은 때부터 소멸시효가 진행한다고 한다(대법원 2011. 10. 13. 선고 2011다10266 판결).

96) 반면 상인 간 매매의 경우, 목적물에 즉시 발견할 수 없는 하자가 있더라도 매수인이 6개월이 지난 후에 하자를 발견하여 통지하면 제척기간 도과로 하자담보책임 추궁이 차단된다(상법 제69조 제1항, 대법원 2015. 6. 24. 선고 2013다522 판결 참조).

97) 대법원 1985. 11. 12. 선고 84다카2344 판결.

간을 준수하기가 그리 어렵지도 않다(하자가 있음을 통지하면서 담보책임을 추궁할 예정임을 표시하면 충분하다[98]). 곧 단기의 제척기간이라는 약점이 무과실책임의 강력함을 상쇄할 만큼이라고 생각하지 않는다.

(라) 보수비용과 다른 손해항목의 합산액이 매매대금을 초과한 경우

추가적인 문제가 있다. 하자보수비용을 매매대금으로 한정하더라도, 이행이익에 포섭되는 다른 항목의 손해, 가령 가치감소분이나 보수기간 동안 사용이익 손실까지 합한 경우에 결과적으로 손해배상액 총액이 매매대금을 초과하게 되는 때에는 어떻게 처리하여야 하는가? 물론 여기서의 가치감소분은 하자보수에도 불구하고 남게 되는 가치감소분, 다시 말해 손해산정이 중복되지 않는 경우를 전제로 한다. 어려운 문제이나, 가치감소분은 목적물 자체의 가치와 직접 관련되고, 보수기간의 사용이익 상실 역시 주관적 등가성의 회복을 위하여 인정되는 것인 만큼, 하자보수비용과 합산한 금액을 기준으로 목적물 자체의 가치에 관하여 당사자들이 주관적 등가관계가 합치한 지점인 매매대금을 한계로 신의칙상 제한된다고 봄이 타당하다.

5. 하자담보책임 손해배상과 채무불이행 손해배상의 관계

하자담보책임의 손해배상(제580조)과 일반 채무불이행책임의 손해배상(제390조) 사이 관계는 어떻게 되는가.

경합하지 않는다는 견해들은 담보책임의 본질에 관한 법정책임설에 입각하여 원시적 하자는 담보책임으로, 후발적 하자는 채무불이행책임으로 해결하므로 애초에 경합의 문제가 발생하지 않는다는 견해,[99] 담보책임을 특별한 채무불이행책임으로 보면서 일반 채무불이행책임을 배제하는 특칙으로 파악하여 경합을 부정하는 견해,[100] 채무불이행책임으로 담보책임이 정한 단기의 제척기간과 매수인의 선의, 무과실 요건 등 제한

98) 대법원 2003. 6. 27. 선고 2003다20190 판결.
99) 민법주해[XIV](주 22), 265면(남효순).
100) 곽윤직(주 6), 150면.

을 회피하는 결과는 부당하므로 경합을 부정하는 견해[101] 등이 있다. 반면 경합이 가능하다는 견해들은 담보책임과 채무불이행책임은 손해배상의 내용이 다르기 때문에(신뢰이익인지 이행이익인지, 확대손해를 포함하는지) 경합을 인정할 실익이 있다는 점을 주된 근거로 든다.[102]

판례는 2002다51586 판결을 비롯하여 대상판결 역시 매매목적물에 하자가 있는 경우 매도인의 하자담보책임과 채무불이행책임은 별개의 권원에 의하여 경합적으로 인정된다고 판시하고 있고, 근거를 구체적으로 설시하지는 않고 있다.

매수인은 하자담보책임과 채무불이행책임 각각의 요건을 갖추어 매도인을 상대로 추궁할 수 있고, 하자담보책임 손해배상과 채무불이행 손해배상이 모두 성립하여 배상내용이 중첩되는 범위에서는 둘 사이의 경합을 인정하는 것이 타당하다. 본고에서 하자담보책임 손해배상이 이행이익의 배상이라고 파악하였다고 하여, 주관적 등가성의 회복이라는 하자담보책임의 목적과 기능이 바뀌는 것은 아니다. 하자담보책임 손해배상은 매도인의 귀책사유를 필요로 하지 않지만 단기의 제척기간과 매수인의 선의, 무과실이 요구되고 손해배상액도 매매대금을 한도로 신의칙상 제한된다. 채무불이행 손해배상은 매도인의 귀책사유를 요건으로 하지만 단기의 제척기간 제한은 없고, 손해배상으로서 이행이익도 매매대금을 초과할 수 있다. 매수인에게 다양한 구제수단을 제공한다는 차원에서도 경합 긍정의 정당성을 도출할 수 있다. 대상판결은 매도인에게 불완전이행에 관한 귀책사유가 인정되지 않아 채무불이행 손해배상책임이 성립하지 않았던 사안으로 실제 경합 여부보다는 경합가능성, 즉 하자담보책임이 채무불이행책임에 대한 특칙으로 채무불이행책임을 배제하는지가 문제된 것인데, 경합가능성을 인정한 대상판결의 판단 부분은 타당하다.

---

101) 송인권, “매도인의 담보책임과 채무불이행책임의 경합”, 법조 통권 제595(2006), 225-226면.

102) 김상용(주 6), 223면; 김형배(주 6), 322면; 이은영(주 6), 313면; 이재근(주 2), 334-335면.

Ⅳ. 대상판결의 구체적 타당성

대상판결이 매매목적물인 이 사건 토지에 하자가 있는지 여부를 판단할 때, 매매계약 이후 매수인인 원고가 변경한 지목인 '대지'가 아니라 매매계약 당시의 지목인 '전'을 기준으로 하여 매립된 폐기물이 '전'으로서의 토지가 통상 갖출 것으로 기대되는 품질이나 상태를 갖추었는지를 검토한 것은 타당하다. 대상판결은 하자발생 시기 문제를 구체적으로 다루지는 않았으나, 매도인인 피고가 이 사건 토지를 소유자로서 오랜 기간 점유해온 사실을 고려한다면, 피고가 목적물을 지배하던 시기에 다량의 폐기물이 매립되어 하자가 발생하였다고 추단하는 게 합리적이니, 적어도 하자담보책임의 요건이 갖추어졌다는 결론은 납득할 수 있다.

하지만 하자담보책임 손해배상으로 매매대금을 초과하는 하자보수비의 배상을 인정한 판단은 쉽게 수긍하기 어렵다. 일반적으로 하자보수비는 객관적으로 산정되어 과다하지 않은 한, 교환가치 감소분만큼을 복구시키기 위한 비용인 만큼 교환가치 감소분과 동등하게 취급할 수 있어 손해배상의 내용으로서 이행이익에 포함된다. 그렇다고 하여 매매대금을 초과할 정도의 하자보수비 배상까지 제한 없이 정당화되는 것은 아니다. 등가성의 회복이라는 하자담보책임의 규범목적에 부합하도록 가정적 재교섭을 통한 등가성 불균형의 조정작업을 시도해본다. 대상판결 사안처럼 복구를 위하여 매매대금을 초과할 정도의 처리비용이 드는 막대한 양의 폐기물의 존재를 당사자들이 미리 알았다면, 매매계약의 체결이 결렬되었을 가능성이 크다.

그럼 수백 톤에 이르는 폐기물이 발견되었는데도, 매수인인 원고가 계약을 해제하지 않고 매매대금을 초과한 비용을 투입하면서까지 하자를 보수한 이유는 무엇인가? 가장 큰 이유로는 이 사건 토지 가격의 급격한 상승 때문이라고 추측할 수 있다. 대상판결 제1심에서 인정되었듯 이 사건 토지의 개별공시지가는 매수인이 지목을 '전'에서 '대지'로 변경한 후 3.4배가량 상승하였다. 개별공시지가와 시가가 꼭 비례하지는 않지만, 적어도 시가 역시 폐기물처리비용을 지출한 시점에는 위 비용보다 컸을 것이라 추단하는 데에 별 무리가 없다. 즉 이 사건은 토지 지목이 ‘전’에서 ‘대지’로 변경됨에 따라 토지가격이 크게 상승하였으니, 원고 입장에서는 하자보수비를 감수하고도 매매를 해제하지 않고 토지를 보유하는 게 더 유리하다고 판단했을 것이다. 가격 상승을 감안하지 않더라도, 대상판결 사안은 하자보수비(60,925,170원)가 매매대금(57,368,000원)을 초과한 부분이 액수로 3,557,170원, 비율로 6.2%로 크지는 않아 원고가 이 사건 토지의 취득과정에서 지출한 매매대금 외 제세공과금 등 비용을 합한다면 해제보다는 계약의 유지가 차라리 유리하다고 판단했을 수도 있다.[103)]

매도인인 피고 입장에서도, 이 정도의 커다란 하자가 있음을 미리 알았다면 애초에 매도하지 않는 것이 경제적으로 더 이득일 수도 있다. 피고는 1996. 1. 5. 전에 토지를 양수한 자로서 토양환경보전법상 정화책임을 부담한다고 보기 어려우니(토양환경보전법 제10조의4 제1항 제4호, 제2항 제2호 참조), 이 사건 토지를 매도하지 않았더라도 토지소유자로서 폐기물처리비용을 어차피 부담할 처지였던 자라고 보기도 어렵다. 피고로서는 목적물의 시가 또는 개발에 따른 기대이익이 폐기물처리비용을 초과할 때까지 관망하거나, 차라리 소유권을 포기하는 게 나았을 수 있다.

이처럼 대상판결은 거래에 따른 이해득실의 결과를 보더라도 피고에게 상당히 가혹하다고 평가할 수 있다. 물론 지목변경은 원고 자신의 판단과 노력, 비용으로 이룬 것이지만, 원고는 이 사건 토지의 거래와 그 후 개발로 상당한 이득을 얻은 것으로 보이는 반면, 피고는 매매대금을 초과하는 폐기물 처리비용을 부담함으로써 거래 결과 토지도 양도하고 추가비용까지 지출하는 손실을 입게 되었다.

---

103) 가령 취득세는 계약이 해제권의 행사로 소급적으로 실효되더라도 환급되지 않는다(대법원 2018. 9. 13. 선고 2018두38345 판결). 참고로 이 사건 토지는 경북 울진군에 소재한 808㎡ 면적의 토지라 개발부담금 부과 대상은 아니었을 것으로 보인다(개발이익 환수에 관한 법률 시행령 제4조 제1항 제2호, 제3호 참조).

매도인이 매매대금을 초과하는 지출을 하여 입은 손실만큼이라도 다른 사람에게 전가할 수 있다면 불공평이 그나마 완화될 수 있을지 모른다. 그러나 대상판결 사안은 이 사건 토지에 폐기물을 언제, 누가 매립하였는지조차 제대로 밝혀지지 않은 사안이라 매도인이 자신의 손실을 구상 또는 전가할 대상을 찾기도 힘들다. 매도인에게 이 사건 토지를 매도한 전소유자가 있다면 그를 상대로 제척기간 내에 다시 하자담보책임을 연쇄적으로 물을 가능성이 있겠으나, 전소유자로부터의 위험이전시(위험이전시설을 취할 경우)에 이미 하자가 존재하였다는 증명이 쉽지 않을 것이다. 게다가 대상판결 사안은 매도인이 귀속재산을 취득한 것이라 전소유자가 사실상 없기도 하다.

불법행위책임으로 매도인이 구제받기도 어렵다. 판례는 토지에 폐기물을 불법으로 매립하였음에도 처리하지 않은 상태에서 토지를 거래에 제공하는 등으로 유통시킨 경우에는 거래상대방뿐만 아니라 토지의 전전양수인인 현재의 토지 소유자에게까지도 불법행위책임으로서 토지 소유자가 지출하였거나 지출해야 하는 폐기물 처리비용 상당의 손해를 배상할 책임을 진다고 보아,[104] 불법행위 피해자의 범위를 상당히 넓게 인정하고 있다. 그러나 대상판결 사안은 폐기물을 불법으로 매립한 자가 누구인지부터가 불명하여 불법매립자를 상대로 불법행위를 추궁할 수 없고, 전소유자가 사실상 없어 폐기물이 매립된 토지의 유통에 대한 불법행위책임을 묻기도 어렵다. 환경법상 특별책임을 추궁하려 해도 오염원인자가 불명이라면 뾰족한 수가 없다.

매도인은 자기 스스로도 다량의 폐기물 매립에 따른 하자의 존재를 몰랐고, 만약 이를 알았다면 매도하지 않았을 것이라면서 착오취소(제109조)를 주장하여 매매를 되돌리려 할지도 모른다. 매수인은 하자담보책임의 성립 여부에 상관없이 착오취소권을 행사할 수 있다는 최근 판례[105]가 있고 매도인의 착오취소권 행사가능 여부에 관하여는 아직

104) 대법원 2016. 5. 19. 선고 2009다66549 전원합의체 판결의 다수의견.
105) 대법원 2018. 9. 13. 선고 2015다78703 판결.

명시적인 판례가 없으나, 하자담보책임으로 발생하는 매수인의 권리를 박탈하여서는 안 된다는 이유로 매도인의 착오취소권을 행사할 수 없다는 견해,[106] 매수인이 악의가 아닌 이상은 착오취소권을 행사할 수 없다는 견해[107] 등 부정적인 견해가 주류이다. 곧 매도인의 착오취소권도 효과적인 구제수단이라고 보기 어렵고, 대상판결 사안과 같이 매수인이 이미 폐기물처리비용을 지출해 버린 사안이라면 계약청산과정에서 비용부당이득 법리 등으로 폐기물처리비용을 결국 매도인이 부담할 가능성도 있다.

대상판결은 "특별한 사정이 없는 한" 하자를 보수하기 위한 비용은 매도인의 하자담보책임과 채무불이행책임에서 말하는 손해에 해당한다고 하였다. 하자를 보수하기 위한 비용이 매매대금을 초과하는 대상판결 사안이야말로 바로 이와 같은 '특별한 사정'의 존재를 긍정할 수 있어 보임에도 대법원은 이를 인정하지 않고 보수비용 전액의 배상을 명하였다.

Ⅴ. 결　　론

본고가 주로 다루고자 한 구체적인 문제는, 특정물의 매매에서 하자 있는 물건을 받은 매수인이 하자담보책임으로 손해배상을 구하는 경우, 손해배상액이 매매계약에서 정한 매매대금을 초과할 수 있는지이다. 대상판결은 폐기물이 매립되어 하자가 있는 토지가 매도되어 매수인이 매매대금을 초과하는 보수비용을 지출한 다음 이를 하자담보책임에 기한 손해배상으로 구한 사안으로, 대법원은 무과실책임으로서의 하자담보책임에 기초한 손해배상책임을 인정하면서, 매매대금을 초과하는 하자보수비용 상당의 손해배상을 인정하였다.

---

106) 김증한/김학동(주 6), 295면; 남효순(주 6), 250-251면; 이상광(주 23), 273면.

107) 서재국, "토양오염이 물건의 하자 내지 불완전이행인지, 하자담보책임과 채무불이행책임의 경합 및 상법 제69조의 적용범위", 부산판례연구회 판례연구 제28집(2017. 2.), 448면. 그런데 이 문헌이 근거로 든 서울고등법원 2002. 8. 7. 선고 2002나7697 판결(2002다51586 판결의 원심이다)은, 매도인 자신이 폐기물을 매립하여 무슨 착오가 있을 수 없다는 이유를 들어 매도인의 착오취소 항변을 배척한 사안, 즉 애초에 착오의 존재부터 부정된 사안임을 감안해야 한다.

대상판결의 손해배상 판단은 주관적 등가성의 회복이라는 하자담보책임의 규범목적을 벗어나는 것이어서 찬성하기 어렵다. 하자담보책임에 관한 규정은 유상, 쌍무계약인 매매에서 급부와 반대급부 사이의 등가관계가 깨졌을 때 이를 다시 교정하기 위하여 매도인에게 한정된 범위의 무과실책임을 지우는 데에 목적이 있다. 등가성의 회복이라는 규범목적은 하자담보책임이 인정하는 개별 구제수단의 내용이나 한계를 설정할 때 해석의 출발점이자 한계로 작용한다.

하자담보책임에 따른 손해배상의 내용은 원칙적으로 이행이익의 배상으로 파악할 수 있다. 하자담보책임을 하자 없는 물건을 급부할 의무를 위반한 채무불이행책임이라고 보는 관점과 상응하고, 매매계약이 매도인의 이행이익과 매수인의 이행이익이 상호 견련성을 가지면서 등가성을 구현한 결과라는 접근방식과도 연결된다. 목적물에 생긴 하자를 보수하기 위하여 실제로 비용을 지출하기 전 단계에서의 보수비용 또는 가치감소분을 손해에 포섭하기에도 이행이익의 개념을 차용하는 것이 설명하기에 용이하다. 담보책임법 체계 내에서의 일관된 해석도 장점이다.

하자담보책임 손해배상으로 이행이익의 배상을 인정한다고 하여, 일반적인 채무불이행책임에서와 같이 매매대금을 초과한 이행이익의 배상을 제한 없이 인정할 수는 없다. 하자담보책임이 주관적 등가성의 교정이라는 역할을 넘어서지 않도록, 그리고 무과실책임이라는 완화된 요건, 증여자에 대한 담보책임 제한과의 균형 등을 고려하여 특히 하자보수비용을 비롯한 담보책임 손해배상액 합계는 목적물의 가치에 관하여 주관적 등가관계가 합치한 지점인 매매대금을 한도로 신의칙상 제한이 이루어져야 한다. 하자확대손해의 배상은 주관적 등가성 회복과 더더욱 관련이 없는 부분이므로 설령 매도인에게 귀책사유가 있더라도 하자담보책임으로는 구할 수 없고, 매도인에게 귀책사유가 있음을 전제로 한 채무불이행책임으로 해결되어야 하는 영역이다.

담보책임 제도가 채무불이행 제도에 통합되어가는 것이 국제적인 추세인 만큼, 순수한 담보책임 손해배상의 구체적인 내용이나 범위에 관한 논의는 이제 유효기간이 얼마 안 남은 논의가 아닌지 의구심이 들 수 있다. 그러나 지금의 우리 민법은 담보책임과 채무불이행책임을 분명하게 나누어 규율하고 있고, 현재의 제도 해석과 운용이 어떻게 이루어지는지를 명확하게 정립하여야 향후 우리나라에서 하자담보책임과 일반 채무불이행책임의 통합을 위한 개정논의가 이루어질 때도 개정의 방향이나 개정의 실익을 분석함에 있어 실천적인 논의가 이루어질 수 있다고 생각한다.

[Abstract]

The Scope of Damages Regarding Warranty Liability in Sales of Specific Goods

−Review of the 2017Da202050 Decision(April 8th, 2021) of the Korean Supreme Court−

Ko, You Kang*

The judgment is a case in which a plot of land was sold with an immense amount of waste being buried underneath. Neither the seller nor the buyer was aware of the buried waste at the conclusion of the contract. Details surrounding the burial remained unknown and unexplained, as no supporting evidence was further provided. After the waste had been discovered by the buyer, the buyer sought compensation for damages on the grounds of warranty liability, which gives remedies to a buyer who purchased a defective product. The Korean Supreme Court acknowledged damages exceeding the sale price.

It is reasonable to understand that the nature of warranty liability regarding specific goods is a contractual liability due to the non-conformity of the goods. However, the interpretation of individual clauses regulating the warranty liability system cannot be plainly deducted from that nature. Rather, each clause should be construed in the light of the purpose of law, which is to maintain an equivalence between the exchanged values in a bilateral contract.

There has been a plethora of conflicting opinions on how to define the scope of damages in terms of warranty liability. This paper holds that dam-

* Assistant Professor, Seoul National University School of Law.

ages for warranty liability should be understood as expectation damages, but limited, by the good faith rule, to the sales price.

The reason for expectation damages being a starting point is that it corresponds more naturally with the basic rules set in the realm of ordinary contractual liability. Also, it facilitates the explanation of how repairing costs are able to be accounted for loss even prior to their actual expenditure. However, it does not mean that the entirety of expectation damages could be included within the scope of these damages. Damages irrelevant to the aforementioned purpose of law, which is to attain the subjective equivalence between the traded values, should be excluded. Extended damages due to defects are among the first eliminated, since they are clearly outside the purpose of achieving subjective equivalence.

Repair costs conform with the attainment of that purpose. Nonetheless, even repair costs shall be recognized only within the boundaries of the contracted sales price, since that price is the position where the parties agreed upon to be a marker of subjective equivalence. Acknowledging damages beyond this point contradicts with the reasonable risk taken by the parties upon the conclusion of the contract, but also is adverse to the seller as damages in warranty liability do not require any fault from the seller's side to be established. Furthermore, holding the seller accountable beyond the sale price disrupts the balance between a seller and a donor, since a donor does not bear any warranty liability in principle.

Accordingly, in the given case, it is difficult to agree with the Supreme Court's decision to grant damages of repair costs exceeding the contracted sales value consented by the buyer and the seller. The final amount of damages should have been limited to the sales price with the employment of the good faith rule.

[Key word]

- warranty liability
- damages
- subjective equivalence

- expectation interest
- reliance interest
- extended damages due to defects

참고문헌

주석서 및 단행본

편집대표 곽윤직, 민법주해[IX], 박영사(1995).
______, 민법주해[XIV], 박영사(1997).
편집대표 김용담, 주석민법[채권각칙(3)](제4판), 한국사법행정학회(2016).

곽윤직, 채권각론(제6판 중판), 박영사(2018).
권영준, 민법학의 기본원리, 박영사(2020).
김상용, 채권각론(제4판), 화산미디어(2021).
김석우, 채권법각론, 박영사(1978).
김주수, 채권각론(제2판), 삼영사(1997).
김증한/김학동, 채권각론(제7판), 박영사(2006).
김형배, 채권각론[계약법](신정판), 박영사(2001).
박영복, 현대 계약법의 과제, 한국외국어대학교 출판부(2009).
송덕수, 채권법각론(제5판), 박영사(2021).
송덕수/김병선, 민법 핵심판례 220선, 박영사(2021).
양창수, 민법입문(제8판), 박영사(2020).
양창수/김재형, 민법I－계약법(제3판), 박영사(2020).
윤진수, 민법기본판례(제2판), 홍문사(2020).
윤철홍, 채권각론(전정판), 법원사(2009).
이상광, 하자담보책임론, 법원사(2000).
이은영, 채권각론(제5판 보정쇄), 박영사(2007).
이태재, 신채권각론신강, 진명문화사(1978).
지원림, 민법강의(제18판), 홍문사(2021).

Alain Bénabent, Droit des Contrats Spéciaux Civils et Commerciaux, 14ème éd., LGDJ, 2021.

논 문

권영준, “이행이익, 신뢰이익, 중복배상－지출비용과 일실이익의 배상청구와 관련하여-", 인권과 정의 제491호(2020).
김대정, "채무불이행책임설에 의한 하자담보책임의 재구성", 민사법학 제9 · 10호(1993).
김봉수, "특정물매수인의 하자보수청구권", 비교사법 제17권 제1호(2010).
김영희, "계약이론사에서 신뢰이익 배상과 지출비용 배상", 법조 제69권 제2호(2020).
김웅재, "오염된 토지에 관한 민사적 책임", 사법 제52호(2020).
김재형, "2000년도 민사판례의 동향", 민법론Ⅱ, 박영사(2004).
______, "계약의 해제와 손해배상의 범위", 민법론Ⅱ, 박영사(2004).
김 화, "매수인의 추완청구권의 제한원칙에 관한 고찰", 민사법학 제70호(2015).
김형석, "물건의 하자를 이유로 하는 담보책임의 특질", 한국민법과 프랑스민법 연구(남효순 교수 정년기념논문집), 박영사(2021).
______, "매도인의 하자담보책임에서 하자의 개념", 민법 이론의 새로운 시각-여암 송덕수 교수 정년퇴임 기념, 박영사(2021).
______, "우리 민법의 채무불이행 규율 체계에 대한 단상", 민사법학 제96호(2021).
남효순, "담보책임의 본질론(Ⅱ)", 서울대학교 법학 제35권 제2호(1994).
서광민, "매도인의 하자담보책임-민법규정상의 문제점과 해석론적 해결방법-", 민사법학 제11 · 12호(1995).
서재국, "토양오염이 물건의 하자 내지 불완전이행인지, 하자담보책임과 채무불이행책임의 경합 및 상법 제69조의 적용범위", 부산판례연구회 판례연구 제28집(2017).
서종희, "독일민법에서의 하자담보책임과 다른 책임과의 관계-'하자'의 개념 정의와 함께-", 비교사법 제26권 제3호(2019).
안법영, "매매목적물의 하자로 인한 손해배상", 민사법학 제11 · 12호(1995).
양창수, "2004년 민사판례 관견", 민법연구 제8권, 박영사(2005).
이동진, "매매목적물의 하자로 인한 손해배상", 재산법연구 제38권 제1호(2021).
______, "이른바 기회상실에 대한 손해배상 소고", 한국민법과 프랑스민법 연구(남효순 교수 정년기념논문집), 박영사(2021).
이병준, "독일채권법개정에서 일반채무불이행법의 변화", 재산법연구 제19권 제1호(2002).

이재근, "하자담보책임과 채무불이행책임의 경합 및 그 손해배상의 범위", 민사판례연구 제28권(2006).

정진명, "등가성 장애에 관한 연구", 민사법학 제62호(2013).

조규창, "물건의 하자담보책임", 법학논집 제21권(1983).

조인영, "계약책임에 관한 국제적 변화와 우리 민법의 향후 과제", 비교사법 제29권 제1호(2022).

최봉경, "하자손해, 확대손해 및 하자와 무관한 결과손해에 관한 유형론적 비교-독일의 논의를 중심으로", 비교사법 제11권 제4호(2004).

황원재, "담보책임법상 감액청구권과 손해배상청구권", 재산법연구 제34권 제3호(2017).

상가건물 임대차보호법 제10조의4 제2항 제3호의 해석에 관한 연구

이 건 희*

■요 지■

2015. 5. 13. 신설되어 당시 존속 중인 임대차계약부터 적용된 상가건물 임대차보호법 제10조의4는 임대인이 임차인의 권리금 회수를 방해하는 행위를 원칙적으로 금지하고 위반 시 임차인에게 손해배상책임을 지도록 규정하고 있다. 금지되는 행위에는 '그 밖에 정당한 사유 없이 임대인이 임차인이 주선한 신규임차인이 되려는 자와 임대차계약의 체결을 거절하는 행위'(제1항 제4호)가 있는데, '임대차 목적물인 상가건물을 1년 6개월 이상 영리목적으로 사용하지 아니한 경우'(제2항 제3호)에는 임대차계약의 체결을 거절할 정당한 사유가 있게 된다. 대상판결은 제2항 제3호에 따라 정당한 사유가 인정되려면 임대인이 임대차 종료 이후 1년 6개월간 상가건물을 영리목적으로 사용하지 않겠다는 사유를 들어 임차인이 주선한 신규임차인이 되려는 자와 임대차계약의 체결을 거절하고 실제로도 임대차 종료 이후 1년 6개월간 상가건물을 영리목적으로 사용하지 않아야 한다고 해석하여 위 조항의 의미를 명확히 하였다.

대상판결의 판시 중 상가건물을 영리목적으로 사용하지 않는 주체는 임대인이고 1년 6개월은 임대차 종료 이후의 기간을 의미하며 실제로 영리목적으로 사용하지 않아야 한다는 부분은 입법자의 의도에 부합하고 목적론적으로도 타당하며 문리해석의 한계를 벗어나지 않는다. 한편 임대인이 임차인이 주선한 신규임차인이 되려는 자와 임대차계약 체결을 거절할 때 그러한 사유

---

* 수원지방법원 여주지원 판사.

를 들어야 한다는 부분은 장래의 유사사건에 관한 규율이라는 면에서 합리적인 근거가 있고 문리해석의 한계를 벗어나지 않는다고 볼 수 있다. 다만 이 부분은 법문언상 명백하다고 보기는 어려워, 과거의 사실관계에 대한 규율이라는 면에서 그러한 해석을 관계자들이 충분히 예상할 수 있었는지, 그러한 해석이 입법자의 의사와 일치하였는지 분명하지 않다. 결과적으로 대상판결에서는 상가건물 임대차보호법 제10조의4가 조항 신설 당시 존속 중인 임대차계약에 적용되었고, 임대인이 임대차 종료 이후 1년 6개월간 상가건물을 사용하지 않았음에도 임차인이 손해배상을 받을 가능성이 생겼으므로, 임차인은 권리금을 회수할 수 있게 된 반면 임대인은 예상하지 않았던 손해를 입게 되었을 수 있다. 이러한 결과는 법문언상 명확하지 않은 부분을 해석으로 보충하는 것이 일방의 권리를 보호할 수 있는 반면 상대방의 권리를 제한하게 될 수 있고, 기존의 법률관계에 해석으로 보충된 법규를 적용할 때에는 더욱 그러하다는 점에서 법해석의 어려움을 보여 준다.

[주 제 어]
- 상가건물임대차보호법
- 권리금
- 법률해석
- 입법자의 의사
- 부진정소급효

대상판결 : 대법원 2021. 11. 25. 선고 2019다285257 판결

[사안의 개요]

1. 사실관계

가. 원고는 2010. 10. 1. 소유자인 피고와 사이에 이 사건 상가(이 사건 건물 중 1층 60.42㎡ 및 지층 73.38㎡)를 임대차보증금 7,000만 원, 차임 월 235만 원(부가가치세 별도), 임대차기간 2010. 10. 8.부터 2012. 10. 7.로 정하여 임차하는 임대차계약을 체결한 다음 그 무렵 피고에게 임대차보증금을 지급하고 이 사건 상가를 인도받아 횟집을 운영하였다.

나. 원고는 2012. 10. 7. 피고와 차임을 월 255만 원, 계약기간을 2014. 10. 7.까지로 정하여 임대차계약을 갱신하였고, 2014년 10월경 구두로 다시 동일한 조건으로 1년간 2015. 10. 7.까지 임대차계약을 갱신하였다.[1)]

다. 이후 2015. 5. 13. 상가건물 임대차보호법상의 권리금 회수기회 보호 규정인 제10조의4가 신설되어 같은 날 시행되었고, 개정법 부칙 3조에 따라 법 시행 당시 존속 중인 원고와 피고 사이의 임대차계약에도 적용되게 되었다. 원고는 임대차기간이 만료되는 2015. 10. 7. 이전인 2015. 7. 16. 甲에게 이 사건 상가의 영업시설, 비품, 거래처 등 유·무형의 재산적 가치를 권리금 1억 4,500만 원에 양도하기로 하는 권리금계약을 체결하고, 피고에게 甲과 새로운 임대차계약을 체결하여 줄 것을 요청하였다. 그러나 피고는 노후화된 건물을 재건축하거나 대수선할 계획을 가지고 있다는 등의 이유로 甲과의 임대차계약 체결에 응하지 않았다.

라. 원고는 2015. 8. 3. 임대차보증금 반환과 권리금 회수 방해로 인한 손해배상을 구하는 본소를 제기하였고, 피고는 2015. 12. 8. 이 사건 상가 인도와 차임 상당 부당이득반환을 구하는 반소를 제기하였다. 원고는 1심 변론종결 전인 2016. 6. 30.경 이 사건 상가에서 퇴거하였고, 이 사건 상가에서 사용하던 영업시설, 비품을 인근의 점포로 이전하여 2016. 8. 초 같은 상호로 음식점을 개업하였다. 피고는 위와 같이 원고로부터 이 사건 상가를 인도

---

1) 원고가 피고와 최초로 임대차계약을 체결한 2010. 10. 1.부터 최종적으로 임대차기간이 종료된 2015. 10. 7.까지 계속 적용되었던 구 상가건물 임대차보호법(2018. 10. 16. 법률 제15791호로 개정되기 전의 것) 제10조 제2항은 임차인의 계약갱신요구권을 최초의 임대차기간을 포함한 전체 임대차기간이 5년을 초과하지 아니하는 범위에서만 행사할 수 있는 것으로 규정하고 있었다.

받은 다음 1차 파기환송심 변론종결일인 2019. 9. 4.까지 이 사건 상가를 비워 두었으나, 이 사건 상가가 있는 이 사건 건물에 관하여 실제로 재건축이나 대수선을 실시하였다는 사정은 보이지 아니한다.

2. 소송의 경과[2)]

가. 1심[서울남부지방법원 2016. 10. 13. 선고 2016가합104853(본소), 2016가합104860(반소) 판결]은, 원고는 신규임차인이 되려는 甲의 보증금 및 차임을 지급할 자력 또는 그 밖에 임차인으로서의 의무를 이행할 의사 및 능력에 관한 정보를 전혀 제시하지 않았고, 신규임차인 甲은 이 사건 상가에서 영업을 하기 위한 구체적인 계획을 세우거나 피고와 임대차계약의 조건을 모색하기 위한 노력을 전혀 하지 않는 등, 피고의 신규임대차 계약 거절에 정당한 사유가 있다는 이유로 원고의 권리금 상당 손해배상청구(청구금액 135,265,500원)를 기각하였다. 원고는 2016. 10. 24. 항소하였다.

나. 파기환송 전 원심[서울고등법원 2017. 4. 12. 선고 2016나2074621(본소), 2016나2074638(반소) 판결]은, 구 「상가건물 임대차보호법」(2018. 10. 16. 법률 제15791호로 개정되기 전의 것, 이하 '구 상가임대차법'이라 한다)의 입법 취지와 권리금 보호조항의 신설 취지에 비추어, 임차인이 임대인에게 계약갱신요구권을 행사할 수 없는 경우에는 구 상가임대차법 제10조의4 제1항 본문이 적용되지 않는다는 전제하에, 원고가 2010. 10. 8. 이 사건 임대차계약을 체결하고 2회의 갱신을 거쳐 2015. 10. 7. 임대차계약기간의 만료를 앞두고 있어 甲과 권리금계약을 체결한 2015. 7. 16.에는 계약갱신을 요구할 수 없었던 상황이므로 피고는 권리금 회수기회 보호의무를 부담하지 않는다는 이유로 원고의 항소를 기각하였다. 원고는 2017. 4. 27. 상고하였다.

다. 상고심[대법원 2019. 5. 16. 선고 2017다225312(본소), 2017다225329(반소) 판결]은, 구 상가임대차법 제10조의4의 문언과 내용, 입법 취지에 비추어 보면, 같은 법 제10조 제2항에 따라 최초의 임대차기간을 포함한 전체 임대차기간이 5년을 초과하여 임차인이 계약갱신요구권을 행사할 수 없는 경우에도 임대인은 같은 법 제10조의4 제1항에 따른 권리금 회수기회 보호의무를 부담한다고 보아야 한다고 판시하여 원심을 파기환송하였다.

---

2) 대상판결의 심판대상인, 피고의 권리금 회수방해로 인한 원고의 손해배상청구에 한정한다.

라. 1차 파기환송심[서울고등법원 2019. 10. 16. 선고 2019나2022195(본소), 2019나2022201(반소) 판결]은, 피고가 이 사건 상가를 1년 6개월 이상 영리목적으로 사용하지 않았다는 이유로 피고의 임대차계약 체결 거절에 구 상가임대차법 제10조의4 제2항 제3호(이하 '이 사건 조항'이라 한다)에서 정하는 정당한 사유가 있다고 판단하여 원고의 항소(1차 파기환송심에서 청구금액이 총 권리금 135,265,500원에서 유형재산의 가치 5,265,000원을 뺀 무형재산의 가치 130,000,000원으로 감축되었다)를 기각하였다. 원고는 2019. 10. 29. 재상고하였다.

3. 대상판결 요지

가. 구 상가임대차법 제10조의4의 문언과 체계, 입법 목적과 연혁 등을 종합하면, 이 사건 조항에서 정하는 "임대차 목적물인 상가건물을 1년 6개월 이상 영리목적으로 사용하지 아니한 경우"는 임대인이 임대차 종료 후 임대차 목적물인 상가건물을 1년 6개월 이상 영리목적으로 사용하지 아니하는 경우를 의미하고, 위 조항에 따른 정당한 사유가 있다고 보기 위해서는 임대인이 임대차 종료 시 그러한 사유를 들어 임차인이 주선한 자와 신규 임대차계약 체결을 거절하고, 실제로도 1년 6개월 동안 상가건물을 영리목적으로 사용하지 않아야 한다. 그렇지 않고 임대인이 다른 사유로 신규 임대차계약 체결을 거절한 후 사후적으로 1년 6개월 동안 상가건물을 영리목적으로 사용하지 않았다는 사정만으로는 위 조항에 따른 정당한 사유로 인정할 수 없다.

나. 피고는 임대차계약 종료 무렵 이 사건 상가를 재건축하거나 대수선할 계획이 있음을 이유로 신규 임대차계약 체결을 거절하였을 뿐, 달리 1년 6개월 이상 상가건물을 영리목적으로 사용하지 않을 것임을 이유로 임대차계약 체결을 거절하였다는 사정은 엿볼 수 없다. 피고가 다른 사유를 들어 신규 임대차계약 체결을 거절한 후 사후적으로 1년 6개월 동안 상가건물을 영리목적으로 사용하지 않은 경우에는 이 사건 조항에 따른 정당한 사유가 있다고 볼 수 없다. 그럼에도 원심은 피고가 이 사건 조항에서 정한 사유를 들어 신규 임대차계약 체결을 거절하였는지 여부에 관하여 살피지 않은 채, 피고가 이 사건 상가를 1년 6개월 이상 영리목적으로 사용하지 않았다는 이유만으로 피고의 임대차계약 체결 거절에 이 사건 조항에서 정하는 정당한 사유가 있다고 판단하였다. 이러한 원심 판단에는 이 사건 조항의 해석에

관한 법리를 오해하여 필요한 심리를 다하지 않음으로써 판결에 영향을 미친 잘못이 있다(파기환송).

〔研　　究〕

Ⅰ. 서　　론

상가건물 임대차보호법(이하 '상가임대차법'이라 한다)이 2015. 5. 13. 법률 제 13284호로 개정되면서 임차인의 권리금 회수기회 보호규정인 제10조의4가 신설되어 같은 날 시행되었고, 부칙 제3조에 따라 법 시행 당시 존속 중인 임대차부터 적용되었다. 위 규정은 임대차기간이 끝나기 일정 기간 전부터 임대차 종료 시까지 임차인이 스스로 주선한 신규임차인이 되려는 자로부터 권리금을 지급받는 것을 임대인이 방해하는 행위(권리금 회수 방해행위)를 원칙적으로 금지하고 임대인이 이를 위반한 경우 임차인에게 손해배상을 하도록 하였으나, 구체적인 해석 및 적용을 둘러싸고 많은 소송이 제기되었다. 대상판결은 상가임대차법 제10조의4 제1항 제4호에 권리금 회수 방해행위로 명시된 '그 밖에 정당한 사유 없이 임대인이 임차인이 주선한 신규임차인이 되려는 자와 임대차계약의 체결을 거절하는 행위'와 관련하여 같은 조 제2항 제3호에 따라 '정당한 사유'가 있는 것으로 보는 '임대차 목적물인 상가건물을 1년 6개월 이상 영리목적으로 사용하지 아니한 경우'의 의미를 명시적으로 밝힌 최초의 판결로서, 향후 유사분쟁의 해결에 중요한 역할을 할 것으로 예상된다.

이하에서는 다음과 같은 순서로 논의를 전개하였다. 먼저 논의의 배경으로서 권리금의 의의와 보호필요성, 영업을 하는 임차인의 보호에 관한 외국의 입법례, 상가임대차법상 권리금 회수기회 보호규정의 입법과정과 내용을 간략히 살펴본다. 다음으로 대상판결의 쟁점인, 상가건물을 사용하지 아니한 주체가 임대인인지 임차인인지와, 위 조항을 이유로 임대차계약체결 거절에 정당한 사유가 있다고 보기 위해서는 어떤 요건이 필요한지에 대하여 대상판결이 선언한 법리에 관하여 살펴보고,

해당 법리를 사안의 사실관계에 적용하여 결론을 내리는 과정에 대해서도 살펴본다.

Ⅱ. 논의의 배경

1. 권리금의 의의와 보호필요성

일반적인 의미의 권리금은 부동산의 임대차, 전대차 또는 임차권의 양도에 부수하여 임차인이 임대인에게, 전차인이 전대인에게, 임차권의 양수인이 양도인에게 지급하는 보증금 및 차임 이외의 금전 기타 유가물이다.[3] 상가임대차법 제10조의3 제1항은 "권리금이란 임대차 목적물인 상가건물에서 영업을 하는 자 또는 영업을 하려는 자가 영업시설·비품, 거래처, 신용, 영업상의 노하우, 상가건물의 위치에 따른 영업상의 이점 등 유형·무형의 재산적 가치의 양도 또는 이용대가로서 임대인, 임차인에게 보증금과 차임 이외에 지급하는 금전 등의 대가를 말한다."고 규정하고 있다. 감정평가 실무에서는 통상적으로 권리금을 시설권리금(임대차 목적물의 개수·구조변경 비용 또는 내부에 설치한 진열장, 냉난방설비, 전기 전자제품, 전화 등의 통신시설, 수도, 가스와 같은 생활편의시설 등의 대가),[4] 영업권리금(장기간의 영업활동으로 확보한 단골손님, 매스컴 등을 이용하여 얻은 상가의 명성 또는 영업상의 노하우, 신용, 거래처 등의 대가),[5] 지역권리금(영업용 건물이 위치한 장소에 따른 영업상의 이익 등 상업권 내의 특수한 장소적 환경 때문에 발생하는 무형의 재산적 가치)[6]의 합계액으로 평가한다.[7]

임차인이 영업을 하는 과정에서 영업시설, 설비 등의 유형적 요소와 거래처, 신용, 영업상의 노하우 등의 무형적 요소가 유기적 일체로서의

---

3) 곽윤직 편집대표, 민법주해(XV), 박영사(1999), 192면(민일영 집필부분).
4) 곽윤직 편집대표(주 3), 194면; 배병일, "영업용 건물의 권리금에 관한 관습법의 변경과 권리금의 법적 성질 및 반환", 외법논집 제36권 제1호(2012), 183면.
5) 배병일(주 4), 183면.
6) 배병일(주 4), 183면.
7) 양기철, "권리금 감정평가의 문제점 및 개선방안", 감정평가학 논집 제18권 제2호(2019), 62면; 허승, "상가건물임대차보호법상 권리금 보호 규정에 관한 고찰-손해배상의 범위를 중심으로-", 저스티스 통권 제162호(2017), 85면.

기능적 재산을 이루게 된다.[8] 위와 같은 기능적 재산이 종전 임차인과 신규 임차인 간에 양도될 경우 종전 임차인은 대가를 요구할 것이다. 신규 임차인이 이에 동의하면 상호간에 권리금이 수수된다.[9] 권리금을 지급한 임차인은 지급한 권리금 이상의 영업이익을 향후 예상되는 영업기간 동안 얻을 수 있을 것이라고 기대하고, 영업이익으로 권리금을 회수하는 것과 별개로 임대차를 종료할 경우 자신이 신규 임차인이 되려는 자에게 권리금을 요구할 수 있는 상황이라면 권리금을 수수할 수 있을 것이라고 기대한다. 즉 권리금의 회수는 기존 투자금의 회수와 현재 영업에 대한 시장가치의 환가라는 두 가지 의미를 가질 수 있다.[10] 그러나 신규 임차인과 임대차계약을 체결할 권리는 어디까지나 건물의 처분권자인 임대인에게 있기 때문에, 임대인의 태도에 따라서는 임차인이 신규 임차인으로부터 권리금을 수수할 수 없게 될 수가 있다. 임대인이 직접 상가건물을 이용하려고 하는 경우, 임대인이 차임이나 보증금을 올릴 목적으로 일단 종전 임차인을 퇴거시켜 권리금을 받지 못하게 만드는 경우, 임대인이 상가건물의 업종을 변경하는 경우, 임대인이 재건축이나 대수선 등 대규모의 공사를 위하여 상가건물을 비우려고 하는 경우 등 임대인이 임차인과의 임대차계약을 종료하면서 권리금의 수수를 어렵게 하는 행동을 한다면 임차인은 권리금을 수수하지 못하는 손해를 입게 된다.[11] 그 과정에서 임차인의 노력으로 형성되어 상가건물에 결합된 유·무형적 가치는 소멸되거나 임대인이 대가 없이 누릴 수 있게 된다.[12] 이

8) 김영두, "점포임차인의 영업보호에 관한 연구", 민사법학 제70호(2015), 625면.

9) 2010년 실태조사에 의하면 1,000명 중 931명의 임차인이 종전 임차인에게 권리금을 지급하였다. 소상공인진흥원, "소상공인 권리금 실태조사 및 정책방안 연구보고서", (2010), 47-48면.

10) 이지영, "상가건물 임차인의 계약갱신요구권 행사기간이 지난 경우에도 임대인이 권리금 회수기회 보호의무를 부담하는지 여부", 대법원판례해설 제119호(2019), 218면.

11) 김민아·강정규, "젠트리피케이션 지역의 상가권리금 분쟁에 관한 연구", 주거환경 제17권 제1호(2019), 269면; 신옥영, "상가건물임대차보호법의 권리금 회수기회 보호에 관한 연구", 석사학위 논문, 서울대학교(2017), 49-50면.

12) 황용남, "상가건물의 임대차에 있어 계약갱신요구권과 권리금 회수기회 보호규정

에 임대인에게 임차인의 권리금 회수에 협력할 의무를 부여하여 임차인이 형성한 유·무형적 가치를 보호하고 나아가 임대인의 갱신 거절에 대한 유인을 감소시킴으로써 임차권의 존속을 보장할 수 있다는 주장[13], 임차인이 임대차기간 종료 후에도 영업적 이익을 계속 보유할 수 있게 하여 비효율적 자원투입을 방지하고 임차인의 장기적·대규모 투자선택의 폭을 확대할 수 있다는 주장[14] 등이 나오게 된다.

2. 영업을 하는 임차인의 보호에 관한 외국의 입법례

상가임대차법의 권리금 보호규정은 영국, 프랑스, 일본의 입법례를 참조하여 입안되었는바,[15] 간략히 살펴본다.

(1) 영 국

1927년 임대차법에 의하면 임대차기간이 만료되면 임차인은 임대인에게 영업권에 대한 보상을 청구할 수 있지만, 그러기 위해서는 임차인이나 종전 임차인이 5년 이상 영업을 하였어야 하고, 임차인이 형성한 영업권에 의해서 임대인이 더 높은 차임으로 임대차 목적물을 임대할 수 있어야 한다.[16] 보상금액이 임차인의 영업 상실 및 새로운 장소에서 영업하기 위한 비용에 대한 보상으로 불충분한 경우에는 임대인에게 보상 대신에 새로운 임차권을 신청할 수 있다.[17] 1954년 임대차법에 의하면, 임대차기간 만료 시점에 임대인이 임차권의 소멸을 통지하거나 임차인이 임대인에게 새로운 임차권을 요구하였음에도 임대인이 이를 거절한 경우에는 임차인은 법원에 새로운 임차권을 신청할 수 있고, 법원은 원칙적

사이의 관계", 민사판례연구(XLIII)(2021), 472면.

13) 김영두, "영국의 점포임차인 보호법제의 변천이 주는 시사점", 법학연구 제25권 제1호(2015), 234-235면; 황용남(주 12), 472면.

14) 이상용, "개정 상가건물임대차보호법과 바람직한 임차인 보호방안 존속보장과 영업보상", 민사법학 제73호(2015. 12.), 67면.

15) 한국법제연구원, 상가 권리금 회수기회 보장 등 임차인보호를 위한 상가임대차법 개정방안 연구, 법무부 연구용역 최종보고서(2014. 9.), 35면.

16) 김영두·박수곤, "점포임차인의 영업보호 관련 선진입법례(영국, 프랑스) 및 운용사례 연구"(2014년도 법무부 연구용역 과제보고서), 법무부(2014), 73-74면.

17) 김영두·박수곤(주 16), 75면.

으로 새로운 임차권을 승인해야 하나, 1) 임차인의 수선의무를 위반한 경우, 2) 차임이 연체된 경우, 3) 임차인이 임차목적물의 사용이나 관리에 관하여 중대한 계약 위반을 한 경우, 4) 임대인이 대체점포를 제공한 경우, 5) 전차인의 임차권 신청과 관련하여 임대인이 임차목적물 전부를 임대하려고 하는 경우, 6) 임대인이 철거나 재건축을 하려고 하는 경우, 7) 임대인이 스스로 점유하고자 하는 경우에는 법원은 새로운 임차권을 승인할 수 없다.[18] 그러나 법원이 그중 위 5) 내지 7)항의 사유 중 어느 하나 이상의 사유를 근거로 새로운 임차권을 승인하지 않는다면, 임대인은 임차인에게 일정한 보상을 하여야 한다. 이때 보상금액은 임차권에 포함된 재산의 과세표준가액에 일정한 승수를 곱하여 산출한다.[19] 1969년 재산법에 의하여 법원이 새로운 임차권을 승인하는 경우에 차임을 조정할 수 있다는 내용의 조항이 명문화되었고,[20] 확정기한으로 계약을 체결한 임대인과 임차인은 1954년 임대차법의 적용을 배제하는 합의의 승인을 법원에 신청할 수 있게 되었다.[21] 2003년 잉글랜드와 웨일즈의 영업용 임대차에 관한 규제 개혁 명령은 법원의 승인이 없더라도 당사자가 1954년 임대차법의 적용을 배제하는 합의를 할 수 있도록 허용하였다.[22]

(2) 프 랑 스

프랑스 상법에 따르면 임대차계약의 기간은 9년 이상이어야 하는 것이 원칙이다. 다만 반대의 약정이 없는 한 임차인은 3년 주기가 만료되는 시점에 맞추어 해지를 통고할 수 있다.[23] 또한 임대차기간이 3년 미만이고 특약으로 상법의 임대차에 관한 규정의 적용을 배제한 경우, 1년

18) 김영두 · 박수곤(주 16), 77-89면.
19) 김영두 · 박수곤(주 16), 89-90면.
20) 소성규 외 4인, “주택 및 상가건물임대차 관련 선진국의 주요 법적 규율과 그에 대한 사회 · 문화적 배경 등에 대한 연구”(2017년 법무부 용역과제 보고서), 법무부(2017), 169-170면.
21) 김영두 · 박수곤(주 16), 92-93면.
22) 김영두 · 박수곤(주 16), 93면.
23) 소성규 외 4인(주 20), 193면.

중 몇 개월을 단위로 하여 임대차계약을 체결한 경우에는 상법의 임대차에 관한 규정이 적용되지 않을 수 있다.[24] 임대차계약이 종료하면 최근 3년간 실질적으로 영업을 한 임차인은 임대인을 상대로 임대차계약의 갱신을 청구할 수 있다.[25] 임대인은 임차인의 갱신청구를 거절할 수 있으나, 갱신의 거절을 정당화할 수 있는 사정이 있거나 갱신청구권이 인정되지 않는 경우가 아니라면 임차인이 입을 손해를 배상할 책임을 지는데, 이를 퇴거보상이라고 한다.[26] 임대인은 원칙적으로 임대차계약에서 상정한 합법적인 영업의 시장가치에 상응하는 손해를 배상하여야 한다.[27] 그러나 임대차계약의 갱신을 거절당한 임차인이 기존의 고객을 유지하면서 다른 곳에서 계속 영업할 수 있다면 퇴거보상은 영업장소의 이전으로 인한 손해로 한정된다.[28] 퇴거보상에는 통상적인 이사비용 및 재정착비용, 동등한 가치의 영업재산을 매수하는 비용과 세금이 포함된다.[29]

(3) 일　본

일본의 차지차가법(借地借家法)은 기간의 약정이 있는 건물의 임대차에 대하여 당사자가 기간이 끝나기 1년 전부터 6개월 전까지 상대방에게 갱신거절의 통지 또는 조건을 변경하여야만 갱신을 한다는 통지를 하지 아니한 때에는 종전과 같은 조건으로 계약을 갱신한 것으로 간주하고, 건물의 임대차기간이 끝난 후 임차인이 사용을 계속하는 경우에 임대인이 지체 없이 이의를 제기하지 않은 때에도 동일하다.[30] 또한 임대인이 위와 같은 통지를 하려면, 임대인이 건물 사용을 필요로 하는 사정 외에 건물의 임대차에 관한 지금까지의 경과, 건물의 이용상황 및 건물

---

24) 김영두 · 박수곤(주 16), 121-123면.
25) 김영두 · 박수곤(주 16), 125면.
26) 박수곤, “프랑스법상 권리금의 구성요소와 보호방법”, 법조 통권 제725호(2017), 29면.
27) 박수곤(주 26), 31-32면.
28) 박수곤(주 26), 34-35면.
29) 김영두 · 박수곤(주 16), 133면.
30) 황용남(주 12), 485-486면.

의 현황, 임대인이 건물을 인도하는 조건으로 또는 건물의 인도 대신 임차인에게 재산상 급부를 한다는 뜻의 신청을 하였다면 그 신청을 고려하여 정당한 사유가 인정되어야만 한다.[31] 위와 같은 규정들을 위반한 특약으로서 임차인에게 불리한 것은 효력이 없다.[32] 다만 서면으로 기간의 약정이 있는 건물의 임대차를 하는 경우에는 계약의 갱신이 없는 것으로 정할 수 있다.[33] 임대인의 갱신거절사유가 정당한 정도에 이르지 않았더라도 상당한 정도로는 인정할 수 있는 경우 임대인은 임차인에게 퇴거비용을 보상함으로써 갱신을 거절할 수 있는데, 이에 따라 현재는 퇴거비용의 제공과 상환으로 인도판결을 하는 방향이 정착되었다고 한다.[34] 퇴거비용의 보상에는 장소이전에 필요한 경비, 퇴거로 인하여 소멸하는 임차권의 가격, 이전에 따라 발생하는 영업이익의 손실보상 등이 포함된다.[35]

3. 상가임대차법상 권리금 회수기회 보호규정의 입법과정과 내용

(1) 입법과정

2001. 12. 29. 제정된 상가임대차법에는 권리금에 관한 내용이 없었다. 이후 법무부는 2014. 9. 24. 민·관합동 TF의 논의 및 연구용역을 거쳐 상가임대차법의 개정안을 마련하였다.[36] 이후 당·정 협의를 거쳐 2014. 11. 7. 김진태 의원 등이 상가임대차법 개정안을 발의하였는데, 위 개정안 제10조의4 제3항 제3호는 '임대차 목적물인 상가건물을 1년 이상 영리목적으로 제공하지 않는 경우'에는 임대인에게 임차 희망자와의 임대차계약 체결을 거절할 수 있는 정당한 사유가 있는 것으로 본다고 규정

31) 황용남(주 12), 486면.
32) 황용남(주 12), 486면.
33) 황용남(주 12), 486면.
34) 법무부 법무실, "각국의 영업용건물 임대차 법제", 법무부(1996), 187면.
35) 김재완 외 3인, "상가건물임대차 분쟁사례와 분쟁해결 방안 연구-상가건물 임대차보호 국내외 사례 조사-"(2014~2015년도 서울특별시 연구용역보고서), 고려대학교 산학협력단(2015), 116면.
36) 법무부 보도자료, "상가건물임대차보호법 개정안 마련", 대변인실(2014. 9. 24.).

하였다.[37] 이에 대해 법제사법위원회 전문위원은 "1년치 차임보다 권리금이 큰 점포의 경우에는 임대인이 1년치 차임을 포기하고 권리금을 받으려 할 우려가 있고, … 임대인이 임대차 종료 후 1년 이내에 영리목적으로 상가건물을 제공한 경우에도 임대차가 종료한 때로부터 3년 내에 청구하여야 하므로 손해배상청구권을 행사할 수 있는 기간이 짧아져 다른 요건과의 형평성이 문제가 될 수 있음."이라는 검토의견을 제시하였다.[38] 김진태 의원은 위 규정에 관하여 '임대인이 1년 이상 임대차 목적물을 기반으로 하여 돈을 벌지 않겠다고 하는 때에는 권리금 회수기회 보호의무로부터 빠져나갈 수 있는 출구를 만들어 주는 데 입법 취지가 있다.'고 설명하였으나, 다른 의원들이 위 규정을 독소조항이라고 지칭하면서 수정 내지 삭제가 필요하다고 주장하여 이에 법제사법위원회 법안심사 제1소위원회는 위 개정안 중 '1년'을 '1년 6개월'로, '제공'을 '사용'으로 수정하였다.[39] 위와 같은 내용으로 법제사법위원장이 발의한 상가건물 임대차보호법 일부개정법률안(대안)이 본회의에서 가결되어 2015. 5. 13. 법률 제13284호로 공포되었다.

(2) 현행법의 내용[40]

임대인은 임대차기간이 끝나기 6개월 전부터 임대차 종료 시까지 ① 임차인이 주선한 신규임차인이 되려는 자에게 권리금을 요구하거나 임차인이 주선한 신규임차인이 되려는 자로부터 권리금을 수수하는 행위, ② 임차인이 주선한 신규임차인이 되려는 자로 하여금 임차인에게 권리금을 지급하지 못하게 하는 행위, ③ 임차인이 주선한 신규임차인이 되려는 자에게 상가건물에 관한 조세, 공과금, 주변 상가건물의 차임 및 보

37) 김진태 의원 대표발의, "상가건물 임대차보호법 일부개정법률안", 1912371(2014. 11. 7.), 17-18면.

38) 심태규, "상가건물 임대차보호법 일부개정법률안(김진태 의원 대표발의) 검토보고", 대한민국 국회(2014. 12.), 26-27면.

39) 제19대 국회 제332회 제1차, "법제사법위원회회의록(법안심사제1소위원회)"(2015. 4. 24.), 37-41면.

40) 임대인이 방해행위를 하지 말아야 하는 기간이 임대차기간이 끝나기 3개월 전부터였던 점 외에는 이 사건에 적용되는 규정과 같다.

증금, 그 밖의 부담에 따른 금액에 비추어 현저히 고액의 차임과 보증금을 요구하는 행위, ④ 그 밖에 정당한 사유 없이 임대인이 임차인이 주선한 신규임차인이 되려는 자와 임대차계약의 체결을 거절하는 행위를 함으로써 신규임차인이 되려는 자가 임차인에게 권리금을 지급하기로 하는 계약(권리금 계약)에 따라 임차인이 주선한 신규임차인이 되려는 자로부터 권리금을 지급받는 것을 방해하여서는 아니 된다. 다만, 상가임대차법 제10조 제1항 각 호의 사유(임대차계약 갱신거절사유)가 있는 경우에는 그러하지 아니하다(제10조의4 제1항). 임대인이 이를 위반하여 임차인에게 손해를 발생하게 한 때에는 그 손해를 배상할 책임이 있다. 이 경우 그 손해배상액은 신규임차인이 임차인에게 지급하기로 한 권리금과 임대차 종료 당시의 권리금 중 낮은 금액을 넘지 못한다(상가임대차법 제10조의4 제3항).

상가임대차법의 위와 같은 권리금 회수기회 보호규정은 임차인이 영업을 통하여 형성한 영업자산을 처분할 기회를 보장하는 것으로서,[41] 임대인이 신규임차인과 계약을 체결하지 않으면 원칙적으로 임차인에 대하여 손해배상책임을 부담하도록 함으로써 신규임차인과 계약을 체결하도록 사실상 강제하기 때문에 임대인의 입장에서는 계약상대방을 선택할 자유 및 재산권의 행사를 제한받는 측면이 있다.[42] 이에 상가임대차법 제10조의4 제1항 제4호는 정당한 사유가 있는 경우에 임대인이 신규 임대차계약의 체결을 거절할 수 있도록 함으로써 재산권의 본질적인 내용을 침해받지 않도록 하였다.[43] 정당한 사유의 존부에 대한 증명책임은

---

41) 박수곤, "임대차법의 개정논의에 대한 관견", 한양법학 제27권 제3집(2016. 8.), 125면.

42) 황용남, "상가건물 임대차보호법 제10조의4 제2항 제3호에 관한 고찰", 사법 제57호(2021), 421면.

43) 신옥영(주 11), 178면. 대상판결도 "권리금 관련 조항의 신설로 임차인은 자신이 주선한 신규임차인으로부터 권리금을 지급받는 방법으로 자신이 형성한 영업이익 등을 회수할 수 있는 반면, 임대인은 원하는 임차인과 계약을 체결하거나 스스로 상가건물을 활용할 자유를 제한받게 되었다. 이에 제10조의4 제1항은 '정당한 사유'가 있는 경우에는 임대인이 임차인이 주선한 자와의 신규 임대차계약 체결을 거절할 수 있도록 하여, 임차인의 이익 보호와 임대인의 재산권 보장 사이의 조화

법률요건분류설에 따를 때 임대인이 정당한 사유 없이 계약체결을 거절할 것이 손해배상책임의 권리근거사실로 되어 있으므로 임차인이 부담하나,[44] 정당한 사유가 부존재한다는 증명은 주장되는 특정한 사유들이 존재하고 그것이 정당한지에 대한 판단을 통해 이루어질 수밖에 없으므로, 임차인이 임대인의 계약체결 거절에 정당한 사유가 없다고 주장하는 경우 정당한 계약체결거절사유의 존재를 주장하고 뒷받침하는 증거를 제출할 부담은 임대인에게 주어질 것이다.[45]

이와 관련하여 상가임대차법 제10조의4 제2항은 체결거절에 정당한 사유가 있는 것으로 보는 경우를 예시하고 있다.[46] 즉 ① 임차인이 주선한 신규임차인이 되려는 자가 보증금 또는 차임을 지급할 자력이 없는 경우, ② 임차인이 주선한 신규임차인이 되려는 자가 임차인으로서의 의무를 위반할 우려가 있거나 그 밖에 임대차를 유지하기 어려운 상당한 사유가 있는 경우, ③ 임대차 목적물인 상가건물을 1년 6개월 이상 영리목적으로 사용하지 아니한 경우(이 사건 조항), ④ 임대인이 선택한

를 꾀하고 있다."고 판시하였다.

44) 이근영 · 김상진, "개정 상가건물임대차보호법상 권리금 규정의 해석론과 문제점의 개선방안에 관한 소고", 법학연구 제24권 제4호(2016. 10.), 178-179면.

45) 김영두, "권리금 회수기회 보호에 관한 고찰", 법조 통권 제707호(2015. 8.), 159면; 김용담 편집대표, 주석 민법 채권각칙(3), 한국사법행정학회(2016), 979면(최준규 집필 부분); 신옥영(주 11), 235면; 황용남(주 42), 422면은 임대인이 권리금 회수기회 보호의무를 부담하는 모습을 원칙적인 형태로 정한 이상 그 의무에서 벗어나기 위한 제반 사유는 의무자인 임대인으로 하여금 증명하도록 하는 것이 타당하다는 입장인데, 위와 같이 정당한 사유에 관하여 주장하고 증거를 제출할 부담을 임대인이 지게 되면 실질적으로는 큰 차이가 없게 된다. 법안을 심사한 법제사법위원회 위원들도 정당한 사유가 없다는 증명책임은 임차인이 지지만 임대인이 정당한 사유를 주장하고 반증을 제시해야 한다는 취지로 논의하였다. 제19대 국회 제332회 제2차, "법제사법위원회회의록(법안심사제1소위원회)"(2015. 5. 1.), 5면.

46) 김용담 편집대표(주 45), 979면. 대상판결도 이 사건 조항은 정당한 사유의 예시조항 중 하나라고 판시하여 같은 취지이다. 제2항 각호에 해당하는 사유가 없으면 정당한 사유가 없는 것이 된다는 견해도 있으나[이근영 · 김상진(주 44), 179면], 제2항 본문은 '정당한 사유가 있는 것으로 본다'고 규정하고 있을 뿐 딱히 정당한 사유를 제2항 각호의 것으로 한정하는 문구를 사용하지는 않았고, 제2항 각호의 사유 외에도 다른 정당한 사유가 있을 수 있다는 쪽이 사안에 따른 구체적 타당성을 기할 수 있으므로 예시규정설이 타당하다.

신규임차인이 임차인과 권리금 계약을 체결하고 그 권리금을 지급한 경우에는 임대인이 신규임차인이 되려는 자와의 임대차계약 체결을 거절할 수 있다.

Ⅲ. 쟁점에 대한 검토

1. 상가건물을 사용하지 아니한 주체

(1) 견해의 대립

이 사건 조항은 '임대차 목적물인 상가건물을 1년 6개월 이상 영리목적으로 사용하지 아니한 경우'라고만 규정하여 사용하지 아니한 주체를 명시하지 아니하였고, 1년 6개월을 따지는 시점에 관하여도 명시하지 않아 그 해석을 둘러싸고 견해대립이 있었다.

(가) 임대인설[47]

임대인이 임대차 목적물인 상가건물을 임대차 종료 이후에 1년 6개월 이상 영리목적으로 사용하지 아니한 경우를 의미한다는 견해로, 대상판결의 원심 및 대상판결에서 설시된 논거를 포함한 주요 논거는 다음과 같다.

① 이 사건 조항은 정당한 사유의 예시조항 중 하나인데, 임대인이 임차인의 권리금을 가로챌 의도가 없이 건물을 비영리목적으로 활용하는 것까지 제한하는 것은 임대인의 재산권에 대한 과도한 제한이 될 수 있으므로, 임대인이 장기간 건물을 비영리목적으로 사용하여 임차인의 영업이익을 활용할 우려가 없는 경우에는 신규 임대차계약 체결을 거절할 수

47) 김남근, "권리금회수 기회보호 거절에 대한 정당성 판단기준", 인권과 정의 제566호(2016. 2.), 133면; 김영두(주 45), 144면; 김용담 편집대표(주 45), 981-982면; 김현선, "상가건물임대차보호법상 권리금 법제화에 대한 소고-임대인의 방해행위에 따른 손해배상과 관련하여", 안암법학 통권 제48호(2015. 9.), 228-229면; 박규용, "상가건물 임차인의 권리금 회수기회 보호", 법과 정책 제25집 제3호(2019. 12.), 95면; 박동규, "상가건물 임대차보호법상 권리금 회수방해에 의한 손해배상에 관한 소고", 법조 통권 제725권(2017. 10.), 118면; 성주한, "상가건물 임대차보호법 제10조의4 권리금 회수기회 보호의 정당한 사유에 관한 연구", 감정평가학 논집 제18권 제2호(2019. 8.), 47면; 신옥영(주 11), 183면; 이상용(주 14), 91면; 이지영(주 10), 235면; 황용남(주 42), 13-19면.

있도록 할 필요가 있다.

② 이 사건 조항의 문언인 '임대차 목적물인 상가건물을 1년 6개월 이상 영리목적으로 사용하지 아니한 경우'는 임대차 종료 후 1년 6개월 이상 지난 시점에서 볼 때는 임대인이 사용하지 아니한 경우로 자연스러운 해석이 가능하다.

③ 임차인이 임대차보증금이나 차임을 지급하면서 임대차기간 동안 상가건물을 1년 6개월 이상 영리목적으로 사용하지 아니하는 경우를 사실상 상정하기 어렵고, 임차인이 상가건물을 임대차기간 동안 1년 6개월 이상 영리목적으로 사용하지 아니할 경우 임대차 종료 시 임차인이 받아갈 권리금이 발생할 여지가 많지 않은 점 등에 비추어 볼 때 임차인이 사용하지 아니한 경우를 굳이 이 사건 조항에서 임대차계약 체결거절에 정당한 사유가 인정되는 예외사유로 규정할 이유가 없다.

④ 임대인설에 의할 경우 임대인이 신규임차인과 임대차계약을 체결하지 않은 채 임대차 목적물을 인도받은 후 영리목적으로 사용하지 아니하는 경우에는 권리금을 즉시 지급받지 못하는 문제점이 있으나, 이러한 문제점은 상가임대차법의 개정을 통해 시정될 일이지 법원이 헌법이 부여한 법률해석권한의 한계를 넘어서 법률해석으로 이를 바로잡을 수는 없다.

⑤ 이 사건 조항은 위 ①과 같은 취지로 입안되었다. 당초 법률안의 문언은 "임대차 목적물인 상가건물을 1년 이상 영리목적으로 제공하지 않는 경우"로 되어 있었는데, 국회의 법률안 심사 과정에서 임차인 보호를 위하여 기간을 1년 6개월로 늘리고, 임대인이 상가건물을 타에 제공하는 것뿐 아니라 스스로 사용하는 경우도 포함하기 위하여 '제공하지 않는 경우'를 '사용하지 아니한 경우'로 수정하였다.

⑥ 이 사건 조항을 임대인을 주체로 하여 해석할 경우 임대인이 상가건물을 1년 6개월 이상 영리목적으로 사용하지 않겠다는 사유를 들어 신규 임대차계약 체결을 거절하면 임차인은 권리금을 지급받지 못하게 된다. 그러나 이는 입법 과정에서 임대인의 재산권과의 조화를 위하여

예정한 것이고, 임대인이 1년 6개월 이내에 상가건물을 실제로 영리목적으로 사용하였거나 사용하려 한 경우에는 이 사건 조항에 따른 정당한 사유를 부정하는 등 구체적 사안에서 '정당한 사유'에 관한 판단을 통해 합리적인 결론을 도모할 수 있다. 따라서 이 사건 조항을 위와 같이 해석한다고 하여 임차인의 권리금 회수기회가 과도하게 침해된다고 할 수 없다.

(나) 임차인설[48)]

임차인이 임대차 목적물인 상가건물을 임대차 종료 이전에 1년 6개월 이상 영리목적으로 사용하지 아니한 경우를 뜻한다는 견해로, 주요 논거는 다음과 같다.

① 임차인이 상가건물을 임차하고도 상가 본연의 영리목적에 따라 장기간 사용하지 않는 경우에는 권리금 회수기회를 보장할 필요가 없다. 임차인이 임대차 목적물을 1년 6개월 이상 영리목적으로 사용하지 아니하였다면 권리금 계약을 통하여 회수할 권리금이 경미하거나 임차인이 상권 형성에 들인 노력이 미약하다고 볼 수 있다.

② 이 사건 조항은 임대인이 기존 임대차계약의 종료에 즈음하여 신규임차인과의 임대차계약 체결을 거절할 수 있는 정당한 사유에 관한 조항이다. 이 사건 조항이 과거를 의미하는 '사용하지 아니한 경우'라는 문언으로 표현된 이상, 기존 임대차계약의 종료에 즈음하여 과거의 임대차기간 중 임대차 목적물인 상가건물이 1년 6개월 이상 영리목적으로 사용되지 아니한 것을 의미한다고 볼 수밖에 없다. 이와 달리 해석하는 것은 문리적 해석의 한계를 넘어선 과다한 확장해석이다.

③ 임대인설에 따를 경우 임대인이 신규임차인과의 계약 체결을 거절할 당시에는 이 사건 조항에 해당하는지 여부에 관한 판단이 아예 불가능하고, 임대차 종료 시로부터 1년 6개월이 경과하여야 비로소 판단이 가능해지는 불합리가 발생하며, 나아가 실질적으로는 그 사유의 성취 여

---

48) 김상용, 채권각론(3판), 화산미디어(2016), 327면; 이근영 · 김상진(주 44), 177면.

부, 즉 임차 희망자와의 계약 체결 거절이 정당한지 여부가 전적으로 장래에 있을 임대인의 선택에 맡겨져 있어 이른바 '수의조건'에 좌우되는 결과가 되어 버린다. 상가임대차법 제10조의4의 입법 취지는 임차인이 임대차 종료시에 그의 노력으로 상가건물에 축적된 유·무형의 재산적 가치를 회수할 수 있도록 하는 것인바, 이러한 결과는 입법 취지에 반한다.

④ 상가임대차법 제10조의4 제3항은 손해배상청구권의 소멸시효기간을 '임대차가 종료한 날부터 3년'으로 정하고 있는데, 임대인이 이 사건 조항이 정한 사유가 있다고 주장하면서 계약의 체결을 거절하고서 1년 6개월 이내에 임대차 목적물을 영리목적으로 사용한 사실이 사후에 확인될 경우, 실질적으로는 그 시효기간이 사실상 1년 6개월로 단축되는 결과가 될 뿐 아니라 임차인으로 하여금 사후적으로 사실상 정당한 사유의 부존재를 입증하여야 하는 부담을 지우는 결과가 되어 부당하다.

(2) 검　토

(가) 임대인설의 타당성

임대인설의 주요 논거에 동의한다. 무엇보다도 입법자가 임대인설을 취하였음이 입법 자료에서 명백히 드러나고 문리해석상 임대인설과 같이 해석하는 것이 불가능하지 않은 이상 임차인설을 취하기는 곤란하다고 생각한다.

임차인설의 주요 논거 ①은 임차인이 임대차 목적물인 상가건물을 임대차 종료 이전에 1년 6개월 이상 영리목적으로 사용하지 아니한 경우 권리금 회수기회를 보장할 필요가 없다는 근거는 될 수 있지만 이 사건 조항을 임차인설에 따라 해석해야 한다는 근거가 되지는 못한다. 임차인설의 주요 논거 ②는 임대인설의 주요 논거 ②로 반박할 수 있고, 상가임대차법 제10조의4 제2항 본문이 '다음 각 호의 어느 하나에 해당하는 경우에는 제1항 제4호의 정당한 사유가 있는 것으로 본다.'고 규정하여 제2항 각 호의 사유가 있는 경우 임대인이 신규임차인과의 임대차계약체결을 거절한 데 정당한 사유가 있는 것으로 간주하도록 하고 있기 때문에, 반드시 임대차계약체결 거절 시점 기준으로 해당 사유가 존재하여야 한다는 것이 문언적으로 요구되지는 않는다는 점에서도 반박할 수 있다. 임차인설의 주요 논거 ③은 임대인설에 따를 때 발생하는 문제점을 지적한 것이고 지적 자체는 타당하나, 임대인에게 임대차 종료 후 상당한 기간 내에 임대차 목적물을 영리목적으로 사용하여 임차인이 형성한 가치를 가로채려는 의도가 없고 실제로 그렇게 된 경우 손해배상책임을 부담하지 않도록 함으로써 임대인의 재산권을 존중하는 것도 타당한 면이 있으므로 임대인설과 같이 해석하더라도 상가임대차법 제10조의4의 입법취지가 몰각된다고 볼 수는 없다. 임차인설의 주요 논거 ④ 또한 지적 자체는 타당하나, 임대인설의 주요 논거에도 불구하고 임차인설을 취할 이유는 되지 못한다고 생각한다.

(나) 임대인설에 따를 때 파생되는 결과

다만 임대인설에 따를 때 파생되는 다음과 같은 결과를 인지할 필요가 있다. 다음의 결과는 아래에서 살펴보는, 임대인이 임대차 종료 시부터 1년 6개월 간 임대차목적물을 영리목적으로 사용하지 않았다는 점 외에 이 사건 조항에 따라 정당한 사유를 인정받기 위한 요건을 추가로 부과할 필요성과도 관련이 있다.

① 임대인설에 따를 때 임대인이 손해배상책임을 면하기 위해서는 임대차 종료시부터 1년 6개월 이상 임대차 목적물인 상가건물을 영리목적으로 사용하지 아니하여야 한다. 그 사이에 임대인이 영리목적으로 사용하였다면 손해배상책임이 발생한다. 따라서 임대차계약의 갱신거절사유나 임대인이 신규임차인과의 임대차계약 체결을 거절할 그 밖의 정당한 사유가 존재하지 않고, 임대인이 임대차목적물을 영리목적으로 사용하지 않고 있다면, 법원이 이 사건 조항에 해당하여 임대인의 손해배상책임이 발생하지 않는다는 판결을 하기 위해서는 임대차 종료 시로부터 1년 6개월을 기다려서 임대인이 임대차 목적물인 상가건물을 그때까지 영리목적으로 사용하지 않았는지를 따져 보아야 한다.

② 임차인 입장에서는 권리금을 인정받기 위해 사실상 권리금감정

이 필수적인데, 권리금감정은 대체로 임대차종료 직후에 현상을 유지한 상태에서 실시하는 것이 효과적이기 때문에, 증거보전신청을 하든 소제기 후 감정신청을 하든 일단 감정을 해야 한다. 그러고 나서 1년 6개월간 기다려야 하고(물론 소를 제기하는 경우 소장 및 답변서 송달, 감정 실시, 감정 보완 및 사실조회신청과 이에 따른 청구취지변경 등으로 인하여 1심에서도 상당한 기간이 경과하기는 할 것이다), 그 동안 임대인이 영리목적으로 사용하는지 꾸준히 감시해야 한다. 그럼에도 1년 6개월간 임대인이 영리목적으로 사용하지 않으면 감정은 실익이 없게 된다. 결국 임차인은 임대인이 신규임차인과의 임대차계약체결을 거절하였고 임대차목적물을 영리목적으로 사용하지 않고 있는 경우, 실익이 있을지 여부가 불확실한 비용을 지출할지를 결정해야 한다.

2. 임대인이 정당한 사유를 인정받기 위한 요건

(1) 대상판결의 입장

임대인설에 따를 경우 사안이 이 사건 조항에 해당한다는 판단은 임대차 종료 시부터 1년 6개월 뒤에 가능한데, 신규임차인과의 임대차계약 체결 거절은 임대차 종료 무렵에 일어나므로 체결 거절 시점과 정당한 사유의 존재가 확정되는 시점에 차이가 나게 된다. 따라서 임대인이 이 사건 조항에 따라 정당한 사유를 인정받기 위해서는 임대차계약 체결 거절 시에 장래 이 사건 조항에서 정한 사유를 발생시킬 것이라는 점, 즉 임대차목적물을 1년 6개월 이상 영리목적으로 사용하지 않을 것이라는 점을 들어 신규임차인과의 임대차계약 체결을 거절했어야 하는지가 문제된다.

대상판결은 임대인이 이 사건 조항에 따라 정당한 사유를 인정받기 위해서는 임대차목적물을 1년 6개월 이상 영리목적으로 사용하지 않을 것이라는 점을 들어 신규임차인과의 임대차계약 체결을 거절해야만 하고, 그렇지 않고 임대인이 다른 사유로 신규 임대차계약 체결을 거절한 후 사후적으로 1년 6개월 동안 상가건물을 영리목적으로 사용하지 않았다는 사정만으로는 위 조항에 따른 정당한 사유로 인정할 수 없다고 판시하였다.[49] 주요 논거는 대상판결이 든 다음의 문구로 보인다.

① 상가임대차법 제10조의4 제1항 제4호의 반대해석상 임대인은 '정당한 사유'가 있는 경우에는 임차인이 주선한 자와의 신규 임대차계약 체결을 거절할 수 있다. 이처럼 '정당한 사유'는 임대인이 신규 임대차계약 체결을 거절하기 위한 사유이므로, 임대인이 향후 1년 6개월 이상 상가건물을 영리목적으로 사용하지 않으려고 할 경우에 그러한 사유로 신규 임대차계약 체결을 거절하였어야 한다.

② 임대인이 다른 정당하지 않은 사유로 신규 임대차계약 체결을 거절하였다면 권리금 회수 방해행위에 해당하여 임차인에 대한 손해배상책임을 지는데, 이처럼 손해배상책임이 발생한 후 사후적으로 1년 6개월 이상 상가건물을 영리목적으로 사용하지 않았다고 하여 임대인의 방해행위가 정당해지거나 이미 발생한 손해배상책임이 소멸한다고 볼 근거가 없다.

(2) 검　토

(가) 대상판결이 제시한 논거의 타당성

1) 대상판결의 논거 ①

대상판결은 임대인이 이 사건 조항에 따라 손해배상책임을 면하기 위한 요건으로 임대인에게 임대차계약체결 거절시 1년 6개월 이상 영리목적으로 사용하지 않을 것이라는 사유를 밝힐 것을 요구하면서, 첫 번째 논거로 '정당한 사유'는 임대인이 신규 임대차계약 체결을 거절하기 위한 사유라는 점을 들어 임대인이 향후 1년 6개월 이상 상가건물을 영리목적으로 사용하지 않으려고 할 경우에 그러한 사유로 신규 임대차계약 체결을 거절하였어야 한다고 판시하였다. 위와 같은 해석은 문리적으로 가능한 해석의 범위 내에 있는 것으로 보인다. 일반론적으로 보더라도 특정한 사유가 특정한 행위를 할 수 있는 요건으로 되어 있을 때, 특

---

49) 황용남(주 42), 436면도 같은 취지이다.

정한 행위를 하는 자가 특정한 사유 때문에 특정한 행위를 한다는 점을 상대방에게 밝히는 것이 보통이다. 예를 들어 계약해제권 행사의 경우 약정해제권, 이행불능, 이행지체, 이행거절 등을 사유로 삼을 수 있고, 의사표시의 취소의 경우 착오, 사기, 강박 등을 사유로 삼을 수 있는데, 해제나 취소의 의사표시를 할 때에는 그 사유로 든 사유가 합당해야 유효한 것으로 인정된다. 이 사건 조항에 관하여 법무부에서 게시한 Q&A 자료에도 임대인은 제2항 각호의 정당한 사유 외에도 다른 정당한 사유가 있음을 '들어' 신규임차인과의 임대차계약 체결을 거절할 수 있다고 설명하고 있다.[50)]

그러나 상가임대차법 제10조의4 제1항 제4호는 '정당한 사유 없이'라고 되어 있을 뿐 '정당한 사유를 밝히지 않고'라고 되어 있지는 않으므로, 임대인이 임대차계약체결 거절시 그 사유를 밝혀야 하고 밝힌 사유가 정당해야 한다는 위와 같은 해석 외에 다른 해석의 여지가 전혀 없는 것은 아니다. 게다가 제2항은 '다음 각 호의 어느 하나에 해당하는 경우에는 정당한 사유가 있는 것으로 본다'는 형식을 취하고 있어 제2항 각호의 사유가 일단 인정되면 제1항 제4호에는 해당되지 않게 되는데, 제2항 각호의 규정에도 임대인이 임대차계약체결 거절시 해당 사유를 밝혀야 한다는 문구가 없다. 또한 계약의 해제나 의사표시의 취소는 형성권의 행사로서 제척기간 내에만 하면 되기 때문에 이전에 유효하게 하지 못하였더라도 이해관계 있는 제3자가 생겼다는 등의 사정이 있지 않는 한 큰 문제가 되지 않으나, 권리금 상당 손해배상의무를 부담하게 되는 임대차계약 체결거절의 경우 정당한 사유 없이 계약체결을 거절한 경우 손해배상책임이 발생하기 때문에 계약의 해제나 의사표시의 취소와는 결이 다르다고 볼 수 있다. 따라서 위와 같은 해석만이 문리적으로 가능하다고 보기는 어렵고, 별도의 정당화 근거가 필요하다.

---

50) 법무부, "개정된 상가건물임대차보호법 Q&A 40선", 법무부 홈페이지(http://moj.go.kr/bbs/moj/ 119/199569/download.do).

2) 대상판결의 논거 ②

한편 대상판결이 제시한 두 번째 논거, 즉 '임대인이 다른 정당하지 않은 사유로 신규 임대차계약 체결을 거절하였다면 권리금 회수 방해행위에 해당하여 임차인에 대한 손해배상책임을 지는데, 이처럼 손해배상책임이 발생한 후 사후적으로 1년 6개월 이상 상가건물을 영리목적으로 사용하지 않았다고 하여 임대인의 방해행위가 정당해지거나 이미 발생한 손해배상책임이 소멸한다고 볼 근거가 없다'는 점은 아래와 같은 이유로 의문이 있다.

상가임대차법 제10조의4 제1항 제4호는 정당한 사유가 인정되지 않을 때 정당한 사유 없이 임대차계약체결을 거절한 것으로 되어 임대인이 손해배상책임을 지게 되는 것인데, 제10조의4 제2항 각호에 해당하면 정당한 사유가 있는 것으로 간주되고, 그 밖에도 정당한 사유가 인정될 여지가 있다. 즉 정당하지 않은 임대차계약체결거절사유가 따로 정해져 있는 것이 아니라 정당한 사유가 인정되지 않는 경우에 정당한 사유 없이 체결을 거절한 것이 되어 손해배상책임을 지는 것이다. 따라서 법원으로서는 1년 6개월 이상 영리목적으로 사용하지 않은 임대인의 계약체결거절이 문제되는 경우 일단 이 사건 조항의 의미를 해석한 다음 이에 따라 사안이 이 사건 조항에 해당하는지, 이 사건 조항을 제외한 제10조의4 제2항 각호에 해당하는지, 그렇지 않더라도 정당한 사유가 있다고 볼 수 있는지를 살펴 정당한 사유가 있으면 손해배상책임이 발생하지 않는다고 판단하여야 하고 그렇지 않으면 손해배상책임이 발생한다고 판단하여야 한다. 이러한 점을 생각해 보면, 임대인이 다른 정당하지 않은 사유로 임대차계약 체결을 거절하여 손해배상책임이 발생했다는 판단은 이 사건 조항을 해석하여 사안에 적용한 결과 사안이 이 사건 조항에 해당하지 않는 경우에 가능하다. 그렇다면 대상판결의 논리는 이 사건 조항을 해석하여 적용되지 않는다고 판단한 결과(손해배상책임 발생)로부터 시작하여 그럼에도 사후적으로 방해행위가 정당해지거나 손해배상책임이 소멸한다고 볼 근거가 없다는 추론을 거쳐 이 사건 조항의 해석(이 사건 조항은 임대인이 1년 6개월 이상 영리목적으로 사용하지 않으려는 사유를 들어 임대차계약 체결을 거절한 경우를 의미한다)을 도출하는 것이 될 수 있다.

(나) 대상판결이 취한 입장의 타당성-장래의 유사사건에 관한 규율이라는 면에서

앞서 본 바와 같이 임대인설은 임차인의 손해배상채권 발생 여부를 상당한 기간 동안 불확실한 상황에 놓이게 한다. 이런 상황에서 대상판결은 임대인이 1년 6개월 이상 영리목적으로 사용하지 않겠다는 이유로 신규임차인과의 임대차계약 체결을 거절하고자 할 경우 임차인에게 그 사유를 밝힐 것을 요구한다. 따라서 임차인으로서는 ① 임대인이 신규임차인과의 임대차계약체결을 거절한 사유를 확인하여 그 사유가 임대차목적물인 상가건물을 1년 6개월 이상 영리목적으로 사용하지 않겠다는 것을 포함하여 계약체결을 거절할 수 있는 정당한 사유로 예시된 것들에 해당하지 않고, ② 그 밖의 사정을 고려해 보아도 임대차계약 체결거절에 정당한 사유가 없다고 판단된다면 임대인이 앞으로 영리목적으로 사용할지 말지와 상관없이 손해배상청구를 할 수 있다. 한편 임대인이 1년 6개월 이상 영리목적으로 사용하지 않겠다는 이유로 임대차계약체결을 거절한 경우 임차인은 향후 임대인이 정말로 그렇게 하는지를 감시하는 것을 전제로 손해배상을 청구할 것인지를 검토해 볼 수 있다. 즉 대상판결의 판시는 임차인에게 손해배상청구 여부에 대한 추가적인 판단기준을 제공함으로써 임차인이 겪는 불확실성을 감소시키고 임차인의 권리금 회수기회 보호가능성을 높이는 장점이 있다. 임대인 입장에서 보더라도 1년 6개월 이상 영리목적으로 사용하지 않겠다는 이유로 신규임차인과의 임대차계약 체결을 거절하고자 할 경우 그 사유를 밝힐 것을 요구하는 것이 별다른 부담이 된다고 보기는 어렵다. 임대인은 내용증명우편, 문자메시지, 녹음 등의 방법으로 자신이 그러한 사유로 임대차계약 체결을 거절했다는 증거를 남겨 놓을 수 있을 것이다.

문제는 임대인이 해당 사유를 들어 임차인이 주선한 신규임차인과의 임대차계약 체결을 거절하지는 않았으나 결과적으로 1년 6개월 이상 영리목적으로 사용하지 않았을 경우에 손해배상책임을 지도록 하는 것이 타당한지 여부이다. 1년 6개월 이상 영리목적으로 사용하지 않았다면 임대인이 그간 임대차목적물로부터 얻은 이익이 없는 것이고, 임차인이 창출한 가치로부터 향후 임대인이 이익을 얻는 것도 대체로 어렵다고 볼 수 있기 때문이다. 이 부분은 발생한 결과를 놓고 임대인과 임차인의 이해를 조절하여 일방에게 가혹한 결과가 되지 않도록 하는 측면에서 보면 임대인에게 손해배상책임을 지우지 않는 것이 바람직하다는 입장을 취할 수 있다. 반면 임대차계약 종료시점을 기준으로 임차인이 처한 불확실성을 줄이고 임차인의 권리금 회수기회를 보호하며, 임대인으로 하여금 신규임차인과의 임대차계약 체결거절 여부 및 그 사유를 신중히 검토하도록 하고 일단 1년 6개월 이상 영리목적으로 사용하지 않겠다는 사유를 들지 않았다면 임대차목적물을 최대한 효율적으로 사용하게끔 유도하는 측면에서 보면 임대인에게 손해배상책임을 지우는 것이 바람직하다는 입장을 취할 수 있다. 대상판결은 임대인에게 손해배상책임을 지우는 입장을 택하였는바, 대상판결의 입장에는 나름의 합리적인 근거가 있다고 생각한다. 상가임대차법 제10조의4에 의한 책임의 성격이 부당이득이 아니라 손해배상이라는 점, 권리금 상당 손해배상의 경우 실무상 여러 가지 이유를 들어 책임제한이 이루어지고 있으므로 손해배상책임을 아예 인정하지 않는 것보다는 인정하고 책임제한을 시도하는 것이 보다 구체적으로 타당한 결과를 낼 수 있다는 점에서도 대상판결의 입장에 수긍이 가는 면이 있다.[51)]

---

51) 대상판결에 따라 선고된 2차 파기환송심 판결(서울고등법원 2022. 11. 24. 선고 2021나2047357 판결)은 피고의 손해배상책임을 인정하면서 ① 원고가 약 5년간 영업을 하면서 투자비용 중 상당 부분을 회수할 수 있는 기회가 보장되었던 점, ② 피고가 임대차계약 체결 당시 예견할 수 없었던 부담을 지게 된 점, ③ 권리금 평가액 1억 3,000만 원은 50개월의 차임을 초과하는 금액인 점, ④ 권리금 중 장소적 이익과 관련된 부분은 원고의 노력이나 기여만으로 형성된 것이라고 보기 어려운 점 등을 참작하여 손해배상액을 권리금 평가액의 50%로 제한하였다. 한편 권리금 중 영업권리금에는 거래처나 고객과 같은 무형의 재산가치가 포함되어 있고 감정평가된 금

(다) 대상판결이 취한 입장의 타당성-과거의 사실관계에 대한 규율이라는 면에서

대상판결이 취한 입장은 장래에 발생할 유사한 사건에 있어서 임대인과 임차인 사이의 법률관계와 행동을 규율하고 이해관계를 조절하는 기준으로서 나름의 합리성을 갖는다고 볼 수 있다. 다만 대상판결이 취한 입장이 과거의 사실관계에 대한 규율이라는 면에서도 당연한 것이라고 볼 수 있는지는 논의의 여지가 있다.

이 사건 조항을 포함한 상가임대차법 제10조의4의 문언은 다의적 해석의 여지가 있다. 해석 가능한 범위 내에서의 해석이라면 그것을 입법이라고 할 수는 없을 것이고 법원의 권한 내에 있다고 할 수 있겠으나, 그렇다고 하더라도 상식선에서 예상할 수 있는 당연한 해석인지, 아니면 여러 가지 해석이 가능한 상황에서 특정한 해석을 택한 것인지에 따라 당사자들이 받아들이는 정도가 다를 수 있다. 대상판결의 해석은 전자보다는 후자에 가까워 보인다. 상가임대차법은 1년 6개월 이상 영리목적으로 사용하지 않은 경우 임대차계약 체결을 거절하는 행위에 정당한 사유가 있는 것으로 본다고 규정하고 있을 뿐, 임대인이 체결거절 당시 1년 6개월 이상 영리목적으로 사용하지 않을 것임을 이유로 들었어야 한다고 규정하고 있지는 않다. 1차 파기환송심도 이 사건 조항을 대상판결의 판시와 같은 의미로 이해하지는 아니한 것으로 보인다. 그럼에도 불구하고 임대인이 이 사건 조항을 대상판결의 판시와 같은 의미로 이해하는 게 당연했다고 기대할 수 있는지는 의문이다.

임대인이 1년 6개월 이상 영리목적으로 사용하지 않을 계획임을 신규임차인과의 계약체결을 거절하는 사유로 삼았다는 점에 관하여 임대인에게 증거제출의 부담이 있다는 점이 대상판결 이전에 계약체결을 거절한 임대인을 곤란하게 할 수 있다. 계약체결의 거절이 임대인, 임

액에 위와 같은 무형의 재산가치가 반영되어 있는바, 원고가 인근에서 다른 점포를 얻어 영업을 계속함으로써 영업이익의 손실을 줄였을 가능성이 있는 점도 책임제한 사유가 될 수 있어 보인다.

차인, 신규임차인 사이에서 이루어지고 신규임차인은 임대인보다는 임차인과 가까운 관계일 것이므로 임대인에게 유리하게 증언하는 것을 기대하기 어려운 점을 고려하면, 계약체결 거절사유를 내용증명우편 등으로 서면화하거나 문자메시지, 녹음 등으로 증거를 남겨 놓지 않은 임대인이 위 사유를 뒷받침하는 증거를 제출하는 것은 쉽지 않을 수도 있다.

또한 당시 입법자가 대상판결과 같은 식으로 이 사건 조항을 생각했는지는 확실하지 않다. 이 사건 조항 외에도 쟁점이 많았던 상가임대차법 제10조의4의 입법과정과, 해당 조항을 기존 임대차계약에까지 적용하기로 했던 점, 임대인이 임차인이 창출한 가치를 가로채는 것을 막고자 하는 것이 입법 추진의 이유가 되었던 점, 임대인이 장기간 임대차목적물을 영리목적으로 사용하지 않은 경우 임차인이 창출한 가치로 인하여 임대인이 이익을 얻지 못하였고 앞으로 얻을 가능성도 사라졌다고 볼 수 있는 점 등을 고려할 때, 입법자의 의사는 부칙에서 현재 존속 중인 임대차에 대해서도 권리금 회수기회 보장에 관한 규정을 적용함에 따라 현재의 계약사정을 고려한 예외사유를 설정하는 것,[52] 즉 임대인에게 1년 6개월간 영리목적으로 사용하지 않으면 손해배상책임을 면할 수 있도록 하는 출구전략을 제공하는 것에 중점을 두고,[53] 그 과정에서 임대인에게 해당 사유를 들어 신규임차인과의 계약체결을 거절하도록 요구할 것인지는 따져 보지 않았을 가능성도 배제할 수 없다. 법제사법위원회 법안심사제1소위원회에서의 이 사건 조항에 관한 논의는 영리목적으로 사용하지 않는 기간을 1년 6개월, 2년 또는 3년 중에 얼마로 정할 것인지에 집중되어 있고, 임대차계약체결 거절사유로 해당 사유를 들어야 하는지에 관한 내용은 보이지 아니한다.[54]·[55]

52) 심태규(주 38), 27면.
53) 김남근(주 47), 134면.
54) 제19대 국회 제332회 제1차, “법제사법위원회회의록(법안심사제1소위원회)”(2015. 4. 24.), 37-41면.
55) 제19대 국회 제332회 제3차, “법제사법위원회회의록(법안심사제1소위원회)”(2015.

3. 대상판결의 법리가 이 사건의 사실관계에 적용되는 과정에 관하여

대상판결은 피고가 임대차계약 종료 무렵 이 사건 상가를 재건축하거나 대수선할 계획이 있음을 이유로 신규 임대차계약 체결을 거절하였을 뿐 달리 1년 6개월 이상 상가건물을 영리목적으로 사용하지 않을 것임을 이유로 임대차계약 체결을 거절하였다는 사정은 엿볼 수 없고, 피고가 다른 사유를 들어 신규 임대차계약 체결을 거절한 후 사후적으로 1년 6개월 동안 상가건물을 영리목적으로 사용하지 않은 경우에는 이 사건 조항에 따른 정당한 사유가 있다고 볼 수 없다고 하면서, 피고가 이 사건 조항에서 정한 사유를 들어 신규 임대차계약 체결을 거절하였는지 여부에 관하여 살피지 않은 채 피고가 이 사건 상가를 1년 6개월 이상 영리목적으로 사용하지 않았다는 이유만으로 피고의 임대차계약 체결 거절에 이 사건 조항에서 정하는 정당한 사유가 있다는 원심 판단에는 이 사건 조항의 해석에 관한 법리오해와 그로 인한 심리미진으로 판결에 영향을 미친 잘못이 있다고 판시하였다.

일단 피고가 대수선이나 재건축을 할 계획이라는 이유로 甲과의 임대차계약 체결을 거절했다고 해서 1년 6개월 이상 영리목적으로 사용하지 않을 계획임을 원고에게 명확히 밝혔다고 할 수는 없다. 대수선이나 재건축이 꼭 1년 6개월 이상 걸린다고 할 수는 없고 완료되면 피고가 영리목적으로 사용하려고 하였을 가능성이 높다. 원고는 신규임차인 甲과 1억 4,500만 원에 권리금계약을 체결하였는바, 위 권리금의 상당부분이 장소적 이익으로 인한 것이라면 대수선이나 재건축 후에도 피고가 향유가능한 것일 수 있고, 대수선이나 재건축이 완료되면 피고는 신규임차인에게 더 많은 권리금을 요구할 가능성도 있다. 상가임대차법 제10조의4 제1항 제7호는 임대인의 권리금 회수기회 보호의무가 면제되는 임대차계약 갱신거절사유 중 목적건물의 철거 또는 재건축에 관하여 요건에

---

5. 4.), 10-12면.

제한을 두고 있다.56) 재건축이나 대수선은 상가임대차법 제10조의4 제2항 각호에 신규임차인과의 계약체결을 거절할 수 있는 정당한 사유로 규정되어 있지 않고 그 자체만으로 정당한 사유에 해당한다고 보기도 어렵다.57) 피고가 1심에서 이 사건 조항 대신 원고가 신규임차인이 될 甲에 관한 정보를 제공하지 않았으므로 임대차계약체결거절이 정당하다는 주장을 했던 면은 당초부터 1년 6개월 이상 영리목적으로 사용하지 않을 계획이었다는 것과는 괴리가 있다. 그렇다면 피고가 이 사건 상가를 재건축 또는 대수선할 계획이 있음을 이유로 신규 임대차계약 체결을 거절하였다는 사정만으로 1년 6개월 이상 상가건물을 영리목적으로 사용하지 않을 것임을 이유로 임대차계약 체결을 거절하였다고 볼 수는 없는바, 원심이 이 사건 조항의 해석에 관한 법리를 오해하여 필요한 심리를 다하지 않아 판결에 영향을 미쳤다는 대상판결의 판단에 동의한다.

그러나 피고가 대수선이나 재건축을 할 계획이라는 이유로 甲과의 임대차계약 체결을 거절한 것이 1년 6개월 이상 영리목적으로 사용하지 않을 계획이라는 것과 전혀 무관하다고 할 수도 없어 보인다. 피고 입장에서는 일단 당분간은 영리목적이든 비영리목적이든 사용하지 않을 예정임을 밝혔다고 볼 수 있고, 대수선이나 재건축이 지연되다 보면 1년 6개월 이상 사용하지 않게 될 수도 있으며, 재건축을 하게 되면 기존의 임대차목적물은 철거되고 새로운 건물은 완공될 때까지 사용할 수 없기 때문이다. 피고는 실제로 대수선 또는 재건축에 착수하지는 않았지만 이

56) 7. 임대인이 다음 각 목의 어느 하나에 해당하는 사유로 목적 건물의 전부 또는 대부분을 철거하거나 재건축하기 위하여 목적 건물의 점유를 회복할 필요가 있는 경우
가. 임대차계약 체결 당시 공사시기 및 소요기간 등을 포함한 철거 또는 재건축 계획을 임차인에게 구체적으로 고지하고 그 계획에 따르는 경우
나. 건물이 노후·훼손 또는 일부 멸실되는 등 안전사고의 우려가 있는 경우
다. 다른 법령에 따라 철거 또는 재건축이 이루어지는 경우

57) 김영두, "상가의 재건축/리모델링과 권리금 회수기회 보호", 고려법학 제84호(2017. 3.), 20, 25-26면.

사건 상가를 사용하지 않고 원심 변론종결시까지 비워 놓았다. 피고가 원고로부터 받던 차임은 월 255만 원으로서 1년 6개월간 이 사건 상가를 비워 둘 경우 받지 못하는 차임은 4,590만 원인바, 대수선이나 재건축을 이유로 비워 놓는 기간이 1년 6개월이 넘어가더라도 받지 못한 차임 이상의 권리금을 신규임차인으로부터 받을 수 있을 가능성도 있다. 원고가 신규임차인이 될 甲에 관한 정보를 제공하지 않았으므로 임대차계약 체결거절이 정당하다는 1심에서의 주장은 소송전략상 사후적으로 만들어낸 이유일 수도 있다. 대상판결은 피고가 다른 사유를 들어 신규 임대차계약 체결을 거절한 후 사후적으로 1년 6개월 동안 상가건물을 영리목적으로 사용하지 않은 경우에는 이 사건 조항에 따른 정당한 사유가 있다고 볼 수 없다고 판시하였는바, 일견 재건축하거나 대수선할 계획이 있다는 사유는 1년 6개월 이상 영리목적으로 사용하지 않을 것이라는 사유와는 '다른 사유'라는 취지로 읽힌다. 그러나 이 부분은 사실관계에 따라 달리 판단할 수도 있는 문제가 아닐까 싶다.[58)·59)]

58) 대상판결 이후에 선고된 대법원 2022. 1. 14. 선고 2021다272346 판결은 임대인들이 임대차기간 만료 무렵 종전 임차인이 주선한 신규 임차인과의 임대차계약을 임박한 재건축 계획을 이유로 상가건물 철거 전까지의 기간으로 제한하여 체결할 의사를 밝힘으로써 신규 임대차계약 체결이 무산되고 이후 상가는 임대인들이 종전 임차인에게 밝힌 계획처럼 상당 기간 공실 상태를 유지한 후 철거되어 1년 6개월 이상 영리목적으로 사용되지 않은 사안에서 대상판결의 법리를 인용한 다음 "종전 소유자인 임대인이 임대차 종료 후 상가건물을 영리목적으로 사용하지 아니한 기간이 1년 6개월에 미치지 못하는 사이에 상가건물의 소유권이 변동되었더라도, 임대인이 상가건물을 영리목적으로 사용하지 않는 상태가 새로운 소유자의 소유기간에도 계속하여 그대로 유지될 것을 전제로 처분하고, 실제 새로운 소유자가 그 기간 중에 상가건물을 영리목적으로 사용하지 않으며, 임대인과 새로운 소유자의 비영리 사용기간을 합쳐서 1년 6개월 이상이 되는 경우라면, 임대인에게 임차인의 권리금을 가로챌 의도가 있었다고 보기 어려우므로, 그러한 임대인에 대하여는 이 사건 조항에 의한 정당한 사유를 인정할 수 있다."고 판시하였다. 위 사건의 경우 만일 임대인이 밝힌 계획에 의하여 1년 6개월 이상 영리목적으로 사용되지 않을 것임을 알 수 있었다면 임대인이 해당 사유를 들어 임대차계약체결을 거절하였다고 볼 수 있고, 1년 6개월 이상 영리목적으로 사용되지 않을 예정이라면 임차인이 형성한 가치가 임대인과 새로운 소유자 사이의 처분대금에 반영되는 부분은 미미할 수 있어, 임대인이 임차인의 권리금을 가로챈다고 보기 어려울 수 있다.

59) 2차 파기환송심 판결은 피고가 원고에게 이 사건 상가건물의 공사시기, 소요기

Ⅳ. 결 론

대상판결은 이 사건 조항에서 임대차 목적물인 상가건물을 1년 6개월 이상 영리목적으로 사용하지 아니한다는 것은 임대인이 임대차 종료 후 1년 6개월 이상 사용하지 아니하는 것을 의미함을 명확히 하였다. 이 부분 판시는 입법자의 의도에 부합하고 목적론적으로도 타당하며 문리해석의 한계를 벗어나지 않는다.

한편 대상판결은 이 사건 조항에 의하여 임대인이 임차인이 주선한 신규임차인과의 임대차계약 체결을 거절한 데 정당한 사유가 있다고 보기 위해서는 임대인이 임대차 종료 시 그러한 사유를 들어 임차인이 주선한 자와 신규 임대차계약 체결을 거절하고, 실제로도 1년 6개월 동안 상가건물을 영리목적으로 사용하지 않아야 한다고 판시하였다. 이 부분 판시는 장래의 유사사건에 관한 규율이라는 면에서 합리적인 근거가 있고 문리해석의 한계를 벗어나지 않는다고 볼 수 있으나, 과거의 사실관계에 대한 규율이라는 면에서 그러한 해석을 관계자들이 충분히 예상할 수 있었는지, 그러한 해석이 입법자의 의사와 일치하였는지는 분명하지 않다.

마지막으로 대상판결은 피고가 이 사건 상가를 1년 6개월 이상 영리목적으로 사용하지 않았다는 이유만으로 피고의 임대차계약 체결 거절에 이 사건 조항에서 정하는 정당한 사유가 있다는 원심 판단에는 이 사건 조항의 해석에 관한 법리를 오해하여 필요한 심리를 다하지 않음으로써 판결에 영향을 미친 잘못이 있다고 판시하였다. 이 부분 판단에 동의하나, 대수선 또는 재건축 계획이 1년 6개월 이상 영리목적으로 사용하지 않겠다는 것과 다른 사유인지는 구체적인 사실관계에 따라 판단할 문

간 등 철거 또는 재건축 계획을 구체적으로 고지하였다는 점을 인정할 증거가 없다고 판시하였다. 그렇다면 이 사건의 경우 피고가 원고에게 재건축 또는 대수선 계획이 있다고 말했다는 사정만으로 1년 6개월 이상 상가건물을 영리목적으로 사용하지 않을 예정이라고 밝혔다고 보기 어려운 면이 있다.

제가 아닐까 싶다.

이 사건의 경우 임대차계약 종료를 앞두고 권리금 회수기회 보호규정이 신설되어 부칙조항의 부진정소급효에 의하여 존속 중인 임대차계약에까지 적용되었고, 원고가 갱신요구권을 행사할 수도 없는 상황이었으며, 권리금 회수기회 보호의무의 예외규정인 이 사건 조항의 의미 또한 법문언상으로는 명백했다고 보기는 어려운 상태에서, 대상판결에 의하여 구체적인 의미가 선언되어 결과적으로 피고가 별다른 이익을 얻지 못하였음에도 손해배상책임을 질 가능성이 생겼다는 점을 특기할 만하다. 이러한 결과는 법문언상 명확하지 않은 부분을 해석으로 보충하는 것이 일방의 권리를 보호할 수 있는 반면 상대방의 권리를 제한하게 될 수 있고, 기존의 법률관계에 해석으로 보충된 법규를 적용할 때에는 더욱 그러하다는 점에서 법해석의 어려움을 보여 준다.

[Abstract]

A Study on the Interpretation of Commercial Building Lease Protection Law § 10-4 ② 3.

Lee, Kean Hee*

Commercial Building Lease Protection Law § 10-4 was promulgated on May 13th, 2015 and has been applied to existing lease contracts since then. According to this article, an owner of commercial building who prevented a lessee from retrieving her key money must compensate lessee's damages(key money). Refusal of closing contract with wanna-be-lessee who was recommended by present lessee makes prevention. Although, if rented commercial building is not used for making profit more than 18 months, compensation is exempted by § 10-4 ② 3. The supreme court decision on argument proclaimed that an owner of commercial building who wants to avoid compensation by § 10-4 ② 3. must tell wanna-be-lessee that she will not use her building for making profit more than 18 months from expiration date of previous lease contract when refusing to make contract, and must do so.

First part of judgement of the decision that 1) she who does not use commercial building is the owner of commercial building, not the lessee, 2) 18 months start from expiration date of previous lease contract, 3) the owner must act as she told are purposeful, tally with legislative intent and do not go beyond the boundary of legal text. The other part of judgement that the owner must tell wanna-be-lessee that she will not use her building for making profit more than 18 months when refusing to make contract, has reasonable grounds from perspective of ruling similar future cases. This

* Judge, Suwon District Court Yeoju Branch.

judgement does not go beyond the boundary of legal text too. But this judgement is not clear by legal text of the Commercial Building Lease Protection Law. So the owner and the lessee might not understand this article like that, even the lawmakers. The decision on argument applied § 10-4 ② 3. to existing contract. The owner in the decision did not use her building more than 18 months, not informing wanna-be-lessee the plan to leave her building blank. As a result, the owner ended with compensation to the lessee, meanwhile the lessee retrieved key money which embodied her work effort. This conclusion shows the difficulty of legal interpretation. To make up unwritten part of legal text with interpretation can be needed to protect one's rights, but may limit the other's interests, especially when handling existing legal relationship.

[Key word]

- Commercial Building Lease Protection Law
- Key Money
- Law Interpretation
- Legislative Intent
- Retroactive Effect

참고문헌

[단 행 본]

곽윤직 편집대표, 민법주해(XV), 박영사(1999).

김상용, 채권각론(3판), 화산미디어(2016).

김용담 편집대표, 주석 민법 채권각칙(3), 한국사법행정학회(2016).

법무부 법무실, 각국의 영업용건물 임대차 법제, 법무부(1996).

소상공인진흥원, 소상공인 권리금 실태조사 및 정책방안 연구보고서(2010).

[논　　문]

김남근, "권리금회수 기회보호 거절에 대한 정당성 판단기준", 인권과 정의 제566호(2016. 2.).

김민아 · 강정규, "젠트리피케이션 지역의 상가권리금 분쟁에 관한 연구", 주거환경 제17권 제1호(2019).

김영두, "권리금 회수기회 보호에 관한 고찰", 법조 통권 제707호(2015. 8.).

______, "상가의 재건축/리모델링과 권리금 회수기회 보호", 고려법학 제84호(2017. 3.).

______, "영국의 점포임차인 보호법제의 변천이 주는 시사점", 법학연구 제25권 제1호(2015).

______, "점포임차인의 영업보호에 관한 연구", 민사법학 제70호(2015).

김영두 · 박수곤, "점포임차인의 영업보호 관련 선진입법례(영국, 프랑스) 및 운용사례 연구"(2014년도 법무부 연구용역 과제보고서), 법무부(2014).

김현선, "상가건물임대차보호법상 권리금 법제화에 대한 소고—임대인의 방해행위에 따른 손해배상과 관련하여", 안암법학 통권 제48호(2015. 9.).

박규용, "상가건물 임차인의 권리금 회수기회 보호", 법과 정책 제25집 제3호(2019. 12.).

박동규, "상가건물 임대차보호법상 권리금 회수방해에 의한 손해배상에 관한 소고", 법조 통권 제725권(2017. 10.).

박수곤, "임대차법의 개정논의에 대한 관견", 한양법학 제27권 제3집(2016. 8.).

______, "프랑스법상 권리금의 구성요소와 보호방법", 법조 통권 제725호 (2017).

배병일, "영업용 건물의 권리금에 관한 관습법의 변경과 권리금의 법적 성질 및 반환", 외법논집 제36권 제1호(2012).

성주한, "상가건물 임대차보호법 제10조의4 권리금 회수기회 보호의 정당한 사유에 관한 연구", 감정평가학 논집 제18권 제2호.

소성규 외 4인, "주택 및 상가건물임대차 관련 선진국의 주요 법적 규율과 그에 대한 사회·문화적 배경 등에 대한 연구"(2017년 법무부 용역과제 보고서), 법무부(2017).

신옥영, "상가건물임대차보호법의 권리금 회수기회 보호에 관한 연구", 석사학위 논문, 서울대학교(2017).

양기철, "권리금 감정평가의 문제점 및 개선방안", 감정평가학 논집 제18권 제2호(2019).

이근영·김상진, "개정 상가건물임대차보호법상 권리금 규정의 해석론과 문제점의 개선방안에 관한 소고", 법학연구 제24권 제4호(2016. 10.).

이상용, "개정 상가건물임대차보호법과 바람직한 임차인 보호방안 존속보장과 영업보상", 민사법학 제73호(2015. 12.).

이지영, "상가건물 임차인의 계약갱신요구권 행사기간이 지난 경우에도 임대인이 권리금 회수기회 보호의무를 부담하는지 여부", 대법원판례해설 제119호(2019).

한국법제연구원, 상가 권리금 회수기회 보장 등 임차인보호를 위한 상가임대차법 개정방안 연구, 법무부 연구용역 최종보고서(2014. 9.).

허 승, "상가건물임대차보호법상 권리금 보호 규정에 관한 고찰-손해배상의 범위를 중심으로-", 저스티스 통권 제162호(2017).

황용남, "상가건물의 임대차에 있어 계약갱신요구권과 권리금 회수기회 보호 규정 사이의 관계", 민사판례연구(XLIII)(2021).

______, "상가건물 임대차보호법 제10조의4 제2항 제3호에 관한 고찰", 사법 제57호(2021).

[기타 자료]

김진태 의원 대표발의, "상가건물 임대차보호법 일부개정법률안", 1912371(2014. 11. 7.).

법무부, "개정된 상가건물임대차보호법 Q&A 40선", 법무부 홈페이지(http://moj.go.kr/bbs/moj/119/199569/download.do).

법무부 보도자료, "상가건물임대차보호법 개정안 마련", 대변인실(2014. 9. 24.).

심태규, "상가건물 임대차보호법 일부개정법률안(김진태 의원 대표발의) 검토보고", 대한민국 국회(2014. 12.).

제19대 국회 제332회 제1차, "법제사법위원회회의록(법안심사제1소위원회)"(2015. 4. 24.).

제19대 국회 제332회 제2차, "법제사법위원회회의록(법안심사제1소위원회)"(2015. 5. 1.).

제19대 국회 제332회 제3차, "법제사법위원회회의록(법안심사제1소위원회)"(2015. 5. 4.).

화해계약의 요건으로서의 분쟁의 존재와 그 인식

양 승 우*

요 지

민법 제731조는 '분쟁'을 화해계약의 요건으로 정하고 있으나 그 의미에 관하여는 별도로 정하고 있지 않다. 구체적인 사안에서 당사자 사이의 다툼이 분쟁이 해당하는지, 당사자가 이를 인식하고 있었는지를 판단하는 것이 쉬운 것만은 아니다. 이와 같은 화해계약의 요건으로서의 분쟁의 존재와 그 인식은 학설과 판례의 해석에 맡겨져 있다. 그리고 대상판결은 우리 사회에서 빈발하는 보험회사와 정비업자 사이의 자동차 수리비에 관한 다툼에 있어서 분쟁의 존재 및 그 인식의 부재를 근거로 화해계약의 성립을 부정하였다는 점에서 시사하는 바가 적지 않다.

보험회사와 정비업자 사이에는 허위 또는 과다 수리비 청구 및 일방적인 수리비 감액 등을 원인으로 하는 다툼이 오랜 기간 이어져 왔다. 그리고 현재는 폐지된 자동차 정비요금 공표제도 등 제도적 노력에도 불구하고 이와 같은 다툼은 근본적으로 해결되지 못하고 있다. 이는 보험회사 직원이 자동차 입고 단계에서 직접 현장에 입회하기 어려운 현실적 여건, 보험회사의 개별 정비업자에 대한 우월적 지위 등을 원인으로 한다. 이러한 다툼은 대부분 수리가 완료된 이후 손해사정의 단계에서 해결되고 있다. 대상판결 또한 손해사정의 단계에서 수리업자인 피고가 청구한 수리비를 보험회사인 원고가 각 항목별로 일부 감액하여 지급한 이후 중복 지급된 수리비에 관한 화해계약의 성립 여부가 문제된 사안에 관한 것이다.

* 인천지방법원 판사.

화해계약에 관한 독일민법 제779조 제1항의 경우, 당사자 사이의 사실상 또는 법적 상태에 관하여 일부라도 상이한 주장이 있는 경우 분쟁의 존재를 인정하는 것으로 해석되고 있다. 일본민법 제695조의 경우 해당 조문의 기초자인 우메의 견해에 좇아 권리관계의 전부·일부의 존부에 관한 분쟁으로 화해의 대상을 한정하는 것이 판례 및 전통적인 학설의 견해이나, 화해계약의 요건으로서의 분쟁을 보다 넓게 해석하는 견해 또한 등장하였다. 우리나라의 학설은 일반적으로 일본의 판례 및 전통적인 학설과 유사한 입장을 취하면서도 불명확한 법률관계를 해결하기 위한 무명계약을 부인하지 않는다. 판례는 예상되는 분쟁과 불명확한 법률관계를 사전에 예방하고자 하는 목적에서 묵시적인 화해계약이 체결되었다고 인정하는 등, 분쟁의 범위를 그리 좁게 해석하지 않는 것으로 보인다.

위와 같은 보험회사와 정비업자 사이의 누적된 다툼의 양상, 화해계약의 요건으로서의 분쟁에 관한 여러 입법례와 그 해석, 기존의 대법원 판결 등을 종합적으로 고려하면, 대상판결의 사안은 보험회사인 원고와 정비업자인 피고 사이에 수리비에 관하여 분쟁이 존재하였고 당사자 또한 이를 인식하였다고 봄이 타당하다. 따라서 대상판결이 원고와 피고 사이에 분쟁이 존재하지 않았다거나 당사자가 이를 인식하지 아니하고 있었던 것처럼 판단한 데에는 문제가 있다. 다만 해당 사안의 구체적인 사실관계에 비추어 원고와 피고 사이에 손해사정절차에서의 수리비 지급 및 그 수용만으로 그와 같은 분쟁을 종국적으로 해결하려는 효과의사를 인정하기는 어려우므로 화해계약의 성립을 부정한 대상판결의 결론에는 찬동할 수 있다.

앞으로 대상판결에서와 같은 자동차 수리비와 관련된 문제뿐 아니라 우리 사회의 여러 영역에서 화해계약의 성립 여부가 문제될 수 있다. 그 적정한 해결을 위하여 분쟁의 존재와 그 인식에 관한 보다 세밀한 논의가 필요하다.

[주 제 어]
• 화해
• 화해계약
• 분쟁
• 자동차보험
• 보험회사

- 정비업자
- 수리비
- 손해사정

대상판결 : 대법원 2021. 9. 9. 선고 2016다203933 판결(공2021하, 1750)

[사안의 개요][1)]

I. 사실관계

1. 원고는 보험업을 영위하는 회사이고, 피고는 자동차 제조, 판매 및 서비스업을 영위하는 회사이다. 피고는 '○○자동차 A서비스센터'(이하 '피고 서비스센터')를 운영하고 있다.

2. 피고는 2007. 12. 15.～2011. 10. 22. 각 차량의 소유자로부터 사고로 인하여 파손된 해당 차량의 수리를 의뢰받고, 그들이 원고에 대하여 가지는 수리비 상당의 보험금 지급청구권 또는 손해배상 직접청구권을 양도받았다.

3. 피고는 피고 서비스센터에서 각 차량의 수리를 마치고 이를 소유자에게 인도한 후 원고에게 수리비를 청구하였는데, 위 각 수리비 항목 중에는 '라디에이터 서포트 패널 어셈블리 교환' 항목이 포함되어 있었다.

4. 원고는 원고 소속 손해사정사의 손해사정을 거쳐 2008. 1. 17.～2011. 11. 8. 피고에게 위 '라디에이터 서포트 패널 어셈블리 교환' 항목에 대한 수리비를 지급하였는데, 피고는 그중 88대(이하 '쟁점차량')에 관하여 '라이에이터 서포트 패널 어셈블리 교환 작업'에 대한 비용과 별도로 그 9가지 구성부품(팬 쉬라우드, 라디에타, 컨덴서, 혼, 오일쿨러, 후드래치, 범퍼 빔, 헤드램프, 캐리어)의 교환 작업 비용, 또는 위 작업에 수반되는 에어컨가스 배출 작업 비용을 중복하여 청구한 상태였다. 그와 같은 중복 청구금액은 합계 10,399,849원이고, 원고의 손해사정을 거친 해당 항목 수리비는 합계 8,372,901원이며, 원고 측 차량의 과실비율을 반영한 해당 항목 관련 최종 지급액은 합계 7,806,871원이다.

---

1) 이 사건에서는 피고 서비스센터의 수리비 중복 청구 외에 차량의 수리 지연으로 인한 손해배상책임의 성부 또한 쟁점이 되었다. 그러나 차량의 수리 지연으로 인한 손해배상은 본 평석이 대상으로 삼은 화해계약의 요건으로서의 분쟁과는 무관하므로 이와 관련된 사실관계, 당사자의 주장 및 법원의 판단은 기재하지 아니한다.

Ⅱ. 소송의 경과

1. 당사자의 주장 요지

원고는 피고가 쟁점차량에 관하여 7,806,871원을 중복 지급받은 것이 부당이득으로서 반환되거나 불법행위에 따른 손해로서 배상되어야 한다고 주장하였다.

이에 대하여 피고는 ① 중복 청구 자체가 성립하지 아니하고, ② 성립하더라도 원고와 피고 사이에는 항목별 실제 수리 여부 및 수리비 액수의 적정성에 관하여 민법상 화해계약이 성립하였으므로 원고는 위 화해계약에 반하여 피고에게 중복 지급 관련 부당이득반환청구 또는 손해배상청구를 할 수 없다고 주장하였다.

2. 제1심(청구기각, 서울중앙지방법원 2013. 12. 12. 선고 2012가단5036664 판결)

제1심은 증거에 의하더라도 원고가 피고에게 쟁점차량에 관하여 수리비를 중복 지급한 사실을 인정하기 어렵다는 이유로 원고의 이 부분 청구를 기각하였다.

3. 항소심(청구기각, 서울중앙지방법원 2015. 12. 10. 선고 2014나3695 판결. 이하 '원심판결')

원심판결은 원고가 피고에게 쟁점차량에 관하여 수리비 합계 7,806,871원을 중복 지급한 사실을 인정하면서도[2] 다음과 같은 사정을 들어 원고와 피고 사이에 쟁점차량의 수리비에 관한 화해계약이 성립하였다고 판단하였다.

○ 다음과 같은 손해사정 업무 처리의 흐름과 과정을 고려할 필요가 있다: 피고 서비스센터에 사고 차량 입고 → 피고 측 정비업자, 원고 측 직원이 각각 차량의 상태 등을 확인 → 피고 측 정비업자가 고객상담표를 작성 → 사고 차량을 배정받은 피고 측 정비업자가 차량의 파손내역을 확인하고 예상

---

2) 앞서 본 바와 같이 제1심판결은 중복 청구 및 지급 사실 자체를 인정하지 아니하였으나 원심판결은 서두의 '기초사실'에서 곧바로 중복 청구 및 지급 사실을 인정하였다. 이와 같은 제1심판결과의 차이가 항소심에서 피고가 변론을 달리하였기 때문인지, 아니면 증거에 따른 사실인정을 달리하였기 때문인지는 확인되지 아니한다.

수리기간 및 수리비 견적을 산출하여 사고 차량 운전자에게 견적서 발행→원고에게도 수리비 견적을 통보, 원고는 수리비 지불보증→피고 서비스센터는 수리 완료 후 보험수리비 청구서를 작성하여 원고에게 수리비 청구→원고는 손해사정사의 손해사정, 피고 측 보험업무 담당자와 협의를 통해 사고 차량의 각 항목별 수리 여부 및 그 수리금액의 적정성 검토, 최종수리비 결정→피고 서비스센터에 합의된 수리비 상당의 금전을 지급.

○ 원고 측 손해사정사는 피고 측이 제출한 수리내역 및 수리비 액수를 검토하고 수리비 내역 중 일부 항목을 삭제하거나 각 항목별 수리비를 감액하는 방법(만 원 미만 금액 감액 경우, 별다른 이유 없이 약 5~15%의 수리비 감액 경우도 있음)으로 잠정 수리비를 결정하고, 피고 측이 이의를 제기하면 다시 협의를 하고 이의를 제기하지 않으면 그 잠정 수리비를 피고 측에게 지급한다.

○ 원고와 피고는 수십 년 동안 위와 같은 방식으로 사고 차량에 대한 수리비 지급업무를 처리하여 왔고, 이 사건 외에 원고가 피고의 수리비 적정성이나 중복수리, 청구를 문제 삼거나 피고가 손해사정을 통해 삭감된 수리비에 대해 문제 삼은 사실은 없는 것으로 보인다.

○ 이 사건에 있어서도 원고가 쟁점차량 88대에 관하여 피고가 청구한 수리비 총 190,865,818원 중 손해사정을 통하여 감액한 액수는 총 24,650,072원, 수리항목을 그대로 인정하되 금액만을 감액한 경우도 총 11,976,663원이나 피고는 별다른 이의 제기 없이 감액된 금액을 원고로부터 수령하였다.

4. 상고심(파기환송, 대상판결)

대상판결은 먼저 "화해계약이 성립하기 위해서는 분쟁이 된 법률관계에 관하여 당사자 쌍방이 서로 양보함으로써 분쟁을 끝내기로 하는 의사의 합치가 있어야 하는데, 화해계약이 성립한 이후에는 그 목적이 된 사항에 관하여 나중에 다시 이행을 구하는 등으로 다툴 수 없는 것이 원칙이므로, 당사자가 한 행위나 의사표시의 해석을 통하여 묵시적으로 그와 같은 의사의 합치가 있었다고 인정하기 위해서는 그 당시의 여러 사정을 종합적으로 참작하여 이를 엄격하게 해석하여야 한다."면서, "따라서 당사자들이 분쟁을 인식하지 못한 상태에서 일방 당사자가 이행해야 할 채무액에 관하여 협의하였다거나 일방 당사자의 채무이행에 대해 상대방 당사자가 이의를 제기하지 않았다는 사정만으로는 묵시적 화해계약이 성립하였다고 보기 어렵다."라고 판시하였다.

나아가 대상판결은 “보험회사가 정비업자에게 동일한 수리내역에 관하여 수리비를 중복 지급한 후 그에 대한 반환청구권을 포기하는 것은 매우 이례적이라는 점을 감안하면, 이 사건 수리중복 차량에 관하여 일부 수리비를 중복하여 지급한 원고가 묵시적으로 피고와 사이에 장차 중복 지급한 수리비에 대한 반환청구권을 포기하는 내용의 화해계약을 체결하였다고 인정하기 위해서는, 원고가 구체적으로 이 사건 수리중복 차량에 관한 수리비 일부가 중복청구된 사실을 알면서도 그에 관한 분쟁에 관하여 더 이상 이의를 제기하지 않기로 할 만한 특별한 사정이 인정되어야 할 것이다.”라고 판시하고, 이와 같은 특별한 사정을 인정하기 어렵다는 이유로 묵시적 화해계약의 성립을 인정한 원심판결을 파기, 환송하였다.[3]

〔研　　究〕

Ⅰ. 서　　론

사법(私法)상 분쟁이 발생한 경우 법원의 재판을 통하여 법이 정한 대로의 법률관계와 사실상태를 실현하는 것은 우리 법이 상정하고 있는 분쟁의 주된 해결방법이다. 그러나 소를 제기하여 법원의 재판을 받기까지 많은 시간과 노력을 들여야 하는 경우가 적지 않다. 따라서 분쟁의 당사자가 서로 어느 정도 양보하면서 분쟁을 종결하기로 하는 화해계약을 체결한다면 그 조건에 자신이 정당하다고 생각하는 것보다 다소 불리함이 있더라도 결과적으로 더 적은 노력과 비용으로 사건을 해결함으로써 모든 당사자에게 더욱 이익이 될 수 있을 뿐만 아니라, 경우에 따라서는 당사자 사이에 반목을 남기지 않고 서로를 화합시킬 수 있다는 점에서 보다 궁극적인 분쟁의 해결방법이 될 수 있다.[4]

화해계약에 관하여 민법 제731조는 “화해의 의의”라는 표제하에 “화

---

3) 이 사건은 환송 후 항소심(서울중앙지방법원 2021나57522)에서 조정에 회부되었고(서울중앙지방법원 2021머593599), 조정절차에서 내려진 2022. 2. 8.자 조정을 갈음하는 결정에 원·피고 모두 이의하지 아니함으로써 종결되었다.

4) 민법주해[XVII][채권(9)], 박영사(1997), 209면(호문혁 집필부분); 新注釈民法(14)[債権(7)], 有斐閣(2018), 641면(竹中悟人 집필부분).

해는 당사자가 상호 양보하여 당사자 간의 분쟁을 종지할 것을 약정함으로써 그 효력이 생긴다.[5]"라고 정하고 있다. 나아가 민법 제732조[6]는 화해계약의 효력에 관하여, 제733조[7]는 착오로 인한 화해계약의 취소에 관하여 각각 정하고 있다.

그 문언에서 드러나는 바와 같이 민법은 '분쟁'(der Streit, 争い)의 존재를 화해계약의 요건으로 삼고 있다. 그런데 개별 거래 또는 법률관계에 있어서 당사자 사이에 다툼이 있다고 하더라도 과연 그 다툼이 민법의 조항이 정하는 화해계약의 요건으로서의 분쟁에 해당하는지, 당사자가 그러한 다툼을 인식하고 있었는지, 나아가 그러한 다툼을 끝내기로 하는 당사자 사이의 특정한 약정이 화해계약에 해당하여 민법 제732조, 제733조가 적용되는지 등을 판단하는 것이 쉬운 것만은 아니다. 거래현실에서 흔히 볼 수 있는 사례로, 채권자가 채무자의 변제자력을 신뢰하고 무담보로 금전을 대여하였는데 채무자의 변제자력 악화를 추단할 수 있는 사정(경기악화, 실직 등)이 발생함에 따라 채권자가 채무자에게 추가로 담보의 제공 또는 더 많은 이자 지급을 요구하였고 채무자는 이를 거절하는 상황이 발생하였다면, 이는 화해계약의 요건으로서의 분쟁에 해당하는가? 위 사례에서 채무자는 채권자에게 일정한 담보를 제공하는 대신 채권자는 당초 약정한 것보다 변제기를 늦추고 향후 채무자의 변제자력 악화를 이유로는 민·형사상 문제제기를 하지 아니하기로 약정하였다면, 이는 위 조항에서 정하는 '상호 양보하여 당사자 간의 분쟁을 종지할 것을 약정'한 것으로서 화해계약에 해당하는가? 이후 채무자의 자력이 실제로는 악화되지 아니하였던 것으로 밝혀졌다면, 채권자는 새로운 약정이 착오에 의한 의사표시임을 주장하면서 이를 취소하고 채무자로부터 교부받은 담

5) 현행 문법에 따라 법문의 띄어쓰기를 조정하였다.

6) **민법 제732조(화해의 창설적효력)**

화해계약은 당사자 일방이 양보한 권리가 소멸되고 상대방이 화해로 인하여 그 권리를 취득하는 효력이 있다.

7) **민법 제733조(화해의 효력과 착오)**

화해계약은 착오를 이유로 하여 취소하지 못한다. 그러나 화해당사자의 자격 또는 화해의 목적인 분쟁 이외의 사항에 착오가 있는 때에는 그러하지 아니하다.

보물을 반환하는 대신 당초 약정하였던 변제기에 원금 및 이자 지급을 요구할 수 있는가? 이러한 채권자의 주장, 즉 착오로 인한 화해의 의사표시 취소에는 민법 제733조가 적용될 수 있는가?

한편 어떠한 거래 또는 법률관계에 있어서 당사자 사이에 다툼(그것이 민법 제731조에서 정하는 분쟁에 해당한다고 가정한다)이 일정 단계에 이르러 현실화한 이후에는 그러한 분쟁의 발생 자체로 인하여 재판, 화해계약 또는 다른 방법으로 분쟁이 종결되기까지 정도의 차이는 있을지언정 유·무형의 비용이 수반될 수밖에 없다. 이러한 점을 고려하면, 어떠한 다툼이 분쟁에 해당하여 화해계약의 대상이 되기 위하여 그 다툼이 어느 정도에 이르러야 하는지의 문제 또한 제기할 수 있다. 예를 들어 어떠한 법률관계에서 당사자의 구체적인 권리의무가 아직 명확하게 밝혀지지 않았고 따라서 당사자가 그러한 권리의무의 존부, 범위 또는 태양에 관한 의사의 차이를 명시적으로 확인하는 단계에는 이르지 아니하였으나, 향후 권리의무의 내용을 확정하는 과정에서 발생할 수도 있는 분쟁을 사전에 예방하기 위하여 미리 권리의무의 내용을 확정시켜 놓고 향후 이에 부합하지 않는 자료가 발견되더라도 이의를 제기하지 아니하기로 하는 약정을 체결한다면, 이는 '분쟁'을 끝내기 위한 화해계약에 해당한다고 볼 수 있는가?

화해계약에 관한 민법의 각 조항은 그 요건으로서의 분쟁의 의미에 관하여 별도로 정하고 있지 않다. 따라서 앞서 본 바와 같은 문제들은 결국 화해계약의 요건으로서의 분쟁을 어떻게 해석하느냐에 관한 학설과 판례에 맡겨져 있다. 그리고 대상판결은 우리 사회에서 빈번히 발생하는 법률관계인 보험회사와 정비업자 사이의 자동차 수리비에 관한 다툼에 있어서 분쟁 또는 그에 대한 당사자의 인식의 부재를 중요한 근거로 화해계약의 성립을 부정하였다는 점에서, 화해계약의 요건으로서의 분쟁의 해석 및 구체적인 사회현상에 대한 그 적용에 관하여 적지 않은 시사점을 주고 있다. 그리고 본 평석은 화해계약에 관한 여러 입법례와 그 해석, 다른 대법원 판결과의 균형, 자동차 수리비를 둘러싼 사회현실에 있어서의 구체적 타당성 등의 관점에 비추어 볼 때, 대상판결이 취한 태도에 비판의 여지가 있지 않은지 하는 문제의식으로부터 출발하였다.

이러한 점을 전제로 하여, 이하에서는 먼저 대상판결에 대한 정확한 이해를 위하여 그 배경이 된 보험회사와 정비업자의 자동차 수리비에 관한 법률관계 및 분쟁의 양상과 수리비 지급절차의 관행을 살핀 다음, 화해계약의 요건으로서의 분쟁(또는 법률관계의 불명확)에 관한 독일민법과 일본민법을 중심으로 한 외국의 입법례와 그 해석, 그리고 우리나라의 학설 및 판례를 차례로 검토하고, 최종적으로 해당 사안에 대한 대상판결의 내용을 검토하기로 한다.

Ⅱ. 논의의 배경

1. 자동차 수리비에 관한 보험회사와 정비업자의 법률관계

(1) 자동차손해배상 보장법(이하 '자동차손배법')은 자동차보유자에게 자동차의 운행으로 다른 사람이 사망하거나 부상한 경우(제5조 제1항) 및 다른 사람의 재물이 멸실되거나 훼손된 경우(같은 조 제2항) 피해자에게 일정한 금액을 지급할 책임을 지는 보험이나 공제, 즉 의무보험에 가입할 의무를 부과하고 있다. 나아가 위와 같은 의무보험에 가입하지 아니한 자동차는 일정한 경우를 제외하고는 도로에서의 운행이 금지되고(제8조 본문), 의무보험에 가입하지 아니한 자동차보유자에게는 300만 원 이하의 과태료가 부과된다(제48조 제3항 제1호).[8] 한편 교통사고처리 특례법 제4조 제1항, 제2항에 따르면, 교통사고로 인한 인적·물적 피해 전부를 보장하는 자동차보험(다만 그 요건 및 절차에 있어서 인적 피해와 물적 피해 사이에 일부 차이가 있다)의 가입자는 원칙적으로 위 법 제3조 제2항에서 규정하는 범죄로 기소되지 아니한다.

그 결과 그 대상과 범위에 다소 차이는 있을지라도 우리나라에서

---

8) 보험회사 또한 자동차보유자가 의무보험에 가입하려는 경우 원칙적으로 계약의 체결을 거부할 수 없고(제24조 제1항), 이에 위반한 보험회사에는 2,000만 원 이하의 과태료가 부과된다(제48조 제2항 제3호).

대다수의 자동차는 교통사고로 인하여 자신 또는 다른 사람이 운행하는 자동차에 발생한 수리비 기타 물적 피해를 보장하는 내용의 자동차보험에 가입되어 있다. 그리고 그와 같이 자동차에 발생한 물적 피해는 대개 전문적인 지식과 설비를 갖춘 정비업자[9]에 의하여 수리되는 경우가 대부분이다. 따라서 자동차에 물적 피해가 발생하여 정비업자가 이를 수리하였다면, ① 피해 자동차보유자가 가입한 보험회사에 대한 보험금청구권 또는 가해 자동차보유자가 가입한 보험회사에 대한 손해배상 직접청구권(상법 제724조 제2항), ② 정비업자의 피해 자동차보유자에 대한 수리비청구권이 발생하게 된다. 이때 정비업자는 피해 자동차보유자로부터 보험회사에 대한 수리비 상당의 보험금 지급청구권 또는 손해배상 직접청구권을 양도받아 이에 해당하는 금전을 직접 지급받는 것이 업계의 관행이다.[10]·[11]

이에 관하여 대법원은, "정비업자가 보험가입차량 등을 정비하고 차주로부터 보험사업자 등에 대한 보험금청구권 내지 손해배상청구권을 양도받아 보험사업자 등에게 정비요금을 청구하는 경우, 당해 정비작업이 필요한 것이어야 함은 물론 나아가 그 정비요금의 액수 또한 상당한 것이어야 그 청구를 인용할 수 있고, 정비작업의 필요성과 정비요금 액수

9) 자동차관리법 제2조 제8호는 "자동차정비업"에 관하여 "자동차(이륜자동차는 제외한다)의 점검작업, 정비작업 또는 튜닝작업을 업으로 하는 것을 말한다. 다만, 국토교통부령으로 정하는 작업은 제외한다."라고 규정하고 있다. 자동차정비업자의 현황 및 그 업무 범위 등에 관한 구체적 내용은 정영훈·허민영, 「자동차수리서비스의 시장구조 분석 연구」(정책연구 15-25), 한국소비자원(2015), 67-69, 98-106면 참조.

10) 박세민, 「자동차보험에 있어서 과잉수리비에 관한 정비업자와 보험회사간의 법적 쟁점에 관한 소고」, 경영법률 제24권 제3호, 한국경영법률학회(2014), 250면. 정비업자의 매출형태 중 보험수리(정비업자가 보험회사를 상대로 직접 수리비를 청구하는 경우)가 차지하는 비중은 62.9%에 이른다. 정영훈·허민영(주 9), 70면.

11) 다만 뒤에서 보는 바와 같이 보험회사와 정비업자 사이에 수리비와 관련한 분쟁이 빈발하고 정비업자가 청구한 금액을 보험회사가 임의로 감액하거나 정형화된 금액만을 지급하는 경우가 많아지자 정비업자가 보험회사를 배제하고 피해 자동차보유자로부터 직접 수리비를 지급받고 해당 자동차보유자가 보험회사를 상대로 보험금청구권 또는 직접청구권을 행사하는 사례가 증가하고 있다고 한다. 박세민(주 10), 250-251면.

의 상당성에 관하여 당사자 사이에 다툼이 있다면 그 주장·증명책임은 정비업자에게 있다"고 한다(대법원 2009. 12. 24. 선고 2007다5076 판결 등 참조).

(2) 정비업자가 피해 자동차보유자로부터 권리를 양수하여 보험회사로부터 직접 수리비 상당의 금전을 지급받은 경우, 그 지급금액이 실제 수리비보다 과다한 경우 보험회사는 정비업자를 상대로 법률상 원인 없는 급부로서 부당이득의 반환을 청구할 수 있다(앞서 소송의 경과에서 본 바와 같이 대상판결의 원고 또한 부당이득반환청구권을 주위적 청구원인으로 하였다).[12)]

2. 보험회사와 정비업자 사이의 분쟁 양상

(1) 자동차는 구조나 성능에 있어 매우 복잡하고 전문적인 영역으로 여겨져 소비자들이 수리 등 업무를 직접 처리하기 어려워 정비업자로부터 전문적인 서비스를 제공받을 필요성이 큰 반면, 자동차 정비·수리 시 서비스에 대한 품질 수준을 객관적으로 판단하기 어렵다.[13)] 정비업자가 이러한 정보비대칭을 이용하여 자동차보유자에 대하여 허위 또는 과다한 수리비를 청구하는 문제가 지속적으로 발생하고 있고,[14)] 그 결과 2015년 기준 29개 서비스 시장에 대한 소비자시장성과지수(CMPI) 분석 결과 '자동차수리서비스'는 71.1점으로 가장 낮은 수준이다.[15)]

---

12) 정비업자는 피해 자동차보유자로부터 수리비를 지급받고 보험회사는 그에 해당하는 금액을 해당 자동차보유자에게 지급한 경우에도 보험회사가 정비업자를 상대로 직접 부당이득반환청구를 할 수 있는지가 쟁점이 될 수 있으나, 이는 본 평석의 범위를 벗어나므로 더 이상 다루지 않는다. 이에 관하여는 우선 박세민(주 10), 252면 이하 참조.

13) 정영훈·허민영(주 9), 9-10면.

14) 한국소비자원의 분석에 따르면 2013년부터 2015년까지 3년간 자동차정비와 관련하여 한국소비자원에 접수된 소비자 피해 합계 738건 중 '부당수리비 청구'는 180건(24.4%)으로서 '수리불량' 483건(65.4%)에 이어 피해유형 중 두 번째이다(한국소비자원 2016. 4. 1.자 '피해예방주의보' 게시자료, https://www.kca.go.kr/home/sub.do?menukey=4005&mode=view&no=1001831095). 이는 2011년부터 2013년까지 3년간 자동차정비 관련 피해 합계 779건 중 '부당수리비 청구'가 155건(20%)이었던 것(한국소비자원 2014. 3. 25.자 '피해예방주의보' 게시자료, https://www.kca.go.kr/home/sub.do?menukey=4005&mode=view&no=1001511882)에 비하여 높아진 것이다.

15) 정영훈·허민영(주 9), 22-23면.

(2) 정비업자가 자동차보유자 개인이 아니라 전문인력과 지식을 갖춘 보험회사를 상대로 자동차 수리비를 청구하는 경우에도 마찬가지의 문제가 발생한다. 보험회사가 정비업자가 청구한 수리비의 적정 여부를 판단하기 위하여는, 피해 자동차가 정비업자에게 입고되는 단계에서 보험회사 소속 직원이 자동차의 상태를 확인한 다음 자체적으로 작업 범위 및 수리방법을 결정 또는 승인할 수 있어야 한다. 그러나 현실적인 여건상 피해 자동차의 입고 직후 수리가 개시되기 전 또는 수리 도중에 보험회사 직원이 수리 현장에 입회하는 비율은 평균 21.6% 정도에 그치고 있고, 정비업자가 먼저 자동차 수리를 진행한 다음 보험회사는 정비업자가 제공하는 사진 등 자료에 의존하여 수리비 적정 여부를 판단하는 것이 관례화되어 있다.[16] 그 결과 보험회사의 입장에서는 정비업자가 허위 또는 과다한 수리비를 청구하는지 여부를 정확히 판단할 수 없는 문제가 있다.

(3) 한편 보험회사는 개별 정비업자에 대하여 가지는 우월한 지위를 이용하여 정비업자가 청구한 자동차 수리비를 합리적 근거 없이 일방적으로 감액한 후 지급함으로써 정당한 수리비를 청구한 정비업자에게도 피해를 주고 있다는 비판이 지속적으로 제기되어 왔다.[17] 앞서 소송의 경과에서 본 바와 같이, 원심판결 또한 보험회사 측 손해사정사가 정비업자가 제출한 수리내역 및 수리비 액수를 검토하는 과정에서 만 원 미만 금액을 감액하거나 별다른 이유 없이 약 5~15%의 수리비를 감액한 경우가 있다고 설시하였다.

(4) 정비업자의 허위 또는 과다 수리비 청구 또는 보험회사의 일방적인 수리비 감액으로 인한 분쟁을 해결하기 위하여, 자동차손배법이 2003. 8. 21. 법률 제6969호로 개정될 당시 제13조의2 제1항"건설교통부장관은 보험사업자등과 자동차정비업자간 정비요금에 대한 분쟁을 예방하기 위하여

16) 보험개발원, 「자동차보험 수리비 결정 프로세스 및 선진화 방안」(CEO REPORT 2013-04)(2013), 4-5면.
17) 박세민(주 10), 241면.

적정 정비요금(표준작업시간과 공임 등을 포함한다)에 대한 조사·연구를 하여 그 결과를 공표한다.”]이 신설됨으로써 이른바 ‘자동차 정비요금 공표제도’가 실시된 바 있다.[18] 이에 관하여 대법원은, 주무장관이 위 법률 조항에 근거하여 공표한 자료는 정비업자와 보험회사 사이의 법률관계를 구속하는 효력을 갖고 있지는 않지만, 다른 반증이 없는 한 객관성과 합리성을 지닌 자료라고 보아야 하고 정비업자와 보험회사 사이에 정비요금의 액수가 상당한 것인지 여부에 관하여 다툼이 있는 경우 그 조사·공표 무렵 및 그와 인접한 시기의 정비요금의 상당성에 관하여 유력한 증거자료가 되며, 따라서 정비업자가 더 높은 수준의 정비요금을 보험사업자 등에게 청구하기 위해서는 이를 정당화할 만한 특별한 사정을 주장·증명하여야 한다고 하여(대법원 2009. 12. 24. 선고 2007다5076 판결 등 참조) 실질적으로 상당한 효력을 부여하였다.

그러나 자동차 정비요금 공표제도는 ① 국토교통부, 보험개발원, 각 사업자단체 등이 작업명 및 부품 등에 대하여 사용하는 용어의 표준화가 이루어지지 아니함으로써 올바른 정보제공을 목적으로 시행된 제도임에도 오히려 소비자에게 오해를 주거나 시장에 대한 불신의 요인으로 작용하는 역기능이 발생한 점,[19] ② 정비업자는 운영주체에 따라 직영업체(국내 자동차 제작사, 외산 자동차 딜러 등. 피고 또한 이에 속한다)와 그 외의 일반업체로 구분되는데, 직영업체의 경우 국토교통부장관이 공표한 표준작업시간과 시간당 공임이 아닌 자체 기준을 적용함에 따라 동일한 사고유형·차종에 대해서도 평균수리비가 일반업체보다 2배가량 높은 것으로 나타나는 등[20] 정비업자의 유형별로 차별적으로 적용되는 문제가 있었던 점, ③ 정부가 자동차 정비에 관하여 표준화된 요금을 공표하는 것은 시장경제의 원리에 반할 여지가 있는 점[21] 등의 이유로 그 실효성에 의문

---

18) 이 조항은 자동차손배법이 2008. 3. 28. 법률 제9065로 개정되면서 제16조로 옮겨졌다.

19) 정영훈·허민영(주 9), 73-76면.

20) 보험개발원, 「자동차보험 수리비 현황 분석 및 시사점–정비업체별 특성을 중심으로–」(CEO REPORT 2018-06)(2018), 2-5면.

이 제기되어 오다가 자동차손배법이 2020. 4. 7. 법률 제17236호로 개정되면서 제16조가 삭제됨으로써 폐지되었다.

다른 한편으로 자동차손배법에 제16조의3을 신설함으로써 보험회사가 정비업자의 청구금액을 삭감하려면 그 내역 및 이유를 적은 서면을 제공하도록 하는 '수리비 삭감내역 공개의무제도'를 도입하는 방안이 검토되기도 하였으나[22] 이는 실현되지 못하였다.

(4) 이와 같이 여러 노력에도 불구하고 정비업자의 허위 또는 과다 수리비 청구 및 보험회사의 일방적인 수리비 감액으로 인한 분쟁은 오랜 기간 뚜렷한 해결책이 강구되지 못한 채 현재까지 지속적으로 발생하고 있다.

3. 보험회사와 정비업자의 자동차 수리비 지급 관행[23]

보험회사의 일반적인 자동차 수리비 결정 과정 및 그 지급 절차는 다음 그림과 같다.

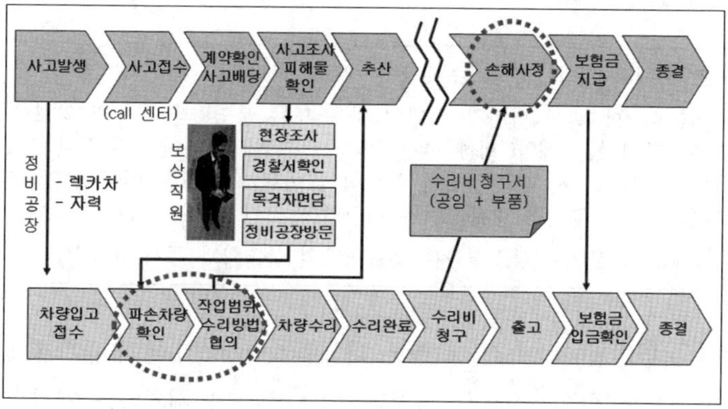

그러나 앞서 본 바와 같이 피해 자동차의 입고 직후 수리가 개시되기 전 또는 수리 도중에 보험회사 직원이 정비업자의 수리 현장에 입회

---

21) 박세민(주 10), 248면.
22) 자동차보험 수리비 결정 프로세스 및 선진화 방안(주 16), 6면.
23) 자동차보험 수리비 결정 프로세스 및 선진화 방안(주 16), 4면.

하는 경우는 많지 않다. 따라서 자동차 입고 초기 보험회사 직원의 자동차 직접 확인 및 정비업자와의 작업범위, 수리방법 등에 관한 사전 협의보다는, 정비업자가 수리를 완료하고 보험회사에 수리비를 청구한 이후에 이루어지는 보험회사 측의 손해사정(보험업법 제185조 이하, 같은 법 시행령 제96조의2 이하 등)을 통하여 피해 자동차의 항목별 수리 여부 및 그 수리금액의 적정성을 검토하는 과정이 실질적인 중요성을 가지게 된다. 이후 보험회사가 이를 기초로 잠정 수리비를 결정하여 정비업자에게 통지한 뒤 정비업자가 이의를 제기하면 다시 협의가 이루어지나, 이의를 제기하지 않으면 보험회사가 정비업자에게 잠정 수리비를 지급함으로써 일단 수리비 지급 절차는 종결되는 것이 수리비 지급에 관한 업계의 관행이다.

Ⅲ. 민법상 화해계약의 요건으로서의 분쟁에 관한 입법례 및 그 해석과 우리 학설, 판례

1. 독일민법(BGB)

제779조 [화해의 개념; 화해기초에 관한 착오]

① 법률관계에 관한 당사자 사이의 다툼 또는 불명확을 상호의 양보에 의하여 제거하는 계약("화해")은, 계약의 내용에 비추어서 확정된 것으로 그 기초가 된 사정이 실제에 부합하지 아니하고 또한 이를 알았더라면 다툼 또는 불명확이 발생하지 아니하였을 것인 때에는, 효력이 없다.

② 청구권의 실현이 불확실함은 법률관계의 불명확과 동시된다.[24)]

(1) 독일민법 제779조 제1항은 화해(der Vergleich)를 법률관계에 관한 '다툼 또는 불명확'(der Streit oder die Ungewißheit)을 제거하는 계약으로 정의하였다는 점에서, '분쟁'만을 화해계약의 요건으로 정한 민법 제731조와 차이가 있다.

(2) 독일민법 제779조 제1항이 화해계약의 요건으로 정하는 '다툼', 즉 분쟁이란 당사자가 사실상 또는 법적 상태에 관하여 일부라도 상이한

24) 번역은 양창수, 독일민법전-총칙 · 채권 · 물권(2021년판), 박영사(2021)에 의하였다.

주장을 하는 것을 말한다.[25] 화해계약은 당사자 사이에 평화로운 상태를 창설하는 데 목적이 있으므로 그 요건으로서의 분쟁의 유무는 사실상 또는 법적 상태에 대한 당사자의 주관적인 관점에 따라 판단되며, 따라서 그러한 상태가 객관적으로는 명확하다거나, 법관이 분쟁을 즉각 해결할 수 있다거나, 분쟁이 합리적이지 아니하다거나, 재판상 절차에 돌입하지 아니하였더라도 화해계약의 요건으로서의 분쟁에 해당한다.[26] 나아가 당사자가 자신의 주장이 옳다고 확신하여야 하는 것은 아니고, 오히려 당사자가 자신의 주장이 옳지 않다는 것을 스스로 알고 있다고 하더라도 이를 진지하게 주장하면서 상대방에게 제시하고 있는 것만으로도 분쟁의 존재를 인정할 수 있다.[27]

(3) 이에 비하여 화해계약의 요건으로서의 '불명확'이란 사실상 또는 법적 상태에 있어서 명확성이 완전히 갖추어지지 아니한 것을 말한다.[28] 보통법(gemeines Recht) 시대에는 화해계약을 체결하기 위하여 법률관계가 분쟁에 이르러야 하는지 아니면 불명확한 것으로도 충분한지에 관한 논쟁이 있었으나 독일민법 입법자는 후자의 견해에 따라 이를 입법적으로 해결한 것이라고 한다.[29] 불명확 또한 앞서 본 분쟁에서와 마찬가지로 그 유무는 각 당사자의 주관적 관점에 의해서만 결정되고, 합리적인 제3자의 관점에서 법률관계가 명확한지 여부는 화해계약의 성립에 영향이 없다.[30] 당사자 사이의 대립 또는 모순되는 주장 또한 필요하지 아니하고, 예를 들어 구두약정의 정확한 내용, 조건의 발생 여부 등도 화해계약의 요건으로서의 불명확에 해당할 수 있으며, 일방 당사자가 법률관계의 내용에 확신을 가지고 있다고 하더라도 상대방이 이를 다투는 한 최소한 향후 법적 쟁송의 가능성 및 그에 따른 법률관계의 불안정이 있을 수 있

25) Staudinger/Marburger(2015) § 779 Rn 22; Reinhard Bork, Der Vergleich, Duncker u. Humbolt(1985), 232면.
26) Staudinger/Marburger(주 25) § 779 Rn 22; Bork(주 25), 232-233면.
27) Staudinger/Marburger(주 25) § 779 Rn 22; Bork(주 25), 233면.
28) Staudinger/Marburger(주 25) § 779 Rn 23; Bork(주 25), 234면.
29) Bork(주 25), 234면.
30) Staudinger/Marburger(주 25) § 779 Rn 23; Bork(주 25), 234면.

다는 점에서 불명확의 존재를 인정할 수 있다.[31)]

(4) 법률관계가 어느 영역에서 분쟁 상태에 있거나 불명확한지는 화해계약의 성립에 영향이 없고, 법률관계 전체 또는 일부, 개별적인 급부의 양상(예를 들어 변제기, 이행의 장소 등), 향후의 전개에 관련되는 사실상 또는 법적 환경 등도 모두 분쟁 또는 불명확의 대상이 될 수 있다. 다만 분쟁 또는 불명확은 당사자가 꾸며낸 것이 아니라 실제로 존재하여야 한다.[32)]

2. 일본민법

> **제695조(화해)**
> 화해는 당사자가 서로 양보하여 그들 사이에 있는 분쟁을 그만둘 것을 약정함으로써 그 효력을 발생한다.
> **제696조(화해의 효력)**
> 당사자 일방이 화해로 인하여 분쟁의 목적인 권리를 가지고 있다고 인정되거나 또는 상대방이 이를 가지고 있지 않다고 인정되는 경우에 당사자 일방이 종래 그 권리를 가지고 있지 아니하다는 취지의 확증 또는 상대방이 이를 가지고 있다는 취지의 확증을 얻은 때에는 그 권리는 화해로 인하여 당사자 일방에 이전하거나 소멸한 것으로 한다.[33)]

(1) 의 의

일본민법 제695조는 민법 제731조와 마찬가지로 '분쟁'의 존재를 화해계약의 요건으로 하고 있다.

민법 제731조가 입법될 당시 국회의 심의내용[34)]을 살펴보면, 현재의 제731조와 같은 내용의 민법안 제724조에 대하여 「현행법 및 판례, 학설」란에 "현행법(의용민법) 제695조와 동일하다."는 내용이 있는 것과 「외국입법례」란에 앞서 본 독일민법 제779조와 함께 프랑스민법 제2044조, 중화민국민법 제736조, 만주국민법 제715조의 조문을 열거한 것 외에는 「국

31) Staudinger/Marburger(주 25) § 779 Rn 24.
32) Staudinger/Marburger(주 25) § 779 Rn 25; Bork(주 25), 233, 235면.
33) 번역은 법무부, 일본민법전(2011)에 의하였다.
34) 민의원 법제사법위원회 민법안심의소위원회, 민법안심의록, 상권(1957), 428-429면.

내입법의견」, 「비판」, 「심의경과」란에 아무런 기재가 없고 「결론」란에 "원안에 합의"라고만 기재되어 있다. 이에 비추어 보면, 우리 입법자는 적어도 화해계약의 정의규정이라 할 수 있는 민법 제731조에 관하여는 기존에 적용되던 일본민법 제695조를 별다른 논의 없이 그대로 받아들였다고 보아도 무방할 것이다.[35] 따라서 일본민법에서 화해계약의 요건으로서의 분쟁의 의미에 관한 해석과 판례는 민법 제731조의 해석 · 적용에 있어서도 시사하는 바가 적지 않다.

(2) 입법과정

현재의 일본민법이 제정되기 전 보아소나드(Gustave Émile Boissonade)의 주도하에 기초된 일본 구 민법의 경우, 화해계약에 관하여 제2044조부터 제2058조까지 15개조에 걸쳐 상세한 규정을 두고 있는 프랑스민법의 영향을 받아 5개 조문(일본 구 민법 재산취득편 제110~114조)을 두었다.[36] 프랑스민법 제2044조 제1항은 "화해(transaction)는 이미 발생한 분쟁을 종지하거나 장래에 발생할 분쟁을 방지할(terminent une contestation née, ou préviennent une contestation à naître) 것을 내용으로 하는 계약이다."[37] 라고 정함으로써 기존의 분쟁뿐만 아니라 장래 발생할 분쟁을 방지하는 계약까지도 화해계약에 포함시키고 있다. 일본 구 민법 재산취득편 제110조는 이를 일부 수정하여 "화해는 당사자가 서로 양보 또는 출원하여 이미 발생한 분쟁을 종료하거나 장래 발생할 수 있는 분쟁을 예방하는 계약"이라고 규정함으로써 프랑스민법 제2044조 제1항과 마찬가지로 '장래 발생할 분쟁을 예방'하는 계약 또한 화해계약에 포함시켰다.[38]

그러나 이후 현행 일본민법의 입법과정에서 화해계약에 관한 조문의

---

35) 이와 달리 착오로 인한 화해계약의 취소에 관하여 정하고 있는 민법 제733조의 경우 일본민법에서는 이와 유사한 규정을 발견할 수 없다. 그 입법과정 및 입법취지에 관하여는 민법주해[XVI](주 4), 237-240면(양창수 집필부분) 참조.

36) 新版 注釈民法(17)[債権(8)], 有斐閣(1993), 223면(篠原弘志 집필부분); 新注釈民法(14)(주 4), 642면.

37) 번역은 명순구, 프랑스민법전, 박영사(2004)에 의하였다.

38) 新版 注釈民法(17)(주 36), 239면.

기초를 담당한 우메(梅謙次郎)는 도마(Jean Domat)와 포티에(Robert-Joseph Pothier)를 인용하며 자신의 연구결과를 덧붙여 프랑스민법의 화해계약에서 말하는 분쟁(contestation)이란 법원에서의 소송을 의미한다고 전제하고, 화해계약에 관한 일본민법을 현재와 같은 2개 조문으로 대폭 정리 · 간소화하였다.[39] 그 주된 취지는 ① 독일민법 제779조와 달리 화해의 대상을 권리관계의 전부 또는 일부(범위 · 태양)의 존부에 관한 분쟁에 한정하겠다는 것,[40] ② '상호 양보'를 요건으로 함으로써 당사자 일방이 주장하는 권리 내지 청구를 무조건 포기 또는 인낙하거나 소를 취하하는 계약, 또는 이를 목적으로 하는 계약은 화해계약에 포함시키지 않는 것에 있다고 한다.[41]

(3) 판례 및 학설

(가) 위와 같은 과정을 거쳐 입법된 일본민법 제695조에 관하여 일본의 판례는 그 요건으로서의 '분쟁'을 상당히 좁게 해석하여 왔다. 대표적인 판결은 다음과 같다.

① 피고에게 주식거래를 위임한 원고가 피고로부터 주식거래에 따른 청산금 지급을 요구받자 원고 소유의 부동산 및 주식을 양도하고 '원고와 피고의 대차관계는 오늘 화해로 종료되었으며 이후 어떠한 청구도 하지 아니한다'는 취지의 서면도 작성하였으나, 피고가 주식거래를 한 사실이 없는 것으로 밝혀지자 원고가 부동산 소유권이전등기의 말소를 청구한 사안에서 '화해계약은 당사자 사이에 권리의무의 존부 또는 범위 · 태양에 관한 당사자 사이의 주장 차이로 인한 분쟁을 종료하기 위하여 상호 양보하는 계약', '당사자 사이의 법률관계를 확정하기 위하여 체결한 계약은 화해계약에 해당하지 아니하고 당사자가 화해라는 명칭을 사용하

39) 新版 注釈民法(17)(주 36), 238-239면; 新注釈民法(14)(주 4), 642면.
40) 따라서 우메는 '채무자가 기한에 이르러 변제하지 못할 경우의 담보를 채권자에게 제공하고 채권자는 약간의 유예기간을 허락하는 행위'나 '조건부 또는 미확정 권리를 무조건 · 확정의 권리로 하는 행위'는 유효하지만 이를 화해계약에 포함시켜야 할 필요는 없다는 견해를 피력하였다고 한다.
41) 新版 注釈民法(17)(주 36), 240면.

였다고 하여도 법률상 화해의 효력을 발생하는 것은 아니다'라고 판시하고 화해계약의 성립을 부정한 사례[大判 1916(大正 5). 7. 5. 民錄 22 · 1326].

② 채무자인 원고와 채권자인 피고가 공정증서에 따른 채권의 존재를 전제로 채권금액을 감액하고 변제기를 변경하기로 합의하고 그 내용대로 원고가 채무를 변제하였으나, 공정증서가 무효인 것으로 밝혀지자 원고가 지급금의 반환을 청구한 사안에서 앞서 본 판결과 같은 취지로 판시하고 화해계약의 성립을 부정한 사례[大判 1934(昭和 9). 7. 11. 新聞 3725 · 15].

(나) 일본의 학설 또한 오랜 기간 동안[1950년대(昭和 30년대) 이전까지] 앞서 본 입법목적에 좇아 화해계약의 요건으로서의 '분쟁'을 좁게 해석하여 왔다.[42] 그러나 이와 달리 화해계약은 당사자가 설령 진실과 다르더라도 이에 따르기로 하는 의사의 존재를 필요로 하는 것이고 분쟁은 그러한 의사를 추측하기 위한 요건에 지나지 않으며, 판례가 말하는 권리관계의 존부 · 범위 · 태양뿐만 아니라 그 '불확실' 또한 그에 대한 당사자의 이해에 차이가 있다면 분쟁과 같이 보아도 좋다는 와가츠마(我妻栄)의 견해,[43] 보다 나아가 화해계약을 불확정한 법률관계를 확정하는 계약으로 보는 타카나시(高梨公之)의 견해(따라서 그러한 분쟁, 불명확, 불확실을 제거하기 위하여 새롭게 법률관계를 확정하는 합의라면 설령 당사자 일방이 전면적으로 양보하는 경우라도 화해계약의 확정효가 인정된다고 본다)[44] 등이 등장하였다. 타카나시는 화해계약의 요건이 주로 일본민법 제696조와의 관계에서 문제되고 있는 점(화해계약으로 인정된다면 위 조항에 따른 확정효가 발생하므로 착오에 의한 화해계약 취소가 어려워진다)에 주목하여, 화해계약으로서의 본질 내지 요건을 구비하였는가보다는 확정효를 부여하는 것이 타당한가를 중심에 두면서 '분쟁'과 '상호 양보'라는 화해계약의 양대 요건은

42) 新版 注釈民法(17)(주 36), 249면.
43) 我妻栄, 債権各論 中巻Ⅱ, 岩波書店(1962), 870면.
44) 高梨公之,「和解—その基礎と内容」, 契約法大系5[特殊の契約(1)], 有斐閣(1963), 205면.

확정효를 배제하는 근거를 부여하기 위한 형식적 논거에 지나지 않고 그 실질적 판단내용인 확정효의 부여 여부를 직접 다루는 것이 적절하다고 한다.[45)]

3. 우리나라의 학설 및 판례

(1) 학 설

(가) 민법 제731조에서 정하는 화해계약의 요건인 분쟁에 대하여, 외형상의 다툼은 존재하지 아니하더라도 법률관계가 불명확한 상태에 있어 당사자가 그 법률관계를 확정시키는 합의를 하는 경우에도 이를 화해계약으로 볼 수 있다는 견해[46)]도 있으나, 다수의 견해는 권리의무의 존부, 범위 또는 태양에 관하여 당사자의 주장이 일치하지 아니하는 구체적인 다툼을 의미한다고 본다.[47)] 이는 앞서 본 일본의 판례 및 전통적인 학설과 같다.

(나) 그러나 분쟁을 권리의무의 존부, 범위 또는 태양에 관한 구체적인 다툼에 국한시키는 견해에 의하더라도, 그러한 분쟁에 해당하지 아니하는 불명확한 법률관계를 확정하기 위한 계약 또한 일종의 무명계약으로서 효력이 발생한다고 보고 그 성립의 가능성을 부인하지 않는다. 다만 화해계약의 효력에 관한 민법 제732조, 착오 취소에 관한 제733조를 비롯하여 화해계약에 관한 각종 법리가 위와 같은 무명계약에도 적용될지 여부가 문제될 뿐이다.[48)]

즉 민법상 화해계약의 요건으로서의 '분쟁'에 관하여는 권리의무의 존부, 범위 또는 태양에 관한 구체적인 다툼이라는 좁은 의미의 분쟁을

---

45) 高梨公之(주 44), 206, 217면.

46) 김증한 · 김학동, 채권각론(제7판), 박영사(2006), 648면; 이은영, 채권각론(제5판), 박영사(2005), 634면.

47) 곽윤직, 채권각론(제6판), 박영사(2003), 331면; 민법주해[XVI](주 4), 217-219면(호문혁 집필부분); 주석 민법(채권각칙 5), 한국사법행정학회(2016), 190면(이태섭 집필부분).

48) 민법주해[XVI](주 4), 217-219면(호문혁 집필부분).

의미하는 것으로 보는 견해가 다수를 차지하고 있기는 하나, 그와 같은 견해에 의하더라도 불명확한 법률관계를 확정하는 무명계약을 체결하는 것 또한 가능하므로－그 구체적인 효력(민법 제732조 관련) 및 착오에 의한 취소의 가부(민법 제733조 관련)는 별론으로 하더라도－불명확한 법률관계를 확정하는 계약을 체결하고 이를 관철하는 것 또한 가능하다는 데 학설은 일치되어 있다고 보아도 무방할 것이다.

(2) 판 례

(가) 대상판결 이전까지 화해계약의 요건으로서의 분쟁의 의미에 관하여 명시적으로 판시한 대법원의 판결은 발견하기 어렵다.

다만 대상판결과 같은 자동차 교통사고로 인한 손해배상의 처리 과정에 관한 대법원 판결을 보면, 사고 당사자가 보험회사와 작성한 '합의서' 등의 처분문서를 근거로 화해계약의 성립을 인정할 수 있는지 여부에 관하여 대법원은 2003. 3. 15. **선고 2004다64272 판결** 및 2007. 3. 15. **선고 2004다64272 판결**에서 일관되게 "불법행위로 인한 손해배상에 관하여 가해자와 피해자 사이에 피해자가 일정한 금액을 지급받고 그 나머지 청구를 포기하기로 합의가 이루어진 때에는 그 후 그 이상의 손해가 발생하였다 하여 다시 그 배상을 청구할 수 없는 것이 원칙이므로 불법행위로 인한 손해배상과 관련하여 당사자 사이에 합의나 화해가 이루어진 경우 그 목적으로 된 사항에 관하여는 엄격하게 해석함이 타당하다고 할 것이다."라고 판시하면서 여러 사정을 들어 문제된 손해내역에 관한 화해계약의 성립을 부정하였다. 위 각 대법원 판결은 대상판결에서도 그대로 인용되고 있는데, 그 문면만을 놓고 보면 최소한 불법행위로 인한 손해배상책임의 관점에서 화해계약의 성립은 당사자가 화해의 목적이 된 분쟁의 세부 사항을 명확하게 인식하고 있음을 요건으로 한다는 의미가 되므로, 그 전제로서 권리의무의 존부, 범위 또는 태양에 관하여도 당사자의 주장이 일치하지 아니하는 구체적인 다툼(및 그에 대한 당사자의 인식)이 있어야만 화해계약이 성립할 수 있음을 전제한 것으로 해석할 여지가 있다.[49)·50)]

(나) 그러나 **대법원 2014. 2. 27. 선고 2013다62810 판결**의 내용에 비추어 보면, 대법원이 경우에 따라서는 화해계약의 요건으로서의 분쟁을 상당히 넓게 보는 듯한 인상을 받게 된다.

위 사건의 제1심[51] 및 항소심[52] 판결 내용에 비추어 파악한 대략적인 사실관계는 다음과 같다. 위 사건의 원고는 A 감정평가법인 소속 감정평가사이고, 피고는 감정평가업자 및 감정평가사를 회원으로 하는 비영리 사단법인으로서 회원들의 손해배상책임을 보장하기 위한 공제사업을 운영하고 있다. 원고가 소속된 A 감정평가법인을 비롯한 다수의 감정평가업자들은 2005년경 B 지방자치단체가 공익사업과 관련하여 발주한 여러 건의 감정평가업무를 수행하였는데, 이후 B 지방자치단체는 2007년경 원고를 비롯한 여러 감정평가사 및 감정평가업자들이 감정평가업무를 잘못 수행하였다는 이유로 원고와 A 등을 상대로 손해배상의 소를 제기하였다. 위 사건의 항소심은 2010. 2. 9. 원고와 A 등의 손해배상책임을 인정하는(다만 책임을 60%로 제한하였다) 판결[53]을 선고하였고, 위 항소심 판결은 상고 기각되어 그대로 확정되었다.

이후 피고는 B 지방자치단체에 손해배상공제금(원고 부분은 1억 원이었다)을 지급한 다음, 내부 절차(위원회 의결 등)를 거쳐 원고에게 '공제금의 70%에 해당하는 금액(7,000만 원)을 일정한 기한까지 납부하되 기한 내 구상금을 납부하지 않을 경우 지연이자를 징수할 것이고, 협의에 의한

---

49) 위 대법원 판결들을 화해계약의 성립을 전제로 그 효력범위를 어떻게 해석할 것인가에 관한 것으로 볼 여지도 있다. 그러나 이와 같이 보더라도 대법원이 특정한 권리 또는 법률관계에 있어서 좁은 의미의 분쟁이 현존하지 아니하거나 당사자가 그러한 분쟁의 현존을 인식하지 아니한 상태였다면 화해계약의 성립을 쉽게 인정하지 않을 것임을 추단할 수 있다.

50) 자동차 사이의 교통사고에 관하여 '자동차보험 구상금분쟁심의에 관한 상호협정'에 따라 구성된 심의위원회에서 이루어진 보험회사 사이의 조정결정은 민법상 화해계약에 해당하므로 일방 보험회사의 부당이득반환청구는 인정되기 어렵다는 대법원 2019. 8. 14. 선고 2017다217151 판결 또한 당사자인 보험회사들이 구체적인 분쟁의 존재를 명확히 인식한 사안에 관한 것이다.

51) 서울중앙지방법원 2013. 1. 8. 선고 2012가단203995 판결.

52) 서울중앙지방법원 2013. 7. 3. 선고 2013나8259 판결.

53) 서울고등법원 2010. 2. 9. 선고 2008나96811 판결.

지급 요청을 거부하는 경우 지급 공제금 전액을 구상금으로 청구하겠다'는 취지를 통보하였으며, 원고는 이에 응하여 피고에게 7,000만 원을 지급하였다. 그러나 다른 감정평가사 등은 이에 응하지 아니하였고 피고는 그들을 상대로 공제금 전부의 지급을 구하는 소를 제기하였는데, 위 사건의 제1심[54]과 항소심[55] 모두 피고로부터 소를 제기당한 감정평가사 등에게 고의 또는 중과실을 인정하기 어렵다고 판단하고(피고의 공제규정에 따르면 회원의 고의·중과실이 있는 경우에만 공제금에 대한 구상의무가 발생하였다) 청구기각 및 항소기각 판결을 선고하여 그대로 확정되었다.

이에 원고는 피고를 상대로 자신이 지급한 7,000만 원이 부당이득이라고 주장하면서 그 반환을 청구하는 이 사건 소를 제기하였다. 이에 피고는 묵시적 화해계약이 성립하였다는 취지로 항변하였고, 원고는 '피고의 일방적 통보에 따라 7,000만 원을 지급하였을 뿐 원·피고 간에 계약은 물론 중과실 여부에 대한 상호양보를 포함한 어떠한 협상도 없었다'는 취지로 다투었다. 대법원은 항소심의 '피고가 손해배상공제금 1억 원 전액이 아닌 7,000만 원만을 이 사건 구상금으로 청구한 것에 대하여 원고가 이의 없이 이를 지급한 것은 … 피고가 원고에게 구상권을 행사함에 있어서 '중과실 여부' 등의 예상되는 분쟁과 불명확한 법률관계를 사전에 예방하고자 당사자가 7,000만 원으로 상호 양보하여 그 분쟁을 사전에 끝내고자 하는 목적에서 묵시적으로 화해계약이 체결되었다'는 판단을 그대로 인용하면서 이에 논리와 경험칙을 위반하고 자유심증주의의 한계를 벗어나거나 관련 법리 등을 오해한 위법이 없다고 판단하였다.

(다) 위와 같이 대법원 2014. 2. 27. 선고 2013다62810 판결은 "예상되는 분쟁과 불명확한 법률관계를 사전에 예방하고자", "그 분쟁을 사전에 끝내고자 하는 목적에서" 화해계약을 체결할 수 있다고 판시하고, 이러한 계약이 다수의 학설이 말하는 바와 같은 화해와 유사한 무명계약이 아니라 화해계약 그 자체로서 민법 제733조가 적용된다는 전제하에 원고

---

54) 서울중앙지방법원 2011. 8. 17. 선고 2010가단495684 판결.
55) 서울중앙지방법원 2012. 5. 25. 선고 2011나41931 판결.

가 예비적으로 주장한 착오로 인한 화해계약 취소의 가부 또한 다루었다는 점에서, 화해계약의 요건으로서의 분쟁이 무엇인지에 관하여 시사하는 바가 적지 않다.

Ⅳ. 대상판결의 검토

1. 앞서 소송의 경과에서 본 바와 같이 대상판결은 먼저 '분쟁을 인식하지 못한 상태에서 채무액에 관하여 협의하였다거나 일방 당사자의 채무이행에 상대방이 이의를 제기하지 않았다는 사정만으로는 묵시적 화해계약이 성립하였다고 보기 어렵다'는 이론적 근거를 제시한 다음, 원고가 정비업자인 피고에게 동일한 수리내역에 관하여 자동차 수리비를 중복 지급하였으면서도 그 중복 지급 사실을 알지 못하였던 이상 중복 지급된 수리비를 포함하여 전체 수리비에 관하여 향후 다투지 않기로 하는 내용의 묵시적 화해계약이 성립되었다고 보기 어렵다고 판시하였다.

이러한 판시내용 및 그 논리구조에 비추어 보면, 대상판결은 피고가 쟁점차량에 관하여 원고에게 청구한 각 수리비 항목을 원고가 손해사정 등으로 검토하는 과정에서 중복 청구된 항목이 있음을 발견하여 피고에게 의문을 제기하고, 이에 피고는 해당 항목이 중복 청구에 해당하지 않음을 다투는 등으로(실제로 대상판결의 제1심은 이와 같이 판단하였다) 당사자 사이에 분쟁이 표면화되지 아니한 이상, 피고가 청구한 것보다 일부 감액된 수리비를 원고가 제시하였고 피고가 이를 이의 없이 지급받았다고 하여 중복 청구된 수리비 항목에 관한 묵시적 화해계약이 성립된 것으로는 보기 어렵다는 취지로 해석할 수 있다.[56)]

2. 이와 같은 대상판결의 취지에는 몇 가지 점에서 의문을 제기할 수 있다. 먼저 대상판결은 원고와 피고 사이에 쟁점차량의 수리비에 관

---

56) 대상판결에 관한 대법원판례해설 또한 이와 같은 입장을 취한 것으로 보인다. 김호용, 「차량 수리업자와 보험회사 사이에 수리비와 렌트비용이 문제 된 사건(2021. 9. 9. 선고 2016다203933 판결: 공2021하, 1750)」, 대법원판례해설 제129호(2021년 하), 법원도서관(2022), 320-321면.

하여 분쟁이 없거나, 있더라도 당사자가 이를 인식하지 아니하였다고 전제한 것으로 보인다. 그러나 원고와 피고 사이에 쟁점차량의 수리비에 관한 분쟁이 있는지를 판단함에 있어서는 대상판결의 개별 사안에서 당사자 사이에 수리항목 또는 그 금액에 관한 주장의 차이가 구체적으로 부각되었는지 여부는 물론, 원심판결이 인정한 바와 같이 원고가 쟁점차량에 관한 수리비를 확정하고 피고에게 지급하게 된 경위의 근저에 앞서 Ⅱ. 2.에서 본 바와 같은 보험회사와 정비업자 사이의 오랜 분쟁 양상, 즉 원고를 포함한 보험회사들은 오랜 기간에 걸쳐 피고를 포함한 정비업자들이 수리하지 않은 항목에 관하여 허위로 수리비를 청구하거나 실제 소요된 비용보다 과다한 수리비를 청구하는 데에 문제를 제기하여 왔고, 한편 보험회사들 또한 보다 열위에 있는 정비업자들에게 합리적 근거 없이 감액한 수리비를 일방적으로 강요함으로써 정비업자들 또한 불만이 가중되어 온 사정이 내재하여 있음을 고려하지 않을 수 없다. 나아가 실제 제1심판결 및 원심판결이 인정한 사실관계에 따르면 피고가 청구한 쟁점차량 88대의 수리비 합계액은 190,865,818원인데 원고는 손해사정을 통하여 그중 24,650,072원(약 12.9%)을 감액하였고, 위와 같은 감액의 원인에는 수리비 항목 자체는 그대로 유지하되 금액만을 감액한 것뿐만 아니라 수리비 항목 자체를 제외한 것도 포함되어 있다.

이와 같이 정비업자인 피고가 보험회사인 원고에게 쟁점차량의 수리비에 관하여 단순히 손해사정절차의 개시를 신청하거나 그 기초가 되는 자료를 제공하는 정도를 넘어 자신이 수리업무를 수행하였다고 주장하는 각 항목 및 그 구체적 금액을 특정하여 지급을 청구하였고, 그럼에도 원고가 각 수리비 항목 및 그 금액을 검토한 다음 특정 수리 항목 자체를 제외시키거나 금액을 감액하고 이를 원고가 판단한 타당한 수리비로서 피고에게 다시 제시하였다면, 그 자체로 원고와 피고 사이에 쟁점차량의 수리비에 관한 권리의무의 범위에 관하여 주장이 일치하지 아니하는 단계에 이르렀다고 보는 것이 타당하다. 앞서 본 독일민법, 일본민법 및 우리나라의 어느 견해에 의하더라도 수리비 관련 권리의무의 범위에 관한 당사자의 주장이 이 단계에 이르렀다면 분쟁 자체의 존재를 부인하기는 어렵다.

3. 대상판결이 '수리비를 중복 지급한 후 그에 대한 반환청구권을 포기하는 것은 매우 이례적'이라거나 '수리비 일부가 중복 청구된 사실을 알면서도 그에 관한 분쟁에 관하여 더 이상 이의를 제기하지 않기로 할 만한 특별한 사정'이 없었다는 사정 등을 언급한 점에 비추어 보면, 다른 수리비 항목에 관한 원고와 피고 사이의 분쟁의 존부와 그 인식 여하와는 별개로 이 사건에서 중복 청구 여부가 문제된 수리비 항목에 관해서만큼은 분쟁이 없었거나 원고와 피고가 이를 인식하지 못하였으므로 그에 관한 묵시적 화해계약이 성립할 수 없다는 취지로 대상판결을 해석할 여지도 있다. 이와 관련하여 수리비에 관한 분쟁이 있었다고 보기 위하여는 각 수리비 항목에 대하여 당사자 사이에 다툼이 있었어야 한다고 보는 견해[57]도 있다.

그러나 피고가 청구한 쟁점차량 수리비에 관하여 원고는 손해사정을 통하여 약 12.9%에 해당하는 상당한 금액을 삭감하였고 위와 같은 삭감의 원인에는 수리비 항목 자체를 삭감한 것(이는 피고가 수행하지 않은 작업에 관한 수리비를 청구하였다고 판단하였음을 의미한다)도 포함되어 있는데, 이러한 대상판결의 사실관계에서 피고가 '수행하지 않은 업무에 관한 수리비를 허위로 청구하였다'거나 '수행한 업무에 관한 수리비를 부풀려 청구하였다'는 것과 '하나의 항목에서 청구한 수리비를 다른 항목에서 중복 청구하였다'는 것 사이에 화해계약의 요건으로서의 분쟁의 유무를 달리 판단할 만한 어떠한 근본적인 차이가 있는지 의문이다. 나아가 원심판결이 판시한 바와 같이 그 금액이 전체 수리비에서 차지하는 비중 또한 크지 않다. 즉 대상판결이 판시한 바와 같이 원고가 이 사건에서 문제된 수리비 항목 자체에 대하여는 그 중복 청구 사실을 알지 못하였다고 하더라도, 피고의 '허위 및 과다 수리비 청구' 사실 또는 그 가능성을 인지

57) 김호용(주 56), 321면.

하고 있었고 그에 해당하는 부분을 감액하는 등으로 구체적으로 다툰 이상 원고와 피고 사이에는 쟁점차량에 관하여 중복 청구된 수리비 항목을 포함하여 피고가 청구한 수리비 금액의 적정 여부에 관한 다툼, 즉 분쟁이 있었고 당사자도 이를 인식하고 있었다고 보는 것이 타당하다.

한편 통상적으로 손해사정의 절차 내에서 이와 같은 다툼이 제기되고 또 대체로 해결되며 대상판결의 사안에서도 그러하였다고 하더라도 이를 근거로 해당 사안에서 보험회사와 정비업자 사이에 수리비와 관련된 분쟁 자체가 존재하지 아니하였다거나 당사자가 이를 인식하지 아니하였다고 보기는 어렵다. 이는 기존의 다툼, 즉 분쟁을 해결하기 위한 절차가 존재하고 또 그에 따라 분쟁이 해결되어 왔다는 것을 의미할 수는 있어도 그 자체로 분쟁 자체의 존재 및 당사자의 인식이 없다고 볼 수는 없기 때문이다.

4. 대상판결이 그 서두에서 '당사자가 한 행위나 의사표시의 해석을 통하여 묵시적으로 그와 같은 의사의 합치가 있었다고 인정하기 위해서는 그 당시의 여러 사정을 종합적으로 참작하여 이를 엄격하게 해석하여야 한다'는 법리를 언급한 점을 고려하면, 설령 원고와 피고 사이에 쟁점차량의 수리비 중복 청구에 관한 분쟁이 존재하였고 당사자가 이를 인식하였다고 하더라도, 원고가 손해사정을 통하여 결정한 잠정 수리비에 피고가 이의하지 아니함으로써 그 금액이 그대로 지급되었다는 사정만으로는 원고와 피고가 더 이상 쟁점차량의 수리비를 다투지 아니하기로 하는 화해의 효과의사가 있었다고 해석하기 어렵다는 취지로 대상판결을 해석할 수도 있다.

그런데 원고가 쟁점차량에 관한 수리비를 산정하고 피고에게 이를 지급하게 된 절차, 즉 현재 보험회사와 정비업자 사이의 자동차 수리비에 관한 지급 관행은, 오랜 기간의 논의와 입법을 통한 노력 등을 거쳐 오면서도 아직까지 해결되지 못한 보험회사와 정비업자 사이의 수리비에 관한 다툼을 쌍방 의견의 일치를 이룰 수 있는 방향으로 가능한 한 합리적이고 효율적으로 조율하면서도 대량·반복적으로 발생하는 유사 사안을 신속하게 처리하기 위하여 오랜 기간에 걸쳐 형성되어 온 절차로 볼 수 있다. 원심판결이 원고와 피고가 수십 년 동안 이와 같은 방식으로 사고 차량에 대한 수리비 지급업무를 처리하여 왔다거나, 이 사건 외에 원고가 피고의 수리비 적정성이나 중복수리, 청구를 문제 삼거나[58] 피고가 손해사정을 통해 삭감된 수리비에 대하여 문제 삼은 사실은 없는 것으로 보인다고 판시한 것은 이를 강조하기 위한 것으로 보인다. 따라서 이를 여타의 일회적인 법률관계에서 당사자가 권리의무의 범위에 관하여 협의하였다거나 당사자 일방의 제안에 상대방이 이의하지 아니한 경우와 동일한 평면에서 논하기는 어렵다.

나아가 대법원이 2014. 2. 27. 선고 2013다62810 판결에서 감정평가사인 원고와 그가 소속된 단체인 피고 사이의 구상금에 관한 일회적 법률관계에서 피고가 제시한 안을 원고가 이의하지 아니하고 받아들인 것에 묵시적 화해계약으로서의 효력을 인정한 것과 비교하여 볼 때, 피고가 청구한 수리비에 대하여 원고가 손해사정 등을 거친 잠정 수리비를 제안하였고 피고가 이를 수용한 이 사건의 사안에서 당사자 사이에 '이를 더 이상 문제 삼지 않기로 하는 의사의 부재'를 이유로 화해계약의 성립을 부정하는 것은 균형을 잃은 것이 아닌가 하는 의문을 품게 된다.

5. 다만 대상판결이 원고와 피고 사이에 자동차 수리비에 관한 묵시적 화해계약의 성립을 부정한 결론의 구체적 타당성은 수긍할 만한 점이 있다. 보험회사와 정비업자 사이에 자동차 수리비에 관한 다툼이 계속하여 발생하여 왔고 이에 대한 여러 방안이 모색되었으면서도 아직 그 다툼이 근절되지 못하고 있는 것은, 결국 그와 같이 업계에서 오랜 기간 형성되어 온 수리비 지급 관행이 빈발하는 다툼에 대한 유효한 해결책이

58) 원심판결의 문맥에 비추어 이는 피고가 당초 청구한 수리비에 관한 설시가 아니라 원고가 손해사정을 거쳐 잠정 지급액을 피고에게 제시하고 피고가 이에 이의하지 않음으로써 원고가 최종적으로 이를 지급한 이후의 사정을 의미하는 것으로 봄이 타당하다.

되지 못하고 있음을 의미하는 까닭이다. 즉 이 사건에서 그와 같은 관행에 따라 원고가 피고에게 잠정 수리비를 제시하고 피고가 이의 없이 이를 지급받았다는 사정만으로 화해계약의 효력을 인정함으로써 향후 당사자가 이에 관하여 다투지 못하도록 확정하는 것보다는, 현재 업계에서의 수리비 지급 관행은 잠정적인 것에 그치는 것으로 선언함으로써 이에 관하여 향후 보험회사와 정비업자(또는 그들을 대표하는 단체들)의 합의하에 더욱 합리적인 방향으로 제도를 개선할 여지를 열어 둘 필요가 있음은 부정하기 어렵다.

나아가 정비업자 중에서도 피고와 같은 대규모 사업자가 아닌 영세 정비업자가 경영상의 필요로 인하여 보험회사인 원고가 제시한 잠정 수리비를 일단 지급받았다고 하더라도 향후 원고가 임의로 감액한 수리비의 추가 지급을 청구함으로써 권익을 보호받을 필요가 있다는 점도 고려되어야 한다.

6. 결국 대상판결의 구체적 타당성에 대하여는 수긍할 만한 점이 있으나, 그 논거로서 대상판결이 언급한 '수리비 중복 지급 후 반환청구권을 포기하는 것이 이례적'이라거나 이를 전제로 '원고가 중복 청구 사실을 알면서도 이를 포기하였다고 볼 만한 특별한 사정이 없다'는 점보다는, 원고와 피고 사이에 중복 청구 항목을 포함한 수리비 전반에 관한 분쟁 및 그 인식이 있었음을 전제로 원고가 피고에게 잠정 수리비를 제시하고 피고가 이를 그대로 지급받았다고 하여 '수리비에 관한 분쟁을 종국적으로 해결하기로 하는 화해계약의 효과의사'가 존재한다고 보기는 어렵다는 점이 중심적인 논거를 이루었어야 한다고 생각된다. 나아가 이와 같은 판단의 근거로 자동차 수리비 산정 및 그 지급에 관한 보험회사와 정비업자 사이의 관행, 대상판결의 사안에서 원고가 피고에게 잠정 수리비를 제시하고 피고가 이를 지급받게 된 구체적인 경위, 원심판결이 열거한 여러 사정의 타당성 여부 및 그러한 사정에도 불구하고 묵시적 화해계약의 성립을 인정하지 않는 것이 옳은 이유 등에 관한 세부적인 검

토내용을 드러내었다면 화해계약의 요건으로서의 분쟁의 존재와 그 인식에 관한 여러 법리 및 다른 대법원 판결 등에 부합하는 방향으로 논리구조가 구성됨으로써 대상판결의 설득력이 배가되었으리라고 생각된다.

Ⅴ. 결 어

대법원에 2016. 1. 20. 해당 사건의 상고기록이 접수된 이후 2021. 9. 9. 대상판결이 선고되기까지 약 5년 8개월에 가까운 시간이 소요되었다.[59] 비록 대상판결의 소가가 그리 크지는 아니하나 해당 사건의 결론이 향후 유사한 사안에 미칠 영향을 고려하여 대법원이 적지 않은 노력을 들여 대상판결의 결론을 도출하였으리라는 점을 짐작하게 한다. 앞으로도 대상판결에서와 같은 자동차 수리비에 관한 사안은 물론 우리 사회의 각종 영역에서 화해계약의 성립 여부가 문제되는 경우가 계속하여 발생하고 그에 관한 민사소송이 법원에 제기될 것임은 쉽게 예측할 수 있다. 본 평석이 이에 관한 논의가 더욱 활발하여지고 분쟁을 적정히 해결하는 데에 조금이나마 도움이 되기를 바라마지 않는다.

---

59) 앞서 본 바와 같이 그 사이에 자동차손배법이 2020. 4. 7. 법률 제17236호로 개정되면서 제16조가 삭제되어 자동차 정비요금 공표제도가 폐지되었다.

[Abstract]

Existence and Recognition of Dispute as the Requirement for a Settlement Contract

Yang, Seung Woo*

Civil Code Article 731 stipulates 'dispute' as the requirement for a settlement contract, but its definition is not explicitly specified. Thus it is not always easy to determine the existence of a dispute between the parties in a specific case, and whether the parties were aware of it. Discerning the existence and recognition of a dispute is left to academic theories and judicial precedents. The subject judgment denied an establishment of a settlement contract based on the absence of a dispute or a recognition of the dispute, and bears considerable implications in this respect.

There has been a long-standing quarrel between insurance companies and automobile repairers over claims for false or excessive repair costs(by automobile repairers) or unilateral reduction of repair costs(by insurance companies). Despite institutional efforts such as the now abolished automobile repair fee announcement system, such disputes have not been fundamentally resolved. This is partially due to the difficulty for an insurance company employee to directly attend the repair site at the stage of automobile warehousing, or the superior position of insurance companies over individual automobile repairers. Hence most of these disputes are resolved at the damage assessment stage after repairs are completed, and the subject judgment is also about a case in which the plaintiff, an insurance company, paid reduced amount of repair costs claimed by the defendant, a automo-

* Judge, Incheon District Court.

bile repairer, in the damage assessment stage. It concerns the issue of whether or not a settlement contract on repair costs is established between the parties.

In the case of German Civil Code(BGB) Article 779 (1), it is interpreted as acknowledging the existence of a dispute if there is even a partial difference between the parties as to the factual or legal status. In the case of Japanese Civil Code Article 695, though judicial precedents and traditional academic theories interpreted the article in accordance with the opinion of Ume, the drafter of the article, as limiting the subject of a settlement contract to disputes over the existence of all or part of the legal relationship, some views which adopt a broader interpretation of the definition of a dispute has also emerged. Korean academic theories generally take a position similar to Japanese judicial precedents, but do not deny the possibility of a contract which resolves unclear legal relationships. It seems judicial precedents of Korea does not interpret the scope of a dispute too narrowly, in acknowledging that a settlement contract can be established for the purpose of preventing expected disputes and unclear legal relations.

In light of the accumulated disputes between insurance companies and automobile repairers, various legislative examples and their interpretations of disputes as a requirement of a settlement contract or existing judgments, it might be reasonable to assume that there was a 'dispute' in the case of the subject judgment between the parties about repair costs, and that the parties also recognized the dispute. Therefore, we raise objection to the opinion of the subject judgment which decided that there was no dispute between the parties or that the parties were unaware of the dispute. However, in light of certain factual grounds, we agree to the conclusion of the subject judgment which denied an establishment of a settlement contract because an effective intention to ultimately resolve such a dispute through the payment and the acceptance of repair costs in the damage assessment procedure between the plaintiff and the defendant cannot be found in the case.

The requirement of a dispute for a settlement contract can become a more widespread issue, and we need a more in depth discussion into the subject.

[Key word]

- settlement
- settlement contract
- dispute
- automobile insurance
- insurance company
- automobile repairer
- repair cost
- damage assessment

참고문헌

[주 석 서]

민법주해[XVI][채권(9)], 박영사(1997), 제731조(호문혁 집필부분).

민법주해[XVI][채권(9)], 박영사(1997), 제733조(양창수 집필부분).

주석 민법(채권각칙 5), 한국사법행정학회(2016), 제731조(이태섭 집필부분).

新注釈民法(14)[債権(7)], 有斐閣(2018), § 695(竹中悟人 집필부분).

新版 注釈民法(17)[債権(8)], 有斐閣(1993), 和解 前注 및 § 695(각 篠原弘志 집필부분).

Staudinger/Marburger, Kommentar zum Buergerlichen Gesetzbuch §§ 779-811, Sellier-de Gruyter(2015), § 779.

[단 행 본]

곽윤직, 채권각론(제6판), 박영사(2003).

김증한 · 김학동, 채권각론(제7판), 박영사(2006).

명순구, 프랑스민법전, 박영사(2004).

민의원 법제사법위원회 민법안심의소위원회, 민법안심의록, 상권(1957).

법무부, 일본민법전(2011).

양창수, 독일민법전-총칙 · 채권 · 물권(2021년판), 박영사(2021).

이은영, 채권각론(제5판), 박영사(2005).

我妻栄, 債権各論 中巻Ⅱ, 岩波書店(1962).

Reinhard Bork, Der Vergleich, Duncker u. Humbolt(1985).

[논　　문]

김호용, 「차량 수리업자와 보험회사 사이에 수리비와 렌트비용이 문제 된 사건(2021. 9. 9. 선고 2016다203933 판결: 공2021하, 1750)」, 대법원판례해설 제129호(2021년 하), 법원도서관(2022).

박세민, 「자동차보험에 있어서 과잉수리비에 관한 정비업자와 보험회사간의 법적 쟁점에 관한 소고」, 경영법률 제24권 제3호, 한국경영법률학회(2014).
정영훈 · 허민영, 「자동차수리서비스의 시장구조 분석 연구」(정책연구 15-25), 한국소비자원(2015).

高梨公之, 「和解—その基礎と内容」, 契約法大系5[特殊の契約(1)], 有斐閣(1963).

[기 타]

보험개발원, 「자동차보험 수리비 결정 프로세스 및 선진화 방안」(CEO REPORT 2013-04)(2013).
보험개발원, 「자동차보험 수리비 현황 분석 및 시사점–정비업체별 특성을 중심으로–」(CEO REPORT 2018-06)(2018).

채권의 실현을 방해하는 제3자 채권침해의 위법성 판단기준*

-대법원 2021. 6. 30. 선고 2016다10827 판결을 중심으로-

김 선 화**

■요 지■

대상판결은 분양계약의 해제 국면에서 시행사가 무자력일 때 계약법이나 부당이득반환의 법리로는 해결되지 않았던 공백을 제3자 채권침해라는 불법행위책임의 성립을 통하여 해결했다는 점에서 의미가 있다. 본 사안은 건축물분양법이 적용되지 않는 분양계약으로서 수분양자의 해약금 반환채권에 우선변제권이 인정되지는 않는다. 그러나 대상판결은 부동산 선분양사업에서 체결되는 분양계약의 비대칭성, 관계적 속성을 전제하고 이를 계약의 구체적 해석에 반영함으로써 분양사업에 소요되는 자금의 중요한 부분을 출연하였음에도 다른 사업주체들에 비하여 취약한 지위에 있는 수분양자가 분양대금을 반환받을 수 있는 실질적인 보장방안을 강구하였다. 이와 같은 법리는 향후 유사한 사안에서 시행사가 무자력일 때 수분양자 보호를 위한 확고한 구제수단 중 하나로 자리매김할 것으로 보인다. 대상판결은 이 사건 분양계약과 사업약정을 해석함에 있어 당사자의 의사를 중시하면서도 그 의사에 공백이 있거나 규범적인 보충이 필요한 영역에서는 계약이 놓인 사회경제적 맥락과 공

---

* 이 글은 2022. 1. 6. 민사판례연구회 신년학술회에서 발표한 글을 수정·보완한 것이다. 지정토론자로서 유의미한 토론을 해 주신 이연갑 교수님, 이현수 변호사님, 그리고 발표 준비과정에서 따뜻한 격려와 귀중한 조언을 주신 이계정 교수님께 깊이 감사드린다. 이 글은 「사법」 통권 제60호(2022. 6.)에 게재되었다.

** 서울중앙지방법원 판사.

정성, 공공성과 같은 공동체적 가치를 기반으로 계약내용을 합리적으로 조정하였다. 이는 특히 자금인출에 대한 시공사의 동의권의 법적 성격과 해약금의 집행순서에 대한 법원의 해석에서 잘 드러난다. 대상판결은 구체적인 사실인정을 통해 계약체계 내에 계약을 둘러싼 사회적 맥락을 포섭하고, 당사자 간의 관계적 요소를 계약해석에 반영함으로써 계약을 추상적인 합의가 아닌 사회적 현상으로서 이해하였다. 이는 계약의 해석이 그 계약법이 적용되는 사회의 구체적인 모습에 좌우된다는 사회학적인 관점을 투영한 법해석론으로 평가할 수 있다.

대상판결은 제3자 채권침해의 위법성 판단기준과 관련하여 종래 대법원이 일관되게 판시한 기준을 일반법리로서 그대로 원용하였다. 대상판결의 결론은 선분양사업의 특수성, 당사자 간의 특수관계, 계약법, 부당이득 및 불법행위법 등 어느 관점에서 보더라도 타당하다고 여겨지나, 결론을 이끌어 내는 토대인 법리 설시가 위와 같이 일반론적인 수준에 그친 것에는 아쉬움이 있다. 대상판결 사안은 채권실현을 방해하는 채권침해 유형에 해당하지만 이제까지 대법원이 판단해 온 통상적인 채권침해의 유형과는 분명한 차이가 있다. 특히 채무자와의 공모가 없는 제3자의 독자적인 불법행위였다는 점, 사회상규에 반하는 행위태양이 없었다는 점에서 그러하다. 그렇다고 하여 대상판결이 일반적으로 제3자 채권침해의 위법성을 보다 폭넓게 인정하는 입장위에 서 있다고 보기는 곤란하다. 대상판결 사안은 권리침해가 아닌 위법성을 요건으로 하는 우리 민법 제750조가 채권침해 판단에 탄력적으로 적용될 수 있음을 보여 준 사례로서, 독일과 일본 민법의 해석론이나 상관관계설에서는 부각되지 못하는 책임요소들이 다각적으로 드러난다. 본고에서는 Koziol의 동적체계론에서 제시한 책임요소들과 이 사건 분양계약의 관계적 속성을 채권침해의 위법성 판단을 위한 추가적 표지들로 적용해 보았다. 특히 대상판결 사안에서는 시공사와 분양계약 당사자 간의 특수관계에 기한 근접성과 시공사의 우월적 지위가 채권침해의 위법성 인정에 충분할 만큼 강한 책임요소로 작동하고 있음을 확인하였다. 채권실현을 방해하는 채권침해는 실제 현실에서 매우 다양한 방식으로 일어나고 있기에 관념적인 행위태양만을 기준으로 그 위법성을 판단하는 데는 한계가 있다. 당사자 간 관계, 행위 자체의 성질, 침해된 이익의 성질과 비중, 행위자의 의사나 인식, 피해의 범위, 사회정책적 관점 등 다각적인 책임요소들을 탄력적이고 동태적으로 고려하면서 보다 실질적인 위법성 판단에 나아간다면 채권침해로 인한 불법행위가 성립하는 외연이 명확해지고 그 근거 또한 보다 설득력 있고 풍부하게 논증될 수 있을 것이다. 대상판결을 계기로 제3자 채권침해의 위법성 판단을 위한 정교한 기준들이 발전해 갈 수 있기를 기대한다.

[주 제 어]
• 제3자 채권침해
• 위법성
• 상관관계설
• 동적체계론
• 근접성
• 특수관계
• 선분양계약
• 대리사무계약
• 분양대금 반환청구

대상판결 : 대법원 2021. 6. 30. 선고 2016다10827 판결

[사안의 개요]

Ⅰ. 사실관계

1. 주식회사 A(이하 'A')는 A 상가를 신축·분양하는 사업의 시행사이고, 피고는 상가의 시공사이다. 원고는 2002. 12.경 A와 상가 중 일부 호실에 관하여 분양계약(이하 '이 사건 분양계약')을 체결하였는데, 이 사건 분양계약은 분양대금 납부와 관리방법에 대하여 아래와 같이 정하고 있다. 원고는 이 사건 분양계약에 따라 계약금과 개발비, 중도금 합계 330,000,000원을 납부하였다.

제1조(공급대금 및 납부방법) ② 분양대금 납부는 공사의 원활한 진행을 위해서 A와 피고가 지정한 은행에 아래와 같이 입금하기로 한다. ③ 납부은행: 우리은행(계좌번호 014-) 예금주: B 신탁회사 ④ 상기 ③항의 지정계좌에 입금되지 아니한 납부금액은 분양대금 납부금액으로 인정치 아니한다. **제6조(상가개발비)** ⑧ 상가개발비는 지정계좌 입금 후 A와 피고의 공동구좌로 입금하며 A와 피고가 공동관리한다.

2. A는 2002. 12.경 피고(시공사), B 신탁회사 등과 분양사업에 관한 자금조달 및 자금관리에 관하여 아래와 같은 내용이 포함된 약정(이하 '이 사건 사업약정')을 체결하였다.

제15조 분양 및 분양수입금 관리 ① 이 사건 분양사업과 관련된 수입금 일체는 병(B 신탁회사를 칭함) 명의로 개설한 분양수입금관리계좌(이하 '이 사건 분양수입금 관리계좌')에 입금되어야 한다. ② 이 사건 분양사업에 따른 분양개시 후 이 사건 관리계좌에 입금된 수입금의 인출절차는 을(피고를 칭함)의 동의서를 첨부한 갑(A를 칭함)의 서면요청에 의해 병이 인출하기로 한다.

3. 원고는 2005. 9.경 A와 체결한 이 사건 분양계약을 합의해제하면서, 이미 납부한 분양대금 중 계약금과 개발비는 포기하고 중도금 1억 3,200만 원(이하 '이 사건 해약금')만을 반환받기로 약정하였다. A는 2005. 10.경 피고에게 이 사건 분양계약이 해제되었음을 알리면서 이 사건 해약금을 이 사건 관리계좌에서 인출해 달라는 통지서와 함께 분양수입금 관리계좌 인출결의서와 계약해지신청서, 분양계약서 사본 등을 발송함으로써 해약금 인출에 대한 동의를 요청하였다.

4. 그러나 피고는 인출에 동의하지 않은 채 이 사건 관리계좌에서 자신의 공사대금을 변제받고자 지속적으로 분양수입금을 인출·수령하였다. 피고는 공사대금 전체 364억 7,270만 원 중 361억 7,270만 원을 받았는데(미수금 3억 원), 2005. 10. 이후 2006. 3. 13.까지 6회에 걸쳐 총 4,125,755,500원을 받았다.

5. 결국 이 사건 관리계좌의 잔고가 부족하게 되어 원고는 이 사건 해약금을 반환받지 못하였다. 원고는, 피고가 이 사건 분양계약의 당사자 또는 사업주체로서 원고에게 이 사건 해약금을 반환할 책임이 있거나, 원고에 대하여 불법행위 또는 이 사건 사업약정 위반으로 인한 해약금 상당의 손해배상책임 또는 부당이득반환책임이 있다고 주장하면서 이 사건 소를 제기하였다.

Ⅱ. 소송의 경과

1. 제1심(원고 패)

제1심 판결은 피고가 이 사건 분양계약의 당사자라고 볼 수 없고, 이 사건 분양사업의 공동주체 또는 실질적 사업주체로서의 책임을 부담한다고 보기도 어렵다고 하여 분양계약 당사자로서의 책임 주장을 배척하였다. 또한 "원고가 주장하는 정보의 편중, 수분양자들의 사업에 관한 의사결정 참여방법의 부재, 시행사에 대한 사업이익 조기지급 약정 등만을 이유로 시공사인 피고가 수분양자 보호의무 또는 이 사건 해약금 지급을 위한 자금인출에 동의해야 할 의무를 부담한다고 볼 수는 없고, 이 사건 사업약정이 제3자인 수분양자를 위한 계약의 성격을 갖고 있다거나 이 사건 사업약정의 해석상 수분양자에 대한 분양대금 반환이 시공사의 공사비보다 우선 지급되도록 규정하고 있다고 볼 수도 없다"는 이유로 불법행위에 기한 손해배상책임, 부당이득반환책임 주장도 모두 배척하였다.

2. 원심(원고 승소)[1)]

원심도 1심 판결과 마찬가지로 피고가 분양계약의 당사자임을 전제로 분양계약 해제에 따른 원상회복의무를 부담한다는 취지의 원고 주장을 배척하였고, 설령 피고가 시행사인 A와 이해관계를 같이 하며 이 사건 상가 분양에 관여하였다고 하더라도 그러한 사정만으로는 이 사건 해약금을 반환할 계약상 책임을 부담한다고 볼 수 없다고 판시하였다. 아울러 피고가 분양수입금 등의 사업자금을 공동관리한다는 사정만으로는 이 사건 사업약정이 피고가 원고를 포함한 수분양자를 위하여 분양대금 반환처리사무를 이행할 의무를 부담하는 내용의 제3자를 위한 계약에 해당된다고 보기 어렵다고 하여 피고의 계약상 책임은 모두 부정하였다. 또한 피고가 공사대금을 지급받은 것이 부당이득이라는 주장에 대하여는, 이 사건 사업약정서에 해약금을 자금집행의 항목으로 정하고 있지 않고, 사업약정서에서 분양대금 반환을 공사대금 등 채권보다 우선하여 지급하도록 하는 내용도 찾아볼 수 없으므로 A의 피고에 대한 공사대금 채권보다 우선하여 원고에게 이 사건 해약금이 지급되어야 함을 전제로 한 부당이득반환 주장도 받아들일 수 없다고 판시하였다.

그러나 원심은 제3자의 채권침해를 근거로 피고의 불법행위에 기한 손해배상책임을 인정하였다. 피고는 A의 해약금 반환을 위한 금원 인출 요청을 거부하고 분양수입금 관리계좌에서 자신의 공사대금 변제를 위하여 금원을 우선적으로 인출하여 감으로써 원고가 해약금을 반환받지 못하도록 하였는데, 이는 피고가 자신의 행위로 인하여 원고의 해약금 반환 채권을 침해하게 됨을 알면서도 원고에 대한 관계에서 우선변제권이 인정되지 아니하는 공사대금만의 우선추심을 위하여 금원을 인출한 것이라고 설시하였다. 이러한 피고의 행위는 부동산 선분양 개발사업 시장에서 거래의 공정성과 건전성을 해하고 사회통념상 요구되는 경제질서에 위반하는 위법한 행위로 평가되고, 원고는 피고의 위와 같은 위법행위로 인하여 시행사인 A로부터 해약금을 반환받지 못하는 손해를 입었으므로 피고는 원고에게 해약금 1억 3,200만 원과 이에 대한 지연손해금 상당의 손해를 배상할 책임이 있다는 취지의 원고 승소 판결을 하였다.

---

1) 지연손해금의 기산점만이 일부 원고의 청구와 달리 인정되기는 하였으나, 전반적으로 원고의 청구를 모두 받아들였다.

3. 대법원의 판단(피고 상고기각)

피고는 원심 판결에 불복하여 대법원에 상고하였다. 대법원은 제3자에 의하여 채권이 침해되었다는 사실만으로 바로 불법행위가 성립하지는 않지만 제3자가 선량한 풍속 그 밖의 사회질서를 위반하는 등 위법한 행위를 하여 채권의 실현을 방해하는 등으로 채권자의 이익을 침해하였다면 불법행위가 성립한다는 제3자 채권침해에 관한 기존 판례 법리를 인용한 후, 피고가 원고의 해약금 반환채권이 자신의 행위로 침해됨을 알면서도 해약금 인출에 대한 동의를 하지 않은 채 우선변제권이 인정되지 않는 자신의 공사대금을 우선적으로 추심하기 위해 금원을 인출한 행위는 위법한 행위로서 피고는 원고에게 그 손해를 배상할 책임이 있다고 판시하여 제3자 채권침해로 인한 불법행위 책임에 관한 원심의 판단을 그대로 수긍하였다.[2)]

〔研　　究〕

Ⅰ. 건축물 선분양에서 당사자 간 법률관계

대상판결에서는 제3자 채권침해로 인한 불법행위책임의 성립 여부가 핵심적인 쟁점이었으나, 하급심에서는 시공사인 피고가 이 사건 사업약정의 당사자로서 원고에 대하여 계약상 책임을 부담하는 것인지도 중요한

---

2) 한편, 피고는 불법행위로 인한 손해배상청구에 대하여 소멸시효 항변을 하였는데, 주장 요지는 A가 피고에게 자금 인출을 요청하면서 첨부한 관리계좌 인출결의서에 인출 일자로 기재된 2005. 10. 19.에는 원고가 피고의 인출거부에 따라 해약금이 반환되지 않고 있음을 인지하였을 것이므로 그 때로부터 3년이 지남으로써 소멸시효가 완성되었다는 것이다. 원심 판결에서는 그러한 사실만으로 당시 원고가 피고의 인출 동의 거부행위가 있었음을 알았다고 보기 어렵고, 설령 알았다고 하더라도 원고가 손해와 가해자를 추정적으로 인식하는 것에서 나아가 손해의 발생 사실과 가해행위가 불법행위를 구성한다는 사실까지도 구체적으로 인식하였다고 보기는 부족하다고 보아 소멸시효 항변을 배척하였다. 대법원도 위와 같은 원심의 판단을 수긍하였다. 분양계약이 합의해제되어 시행사가 자금인출요청을 하였다는 사정만으로는 해약금이 반환되지 않은 경위에 대하여 원고가 명확히 알기 어려웠을 것으로 보이고, 원고가 피고의 인출동의 거부 사실을 알게 된 시점을 사실인정 과정에서 증명하기도 어려운 이상 본 사안에서 민법 제766조 제1항의 단기소멸시효를 적용하기는 어렵다고 생각된다. 원심과 대법원 판결이 소멸시효 완성 주장을 배척한 것은 타당하다.

공방의 대상이 되었다. 본 사안은 건축물 선분양 사업에서 분양계약이 해제된 경우 수분양자에게 어떠한 방식으로 원상회복, 즉 분양대금 반환이 이루어져야 하는지에 관한 사안이기도 하다. 따라서 대상판결에 대한 심층적인 이해를 위해서는 사건의 전제가 된 선분양 사업에서의 수분양자, 시행사, 시공사 간 법률관계의 구체적 특성을 먼저 살펴볼 필요가 있다. 이하에서는 먼저 부동산 선분양 사업의 법률관계와 이들 간 체결되는 대리사무계약의 법적 성격을 살펴보고, 이를 토대로 분양계약해제 국면에서 시공사가 수분양자에 대하여 직접 계약상 책임 혹은 부당이득반환책임을 부담하는지 여부를 검토한다.

1. 선분양 사업에서 수분양자, 시행사, 시공사 간 관계

선분양제도는 주택이 완공되기 전에 입주자를 모집해 분양을 진행하고 수분양자가 지급한 계약금과 중도금으로 건설비용을 충당하는 분양 방식이다. 일반적으로 대규모 주택공사에서 회사가 건물 신축분양사업을 하는 경우 시행사(분양사업자)는 당해 분양사업을 위하여 설립되거나 인수된 회사로서 자금력이 충분하지 않은 반면, 시공사는 일정 규모 이상의 건설업체로서 인지도나 공신력이 있는 경우가 대부분이다. 우리나라는 일정한 요건을 충족하는 경우 장차 완공될 건축물에 대한 분양을 허용하는 선분양제를 인정하고 있는데, 선분양제는 시행사가 용이하게 건설자금을 조달할 수 있게 함으로써 많은 자금을 투여하지 않더라도 건설업을 영위할 수 있게 하는 장점이 있지만, 분양 이후 입주시까지 시공과정에서 발생할 수 있는 다양한 위험을 수분양자에게 전가시키는 문제가 있다.[3)]

이러한 문제를 염두에 두고 2004. 10. 건축물의 분양에 관한 법률(이하 '건축물분양법')이 제정되어 2005. 4.경부터 시행되었다. 건축물분양법은 건축물 분양과정의 투명성과 거래의 안전성을 확보하여 분양받는 자를

3) 이계정, "분양계약 해제에 따른 부당이득의 법률관계와 수분양자 보호방안", 『자율과 정의의 민법학–양창수 교수 고희기념논문집』, 박영사(2021), 801-802면.

보호하는 것을 목적으로 하고, 그 방안으로 분양관리신탁계약과 대리사무계약을 강제하고 있다.[4] 이 중 대상판결과 관련된 것은 대리사무계약인데, 대리사무계약은 시행사가 분양주체로서 건축물을 분양하는 것을 전제로 시행사가 대출받은 금원이나 수분양자로부터 지급받은 금원 등을 신탁업자가 관리하는 것을 목적으로 하는 계약이다.[5] 분양사업의 국면에서 시공사와 시행사, 부동산신탁회사는 대리사무계약을 체결하여 사업이 완수되는 시점까지 사업자금의 투명한 관리와 적정한 집행을 도모하며, 신탁회사는 사업비 집행에 대한 위임사무를 처리한다.[6] 아울러 시공사는 대리사무계약의 체결을 통해 시행사가 공사비를 충실히 지급할 수 있도록 분양수입금 관리에 관여할 수 있는 법적 수단을 확보하게 된다.

2. 대리사무계약과 자금집행순서

대리사무계약에는 ① 수분양자를 보호하기 위한 분양수입금 관리계좌 개설에 관한 사항, ② 시행사(분양사업자)가 분양수입금 총액을 신탁업자에게 양도해야 한다는 사항, ③ 분양대금은 신탁계약 및 대리사무계약에서 정한 해당 분양사업과 관련된 용도로만 사용할 수 있다는 사항, ④ 자금집행순서 및 시공사에 공사비를 지급하는 방법, 시기,[7] ⑤자금관리계좌에 입금된 금원을 사용하기 위해서는 시행사가 자금집행을 위한 증빙서류를 첨부하여 동의권자의 동의를 받아 신탁업자에게 서면으로 요청하고, 신탁업자가 이러한 자금지급요청이 상당하다고 판단하는 경우 지급한다는 자금집행 동의절차[8]가 핵심적인 내용으로 포함된다.

---

4) 이계정(주 3), 803면.
5) 서희경, "시행사와 수분양자간의 분양계약이 해제된 경우 시행사와 담보신탁 및 자금관리대리약정을 체결한 신탁회사의 분양대금반환책임", 재판과 판례 제26집, 대구판례연구회(2017), 214-215면.
6) 최수정, "분양계약의 해제에 따른 분양대금의 반환", 인권과 정의 vol. 484(2019), 54-55면.
7) 위 ①부터 ④의 내용은 대리사무계약에 포함되어야 하는 핵심내용으로 건축물 분양법 시행령 제3조 제2항, 동법 시행규칙 제2조에 명시되어 있다.
8) 이계정(주 3), 806면.

다만, 대상판결 사안은 분양계약의 체결시점이 2002. 12.경이고, 건축물분양법이 시행되기 이전의 분양건축물에 관한 것으로서 건축물분양법의 적용을 받지 않는다.[9] 그러나 건축물분양법이 시행되기 이전에도 시행사와 시공사, 신탁회사 등 사이에 신탁회사가 수분양자로부터 지급받은 분양수입금 등을 자기 명의 계좌를 통하여 관리하되, 그 자금의 인출이나 집행은 약정에서 정한 자금집행 요청과 동의가 있어야만 할 수 있는 형태의 자금관리에 관한 대리사무계약이 체결되는 것이 통상적인 모습이었다. 이 사건 사업약정의 내용을 구체적으로 살펴보면, 시행사 A의 역할과 업무로 ■분양수입금의 수납 등 자금관리를 B 신탁회사에게 위임, 신축·분양하는 상가의 개발비를 시공사인 피고와 공동관리 및 집행, 피고와의 공사도급계약 체결, 설계, 감리 등 제반 용역계약 체결, 분양계약체결과 분양계약서 관리가 규정되어 있고, 시공사인 피고의 역할과 업무로 ■책임준공, 수분양자에 대한 중도금대출의 연대보증, 상가개발비에 대해 A와 공동관리 및 집행이 규정되어 있다. 한편, 이 사건 사업약정 제16조는 자금집행순서를 [1순위: 제세공과금, A가 차입한 대출금이자, 담보신탁보수/ 2순위: 사업비목록에 기재된 필수적 사업추진비(설계·감리비, 분양대행수수료, 광고홍보비, 대리사무보수 등)/ 3순위: 분할상환기일별 대출상환 원금 및 공사기성대금, 4순위: 기타 사업비(A의 운영비, 매월 5,000만 원 포함)]로 정하고 있으며, "기타 사업비 중 사업수행에 필수적으로 집행이 필요하다고 판단되는 자금에 대해서는 집행순서에 불구하고 모든 당사자의 사전 동의 후 1순위로 집행할 수 있다"고 되어 있었다. 이 사건 사업약정은 신탁회사 명의의 독립적인 분양수입금 관리계좌 개설, 분양대금의 용도와 사용에 대한 제한, 동의권자의 동의에 기한 자금집행절차 및 자금집행순서를 내용으로 하고 있는 점에 비추어 보면, 대리사무계약에 해당한다. 다만 건축물분양법 적용 이

9) 구 건축물분양법(2007. 8. 3. 법률 제8635호로 개정되기 전의 것) 부칙 제2조는 "이 법은 이 법 시행 후 최초로 분양받을 자를 모집하는 건축물부터 적용한다"고 규정하고 있으므로, 법 시행시점인 2005. 4. 이전 분양계약이 체결된 대상판결 사안에는 건축물분양법이 적용되지 않는다.

전의 사안이므로, ① 분양대금 채권을 신탁업자에게 양도한다는 조항이 포함되지 않은 점, ② 자금집행순서에서 수분양자의 분양대금반환채권이 우선변제 대상으로 되어 있지 않은 것은 건축물분양법이 적용되는 대리사무계약과 다른 점이다.[10)]

이 사건 사업약정과 같은 대리사무계약의 법적 성질이 무엇인지와 관련하여, 대리사무계약이 사업자금의 적정한 관리를 위하여 신탁업자에게 사업자금을 이전하는 것으로서 신탁업자 명의의 자금관리계좌에 입금된 금원에 대하여 분별관리업무가 인정되는 점, 자금관리계좌에 입금된 금원에 대해서는 신탁업자의 재산상태 변동과 관계없이 도산절연성이 인정되는 점 등에 비추어 신탁계약이라고 보는 견해가 있다.[11)] 이 사건 사업약정에서 독립된 분양수입금 관리계좌로 분양수입금이 입금되도록 한 것은 신탁재산의 이전으로 평가할 수 있고, 이러한 재산의 이전은 시행사의 자금유용을 방지하고 신탁회사가 분양수입금을 적정하고 투명하게 관리하도록 하는 목적으로 이루어진 점을 고려할 때 그 본질이 신탁계약이라는 견해에 동의한다. 아울러 이 사건 사업약정 제18조, 제19조는 "시행사의 파산 등으로 시행사가 이 사건 분양사업을 계속 수행할 수 없음이 분명한 경우에는 시공사가 이 사건 사업을 인수할 의무가 있지만, 위 사업이 정상적으로 진행되어 정산을 하게 되는 경우에는 정산 후 손익에 대한 일체의 권리는 시행사만이 갖게 된다"고 규정하고 있는바, 이는 이 사건 분양계약의 정산을 통한 손익이 궁극적으로는 시행사에게 귀속된다는 것을 전제로 한다. 즉, 이 사건 사업약정이 신탁계약의 성격을 가진다

---

10) 건축물분양법 시행규칙 제2조 제2호는 부도·파산 등으로 사업 추진이 불가능한 경우 분양수입금 관리계좌의 남은 금액은 분양받은 자에게 우선하여 지급하여야 한다는 사항을 포함한 분양대금의 지출 원칙, 방법 및 용도가 대리사무계약에 포함되어야 한다고 규정함으로써, 수분양자의 분양대금반환채권을 자금집행순서에서 가장 상위에 있는 것으로 하고 있다. 그러나 이 사건 사업약정은 수분양자의 분양대금반환채권의 집행순위에 대해서 명시하고 있지 않다.

11) 이계정(주 3), 808-810면. 건축물분양법이 적용되는 대리사무계약 뿐만 아니라 이 사건 사업약정처럼 건축물분양법이 적용되지 않는 대리사무계약도 그 법적 성격은 신탁계약으로 동일하다고 한다.

면, 신탁재산으로부터의 이익 귀속주체인 수익자는 시행사인 A라고 보는 것이 타당하다.[12)]

3. 시공사, 수분양자, 시행사 간 선행소송의 경과와 내용

대상판결의 당사자들 간 선행사건인 대법원 2010. 12. 9. 선고 2010다48349 판결(이하 '선행판결')은 대상판결의 결론을 이해하는 데 중요하다. 선행판결은 수분양자들의 중도금 대출에 대하여 연대보증한 시공사가 분양계약이 해제된 후 중도금 대출금을 대위변제하고 수분양자들을 상대로 구상금을 청구한 사안이었다. 위 사건에서 시행사 A는 수분양자 측의 보조참가인으로 소송에 참가하였다. 선행판결 사안에서 시공사와 시행사, 은행은 중도금 대출에 관한 협약을 체결하였는데, 위 협약 제3조 제2항은 "분양계약이 해제됨에 따라 분양대금을 반환하여야 할 경우에는 은행과의 사전협의를 통해 수분양자의 은행에 대한 대출금 상환에 우선 충당되도록 하여야 한다"고 규정하고 있었다. 또한 선행판결 사안에서도 이 사건 사업약정 제15조에 규정된 분양수입금 인출절차가 동일하게 적용되었다. 그런데 시공사는 시행사와 수분양자로부터 분양계약 해제 사실을 통보받고도 시행사와 공동관리하던 계좌에서 수분양자의 대출금을 상환하지 않은 채 자신의 공사대금에 먼저 충당하여 그 잔고가 부족해진 상태에서 은행으로부터 대출금 상환을 요구받게 되자, 대출의 연대보증인으로서 은행에게 대출금을 변제하였다. 당시 시행사 A는 시공사에게 공사대금 지급보다 분양계약 해약자의 중도금 상환을 먼저 해야 한다고 요구하였으나 시공사는 이에 동의하지 아니하였다.

이에 대하여 대법원은 시공사의 구상금 채권의 존재를 인정하면서도, 시공사가 중도금 대출금을 상환할 협약상 사무처리의무를 위반하여

---

12) 이 사건 사업약정의 자금집행순서상 수분양자의 분양대금반환채권에는 명시적으로 우선순위가 부여되어 있지 않다. 따라서 이 사건 사업약정이 수분양자에게 수익자로서 수익권을 부여한 것이라고 보기는 어려울 것이다. 이 논점은 수분양자가 이 사건 사업약정에 기하여 직접 시공사를 상대로 분양대금반환을 청구할 수 있는지와도 연결된다.

수분양자에게 발생한 손해를 배상할 책임이 있고, 위와 같은 손해배상채권을 자동채권으로 한 수분양자의 상계항변을 받아들여 시공사의 구상금 청구를 배척한 원심의 판단이 정당하다고 판시하였다. 이는 대상판결에서 시공사가 해약금 인출동의를 거부한 행위에 대한 규범적 평가와도 직결되는 것으로서 중요한 선례로서의 의미를 가진다. 선행판결에서 대법원은, "시공사와 시행사, 은행이 체결한 협약은 내부 합의에 그치는 것이 아니라, 중도금 대출채무자인 수분양자가 분양대금을 반환받을 권리를 처분하는 내용이 포함되어 있기 때문에 수분양자의 이해관계를 고려해야 하는 점, 협약 제3조 제2항은 분양계약이 해제된 경우 수분양자에게 반환할 분양대금으로 대출금을 변제함으로써 수분양자를 포함한 당사자들의 채권채무관계를 포괄적으로 청산하려는 목적으로 규정된 점, 실제로 협약 제3조 제2항에 따라 분양계약이 해제된 수분양자에 대한 대출금이 분양수입금 관리계좌의 돈으로 직접 국민은행에게 변제된 사례가 상당수 있는 점 등을 종합하면 위 협약은 분양수입금의 공동관리자인 시공사가 수분양자를 위하여 대출금 상환처리사무를 이행할 의무를 부담하는 내용의 제3자를 위한 계약에 해당하고, 시공사는 위 협약에 의하여 분양수입금의 공동관리자 지위에서 분양계약이 해제된 경우 수분양자가 반환받아야 할 분양대금을 대출금에 우선 상환하여야 할 의무를 부담한다고 할 것인데, 시공사가 이러한 의무를 이행하지 않고 자신의 공사대금 채권에 먼저 충당하였다면, 이는 협약상의 수분양자를 위한 사무처리 약정을 위반한 것으로서, 원고는 피고에게 이로 인한 손해를 배상할 책임이 있다"고 판시하였다.

이처럼 선행판결에서는 시공사, 시행사, 은행 간 체결된 중도금 대출협약이 협약의 당사자가 아닌 수분양자에 대한 대출금 상환처리사무까지 수반하는 제3자를 위한 계약이라고 보아 계약의 효력범위를 확장하였다. 비록 선행판결은 제3자를 위한 계약에 근거한 책임을, 대상판결은 불법행위책임을 인정하였다는 점에서 책임의 법적 성격은 다르지만 선행판결의 해석론은 실효적인 채권 충당 수단이나 담보 유무, 정보력의 측면 등에서 대등하지 않은 시행사, 시공사와 수분양자 간 실질적인 지위의 차이를 고려한 것으로서 당사자들 간 관계의 특성이 법률적 책임에 미치는 영향을 규명하였다. 이는 대상판결에서 시공사인 피고의 인출동의 거부가 위법한 제3자 채권침해에 해당한다고 본 것의 이론적 기초가 된 것으로 보인다.

Ⅱ. 분양계약해제로 인한 시공사의 계약상 책임과 부당이득반환 책임

1. 계약상 책임의 성립 여부

하급심에서는 피고가 수분양자인 원고에 대하여 직접적인 계약상 책임을 부담하는지가 선결적인 쟁점이 되었다. 만약 피고가 이 사건 분양계약의 당사자인 것으로 해석되거나, 이 사건 사업약정이 원고에게 직접 권리의무를 부여하는 제3자를 위한 계약에 해당한다고 볼 수 있다면, 제3자의 채권침해로 인한 불법행위책임을 논할 필요도 없이 수분양자가 직접 피고에게 계약에 기하여 분양대금반환을 구할 수 있기 때문이다. 분양사업에 관여하는 당사자들이 이 사건 사업약정이라는 계약의 형식을 통해 분양계약 해제 국면에서 발생하는 위험을 사전적으로 배분한 것으로 평가될 수 있다면, 불법행위법을 동원하여 법관이 사후적으로 위험을 배분할 필요 없이 계약법에 따라 문제를 해결하면 족하다.

원고는 3가지 관점에서 피고의 계약상 책임을 주장하였는데, ① 시공사인 피고가 분양계약의 당사자로서 책임을 부담한다는 주장, ② 피고가 분양사업의 공동주체 혹은 실질적 사업주체로서 분양대금 반환책임을 부담한다는 주장, ③ 이 사건 사업약정이 원고를 포함한 수분양자를 위한 제3자를 위한 계약에 해당한다는 주장이다. ① 주장과 관련하여 원심에서는 피고가 이 사건 분양계약서의 '매도인'이 아닌 '시공사'란에 날인한 점, 대규모 건축사업의 경우 시행사의 이중분양 및 분양대금 유용 등을 막기 위해 시공사의 날인이 없는 분양계약은 무효라는 내용을 분양계약서상에 명시하는 것이 일반적인 점 등에 비추어 보면, 피고를 분양계약의 당사자로 인정하기는 부족하다고 판시하였다. 한편, 피고가 분양사업의 공동주체 또는 실질적 사업주체라는 ② 주장은 통상 건축물 선분양사업에서 시공사가 초기부터 시행사와 업무협의를 하면서 분양수입금의 공동관리자 역할을 하는 점에 비추어 보면 일응 타당한 면이 있다. 하지만 시행사와 시공사 간 긴밀한 업무협력 관계를 인정할 수 있다고 하더라도 이를 근거로 곧바로 시공사에게 수분양자에 대한 계약상 분양대금 반환 책임을 인정하기에는 무리가 있다. 계약법상 시공사는 여전히 분양계약관계 바깥에 있는 제3자에 불과하기 때문이다. 같은 취지에서 원심도 피고가 시행사와 이해관계를 같이 하며 분양에 관여하였다 하더라도 그러한 사정만으로는 해약금을 반환할 계약상 책임을 인정할 수 없고, 오히려 이 사건 사업약정에서는 '위 사업이 정상적으로 진행되어 정산하게 되는 경우 정산 후의 손익에 대한 일체의 권리는 시행사만이 갖게 된다'고 규정하고 있으므로 피고가 분양사업의 공동주체라고 보기는 어렵다고 판단하였다.

마지막으로 이 사건 사업약정을 제3자를 위한 계약으로 보아 수분양자가 직접 피고에게 분양대금의 반환을 구할 수 있다는 ③ 주장에 대하여 살펴본다. 어떤 계약이 제3자를 위한 계약에 해당하는지는 당사자의 의사가 그 계약으로 제3자에게 직접 권리를 취득하게 하려는 것인지에 관한 의사해석의 문제로서, 계약 체결의 목적, 당사자가 한 행위의 성질, 계약으로 당사자 사이 또는 당사자와 제3자 사이에 생기는 이해득실, 거래 관행, 제3자를 위한 계약제도가 갖는 사회적 기능 등을 종합하여 계약당사자의 의사를 합리적으로 해석함으로써 판별할 수 있다.[13] 이 사건 사업약정이 제3자를 위한 계약이라고 해석할 수 있으려면 계약당사자인 시행사와 시공사, 신탁회사가 수분양자에게 직접 신탁회사에 대한 권리를 부여한 것이라고 해석할 수 있어야 한다. 그런데 이 사건 사업약정은 분양사업상 시행사인 A와 시공사인 피고의 역할과 업무를 분담하면서 분양수입금의 공동관리와 자금인출절차 및 집행순서를 정해놓은 것이고 본질적으로는 시행사 A를 사업손익의 궁극적 귀속주체로 하는 내용인 점에 비추어 보면, 이 사건 사업약정이 수분양자에게 신탁회사에 대한 직접적

---

13) 대법원 2018. 7. 12. 선고 2018다204992 판결 등 참조.

인 권리를 부여하는 제3자를 위한 계약이라고 보기는 어렵다. 아울러 이 사건 사업약정에 기재된 자금집행순서에는 분양계약 해제에 따른 분양대금반환에 대한 규정이 있지도 않으므로 사업약정을 근거로 수분양자가 직접 피고에게 분양대금반환청구를 할 수 있다고 보기는 어려울 것이다. 원심 판결도 유사한 취지로 이 사건 사업약정이 제3자를 위한 계약에 해당한다는 원고의 주장을 배척하였다.

2. 부당이득반환 책임의 성립 여부

원고는 피고에게 이 사건 해약금 상당의 부당이득반환 책임이 있다고 주장하였다. 피고의 부당이득반환 책임 유무는 분양계약의 당사자 확정과 논리적으로 연결되어 있는 문제이기도 하다. 수분양자가 계약상대방인 A의 지시에 따라 제3자인 B 신탁회사 명의 계좌에 분양대금을 입금한 것이고 이는 삼각관계에서 급부가 이루어진 경우로서 이른바 단축급부에 해당하기 때문이다. 계약에 기한 채무이행이 계약상대방이 아닌 제3자에게 이루어졌는데 기본관계에 흠결이 있어서 이미 지급한 금원에 대한 부당이득반환이 이루어져야 할 경우 반환청구의 상대방이 누구인지에 대하여 대법원은 일관되게 계약관계에 따른 청산은 당해 계약의 당사자들 사이에서 이루어져야 한다는 것을 전제로 "계약의 한쪽 당사자가 상대방에게 급부를 한 원인관계인 법률관계에 무효 등의 흠이 있거나 그 계약이 해제되었다는 이유로 제3자를 상대로 직접 부당이득반환청구를 할 수 있다고 보면, 자기 책임 아래 체결된 계약에 따른 위험부담을 제3자에게 전가하는 것이 되어 계약법의 원리에 반하는 결과를 초래할 뿐만 아니라 수익자인 제3자가 상대방에 대하여 가지는 항변권 등을 침해하게 되어 부당하다"고 하여 제3자를 상대로 부당이득반환청구를 할 수 없다고 판시해 왔다.[14] 이러한 법리를 분양계약 해제에 따른 부당이득반환 국면에 대입해 보면, 분양계약의 당사자는 시행사와 수분양자이므로, 수

---

14) 대법원 2008. 9. 11. 선고 2006다46278 판결, 대법원 2017. 7. 11. 선고 2013다55447 판결, 대법원 2018. 7. 12. 선고 2018다204992 판결 등 참조.

분양자는 계약상대방인 시행사에 대해서 분양대금 반환을 구할 수 있을 뿐 제3자인 시공사에게 부당이득반환청구를 할 수는 없다는 결론에 이르게 된다. 아울러 대상판결 사안에서 분양대금은 B 신탁회사 명의 계좌로 입금된 것이므로 피고를 급부수령자로 볼 수 있을지도 문제이다. 피고는 시공사로서 신탁회사 계좌를 통해 시행사와 분양대금을 공동관리하므로 실질적 관점에서 급부수령자로 평가될 수도 있으나, 그렇다고 하더라도 피고는 계약상대방이 아닌 제3자로서 분양대금을 수령한 것에 불과하므로, 단축급부에 따른 부당이득반환문제는 여전히 남는다.[15)·16)]

---

15) 다만 윤지영, "채권양도와 부당이득-「삼각관계에서의 부당이득 법리」를 중심으로-", 민사판례연구 제41권(2019), 634, 645-646면에서는 삼각관계에서의 부당이득반환과 관련한 대법원 판결을 종합할 때 계약관계의 청산은 계약당사자 간 이루어져야 한다는 명제는 언제나 절대적으로 관철되어야 하는 규칙이 아니고, 제3자를 위한 계약이라는 동일한 제도 속에서도 구체적 상황에 따라 부당이득 법률관계가 다르게 형성될 수 있다고 하면서, 삼각관계에서도 급부 또는 그 가액에 대한 반환청구 상대방은 '급부수령자'라고 보는 것이 법률과 이론에 충실한 해석이라고 한다. 신탁회사의 수분양자에 대한 부당이득반환의무와 관련하여, 분양대금은 경제적으로 신탁회사의 것이 아니라 시행사의 자산으로 보아야 하므로 형식적으로 분양대금 반환 주체가 신탁회사가 된다고 하더라도 이를 신탁회사의 경제적 출연이라고 보기 어렵고 따라서 수분양자가 시행사뿐만 아니라 신탁회사를 직접 상대방으로 하여 분양대금반환청구를 할 수 있다는 견해[장보은, "계약의 해소와 부당이득반환의 문제: 선분양에서의 신탁관계를 중심으로", 저스티스 통권 제171호(2019), 306면]도 형식적인 계약상대방보다는 실질적인 급부수령자의 관점에서 부당이득반환청구의 상대방을 정하는 취지로 이해된다.

16) 제3자에 대한 부당이득반환청구를 허용하면 제3자가 상대방에 대하여 가지는 항변권을 침해한다는 관점에서 생각해 보면, 이 사건 사업약정에서는 피고의 공사대금 채권이 자금집행 3순위로 기재되어 있고 수분양자의 분양대금반환 채권은 집행순서에 기재되어 있지 않다. 만약 이 사건 분양수입금 계좌에 잔존한 금원이 피고의 공사대금채권과 원고의 해약금 반환채권을 모두 만족시키기에 부족하다면, 피고로서는 이 사건 사업약정의 당사자인 시행사나 신탁회사에게는 자금집행순서와 관련하여 자신의 공사대금 채권이 우선 집행되어야 한다거나 수분양자의 해약금반환채권과 안분하여 집행되어야 한다는 항변을 할 수 있을 것이지만, 이를 이 사건 사업약정의 당사자가 아닌 수분양자에게 주장할 수는 없다[이계정(주 3), 821-822면도 같은 취지임]. 즉, 분양계약의 당사자가 아닌 시공사에 대해 수분양자에 대한 직접적인 부당이득반환책임을 인정하게 되면 시공사가 시행사나 신탁회사에게 할 수 있었던 주장을 수분양자에게 할 수 없는 불이익이 있다. 원심판결이 이 사건 사업약정의 해석상 분양대금 반환이 공사대금 등 채권보다 우선적으로 이루어져야 한다고 보기는 어렵다는 점을 피고의 부당이득반환의무를 부정하는 논거로 든 점은 이러한 맥락에서 이해할 수 있다. 다만 대상판결의 원심은 피고의 인출동의 거

계약해제에 따른 원상회복의 법리에 따르더라도 분양계약 해제로 인한 분양대금의 부당이득반환책임은 계약당사자인 시행사에게 있다고 보는 것이 타당하다. 민법 제548조 제1항 본문은 "당사자 일방이 계약을 해제한 때에는 각 당사자는 그 상대방에 대하여 원상회복의 의무가 있다"고 하여 계약의 청산은 계약의 당사자 사이에서 이루어져야 함을 강조하고 있고, 따라서 부당이득반환의무자가 누구인지도 민법 제548조 제1항 본문에 의해 계약의 상대방으로 결정되어야 하기 때문이다.[17)]

Ⅲ. 제3자 채권침해로 인한 불법행위책임의 성립 여부

피고가 분양계약 바깥에 있는 제3자여서 계약책임과 부당이득반환책임이 인정되기 어렵다고 하더라도 시행사의 무자력에 따른 위험을 수분양자에게 전가시키는 것은 부당하다. 정보와 지위가 대등한 상태에서 체결되는 계약관계와 달리 부동산 선분양사업에서 체결되는 분양계약에서는 시행사와 시공사, 신탁회사와 같은 사업주체와 수분양자 간 협상력의 측면에서 현실적인 차이가 존재하고, 수분양자들은 막대한 자금을 투입하여 아직 건축되지 않은 건축물을 매수하면서도 사업진행이나 자금관리에 대하여 충분한 정보를 제공받지 못하는 경우가 대부분이기 때문이다. 대상판결은 분양계약의 비대칭적 속성을 전제하고 계약책임이나 부당이득반환의 법리로 해결되지 않는 공백을 제3자 채권침해라는 불법행위 책임의 성립을 통하여 해결했다는 점에서 그 의의가 있다.

1. 제3자 채권침해의 인정 여부와 근거

제3자 채권침해란 계약당사자가 아닌 제3자에 의해 채권의 실현이

부가 위법한 제3자 채권침해에 해당하는지를 판단하는 과정에서, 분양계약의 해제에 따른 해약금의 반환이 가장 마지막 순서로 집행되도록 정한 것이라고 의사 해석하기는 어렵고 중도 해약금 반환은 시행사의 지급요청에 따라 그때마다 금원을 인출하여 지급하기로 하였던 것으로 봄이 상당하다는 취지로 당사자들의 의사를 보충적으로 해석하였다.

17) 이계정(주 3), 818-819면.

불가능해지거나 방해받는 것을 의미한다. 현재 우리나라의 학설과 판례는 제3자 채권침해로 인한 불법행위책임의 성립을 거의 일치하여 인정하고 있고 다만 그 논의의 중심은 점차 어떠한 요건하에서 불법행위법에 의한 보호를 부여해야 할 것인가로 옮겨가고 있다.[18] 우리 민법은 제3자 채권침해를 규율하는 규정을 따로 두고 있지 않으며, 채권침해 불법행위가 인정되는 근거는 민법 제750조이다. 특히 대법원 판결은 몇 가지 유형의 사안을 통해 통상적인 불법행위보다 더 엄격한 요건하에서 채권침해 행위의 위법성을 인정하고 있다. 대법원 판결이 엄격한 요건하에서만 채권침해행위의 위법성을 인정하는 이유는 절대권인 물권과 달리 채권은 채무자를 통해서만 그 권리가 실현될 수 있는 상대권이라는 점, 그리고 일반적으로 자유경쟁이 허용되는 상황에서 채권침해의 불법행위책임을 엄격하게 인정하게 되면 거래활동이 위축될 수 있다는 점에서 기인한다. 우리나라의 채권침해 불법행위책임에 관한 논의는 독일 민법, 영미법, 일본민법으로부터 상당한 영향을 받았으나, 책임인정의 구체적인 근거가 되는 법 규정의 차이로 인하여 외국의 논의를 그대로 우리의 사례에 적용하는 것이 적절하지 않은 측면도 존재한다. 이하에서는 독일법과 영미법, 일본법에 의한 제3자 채권침해 논의를 간략하게 살펴보고, 그것이 우리의 해석론에 시사하는 바를 탐색하고자 한다.

(1) 독일 민법상 채권침해 불법행위

하나의 포괄적인 일반조항으로 불법행위를 규율하는 우리나라와 달리, 독일 민법은 세 개의 개별구성요건조항(제823조 제1항, 제2항 및 제826조)을 통해 불법행위를 규율하고 있다. 독일 민법 제823조 제1항은 "고의 또는 과실로 타인의 생명, 신체, 건강, 자유, 소유권 또는 기타의 권리를 위법하게 침해한 사람은 그 타인에 대하여 이로 인하여 발생하는 손해를 배상할 의무를 진다"고 하여 불법행위의 원칙적인 유형으로 '권리침해'를 규정하고 있는데, 위 규정에서 말하는 권리는 소유권 등 절대권을 의미

18) 강혜아, "제3자에 의한 채권침해에 대한 연구", 민사법학 제95호(2021), 217-218면.

하고, 위 '기타의 권리'에 채권은 포함되지 않는다는 것이 독일의 다수설이자 판례이다.[19)·20)] 우리 민법이 독일 민법과 같이 권리침해가 아닌'위법성'을 불법행위 성립의 판단기준으로 내세운 것은 중요한 의미가 있는데, 이를 통해 제3자가 타인의 계약관계를 위법하게 침해하였다고 평가되면 상대권에 속하는 채권도 불법행위법의 보호범위로 포섭하는 데 큰 어려움이 없게 되었다.[21)·22)]

이처럼 독일 민법상 상대권인 채권은 제823조 제1항 규정에 의한 보호대상이 아니기 때문에 독일 민법 제826조에 의해 제3자에 의한 채권침해가 규율될 수 있는지가 문제된다. 제826조는 "선량한 풍속에 위반하여 타인에게 고의로 손해를 가한 사람은 그 타인에게 손해를 배상할 의무를 진다"고 규정하고 있다. 이와 관련하여 제3자의 행위가 선량한 풍속에 위반되는지가 주로 문제된다. 독일의 통설과 판례는 제3자가 타인의 계약위반에 가담하는 경우 원칙적으로는 불법행위책임을 인정하지 않고 특별한 사정이 인정되는 경우에 한하여 제826조에 따라 불법행위책임을 인정하고 있으며,[23)] 특히 '선량한 풍속'이라는 개념 안에 내재되어 있는 추상성과 불확실성을 구체화하기 위해 노력해 왔다.[24)] 제3자가 계약상의

---

19) 김재형, "제3자에 의한 채권침해-판례의 전개를 중심으로", 민법론 Ⅲ(2007), 박영사, 399-400면; 강혜아(주 18), 222-223면.

20) 독일 민법의 입안자들도 "채권관계에 기초한 권리침해 역시 불법적이지만 그러한 채권관계로부터는 채무자에 대한 권리만 발생하고, 채무자만 이러한 권리침해에 대해 책임을 질 수 있다"고 하여 통설과 같이 채권은 제823조 제1항에 의해 보호될 수 없다는 데 입장을 같이하였다고 한다. Canaris, "Der Schutz obligatorischer Forderungen nach §823 Abs. 1 BGB" FS Steffen(1995), 85; 강혜아(주 18), 223면에서 재인용.

21) 김재형(주 19), 400-401면.

22) 현행 민법 제750조에 대응하는 구 민법 제709조는 독일과 같이 위법성이 아닌 권리침해를 요건으로 하고 있었으므로, 문언상으로는 불법행위법에 의한 보호대상은 '권리'에 한정되어 있었다. 그러나 권리의 반열에 이르지 않은 보호법익도 존재할 수 있다는 문제의식하에 1930년대부터 학계에서도 '권리침해로부터 위법성으로의 확장'이 받아들여지기 시작하였고 입법적으로도 불법행위 요건에서 권리침해 요건을 삭제함으로써 불법행위 성립요건을 확장하였다. 이로써 보호법익의 문제는 불법행위 성립 여부를 결정하는 최전선에서 물러나게 되었다고 평가된다[권영준, "미국법상 순수재산손해의 법리, 민사법학 제58호(2012), 151면].

23) MünchKomm/Wagner(2017) BGB §826 Rn 71; 강혜아(주 18), 224면에서 재인용.

청구권을 침해하더라도 곧바로 독일 민법 제826조의 선량한 풍속 위반은 아니고 계약파기를 적극적으로 유도하는 등의 특별한 사정-예컨대 제3자의 가담행위에 계획성이 있거나, 제3자가 채무자와 공모하거나, 제3자가 계약의 파기를 위해 매우 높은 액수의 경제적인 반대급부를 제공하여 계약위반을 이끌어 내거나, 위법한 수단을 사용한 경우 등-이 부가적으로 인정되어야 한다.[25)]

이상의 논의를 종합하면, 독일 민법에서 제3자에 의한 채권침해 행위가 불법행위로 인정되는 것은 당해 행위가 제826조의 선량한 풍속에 위반한 고의의 가해행위로 포섭될 수 있는 경우에 한정되고, 과연 어떤 경우 제3자의 채권침해로 인해 예외적으로 불법행위책임이 성립하는지에 관한 '특별한 부가적인 사정'에 집중하여 사례를 통해 구체적인 요건을 정립하는 데 논의가 집중되었다고 볼 수 있다.

(2) 영미법상 제3자의 계약방해

영미법은 제3자의 계약관계에 대한 방해(interference with contractual relations)가 불법행위를 구성한다는 관점에서 제3자의 채권침해 문제를 접근하고 있으며, 위 법리는 판례의 집적을 통해 발전해 왔다. 제3자의 계약방해 법리는 1853년 영국의 Lumley v. Gye 판결[26)]을 통해 판례법상 명확한 형태로 나타나기 시작하였고, 20세기에 들어와 미국에서도 채택되었다.[27)]

---

24) 강혜아(주 18), 224면.

25) 김재형, "제3자에 의한 계약방해 -현재 또는 장래의 계약관계를 방해하는 경우를 포함하여-", 판례실무연구 Ⅸ(2010), 547면; 김재형(주19), 402-404면; 강혜아(주 18), 224-225면.

26) 1853, 2 El. & Bl. 216. 118 Eng.Rep. 749. 위 판결을 통해 제3자가 고의로 계약관계를 침해하는 것이 독자적인 불법행위의 한 유형으로 인정되었다고 평가된다. 위 판결 사안에서 극장주인 원고는 유명한 오페라 가수인 Johanna Wagner와 전속출연계약을 체결하였다. 원고와 경쟁관계에 있는 극장 소유주인 피고는 Wagner에게 보다 높은 급료를 제공하면서 원고와의 계약을 파기하도록 유인하였다. 이에 대하여 법원은 원고와 Wagner 사이에는 노동자법령의 규율대상인 종속적 노동관계(master-servant relation)가 존재하지 않음에도 불구하고 피고에게 악의(malice)가 있었음을 근거로 피고의 손해배상책임을 인정하였다.

27) 엄동섭, "영미법상 제3자의 계약침해", 민사법학 27호(2005), 177-178면; 김재형

1939년에 발간된 1차 Restatement[28]는 고의에 의한 계약방해 행위가 있으면 일단 책임이 성립하고, 피고가 항변으로써 정당화 사유를 입증해야 책임을 면할 수 있는 구조로 되어 있었다.[29] 1979년 발간된 2차 Restatement에서는 피고가 고의로 그리고 부당하게(intentionally and improperly) 계약을 침해한 행위에 대하여 책임을 진다고 규정하여 위와 같은 불명확성이 다소 개선되었다.[30]·[31] 이후에도 제3자의 계약방해로 인한 책임인정의 주된 근거인 부당성(impropriety) 개념의 명확성을 강화하기 위한 노력은 지속되었다. 2020년 3월 출간된 제3차 Restatement는 제2차 Restatement의 토대 위에서 계약에 대한 침해가 불법행위를 구성하는 요건을 더 구체적으로 규정하였다. 즉, 제3차 Restatement 제17조는 피고가 계약침해에 대한 책임을 지는 요건으로서 제1항에서 (a) 원고와 제3자 사이에 유효한 계약이 존재할 것, (b) 피고가 계약에 대해 인식하였을 것, (c) 피고가 제2항에서 정의하는 위법행위(wrongful conduct)에 관여하였을 것, (d) 피고가 원고의 계약파기를 야기하거나 이행을 방해할 것을 의도하였을 것, (e) 피고의 위법행위가 계약파기 또는 이행의 방해를 야기하였을 것, (f) 원고가 그 결과로 경제적 손실을 입었을 것을 규정하고,

---

(주 19), 403-404면.

28) 미국법률협회(The American Law Institute)가 발간한 Restatement는 1차적 법원(法源)인 판례와 함께 미국에서 중요한 2차적 법원을 구성한다.

29) 이에 대하여는, 제3자가 폭력이나 기망적 수단을 사용한 것이 아닌 한 타인 간 계약관계에 개입하는 행위에 대해 왜 책임을 지우는 것인지에 대한 설명이 근본적으로 부족하다는 점, 무엇이 금지되는 행위이고 무엇이 허용되는 행위여서 과연 어떤 기준하에서 책임이 성립하는지에 대한 명확한 설명이 없다는 점, 무엇이 정당화 사유인지 특정하지 않은 채 일단 피고에게 책임을 지우고 피고로 하여금 제3자 계약개입이 허용되는 사유들을 스스로 증명해야 하는 부담을 지운다는 점 등이 문제로 지적되었다. Dan b. Dobbs, "Tortious Interference with Contractual Relationships", 34 *Arkansas Law Review*(1980), 343-347.

30) Dan b. Dobbs(주 29), 345-346면.

31) 2차 Restatement 제767조에서는 부당성의 판단을 위해 고려되어야 할 7가지 요소들을 규정하고 있고, 위 각 요소는 (a) 행위자의 행위의 성질(nature), (b) 행위자의 동기, (c) 행위자의 행위에 의해 침해되는 타인의 이익, (d) 행위자에 의해 추구된 이익, (e) 행위자의 행동의 자유와 타인의 계약적 이익을 보호하는 데 대한 사회적 이익, (f) 행위자의 행위와 침해결과 사이의 원근(the proximity or remoteness), (g) 당사자 사이의 관계를 포함한다. 엄동섭(주 27), 185-186면.

제2항에서 위법행위의 의미를 (a) 피고가 원고의 계약상 이익을 대신 취득하고자 하는 목적으로 행동한 경우, 또는 (b) 피고의 행위가 독립적인 고의의 불법행위(independent and intentional legal wrong)를 구성하는 경우, 또는 (c) 피고가 오로지 원고를 해할 목적으로만 행위에 관여한 경우로 구체화하고 있다.[32]

3차례에 걸쳐 발간된 Restatement가 제3자의 계약방해 행위에 대한 책임을 규율하는 방식을 개관하면, 미국에서는 위법성 판단의 기준인 '부당성' 요건을 구체화시키는 작업을 중심으로 논의가 진행되었음을 알 수 있다. 이러한 논의들은 기본적으로 제3자 계약방해 행위에 대한 책임이 지나치게 확대되는 경향을 경계하는 전제 위에 서 있다.

(3) 일본 민법에 의한 제3자 채권침해

일본 민법 제709조는 '고의 또는 과실로 인한 권리침해로 타인에게 손해를 가한 것'을 불법행위의 요건으로 규정하고 위법성에 관하여는 명시적으로 규정하지 않아 불법행위 성립요건에 관하여 독일 민법 제823조와 같은 규범구조를 가지고 있다. 그러나 권리침해의 요건을 지나치게 엄격해석하게 되면 불법행위제도에 의한 피해자 구제 범위가 협소하게 되므로 이를 넓게 해석하려는 경향이 나타났다.[33] 학설은 "일본 민법 제709조의 권리는 불법행위법에 의한 법적 보호의 가치가 있다고 인정되는 이익이면 족하다"고 판시한 대학탕(大學湯) 판결[34]을 계기로 권리침해가 위법성의 한 징표라고 보았고, 이후 와카츠마 사카에(我妻榮)에 의하여 일본의 통설인 상관관계설이 정립되었다.[35]

상관관계설은 위법성은 '침해이익'이라는 결과불법적 요소와 '침해행위의 태양'이라는 행위불법적 요소 간 상관관계에 의하여 결정된다는 것으로서, 두 가지 요소 중 어느 한 요소가 약하더라도 다른 한 요소가 강

32) Restatement(3rd) of Torts: Liability for Economic Harm(2019).
33) 오수원, "채권침해태양의 유형화 무용론", 저스티스(2016), 110면.
34) 日本大審院 1925. 11. 28. 선고 大定 14才 제625호.
35) 오수원(주 33), 110면.

하면 위법성이 인정될 수 있다.[36] 이와 관련하여 와카츠마 사카에는 “피침해이익에는 확실한 권리로 인정될 수 있는 것에서부터 새로운 권리로서 인정되는 것에 이르기까지 강약의 단계가 있고, 강한 권리를 침해하는 행위는 약한 침해행위보다도 강한 위법성을 띤다. 한편 사람의 행위에는 권리의 행사로서 인정될 수 있는 것, 자유활동 범위 안에 속하는 것, 공서양속에 반하는 것, 법규위반으로서 금지되는 것에 이르기까지 위법성의 단계가 있고, 이 양자를 상관적 · 종합적으로 고찰하여 행위의 최종적인 위법성 정도가 결정될 수 있다. 이러한 상관적 고찰로부터 ① 기존의 법률체계에서 절대적인 권리로 인정되는 것을 법규위반 행위에 의해 침해할 때에 위법성은 가장 강하게 되고, ② 새롭게 생성되는 권리를 권리의 행사로서 침해할 때에는 위법성이 가장 약하게 되며, ③ 권리로서의 대세적 효력이 약하거나 내용이 막연한 것에 관해서는 그 침해행위 태양이 특별히 고려되어야 한다”[37]고 하면서 피침해이익별로 그리고 침해행위별로 가해행위의 위법성 판단기준을 검토하였고, 채권침해나 영업침해는 양속위반을 필요로 한다고 하였다.[38] 상관관계설에 의하면 피침해이익이 소유권 등 절대권일 경우에는 이미 권리 자체가 공고하기 때문에 가해행위가 특별한 행위태양을 매개로 이루어지지 않더라도 곧바로 위법성을 인정할 수 있으나, 피침해이익이 채권과 같은 상대권일 경우에는 양속위반과 같은 부가적인 행위태양이 결합되어야만 위법성이 인정된다. 이러한 태도는 절대권이 침해된 경우 침해행위 태양을 고려하지 않고 당연히 위법성이 추정된다고 보는 독일 민법의 제823조 제1항의 해석론을 전제하고 있는 것이라고 볼 수 있다.[39] 상관관계설은 불법행위 성립요건으로 권리침해를 규정하고 있는 일본 민법 제709조에도 불구하고, 절대권 이외의 권리가 침해된 경우에도 위법성이 인정되면 불법행위가

36) 권영준(주 22), 151면.

37) 我妻榮, 事務管理 不當利得 不法行爲, 日本評論社(1939), 125-126면; 오수원(주 33), 111면에서 재인용.

38) 我妻榮(주 37), 131, 134면; 오수원(주 33), 111면에서 재인용.

39) 강혜아(주 18), 238면.

성립한다고 봄으로써 해석을 통해 권리침해의 의미를 확장하려는 맥락에서 정립되었음을 이해할 필요가 있다. 우리 대법원 판례도 제3자 채권침해의 위법성 판단 기준으로 상관관계설을 취하고 있는 것으로 평가되고 있다.[40]

(4) 우리 대법원 판례에 따른 제3자의 채권침해와 불법행위책임

대법원 판례는 민법 제750조를 근거로 제3자의 채권침해로 인한 불법행위책임을 인정하면서도, 통상적인 불법행위 사안보다는 더 엄격한 요건하에서 채권침해의 위법성을 인정하고 있다. 이제까지 대법원 판결에서 제3자 채권침해의 위법성이 문제된 사안들은 4가지 정도로 유형화할 수 있다.[41] ① 채권의 실현을 방해하는 경우(이 유형은 다시 제3자가 채무자의 책임재산을 감소시키는 경우와, 제3자가 채무자의 채무이행을 방해하는 경우로 나눌 수 있다), ② 경쟁적 계약관계에서 이중계약을 체결하는 경우, ③ 특약점 계약상의 독점적 판매권을 침해하는 경우, ④ 제3자가 계약파기를 유인하는 경우이다. 위 각 사안유형은 특징을 달리하는데, 제3자가 채권의 실현을 방해하는 ① 유형의 경우 채권자체는 소멸하지 않고 존속하고 있지만 채권의 현실적인 만족이 좌절된 것이고, 경쟁적 계약관계와 독점판매계약이 문제되는 ②, ③ 유형에서는 자유경쟁의 원칙이 허용되는 범위와 그 한계가 문제된다. 한편 ④ 유형에서는 계약파기를 유인한 제3자의 행위태양을 규범적으로 어떻게 평가하여야 할 것인지가 주된 쟁점이 된다.

우리 대법원이 최초로 제3자 채권침해의 위법성을 인정한 사례는 ④ 유형으로서 마이클 잭슨의 내한공연을 반대하는 시민단체 구성원들이 공연 입장권을 판매하는 은행에 대해 불매운동을 전개하겠다고 위협하여 은행의 입장권판매대행계약을 취소시킨 사안이었다. 대법원 2001. 7. 13. 선고 98다51091 판결은 이러한 피고들의 행위가 시민단체의 활동자유의 한계를 벗어나 원고가 각 은행과 체결한 입장권판매대행계약에 기한 원

---

40) 강혜아(주 18), 237-238면.
41) 사안유형의 분류는 김재형(주 19)을 참고하였다.

고의 채권을 침해하는 것으로서 위법하다고 판시하였다. 시민단체의 대표들인 피고들이 마이클 잭슨의 공연에 반대하는 것은 가능하나, 입장권 판매대행계약을 체결한 은행들에게 계약의 즉각적인 불이행을 요구하고 이에 응하지 아니할 경우 불매운동이라는 경제적 압박수단을 고지하여 계약을 포기하도록 하였다면 위법성이 인정된다는 것이다.[42] 이후 대법원 2001. 5. 8. 선고 99다38699 판결에서는 독립한 경제주체 간의 경쟁적 계약관계에서 제3자에 의한 채권침해의 위법성이 인정되기 위해서는 제3자가 채무자와 적극 공모하거나 사회상규에 반하는 수단을 사용하거나 채권자를 해할 의사로 채무자와 계약을 체결하는 등의 특별한 사정이 있어야 한다고 판시하였다.

제3자 채권침해로 인한 불법행위책임 성립 여부를 판단할 때 일반적인 판단기준으로서 원용되는 판결은 대법원 2003. 3. 14. 선고 2000다32437 판결이다. 위 판결은 채권침해의 위법성을 판단하는 요소를 나열하고 있는데, "일반적으로 채권에 대하여는 배타적 효력이 부인되고 채권자 상호간 및 채권자와 제3자 사이에 자유경쟁이 허용되는 것이어서 제3자에 의하여 채권이 침해되었다는 사실만으로 바로 불법행위로 되지는 않는 것이지만, 거래에 있어서의 자유경쟁의 원칙은 법질서가 허용하는 범위 내에서의 공정하고 건전한 경쟁을 전제로 하는 것이므로, 제3자가 채권자를 해한다는 사정을 알면서도 법규에 위반하거나 선량한 풍속 또는 사회질서에 위반하는 등 위법한 행위를 함으로써 채권자의 이익을 침해하였다면 이로써 불법행위가 성립한다고 하지 않을 수 없고, 여기에서 채권침해의 위법성은 침해되는 채권의 내용, 침해행위의 태양, 침해자의 고의 내지 해의의 유무 등을 참작하여 구체적, 개별적으로 판단하되, 거래자유 보장의 필요성, 경제·사회정책적 요인을 포함한 공공의 이익, 당사자 사이의 이익균형 등을 종합적으로 고려하여야 한다"고 판시하였다. 이 판결은 제3자에 의한 채권침해가 자유경쟁의 한계를 형성한다는 전제

42) 김재형(주 19), 416-418면.

에서 출발하고, 채권침해의 위법성을 판단할 때 당사자 간 이익균형뿐만 아니라 거래자유를 보장할 필요성과 사회정책적 요인도 고려하여야 한다는 취지이다.[43] 대법원은 위 법리를 제3자 채권침해 사안의 위법성 판단기준으로 일관되게 판시해 왔고, 대상판결도 사안에서 피고의 인출동의 거부 행위가 위법한 제3자 채권침해로 평가되는지에 대한 구체적 판단에 앞서 일반 법리로서 대법원 2000다32437 판결의 판시내용을 인용하였다.

제3자 채권침해의 위법성 판단기준에 대한 대법원의 판시내용을 살펴보면, 다음과 같은 점을 알 수 있다. 대법원 99다38699 판결과 대법원 2000다32437 판결은 모두 원칙적으로는 제3자의 채권침해가 곧바로 불법행위를 구성하는 것은 아니지만, '제3자가 채권자를 해한다는 사정을 알면서도' '법규 위반' 또는 '선량한 풍속 또는 사회질서 위반' 등 위법한 행위를 하였다면 예외적으로 불법행위가 성립한다는 취지로 판시하여 독일 민법 제826조의 해석론을 반영하고 있다.[44] 아울러 위 판결은 위법성 판단을 위해 종합적으로 고려해야 하는 사항으로 '침해되는 채권의 내용', '침해행위의 태양', '침해자의 고의 내지 해의의 유무'를 명시하고 있는바, 이러한 판단기준은 본질적으로 피침해이익의 성질과 침해행위의 태양 간 상관관계로 위법성을 판단하는 일본의 상관관계설의 입장을 반영한 것이다. 그렇다면 우리 대법원 판결은 제3자 채권침해의 위법성을 판단하는 기준으로서 독일 민법 제826조의 해석론과 더불어 일본 민법 제709조에 대한 해석론인 상관관계설을 함께 활용하고 있는 것으로 평가될 수 있다.

이러한 대법원의 판단기준과 관련하여 다음과 같은 의문을 제기할 수 있다. 첫 번째로, 우리 민법 제750조는 권리침해를 요건으로 하지 않고 위법성이라는 탄력적인 기준을 매개로 불법행위의 성립을 판단하는 일반조항주의를 취하고 있어서 권리침해를 전제로 불법행위 성립을 인정

---

43) 김재형(주 19), 415면.

44) 김재형(주 19), 406-407면에서도 우리 판례가 제3자에 의한 채권침해가 불법행위가 되기 위해서는 선량한 풍속 또는 사회질서에 위반하는 등 위법성이 있어야 한다고 보는 것은 독일 민법 제826조의 영향을 받은 것이라고 한다.

하는 독일과 일본의 민법과는 불법행위책임에 관한 규정형식을 달리하고 있다. 그럼에도 독일과 일본 민법의 해석론으로서 채택된 선량한 풍속 위반의 가해행위를 요구하는 관점과 상관관계설을 우리 민법 제750조에 따른 제3자 채권침해 위법성을 판단하는 일반적인 기준으로 원용하는 것이 적절한가 하는 것이다. 독일과 일본 민법하에서는 물권과 같은 절대권이 아닌 채권이 침해된 경우에는 원칙적으로 불법행위책임이 성립하지 않기 때문에 특별한 침해행위의 태양이 가미된 채권침해에 대해 예외적으로 위법성을 인정하여 불법행위 책임성립의 범위를 확대하려는 맥락에서 위와 같은 해석론이 발전해 온 반면, 우리 민법하에서는 제3자에 의한 채권침해 행위의 위법성 유무를 포함하여 민법 제750조의 요건 충족 여부를 검토해서 불법행위 성립 여부를 판단하면 될 뿐 독일이나 일본과 같이 원칙과 예외의 구조로 접근할 필요는 없다고 생각된다.[45)]

두 번째로, 좀 더 실천적인 관점에서 위 일반법리가 개별 사안에서 위법성 판단을 하는 법관에게 구체적인 지침으로서의 역할을 할 수 있는지에 대해 다소 의문이 있다. 민법 제750조에 근거하여 제3자 채권침해로 인한 불법행위책임 성립을 판단하는 핵심적인 기준은 '위법성' 여부이고, 이는 사실의 확정을 토대로 한 규범적 평가의 문제이다. 위 일반법리에 따르면 침해되는 채권의 내용과 침해행위의 태양을 상관적으로 고려하여 위법성을 판단한다는 것인데, 상관관계설은 침해된 이익이 채권일 경우 양속위반과 같은 부가적인 행위태양이 결합되어야만 위법성이 인정된다는 취지이므로, 채권침해 행위가 고의적인 양속위반이나 채무자와 제3자 간의 적극적인 공모 등을 통해서 이루어진 경우에는 위 법리에 따라

45) 강혜아(주 18), 239면은 상관관계설에 의존하여 위법성 판단을 하는 것은 일반조항주의를 취하는 우리 민법의 특색을 무취하게 만들고 오히려 협소한 개별조항주의를 취하는 독일 민법의 한계를 그대로 가져오게 되는 결과에 이른다고 보고 있다. 오수원, 앞의 글, 126면에서도 채권의 상대성이나 경쟁의 자유 등은 경우에 따라서는 위법성 조각사유가 될 수 있으나, 이러한 사유들을 이유로 처음부터 채권침해로 인한 불법행위가 제한적으로 성립한다고 보는 것은 채권침해의 근거를 민법 제750조에서 찾는 한 타당하지 않고, 채권침해로 인한 불법행위의 성립 여부는 민법 제750조에 따라 판단하면 족하다고 한다.

용이하게 위법성을 인정할 수 있을 것이다. 그러나 상관관계설은 침해행위의 태양이 양속위반에 이르지 않은 사안에서는 일률적으로 위법한 채권침해가 아니라고 단정할 수 있는 것인지에 대하여는 답을 제시하지 못한다. 또한 대법원은 위법성 판단기준으로 여러 요소를 나열하고 있으나, 위와 같은 설시만으로는 개별 사안에서 어느 요소를 더 비중 있게 고려해야 하는 것인지, 나아가 각 요소들의 상호작용과 이에 따른 비교형량을 어떠한 방식으로 해야 하는지에 대한 구체적 지침이 도출되지는 않으며 이는 여전히 개별 법관의 규범적 판단영역하에 놓여 있다.

대상판결 사안은 기존에 대법원이 설시해 온 제3자 채권침해의 위법성 판단기준을 그대로 적용하는 경우 당연히 위법성이 도출된다고 보기 어려운 측면도 있다. 특히 제3자의 해의 유무나 침해행위의 태양과 관련하여, 피고의 행위는 분양수입금 계좌를 통해 관리하고 있는 금원에 대한 인출동의를 거부하고 이를 자신의 채권추심에 사용한 것이어서 폭행, 협박이나 기망과 같이 그 자체로 불법적인 수단을 동원한 것은 아니고, 이 사건 사업약정상 수분양자의 해약금 반환채권과 피고의 공사대금 채권의 집행순서에 명시적인 우열이 정해져 있지 않은 이상 피고가 자신의 공사대금을 추심하기 위해 인출동의를 거부한 것 자체가 권리행사의 수준을 넘어선 양속위반에 이른 것은 아니라는 반론도 가능하기 때문이다. 아울러 본 사안에서 피고는 채무자인 A와 적극 공모한 것이 아니라 자신의 독자적인 판단으로 인출동의를 거부한 것이어서 기존에 대법원이 인정해 온 제3자 채권침해 사안들과 결을 달리하는 측면이 있다. 채권침해가 인정된 다수의 사례들이 채무자가 제3자와 공모하여 공동불법행위로서 채권실현을 방해한 것이라면, 본 사안은 계약침해와 관련한 채무자의 불법행위가 존재하지 않고 제3자인 피고의 불법행위만 존재하는 경우에도 피고에게 불법행위책임이 성립할 수 있다고 설시하였다는 점에서 특징적이다. 비록 피고의 인출동의 거부로 인하여 원고의 해약금 채권반환이 어려워졌지만, 원고가 시행사에 대해 해약금 채권을 여전히 보유하고 있다는 사정도 손해발생여부와 관련하여 문제될 수 있다. 그럼에도 대상판결은 분양수입금의 공동관리자인 피고가 인출에 동의하지 않고 자신의 공사대금만 인출한 행위는 위법하다고 판시하였는바, 그 결론은 타당하다고 생각한다. 다만 책임의 구체적인 인정근거가 기존의 일반법리를 통해 도출되기 어려운 측면이 있으므로 좀 더 정교한 판단기준을 정립하려는 노력이 의미가 있을 것이다.

2. 채권실현을 방해하는 제3자의 채권침해

대상판결 사안은 채무자가 피고의 협조(분양수입금 관리계좌에 예치된 자금에 대한 인출동의) 없이는 채무를 변제하기 어려운 상황에서 피고가 인출동의를 거부하여 채무이행을 방해한 것이고, 아울러 피고가 채무이행의 유일한 자금원인 분양수입금 관리계좌에서 자신의 공사대금을 인출하여 책임재산을 감소시킴으로써 실질적인 채무이행을 불가능하게 한 것이다. 이는 제3자 채권침해 유형 중 '채권의 실현을 방해하는 경우'에 해당한다. 우리 대법원은 몇 가지 사안에서 채무자가 채권의 실현을 방해하는 유형의 채권침해로 인한 불법행위가 성립하는지를 판단한 바 있다.

(1) 제3자가 채무자의 책임재산을 감소시킨 경우

(가) 대법원 1975. 5. 13. 선고 73다1244 판결

피고들과 甲은 乙로부터 소 판매대금을 받은 돈을 편취하기로 공모하고, 乙이 원고에게 위탁받아 소 8마리를 판매한 돈 110만 원이 든 가방을 들고 기차를 타는 순간 피고들이 위 돈 가방을 가로채 도피한 후 이를 분배하여 착복하였다. 원심은 원고가 피고들의 불법행위로 인하여 위 금액 상당의 손해를 입은 것이라고 하여 피고들에게 배상책임을 인정하였다.

그런데 대법원은 "제3자의 채권침해가 반드시 불법행위가 되는 것은 아니고 채권침해의 태양에 따라 그 성립 여부를 구체적으로 검토하여 정하여야 할 문제이다. 이 사건에서 피고들이 乙의 돈을 가로챈 사실행위로는 채권자인 원고의 乙에 대한 채권이 소멸된 것이 아니고 乙의 책임재산이 감소되었을 뿐으로서 원고는 간접적 손해를 본 것에 불과하여 불법행위가 성립된다고 하기 어렵다"고 하여 원심판결을 파기하였다.

(나) 대법원 2007. 9. 6. 선고 2005다25021 판결

채무자가 강제집행면탈 목적을 가지고 제3자와 명의신탁 약정을 맺고 채무자 소유 부동산에 대하여 제3자 앞으로 소유권이전등기를 마친 사안이다. 이 경우 제3자가 채권자에 대한 관계에서 직접 불법행위책임을 부담하는지와 관련하여 대법원은 "제3자가 채권자에 대한 관계에서 직접 불법행위책임을 지기 위해서는 단지 그가 채무자와의 약정으로 당해 명의수탁등기를 마쳤다는 것만으로는 부족하며, 나아가 그 명의신탁으로써 채권자의 채권 실현을 곤란하게 한다는 점을 알면서 채무자의 강제집행면탈에 공모·가담하였다는 사정이 입증되어 그 채권침해에 대한 고의·과실 및 위법성이 인정되어야 한다"고 하면서 불법행위책임을 인정한 원심판결을 파기하였다. 대법원 2019. 5. 10. 선고 2017다239311 판결은 위와 같은 법리를 재확인하면서, "제3자가 채권자의 존재 및 그 채권의 침해사실을 알면서 채무자와 적극 공모하거나 채권행사를 방해할 의도로 사회상규에 반하는 부정한 수단을 사용하는 등으로 채무자의 책임재산을 감소시키는 행위를 함으로써 채권자로 하여금 채권의 실행과 만족을 불가능 내지 곤란하게 한 경우 채권자에 대한 불법행위를 구성할 수 있다"고 판시하였다.

(다) 검 토

제3자가 채무자의 책임재산을 감소시키는 유형의 채권침해 사안에서 기존에 대법원이 판시한 내용들을 종합하면 2가지 특징이 발견된다. 첫 번째로, 대법원 73다1244 판결에서는 피고들이 乙로부터 소 판매대금을 가로챔으로써 채무자인 乙의 책임재산이 감소하기는 했으나, 원고가 乙에 대하여 소 판매대금의 지급을 구할 수 있는 채권 자체는 소멸하지 않고 여전히 존속하고 있으므로 이는 간접적 손해에 불과할 뿐 원고에게 직접 어떤 손해가 발생한 것은 아니라고 하여 불법행위가 성립하지 않는다고 판시하였다. 채권의 소멸 여부라는 관점에서는, 대상판결 사안에서도 원고의 시행사 A에 대한 분양대금반환 채권이 여전히 존속하고 있으므로 손해가 발생하지 않은 것이라는 반론도 가능할 것이다. 그러나 채권의 실현이 방해되고 있는 것 자체를 손해라고 관념한다면, 이를 알고 악의적으로 방해하는 경우에는 제3자에 의한 채권침해를 이유로 불법행위가 성립할 수 있다.[46] 아울러 절대권으로서의 물권과 상대권으로서의 채권이 준별된다고 하더라도 오로지 채무자의 책임재산으로부터 만족을 얻을 수밖에 없는 채권의 고유한 특성상 제3자가 채무자의 책임재산을 현저하게 감소시킨 경우, 채권이 존속하고 있다는 이유만으로 손해가 없다고 판단하여 불법행위 성립을 부정하는 것은 지나치게 형식적이다. 채권이 상대권이라는 것은 다른 한편으로는 채무자의 자력이 감소하면 그만큼 권리의 기반이 취약해진다는 것을 의미하는 것이기도 하다. 더욱이 대상판결 사안에서 사업약정의 법적 성격은 신탁계약이고, 신탁의 법률관계를 다른 법률관계와 구별하게 하는 핵심표지는 신탁재산의 독립성인바,[47] 이러한 속성 때문에 시행사의 책임재산이 충분하지 않은 경우에는 계약의 해제 국면에서 수분양자에 대한 분양대금도 신탁재산 한도 내에서 반환될 수 있을 뿐이다. 즉 수탁자의 신탁재산을 위탁자의 재산과 분리하여 사고하여야 한다는 신탁재산의 독립성에 의해 본 사안에서 관리계좌에 입금된 금원은 채권자가 채권의 현실적 만족을 얻을 수 있는 유일한 재원이 되는데, 제3자가 이를 사실상 소멸시킨 것이라면 형식적으로는 채권이 존속하고 있더라도 이를 변제받는 것이 극히 어려워지는 것이므로 손해발생 여부를 실질적인 관점에서 파악하는 것이 타당하다. 한편, 대법원 73다1244 판결은 피고들의 사실행위로 채무자의 일반재산이 감소하였다면 채권자인 원고는 채권자대위권에 기하여 채무자를 대위하여 피고들에게 손해배상을 청구할 수 있다고 판시하였다. 우회적으로나마 피고들을 상대로 배상을 구할 수 있는 다른 수단이 존재한다는 사정이 위법성 판단기준을 완화하는 한 요인이 된 것이라고 평가할 수 있다.

두 번째로, 채권자가 채무자와 공모하여 강제집행면탈을 통해 채무

46) 김재형(주 19), 408면.
47) 이계정(주 3), 808-809면.

자의 책임재산을 감소시킨 사안에서는 제3자가 강제집행면탈 과정에 공모 가담하거나 사회상규에 반하는 부정한 수단을 사용하는 등의 특별한 사정이 있어야만 불법행위가 성립한다고 판시하였다. 대법원이 이와 같이 부가적인 행위태양을 요구하는 것의 이면에는 채무자의 책임재산이 감소하여 채권의 실현이 어렵게 된 경우 그에 대한 주된 책임은 1차적으로 채무자에게 있는 것이고, 계약관계 바깥에 있는 제3자에게까지 책임재산 감소에 따른 책임을 추궁하는 것은 부당하다는 사고가 깔려 있는 것으로 보인다. 그러나 만약 제3자가 채권의 존재 및 침해 사실을 알면서 적극적으로 채무자와 공모한 경우 그러한 제3자는 채무자와 일체가 되어 책임재산 감소를 초래한 것이므로 공동으로 불법행위책임을 지는 것이 타당하다는 취지이다. 그런데 대상판결 사안에서 채무자인 시행사는 책임재산 감소에 적극적으로 기여한 바 없고, 오히려 제3자인 피고만이 분양수입금 계좌에서 자기의 공사대금 채권을 우선적으로 만족시킬 의도로 시행사의 자금인출을 거부하였는바, 채무자의 불법행위 없이도 제3자의 불법행위성립을 인정한 대법원의 판단을 어떤 관점에서 바라보아야 하는지 문제된다. 위와 같은 점을 근거로 대상판결이 제3자 채권침해의 위법성 판단기준을 종전보다 완화하거나 확대한 것이라고 해석할 수 있을 것인가. 그렇게 해석하기는 곤란하다고 생각한다. 후술하는 바와 같이, 대상판결이 채무자와의 공모 내지 채무자의 관여가 없었음에도 제3자인 피고에게 독자적인 불법행위책임을 인정한 것은 사실상 분양대금반환 채권의 실현을 좌우할 수 있는 피고의 우월한 지위와 계약당사자와 피고 간의 근접성(proximity) 내지는 특수관계(special relationship) 때문이라고 여겨진다.

(2) 제3자가 채무자의 채무이행을 방해한 경우

대법원 1953. 2. 21. 선고 4285민상129 판결에서 대법원은 "제3자가 채무자에 대하여 지불의 일시보류를 요청하더라도 채무자가 제3자의 요청을 거절할 수 없는 지위에 있거나 또 이를 거절하기 심히 곤란한 특별한 사정이 없는 한 채무자의 제3자에 대한 응낙 여부는 그 임의에 속한 바이며, 만일 채무자가 이를 구실로 채권자에 대한 채무이행을 거절한다면 채무불이행의 책임을 면치 못할 것이다"라고 하여 단지 제3자가 채무자에게 채무이행을 보류하라고 통지한 것만으로는 제3자에 의한 채권침해에 해당되지 않는다고 보았다.

대상판결 사안에서 피고가 자금인출동의를 거부한 것을 위 사안의 제3자의 채무자에 대한 지불보류 요청과 비교해 본다. 위 판결에서는 제3자로부터 지불보류 요청을 받은 채무자가 그 요청을 거절할 수 없거나 매우 곤란한 경우에 한하여 제3자에게 불법행위책임이 성립할 수 있다고 하였지만, 대상판결 사안에서는 피고가 자금인출동의를 거부한 것 자체에 위법성이 있다고 보아 불법행위책임을 인정하였다. 판단이 달라진 이유를 생각건대, 제3자의 지불보류 요청은 채무자가 이러한 요청을 받아들여 실제로 채권자에 대한 지급을 거부하는 행위가 중간에 게재되어야만 채무이행이 좌절되는 것이지만 대상판결 사안에서는 피고가 자금인출을 거부하면 채무자 A의 의사를 불문하고 곧바로 채권실현이 방해된다는 차이가 있다. 즉 채권실현에 영향을 미칠 수 있는 지위라는 관점에서 대상판결의 피고가 훨씬 더 계약당사자들과 근접하면서도 통상적인 제3자보다 우월한 지위에 있다. 피고는 인출동의를 거부함으로써 채무이행을 '방해'하는 수준을 넘어 채무이행을 '좌절'시킨 것이다. 채무이행보류 요청과 인출동의 거부의 성격과 그것이 채권자에게 미치는 영향의 차이를 고려해 본다면, 위와 같은 결론의 차이를 충분히 수긍할 수 있다.

3. 위법성 판단을 위한 추가적인 표지의 탐색

대법원이 다양한 유형의 사안에서 제3자 채권침해의 위법성의 구체적 내용을 제시하려는 노력을 하여 왔음에도 불구하고, 기존에 제시된 일반법리만으로는 대상판결 사안에서 피고의 행위가 위법하다는 결론이 자명하게 도출되지는 않는다. 원고의 해약금 반환채권은 우선변제권이 인정되는 채권이 아니었고, 피고는 채무자와 공모한 바 없으며, 그 자체로 불법적이거나 사회상규에 반하는 수단을 사용하지도 않았다. 그럼에도 불구하고 위법성을 인정한 대상판결 이면에 있는 사고체계를 이해하기 위해서는 추가적인 위법성 판단표지들을 탐색할 필요가 있다.

위법성(wrongfulness)의 본질과 관련하여 법규범에 반하는 행위를 하지 말아야 할 의무를 위반하였다는 데서 위법성의 본체를 찾는 행위불법론(theory of wrongfulness of conduct, Verhaltensunrechtslehre)과 보호되는 권리가 침해되었다는 결과로부터 위법성을 추정하는 결과불법론(theory of wrongfulness estabilished by the result, Erfolgsunrechtslehre)의 대립이 있다.[48] 그러나 어느 한 관점에 입각하여 위법성의 내용을 포괄하기는 어렵다. 위법성에 대한 서로 다른 관점들이 상호 배타적인 것이 아니라 서로 보완하면서 하나의 판단기준 안에 통합될 수 있다는 전제하에 발전한 이론인 동적체계론(flexible system)[49]은 제3자 채권침해의 위법성을 판단하는 다각적인 분석틀로서 유용하다.[50] 동적체계론은 일정한 법영역 안에서의 법규범 내지 법률효과를 복수의 요소 내지 힘의 협동작용의 결과로 설명하려는 구상으로서, 법체계 안에서 개인의 책임을 구성하는 요소들이 다양한 강도로 존재하고, 각 요소의 비중과 상호작용에 따라 배상책임 유무가 결정된다고 본다.[51] 배상책임이 성립하는지 여부는 사안에서 현존하는 책임요소들 간 상호작용에 의해 결정되며, 특정한 책임요소가 결여되거나 미미한 수준으로 존재하더라도 다른 요소의 비중이 통상적인 수준보다 훨씬 높으면 배상책임이 인정될 수 있다.[52] 동적체계론은 위법성

48) 독일과 오스트리아는 유사한 법제를 취하고 있음에도 위법성의 의미와 관련하여 독일에서는 결과불법론, 오스트리아에서는 행위불법론이 우세하다[Helmut Koziol, *Basic Questions of Tort Law from a Germanic Perspective,* Wien: Jan Sramek Verlag(2012), 172-173].

49) 오스트리아의 Wilburg에 의해 최초로 주장되었으며 이후 독일의 Canaris, 오스트리아의 Bydlinski와 Koziol 등에 의해 발전된 이론이다.

50) 강혜아(주 18)에서는 동적체계론이 제3자 채권침해 사안에서 다양한 위법성 판단요소들을 행위불법적 요소와 결과불법적 요소로 나누어 각 요소의 비중과 강도가 어떠한지를 살펴봄으로써 기존의 학설과 판례가 상관관계설의 이면에서 치열하게 검토하여 온 위법성의 실체를 좀 더 선명하게 드러내 줄 수 있다고 평가한다.

51) Helmut Koziol(주 48), 174-175면.

52) Helmut Koziol(주 48), 198-199면; Helmut Koziol, "Recovery for economic loss in the European Union", 48 *Arizona Law Review,* 871(2006), 886.

의 본체를 행위불법이나 결과불법적 요소 중 어느 한 쪽에 치우쳐서 파악하기보다는 사안에서 존재하는 다양한 책임요소의 비중과 상호작용을 토대로 구체적인 책임성립의 근거를 법률적 논증과정에서 드러낼 수 있으므로 판단의 예측가능성을 높이는 데 기여할 수 있다. 또한 다양한 사례들의 개별적 속성을 포괄할 수 있기에 위법성 판단이 탄력적이고 유연하게 이루어질 수 있다.[53)]

오스트리아 학자인 Koziol은 동적체계론의 입장에서 제3자 채권침해로 인한 손해를 순수재산손해(pure economic loss)[54)]의 하위 범주 중 하나로 포섭하고, 순수재산손해 중 배상가능한 것과 배상불가능한 것의 경계를 설정하는 작업을 위해 고려해야 할 요소들에 주목하였다.[55)] Koziol은 왜 계약법에서는 불법행위법과 달리 계약의 일방당사자가 야기한 경제적 손해에 대해 제한 없는 책임이 인정되는지에 대한 천착을 통해 순수재산손해에 대한 책임이 인정될 수 있는 기준을 확정한다.[56)] 이러한 문제의식을 바탕으로 Koziol은 제3자 채권침해를 포함하는 순수재산손해에 대해 책임이 성립할 수 있는 10가지 기준을 제시하고 있다.[57)] 이하에서 제시된 10가지 기준들은 대상판결에서 피고의 행위가 위법성이 인정된 근거를 체계적으로 분석하는 데 매우 유용하다. ① 잠재적인 원고가 무한히 확장될 위험이 적을수록 책임인정이 용이하고,[58)] ② 책임을 인정하는

---

53) Helmut Koziol(주 48), 199-200면.

54) 순수재산손해는 피해자의 생명, 신체나 물건에 대한 침해를 수반하지 않은 채 그 피해자의 소유권 이외의 재산적 이익에만 발생한 손해를 의미한다(Helmut Koziol(주 52), 872면; 권영준(주 22), 147면.

55) Helmut Koziol(주 52).

56) 계약관계에서 야기된 경제적 손해의 배상은 계약의 타방당사자만을 상대로 이루어지기 때문에 책임범위가 지나치게 확장될 우려가 없는 점, 계약상 의무는 계약당사자만을 구속하는 것이므로 개인의 행동자유를 제약하는 정도가 덜한 점, 계약위반으로 야기된 경제적 손해는 그 외연이 비교적 명확한 점, 계약당사자들은 계약이라는 틀 안에 구속되어 있기 때문에 서로 영향을 많이 받는 점 등이 계약위반에 따른 재산상 손해배상이 불법행위법에 따른 순수재산손해의 배상범위보다 일반적으로 더 폭넓게 인정되는 요인이다[Helmut Koziol(주 52), 878-879면].

57) 10가지 기준에 관해서는 Helmut Koziol(주 52), 882-885면의 설명을 참고하였다.

58) 미국 문헌들[예컨대 Ann O' Brien, "Limited Recovery Rule as a Dam: Preventing

것이 가해자에게 추가적인 주의의무를 부과하지 않을수록 책임인정이 용이하며, ③ 당사자 간 근접성(proximity)이 있어서 특별한 관계(special relations)가 인정될수록 책임 인정될 가능성이 높다. 이는 당사자 간 관계가 가까워서 상호 접촉의 기회가 많을수록 서로에게 손해를 야기할 기회와 위험도 증가되므로, 서로의 이익을 보호하기 위해 적절한 주의의무를 기울이는 것이 더 용이하기 때문이다. ④ 어떤 행위의 위험성이 높을수록 더 강한 주의가 요구되어 책임이 인정될 가능성이 크고,[59] ⑤ 행위자의 진술에 대한 의존도(dependence)가 높을수록 책임 인정될 여지가 크며, ⑥ 침해된 경제적 이익이 명백하고, 가해자가 구체적 사안에서 침해된 이익의 내용이 무엇인지 실질적으로 인지하고 있다면 책임인정이 정당화되기 쉽다. ⑦ 침해된 경제적 이익의 외연(contours)이 명확할수록, ⑧ 가해자가 부주의를 넘어 고의로 행동한 경우[60] 책임인정이 용이하다. 마지막으로 ⑨ 원고에게 침해된 이익이 가지는 중요성이 클수록, ⑩ 행위자가 자기 스스로의 경제적 이익을 추구하려는 목적으로 재산상 손해를 야기한 경우 책임이 인정될 여지가 높다.

위와 같이 Koziol이 제시한 기준들은 개별사안에서 채권침해의 위법성을 판단하는 데 있어서도 상당히 구체적이고 다각적인 관점을 제시한

---

a Flood of Litigation for Negligent Infliction of Pure Economic Loss, 31 *Arizona Law Review* 959(1989)]은 순수재산손해 법리를 손해배상의 범위가 끝도 없이 확장되는 것을 차단해 주는 수문(floodgate)에 비유한다. 수문이 뚫리게 되면 손해배상이 누구에게 어느 정도까지 확산될지 알 수 없는 상태가 되어 사회전체적인 관점에서 개인과 기업의 행동자유를 위축시키고, 법원의 행정적 부담도 폭증하게 된다 [권영준(주 22), 165면].

59) 위험성이 높은 행위의 예로 Koziol은 전문가의 허위진술은 비전문가의 진술에 비해 신뢰도가 높은 것으로 받아들여지므로 이러한 허위진술로 인해 순수재산손해가 야기되면 책임이 인정될 여지가 크다고 하고 있다.

60) 다만 Koziol은 당사자 간 관계가 계약유사의(near-contractual) 관계이거나 근접할 경우에는 부주의로 행위한 경우에도 책임이 충분히 성립할 수 있다고 한다[Helmut Koziol(주 52), 885면]. 이러한 설명은 사안에서 존재하는 책임요소들의 비중 내지 총합(joint significance)에 의해 최종적인 책임성립 여부를 판단하는 동적체계론의 특징을 보여 준다. 만약 당사자 간 관계가 매우 가깝다면, 여러 책임요소 중 '근접성' 요소의 강도가 매우 높기 때문에, 주관적 요소와 관련하여서는 고의보다 낮은 수준의 부주의만 인정되더라도 전체적, 종합적으로 판단하면 책임인정이 가능하다.

다. 판단의 결과가 동일할지라도 구체적인 형량요소를 세분화하여 설시하면서 논증을 끌어가는 것이 책임의 근거를 명료하게 세우는 데 도움이 될 것이다. 위 기준들은 당사자 간의 관계, 행위 자체의 성질, 침해된 이익의 성질과 비중, 행위자의 의사나 인식, 사회정책적인 관점 등을 제시하고 있는바, 이하에서는 대상판결 사안에서 피고행위의 위법성을 위 기준들을 토대로 분석해 보고자 한다.

4. 대상판결에의 적용

대상판결에서 위법성이 확인된 피고의 행위는 2가지 행위태양이 결합된 것으로서 ① 피고가 인출동의를 거부하고, ② 공사대금 채권을 만족시킬 의도로 금원을 우선 인출하여 간 행위이다. 판결에서 설시된 논거들을 앞서 살펴본 분석틀과 결합하여 살펴보는 것이 필요하다. 대상판결 사안에서 존재하는 책임인정요소 중 가장 강한 비중과 강도로 존재하는 것은 당사자 간의 근접성과 특별관계이다. 다른 제3자 채권침해 사안에서 요건으로 설시되어 온 채무자와의 공모나 선량한 풍속 또는 사회질서에 위반하는 행위태양이 부존재함에도 불법행위책임이 인정될 수 있었던 것은 피고와 분양계약 당사자들 간의 근접하고 특별한 관계 및 이로부터 파생되는 피고의 우월적 지위가 다른 책임요소들의 존재를 압도할 정도로 사안의 성격을 형성하는 데 지배적인 역할을 하고 있기 때문이다.[61] 본 사안에서 원고와 시행사 A, 시공사인 피고 사이의 특별한 관계는 부동산 선분양계약에 따른 법률관계의 특수성에서 기인하는 것이기도 하다. 피고는 시공사로서 분양계약의 직접적인 당사자는 아니지만, 사업진행이나 자금관리에 관한 정보에 기초하여 시행사와 실질적으로 함께

61) Wilburg는 동적체계론에 따른 책임인정과 관련하여, 만약 한 요소가 특별히 강하게 드러나는 경우에 그 자체로도 손해배상책임을 정당화하기 충분할 수 있다고 하였다(Wilburg, Die Elemente des Schadensrechts, Margburg a. d. Lahn(1941); Helmut Koziol, "Compensation for Pure Economic Loss from a Continental Lawyer's Perspective", Willem H. Van Boom, Koziol, Christian Witting(eds.), *Pure Economic Loss, Tort and Insurance Law* vol. 9(2004), 153면에서 재인용.

분양사업을 진행하므로, 계약관계 내부의 세부적인 사정에 대해 매우 잘 알고 있고, 오히려 계약당사자인 수분양자보다도 제반 정보에 대한 접근성이 크다. 이 사건 사업약정 제15조에 따라 수분양자가 지급한 분양대금은 분양수입금 계좌로 모두 입금되어 공동관리의 대상이 되고 시행사인 A가 분양수입금 관리계좌에 입금된 금원을 인출하기 위해서는 시공사인 피고의 동의가 필요하였다. 원심판결은 피고가 A의 인출 요청에 응하지 않는 경우에 A로서는 분양계약을 적법하게 해제한 수분양자들에게 해약금을 반환할 방법이 사실상 없다는 점에 주목하여 원고와 피고 간 관계의 특수성에 따른 지위의 비대칭성을 도출한다.[62] 원심판결의 논거 중 ■ 수분양자들로서는 분양계약이 적법하게 해제되는 경우에도 피고가 자금인출에 동의하지 않는 경우 피고의 공사대금 채권이 모두 변제되고 나서야 비로소 해약환급금을 반환받을 수밖에 없는 열악한 상황에 놓이게 되는 점, ■ 시공사인 피고가 자신의 우월적 지위에 터 잡아 해약금 지급을 위한 금원 인출을 거절하고 그로써 원고가 해약금을 반환받지 못하는 결과가 초래된 것은 공공의 이익과 선분양시장의 경제질서유지 측면에서 볼 때에도 자유롭고 공정한 거래질서를 해하는 행위로 평가될 수 있는 점, ■ 선분양 부동산 개발사업의 경우 분양계약이 해제되면 시행사, 시공사 등은 이를 제3자에게 다시 분양하거나 미분양물을 담보신탁계약에 따라 처분하여 그 대금으로 공사대금에 충당할 수 있는 방법이 있는 반면, 수분양자로서는 분양수입금 관리계좌에 있는 금원으로 중도 해약 환급금을 반환받기를 기대하는 것 이외에는 사실상 달리 채권보전 조치를 취하는 것이 어려워 보인다는 점은, 시공사인 피고와 수분양자인 원고 간 지위의 비대칭성에 주목한 논거이다. 이러한 비대칭성은 이 사건 사업약정이 계약당사자가 아닌 피고에게 원고의 해약금반환 채권의 실현을 좌우할 수 있는

62) 대상판결은 제3자 채권침해로 인한 불법행위가 성립한다고 본 원심 판단을 수긍하면서 원심판결의 판시논거 중 일부를 인용하며 그 타당성을 긍정하였다. 구체적인 사실관계를 바탕으로 한 위법성 인정의 법률적, 논리적 논거는 원심의 판단에 상세하게 나타나 있다. 원심이 설시한 논거를 살펴보는 것은 대상판결을 보다 입체적으로 이해하는 데 상당한 도움이 되므로, 본 글에서도 대상판결에 대한 분석에 수반하여 원심판결을 함께 살펴본다.

영향력을 부여한 데서 기인하는 것이다. 분양수입금의 흐름에 대해서 잘 알고 있는 피고가 잔금부족을 인지하고 자기의 공사대금 채권을 우선변제받기 위해 자금인출 동의를 거부하면, 수분양자는 분양계약이 적법하게 해제되었음에도 해약금을 반환받는 것이 사실상 불가능해지기 때문이다. 이렇듯 원고와 피고 간의 근접성과 특수관계라는 책임요소가 본 사안에서 매우 큰 비중과 강도로 작동하고 있고, 이는 행위불법적 책임요소인 제3자와 채무자의 적극적 공모 혹은 제3자의 사회상규에 반하는 수단 사용이라는 책임요소들의 필요성을 상쇄한다. 피고의 동의가 없으면 관리계좌로부터 금원을 인출하는 것 자체가 원천봉쇄되기 때문에 피고로서는 굳이 채무자인 시행사와 공모하거나 반사회적인 행위수단을 사용하지 않더라도 자신의 독자적인 판단을 통해 인출동의를 거부함으로써 원고의 채권실현을 좌절시킬 수 있기 때문이다.

본 사안은 건축물분양법이 적용되기 이전의 분양계약에 관한 것이기 때문에 수분양자인 원고의 해약금 반환채권에 법률적으로 우선변제권이 인정되지는 않는다. 아울러 이 사건 약정에는 분양계약 해제에 따른 반환금 집행순서에 대해 아무런 언급이 없기 때문에 채권자 평등의 원칙을 형식적으로 관철시키면 공사대금 채권자에 해당하는 피고가 해약금 인출요청에 동의해야 할 의무가 있는지에 대한 의문이 제기될 수 있다. 이에 대하여 법원은 해석을 통해 피고가 보유한 동의권의 법적 성격을 재량이 아닌 의무로 파악하는 등 수분양자 보호를 위한 후견적 해석론을 전개하였는데, 선분양 사업에서의 부동산 분양계약의 비대칭성은 이러한 해석이 정당화될 수 있는 이론적 근거가 된다. 어떤 국면에서 계약법의 기본적 패러다임인 자율패러다임이 후퇴하고 후견패러다임이 작동할 것인지를 결정하는 가장 중요한 기준은 계약의 비대칭성 여부라는 견해[63]에 의하면, 정보, 인지와 판단, 협상력의 토대가 대등하지 않은 상태가 사회적으로 구조화된 당사자 간의 비대칭 상태가 심할수록 후견이 관여하기가 용

63) 권영준, "계약법의 사상적 기초와 그 시사점-자율과 후견의 관점에서", 저스티스 통권 제124호(2011).

이해진다.[64] 이 사건 분양계약을 둘러싼 법률관계는 정보나 협상력이 시행사와 시공사에게 집중되어 있어 본질적으로 비대칭적 법률관계라고 할 수 있다. 대상판결은 계약이 진공상태가 아닌 사회적 관계 속에 존재한다는 것을 구체적인 사실인정을 통해 전제하고, 계약을 둘러싼 맥락(context) 속에서 계약에 따른 법률관계를 바라보고 그로부터 파생되는 책임을 구성한 것으로 평가될 수 있다. 이는 당사자 간의 관계적 요소를 계약해석에 반영한 것으로서 계약과 그것이 기초한 사회적 기반의 상호작용이라는 사회학적 관점을 투영한 법해석론이기도 하다. Macneil은 계약의 근간을 이루고 있는 것은 사회이고, 사회적 기반(social matrix)으로부터 완전히 고립되어 이익의 극대화를 추구하는 자율적인 개인을 계약의 당사자로서 상정하는 것은 현실과 부합하지 않는다고 하면서,[65] 현실세계에서의 계약은 관계와 결부된다는 점을 강조하고 관계적 계약(relational contract)이라는 개념을 발전시켰다.[66] 이러한 Macneil의 관점은 계약을 둘러싼 사회적 관계를 반영하여 계약관계를 규정한다는 점에서 좀 더 실증적인 측면에서 계약을 바라보는 데 유용할 뿐만 아니라 자율적이고 대등한 당사자 간의 계약을 전제하는 고전적 계약법리가 가지는 경직성을 보완할 수 있다. 선분양계약을 둘러싼 사회적 관계성을 계약해석과 법적 책임구성에 반영한 대상판결의 법해석론은 계약을 사회적 현상으로 바라본 것으로서 Macneil의 관점에서 긍정적으로 평가될 것이다.

분양계약 배후에 있는 사회적 관계와 당사자 간 지위의 차이가 법률관계에 미치는 영향으로부터 Koziol이 언급한 다른 책임요소인 '행위의

64) 권영준(주 63), 182-183면.

65) Ian R. Macneil, *The New Social Contract: An Inquiry Into Modern Contractual Relations,* Yale University Press(1980), 1.

66) Ian R. Macneil, "Relational Contract: What We Do and Do not Know," Wisconsin Law Review(1985), 483. Macneil에 따르면, 모든 계약이 정도의 차이는 있으나 관계적 요소를 포함하고, 단발적 계약(discrete contract)와 관계적 계약(relational contract)을 양 끝으로 하는 계약의 스펙트럼 안에 위치해 있다[Ian R. Macneil, "Economic Analysis of Contractual Relations: Its Shortfalls and the Need for a Rich Classificatory Apparatus", 75 *Northwestern University Law Review*(1980), 1018, 1062, 1063].

위험성'과 '의존도'도 파생된다. 피고는 금원인출에 대한 동의권한을 가짐으로써 원고는 해약금을 반환받기 위해 피고에게 의존해야 하는 처지에 놓이게 되며, 피고가 해약금 자금인출에 동의하지 않는 행위는 원고의 채권 실현을 좌절시킬 위험성이 매우 큰 행위이다. 그리고 위와 같은 의존도와 위험성은 분양수입금 관리계좌에 있는 금원이 시행사의 무자력으로 인하여 사실상 원고가 해약금을 반환받을 수 있는 유일한 재원이라는 사정과 결합하여 더욱 증대된다.

대상판결의 원심은 2가지 측면에서 이 사건 사업약정의 구체적 의미를 어떻게 해석할 것인지를 규범적 관점에서 판단하였다. 우선, 피고에게 부여된 자금인출에 대한 동의권의 법적 성질이 무엇인지를 살펴보고 있다. 판결은 이 사건 사업약정에서 피고에게 자금인출 동의권한을 부여한 취지와 관련하여, ■이는 시행사가 불법적으로 사업자금을 유용하거나 유출하는 것을 방지하여 사업의 원활한 추진을 도모하기 위한 것이지 피고의 시행사에 대한 공사대금을 우선적으로 지급받기 위하여 분양계약의 적법한 해제에 따라 수분양자들이 정당하게 반환받아야 할 분양대금을 지급받지 못하도록 막을 권한까지 부여한 것이라고 보기는 어렵고, 피고가 이러한 인출동의권이 있음을 기화로 정당한 이유 없이 A가 수분양자들에게 해약 환급금을 반환하지 못하도록 하는 것은 동의권한을 남용한 것으로서 허용될 수 없다고 판시하였다. 아울러 ■중도해약금 반환은 정당한 사업비 성격을 가지므로 분양수입금 관리계좌에서 이를 지출하는 것은 정상적인 자금집행에 해당하여 시행사가 분양계약의 해제에 따라 해약금을 반환하기 위하여 금원인출에 대한 동의요청을 한 경우 피고는 다른 특별한 사정이 없는 한 그 동의를 거부할 수 없다고 하여, 자금인출에 대한 동의권한은 피고의 자유재량이 아니라 비정상적인 인출요청에 대한 소극적인 거부권의 의미만을 가진다고 해석하였다. 한편 이 사건 사업약정이 명시적으로 해약금 반환채권의 집행순서를 정하고 있지 않은 상황에서, 해약금의 집행순서를 어떻게 해석할 것인지는 계약 자체에서 명시되지 않은 당사자들의 의사에 대한 보충적 해석의 문제이자 위법성 판단에 영향을 미치는 중요한 지점이다. 이에 대하여 원심판결은 ■이 사건 사업약정에 분양계약 해제에 따라 발생하는 분양대금 반환의무의 지급순서에 대하여 따로 정하고 있지는 않으나 그러한 사정만으로 이 사건 사업약정상 중도해약 환급금을 가장 마지막 순서로 집행하도록 정한 것이라고 보기는 어렵고, 오히려 중도 해약환급금 반환에 대하여 다룬 조항이 전혀 없는 점에 비추어 분양계약이 해제되는 경우에는 시행사인 A의 지급요청에 따라 그때마다 금원을 인출하여 지급하기로 하였던 것으로 봄이 상당하다고 하여, 계약해석상 공백이 있는 부분에 대한 당사자들의 가정적 의사를 추단하였다.[67] 이러한 해석론은 무엇이 당사자가 계약상 자율적으로 결정한 내용인지가 명확하지 않은 상황에서 법원이 규범적 관점에서 실질적인 계약 형성작용을 수행한 것이라고 볼 수 있고, 당사자의 의사라는 외피 속에서 공동체의 눈으로 법률관계를 확정하는 작업[68]의 일환이다. 피고의 인출동의 거부가 통상적인 거래관행으로부터 이탈한 행위였다는 점도 중요한 논거이다. 원심판결에 따르면 ■다른 수분양자들이 피고를 상대로 손해배상을 청구한 사안에서 시행사는 수분양자들과의 분양계약이 해제된 경우 피고의 동의를 받아 분양수입금 관리계좌에서 금원을 인출하여 수분양자들의 은행에 대한 대출금을 상환하였는데, 이런 사례는 2003. 7.부터 2006. 8.까지 분양계약 88건, 상환금액 합계 약 28억 원에 이르고 총 88회의 금원인출에 관하여 시공사인 피고가 그 인출동의를 거부한 사례는 1건도 없었다. 이처럼 피고가 자금인출을 동의하지 않은 전례가 없는데다가 정상적인 자금집행에 해당하는 해약금 반환을 위한 인출동의를 거절할 정당한 사유도 없음에도 돌연 태도를 바꾸어 동의를 거부한 것은 행위불법적 요소의 측면에서 고려되어야 한다.

원심판결은 책임성립에 관한 주관적 요건과 관련하여서는 ■피고가 금원 인출에 응하지 않으면 사실상 원고가 A로부터 해약금을 지급받을 방법이 없었음을 잘 알고 있었는데도 A의 인출요청에 응하지 않은 채 계속하여 자신의

---

67) 한편, 이 사건사업약정에 따른 자금집행순서는 유효하게 납입되어 사업자금으로 사용가능한 분양수입금의 집행순서를 정한 것으로서 분양계약해제에 따라 소급적으로 납부근거를 상실한 해약환급금은 애초부터 자금집행의 대상에 해당하지 않아 사업약정상의 집행순서와 무관하다고 볼 여지도 있다.

68) 권영준(주 63), 175면.

공사대금 수령을 위하여 분양수입금 관리계좌에서 금원을 인출하였다는 사정이 언급되고 있다. 이는 피고가 침해되는 이익의 내용에 대해 인지한 상태에서 고의로 행동한 경우에 해당하므로 주관적 책임요소의 측면에서도 강도가 높은 경우에 해당한다. 마지막으로, 손해의 내용에 대해 살펴본다. 피고는 본 사안에서 원고가 계약당사자인 A에 대해 해약금 반환채권을 여전히 보유하고 있으므로 손해가 없다고 다투었다. 채권이 소멸하지 않았다면 채무자의 책임재산이 감소하였더라도 간접적 손해에 불과하다는 대법원 73다1244 판결의 논리를 원용한 것이라고 할 수 있다. 위 사안에서는 채권자대위권의 행사 등 원고가 우회적으로라도 손해배상을 구할 수 있는 다른 법적 수단이 존재하였으나, 본 사안에서는 분양수입금 관리계좌에 예치된 자금이 사실상 해약금 재원의 전부이고, 시행사는 대출 금융기관 등에 담보로 제공하여 잔존가치가 없는 당해 사업부동산 외에는 일반채권자들이 집행할 수 있는 책임재산이 없는 회사로서 별도로 자금을 마련하여 원고에게 해약금을 지급할 수 있는 여력이 없었다는 사정을 손해발생 요건에서 고려하는 것이 필요하다.[69] 원심판결도 ■피고가 자신의 공사대금의 우선수령을 위하여 분양수입금을 인출해 계좌 잔고가 부족해

69) 수분양자가 분양대금 반환채권을 피보전채권으로 하여 시행사의 사업비 지출요청권을 대위행사할 수 있는지와 관련하여, 대법원 판결은 사업비 지출요청권의 대위행사는 분양대금 반환채권의 현실적 이행을 유효적절하게 확보하기 위하여 필요한 경우로서 양자 간 견련성이 있다는 이유로 보전의 필요성 요건을 완화(대법원 2014. 12. 11. 선고 2013다71784 판결)하였으나, 수분양자가 사업비지출요청권을 대위행사함에 있어 시공사 등의 서면확인에 의한 동의를 얻었다고 인정할 증거가 없다는 이유로 대위권의 궁극적인 행사가 좌절되는 경우가 많았다. 대상판결은 시공사인 피고가 해약금 인출에 동의하지 않은 채 우선적으로 금원을 인출한 것은 위법하다고 판시함으로써, 간접적으로 시공사의 '인출동의의무'를 인정한 것으로 볼 여지가 있다(대상판결의 원심은 특별한 사정이 없는 한 시공사가 동의를 거부할 수 없다고 판시하였다). 이러한 판시의 취지에 의하면 대상판결은 향후 수분양자가 실효적으로 채권자대위권을 행사할 수 있는 길을 열었다고 평가할 수 있다. 만약 시공사의 인출동의의무가 인정된다면 수분양자는 시행사를 대위하여 신탁회사를 상대로 사업비 지출요청권을 행사하면서 자금인출 동의권한을 가진 시공사 또는 대출기관을 공동피고로 추가하여 '자금인출에 동의하라'는 취지의 의사표시를 구할 수 있고, 특별한 사정이 없는 한 시공사 등은 이에 대하여 동의의 의사표시를 할 의무가 있다.

짐으로써 원고가 해약금을 반환받지 못하게 된 이상 원고에게 손해가 발생하지 않았다고 보기는 어렵다고 판시하였다. 본 사안에서 피고가 배상해야 할 금액은 해약금과 이에 대한 지연손해금 상당액으로서 침해된 경제적 이익의 외연이 명확할 뿐만 아니라, 피고는 위 계좌에서 10억 원이 넘는 돈을 자기의 공사대금 채권의 만족을 위해 수령함으로써 스스로의 경제적 이익을 추구하려는 목적으로 원고의 채권실현을 방해한 것이므로, Koziol이 제시한 7번째, 10번째 기준도 충족된다. 아울러 본 사안에서 피고의 책임을 인정하는 것이 피고의 일반적 행동의 자유를 제약할 만큼 추가적인 주의의무를 부과하는 것도 아니다. 적법하게 해제된 분양대금 반환을 위한 자금인출동의를 하는 것은 피고가 자신에게 주어진 동의권을 행사하는 것에 불과하여 추가적인 부담을 야기하는 것이 아니기 때문이다. 아울러 본 사안은 수분양자의 해약금반환 채권의 실현방해와 관련된 것으로서 권리주체의 범위가 명확한 이상, 책임이 인정되는 권리자의 범위가 지나치게 확장될 우려도 없다.

Ⅳ. 결　　론

대상판결은 분양계약의 해제 국면에서 시행사가 무자력일 때 계약법이나 부당이득반환의 법리로는 해결되지 않았던 공백을 제3자 채권침해라는 불법행위책임의 성립을 통하여 해결했다는 점에서 의미가 있다. 본 사안은 건축물분양법이 적용되지 않는 분양계약으로서 수분양자의 해약금 반환채권에 우선변제권이 인정되지는 않는다. 그러나 대상판결은 부동산 선분양사업에서 체결되는 분양계약의 비대칭성, 관계적 속성[70]을 전제하고 이를 계약의 구체적 해석에 반영함으로써 분양사업에 소요되는 자금의 중요한 부분을 출연하였음에도 다른 사업주체들에 비하여 취약한 지위에 있는 수분양자가 분양대금을 반환받을 수 있는 실질적인 보장방안을 강구하였다. 대상판결의 법리는 향후 유사한 사안에서 시행사가 무

70) 계약을 둘러싼 사회적 관계와 맥락이 계약의 성격에 미치는 영향을 규명하고, 이를 계약해석과 법적 책임구성에 반영하는 것을 의미한다.

자력일 때 수분양자 보호를 위한 확고한 구제수단 중 하나로 자리매김할 것으로 보인다.[71] 대상판결은 시공사의 불법행위책임을 중심으로 판시하고 있으나, 시공사의 행위의 위법성 여부를 판단하는 국면에서 관련된 계약의 속성을 구체적으로 고려하였고, 따라서 계약을 어떻게 해석할 것인가라는 관점이 불법행위 판단에도 투영된 것으로 평가할 수 있다. 대상판결과 원심판결은 이 사건 분양계약과 사업약정을 해석함에 있어 당사자의 의사를 중시하면서도 그 의사에 공백이 있거나 규범적인 보충이 필요한 영역에서는 계약이 놓인 사회경제적 맥락과 공정성과 같은 공동체적 가치를 기반으로 계약내용을 합리적으로 조정하는 기초 위에 서 있다. 이는 특히 자금인출에 대한 피고의 동의권의 법적 성격과 해약금의 집행순서에 대한 원심판결의 해석에서 잘 드러난다. 대상판결과 원심판결은 구체적인 사실인정을 통해 계약체계 내에 계약을 둘러싼 사회적 맥락을 포섭하고, 당사자 간의 관계적 요소를 계약해석에 반영함으로써 계약을 추상적인 합의가 아닌 사회적 현상으로서 이해하였다. 이는 계약의 해석이 그 계약법이 적용되는 사회의 구체적인 모습에 좌우된다는 사회학적인 관점을 투영한 법해석론으로 평가할 수 있다.

대상판결은 제3자 채권침해의 위법성 판단기준과 관련하여 종래 대법원이 일관되게 판시한 기준을 일반법리로서 그대로 원용하였다. 대상판결의 결론은 선분양사업의 특수성, 당사자 간의 특수관계, 계약법, 부당이득 및 불법행위법 등 어느 관점에서 보더라도 타당하다고 여겨지나, 결론을 이끌어내는 토대인 법리 설시가 위와 같이 일반론적인 수준에 그친 것에는 아쉬움이 있다. 대상판결 사안은 채권실현을 방해하는 채권침해 유형에 해당하지만 이제까지 대법원이 판단해 온 통상적인 채권침해의 유형과는 분명한 차이가 있다. 특히 채무자와의 공모가 없는 제3자의 독자적인 불법행위였다는 점, 사회상규에 반하는 행위태양이 없었다는 점에서 그러하다. 그렇다고 하여 대상판결이 일반적으로 제3자 채권침해의

71) 입법론적으로는 건축물분양법에 수분양자의 시공사에 대한 분양대금 직접청구권을 창설하는 것이 필요하다는 견해가 유력하다[이계정(주 3), 829면].

위법성을 보다 폭넓게 인정하는 입장 위에 서 있다고 보기는 곤란하다. 대상판결 사안은 권리침해가 아닌 위법성을 요건으로 하는 우리 민법 제750조가 채권침해 판단에 탄력적으로 적용될 수 있음을 보여 준 사례로서, 독일과 일본 민법의 해석론이나 상관관계설에서는 부각되지 못하는 책임요소들이 다각적으로 드러난다. 본고에서는 Koziol의 동적체계론에서 제시한 책임요소들과 이 사건 분양계약의 관계적 속성을 채권침해의 위법성 판단을 위한 추가적 표지들로 적용해 보았다. 특히 대상판결 사안에서는 피고와 계약당사자 간의 특수관계에 기한 근접성과 피고의 우월적 지위가 채권침해의 위법성인정에 충분할 만큼 강한 책임요소로 작동하고 있음을 확인하였다. 채권실현을 방해하는 채권침해는 실제 현실에서 매우 다양한 방식으로 일어나고 있기에 관념적인 행위태양만을 기준으로 그 위법성을 판단하는 데는 한계가 있다. 당사자 간 관계, 행위 자체의 성질, 침해된 이익의 성질과 비중, 행위자의 의사나 인식, 피해의 범위, 사회정책적 관점 등 다각적인 책임요소들을 탄력적이고 동태적으로 고려하면서 보다 실질적인 위법성 판단에 나아간다면 채권침해로 인한 불법행위가 성립하는 외연이 명확해지고 그 근거 또한 보다 설득력 있고 풍부하게 논증될 수 있을 것이다. 이는 궁극적으로 채권침해 사안에서 관련 당사자들 간 더 적정하고 공정한 위험배분에 기여할 것이다. 대상판결을 계기로 제3자 채권침해의 위법성 판단을 위한 정교한 기준들이 발전해 갈 수 있기를 기대한다.

[Abstract]

Criteria for Determining the Infringement of Obligation by a Third Party

−Focusing on Supreme Court Decision 2016Da10827−

Kim, Seon Wha*

The conclusion of the subject case is justifiable in that it resolved what remained unsolved by the existing legal doctrine of contract law and unjust enrichment through the establishment of tort liability of a third party in a case where the contractor became insolvent in the stage of rescission of an apartment pre-sale agreement.

However, the weakness of this decision is that it just repeated conventional reasoning as the basis of its conclusion. The subject case displays a clear difference compared to general third party infringement cases in that there was neither collusion between the third party and debtor, neither conduct violating social norms. Still, it seems hasty to presume that the subject case generally broadened the scope of tort by third party infringement. Rather, this case indicates that Article 750 of the Korean Civil Act−which requires 'wrongfulness' instead of 'infringement of rights' for the establishment of tort, can be applied flexibly in determination of third party infringement cases.

In this article, I suggested factors deriving from Koziol's flexible system theory and relational contract theory as additional criteria for determining the wrongfulness of third party's infringement. Especially in the subject case, the proximity between the parties and the defendant's superior status oper-

* Judge, Seoul Central District Court.

ates as strong responsibility factors. In reality, infringement by a third party occurs in numerous ways, thus it is necessary to consider diverse factors such as the relationship between the parties, the characteristic and importance of violated interests, the awareness of the actor, the scope of damage and socio-economic perspective. By elastic and dynamic examination of those factors, the scope and grounds of tort by third party infringement will be more transparent and persuasive.

[Key word]

- infringement of obligation by a third party
- wrongfulness
- correlation theory
- flexible system theory
- proximity, special relation
- sales of a building in unit before completion of construction
- agency office contract
- request for return of the proceeds from the sale

참고문헌

[국어문헌]

강혜아, "제3자에 의한 채권침해에 대한 연구", 민사법학 제95호(2021).

권영준, "계약법의 사상적 기초와 그 시사점-자율과 후견의 관점에서", 저스티스 통권 제124호(2011).

______, "미국법상 순수재산손해의 법리, 민사법학 제58호(2012).

김재형, "제3자에 의한 채권침해-판례의 전개를 중심으로", 민법론 Ⅲ, 박영사(2007).

______, "제3자에 의한 계약방해-현재 또는 장래의 계약관계를 방해하는 경우를 포함하여-", 판례실무연구 Ⅸ(2010).

서희경, "시행사와 수분양자간의 분양계약이 해제된 경우 시행사와 담보신탁 및 자금관리대리약정을 체결한 신탁회사의 분양대금반환책임", 재판과 판례 제26집, 대구판례연구회(2017).

엄동섭, "영미법상 제3자의 계약침해", 민사법학 제27호(2005).

오수원, "채권침해태양의 유형화 무용론", 저스티스(2016).

윤지영, "채권양도와 부당이득-삼각관계에서의 부당이득 법리를 중심으로", 민사판례연구 제41권(2019).

이계정, "분양계약 해제에 따른 부당이득의 법률관계와 수분양자 보호방안", 자율과 정의의 민법학-양창수 교수 고희기념논문집, 박영사(2021).

장보은, "계약의 해소와 부당이득반환의 문제: 선분양에서의 신탁관계를 중심으로", 저스티스 통권 제171호(2019).

최수정, "분양계약의 해제에 따른 분양대금의 반환" 인권과 정의 vol. 484(2019).

[영어문헌]

[단 행 본]

Helmut Koziol, *Basic Questions of Tort Law from a Germanic Perspective*, Wien: Jan Sramek Verlag(2012).

Ian R. Macneil, *The New Social Contract: An Inquiry Into Modern*

Contractual Relations, Yale University Press(1980).
Restatement(3rd) of Torts: Liability for Economic Harm(2019).

[논 문]

Dan b. Dobbs, "Tortious Interference with Contractual Relationships", 34 *Arkansas Law Review* (1980).

Helmut Koziol, "Compensation for Pure Economic Loss from a Continental Lawyer's Perspective", Willem H. Van Boom, Koziol, Christian Witting(eds.), *Pure Economic Loss, Tort and Insurance Law* vol. 9 (2004).

______, "Compensation for Pure Economic Loss from a Continental Lawyer's Perspective", Willem H. Van Boom, Koziol, Christian Witting(eds.), *Pure Economic Loss, Tort and Insurance Law* vol. 9 (2004).

______, "Recovery for economic loss in the European Union", 48 *Arizona Law Review* (2006).

Ian R. Macneil, "Economic Analysis of Contractual Relations: Its Shortfalls and the Need for a Rich Classificatory Apparatus", 75 *Northwestern University Law Review* (1980).

______, "Relational Contract: What We Do and Do not Know", *Wisconsin Law Review* (1985).

미성년자의 불법행위에 대한 비양육친의 감독의무자책임*

이 지 영**

■ 요 지 ■

이혼하고 친권·양육자가 아닌 부모에게 자녀의 불법행위에 대한 법적 책임을 지울 수 있는가? 단순하지만 생각할 거리가 많은 흥미로운 주제이다. 대상판결의 원심은 부모의 책임을 긍정하였으나, 대상판결은 원심판결과 다른 결론을 취하면서 그 이유를 비교적 상세하게 설시하였다. 나아가 예외적으로 부모의 책임이 인정될 수 있는 특별한 사정에 대해서도 언급하였다.

종래 미성년자의 불법행위에 대한 부모의 감독의무자책임에 대해서는 책임의 근거, 감독의무의 내용 등에 관하여 여러 논의가 있었지만 비양육친인 부모의 감독의무자책임에 대하여는 별다른 논의가 없었다. 그럼에도 상당한 수의 하급심판결례가 있는데, '자녀가 잘못을 했으면 부모로서 당연히 책임을 지는 것이 인지상정이지 않는가'라는 생각이 소송으로 연결되었기 때문일 것이다.

대상판결의 원심을 비롯한 일부 하급심 판결들은 이러한 생각을 법리적으로 논증하려 시도하였고, 그 주된 근거로 비양육친에게도 자녀의 보호·교양의무가 있고 면접교섭을 통해 자녀 양육에 관여할 수 있음을 들었다.

그러나 미성년자의 감독의무자책임의 구조, 연혁과 근거, 판례의 흐름과

---

* 이 글은 2022. 11. 21. 민사판례연구회 월례회에서 발표한 글을 수정·보완한 것이다. 독일법 관련한 리서치에 도움을 주신 계명대학교 박성은 교수님, 지정토론자로서 좋은 의견을 주신 명지대학교 김수정 교수님, 사법정책연구원 정현희 판사님께 감사드린다.

** 서울고등법원 판사.

외국의 입법례, 이혼 후 비양육친의 자녀에 대한 권리·의무, 쟁점에 관한 외국에서의 논의 등을 종합하여 고찰하여 본 결과 대상판결의 입장에 찬성한다. 감독의무자책임을 인정하기 위해서는 반드시 '법적' 감독의무가 전제되어야 하는데 친권자도 양육자도 아닌 비양육친에게 자녀에 대한 '법적' 보호·교양의무가 있다고 보기는 어렵다. 또한 자녀의 복리가 최우선으로 고려되어야 할 면접교섭제도를 제3자에 대한 손해배상책임의 근거로 인정하는 것은 자칫 자의 복리에 반할 우려가 있다. 친권자의 일반적 감독의무를 인정하는 근본적인 이유, 즉 부모의 자녀에 대한 일상적 보호·감독을 통한 전면적 지배가능성이 비양육친에게 그대로 적용되기 어렵고, 감독자책임의 비교법적 추세와 발전 방향(면책가능성 확대를 통한 자기책임화) 등을 종합적으로 고려하면, 대상판결이 원칙적으로 비양육친의 책임을 부정하되 구체적인 사안에서 감독의무를 인정할 수 있는 특별한 사정이 있는 경우에만 예외를 인정한 것은 타당하다. 미성년자의 감독자책임을 어떤 방향으로 운용할지를 결정할 중요한 시점에서 시사점이 많은 판결이라고 생각한다.

[주 제 어]
- 미성년자
- 불법행위
- 책임능력
- 부모
- 친권자
- 비양육친
- 감독의무
- 감독의무자
- 민법 제750조
- 민법 제755조

대상판결 : 대법원 2022. 4. 14. 선고 2020다240021 판결

[사안의 개요]

1. 사실관계

A(남, 당시 만 17세)는 2018년 7월 말경 망인(여, 당시 만 16세)을 알게 되었고, 2018. 8. 3. 망인과 성관계를 하던 중 휴대폰 카메라로 망인이 속옷만 입거나 나체인 모습을 망인의 의사에 반하여 촬영하였다.

A는 2018. 8. 19. 망인이 연락을 받지 않는다는 이유로, 망인에게 카카오톡 메시지로 위 사진을 전송하면서 이를 유포하겠다고 협박하였다. 망인은 2018. 8. 20. 01:00경 A가 보낸 메시지와 사진을 모자이크 처리하여 자신의 SNS에 게시하였고, 같은 날 10:30경 친구를 만나 죽고 싶다는 이야기를 한 다음, 같은 날 12:25경 투신하여 자살하였다. A는 망인에 대한 사진 촬영 및 협박 행위에 관하여 소년보호처분을 받았다.

원고들은 망인의 가족들이다. 피고는 A의 아버지로, A가 만 2세였을 때 A의 어머니와 협의이혼을 하였고, 어머니가 A의 친권자 및 양육자로 지정되어 A를 양육해 왔다.

2. 소송의 경과

가. 1심과 항소심[1]

1심과 항소심은 다음과 같은 이유로 피고의 손해배상책임을 인정하였다.[2]

「피고는 아버지로서 미성년인 아들이 청소년기에 올바른 성 관념을 가질 수 있도록 적절한 교육을 행하고 그 외에도 타인에게 불법행위를 하지 않고 정상적으로 사회생활 또는 학교생활을 하도록 일반적 · 일상적인 지도 · 조언 등 감독교육의 의무를 부담하고 있음에도 이를 게을리하였고, 이러한 의무 위반과 아들의 행위 및 망인의 사망 사이에 상당인과관계를 인정할 수 있다.

자의 보호 · 교양에 관한 권리의무가 친권자의 권리의무로 지정되어 있더

---

1) 제1심 판결: 수원지법 성남지원 2019. 12. 20. 선고 2018가합410489 판결, 항소심 판결: 수원고법 2020. 6. 11. 선고 2020나10622 판결.
이 사건에서는 A의 불법행위와 망인의 죽음 사이에 상당인과관계가 있는지도 쟁점으로 다투어졌으나, 이 부분은 대상판결의 주된 쟁점이 아니므로 이하 생략한다.

2) A와 A의 어머니도 이 사건의 공동피고로서 손해배상책임이 인정되었고 제반사정을 고려하여 A의 책임은 60%, A의 어머니의 책임은 40%로 제한되었다.

라도(민법 제913조), 이는 친권자의 권리의무 이전에 부모로서의 권리의무로서 친권자로 지정되지 못한 부모에게도 당연히 부여되는 점, 이혼 시 양육자와 양육에 필요한 사항은 부모의 협의로 정하여 지고(민법 제837조 제1항), 양육권을 가지지 않는 부모 일방은 면접교섭권을 행사하여 자의 보호 · 교양에 일정 정도 관여할 수 있는 점(민법 제837조의2 제1항) 등을 고려하면, 피고가 이혼하면서 친권자로 지정되지 못하였다는 사정만으로 미성년 자녀에 대한 감독의무에서 완전히 벗어난다고 할 수 없다.」

다만 A 본인의 책임이 60%로 제한되고, 피고가 A와 함께 살고 있지 않아 A의 일탈을 사전에 감지하기 쉽지 않았을 것으로 보이며, A는 그 외에 학교생활에서는 큰 문제없이 지내왔던 것으로 보이는 점을 고려하여, 피고의 책임을 10%로 제한하였다.

나. 피고의 상고이유

A의 친권자 및 양육자는 A의 어머니이고, 피고는 A와 연락하지 않고 지내왔으므로 감독의무자가 아니라고 주장하였다.

3. 대법원의 판단(대상판결)

대법원은 다음과 같이 비양육친은 원칙적으로 미성년 자녀에 대한 감독의무를 부담한다고 할 수 없고 다만 특별한 사정이 있는 경우에는 감독의무 위반으로 인한 손해배상책임을 질 수 있다고 하면서, 이 사건에서 피고는 A의 아버지이지만 A가 어릴 때 A의 어머니와 이혼한 이후로 친권자 및 양육자가 아니므로 특별한 사정이 없는 한 A의 불법행위에 대하여 감독의무를 부담하지 않는데, 그럼에도 원심이 특별한 사정이 있는지 여부에 관하여 제대로 심리하지 아니한 채 피고가 A에 대해 일반적, 일상적인 지도 · 조언 등 감독의무를 부담한다고 보아 피고의 손해배상책임을 인정한 것은 잘못이라고 보아 원심판결을 파기환송하였다.

> 「1. 미성년자가 책임능력이 있어 스스로 불법행위책임을 지는 경우에도 그 손해가 미성년자의 감독의무자의 의무 위반과 상당인과관계가 있으면 감독의무자는 민법 제750조에 따라 일반불법행위자로서 손해배상책임이 있다. 이 경우 그러한 감독의무 위반사실과 손해 발생과의 상당인과관계는 이를 주장하는 자가 증명하여야 한다(대법원 1994. 2. 8. 선고 93다13605 전원합의체 판결 등 참조).

2. 미성년 자녀를 양육하며 친권을 행사하는 부모는 자녀를 경제적으로 부양하고 보호하며 교양할 법적인 의무가 있다(민법 제913조). 부모와 함께 살면서 경제적으로 부모에게 의존하는 미성년자는 부모의 전면적인 보호·감독 아래 있으므로, 그 부모는 미성년자가 타인에게 불법행위를 하지 않고 정상적으로 학교 및 사회생활을 하도록 일반적, 일상적으로 지도와 조언을 할 보호·감독의무를 부담한다(대법원 1992. 5. 22. 선고 91다37690 판결, 대법원 1999. 7. 13. 선고 99다19957 판결 등 참조). 따라서 그러한 부모는 미성년자의 감독의무자로서 위 1.항에서 본 것처럼 미성년자의 불법행위에 대하여 손해배상책임을 질 수 있다.

3. 그런데 이혼으로 인하여 부모 중 1명이 친권자 및 양육자로 지정된 경우 그렇지 않은 부모(이하 '비양육친'이라 한다)에게는 자녀에 대한 친권과 양육권이 없어 자녀의 보호·교양에 관한 민법 제913조 등 친권에 관한 규정이 적용될 수 없다. 비양육친은 자녀와 상호 면접교섭할 수 있는 권리가 있지만(민법 제837조의2 제1항), 이러한 면접교섭 제도는 이혼 후에도 자녀가 부모와 친밀한 관계를 유지하여 정서적으로 안정되고 원만한 인격발달을 이룰 수 있도록 함으로써 자녀의 복리를 실현하는 것을 목적으로 하고(대법원 2021. 12. 16. 자 2017스628 결정 참조), 제3자와의 관계에서 손해배상책임의 근거가 되는 감독의무를 부과하는 규정이라고 할 수 없다. 비양육친은 이혼 후에도 자녀의 양육비용을 분담할 의무가 있지만, 이것만으로 비양육친이 일반적, 일상적으로 자녀를 지도하고 조언하는 등 보호·감독할 의무를 진다고 할 수 없다. 이처럼 비양육친이 미성년자의 부모라는 사정만으로 미성년 자녀에 대하여 감독의무를 부담한다고 볼 수 없다.

다만 비양육친도 부모로서 자녀와 면접교섭을 하거나 양육친과의 협의를 통하여 자녀 양육에 관여할 가능성이 있는 점을 고려하면, ① 자녀의 나이와 평소 행실, 불법행위의 성질과 태양, 비양육친과 자녀 사이의 면접교섭의 정도와 빈도, 양육 환경, 비양육친의 양육에 대한 개입 정도 등에 비추어 비양육친이 자녀에 대하여 실질적으로 일반적이고 일상적인 지도, 조언을 함으로써 공동 양육자에 준하여 자녀를 보호·감독하고 있었거나, ② 그러한 정도에는 이르지 않더라도 면접교섭 등을 통해 자녀의 불법행위를 구체적으로 예견할 수 있었던 상황에서 자녀가 불법행위를 하지 않도록 부모로서 직접 지도, 조언을 하거나 양육친에게 알리는 등의 조치를 취하지 않은 경우 등과 같이 비양육친의 감독의무를 인정할 수 있는 특별한 사정이 있는 경우에는, 비양육친도 감독의무 위반으로 인한 손해배상책임을 질 수 있다.」

〔研　　究〕

Ⅰ. 서　　론

이혼하고 친권·양육자가 아닌 부모에게 자녀의 불법행위에 대한 법적 책임을 지울 수 있는가? 단순하지만 생각할 거리가 많은 흥미로운 주제이다. 대상판결의 원심은 부모의 책임을 긍정하였으나, 대상판결은 원심판결과 다른 결론을 취하면서 그 이유를 비교적 상세하게 설시하였다. 나아가 예외적으로 부모의 책임이 인정될 수 있는 특별한 사정에 대해서도 언급하였다.

대상판결의 쟁점, 즉 미성년자의 불법행위에 대한 '비양육친'의 감독의무자책임에 대하여 논의하기 위하여는, 우선 미성년자의 감독의무자책임의 구조, 연혁과 근거, 판례의 흐름과 외국의 입법례 등을 살펴볼 필요가 있다(Ⅱ.항). 이혼 후 비양육친의 자녀에 대한 권리·의무에 관하여도 충분한 이해가 필요하다(Ⅲ.항). 다음으로 쟁점에 관하여 종래 학계의 논의, 하급심 판결례, 외국에서의 논의에 대해 살펴보고, 이상의 이해와 연구를 토대로 양 견해(긍정설과 부정설)의 논거를 상세히 설정하고 대상판결의 타당성에 대하여 검토하여 본다(Ⅳ.항).

Ⅱ. 논의의 전제 1: 미성년자의 감독의무자책임에 대한 이해

1. 미성년자 감독의무자책임의 구조

> [민　　법]
> **제750조(불법행위의 내용)** 고의 또는 과실로 인한 위법행위로 타인에게 손해를 가한 자는 그 손해를 배상할 책임이 있다.
> **제753조(미성년자의 책임능력)** 미성년자가 타인에게 손해를 가한 경우에 그 행위의 책임을 변식할 지능이 없는 때에는 배상의 책임이 없다.
> **제755조(감독자의 책임)** ① 다른 자에게 손해를 가한 사람이 제753조 또는 제754조에 따라 책임이 없는 경우에는 그를 감독할 법정의무가 있는 자가 그 손해를 배상할 책임이 있다. 다만, 감독의무를 게을리하지 아니한 경우에는 그러하지 아니하다.

미성년자가 책임능력이 없어 손해배상책임을 지지 않는 경우(민법 제753조[3]) '그를 감독할 법정의무 있는 자'(이하 '법정감독의무자'라고 한다)가 대신하여 손해배상책임을 진다(제755조).

미성년자에게 책임능력이 있어 스스로 손해배상책임을 지는 경우에도, 미성년자에게 변제 자력이 있는 경우가 드물기 때문에 미성년자 본인으로부터 손해배상을 받는 것은 현실적으로 어렵다. 이 경우 피해자 보호를 위해 그 감독의무자에게 책임을 인정할 수 있는지와 그 법적 근거에 관하여 과거에 많은 논의가 있었다. (ⅰ) 보충책임설, (ⅱ) 제750조에 따른 일반불법행위책임설, (ⅲ) 신원보증인책임설(친권자인 부모는 자녀의 신원보증인 지위에서 연대책임을 진다는 견해) 등이 있었고, 초기 판례는 미성년자의 책임능력을 부정하여 – 즉, 책임능력이 인정되는 나이 기준을 높게 잡아 – 제755조 책임을 인정함으로써 정책적으로 피해자를 구제하려고 하였다.[4] 그러다가 대법원 74다1795 판결이 최초로 일반불법행위 규정에 따라 감독자의 병존적 책임을 인정하였고, 대법원 1984. 7. 10. 선고 84다카474 판결이 제755조에 기하여 병존적 책임을 인정하여 혼선이 있었다가, 대법원 1994. 2. 8. 선고 93다13605 전원합의체 판결로써 위 대법원 84다카474 판결이 폐기되고 일반불법행위책임으로 정리되었다.[5]

---

3) 이하 민법은 법명을 생략하고 인용한다.

4) 각 학설에 대한 소개와 초기 판례의 태도에 대하여는 편집대표 김용덕, 주석 민법[채권각칙(8)](제5판), 한국사법행정학회(2022), 246-247면(김승표 집필부분) 참조.

5) 대법원 1994. 2. 8. 선고 93다13605 전원합의체 판결: "민법 제750조에 대한 특별규정인 민법 제755조 제1항에 의하여 책임능력 없는 미성년자를 감독할 법정의 의무 있는 자가 지는 손해배상책임은 그 미성년자에게 책임이 없음을 전제로 하여 이를 보충하는 책임이고, 그 경우에 감독의무자 자신이 감독의무를 해태하지 아니하였음을 입증하지 아니하는 한 책임을 면할 수 없는 것이나, 반면에 미성년자가 책임능력이 있어 그 스스로 불법행위책임을 지는 경우에도 그 손해가 당해 미성년자의 감독의무자의 의무위반과 상당인과관계가 있으면 감독의무자는 일반불법행위자로서 손해배상책임이 있다 할 것이므로(당원 1991. 11. 8. 선고 91다32473 판결, 1992. 5. 22. 선고 91다37690 판결, 1993. 8. 27. 선고 93다22357 판결 각 참조), 이 경우에 그러한 감독의무위반사실 및 손해발생과의 상당인과관계의 존재는 이를 주장하는 자가 입증하여야 할 것이다."

위 전원합의체 판결은 고3 학생(만 17세 9개월)이 8개월 전 면허를 취득하여 오토바이를 운전하다가 교통사고를 일으킨 사안에서, 친권자의 감독의무 해태를 인

대상판결도 이러한 입장을 따르고 있다(앞서 대상판결의 판시 부분 1.항).

제755조 책임과 제750조 책임은 그 책임의 성격에 차이가 크다. 제755조 책임은 대위책임에 가까운 중간책임으로서 감독의무자는 타인의 불법행위에 대하여 대신하여 책임을 지는 것이고, 감독의무(이는 일반적·일상적 감독의무이고 불법행위에 대한 구체적 감독의무를 의미하지 않는다)를 게을리하지 않았음을 증명한 경우에만 예외적으로 면책된다. 제750조 책임은 자기책임으로 감독의무자는 미성년자를 대신하여 책임을 지는 것이 아니라 본인의 행위, 즉 감독의무를 스스로 해태한 것이 불법행위가 되어 손해배상책임을 지는 것이고, 피해자는 일반적인 불법행위와 마찬가지로 감독의무 위반(불법행위에 대한 예견가능성 및 회피가능성)과 손해와의 상당인과관계를 증명해야 한다.

이처럼 미성년자에게 책임능력이 있어 친권자인 부모의 불법행위 책임이 문제되는 경우 그 감독의무의 내용이 무엇인지에 대해서도 견해의 대립이 있었다. 피해자 보호나 친권자와 자녀의 특별한 관계에 중점을 두어 제755조와 같은 일반적·일상적 감독의무라는 견해,[6] 제750조 책임은 구체적 과실에 근거한 책임이고 친권자가 미성년자를 너무 엄격하게 감독하도록 하여 미성년자의 건전한 인격형성을 저해할 우려가 있으므로 개별적·구체적 감독의무라는 견해[7] 등이다. 판례는 위와 같이 책임의 근거를 일반불법행위 규정으로 정리하였으면서도, 친권자에게 자녀에 대한 일반적·일상적 감독의무가 있음을 이유로 불법행위에 대한 구체적·개별적 예견가능성과 회피가능성을 따지지 않고 책임을 쉽게 인정하여

정하기 어렵다고 판단하였다.

6) 한영균, "책임능력 있는 미성년자의 불법행위에 대한 부모의 책임", 판례연구 제15집, 부산판례연구회(2004. 2.), 508면; 김오수, "책임능력 있는 미성년자의 불법행위와 감독의무자의 책임", 민사재판의 제문제 제4권(1986), 207면; 한웅길, "책임능력 있는 미성년자의 불법행위에 대한 감독자의 연대책임", 동아법학 제14호(1992), 220면.

7) 편집대표 곽윤직, 민법주해(XVIII) 채권(11), 박영사(2005), 479면(유원규 집필부분); 권오승, "책임능력 있는 미성년자의 불법행위와 감독의무자의 책임", 민사판례연구 제14권(1992), 223면 이하.

왔다.[8] 거의 성년에 가까운 나이라도 평소 행적에 비추어 불법행위를 예견할 수 없는 아주 특수한 사안이 아니면 대체로 부모의 책임을 인정하고 있어, 실질적으로는 제755조와 유사한 대위책임과 같이 운영된다는 것이 대체적인 평가이다.[9] 대상판결의 판시 부분 2.항 역시 책임능력 있는 미성년자의 친권자는 일반적·일상적 감독의무를 부담한다는 점을 재차 확인하고 있다.[10]

---

8) 대법원 1989. 5. 9. 선고 88다카2745 판결, 대법원 1990. 4. 24. 선고 87다카2184 판결 등에서부터 구체적인 불법행위의 예견가능성을 묻지 않고 '일반적, 일상적 감독의무 해태', '부모로서 감독 및 교육의무' 등을 언급하였는데, 대법원 1992. 5. 22. 선고 91다37690 판결에서 이를 좀 더 구체적으로 설시하였고("피고 1은 사고 당시 만 14세 8개월 된 미성년자로서 제주중앙중학교 3학년에 재학 중에 있으면서 주거지에서 부모인 피고2, 3과 함께 살고 있고 경제적인 면에서 전적으로 부모에게 의존하면서 부모의 전면적인 보호·감독 아래 있으므로 그 부모의 영향력은 책임무능력자에 가까우리만큼 크다 할 것인바, (중략) 원고 1에게 원심판시와 같은 상해를 입히게 된 사정을 감안한다면, 그 부모인 피고 2, 피고 3으로서는 피고 1에 대하여 타인에게 불법행위를 함이 없이 정상적으로 사회에 적응할 수 있도록 일반적·일상적인 지도·조언 등 감독교육의 의무를 부담하고 있다고 할 것인데도…"), 이후 대법원 97다49404 판결, 대법원 99다19957 판결 등 비슷한 판시가 이어졌다.

9) 대법원에서 부모의 책임을 부정한 예로는 대법원 2003. 2. 11. 선고 2002다64544 판결과 대법원 2003. 3. 28. 선고 2003다5061 판결이 거의 유일하다.

첫 번째 2002다64544 판결은 미성년자인 甲(만 17세 9개월)이 오토바이 뒤에 피해자를 태우고 가다가 중앙선을 침범한 다른 자동차와 충돌한 사안에서, 甲에게 과실이 없어 불법행위책임이 없다고 판단하면서, 설령 甲에게 과실이 있더라도 경제적인 면에서 부에게 의존하고 있었고, 위 사고 당시 운전면허를 취득한 지 3개월 정도 밖에 되지 않은 상태에서 오토바이를 빌려 운행하다가 이 사건 사고를 일으켰다는 사정만으로 부에게 감독을 게을리한 과실이 있었다고 보기도 어렵다는 원심 판단을 수긍하여 상고기각하였다.

두 번째 2003다5061 판결은 미성년자인 甲(만 18세 8개월)이 학원 앞 노상에서 친구들과 얘기를 나누고 있는데, 평소 학원생들이 자신의 집 근처에 담배꽁초를 버리는 등 불만이 있던 피해자(49세)가 술에 취한 상태에서 甲을 보고 발로 차고 빰을 때리는 등 폭행을 하자 甲이 대항하여 피해자의 얼굴을 1회 가격하여 상해를 입힌 사안에서, 원심은 父의 감독의무자책임을 인정하였지만, 대법원은 甲이 평소 행실에 문제가 없어 감독의무 위반을 인정하기 어렵다는 이유로 원심판결을 파기환송하였다.

두 사안 모두 미성년자가 거의 성년에 가까운 나이이고 본인의 과실 자체가 크다고 보기 어려운 특수한 사안에 해당한다. 최근 10년간 미성년자의 감독의무자에 대한 판시를 한 대법원 판결은 찾아보기 어렵다.

10) 한편 대법원 2021. 7. 29. 선고 2018다228486 판결은, 구 정신보건법(2016. 5. 29.

2. 미성년자 감독의무자책임의 연혁과 입법례, 민법개정안

(1) 연　　혁

우리 민법 제755조는 일본 민법 제714조와 동일한 규정으로, 독일 민법 제823조에서 유래하였는데, 이는 게르만의 단체주의적 책임이론(가장이 가족단체의 통솔자로서 구성원의 위법한 행위에 대해 절대적인 책임을 짐)을 로마법을 계수한 근대법적 개인주의적 책임으로 수정하여, 일정한 경우 면책을 인정한 중간책임이다. 이러한 감독의무자책임을 인정하는 취지에 관하여는 ① 피해자 보호, 즉 피해자가 손해를 부담하는 것보다는 가해자 쪽에 속하는 일정 범위의 사람에게 배상책임을 지우는 것이 형평에 부합하고, ② 감독자의 주의를 촉구하여 책임무능력자의 가해행위를 억제할 수 있거나, ③ 감독자가 책임무능력자에 대한 보호·감독을 충분히 하지 않았기 때문에 책임을 져야 하거나, ④ 가족적 공동체가 생활공동체로서 하나의 단위로 생활하고 감독교육 기능을 영위하는 이상 대표자가 배상책임을 부담하는 것이 타당하다는 점 등이 언급된다.[11)]

(2) 입 법 례

(가) 독일, 프랑스, 스위스, 오스트리아 등 대륙법계 국가는 미성년자의 책임능력 유무에 관계없이 감독의무자책임을 인정하며, 다만 감독의무를 이행했음을 증명하면 실제로 면책이 가능하다. 독일의 감독의무자 책임에 관하여 좀더 살펴보면, 7세 미만 미성년자는 책임능력이 부정되고(독일 민법 제828조 제1항), 7세 이상 10세 미만은 교통사고에 관하여 고

「정신건강증진 및 정신질환자 복지서비스 지원에 관한 법률」로 전부개정되었다) 제22조 제2항에 따라 부양의무자 등이 피보호자인 정신질환자(성년자)에 대해 부담하는 법률상 감독의무는 정신질환자의 행동을 전적으로 통제하고 그 행동으로 인한 모든 결과를 방지해야 하는 일반적인 의무가 아니라 구 정신보건법 등 관련 법령의 취지, 신의성실의 원칙, 형평의 원칙 등을 종합적으로 고려하여 합리적으로 제한된 범위에서의 의무라고 해석함이 타당하다고 하였다. 전면적인 감독의무를 인정하는 미성년자의 친권자의 감독의무와 구별된다.

11) 편집대표 김용덕(주 4), 222-223면(김승표 집필부분); 편집대표 곽윤직(주 7), 469면(유원규 집필부분).

의가 아닌 한 책임을 지지 않으며(같은 조 제2항), 나머지 미성년자는 가해행위 당시 책임변식에 필요한 판단능력을 가지지 못한 경우에만 책임을 지지 않는다. 실무에서는 책임변식능력에 관하여 최소한의 기준을 설정하고 가급적 책임능력을 인정하여 정상적으로 성장한 7세 이상 아동의 책임능력이 부정되는 경우는 드물다.[12] 미성년자의 감독의무자책임에 관한 규정은 독일 민법 제832조[13]인데, 미성년자의 책임능력 유무를 묻지 않고 감독자책임을 인정하며, 다만 통상 친권자로서 기울일 수 있는 주의를 기울였다면 실제 면책이 인정된다. 면책을 위한 증명책임은 감독의무자 측에 있지만, 우리나라와 달리 과실책임 원칙에 부합하게 실무가 운영되고 있다. 감독의무는 아동의 인격 전개를 도와주고 아동이 독자적으로 책임을 의식하면서 행위할 수 있도록 하는 양육의 목적에 부합해야 하며, 예전에는 면책가능성을 거의 배제하였지만 근래에는 미성년자의 독립적 인격 발달을 위해 면책가능성을 확대 인정한다. 감독의무의 정도는 아동의 나이, 특성, 성격에 따라 다르고, 아동이 성장해가면서 감독의무가 점차 낮아지며, 5세까지는 구두 교육으로 충분하지 않고 직접 제지해야 하지만, 11~12세 아동은 문제된 행동과 결과의 위험성에 대해 교육한 것으로 의무를 다하였다고 본다.[14]

---

12) Staudinger/Oechsler, § 828 Rn. 10; Bamberg/Roth § 828 Rn. 8 참조[제철웅, "민법 제755조의 미성년자의 법정감독의무자의 책임에 관한 비판적 검토", 판례실무연구 XI(2014), 155면에서 재인용].

13) 독일 민법 제832조 [감독의무자의 책임] (1) 미성년을 이유로 또는 정신적이거나 신체적인 상태로 인해 감독을 필요로 하는 자를 감독할 법률상 의무를 지는 자는, 피감독자가 제3자에게 위법하게 가한 손해를 배상할 의무를 진다. 감독의무자가 감독의무를 충분히 이행하였거나 적절한 감독을 하더라도 손해가 생겼을 경우에는 배상의무가 없다.

14) 정상적인 발달단계를 보이는 11살 아동은 자유시간에 많은 시간을 부모의 감독 없이 지낼 수 있고 그 기간 동안 고의로 저지른 화재에 대해 부모의 책임이 없다(OLG Zweibrücken NJW-RR 2007, 173). 13세 아동은 던지기놀이(돌, 눈 등)의 위험성에 대한 일반적 언급으로 감독의무를 다하였다고 보고, 14세 아동이 발화성 물질을 다룰 때 위험에 관해 충분한 교육을 받았다면 발화성물질을 방치해 둔 것이 감독의무 위반이 아니다(LG Erfurt VersR 2008, 932). 다만 행동장애가 있거나 범죄 개연성이 높은 아동에 대해서는 특별한 감독이 필요하다[제철웅(주 12), 159면에서 재인용].

(나) 영국, 미국 등 보통법계 국가는 감독의무자책임을 특별 취급하지 않고 일반 불법행위 법리에 따라 피해자가 감독의무자의 구체적인 감독상 과실을 입증하도록 하며 독일과 같은 일반적 감독의무를 인정하지 않는다.

(다) 일본은 우리나라와 동일하게 미성년자의 책임능력 유무에 따라 감독의무자책임 규정과 일반불법행위 규정이 따로 적용된다. 이러한 입법례에 대해서는 책임능력 유무는 명확하지 않고, 미성년자는 책임능력이 있어도 자력이 없어 피해자 보호에 미흡하다는 등의 이유로 독일처럼 책임능력 유무를 묻지 않고 감독의무자책임을 인정해야 한다는 입법론적 비판이 많다. 일본의 실무 역시 친권자의 면책을 인정한 예는 극히 드문데, 최근 책임능력 없는 미성년자의 친권자에게 사고에 대한 예견가능성이 없다는 이유로 감독자책임 면책을 최초로 인정한 최고재판소 판결[最高裁 2015(平成27). 4. 9. 판결(民集69-3, 455)]이 선고되어 학계의 주목을 받았다.[15] 위 판결의 최고재판소판례해설은, 감독의무의 내용, 이행 유무는 책임무능력자의 행위 태양, 객관적 상황, 감독의무자의 대응방법 등 제반 사정을 고려하여 ① 책임무능력자의 생활전반에 있어서 보호·교양할 의무로서의 일반적 감독의무의 관점과 ② 당해 사고의 태양·성질 등에 비

15) 위 판결의 사안은, A(11세)가 초등학교 운동장에서 골대를 향해 축구공을 찼는데 공이 골대 뒤쪽 교문 펜스를 넘어 도로로 굴러갔고 이륜자동차를 몰고 도로를 지나가던 노인(85세)이 축구공을 피하려다가 넘어져 치료 중 사망하였다. 친권자인 부모는 위험한 행위를 하지 않도록 평소에 A에게 일반적인 교육을 하였다.

원심은 골대를 향해 축구공을 차면 후방 도로로 공이 튀어나갈 위험이 있으므로 친권자는 A에게 골대를 향해 축구공을 차지 않도록 지도감독할 의무가 있음에도 이를 해태하였다며 감독의무자 책임을 인정하였는데, 최고재판소는 '책임능력이 없는 미성년자의 친권자는 그 직접적인 감시 하에 없는 아이의 행동에 대해, 인신에 위험을 초래하지 않도록 주의해서 행동하도록 평소부터 지도·감독할 의무가 있다고 해석되지만, 친권자의 직접적인 감시 하에 있지 않은 자녀의 행동에 대한 평소의 지도감독은 어느 정도 일반적인 것이 될 수밖에 없기 때문에, 통상 인신에 위험을 초래할 수 있다고 볼 수 없는 행위에 의해 우연히 인신 손해를 입혔을 경우 해당 행위에 대해 구체적으로 예견 가능한 등 특별한 사정이 인정되지 않는 한 자녀에 대한 감독의무를 해태하였다고 할 수 없다.'고 판시하였고, 위 사건에서는 방과 후 개방된 교정에서 통상적인 행위로서 골대를 향해 공을 찼고 뒤에 도로가 있더라도 펜스가 설치되어 있으며 도로 사이에 폭넓은 배수구가 있는 등 공이 도로로 굴러가는 것을 통상 예견할 수 없고, 공이 우연히 다리 위를 굴러 도로로 들어갔다는 이유로 책임을 부정하였다.

추어 위험발생의 예견가능성이 있는 상황하에서 권리침해 결과를 회피할 필요가 있는 행위를 할 의무로서 구체적인 감독의무의 관점 쌍방 모두 검토하는 것이 상당하고, 친권자가 소송에서 두 가지를 모두 증명하면 면책가능하다고 기술하고 있다.[16)]

한편 미성년자는 아니지만 치매노인의 배우자가 노인의 감독의무자가 아니라고 한 최고재판소 판결[最高裁 2016(平成28). 3. 1. 판결(民集70-3, 681)]도 주목할 필요가 있다. 치매노인이 열차 선로에 진입하여 열차에 충돌하여 사망하였는데 철도회사가 노인의 가족들에게 열차 지연으로 인한 손해배상을 청구한 사안으로, 원심은 일본 민법 제752조[17)]를 근거로 치매노인의 배우자를 법정감독의무자로 보아 책임을 인정하였으나 최고재판소는 책임을 부정하면서, "민법 제752조에 따른 부부의 동거, 협력 및 부조의 의무는 부부간에 서로 상대방에 대해 지는 의무로, 제3자와의 관계에서 부부 중 한쪽에게 어떠한 작위의무를 부과하는 것이 아니며, 나아가 동거 의무는 그 성질상 이행을 강제할 수 없고, 협력 의무는 그 자체로 추상적인 것이다. 또한 부조의무는 이를 상대방의 생활을 자기 자신의 생활로서 보장할 의무라고 보아도 그로부터 당연히 제3자와의 관계에서 상대방에 대한 감독의무의 기초로 할 수는 없다. (중략) 그 밖에 부부의 일방이 상대방의 법정의 감독의무자라고 하는 실정법상의 근거는 찾기 어렵다."고 하였다.[18)]

---

16) 菊池絵理, "責任を弁識する能力のない未成年者が、サッカーボールを蹴って他人に損害を加えた場合において その親権者が民法 714条 1項の監督義務者としての義務を怠らなかったとされた事例", 最高裁判所判例解説 民事篇 平成27年度(上)(2018. 3.), 186면 이하 참조.

17) 일본 민법 제752조(동거, 협조 및 부양 의무) 부부는 동거하고 상호간에 협력하고 부조하여야 한다.
우리 민법 제826조 제1항에 대응하는 규정이다.

18) 한편 위 사건에서는 치매노인 주변에 살면서 배우자와 함께 노인을 돌보던 망인의 장남의 책임에 대해서도 다투어졌는데, 최고재판소는 "법정 감독의무자는 아니더라도 책임무능력자와의 신분관계나 일상생활에서의 접촉상황에 비추어 볼 때, 제3자에 대한 가해행위를 하지 못하도록 책임무능력자를 실제로 감독하고 있고, 그 정도가 단순한 사실상의 감독을 넘는 등 그 감독의무를 맡았다고 보아야 할 특별한 사정이 인정되는 경우에는, 형평의 견지에서 법정의 감독의무를 지는 자와

(3) 민법개정안

2004년과 2014년 법무부의 민법 개정안에 제755조를 개정하는 내용이 포함되었으나 국회의 임기만료로 모두 폐기되었다. 2004년 개정안은 책임능력 있는 미성년자의 불법행위에 대해서도 미성년자의 변제 자력이 있는 경우만 제외하고 감독의무자에게 손해배상책임을 부과하는 내용이고,[19] 2014년 개정안은 미성년자의 변제 자력을 고려하지 않고, 미성년자의 책임능력 유무와 관계없이 감독의무자가 책임을 지도록 하되, 면책사유로 감독의무를 다해도 손해가 있을 경우를 추가하였다.[20]

3. 미성년자의 법정감독의무자

미성년자에게 책임능력이 있든 없든 간에 감독의무자책임을 지려면

같이 보아 그 자를 상대로 민법 제714조에 의거한 손해배상책임을 물을 수 있다고 보는 것이 상당하다. 이런 사람에 대해서는 법정의 감독의무자에 준하는 사람으로서, 동조 제1항이 유추적용된다고 해석해야 한다. 법정의 감독의무자에 준하는 사람인지 아닌지는 그의 생활상황이나 심신상황 등과 함께 정신장애인과의 친족 관계의 유무·정도, 동거 유무 기타 일상에서의 접촉정도, 정신장애인의 재산관리에 관여하는 상황 등과 같은 관계의 실정, 정신장애자의 심신상황과 일상생활상의 문제행동 유무·내용, 이에 대응한 감호와 개호실태 등 제반 사정을 종합적으로 고려하여 그 자가 정신장애인을 실제로 감독하고 있는지 혹은 감독하는 것이 가능하고 용이한가 등 형평의 견지에서 그 자에게 정신장애인의 행위에 관한 책임을 묻는 것이 상당하다고 말할 수 있는 객관적 상황이 인정되는지 여부의 관점에서 판단해야 한다."고 판시하면서, 장남의 책임도 부정하였다.

이 판결의 평석으로는 瀬川信久, "監督義務者·準監督義務者の意義: 責任無能力者(認知症)の遺族に対する鉄道会社の損害賠償請求", ジュリスト1505號 重要判例解說(2017), 83-85면 참조.

19) **[2004년 개정안] 제755조(감독자의 책임)** ① 제753조 및 제754조의 규정에 의하여 무능력자에게 책임 없는 경우에는 이를 감독할 법정의무 있는 자가 그 무능력자의 제3자에게 가한 손해를 배상할 책임이 있다. 그러나 감독의무를 해태하지 아니한 때에는 그러하지 아니하다. ② 미성년자를 감독할 법정의무 있는 자는 미성년자에게 책임능력이 있는 경우에도 제1항의 책임이 있다. 그러나 그 미성년자에게 변제자력이 있는 경우에는 그러하지 아니하다. ③ 감독의무자에 갈음하여 책임무능력자 또는 책임능력 있는 미성년자를 감독하는 자도 제1항 및 제2항의 책임이 있다.

20) **[2014년 개정안] 제755조 (감독의무자의 책임)** ① 미성년자나 심신상실자를 감독할 법정의무 있는 자는 미성년자나 심신상실자가 제3자에게 가한 손해를 배상할 책임이 있다. 그러나 감독의무자가 감독의무를 다한 때 또는 감독의무를 다하였더라도 손해가 있을 경우에는 그러하지 아니하다. ② 감독의무자에 갈음하여 미성년자나 심신상실자를 감독하는 자도 제1항의 책임이 있다.

'미성년자를 감독할 법적 의무'가 있어야 한다. 기본적으로 친권자(제913조)와 미성년후견인(제945조)이 미성년자의 감독의무자에 해당한다.[21)]

> [민 법]
> **제913조(보호, 교양의 권리의무)** 친권자는 자를 보호하고 교양할 권리의무가 있다.
> **제945조(미성년자의 신분에 관한 후견인의 권리 · 의무)** 미성년후견인은 제913조 및 제914조에서 규정한 사항에 관하여는 친권자와 동일한 권리와 의무가 있다. (단서 생략)

앞서 본 것처럼 판례는 친권자인 부모는 자녀에 대하여 일반적 · 일상적 감독의무를 진다고 한다. 일반적 감독의무의 근거로 대법원 91다37690 판결, 대법원 99다19957 판결(각주 8 참조)은 ① 미성년자가 부모와 함께 살고 있고, ② 부모에게 경제적으로 전적으로 의존하면서 ③ 부모의 전면적 보호 · 감독하에 있다는 사정을 언급하면서 부모의 영향력이 미성년자를 책임무능력자에 가깝게 할 정도로 크다고 하였다. 한편 대학교 1학년으로 부모와 동거하지 않지만 전적으로 부모에게 경제적으로 의존한 사안에서도 부모의 책임을 인정하였고(대법원 1998. 6. 9. 선고 97다49404 판결), 유학 등으로 부모와 떨어져 산다고 하여 부모의 책임을 부정하기 어려우므로 ① 동거 여부는 아주 중요한 요소로 보기 어렵고, 결국 ② 경제적 부양 및 ③ 부모의 전면적 보호 · 감독이 중요한 근거이다. 친권자인 부모가 미성년 자녀에게 의식주를 제공하는 등 경제적으로 부양할 의무가 있음은 당연하다.[22)] 부모의 보호 · 감독은 친권자의 자녀에 대한 보호 · 교양의무(제913조)에 근거한 것이다.[23)] 이는 앞서 본 물질

---

21) 친권의 대행자(제910조, 제948조, 미성년자의 자녀에 대하여 그 친권자, 후견인이 친권을 대신 행사하는 경우)가 있다면 대행자도 감독의무자이다.

22) 부모가 자녀를 부양할 책임은 당연하다. 이를 언급한 판례로 부모의 자녀 양육의무는 특별한 사정이 없는 한 자녀의 출생과 동시에 발생한다고 하거나(대법원 2018. 12. 28. 자 2015스471 결정), 부모에게 부양의무가 있음을 당연히 전제하여 미성년후견인의 부모에 대한 양육비청구심판이 가능하다고 한 대법원 2021. 5. 27. 자 2019스621 결정 등이 있다.

23) '보호'의 사전적 의미는 위험이나 곤란 따위가 미치지 않도록 잘 보살펴 돌봄이

적·경제적 부양 외에, 정신적, 인격적 성숙을 위해 신체, 정신적 발달을 감독하고 위해나 불이익에 대해 방어하며 적극적으로 지도하는 것을 뜻한다.[24]

4. 감독상 과실 유무의 판단

감독의무자의 감독상 과실 유무는 구체적인 사정을 고려하여 판단하여야 한다. 우선 미성년자 측 사정으로 미성년자의 연령·성숙, 발육단계, 신체와 정신상 특성 등을 고려한다. 사고를 저지르거나 비행한 전력이 있는 경우에는 책임이 인정될 가능성이 높고, 나이가 성인에 가까울수록, 비행전력이 전혀 없을수록 책임이 인정될 가능성이 적다(각주 9 참조). 친권자와의 동거 여부, 미성년자의 경제적 독립 여부와 그 정도, 침해행위의 예견가능성과 위험성, 친권자에게 손해 발생을 방지할 수 있는 가능성과 통제수단이 있었는지도 고려될 것이다. 부모와 동거하고 부모의 경제적 지원을 받는 등으로 부모의 자녀에 대한 통제가 쉬운 경우에는 그렇지 못한 경우보다 감독상 과실이 쉽게 인정될 수 있다.

Ⅲ. 논의의 전제 2: 이혼 후 비양육친의 자녀에 대한 권리·의무

1. 이혼 시 친권자·양육자의 지정

혼인 중인 부모는 공동으로 친권을 행사하지만, 이혼을 하면 서로 동거하지 않고 경제적 공동체도 아니며 이혼 과정에서의 갈등으로 인하여 상시적인 협의가 어려워 친권을 공동으로 행사하는 것이 어렵다. 따라서 보통 부모 중 1명이 친권자가 된다.

양육권은 부모의 보호·교양의 권리(제913조)와 거소지정권(제914조)을 아우르는 개념으로, 자녀의 돌봄, 훈육, 교육, 거소지정, 자녀를 억류

고, '교양'은 지식과 기술 따위를 가르치며 인격을 길러 줌이다. 편집대표 윤진수, 주해친족법 제2권, 박영사(2015), 1039면(이동진 집필부분).

24) 편집대표 민유숙, 주석 민법 [친족2](제6판), 한국사법행정학회(2020), 402면(이은정 집필부분).

하는 자에 대한 인도 청구 또는 방해배제청구를 할 수 있는 권리의무를 포함한다. 협의의 친권은 양육권을 제외한 나머지(재산관리권, 법률행위 대리권 · 동의권)이고, 광의의 친권은 협의의 친권과 양육권을 포함하는 개념이다.[25)]

이혼 시 친권(제909조)과 양육권(제837조)에 관한 조항이 다르다. 제정 민법이 이혼 시 父만 친권자로 인정하고 母는 양육자가 될 수 있도록 정한 데에서 연원한다. 실무상 친권자 · 양육자를 일치시키는 경우가 대부분이나, 필요하다면 친권자와 양육자를 분리하는 것도 가능한데,[26)] 보통은 친권자를 부모 공동, 양육자를 부모 중 한 명으로 정한다. 친권자와 양육자를 각각 달리 정하는 방식은 자녀의 원만한 양육에 지장을 초래하여(이렇게 하면 자녀를 양육하는 부모가 자녀의 학교 활동이나 계좌개설 등 법률행위 대리에 관한 권한을 행사할 수 없게 된다) 실무상 활용되지 않는다. 친권자 · 양육자로 지정되지 않은 부모를 보통 '비양육친'이라고 칭한다.[27)]

협의이혼이나 재판상이혼을 할 때에는 반드시 친권자, 양육자, 양육비와 면접교섭에 관한 사항을 정해야 한다. 먼저 당사자가 협의하고(제836조의2, 제843조, 제909조) 협의가 안 되면 가정법원이 정한다(제837조 제4항, 제909조).[28)]

부모의 이혼으로 인한 자녀의 환경변화를 최소화하고 자녀가 부모 모두와의 관계를 유지하여 부모 모두 양육책임을 다할 수 있다는 이유로

25) 편집대표 민유숙, 주석 민법 [친족1](제6판), 한국사법행정학회(2020), 249면(임종효 집필부분).

26) 대법원 2012. 4. 13. 선고 2011므4719 판결 등.

27) 실무에서 자주 쓰는 용어이고, 후견인이 부모를 상대로 양육비심판을 청구할 수 있다는 대법원 2021. 5. 27.자 2019스621 결정에서 '비양육친' 표현을 사용하였다. 개념상 '비친권자', '비친권 · 양육친'이라는 표현도 가능할 듯하나 실무상 이러한 표현은 쓰이지 않는다.

28) 재판상 이혼 시에는 친권자를 가정법원이 직권으로 정하는 것으로 규정되어 있지만(제909조 제5항), 심리과정에서 이를 미리 협의하도록 당사자에게 권고하며(가사소송법 제25조 제1항), 실무상 당사자가 합의한 경우 자녀에 복리에 반한다는 특별한 사정이 없는 한 그에 따른다.

'공동양육'이 서구사회를 중심으로 논의되었고, 우리나라에서도 2000년대 후반부터 활발히 논의되어 공동양육을 명하는 하급심 판결이 나타났다.[29] 그런데 당사자가 공동양육에 자발적으로 동의하지 않는 경우 공동양육은 자의 복리에 반할 수 있다는 이유로 공동양육을 명한 원심을 파기환송한 판결례가 있고,[30] 최근 대법원 2020. 5. 14. 선고 2018므15534 판결도 재판상 이혼을 한 당사자의 의사에 반하여 공동양육을 명한 원심을 파기하면서 공동양육을 위한 여건이 갖추어졌다고 볼 수 있는 경우에만 이를 명할 수 있다고 판단하였다. 혼인 과정에서 갈등을 겪고 이혼한 부모가 공동으로 자녀를 양육하는 것이 현실적으로 어렵고 이것이 자녀에게 부정정적 영향을 미칠 수 있음을 고려하여 당사자가 동의하지 않은 상황에서 공동양육을 명하는 데 신중해야 한다는 취지이다.

2. 비양육친의 권리 · 의무

이혼하면서 양육자, 양육비용, 면접교섭에 관하여 정하더라도, 양육 관련 사항 외에는 부모로서의 자녀에 대한 권리 · 의무에 변경을 가져오지 않는다(제837조 제6항). 따라서 사망 시 상속 관계, 미성년자 혼인 시 부모의 동의권(제808조), 입양 시 부모의 동의권(제870조, 제871조) 등에는 변함이 없다.

(1) 양육비 지급의무(부양의무)

이혼 시 친권자 · 양육자로 지정되지 않더라도 여전히 미성년 자녀에 대해 부양의무를 부담하고, 이는 양육친에 대해 양육비를 지급하는 형태로 이행한다. 이혼할 때에는 양육비에 관하여 반드시 협의해야 하고, 협의가 안 되면 가정법원이 정한다(제837조).

---

29) 주로 주중에는 부모 중 한 명이 주양육자로서, 주말에는 다른 한명이 보조양육자로서 공동으로 양육하는 형태이다. 법원실무제요 가사Ⅱ, 법원행정처(2010), 526면도 부모가 모두 공동양육을 원하고 공동양육할 필요가 있을 경우에는 공동양육자 지정이 가능하다고 서술한다.

30) 대법원 2012. 4. 13. 선고 2011므4665 판결, 대법원 2013. 12. 26. 선고 2013므3383, 3390 판결.

(2) 면접교섭권

[민 법]
제837조의2(면접교섭권) ① 자(子)를 직접 양육하지 아니하는 부모의 일방과 자(子)는 상호 면접교섭할 수 있는 권리를 가진다.
③ 가정법원은 자의 복리를 위하여 필요한 때에는 당사자의 청구 또는 직권에 의하여 면접교섭을 제한·배제·변경할 수 있다.

면접교섭권은 비양육친과 그 자녀가 상호간에 직접 만나거나 전화·편지 등을 통해 접촉할 수 있는 권리이다. 직접 만나는 것뿐만 아니라, 통신연락(편지, 전화, 이메일, 휴대전화 문자메시지, 각종 인터넷 서비스 등)과 선물 교환, 자녀의 성장·발달과정을 알 수 있는 신상정보의 제공도 면접교섭 방법에 포함된다. 제837조의2는 민법 제정 시에는 없었다가 1990년 신설되었고 당시 부모의 권리로서만 규정되었으나 2007년 개정으로 자녀도 면접교섭권의 권리주체로 규정하였다.

면접교섭권은 부모의 이혼 후 미성년 자녀의 정서적 안정, 원만한 적응, 정상적 성장·발달을 도움으로써 '자녀의 복리'를 실현하는 데 주된 의의가 있다. 면접교섭권은 자녀의 권리이자 부모의 자녀에 대한 권리이자 '의무'이기도 한데,[31] 이는 2007년 면접교섭권이 자녀의 권리로 규정된 것에 대응하여 자녀가 원하거나 자녀의 복리를 위하여 부모에게 면접교섭을 할 의무가 있다는 것이다.

면접교섭권은 그 성격이 양육권의 일종이라는 견해와, 면접교섭권은 비양육친에게 인정되는 것으로 양육권을 제약하는 성격이 있으므로 양육권의 일종으로 볼 수 없고 부모와 자식 간의 관계에서 당연히 발생하는 자연권 혹은 고유권이라는 견해가 있다.[32] 비양육친이 면접교섭을 하지

---

31) 대법원 2021. 12. 16.자 2017스628 결정: "부모와 자녀의 친밀한 관계는 부모가 혼인 중일 때뿐만 아니라 부모의 이혼 등으로 자녀가 부모 중 일방의 양육 아래 놓인 경우에도 지속될 수 있도록 보호할 필요가 있는바, 면접교섭권은 이를 뒷받침하여 자녀의 정서안정과 원만한 인격발달을 이룰 수 있도록 하고 이를 통해 자녀의 복리를 실현하는 것을 목적으로 하는 제도이다. 이는 자녀의 권리임과 동시에 부모의 권리이기도 하다."

32) 학설에 대한 자세한 소개는 편집대표 민유숙(주 25), 269면(임종효 집필부분) 참조.

않는 경우 양육친 또는 자녀가 비양육친 상대로 면접교섭에 응할 의무의 이행을 구할 수 있는지 문제되고, 실무상 그 예가 드물지만 긍정하는 견해[33]와 법적으로 강제하기 어려운 내용이라는 이유로 부정하는 견해가 있다.[34]

면접교섭권의 인정 여부와 그 방법을 정하는 최우선적 기준은 자녀의 복리이다(제837조 제3항). 면접교섭권과 양육권은 서로 제약·충돌하는 성질이 있으므로, 면접교섭 방법을 정할 때에는 양육권을 지나치게 제한하지 않고 양자간 균형을 이루도록 유념하여야 한다.[35] 최근까지 면접교섭에 관한 다양한 논의가 있으나, 제3자에 대하여 감독의무자 책임의 근거로서 비양육친의 면접교섭의무에 관하여 언급한 문헌은 찾을 수 없다.

Ⅳ. 쟁점: 비양육친의 감독의무 인정 여부

1. 쟁점에 관한 기존의 논의

(1) 대상판결 이전

주석서, 교과서, 논문 등에서는 주로 '친권자인 부모'에게 감독의무가 있다고만 기술되어 있다. 친권자이자 양육자인 부모가 미성년 자녀의 법정감독의무자임은 이론이 없을 것이다.

친권자이면서 양육자가 아닌 부모에 대해서는 언급이 있다. 앞서 본 것처럼 친권자와 양육자가 달리 지정되는 경우가 있는데, 이 경우 친권자이지만 양육하지 않는 부모(예컨대 父母가 공동친권자이고, 母가 양육자인 경우에 父)가 법정감독의무자인지에 대하여 견해가 나뉜다. ① 감독의무자 책임은 원칙적으로 피감독자와 가족적인 공동생활을 영위하고 있는 경우에 한하고, 양육자가 감독의무자이고 친권자는 원칙적으로 감독의무자가

33) 편집대표 민유숙(주 25), 295면(임종효 집필부분).

34) 김연, "면접교섭권에 관한 절차적 문제점과 최근의 동향: 면접교섭권절차에 있어서의 자의 지위", 민사소송 제11권 제2호(2007), 372면.

35) 편집대표 민유숙(주 25), 285면(임종효 집필부분).

아니며, 다만 책임무능력자를 방치하거나 부적당한 자에게 맡겨 놓고 있는 등 감독상 과실이 인정되면 책임을 면하지 못한다는 견해가 있다.[36) ② 이에 반대하면서 감독의무자책임은 실제로 무과실책임에 접근해 있는 제도로서, 친권자가 자녀와 가족공동생활을 하는 경우에 한정해서는 안 되고 타인에게 양육을 맡긴 경우에도 책임이 있다는 견해도 있다.[37)]

다만 이 사건과 같이 친권자도 양육자도 아닌 부모가 감독의무자인지에 관하여는 아무런 언급이 없다. 앞서 논의된 양육자가 아닌 친권자에 비하여, 친권자도 양육자도 아닌 경우에는 감독의무를 진다는 견해는 더 적을 것으로 생각된다.

(2) 대상판결 이후

대상판결 선고 후 대상판결에 대해 반대하면서 자녀에 대한 부양의무와 면접교섭권을 근거로 비양육친도 원칙적으로 감독의무자책임을 지는 것이 타당하다고 하여 기본적으로 대상판결의 원심과 같은 견해를 취한 평석이 있다.[38)]

2. 하급심 판결

관련된 대법원 판결은 없다. 하급심 판결은 ① 친권자·양육자가 아니라는 이유로 부정한 예가 다수이고, ② 자녀와 자주 만나는 등 실질적 감독을 하였는지에 따라 판단하는 소수의 판결이 있으며, ③ 이 사건 원심판결과 같은 이유로 긍정한 판결례가 있다. 하급심판결의 사안과 판단에 대해 좀 더 상세히 살펴본다.

(1) 부정한 예: 다수

이혼 후 한 부모가 친권자·양육자로 지정되었고 다른 부모가 자녀

---

36) 박우동, 인신사고소송, 한국사법행정학회(1981), 259면.

37) 이은영, 채권각론(제5판), 박영사(2005), 844면; 김주수, 채권각론(제2판), 삼영사(1997), 689면.

38) 김나래, "비양육친의 미성년자 불법행위에 대한 감독자책임–대법원 2022. 4. 14. 선고 2020다240021판결을 중심으로–", 법학논총 제42권 제3호, 전남대학교 법학연구소(2022), 343면 이하.

와 동거하지 않는 점에 비추어 감독의무자책임을 부정한 판결들이 다수이다.[39] 사실혼관계에서 자녀를 출생한 후 父가 자녀를 양육해 온 사안에서 母의 감독의무자책임을 부정한 판결이 있다.[40]

(2) 실질적 감독 가능성을 따져 인정하거나 부정한 예

이혼 후 母가 친권자·양육자로 지정되었으나 父도 면접교섭 등으로 수시로 자녀를 만나는 등으로 실질적인 교육·감독이 가능하였다고 보아 감독의무자책임을 인정한 판결이 있다.[41] 6세 아동이 친척이 운영하는 점포에서 라이터를 가지고 놀다가 화재가 발행하였고 점포임대인이 父를 상대로 책임을 청구한 사안인데, 위 판결은 "이혼과정에서 자식에 대한 양육권과 친권을 포기 또는 상실한 일방의 부모가 자녀에 대한 교육·감독의무까지 면하는지 여부는 이를 일률적으로 결정할 것이 아니라, 자녀의 나이와 양육환경, 면접교섭의 가능 여부 및 그 정도와 빈도, 부모의 나이와 능력 등을 종합적으로 고려해 볼 때, 양육권 및 친권을 포기 또는 상실한 일방의 부모라 하더라도 자녀에 대한 실질적인 교육·감독이 가능하였는지 여부에 따라 이를 판단하여야 한다."고 판시한 후, 부모가

39) 대구지법 서부지원 2021. 10. 26 선고 2021가소311997 판결(미항소 확정),
인천지법 2020. 8. 27. 선고 2019가단20220 판결, 그 항소심인 인천지법 2021. 8. 18. 선고 2020나71249 판결(미상고 확정),
대구고법 2018. 8. 29. 선고 2018나10300 판결(미상고 확정),
수원지법 안산지원 2018. 3. 29. 선고 2016가합7668 판결(미항소 확정),
대전지법 논산지원 2018. 5. 31. 선고 2017가단21957 판결(미항소 확정),
서울남부지법 2017. 11. 23. 선고 2016가합107166 판결(미항소 확정),
춘천지법 강릉지원 2017. 2. 14. 선고 2015가합86 판결(쟁점 부분 미항소 확정),
창원지법 김해시법원 2016. 8. 18. 선고 2015가소22763 판결(쟁점 부분 미항소 확정),
의정부지법 고양지원 2016. 8. 12. 선고 2015가단9977 판결(미항소 확정),
창원지법 마산지원 2013. 6. 28. 선고 2012가단9150 판결(미항소 확정),
광주지법 목포지원 2013. 5. 31. 선고 2012가소17525 판결, 그 항소심인 광주지법 2013. 11. 20. 선고 2013나7000 판결(소액상고기각),
의정부지방법원 2012. 6. 1. 선고 2011가단24937 판결(쟁점 부분에 대해 항소심 화해권고 확정),
울산지방법원 2012. 4. 4. 선고 2011가합5604 판결(미항소 확정),
울산지방법원 2012. 4. 4. 선고 2011가합8009 판결(미항소 확정).

40) 대전지방법원 천안지원 2016. 5. 12. 선고 2015가단19687 판결(미항소 확정).

41) 제주지법 2006. 12. 20. 선고 2006가단15778 판결(미항소 확정).

사고 8개월 전 이혼하였고 사고 무렵 母는 정신병원에 입원하여 외조부모가 양육하였는데, 父는 이혼 전에도 수시로 자녀를 방문하고 이혼 후에도 자주 만나 식사를 하고 용돈을 주며 자녀의 양육문제를 상의하는 등 사고 당시 자녀를 실질적으로 교육·감독할 수 있었다고 보아 책임을 긍정하였다.

이혼 후 母가 8세 자녀의 단독 친권·양육자로 지정되었지만 이혼 2년 후부터 양육책임을 다하지 않아 실질적으로 父가 양육하였고 17세 때 친권자·양육자를 父로 변경하였지만 그때부터 母도 자녀와 지속적으로 연락하고 상담하던 중 얼마 지나지 않아 자녀가 범죄를 저지른 사안에서, 母에게도 자녀의 범죄에 대한 예견 및 방지가능성이 있었다고 보아 책임을 인정한 판결이 있다.[42] 위 판결은 母가 10년간 단독 친권자·양육자였고 친권자·양육자가 父로 변경된 후에도 자녀와 계속 연락하던 중 불법행위를 저지른 점 등 실질적 감독가능성이 있다는 점을 책임 인정의 근거로 하면서도, 이 사건 원심과 같은 일반론적인 내용도 포함하여 상세하게 판시하였다.[43]

---

42) 광주고법 2021. 6. 30. 2021나20025, 20032 판결(미상고 확정, 1심도 동일함).
43) 위 판결의 관련 부분은 다음과 같다.

"부모는 그 소생의 자녀를 공동으로 양육할 책임이 있고, 그 양육에 소요되는 비용도 원칙적으로 부모가 공동으로 부담하여야 하는 것이며, 이는 부모 중 누가 친권을 행사하는 자인지 또 누가 양육권자이고 현실로 양육하고 있는 자인지를 물을 것 없이 친자관계의 본질로부터 발생하는 의무라는 것이 대법원의 확립된 판례(대법원 1994. 5. 13.자 92스21 전원합의체 결정 등 참조)이다. 현행 민법 제925조의3(2014. 10. 15. 법률 제12777호로 개정되면서 신설된 조문이다) 역시 친권의 상실, 일시 정지, 일부 제한 또는 대리권과 재산관리권의 상실이 선고된 경우에도 부모의 자녀에 대한 그 밖의 권리와 의무는 변경되지 아니한다고 규정하고 있어 친권자인지와 별개로 부모로서 부담하는 권리와 의무 영역이 있음을 나타내고 있다.

자의 보호·교양에 관한 권리의무가 친권자의 권리의무로 지정되어 있다고 하더라도(민법 제913조), 그와 같은 권리의무는 친권자의 권리의무 이전에 부모로서의 권리의무이기에 이는 친권자로 지정되지 못한 부모에게도 당연히 부여된다고 봄이 마땅하다. 그리고 부모가 이혼할 경우에도 자녀에 대한 양육자와 양육에 필요한 사항은 부모의 협의에 따라 정하여 지는데다가(민법 제837조 제1항), 양육권을 가지지 않는 부모 일방은 면접교섭권을 행사하여 자의 보호·교양에 일정 정도 관여할 수 있는 점(민법 제837조의2 제1항), 친권의 여러 요소 중에서도 자녀의 양육과 보호·교양에 관한 권리와 의무는 법률에 의하여 비로소 창설되는 것이 아

(3) 긍정한 예: 2019년 이후 등장

이 사건 원심과 같이 실질적 감독 여부를 묻지 않고 비양육친의 감독의무자 책임을 인정한 판결례가 있다.

서울고법 2019. 7. 11. 선고 2018나2025173 판결은 중학생 자녀가 지속적 학교폭력을 행사하여 피해자가 자살한 사안에서, 2년 전 이혼한 父의 책임을 인정하였다. 자녀의 비행 경력이 많은데도 父가 자녀의 성행을 바로잡으려는 노력을 하지 않은 등의 사정(父는 자녀가 문신하는 것을 허락하면서 학교가 이에 대해 관여하지 말라고 하고, 자살한 피해자 장례식에도 동행하지 않음)을 적시하면서 이 사건 원심과 같은 이유로 父가 친권자·양육자가 아니라도 감독의무를 면할 수 없다고 하였으며, 다만 학교폭력과 자살과의 인과관계는 부정하고 위자료만 인정하였다. 위 판결은 대법원에서 심리불속행기각으로 확정되었지만 부가 상고하지 않아 위 부분은 상고심의 심판대상이 아니었다. 그런데 위 판결 후 같은 이유로 비양육친의 책임을 인정한 판결이 상당수 등장하기 시작하였다. 이 사건 원심도 위 판결의 이유와 동일하여 이를 참조한 것으로 보인다. 17세 자녀가 학교폭력을 행사한 사안에서 3년 전 이혼한 父에 대해 책임을 인정한 판결,[44] 16세 자녀가 무면허 운전하여 사고를 낸 사안에서 1년 전 이혼한 父에 대해 책임을 인정한 판결,[45] 중학생 자녀가 학교폭력을 행사한 사안에서 이혼한 父에 대해 책임을 인정한 판결,[46] 18세 자녀가 학교폭력을 행사한 사안에서 5년 전 이혼하고 계속하여 교류한 母에게 책임을 인정한 판결[47] 등이다.

니라 부모와 자녀 사이의 자연적 혈연관계를 기초로 인정된다는 점에 그 본질적 특성이 있는 점[이와 관련하여 자녀의 양육과 교육은 일차적으로 부모의 천부적인 권리인 동시에 부모에게 부과된 의무라고 판시한 것으로, 헌법재판소 2000. 4. 27. 선고 98헌가16, 98헌마429(병합) 결정 등도 참조], 자녀의 보호·교양에 관한 권리와 의무는 법원의 허가를 받아 사퇴할 수 있는 법률행위 대리권이나 재산관리권과는 달리 사퇴도 허용되지 않는 것으로 해석되는 점(민법 제927조)…."

44) 의정부지법 2021. 12. 23. 선고 2021가단105156 판결(미항소 확정).

45) 대전지법 홍성지원 2021. 7. 23. 선고 2019가단32958 판결(미항소 확정).

46) 의정부지법 2020. 11. 19. 선고 2019가단112151 판결(미항소 확정).

47) 의정부지법 2020. 6. 18. 선고 2019가단11104 판결(항소취하 확정).

(4) 기 타

친권자는 아니지만 사실상 자녀를 양육해 온 母의 감독의무자책임을 인정한 판결이 있다.[48] 학교폭력과 관련하여 혼인 중이나 모와 별거하면서 동거하지 않은 父의 책임을 인정한 판결도 있는데 父는 별거 중이었고 자녀를 면접교섭조차 할 수 없는 상황으로 관리감독이 불가능하였다고 주장하였으나, 부가 공동친권자이고 자녀의 나이에 비추어 동거하지 않고 면접교섭이 원활하지 않았다고 하여 관리감독이 불가능하거나 감독의무를 부담하지 않는다고 볼 수 없다고 판단하였다.[49]

3. 비교법 검토

프랑스, 미국, 독일의 경우 비양육친의 감독자책임을 인정하지 않고 있고, 일본은 관련하여 별다른 논의가 없다.

(1) 프 랑 스

프랑스 민법 제1242조는 명문으로 친권자이고 자녀와 동거하는 경우에만 책임을 진다고 규정한다.

프랑스 민법 제1242조(= 구 민법 § 1384) ④ 친권을 행사하는 부모는 그들과 동거하는 미성년자에 의하여 야기된 손해에 대하여 연대하여 배상할 책임을 부담한다. ⑦ 부모는 그 책임을 생기게 한 행위를 방지할 수 없었음을 입증하지 않는 한 상기의 손해를 배상할 책임을 부담한다.

(2) 미 국

미국 불법행위법 리스테이트먼트(제3차, 2012)[50] § 37은 본인의 행위

48) 대구지법 의성지원 청송군법원 2020. 1. 17. 선고 2018가소373 판결(미항소 확정).
49) 수원지법 안양지원 2019. 1. 10. 선고 2017가단117037 판결(미항소 확정).
50) 미국법학협회(American Law Institute)는 미국 판례법의 불확실성과 복잡함의 해소하고 더 나은 사법을 목표로 설립된 학회로 법관, 변호사, 교수로 구성되며, 리스테이트먼트를 발행하였다. 리스테이트먼트(Restatement of the Law)는 주법의 통일화를 위해 판례법을 일반 원칙으로 정리하여 조문 형식으로 만들고 해설과 주석(comment)를 달아놓은 것이다. 판례나 성문법이 아니어서 법적인 효력은 없지만 커다란 권위를 지니며 많은 연방, 주법원 판결에서 실제로 채택, 인용되어 판례를 선도하므로 매우 중요한 법원으로 여겨지고 있다.

로 초래되지 않은 타인의 신체나 정신에 대한 위험에 대해서는 주의의무가 없다는 원칙(자기책임 원칙)을 선언하면서, §38 내지 §44에서 그 예외에 관하여 정한다. 예외조항 중 하나인 §41[51)]은 "어떤 사람과 특별한 관계가 있는 자는 그 사람이 끼치는 손해의 위험에 대해 제3자에 대하여 합리적인 주의의무가 있다."고 정하고, '부모와 그에 의존하는 자녀'는 특별한 관계에 있다고 한다.

위 조항의 책임은 대위책임이 아닌 자신의 고유 불법행위에 대한 책임으로 감독상 과실이 필요하고, 피감독자가 타인에게 위험을 초래할 것으로 보이지 않는 등 손해의 위험을 예견하지 못하는 경우 책임이 없다(주석 c항). 한편 자녀의 고의적인 불법행위에 대해 대리책임을 부과하고 책임의 한도를 제한하는 성문법을 제정하는 주도 많이 있는데(예컨대 네바다주 $1,000 한도). 이러한 책임은 부모 자신의 불법행위 책임과는 구별된다.

부모의 책임의 근거는 부모의 양육의무, 자녀에 대한 친권(control), 아동이 적절한 행동을 이해하고 받아들이고 능력이 부족하다는 데 있다(우리 대법원 판례가 언급한 근거와 유사하다). 법원은 자녀가 점차 성장하면서 독립성을 증가하는 과정에 있음을 부모의 합리적 주의의무를 결정하는 데 중요한 고려요소로 삼아야 한다고 한다(주석 d항).

비양육친에 대한 언급은 찾을 수 없으나, 미국은 과실책임 원칙에 충실하게 부모의 감독자책임이 운용되므로 자녀에 대해 친권이 없고 양육하지 않아 자녀의 행위에 대해 예견가능성이 없는 비양육친은 책임이 없을 것으로 보인다.

---

51) §41 Duty to Third Parties Based on Special Relationship with Person Posing Risks
(a) An actor in a special relationship with another owes a duty of reasonable care to third parties with regard to risks posed by the other that arise within the scope of the relationship.
(b) Special relationships giving rise to the duty provided in Subsection (a) include:
(1) a parent with dependent children, (이하 생략).
Restatement of the Law(3rd), Torts:Liability for Physical and Emotional Harm, Volume2, The American Law Institute(2012), 65면 이하.

(3) 독 일[52)]

앞서 본 독일 민법 제832조의 감독의무자책임과 관련하여, 법률 · 계약에 의해 감독의무를 지는 자는 양육자인 부모이고, 이혼으로 양육권이 없는 부모는 일반적으로 감독의무를 지지 않는다. 양육권이 없지만 면접교섭을 실제로 하는 중에는 양육권의 잔여부분을 가지고 있어 감독의무가 있다.[53)] 양육권과 면접교섭권이 모두 없는 부모는 자녀와 함께 거주하는 경우에도 감독의무를 지지 않는다는 하급심판결이 있다.[54)]

(4) 일 본

일본 민법 제714조는 우리 민법 제755조와 동일하다.[55)] 비양육친이 법정감독의무자인지에 대해서는 주석서, 교과서 등에 언급이 없고, TKC Law Library에서 이혼 & 친권자 & 손해배상 & 감독의무 키워드로 검색되는 판결이 없다. 주석서에는, 우리나라 문헌과 같이 친권자와 별도로 양육자가 정해져 있는 경우 양육자가 감독의무자이고 친권자는 원칙적으로 책임이 없다는 언급만 있다.[56)]

4. 견해의 상정과 검토(감독의무 부정설이 타당함)

양설에 관하여 이상과 같은 연구를 토대로 기존 하급심 판결 등에 나타난 논거와 그 외 가능한 논거를 제시해 본다.

(1) 감독의무 긍정설의 근거 상정

원칙적으로 비양육친의 미성년 자녀에 대한 감독의무를 인정할 수 있다는 견해이다. 대상판결의 원심판결을 비롯한 일부 하급심 판결의 입

---

52) 이 부분 리서치는 독일 프라이부르크대학에서 박사학위를 취득한 박성은 계명대학교 교수의 도움을 얻었다.

53) Staudinger/Belling, 2012, Rn. 14; MüKoBGB/Wagner, 8. Aufl. 2020, BGB § 832 Rn. 12.

54) OLG Düsseldorf, Urteil vom 9. 6. 1959-4 U 283/59, NJW 1959, 2120.

55) 일본 민법 제714조(책임무능력자의 감독의무자 등의 책임) ① 전2조의 규정에 따라 책임무능력자가 그 책임을 지지 아니하는 경우, 그 책임무능력자를 감독할 법정의무를 지는 자는 그 책임무능력자가 제3자에게 가한 손해를 배상할 책임을 진다. 다만, 감독의무자가 그 의무를 태만히 하지 아니한 때 또는 그 의무를 태만히 하지 아니하여도 손해가 발생하였을 때에는 그러하지 아니하다.

56) 注釋民法(19), 債權(10), 有斐閣(1965), 261면.

장이다. 그 근거는 다음과 같이 상정할 수 있다.

(가) 감독자책임은 피해자 보호와 형평의 관점에서 실질적으로 대위책임과 같이 운용되어 왔으므로 같은 취지에서 비양육친도 감독의무를 부담하는 것이 타당하다.

피해자가 비양육친에게까지 책임을 묻는 경우는 양육친의 자력이 부족한 경우로, 비양육친의 책임을 인정하지 않으면 피해자가 손해를 전보받지 못하는 경우가 대부분일 것이다. 감독의무자책임의 취지 자체가, 책임능력 혹은 자력이 없는 미성년자의 행위로 피해를 입은 피해자로 하여금 손해를 스스로 부담하게 하는 것보다 부모 등 미성년자와 특별한 관계가 있는 사람에게 손해를 배상하도록 하는 것이 형평의 관념에 부합하기 때문으로, 감독의무 위반으로 인한 책임 유무를 판단할 때에는 이러한 점을 충분히 고려하여야 한다. 친권자인 부모에게는 다른 감독의무자(학교나 유치원 교사, 후견인 등)와 달리 구체적인 감독의무를 위반 여부를 묻지 않고 책임을 인정해 왔는바, 비양육친에 대하여도 자녀에 대한 실질적인 감독이 어려웠다는 이유로 그 책임을 부정할 필요가 없다.

(나) 자녀의 보호·교양의무는 친권자이기 이전에 자연적 혈연관계를 기초로 부모에게 인정되는 권리·의무이고, 비양육친도 양육비 지급 및 면접교섭, 양육친과의 협의를 통해 실질적으로 자녀 양육에 관여할 수 있으며, 이를 종합하여 '감독의무'를 인정할 수 있다.

보호·교양의무는 자녀의 신체적, 정신적 발달을 감독하고 자녀가 위해나 불이익을 당하지 않도록 지도하는 것으로, 민법 제913조가 이를 친권자의 권리의무로 정하는 것과 관계없이 부모라면 자녀에게 부담하는 당연한 권리·의무이다. 이혼하여 비양육친이 되었다고 해서 자녀에 대한 권리·의무가 없어지는 것이 아니고(민법 제837조 제6항), 양육비를 지급하여 자녀를 경제적으로 부양하고, 정기적으로 자녀를 면접교섭함으로써 실질적으로 자녀의 올바른 성장과 발달을 지원하고 감독하는 등 보호·교양의무를 이행할 수 있다. 비양육친이 자녀와 동거하지 않고 양육친의 의사에 반하여 자녀를 만나거나 지도·감독할 수 없더라도, 양육친에게 자녀 양육에 관한 협의를 요청할 수 있고, 협의가 안 될 경우 가정법원에 결정을 청구할 수도 있다(민법 제837조 제1항, 제4항). 또한 양육친이 제대로 자녀를 양육하는지 감독하고 그 방식이 자녀의 복리에 반한다면 양육자 변경을 신청하여 스스로 양육친이 될 수도 있다.

이처럼 비양육친도 자녀의 양육에 일정 부분 관여할 수 있는 이상 비양육친이라는 이유로 원칙적으로 감독의무자책임이 없다고 보는 것은 옳지 않다.

(다) 부정설에 따르면 부모로서의 책임을 방기한 비양육친에게 오히려 더 유리한 결과가 되어 매우 부당하다.[57)]

부정설에 따르면 면접교섭을 자주 하면서 부모로서의 역할을 다한 비양육친은 자녀의 불법행위에 대해 책임을 질 가능성이 크고, 부모 역할을 방기하고 자녀와 남남처럼 지낸 비양육친은 오히려 책임을 지지 않게 되어, 의무를 해태한 사람이 오히려 더 이득을 보는 이상한 결론에 이른다. 비양육친이 자신의 책임과 의무를 방기하는 경우 자녀가 정서적 혼란을 겪고 비행을 저지를 가능성이 크다는 점에서도 비양육친을 면책시키는 것은 타당하지 않다. 비양육친이 이혼 후에도 양육비 지급, 면접교섭 등을 꾸준히 하는 것이 자녀의 복리에도 부합하므로, 이를 유도하기 위해서도 비양육친의 책임을 인정하여야 한다.

비양육친의 감독자책임을 인정할 경우 비양육친이 양육친의 양육에 간섭하여 자의 복리에 반하는 결과가 초래될 것이라는 것은 기우(杞憂)에 불과하다. 비양육친이 감독의무를 이유로 양육에 과도하게 간섭하고 이것이 갈등의 씨앗이 되는 등 자녀의 복리에 반하는 결과를 초래할지도 의문이지만, 그 경우 양육친은 가정법원에 비양육친의 면접교섭의 제한 등을 청구할 수 있다. 그보다는 비양육친의 감독의무를 인정함으로써 이혼 후에도 부모 모두 자녀 양육에 관심을 갖고 책임을 다하도록 유도하여 자녀의 복리에 이익되는 면이 더 크다.

---

57) 실제로 대상판결 선고 후 법원 내부 홈페이지(코트넷)의 '가사소년재판부커뮤니티' 게시판에 이러한 점을 이유로 대상판결을 비판하는 글이 게시되기도 하였다.

(라) 개별 사안의 특성에 따라 비양육친의 책임비율을 제한하거나 특별한 사정이 있는 경우에는 비양육친을 면책할 수도 있으므로, 긍정설에 의할 경우 구체적 타당성을 도모할 수 있다.

양육친의 경우에도 감독의무를 다했음을 증명하여 면책될 수 있다. 우리나라에서 평소에 비행을 하지 않던 청소년이 피해자 도발로 폭행한 사건에서 면책을 인정하였고(각주 9 참조), 일본 최고재판소도 통상적으로 보아 위험성 없는 행위로 우연히 손해를 입은 사안에서 친권자의 면책을 인정하였다(각주 15 참조). 비양육친도 귀책사유 없이 감독이 불가능하였던 경우, 예를 들어 면접교섭을 하려고 하였으나 양육친의 비협조적인 태도나 자녀의 거부로 면접교섭을 할 수 없었거나, 법원에 의해 면접교섭이 배제된 경우와 같이 특수한 상황이 있다면 실질적으로 자녀와 접촉할 수 없으므로 감독의무자책임을 부정할 것이다. 이처럼 특별한 사정이 있으면 비양육친이 이러한 사정을 증명하여 면책될 수 있어 구체적 타당성을 충분히 도모할 수 있다.

감독의무 부정설은 비양육친의 감독의무를 원칙적으로 부정하면서도 특별한 사정이 있으면 비양육친이 손해배상책임을 질 수 있다고 하는데, 비양육친의 면접교섭의 정도, 빈도, 양육에 대한 개입 정도 등 가족 내부의 사정을 외부의 제3자가 증명하는 것은 현실적으로 불가능하므로 결국 비양육친의 책임이 인정되는 경우는 거의 없을 것이다.

(2) 감독의무 부정설이 타당함

원칙적으로 비양육친의 미성년 자녀에 대한 감독의무를 인정할 수 없다는 견해로서 대상판결의 입장이다.

친권자의 일반적 감독의무를 인정하는 본질적인 이유, 즉 부모의 자녀에 대한 일상적 보호·감독을 통한 전면적 지배가능성이 비양육친에게는 적용되기 어려운 점, 감독자책임의 비교법적 추세와 발전 방향(면책가능성 확대를 통한 자기책임화), 혈연을 기초로 한 전통적 가족 관념에서 실질적·기능적 의미의 가족 관념으로의 변화, 자녀 양육에 관하여 자녀의 복리의 최우선시하여야 하고 자녀를 위한 면접교섭권을 제3자에 대한 손해배상책임의 근거로 함부로 인정하는 것은 자의 복리에 반할 우려가 있는 점 등을 고려하면 대상판결이 타당하다고 생각한다. 이하 감독의무 긍정설을 반박하고 부정설의 근거를 상술한다.

(가) 감독의무자책임은 '법적 감독의무'가 있음을 전제로 하는 것이고, 혈연관계만으로 이를 인정할 수 없다.

앞서 Ⅱ.항에서 본 것처럼 민법 제755조의 감독자책임은 대위책임에서 연원하지만 과실책임 원칙에 따라 수정되어 감독의무를 해태하지 않은 경우 면책을 인정한다. 이는 실제로 '법적인 감독의무'가 있음을 전제로 함이 명백하다. 더 나아가 이 사건처럼 책임능력 있는 미성년자에 대한 감독의무 위반으로 인한 제750조 책임은 부모 자신의 과실에 대한 책임이므로 감독의무의 존재와 이를 해태할 것을 필수적인 전제로 하고, 감독의무 위반과 손해 발생 사이에 인과관계가 있을 것도 요구된다. 우리 판례와 실무가 피해자 보호를 위하여 친권자의 감독의무를 넓게, 면책을 좁게 인정해 왔다고 하더라도, 이를 순수한 대위책임으로 운용하는 것은 이러한 제750조 책임의 본질에 반한다.

비교법적으로, 독일, 프랑스, 영미법계 모두 부모의 감독자책임을 과실책임 원칙에 부합하게 운용하고 있고 우리나라의 실무 운용에 대해서는 학계의 비판이 있어 왔다. 우리나라와 유사한 법체계를 가진 일본의 최고재판소가 최근 제750조도 아닌 제755조 책임에 관하여 친권자의 면책을 인정한 것(각주 15)도 그러한 측면에서 이해할 수 있다. 친권자가 아닌 비양육친에 대하여, 그리고 제755조도 아닌 제750조의 일반 불법행위 책임을 대위책임과 같이 운용하는 것은 이러한 책임의 법적 성질과 비교법적 추세에도 반하는 것이다.

(나) 민법 제913조나 부양의무, 면접교섭의무를 근거로 비양육친의 제3자에 대한 법적 감독의무를 인정할 수는 없다.

민법 제913조는 '친권자'의 자녀 보호 · 교양의무에 관한 규정이므로, 위 규정이 비양육친에게 전면적인 보호 · 교양의무를 부여할 근거가 될 수 없음은 명백하다. 긍정설에서 말하는 '부모는 친권자이기 이전에 부모로서 자녀가 올바르게 성장하도록 보호·교양하여야 할 의무가 있다'는 명제는 그 취지에는 공감할 수 있지만 이를 법적의무의 발생 근거로 삼기는 부족하다. 자녀의 올바른 성장에 대해 관심을 갖고 교육할 부모의 '도덕적, 윤리적인 책임'을 법적 책임과 혼동한 것은 아닌지 의문이다. 이것이 법적 의무라면 그 이행을 강제하거나 불이행에 대해 제재가 가능하여야 하는데, 비양육친이 자녀에 무관심한 채 자녀의 보호·교양을 해태할 경우 – 그는 도덕적으로 비난받아 마땅하지만 – 그 의무를 법적으로 강제할 수 없다. 비양육친이 양육친이나 자녀에 대하여 부담하는 양육비 지급의무와 면접교섭의무는 법적 의무로서 이를 해태하면 강제집행이나 각종 제재(이행명령, 과태료 등)를 받는 것과 명백히 구별된다. 보호·교양에 관한 의무를 지는 양육친이 이를 해태하는 것이 아동의 방임·유기에 이를 경우 아동복지법위반죄로 형사처벌될 수 있고, 친권·양육권을 상실할 수 있다는 점과도 구별된다.

종래 국내 및 일본 문헌에서 친권자와 양육자가 다를 경우 친권자가 아닌 양육자만이 감독의무를 부담한다고 하였는데, 제913조의 보호교양에 관한 권리의무는 양육권(즉, 협의의 친권)의 일종으로 양육권이 없다면 친권자라 하더라도 이러한 법적인 의무를 부담하지 않음을 전제한 논의이다. 민법 제837조 제6항은 '이혼 후 양육에 관한 사항 외에 부모의 권리의무에 변경이 없다'고 규정하지만, 제913조의 보호교양의무 규정은 양육에 관한 내용으로 당연히 양육친에게만 적용된다. 결국 비양육친에게 자녀의 보호·교양에 관한 법적인 권리의무가 존재한다고 볼 근거가 박약하다.

비양육친의 면접교섭에 관한 '의무'는[58] 자녀의 복리 관점에서 자녀에 대하여 부담하는 의무이지, 이를 제3자에 대한 손해배상책임을 발생시키는 감독의무의 근거규정으로 언급한 예를 찾아볼 수 없다. 면접교섭

58) 위 '의무'라는 문언은, 유엔 아동권리협약의 영향으로 2007년 자녀도 면접교섭의 권리 주체로 규정된 것에 대응하여 자녀가 원하거나 자녀를 위해 필요한 경우 부모가 면접교섭을 할 의무가 있다는 취지이다(각주 31 부분 본문 참조).

은 자녀의 복리 실현을 목적으로 하는 제도이고, 순전히 자녀와 비양육친의 친밀한 관계를 유지하여 자녀의 정서발달과 인격성장을 달성하기 위한 목적으로 운용되어야 하며, 이를 제3자에 대한 손해배상책임의 근거로 인정하는 것은 예상치 못하게 친자법의 근본이념인 '자의 복리'에 반하는 결과를 초래할 수 있으므로 매우 신중하여야 한다. 일본 최고재판소가 '부부 사이의 동거 · 협력 · 부조 의무가 있다는 규정은 부부 서로 간에 대한 의무일 뿐 제3자와의 관계에서 어떤 작위의무를 부과하는 규정이 아니다'라고 판시한 것(각주 18 참조)은 비양육친의 자녀에 대한 면접교섭의무에 관하여도 시사하는 점이 있다. 우리나라 감독의무자책임의 연원인 독일이나 같은 대륙법계인 프랑스에서도 면접교섭권을 근거로 비양육친의 감독의무를 인정하지 않고 있으며, 영미법계는 말할 것도 없다.

(다) 앞서 본 것처럼 종래 우리 판례와 실무가 친권자에게 일반적 감독의무를 인정한 것은, 부모가 자녀를 전면적으로 보호 · 감독하면서 일반적 · 일상적 지도 · 조언을 하는 관계에 있음을 전제로 하는데(각주 8 참조), 비양육친과 자녀는 이러한 관계에 있지 않다. 비양육친이 양육비를 지급하고 정기적으로 자녀와 면접교섭을 하더라도, 자녀에 대한 전면적인 보호 · 감독이나 일반적 · 일상적 지도 · 조언을 하는 관계에 있다고 볼 수는 없다. 이러한 일반적 감독가능성을 부모의 감독책임의 근거로 보면서, 일반적 감독가능성이 없는 비양육친에게 같은 책임을 부과하는 것은 논리 모순이다.

오히려 가족관계가 다변화하는 현대사회에서, 실질적으로 자녀를 양육하는 사람(예를 들어 재혼가정의 계부 · 계모, 조손가정의 조부모, 그 외에도 부모를 대신하여 미성년자를 양육하는 삼촌, 이모 등)에게 비양육친보다 일상적 지도 · 조언을 통한 전면적 지배가능성을 인정할 여지가 크다. 실질적인 감독자에게 감독의무가 있다고 보는 것이 감독의무의 실질이나 감독자책임의 취지에 더 부합한다.

(라) 비양육친에게까지 감독의무자책임이 있다고 볼 경우 이것이 자

의 복리에 반하는 결과를 초래할 우려도 있다.

독일에서는 부모의 감독자책임을 너무 엄격하게 인정할 경우 아동의 건전한 인격형성을 저해할 우려가 있고 아동이 독자적으로 의식하면서 행위할 수 있도록 하는 양육의 목적에 부합하지 않으므로, 아동의 성장에 따라 부모의 감독의무의 정도를 점차 낮추고 있다(각주 14 참조). 이처럼 감독자책임에 관한 법리는 아동의 인격발달이나 자의 복리와 밀접한 연관이 있음을 유의해야 한다.

비양육친의 감독의무자책임을 부정하면 비양육친이 자녀 양육에 소홀할 유인을 제공하는가? 반대로 감독의무자책임을 인정하면 비양육친이 이를 의식하여 자녀 양육에 더욱 관심을 갖게 되어 자의 복리가 상승되는가? 이혼가정을 둘러싼 복잡다단한 갈등 상황을 고려하면 이러한 질문에 쉽게 대답하기 어렵다. 이혼 과정에서 부모는 자녀를 양육하겠다고 다투는 경우가 많고, 이혼 후에도 갈등 관계로 인하여 면접교섭에 어려움을 겪는 등 부모가 원만히 협의하여 자녀를 양육하는 것이 어려운 경우가 많다. 당사자가 자발적으로 공동양육을 할 의사가 없는 경우 공동양육을 명하는 것은 자녀의 복리에 반할 우려가 있다는 판례(각주 30)도 이러한 점을 고려한 것이다. 이런 상황에서 비양육친에게 일반적인 감독의무를 인정하는 것은 곧, 비양육친이 감독의무를 이유로 자녀의 양육에 간섭할 유인이나 명분을 제공할 수 있다. 감독할 권한은 주지 않으면서 감독 해태에 대한 책임만 물을 수는 없는 것이다. 이 경우 자녀 양육에 관하여 비양육친과 양육친의 충돌을 초래할 수 있고 이는 공동양육 사안에서와 같이 자녀의 복리에 오히려 해가 될 수 있다.

앞서 언급한 바와 같이 면접교섭제도는 비양육친과 자녀와의 관계를 유지하고 자녀가 이혼의 충격을 극복하는 데 도움이 될 수 있도록 순수하게 '자의 복리' 관점에서 운용되어야 한다. 이를 제3자에 대한 감독의무의 근거로 삼을 경우 이러한 본래의 취지와 달리 운용될 수 있다. 비양육친이 자녀 양육에 관심을 갖고 책임을 다하도록 유도하는 것이 바람직하다는 점은 두말할 여지가 없지만 이러한 정책적 목적은 민사사건에서 비양육친의 감독자책임을 인정하여 간접적으로 달성할 것이 아니라, 부모교육 등을 통하여 이혼부모의 인식을 개선함으로써 달성하는 것이 자녀나 부모를 위해 더 바람직하다고 할 것이다.

(마) 한편 개별사안에서 비양육친의 감독의무를 인정할 만한 특별한 사정이 있는 경우에는 예외를 인정하여 구체적 타당성을 도모하는 것이 타당하다. 이하에서는 그러한 특별한 사정에 관하여 살펴본다.

5. 비양육친이 감독의무를 부담하는 특별한 사정

비양육친을 법률에 따라 감독의무를 부담하는 '법정감독의무자'라고 할 수는 없더라도, 개별 사안에서 감독의무를 인정할 수 있는 특수한 사정이 있을 수 있다. 우리 하급심판결 중에도 불법행위 당시에는 비양육친이지만 그 직전까지 오랫동안 친권자였거나 중고등학생 자녀와 꾸준히 연락하면서 실질적으로 일상적·일반적 감독을 하였던 경우에는 예외적으로 책임을 인정한 예가 있다. 법정감독의무자는 아니더라도 책임을 부담할 수 있는 경우가 있을 수 있다는 일본 치매노인 열차사고 판결이나 일반적·구체적 감독의무 쌍방의 관점에서 친권자의 감독의무 해태 여부를 검토한 일본 최고재판소 판결의 취지도 참고할 만하다. 대상판결은 두 부류의 예외를 설정하였는데 이는 특별한 사정의 예시에 해당한다고 할 것이다.

(1) 양육친에 준하는 비양육친

자녀에게 실질적으로 일반적이고 일상적인 지도, 조언을 함으로써 보호·감독을 하고 있고 그 정도가 단순한 사실상의 감독을 넘는 등 감독의무의 존재를 인정할 특별한 사정이 있는 경우이다.

비양육친이 적극적 면접교섭(자녀나 양육친과 자주 만나거나 통화하고 교사와 상담하는 등)을 통해 실제로 자녀를 일반적·일상적으로 관리·감독하였던 경우에는, 비양육친이지만 실질은 공동양육자에 준하는 지위에 있다고 볼 수 있고, 자녀의 불법행위에 대한 비난가능성도 있다. 자녀가 고등학생 이상으로 스스로 비양육친과 통화, 문자, 대면 등이 자유롭게 가능하고 자녀와 동거하지 않아도 영향력의 차이가 크지 않은 경우이거나, 앞서 살펴본 하급심 판결례처럼 모가 친권·양육자였다가 부로 변경된 후 얼마 지나지 않았고 아직 모의 양육 관여 정도가 많은 경우 등을 상정할 수 있다. 이에 해당하는지 여부는 자녀의 나이와 평소 행실, 불법행위의 성질과 태양, 비양육친과 자녀 사이의 면접교섭의 정도와 빈도, 양육 환경, 비양육친의 양육에 대한 개입 정도 등에 비추어 판단해야 할 것이다.

(2) 자녀의 불법행위에 대한 구체적 예견가능성 및 감독가능성이 있던 경우

비양육친이 면접교섭 등을 통해 자녀의 불법행위를 구체적으로 예견할 수 있었던 상황에서 자녀가 불법행위를 하지 않도록 부모로서 직접 지도, 조언을 하거나 양육친에게 알리는 등의 조치를 취하지 않은 경우 등이 이에 해당한다.

첫 번째 예외와 같이 비양육친에게 일상적이고 일반적인 감독관계에 이르지 않더라도 비양육친이 면접교섭할 때 자녀로부터 불법행위(무면허운전, 학교폭력 등)에 관한 이야기를 들었거나 자녀의 소지품, 핸드폰 문자 등에서 그러한 불법행위의 정황을 발견하는 등 구체적으로 자녀의 불법행위를 예견할 수 있는 경우가 있을 수 있다.

비양육친에게 자녀에 대한 일반적·일상적 감독의무나 전면적인 지배가능성은 없더라도, 비양육친이 자녀의 불법행위를 구체적으로 예견할 수 있게 된 특수한 상황에서는 부모로서 자신이 직접 교육을 하거나 적어도 양육친에게 알려 불법행위를 저지할 감독의무가 있다고 볼 수 있고, 그럼에도 불법행위를 방지하지 않았다면 책임을 인정할 수 있다.

판례는 부작위 방조로 인한 공동불법행위책임을 질 수 있다고 하면서, 부작위를 인정하기 위한 작위의무는 법령, 계약, 선행행위뿐만 아니라 신의칙, 사회상규, 조리에 따라 발생할 수 있다고 하고, 혈연적 결합관계로 특별한 신뢰관계가 존재하여 타인의 행위를 관리·감독할 지위에 있고 개별적·구체적 사정하에서 위험요인이나 타인의 행위로 인한 피해

가 생기지 않도록 조치할 책임이 있는 경우 작위의무를 인정한다.[59] 이는 감독자책임에 관한 것은 아니지만, 어떤 경우에 비양육친에게 적극적으로 행위를 할 작위의무(즉, 감독의무)가 발생하는지에 관하여 참조할 수 있겠다. 비양육친은 부모로서(혈연관계로 인한 특별한 신뢰관계가 존재한다) 면접교섭을 하는 동안은 그 범위에서 한시적으로 양육자와 같은 감독책임이 있고, 그 과정에서 자녀의 불법행위에 대해 구체적으로 예견가능하게 되었다면 해당 불법행위에 관하여는 개별적인 감독의무를 인정할 수 있을 것이다.

다만 비양육친이 자녀와 동거하면서 전면적인 지도·감독을 하기 어려운 상황임을 고려하면, 자녀에게 불법행위를 하지 않도록 지도·조언하고 양육친에게 그러한 사정을 고지하여 교육·감독하도록 하였다면, 그 이상의 행동을 하지 않았다고 감독자책임을 묻기는 어렵다고 생각된다.

(3) 증명책임

특별한 사정에 대한 증명책임은 손해배상책임의 발생을 주장하는 피

---

59) **대법원 2012. 4. 26. 선고 2010다8709 판결**: "민법 제760조 제3항은 교사자나 방조자는 공동행위자로 본다고 규정하여 교사자나 방조자에게 공동불법행위자의 책임을 부담시키고 있는바, 방조라 함은 불법행위를 용이하게 하는 직접·간접의 모든 행위를 가리키는 것으로서 작위에 의한 경우뿐만 아니라 작위의무 있는 자가 그것을 방지하여야 할 여러 조치를 취하지 아니하는 부작위로 인하여 불법행위자의 실행행위를 용이하게 하는 경우도 포함한다(대법원 2007. 6. 14. 선고 2005다32999 판결 등 참조). 여기서 작위의무는 법적인 의무이어야 하므로 단순한 도덕상 또는 종교상의 의무는 포함되지 않으나 작위의무가 법적인 의무인 한 그 근거가 성문법이건 불문법이건 상관이 없고 또 공법이건 사법이건 불문하므로, 법령, 법률행위, 선행행위로 인한 경우는 물론이고 기타 신의성실의 원칙이나 사회상규 혹은 조리상 작위의무가 기대되는 경우에도 법적인 작위의무는 있다(대법원 1996. 9. 6. 선고 95도2551 판결 등 참조). 다만 신의성실의 원칙이나 사회상규 혹은 조리상의 작위의무는 혈연적인 결합관계나 계약관계 등으로 인한 특별한 신뢰관계가 존재하여 상대방의 법익을 보호하고 그에 대한 침해를 방지할 책임이 있다고 인정되거나 혹은 상대방에게 피해를 입힐 수 있는 위험요인을 지배·관리하고 있거나 타인의 행위를 관리·감독할 지위에 있어 개별적·구체적 사정하에서 그 위험요인이나 타인의 행위로 인한 피해가 생기지 않도록 조치할 책임이 있다고 인정되는 경우 등과 같이 상대방의 법익을 보호하거나 그의 법익에 대한 침해를 방지하여야 할 특별한 지위에 있음이 인정되는 자에 대하여만 인정할 수 있는 것이고, 그러한 지위에 있지 아니한 제3자에 대하여 함부로 작위의무를 확대하여 부과할 것은 아니다."

해자 쪽에서 진다고 보아야 한다. 비양육친의 면접교섭의 정도, 빈도, 양육에 대한 개입 정도 등 가족 내부의 사정을 외부에서 증명하는 것은 현실적으로 불가능하다는 비판을 할 수 있을 것이다. 피해자가 아닌 가해자 쪽에 편재된 정보임을 고려하여 법원이 심리 과정에서 비양육친 쪽에 적극적으로 석명을 촉구하고 주변 인물들의 증언, 통화, 문자 내역 등을 통해 판단할 수밖에 없을 것으로 생각된다. 일부 하급심에서 비양육친이 자녀 양육에 관여해 온 경위 등을 살펴 책임을 인정한 사례들이 있음은 앞서 본 바와 같다.

6. 이 사건의 경우

이 사건 피고는 A가 만 2세 때 이혼한 후 친권자·양육자가 아니었으며 A와 전혀 연락하지 않고 지내온 것으로 보인다. 사실관계상 특별한 사정에 해당할 여지는 적을 것으로 보이나, 대상판결이 제시한 새로운 법리를 토대로 당사자에게 공방의 기회를 줄 필요가 있으므로 대상판결은 파기환송을 하였다.

7. 보　　론

(1) 책임능력 없는 미성년자의 비양육친

이 사건은 책임능력 있는 미성년자 사안으로, 미성년자가 나이가 어려 책임능력 없는 경우 비양육친이 제755조에 따른 감독의무자책임을 지는지도 문제될 수 있다.

민법 제755조 책임의 주체는 '법정감독의무자'이다. 민법 제750조의 일반불법행위책임은 주체가 특정되어 있지 않아 비양육친과 같이 법정감독의무자가 아니지만 사실상 감독의무를 지는 경우에도 손해배상책임을 인정하는 것이 가능하지만, 제755조 책임의 주체는 법정감독의무자이고 비양육친에게 '법률에서 정한' 감독의무가 있다고 보는 것은 어려울 수 있다.

관련하여 우리나라에는 별로 논의가 없으나, 일본에서는 법정감독의무자는 아니지만 책임무능력자를 사실상 감독해 온 근친자가 감독자책임을 지는지와 그 근거에 관한 논의가 있다(이하 우리나라 조문으로 언급한다). 제755조 책임설, 제750조 책임설, 책임부정설 등으로 나뉘는데[60] 앞서 본 치매노인 열차사고 사건에서 최고재판소는 사실상 감독의무가 있는 자는 법정감독의무자에 준하는 자로서 '제755조를 유추적용'하여 책임을 인정할 수 있고, 사실상 감독의무 유무는 책임무능력자를 실제로 감독하고 있고, 감독이 가능하고 용이한가 등 형평의 견지에서 책임을 묻는 것이 상당하다고 말할 수 있는 객관적 사정이 인정되는지 관점에서 판단해야 한다고 하였다(각주 18 참조).

우리나라에서 종래 부모의 감독자책임은 제750조, 제755조 모두 면책을 인정하지 않는 방향으로 비슷하게 운용되어 왔고, 외국의 입법례와 우리나라 민법 개정안도 책임능력 유무를 구분하지 않는 점을 고려하면 미성년자의 책임능력이 없는 경우에도 대상판결과 비슷한 결론에 이를 것으로 생각한다. 첫 번째 예외(실질적으로 일반적 감독이 이루어지는 경우)와 관련하여 나이가 어려 책임능력이 없는 미성년자의 경우 현실적으로 동거하지 않는 비양육친의 일반적·일상적 감독이 이루어지는 경우는 책임능력이 있는 중·고등학생보다 매우 드물 것으로 생각된다. 두 번째 예외(구체적 예견가능성이 있는 경우)와 관련하여서는 아동을 면접교섭하는 중 아동이 타인을 다치게 하는 등 사고를 저지른 경우 비양육친이 구체적으로 이를 예견하고 방지할 수 있었다면 책임이 인정될 수 있을 것이다.

(2) 미성년자를 실질적으로 감독하는 자

법적 감독의무가 없더라도 실질적으로 미성년자를 양육하는 사람, 예를 들면 재혼가정의 계부·계모, 조손가정의 조부모, 부모를 대신하여 미성년자를 양육하는 삼촌, 이모 등에게 감독의무 위반으로 인한 손해배

---

60) 최성경, "성년 책임무능력자의 감독자의 책임", 아주법학 제11권 제1호(2017), 78면 이하; 고철웅, "치매고령자의 불법행위와 감독자책임 법리에 관한 소고", 민사법학 제91호(2020. 6.), 187면 참조.

상책임을 지울 수 있는지도 문제될 수 있다. 앞서 본 최고재판소의 치매노인 판결에서는 제3자에 대해서 가해행위의 방지를 향해 단순히 사실상 감독을 초과하는 등 감독의무를 인수했다고 볼 특별한 사정이 있는 경우, 형평의 견지에서 법정감독의무자와 동일시하여 법정감독의무자에 준하는 자로 볼 수 있고, 그 여부는 감독자의 생활상황, 심신의 상황, 친족관계유무와 정도, 동거 유무, 일상적 접촉 정도, 재산관리에 관여 상황 등 관계, 장애인의 심신상황, 일상생활에서 문제행동 유무 · 내용, 대응해서 행해지고 있는 감호, 간병실태 등 모두 고려해야 한다고 하였다.

손해배상제도의 기저에 깔린 이념은 손해의 공평타당한 분담이다. 감독자책임을 인정하는 취지에 비추어, 사실상 양육자에게 법정감독의무자의 책임을 부담시킬 것인지는, 미성년자를 양육하게 된 경위, 친권자와의 관계, 실제 양육 상황, 동거, 경제적 부양과 더불어 일상적 지도 · 조언, 전면적 지배가능성 등을 함께 고려하고 형평의 관점도 반드시 고려해야 할 것이다. 부모가 따로 있고 일시적으로 양육하는 경우, 부모의 친권이 실질적으로 미치는 경우 사실상 양육자의 책임을 중복하여 인정하기 쉽지 않을 것이나, 부모와 사실상 연락이 단절되어 있고 부모를 대신하여 아동을 키우는 사람이나, 사실상 후견인으로 선임되어야 하나 후견인선임절차를 미이행하고 있는 경우에는 책임을 인정할 여지가 클 것으로 생각한다. 그들이 실제 미성년자의 보호 · 교양을 담당하며 타인에 대한 불법행위를 방지할 의무를 부담할 만한 지위에 있기 때문이다.

Ⅳ. 결　　론

미성년자의 불법행위에 대한 부모의 감독의무자책임에 대해서는 책임의 근거, 감독의무의 내용 등에 관하여 여러 논의가 있었지만 비양육친인 부모의 감독의무자책임에 대하여는 별다른 논의가 없었다. 그럼에도 하급심판결례가 많은 점이 놀라웠는데, '자녀가 잘못을 했으면 부모로서 당연히 책임을 지는 것이 인지상정이지 않는가'라는 생각이 소송으로 연결되었기 때문일 것이다.

대상판결의 원심을 비롯한 일부 하급심 판결들은 이러한 생각을 법리적으로 논증하려 시도하였고, 비양육친에게도 자녀의 보호·교양의무가 있고 면접교섭을 통해 자녀 양육에 관여할 수 있음을 근거로 하였다. 그러나 감독의무자책임을 인정하기 위해서는 반드시 '법적' 감독의무가 전제되어야 하는데 친권자도 양육자도 아닌 비양육친에게 자녀에 대한 '법적' 보호·교양의무가 있다고 보기 어렵고, 자녀의 복리가 최우선으로 고려되어야 할 면접교섭제도를 제3자에 대한 손해배상책임의 근거로 인정하는 것은 자칫 자의 복리에 반할 우려가 있는 점, 친권자의 일반적 감독의무를 인정하는 근본적인 이유, 즉 부모의 자녀에 대한 일상적 보호·감독을 통한 전면적 지배가능성)가 비양육친에게 그대로 적용되기 어려운 점, 감독자책임의 비교법적 추세와 발전 방향(면책가능성 확대를 통한 자기책임화) 등을 종합적으로 고려하면, 대상판결이 원칙적으로 비양육친의 책임을 부정하되 구체적인 사안에서 감독의무를 인정할 수 있는 특별한 사정이 있는 경우에 이를 인정할 수 있는 예외를 인정한 것은 타당하다. 미성년자의 감독자책임을 어떤 방향으로 운용할지를 결정할 중요한 시점에서 시사하는 점이 많은 판결이라고 생각한다.

[Abstract]

Parental Liability of Non-custodial Parents for Their Children's Torts

Lee, Ji Young*

Can parents who don't have parental rights and custody(hereafter "non-custodial parents") be held liable for their children's illegal actions? It's an interesting topic that's simple but at the same time has a lot to consider. The lower court of Supreme Court Decision 2020Da240021, dated April 14, 2022(the "Case") affirmed the parental liability of a non-custodial parent, but the Supreme Court came to an opposite conclusion explaining the reason in detail. Furthermore, Supreme Court also mentioned special circumstances in which the liability of non-custodial parents can be recognized exceptionally.

So far, there have been many discussions on the purpose and legal grounds of parental liability and parents' supervisory duty, but they were all about parents who have parental rights. There has been little discussion about non-custodial parents' liability. Nonetheless, there are a considerable number of lower court rulings regarding this issue. It's possible to speculate that the common idea of "if a child has done something wrong, a parent should be held responsible regardless of parental rights" led to a lawsuit.

Some lower court rulings, including the one on this Case, attempted to legally argue this issue. The main argument was that non-custodial parents also had a duty to protect and educate their children on some level deriving from their kinship, and they could involve in child-rearing through paying child support and exercising visitation rights.

However, after the comprehensive examination of the history and

* Judge, Seoul High Court.

grounds of parental liability, the tendency and development of precedents, rights and obligations of non-custodial parents on their children, and comparative law research on this very issue, I agree with the Supreme Court decision. To hold a person responsible out of his/her supervisory duty, it must be premised that the person has a "legal" duty of supervision. There are no grounds to impose a parent, who has neither a parental right nor custody of the children, a "legal" duty to protect and educate his/her child. In addition, the visitation rights of non-custodial parents should be considered utmost for promoting children's welfare. Holding visitation rights as a ground to impose a supervisory duty on non-custodial parents could be against the best interests of the children. The fundamental reason for imposing the parental supervisory duty is their full controllability of the children through daily support, protection, and supervision but this cannot be applied to non-custodial parents. The comparative legal trends and developments of supervisory liability are to be faithful to the basic principle of one's own responsibility through increased exemption. Therefore, it is reasonable to deny the liability of non-custodial parents in principle but to recognize the liability only if there are special circumstances. I think the Supreme Court ruling on this Case has many implications at an important time to determine in which direction to operate the supervisory liability of minors.

[Key word]

- Minor
- Tort
- Parental liability
- Non-custodial parents
- Parental supervision duty
- Korean Civil Law Article 750, 755

참고문헌

1. 단 행 본

편집대표 곽윤직, 민법주해(XVIII) 채권(11), 박영사(2005).

편집대표 김용덕, 주석 민법[채권각칙(8)](제5판), 한국사법행정학회(2022).

편집대표 민유숙, 주석 민법 [친족1](제6판), 한국사법행정학회(2020).

______, 주석 민법 [친족2](제6판), 한국사법행정학회(2020).

편집대표 윤진수, 주해친족법 제2권, 박영사(2015).

김주수, 채권각론(제2판), 삼영사(1997).

박우동, 인신사고소송, 한국사법행정학회(1981).

법원실무제요 가사Ⅱ, 법원행정처(2010).

이은영, 채권각론(제5판), 박영사(2005).

Restatement of the Law(3rd), Torts:Liability for Physical and Emotional Harm, Volume2, The American Law Institute(2012).

注釋民法(19), 債權(10), 有斐閣(1965).

2. 논 문

고철웅, "치매고령자의 불법행위와 감독자책임 법리에 관한 소고", 민사법학 제91호(2020. 6.).

권오승, "책임능력 있는 미성년자의 불법행위와 감독의무자의 책임", 민사판례연구 제14권(1992).

김나래, "비양육친의 미성년자 불법행위에 대한 감독자책임-대법원 2022. 4. 14. 선고 2020다240021판결을 중심으로-", 법학논총 제42권 제3호, 전남대학교 법학연구소(2022).

김 연, "면접교섭권에 관한 절차적 문제점과 최근의 동향: 면접교섭권절차에 있어서의 자의 지위", 민사소송 제11권 제2호(2007).

김오수, "책임능력 있는 미성년자의 불법행위와 감독의무자의 책임", 민사재판의 제문제 제4권(1986).

제철웅, "민법 제755조의 미성년자의 법정감독의무자의 책임에 관한 비판적 검토", 판례실무연구 XI(2014).
최성경, "성년 책임무능력자의 감독자의 책임", 아주법학 제11권 제1호(2017).
한영균, "책임능력 있는 미성년자의 불법행위에 대한 부모의 책임", 판례연구 제15집, 부산판례연구회(2004. 2).
한웅길, "책임능력 있는 미성년자의 불법행위에 대한 감독자의 연대책임", 동아법학 제14호(1992).

菊池絵理, "責任を弁識する能力のない未成年者が、サッカーボールを蹴って他人に損害を加えた場合において、その親権者が民 714条 1項の監督義務者としての義務を怠らなかったとされた事例", 最高裁判所判例解説 民事篇 平成27年度(上)(2018. 3.).
瀬川信久, "監督義務者・準監督義務者の意義: 責任無能力者(認知症)の遺族に対する鉄道会社の損害賠償請求", ジュリスト1505號 重要判例解說(2017).

국민건강보험공단의 구상권과 피해자의 손해배상청구권 사이의 조정 방식

윤 성 헌*

요 지

타인의 불법행위로 손해를 입은 피해자가 그 손해발생에 과실이 있는 경우 국민건강보험공단과 피해자가 가해자를 상대로 행사할 수 있는 손해배상액의 범위를 어떻게 산정할 것인지 오랜 논의가 있어 왔다. 종래 대법원은 '과실상계 후 공제' 방식에 따라 피해자의 가해자에 대한 손해배상청구권은 과실상계 후의 치료비손해액에서 국민건강보험공단의 보험급여 전액을 공제하여야 한다는 입장을 견지하였다. 이러한 대법원의 견해는 불법행위로 인한 손해배상액을 산정함에 있어서 과실상계를 한 다음 손익상계를 하여야 한다는 손익상계의 일반 법리를 그대로 따른 것이다. 그러나 국민건강보험법상 대위의 범위 문제는 손익상계의 법리가 아닌 중복전보의 조정의 관점에서 접근하여야 한다는 점에서 종래 판례의 태도는 그 근거가 빈약하다. 또한, 종래 대법원의 입장은 피해자에게 일방적으로 불리한 해석이라는 비판이 있었다.

대상판결은 종래의 입장을 변경하여 '공제 후 과실상계' 방식을 택하였다는 점에서 그 의의가 있으나, 대상판결이 기존에 확립된 판례를 변경하면서 이를 정당화할 만큼 충분히 설득력을 가지는 논거들을 제시하지 못한 점에는 다소 아쉬움이 있다. '공제 후 과실상계' 방식은 '과실상계 후 공제' 방식과 비교할 때, 국민건강보험공단과 가해자 사이의 선행 구상금소송에서 피해자의 과실비율에 대한 충실한 심리가 이루어진다는 점, 국민건강보험법 제58조

---

* 서울중앙지방법원 판사.

제1항과 제2항 사이에 통일적 해석이 가능한 점, 소송실무상 심리의 편의 및 국민건강보험공단 및 피해자, 가해자의 예견가능성 제고 등의 장점이 있으므로, 대상판결의 결론이 타당하다고 보인다.

[주 제 어]

- 국민건강보험법 제58조
- 구상권
- 대위
- 공제 후 과실상계
- 과실상계 후 공제

대상판결 : 대법원 2021. 3. 18. 선고 2018다287935 판결

[사안의 개요]

Ⅰ. 사실관계[1)]

1. 피고는 2012. 6. 5. 술에 취한 상태에서 오토바이를 운전하여 진행하던 중 전방을 제대로 살피지 않고 진행한 과실로 횡단보도에 인접한 도로를 횡단하던 원고를 충격(이하 '이 사건 사고'라고 함)하였다.

2. 원고는 이 사건 사고로 사지마비 등의 상해를 입고 기왕치료비로 합계 1,000만 원이 발생하였는데, 그중 국민건강보험공단(이하 '공단'이라 함)의 부담금은 600만 원, 본인일부부담금은 400만 원이다.

3. 원고는 피고가 오토바이 운전자로서 자동차손해배상 보장법 제3조 및 민법 제750조에 의하여 이 사건 사고로 인한 손해를 배상할 책임이 있다고 주장하면서 이 사건 소를 제기하였다(손해배상금 중 기왕치료비 명목으로 본인일부부담금 400만 원을 청구).

Ⅱ. 소송의 경과

1. 제1심 및 원심

제1심은 원고의 과실비율을 20%로 판단한 다음, 종전 대법원 판례 법리에 따라 "피해자의 제3자에 대한 손해배상청구권은 그 급여액의 한도에서 국민건강보험공단에 이전되어 손해배상채권의 범위 내에서 보험급여를 한 전액에 대하여 국민건강보험공단이 피해자의 가해자에 대한 손해배상채권을 대위 취득하게 되므로 피해자의 제3자에 대한 손해배상청구권은 그 범위 내에서 감축된다(대법원 2002. 12. 26. 선고 2002다50149 판결 참조, 이른바 '과실상계 후 공제' 방식)"는 전제하에, 원고의 기왕치료비 총 1,000만 원에 피고의 책임비율 80%를 적용한 다음 공단이 기 지급한 보험급여 600만 원을 공제한 나머지 200만 원을 원고의 기왕치료비 손해액으로 인정하였다. 원심도 기왕치료비 손해액과 관련하여 제1심의 손해액 산정방식을 그대로 원용하였다.

---

1) 대상판결의 쟁점과 관련된 범위로 한정하여 사실관계를 정리하였고, 논의의 편의상 기왕치료비 액수도 수정하였다.

2. 대상판결의 판단(파기환송)

대법원은 아래와 같은 이유로 공단이 불법행위의 피해자에게 보험급여를 한 다음 국민건강보험법 제58조 제1항에 따라 피해자의 가해자에 대한 기왕치료비 손해배상채권을 대위하는 경우 그 대위의 범위는, 가해자의 손해배상액을 한도로 공단이 부담한 보험급여비용(이하 '공단부담금'이라 함) 전액이 아니라 그중 가해자의 책임비율에 해당하는 금액으로 제한되고 나머지 금액(공단부담금 중 피해자의 과실비율에 해당하는 금액)에 대해서는 피해자를 대위할 수 없으며 이는 보험급여 후에도 여전히 손해를 전보받지 못한 피해자를 위해 공단이 최종적으로 부담한다고 보아야 한다고 판시하면서 원심판결을 파기하였다.

(1) 국민건강보험법 제58조 제1항은 공단이 제3자의 행위로 보험급여사유가 생겨 수급권자에게 보험급여를 한 경우 공단이 대위할 수 있는 손해배상채권의 한도를 정하고 있을 뿐 이 사건과 같이 과실상계 등의 사유로 피해자의 가해자에 대한 손해배상채권이 제한되는 경우에 공단이 구체적으로 대위할 수 있는 범위를 특정하고 있지 않다.

(2) 국민건강 향상과 사회보장 증진을 위한 국민건강보험법의 입법 취지와 국민건강보험제도의 사회보장적 성격은 국민건강보험법 제58조에 따른 대위의 범위를 판단할 때에도 충분히 고려되어야 한다.

(3) 국민건강보험법 제58조가 공단에 대위를 인정한 취지로부터 피해자에게 가장 불리한 '과실상계 후 공제' 방식의 결론이 도출되는 것은 아니다. 같은 조항에는 공단의 보험재정을 확보하려는 취지도 포함되어 있다고 할 수 있지만, 보험재정 확보를 위하여 제58조를 공단에 가장 유리하고 수급권자에게 가장 불리하게 해석하는 것은 정당화될 수 없다.

(4) 피해자의 100% 과실로 상해를 입은 경우와의 균형상, 공단부담금 중 적어도 수급권자의 과실비율에 해당하는 금액만큼은 보험자인 공단이 수급권자를 위해 본래 부담해야 할 비용으로서 수급권자가 정당하게 누릴 수 있는 보험이익이라고 보는 것이 합리적이다.

(5) 국민건강보험법에 따른 보험급여 수급권이 재산권으로서 보험가입자가 납입한 보험료의 대가적 성질과 사회보험의 성격을 함께 지니는 점에 비추어 보아도 '공제 후 과실상계' 방식에 의하는 것이 타당하다.

〔研　　究〕

Ⅰ. 서　　론

타인의 불법행위로 손해를 입은 피해자는 공단으로부터 보험급여를 받거나 가해자를 상대로 손해배상을 청구할 수 있다. 양 청구권은 독립적으로 병존하나, 그 목적이 동일하고 상호보완관계에 있으므로 양 청구권에 의한 이중지급은 인정되지 않는다. 그리하여 국민건강보험법은 공단과 피해자, 가해자 3자 간의 법률관계를 조정하기 위하여 제58조[2)·3)]의 구상권 규정을 두고 있다.[4)] 이에 따라 공단의 보험급여가 가해자의 손해배상보다 선행하는 경우에는 공단은 그 급여비용 한도에서 가해자에 대한 손해배상채권을 대위취득하고 그만큼 피해자의 손해배상청구 시에 공제되며, 반대로 가해자의 손해배상이 공단의 보험급여보다 선행하는 경우에는 공단은 그 배상액 한도에서 보험급여 의무를 면하게 된다.

그런데 손해발생이 가해자의 전적인 책임으로 발생한 경우와 달리, 그 손해발생에 피해자의 과실이 경합된 경우에는 공단 및 피해자가 가해자를 상대로 행사할 수 있는 손해배상액[5)]의 범위를 어떻게 산정할 것인

---

2) 제58조(구상권) ① 공단은 제3자의 행위로 보험급여사유가 생겨 가입자 또는 피부양자에게 보험급여를 한 경우에는 그 급여에 들어간 비용 한도에서 그 제3자에게 손해배상을 청구할 권리를 얻는다.
② 제1항에 따라 보험급여를 받은 사람이 제3자로부터 이미 손해배상을 받은 경우에는 공단은 그 배상액 한도에서 보험급여를 하지 아니한다.

3) 국민건강보험법뿐만 아니라, 그 전신이라고 할 수 있는 의료보험법(1963. 12. 16. 제정)과 국민의료보험법(1997. 12. 31. 제정)에서도 국민건강보험법 제58조와 유사한 구상권 조항을 두고 있었다(의료보험법 제36조, 국민의료보험법 제45조).

4) 서울중앙지방법원 교통·산재손해배상실무연구회, 손해배상소송실무(교통·산재), 사법발전재단, 2017, 431-432면.

5) 공제(대위취득)의 대상이 되는 손해 항목과 관련해서는 공단에 손해배상청구권의 대위를 인정하는 취지를 고려할 때, 그 급여와 동일한 성질을 갖는 손해액에서만 공제를 인정하여야 할 것이다. 따라서 요양급여나 요양비는 이와 동일한 성격을 갖는 치료비 손해액에서만 공제되어야 할 것이고, 공단이 대위취득하는 피해자의 가해자에 대한 손해배상채권도 요양급여와 상호 보완관계에 있는 치료비에 대한 부분에 한한다(서울중앙지방법원, 앞의 책, 433-434면). 구체적으로 보면, 국민

지 문제된다.[6] 국민건강보험법 제58조 제1항은 그 문언상 공단이 대위할 수 있는 손해배상채권의 한도를 정하고 있을 뿐, 구체적으로 공단이 대위할 수 있는 방식 및 범위를 정하고 있지 않기 때문이다.

과실이 있는 피해자가 공단으로부터 보험급여를 받은 다음 가해자를 상대로 손해배상청구를 하는 경우 과실상계와 보험급여의 공제 중 무엇을 우선할지에 관하여 이른바 '과실상계 후 공제설', '공제 후 과실상계설' 등의 학설 대립이 있었고,[7] '과실상계 후 공제설'이 종전 대법원 판례의 확고한 태도였다. 그런데 대상판결에 이르러 대법원은 앞서 본 5가지 이유를 근거로 '공제 후 과실상계' 방식으로 입장을 선회하였다.

아래에서는 ① 본격적인 논의에 앞서 두 가지 배경이 될 만한 사항들을 살펴본다. 첫 번째로 국민건강보험의 목적 및 성격, 구상권의 취지, '공제'의 법적 성격을 검토한다. 대위의 범위에 관한 법조문이 명확치 않은 상황에서, 이들을 검토함으로써 대위의 범위에 관한 해석론을 도출하

건강보험법상 구상권의 범위를 정할 때 그 전제가 되는 치료비손해액에는 공담부담금과 본인일부부담금만이 포함되고, 보험급여와 동일한 사유에 의한 손해배상채권이라고 할 수 없는 비급여비용은 포함되지 않는다(대법원 2019. 4. 25. 선고 2017다233276 판결 참조).

6) 피해자에게 과실상계 사유가 존재하지 않는 경우에는 가해자의 손해배상금을 공단과 피해자가 각자 지출한 비용에 따라 배분받으면 되므로, 대위의 범위에 관한 문제가 발생하지 않는다. 과실상계로 인하여 실무상 문제가 되는 경우로는 ① 공단이 가해자를 상대로 구상권을 행사하는 경우와 ② 피해자가 가해자를 상대로 손해배상청구를 하는 경우가 있는데, 이는 동전의 양면과 같아서 공단이 보험급여를 지급하는 순간, 공단 및 피해자가 청구할 수 있는 액수가 일거에 정해지게 된다.

7) '과실상계 후 공제설(종래 판례의 입장)'은 과실상계 후의 치료비손해액에서 공단의 보험급여 전액을 공제하여야 한다는 입장이고, '공제 후 과실상계설(대상판결의 입장)'은 전체 치료비손해액에서 공단의 보험급여를 공제한 뒤 가해자의 과실비율에 해당하는 액수를 청구할 수 있다는 입장이다. 각 학설을 대상판결의 사안에 적용하면 아래와 같다(치료비손해액 1,000만 원, 공단부담금 600만 원, 과실비율 20%).

구 분	공단이 대위취득하는 손해액	피해자에게 유보된 손해액	최종적인 손해부담
과실상계 후 공제설	600만 원	200만 원	가해자 800만 원 공 단 0원 피해자 200만 원
공제 후 과실상계설	480만 원	320만 원	가해자 800만 원 공 단 120만 원 피해자 80만 원

는 전제를 마련할 수 있다. 두 번째로 해당 쟁점에 관한 사보험에서의 논의를 살펴본다. 보험자대위에 관한 상법의 규정은 국민건강보험법상 구상권 규정과 그 취지와 구조가 유사하므로, 앞서 논의된 사보험에서의 학설과 판례를 살펴보고 이를 원용할 수 있을지 검토할 필요가 있다. 다음으로 ② 종래 대법원 판례에서 '과실상계 후 공제설'을 줄곧 유지해 온 이유를 살펴보고, 대상판결에서 종래의 입장을 변경한 이유를 검토해 본다. 이어서 ③ 대상판결이 제시한 논거들이 판례의 변경을 설명하기에 충분히 설득력 있는지 살펴본 다음, ④ '과실상계 후 공제설'과 '공제 후 과실상계' 중 어느 견해가 보다 타당한지 구체적으로 살펴본다. 끝으로 ⑤ 이러한 논의를 기초로 대상판결을 비판적으로 검토해 보기로 한다.

Ⅱ. 국민건강보험의 목적 및 구상권의 취지

1. 국민건강보험의 목적과 성격

국가의 건강보호의무는 헌법 제10조 '인간의 존엄과 가치'에서 유래한다. 적극적 건강보호의 직접적 근거조항은 헌법 제34조 제1항 '인간다운 생활을 할 권리'라고 할 수 있다.[8] 이러한 헌법 이념하에 사회보장의 일환으로 시행된 국민건강보험의 목적은 첫째, 국가가 개입하여 국민의 기본적인 의료문제를 해결하고, 둘째, 사회보험이라는 기술원리를 통해 개인의 위험을 보험가입자 전원에게 분산하며, 셋째, 국민의 의료비용을 사회연대성의 원리에 따라 공동체적으로 해결하는 것이다.[9]

한편, 국민건강보험은 공보험이고, 전 국민 의무보험이며, 강제보험이다.[10] 또한 국민건강보험은 수익자 부담 원칙에 따라 가입자인 피보험자가 보험료를 부담하고, 보험료를 부담함에 있어서는 소득 및 부담능력

8) 김경수, "헌법상 국가의 건강보호의무와 그 실현방안에 관한 연구", 서울대학교 박사학위 논문, 2002, 35면 등.

9) 문상식 · 김명중 · 용왕식, 국민건강보험론, 보문각, 2018, 60-61면; 국민건강보험법 제1조는 "이 법은 국민의 질병 · 부상에 대한 예방 · 진단 · 치료 · 재활과 출산 · 사망 및 건강증진에 대하여 보험급여를 실시함으로써 국민보건 향상과 사회보장 증진에 이바지함을 목적으로 한다."고 규정하고 있다.

10) 박세민, 보험법, 박영사, 2021, 20-28면

에 따라 차등 부담하며, 개인이 부담한 보험료에 관계없이 보험급여를 균등하게 받는다.[11]), 보험급여사유 발생에 수급권자의 책임이 있더라도 예외적인 경우가 아닌 한 보험급여를 하는 등 경영원리보다 사회정책적 고려가 우선하는 점도 국민건강보험의 특징이다.

2. 국민건강보험법상 구상권의 취지

국민건강보험법상 구상권의 취지는 아래와 같다.[12])

첫째, 피해자에게 경제적 능력이 있는지, 가해자가 손해배상을 하였는지 여부와 관계없이 피해자인 가입자 또는 피부양자에게 신속한 치료가 이루어질 수 있도록 공단이 먼저 보험급여를 실시하여 피해자의 건강보험수급권을 우선적으로 보장한다.

둘째, 가해자의 손해배상 전에 보험급여가 이루어져 가해자인 제3자가 그 책임을 면탈하는 것을 막아 민사법의 기본원리인 과실책임원칙을 달성한다.

셋째, 피해자가 공단의 보험급여와 제3자에 의한 손해배상에 의하여 중복전보를 받아 이중이득을 얻는 것을 방지한다.

넷째, 구상권 행사를 통하여 건강보험 재정의 건전성을 유지한다.

3. '공제'의 법적 성격

피해자가 가해자의 손해배상에 앞서 공단으로부터 보험급여를 받은 경우 해당 보험급여는 그 급여비용 한도에서 가해자에 대한 손해배상청구 시에 '공제'되는데, 이때 '공제'의 법적 성격이 무엇인지가 문제된다.

이를 손익상계로 보는 견해는, 피해자가 동일한 사고로 인하여 보험급여라는 이익을 받았으므로, 이를 손익상계로서 손해액에서 공제하여 제3자에 대한 손해배상액이 감축된다고 본다. 이는 손해를 받은 자가 입은

---

11) 문상식 · 김명중 · 용왕식, 앞의 책, 61-62면

12) 아래의 내용은 헌법재판소 2012. 5. 31. 선고 2011헌바127 결정; 대법원 2017. 3. 9. 선고 2014두15320 판결을 참조.

손해의 원인과 상당인과관계에 있는 이익을 손해배상액 산정 단계에서 공제하여 실질손해를 산정하는 것이다.[13)]

대위의 법리로 보는 견해는, 사회보험관리운영주체에 의해 손해전보가 이루어짐에 따라 피해자의 손해배상청구권이 사회보험관리운영주체에게 이전하는 것으로 본다. 즉, 가해자의 손해배상액은 변하지 않고, 다만 피해자와 보험자 사이에 손해배상액이 분배된 결과 피해자의 취득액이 감소하게 되는 것으로 본다.[14)]

① 고유한 의미의 손익상계란 불법행위로 인하여 손해를 입은 자가 동일한 원인에 의하여 이익을 받은 경우에 손해액 산정에 있어 그 이익을 공제하여 1개의 진정한 손해배상채권액을 산정하는 작업으로 2개의 청구권을 조정하는 중복전보의 조정과 구분되는 점,[15)] ② 대법원도 "손해보험계약에 따라 보험자로부터 수령한 보험금은 보험료의 대가적 성질을 지니는 것으로서 제3자의 손해배상책임과는 별개의 것이므로 이를 손해배상책임액에서 공제할 것이 아니"라고 판시한 점(대법원 1998. 11. 24. 선고 98다25061), ③ 보험금을 손익상계로 공제하는 것은 피해자의 의사에 합치하지 않고,[16)] 공단의 구상권을 보호하기 위해 피해자의 손해배상청구권이 공단에 이전되는 것으로 보는 것이 당사자들의 이해관계에 부합하는 점,[17)] ④ 손해배상법의 체계상으로도 가해자의 손해배상의무를 감

13) 日本 大審院 1928. 3. 10. 판결(民集 7권 3호, 152면); 谷口知平 · 植林 弘 損害賠償法概説東京 : 有斐閣, 1964, 103면; 西村健一郎, 損害賠…償と勞災保險給付の控除, 年金給付の場合を中心として, 民商法雜誌 臨時增刊, 法と權利(4) 末川先生追悼論集 78卷 4號, 1978, 362면; 강창웅, "제3자의 행위에 의한 재해에 있어서의 보상책임자의 구상권(대위권), 재판자료 제39집, 법원행정처, 1987, 653면; 이경희 "사회보험피보험자의 가해자에 대한 사회보험관리운영주체의 구상권", 숙명여자대학교 석사학위 논문, 2001, 9면.

14) 有泉亨 · 田中野徹 편, 雇傭保險法 · 勞災保險法, 158면; 時岡泰, 損害賠償請求와 勞災保險給付의 控除, 1278면; 新實務民事訴訟講座 4券, 條原, 注釋民法 19권, 57면; 下森定, 交通事故判例百選 2版, 133면; 강창웅, 앞의 글, 653면, 이상 이경희, 앞의 글, 9-10면에서 재인용.

15) 김현, 인신손해액의 산정에 있어서 손익상계에 관한 연구, 건국대학교 대학원, 1995, 8-12면.

16) 한기정, 보험법, 박영사, 2021, 549면.

17) 김준래, "국민건강보험법상 제3자의 행위로 인한 보험급여와 손해배상 조정 제

축시키는 것이 불합리한 점, ⑤ 국민건강보험법상 구상권과 동일한 취지와 구조를 가진 산업재해보상보험법 제87조 제1항[18]은 '제3자에 대한 구상권'이라는 제목 아래 "제3자에 대한 손해배상청구권을 대위한다."고 규정하고 있고, 국민연금법 제114조[19]도 조문 제목을 '대위권 등'으로 하고 있는 점 등에 비추어 보면, 대위의 법리로 보는 견해가 타당하다.

대위의 결과 공단은 피해자에게 지급한 보험급여의 한도 내에서 가해자에 대한 피해자의 권리를 법률상 당연히 취득한다.[20] 이는 공단이 손해배상청구권의 법적이전으로 피해자의 지위를 당연 승계함을 의미한다.[21]

Ⅲ. 사보험(일부보험)에서의 논의

1. 문제의 제기

보험자가 보상할 보험금액의 일부를 지급한 때에는 피보험자의 권리를 해하지 아니하는 범위 내에서 그 권리를 행사할 수 있다(이른바 '보험자대위', 상법 제682조 제1항[22]). 그런데 상법 제682조 제1항 단서는 '보험자

도 등에 관한 연구", 고려대학교 박사학위 논문, 2020, 70면.

18) 제87조(제3자에 대한 구상권) ① 공단은 제3자의 행위에 따른 재해로 보험급여를 지급한 경우에는 그 급여액의 한도 안에서 급여를 받은 사람의 제3자에 대한 손해배상청구권을 대위한다. (이하 생략)

19) 제114조(대위권 등) ① 공단은 제3자의 행위로 장애연금이나 유족연금의 지급 사유가 발생하여 장애연금이나 유족연금을 지급한 때에는 그 급여액의 범위에서 제3자에 대한 수급권자의 손해배상청구권에 관하여 수급권자를 대위한다.
② 제3자의 행위로 장애연금이나 유족연금의 지급 사유가 발생한 경우 그와 같은 사유로 제3자로부터 손해배상을 받았으면 공단은 그 배상액의 범위에서 제1항에 따른 장애연금이나 유족연금을 지급하지 아니한다.

20) 박세민, 앞의 책, 533-534면.

21) 노태헌, "인신사고로 인한 손해배상과 보험자의 구상권", 의료법학 제16권 제2호, 대한의료법학회, 2015, 89-90면.

22) 제682조(제3자에 대한 보험대위) ① 손해가 제3자의 행위로 인하여 발생한 경우에 보험금을 지급한 보험자는 그 지급한 금액의 한도에서 그 제3자에 대한 보험계약자 또는 피보험자의 권리를 취득한다. 다만, 보험자가 보상할 보험금의 일부를 지급한 경우에는 피보험자의 권리를 침해하지 아니하는 범위에서 그 권리를 행사할 수 있다.

가 보상할 보험금액의 일부를 지급한 때'에 관하여만 규정할 뿐, 일부보험에 관하여는 보험자대위에 관한 상법상 규정이 없다. 일부보험의 경우 보험자와 피보험자의 가해자에 대한 권리의 행사가 경합하게 되는데, 이때 피보험자에게 과실이 있거나 가해자의 자력이 부족한 경우에는 보험자와 피보험자 중 누구의 권리가 우선하는가하는 문제가 남는다.[23] 국민건강보험은 일부보험의 성격을 가지고 있고, 국민건강보험법 제58조 제1항의 구상권은 상법상 보험자대위 제도를 토대로 도입한 규정이라고 평가되므로,[24] 상법상 일부보험에서 피해자의 과실이 인정되는 경우의 대위 범위에 관한 기존의 논의를 살펴본다.[25] 이해의 편의를 위해 피보험자에게 1,000만 원의 손해가 발생하였고, 보험자가 600만 원의 보험금을 지급하였으며, 피보험자의 과실이 20%인 경우를 상정해 본다.

2. 학설의 대립

(1) 절대설(보험자우선설)

보험자는 자신이 지급한 보험금의 한도에서 우선적으로 대위하여 청구권을 행사하고 나머지가 있을 때 피보험자에게 배분된다는 견해이다. '보험자는 그 지급한 금액의 한도에서 피보험자의 권리를 취득한다.'는 상법 제682조 제1항 본문의 해석에 충실한 견해이다. 위 사례에서 보험자는 제3자에 대하여 600만 원을 우선적으로 대위하여 청구할 수 있고, 피보험자는 나머지 200만 원을 청구할 수 있다.

(2) 상대설(비례설)

손해액 대비 보험자가 지급한 보험금의 액수의 비율만큼 보험자가 피보험자의 손해배상청구권을 대위한다는 견해이다. 잔존물대위에 관한

23) 박세민, 앞의 책, 552면.
24) 이재근, "국민건강보험법 제53조 제1항의 '제3자'의 범위와 직접청구권의 대위행사", 민형사실무연구, 서울북부지방법원, 2004, 91면.
25) 이하의 논의는 박세민, 앞의 책, 552-560면; 최준선, 앞의 책, 228-229면; 한기정, 보험법, 박영사, 2021, 564-566면; 장덕조, 보험법, 법문사, 2020, 275-278면; 한창희, 보험법, 국민대학교 출판부, 2020, 387-389면을 참조.

상법 제681조 단서[26)]를 유추적용한다.[27)] 위 사례에서 보험자가 취득하는 제3자에 대한 손해배상청구권의 액은 480만 원이고, 피보험자에게 유보된 손해배상청구권의 액은 320만 원이 된다.

(3) 차 액 설

상법 제682조 제1항 단서를 유추적용하여 피보험자가 우선적으로 제3자로부터 배상을 받고, 나머지가 있으면 보험자가 이를 대위할 수 있다는 견해이다. 상법 제682조 제1항 단서의 취지가 피보험자의 이득금지의 원칙에 위반되지 않는 범위 내에서 보험자의 이익을 고려해야 한다는 것인 점, 보험자는 피보험자로부터 보험료를 지급받아 보험금을 지급하는 점을 근거로 한다. 위 사례에서 보험자가 취득하는 제3자에 대한 손해배상청구권의 액은 400만 원이고, 피보험자에게 유보된 손해배상청구권의 액은 400만 원이 된다.

3. 판 례

대법원은 종전 절대설을 채택하였으나(대법원 2009. 4. 9. 선고2008다27721 판결 등), 전원합의체로 "손해보험의 보험사고에 관하여 동시에 불법행위나 채무불이행에 기한 손해배상책임을 지는 제3자가 있어 피보험자가 그를 상대로 손해배상청구를 하는 경우에, 피보험자가 손해보험계약에 따라 보험자로부터 수령한 보험금은 보험계약자가 스스로 보험사고의 발생에 대비하여 그때까지 보험자에게 납입한 보험료의 대가적 성질을 지니는 것으로서 제3자의 손해배상책임과는 별개의 것이므로 이를 그의 손해배상책임액에서 공제할 것이 아니다. 따라서 위와 같은 피보험자는 보험자로부터 수령한 보험금으로 전보되지 않고 남은 손해에 관

26) 제681조(보험목적에 관한 보험대위) 보험의 목적의 전부가 멸실한 경우에 보험금액의 전부를 지급한 보험자는 그 목적에 대한 피보험자의 권리를 취득한다. 그러나 보험가액의 일부를 보험에 붙인 경우에는 보험자가 취득할 권리는 보험금액의 보험가액에 대한 비율에 따라 이를 정한다.

27) 최영봉 · 김선옥, "보험자의 청구권대위 학설에 관한 고찰", 무역학회지 제30권 제2호, 한국무역학회, 2005, 249면.

하여 제3자를 상대로 그의 배상책임(다만 과실상계 등에 의하여 제한된 범위 내의 책임이다. 이하 같다)을 이행할 것을 청구할 수 있는바, 전체 손해액에서 보험금으로 전보되지 않고 남은 손해액이 제3자의 손해배상책임액보다 많을 경우에는 제3자에 대하여 그의 손해배상책임액 전부를 이행할 것을 청구할 수 있고, 위 남은 손해액이 제3자의 손해배상책임액보다 적을 경우에는 그 남은 손해액의 배상을 청구할 수 있다. 후자의 경우에 제3자의 손해배상책임액과 위 남은 손해액의 차액 상당액은 보험자대위에 의하여 보험자가 제3자에게 이를 청구할 수 있다(대법원 2015. 1. 22. 선고 2014다46211 전원합의체 판결)"고 하여 차액설의 입장을 분명히 하였다.

4. 소 결

현재 사보험(일부보험)과 관련하여 차액설이 통설이라고 할 수 있고, 판례도 같은 입장이다. 보험자가 지급하는 보험금은 피보험자가 납입한 보험료의 대가라는 점과 상법 제682조 제1항 단서 취지가 일부보험의 경우에도 동일하게 적용될 수 있는 점 등에 비추어 차액설이 타당하다.

다만, 국민건강보험법은 상법 제682조 단서와 같은 규정을 두고 있지 않을 뿐만 아니라, 건강보험급여가 전적으로 피해자가 납입한 보험료의 대가로 주어진다거나 납부한 보험료에 비례하여 반대급부인 보험급여를 받는 것이 아니라는 점에서 사보험에서의 손해보험금과 근본적인 차이가 있다.[28] 따라서 국민건강보험법상 공단의 대위 범위와 관련하여 차액설의 논리를 그대로 적용하는 것은 적합하지 않다. 다만, 대법원이 과실상계 후 공제설과 결론이 동일한 절대설을 더 이상 채택하지 않은 점은 국민건강보험법상 공단의 대위 범위에 관한 논의에 유의미한 시사점을 준다.

---

28) 채성호, 손해배상청구에 있어 피해자가 지급받은 손해보험금의 공제범위, 재판과 판례 제25집, 대구판례연구회, 2016, 264면.

Ⅳ. 종래 판례의 논거 및 판례 변경의 이유

1. 종래 판례의 논거

대상판결 이전의 대법원 판결들은 손해발생에 피해자의 과실이 경합된 경우에 '과실상계 후 공제' 방식을 취하였다.

즉, 대법원 2002. 12. 26. 선고 2002다50149 판결에서 "산업재해보상보험법 또는 국민건강보험법에 따라 보험급여를 받은 피해자가 제3자에 대하여 손해배상청구를 할 경우 그 손해발생에 피해자의 과실이 경합된 때에는 먼저 산정된 손해액에서 과실상계를 한 다음 거기에서 보험급여를 공제하여야 하고, 그 공제되는 보험급여에 대하여는 다시 과실상계를 할 수 없으며, 보험자가 불법행위로 인한 피해자에게 보험급여를 한 후 피해자의 가해자에 대한 손해배상채권을 대위하는 경우 그 대위의 범위는 손해배상채권의 범위 내에서 보험급여를 한 전액이다."라고 판시한 이래 국민건강보험법이나 산업재해보상보험법에 따른 대위 범위를 일관되게 판단하여 왔다.[29]

종래 판례가 '과실상계 후 공제' 방식을 택한 이유를 명시적으로 밝히고 있지는 않으나, 아래의 판결들에 비추어 볼 때, 불법행위로 인한 손해배상액을 산정함에 있어서 과실상계를 한 다음 손익상계를 하여야 한

29) 대법원 2002. 1. 8. 선고 2001다40022, 40039 판결; 대법원 2002. 12. 26. 선고 2002다50149 판결; 대법원 2008. 2. 1. 선고 2007다48219 판결; 대법원 2008. 5. 8. 선고 2008다641 판결; 대법원 2009. 5. 28. 선고 2009다5735 판결; 대법원 2009. 9. 10. 선고 2009다44563 판결; 대법원 2010. 2. 11. 선고 2009다82633, 82640 판결; 대법원 2010. 4. 29. 선고 2010다7294 판결; 대법원 2010. 6. 24. 선고 2009다61612, 61629 판결; 대법원 2010. 7. 8. 선고 2010다13732 판결; 대법원 2010. 7. 15. 선고 2010다2428, 2435 판결; 대법원 2011. 1. 13. 선고 2010다30560 판결; 대법원 2011. 6. 9. 선고 2011다955 판결; 대법원 2012. 5. 24. 선고 2010다95611 판결; 대법원 2012. 9. 13. 선고 2012다39103 판결; 대법원 2012. 11. 29. 선고 2011다32075 판결; 대법원 2012. 12. 13. 선고 2011다39038 판결; 대법원 2013. 10. 24. 선고 2013다208524 판결; 대법원 2014. 9. 25. 선고 2014다213387 판결; 대법원 2015. 2. 12. 선고 2014다68013, 68020 판결; 대법원 2015. 6. 11. 선고 2015다205048 판결; 대법원 2018. 3. 15. 선고 2017다223 판결; 대법원 2018. 6. 12 선고 2018다203920 판결; 대법원 2019. 5. 30. 선고 2016다205243 판결 등 참조.

다는 손익상계의 일반 법리를 그대로 따른 것으로 보인다. 이후의 판결들은 대부분 종전에 판시된 법리를 그대로 원용하였다.

(1) 대법원 2002. 1. 8. 선고 2001다40022, 40039 판결

구 의료보험법상 대위의 범위에 관하여 처음으로 판단한 사건으로, 원고 병원에서 입원치료를 받던 정신병환자 소외 1(피해자)이 자살을 시도하다가 상해를 입자, 공단에서 소외 1을 치료한 병원(원고 병원과 다름)에 의료보험금을 지급한 뒤 원고 병원을 상대로 구상금을 청구한 사안이다.

원심은 소외 1의 과실비율을 80%로 판단한 다음, 보험자는 어느 정도의 구상권을 취득할 것이냐를 고려함이 없이 보험료의 대가로서 보험금액을 지급하는 점, 공단은 국민보건을 향상시키고 사회보장의 증진을 도모하기 위한 국가의 의료보험사업을 경영하는 것으로서 피보험자의 가벼운 과실로 인한 손해에 대하여 담보하고 있는 점, 의료보험은 통상의 일부보험과 달리 국민건강보험법 및 동 시행령의 규정에 의하여 요양비용의 일부를 피보험자 본인이 부담하도록 강제된 일부보험인 점 등을 근거로 상법 제682조 단서를 유추하여 공단은 피보험자인 소외 1의 권리를 해하지 않는 범위 내에서만 그 권리를 취득할 수 있다고 판단하였다.

이에 대하여 대법원은 불법행위로 인한 손해배상액을 산정함에 있어서 과실상계를 한 다음 손익상계를 하여야 한다고 전제한 다음 보험자가 불법행위로 인한 피해자에게 보험급여를 한 후 피해자의 가해자에 대한 손해배상채권을 대위하는 경우 그 대위의 범위는 손해배상청구권의 범위 내에서 보험급여를 한 전액이라고 할 것이고, 의료보험급여의 경우에도 마찬가지라고 판단한 뒤 원심을 파기하였다.

(2) 대법원 2002. 12. 26. 선고 2002다50149 판결

소외 1이 피고의 관리·감독 아래 주택 신축공사 현장에서 일하던 중 3층 창문에서 추락하여 상해를 입자, 원고 공단이 병원에 공단부담금을 모두 지급한 뒤, 피고를 상대로 구상권을 청구한 사안이다.

원심은 소외 1의 과실비율을 30%로 판단한 다음, 위 사건과 같이 보험자는 어느 정도의 구상권을 취득할 것이냐를 고려함이 없이 보험료

의 대가로서 보험금액을 지급하는 점, 공단은 국민보건을 향상시키고 사회보장의 증진을 도모하기 위한 국가의 의료보험사업을 경영하는 것으로서 피보험자의 가벼운 과실로 인한 손해에 대하여 담보하고 있는 점, 의료보험은 통상의 일부보험과 달리 국민건강보험법 및 동 시행령의 규정에 의하여 요양비용의 일부를 피보험자 본인이 부담하도록 강제된 일부보험인 점 등을 근거로 상법 제682조 단서를 유추하여 공단은 피보험자인 소외 1의 권리를 해하지 않는 범위 내에서만 그 권리를 취득할 수 있다고 판단하였다.

이에 대하여 대법원은 "산업재해보상보험법 또는 국민건강보험법에 따라 보험급여를 받은 피해자가 제3자에 대하여 손해배상청구를 할 경우 그 손해발생에 피해자의 과실이 경합된 때에는 먼저 산정된 손해액에서 과실상계를 한 다음 거기에서 보험급여를 공제하여야 하고, 그 공제되는 보험급여에 대하여는 다시 과실상계를 할 수 없으며, 보험자가 불법행위로 인한 피해자에게 보험급여를 한 후 피해자의 가해자에 대한 손해배상채권을 대위하는 경우 그 대위의 범위는 손해배상채권의 범위 내에서 보험급여를 한 전액이다"라고 명시한 뒤, 이와 달리 본 원심의 판단에는 손해배상액 산정의 경우에 과실상계 및 손익상계의 순서, 구 공무원및사립학교교직원의료보험법 제46조 제1항에서 규정한 구상권의 범위에 관한 법리를 오해한 위법이 있다고 판단하였다.

(3) 대법원 2008. 2. 1. 선고 2007다48219 판결

소외 1이 피고의 소유의 사다리차를 이용하여 이삿짐을 운반하던 중 현장에서 사다리를 지나치게 완만하게 설치한 피고의 과실로 5층 아래로 추락하여 상해를 입자, 원고 공단이 병원에 공단부담금을 모두 지급한 뒤, 피고의 보험자를 상대로 구상권을 청구한 사안이다.

원심은 피고가 과실상계 후 배상액 범위 내에서 공단부담금 전액에 대하여 구상책임을 지게 될 경우, 피고가 공단에 지급하는 구상금 중 소외 1의 과실에 상당하는 부분은 원래 소외 1이 부담할 부분을 피고가 부담하는 셈이 되어 피고가 자신의 책임범위를 넘어 배상하는 결과가 되는

점, 피고가 이를 다시 소외 1에게 재구상 또는 부당이득반환청구를 할 수 있다고 하면 소송경제에 반할 뿐 아니라 신의칙상 상당하지 않은 점, 제3자의 관여 없이 가입자 혼자만의 과실에 의하여 일어난 사고의 경우와의 균형 등을 근거로 공단은 소외 1에게 지급한 요양급여 중 소외 1의 과실비율을 제외한 나머지 금액만을 피고에게 구상할 수 있다고 판단하였다.

이에 대하여 대법원은 보험자가 불법행위로 인한 피해자에게 보험급여를 한 후 피해자의 가해자에 대한 손해배상채권을 대위하는 경우에 그 보험급여에 대하여도 과실상계를 하여야 한다고 본 원심의 판단에는 손해배상액 산정의 경우에 과실상계 및 손익상계의 순서, 국민건강보험법 제53조 제1항에서 규정한 구상권의 범위에 관한 법리를 오해한 위법이 있다고 판단하였다.

위 판결들에 나타난 대위의 범위에 관한 법리는, 손익상계와 과실상계의 순서에 관한 대법원 1973. 10. 23. 선고 73다337 판결[30] 및 대법원 1981. 6. 9. 선고 80다3277 판결[31]에 그 근거를 둔다. 두 사건은 모두 피해자가 제3자를 상대로 손해배상청구를 하였고, 휴업급여 공제와 과실상

30) "원심은 원고 1이 이 사건 사고로 입은 손해인 일실이익금 17,991,329원, 일실퇴직금 3,302,969원, 향후 치료비 801,000원 등 도합 22,095,198원에서 피고로부터 수령한 휴업급여금 329,981원을 먼저 공제한 다음 그 잔액 21,765,217원에 대하여 과실상계를 하고 피고가 배상할 금액을 11,000,000원으로 정하였으나 손해발생으로 인하여 피해자에게 이득이 생기고 한편 그 손해발생에 피해자의 과실이 경합되어 과실상계를 하여야 할 경우에는 먼저 산정된 손해액에다 과실상계를 한 후에 위 이득을 공제하여야 할 것이므로(당원 1973. 10. 23. 선고 73다337 판결 참조) 원판결은 이 점에서도 배상액 산정을 그르친 위법이 있다."

31) "손해가 발생하였고 그 손해발생으로 인하여 이득이 생겼고 동시에 그 손해발생에도 피해자에게 과실이 있어 과실상계를 하여야 할 경우에는 먼저 산정된 손해액에다 과실상계를 한 후에 손해발생으로 인하여 생한 이득을 공제하여야 하는 것이 이론상 타당하다할 것이라 함은 논지가 지적하는 바와 같으나, 이 사건에 대하여 과실상계를 한 원심판결을 보건대 '사고발생에 있어서 피해자인 동 원고에게도 과실이 있었던 만큼 이를 참작할 때 피고는 동 원고에게 위 사고로 인한 재산상의 손해로서 금 280,000원을 배상함이 상당 하다 할 것이다'라고 인정하였는바, 위의 설시는 그 표현이 불확실한 점이 없지 않으나 이는 산정된 손해액에 대하여 과실상계를 한 후에 휴업급여금을 공제하고 동 원고에게 지급하여야 할 손해금이 금 280,000원이라고 인정한 것이라고 볼 수 있으므로 원판결은 논지가 지적하는 바와 같은 이론에 어긋나는 판단을 하였다고 볼 수 없다."

계 사이의 순서에 관하여 판단한 사안이다.[32] 이후 산업재해보상보험법상 대위의 범위가 문제가 된 사안에서도 대법원은 위 두 판결에서 언급한 손익상계와 과실상계의 선후에 관한 법리를 그대로 원용하며 대위의 범위를 판단하였다(대법원 1988. 4. 25. 선고 88다카5041 판결[33], 대법원 1990. 2. 13. 선고 89다5997). 나아가 대법원은 실제 손익상계와 과실상계의 선후에 관한 일반 법리가 적용되어야 하는 사안에서도 휴업급여에 관한 위 73다337 판결을 원용하며 과실상계 후 공제 방식을 취하였는데(대법원 1990. 5. 8. 선고 89다카29129 판결[34]), 실제 손익상계의 일반 법리가 적용되어야 할 사안에서 별도의 검토 없이 휴업급여에 관한 기존 판례를 원용하는 데 그친 점에서 아쉬움이 남는다.[35] 이후 앞서 두 판례의 법리는 확대되어 국민건강보험법상 대위의 범위를 판단하는 판례에도 그대로 인용되었을 뿐 아니라(대법원 2002. 1. 8. 선고 2001다40022, 40039 판결, 대법원 2002. 12. 26. 선고 2002다50149 판결 등), 일반 손해보험의 경우에도 청구권대위의 범위를 절대설에 따라 판단하여 이를 토대로 손익상계와 과실상계를 선후를 판단하는 판례까지 발전하였다(대법원 2009. 4. 9. 선고 2008다27721 판결[36]).

---

32) 73다337 판결의 경우 원심판결을 찾을 수 없어 산재법상의 휴업급여인지는 알 수 없으나, 산업재해보상보험이 아닌 다른 사회보험에 따른 휴업급여라 하더라도, 그 법률에 따라 청구권대위의 범위를 정하고 이를 손해액에서 공제하여야 하는 점은 달라지지 않는다(노태헌, 앞의 글, 각주 33 인용).

33) "산업재해보상보험법에 따라 보험급여를 받은 피해자가 제3자에 대하여 손해배상청구를 하고 그 손해발생에 피해자의 과실이 경합되어 과실상계를 할 때에는 먼저 산정된 손해액에서 과실상계를 한 후 거기에서 보험급여를 공제하여야 하고 그 공제되는 보험급여에 대하여는 다시 과실상계를 할 수 없다고 할 것이므로 국가가 산업재해보상보험법 제15조 제1항에 의하여 제3자에게 구상하는 범위도 보험급여를 한 전액이라고 할 것이고(당원 1988. 4. 25. 선고 88다카5041 판결 참조)…."

34) "원고 대한해운은 위 선박 2척의 침몰에 관하여 그 시가 상당액에서 그 잔존물의 가액을 공제한 금 243,870,000원(105,495,000 + 202,875,000 − 64,500,000)의 손해를 입게 되었고, 원고 대한해운 측에게도 위 사고 발생에 관하여 앞서 본 과실이 있으므로 이를 참작하면 그중 피고가 위 선박 2척의 침몰에 관하여 원고 대한해운에게 배상하여야 할 금액은 금 170,709,000원(243,870,000 × 70/100)이 된다 할 것이다."

35) 노태헌, 앞의 글, 119면.

36) 보험금을 지급한 보험자는 상법 제682조 소정의 보험자대위제도에 따라 그 지급한 보험금의 한도 내에서 피보험자가 제3자에게 갖는 손해배상청구권을 취득하는

그러나 앞서 본 바와 같이 국민건강보험법상 대위의 범위 문제는 손익상계의 법리가 아닌 중복전보의 조정의 관점에서 접근하여야 한다. 따라서 산업재해보상보험법상 대위의 범위를 손익상계와 과실상계의 순서로 판단한 초기의 두 판결에 기초한 종래 판례의 태도는 그 근거가 빈약하다고 할 수 있다.

2. 대상판결에서 판례 변경의 이유

먼저, 대상판결의 사실관계가 '과실상계 후 공제' 방식을 적용할 경우 이전의 사안과 달리 도저히 납득하기 어려운 결과가 도출되어 판례변경이 이루어졌는지 검토해 본다. 대상판결의 사안에서 원심이 인정한 기왕치료비 합계액은 37,460,205원이고, 종래 판례의 방식('과실상계 후 공제' 방식)을 적용할 경우 원고(피해자)가 피고(가해자)를 상대로 청구할 수 있는 손해배상액은 7,447,141원이다. 한편, 대상판결과 같이 '공제 후 과실상계' 방식을 적용할 경우 그 액은 11,951,345원이 된다(차액인 4,504,204원은 종국적으로 공단이 부담하게 됨). 그런데 대상판결에서 원고의 청구금액이 529,028,421원이고, 그중 원심에서 291,877,543원이 인용되었는바, 어느 방식을 택하건 원고나 피고의 권리의무에 현저한 차이를 초래한다거나 당사자 일방에게 도저히 납득하기 어려운 결과가 도출된다고 보기는 어렵다. 나아가 대법원은 대상판결과 과실비율에 일부 차이가 있을 뿐 그 사실관계가 대동소이한 대법원 2018. 6. 12. 선고 2018다203920, 대법원 2015. 9. 10. 선고 2014다206853 판결 사안에서도 '과실상계 후 공제' 방

결과 피보험자는 보험자로부터 지급을 받은 보험금의 한도 내에서 제3자에 대한 손해배상청구권을 잃고 그 제3자에 대하여 청구할 수 있는 손해배상액이 지급된 보험금액만큼 감소되므로(대법원 1988. 4. 27. 선고 87다카1012 판결 참조), 제3자의 피보험자에 대한 손해배상액 에서는 피보험자가 지급받은 보험금을 공제하여야 한다. 한편 그 손해발생에 피보험자의 과실이 있다면 제3자의 피보험자에 대한 손해배상액을 산정함에 있어 과실상계를 먼저 한 다음 위와 같은 보험금을 공제하여야 하고, 이는 과실상계뿐 아니라 손해부담의 공평을 기하기 위한 책임제한의 경우에도 마찬가지이다(대법원 1990. 5. 8. 선고 89다카29129 판결, 대법원 2008. 5. 15. 선고 2007다37721 판결 등 참조).

식을 택한 점에 비추어 보면, 대상판결의 사실관계의 특수성 때문에 판례가 변경된 것으로 보이지는 않는다.

추측컨대, 대상판결에서 종래의 입장을 변경한 배경에는 종래 판례의 '과실상계 후 공제' 방식에 대하여 이전부터 피해자에게 일방적으로 불리한 해석이라는 비판이 있었던 점,[37] 사보험(일부보험)에서의 보험자대위와 관련하여, 대법원 2015. 1. 22. 선고 2014다46211 전원합의체 판결에서 대위의 범위를 기존에 '과실상계 후 공제' 방식과 동일한 결론이 도출되는 '절대설'의 입장에서 피보험자의 이익을 고려한 '차액설'로 변경한 점, 위 2014다46211 판결에서 피보험자가 보험자로부터 수령한 보험금은 가해자의 손해배상책임과 별개의 것으로 가해자의 손해배상책임액에서 공제할 것이 아니라고 명시한 점 등이 영향을 미쳤을 것으로 보인다.

Ⅴ. 대상판결 논거에 대한 검토

1. 문제의 소재

판례는 그 변경에 신중을 기하여야 한다. 그래야 법적 안정성이 확보되고 국민이 판례를 의사결정이나 행동의 지침으로 삼을 수 있다. 축적된 판례의 견해를 바꾸기 위해서는 그와 같은 견해가 시대와 상황의 변화에 따라 정의관념에 크게 어긋나게 되었거나 해당 법률 규정의 취지를 현저히 벗어나게 되는 등 이를 바꾸는 것이 그대로 유지하는 것에 비하여 훨씬 우월한 가치를 가짐으로써 그로 인하여 법적 안정성이 희생되는 것이 정당화될 정도의 사정이 있어야 한다.[38] 대법원은 대상판결을 통해 공단의 대위 범위를 '공단부담금 전액'에서 '공단부담금 중 가해자의 책임비율에 해당하는 금액'으로 변경하였다. 이는 실정법 조항을 구체화한 판례에 의해 오랜 기간 정립된 법리를 변경하는 것이고, 건강보험 재정

37) 서울중앙지방법원 교통 · 산재손해배상실무연구회, 손해배상소송실무(교통 · 산재), 한국사법행정학회, 2005, 432-433면; 황중연, 국민건강보험공단의 제3자에 대한 구상권의 범위, 판례연구회 논문집 창간호, 서울동부지방법원, 2013 등.

38) 대법원 2019. 11. 21. 선고 2018도13945 전원합의체 판결의 반대의견, 대상판결의 반대의견 참조

문제 등 그 사회적 파장이 예상되므로, 판례 변경을 정당화할 만한 구체적인 논거들이 제시됨이 바람직하다. 아래에서는 대상판결이 제시한 논거들이 판례 변경을 정당화할 만큼 충분히 설득력을 가지는지 살펴본다.

2. 논거들에 대한 검토

(1) 대상판결의 첫 번째 논거는 국민건강보험법 제58조 제1항이 그 문언 상 공단이 대위할 수 있는 범위를 정하지 않고 있다는 점을 든다. 국민건강보험법 제58조 제1항은 공단이 대위할 수 있는 손해배상청구권의 '한도'만을 정하고 있으므로, '과실상계 후 공제설'을 택하든, '공제 후 과실상계설'을 택하든 국민건강보험법 제58조 제1항의 문언에 반한다고 할 수 없다. 다만, 이러한 사정은 국민건강보험법 제58조 제1항을 '공제 후 과실상계설'의 관점에서 해석할 수도 있다는 의미일 뿐이지, '공제 후 과실상계설'을 정당화할 만한 논거라고 볼 수는 없다.

나아가 사보험(일부보험)에서의 논의에서 절대설('과실상계 후 공제설'과 동일 결론)은 국민건강보험법 제58조 제1항과 유사한 상법 제682조 제1항 본문을 근거로 드는 반면, 상대설('공제 후 과실상계설'과 동일한 결론)은 상법 제682조 제1항 단서를 근거로 들고 있는 점을 고려하면, 상법 제682조 제1항 단서와 같은 규정이 없는 국민건강보험법 제58조 제1항의 경우 공단의 대위 범위를 '손해배상액을 한도로 한 공단부담금 전액'이라고 보는 것이 오히려 자연스럽다고 볼 여지도 있다.

(2) 대상판결은 두 번째 논거로 국민건강 향상과 사회보장 증진이라는 국민건강보험법의 입법 취지와 국민건강보험제도의 사회보장적 성격을 든다. 그러나 앞서 본 바와 같이 국민건강보험의 기본적인 목적은 ① 국민의 기본적인 의료문제 해결, ② 개인의 위험의 분산, ③ 국민 의료비용의 공동체적 해결이고, 대상판결의 반대의견에서 지적하는 바와 같이 피해자의 손해를 전보하는 것이 사회보험인 국민건강보험제도의 주된 기능이나 목적이라고 할 수 없다. 따라서 '공단부담금 중 피해자의 과실비율에 해당하는 금액'을 공단과 피해자 중 누가 부담하느냐에 따라 국민건강보험

의 목적에 특별히 저해된다고 볼 수 없다. 국민건강보험제도는 한정된 자원을 바탕으로 보험급여의 대상과 액수를 정하게 되는데, 공단의 최종적인 손해 부담이 증가할수록 그만큼 다른 영역의 보험급여 보장 범위가 축소되거나 보장 액수가 감소할 수밖에 없다는 점을 고려하면 더욱 그러하다.

(3) 대상판결은 세 번째 논거로 국민건강보험법 제58조가 공단에 대위를 인정한 취지로부터 '과실상계 후 공제설'이 도출되지 않는다는 점을 든다. 앞서 본 바와 같이 구상권을 둔 취지는 ① 피해자 건강보험수급권의 우선적 보장, ② 가해자의 책임면탈 방지, ③ 피해자의 중복전보 방지, ④ 건강보험 재정건전성 유지에 있다. 이 중 ①, ②, ③의 경우 '과실상계 후 공제설'을 택하든, '공제 후 과실상계설'을 택하든 그 취지를 보호함에 있어 차이가 없다. 반면에 '건강보험 재정건전성 유지' 측면을 강조한다면 오히려 '과실상계 후 공제설'이 구상권의 취지에 보다 부합한다. 이렇듯 대상판결의 세 번째 논거도 '공제 후 과실상계설'을 정당화할 만한 논거라고 볼 수 없다.

(4) 대상판결의 네 번째 논거는 불법행위가 없었을 경우 수급권자가 누릴 수 있는 보험급여 이익과의 형평이다. 즉, 피해자는 그의 과실이 100%인 경우에도 공단부담금 비율만큼의 보험급여 이익을 누릴 수 있는데 가해자의 과실이 개입한 경우에는 피해자의 과실 부분에서 같은 비율의 보험이익을 누리지 못하는 것은 불합리하다는 것이다. 위 논거는 피해자가 누릴 수 있는 '보험급여 이익'의 관점에서 보면, 일견 타당해 보인다. 다만, 공단의 대위 범위에 관한 문제는, 피해자의 가해자에 대한 손해배상청구권이 존재함을 전제로 이때 공단부담금 중 피해자의 과실비율에 해당하는 금액을 공단과 피해자 중 누가 청구할 수 있는가의 문제이고, 피해자의 보험이익은 그에 따른 부수적인 결과에 불과한데, 피해자의 과실비율이 100%인 경우의 피해자의 보험이익과 비율적으로 일치시킬 필요가 없다는 비판이 가능할 것으로 보인다.

(5) 대상판결은 다섯 번째 논거로 국민건강보험법상 보험급여 수급권이 사회보험의 성격과 함께 보험가입자가 납입한 보험료의 대가적 성질을

지니는 점을 든다. 건강보험 재정이 대부분 보험가입자가 납부하는 보험료로 형성되는 것은 맞지만,[39] 다른 한편 국민건강보험은 전 국민 의무보험이고, 보험료를 부담함에 있어서는 소득 및 부담능력에 따라 차등 부담하며, 개인이 부담한 보험료에 관계없이 보험급여를 균등하게 받는다. 이러한 점을 고려하면, 건강보험에서의 대가적 성질이 사보험에서의 그것과 같다고 할 수 없다. 나아가 피해자는 경제적 능력 유무나 가해자의 신원 확보, 자력 여부와 관계없이 손해를 입은 직후 공단으로부터 보험급여를 받을 수 있다는 점에서 '과실상계 후 공제' 방식에서도 건강보험에서의 대가적 성질이나 그 사회보장적 성격이 충분히 보장된다고 볼 수 있다.

3. 소　　결

대상판결은 기존에 확립된 판례를 변경하면서 이를 정당화할 만큼 충분히 설득력을 가지는 논거들을 제시한 것으로 보이지 않는다. 특히 해당 쟁점과 관련하여 역사적으로 '과실상계 후 공제설'과 '공제 후 과실상계설' 사이의 대립이 있었던 점을 고려하면, 종래의 '과실상계 후 공제' 방식에 비하여 대상판결에서 채택한 '공제 후 과실상계' 방식이 보다 우월하다는 점에 대한 논증이 필요해 보임에도, 이러한 논증과정이 생략된 부분도 다소 아쉬움이 남는다.

Ⅵ. '과실상계 후 공제설'과 '공제 후 과실상계설'의 비교

대상판결에서 공단의 대위 범위를 '공담부담금 중 가해자의 책임비율에 해당하는 금액'으로 변경하면서 제시한 논거는 설득력이 다소 부족해 보이나, 대상판결에서 제시한 논거들에 아래와 같은 논거들을 보태어 살펴보면, '과실상계 후 공제설'보다 '공제 후 과실상계설'이 보다 우월한 견해로 판단된다. 이에 대상판결의 결론에는 찬동한다.

---

39) 건강보험의 재원조달체계는 보험료가 주를 이루고 그밖에 정부지원(당해 연도 보험료 예상수입액의 14%) 및 담배부담금(당해 연도 보험료 예상수입액의 6%)으로 이루어진다(문상식 · 김명중 · 용왕식, 앞의 책, 66면).

1. 피해자의 과실비율에 대한 충실한 심리

대상판결과 같이 치료비손해액이 1,000만 원이고, 공단부담금이 600만 원인 경우에 피해자의 과실비율에 따른 대위의 범위 및 공단·피해자·가해자의 최종적인 손해분담은 아래 그래프와 같다.[40)]

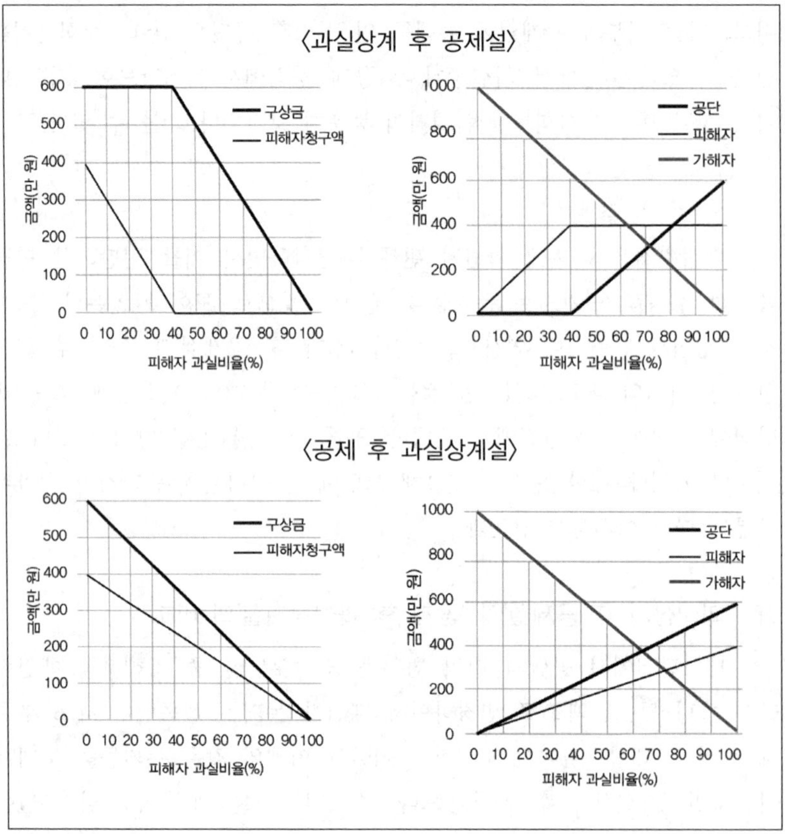

40) 홍승면, “국민건강보험급여를 받은 피해자에 대한 손해배상액 산정 방법: 공제 후 과실상계”, 판례공보스터디 민사판례해설, 서울고등법원 판례공보스터디, 2021, 790-791면에 기재된 그래프를 참조하였다.

위와 같이 '과실상계 후 공제설'에 따를 경우 전체 치료비손해액을 기준으로 과실상계를 하기 때문에 피해자의 과실비율이 얼마인지가 공단의 최종 부담부분에 영향을 미치지 않는 구간이 생기게 된다. 위의 사례에서 보면, 피해자의 과실비율이 0%이든, 10%이든, 20%이든, 40%이든 관계없이 공단의 부담부분은 0원으로 일정하다. 즉 피해자의 과실비율이 0~40% 사이인 경우 어느 경우에나 공단은 공단부담금 전액(600만 원)에 대하여 피해자의 가해자에 대한 손해배상청구권을 대위하여 행사할 수 있는 것이다. 실제 피해자의 과실비율이 50%를 넘는 경우가 많지 않는다는 점을 고려할 때, 대부분의 사건에서 공단은 가해자를 상대로 구상권을 행사함에 있어 피해자의 과실비율을 적극적으로 주장 · 입증할 만한 유인이 없는 셈이다.

비록 공단의 가해자에 대한 구상금 판결의 기판력이 피해자에게까지 미치는 것은 아니지만 후행 소송에서의 과실비율 판단에 사실상 상당한 영향을 미친다는 점을 고려하면, 공단과 가해자 사이의 선행 구상금소송에서 공단 측의 피해자의 과실비율에 관한 적극적인 주장 · 입증 없이 피해자의 과실비율이 판단되는 것은 피해자 입장에서 가혹한 결과를 초래할 수 있다.

반면에 '공제 후 과실상계설'에 따를 경우 피해자의 과실비율이 줄어들수록 공단의 최종 부담부분이 줄어들고, 반대로 피해자의 과실비율이 늘어날수록 공단의 부담부분도 늘어나게 되므로, 공단 입장에서는 피해자의 과실비율을 적극적으로 주장 · 입증할 유인이 있다. 따라서 공단은 피해자의 과실비율에 관하여도 적극적으로 다투게 될 것이므로(필요하다면, 피해자에게 보조참가를 하게끔 권유할 수도 있다), 피해자의 가해자에 대한 후속 손해배상청구소송에서 피해자가 사실상 불이익을 받는 것을 최소화할 수 있다.

2. 국민건강보험법 제58조 제1항과 제2항의 통일적 해석

국민건강보험법 제58조 제1항은 가해자의 손해배상에 앞서 공단이 보험급여를 한 경우를 규율하고 있고, 같은 조 제2항은 공단의 보험급여에 앞서 가해자가 손해배상을 한 경우를 규율하고 있다. 국민건강보험법 제58조는 공단과 피해자, 가해자 3자 간의 법률관계를 조정하기 위한 조문이고, 같은 조 제1항과 제2항은 공단의 보험급여와 가해자의 손해배상 사이의 순서가 다를 뿐이므로, 제1항이 적용되든, 제2항이 적용되든 공단과 피해자, 가해자 사이의 최종적인 손해부담이 일치하는 것이 바람직하다. 대상판결과 같이 치료비손해액이 1,000만 원, 공단부담금의 비율이 60%, 본인일부부담금의 비율[41]이 40%, 피해자의 과실비율이 20%인 경우를 상정해 본다.

가해자가 공단의 보험급여에 선행하여 피해자에게 800만 원의 치료비 손해배상금을 지급한 경우, 공단은 국민건강보험법 제58조 제2항에 따라 나머지 200만 원에 대해서만 보험급여를 한다. 그런데 본인일부부담금의 비율이 40%이므로, 200만 원의 요양급여에 대한 요양급여비용 중 120만 원(200만 원×60%)은 공단이 부담하고, 80만 원(200만 원×40%)은 피해자가 부담한다. 가해자는 치료비손해액 중 자신의 과실비율에 해당하는 금액을 이미 지급하였으므로, 피해자의 가해자에 대한 손해배상채권을 소멸하고, 피해자의 가해자에 대한 권리를 전제로 하는 공단의 구상권도 성립할 여지가 없다. 이에 따라 가해자는 800만 원, 공단은 120만 원, 피해자는 80만 원을 최종적으로 부담하게 된다.

반대로 가해자의 손해배상에 선행하여 공단의 요양급여가 이루어진 경우를 본다. 이 경우 치료비손해액 1,000만 원에 대한 보험급여가 이루어지고, 그에 대한 요양급여비용 중 600만 원(1,000만 원×60%)은 공단이 부담하고, 400만 원(1,000만 원×40%)은 피해자가 부담하게 된다. 이때 '과실상계 후 공제설'에 따를 경우 공단은 가해자를 상대로 600만 원 전부를 구상할 수 있고, 피해자는 가해자를 상대로 나머지 200만 원의 손해배상만을 구할 수 있다. 따라서 최종적으로 가해자는 800만 원, 공단은 0원,

---

41) 공단은 의료기관이나 약국 등 요양기관에 요양급여의 실행을 위탁하고(국민건강보험법 제42조 제1항) 요양기관에 요양급여비용을 지급하는데, 요양급여비용 중 일부는 본인이 부담하며(같은 법 제44조), 본인일부부담금은 요양급여비용 중 일정 비율을 정하는 방식으로 산정된다(같은 법 시행령 제19조 별표 2).

피해자는 200만 원을 부담하게 된다. 이렇듯 '과실상계 후 공제설'은 피해자가 공단과 가해자 중 누구에게서 먼저 손해전보를 받는가에 따라 공단과 피해자가 부담하는 액수에 차이가 발생한다. 반면에 '공제 후 과실상계설'에 따를 경우 공단은 가해자를 상대로 480만 원(600만 원×80%)을 구상할 수 있고, 피해자는 가해자를 상대로 320만 원[400만 원(1,000만 원-600만 원)×80%]의 손해배상을 구할 수 있다. 이에 따라 최종적으로 가해자는 800만 원, 공단은 120만 원, 피해자는 80만 원을 부담하게 된다.

결국, '공제 후 과실상계설'에 따를 때, 가해자의 손해배상에 앞서 공단이 보험급여를 한 경우(국민건강보험법 제58조 제1항)이든, 공단의 보험급여에 앞서 가해자가 손해배상을 한 경우(같은 조 제2항)이든 공단과 피해자, 가해자 사이의 최종적인 손해부담이 동일해진다. 이는 치료비손해액이 1,000만 원, 공단부담금의 비율이 60%, 본인일부부담금의 비율이 40%이고, 공단의 보험급여에 선행하여 가해자가 손해배상금 지급한 경우에 피해자의 과실비율에 따른 공단 및 피해자, 가해자의 각 부담부분을 나타낸 아래의 그래프를 보면 보다 명확해진다. 즉, 아래 그래프와 위 제1항에서 살펴본 공단의 보험급여가 선행한 경우에 '공제 후 과실상계설'에 따른 각 부담부분을 나타낸 그래프가 피해자의 과실비율에 관계없이 동일함을 알 수 있다.

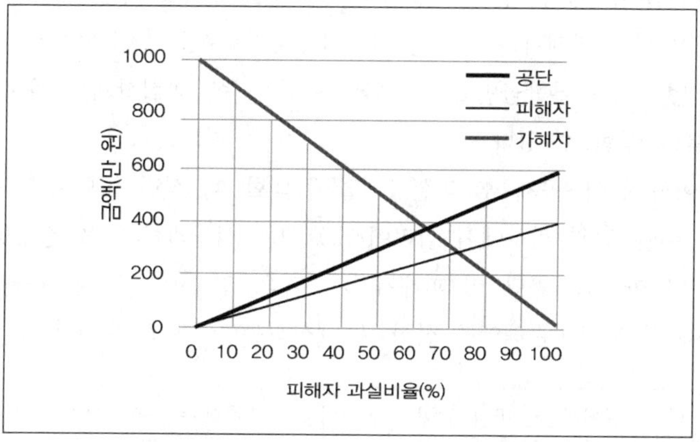

이렇듯 '공제 후 과실상계설'을 따를 때, 국민건강보험법 제58조 제1항과 제2항을 통일적, 체계적으로 해석할 수 있다.

3. 소송실무상 심리의 편의 및 재구상의 방지

'과실상계 후 공제설'을 따를 경우, 피해자가 가해자를 상대로 자신이 지출한 치료비(본인일부부담금+비급여비용[42])만을 청구금액으로 하여 손해배상청구소송을 제기하는 경우에도 법원은 피해자의 청구에 포함되어 있지도 않은 공담부담금을 먼저 심리하여 그 액수를 확정한 뒤, 공단부담금과 본인일부부담금을 더하여 구상권행사의 전제가 되는 치료비손해액을 산정하고, 그 다음 거기에 과실상계를 한 금액에 공담부담금을 공제하여야 한다. 반대로 공단이 가해자를 상대로 구상금 소송을 제기한 경우에는, 공단이 지출한 공단부담금 뿐만 아니라 피해자의 본인일부부담금까지 심리하여 구상권 행사의 전제가 되는 치료비손해액을 산정한 다음 이를 바탕으로 공단의 구상금을 최종 계산하여야 한다.

반면에 '공제 후 과실상계설'에 따를 경우, 피해자가 가해자를 상대로 자신이 지출한 치료비(본인일부부담금+비급여비용)만을 청구금액으로 하여 손해배상청구소송을 제기하면 공단부담금은 심리대상에 포함되지 않고, 피해자가 지출한 치료비에 과실상계를 하여 피해자의 손해배상채권액을 계산할 수 있다. 반대로 공단이 가해자를 상대로 구상금 소송을 제기한 경우에는, 피해자가 지출한 치료비(본인일부부담금+비급여비용)를 심리할 필요 없이 공단부담금만을 심리한 다음 거기에 과실상계를 하여 대위의 범위를 산정할 수 있다.

이와 같이 '공제 후 과실상계설'에 의할 때 심리의 범위가 단순해지는데, 이는 법원 입장에서 심리에 소요되는 시간과 노력을 절감할 수 있을 뿐만 아니라, 공단 및 피해자, 가해자의 입장에서도 지급하거나 지급받아야 할 치료비손해액을 산정 및 예상하는 데 훨씬 유리하다.

---

42) 다만, 위에서 본 바와 같이 비급여비용의 경우에는 구상권행사의 전제가 되는 치료비손해액에 포함되지 않는다.

한편, '과실상계 후 공제설'에 따라 공단이 가해자에게 구상권을 행사하여 공단부담금 중 가해자의 과실비율에 해당하는 액수를 초과하는 금액을 지급받은 경우, 그 후 피해자가 가해자를 상대로 제기한 손해배상청구소송에서 그 초과분을 공제받음으로써 가해자는 과잉배상의 위험으로부터 벗어날 수 있게 된다. 이때, 그 공제는 실질적으로 가해자가 공단에게 구상금을 지급한 후 그 일부를 피해자에게 재구상하는 의미를 가지는데, '공제 후 과실상계설'에 의하면 위와 같은 재구상 문제는 발생하지 않는다.[43)]

4. 국민건강보험 재정건정성에 대한 검토

대상판결과 같이 공단의 대위 범위를 '공단부담금 중 가해자의 과실비율에 해당하는 금액'으로 제한하면, 결과적으로 과실 있는 피해자가 기존에 부담했던 손해액 중 일부를 공단이 부담하게 되고, 그에 따라 보험재정이 감소한다. 그 결과 국민건강보험의 보험급여 대상 내지 액수를 축소하거나 보험가입자들의 보험료를 증가시킬 수밖에 없다. 대상판결의 판례 변경으로 인하여 건강보험재정에 과도한 악화를 초래하여 사회보장제도로서 국민건강보험이 갖는 기능을 지나치게 위축시킨다면, 그 논리적 우월성에 불구하고 타당한 결론이라고 할 수 없으므로, 이에 대한 검토가 필요하다.

판례 변경으로 인하여 공단의 최종적 손해 부담이 얼마나 증가할지 정확히 예상하는 것은 불가능하지만, 대략적으로 그 증가액을 추정해 본다. 별지 〈표〉는 제3자의 행위로 보험급여사유가 발생하여 공단이 제3자에 대한 구상금 환수결정을 한 건들에 대한 것이다.[44)] 〈표〉에 의하면 2018년 제3자의 행위로 인한 건강보험 보험급여비(공단부담금)는 합계 약 320억 원이 발생하였다. 한편, 2018년 기준 건강보험 진료비는 총 77조

---

43) 황중연, 앞의 글, 219면.

44) 국민건강보험공단, 제13차 건강보장 법률포럼 자료집 별첨자료, 2019; 김준래, 앞의 글 72-73면에서 재인용.

8,167억 원(공단부담금+본인일부부담금)이 발생하였고, 이 중 공단부담금은 58조 6963억 원이 시행되었으므로, 공단부담금의 비율은 약 75%임을 알 수 있다.[45] 2018년 제3자의 행위로 인하여 보험급여가 실시된 모든 사건에서 피해자의 과실비율이 25%('과실상계 후 공제설'에 따른 공단의 손해 부담과 '공제 후 과실상계설'에 따른 공단의 손해 부담 사이에 차이가 가장 크게 발생하는 지점이다)라고 가정하더라도, 양 설 사이에 공단이 최종적으로 부담하는 손해액의 차이는 약 80억 원(=320억 원×25%)에 불과하다. 2020년 기준 건강보험의 총 수익이 약 75조 1,149억 원이고, 그중 보험료 수익은 63조 1,114억 원이며, 전년 대비 보험료 증가액만 약 3조 9,787억 원에 이르는 점[46]에다가 2021년 당기 수지 2조 8,229억 원의 흑자를 내고 누적 적립금이 20조 2,410억 원에 이르는 점[47]을 보태어 보면, 판례 변경에 따른 공단의 추가적인 재정소요는 건강보험재정 대비 극히 미미한 수준임을 알 수 있다.

결국, 건강보험재정에 과도한 악화를 우려하여 여러 측면에서 보다 유용한 방식인 '공제 후 과실상계' 방식을 택하지 않을 이유는 없을 것으로 판단된다.

Ⅶ. 결 론

대상판결은 불법행위의 피해자에게 보험급여를 한 공단의 대위 범위와 관련하여 종래의 '과실상계 후 공제' 방식에서 '공제 후 과실상계' 방식으로 판례를 변경하였다. 종래 판례는 보험자의 이익을 우선하여 '과실상계 후 공제' 방식을 취하였으나, 이는 손익상계의 일반 법리를 그대로 적용한 결과라는 점에서 애초에 그 근거가 견고하다고 볼 수 없었다. 공단의 대위 범위 문제는 손해배상청구와 별개로 보험급여가 지급된 경

45) 보건복지부에서 발간한 건강보험통계연보 참조, 건강보험 진료비 중 공단부담금의 비율은 2016년부터 2020년까지 매년 약 75%로 일정하다.

46) 보건복지부에서 발간한 건강보험통계연보 참조.

47) 강승지, "작년 건강보험 2조 8229억 흑자…코로나 대응에 2조 1,000억 사용", 뉴스1, 2022. 2. 25.

우에 2개의 청구권을 조정하는 중복전보의 조정 문제이지 1개의 진정한 손해배상채권액을 산정하는 고유한 의미의 손익상계와 그 성질이 다른 것이다.

국민건강보험법의 목적이나 구상권제도의 취지, 국민건강보험법 제58조 제1항의 문언, 불법행위가 없었을 경우의 보험급여 이익과의 형평 등 여러 관점에서 대상판결의 결론은 타당하다고 보인다. 다만, 대상판결이 그 결론에 이르는 과정에서 판례 변경을 정당화할 만큼 설득력 있는 논거들을 제시하지 못한 것에는 다소 아쉬움이 있다.

'공제 후 과실상계' 방식은 '과실상계 후 공제' 방식과 비교할 때, 공단과 가해자 사이의 선행 구상금소송에서 피해자의 과실비율에 대한 충실한 심리가 이루어진다는 점, 국민건강보험법 제58조 제1항과 제2항 사이에 통일적 해석이 가능한 점, 소송실무상 심리의 편의 및 공단 및 피해자, 가해자의 예견가능성 제고 등의 장점이 있다. 더구나 '공제 후 과실상계' 방식을 택한다고 하더라도 건강보험재정에 급격한 악화를 초래하지 않으므로, '공제 후 과실상계' 방식을 취하는 것이 보다 타당하다고 본다.[48]

48) 대상판결 이후 근로복지공단이 제3자의 불법행위로 재해근로자에게 보험급여를 한 다음 산업재해보상보험법 제87조 제1항에 따라 재해근로자의 제3자에 대한 손해배상청구권을 대위할 수 있는 범위가 쟁점이 된 사안에서도 대법원은 기존 입장과 달리 '공제 후 과실상계' 방식을 적용하여 '보험급여 중 제3자의 책임비율에 해당하는 금액'에 한하여 대위할 수 있다고 판시하였다(대법원 2022. 3. 24. 선고 2021다241618 전원합의체 판결).

[별지] 제3자의 행위로 인한 건강보험 보험급여 진료 건수 및 소요비용

기준일자: 2018. 12. 31. (단위: 건, 백만 원)

구분 \ 연도		총계	2010	2011	2012	2013	2014	2015	2016	2017	2018
계	건수	876,536	82,713	81,457	94,075	100,701	110,170	101,732	100,522	103,555	101,611
	금액	247,970	26,958	27,070	27,010	25,646	27,202	25,770	26,824	29,443	32,047
교통사고	건수	305,238	22,820	21,658	27,972	31,550	37,348	41,097	40,934	42,612	39,247
	금액	81,575	8,112	7,362	7,705	7,774	8,390	8,895	10,360	11,310	11,667
폭행사고	건수	426,998	48,667	48,268	52,491	51,085	50,478	44,709	43,206	44,273	43,821
	금액	122,010	14,700	15,606	14,792	13,040	13,455	12,031	12,011	13,052	13,322
공작물 설치 보존상 하자	건수	69,149	5,409	5,826	6,547	9,178	9,170	7,873	8,776	7,777	8,593
	금액	17,226	1,584	1,702	1,569	2,178	2,213	1,615	1,805	1,872	2,668
책임무능력자 감독 책임자	건수	27,200	2,857	2,836	3,136	3,481	3,481	3,296	2,952	2,767	2,394
	금액	8,667	1,014	1,065	1,011	1,029	996	1,018	724	929	882
화재사고	건수	8,997	584	832	1,013	1,250	931	817	1,086	1,197	1,287
	금액	7,413	695	503	1,082	607	808	785	686	834	1,413
사용자 배상책임 사고	건수	27,736	1,750	1,377	1,812	2,701	7,944	2,628	2,302	3,400	3,822
	금액	5,930	466	332	383	552	883	749	675	956	933
의료사고	건수	11,218	626	660	1,104	1,456	818	1,312	1,266	1,529	2,447
	금액	5,150	388	499	469	466	458	676	563	490	1,142

[Abstract]

Coordination Method Between the National Health Insurance Service's Right to Demand Reimbursement and the Injured's Right to Claim Compensation for Damages

Yoon, Sung Hun*

There has been a long debate on how to calculate the amount of compensation for damage that can be exercised by the National Health Insurance Service and the injured against the assailant if the injured who has suffered damage due to another person's tort is negligent in causing the damage. Previously, the Supreme Court maintained the position that the injured's right to claim damages against the assailant should deduct the full amount of insurance benefits from the National Health Insurance Service from the amount of medical expenses incurred after contributory negligence according to the method of 'deduction after contributory negligence.' The Supreme Court's view follows the general legal principle of profit and loss that a profit and loss should be offset after contributory negligence in calculating the amount of compensation for damages caused by a tort. However, in that the issue of the scope of subrogation under the National Health Insurance Act should be approached from the point of view of the adjustment of duplicate transfers, not the legal principle of profit and loss, the attitude of the previous precedent is weak. In addition, there has been criticism that the previous position of the Supreme Court was interpreted unilaterally unfavorable to the injured.

---

* Judge, Seoul Central District Court.

The subject judgment is significant in that it changed the conventional position and adopted the 'contributory negligence after deduction' method, but while the subject judgment changed the previously established precedent, it did not present sufficient persuasive arguments to justify it. Compared to the 'deduction after contributory negligence' method, the 'contributory negligence after deduction' method provides a faithful examination of the injured's negligence rate in the prior compensation lawsuit between the National Health Insurance Service and the assailant, a unified interpretation between National Health Insurance Act Article 58 paragraphs 1 and 2, the convenience of trial in practice, and the enhancement of the predictability of the National Health Insurance Service, the injured and the assailant, so the conclusion of the subject judgment seems reasonable.

[Key word]

- National Health Insurance Act Article 58
- Right to Demand Reimbursement
- Subrogation
- Deduction after Contributory Negligence
- Contributory Negligence after Deduction

참고문헌

1. 단 행 본

문상식 · 김명중 · 용왕식, 국민건강보험론, 보문각, 2018.

박세민, 보험법, 박영사, 2021.

서울중앙지방법원 교통 · 산재손해배상실무연구회, 손해배상소송실무(교통 · 산재), 사법발전재단, 2017.

장덕조, 보험법, 법문사, 2020.

한기정, 보험법, 박영사, 2021.

한창희, 보험법, 국민대학교 출판부, 2020.

2. 논 문

김경수, "헌법상 국가의 건강보호의무와 그 실현방안에 관한 연구", 서울대학교 박사학위 논문, 2002.

김준래, "국민건강보험법상 제3자의 행위로 인한 보험급여와 손해배상 조정 제도 등에 관한 연구", 고려대학교 박사학위 논문, 2020.

김 현, "인신손해액의 산정에 있어서 손익상계에 관한 연구", 건국대학교 대학원, 1995.

노태헌, "인신사고로 인한 손해배상과 보험자의 구상권", 의료법학 제16권 제2호, 대한의료법학회, 2015.

이경희 "사회보험피보험자의 가해자에 대한 사회보험관리운영주체의 구상권", 숙명여자대학교 석사학위 논문, 2001.

이재근, "국민건강보험법 제53조 제1항의 '제3자'의 범위와 직접청구권의 대위행사", 민형사실무연구, 서울북부지방법원, 2004.

채성호, "손해배상청구에 있어 피해자가 지급받은 손해보험금의 공제범위", 재판과 판례 제25집, 대구판례연구회, 2016.

최영봉 · 김선옥, "보험자의 청구권대위 학설에 관한 고찰", 무역학회지 제30권 제2호, 한국무역학회, 2005.

황중연, "국민건강보험공단의 제3자에 대한 구상권의 범위", 판례연구회 논문집 창간호(2012년), 서울동부지방법원, 2013.

상속채권자와 상속포기

이 국 현*

■요 지■

대상판결은 상속인의 상속재산관리의무(민법 제1022조)를 핵심근거로 상속채권자가 고려기간(민법 제1019조) 중인 상속인을 상대로 한 상속재산에 관한 가압류의 효력이 이후 상속포기에도 불구하고 여전히 유지된다고 보아 상속포기의 소급효(민법 제1042조)를 제한하는 타당한 법리를 선언하였다. 나아가 그 법리는 본압류(만족집행)로까지 확대 적용될 수 있다고 본다.

집행절차에서 상속포기의 효력은 원칙적으로 상속채권자가 확보한 집행권원의 집행력을 저지하는 방식으로 구현될 수 있는데, 구체적으로는 강제집행의 개시 여부, 집행대상이 상속재산인지 여부, 승계집행 여부 등의 변수 내지 국면에 따라 다양하게 전개된다.

강제집행 개시 후 채무자가 사망한 경우에는, 상속채권자의 상속재산에 대한 기존 강제집행은 속행되고, 채무자의 관여에 필요한 통지 등은 다른 상속인 등을 상대로 이루어져야 한다(민사집행법 제52조). 이후 상속포기가 이루어져도 그 속행에 영향이 없다. 대상판결의 핵심논거인 민법 제1022조 상속인의 상속재산관리의무는 이 국면에서 주로 거론되어 왔다.

채권자가 채무자에 대한 집행권원을 확보하고서 채무자가 사망하여 선순위상속인을 상대로 승계집행문을 부여받아 상속재산에 대한 강제집행을 개시한 이후 상속포기가 이루어졌다면, 상속포기의 소급효가 제한되어 해당 집행행위의 효력은 부인되지 아니하는데(대상판결), 이처럼 상속재산에 대한 강제집행 개시 후 상속포기가 이루어진 경우는 강제집행 개시 후 채무자가 사망

* 수원지방법원 판사.

한 경우에 준하여 민사집행법 第52조가 적용되는 것으로 봄이 타당하다. 동일한 상황에서 상속을 포기한 자의 고유재산에 대한 강제집행이 개시되었다면, 여전히 상속포기의 소급효가 관철된다고 본다.

[주 제 어]
- 상속포기
- 소급효
- 상속재산관리의무
- 상속채권자
- 가압류
- 강제집행개시
- 승계집행
- 고려기간

대상판결 : 대법원 2021. 9. 15. 선고 2021다224446 판결

[사안의 개요]

1. 사실관계

(1) 채무자 A의 사망과 그 채권자(상속채권자)들의 대응

(가) 채무자 A는 이 사건 부동산을 소유하고 있었고, 2006년부터 2009년 사이 자신의 B에 대한 채무를 담보하기 위하여 이 사건 부동산에 B 앞으로 근저당권을 설정하였다.

(나) A는 2013. 7. 16. 사망하였고, 그 1순위상속인이었던 A1, A2는 2013. 10. 15. 법원에 A의 재산에 관한 상속포기를 신고하여 2014. 2. 4. 위 신고를 수리하는 심판을 받았다.

(다) A에 대한 다른 채권자(상속채권자)인 Y는 A의 사망 이후 A1, A2의 상속포기신고 수리심판 이전인 2014. 1. 28. A1, A2를 상대로(채무자를 A1, A2로 삼아) 이 사건 부동산을 가압류하였다(이 사건 가압류). 한편, A의 사망 이후 Y의 가압류를 전후로 이 사건 부동산에는 C를 비롯한 다른 상속채권자들의 신청에 따른 다수의 가압류가 이루어졌는데, 이들 가압류는 Y의 그것과 달리 피상속인인 A를 채무자로 삼아 이루어졌다.

(라) 이후 A의 다른 후순위상속인들도 모두 상속을 포기하자, B, Y 등의 청구에 따라 2015. 3. 27. A의 상속재산관리인(민법 제1053조)이 선임되었다. 그리고 B가 위 근저당권에 기하여 채무자 겸 소유자를 위 상속재산관리인으로 한 신청에 따라 2015. 10. 27. 이 사건 부동산에 관하여 임의경매개시결정이 내려졌다.

(2) 상속채권자 X의 채권회수를 위한 지난한 노력

(가) C로부터 A에 대한 채권을 양수한 X는 상속재산관리인을 상대로 위 양수금을 구하는 지급명령을 확보하고서(2016. 8. 3. 확정), 이를 집행권원으로 하여 상속재산관리인이 위 경매사건의 배당절차에서 대한민국으로부터 수령하게 될 잉여금 수령채권에 관한 압류 및 전부명령을 받았다(2016. 8. 27. 확정).

(나) X로서는 그 전부채권 회수액(잉여금 수령액)을 늘리기 위하여 경매개시결정등기 이전에 등기된 가압류[1])들을 제거할 필요가 있었다. 이에 X는

---

1) 민사집행법 제148조[배당받을 채권자의 범위] 제147조 제1항에 규정한 금액을 배

위 (1)의 (다)항에서 본 다른 상속채권자들의 가압류결정(피상속인 A를 채무자로 삼은 가압류결정)에 보조참가신청을 하면서 동시에 가압류이의신청을 하는 방식으로,[2] 위 가압류결정들을 일일이 취소시켰다. 이미 사망한 A를 채무자로 한 가압류신청은 부적법하고 그 신청에 따른 가압류결정이 있었다고 하여도 그 결정은 당연 무효로서 그 효력이 상속인에게 미치지 않으므로, 채무자의 상속인은 일반승계인으로서 무효인 그 가압류결정에 의하여 생긴 외관을 제거하기 위한 방편으로 가압류결정에 대한 이의신청으로써 그 취소를 구할 수 있다[3]는 이유로 X의 가압류이의신청은 받아들여졌다.

(다) 한편, X는 Y의 이 사건 가압류결정(A1, A2를 채무자로 삼은 가압류결정)에 관하여도 이의하여 취소를 시도하였으나, 무산되었다. 이에 X는 이 사건 소송을 제기하여 직접 Y에 대한 배당의 무효화를 시도하였다.

2. 소송의 경과

(1) 쟁　　점

X는, Y에 대한 배당은 A1, A2를 상대로 하여 받은 이 사건 가압류결정에 기한 것인데, 이 사건 가압류결정 이후 A1, A2의 상속포기신고가 수리됨에 따라 상속포기의 소급효로 인하여 이 사건 가압류결정이 무효로 되었음에도, Y는 여전히 가압류권자로서 배당액을 받는 부당한 이익을 얻었고 잉여금 수취권자인 X는 동액 상당을 배당받지 못하는 손해를 입었으니, Y는 X에게 부당이득반환으로 위 배당금 지급청구권을 양도하여야 한다고 주장하였다.

이에 상속포기 전 선순위상속인을 상대로 이루어진 이 사건 부동산(상속재산)에 대한 가압류결정이 그 이후 이루어진 상속포기로 인하여 효력을 상실하는지 여부가 정면으로 다루어지게 되었다.

(2) 원심(수원고등법원 2021. 3. 4. 선고 2020나13881 판결) : 상속포기 소급효

원심은, 상속의 포기는 상속개시된 때에 소급하여 그 효력이 있는바(민법 제1042조), 망인의 채권자인 피고 Y가 망인의 상속인이 상속포기를 할 수 있는 3개월의 숙려기간이 종료되기 전에 A1, A2를 상대로 가압류 신청을 하여

당받을 채권자는 다음 각호에 규정된 사람으로 한다.
3. 첫 경매개시결정등기 전에 등기된 가압류채권자

2) "채무자 – A의 상속재산관리인 / 채무자보조참가인 – X"

3) 대법원 2002. 4. 26. 선고 2000다30578 판결. 상세는 윤경, "무효인 보전처분결정에 대한 불복방법", 저스티스 제69호 참조.

이 사건 가압류 결정이 내려졌다 하더라도, 이후 A1, A2의 상속포기가 수리된 이상 이들은(아래에서 볼 대법원 2002. 11. 13. 선고 2002다41602 판결 취지의 연장선상에서) 집행채무자 적격을 소급하여 상실하므로, 이 사건 가압류 결정은 무효라고 보아, X의 청구를 인용하였다.

3. 대상판결 : 민법 제1022조[4]의 발견

(1) 피상속인을 포괄승계한 상속인의 잠정적 지위

상속인은 상속개시된 때부터 피상속인의 재산에 관한 포괄적 권리의무를 승계한다(민법 제1005조 본문). 다만 상속인은 상속개시 있음을 안 날로부터 3월 내에 단순승인이나 한정승인 또는 포기를 할 수 있고(민법 제1019조 제1항 본문), 상속의 포기는 상속개시된 때에 소급하여 그 효력이 있다(민법 제1042조).

(2) 상속인의 상속재산 관리의무

상속인은 상속포기를 할 때까지는 그 고유재산에 대하는 것과 동일한 주의로 상속재산을 관리하여야 한다(민법 제1022조). 상속인이 상속을 포기할 때에는 민법 제1019조 제1항의 기간 내에 가정법원에 포기의 신고를 하여야 하고(민법 제1041조), 상속포기는 가정법원이 상속인의 포기신고를 수리하는 심판을 하여 이를 당사자에게 고지한 때에 효력이 발생하므로, 상속인은 가정법원의 상속포기신고 수리 심판을 고지받을 때까지 민법 제1022조에 따른 상속재산 관리의무를 부담한다.

(3) 상속포기의 소급효 제한

이와 같이 상속인은 아직 상속 승인, 포기 등으로 상속관계가 확정되지 않은 동안에도 잠정적으로나마 피상속인의 재산을 당연 취득하고 상속재산을 관리할 의무가 있으므로, 상속채권자는 그 기간 동안 상속인을 상대로 상속재산에 관한 가압류 결정을 받아 이를 집행할 수 있다. 그 후 상속인이 상속포기로 인하여 상속인의 지위를 소급하여 상실한다고 하더라도 이미 발생한 가압류의 효력에 영향을 미치지 않는다. 따라서 위 상속채권자는 종국적으로 상속인이 된 사람 또는 민법 제1053조에 따라 선임된 상속재산관리인을 채

---

4) 민법 제1022조[상속재산의 관리]
상속인은 그 고유재산에 대하는 것과 동일한 주의로 상속재산을 관리하여야 한다. 그러나 단순승인 또는 포기한 때에는 그러하지 아니하다.

무자로 한 상속재산에 대한 경매절차에서 가압류채권자로서 적법하게 배당을 받을 수 있다.

〔硏　究〕

Ⅰ. 개　요

1. 상속을 포기한 자와 다른 상속인, 후순위상속인 또는 상속재산관리인(이하 '다른 상속인 등')

상속포기는 자기를 위하여 개시된 상속의 효력을 상속개시시로 소급하여 확정적으로 소멸시키는 내용의 상대방 없는 의사표시를 포함하는 법률행위로서 단독행위이다.[5] 상속의 효력을 소멸시키는 의사란 상속채무의 승계를 거부하고 상속재산에 관한 권리를 포기하는 의사로 구체화할 수 있다. 상속의 포기가 상속개시된 때에 소급하여 그 효력이 있다(민법 제1042조)는 의미는 포기한 상속인을 처음부터 상속인이 아니었던 것으로 본다는 의미이다.[6] 상속인이 수인인 경우에 어느 상속인이 상속을 포기한 때에는 그 상속분은 다른 상속인의 상속분의 비율로 그 상속인에게 귀속되고(민법 제1043조), 선순위상속인 전원이 상속을 포기하면 후순위상속인이 피상속인으로부터 본래의 상속을 하게 된다.[7] 이런 취지에서 상속포기의 소급효란 '상속을 포기한 자와 피상속인 및 다른 상속인 등의 단절' 내지 '상속을 포기한 자를 배제한 다른 상속인 등에 의한 피상속인의 직접승계'를 의미한다고 볼 수 있다.

---

5) 최진섭, "상속포기의 법리", 가족법연구 제9호, 349면; 편집대표 윤진수, 주해상속법(제1권), 박영사, 538면(이동진).

6) 대법원 1995. 9. 26. 선고 95다27769 판결, 대법원 2006. 7. 4.자 2005마425 결정 등; 윤진수, 친족상속법 강의(제2판), 박영사, 484면.

일본 민법 제939조[상속포기의 효력] 상속을 포기한 자는 그 상속에 관하여서는 처음부터 상속인으로 되지 아니하였던 것으로 본다.

7) 대법원 1995. 4. 7. 선고 94다11835 판결, 대법원 2005. 7. 22. 선고 2003다43681 판결 등; 윤진수, 주 6), 475면.

2. 대상판결의 의의

(1) 채무자의 사망과 상속채권자의 대응

채권자(금전채권자) 입장에서 채무자의 사망은 중대한 사변일 수밖에 없고, 이에 대응하여 아래에서 살펴보듯 다양한 상황 전개가 가능하다. 민법 제1019조가 정한 3개월의 숙려기간 또는 고려기간(이하 '고려기간')은 상속채권자 입장에서는 책임재산인 상속재산의 산일, 은닉, 멸실 등을 방지하고 그 권리를 확보하기 위한 결정적 시간대이기도 하다. 대상판결의 사안이 그러하다. Y를 비롯한 다수의 상속채권자들이 채무자 A의 사망사태에 기민하게 대응하여 상속재산(책임재산)인 이 사건 부동산에 관한 가압류절차를 마쳤다. 대체로 채무자의 사망사실 자체로 그 책임재산에 관한 보전의 필요성은 인정될 수 있다고 볼 것이다. 다만, 그 가압류 신청 당시 채무자를 이미 사망한 A로 삼은 다른 상속채권자들의 가압류결정은 X의 이의절차를 통하여 무력화되었지만, 채무자를 A1, A2로 삼은 Y의 가압류결정은 X의 무력화 시도에서 불구하고 존속하여 이후 이루어진 배당절차에서 배당받을 수 있는 지위를 확보할 수 있었다.

민법 제1019조의 고려기간 동안 상속채권자로서는 이미 사망한 자를 채무자로 삼을 수 없으니 그때까지 파악된 상속인을 채무자로 삼아 상속재산에 관한 보전집행 또는 본집행(만족집행)을 할 수 있을 뿐, 상속채권자에게 그 이상을 기대하기는 어렵다.[8] 그러한 조치 이후 이루어진 상속포기로 인하여 상속채권자가 불이익을 받게 되는 결과는 부당하다.[9]

---

8) 상속채권자로서는 상속포기가 공시되는 것이 아니므로 상속채권을 행사하기 위해서는, 선순위 혹은 후순위 상속인들이 상속포기를 하였는지의 여부를 일일이 확인하여 상속채무자를 특정하여야 하는데, 상속포기 여부를 확인하려 하면 후순위 상속인이 그때서야 비로소 상속개시사실(선순위 상속인의 상속포기사실)을 알고 이후에 민법 제1019조 제1항에 의한 상속포기를 하는 경우가 많다. 나아가, 이러한 상속포기가 연속적으로 일어나는 경우 상속채권자로서는 최후순위 상속인인 부계 또는 모계의 4촌 이내의 방계혈족의 범위를 파악하기가 사실상 불가능하다(정상규 · 박희근, "연속적 상속포기와 민법 제1023조의 재산관리인", 가정법원 50주년 기념논문집, 325면).

9) 대상판결의 사안에서 상속재산에 관한 가압류 신청의 상대방(채무자)을 망인 A

(2) 단절 법리와 승계 법리의 충돌

대상판결의 원심은 앞서 본 상속포기한 자의 단절과 배제라는 상속포기의 소급효를 관철시킨 반면, 대상판결은 민법 제1022조가 규정한 상속인의 상속재산관리의무를 매개로 하는 상속을 포기한 자와 다른 상속인 등의 승계관계에 주목하여 위와 같은 부당한 결과를 방지하는 법리를 선언하였다고 평가할 수 있다.

민법 제1022조는 상속개시시부터 상속의 단순승인, 법정단순승인, 포기가 있을 때까지 그 상속재산 관리에 관하여 규율한다. 관리행위란 물건의 수선이나 보수, 부패하기 쉬운 물건이나 보존비용이 많은 드는 물건을 매각하여 그 대금을 보관하는 행위, 처분능력이나 처분권한이 없는 사람이 할 수 있는 기간 내의 임대차, 매매계약 등의 해제·해지·취소·상계·면제 등의 의사표시를 수령하는 행위 등이다.[10] 대상판결의 논지는 결국 상속재산에 관하여 집행채무자로서 상속채권자로부터 가압류를 당할 지위도 민법 제1022조에 따른 상속인의 관리행위의 범위에 포함된다는 것으로 이해될 수 있다.[11] 민법 제1022조가 허용하는 상속인의 상속재산 관리행위는 그 후 해당 상속인이 상속을 포기하여도 유효하고, 그 범위에서 상속포기의 소급효가 제한된다고 설명된다.[12] 이처럼 고려기간 동안 이루어진 상속인의 상속재산 관리행위가 상속포기의 소급효에

로 삼은 다른 상속채권자들(심지어 X에게 A에 대한 채권을 양도한 C도 포함된다)과 그렇지 아니한 Y의 법률상 지위에 반드시 차등을 두어야 하는지 의문이기는 하다. 하지만 다른 상속채권자들은 A의 사망에 대응하여 1순위 상속인을 파악하여 이들을 상대로 가압류를 신청하는 데까지는 나아가지 아니하여 상속채권자에게 요구되는 수준의 조치를 취하지 아니하였고, 이로 인하여 이미 사망한 자를 채무자로 삼은 가압류결정은 무효라는 주 3)의 판례를 다극복할 수는 없게 되었다고 이해할 수 있다.

10) 박동섭, "개정민법과 상속의 한정승인·포기", 법조 제51권 제4호, 20면; 谷口知平·久貴忠彦 編輯, 新版 注釈民法(27), 2013, 482-483면 등.

11) 유형웅, "상속포기와 상속채권자의 가압류-대법원 2021. 9. 15. 선고 2021다224446 판결에 관하여", 사법 제60호, 사법발전재단(2022), 311면.

12) 이동진, 주 5), 423면; 독일민법 제1959조 제3항(상속인을 상대방으로 행하여져야 하는 법률행위가 상속포기 전에 상속포기자를 상대로 행하여진 때에는 포기 후에도 효력이 있다).

도 불구하고 유효하다는 의미는, 곧 그 효력이 다른 상속인 등에게 승계된다는 의미와 마찬가지라고 하겠다.

고려기간 중 상속채권자의 권리행사를 금지하는 규정[13]이 없는 이상, 위 기간 중 상속채권자가 선순위상속인(상속개시된 때로부터 피상속인이 재산에 관한 포괄적 권리의무를 승계한 자)을 상대로 상속재산에 대한 집행을 할 수 있음(상속채권자로서는 그렇게 할 수밖에 없음)은 굳이 민법 제1022조의 규정이 없어도 당연하다고 볼 수 있다(즉, 여기까지는 민법 제1005조로 충분하다). 문제는 나중에 그 집행채무자인 상속인이 상속을 포기한 경우 기존 집행행위의 효력이 어떻게 되느냐와 그 후속조치이다.

대상판결이 발굴한 민법 제1022조의 함의 내지 효용은 이 경우 기존 집행행위의 효력이 상실되지 아니하고, 그 효력이 다른 상속인 등에게 승계된다는 점[14]이라고 하겠다. 그렇다면 "상속인은 아직 상속 승인, 포기 등으로 상속관계가 확정되지 않은 동안에도 잠정적으로나마 피상속인의 재산을 당연 취득하고 상속재산을 관리할 의무가 있으므로, 상속채권자는 그 기간 동안 상속인을 상대로 상속재산에 관한 가압류 결정을 받아 이를 집행할 수 있다. 그 후 상속인이 상속포기로 인하여 상속인의 지위를 소급하여 상실한다고 하더라도 이미 발생한 가압류의 효력에 영향을 미치지 않는다. 따라서 위 상속채권자는 종국적으로 상속인이 된 사람 또는 민법 제1053조에 따라 선임된 상속재산관리인을 채무자로 한 상속재산에 대한 경매절차에서 가압류채권자로서 적법하게 배당을 받을 수 있다"는 대상판결의 판시 중 밑줄 부분은 "그 후 상속인이 상속포기로 인하여 상속인의 지위를 소급하여 상실한다고 하더라도 이미 발생한 가압류의 효력에 영향을 미치지 아니하고, 그 효력은 종국적으로 상속인이 된 사람 또는 상속재산관리인에게 승계된다"고 밝히는 것이 보다 상세하

13) 독일 민법 제1958조-상속의 승인 전에는 상속재산에 대한 청구권은 상속인에 대해 재판상 주장할 수 없다; 독일 민사소송법 제778조 제1항-상속인이 상속을 승인하지 않는 한 상속재산에 대한 청구권에 기초한 강제집행은 상속재산에만 할 수 있다.

14) 이동진, 주 5), 425면

고 친절한 설명이 되었을 것이라고 본다.

(3) 대상판결의 적용국면

(가) 대상판결은, 그 사안이 ① 배당 국면에서, ② 채무자 겸 소유자(의 잉여금 수령채권을 전부받은 상속채권자)와 나중에 상속을 포기한 자를 상대로 가압류 결정을 받아 경매개시 전 등기한 상속채권자 사이의 이해만이 대립되는 다소 특수한 구도였음에도, "고려기간 중 상속인을 집행채무자로 한 상속재산에 관한 가압류의 효력이 이후 상속포기에도 불구하고 유효하다"는 일반적 법리를 선언하였다.

(나) 나아가 대상판결의 취지에 따르면, 그 법리는 본압류(만족집행)로까지 확대될 수 있다고 본다. 즉, 상속채권자가 이미 확보하여 둔 피상속인에 대한 집행권원을 기초로 피상속인의 사망 후 고려기간 내에 선순위상속인을 상대로 승계집행문을 부여받거나, 또는 피상속인의 사망 이후 기민하게 선순위상속인을 상대로 지급명령이나 이행권고결정과 같은 집행권원을 확보하고서 상속재산에 대한 집행을 개시하였는데, 이후 그 집행채무자였던 선순위상속인이 상속을 포기한 경우에도 그 집행은 유효하다고 볼 것이다. 민법 제1022조가 규정한 상속재산 관리권한의 범위에 집행채무자로서 보전집행의 당사자가 될 지위가 포함된다고 보면서도 본집행의 당사자가 될 지위는 포함되지 아니한다고 볼 근거는 없고,[15] 이 경우 상속채권자는 이미 집행권원까지 확보한 점에서 대상판결의 사안과 같은 보전집행의 경우보다 보호의 필요성이 더 크기 때문이다.[16] 그리하

15) 주 14).

16) 유형웅, 주 11), 318면(상속채권자 입장에서는 상속포기 전까지는 1순위 상속인을 상대로 강제집행을 개시하는 외에는 다른 법률적 수단이 없다. 반면 1순위 상속인의 입장에서든 차순위 상속인의 입장에서든 상속채권자의 채권은 어차피 피상속인에 대한 것으로서 상속을 승인한 그 누군가는 변제해야 하는 것이므로, 상속재산에 대하여 상속채권자에 의한 강제집행이 이미 완료되어 그의 상속채권이 변제되었다면 이를 무효화할 실익이 크지 않고, 진행 중인 강제집행절차에 대하여 집행문부여에 대한 이의 등을 할 수 있었음에도 이를 방임하였다면 그러한 상속인을 보호할 필요성도 크지 않다. 상속인의 변제거절권은 고려기간 중의 변제행위가 법정단순승인 사유로 해석될 수 있다는 점에서 의미가 있는 것인데, 고려기간 중에 채무자의 의사 관여 없이 강제집행에 의하여 상속채권이 변제된 경우에는 상속

여 예컨대 상속채권자가 고려기간 중 선순위상속인을 상대로 직접 집행권원을 확보하거나 피상속인에 대하여 확보하여 두었던 집행권원에 승계집행문을 부여받아 상속재산인 채권에 대한 압류 및 추심명령을 획득한 이후 위 선순위상속인이 상속을 포기한 경우, 제3채무자를 상대로 제기된 상속채권자의 추심금 청구 소송에서 제3채무자가 상속포기 항변을 하여도, 상속채권자는 대상판결의 취지로 대응할 수 있을 것이다.

(다) 대상판결이 선언한 법리의 또 다른 함의를 고려기간 중 상속인에 대한 승계집행문[17] 부여 측면에서 살펴본다.

1) 상속포기를 할 수 있는 고려기간 중 상속인에 대한 승계집행문을 부여할 수 있는지 여부에 관하여 이를 부정하는 견해도 있으나, 고려기간의 도과를 기다리는 동안 책임재산의 훼손, 은닉 등과 같은 집행불능 또는 장애상태가 초래될 수도 있으므로 이를 긍정하는 것이 타당하고, 상속의 효과를 다투는 채무자는 상속포기사실 또는 고려기간 중임을 주장하며 집행문부여에 대한 이의신청이나 이의의 소를 제기할 수 있다는 설명이 일반적이다.[18]·[19] 피상속인에 대한 집행권원을 보유한 상속채권

인이 현실적으로 이를 저지할 수 있는 방법이 없으므로, 이를 법정단순승인의 사유로 보지 않으면 족하다).

17) 민사집행법 제31조[승계집행문]

① 집행문은 판결에 표시된 채권자의 승계인을 위하여 내어 주거나 판결에 표시된 채무자의 승계인에 대한 집행을 위하여 내어 줄 수 있다. 다만, 그 승계가 법원에 명백한 사실이거나, 증명서로 승계를 증명한 때에 한한다.

18) 사법연수원, 법원실무제요 민사집행Ⅰ, 237면; 편집대표 민일영, 주석민사집행법(제4판)(Ⅱ), 155면; 深沢利一·園部 厚, 民事執行の實務(下)[補訂版], 新日本法規, 375-376면; 山北 学, "債權執行における当事者の承繼", 判例タイムズ 789号(1992. 9.), 20면 등.

유남근, "상속포기자에 대하여 승계집행문 부여 후 행하여진 집행절차의 효력", 판례연구 제15집, 부산판례연구회(2003), 855면(숙려기간 중 상속포기가 있었던 경우에는 집행권원을 이전시키는 집행문이라고 하여도 일종의 집행문이고 그 집행문 부여에 대하여 부여기관인 제1심 법원사무관 등으로서는 그 승계사실을 증명하는 서면이 제출되면 형식적으로 그 집행당사자 적격을 심사할 권한 밖에 없다고 할 것이고 그 조사하여야 할 사항을 흠결하지 아니하였으므로 그 절차에 있어서 중대한 하자가 있다고 할 수 없다고 할 것이어서 절차적으로는 승계집행문 부여는 당연무효는 아니며, 다만 채무자의 이의신청에 의하여 취소될 수 있을 뿐이다).

19) 한편, 법원은 2016년부터 채권자가 채무자의 사망을 원인으로 상속인을 상대로 승계집행문의 발급을 신청할 때 자체적으로 전산시스템을 통하여 상속인의 상속포

자는 고려기간 중에도 일단 상속인을 상대로 승계집행문을 받아 집행을 개시할 수 있고, 이후 상속을 포기한 자는 집행문부여에 대한 이의절차로 그 집행을 저지할 수 있다고 하는 위 일반론은 민법 제1042조가 규정한 상속포기 소급효의 전면적 인정을 전제로 한다고 이해된다.

2) 한편, 아래에서도 살펴볼 대법원 2002. 11. 13. 선고 2002다41602 판결("채무명의에 표시된 채무자의 상속인이 상속을 포기하였음에도 불구하고, 집행채권자가 동인에 대하여 상속을 원인으로 한 승계집행문을 부여받아 동인의 채권에 대한 압류 및 전부명령을 신청하고, 이에 따라 집행법원이 채권압류 및 전부명령을 하여 그 명령이 확정되었다고 하더라도, 채권압류 및 전부명령이 집행채무자 적격이 없는 자를 집행채무자로 하여 이루어진 이상, 피전부채권의 전부채권자에게의 이전이라는 실체법상의 효력은 발생하지 않는다고 할 것이고, 이는 집행채무자가 상속포기 사실을 들어 집행문 부여에 대한 이의신청 등으로 집행문의 효력을 다투어 그 효력이 부정되기 이전에 채권압류 및 전부명령이 이루어져 확정된 경우에도 그러하다고 할 것이다")은 이미 상속을 포기하였음에도 불구하고 그를 상대로 승계집행문이 부여되어 그 고유재산(채권)에 대한 집행까지 완료(전부명령 확정)된 자를 보호하는 취지에서, 이미 상속을 포기한 자가 집행문 부여에 대한 이의절차를 거쳤는지 여부를 불문하고, 그 집행채무자 적격을 부인하며 해당 채권압류 및 전부명령의 실체법상 효력을 부정한 점에서, 승계집행 국면에서 집행문 부여에 대한 이의절차 없이도 상속을 포기한 자를 보호하는 장치를 마련하였다고 평가할 수 있다.

3) 그리고 대상판결은 이번에는 상속채권자를 보호하는 취지로 채무자인 피상속인의 사망 후 고려기간 내에 선순위상속인을 상대로 승계집행문을 부여받아 상속재산에 대한 집행을 개시하였다면 이후 해당 선순위상속인이 상속을 포기하였더라도 그 집행행위는 유효하고 다른 상속인 등에게 그 효과가 승계된다는 취지의 법리를 선언함으로써, 위 일반론에

기나 한정승인 유무를 확인·고려해 승계집행문 발급을 거절하거나 제한된 승계집행문을 발급하도록 실무를 개선하였다.

균열을 일으켰다고 평가된다.

따라서 위 일반론의 말미에는 "다만, 상속재산에 대한 강제집행 개시 후에 상속을 포기하여도 상속재산에 관하여서는 기존 집행의 효력이 소멸되지 아니한다. 이러한 점에서 그 집행문부여에 대한 이의신청이나 이의의 소가 제한될 수 있다"는 내용이 추가됨이 타당하다. 구체적으로는, 이 경우 상속을 포기한 자가 상속채권자를 상대로 해당 승계집행문에 기한 강제집행 일반의 저지를 구하는 취지("피고와 망인 사이의 집행권원에 관하여 원고를 망인의 승계인으로 하여 내어 준 승계집행문에 기한 강제집행을 불허한다"는 청구취지)로 집행문부여에 대한 이의의 소를 제기하면, 해당 승계집행문에 기하여 이미 상속재산에 관한 집행을 개시한 상속채권자인 피고는 대상판결의 취지에 따라 항변할 수 있고, 그에 따른 결론은 "위 승계집행문에 기한 강제집행은 '별지 기재 부동산 또는 채권(상속채권자가 이미 강제집행을 개시한 상속재산)'을 초과하는(또는 제외한) 부분에 한하여 불허한다"는 취지가 될 것이다.

(라) 한편, 대상판결이 민법 제1022조를 주된 근거로 삼아 상속포기의 소급효를 제한한 이상, 그 논지에 따르면 상속채권자에 의한 상속인의 고유재산에 대한 집행 및 상속인의 채권자에 의한 상속재산에 대한 집행 국면에서는 민법 제1042조가 규정한 상속포기의 소급효가 여전히 관철된다고 볼 것이다. 상속인의 고유재산에 관하여서는 민법 제1022조가 적용될 여지가 없고, 상속인의 고유채권자로부터 상속재산에 관한 집행의 상대방이 되는 것을 상속재산 관리행위의 일환으로 볼 수는 없기 때문이다.[20]

(마) 대상판결에 대한 이상의 검토를 기초로 아래에서는 채무자의 사망에 대응한 상속채권자의 행보 및 상속포기에 따른 이해관계의 조정

20) 상속포기한 자의 채권자가 상속재산인 부동산을 가압류한 경우 상속포기의 절대적 소급효에 따라 다른 상속인 등이 제3자이의의 소로 그 가압류 등기의 말소를 구할 수 있다는 일본 最高裁 1967(昭和42). 1. 20. 선고 昭和41(オ)457 판결(民集121-1-16) 참조.

을 국면별로 살펴보면서 대상판결 논지의 타당성, 추가적 함의 등을 검토한다.

Ⅱ. 채무자의 사망에 대응한 상속채권자의 행보와 상속포기

1. 상속재산에 대한 집행개시 후 채무자 사망

(1) 민사집행법 제52조 제1항에 따른 집행절차의 속행

집행문부여 후에 당사자적격에 변동이 있는 때에는 새로운 적격자를 위하여 또는 그에 대하여 집행문을 부여받지 아니하면 그를 위하여 또는 그에 대하여 집행을 착수 또는 속행할 할 수 없는 것이 원칙이나, 강제집행을 개시한 뒤에 채무자가 죽은 때에는 상속재산에 대하여 강제집행을 계속하여 진행한다(민사집행법 제52조 제1항).[21] 집행개시의 요건을 갖춘 상태에서 실제로 강제집행이 실시된 경우에는 상속재산에 대하여 그대로 강제집행절차를 진행하더라도 사망한 채무자의 상속인 등 새로이 집행당사자적격을 갖게 된 사람들에게도 불리할 것이 없다는 취지에서,[22] 또는 적법하게 개시된 집행절차가 채권자에게 곤란한 상속관계의 탐색 때문에 정체되는 것을 방지하기 위하여, 또는 채무자는 통상 집행절차에서 수동적 지위에 있어 집행기관의 사실상 행위를 수인하는 데 그치는 경우가 많으므로 강제집행 개시 후 채무자가 사망한 경우에는 특히 승계집행문을 부여받지 아니하여도 기존 채무자의 재산에 대한 압류의 효력에 영향이 없기에,[23] 집행채권자의 편익을 위하여 새로 승계집행문을 받을 필요가 없도록 특례를 정한 것이다. 민사집행법 제52조는 보전집행(민사집행법 제291조), 판결 외의 집행권원에 기초한 강제집행(민사집행법 제57조), 담보권 실행 등을 위한 경매 절차(민사집행법 제275조)에도 준용된다.

---

21) 일본 민사집행법 제41조도 같은 취지이다.

22) 주석민사집행법(Ⅱ)(주 18), 361.

23) 編集代表 伊藤 眞・園尾隆司, 条解 民事執行法, 弘文堂, 409면; 石川 明・小島武司・佐藤歳二 編, [注解] 民事執行法, 青林書院, 435면.

집행법원·수소법원이 집행기관인 경우에는 최초의 집행행위인 재판(채권과 그 밖의 재산권에 대한 압류명령, 강제경매개시결정, 강제관리개시결정, 제3자의 점유에 있는 인도할 물건에 관한 압류명령, 대체집행·간접강제에 관한 결정 등)이 발하여진 때에 강제집행이 개시된다.[24] 속행의 대상이 현재 집행의 대상이 되어 있는 상속재산에 한하는지에 관하여 논의가 있으나, 예외규정인 위 규정을 확장해석하는 것은 부당하므로 이미 집행의 대상이 되어 있는 상속재산에 한하여 허용된다고 봄이 타당하다.[25]

한편, 채무자의 관여를 필요로 하는 개개의 행위, 예를 들어 채무자에 대한 압류 또는 배당요구에 관한 통지, 채무자에 대한 경매개시결정이나 압류명령의 송달, 배당기일의 통지, 특별한 현금화명령 허가 전의 채무자 심문, 채무자에 대한 집행목적 외의 동산 인도를 필요로 하는 경우에는 상속인 또는 이에 갈음하는 유언집행자, 상속재산관리인 등을 대상으로 그 통지, 송달, 심문, 인도 등을 하여야 한다. 이 경우 상속인이 없거나 상속인이 있는 곳이 분명하지 아니하고 이에 갈음할 유언집행자, 상속재산관리인 등도 없는 때에는 집행법원은 채권자의 신청에 의하여 상속재산 또는 상속인을 위하여 특별대리인을 선임하여야 한다(민사집행법 제52조 제2항).[26]

(2) 집행개시 후 채무자 사망에 이은 상속포기

강제집행 개시 후 채무자가 사망한 경우 상속인의 존부나 상속의 승인 또는 포기 등에 의하여 그 속행이 영향받지 아니하고, 고려기간 중이어도 그 속행이 방해되지 않는데, 일본에서는 주로 이 점을 설명하는 근거로 대상판결의 논지인 상속인의 상속재산 관리의무가 활용되었다.

---

24) 사법연수원, 법원실무제요 민사집행 I, 290면.

25) 주석민사집행법(주 18), 151면; 서기석, “당사자의 사망이 재판 및 집행절차에 미치는 영향”, 인권과 정의 제266호(1998. 10.), 66면; 中野貞一郎·下村正明, 民事執行法, 青林書院, 143면; 石川 明·小島武司·佐藤歳二 編, 주 23), 435-436면, 執筆代表 吉野 衛·三宅弘人, 注釈民事執行法(2), 金融財政, 623면; 林屋札二, “遺産に対する强制執行”, 現代家族法大系 5(相續 2), 有斐閣, 194-195면; 김홍엽, 민사집행법(제5판), 박영사, 32면; 이시윤, 신민사집행법(제8개정판), 박영사, 84-85면 등.

26) 대법원 2007. 7. 26.자 2007마340 결정.

즉, 고려기간 중에는 채무자의 승계인이 불특정된 상태이기는 하나 상속인은 (우리 민법 제1022조에 해당하는) 일본민법 제918조의 상속재산 관리의무를 부담하므로 그 속행이 방해되지 않는다거나,[27] 상속의 승인이나 포기 전에도 상속인에게는 일본민법 제918조에 따라 상속재산의 관리책임이 있으므로 고려기간 중인 상속인에게도 앞서 본 채무자에 대한 통지, 송달 등 행위를 할 수 있다[28]는 것이다.

(3) 유사 사례 검토

대상판결과 사실관계가 유사하다고 평가받는 1997년 동경고등재판소 결정[29]의 사실관계도 기본적으로 이러한(상속재산에 대한 집행개시 후 채무자 사망) 구도이다. ① 1994. 2. 채무자 A의 부동산에 대하여 채권자 B의 신청에 따른 경매절차가 개시된 이후, ② 1994. 11. 14. A가 사망하였고, ③ 채권자 X가 A의 상속인 A1, A2를 상대로 1995. 10. 6. 위 부동산에 가압류 등기를 마쳤는데, ④ 1995. 10. 18.에 이르러 A1, A2의 상속포기 신고가 수리되었고, ⑤ X는 1995. 11. 10. 위 가압류에 기한 배당요구를 하였다.

1심은 대상판결의 원심과 같이 상속포기의 소급효를 관철하여, A1, A2에 대한 X의 가압류는 A1, A2의 상속포기로 인하여 실체적 요건을 결하게 되었고 그 가압류등기를 근거로 한 배당요구도 요건을 결하였다고 보아 X의 배당요구를 각하하였다.

그러나 위 항고심은, ① (민사집행법 제52조와 같은 취지인 일본 민사집행법 제41조에 따라) B의 집행개시 후 채무자가 사망하여 그 절차가 중단되지 아니하는 까닭에 상속채권자인 X로서는 A의 사망에 대응하여 누구를 채무자로 특정하여야 하는가를 고려하다가 배당요구의 종기를 도과하여 배당에 참여하는 길이 봉쇄되는 결과가 초래되는 것은 부당하다는 당

27) 執筆代表 吉野 衛 · 三宅弘人, 주 25), 627면.
28) 林屋札二, 주 25), 196면.
29) 平成9 · 3 · 26 東京高裁第一二民事部決定, 平成八年(ラ) 第二〇七四号配當要求申立却下決定に對する執行抗告事件.

위론 내지 현실적 필요성, ② 일본 민사집행법 제51조 제1항[30]이 배당요구를 하는 채권자에게 집행력 있는 채무명의의 정본이나 가압류 등기를 요구하는 취지는 허위의 배당요구를 방지하기 위함인데, 실체상 배당받을 자격이 있는 상속채권자가 상속인을 채무자로 하여 가압류결정을 받아 등기를 마치고 배당요구를 하였다면 그 상속인이 상속포기를 하여도 그 배당요구의 효력이 부정되지 아니하고, 고려기간 내에 상속채무에 관한 가압류명령에서 채무자로 되어 있는 자는 장래 확정될 상속인(혹은 상속재산법인)으로 해석될 수 있는바, 이 점은 배당요구 이전에 상속포기의 효력이 발생한 경우에도 다르지 않다고 해석된다는 점(배당요구 제도의 취지에 비추어 상속채권자에게 실체상 배당받을 자격이 인정됨), ③ (부가적으로) 한편, 상속인 고유의 채권자가 상속이 개시됨에 따라 상속인을 채무자로 가압류 등기를 마치고 배당요구를 하였는데 그 상속인이 상속포기를 한 경우에는 그 채권자가 상속재산으로부터 배당받을 실체상 자격이 없으므로 그 배당요구가 효력이 없음은 당연하고, 집행법원으로서는 가압류명령의 청구채권의 기재를 통하여 용이하게 상속채권자인지 아닌지를 판단할 수 있다는 점(상속채권자와 상속인의 고유 채권자의 준별)을 들어 1심 결정을 취소하였다.

이 결정에 관하여서는, 집행개시 후 채무자가 사망한 다음 상속포기가 있더라도 강제집행은 속행된다는 앞서 본 일반론을 확인한 취지로 보는 견해,[31] 사망자에 대한 가압류 신청이 허용되지 않는 이상 상속재산

---

30) 일본민사집행법 제51조(배당요구) ① 제25조의 규정에 따라 강제집행을 실시할 수 있는 채무명의의 정본(이하 「집행력 있는 채무명의의 정본」이라 한다)을 가진 채권자, 강제경매개시결정에 따른 압류의 등기 후에 등기된 가압류채권자 및 제181조 제1항 각 호에 해당하는 문서에 의하여 일반적인 우선특권을 가짐을 증명한 채권자는 배당요구를 할 수 있다. 민사집행법 제88조 제1항(집행력 있는 정본을 가진 채권자, 경매개시결정이 등기된 뒤에 가압류를 한 채권자, 민법·상법, 그 밖의 법률에 의하여 우선변제청구권이 있는 채권자는 배당요구를 할 수 있다)과 같은 취지이다.

31) 經濟法令硏究會, “競売手續の開始後債務者兼所有者の相続人を債務者として競売物件に対して仮差押決定を得た債權者が相続放棄後に配当要求の申立てをすることの可否”, 金融·商事判例 No. 1024, 23-27면[그런데 이 견해는 그 근거로 민법 제

에 대한 가압류에서의 당사자표시는 잠정적일 수밖에 없다는 점에서 상속채권자에 의한 가압류일반에 위 법리가 확대 적용될 수 있다는 견해,[32] 상속포기의 소급효를 극복하고 X의 배당요구가 적법하다고 보는 근거로 상속인이 피상속인의 지위를 포괄승계하는 것에 준하여 상속포기가 있는 경우 차순위상속인이 선순위상속인을 포괄승계한다는 점을 드는 견해,[33] A의 재산을 구성하는 개별재산에 대하여 A의 사망 이전에 압류가 된 경우 그 재산은 A의 사망 후에도 A의 재산의 속성을 잃지 아니한다(그 재산에 관한 한 A는 여전히 생존한 것과 같이 취급할 수 있다)는 견해[34] 등이 제시된다.

2. 집행개시 전 채무자 사망

(1) 채무자(피상속인)에 대한 집행권원을 보유한 채권자

(가) 강제집행개시 전 이미 상속포기가 이루어진 경우

1) 상속을 포기한 자의 고유재산에 대한 강제집행

① 채무자에 대한 집행권원은 보유하고 있으나 아직 집행을 개시하기 이전에 채무자가 사망하고 뒤이어 그 선순위상속인이 상속포기까지 한 경우, 상속채권자는 다른 상속인 등을 상대로 승계집행문을 부여받아야 한다. 판례에 따르면, 상속포기한 상속인은 승계적격을 상실하고(대법원 2003. 2. 14. 선고 2002다64810 판결), 나아가 (이를 간과하고 승계집행문이 부여되어도 그에 기한 집행에 있어) 집행채무자 적격을 상실한다(대법원 2002. 11. 13. 선고 2002다41602 판결). 이상의 두 판례는 사안의 기초와 당사자가

1044조 제1항(상속을 포기한 자는 그 포기로 인하여 상속인이 된 자가 상속재산을 관리할 수 있을 때까지 그 재산의 관리를 계속하여야 한다)에 대응하는 일본민법 제940조 제1항이 규정한 상속포기자의 상속재산 관리계속의무를 든다].

32) 小沢征行, "債務者の相続人に対する仮差押命令後同人が相続放棄した場合の同命令の効力", 金融法務事情 1498(1997. 11. 5.), 4-5면.

33) 石渡哲, "競売開始決定後債務者兼所有者が死亡した執行事件において, 相続債権者が相続人を債務者とする仮差押えの登記を得た後, その相続人が相続を放棄したが, 右相続債権者の配当要求が有効とされた事例", 判例時報 1628号(1998).

34) 金子敬明, "相続財産の重層性をめぐって(二)", 法学協会雑誌 119巻 1号(2002), 90면.

동일하여 한 묶음으로 파악할 필요가 있다.

② 선순위상속인의 상속포기를 간과하고 그를 상대로 승계집행문이 부여되었다면, 앞서 본 고려기간 중 승계집행문 부여에 관한 일반론에 따라 이후 상속을 포기한 자는 우선 집행문 부여에 관한 이의신청(민사집행법 제34조)이나 집행문 부여에 대한 이의의 소(민사집행법 제45조)를 제기하여 상속채권자의 강제집행을 저지할 수 있다(대법원 2003. 2. 14. 선고 2002다64810).

위 2002다64810 판결의 사안은 상속채권자가 상속을 포기한 자들을 상대로 승계집행문을 부여받아 그 고유재산을 강제집행한 경우이다. X에 대하여 확정된(1992. 6.) 지급명령을 보유한 채권자 Y는 2000. 4. 사망한 X를 상속하였다가 2000. 6. 22. 그 상속포기신청 수리심판을 받은 X1, X2를 상대로 2000. 7. 승계집행문을 부여받아 이에 기하여 X1의 고유재산인 채권에 관한 압류 및 전부명령(2000. 11. 확정)을, X2의 고유재산인 채권에 관한 압류 및 추심명령(2000. 12. 제3채무자에게 송달)을 받았고, 이에 X1, X2가 Y를 상대로 집행문부여에 대한 이의의 소를 제기하였다. 대법원은 "집행채권자가 집행채무자의 상속인들에 대하여 승계집행문을 부여받았으나 상속인들이 적법한 기간 내에 상속을 포기함으로써 그 승계적격이 없는 경우에 상속인들은 그 집행정본의 효력 배제를 구하는 방법으로 집행문 부여에 대한 이의신청을 할 수 있는 외에 집행문 부여에 대한 이의의 소를 제기할 수도 있다"는 법리를 선언하며 X2를 채무자로 하는 채권압류 및 추심명령의 경우에는 이후 배당절차가 남아 있는 한 아직 강제집행이 종료되지 아니하였다는 이유로 그 청구를 인용하였으나, X1을 채무자로 하는 채권압류 및 전부명령의 경우 그 전부명령의 확정으로 집행절차가 종료하게 되므로 그 부분에 관하여서는 집행문 부여에 대한 이의의 소를 제기할 이익이 없다고 보아 이 부분 소를 각하하였다. 이에 X1로서는 집행문 부여에 대한 이의의 소로는 그 고유재산에 대한 상속채권자의 집행을 저지할 수 없는 처지에 놓였고, 이러한 구도는 2002다41602 판결의 전제가 되었다.

위 2002다41602 판결은 X1이 앞서 본 채권압류 및 전부명령의 제3채무자를 상대로 (위 전부명령에도 불구하고) 해당 피전부채권의 지급을 구한 사안으로, Y는 이 사건에서 피고인 제3채무자를 위하여 보조참가하여 위 전부명령에 기하여 X1 청구채권의 일부가 이미 Y에게 이전되었다고 주장하였다. 이에 원심(서울지방법원 2002. 6. 12. 선고 2002나3838 판결)은 Y가 X의 사망사실을 증명하여 기재 자체에 흠결이 없는 승계집행문을 부여받음으로써 승계집행문이 적법하게 존재하게 된 이상, X1이 상속을 포기한 사실을 들어 집행문부여에 대한 이의신청 등으로 집행문의 효력을 다투어 그 효력이 부정되기 이전에 Y의 X에 대한 지급명령과 승계집행문을 결합한 집행력 있는 정본에 기하여 이루어진 채권압류 및 전부명령은 유효하다고 보았다. 반면, 대법원은 해당 채권압류 및 전부명령은 집행채무자 적격이 없는 자를 집행채무자로 하여 이루어진 이상 피전부채권의 전부채권자에게의 이전이라는 실체법상 효력은 발생하지 않는다(이는 집행채무자가 상속포기 사실을 들어 집행문 부여에 대한 이의신청 등으로 집행문의 효력을 다투어 그 효력이 부정되기 이전에 채권압류 및 전부명령이 이루어져 확정된 경우에도 그러하다)[35]고 판시하였다. 즉, Y가 이미 상속을 포기한 X1을 상대로 승계집행문을 부여받아 그 고유재산인 채권에 대한 압류 및 전부명령이 확정되었다면 X1에게는 집행문부여에 대한 이의절차를 통하여 그 상속포기 의사를 실현할 길이 차단되는 것이고, 그렇다고 제3채무자로 하여금 Y에게 해당 피전부채권을 지급하도록 용인한다면 X1의 구제방안은 향후 Y를 상대로 한 부당이득반환청구만이 남게 되는데, 이는 이미 상속을 포기한 X1의 보호에 미흡하므로, 해당 전부명령의 실체법적 효과를 부인하여, X1로 하여금 Y의 강제집행의 대상인 된 그 고유재산인 채권을 온전히 행사할 수 있도록 한 것이다.

이상의 두 판시를 통하여, 집행권원상 채무자의 상속인이 그를 상대로 한 승계집행문 부여 전에 이미 상속을 포기하였다면 동인은 '승계적

35) 그 구체적 의미에 관하여서는, 유남근, 주 18) 참조.

격' 나아가 '집행채무자 적격'을 상실하고, 이후 그에 대하여 발급된 승계집행문을 통한 강제집행은 집행문부여에 대한 이의절차를 통하여 저지되거나, (그러한 이의절차 없이 집행이 종료되어도) 실무상 그 실체법상의 효력이 부정됨을 알 수 있다. 다시 말하면, 위 사안에서 상속채권자 Y가 해당 채권압류 및 추심 또는 전부명령의 제3채무자를 상대로 추심금 또는 전부금 소송을 제기한 경우 제3채무자는 X1이나 X2가 별도로 이를 주장하지 아니하여도(집행문부여에 대한 이의절차 거치거나 위 소송에 제3채무자를 위하여 참가하여 이를 주장하지 아니하여도) 이들의 상속포기(승계적격 및 집행채무자 적격 상실)에 따라 해당 추심명령 또는 전부명령이 실체법상으로 무효임을 들어 항변할 수 있다고 볼 것이다.[36)]

③ 앞서 본 구도에서 만약 Y가 X1 또는 X2의 고유재산인 부동산을 압류하여 경매개시결정을 받은 경우에도 마찬가지로 X1이나 X2는 집행문부여에 대한 이의절차로 그 집행을 저지할 수 있을 것이다.[37)] 채권집행과 달리 집행문부여에 대한 이의절차를 밟기 이전에 이미 부동산집행이 완료되는 경우는 상정하기 어렵다.

2) 상속재산에 대한 강제집행

① 이상 상속을 포기한 자의 고유재산에 대한 승계집행 국면에 관하여 살펴보았고, 상속재산에 대한 승계집행에 관하여 본다. 상속채권자가 이미 상속을 포기한 자를 상대로 부여받은 승계집행문에 기하여 상속재산에 대한 집행을 할 수 있는지 여부는 곧 대상판결의 확대 적용 문제이기도 하다.

---

36) 압류 및 전부 또는 추심명령이 실체법상 무효임을 들어 제3채무자가 채권자의 전부금 또는 추심금 청구를 거절할 수 있다는 취지의 대법원 2007. 9. 6. 선고 2007다29591 판결, 대법원 2014. 1. 23. 선고 2013다71180 판결 등 참조.

37) 서울지방법원 2003. 6. 23.자 2003라93 결정(상속채권자가 망인에 대한 판결 정본에 배우자를 상대로 승계집행문을 부여받아 배우자의 고유재산인 부동산에 대하여 강제경매개시결정을 받았다가 그 전에 이미 배우자의 상속포기신고가 수리된 사실이 밝혀졌고, 이에 배우자가 집행문부여에 대한 이의신청을 하여 받아들여진 다음 강제경매개시결정에 대한 이의신청을 하였고, 위 이의신청을 받아들여 상속채권자의 강제경매신청을 기각한 1심결정을 유지한 사례) 참조.

민법 제1044조는 상속을 포기한 자는 그 포기로 인하여 상속인이 된 자가 상속재산을 관리할 수 있을 때까지 그 재산의 관리를 계속하여야 하고, 위 재산관리에는 민법 제1022조가 준용된다고 정하고 있다. 상속을 포기한 자는 포기의 효력이 발생함으로써 소급하여 상속인이 아니었던 것으로 다루어지므로 상속재산과는 전혀 관계없는 지위에 서게 되나, 그 결과 상속재산을 관리하지 않고 방치하게 되면 다른 공동상속인, 후순위상속인, 상속채권자, 수유자 등에게 손해를 입힐 우려가 있으므로, 상속을 포기한 자에게 일정 기간 동안 상속재산을 관리할 법적 책임을 부과하는 취지이고,[38] 포기자의 관리의무에 관하여는 민법 제1022조가 준용된다. 그리하여 민법 제1022 및 1044조에 따라 상속을 포기한 자는 상속개시시부터 그 포기로 인하여 상속인이 된 자가 상속재산을 관리할 수 있을 때까지 그 재산의 관리를 계속할 의무를 부담하게 된다.

앞서 본 고유재산에 대한 집행에 비하여 상속재산에 대한 집행 국면에서는 상속을 포기한 자의 보호 필요성이 높지 아니하고, 상속포기에 따른 기술적 문제와 관계없이 종국적 상속인을 채무자로 삼아 책임재산인 상속재산으로부터 채권을 회수하려 하는 상속채권자의 의사와 이익을 존중할 필요가 있기에, 민법 제1022조의 상속재산 관리의무를 근거로 집행 이후 상속포기가 있더라도 상속재산에 대한 집행행위의 효력을 인정한 대상판결의 논지를 확대 적용하여 그와 유사한 취지의 민법 제1044조를 근거로 이미 상속을 포기한 자를 상대로 한 승계집행문에 기한 상속재산에 대한 집행도 유효하다고 볼 여지도 있다.

그러나 민법 제1044조에 기한 상속재산 관리의무의 종기(그 상속포기로 인하여 상속인이 된 자가 상속재산을 관리할 수 있을 때)가 불분명하여[39] 이를 기준으로 기존 집행행위의 유무효를 판가름한다면 집행절차의 안정성이 침해될 수 있고, 고려기간 중의 상속인과 달리 이미 상속을 포기한

38) 최진섭, 주 5), 362면.

39) 예컨대, 공동상속인 중 일부는 상속을 포기하고 나머지는 한정승인을 한 경우에는 민법 제1044조의 상속재산관리의무가 아예 발생하지 아니할 수 있다.

자는 상속채무의 승계를 거부하고 상속재산에 대한 권리를 포기하는 의사를 표명하였기에 그 의사를 관철할 필요가 있으므로, 이 경우에까지 대상판결을 확대 적용하기는 어렵다고 본다.[40] 또한, 이 경우에까지 대상판결을 확대 적용하면, 집행상대방이 일원화되지 아니한 채 복수의 집행채무자(이미 상속을 포기한 자와 다른 상속인 등)가 등장하는 난점도 생길 수 있다. 앞서 본 2002다41602 및 2002다64810 사안에서도 고유재산과 상속재산을 구분함이 없이 상속을 포기한 자의 승계적격 내지 집행채무자 적격을 부인한 이상, 위 논거에 의하여도 이미 상속을 포기한 자를 상대로 한 승계집행문에 기한 상속재산에 대한 강제집행은 허용되지 아니한다고 볼 것이다.

② 채무자의 부동산에 대한 강제경매개시결정 전 채무자의 일반승계가 있었던 것이 개시결정 후에 판명된 경우 별도로 승계집행문을 부여받아 새로 승계집행부 집행권원에 기한 강제경매신청을 하여야지 경정결정에 의하여 채무자의 표시를 일반승계인으로 경정하여 강제경매절차를 속행할 수는 없다.[41] 채무자가 사망하였음에도 이를 간과하고 강제경매개시결정이 난 후 사망사실이 밝혀지면 개시결정을 취소하고 강제경매신청을 각하한다. 사망자를 집행채무자로 하여 강제경매가 진행되어 사망자에게 개시결정이 송달되었다면 그 송달은 무효라 할 것이고, 경매개시결정은 경매절차의 기초가 되는 재판이어서 그것이 당사자에게 고지되지 않으면 효력이 없으므로, 비록 경매개시결정의 기입등기가 되어 압류의 효력이 발생하였다 하더라도 경매개시결정이 유효하게 고지되지 않아 효력이 없는 한 유효하게 매각절차를 속행할 수 없다(대법원 1991. 12. 16.자 91마239 결정).[42]·[43] 이미 상속을 포기한 자를 상대로 한 승계집행문에

40) 유형웅, 주 11), 319면.

41) 園部 厚, 民事執行の實務(上), 新日本法規, 68면.

42) 사법연수원, 법원실무제요 민사집행Ⅱ, 107면.

43) 한편, 임의경매의 경우에는 채무자(소유자)가 이미 사망하였는데도 경매신청인이 위 사실을 알지 못하여 사망자를 그대로 채무자·소유자로 표시하여 경매신청을 하고, 이에 의하여 집행법원이 경매개시결정을 하였더라도 이것이 당연무효로 되지는 않고 후에 경정결정에 의하여 채무자나 소유자의 표시를 고칠 수 있을 뿐이

기하여 상속재산에 대한 강제경매개시결정이 이루어진 후에 상속포기 사실이 밝혀진 경우에도 이와 같이 볼 것이다.

③ 상속채권자가 아니라 상속을 포기한 자의 채권자가 상속재산인 부동산 중 이미 상속을 포기한 자의 상속지분을 압류 또는 가압류한 경우, 다른 공동상속인이나 후순위상속인은 제3자이의의 소로 다툴 수 있다.[44] 한편, 이미 상속을 포기한 자의 채권자가 상속재산인 부동산 중 해당 상속지분에 관하여 강제경매개시결정을 받은 경우, 채무자의 상속포기가 민사집행법 제96조 제1항[45]의 경매취소사유에 해당하는지 여부에 관하여, 판례는 가정법원의 상속포기신고수리의 심판은 일응 상속포기의 요건을 구비한 것으로 인정한다는 것일 뿐 그 효력을 확정하는 것이 아니고 상속포기의 효력이 있는지 여부의 최종적인 판단은 실체법에 따라 민사소송에서 결정될 문제여서, 비록 상속의 개시 후에 상속포기 신고를 하여 그 신고가 수리되었다고 하더라도 민법 제1026조 제1호의 상속재산에 대한 처분행위 등을 이유로 상속포기로서의 효력이 없을 수도 있으므로, 따라서 상속포기를 하였다는 사정만으로는 상속포기자가 상속재산에 관한 소유권을 취득할 수 없게 되었다고 단정할 수 없다고 한다.[46]

(나) 강제집행개시 후 상속포기가 이루어진 경우

1) 상속을 포기한 자의 고유재산에 대한 강제집행

앞서 본 바와 같이 상속재산이 아닌 고유재산에 대한 강제집행의 경우에는 민법 제1022조가 적용될 여지가 없고, 민법 제1042조가 규정한 상속포기의 소급효가 관철된다. 더구나 고려기간 중 상속인을 상대로 승

다(대법원 1964. 5. 16.자 64마258 결정, 대법원 1998. 12. 13.자 98마2509, 2510 결정 등); 園部 厚, 주 41), 586-587면.

44) 주 20)의 일본 最高裁 1967(昭和42). 1. 20. 선고 昭和41(オ)457 판결(民集1 21-1-16); 서울고등법원 2018. 4. 5. 선고 2017나2075461 판결 등.

45) 민사집행법 제96조[부동산의 멸실 등으로 말미암은 경매취소]
① 부동산이 없어지거나 매각 등으로 말미암아 권리를 이전할 수 없는 사정이 명백하게 된 때에는 법원은 강제경매의 절차를 취소하여야 한다.

46) 대법원 2016. 10. 21.자 2016마1056 결정; 울산지방법원 2022. 7. 26.자 2021라24 결정(상속인의 채권자가 상속인의 상속지분에 관한 강제경매개시결정을 받은 다음에 그 채무자인 상속인이 상속포기를 한 사안이다).

계집행문을 부여받아 그 상속인의 고유재산에 대한 강제집행에까지 착수한 상속채권자는 나중에 해당 상속인이 상속을 포기할 위험을 감수하였다고 볼 것이다. 이에 상속을 포기한 자는 당연히 집행문부여에 대한 이의절차를 통하여 위 고유재산에 대한 강제집행을 저지할 수 있다. 고유재산이 채권인 경우 제3채무자(상속을 포기한 자의 고유채무자)는 상속채권자의 추심금 또는 전부금 청구에 대하여 상속포기(의 소급효)로 대항할 수 있다고 본다.

2) 상속재산에 대한 강제집행 - 대상판결의 적용 국면

① 민법 제1042조가 규정한 상속포기의 소급효를 문리적으로 철두철미하게 적용한다면, 고려기간 중 발급받은 승계집행문에 기한 상속재산에 대한 강제집행 개시 후 그 집행상대방이 상속을 포기한 경우 기존의 집행절차는 위법하게 될 수밖에 없다.[47)]

이러한 문제의식하에 집행의 안정성과 신속성을 동시에 확보하기 위한(강제집행 개시 후 상속포기가 이루어진 경우 상속포기의 소급효를 관철하여도 기존 집행절차의 효력에 영향을 미치지 아니하도록 하는) 입법론적 방안으로, 집행권원 성립 후 강제집행개시 전 채무자가 사망한 경우, ① 그 유산(상속재산)에 법인격을 인정하고서 관리인 내지 특별대리인을 두어 그 관리인 등을 상대로 한 집행문을 통하여 상속재산을 집행할 수 있도록 하는 방법,[48)] ② 채권자로 하여금 이미 사망한 집행권원상의 채무자에 대한 집행문(승계집행문과 동일한 효력을 갖는다)을 부여받아 그 상속재산에 대한 강제집행을 할 수 있도록 하되, 위 망인에 대한 집행문이 상속인 전원에게 송달될 것을 집행개시 요건으로 삼아 상속인의 절차참가 기회를 확보(상속인에 대한 송달 등 편의를 위하여 민사집행법 제52조 제2항에 상응하는 특별대리인 선임 제도를 마련)하는 방법(强制執行法安要綱安 第二2次試案)이 일본에서 검토·제시되었다.[49)] ①안은 상속 승인 전에는 상속인을 상대로 상

---

47) 執筆代表 吉野 衛·三宅弘人, 주 25), 634면; 林屋札二, 주 25), 202면.
48) ジユリスト 517号(1972. 10. 5.), 82면 이하.
49) 상세는, 林屋札二, 주 25), 202-205면.

속재산에 대한 강제집행이 불가능하고 그 상속재산의 강제집행을 위해서는 법원에 상속재산관리인 선임을 신청한 다음 상속재산관리인을 상대로 하도록 규정한 독일민법 제1958조, 제1961조의 구도[50]와 유사하고, ②안의 구도는 사실상 강제집행 개시 후 채무자가 사망한 경우와 유사하다고 평가된다.

위와 같은 입법론적 검토에도 불구하고,[51] 현행 일본 민사집행법과 우리 민사집행법은 상속재산에 대한 강제집행개시 후 채무자가 사망한 경우는 절차가 속행된다는 특칙으로, 강제집행개시 전 채무자가 사망한 경우는 승계집행문 부여 절차로 각각 구분하여 규율하되, 그 중간지대라 할 수 있는 강제집행개시 후 상속포기의 경우는 그 승계의 효과를 다투는 상속포기자로 하여금 집행문부여에 대한 이의신청이나 이의의 소를 제기할 수 있도록 하는 것으로 실무와 학설이 정리되었고, 이는 '집행개시 후 상속포기'의 경우 상속포기의 소급효를 관철하는 입장이었다고 볼 수 있는데, 대상판결은 앞서 본 바와 같이 일본에서 시도되었던 입법론의 전제가 된 문제의식과 궤를 같이하여 위 일반론에 균열을 일으켰다고 평가할 수 있다.

② 채권자가 보유한 집행권원상 채무자가 사망한 경우 국면별로 누구를 집행상대방으로 삼아 상속재산을 집행하여야 하는지는 다분히 절차적이고 기술적이며 관념적인 문제이다. 채무자의 사망에도 불구하고 상

---

50) 독일 민법 제1958조-상속의 승인 전에는 상속재산에 대한 청구권은 상속인에 대해 재판상 주장할 수 없다.

독일민법 제1961조-상속법원은 제1960조 제1항의 경우에 상속재산을 대상으로 하는 청구권의 행사를 목적으로 하여 상속재산관리인의 선임이 신청된 때에는 상속재산관리인을 선임하여야 한다.

51) 다만, 망인에 대한 집행문과 별도로 추정상속인에 대한 승계집행문 부여의 허부, 소유자로서 절차에 관여할 기회를 부여받지 못한 상속인의 상속분에 대한 집행의 효력, 상속관계가 명료해진 후에도 망인에 대한 집행문에 기한 집행신청이 가능할지 여부, 망인에 대한 집행문에 기한 집행개시 후 상속관계가 확정된 경우 상속채권자나 상속인의 채권자의 집행참가를 허용할지 여부 및 그 방법, 망인을 상대로 한 가압류의 가부 및 이를 가능하다고 볼 경우 상속인에 대한 본안판결에 기한 강제집행으로 이행하는 방법 등의 문제에 대한 검토가 추가로 필요하다는 이유로 입법이 실현되지 못하였다[執筆代表 吉野 衛·三宅弘人, 주 25), 634-635면].

속채권자의 채권자 지위에는 변함이 없고 망인의 재산(상속재산)은 여전히 상속채권자에 의한 강제집행의 대상이 되는 책임재산이다. 민법 제1042조가 선언한 상속포기의 실체법적 소급효와는 별도로 그 이전에 상속포기한 자를 상대로 이루어진 상속재산에 대한 집행의 효력은 절차법적으로 소급하여 무효로 되지 아니하고 다른 상속인 등에게 승계된다고 본다면, '강제집행 개시 후 상속포기' 국면에서 발생하는 상속포기의 소급효로 인한 문제 상황은 해소될 수 있다. 상속채권자로서는 기존 집행절차의 효력을 부인당하지 아니하고 새로 승계집행문을 부여받을 필요도 없으며, 상속포기자 입장에서도 아무런 추가부담 없이 상속 및 집행관계에서 이탈하므로 불리하지 않다. 또한, 고려기간 중인 상속인을 상대로 이루어진 강제집행의 효력이 실제 상속포기 이후 다른 상속인 등에게 승계되는 것은 고려기간 중 상속인의 상속재산관리책임을 규정한 민법 제1022조에 의하여 요구되는 바이기도 하다. 상속포기의 실체법적 효력이 절차법적으로 제한되는 예는 아래에서 볼 대법원 2009. 5. 28. 선고 2008다79876 판결(상속채권자가 상속포기한 자를 상대로 제기한 채권지급 청구소송에서 피고가 상속포기의 항변을 하지 아니하여 청구가 인용된 경우 기판력에 의하여 청구이의의 소로 다툴 수 없게 됨)에서도 찾을 수 있다. 대상판결은 민법 제1022조를 매개로 상속포기의 소급효를 절차법적으로 제한한 취지로 이해될 수 있고 타당하다고 본다.

다만, 대상판결에서 특별히 문제되지는 아니하였지만, 단지 민법 제1022조만을 근거로 상속포기의 효력이 소급하지 않고 고려기간 중 상속인을 상대로 이루어진 상속재산에 대한 강제집행절차의 효력이 그 후 상속포기로 인하여 부인되지 아니하고 다른 상속인 등에게 승계된다고만 본다면, 다른 상속인 등의 절차적 권리가 침해될 우려를 해소하기 어렵고, 이를 해소하려면 앞서 본 민사집행법 제52조 제2항 또는 일본에서의 입법론 ②항에서와 마찬가지 취지로 다른 상속인 등에 대한 송달, 통지 등이 필요하다고 볼 것이다.

이처럼 고려기간 중 상속인을 상대로 상속재산에 대한 강제집행 개시 후 상속포기가 이루어진 경우 상속채권자는 승계집행문을 부여받을 필요 없이 절차를 속행할 수 있고, 다만 채무자에게 알려야 할 집행행위를 실시할 경우 다른 상속인 등에 대한 송달, 통지 등이 이루어져야 한다고 본다면, 결국 상속재산에 대한 강제집행 개시 후 상속포기가 이루어진 경우는 민사집행법 제52조가 규정한 강제집행을 개시한 뒤에 채무자가 사망한 경우에 준한다고 평가할 수 있다.[52)·53)] 보다 일반화하면, 강제집행 개시 후 채무자가 사망한 경우에 관한 민사집행법 제52조의 규정은 채무자의 사망뿐만 아니라 회사나 그 밖의 단체가 합병에 의하여 소멸한 경우와 같이 채무자의 일반승계 전반에 준용되고, 위와 같은 채무자의 일반승계에는 채무자의 사망, 법인 등 합병뿐만 아니라 '상속재산에 대한 강제집행 개시 후의 상속포기'도 포함된다고 해석함이 타당하다.[54)]

(2) 채무자(피상속인)에 대한 집행권원이 없는 상속채권자

(가) 보전처분(가압류)

대상판결의 사안과 같이 상속채권자는 채무자의 사망에 대응하여 일단 고려기간 중에 신속히 선순위상속인을 상대로 상속재산에 대한 가압류결정을 받아 집행하기 마련이고, 앞서 살펴본 바와 같이 이후 상속포기가 이루어져도 그 가압류의 효과는 부인되지 아니하고 다른 상속인 등에게 승계된다.

(나) 상속인 상대 집행권원 확보 시도

1) 기민한 상속채권자라면 고려기간 내라도 상속인을 상대로 이행권

---

52) 中野貞一郎·下村正明, 주 25), 142면에서도 승계집행문 부여 후 상속포기가 있게 된 경우 집행개시 후의 승계에 준하여 처리할 수 있다고 설명하는데, 이러한 취지로 이해된다.

53) 東京地方裁判所民事執行センター 実務研究會, 民事執行の実務 債權執行編(上)[第2版], 6면에서는 상속인의 확정을 기다림 없이 상속발생 직후 승계집행절차가 개시됨에 따라 집행개시 후 상속포기에 의하여 상속인이 변경된 경우에도 일본민법 제939조가 상속의 효과가 상속개시시로 소급한다고 한 것은 실체법상 의제에 불과하다는 이해하에 당시의 송달·통지 등 효력은 번복되지 아니하는 것으로 취급한다고 한다.

54) 앞서 본 주 33)의 평석도 이와 유사한 취지로 보인다.

고결정이나 지급명령과 같은 집행권원을 확보하여 강제집행을 개시할 수 있다. 그 후 상속을 포기한 자는 청구이의의 소를 통하여 고유재산에 대한 강제집행을 저지할 수 있겠으나, 상속재산에 대한 기존 강제집행의 효력은 앞서 본 대상판결의 취지 및 검토에 따라 상속을 포기한 자의 청구이의의 소에도 불구하고 상속포기의 소급효가 제한되어 그대로 유효하고 다른 상속인 등에게 승계된다고 볼 것이다.

2) 상속채권자가 상속인을 상대로 위와 같은 집행권원(이행권고결정, 지급명령)을 확보하였으나 그에 기하여 강제집행을 개시하기 전 상속포기가 이루어졌다면, 상속채권자는 위와 같은 집행권원에 기하여 상속을 포기한 자의 고유재산 또는 상속재산에 대한 강제집행을 할 수 있는가.

이에 관하여서는 대법원 2002. 4. 23. 선고 2002다335 판결을 주목할 필요가 있다. A에 대한 채권(임대차보증금반환채권)자 X는 1997. 9. 25. A가 사망하고 그 1순위상속인인 B(A와 같은 날 사망)를 거쳐 A를 최종 상속한 C를 채무자로 하여 1999. 6. 3.경 위 임대차보증금반환채권을 피보전권리로 삼아 C의 Y에 대한 채권(보험금채권으로 그중 일부는 C의 고유재산이고 나머지는 B로부터의 상속재산이다)을 가압류하고서 C를 상대로 지급명령을 확보하여 위 가압류를 본압류로 전이하는 채권압류 및 추심명령을 받았는데(1999. 9. 28. Y에게 송달), C는 이미 1998. 1. 8. 해당 상속포기신고 수리심판을 받았다. X의 Y에 대한 추심금 청구에 대하여, 1심은 위 가압류결정 이전에 상속포기신고가 수리된 점을 들어 X의 청구는 (상속재산과 고유재산의 구분 없이) 더 나아가 살펴볼 필요 없이 이유 없다고 보아 기각하였다. 그리고 2심은 X의 청구 중 C의 상속재산에 해당하는 부분은 1심과 마찬가지 사유로 기각한 반면, C의 고유재산에 해당하는 부분은 인용하였다. 이에 Y가 상고하여 C의 고유재산인 보험금 채권 부분에 관하여서도 C의 상속포기로 그가 A의 위 임대차보증금반환채권 채무를 상속하지 않아 채무자가 될 수 없는데도 X가 채무자 아닌 C를 상대로 채권가압류와 그 가압류를 본압류로 전이하는 채권압류 및 추심명령을 받았으므로 이러한 강제집행은 무효라고 주장하였다. 이에 대법원은 "채권가압류의 피보전채권이 존재하지 않는다 하여 그 채권가압류가 당연히 무효로 되는 것은 아니고, 채권압류 및 추심명령의 집행채권이 존재하지 않는다 하여 그 채권압류 및 추심명령이 당연히 무효로 되는 것도 아니며, 추심의 소에서 제3채무자는 집행채권의 부존재와 같은 사유로 다툴 수도 없다. 따라서 이 사건 채권가압류와 채권압류 및 추심명령이 유효함을 전제로 원고의 청구를 일부 인용한 원심의 조치는 정당하다"고 하여, 이 경우 X가 C를 상대로 확보한 집행권원에 기한 C의 고유재산에 대한 강제집행이 유효하다는 취지로 판시하였다.

이 판결의 사안과 앞서 본 2002다41602 및 2002다64810 사안은 아래와 같이 여러 모로 대비된다.

2002다41602 / 2002다64810	2002다335
① 상속채권자의 채무자에 대한 집행권원 확보 ② 채무자(피상속인)의 사망과 상속포기 ③ 상속을 포기한 자에 대한 승계집행문 ④ 상속을 포기한 자의 고유재산인 채권에 대하여 일부는 압류 및 전부명령, 일부는 압류 및 추심명령	① 채무자의 사망과 상속포기 ② 상속채권자가 상속포기한 자를 상대로 집행권원 확보(상속포기한 자가 상속포기 사실을 주장하지 아니함) ③ 상속을 포기한 자의 고유재산인 채권과 상속재산인 채권에 대한 압류 및 추심명령
① 추심명령에 관하여서는 추심절차가 완료되지 아니한 이상 상속포기한 자는 여전히 집행문부여 이의절차로 다툴 수 있으나, 전부명령에 관하여서는 집행문부여 이의절차로 다툴 수 없음 ② 상속을 포기한 자의 집행당사자 적격을 부인하여 고유재산인 채권에 대한 전부명령의 실체법적 효력을 부인함	① 고유재산인 채권에 대한 압류·추심명령의 실체법적 효과를 인정함 ② 상속재산인 채권에 대한 압류·추심명령에 관하여 피고인 제3채무자의 상속포기 항변을 받아들임(원심)

2002다41602 및 2002다64810 판시와 일견 상충되는 것으로 보이는 2002다335 판시의 함의는 다음과 같이 찾을 수 있다. 승계집행(특히, 채권집행) 국면에서는 강제집행 개시 전 상속포기가 이루어진 경우 집행문부여에 대한 이의절차를 거치지 아니하여도(집행권원의 집행력을 저지하지 아

니하여도) 상속을 포기한 자의 승계적격 내지 집행당사자적격을 부정하여 상속재산·고유재산을 불문하고 채권 압류 및 추심 또는 전부명령의 실체법적 효력을 부인하는 방법으로 상속을 포기한 자를 보호할 수 있으나, 상속채권자가 이미 상속을 포기한 자를 상대로 직접 집행권원(지급명령, 이행권고결정)을 확보한 경우에는, ① 상속을 포기한 자가 청구이의의 소로 다투지 아니하는 이상 그 집행권원의 집행력을 저지할 수 없어 이에 기한 고유재산인 채권에 대한 강제집행의 실체법상 효력이 부인되지 아니하고,[55] ② 한편, 상속재산인 채권에 관하여서는 민사집행법 제52조가 적용될 수 없는 가운데(강제집행 개시 전 상속포기), 상속채권자의 집행개시 이전에 이미 상속을 포기한 자가 제3채무자에 대한 관계에서도 상속재산에 대한 권리를 포기한다는 의사를 밝힌 이상 제3채무자로서는 상속포기를 이유로 상속채권자의 추심금 청구에 대항할 수 있다고 볼 것이다.

3) 한편, 상속채권자가 고려기간 중인 상속인을 상대로 채권지급을 구하는 이행의 소를 제기하여 기판력 있는 판결 확보를 시도하고 있는 동안 피고가 상속을 포기하였음에도 불구하고 소송절차에서 이를 항변하지 아니함에 따라 상속채권자 승소판결이 확정되었다면, 위와 같이 상속을 포기한 자는 기판력에 의한 실권효에 따라 청구이의의 소를 제기할 수 없다.[56]

---

55) 2002다225 사안과 같이 상속채권자가 이미 상속을 포기한 자를 상대로 집행권원을 확보하여 상속을 포기한 자의 고유재산을 강제집행하여도 그 과정에서 상속을 포기한 자가 이를(상속채무 승계 거부의사를) 다투지 아니한 이상 Y가 X의 청구를 거부할 수 없다[이 사안에서 만약 C가 Y를 위하여 보조참가하여 상속포기 사실을 주장하여도, 이는 C가 X를 상대로 청구이의의 소를 제기하여 주장할 수 있는 것이지 제3채무자인 Y가 이 소송에서 이를 주장하여 X에게 주장할 수 있는 것은 아니라 할 것(C로서는 상속포기 사실을 들어 X를 상대로 청구이의의 소를 제기한 다음 강제집행정지결정을 받아 이를 수소법원에 제출하여 이 사건 추심금소송을 중단시켜 두었다가 나중에 위 청구의의의 소에서 승소 확정판결을 받으면 이를 근거로 집행법원에서 이 사건 채권압류 및 추심명령을 취소받음으로써 이 사건 추심금소송에서 X의 청구를 배척받을 수 있다)이라는 논거로 배척되었을 것이다 {서울고등법원 1994. 6. 3. 선고 93나38613 판결(대법원 1994. 11. 11. 선고 94다34012 판결로 확정됨) 참조}].

Ⅲ. 결 론

집행절차에서 상속포기의 효력은 원칙적으로 상속채권자가 확보한 집행권원의 집행력을 저지하는 방식으로 구현될 수 있는데, 구체적으로는 강제집행의 개시 여부, 집행대상이 상속재산인지 여부, 승계집행 여부 등의 변수 내지 국면에 따라 다양하게 전개된다.

강제집행 개시 후 채무자가 사망한 경우에는, 상속채권자의 상속재산에 대한 기존 강제집행은 속행되고, 채무자의 관여에 필요한 통지 등은 다른 상속인 등을 상대로 이루어져야 한다(민사집행법 제52조). 이후 상속포기가 이루어져도 그 속행에 영향이 없다. 대상판결의 핵심논거인 민법 제1022조 상속인의 상속재산관리의무는 이 국면에서 주로 거론되어 왔다.

채권자가 채무자에 대한 집행권원을 확보한 이후 강제집행 개시 전 채무자가 사망하고 선순위상속인의 상속포기까지 이루어졌다면, 상속을 포기한 자로서는 그를 상대로 승계집행문이 부여된 경우 집행문부여에 대한 이의의 소나 신청으로 그 집행력을 저지할 수 있고, 나아가 위 승계집행문에 기하여 실제 집행이 이루어진 경우 집행문부여에 대한 이의절차를 거치지 아니하여도 그 집행당사자적격이 부인됨을 이유로 위 집행행위의 실체법상 효력을 부인할 수 있다.

채권자가 채무자에 대한 집행권원을 확보하고서 채무자가 사망하여 선순위상속인을 상대로 승계집행문을 부여받아 상속재산에 대한 강제집행을 개시한 이후 상속포기가 이루어졌다면, 상속포기의 소급효가 제한되어 해당 집행행위의 효력은 부인되지 아니하는데(대상판결), 이처럼 상속재산에 대한 강제집행 개시 후 상속포기가 이루어진 경우는 강제집행 개시 후 채무자가 사망한 경우에 준하여 민사집행법 제52조가 적용되는 것으로 봄이 타당하다. 동일한 상황에서 상속을 포기한 자의 고유재산에 대한 강제집행이 개시되었다면, 여전히 상속포기의 소급효가 관철된다

56) 대법원 2009. 5. 28. 선고 2008다79876 판결.

고 본다.

상속채권자가 채무자의 사망에 대응하여 이미 상속을 포기하였거나 고려기간 중인 선순위상속인을 상대로 집행권원을 확보하였다면, 상속을 포기한 자는 청구이의의 소로 그 집행권원의 집행력을 저지할 수 있을 따름이다(집행권원이 판결인 경우 소송절차에서 이를 항변하지 아니함에 따라 상속채권자 승소판결이 확정되었다면, 상속을 포기한 자는 기판력에 의한 실권효에 따라 청구이의의 소를 제기할 수 없다). 상속채권자가 위 집행권원에 기하여 상속재산에 대한 강제집행을 개시한 이후 상속포기가 이루어졌다면, 앞서 본 바와 같이 상속재산에 대한 강제집행 개시 이후 채무자가 사망한 경우에 준하여 민사집행법 제52조가 적용된다고 본다.

[Abstract]

An Obligee in Inheritance and Renunciation

–A Case Study on the 2021 Supreme Court Decision of 2021Da22446–

Lee, Kook Hyun*

In the decision of 2021Da224446(hereinafter "the decision"), the Supreme Court set forth appropriate legal principles that the retroactive effect of renunciation (Article 1042 of the Civil Act) can be restrained, declaring the effect of the provisional seizure on the inherited property by an obligee in inheritance against an inheritor during the period for acceptance and renunciation (Article 1019 of the Civil Act) continue to stand up despite the subsequent renunciation of inheritance, mainly based on Article 1022 of the Civil Act (Management of Inherited Property). Further, such legal principles can be extended and applied in principal execution procedures.

In principle, the effect of the renunciation in the execution procedures can be materialized by restraining executive force of the executive titles which are secured by the obligee in inheritance. The specific implementation can be affected by various variables or situations such as whether the compulsory execution has commenced, whether the object of enforcement is an inherited property, and whether the execution is succeeded.

In the case where the debtor has died after the commencement of compulsory execution, such compulsory execution shall continuously progress on the inherited property, and the notice necessary for the debtor's involvement shall be made against his/her other inheritors [Article 52 of the

* Presiding Judge, Suwon District Court.

Civil Execution Act (Cases of Debtor's Death Subsequent to Commencing Execution)]. Even if the renunciation is declared thereafter, the continuation is not affected. Article 1022 of the Civil Act (Management of Inherited Property) which is the core argument of the decision has been mainly discussed in such context.

If a renunciation is effected after the commence of the compulsory execution on the inherited property by an obligee in inheritance who has secured the succeeded execution clause against an inheritor of the priority subsequent to the debtor's death, the effect of such executing acts is not denied because the retroactive effect of renunciation is restrained (the decision). In this way, it is reasonable to assume that Article 52 of the Civil Execution Act applies to the cases where the renunciation is declared after the compulsory execution commences on the inherited property in accordance with the cases where the debtor has died after the commencement of compulsory execution. In a similar case where the compulsory execution commences on the proprietary property of the person who has effected a renunciation, the retroactive effect of renunciation still carries.

[Key word]

- renunciation
- retroactive effect
- management of inherited property
- an obligee in inheritance
- provisional seizure
- commencing compulsory execution
- succeeded execution
- period for acceptance and renunciation

참고문헌

[단 행 본]

편집대표 민일영, 주석민사집행법(제4판)(Ⅱ), 한국사법행정학회.
편집대표 윤진수, 주해상속법(제1권), 박영사.
김홍엽, 민사집행법(제5판), 박영사.
사법연수원, 법원실무제요 민사집행 Ⅰ/Ⅱ.
윤진수, 친족상속법 강의(제2판), 박영사.
이시윤, 신민사집행법(제8개정판), 박영사.

執筆代表 吉野 衛・三宅弘人, 注釈民事執行法(2), 金融財政.
編集代表 伊藤 眞・園尾降司, 条解 民事執行法, 弘文堂.
谷口知平・久貴忠彦 編輯, 新版 注釈民法(27)(2013).
東京地方裁判所民事執行セソタ- 実務研究會, 民事執行の実務 債權執行編(上) [第2版] ジユリヌト 517号(1972. 10. 5.).
石川 明・小島武司・佐藤歳二 編, [注解] 民事執行法, 青林書院.
深沢利一・園部 厚, 民事執行の實務(下)[補訂版], 新日本法規.
園部 厚, 民事執行の實務(上), 新日本法規.
中野貞一郎・下村正明, 民事執行法, 青林書院.

[논　　문]

박동섭, "개정민법과 상속의 한정승인・포기", 법조 제51권 제4호.
서기석, "당사자의 사망이 재판 및 집행절차에 미치는 영향", 인권과 정의 제266호(1998. 10.).
유남근, "상속포기자에 대하여 승계집행문 부여 후 행하여진 집행절차의 효력", 판례연구 제15집, 부산판례연구회(2003).
유형웅, "상속포기와 상속채권자의 가압류－대법원 2021. 9. 15. 선고 2021다224446 판결에 관하여", 사법 제60호, 사법발전재단.
윤 경, "무효인 보전처분결정에 대한 불복방법", 저스티스 제69호.
정상규・박희근, "연속적 상속포기와 민법 제1023조의 재산관리인", 가정법원

50주년 기념논문집.
최진섭, "상속포기의 법리", 가족법연구 제9호.

經濟法令研究會, "競売手續の開始後債務者兼所有者の相続人を債務者として競売物件に対して仮差押決定を得た債權者が相続放棄後に配当要求の申立てをすることの可否", 金融・商事判例 No. 1024.
金子敬明, "相続財産の重層性をめぐって(二)", 法学協会雜誌 119巻 1号(2002).
林屋札二, "遺産に対する强制執行", 現代家族法大系 5(相續 2), 有斐閣.
山北 学, "債權執行における当事者の承繼", 判例タイムズ 789号(1992. 9.).
石渡哲, "競売開始決定後債務者兼所有者が死亡した執行事件において, 相続債權者が相続人を債務者とする仮差押えの登記を得た後, その相続人が相続を放棄したが, 右相続債權者の配当要求が有効とされた事例", 判例時報 1628号(1998).
小沢征行, "債務者の相続人に対する仮差押命令後同人が相続放棄した場合の同命令の効力", 金融法務事情 1498(1997. 11. 5.).

유류분 침해액 산정과 구체적 상속분*
-대법원 2021. 8. 19. 선고 2017다235791 판결에 대한 비판-

권 재 문**

■요 지■

유류분반환 청구의 당부를 판단하려면, 먼저 ① 유류분권자의 범위와 각 유류분권자에게 보장되어야 할 본래적 유류분이 산정되어야 하고, 나아가 ② 각 유류분권자의 유류분 부족액을 산정해야 한다. 우리 민법은 위 ①을 위해 필요한 유류분권자의 범위, 유류분율, 유류분 산정 기초재산의 범위 등의 사항에 대해서는 명문으로 규정하고 있으나, 위 ②를 위해 필요한 사항에 대해서는 완결적으로 규정하지 못한 것으로 평가된다.

②를 산정하려면 ①에서 구한 본래적 유류분에서 각 유류분권자들이 피상속인이로부터 무상으로 취득한 재산의 가액을 공제해야 한다. 그런데 생전증여에 의해 선급된 상속재산의 가액 공제는 제1118조에 의해 준용되는 제1008조에 의해 근거지워지지만 상속개시 후 각 유류분권자가 실제로 취득할

* 이 글은 우여곡절 끝에 많은 분들의 도움에 힘입어 완성될 수 있었다. 이 글은 원래 2022. 1. 24. 민사판례연구회 발표문이었으나 여러 가지 문제점에 대한 지적이 있었으므로 절반 이상의 분량이 수정되어 2022. 2. 11. 비교사법학회 동계학술대회 발표문으로 재구성되었고, 다시 수정·보완을 거쳐 2022. 5. 31. 발간된 비교사법 제29권 제2호에 게재된 바 있다. 민사판례연구회에서 도움 말씀을 주신 이진만 변호사님, 이지영 부장판사님, 비교사법학회 동계학술대회에서 도움 말씀을 주신 전경근 교수님, 정구태 교수님, 비교사법 투고논문 심사과정에서 익명으로 많은 도움을 주신 심사위원님들께 감사드린다. 아울러 이 글의 교정을 자청하여 독자의 입장에서 조언을 해 준 본교 법학전문대학원 졸업생 김다은 변호사에게도 감사드린다.

** 서울시립대학교 법학전문대학원 교수, 법학박사/변호사.

수 있는 상속재산의 공제에 대해서는 근거 조문이 없다. 이러한 입법의 흠결에도 불구하고 지배적 견해와 판례는 유류분 부족액의 산정에 있어서, 선급된 상속분뿐 아니라 상속개시 후의 취득분도 공제 대상이 되어야 함을 전제로, 이른바 '유류분 부족액 산정 공식'을 정식화해 왔다. 다만 이러한 정식에 포함되어 있는 '상속개시 후 취득분'의 의미와 관련하여 법정상속분설과 구체적 상속분설이 대립해 왔는데, 대상판결은 구체적 상속분에 따른 취득분임을 명백하게 판시하였다는 점에서 의미가 있다.

그러나 구체적 상속분설에는 다음과 같은 문제가 있다. 첫째로 원래 구체적 상속분은 특별수익뿐 아니라 기여분도 반영하여 산정함이 원칙이다. 그러나 판례는 유류분과 기여분의 단절을 전제하고 있다. 따라서 대상판결에 의하면, '구체적 상속분'은 상속재산분할재판에서는 특별수익뿐 아니라 기여분을 고려하여 산정되어야 하는 반면 유류분반환재판에서는 기여분은 고려하지 않은 채 특별수익만을 고려하여 산정되어야 한다. 이처럼 동일한 용어를 상황에 따르게 다른 의미로 사용하는 것은 불필요한 혼란을 초래한다. 둘째로 대상판결은 유류분을 산정할 때 구체적 상속분을 기준으로 상속인이 취득한 재산의 가액을 파악해야 한다고 하면서 그 논거로서 '공동상속인간 형평'을 들고 있다. 구체적 상속분을 더 많이 받은 유류분권자는 유류분 부족액을 더 적게 산정함으로써 각 유류분권자들은 궁극적으로 취득하는 가액의 차이를 줄일 수 있다는 것이다. 그러나 '선급된 상속분인 특별수익', 이것을 반영한 '구체적 상속분', 그리고 '유류분 부족액을 반환받을 가액'을 정식화하여 합산해 보면, 어떤 견해를 따르건 각 유류분권자가 피상속인으로부터 무상으로 승계하는 가액은 동일하게 산출된다. 이처럼 어떤 견해를 따르더라도 공동상속인간 형평이 실현될 수 있다고 본다면, 간단하게 산출될 수 있는 법정상속분설을 따르는 것이 반드시 부당하다고는 할 수 없을 것이다.

[주 제 어]
• 법정 상속분
• 구체적 상속분
• 유류분 산정
• 유류분 부족액
• 공동상속인간의 공평

대상판결 : 대법원 2021. 8. 19. 선고 2017다235791 판결

[사실관계와 사건의 경과]

1. 사실관계[1)]

피상속인 甲은 2013. 6. 17. 사망했는데 배우자 乙과는 2010.경 이혼했고 그 후 혼인하지 않은 상태였으므로, 甲과 乙의 자녀들인 원고들과 피고가 공동상속인이 되었다. 한편 甲은 상속과 관련한 유언을 하지 않았으며, 상속재산으로는 甲 명의인 이 사건 아파트(상속개시 당시 시가 4억 1,000만원)와 이 사건 아파트에 관한 2011. 12. 23.자 임대차계약에 따라 임차인 丙으로부터 수령한 임차보증금 2억 4,000만원[2)] 이렇게 두 건의 적극재산(합계 6억 5,000만원이다), 그리고 위 丙에게 부담하는 임차보증금 반환채무 합계 2억 4,000만원이 있었다.

원고들과 피고는 모두 甲으로부터 생전증여에 의한 특별수익을 얻은 것으로 인정된다. 특별수익이 금전의 경우 상속개시 당시의 화폐가치로 환산하고,[3)] 부동산은 상속개시 당시의 시가에 따라[4)] 산정하는 것이 원칙이지만, 특별수익인 부동산의 처분 등으로 인해 원물반환이 불가능하여 가액반환을 하는 경우에는 사실심 변론종결시의 시가를 반영했다. 이와 같이 산정한 각 특별수익의 가액은 다음과 같고 그 총액은 2,598,666,624원이다.[5)]

각 공동상속인들의 특별수익의 가액을 정리하면 다음과 같다.

---

1) 대상판결의 원심인 서울고등법원 2017. 5. 12. 선고 2016나2039239(본소), 2016나2039246(반소) 판결의 사실인정을 요약·정리한 것이다. 각 판결문은 인터넷 법률정보 사이트 https://glaw.scourt.go.kr에서 확인할 수 있다.

2) 대상판결과 원심은 모두 상속재산인 임차보증금의 법정과실에 대해서는 언급하고 있지 않다. 그러나 순상속분액은 상속재산 분할절차를 가정하여 산정하는 것이라는 대상판결의 입장을 따른다면, 이 가액의 분할도 염두에 두어야 할 것이다. 대법원 2018. 8. 30. 선고 2015다27132, 27149 판결에 의하면, 상속개시 후 상속재산분할이 완료되기 전까지 상속재산으로부터 발생하는 과실인 상속재산 과실은 공동상속인들이 "수증재산과 기여분 등을 참작하여 상속개시 당시를 기준으로 산정되는 '구체적 상속분'의 비율에 따라" 취득한다고 보아야 하기 때문이다.

3) 대법원 2009. 7. 23. 선고 2006다28126 판결.

4) 대법원 2011. 4. 28. 선고 2010다29409 판결.

5) 여기에 반영된 재산 외에도 원심에서 원고들과 피고의 특별수익의 인정과 관련한 다툼이 있었는데 증여 사실 자체가 부정되거나 증여 사실은 인정되나 상속분의 선급이라고 볼 만한 사정이 부정되어 반영되지 않은 재산들도 적지 않다. 다만 이러한 사실인정의 당부는 대상판결의 판단 대상이 아니었으므로 소개하지 않는다.

〈표 1〉

당사자	가 액	비 고
원고 1	156,546,274	증여된 금전의 액면가에 물가상승률을 반영한 가액
원고 2	441,207,832	증여된 금전의 액면가에 물가상승률을 반영한 가액
원고 3	150,912,518	증여된 금전의 액면가에 물가상승률을 반영한 가액
피 고	1,850,000,000	생전증여된 부동산의 사실심 변론종결시 시가[6]

2. 원심의 판단[7]

(1) 본안전 항변에 대한 판단

피고는 원고들과 피고 사이에 상속재산 분할 심판이 진행 중이므로 그 절차가 종료되기 전에 유류분 반환청구 사건에 대한 본안판단을 하는 것은 관할위반이라고 주장했다. 그러나 원심은 "유류분반환제도와 상속재산분할제도의 각 입법목적 및 취지 등을 고려할 때, 이 사건 유류분반환청구의 소가 위 상속재산분할심판 사건의 결정을 필수선결조건으로 한다거나, 상속재산분할심판 사건의 결정 전에 유류분 반환 청구에 대한 판단을 하는 것이 관할위반에 해당한다고 볼 아무런 근거가 없다."고 하여 이러한 피고의 관할위반 주장을 배척했다.

(2) 본안에 대한 판단

원심은 위와 같은 사실인정에 바탕을 두고 사실심 법원에서 널리 사용되고 있던 '유류분 부족액 산정 방식'에 각 공동상속인들의 특별수익의 가액 산정 결과인 위 〈표 1〉의 가액을 대입하여 원고들과 피고의 각 유류분 부족액을 산정했다. 유류분 부족액 산정 방식의 내용은 다음과 같다.

◎ 유류분 부족액 = {유류분 산정의 기초가 되는 재산액(A) × 당해 유류분권자의 유류분의 비율(B)} − 당해 유류분권자의 특별수익액(C) − 당해 유류분권자의 순상속분액(D)
A = 적극적 상속재산 + 증여액 − 상속채무액
B = 피상속인의 직계비속과 배우자는 그 법정상속분의 1/2
C = 당해 유류분권자의 수증액 + 수유액
D = 당해 유류분권자가 상속에 의하여 얻는 재산액 − 상속채무 분담액

6) 대법원 2005. 6. 23. 선고 2004다51887 판결.
7) 원심은 원고들과 피고의 항소를 모두 기각하여 제1심의 판단을 지지했으므로, 제1심의 내용은 따로 소개하지 않는다.

특히 이 사건에서 쟁점이 된 것은 D의 산정이었다. 원심은 D의 각 항목 중 원고들과 피고가 얻게 될 '상속에 의하여 얻는 재산액'은 A항목의 '적극적 상속재산'의 가액 650,000,000원에 법정상속분인 $\frac{1}{4}$을 곱하여 얻은 값인 각 16,250,000원으로, '상속채무 분담액'은 상속채무 총액 240,000,000원을 법정상속분에 따라 $\frac{1}{4}$씩 분담한 각 60,000,000원이라고 보았다. 그 결과 원고들과 피고 각각에 대해 적용되는 D값은 모두 10,250,000원이 되었고, 이에 따라 원고들과 피고의 각 유류분 부족액은 다음과 같이 산정되었다.

원고 1: **117,037,054**원 = 376,083,328원 − 156,546,274원 − 102,500,000원
원고 2: −167,624,504원 = 376,083,328원 − 441,207,832원 − 102,500,000원
원고 3: **122,670,810**원 = 376,083,328원 − 150,912,518원 − 102,500,000원
피 고: −1,576,416,672원 = 376,083,328원 − 1,850,000,000원 − 102,500,000원

이러한 산정 결과에 따라 원심은 원고 1, 원고 3은 위에서 산출된 각 유류분 부족액에 대한 반환을 구할 수 있고, 부족액이 음수로 산정된 원고 2와 피고는 유류분 부족액에 상응하는 유류분 반환의무를 진다고 판시했다.[8)]

3. 대상판결의 판단

(1) 원심판단에 대한 인용

대상판결은, 우선 원심의 사실인정과 관련하여 상속개시 당시 망인의 적극적 상속재산의 가액이나 원고들과 피고의 각 특별수익의 가액 등에 관한 원심의 판단에는 잘못이 없다고 판단했다.

또한 명시적으로 언급하고 있지는 않지만 유류분 반환청구 절차는 상속재산 분할 절차와 무관하게 독자적으로 진행될 수 있다고 한 원심의 판단도 인용한 것으로 보인다.

---

8) 원심은 유류분 부족액은 가액으로 산정되더라도 원물반환이 원칙이지만 피고가 수증받은 재산이 이미 처분되어 원물반환이 불가능하므로 가액으로 반환해야 한다는 점, 유류분 반환 의무자인 원고 2와 피고는 각자의 특별수익의 가액에서 유류분 가액을 공제한 '유류분 초과액'의 비율로 원고 1, 원고 3의 유류분 부족액 합산액을 분담해야 한다고 판단했다. 이러한 계산은 종래의 판례를 반영한 것인데 이 부분에 대한 평석은 생략한다.

(2) 원심 판단에 대한 파기

그러나 대상판결은 원심이 D를 산정함에 있어서 법리를 오해한 것으로 보아 원심을 파기했다. "원심은 유류분 부족액을 산정하면서 원고들과 피고가 특별수익자임에도 이들의 특별수익을 고려하지 않고 법정상속분에 기초하여 유류분액에서 공제할 순상속분액을 산정한 결과 원고 1, 원고 3에게 유류분 부족액이 발생하였다고 판단"했는데 이것은 유류분 부족액 산정시 유류분액에서 공제할 순상속분액의 산정방법에 관한 법리를 오해하여 판결에 영향을 미친 잘못이 있다고 본 것이다.

대상판결은 나아가 "공제할 순상속분액은 당해 유류분권리자의 특별수익을 고려한 구체적인 상속분에 기초하여 산정하여야 한다."라고 판시하면서, 그 논거로서 첫째 유류분 제도의 입법취지는 피상속인의 재산처분행위로부터 유족의 생존권을 보호하고 법정상속분의 일정 비율에 해당하는 부분을 유류분으로 산정하여 상속인의 상속재산형성에 대한 기여와 상속재산에 대한 기대를 보장하는 것이라는 점, 둘째 민법 제1118조에 의하여 준용되는 민법 제1008조의 입법취지는 특별수익자가 있는 경우 공동상속인들 사이의 공평을 기하기 위하여 그 수증재산을 상속분의 선급으로 다루어 구체적인 상속분을 산정함에 있어 이를 참작하게 하려는 것이라는 점을 들고 있다.

〔研　　究〕

I. 서　　언

유류분 제도의 입법 취지는 피상속인의 재산 처분의 자유, 유언의 자유를 보장하면서도 피상속인의 재산처분행위로부터 유족들의 생존권을 보호하고, 상속재산형성에 대한 기여, 상속재산에 대한 기대를 보장하는 것이다.[9] 한편 유류분 침해를 초래하는 피상속인의 무상 처분의 수혜자도 공동상속인인 경우에는 상속인의 기대이익 보장뿐 아니라 공동상속인간 형평이라는 입법 취지도 함께 고려해야만 한다. 따라서 유류분 제도에 관한 입법론이나 해석론은 피상속인의 의사와 공동상속인간 형평을

9) 헌법재판소 2010. 4. 29. 선고 2007헌바144 결정.

조화롭게 실현할 수 있는 결론을 지향해야 한다.[10)]

대상판결은 유류분 부족액 산정 방식(이하 '산정 방식'이라고 줄인다)을 정면에서 다룬 최초의 대법원 판결이라는 점에서 중요한 의미를 가진다. 산정 방식은 대상판결의 원심뿐 아니라 그 전부터 이미 사실심에서 널리 사용되고 있었는데[11)] 유류분권자와 유류분 반환의무자는 누구이며, 누가 누구에게 각 얼마씩을 반환받을 수 있는가를 파악할 수 있게 해 주는 중요한 정식이기 때문이다. 그러나 현행 민법의 유류분 제도에 관한 규정들은 불완전하고 미완결적이기 때문에[12)] 산정 방식을 구성하는 각 항목 중 일부만 조문으로부터 도출될 수 있고 나머지는 해석론과 판례법리를 근거로 인정될 수밖에 없다.

대상판결에서는 산정 방식의 구성 항목 중 하나인 '순상속분액' 파악을 위해 필요한 값인 '당해 유류분권자가 상속에 의하여 얻는 재산액'을 판단함에 있어서 법정 상속분이 아니라 구체적 상속분을 적용해야 한다고 판시함으로써 산정 방식을 구성하는 개별 항목의 의미에 관한 논란을 해결하고자 하였다. 그러나 선행 평석[13)]이 지적하고 있는 것처럼, 대상판결은 구체적 상속분을 적용한 결과 자체를 명확하게 제시하지 않았다는 점에서 한계가 있다. 따라서 이하에서는 우선 '산정 방식'의 각 항목의 의미, 그리고 '구체적 상속분'의 의미를 간단하게 소개한 후(Ⅱ.), 산정 방식의 항목들 중 'D(이하 시각적 편의를 위해 D라고 표기한다)'의 의미와 관련

10) 곽윤직, 상속법 개정판, 박영사, 2004, 279면. 헌법재판소 2010. 4. 29. 2007헌바144 결정도 제1118조 중 제1008조의 준용부분에 대해 판단하면서 "**유류분권리자의 보호와 공동상속인들 상호간의 공평을 입법목적으로 하는 이 사건 법률조항의 정당성과 합리성**이 인정"된다고 본다.

11) 윤진수 대표편집, 주해상속법 제1권, 박영사, 2019, 233면(이봉민 집필부분). 이하 '윤진수/이봉민, 면수'로 인용한다; 민유숙 편집대표, 주석민법 제5판, 한국사법행정학회, 2020, 701면(김혜진 집필부분).

12) 오병철, "유류분 부족액의 구체적 산정방법에 관한 연구", 가족법연구 제20권 제2호, 한국가족법학회, 2006, 203면.

13) 윤진수, "유류분액에서 공제할 순상속분액의 산정방법－대법원 2021. 8. 19. 선고 2017다235791 판결－", 법률신문 2021. 12. 9.자 출처는 https://m.lawtimes.co.kr/Content/Article?serial=174832. 이하 '선행 평석'이라고 줄인다.

하여, 법정상속분을 적용하여 산정하는 경우와 구체적 상속분을 적용하여 산정하는 경우에 어떤 차이가 있는지를 확인한다(Ⅲ.). 나아가 유류분 제도의 입법취지, 산정 방식의 본질적인 의미 등을 고려할 때 법정상속분설과 구체적 상속분설에 어떤 장단점이 있는지를 비교(Ⅳ.)함으로써 대상판결의 당부를 판단하고자 한다.

Ⅱ. '유류분 부족액 산정 방식'과 '구체적 상속분'의 의미

1. 유류분 부족액 산정 방식

우리 민법은 유류분 제도에 관하여 규정하면서도 유류분의 반환방법에 관하여 별도의 규정을 두지 않았다.[14] 따라서 유류분권자의 권리 행사 방법뿐 아니라, 그 전제라고 할 수 있는 유류분권의 내용을 구체화하는 기준 역시 해석론에 맡겨져 있다.[15] 산정 방식의 출발점은 유류분의 본질을 '피상속인의 무상 처분으로 인한 상속인의 기대이익 침해'라고 보는 것이다. 이렇게 본다면, 우선 ⓐ 상속인의 기대 이익의 가액을 파악해야 하고, 이 값을 ⓑ 상속개시 후 상속인이 실제 상속재산으로부터 상속받을 수 있는 이익의 가액과 비교하여 그 차액인 '침해된 기대이익'의 가액을 구해야 한다.[16]

산정 방식의 각 항목들 중, "유류분 산정의 기초가 되는 재산액(A) × 당해 유류분권자의 유류분의 비율(B) − 당해 유류분권자의 특별수익액(C)"까지가 '상속인의 기대이익(위 ⓐ)'에 해당한다. A는 제1113조, 제1114조, 제1118조에 의해 준용되는 제1008조와 이에 대한 해석론(예컨대 증여된 재

---

14) 대법원 2005. 6. 23. 선고 2004다51887 판결.

15) 오병철(주 12), 203면.

16) 산정 방식을 소개하는 지배적 견해와 판례는 모두 이런 방식으로 유류분권의 내용을 파악해야 한다고 서술하고 있으나 특별한 논거를 제시하고 있지는 않다. 사견으로는 '비자발적 법익 손실'이라는 점에서 유류분에 대한 '침해'는 '손해'와 비슷한 개념이라고 할 수 있으므로 차액설적 판단의 구조 즉 '권리주체의 법익 감소의 원인이 되는 어떤 가해행위가 없었음을 상정하는 경우의 권리주체가 누릴 수 있을 것으로 가정되는 이익상태'로부터 '가해행위의 결과 실제로 누릴 수 있는 이익상태'를 공제하여 손해를 산정하는 방식을 원용하면 위와 같은 산정 방식을 구성할 수 있을 것으로 보인다.

산의 가액 평가의 기준시 등)에 의해 그 의미를 파악할 수 있고, B는 제1112조, 그리고 제1118조에 의해 준용되는 제1001조, 제1010조에 의해 무리 없이 그 값을 파악할 수 있다. 한편 C 부분, 즉 유류분 산정 기초 재산에 각 유류분권자의 유류분율을 곱한 가액에서 각 유류분권자의 수증액·수유액을 공제하는 부분은 제1118조에 의한 제1008조 준용의 결과이다.[17] 제1008조의 법문에서 '상속분'을 '유류분'으로 바꾸면 "공동상속인 중에 피상속인으로부터 재산의 증여 또는 유증을 받은 자가 있는 경우에 그 수증재산이 자기의 **유류분**에 달하지 못한 때에는 그 부족한 부분의 한도에서 **유류분**이 있다."가 되기 때문이다.

그러나 유류분 '부족'의 정도를 판단하려면 위와 같은 방식으로 산정된 '만족된 유류분의 가액'인 위 ⓐ와 비교되어야 하는 대상인 위 ⓑ를 산정해야 하는데 그 방식에 대해서는 명문 규정이 없다.[18] 제1115조 제2항과 제1116조, 제1117조는 유류분 부족액이 정해져서 유류분 부족액이 산정되었음을 전제한 조항들이다. 유류분권자에게 유류분 부족액을 전보해야 할 의무자의 범위와 의무이행의 방법, 유류분권의 행사기간 등을 규정하고 있기 때문이다. 이처럼 위 ⓑ의 의미는 입법 당시부터 지금까지 변함없이 해석에 맡겨져 있는 상황인 것이다.

산정 방식의 D 항목 즉 '순상속분액'이 바로 위 ⓑ에 해당하며, 이 값을 구하려면 각 공동상속인이 '상속재산으로부터 실제로 취득할 수 있는 적극재산'과 각 공동상속인이 분담해야 할 '상속채무'의 가액을 산정해야만 한다. 이 중에 전자를 어떻게 산정할 것인가에 대해서는 견해가 대립하고 여러 가지 해석이 가능한데, 이로 인해 대상판결과 원심이 결론을 달리하게 되었다.

---

17) 정구태, "유류분 침해액의 산정방법에 관한 소고", 고려법학 제51호, 고려대학교 법학연구원, 2008, 445면.

18) 정구태(주 17), 442면. 또한 이 문제는 우리나라에 비해 유류분에 관한 조항의 개수가 더 많고 내용도 풍부한 일본의 경우에도 마찬가지이다. 일본에서도 1996년에 이르러서야 유류분 부족액 산정 방식의 각 구성항목들이 최고재판소 판례에 의해 명시적으로 인정되었고 그 후 2018년 민법 개정으로 이러한 내용을 반영한 명문 규정이 신설되기에 이르렀다. 일본의 개정법에 대한 소개는 후술한다.

2. 구체적 상속분

(1) 의 미

구체적 상속분의 의미에 대해서는 다양한 견해가 있지만 상속개시 후 특별수익, 기여분 등의 조정요소를 고려하여 상속재산인 적극재산으로부터 각 공동상속인이 실제로 취득할 수 있는 가액의 비율이라고 정의할 수 있다.[19] 판례[20]에 의하면, 특별수익자가 있는 경우 구체적 상속분을 구하는 방식은 다음과 같다. 첫째 특별수익의 원인행위인 피상속인의 무상 처분행위[21]가 없었음을 가정하여 산정한 **상정상속재산**에 각 공동상속인의 법정상속분을 곱하여 산정한 **본래적 상속분액**을 산출한다. 둘째 이러한 본래적 상속분액에서 각 공동상속인들의 각 특별수익액을 공제한 잔액인 **구체적 상속분액**을 구한다. 이렇게 산출된 각 공동상속인의 구체적 상속분액의 비율이 구체적 상속분인 것이다.

그러나 각 공동상속인이 실제로 상속대상 적극재산으로부터 얻을 수 있는 가액은 구체적 상속분 비율대로 정해지지 않을 수도 있다. 비록 견해가 대립하기는 하지만 지배적 견해와 확립된 실무례에 의하면 초과특별수익자의 반환의무가 면제되기 때문이다.[22] 초과특별수익자란 특별수익액이 본래적 상속분액보다 더 큰 공동상속인을 의미한다. 이 경우 구체적 상속분액이 음수로 산정되어 취득 아닌 반환의 대상이 되지만, 지배적 견해에 의하면 초과특별수익 반환의무가 면제되므로 초과특별수익자의 구체적 상속분액은 0으로 처리된다. 그 결과로서 다른 공동상속들의 구체적 상속분액의 합산액이 상속 대상 적극재산의 가액을 초과하게

---

19) 이 평석에서는 가액을 의미할 때는 '상속분액'이라고 한다. '상속분'은 '지분'과 마찬가지로 비율을 의미하는 것이기 때문이다.

20) 대법원 1995. 3. 10. 선고 94다16571 판결 등.

21) 조문상으로는 증여와 유증만 규정되어 있으나 지배적 견해와 판례에 의하면 특별수익에는 무상으로 재산적 이익을 수여하는 모든 행위가 포함될 수 있으므로 이 평석에서는 '무상 처분행위'라고 표현한다.

22) 초과특별수익 반환의무의 인정여부에 관한 견해들과 초과특별수익 반환의무 면제설이 반영된 하급심 판결들의 출처는 윤진수/이봉민, 200면.

되고 결국 다른 공동상속인들이 상속대상 적극재산으로부터 실제로 취득할 수 있는 취득분액은－상속채무를 고려하지 않더라도－구체적 상속분액보다 작아지게 되는 것이다.

(2) 구체적 상속분설의 하위유형: 의제설과 안분설의 대립

이처럼 초과특별수익의 반환이 면제되면 결국 그 가액을 다른 공동상속인들이 분담해야 하는데, 어떤 비율로 분담할 것인지와 관련하여 구체적 상속분설은 다시 여러 가지 견해로 나누어진다. 이러한 견해들 중 대표적인 것이 초과특별수익자의 부존재를 의제하여 취득액을 산정하자는 견해인 초과특별수익자 부존재 의제설(이하 '**의제설**'로 줄인다)과 구체적 상속분 가액에 따라 안분해야 한다는 견해인 구체적 상속분 기준설(이하 '**안분설**'이라고 줄인다)이다.[23] 의제설에 의하면 초과특별수익자는 없는 것으로 간주되므로 결국 반환면제로 인한 부족액은 각 공동상속인들이 자신들의 법정상속분에 따라 분담해야 한다. 반면 안분설에 따르면 상속재산 중 실제 적극재산을 각자의 구체적 상속분대로 안분하여 취득하므로 반환면제로 인한 부족액도 구체적 상속분에 따라 분담하게 된다.

간단한 계산례를 들면 다음과 같다. 실제 상속재산이 3억 원이고 상속채무는 없으며 공동상속인으로 피상속인의 자녀들인 甲, 乙, 丙이 있다. 甲은 피상속인으로부터 증여받은 것이 없으나, 피상속인은 乙에게 2억 원, 丙에게 4,000만원을 각 증여했다. 구체적 상속분을 산정하려면 먼저 증여가 없었음을 전제한 즉 증여된 재산의 가액을 실제 상속재산에 가산하여 구한 상정상속재산을 구하고 여기에 법정 상속분을 곱하여 피상속인의 무상 처분이 없었을 경우 각 공동상속인들이 취득할 수 있었던 가액인 본래적 상속분액을 산정한다. 위 사례에서 상정상속재산은 5억 4,000만원이고 본래적 상속분액은 각 1억 8,000만원이다. 이 본래적 상속

23) 윤진수, "초과특별수익이 있는 경우 구체적 상속분의 산정 방법", 민법논고 Ⅴ, 박영사, 2011, 228면은 초과특별수익 분담 방법에 관한 우리나라와 일본의 견해들을 소개한 후, 우리 민법의 해석상 의제설과 안분설의 두 가지만 의미가 있다고 한다. 정구태(주 17), 453면도 같은 취지로 두 견해만 소개하고 있다.

분액에서 각 공동상속인들의 특별수익액을 공제한 것이 구체적 상속분액이 되는데, 甲 1억 8,000만원, 乙 -2,000만원, 丙 1억 4,000만원이다. 乙은 초과특별수익자이며 구체적 상속분액이 -2,000만원이지만 2,000만원의 반환의무를 면제받기 때문에 그 값은 결국 0이 된다. 甲, 丙이 구체적 상속분액을 상속받으려면 총 3억 2,000만원이 필요한데 乙이 2,000만원의 반환의무를 면하기 때문에 실제 상속재산은 3억원뿐이다. 결국 乙이 반환의무를 면하기 때문에 발생한 2,000만원의 손실을 甲과 丙이 어떤 방식으로 분담해야 하는지가 문제되는 것이다. **<u>의제설</u>**에 따르면 甲과 丙은 법정상속분에 따라 각 1,000만원씩 분담하므로, 결국 실제 취득액은 甲 1억 7,000만원, 丙 1억 3,000만원이 된다. 반면 **<u>안분설</u>**에 따르면 각자가 얻은 이익의 비율대로 분담하게 되는데 그 결과는 3억원을 각자의 구체적 상속분액의 비율로 배당받게 되어 甲은 1억 6,875만원, 丙은 1억 3,125만원이 된다.[24)]

이러한 견해들 중 국내의 지배적 견해는 의제설인 것으로 보인다.[25)] 그 논거는 다음과 같이 요약할 수 있다. 즉 의제설을 적용해야 초과특별수익자를 제외한 공동상속인들의 실제 취득액과 특별수익액의 합산액의 비율이 원래의 법정상속분과 일치하게 되어 제1008조의 취지를 실현할 수 있고[26)] 안분설에 의하면 특별수익 상속인이 초과특별수익 반환면제분을 더 적게 부담하게 되므로 공동상속인간 공평이라는 제1008조의 취지에 반한다[27)]는 것이다.

이처럼 의제설의 주된 논거는 공동상속인간 형평인 것으로 보인다.

---

24) 계산과정과 그 결과를 표로 나타내면 다음과 같다.

	본래적 상속분액	특별수익 (생전증여)	구체적 상속분액	실제 취득액 (의제설)	실제취득액 (안분설)
甲	18,000	0	18,000	17,000	16,875 = 30,000×18,000/(18,000+14,000)
乙	18,000	20,000	−2,000	0	0
丙	18,000	4,000	14,000	13,000	13,125 = 30,000×14,000/(18,000+14,000)

25) 출처는 윤진수/이봉민, 202면, 각주 143.

26) 윤진수(주 23), 229면; 정구태(주 17), 454면.

27) 윤진수/이봉민, 202면.

그러나 의제설은 구체적 상속분 산정에 있어서 각 공동상속인들이 궁극적으로 같은 가액을 취득할 수 있게 해 준다는 의미의 '공동상속인간 형평'은 절대적 가치가 아니라는 점을 간과하고 있다. 초과특별수익 반환의무를 부정하는 지배적 견해와 판례는 오히려 공동상속인간 형평을 후퇴시키는 한이 있어도 피상속인의 의사를 존중하려는 관점을 반영한 것이기 때문이다. 의제설은 현저하게 형평에 반하는 특별수익을 얻은 초과특별수익자는 본래적 상속분 초과액을 그대로 보유하면서, 그보다 적은 특별수익을 얻은 공동상속인들 사이의 관계에서는 수증 가액이 더 많은 공동상속인에게 더 많은 분담을 요구한다. 甲, 乙, 丙 순서로 수증 가액이 크고 甲만 초과특별수익자인 경우, 의제설에 의하면 甲을 乙, 丙보다 우대하면서 乙과 丙 사이에서는 丙을 우대하게 되는 결과가 초래되는 것이다. 이것이 '공동상속인간 형평'이라는 이념을 근거로 정당화될 수 있을지는 의문이다.

반면 안분설에 의하면 특별수익 가액이 적으면 적을수록 구체적 상속분액이 커져서 결국 초과특별수익 분담액도 커지게 된다. 위의 예에서, 초과특별수익 분담액은 甲은 0이고, 乙, 丙의 순서로 커지게 된다. 따라서 안분설을 적용하면 적어도 판단의 일관성은 확보할 수 있다. 물론 적게 받은 丙이 더 많이 분담하게 되는 문제가 생기지만 이것은 '甲, 乙, 丙의 순서로 상속재산을 많이 선급하겠다'는 피상속인의 의사로부터 초래된 결과이므로, 초과특별수익 반환의무를 면제하는 것과 마찬가지로 '피상속인의 의사 존중'이라는 관점에서는 정당화될 수 있을 것이다.

최근 판례[28]는 이른바 '의제설'을 채택하였으므로 이 부분에 대한 해석상 논란은 해소되었다고 할 수 있다. 판시 내용은 다음과 같다. "초과특별수익자는 특별수익을 제외하고는 더 이상 상속받지 못하는 것으로 처리하되(구체적 상속분 가액 0원), 초과특별수익은 다른 공동상속인들이 그 법정상속분율에 따라 안분하여 자신들의 구체적 상속분 가액에서 공제하

28) 대법원 2022. 6. 30.자 2017스98, 99, 100, 101 결정

는 방법으로 구체적 상속분 가액을 조정하여 위 구체적 상속분 비율을 산출함이 바람직하다. 결국 초과특별수익자가 있는 경우 그 초과된 부분은 나머지 상속인들의 부담으로 돌아가게 된다."

Ⅲ. 법정상속분설과 구체적 상속분설의 대립

1. 문제의 소재

산정 방식의 D는 다시 두 부분으로 나누어지는데, 이하에서는 앞부분인 '당해 유류분권자가 상속에 의하여 얻는 적극재산의 가액'을 D1, 뒷부분인 상속채무 분담액을 D2라고 한다. 이 중 D2에 대해서는 상속채무가 금전채무와 같은 가분채무인 경우에는 상속개시와 동시에 각 공동상속인들에게 법정상속분에 따라 당연히 분속된다는 법리가 지배적 견해[29]와 판례[30]에 의해 확립되어 있으며 대상판결과 원심도 모두 이러한 법리를 근거로 판단하였다.

문제는 D1을 어떤 기준에 따라 산정할 것인가인데, 대상판결과 원심은 이에 대한 판단을 달리하고 있다. D1은 상속개시 당시 피상속인이 가진 적극재산이 각 공동상속인들에게 분속될 가액이다. 즉 각 공동상속인들의 D1의 가액을 모두 합산하면 '상속개시 당시 피상속인이 가진 적극재산'의 가액이 된다. 만약 상속재산 분할이 유류분 반환 청구의 전제로 되어 있다면 상속인이 실제로 취득'한' 가액이라고 할 수 있었을 것이다. 그러나 원심이 정당하게 판단한 것처럼 현행법상 유류분 반환 청구사건은 상속재산 분할과 무관하게 진행될 수 있으므로 D1의 값이 가상적 판단에 의해 정해지는 경우도 등장할 수 있다.

원심은 D1을 상속개시 당시 피상속인이 가진 적극재산의 가액에 각 공동상속인의 법정상속분을 곱하여 산정한 값이라고 보았다. 그런데 이 사건의 경우 공동상속인들은 형제자매간이어서 법정상속분이 동일하므로 D1의 가액은 모두 같고 그 결과 원고 1, 원고 3에 대해서는 유류분 부족

---

29) 출처는 윤진수/이봉민, 194면의 각주 100.

30) 대법원 2013. 3. 14. 선고 2010다42624 판결.

액이 인정되어 이들은 그 부족액에 상응하는 유류분 반환청구권을 행사할 수 있다는 결론이 도출된다.

그러나 대상판결은 이러한 원심의 판단이 잘못된 것이라고 하면서 '구체적 상속분'에 따라 각 공동상속인이 취득할 적극재산의 가액을 산정해야 한다고 판시했으나, 구체적 상속분을 적용한 구체적인 계산의 결과를 제시하지는 않은 채 파기환송 판결을 하는 데 그쳤다. 선행 평석은 대상판결이 파기환송에 그칠 것이 아니라 원고들의 청구를 모두 기각했어야 한다고 비판하면서, 구체적 상속분, 그중에서도 의제설을 적용하여 D1 값을 산정하면 모든 원고들의 유류분 부족액이 음수로 산출됨을 논거로 제시한다. 그러나 대상판결이 파기자판 할 수 있을 정도로 '산정 방식'의 적용과 관련된 모든 의문이 해소되었다고 단정하기는 어렵다.

이하에서는 우선 이론적인 문제로서 D1의 산정 기준에 관한 법정상속분설과 구체적 상속분설의 대립을 살펴보고, 구체적 상속분설(의제설)에 따라 유류분 부족액 산정 방식을 적용하는 경우 이에 따라 도출되는 결론은 무엇인지를 검토한다. 한편 사실인정의 문제로서 이 사건 상속채무가 임차보증금반환채무로서 불가분채무라고 볼 여지가 있는데도 각 공동상속인들에게 법정상속분에 따라 분속됨을 전제로 판단한 것이 타당한지도 검토한다.

2. 견해대립에 대한 평가

(1) 대상판결의 논거와 이에 대한 비판론

원심은 상속재산 중 적극재산이 각 공동상속인들의 법정상속분에 따라 분속되는 것을 전제로 산정 방식을 적용했다. 원심과 마찬가지로 법정상속분 기준설을 반영한 사실심 판결들의 논거는 불명확하지만[31] 구체적 상속분이 불확정 상태이기 때문에 법정상속분을 잠정적 기준으로 삼

---

31) 임채웅, 상속법 연구, 박영사, 2011, 298면은 상속재산분할 이전에 유류분 반환사건이 진행되는 경우 구체적 상속분의 가액이 특정되어 있지 않으며, 법정상속분을 적용하는 것이 간편하기 때문에 당사자들이 별다른 이의를 제기하지 않기 때문이라고 추측하고 있다.

은 것이라고 선해할 수 있다.[32] 반면 대상판결은 '유류분 제도의 입법취지'와 '제1118조에 의한 제1008조의 준용'[33]을 논거로 삼아 원심을 파기했으므로 대상판결이 제시한 각 논거들의 타당성을 검토한다.

우선 '유류분 제도의 입법취지'는 산정 방식 중 A*B 부분을 근거지울 수 있을 뿐이다. 대상판결은 "유류분제도는 … 법정상속분의 일정 비율에 해당하는 부분을 유류분으로 산정하여 … 보장하는 데 입법 취지가 있다"라고 하고 있기 때문이다. 또한 '제1118조에 의한 제1008조의 준용'은 A*B에서 C를 공제하는 것까지를 뒷받침할 수 있을 뿐이다. 대상판결은 "특별수익자가 있는 경우에 공동상속인들 사이의 공평을 기하기 위하여 그 수증재산을 상속분의 선급으로 다루어 구체적인 상속분을 산정함에 있어 이를 참작하도록 하려는 데 취지가 있다."라고 하고 있기 때문이다. 설령 제1008조의 준용이 여기에 반영된 '공동상속인간 형평'이라는 이념을 반영하는 것이라고 보더라도, 이번에는 무엇이 형평에 맞는가라는 문제에 직면하게 된다. 아래[34]에서 살펴보는 것처럼 구체적 상속분설(의제설)에 의하면 초과특별수익자가 아닌 나머지 공동상속인들은 특별수익의 다과를 불문하고 항상 동일한 가액을 취득하게 되고, 그 결과 유류분 부족액도 항상 동일한 가액으로 인정될 수밖에 없다. 반면 법정상속분설에 따르면 특별수익이 적을수록 유류분 부족액이 더 많이 인정될 수밖에 없다.

(2) 법적 안정성, 분쟁 해결의 일회성

법정상속분을 기준으로 하면 일단 이에 따라 산정된 유류분의 반환이 이루어지고 난 후 상속재산 분할에 의해 구체적 상속분액이 정해짐에 따라 D1의 가액이 변할 수 있다. 따라서 이미 산정된 유류분 부족액이 과소 또는 과대한 것으로 판명되어 사후 조정이 필요하므로 법적 안정성의 관점에서 문제가 있다는 비판론[35]이 있다. 이에 대해서는 법정상속분

32) 상속재산 분할 종료 전이더라도 상속재산인 부동산에 대해 법정상속분에 따른 상속등기를 허용하는 등기실무와 같은 맥락이라고 할 수 있다.

33) 윤진수 대표편집, 주해상속법 제2권, 박영사, 2019, 934면(최준규 집필부분).

34) Ⅲ. 3. (1) 이하.

을 전제로 유류분 부족액을 산정한 후 구체적 상속분이 정해지면 이를 반영한 정확한 유류분 반환액을 재산정하여 부당이득 반환의 문제로 정리하면 된다는 반론이 있을 수 있다.[36] 또한 유류분 부족액으로서 반환된 재산의 법적성질을 상속재산이라고 보는 견해[37]를 따른다면, 일단 상속개시기를 기준시로 삼아 법정상속분설에 따라 유류분 반환을 받은 후 반환된 재산을 포함한 전체 상속재산에 대해 공동상속인간 분할 절차에서 과부족을 정리하는 방법도 생각해 볼 수 있다.

일단 산정된 유류분 부족액이 확정되지 못한다는 문제는 구체적 상속분설을 따르더라도 발생한다. 첫째로 유류분 산정의 기준시가 상속개시기라고 본다면[38] 구체적 상속분설에 따라 산정한 D1 값도 각 공동상속인이 실제로 취득한 가액이라고 단정할 수 없다. 상속재산 분할이 마쳐지지 않았거나 심지어 유언으로 금지되어 있는 경우라면 상속개시기에 '상속재산으로부터 각 공동상속인이 실제로 취득한 가액'이 확정되어 있지 않을 수도 있다. 따라서 구체적 상속분설을 따르더라도 D1은 '실제로 취득한' 가액을 파악하는 사실판단의 문제가 아니라 '실제로 취득 가능한' 가액을 파악하는 가치판단에 의해 결정되는 경우가 발생하게 된다. 둘째로 구체적 상속분이라는 용어는 특별수익뿐 아니라 기여분에 의한 조정까지도 반영된 것으로 이해해야 한다.[39] 따라서 D1을 – 제1118조의 준용

35) 정구태(주 17), 468면.

36) 변동열, "상속재산분할과 유류분반환청구", 법조 제47권 제3호, 법조협회, 1998, 121면은 "부당이득으로 을에게 돌려주어야 할 것인가?"라는 의문만 제기하고 이에 대한 의견은 밝히고 있지 않다.

37) 반환된 재산의 법적 성질을 상속재산과 공유재산 중 무엇으로 볼 것인가에 대한 견해대립은 윤진수 대표편집, 주해상속법 제2권, 박영사, 2019, 1002면(최준규 집필 부분).

38) 대법원 2015. 11. 12. 선고 2010다104768 판결 등의 확립된 판례에 의하면, 산정방식의 A*B와 C에 대해서는 상속개시기가 산정의 기준시가 된다. D의 판단 기준시가 언제인가에 대한 판례의 태도는 불명확하지만 마찬가지로 상속개시기라고 보아야 할 것이다.

39) 이러한 경우 그 상속재산 과실은 특별한 사정이 없는 한, 공동상속인들이, **수증재산과 기여분 등을 참작하여 상속개시 당시를 기준으로 산정되는 '구체적 상속분'**의 비율에 따라, 이를 취득한다고 보는 것이 타당하다(대법원 2018. 8. 30. 선고

여부와 무관하게 – '실제 취득 가능한 값'이라고 해석한다면 여기에는 기여분이 반영되는 것으로 해석하는 것이 일관성 있는 입장일 것이다.

그러나 유류분 부족액 산정시 기여분을 고려할 것인지의 여부와 관련하여 판례[40]는 부정적인 입장이다. 이러한 판례의 태도에 따라 기여분을 고려하지 않는다면 구체적 상속분설이 주장하는 것처럼 D1은 '실제로 취득한 가액'이 될 수 없다. 실제로는 기여상속인에게 귀속되어야 하는 가액도 마치 다른 공동상속인들이 (구체적 상속분율에 따라) 취득한 것처럼 과대평가되기 때문이다.[41]

이와 관련하여, 유류분 산정시 기여분을 고려하지 않는 판례를 비판하면서 적어도 이미 확정되어 있는 기여분의 가액은 반영해야 한다는 견해[42]가 유력하다. 그러나 이로 인해 기여상속인이 취득(가능)한 기여분의 가액은 D1에 반영되므로 기여상속인은 오히려 유류분 부족액이 과소산정되는 불이익을 당하게 된다. 이러한 문제를 해결하기 위해, 기여분권자인 유류분권자의 유류분 부족액 산정시에는 기여분을 가산하는 것 즉 특별수익자인 유류분권자의 유류분 부족액 산정시 특별수익을 공제하는 것과는 정반대 방향으로 반영하는 것이 공평하다는 견해[43]도 있으나, 적어도 현재의 산정 방식에서의 D의 의미를 '실제로 취득하는 순상속액'을 뜻하는 것으로 파악하는 한 '정반대 방향으로의 반영'하기는 어려울 것으로 보인다.

이렇게 본다면 구체적 상속분을 적용하여 유류분 부족액을 산정해도 상속재산 분할을 거쳐 최종적으로 확정된 실제 취득액을 반영하여 정산할 필요가 있다는 점에서는 법정상속분을 적용하는 것과 다를 바 없다. 이처럼 어차피 산정 방식에 의해 산출되는 유류분 부족액이 잠정적인 가

2015다27132, 27149 판결).

40) 대법원 2015. 10. 29. 선고 2013다60753 판결.

41) 오병철, "기여분과 유류분의 관계에 관한 연구", 가족법연구 제31권 제1호, 한국가족법학회, 2017, 58면.

42) 오병철(주 39), 56, 69면; 최준규, "유류분과 기여분의 관계", 저스티스 제162호, 한국법학원, 2017, 149면.

43) 최준규(주 40), 127면.

액일 수밖에 없다면, 차라리 명확하고 일의적인 법정상속분을 기준으로 삼는 것이 더 낫다고 볼 수도 있다.

3. 각 견해에 따른 계산 결과[44)]

(1) 산정 방식, 구체적 상속분 계산 방식의 도식화

각 견해에 따른 계산 결과가 어떻게 달라지는지를 파악하기 위해, 산정 방식과 구체적 상속분 계산 과정을 다음과 같이 도식화하여 정리해 본다.

실제상속재산을 x, 상속채무를 y라고 하고, 형제자매로서 법정상속분이 동일한 공동상속인 甲, 乙, 丙, 丁이 있으며 제3자인 수증자 T가 있다고 가정한다. 한편 甲, 乙, 丙, 丁, T의 각 증여가액을 $S_{甲}$, $S_{乙}$, $S_{丙}$, $S_{丁}$, S_t라고 하고 증여의 가액은 $S_{甲} < S_{乙} < S_{丙} < S_{丁}$ 순서로 크다고 가정한다.

구체적 상속분을 구하기 위한 상정상속재산을 P라고 하면, P의 값은 $(x + S_{甲} + S_{乙} + S_{丙} + S_{丁})$이다. 이에 비해 유류분산정을 위한 기초재산을 Q라고 하면, Q의 값은 $(x + S_{甲} + S_{乙} + S_{丙} + S_{丁} + S_t - y)$이다.

각 공동상속인들의 구체적 상속분은 본래적 상속분인 $P*\frac{1}{4}$에서 각

---

44) 이 부분에 대해, "개념상 유류분 부족액은 {(상정상속재산×법정상속분)-특별수익-상속인이 상속재산으로부터 실제 취득할 수 있는 가액}의 방법에 의해 계산되는 것이 당연하므로, 어느 설에 의하든 (유류분부족액+특별수익+상속인이 상속재산으로부터 실제 취득할 수 있는 가액)=(상정상속재산×법정상속분)인 것이 당연한데, 그 당연한 명제를 논증하기 위해 지나치게 많은 지면을 할애하고 있는 것은 아닌지 및 이를 구체적상속분설(의제설)에 대한 비판의 근거로 삼을 수 있는지에 대한 고민이 필요"하다는 심사의견이 있었다. 우선 '당연한 명제의 논증'이라는 지적은 타당하다. 그러나 필자가 공식을 동원하여 당연한 명제를 논증한 이유는 '구체적상속분설(의제설)'의 접근 방식 자체를 비판하기 위해서였다. 구체적 상속분설(의제설)의 기본적인 논의내용은 '유류분 부족액 산정 방식', 그중에서도 D1의 의미로 한정하여 법정상속분설과 구체적 상속분설의 적용례를 비교한 후, '공동상속인간 형평 실현'을 근거로 후자가 타당하다는 것이다. 또한 대상판결도, 비록 구체적 상속분설을 명시적으로 언급하고 있지는 않지만, 비슷한 맥락에서 즉 '산정 방식'과 그 적용 결과만을 근거로 법정상속분설이 부당하다고 판단했다. 따라서 필자는 생전 무상처분, 상속재산 분할, 유류분 반환의 모든 과정을 종합적으로 고려하면, 적어도 공동상속인간 형평이라는 관점에서는, 법정상속분설과 구체적 상속분설 중 어떤 것을 따르건 결과의 차이가 없다는 것을 일목요연하게 보이기 위해 공식으로 제시하는 방식을 취한 것이다.

자의 특별수익의 가액을 공제한 값이므로 다음과 같다. 단, $S_{甲}$, $S_{乙}$, $S_{丙}$은 $P*\frac{1}{4}$보다 작고, 초과특별수익자인 丁의 특별수익액인 $S_{丁}$은 $P*\frac{1}{4}$보다 크다.

> 甲: $P*\frac{1}{4} - S_{甲}$
> 乙: $P*\frac{1}{4} - S_{乙}$
> 丙: $P*\frac{1}{4} - S_{丙}$
> 丁: $P*\frac{1}{4} - S_{丁}$

따라서 이 중 丁의 구체적 상속분은 음수로 나온다. 다만 초과특별수익자는 반환의무가 없으므로, 丁의 구체적 상속분을 0으로 처리해야 한다. 이때 丁이 반환의무를 면제받은 초과특별수익의 가액인 $(S_{丁} - P*\frac{1}{4})$(이하 'R'이라고 한다)을 甲, 乙, 丙이 분담해야 한다. 이때 甲, 乙, 丙이 R을 분담하는 방법과 관련하여 의제설과 안분설이 대립한다.

의제설에 의하면, 초과특별수익자 丁은 부존재하는 것으로 의제된다. 따라서 반환되지 않는 초과특별수익 R의 가액을 甲, 乙, 丙이 법정상속분 비율대로 즉 각 $R*\frac{1}{3}$씩을 분담하게 된다.

결국 각 공동상속인들의 실제 취득분은 다음과 같다.

> 甲: $P*\frac{1}{4} - S_{甲} - R*\frac{1}{3}$
> 乙: $P*\frac{1}{4} - S_{乙} - R*\frac{1}{3}$
> 丙: $P*\frac{1}{4} - S_{丙} - R*\frac{1}{3}$
> 丁: 0

안분설에 의하면 반환되지 않는 초과특별수익 R 가액을 甲, 乙, 丙이 각자의 취득액 비율에 따라 분담하게 되고, 그 결과 P를 각자의 구체적 상속분의 비율로 안분배당받게 된다.

우선 각 공동상속인들의 취득분의 비율은 다음과 같다.

> 甲: $(P*\frac{1}{4} - S_{甲})/(P*\frac{1}{4} - S_{甲}) + (P*\frac{1}{4} - S_{乙}) + (P*\frac{1}{4} - S_{丙})$. 이하 $r_{甲}$이라고 한다.
> 乙: $(P*\frac{1}{4} - S_{乙})/(P*\frac{1}{4} - S_{甲}) + (P*\frac{1}{4} - S_{乙}) + (P*\frac{1}{4} - S_{丙})$. 이하 $r_{乙}$이라고 한다.
> 丙: $(P*\frac{1}{4} - S_{丙})/(P*\frac{1}{4} - S_{甲}) + (P*\frac{1}{4} - S_{乙}) + (P*\frac{1}{4} - S_{丙})$. 이하 $r_{丙}$이라고 한다.
> 丁: 0

따라서 각 공동상속인들의 취득분은 다음과 같이 정리할 수 있다.

甲: $P*\frac{1}{4} - S_{甲} - R*r_{甲}$
乙: $P*\frac{1}{4} - S_{乙} - R*r_{乙}$
丙: $P*\frac{1}{4} - S_{丙} - R*r_{丙}$
丁: 0

이제 '산정 방식'을 적용해 본다. 산정 방식의 A에 해당하는 값은 유류분 산정의 기초재산이므로 위의 Q값이고, 산정 방식의 B에 해당하는 값은 형제자매간인 甲, 乙, 丙, 丁 모두 각 $\frac{1}{8}$이다.

한편 산정 방식의 C에 해당하는 값은 각 공동상속인들의 특별수익액이므로 甲은 $S_{甲}$, 乙은 $S_{乙}$, 丙은 $S_{丙}$, 丁은 $S_{丁}$이다. 따라서 '마땅히 받아야 할 유류분액'인 '본래적 유류분액', 즉 산정 방식에 있어서 A*B－C의 값은 다음과 같다. 이 부분은 법정상속분설, 구체적 상속분설(의제설), 구체적 상속분설(안분설) 중 어떤 것을 따르건 동일하다. 왜냐하면 제1118조에 의한 제1008조의 준용으로부터 직접 도출되는 것이기 때문이다.

甲: $Q*\frac{1}{8} - S_{甲}$
乙: $Q*\frac{1}{8} - S_{乙}$
丙: $Q*\frac{1}{8} - S_{丙}$
丁: $Q*\frac{1}{8} - S_{丁}$

각 견해들의 차이는 D와 관련하여 나타나는데 D2는 어떤 견해를 따르건 '법정상속분에 따른 분속'으로 처리되기 때문에 결국 값이 달라지는 부분은 D1이다.

① 법정상속분설에 의하면, 각 공동상속인들은 법정상속분에 따라 실제 상속재산인 x를 각 $\frac{1}{4}$씩 취득하고, 상속채무 y를 각 $\frac{1}{4}$씩 분담한다. 따라서 각 공동상속인들의 유류분 부족액은 다음과 같이 최종 산정된다.

	A*B - C	- D1	+ D2
甲	$Q*\frac{1}{8} - S_{甲}$	$- x*\frac{1}{4}$	$+ y*\frac{1}{4}$
乙	$Q*\frac{1}{8} - S_{乙}$	$- x*\frac{1}{4}$	$+ y*\frac{1}{4}$
丙	$Q*\frac{1}{8} - S_{丙}$	$- x*\frac{1}{4}$	$+ y*\frac{1}{4}$
丁	$Q*\frac{1}{8} - S_{丁}$	$- x*\frac{1}{4}$	$+ y*\frac{1}{4}$

② 의제설에 따라 위에서 구한 실제 취득액을 D1에 대입하면 아래와 같다.

	A*B - C	- D1	+ D2
甲	$Q*\frac{1}{8} - S_{甲}$	$- (P*\frac{1}{4} - S_{甲} - R*\frac{1}{3})$	$+ y*\frac{1}{4}$
乙	$Q*\frac{1}{8} - S_{乙}$	$- (P*\frac{1}{4} - S_{乙} - R*\frac{1}{3})$	$+ y*\frac{1}{4}$
丙	$Q*\frac{1}{8} - S_{丙}$	$- (P*\frac{1}{4} - S_{丙} - R*\frac{1}{3})$	$+ y*\frac{1}{4}$
丁	$Q*\frac{1}{8} - S_{丁}$	$- 0$	$+ y*\frac{1}{4}$

③ 안분설에 따라 위에서 구한 실제 취득액을 D1에 대입하면 다음과 같다.

	A*B - C	- D1	+ D2
甲	$Q*\frac{1}{8} - S_{甲}$	$- (P*\frac{1}{4} - S_{甲} - R*r_{甲})$	$+ y*\frac{1}{4}$
乙	$Q*\frac{1}{8} - S_{乙}$	$- (P*\frac{1}{4} - S_{乙} - R*r_{乙})$	$+ y*\frac{1}{4}$
丙	$Q*\frac{1}{8} - S_{丙}$	$- (P*\frac{1}{4} - S_{丙} - R*r_{丙})$	$+ y*\frac{1}{4}$
丁	$Q*\frac{1}{8} - S_{丁}$	$- 0$	$+ y*\frac{1}{4}$

이러한 도식화를 통해 다음과 같은 사실을 알 수 있다.

첫째로 구체적 상속분설에 따르면 '초과특별수익자의 반환의무가 면제되는 가액을 분담'하는 가액이 유류분 부족액을 결정짓게 된다. 각 공동상속인들의 특별수익이 A*B - C항에서는 음수 값으로 산입되는 반면, D1에서는 양수 값으로 반영되므로, 각 특별수익 가액은 모두 소거되어 버리고, 그 결과 실제로 산정되는 유류분 부족액은 본래적 유류분액인 $Q*\frac{1}{8}$에서, 본래적 상속분인 $P*\frac{1}{4}$을 공제한 후, 여기에 '초과특별수익 반환의무 면제액 분담액'과 상속채무 분담액을 합산한 값이 된다. 그런데 본래적 유류분액, 본래적 상속분액, 상속채무 분담액은 모두 동일하므로, 결국 유류분 부족액의 차이는 '초과특별수익 반환의무 면제액 분담액'을 그대로 반영한다. 이때 의제설에 의하면 분담액은 모두 같기 때문에, 특별수익 가액이 서로 다르더라도 – 초과특별수익자가 아닌 한 – 각 공동상속인들의 유류분 부족액은 항상 같을 수밖에 없다. 반면 안분설에 의하면, 특별수익이 적을수록 '초과특별수익 반환의무 면제액 분담액'이 커지기 때문에 유류분 부족액이 커지게 된다.

둘째로 법정상속분설의 경우 각 공동상속인들은 D2뿐 아니라 D1의 가액도 항상 같기 때문에, 유류분 부족액을 결정하는 것은 각 공동상속인들의 특별수익 가액, 즉 C 부분이 된다. 이러한 특별수익이 작을수록 유류분 부족액이 커진다는 점에서 안분설과 같은 경향성을 보이지만, 실제 수치는 다르게 나타날 것이다.

(2) 대상판결의 가액을 반영한 결과

위의 도식을 구체화하기 위해 대상판결에 등장하는 수치들을 계산하기 쉽게 변형한 후, 위의 각 견해에 따라 산정 방식을 적용해 본다. 변형된 수치는 다음과 같다.[45] 상속개시기에 피상속인 명의인 실제 적극재산은 6억 5,000만원이고 상속채무는 2억 4,000만원이다. 또한 공동상속인들의 각 수증액은 甲, 丙은 각 1억 5,000만원, 乙은 4억 4,000만원, 丁은 18억 5,000만원이며 유증이나 기여분은 고려하지 않는다. 이 경우 제1008조에 따른 상정상속재산은 실제상속재산 6억 5,000만원에 각 공동상속인들의 각 수증액을 합산한 32억 4,000만원인 반면, 제1113조에 의한 유류분산정 기초재산은 여기서 상속채무 2억 4,000만원을 공제한 30억원이다.

이 경우 산정 방식의 각 항목 중 A는 각 3억 7,500만원, B는 각 $\frac{1}{8}$이며, 순상속액 산정을 위해 분담된 상속채무의 가액은 각 6,000만원이다. 다툼이 있는 것은 순상속액 산정을 위해, 실제 상속재산 6억 5,000만원으로부터 각 공동상속인이 취득할 수 있는 가액을 어떻게 산정할 것인가이다.

각 공동상속인들의 본래적 상속분 파악을 위한 상정 상속재산은 상속개시 당시의 실제 적극재산에 각 수증액을 합산하며 채무는 공제하지

45) 선형 평석의 예를 따른 것임을 밝혀 둔다.

않는 방식으로 산정하므로 32억 4,000만원이다. 여기에 각 법정상속분을 곱하여 산정된 각 8억 1,000만원이 본래적 상속분이다. 제1008조에 의하면 구체적 상속분은 본래적 상속분에서 각 수증가액을 공제하여 산정하므로, 甲은 6억 6,000만원, 乙은 3억 7,000만원, 丙은 6억 6,000만원의 구체적 상속분액이 인정된다. 丁은 -10억 4,000만원이므로 초과특별수익자에 해당하므로, 구체적 상속분은 0이 된다. 이러한 수치를 바탕으로 하여 법정상속분설, 구체적 상속분설(의제설), 구체적 상속분설(안분설) 각각을 적용하여 D1의 가액을 산정한 후 유류분 부족액을 산정해 보면 다음과 같다.

전제: A: 300,000, B: 각1/8, 상속채무 24,000 (단위: 만원)							
구 분		본래적 유류분액	구체적 유류분액	실제 취득액	채무 분담액	순취득액	유류분 부족액
		A*B	A*B − C	D1	D2	D1−D2	A*B − C − **D1+D2**
법정상속분설	甲	37,500	22,500	16,250	6,000	10,250	12,250
	乙	37,500	− 6,500	16,250	6,000	10,250	−16,750
	丙	37,500	22,500	16,250	6,000	10,250	12,250
	丁	37,500	−147,500	16,250	6,000	10,250	−157,750
구체적 상속분설 (의제설)	甲	37,500	22,500	31,333[46]	6,000	25,333	−2,833
	乙	37,500	− 6,500	2,333[47]	6,000	− 3667	−2,833
	丙	37,500	22,500	31,333[48]	6,000	25,333	−2,833
	丁	37,500	−147,500	0	6,000	− 6,000	−141,500
구체적 상속분설 (안분설)	甲	37,500	22,500	25,385[49]	6,000	19,385	3,115
	乙	37,500	− 6,500	14,230[50]	6,000	8,231	−1,4731
	丙	37,500	22,500	25,385[51]	6,000	19,385	3,115
	丁	37,500	−147,500	0	6,000	− 6000	−141,500

46) 31,333 = 66,000 − 10,4000/3
47) 2,333 = 37,000 − 10,4000/3
48) 31,333 = 66,000 − 104,000/3
49) 25,385 = 81,000 × 0.39(66,000/66,000 + 37,000 + 66,000)
50) 14,230 = 81,000 × 0.22(37,000/66,000 + 37,000 + 66,000)

Ⅳ. 대상판결에 대한 평가

1. 산정 방식과 관련한 구체적 상속분설 적용에 대한 평가

(1) 개　　관

위에서 본 것처럼, 제1118조에 의한 제1008조 준용이나 법적 안정성 등의 논거만으로는 구체적 상속분설을 근거지우기 어렵다고 본다면, '입법취지에 부합하는 결과'를 도출하는지의 여부가 각 견해의 당부 판단의 기준이 될 수 있을 것이다. 그렇다면 산정 방식을 해석·적용함에 있어서 구현되어야 할 '입법취지'는 무엇일까?

(2) 일본의 논의

선행 평석이 소개하고 있는 것처럼 일본에서는 2018년 상속법 개정[52]을 통해 원래는 판례를 근거로 사용되고 있었던 유류분 부족액 산정 방식을 명문으로 규정했고[53] 여기에는 구체적 상속분설이 반영되어 있다. 입법과정[54]에서 법정상속분설도 검토 대상이기는 했지만 별다른 이견 없이 구체적 상속분설이 채택되었다. 다만 여기서 말하는 구체적 상

---

51) 25,385 = 81,000 × 0.39(66,000/66,000 + 37,000 + 66,000)

52) 개정의 경과와 개정 내용 개관은 곽민희, "2018년 일본 개정 상속법 개관", 안암법학 제57호, 안암법학회, 2018; 박인환, "일본의 상속법 개정 동향", 법학연구 제21권 제3호, 인하대학교 법학연구소, 2018.

53) 일본 2018년 개정 민법 제1046조.

① 유류분 권리자 및 그 승계인은 수유자(특정재산승계유언에 의하여 재산을 승계하거나 상속분의 지정을 받은 상속인을 포함한다.이하 이 장에서도 동일) 또는 수증자에 대하여 유류분 침해액에 상당하는 금전의 지급을 청구할 수 있다.

②유류분 침해액은 제1042조의 규정에 의한 유류분에서 제1호 및 제2호에 열거된 금액을 공제하고 이에 제3호에 열거된 금액을 가산하여 산정한다.

1. 유류분 권리자가 받은 유증 또는 제903조 제1항[특별수익 조항]에 규정된 증여의 가액
2. 제900조부터 제902조까지, 제903조 및 제904조의 규정에 따라 산정한 상속분에 따라 유류분 권리자가 취득해야 하는 유산의 가액
3. 피상속인이 상속개시 시에 가진 채무 중 제89조의 규정에 의하여 유류분 권리자가 승계하는 채무(다음 조 제3항에서 "유류분 권리자 승계채무"라 한다)의 액수

54) 法務省民事局参事官室, 民法(相続関係 等の改正に関する 中間試案の補足説明, 2016, 70면 이하. 출처는 https://www.moj.go.jp/shingi1/housei02_00294.html(최종방문: 2022. 2. 4.).

속분은 '의제설'이 아니라 '안분설'이라는 것에 유의해야 한다.[55)]

입법과정에서의 일본의 논의를 보면, 우선 법정상속분설의 논거는 다음과 같다. 첫째, 유류분 침해액은 상속개시기를 기준으로 산정할 수 있어야 하는데 구체적 상속분은 실체법상 권리 관계에 의해 당연히 결정되는 것이 아니어서 상속개시기에는 확정될 수 없다. 따라서 구체적 상속분이 유류분 산정의 기준이 되기에는 부적합하다. 둘째, 공동상속인이 상속개시기에 분할 전 공동상속재산에 대해 가지는 권리는 법정상속분에 따른 (준)공유지분이므로 법정상속분에 상당하는 가액을 공제해야 한다.[56)] 이에 비해 구체적 상속분설의 논거는 다음과 같다. 특별수익의 존부와 가액은 상속개시기에도 존재하고 있었던 '사실'이므로 상속개시기에도 그 가액을 고려하여 산출되는 구체적 상속분액을 상정할 수 있다. 유류분 침해액 산정은 상속개시기를 기준으로 판단해야 하므로 상속재산분할 종료 후의 실제로 각 공동상속인들이 취득하는 상속재산의 가액을 반영할 필요는 없고, 같은 맥락에서 상속재산 분할을 거쳐야 확정되는 기여분을 반영할 필요도 없다.[57)] 이러한 논의는 그 후 조문화되는 과정을 거쳤을 뿐이고 그 내용 자체에 대해서는 변경된 사항이 없다.[58)]

일본의 입법과정에서의 논의를 통해 알 수 있는 점은 다음과 같다. ① 일본의 현행민법상 '산정 방식'의 구체적 상속분도 '실제 취득한 가액'이 아니라 '취득할 것으로 기대되는 가액'이다. ② 따라서 법정상속분설

55) 法務省民事局参事官室, 72-74면에 소개된 법정상속분설과 구체적 상속분설의 차이를 설명하기 위한 계산례 참조.

56) 法務省民事局参事官室, 70면.

57) 法務省民事局参事官室, 70면.

58) 법정상속분설과 구체적 상속분설에 관한 논의는 2016. 6. 21. 개최된 제13차 회의에서 다루어졌다. 2017. 6. 20. 개최된 제22차 회의에서 조문화 초안이 제시되었고 그 후에는 논의 대상으로 상정되지 않았다. 民法(相続関係 部会, 部会資料22-2, 2017(=平成29). 6. 20., 27면에 의하면, 산정 방식의 초안은 다음과 같다: 유류분 침해액 = 유류분액 - 유류분권리자가 받은 특별수익 - 상속재산분할 대상재산이 있는 경우(이미 분할이 종료된 경우도 포함)에는 구체적 상속분에 따라 유산을 취득할 것으로 했을 경우의 그 재산의 가액(다만 기여분에 의한 수정은 고려하지 않음) + 상속개시기에 피상속인이 채무를 부담하고 있었을 경우에는 그 채무 중 유류분권리자가 부담한 채무의 가액.

이 배척된 주요한 이유는 오히려 특별수익 상속인이 특별수익 없는 상속인보다 상속재산분할과 유류분 반환을 거쳐 받게 되는 **궁극적인 취득액**이 더 작아지게 되는 '역전 현상'을 방지하기 위한 것으로 보인다. 일본의 입법과정에서 왜 '역전'에 대한 부정적 평가가 당연한 전제로서 논의된 것일까. 공간된 자료를 통해 확인할 수는 없으나 피상속인의 의사 존중에 근거한 것으로 보인다. 그러나 유류분 제도는 원래 피상속인의 의사를 후퇴시키는데서 출발하는 것이기 때문에 이러한 '역전'이 반드시 억제되어야 하는 부정적 결과라고 단정할 수 있을지는 의문이다. 무엇보다도 특별수익상속인 조항 자체가 구체적 상속분액의 '역전'을 의도하고 있기 때문이다.

(3) 소 결 론

제1118조에 의해 유류분 제도에 대해서도 준용되는 제1008조의 의미는 무엇일까. 만약 '특별수익의 다과에도 불구하고 각 공동상속인들이 피상속인으로부터 생전의 선급 또는 사후의 상속으로 취득하는 재산의 가액을 동일하게 만드는 것'이라고 본다면 구체적 상속분설(의제설)의 입장이 일견 타당해 보인다. 특별수익액의 차이가 있더라도 구체적 상속분을 산정할 때는, 특별수익과 상속개시 후 실제 취득액의 합산액이 모든 공동상속인들에 대해 동일한 값이 되고, 유류분 부족액도 항상 동일한 값이 되기 때문이다.

그러나 '각 공동상속인이 피상속인으로부터 생전, 사후를 불문하고 무상으로 승계취득하게 되는 재산의 가액'을 계산해 본다면, 어떤 견해를 따르건 항상 모든 공동상속인에게 동일한 값으로 나타나게 된다. 즉 위에서 말하는 '공평'이라는 관점에서 본다면 각 견해의 우열을 판단하기 어렵게 되는 것이다. 그 이유는 다음과 같다.

'무상 승계취득 재산의 총 가액'은 결국 {생전의 특별수익의 가액 + 상속개시기에 현존하는 피상속인 명의 상속재산으로부터 취득할 수 있는 가액 + 유류분 반환으로 취득할 수 있는 가액인 유류분 부족액}이라고 할 수 있다. 위의 도식을 활용하여 정리해 본다면, 甲에 대해서는 {$S_{甲}$ + D1

+ A*B − C − D1 + D2}로 정리할 수 있다. 그런데 산정 방식의 C는 甲에 대해서는 $S_{甲}$이므로, 위의 식에서 C를 $S_{甲}$으로 치환하여 다시 식을 정리하면 {$S_{甲}$ + D1 + A*B − $S_{甲}$ − D1 + D2}가 되고, 이것은 결국 {A*B + D2}로 귀결된다. 이처럼 甲에게 고유한 값인 $S_{甲}$, 그리고 구체적 상속분설에 따르면 각 공동상속인마다 달라지게 되는 D1의 값은 모두 소거되어 버리는 것이다. 그 결과, 모든 공동상속인들에 대해 특별수익의 다과와 무관하게 동일하게 인정되는 값만 남게 된다.

이처럼 어떤 견해를 따르건 '공동상속인간의 공평'이라는 측면에서 볼 때 동일한 결과를 도출할 수 있다면 구체적 상속분설(의제설)의 장점은 상당부분 희석되어 버린다. 위에서 본 것처럼 구체적 상속분설을 따르더라도 추후의 상속재산분할 경과에 따라 재정산이 필요한데 이렇게 본다면 간결하고 명확한 법정상속분설을 따르는 것이 더 나은 방법이 될 수도 있을 것이다.

2. 여론: 상속채무 분담액 산정에 대한 문제

원심, 대상판결은 물론 선행 평석도 언급하고 있지는 않지만 대상판결의 특수한 사실관계에 비추어 볼 때 상속채무가 법정상속분의 비율대로 분속되는 것이 타당한지에 대한 검토도 필요하다. 2억 4,000만원의 상속채무가 일반적인 금전채무가 아니라 공동상속재산인 아파트에 대한 임차보증금 반환채무였는데 판례에 의하면 임대인이 임대차 목적물을 공유하는 경우 그 보증금반환채무는 성질상 불가분채무에 해당하기 때문이다.[59]

여기서 우선 문제되는 것은 구체적 상속분의 법적 성질이 무엇인가라는 문제이다. 특별수익이나 기여분을 반영하여 산정된 구체적 상속분의 법적 성질을 '수정된 상속분'이라고 본다면 구체적 상속분은 상속개시기로 소급하여 법정상속분 대신 공동상속재산 전반에 대한 각 상속인의 몫을 결정하게 된다. 반면 구체적 상속분을 상속재산 분할을 위한 일응

59) 대법원 2017. 5. 30. 선고 2017다205073 판결.

의 기준에 불과한 것이라고 파악한다면 포괄적 공동상속재산 전반에 대한 각 공동상속인들의 몫은－적어도 상속재산 분할이 종료되기 전까지, 잠정적으로는－대외적으로나 내부적으로나 법정상속분에 따라 정해지게 된다.

만약 전자의 견해에 따라 구체적 상속분의 법적 성질을 수정된 상속분이라고 본다면 불가분채무의 내부적 분담에 대해서도 구체적 상속분이 적용되는지가 문제된다. 판례는 당사자의 약정이나 특칙이 없으면 이익귀속의 비율에 따라 채무도 분담해야 한다고 보기 때문이다.[60] 다만 일반적인 공유 사안과는 달리 구체적 상속분은 상속인간 형평을 실현하기 위한 조정 결과가 반영된 것이기 때문에 증가된 구체적 상속분에 따라 불가분채무의 내부적 분담을 증가시키는 것은 구체적 상속분의 근거인 제1008조의 취지와 저촉된다는 문제가 생긴다.

Ⅴ. 결　론

민법은 유류분 부족액 산정 방식을 구성하는 각 항목 전반에 대해 적용될 수 있는 완결된 규정을 두고 있지 못한 상태이므로 입법의 공백을 보충하는 것은 학설과 판례에 맡겨져 있다.[61] 이를 위한 해석론은 결국 '공동상속인간 형평'이라는 가치를 어느 정도로 관철시킬 것인가, 환언하면 이것과 저촉되는 '피상속인의 의사'를 어느 정도로 존중할 것인가에 대한 가치판단을 반영하게 된다.

원심은 상속개시 당시 피상속인 명의인 적극재산을 법정상속분을 기준으로 고르게 취득하는 것을 전제로 유류분 부족액을 산정한 반면, 대상판결은 유류분제도의 입법취지를 강조하면서 이러한 원심을 파기했다. 특별수익의 형태로 더 많이 받은 자와 더 적게 받은 자가 있는데도 이런

60) 대법원 2020. 7. 9. 선고 2020다208195 판결.

61) 곽윤직(주 10), 113-114면은 초과특별수익의 분담 방법에 관한 의제설, 안분설 등을 소개하고 안분설이 가장 무난할 것이라고 평가하면서도, "어느 설에 의하여도 상관없다고 하여야 한다(그에 관한 규정이 전혀 없으므로)"라고 마무리하고 있다.

사정을 반영하지 않고 고르게 나눈다는 것 자체에 대해 부정적인 판단을 하고 있는 것이다.

그러나 이러한 대상판결의 태도에 대해서는 수긍하기 어렵다. 첫째로, 생전에 선급된 상속재산인 특별수익, 상속재산으로부터 실제 취득할 수 있는 가액, 유류분 부족액을 합산한 값은 어떤 견해를 따르건 모든 공동상속인들에 대해 동일하게 산정된다. 따라서 '공평'을 근거로 어떤 견해가 우월하다고 단정할 수는 없다. 둘째로, 상속재산 분할과 유류분 반환을 실체법적으로나 절차법적으로나 완전히 분리시켜 둔 현재의 법상황하에서는 유류분 반환 재판 절차에서 판단의 전제로 삼았던 구체적 상속분과 다른 내용으로 상속재산 분할이 종료될 수 있다. 뿐만 아니라 유류분과 기여분을 완전히 단절시켜 사고하는 판례의 법리에 기초한다면 유류분 반환 재판에서 산정된 구체적 상속분은 기여 상속인이 있는 사안에서는 폐기될 수밖에 없다. 이처럼 구체적 상속분을 기준으로 한 산정한 유류분 부족액도 어차피 잠정적인 것이어서 이후의 보정이 불가피한 것이라면 차라리 법정상속분을 기초로 판단하는 것이 간단하고 안정적이다.

특히 '산정 방식'의 내용 파악을 사실인정이 아니라 법적용에 해당한다고 본다면, 대법원 판례의 태도는 일관성이 없다는 점에서도 문제된다. 대상판결이 이후에 나온 대법원 2022. 2. 10. 선고 2020다250783 판결은 원심인 수원고등법원 2020. 6. 18. 선고 2019나18217 판결이 산정 방식을 적용함에 있어서 법정상속분설을 적용했는데도 이를 문제 삼고 있지 않기 때문이다.

[Abstract]

Calculation of Shortage in the Legal Reserve of Inheritance

Kwon, Jae Moon*

To calculate Shortage in the Legal Reserve of Inheritance, the value of Legal Reserve of Inheritance and the value of what the heir has got from the inheritee must be calculated. The provisions necessary to calculate the value of Legal Reserve of Inheritance are stipulated in civil law, while the provisions necessary to calculate the value of what the heir has got from the inheritee are not. For example, a legal reserve of inheritance shall be calculated as the sum of the values of the inherited properties and the given properties at the commencement of inheritance minus the total amount of debts of the inheritee(§1113①). If any one of the co-inheritors has previously received a gift or testamentary gift of property from the inheritee, and such property received is of less value than his Legal Reserve of Inheritance, he shall be entitled to a Legal Reserve of Inheritance within the limit of the difference between the said gifts and his Legal Reserve of Inheritance(§1118, §1008).

But there is no provision about the meaning of what the heir has got from the inheritee. Recently the Supreme Court ruled that the value of what the heir has got from the inheritee should be calculated based on Share of Heir who has Received Special Benefit, not Statutory Share in Inheritance. The ground for this judgment seems to be fairness among joint heirs. But when the value of the property transferred free of charge that the inheritee to the heir is summed up, No matter what calculation method is applied,

* Professor, University of Seoul. Attorney at law/ph. D in law.

the conclusion becomes the same. Therefore, it is reasonable to divide legal inheritance that provides a simpler formula.

[Key word]

- Statutory Share in Inheritance
- Share of Heir who has Received Special Benefit
- Calculation of Legal Reserve of Inheritance
- Shortages in the Legal Reserve of Inheritance
- Fairness between Co-Inheritors

참고문헌

[국내문헌]

곽민희, “2018년 일본 개정 상속법 개관”, 안암법학 제57호, 안암법학회, 2018.

곽윤직, 『상속법』 개정판, 박영사, 2004.

민유숙 편집대표, 『주석민법』 제5판, 한국사법행정학회, 2020.

박인환, “일본의 상속법 개정 동향”, 법학연구 제21권 제3호, 인하대학교 법학연구소, 2018

변동열, “상속재산분할과 유류분반환청구”, 법조 제47권 제3호, 법조협회, 1998.

오병철, “기여분과 유류분의 관계에 관한 연구”, 가족법연구 제31권 제1호, 한국가족법학회, 2017.

_____, “유류분 부족액의 구체적 산정방법에 관한 연구”, 가족법연구 제20권 제2호, 한국가족법학회, 2006.

윤진수 대표편집, 『주해상속법』 제1권, 박영사, 2019.

_____, 『주해상속법』 제2권, 박영사, 2019.

윤진수, “유류분액에서 공제할 순상속분액의 산정방법-대법원 2021. 8. 19. 선고 2017다235791 판결-”, 법률신문 2021. 12. 9.자. 출처는 https://m.lawtimes.co.kr/Content/Article?serial=174832

_____, “초과특별수익이 있는 경우 구체적 상속분의 산정 방법”, 민법논고 Ⅴ, 박영사, 2011.

임채웅, 『상속법 연구』, 박영사, 2011.

정구태, “유류분 침해액의 산정방법에 관한 소고”, 고려법학 제51호, 고려대학교 법학연구원, 2008.

최준규, “유류분과 기여분의 관계”, 저스티스 제162호, 한국법학원, 2017.

[외국문헌]

法務省民事局参事官室, 民法(相続関係) 等の改正に関する 中間試案の補足説明, 2016. 출처는 https://www.moj.go.jp/shingi1/housei02_00294.html(최종방문: 2022. 2. 4.).

주채무자에 대한 회생계획 인가 후 연대보증인의 변제와 현존액주의

박 민 준*

요 지

채무자 회생 및 파산에 관한 법률에서는 도산절차가 진행되는 경우의 다수당사자 채권관계에 대하여 민법의 일반원칙과는 상이한 규정들을 두고 있다. 특히 수인의 전부의무자(全部義務者)의 전원이나 그 일부에 대하여 회생절차가 개시된 때에는 채권자는 '회생절차개시 당시' 가진 '채권의 전액'에 관하여 각 회생절차에서 회생채권자로서 그 권리를 행사할 수 있다(이른바 '현존액주의').

대상판결에서는 주채무자에 대한 회생절차에서 회생계획 인가결정에 따라 채무가 감면된 경우, 보증인에 대한 현존액주의의 적용과 관련하여 채권자가 '회생절차개시 당시 가진 채권의 전액'이 얼마인지를 판단함에 있어 그와 같이 감면된 부분을 제외하여야 하는지 여부가 주된 쟁점으로 다루어졌다. 이는 당초 청산형 절차인 파산절차에서 출발한 현존액주의가 재건형 절차인 회생절차에도 적용되게 되면서, 채권자들 중 일정한 비율의 동의가 있었다는 점에 기반하여 회생계획 인가를 통해 곧바로 채권을 감면하는 회생절차의 특성과 충돌하게 됨에 따라 발생한 문제로도 보인다.

이러한 문제에 대하여는 견해의 대립이 가능할 것이기는 하나, 현존액주의가 어차피 실체법상의 채권액과 절차법상의 채권액 사이의 괴리를 인정하는 제도이므로 회생계획 인가에 따른 권리감면이라는 실체법상의 효과만으로는 그와 같은 권리감면액을 현존액주의 규정의 채권 '전액'에서 제외하여야

* 대법원 재판연구관(판사).

한다고 보기는 부족한 점, 회생계획 인가에 따른 효과도 결국 회생절차 자체의 진행으로 인한 것이고, 이를 회생계획에 따른 변제가 이루어지는 등 채권의 목적인 급부가 실제로 이행되는 상황과 같이 보기는 어려운 점, 연대채무를 부담하는 사람들 사이에 일부 변제에 따른 충당의 순서에 비추어 보아도 회생계획 인가에 따른 권리감면액이 현존액주의 규정의 '전액'에서 제외된다고 볼 실익이 없는 경우가 많을 것으로 보이는 점 등에 비추어 보면, 대상판결의 결론과 같이 회생계획 인가로 감면된 부분이 제외되어서는 안 된다는 부정설이 타당한 것으로 생각된다.

한편, 대상판결의 사안에서는 연대보증인인 원고가 구상권을 자동채권으로 하여 주채무자인 피고가 원고에 대하여 가지는 별개의 채권과 상계를 하고자 하였던 것인바, 그러한 상계가 가능한 것인지도 문제가 되었다. 그러나, 현존액주의하에서 채권의 전액이 소멸하지 않은 경우에는 전부의무자로서는 의무를 일부 이행하였더라도 구상권을 자동채권으로 하여 채무자에 대한 채무와 상계할 수는 없게 된다.

[주 제 어]
- 회생계획 인가
- 현존액주의
- 보증채무의 부종성
- 연대보증
- 면제의 절대적 효력

대상판결 : 대법원 2021. 11. 11. 선고 2017다208423 판결

[사안의 개요]

1. 사실관계

(1) 피고의 원고에 대한 채권

(가) A회사는 2008. 5. 19. 회생절차개시결정을 받았고, 같은 날 피고[1]가 관리인으로 선임되었다.

(나) 이후 피고는 원고를 상대로 약정금 청구 소송을 제기하여 2013. 11. 27. 승소 판결을 선고받았는데,[2] 그 내용은 '원고는 피고에게 4,907,450,001원 및 지연손해금을 지급하라'는 것이었다. 이에 원고는 위 판결에 불복하여 항소하였으나 2015. 2. 3. 항소기각 판결을 선고받았고, 그 무렵 위 판결은 그대로 확정되었다.

(2) 원고의 피고에 대한 채권

(가) A회사는 2006. 3. 7. 주식회사 우리상호저축은행(이하 '소외 은행')으로부터 5,700,000,000원을 대출받았고, 당시 원고는 A회사의 위 대출금채무를 연대보증하였다.

(나) 한편, 피고는 2008. 12. 3. 회생계획인가결정을 받았는데, 그 회생계획에 따르면 소외 은행에게 회생담보권의 원금 2,678,596,046원 및 개시 후 이자 965,659,560원을 2012. 12. 31.까지 변제하기로 되어 있으나 위 기한 내에 이를 변제하지 못하였고, 원고가 연대보증인으로서 소외 은행에게 2012. 9. 28.부터 2014. 10. 31.까지 위 대출금채무의 원금 5,700,000,000원 및 이에 대한 연체이자 10,857,057,860원 등 합계 16,557,057,860원을 대위변제하였다.

(3) 원고의 판결원리금 공탁

원고는 2015. 2. 10. 피고를 위하여 위 판결원리금채무의 변제로서 5,700,000,000원(= 원금 4,907,450,001원 + 이자 일부 792,549,999원)을 공탁하였다.

(4) 이 사건 소송의 제기

원고는, 원고가 소외 은행에 위와 같이 16,557,057,860원을 대위변제하여

---

1) 중간에 관리인이 변경된 바 있으나, 그와 같은 관리인의 변경이 이 사건의 쟁점과는 직접적인 관련은 없으므로 편의상 관리인이 누구인지 불문하고 '피고'로 통칭한다.
2) 한편, 피고는 원고 외의 다른 연대채무자를 상대로도 소송을 제기하여 마찬가지로 승소 판결을 받았으나, 이는 이 사건의 쟁점과는 직접적인 관련은 없다.

소외 은행의 피고에 대한 채권 전액이 소멸하였으므로 원고가 피고에 대하여 변제자대위에 따른 소외 은행의 권리 내지 구상권을 행사할 수 있고, 이를 자동채권으로 피고의 약정금 채권과 상계할 수 있다는 전제에서, 이에 의할 때 원고가 피고에게 지급하여야 할 금액보다 오히려 더 많은 금액을 지급하였다고 주장하며 부당이득 반환을 구하는 소송을 제기하였다.

2. 소송의 경과

(1) 제1심(청구일부인용)

(가) 채무자 회생 및 파산에 관한 법률(이하 '채무자회생법'이라 한다) 제252조 제1항에 의하면, 회생계획인가의 결정이 있는 때에는 회생채권자·회생담보권자·주주·지분권자의 권리는 회생계획에 따라 변경되므로, 위 회생계획인가결정에 따른 소외 은행의 피고에 대한 회생담보권의 원리금채권의 액수는 2015. 2. 10. 기준 4,085,585,494원(= 회생담보권의 원금 2,678,596,046원 + 2012. 12. 31.까지의 개시 후 이자 965,659,560원 + 2013. 1. 1.부터 2015. 2. 10.까지의 개시 후 이자 441,329,888원)이 되고, 한편, 원고가 연대보증인으로서 2014. 10. 31.까지 소외 은행에게 대위변제한 금액 16,557,057,860원 중 4,085,585,494원은 민법 제477조 소정의 법정변제충당 법리에 따라 원고에게 변제이익이 많은 채무인 피고의 위 회생계획에 따른 감액된 채무의 변제에 충당되었다고 봄이 상당하므로, 결국 원고의 위 대위변제로써 소외 은행의 피고에 대한 회생담보권의 원리금채권은 전액이 소멸하였다 할 것이어서, 원고는 변제공탁일인 2015. 2. 10. 채무자회생법 제126조 제4항에 의하여 소외 은행의 회생담보권을 행사할 수 있다고 봄이 상당하다(채무자회생법 제250조 제2항에 의하여 위 회생계획인가결정이 소외 은행이 연대보증인인 원고에 대하여 가지는 채권에 대하여는 아무런 영향을 미치지 않음은 이와는 별개의 문제이다).

(나) 변제공탁일인 2015. 2. 10. 기준으로 피고의 원고에 대한 판결원리금채권과 원고의 피고에 대한 회생담보권의 원리금채권의 액수를 비교하면, 원고가 피고에게 지급하여야 할 금액은 5,515,271,501원(= 9,600,856,995원[3] − 4,085,585,494원)인데, 앞서 본 바와 같이 원고는 같은 날 피고를 피공탁자로 하여 5,700,000,000원을 변제공탁하였으므로, 피고는 원고에게 부당이득의 반

3) 피고의 원고에 대한 판결원리금 채권으로서, 위 4,907,450,001원에 지연손해금을 가산한 것이다.

환으로서 그 차액인 184,728,499원 및 이에 대한 지연손해금을 지급할 의무가 있다.

(2) 항소심(청구기각)

연대보증인인 원고와 주채무자인 피고는 소외 은행에 대하여 채무자회생법 제126조 제1항에서 정한 '전부의 이행을 하여야 하는 의무를 지는 자'에 해당하는데, 채권자인 소외 은행이 채권의 전액에 관하여 피고에 대한 회생절차에 참가하였기 때문에, 원고가 회생절차개시 이후에 소외 은행에 채무를 대위변제 함으로써 채무자인 피고에 대하여 장래 행사할 가능성이 있는 구상권을 가지게 되었다 하더라도 채무자회생법 제126조 제3항 단서에 따라 피고에 대한 회생절차에 참가할 수 없고, 다만 소외 은행에 대한 변제 등으로 그 채권을 전액 소멸시킨 경우에만 그 구상권의 범위 안에서 소외 은행이 가진 권리를 행사할 수 있을 뿐이다.

그런데, 원고가 이 사건 대출금채무의 원리금을 마지막으로 변제한 2014. 10. 31.을 기준으로 할 때 연체이자 437,096,138원이 여전히 미변제로 남아 있는 사실이 인정된다.

이와 같이 원고는 소외 은행에 대한 변제로 그 채권 전액을 소멸시키지 못하였으므로, 소외 은행이 가진 권리를 행사할 수 없다. 따라서 이와 다른 전제에서 나온 원고의 이 사건 청구는 더 따질 것 없이 이유 없다.

3. 대상판결 요지(상고기각)

연대보증인은 채권자에 대해 채무자회생법 제126조에서 정한 전부의무자에 해당하고, 주채무자에 대한 회생절차개시 후에 채권자에게 변제 등으로 연대보증채무를 이행함으로써 구상권을 취득할 수 있는 지위에 있으므로, 같은 조 제2항부터 제4항까지 정한 '장래의 구상권자'에 해당한다(대법원 2015. 4. 23. 선고 2011다109388 판결 참조).

따라서 주채무자에 대해 회생절차가 개시되고 채권자가 그 당시의 채권 전액에 관하여 회생채권자로서 권리를 행사한 경우, 장래의 구상권자인 연대보증인이 연대보증계약에 따른 채권자의 채권액 전부를 변제하지 않았다면 채무자회생법 제126조 제4항을 근거로 주채무자에 대해 채권자의 회생절차상 권리를 대위행사할 수 없다. 이때 연대보증인이 회생계획 인가 후 변제한 금액이 회생계획에 따라 감면되고 남은 주채무자의 채무액을 초과하더라도 연대보증계약에 따른 채권자의 채권액에는 미치지 못한다면 회생절차개시 후에 채권자의 채권액 전부를 변제한 것으로 볼 수 없다.

〔硏　　究〕

Ⅰ. 서　　론

우리 민법은 「수인의 채권자 및 채무자」의 절에서 다수당사자의 채권관계(불가분채권, 불가분채무, 연대채무, 보증채무 등)에 대하여 규정하고 있는데, 이는 당초부터 주체의 수만큼 '복수(複數)'의 채권·채무가 존재하여 다수의 주체에게 '분속(分屬)'하는 형태이다. 즉, 하나의 동일한 급부를 목적으로 하는 채권자 또는 채무자의 수만큼 다수의 채권관계가 성립하는 경우인 것이다.[4)]

이와 같이 다수의 채권관계이기는 하나, 연대채무·보증채무와 같은 경우에는 한 개의 급부를 실현한다는 단일한 목적을 위한 수개의 수단이기 때문에 채무자 중 1인이 채무를 이행하면 전원이 면책되게 된다.[5)] 한편, 연대채무에 있어서는 면제의 경우에도 부분적 절대효를 인정하고 있는바(민법 제419조[6)]), 채무자 중 1인이 채권자로부터 자신이 부담하는 채무를 면제받게 되면 그 채무가 소멸할 뿐 아니라, 그 채무자의 부담부분에 한하여 다른 연대채무자도 면책되게 된다.[7)] 또한, 보증채무의 경우에도 주채무와의 관계에서 부종성이 존재하는바(민법 제430조 등), 주채무가 면제로 소멸하면 보증채무도 당연히 소멸하게 된다.[8)]

그런데 채무자회생법에서는 도산절차가 진행되는 경우의 다수당사자

---

4) 편집대표 곽윤직, 민법주해[Ⅹ] 채권(3), 박영사(1995), 4면(허만 집필부분).

5) 민법주해[Ⅹ](주 4), 71-74, 75면(차한성 집필부분) 참조.

6) 민법 제419조(면제의 절대적 효력) 어느 연대채무자에 대한 채무면제는 그 채무자의 부담부분에 한하여 다른 연대채무자의 이익을 위하여 효력이 있다.

7) 편집대표 김용덕, 주석 민법[채권총칙 2] 제5판, 한국사법행정학회(2020), 780면(제철웅 집필부분) 참조.

8) 편집대표 김용덕, 주석 민법[채권총칙 3] 제5판, 한국사법행정학회(2020), 23면(손철우 집필부분) 참조.

채권관계에 대하여 위와 같은 민법의 일반원칙과는 상이한 규정들을 두고 있다.

먼저 회생절차의 경우, 주채무자에 대한 회생계획이 인가되어 채권의 권리변경(통상 변제기가 유예되거나 감액된다)이 이루어지더라도, 보증인에 대한 보증채권 등[9]에 관하여는 그러한 권리변경의 효력이 미치지 아니하는 것으로 정하고 있는바(채무자회생법 제250조 제2항 제1호[10]), 이는 위와 같은 부종성의 예외라고 할 것이다. 이러한 예외를 두고 있는 것은, 회생절차에서는 회생채권·회생담보권자의 의사에 반하여 회생계획안이 가결되어 인가되는 경우가 많고,[11] 또 채무자의 회생절차에서도 보증인의 부종성을 관철한다면 채권자에게 지나치게 가혹한 결과를 가져올 것이라는 점에 근거를 두고 있다.[12]·[13]

---

9) 연대채무자에 대한 채권과 같은 경우에도 다른 연대채무자의 회생계획 인가에 따른 권리변경의 효력이 미치지 아니한다(아래 각주의 법문 참조).

10) 제250조(회생계획의 효력범위) ② 회생계획은 다음 각호의 권리 또는 담보에 영향을 미치지 아니한다.

1. 회생채권자 또는 회생담보권자가 회생절차가 개시된 채무자의 보증인 그 밖에 회생절차가 개시된 채무자와 함께 채무를 부담하는 자에 대하여 가지는 권리

11) 일반적인 경우에는 회생채권자로 구성된 조에서는 의결권 총액 3분의 2 이상의 동의, 회생담보권자로 구성된 조에서는 의결권 총액 4분의 3 이상의 동의가 있으면 회생계획안 가결의 요건을 갖추게 되어(채무자회생법 제237조 참조), 법원이 이를 인가할 수 있게 된다[나아가, 일정한 경우에는 동의하지 아니하는 조가 있는 경우에도 인가가 가능하다. 채무자회생법 제244조 참조(이른바 '강제인가')].

12) 대법원 2020. 4. 29. 선고 2019다226135 판결; 서울회생법원 재판실무연구회, 회생사건실무(하) 제5판, 박영사(2019), 115면; 편집대표 권순일, 주석 채무자회생법(3), 한국사법행정학회(2021), 560면(권창환 집필부분) 참조.

13) 채권자의 입장에서 보면 이처럼 회생계획과 보증채무의 절연을 규정한 것은 당연한 것으로 생각될 것이다. 왜냐하면 원래 보증제도는 채권자가 주채무자로부터 변제를 받지 못하는 경우에 대비하여 보증인으로부터 대신 변제를 받아 자기 채권을 확보하려는 취지에서 생겨난 제도이기 때문이다. 그러나, 보증인의 입장에서 보면 이러한 절연의 원칙에는 문제가 없지 않다. 보증인은 주채무자에 종속하여 최악의 경우에도 주채무자만큼만 책임을 지려고 하는 생각으로 보증을 하는 것이 보통인데, 회생계획에 의하여 주채무자는 채무를 탕감받더라도 보증인은 그 혜택을 받지 못하고 탕감 전의 채무 전부를 감당하여야 하는바, 채무자보다 더 무거운 책임을 지게 되는 결과로 된다[정동윤, "주채무자의 회생절차에 있어서 보증인의 지위", 민사집행법연구 제3권, 한국민사집행법학회(2007), 284-285면].

나아가 이와는 별개로, 수인의 '전부의무자(全部義務者)'(즉, 여럿의 채무자가 채무 전부를 변제할 의무를 부담하는 경우를 말하고, 연대채무자 · 보증인 등이 포함된다)의 전원이나 그 일부에 관하여 회생절차가 개시된 때에는 채권자는 '회생절차개시 당시' 가진 '채권의 전액'에 관하여 각 회생절차에서 회생채권자로서 그 권리를 행사할 수 있는데, 이는 '현존액주의[14]'라고 일컬어지고 있다.[15] 이에 의하면, 가령 주채무자에 대한 회생절차가 개시된 경우, 그 후에 채권자가 보증인으로부터 일부 변제를 받더라도 채권 '전액'이 소멸되지 아니한 이상 채권자는 여전히 위 회생절차에서는 개시 당시의 채권액을 그대로 보유하고 있는 것으로 취급되는 것이다(위 보증인으로서는 그와 같이 채권자의 개시 당시의 채권 전액이 소멸되어야 구상권 행사가 가능하다). 이러한 현존액주의는 파산절차 및 개인회생절차에도 규정되어 있는데, 기본적으로 다수당사자 채권관계에 대한 민법의 일반 이론을 도산절차에 그대로 적용하는 경우 도산절차에서 채권자의 채권담보력이 감소될 것을 우려하여 규정된 것이다.[16]

이러한 채무자회생법의 규정들은, 채무자가 다수인 연대채무 · 보증채무 등에 있어서 복수의 채권 · 채무가 존재한다는 측면을 더욱 선명히 보여 주는 것으로도 생각된다.

대상판결에서는 특히 그중 현존액주의와 관련하여, 연대보증인의 변제에 의하여 채권자의 주채무자에 대한 채권 '전액'이 소멸하였는지 여부를 판단함에 있어서 주채무자에 대한 회생계획 인가에 따른 권리감면의 효력이 고려되어야 하는지, 즉 연대보증인으로서는 그와 같이 권리감면된 후의 채권액 상당액만 변제하면 주채무자에 대한 채권 '전액'이 소멸되어 주채무자에 대한 구상권 행사가 가능한 것인지 여부가 문제되었다. 이하

---

14) 결국 '절차개시시 현존액주의'를 줄여서 '현존액주의'로 칭하고 있다[伊藤眞, 會社更生法, 有斐閣(2012), 221면 등 참조].

15) 한편, 현존액주의는 광의로는 뒤에서 보는 바와 같이 도산절차가 개시된 채무자에 대한 구상관계도 포함한다.

16) 김정만, "도산절차상 현존액주의", 사법논집 제52집, 법원도서관(2011), 111-113면 참조.

에서는 먼저 논의의 전제로서 현존액주의 및 회생계획 인가에 대하여 각각 살펴보고, 위 쟁점에 대한 각 견해를 상정하여 검토하고자 하며, 그 외에 관련된 문제들도 살펴보고자 한다.

Ⅱ. 현존액주의의 내용 및 채권 '전액'의 의미와 관련된 기존의 논의 등

1. 규정 내용과 그 취지

다수당사자 채권관계에 대한 현존액주의는, 협의로는 채권자가 도산절차 개시 당시의 채권 전액으로 권리를 행사할 수 있다는 '절차개시시 현존액주의'를 말하는데, 광의로는 도산절차가 개시된 전부의무자에 대한 다른 전부의무자의 구상관계도 포함한다.[17] 즉, 이는 도산절차 내에서 '채무자'에 대하여 채권자가 권리를 행사할 수 있는지 아니면 보증인 등의 다른 전부의무자가 권리를 행사할 수 있는지와도 관련된 것인데, 회생절차에 대하여는 채무자회생법 제126조에서 이를 규정하고 있다.

우선, '채권자의 회생채무자에 대한 구상관계'에 대하여는 채무자회생법 제126조 제1, 2항에서 규율하고 있는데, 그 내용은 다음과 같다.

> **채무자회생법 제126조(채무자가 다른 자와 더불어 전부의 이행을 할 의무를 지는 경우)**
> ① 여럿이 각각 전부의 이행을 하여야 하는 의무를 지는 경우 그 전원 또는 일부에 관하여 회생절차가 개시된 때에는 채권자는 회생절차개시 당시 가진 채권의 전액에 관하여 각 회생절차에서 회생채권자로서 그 권리를 행사할 수 있다.
> ② 제1항의 경우에 다른 전부의 이행을 할 의무를 지는 자가 회생절차 개시 후에 채권자에 대하여 변제 그 밖에 채무를 소멸시키는 행위(이하 이 조에서 "변제 등"이라고 한다)를 한 때라도 그 채권의 전액이 소멸한 경우를 제외하고는 그 채권자는 회생절차의 개시시에 가지는 채권의 전액에 관하여 그 권리를 행사할 수 있다.

다음으로, '다른 전부의무자의 회생채무자에 대한 구상관계'에 대하여는 채무자회생법 제126조 제3, 4항에서 다음과 같이 규율하고 있다.

17) 김정만(주 16), 113면.

③ 제1항의 경우에 채무자에 대하여 장래에 행사할 가능성이 있는 구상권을 가진 자는 그 전액에 관하여 회생절차에 참가할 수 있다. 다만, 채권자가 회생절차개시시에 가지는 채권 전액에 관하여 회생절차에 참가한 때에는 그러하지 아니하다. ④ 제1항의 규정에 의하여 채권자가 회생절차에 참가한 경우 채무자에 대하여 장래에 행사할 가능성이 있는 구상권을 가지는 자가 회생절차 개시 후에 채권자에 대한 변제 등으로 그 채권의 전액이 소멸한 경우에는 그 구상권의 범위 안에서 채권자가 가진 권리를 행사할 수 있다.

이는 기본적으로 채무자에 대한 관계에서 채권자와 다른 전부의무자의 이익을 어떻게 조화시켜 해결할 것인지의 문제와 관련되어 있다고 할 것이다. 공동채무관계에서는 동일한 급부에 대하여 여러 채무자가 공동으로 채무를 부담하여 급부의 이행이 보다 확실하므로, 채권자는 이른바 '인적 담보'에 대한 기대를 가지는바, 이러한 측면을 감안하여 위와 같은 현존액주의 규정을 두게 된 것으로 보인다.[18)]

한편, 파산절차에 관하여는 채무자회생법 제428조[19)]에서 현존액주의를 규정하고 있고, 개인회생절차에 관하여는 채무자회생법 제581조 제2항에서 파산절차에 대한 위 규정을 준용하고 있다.[20)]

---

18) 편집대표 권순일, 주석 채무자회생법(2), 한국사법행정학회(2021), 456-457면(서정원 집필부분)을 참조.

19) 채무자회생법 제428조(전부의 채무를 이행할 의무를 지는 자가 파산한 경우의 파산채권액) 여럿의 채무자가 각각 전부의 채무를 이행하여야 하는 경우 그 채무자의 전원 또는 일부가 파산선고를 받은 때에는 채권자는 파산선고시에 가진 채권의 전액에 관하여 각 파산재단에 대하여 파산채권자로서 권리를 행사할 수 있다.

20) 현존액주의 규정의 실천적인 의미를 파산절차를 예로 들어 구체적으로 살펴보면, 가령 채권자 A가 B · C · D · E의 연대채무자에 대하여 1,000만 원의 채권을 가지고 있고, B · C · D · E의 재산에 파산절차가 개시되어 각 절차에서 채권액 중 25%의 배당을 받을 수 있는 경우, 변제에 절대적 효력을 인정하지 아니하고 현존액주의를 적용하면 A는 각 파산절차에 참가하여 1,000만 원을 회수할 수 있지만, 절대적 효력을 인정하게 되면 A가 각 파산절차에 참가하여도 다른 파산절차에서 회수된 금액이 채권액에서 감액되므로 결국 총 회수액은 1,000만 원에 미치지 않게 된다[양형우, "다수당사자의 채권관계와 파산절차상 현존액주의", 민사법학 제44호, 한국사법행정학회(2009), 259면 참조].

2. 연　원

현존액주의는 당초 구 독일 파산법 제68조의 규정을 일본 파산법에 받아들인 것이었다.[21)·22)] 이후 일본은 1952년에 미국의 구 연방파산법(Bankruptcy Act) 제Ⅹ장의 기업회생(Corporate Reorganization) 제도를 참고하여 회사갱생법을 공포 및 시행하게 되었는데,[23)] 회사갱생제도는 이처럼 미국의 제도를 기초로 하면서도 독일법적인 일본 파산법상의 법기술을 이용한 특이한 제도로 평가되고 있다.[24)]

현존액주의 역시 파산법에 규정되어 있는 원칙을 회사갱생절차에 도입한 것이고,[25)] 현행 일본 회사갱생법의 규정상으로도 파산법에 규정되어 있는 현존액주의에 대한 내용을 준용하고 있다.[26)]

한편, 우리나라의 현행 회생절차 및 종전의 회사정리절차는 이와 같은 일본의 회사갱생법을 계수한 것인바, 회생절차에서도 위와 같이 현존

---

21) 我妻榮, 新訂債權總論(民法講義 Ⅳ), 岩波書店(1964), 410면 참조.

22) 현행 독일 도산법 제43조에서도 '수인에게 동일한 급부의 전부에 대해 책임을 부담시키는 채권자는 도산절차에서 모든 채무자에게 그가 완전한 만족을 얻을 때까지 도산절차의 개시 시에 청구할 수 있었던 채권의 전액을 청구할 수 있다'는 내용으로 현존액주의를 규정하고 있다[양형우(주 20), 286면 참조. 조문 번역은 김경욱 역, 독일도산법, 법무부(2019), 59면에 의한 것이다]. 한편, 현행 독일 도산법에서도 도산계획에 대한 인가결정이 확정되는 즉시 도산계획의 효력이 모든 이해관계인들에게 발생하게 되는바(제254조 제1항, 제254b조), 채권자들의 채권도 그에 따라 면제되거나 그 지급이 유예되게 된다. 그런데, 다른 한편으로는 그와 같이 일부가 면제되거나 변제기가 유예된 채권의 이행에 관하여 채무자가 상당한 연체에 빠진 경우, 채권자가 문서로 최고하고 채무자에게 최소한 2주의 연장기간을 부여하였다면, 그 기한유예나 면제는 해당 채권자에 대하여 효력을 상실하도록 규정되어 있다(제255조 제1항). 즉, 그와 같은 결과가 법률의 규정에 따라 발생하도록 되어 있다[Reinhard Bork 저, 최준규 역, 독일 도산법, 박영사(2021), 218-221면 참조]. 이에 비추어 보면, 독일 도산법상 도산계획의 인가에 따른 채무 감면의 효력은 우리나라 채무자회생법상 회생계획 인가에 따른 채무 감면의 효력보다는 약하다고 볼 여지가 있어 보인다.

23) 伊藤眞(주 14), 22면.

24) 임치용, "정리회사와 보증인의 법률관계", 저스티스 제34권 제6호, 한국법학원(2001), 55면.

25) 三ケ月章 외 5인, 條解 會社更生法(中), 弘文堂(1999), 350면.

26) 일본 회사갱생법 제135조 제2항 참조.

액주의를 규정하고 있다.

반면, 위와 같이 회생절차의 기본적인 모델이라고 할 수 있는 미국 구 연방파산법 제Ⅹ장은 현재에는 연방파산법(Bankruptcy Code) 제11장 절차로 이어지고 있는데, 그와 같은 미국 연방파산법 상으로 엄밀한 의미에서 우리나라의 현존액주의 규정에 상응한다고 볼 수 있는 규정(즉, 다른 전부의무자의 변제 등에도 불구하고 도산절차 개시 당시의 채권 전액에 관하여 권리를 행사할 수 있다는 규정)은 찾아보기 어렵다.[27)]

3. '전액'의 의미와 관련된 기존의 논의

(1) 다수의 채권을 가지고 있는 경우

1명의 채권자가 회생채무자에 대하여 여럿의 채권을 가지는 경우, 해당 채권자가 가진 전체 채권의 전액이 소멸할 것을 요하는 것은 아니며, 현존액주의 규정에서 말하는 '채권 전액'의 소멸은 각 개별채권을 기준으로 판단하면 된다고 해석되고 있다.[28)]

일본 최고재판소도 파산법상 현존액주의 규정과 관련하여, '채권 전액'의 소멸이 변제 등에 관계된 당해 파산채권의 전액을 의미한다고 해석하는 것이 타당하다고 판단한 바 있는데,[29)] 그와 같은 판단의 이유로 일본 파산법상 현존액주의 규정[30)]의 문언이 '그 채권의 전액이 소멸한 경우

---

27) 심지어 미국에서는 뒤에서 보는 바와 같이 일부 연방항소법원의 경우, 회생계획으로 채무자가 아닌 제3자의 책임을 면제하는 조항을 정하는 것도 허용하고 있기도 하다. 다만, 미국 연방파산법에도 구상권자보다 채권자의 권리행사를 우선하도록 하는 규정들은 존재한다. 즉, 채권자가 기한 내에 채권신고를 하였다면 보증인 등이 해당 채권을 신고할 수는 없도록 되어 있고[연방파산법 § 501(b) 및 연방파산절차규칙(Federal Rules of Bankruptcy Procedure) 3005(a) 참조], 이외에 연방파산법 § 507(d)에서는 일정한 채권의 경우에 채권자를 대위하는 때에는 당초에 해당 채권에 대하여 인정되던 우선권이 인정되지 아니하도록 규정하고 있으며, § 509(c)에서는 대위하여 행사하는 채권 및 구상권은 채권자가 만족을 얻을 때까지는 채권자의 채권보다 후순위로 취급되도록 규정하고 있다.

28) 주석 채무자회생법(2)(주 18), 469-470면(서정원 집필부분).

29) 日最判 2010. 3. 16.(民集64卷2號, 523면).

30) 구체적으로는 일본 파산법 제104조 제2항인바, 우리나라 채무자회생법 제126조 제2항에 대응하는 내용을 규정하고 있다.

를 제외하고는'(その債權の全額が消滅した場合を除き)이라고 규정하고 있을 뿐 해당 채권자가 가진 '총채권'(總債權)이라는 식으로 규정하고 있지는 아니하고, 위와 같은 현존액주의 규정은 기본적으로 민법에서 정하고 있는 '채권의 일부'에 대하여 대위변제가 있는 경우[31]를 염두에 두고 파산절차 관계자들 사이, 보다 일반적으로는 구상권자와 채권자 사이의 이해조정을 꾀하고자 한 것으로 볼 수 있다는 점 등을 들고 있다.[32]·[33]

(2) 일부보증 등

보증인이 채권 중 일부만을 보증한 경우, 보증인이 그와 같이 '보증한 전액'만 변제하면 그 범위 내에서 채권자의 권리행사범위는 줄어들고, 보증인이 채권자의 회생채권을 대위행사할 수 있는지에 관하여 논란이 있다. 긍정설이 일본의 다수 견해로서, 일부 보증은 보증된 범위 내의 채무만 변제되면 나머지 부분에 대하여는 변제할 의무가 없다는 점을 근거로 들고 있다.[34] 반면, 부정설은 특히 종전의 회사정리절차와 관련하여 이러한 문제가 '자신의 보증채무액 전액을 이행한 보증인과 아직 채무 전

31) 구체적으로는 일본 민법 제502조 제1항인바, 우리 민법 제483조 제1항에 대응하는 내용을 규정하고 있다.

32) 해당 최고재판소 판결의 내용 및 그에 대한 분석은 加々美博久, "開始時現存額主義の適用範囲", 金融法務事情 No. 1843(2008), 10-14면 참조.

33) 한편, 이러한 최고재판소 판결의 내용과 관련하여 일본에서 논의되는 것들 중에는, 채권자가 주채무자에 대하여 각 별개의 채권으로서 원본·이자·손해금 채권을 가지고 있는 경우에도, 보증인에 대하여는 하나의 채권(우리나라 민법 제429조 제1항에서는 "보증채무는 주채무의 이자, 위약금, 손해배상 기타 주채무에 종속한 채무를 포함한다"고 규정하고 있는데, 일본 민법 제447조에서도 이와 유사한 내용을 규정하고 있다)을 가지는 것이어서, 현존액주의 적용 여부의 판단에 있어 채권의 수를 어떻게 보아야 하는 것인지의 문제가 있다. 이에 대하여는, 주채무자에 대한 파산절차에서는 원본·이자·손해금의 3개의 채권으로 취급하고, 보증인에 대한 파산절차에서는 1개의 채권으로 취급하자는 견해도 제시되고 있다[石井教文 외 3인, "開始時現存額主義の適用範囲をめぐる最高裁判決の射程と実務對応", 金融法務事情 No. 1902(2010), 42면; 松下滿俊, "破産手續にをける開始時現存額主義をめぐる諸問題", 倒産法の最新論点ソリューション(2013), 125면]. 이러한 견해에 의할 경우, 주채무자에 대하여 파산절차가 진행되는 때에 보증인으로서는 이자 상당액만 전부 변제하면 이자채권에 대하여는 해당 파산절차에서 구상권의 행사가 가능할 것이다.

34) 「倒産と擔保·保證」實務硏究會, 倒産と擔保·保證 第2版, 商事法務(2021), 767-768면.

부를 변제받지 못한 채권자 중 누구를 더 보호하는 것이 타당한가'라는 관점에서 결정할 것인데, 현존액주의 규정이 가급적 채권자에게 더 많은 변제를 하고자 하는 데에 입법취지가 있고, 채권자가 당해 정리절차에서 변제를 받을 경우 보증이 되지 않은 부분에 우선 충당하여야 한다는 사정을 고려하면 보증인으로부터 먼저 회수하는지 회생절차에서 먼저 변제받는지 여부에 따라 채권자의 만족액이 달라지는 점은 부당하다는 점을 근거로 들고 있다.[35] 현행 채무자회생법에서는 일부보증에 관하여 제130조를 두고 있는 점을 감안하면 입법자의 의도는 일부보증에서 대위행사의 요건은 보증부분만의 전액 변제를 요건으로 하고자 한 것으로 파악할 수 있다.[36]

(3) 출자전환

회생절차를 진행한 주채무자가 주식회사로서 회생계획에 출자전환을 정하고 있는 경우에, 그러한 정함이 보증채무에는 어떠한 영향을 줄 것인지가 문제될 수 있다. 일본에서는 채권자가 주식을 취득하는 것 자체만으로 그에 대한 보증채무 역시 소멸한다는 견해와 주식 취득 후에 배당이나 주식의 양도에 의하여 현실적인 만족을 얻어야 그 한도 내에서 보증채무가 소멸한다고 보는 견해가 나뉘어져 있다.[37]

이와 관련하여 우리나라의 판례상으로는, 회생계획에서 회생채권을 주식으로 출자전환하도록 규정한 경우 회생채무는 원칙적으로 회생계획 인가결정시 또는 회생계획에서 정하는 시점에 소멸하지만,[38] 보증인이 있는 경우에는 신주발행의 효력발생일 당시를 기준으로 하여 회생채권자가 인수한 신주의 시가 상당액에 한하여 (출자전환으로 변제에 갈음하기로

---

35) 김용덕, "회사정리절차와 다수당사자 채권관계", 서울대학교 석사학위논문(1989), 81면.

36) 김정만(주 16), 190-191면. 구체적으로, 채무자회생법 제130조는 "제126조 및 제127조의 규정은 여럿의 보증인이 각각 채무의 일부를 부담하는 경우 그 부담부분에 관하여 준용한다"라고 규정하고 있다.

37) 「倒産と擔保·保證」實務硏究會(주 34), 727면 참조.

38) 대법원 2003. 8. 22. 선고 2001다64073 판결, 대법원 2003. 3. 14. 선고 2002다20964 판결.

한 회생채권의 액수를 한도로) 채무소멸의 효과가 보증인에게 미치는 것으로 보아 회생채권자는 나머지 회생채무에 대하여 보증인을 상대로 채권을 행사할 수 있다는 입장을 취하고 있다.[39] 이러한 판례의 태도는 이른바 '시가평가액 소멸설'을 취하고 있는 것으로 평가된다.[40]

Ⅲ. 회생계획 인가결정의 효력 및 법적 성질 등

1. 인가결정의 효력

회생절차에서 회생계획의 인가결정이 내려지면, 회생채권자 · 회생담보권자 · 주주 · 지분권자의 권리는 회생계획에 따라 변경된다(채무자회생법 제252조).[41] 이는 회생계획인가의 결정에 의하여 회생채권자 등의 권리가 회생계획의 내용대로 실체적으로 변경되는 것을 말하는바, 따라서 회생계획인가의 결정이 있으면 회생채권자 등의 권리는 회생계획에 따라 변경되어 채무의 전부 또는 일부의 면제효과가 생기고, 기한을 유예한 경우에는 그에 따라 채무의 기한이 연장되며, 회생채권이나 회생담보권을 출자전환하는 경우에는 그 권리는 인가결정 시 또는 회생계획에서 정하는 시점에 소멸한다.[42] 대법원도 구 회사정리법이 적용되던 사안에서부터, 정리계획이나 회생계획 인가결정에 의한 채무면제의 효과를 일관되게 채무의 확정적 소멸이라고 판단하여 왔다.[43]

---

39) 대법원 2005. 1. 27. 선고 2004다27143 판결, 대법원 2003. 8. 22. 선고 2001다64073 판결, 대법원 2003. 1. 10. 선고 2002다12703, 12710 판결, 대법원 2006. 4. 13. 선고 2005다34643 판결, 대법원 2010. 3. 25. 선고 2009다85830 판결, 대법원 2012. 6. 14. 선고 2010다28383 판결, 대법원 2015. 4. 9. 선고 2014다54168 판결, 대법원 2018. 5. 15. 선고 2015다200685 판결 등.

40) 서울회생법원 재판실무연구회, 회생사건실무(상) 제5판, 박영사(2019), 836면.

41) 우리나라 회생절차에 대응하는 미국 연방파산법상 제11장 절차에서의 계획 인가의 효력과 관련하여서, 주석서에서는 계획에 대한 인가 결정은 그 계획이 채무자의 의무 등을 다루고 있는 범위 내에서 온 세상을 구속한다(구체적인 원문은 "The confirmation order binds the world to the extent the plan touches the debtor, its rights, assets or obligations as of the confirmation date")고 표현하고 있기도 하다 [Alan N. Resnick & Henry J. Sommer eds., 7 Collier on Bankruptcy(16th ed.), ¶ 1141.02].

42) 주석 채무자회생법(3)(주 12), 578-579면(권창환 집필부분) 참조.

2. 법적 성질

위와 같이 회생계획의 인가에 따라 권리변경, 즉 채무가 소멸하는 효과가 발생하는 것의 법적 성질은 일반적으로 '집단적 화해'로서의 효력이 발생하는 것이라고 설명되고 있는 것으로 보인다.[44] 대법원 결정에서도 '관계인집회에서의 회생계획안에 대한 동의 또는 부동의의 의사표시는 조(회생담보권자조, 회생채권자조 등)를 단위로 하는 일종의 집단적 화해의 의사표시'라고 설시된 바 있고(대법원 2014. 3. 18.자 2013마2488 결정), 헌법재판소도 구 회사정리절차와 관련하여 '정리계획은 실질적으로 집단적 화해의 일종'이라고 본 바 있다(헌법재판소 1992. 6. 26. 선고 91헌가8, 9). 일본에서도 회사갱생절차의 갱생계획을 집단적 화해로 보고 있다.[45]

Ⅳ. 회생계획 인가결정이 있는 경우 현존액주의 규정상 채권 '전액'의 의미

1. 회생계획 인가와 현존액주의

대상판결에서는 회생절차에서 회생계획 인가결정에 따라 채무가 감면된 경우, 현존액주의의 적용과 관련하여 채권자가 '회생절차개시 당시 가진 채권의 전액'이 얼마인지를 판단함에 있어 그와 같이 감면된 부분을 제외하여야 하는지 여부가 주된 쟁점으로 다루어졌다.

이는 당초 청산형 절차인 파산절차에서 출발한 현존액주의가 재건형 절차인 회생절차에서도 적용되게 되면서, 채권자들 중 일정한 비율의 동의가 있었다는 점에 기반하여 회생계획 인가를 통해 곧바로 채권을 감면

43) 대법원 1995. 5. 26. 선고 94다13893 판결, 대법원 2007. 5. 31. 선고 2007다11231 판결, 대법원 2017. 10. 26. 선고 2015다224469 판결. 이무룡, "주채무자의 도산과 보증인의 주채무 소멸시효 항변-일본에서의 논의를 중심으로", 사법 제53호, 사법발전재단(2020), 392면 참조.

44) 오병희, "회생절차에서의 추완신고에 따른 후속 절차 검토-대법원 2012. 2. 13.자 2011그256 결정과 관련하여", 도산법연구 제3권 제2호, 사단법인 도산법연구회(2012), 316면 참조.

45) 三ケ月章 외 5인, 條解 會社更生法(下), 弘文堂(1998), 747면 참조.

하는 회생절차의 특성과 충돌하게 됨에 따라 발생한 문제로도 생각된다.

즉, 채무자회생법을 보더라도, 파산절차의 경우에는 면책을 받더라도 파산절차에 의한 배당에는 영향이 없도록 규정되어 있다(제566조 본문). 또한, 개인회생절차의 경우에도 회생절차와는 달리 변제계획 인가만으로 바로 권리변경이 발생하지는 아니하고, 원칙적으로 변제계획에 따른 변제를 완료한 후 면책결정을 받아 그 면책결정이 확정되어야 권리변경이 이루어지게 되어 있다(제615조 제1항 단서, 제624조 제1항). 반면, 회생절차의 경우에는 회생계획인가의 결정이 있는 때에 회생채권자 등의 권리가 회생계획에 따라 변경되게 된다(제252조 제1항).

기존에 이러한 쟁점에 대하여 구체적으로 다룬 문헌은 찾기 어려우나, 앞서 본 바와 같은 현존액주의 및 회생계획 인가와 관련된 기존의 논의 등을 감안하면 아래와 같은 견해 대립은 상정 가능할 것으로 보인다.

2. 견해 대립의 상정

(1) 감면 부분 제외 긍정설

(가) 논거 ①: 현존액주의 규정의 문언

채무자회생법 제126조 제2항에서는, '다른 전부의 이행을 할 의무를 지는 자'가 회생절차 개시 후에 채권자에 대하여 변제 그 밖에 채무를 소멸시키는 행위를 한 때라도 그 채권의 '전액'이 소멸한 경우를 제외하고는 그 채권자는 회생절차의 개시시에 가지는 채권의 전액에 관하여 그 권리를 행사할 수 있다고 규정하고 있는데, 회생계획의 인가에 따른 주채무자 채무의 감면은 기본적으로 '다른 전부의 이행을 할 의무를 지는 자'의 행위에 따라 채무가 소멸한 것이 아니므로, 그 감면된 채무 부분은 위 '전액'에서 제외되어야 한다.

(나) 논거 ②: 현존액주의의 예외에 관한 논의와 회생계획 인가의 법적 성질

현존액주의의 예외로서, 당해 회생절차 또는 파산절차로부터 변제 또는 배당받은 때에는 그 금액만큼 회생채권 또는 파산채권이 소멸하는 것으로 여겨지고 있다. 즉, 회생절차의 경우 채권자가 회생계획에 의하지 아니하고 법원의 허가를 받아 변제 받은 때(채무자회생법 제131조 제1항 단서)에도 그 한도에서 회생채권액이 감소된다는 것인데, 그와 같이 해석하지 않으면 도산절차 내에서 전부의무자의 채권자가 너무 유리하게 되고 그로 인하여 다른 도산채권자와 사이에서 형평에 반하기 때문이라는 것이다. 나아가 채권자가 회생계획에 따라 변제받은 경우에도 그 한도에서 회생채권액이 감소되는 것으로 여겨지고 있다.[46)]

이와 관련하여 문헌상으로 구 회사정리절차와 관련하여, 보증채무자가 변제하는 경우와 같이 구상과 변제자대위의 문제가 남는 경우에는 채권이 채권자로부터 대위변제자에게 이전한 것에 불과하므로 그러한 때에는 현존액주의가 적용되나, 주채무자가 변제하는 경우에는 구상이나 변제자대위의 문제가 발생하지 않기 때문에 채권은 절대적으로 소멸하므로 그러한 때에는 현존액주의의 적용이 없는 것으로 해석하여야 한다는 견해가 있다. 이러한 견해는, 현존액주의에 관한 규정들이 실체법에 의하여 채무자에 대한 채무소멸의 효력이 인정되는 경우에는 당연히 정리절차에서도 이를 반영하여 채권자의 채권액 감액을 인정하여야 하고, 그와 같이 해석하지 않으면 실체법상 이미 소멸된 채권을 존재하는 것으로 인정하여 그에 관한 권리행사를 인정하는 결과가 되어 다른 일반채권자들에게 피해를 주게 된다는 점을 그 근거로 들고 있다.[47)]

주석서에서도, 현존액주의 규정의 '채권 전액'의 소멸과 관련하여, 채권의 소멸원인이 반드시 전부의무자의 출연일 필요도 없다고 설명되고 있다. 즉, 채권자의 '채무자에 대한' 채권이 전액 소멸하면 되므로, 전부의무자에 대한 채권이 일부 남아 있더라도 채무자에 대한 채권이 면제 등의 원인으로 전액 소멸하였다면 이에 해당한다는 것이다.[48)]

46) 김정만(주 16), 156면; 주석 채무자회생법(2)(주 18), 466면(서정원 집필부분) 참조.
47) 김용덕(주 35), 31-34면.
48) 주석 채무자회생법(2)(주 18), 483면(서정원 집필부분). 또한, 일본에서도 현존액주의 규정에서 말하는 채권의 소멸에는 전부의무자의 행위에 의하여 채권이 소멸한 경우뿐만 아니라 상계나 면제 또는 담보권실행으로 인한 채권회수과 같은 채권

특히, 위 주석서에서는 그에 대한 근거로 대법원 2009. 10. 29. 선고 2009다50933 판결을 들고 있는데, 해당 판결의 사안에서는 주채무자에 대한 화의인가 후에 보증인이 채무를 일부 변제(140억 원 상당 중 77억 원 상당을 변제)하였는데, 그러던 중 주채무자와 채권자 사이에서 위와 같이 인가된 화의조건보다도 채무를 감면(7억 5,000만 원으로 감면)하기로 하는 내용의 채무조정합의가 이루어졌고, 주채무자가 그러한 채무조정합의에 따라 감면된 후의 채무는 모두 이행하였다. 이에 대하여 대법원은, 주채무자가 위 채무조정합의를 이행함에 따라 채권자의 화의채권이 모두 소멸한 이상, 채권자에게 대위변제를 이행한 보증인은 화의조건에서 정한 바에 따라 주채무자를 상대로 구상권을 행사할 수 있다고 보았다.

그런데, 이처럼 채권의 소멸원인이 반드시 전부의무자의 출연일 필요가 없다면, 당해 회생절차 내에서 회생계획의 인가에 의하여 채권액이 감면된 때에도 현존액주의의 예외가 인정되어 그 감면액을 제외한 잔액만큼만 다른 전부의무자에게 청구할 수 있다고 볼 수 있다.

즉, 회생계획에 의한 면제의 일반적인 법적 성질[49]과 관련하여, 자연채무설과 채무소멸설이 대립하고 있으나, 일본의 주요 주석서에서도 채무소멸설로 파악하고 있고,[50] 앞서 본 바와 같이 우리나라에서도 대법원이 정리계획이나 회생계획 인가결정에 의한 채무면제의 효과를 일관되게 채무의 확정적 소멸이라고 판단해 왔다.[51]

이처럼 회생계획에 의한 면제의 성질을 채무의 소멸로 본다면, 그러

자의 행위로 인하여 소멸한 경우도 포함한다고 보는 것이 학설상 유력하다[伊藤眞 외 5인, 條解破産法, 弘文堂(2014), 765-766면 참조]. 다만, 이러한 종래의 견해들 자체에서 대상판결의 쟁점과 관련하여 회생계획으로 감면된 부분까지 현존액주의 규정의 채권 '전액'에서 제외되어야 한다는 긍정설의 입장임을 명시하고 있는 것은 아니다.

49) 이는 기본적으로 해당 회생계획과 이를 구성하는 권리변경조항에 대한 해석의 문제일 것이나, 회생계획상 이를 항상 명료하게 정리하는 것은 아니므로, 일반적인 해석방향에 대한 논의라고 할 것이다. 이무룡(주 43), 392면 참조.

50) 三ケ月章 외 5인(주 45), 747면.

51) 대법원 1995. 5. 26. 선고 94다13893 판결, 대법원 2007. 5. 31. 선고 2007다11231 판결, 대법원 2017. 10. 26. 선고 2015다224469 판결.

한 소멸이 전부의무자에 의한 변제와 달리 구상이나 변제자대위의 문제도 발생시키지 않는 이상, 현존액주의의 적용에 있어 그와 같이 회생계획에 의하여 면제된 부분은 제외하여야 하는 것이 논리적이라고 볼 수 있다.

특히 위 2009다50933 판결에서는 채권자와 주채무자 사이에 별도의 채무 면제 합의가 있었고, 그에 따른 면제의 결과까지 감안하여 '채권 전액'의 변제 여부를 판단하였는데, 회생계획 인가에 따른 권리감면 역시 비록 집단적 절차에서의 것이기는 하나 채권자들 중 일정 비율 이상의 동의에 따른 면제로서 위와 같은 개별적인 면제 합의와 그 성질상 전혀 다르다고 보기는 어렵고, 그 효과면에서는 동일하다고 할 수 있는바, 위 2009다50933 판결의 논리에 기초한다면 회생계획 인가의 경우에도 그에 따라 감면된 채권액만을 변제하여도 '채권 전액'의 변제에 해당한다고 봄이 논리상 일관된다고 볼 여지가 있다.

(다) 논거 ③: 보증채무의 시효중단에 관한 논의

위와 같이 대법원은 정리계획이나 회생계획 인가결정에 의한 채무면제의 효과를 채무의 확정적 소멸이라고 판단해 왔는데, 이를 전제로 구 회사정리법상 주채무자에 대한 정리절차 참가에 따른 보증인의 보증채무에 대한 시효중단의 효력[52]과 관련하여서도 그와 같이 소멸한 부분과 나머지 부분을 나누어 판단하고 있다.[53]·[54] 이를 감안하면 보증인을 비롯

52) 채무자회생법에서는 제32조에서 회생절차참가에 따른 시효중단의 효력 등에 대하여 규정하고 있다.

53) 즉, 판례는 '정리절차 참가로 인한 회사정리법 제5조 소정의 시효중단의 효력은 정리회사의 채무를 주채무로 하는 보증채무에도 미치고 그 효력은 정리절차 참가라는 권리행사가 지속되는 한 그대로 유지되므로, 후에 정리계획에 의하여 주채무의 전부 또는 일부가 면제되거나 이율이 경감된 경우 그 면제 또는 경감된 부분의 주채무는 정리계획의 인가결정이 확정된 때에 소멸하게 됨에 따라 그 시점에서 채권자의 정리절차에서의 권리행사가 종료되어 그 부분에 대응하는 보증채무의 소멸시효는 위 인가결정 확정시부터 다시 진행한다고 할 것이나, 정리계획에 의해서도 주채무가 잔존하고 있는 경우에는 정리절차 참가에 의한 시효중단의 효력이 그대로 유지되어 그 정리절차의 폐지결정 또는 종결결정이 확정되어 정리절차에 있어서의 권리행사가 종료되면 그 시점부터 중단되어 있던 보증채무의 소멸시효가 다시 진행된다 할 것'이라고 하였다. 대법원 1995. 5. 26. 선고 94다13893 판결, 1995.

한 전부의무자들에 대하여 현존액주의 규정의 적용 여부를 판단함에 있어 채권 '전액'의 의미와 관련하여서도 회생계획에 따라 주채무가 감면된 부분과 감면되지 아니한 부분을 구별하여 그 취급을 달리할 수 있을 것이다.

(라) 논거 ④: 다수의 채권을 가지고 있는 경우 및 일부보증의 경우에 관한 논의

앞서 본 바에 의하면, 채권자가 주채무자에 대하여 다수의 채권을 가지고 있는 상황에서 주채무자의 회생절차가 개시된 경우에도 보증인으로서는 자신이 보증한 채권의 전액만 변제하면 구상권의 행사가 가능하고, 일부보증의 경우에도 보증인이 보증부분만 전액 변제하면 주채무자에 대한 회생절차에서 권리행사가 가능한바, 이에 의하면 현존액주의 적용 여부의 판단 국면에서도 보증인의 당초 보증범위를 감안하여 보증인의 이익을 보호하고 있다고 볼 수 있겠다.

주채무자에 대한 회생계획 인가로 권리감면된 부분을 채권 '전액'에서 제외할 것인지 여부를 정함에 있어서도, 보증인의 보증채무의 범위가 오히려 주채무자보다 더 넓어지게 된 측면을 고려하여, 보증인의 이익을 보호하는 방향으로 해석 가능하다.

(마) 논거 ⑤: 민법상 일반원칙의 고려

나아가, 채무자회생법상으로는 제250조 제2항에서 회생계획 인가결정이 채권자가 보증인이나 다른 연대채무자 등에 대하여 가지는 권리에는 영향을 미치지 않도록 하고 있을 뿐이고, 현존액주의 규정에 있어서 '채권 전액'의 판단과 관련하여 회생계획 인가결정이 영향이 없다는 취지를 규정하고 있는 것은 아닌바, 연대채무자에 대한 채무면제의 부분적

---

11. 21. 선고 94다55941 판결, 대법원 2007. 5. 31. 선고 2007다11231 판결 등.

54) 일본 최고재판소 1978. 11. 20.자 판결[最二小判昭53. 11. 20.(民集32卷8號1551면)]도 회사갱생절차와 관련하여 '갱생절차참가에 의하여 중단되어 있던 보증채무의 소멸시효는 주채무에 관한 면제를 정하고 있는 갱생계획 인가결정이 확정된 때부터 다시 진행하기 시작한다'고 하였다. 위 최고재판소 판결에 대하여는 大久保邦彦, "再生計畫に基づく再生債務(主債務)の辨濟と保證人に對する時效中斷効", 金融法務事情 No. 2121(2019), 23면 등을 참조.

절대효(민법 제419조 참조) 등을 정한 민법의 일반원칙에 따라 적어도 위 '채권 전액'의 판단과 관련해서는 회생계획에 따른 권리감면에도 절대효를 인정하여야 한다고 볼 수 있다.[55)]

특히 현존액주의가 적용되는 경우에는 전부의무자의 일부 변제에도 불구하고 채권자에게 회생채권 전액의 행사를 허용함에 따라 채권자가 채권 전액을 초과하는 변제를 받는 상황이 발생할 수 있다. 이때에 채권자는 초과하여 받은 금액을 부당이득으로 반환하여야 할 것이고, 대법원도 보증채무자에 대한 파산절차에서 배당을 받아 일부 변제를 받은 채권자가 주채무자에 대한 회사정리절차에서 잔존 원금을 초과하여 변제를 받은 사안에서, 초과변제된 부분이 보증채무자의 파산재단에 대하여 부당이득이 된다는 취지로 판단한 바 있다(대법원 2009. 5. 14. 선고 2008다40052, 40069 판결).[56)] 이처럼 현존액주의 적용의 결과 부당이득 반환의 번잡한 문제가 발생할 가능성이 있다는 점에서도 이를 적용하여 민법상 일반 원칙으로부터 벗어날 것인지 여부의 문제는 엄격히 판단되는 것이 바람직하다고 볼 수 있다.

(2) 감면 부분 제외 부정설

(가) 논거 ①: 현존액주의 규정의 문언

현존액주의 규정의 문언상으로 '회생절차개시 당시 가진 채권의 전액'이라고 하여 회생절차개시 당시를 기준으로 하고 있을 뿐이고, 이후 회생계획의 인가에 따라 감면되는 부분을 고려하고 있지는 않다.

주석서에서도, 현존액주의 규정에서 말하는 '채권의 전액'이란 회생계획에 의하여 변경되기 전의 채권자의 채권 전액을 말한다고 기술하고

55) 도산절차와 평시의 실체법 사이의 관계에 대하여, 도산절차는 채무자의 경제적 재건 또는 도산채권자 등 이해관계인의 공평한 채권만족이라는 목적을 달성함에 있어서 어디까지나 평시와의 연장선상 일정한 예외를 형성하는 것이므로, 도산절차가 추구하는 바를 해하지 아니하는 범위 내에서는 원칙에 해당하는 평시의 법률관계가 존중되어야 한다고 설명되기도 한다[김치송, "주채무자에 대한 도산절차 개시 후 보증인의 지위-보증채무 이행 국면을 중심으로", 저스티스 통권 제186호, 한국법학원(2021), 164면].

56) 주석 채무자회생법(2)(주 18), 470면(서정원 집필부분).

있다.[57)]

(나) 논거 ②: 현존액주의의 취지 관련

일본 최고재판소는 현존액주의에 대하여, 이는 실체법상의 채권액과 절차법상의 채권액 사이의 괴리(乖離)를 인정하여 도산절차에 있어서 복수의 전부의무자를 세운 것이 책임재산을 집적하여 채권의 목적인 급부의 실현을 더욱 확실히 한다는 기능을 가지도록 한 것으로 설명한 바 있다.[58)] 이처럼 현존액주의 자체가 실체법상의 채권액을 초과하는 변제를 받을 수 있도록 허용하고 있는 점을 감안하면, 회생계획 인가를 통하여 실체적인 권리감면의 효력이 있었다고 하여 그러한 사정이 현존액주의 규정에서 말하는 채권 '전액'의 판단에 영향을 주어야 하는 것은 아니다.

(다) 논거 ③: 회생계획 인가의 법적 성질 관련

앞서 본 바와 같이 대법원과 헌법재판소는 회생계획(또는 정리계획) 인가의 법적 성질을 '집단적 화해'로 보았는데, 그러면서 이를 통상적인 화해와는 다르게 볼 수 있다는 취지 역시 밝혔다.

우선, 헌법재판소는 정리계획 인가의 법적 성질을 집단적 화해로 보는 이유가 '정리계획이 실질적으로 이해관계인의 호양을 내용으로 하고 있다는 점에서 화해의 일종이라고 보는 것'일 뿐임을 전제한 후, '다수결에 의하여 이루어진다는 점에서 동의의 의사표시를 하지 아니한 당사자의 입장에서는 정리계획의 효력발생을 위하여 법률적으로 동의의 의사표시를 한 것으로 의제되고 있는 것이고, 그 성립형식에 있어서도 통상적인 화해와 동일시 할 수 없는 면이 있다. 이러한 점에서도 민법상 부종성 등의 원칙이 적용되는 일반적인 경우에 해당하는 임의의 채무감면의 경우나 경개 등 권리변경의 경우와는 그 취급을 달리해야 할 근거를 발견할 수 있다'고 보았다(헌법재판소 1992. 6. 26. 선고 91헌가8, 9 결정).

또한, 대법원도 회생계획안에 대한 동의나 부동의의 의사표시를 일종의 집단적 화해의 의사표시로 보면서, 이는 '재판절차상의 행위이고 관

---

57) 주석 채무자회생법(2)(주 18), 469면(서정원 집필부분).

58) 日最判 2010. 3. 16.(民集64卷2號, 523면).

계인 사이에 일체 불가분적으로 형성되는 집단적 법률관계의 기초가 되는 것이어서 내심의 의사보다 그 표시를 기준으로 하여 효력 유무를 판정하여야' 하므로, '거기에 민법 제107조 이하의 의사표시의 하자에 관한 규정은 적용 또는 유추적용될 수 없다'고 하였다(대법원 2014. 3. 18.자 2013마2488 결정).[59)]

이처럼 회생계획 인가의 법적 성질 상으로도 이를 민법상 일반적인 권리변경의 경우와는 다르게 볼 수 있는바,[60)] 설령 채권자가 주채무자에 대한 회생계획 인가 후 이와는 별도로 주채무자에 대하여 채무를 면제한 것에 따른 효력이 다른 전부의무자가 채권 '전액'을 변제하였는지 여부의 판단에 고려되어야 한다고 하더라도, 그러한 점을 들어 회생계획 인가에 따른 권리변경의 결과 역시 다른 전부의무자가 채권 '전액'을 변제하였는지 여부의 판단에 고려되어야 한다고는 볼 수 없다.

(라) 논거 ④: 출자전환의 경우와의 비교

앞서 본 바와 같이 판례는, 주채무자에 대한 회생절차에서 출자전환을 정하고 있는 회생계획이 인가된 경우에도, 보증인에 대하여는 출자전환으로 소멸하는 채무 상당액 전부가 아니라 채권자가 인수한 신주의 시가 상당액에 한하여 보증채무가 변제된 것으로 보고 있다. 그렇다면, 현존액주의 규정의 채권 '전액'의 변제 여부를 판단함에 있어서도 그와 같은 시가상당액만 변제된 것으로 보아 위 '전액'에서 제외하여야 할 것인바, 회생계획 인가에 따른 권리감면액 자체를 위 '전액'에서 제외하는 것은 위와 같은 출자전환과 관련된 판례의 태도와도 균형이 맞지 아니한다(즉, 회생계획에서 단순히 권리감면을 정한 것이 아니라, 주식으로 '변제'한 것으

59) 통상적인 화해계약의 경우, 민법 제733조의 규정에 의하여 화해당사자의 자격 또는 화해의 목적인 분쟁 이외의 사항에 착오가 있는 경우를 제외하고는 착오를 이유로 화해계약을 취소하지 못하지만, 화해계약이 사기로 인하여 이루어진 경우에는 화해의 목적인 분쟁에 관한 사항에 착오가 있는 때에도 민법 제110조에 따라 이를 취소할 수 있다(대법원 2008. 9. 11. 선고 2008다15278 판결 참조).

60) 문헌상으로도, 회생계획에 따른 면제 등은 임의의 채무면제와는 동일시할 수 없는 측면이 있다는 점이 제시된다. 박재완, "현존액주의에 관하여", 법조 제57권 제12호, 법조협회(2008), 104-105면 등 참조.

로 볼 여지가 있는 출자전환을 정한 경우에도 보증인에 대하여는 출자전환으로 소멸하는 채무 상당액 전부가 아니라 채권자가 인수한 신주의 '시가 상당액'에 한하여만 보증채무가 소멸한 것으로 보는 이상, '변제'한 것이라고 할 수도 없는 권리감면의 경우에 그 감면 부분 전체가 현존액주의 규정에서 말하는 채권 '전액'에서 제외된다고 보기는 어렵다).

3. 구체적 검토

대상판결과 같이 보게 되면, 기본적으로 회생계획 인가의 효력이 약화되는 난점은 있다고 할 것이다. 즉, 회생제도는 일정한 경우에 채무자의 과도한 채무를 감면시켜 계속 경제활동을 영위할 수 있도록 하는 것이 국가적 · 사회적으로도 도움이 된다는 점에 기초하고 있고, 따라서 회생계획 인가에 따라 (변제가 완료되기 전에도) 권리가 감면되는 것은 그러한 회생제도의 핵심이라고 할 것이다. 그런데 대상판결은 이러한 회생계획 인가의 효과를 해당 회생절차 내에서도 현존액주의 규정의 적용과의 관계에 있어 제한하는 것인바, 비록 주채무자에 대한 회생계획이 인가되었다고 하여 보증인의 보증채무가 그에 따라 감면되는 것은 아니나, 주채무자의 경제적 재건이라는 측면에서 (보증인과 같은 다른 전부의무자에 대한 권리가 아니라) 회생절차 진행 중인 주채무자 본인에 대한 권리가 감면하는 효력은 기본적으로 회생절차의 이해관계인 모두에게 미쳐야 할 것이라는 점에서는 아쉬움이 있다.

그러나 채무자회생법에서 명문으로 회생절차에 대하여도 현존액주의를 규정하고 있는 이상, 그 취지를 고려하지 않을 수 없을 것으로 보인다. 앞서 본 바와 같이 현존액주의는 어차피 실체법상의 채권액과 절차법상의 채권액 사이의 괴리를 인정하는 제도인바, 회생계획 인가에 따른 권리감면이라는 실체법상의 효과만으로는 그와 같은 권리감면액을 현존액주의 규정의 채권 '전액'에서 제외하여야 할 근거가 된다고 보기는 부족하다.

또한, 현존액주의는 회생절차 내에서 회생절차 개시 당시에 채권자가 가지는 채권액으로 권리행사를 할 수 있도록 하는 것인바, 회생계획 인가에 따른 효과도 결국 회생절차의 진행으로 인한 것임을 감안하면, 그러한 효과를 현존액주의 규정의 적용에 있어서는 고려하지 아니하는 것이 현존액주의 규정의 취지상 타당할 것으로 보인다. 나아가, 현존액주의가 회생절차에 적용되도록 한 것은 회생절차 내에서 회생계획 인가에 따른 권리감면으로 인하여 (회생계획대로 이행이 되더라도) 일부만을 변제받게 되는 상황을 전제로 하여, 그러한 경우에 인적담보를 가지고 있는 채권자의 이익을 보호하기 위함이라고 볼 여지도 있고, 그렇다면 현존액주의의 적용을 통하여 채권자를 보호하고자 하는 바로 그 상황(회생계획 인가에 따른 권리감면)을 이유로 들어 현존액주의의 예외를 인정할 수는 없을 것이다.

한편, 회생계획 인가 전 법원의 허가를 받아 변제하거나 회생계획에 따른 변제가 이루어지는 경우는 채권의 목적인 급부가 실제로 이행되는 상황인바, 회생계획 인가에 따른 권리감면을 이러한 상황과 같이 보기는 어려울 것이다. 그리고, 앞서 본 바와 같은 2009다50933 판결은 주채무자와 채권자 사이에 별도로 개별적인 채무조정합의가 있었던 사안이므로, 해당 판례를 들어 회생계획 인가에 따른 권리감면액을 현존액주의 규정의 채권 '전액'에서 제외하여야 하는 것으로 볼 수도 없을 것이다. 위에서 언급한 바와 같이 대법원 및 헌법재판소도 집단적 화해의 성질을 가지는 회생계획의 인가를 통상적인 화해와 동일시 할 수는 없다는 취지를 밝혔고, 특히 헌법재판소는 회생계획의 인가를 임의의 채무감면과는 다르게 취급할 수 있다고 명시하기도 하였다.

실무적인 측면에서도 회생계획 인가에 따른 권리감면액을 현존액주의 규정의 채권 '전액'에서 제외하는 긍정설을 취하는 것이 오히려 번거로운 결과를 가져오는 경우가 발생할 수 있을 것으로 보인다. 가령, 채권자 A가 주채무자 B에 대하여 6,000만 원의 채권을 가지고 있고, C가 그에 따른 채무 전부를 연대보증하였는데, B에 대하여 회생절차가 개시되어 회생계획 인가에 따라 채무 중 50%인 3,000만 원이 감면된 경우, 긍정설에 따라 C가 A에 대하여 3,000만 원만 변제하고 B를 상대로 구상권을 행사하는 것이 가능하다고 하더라도, 앞서 본 채무자회생법 제250조 제2항에 의할 때 C는 여전히 A에 대하여 6,000만 원을 변제하여야 할 의무를 부담하는 이상, A가 C에 대한 판결 등의 집행권원을 취득하여 C의 B에 대한 구상권 자체 또는 이를 통하여 받은 금원 등에 대하여 집행할 수 있을 것이고, 그 결과는 회생계획 인가에 따른 권리감면액을 현존액주의 규정의 채권 '전액'에서 제외하지 아니하는 부정설을 취한 것과 같게 되나, 과정이 번잡하게 될 것이다.

특히, 연대채무를 부담하는 사람들 사이에 일부 변제에 따른 충당의 순서에 비추어 보아도, 긍정설을 취하여 회생계획 인가에 따른 권리감면액이 현존액주의 규정의 '전액'에서 제외된다고 볼 실익이 없는 경우가 많을 것으로 보인다. 즉, 판례는 "연대채무자 또는 연대보증인 중 1인이 채무의 일부를 변제한 경우에 당사자 사이에 특별한 합의가 없는 한 그 변제된 금액은 민법 제479조의 법정충당 순서에 따라 비용, 이자, 원본의 순서로 충당되어야 하므로 지연손해금 채무가 원본채무보다 먼저 충당된다. 한편 여러 명의 연대채무자 또는 연대보증인에 대하여 따로따로 소송이 제기되는 등으로 그 판결에 의하여 확정된 채무원본이나 지연손해금의 금액과 이율 등이 서로 달라지게 되어 원금이나 지연손해금에 채무자들이 공동으로 부담하는 부분과 공동으로 부담하지 않는 부분이 생긴 경우에 어느 채무자가 채무 일부를 변제한 때에는 그 변제자가 부담하는 채무 중 공동으로 부담하지 않는 부분의 채무 변제에 우선 충당되고 그 다음 공동 부담 부분의 채무 변제에 충당된다"고 보고 있다(대법원 2013. 3. 14. 선고 2012다85281 판결). 이러한 판례에 의할 때, 위의 사례와 같이 채권자 A가 주채무자 B에 대하여 6,000만 원의 채권을 가지고 있고, C가 그에 따른 채무 전부를 연대보증하였는데, B에 대하여 회생절차가 개시되어 회생계획 인가에 따라 채무 중 50%인 3,000만 원이 감면된 경우를 가정하면, C가 3,000만 원을 변제하면서 별도로 충당에 대한 합의 등이 없었다면 공동으로 부담하지 않는 부분(즉, 회생계획 인가에 따라 권리감면된 부분)의 변제에 먼저 충당될 것이므로, 앞서 본 긍정설을 취하더라도 C는 공동 부담 부분(즉, 회생계획 인가에 따라 감면된 후 남은 부분)을 변제한 것이 아니고, C로서는 결국 당초의 보증채무액 6,000만 원을 모두 변제하여야 '전액'을 변제한 것이 되어 B를 상대로 구상권을 행사할 수 있을 것이다.[61)·62)]

결국 위와 같은 점들을 감안하면, 대상판결의 결론과 같이 '부정설'을 취하는 것이 타당할 것으로 보인다.

Ⅴ. 구상권을 자동채권으로 하는 상계의 가부

1. 대상판결 사안의 경우

대상판결의 사안에서는 연대보증인인 원고가 구상권을 자동채권으로 하여 상계를 하고자 하였던 것인바, 그와 같은 상계가 가능한 것인지도 문제가 된다.

그런데, 채권의 전액이 소멸하지 않아 전부의무자가 회생절차에서 구상권을 행사할 수 없다는 의미에는 전부의무를 일부 이행하였더라도 구상권을 자동채권으로 하여 채무자에 대한 채무와 상계할 수 없다는 것도 포함된다.[63)]

---

61) 다만, 위 판례의 입장과 같은 외측설이 일반적으로 지지받는 것은 채권자에게는 물론이고 다액채무자에게도 공동 부담 부분이 줄어들지 않는 것이 유리하기 때문으로 보이는데[권영준, "2018년 민법 판례 동향", 민사재판의 제문제 제27권, 한국사법행정학회(2020), 56면 참조], 만일 회생계획 인가에 따른 권리감면액을 현존액주의 규정의 채권 '전액'에서 제외하는 긍정설을 전제한다면 외측설에 따른 결론이 다액채무자가 된 연대보증인에게 불리할 수 있으므로, 그 경우에도 위 판례가 그대로 적용될 수 있을 것인지에 대하여는 논의의 여지도 있어 보이나, 위와 같이 부정설이 타당한 것으로 보는 이상 그와 관련된 추가적인 검토는 생략하였다.

62) 한편, 주채무자에 대한 회생계획 자체에서 보증인 등이 변제하는 경우 회생계획 인가에 따른 권리감면 후 잔존하는 채무의 변제에 먼저 충당되는 것으로 정할 수 있는지 여부가 문제될 수 있는데, 이와 관련하여 그러한 취지로 충당 순서를 정한 정리계획의 유효성을 인정한 하급심 판결(서울고등법원 2005. 7. 15. 선고 2005나6930)이 존재한다(해당 판결은 상고되었다가 상고취하되어 그대로 확정되었다). 위 판결에 대한 보다 구체적인 내용은 박상구, "보증·물상보증과 도산법상의 현존액주의", 상사판례연구 Ⅶ권, 박영사(2007) 참조.

63) 주석 채무자회생법(2)(주 18), 483면(서정원 집필부분). 파산절차에 관한 판례로서 파산자의 보증인이 파산선고 후 보증채무를 일부 변제한 경우 그 구상권을 자동채권으로 하여 파산자에 대한 채무와 상계할 수 없다고 본 것이 있다(대법원 2008. 8. 21. 선고 2007다37752 판결).

따라서, 앞서 본 바와 같이 회생계획 인가결정에 따른 권리감면이 현존액주의 규정의 '전액'의 판단에는 영향이 없다고 볼 경우, 결국 전부의무자로서는 회생절차 개시 당시의 채권 전액을 변제하여야 구상권 행사 및 그러한 구상권에 따른 상계의 여지가 있을 것이다.[64] 그러므로, 대상판결 사안의 원고도 그와 같이 채권 전액을 변제하지 아니한 이상, 피고에 대한 구상권을 들어 상계를 할 수는 없을 것이다.

2. 개시 후에 다른 전부의무자가 전액 변제한 경우

만일 회생절차 개시 후에 원고와 같은 전부의무자가 채권 전액을 변제하였다면 그에 따른 구상권으로 상계가 가능할 것인지 여부와 관련하여 견해대립이 있다.

우선 상계부정설은 회생절차에서는 회생계획에 따라 권리의 변경이 이루어지는 것임에도 전부의무자가 회생계획에 의한 권리변경을 받기 전의 내용대로 변제하고 그 구상권으로 자기가 부담하고 있던 채무를 상계하는 것을 허용하면 회생채무자에게 불리하게 되는 것은 명백하고, 또한 개시결정 전에는 구상권의 발생 자체가 예정되어 있지 않았으므로 합리적인 상계기대가 존재하고 있다고는 할 수 없다는 등의 이유로, 이와 같은 상계를 인정하는 것은 적당치 않다는 견해[65]이다[이러한 상계부정설은 그 조문상의 근거로는 채무자회생법 제145조 제3호[66](일본 회사갱생법 제49조의2 제1항 제1호에 대응)를 들고 있다].

반면 상계긍정설은, '회생절차가 개시된 채무자의 채무자가 회생절차 개시의 신청이 있음을 알고 회생채권 등을 취득한 때'에도 '회생절차개시의 신청이 있은 것을 알기 전에 생긴 원인에 의한 때'에는 상계가 긍정

64) 「倒産と擔保・保證」 實務硏究會(주 34), 762-765면에서도 보증인이 채무 전액을 변제하여 현존액주의를 발동시키지 아니하여야 그러한 구상권에 따른 상계가 가능할 여지가 있다는 취지로 기술하고 있다.

65) 三ケ月章 외 5인(주 25), 908-909면.

66) 제145조(상계의 금지) 다음 각호의 어느 하나에 해당하는 때에는 상계하지 못한다.
3. 회생절차가 개시된 채무자의 채무자가 회생절차개시 후에 타인의 회생채권 또는 회생담보권을 취득한 때

되는 점(채무자회생법 제145조 제4호 단서, 제2호 나목), 보증인 등으로서는 구상권을 자동채권으로 하는 합리적인 상계기대를 개시 전부터 가지고 있었던 점 등을 중시하여 상계권을 긍정하는 견해[67]이다.

이에 대하여는, 채무자회생법상 위와 같이 채권 전액을 변제한 구상권자의 상계를 금지하는 명시적인 규정이 존재하지 아니하고(이러한 구상권은 변제자 자신의 권리이므로, 채무자회생법 제145조 제3호에서 말하는 "타인의 회생채권 또는 회생담보권"에 해당한다고 볼 수는 없다[68]), 나아가 현재 회생절차의 실무상 회생계획에 장래의 구상권에 대한 권리변경과 변제방법에 대한 규정을 두도록 하고 있는데, 그에 관한 일반적인 기재례에는 "구상권자는 채권자의 권리변경 전의 채권이 회생절차에 의하거나 회생절차에 의하지 아니하고 모두 소멸된 경우에 한하여 자기의 구상권을 행사할 수 있으며, 채무자는 이 회생계획에 의하여 변제하여야 할 회생담보권 또는 회생채권의 잔액 범위 내에서 구상권자들의 구상권 비율에 따라 변제합니다"라고 되어 있어[69] 상계부정설에서 우려하는 바와 같이 회생계획 인가 후에 '전부의무자가 회생계획에 의한 권리변경을 받기 전의 채권액 상당의 구상권'을 자동채권으로 하여 상계하는 상황은 발생하기 어려워 보이는 사정을 감안하면, 상계긍정설이 타당할 것으로 보인다.

3. 상계권 행사의 시기와 관련된 문제

한편, 채무자회생법 제144조 제1항에 의하면, 채권과 채무의 쌍방이 '신고기간' 만료 전에 상계할 수 있게 된 때에는 회생채권자 또는 회생담보권자는 '그 기간 안에 한하여' 회생절차에 의하지 아니하고 상계할 수

67) 宮脇幸彦 외 2인, 注解 會社更生法, 青林書院(1986), 607면; 김동윤, "회사정리절차 및 화의절차에 있어서의 상계의 제한", 회사정리법 · 화의법상의 제문제, 법원행정처(2000), 603면.

68) 伊藤眞(주 14), 357면. 이처럼 문언만으로는 위 규정에 따라 상계를 부정하기 어렵다는 점은 상계부정설에서도 인정하고 있다[三ケ月章 외 5인(주 25), 908면].

69) 서울회생법원 재판실무연구회(주 40), 757-759면(해당 문헌에서는, 장래의 구상권도 회생채권이므로 이에 관하여 회생계획안에서 그 처리방법을 정하지 않은 경우에는 인가결정에 의하여 면책의 효력이 발생한다는 점도 기술하고 있다).

있다고 규정하고 있는데, 이미 신고기간이 경과되고 인가결정까지 있었던 후에 상계가 가능한 것인지 문제될 여지가 있다. 그러나, 위와 같이 상계의 시기를 제한하는 것은, 회생절차에서는 회생계획의 작성 등을 위하여 회생채권 또는 회생담보권의 액 및 채무자가 갖는 채권액을 일정 시점까지 확정할 필요가 있기 때문인바, 회생계획이 인가되어 회생채권 등의 권리변경이 이루어진 이후에 권리변경 후의 자동채권과 수동채권을 상계하는 것은 허용된다고 여겨지고 있다.[70]

Ⅵ. 관련된 문제들

앞서 검토한 바와 같이, 현행법상으로는 대상판결의 결론이 타당하다고 보이나, 이는 기본적으로 연대보증인과 같은 다른 전부의무자에게는 불리한 해석일 것이다. 특히 기업을 경영하는 지위에서 부득이하게 연대보증을 하는 경우가 여전히 많은 현실을 고려하면 이러한 불리함을 완화할 방법에 대하여 모색하여 볼 필요가 있다고 할 것이다. 이와 관련하여 아래에서는 미국의 제3자 책임면제에 관한 논의와 일본의 「경영자보증에 관한 가이드라인」에 대하여 살펴보고자 한다.

1. 회생계획 자체에서 보증인을 면책할 수 있는지 여부-미국의 제3자 책임면제(Third-Party Release) 관련[71]

미국의 경우, 연방파산법 § 524(e)에서는 원칙적으로 '채무자의 채무에 대한 면책은 그 채무에 관한 다른 자의 책임이나 그 채무를 위하여 제공된 다른 자의 재산에 영향을 미치지 아니한다'고 규정되어 있기는 하다. 그런데, 회생계획(plan)에서 이러한 규정과는 달리 채무자가 아닌 제3

70) 전대규, 채무자회생법 제4판, 법문사(2020), 386면; 주석 채무자회생법(2)(주 18), 580면(도훈태 집필부분).

71) 미국의 제3자 책임면제(Third-Party Release)와 관련된 보다 상세한 내용은 박민준, "미국 연방파산법상 제11장 절차에서의 구조조정지원약정(Restructuring Support Agreement)에 대한 심사 및 그 시사점", 도산법연구 제9권 제2호, 사단법인 도산법연구회(2019), 54-58면을 참조.

자에 대한 책임의 면제를 규정하는 것을 허용할 수 있는지 여부에 관하여는 연방항소법원들 사이에 견해가 나뉘어져 있다.[72] 즉, 일부 연방항소법원들에서는 회생계획을 통한 제3자에 대한 책임면제도 가능하다고 보고 있다.

다만 이러한 제3자 책임면제를 긍정하는 견해의 주된 근거 중에는 연방파산법 § 105(a)[73]에 따라 파산법원에 연방파산법 규정의 이행을 위하여 필요하거나 적절한 명령을 할 수 있는 폭 넓은 권한이 인정되고 있는 점도 제시되고 있다.[74]·[75]

이를 감안하면, 그와 같이 도산절차에서 법원의 폭 넓은 권한을 인정하는 규정을 두고 있지 아니한 우리나라 채무자회생법상으로는 회생계획에서 보증인 등에 대한 책임의 면제를 규정하는 것을 허용하기가 쉽지는 아니할 것으로 보인다. 실제로 우리나라의 판례도 종전의 회사정리절

72) 이러한 제3자 책임 면제는 석면으로 인하여 수많은 사람이 피해를 입은 것과 관련된 불법행위로 인한 손해배상채권이 문제가 되었던 도산절차에서 처음으로 주목을 받게 되었다[Douglas E. Deutsch, Eric Daucher, "Chapter 11 Paln Confirmation Issues: Settlements, Releases, Gifting and Death Traps", Am. Bankr. Inst. J. (Oct., 2010), p. 55]. 구체적으로, 석면이 포함된 제품을 제조하였던 제조사에 대한 도산절차에서, 해당 제조사와 보험계약을 체결한 바 있었던 보험회사들이 피해자들을 위하여 상당 금원을 신탁하는 대가로 해당 보험회사들의 의무를 면제하는 내용의 조항이 포함된 회생계획이 인가된 사안 등이 있다[MacArthur Co. v. Johns-ManvilleCorp., 837 F.2d 89 (2d Cir. 1988)]. 이후 1994년에는 연방파산법이 개정되어 석면으로 인한 불법행위 책임의 문제를 포함하고 있는 도산절차에서는 제3자 책임 면제가 인정될 수 있게 되었다[연방파산법 § 524(g)].

73) 연방파산법 § 105(a)의 원문은 "The court may issue any order, process, or judgment that is necessary or appropriate to carry out the provisions of this title. No provision of this title providing for the raising of an issue by a party in interest shall be construed to preclude the court from, sua sponte, taking any action or making any determination necessary or appropriate to enforce or implement court orders or rules, or to prevent an abuse of process"와 같다.

74) Class Five Nevada Claimants v. Dow Corning Corp., 280 F.3d 648, 656 (6th Cir. 2002) 참조.

75) 그 외의 근거로는, 위와 같은 연방파산법 § 524(e)의 규정은 단지 면책이 제3자의 책임에 영향을 주지 않는다고 정하고 있을 뿐이고, 그러한 문구가 이와는 다르게 제3자의 책임을 면제하는 것을 허가할 수 있는 파산법원의 권한을 제한하고자 하는 취지는 아니라는 점 등이 제시되고 있다[In re Specialty Equip. Corp., 3 F.3d 1043, 1047, 29 C.B.C.2d 1215 (7th Cir. 1993) 참조].

차와 관련하여, '정리회사의 채무를 보증한 보증인의 책임을 면제하는 것과 같은 내용은 정리계획으로 정할 수 있는 성질의 것이 아니고, 설사 그와 같은 내용을 정리계획에 규정했다고 하더라도 그 부분은 정리계획으로서의 효력이 없다'고 본 바 있다(대법원 2005. 11. 10. 선고 2005다48482 판결).

2. 일본의 「경영자보증에 관한 가이드라인」[76)]

우리나라와 마찬가지로 주채무자에 대한 도산절차에서의 채무 감면의 효과가 보증채무에는 미치지 아니하는 일본의 경우에도, 경영자가 기업을 위한 보증계약을 체결하는 것에 신중을 기하고, 기왕 체결된 보증계약에 대하여는 경영자의 보증책임을 적절히 감면하여 부실기업의 신속한 도산절차 진행을 유도하는 것이 바람직하다는 전제 하에, 중소기업청 · 금융청 · 은행연합회 등이 중심이 되어 2013년에 「경영자보증에 관한 가이드라인(経營者保證に關するガイドライン)」을 제정 · 시행하게 되었는바, 이는 우리나라에도 많은 시사점을 줄 수 있는 제도로 보인다.

먼저 위 가이드라인의 적용대상이 되기 위하여는 주채무자는 중소기업이어야 하고, 보증인은 주채무자인 중소기업의 경영자[77)]이어야 한다.

위 가이드라인의 주요 내용으로는 경영자보증에 의존하지 아니하는 대출계약의 촉진 강화와 관련된 것들도 있으나, 여기에서 더 나아가 주채무자에 대한 도산절차 등이 진행되는 경우에 있어서 기존 보증채무의 정리에 관한 내용도 포함하고 있다.

구체적으로, 보증인이 위 가이드라인에 기하여 대상채권자에게 보증채무 정리를 신청하기 위해서는 다음과 같은 요건을 충족하여야 한다. 즉, ① 보증계약이 가이드라인의 적용대상에 해당하여야 하고,[78)] ② 가이

76) 이 부분의 내용은 황인용, "일본의 경영자보증에 관한 가이드라인", BFL 제80호, 서울대학교 금융법센터(2016), 128-139면; 「倒産と擔保 · 保證」 實務硏究會(주 34), 732-754면을 참조하였다.

77) 그 외에, 실질적인 경영권을 지닌 자, 영업허가 명의인, 경영자와 함께 사업에 종사하는 해당 경영자의 배우자, 경영자의 건강상 이유로 보증인인 사업승계 예정자 등도 가이드라인의 적용대상에 포함된다.

78) 보증계약이 가이드라인의 적용대상에 해당하기 위하여는, 보증계약의 주채무자

드라인의 이용과 동시에 주채무자가 파산절차 · 민사재생절차 · 회사갱생절차 또는 특별청산절차 개시 신청 등[79]을 실제로 하였거나 이러한 절차가 이미 계속되어 있거나 종결되었어야 하며, ③ 보증채무를 정리하는 것이 대상채권자에게도 경제적인 합리성이 있다고 기대되어야 하고(주채무 및 보증채무의 파산절차에 의한 배당보다 많은 회수를 얻을 수 있다는 가능성 등이 있어야 한다), ④ 보증인에게 파산법에 규정된 면책불허가사유[80]가 없고 그 우려도 없어야 한다.

위와 같은 일정한 요건을 충족하는 보증인은 '잔존자산'을 제외한 재산만을 처분하여 변제하면 나머지 보증채무를 감면받는 것이 가능하다. 이러한 '잔존자산'에는 파산절차상의 자유재산(채무자의 재산 중 파산재단에 속하지 아니하고 채무자가 자유롭게 처분할 수 있는 재산) 외에 일정기간의 생계비[81]에 상당하는 액이나, 화려하지 않은 자택(華美でない自宅)도 포함시킬 수 있다. 즉, 보증인의 입장에서는 위 가이드라인을 이용함에 따라, 보증인 자신에 대한 도산절차를 회피하여 평가나 명예의 저하를 피할 수 있고, 위 가이드라인에 따른 보증채무의 정리에 대하여는 신용정보등록기관에 등록되지 아니하며, 특히 화려하지 않은 자택까지 포함하는 잔존자산을 확보할 수 있는 가능성이 있다는 장점이 있다.[82]

Ⅶ. 결　　어

도산절차에서는 개별 채권자의 자유를 뒤로 물러나도록 하는 대신에 평등의 이념을 강조하고 있고, 그에 따라 총채권자의 몫을 극대화하는

및 보증인이 가이드라인의 적용대상에 해당할 것, 주채무자 및 보증인 쌍방이 성실히 변제를 하였고, 대상채권자의 청구에 따라 각각의 재산 상황 등(부채 상황을 포함)에 대해 적시에 적절하게 공개했을 것, 주채무자 및 보증인이 반사회적 세력이 아니고 그러할 우려도 없을 것이라는 요건을 충족하여야 한다.

79) 이해관계가 없는 중립적이고 공정한 제3자가 관여하는 사적정리절차 및 이에 준하는 절차(준칙형 사적정리절차) 신청도 포함된다.

80) 구체적으로는, 일본 파산법 제252조 제1항(제10호 제외)의 면책불허가사유를 말한다.

81) 보증인의 연령이나 고용보험의 급부기간 등을 참고하여 정한다고 한다.

82) 「倒産と擔保 · 保證」 實務硏究會(주 34), 733-734면.

것이 매우 중요한데,[83] 현존액주의 역시 인적담보를 가진 채권자의 기대이익을 보호함으로써 결과적으로는 총채권자의 몫을 극대화하는 측면에서도 역할을 담당하는 제도라고 볼 수 있겠다(복수의 전부의무자를 둔 개별채권자의 채권 회수 강화). 이러한 현존액주의가 파산절차를 넘어서서 회생절차에까지 명문의 규정을 통해 적용되고 있는 상황에서, 대상판결과 같은 결론은 피하기 어려울 것으로 보인다.

특히 대상판결은 쟁점에 대한 직접적인 판단 외에도 현존액주의의 법리를 상세히 설시하고 있는바, 규정 자체의 적용 여부에서부터 그 적용에 따른 초과배당 부분의 부당이득반환까지 각종의 복잡한 문제를 야기할 수 있는 현존액주의와 관련하여 향후에 다양한 논의의 기초가 될 수 있을 것으로 기대된다.

도산절차는 이해관계인들에게 도산재단의 가치를 배분하는 분배적 정의와 관련된 계속적인 분투라고도 할 것인바,[84] 현존액주의 규정의 적용 등과 관련하여 채권자와 다른 전부의무자, 특히 보증인 사이에 이해관계가 적절히 조정될 수 있도록 지속적인 관심과 논의가 필요할 것으로 보인다.

---

83) 전원열, “민사집행법상 평등주의의 재검토”, 법조 통권 제741호, 법조협회(2020), 40-42면 참조.

84) Elizabeth Warren, “Chapter 11: Reorganizing American Business”, Wolters Kluwer(2008), 17면 참조.

[Abstract]

Performance of a Surety After the Confirmation of the Plan Regarding the Principal Obligor and the Principle of Double Consideration

–Supreme Court's Decision of 2017Da208423 on Nov. 11, 2021–

Park, Min Joon*

There are some provisions in the Debtor Rehabilitation and Bankruptcy Act regarding a claim against multiple debtors, and the contents of those provisions are different from general principles of the Civil Law. Among those provisions, there is a provision about the principle of double consideration which allows a creditor can exercise its full claim as of commencement date in each rehabilitation procedure when one or more multiple debtors commenced rehabilitation procedure.

The main problem dealt in the subject case was about applying the principle of double consideration. To be specific, when a plan that reduces the amount of debt was confirmed in a rehabilitation procedure against a principal obligor, whether the reduced part have to be excluded from the 'full claim as of commencement date' against the surety was a question. It seems that the question was arisen from the collision between the principle of double consideration which had been originated from liquidation procedure and the trait of plan confirmation which discharges some or all of debt based on the acceptance of a proportion of creditors.

Although confrontation of theories would be possible on this question, it seems that the theory, like the conclusion of the subject case, which as-

* Judge, The Supreme Court of Korea, Judicial Researcher.

serts that reduced part should not be excluded is appropriate on the basis of factors as below. First, since the principle of double consideration concedes the gap between the amount of claim in substantive law and in procedural law, the substantial effect of plan confirmation itself is not enough to allow exclusion of reduced part from the meaning of 'full claim' under the provision regarding the principle. Second, the effect of plan confirmation could not be treated as making payment according to a confirmed plan because the effect was derived from the proceeding of rehabilitation procedure itself, Third, there would be many occasions under which allowing exclusion of reduced part has no practical benefit due to the order of appropriation among co-debtors.

Meanwhile, in the subject case, the plaintiff who was a surety of the defendant(the principal obligor) intended to set its right of reimbursement off the defendant's another right of claim against the plaintiff. There was a question whether such setoff was possible or not. However, under the principle of double consideration, the plaintiff who performed just part of its obligation could not exercise its right to setoff.

[Key word]

- Plan Confirmation
- Principle of Double Consideration
- Appendant Nature of Surety Obligation
- Jointly and Severally Liable Surety
- Absolute Effect of Release

참고문헌

[단 행 본]

편집대표 곽윤직, 민법주해[Ⅹ] 채권(3), 박영사(1995).

편집대표 권순일, 주석 채무자회생법(2), 한국사법행정학회(2021).

______, 주석 채무자회생법(3), 한국사법행정학회(2021).

편집대표 김용덕, 주석 민법[채권총칙 2] 제5판, 한국사법행정학회(2020).

______, 주석 민법[채권총칙 3] 제5판, 한국사법행정학회(2020).

김경욱 역, 독일도산법, 법무부(2019).

Reinhard Bork 저, 최준규 역, 독일 도산법, 박영사(2021).

서울회생법원 재판실무연구회, 회생사건실무(상) 제5판, 박영사(2019).

______, 회생사건실무(하) 제5판, 박영사(2019).

전대규, 채무자회생법 제4판, 법문사(2020).

Alan N. Resnick & Henry J. Sommer eds., 7 Collier on Bankruptcy(16th ed.).

Elizabeth Warren, "Chapter 11: Reorganizing American Business", Wolters Kluwer(2008).

宮脇幸彦 외 2인, 注解 會社更生法, 青林書院(1986).

三ケ月章 외 5인, 條解 會社更生法(中), 弘文堂(1999).

______, 條解 會社更生法(下), 弘文堂(1998).

我妻榮, 新訂債權總論(民法講義 Ⅳ), 岩波書店(1964).

伊藤眞, 會社更生法, 有斐閣(2012).

伊藤眞 외 5인, 條解破産法, 弘文堂(2014).

「倒産と擔保・保證」實務研究會, 倒産と擔保・保證 第2版, 商事法務(2021).

[논문 등]

권영준, "2018년 민법 판례 동향", 민사재판의 제문제 제27권, 한국사법행정학회(2020).

김동윤, "회사정리절차 및 화의절차에 있어서의 상계의 제한", 회사정리법・

화의법상의 제문제, 법원행정처(2000).
김용덕, “회사정리절차와 다수당사자 채권관계”, 서울대학교 석사학위논문(1989).
김정만, “도산절차상 현존액주의”, 사법논집 제52집, 법원도서관(2011).
김치송, “주채무자에 대한 도산절차 개시 후 보증인의 지위-보증채무 이행 국면을 중심으로”, 저스티스 통권 186호, 한국법학원(2021).
박민준, “미국 연방파산법상 제11장 절차에서의 구조조정지원약정(Restructuring Support Agreement)에 대한 심사 및 그 시사점”, 도산법연구 제9권 제2호, 사단법인 도산법연구회(2019).
박상구, “보증 · 물상보증과 도산법상의 현존액주의”, 상사판례연구 Ⅶ권, 박영사(2007).
박재완, “현존액주의에 관하여”, 법조 제57권 제12호, 법조협회(2008).
양형우, “다수당사자의 채권관계와 파산절차상 현존액주의”, 민사법학 제44호, 한국사법행정학회(2009).
오병희, “회생절차에서의 추완신고에 따른 후속 절차 검토-대법원 2012. 2. 13.자 2011그256 결정과 관련하여”, 도산법연구 제3권 제2호, 사단법인 도산법연구회(2012).
이무룡, “주채무자의 도산과 보증인의 주채무 소멸시효 항변-일본에서의 논의를 중심으로”, 사법 제53호, 사법발전재단(2020).
임치용, “정리회사와 보증인의 법률관계”, 저스티스 제34권 제6호, 한국법학원(2001).
전원열, “민사집행법상 평등주의의 재검토”, 법조 통권 제741호, 법조협회(2020).
정동윤, “주채무자의 회생절차에 있어서 보증인의 지위”, 민사집행법연구 제3권, 한국민사집행법학회(2007).
황인용, “일본의 경영자보증에 관한 가이드라인”, BFL 제80호, 서울대학교 금융법센터(2016).

Douglas E. Deutsch, Eric Daucher, “Chapter 11 Paln Confirmation Issues: Settlements, Releases, Gifting and Death Traps”, Am. Bankr. Inst. J. (Oct., 2010).
加々美博久, “開始時現存額主義の適用範囲”, 金融法務事情 No. 1843(2008).
大久保邦彦, “再生計畫に基づく再生債務(主債務)の辨濟と保證人に對する時效

中斷効", 金融法務事情 No. 2121(2019).
石井教文 외 3인, "開始時現存額主義の適用範囲をめぐる最高裁判決の射程と實務對応", 金融法務事情 No. 1902(2010).
松下滿俊, "破産手續にをける開始時現存額主義をめぐる諸問題", 倒産法の最新論点ソリューション(2013).

추심소송과 기판력의 주관적 범위*
-추심소송과 채권자대위소송의 비교를 중심으로-

전 휴 재**

요 지

추심소송과 채권자대위소송은 채권자의 지위에서 채무자가 제3채무자에 대해 갖는 권리를 대신하여 행사한다는 점에서 구조적으로 유사한 점이 있다. 특히 채권자가 제3채무자로부터 직접 금원을 수령하여 채무자의 해당 금원에 대한 반환채권과 피보전채권을 상계 처리함으로써 우선변제적 효과가 발생하는 이른바 '직접 지급형' 채권자대위소송의 경우에는 집행권원 있는 채권자의 만족을 위한 강제집행 방법으로서의 추심소송과 유사한 기능을 한다고 볼 여지가 있다. 또한 채권자대위의 소가 제기된 경우 채무자가 어떠한 경위로든 그 사실을 안 경우에는 민법 제405조 제2항에 따라 채무자는 피대위채권의 처분을 채권자에게 대항할 수 없는데, 이는 추심소송에서 그 전제가 되는 압류명령의 효과로서 채무자에게 피압류채권의 처분금지효가 발생하는 것과 유사하다.

그러나 위 두 소송유형은 법체계상의 지위(강제집행을 규율하는 절차법인 민사집행법상 제도와 채권의 효력에 관한 실체법인 민법상 제도), 제도의 연원(독일 민사소송법상 채권집행 제도와 프랑스 민법의 간접소권 제도), 제도의 목

* 이 글은 2022. 2. 21. 민사판례연구회에서 발표된 것으로 민사소송 제26권 제2호(한국민사소송법학회, 2022. 6.)에 게재되었다. 발표 당시 지정토론을 맡아 주신 법무법인 태평양(유한) 이정환 변호사님, 수원지방법원 이승일 판사님과 토론에 참여한 여러 회원들에게 진심으로 감사드린다. 아울러 원고에 대하여 상세한 논평을 해 주신 서울대학교 법학전문대학원 오정후 교수님께도 깊은 감사의 뜻을 표한다.

** 성균관대학교 법학전문대학원 교수.

적(강제집행의 일종으로서 현금화 및 배당을 통한 집행채권의 만족과 일반채권자들을 위한 채무자의 책임재산 확보), 당사자적격(갈음형 법정소송담당과 병행형 법정소송담당), 처분금지효의 범위(채권의 처분 금지 및 변제, 영수의 금지와 채권 자체만의 처분금지) 등에서 상당한 차이를 드러내며, 그러한 상이점들을 고려해 보면, 위와 같은 유사성에도 불구하고 어느 한편의 법리를 다른 한편에 손쉽게 적용하거나 유추적용하려는 시도는 가능한 한 지양되어야 할 것이다.

대상판결에서는 민사소송법상 기판력의 상대성 원칙, 민사집행법상 추심의 소에 관한 명문 규정의 해석, 기판력의 확장을 인정함으로써 제3채무자가 겪을 수 있는 법적 위험의 정도 등을 종합적으로 검토하여, 추심소송 확정판결의 기판력의 주관적 범위에 관하여 채권자대위소송에 관한 기존 판례의 태도와는 다른 결론에 도달하였는바, 결론에 이르는 논증 과정이 합리적일 뿐 아니라 앞서 본 추심소송과 채권자대위소송의 준별이라는 관점에서도 타당하다고 생각된다.

대상판결에서 밝힌 추심소송에서 기판력의 주관적 범위에 관한 법리와 연관된 소송법상 논점들인 재소금지, 중복소송, 공동소송 및 참가 등의 문제를 해결함에 있어서도 채권자대위소송에 관한 기존 법리와 구별하여, 민사집행법상 강제집행의 방법으로서 추심소송의 성질에 부합하는 독자적이면서도 적정한 해석을 도모하여야 할 것이다.

[주 제 어]
• 추심소송
• 채권자대위소송
• 기판력의 주관적 범위
• 당사자적격
• 처분 금지

대상판결 : 대법원 2020. 10. 29. 선고 2016다35390 판결

[사안의 개요]

1. 사실관계

○ 원고는 2012. 3. 19. 채무자 甲, 제3채무자 피고들, 청구금액 183,309,000원으로 하여 甲의 피고들에 대한 사우나 동업자금 반환채권(이하 '이 사건 채권')에 대한 제1 채권압류 및 추심명령을 받았고, 위 결정 정본은 그 무렵 피고들에게 송달되었다.

○ 甲은 2012. 6. 22. 피고들을 상대로 이 사건 채권 559,219,358원 상당의 지급을 구하는 소를 제기하였는데, 법원은 피고들이 甲에게 지급해야 할 금액은 99,806,683원이나 원고가 받은 추심명령에 해당하는 청구 부분은 당사자적격이 상실되었음을 이유로 각하하고 나머지 청구는 기각하는 판결을 선고하였으며, 이 판결은 그대로 확정되었다.

○ 乙은 2014. 5. 22. 채무자 甲, 제3채무자 피고들로 하여 이 사건 채권에 대한 제2 채권압류 및 추심명령을 받았고, 그 무렵 위 결정 정본이 피고들에게 송달되었다.

○ 乙은 2015. 3. 4. 피고들을 상대로 제2 채권압류 및 추심명령에 기초하여 99,806,683원 및 이에 대한 지연손해금을 지급하라는 내용의 추심금 청구의 소를 제기하였다. 위 소송 진행 도중 '피고들은 공동하여 乙에게 9,000만 원을 지급하고, 乙은 피고들에 대한 나머지 청구를 포기한다'는 내용의 화해권고결정이 2015. 7. 15. 확정되었다. 이에 피고들은 위 화해권고결정에 따라 2015. 7. 24. 9,000만 원을 집행공탁하였다.

○ 원고는 2015. 7. 14. 제1 채권압류 및 추심명령에 기초하여 피고들을 상대로 이 사건 추심의 소를 제기하였다. 원고는, 甲의 피고들에 대한 반환채권은 99,806,683원인데 피고들이 9,000만 원만을 공탁하였으므로, 피고들은 원고에게 나머지 9,806,683원과 그 지연손해금을 지급해야 한다고 주장하였다.

2. 소송의 경과

가. 제1심(서울중앙지법 2016. 2. 12. 선고 2015가단123212 판결)

추심의 소를 제기당한 제3채무자는 다른 추심권자로서 원고 쪽에 참가하지 아니한 자를 공동소송인으로 참가하도록 명할 것을 신청할 수 있고, 이 경우 위 참가명령을 받은 채권자에게 판결의 효력이 미치는데(민사집행법 제249조 제3항, 제4항), 피고들은 乙이 제기한 선행 추심소송에서 제1 채권압류 및 추심명령을 받은 원고에게 참가명령을 신청하지 않았으므로 선행 추심소송에서 재판의 효력은 원고에게 미치지 않는다. 따라서 피고들은 원고에 대하여 乙과의 화해권고결정에 따라 원고의 추심채권액이 9,000만 원으로 확정되었다고 주장할 수 없다(원고 승소).

나. 항소심(서울중앙지법 2016. 7. 20. 선고 2016나14804 판결)

어느 채권자가 채권자대위권을 행사하는 방법으로 제3채무자를 상대로 소를 제기하여 판결을 받은 경우 어떠한 사유로든 채무자가 채권자대위소송이 제기된 사실을 알았을 경우에는 그 판결의 효력이 채무자에게 미치므로, 이러한 경우 그후 다른 채권자가 동일한 소송물에 대하여 채권자대위권에 기한 소를 제기하면 전소의 기판력을 받게 되는바(대법원 1994. 8. 12. 선고 93다52808 판결 참조), 추심명령을 받은 채권자가 제3채무자를 상대로 제기하는 추심의 소는 이른바 '제3자 소송담당'이라는 점에서 채권자대위소송과 그 성질이 같으므로, 위 법리는 추심소송에도 그대로 적용된다. 채무자 甲이 선행 추심의 소가 제기된 사실을 안 이상, 원고에게 乙과 피고들 사이의 화해권고결정의 기판력이 미치고, 원고는 위 화해권고결정의 기판력에 반하여 甲의 피고들에 대한 채권 중 9,000만 원을 초과하는 나머지 부분을 청구할 수 없다(원고 패소).

다. 상고심(대상판결)

추심채권자는 추심 목적을 넘는 행위, 즉 피압류채권의 면제, 포기, 기한 유예, 채권양도 등을 할 수 없는데, '청구 일부 포기' 취지로 화해권고결정이 이루어졌다면, 이는 피압류채권의 일부 포기가 아니라 해당 부분에 관한 추심채권자 자신의 추심권능을 행사하지 않겠다는 의미로 새겨야 한다.

또한 ① 확정판결의 기판력이 미치는 주관적 범위(민사소송법 제218조 제1항, 제3항)와 관련하여 소송당사자가 다른 이상 그 확정판결의 기판력이 추심채권자 서로에게 미친다고 할 수 없고, ② 참가명령을 받지 않은 채권자에게는 추심소송의 확정판결의 효력이 미치지 않음을 전제로(민사집행법 제249조 제3항, 제4항) 참가명령을 통해 판결의 효력이 미치는 범위를 확장할 수 있도록 하였으며, ③ 판결의 효력이 다른 채권자에게 미치지 않는다고 해도 제3채무자에게 부당하지 않다는 등의 이유로, 복수의 채권자들이 동일한 채권에 대한 압류 및 추심명령을 받은 경우 어느 한 채권자가 제기한 추심의 소에서 확정된 판결의 기판력은 그 소송의 변론종결일 이전 압류 및 추심명령을 받았던 다른 추심채권자에게 미치지 않는다. 이러한 법리는, 추심채권자가 제3채무자를 상대로 제기한 추심의 소에서 화해권고결정이 확정된 경우에도 마찬가지로 적용된다.

그리고 원심이 원용한 위 대법원 93다52808 판결은 채권자대위소송에서 채권자 패소 판결이 확정되었던 사안에 관한 것으로서 채권자대위소송과 추심소송은 소송물은 채무자의 제3채무자에 대한 채권의 존부로서 같다고 볼 수 있지만, 그 근거 규정과 당사자적격의 요건이 달라 채권자대위소송의 기판력과 추심소송의 기판력을 반드시 같이 보아야 하는 것은 아니므로 위 판결을 이 사건에 적용하는 것은 적절하지 않다(원고 승소 취지로 파기환송).

〔研　　究〕

Ⅰ. 들어가며

대상판결의 제1심과 항소심은, 선행 추심소송에서 추심채권자와 제3채무자 사이에 확정된 화해권고결정의 기판력이 선행 추심소송의 사실심 변론종결 이전에 채권압류 및 추심명령을 받은 다른 추심채권자가 제기한 후행 추심의 소에 미치는가를 중심으로 판단하였는데, 그 결론이 일치하지 아니하였다.

그런데 대법원은, 제1심과 항소심에서 사건의 결론을 가르는 쟁점이었던 복수의 추심채권자가 있는 경우 선행 추심소송 확정판결의 기판력이 후행 추심소송의 다른 추심채권자에게 미치는가 여부를 판단하기에 앞서, 그 전 단계로 ① 추심소송에서 추심채권자가 추심권의 포기는 가능하지만 피압류채권 자체의 포기는 불가능함을 이유로, 선행 추심소송의 화해권고결정에서 추심채권자의 청구 일부 포기는 피압류채권의 일부 포기가 아닌 추심권능 중 일부 포기로 새겨야 하므로, 후행 추심소송의 다른 추심채권자에 대하여 위 화해권고결정에서의 일부 포기로 인한 피압류채권 포기의 효력은 발생하지 않음을 분명히 하면서, ② 설령 제1심이나 항소심과 같이 선행 추심소송에서의 화해권고결정을 통해 피압류채권의 일부가 포기된 것으로 보더라도, 채권자대위소송에 관한 판례의 법리와 달리 선행 추심소송의 확정판결의 기판력이 다른 추심채권자가 제기한 후행 추심소송에는 미치지 않는다고 판시하여 항소심 판결을 파기하였다.

사실은 위 ①점에 대한 판단만으로도 상고심의 결론은 이미 도출된 것이기 때문에 더 나아가 판단할 필요가 없었음에도, 대법원은 부가적으로 위 ②점, 즉 복수의 채권자대위의 소가 제기된 경우 선행 소송 확정판결의 기판력에 관한 판례의 법리를 추심소송에도 그대로 적용한 항소심의 판단이 잘못되었음을 명시적으로 지적한 것이다.

필자의 관심을 끈 것은 바로 이 부분이었다.

대상판결과 달리 추심소송에 관한 일부 판결례에서는 채권자대위소송과의 유사성을 강조하며, 판례를 통해 정립된 채권자대위소송의 법리를 추심소송에도 그대로 적용하려고 시도하는 경우를 종종 찾아볼 수 있다. 이와는 반대로 채권자대위소송과 추심소송의 유사성을 지적하며 추심소송의 법리를 채권자대위소송에 대한 판단에 반영하려고 하는 경우도 볼 수 있다.

우선 대상판결의 항소심에서 추심소송 확정판결의 기판력의 주관적 범위 판단에 채권자대위소송의 관련 법리를 그대로 적용하려고 하였다.

또한 채무자가 제3채무자를 상대로 제기한 이행의 소가 계속된 상태에서, 압류채권자가 제3채무자를 상대로 추심의 소를 제기하는 것이 중복소송에 해당하는지 여부에 관한 대법원 2013. 12. 18. 선고 2013다202120 전원합의체 판결에서 이를 중복소송에 해당하지 않는다고 본 다수의견에 대하여 중복소송에 해당한다고 한 반대의견에서는 아래와 같이 설시하였다. '채권자가 민법 제404조 제1항에 따라 채무자를 대위하여 제3채무자를 상대로 제기한 소가 법원에 계속된 상태에서 채무자가 제3채무자를 상대로 동일한 소송물에 관하여 소를 제기한 경우, 또는 반대로 채무자가 제3채무자를 상대로 제기한 소가 법원에 계속 중인데 채무자의 채권자가 동일한 소송물에 관하여 채권자대위의 소를 제기한 경우, 나아가 채권자대위소송이 법원에 계속된 상태에서 같은 채무자의 다른 채권자가 동일한 소송물에 관하여 채권자대위의 소를 제기한 경우 시간적으로 나중에 법원에 계속된 소송은 모두 민사소송법 제259조의 중복된 소제기의 금지 원칙에 반하여 제기된 부적법한 소로서 각하를 면할 수 없고(대법원 1974. 1. 29. 선고 73다351 판결 등), 이 경우 설령 전소가 소송요건을 갖추지 못하여 부적법하더라도 그 소송이 계속 중인 한 후소는 중복소송 금지 원칙에 위배되어 각하를 면하지 못한다는 것이 대법원 판례이다(대법원 1998. 2. 27. 선고 97다45532 판결). 그렇다면 **압류채권자가 제3채무자를 상대로 추심의 소를 제기하는 것과 채권자가 민법 제404조 제1항에 따라 채무자를 대위하여 제3채무자를 상대로 이행의 소를 제기하는 것은 채권자가 제3채무자를 상대로 채무자의 권리를 행사한다는 점에서 다를 바 없는데, 위와 같은 판례의 법리가 유독 채무자가 제3채무자를 상대로 이행의 소를 제기하여 사건이 법원에 계속된 상태에서 압류채권자가 제3채무자를 상대로 추심의 소를 제기한 경우에는 적용되지 않는다고 할 이유가 없다.**[1] 즉, 위 반대의견에서는 채권자대위소송에서의 중복소송에 관한 판례 법리를 추심소송에도 동일하게 적용하려는 시도를 하였다.

한편, 채권자대위의 소가 제기되고 대위채권자가 채무자에게 대위권 행사 사실을 통지하거나 채무자가 이를 알게 된 후 이루어진 피대위채권에 대한 전부명령이 무효라고 본 대법원 2016. 8. 29. 선고 2015다236547 판결에서는 그 근거에 관하여 다음과 같이 설시하였다. '채권자대위의 소가 제기되고 대위채권자가 채무자에게 대위권 행사사실을 통지하거나 채무자가 이를 알게 되면 민법 제405조 제2항에 따라 채무자는 피대위채권을 양도하거나 포기하는 등 채권자의 대위권 행사를 방해하는 처분행위를 할 수 없게 되고 이러한 효력은 제3채무자에게도 미치는데, 그럼에도

1) 본문의 내용 중 강조하고 싶은 부분이 있을 경우에는 굵은 글씨나 밑줄을 사용하였다. 이하 같다.

그 후 대위채권자와 평등한 지위를 가지는 채무자의 다른 채권자가 피대위채권에 대하여 전부명령을 받는 것도 가능하다고 하면, **채권자대위의 소 제기가 채권자의 적법한 권리행사방법 중 하나이고 채무자에게 속한 채권을 추심한다는 점에서 추심소송과 공통점도 있음에도** 그것이 무익한 절차에 불과하게 될 뿐만 아니라, 대위채권자가 압류 · 가압류나 배당요구의 방법을 통하여 채권배당 절차에 참여할 기회조차 갖지 못하게 한 채 전부명령을 받은 채권자가 대위채권자를 배제하고 전속적인 만족을 얻는 결과가 되어, 채권자대위권의 실질적 효과를 확보하고자 하는 민법 제405조 제2항의 취지에 반하게 된다. 따라서 채권자대위의 소가 제기되고 대위채권자가 채무자에게 대위권 행사 사실을 통지하거나 채무자가 이를 알게 된 이후에는 민사집행법 제229조 제5항이 유추적용되어 피대위채권에 대한 전부명령은, 우선권 있는 채권에 기초한 것이라는 등의 특별한 사정이 없는 한, 무효이다.' 즉 채권자대위의 소가 제기되고 대위채권자가 채무자에게 대위권 행사 사실을 통지하거나 채무자가 이를 알게 되었다면, 이 경우의 대위채권자의 지위는 압류 · 추심명령을 얻은 추심채권자의 지위와 유사하므로 민사집행법 제229조 제5항의 '압류의 경합'이 발생한 경우를 유추적용하여 전부명령의 효력을 인정할 수 없다고 본 것이다.

위 판결례들에서 볼 수 있는 바와 같이, 추심소송과 채권자대위소송에 관련된 각각의 법리를 다른 쪽에 적용하려는 시도가 최종적으로 대법원 판결을 통해 승인된 경우도 있었고, 그렇지 않은 경우도 있었지만, 이러한 사례들이 하급심에서든 상고심에서든 종종 발생한다는 것은 다수의 법관들의 뇌리에 이 두 소송유형을 거의 동일하거나 매우 유사한 것으로 볼 수 있다는 인식이 자리 잡고 있기 때문인 것으로 보인다.

그런데 과연 그러한가?

이하에서는 먼저 추심소송과 채권자대위소송을 그 근거법령 및 제도의 연원, 제도의 목적과 구조, 소송에서의 당사자적격, 처분금지효 등의 관점에서 비교해 본 후 각각의 법리를 다른 쪽에 적용(또는 유추적용)하려는 시도가 적정한지 여부를 살펴보고(Ⅱ.항), 대상판결로 돌아와 추심소송 확정판결의 기판력의 주관적 범위에 관한 판례 법리의 적정 여부를 검토한 후(Ⅲ.항), 복수의 추심채권자가 제기한 개별 추심의 소에서의 재소금지, 중복소송, 공동소송 및 참가 등 관련된 논점에 관하여도 살펴보기로 한다(Ⅳ.항).[2)]

Ⅱ. 추심소송과 채권자대위소송의 비교

1. 문제의 소재

추심소송과 채권자대위소송은 적어도 아래의 두 가지 점에서는 유사성을 갖는다고 볼 수 있다.

먼저 **구조적 · 기능적 유사성**이다. 채권자-채무자-제3채무자의 세 주체가 등장하는 법률관계에서 채무자를 배제한 채, 채권자가 원고로서 제3채무자를 피고로 삼아 바로 소를 제기한다는 점에서 구조적으로 유사한 점이 있다. 한편, 채권자대위소송의 피보전권리와 피대위권리가 모두 금전채권인 경우 채권자가 제3채무자를 상대로 바로 채권자에게 금전 지급을 구할 수 있고(이하 이러한 유형의 소송을 '직접 지급형' 채권자대위소송이라 한다), 그 청구가 인용되어 판결이 확정되면 해당 금원을 채권자가 직접 수령한 후 채무자에 대한 자신의 피보전채권을 자동채권으로, 채무자가 채권자에 대해 갖는 수령금 반환채권을 수동채권으로 하여 상계함으로써 다른 채권자들을 배제한 채 사실상 우선변제를 받게 되는데, 이러한 상황은 압류 · 추심명령을 받은 채권자가 제3채무자를 상대로 피압류채권의 이행을 구하는 추심의 소를 제기하여 승소 판결을 받은 후, 이에 기하여 금전을 수령하고 다른 (가)압류권자나 배당요구권자가 없으면 이를 자신의 집행채권 변제에 충당하는 것과 기능적으로 유사하다고 볼 수 있다.

---

2) 대상판결에 대한 평석으로 이지영, "추심금소송에서 청구를 일부 포기하는 내용의 화해권고결정이 확정된 경우 그 의미와 기판력", 대법원판례해설 제125호(2020년 하), 법원도서관(2021), 296면 이하 참조. 이 글에서 자세히 다루지 못한 재판상 화해의 법적 성질과 창설적 효력, 민사집행법 제249조의 참가명령, 추심권의 포기 등 다른 쟁점들에 관해서도 상세한 설명을 하고 있다.

다른 하나는 **처분금지효**이다. 추심명령은 금전채권에 대한 압류명령을 전제로 발령되는데, 채권이 압류되면 그 효과로서 채무자에 대해서는 채권의 처분 및 변제 영수가 금지되고, 제3채무자에 대해서는 채무자에 대한 지급이 금지된다(민사집행법 제227조 제1항). 압류명령에 위반한 채권의 처분이나 변제 등이 절대적 무효는 아니지만, 압류권자에 대한 관계에서 상대적 무효가 된다(이른바 '개별 상대효'). 한편, 채권자대위권의 경우에도 채권자가 보존행위 이외의 권리를 대위행사한 때에는 채무자에게 통지해야 하는데(민법 제405조 제1항), 채무자가 통지를 받은 후에는 그 권리를 처분하여도 이로써 채권자에게 대항하지 못한다고 함으로써 채권자의 대위권 행사와 상충되는 채무자의 처분행위를 제한하는바, 이에 위반된 처분행위는 그 자체로는 당사자들 사이에 유효하나, 채권자와의 관계에서는 그 처분이 없었던 것으로 취급된다.[3)]

일반적으로 위와 같은 두 가지 점에 착안하여 추심소송과 채권자대위소송의 각 유형에 관한 고유의 법리를 다른 쪽에 적용 내지 유추적용하려는 시도가 행해지는 것으로 보인다. 이하에서는 추심소송과 채권자대위소송을 몇 가지 관점에서 비교해 보고자 한다.

2. 양 소송유형의 비교

(1) 제도의 목적과 구조

(**가**) 추심명령은, 피압류채권에 관한 추심권능을 집행법원의 재판을 통해 압류채권자에게 부여하여 그로 하여금 일종의 추심기관으로서 대위절차 없이 채무자를 대신하여 경합하는 모든 채권자를 위하여 제3채무자로부터 피압류채권을 추심하게 하는 제도이다(민사집행법 제229조 제2항). 즉 집행목적 재산이 채권인 경우에 '압류 - 현금화 - 배당'으로 이어지는 일련의 강제집행 절차 중 '현금화'방법에 해당하므로, 우리나라 강제집행의 대원칙인 평등주의가 적용된다. 따라서 추심채권자는 추심명령에 기하여

---

3) 김용덕 편집대표, 주석 민법(제5판) 채권총칙 제2권, 한국사법행정학회(2020), 314면(한애라 집필부분).

추심한 채권액을 법원에 신고해야 하고(제236조 제1항), 추심한 채권액을 법원에 신고하기 전 압류·가압류 또는 배당요구 등이 있으면 바로 추심한 돈을 공탁하고 그 사유를 신고해야 하며(제236조 제2항), 이에 따라 배당절차가 개시되어(제252조 제2호) 일반채권자들 사이에서 안분 배당을 받게 된다. 따라서 압류·추심명령이 경합하는 경우라도 추심명령을 받은 채권자는 추심할 수 있고 제3채무자로서는 채무 전액을 추심채권자에게 변제하거나 공탁하면 채무를 면하게 된다(제248조 제1항, 대법원 2008. 11. 27. 선고 2008다59391 판결 참조).

(나) 한편, 채권자대위권은 채무자가 권리를 행사하지 않는 경우에 채권자로 하여금 자기 채권의 보전을 위해 채무자의 권리를 대신 행사할 수 있게 한 제도로(민법 제404조 제1항), 본래 채무자의 책임재산 확보에 그 목적이 있다. 그런데 채권자가 자기 금전채권 보전을 위해 채무자의 금전채권을 대위행사할 경우에는 제3채무자로 하여금 채무자에게 그 지급의무를 이행하도록 청구할 수도 있지만, 직접 대위채권자 자신에게 이행하도록 청구하는 것도 허용된다(대법원 2005. 4. 15. 선고 2004다70024 판결). 나아가 채권자가 제3채무자로부터 직접 금전채권 이행을 받은 경우 채권자가 채무자에 대한 금전채권(피보전채권)으로 채무자의 채권자에 대한 위 금원의 반환채권과 상계하는 데 법령상 아무런 제한이 없으므로, 채권자는 상계권의 행사를 통해 사실상 우선변제를 받게 된다. 그러다 보니 '직접 지급형' 채권자대위소송이 실제로는 간편한 집행방법과 유사한 기능을 하게 된다.[4] 그러나 피대위채권이 금전채권일 경우 채권자가 채권자대위권을 행사하여 사실상 만족을 얻더라도, 이는 어디까지나 대위채권자의 금전 직접 수령 및 상계권 행사를 허용함에 따라 상계의 담보적·우선변제적 기능과 결합하여 발생하는 부수적 효과일 뿐, 채권자들을 위한 책임재산 확보라는 채권자대위권의 본래 제도 목적에는 부합하지 않는 결과가 된다. 또한 채권자대위소송은 추심명령과 달리 집행절차가

4) 민일영 편집대표, 주석 민사집행법(제4판) 제5권, 한국사법행정학회(2019), 379면 (노재호 집필부분).

아니다 보니, 현행법상으로는 대위채권자가 제3채무자로부터 피대위채권에 대한 변제를 수령한 후 이를 그와 평등한 지위에 있는 다른 채권자들과의 사이에 안분 배당하도록 강제하는 절차는 마련되어 있지 않다.

'직접 지급형' 채권자대위소송이 갖는 또 하나의 한계는, 실제로 소송에서 승소하여 **제3채무자가 대위채권자에게 금전을 직접 지급한 경우에 한하여** 간이한 집행방법과 유사한 기능을 갖는다는 점이다. 만일 채권자대위소송에서 승소하더라도 해당 피대위권리가 다른 채권자들에 의해 (가)압류된 경우에는 제3채무자는 대위채권자에게 변제할 수 없고, 이 경우 대위채권자는 피보전채권에 대한 집행권원을 취득한 후 피대위채권을 직접 압류하지 않은 다른 채권자들과 마찬가지로, 배당요구의 종기(추심채권자의 추심 후 추심신고 시 또는 제3채무자의 집행공탁 후 사유신고 시)까지 피대위채권에 (가)압류나 배당요구 등을 통해 배당에 참가해야만 안분 배당을 받을 수 있으므로 집행방법이라고 하기에는 불완전한 측면이 있다.[5)]

(2) 근거법령 및 제도의 연원

(가) 현행법상 추심명령과 추심소송에 대해서는 절차법으로서 집행을 규율하는 민사집행법에 근거 조항이 있다. 즉 민사집행법 제229조에 압류된 금전채권의 현금화 방법으로서 추심명령, 제236조에 추심신고, 제238조에 추심소송, 제239조에 채권자의 추심 소홀로 인한 채무자에 대한 손해배상책임, 제240조에 추심권의 포기, 제249조에 추심소송에 대한 참가명령 등, 제250조에 배당요구권자의 추심채권자에 대한 추심최고 등에 관하여 비교적 상세한 규정을 두고 있다.

반면 채권자대위권에 관해서는 실체법인 민법의 채권편에 2개의 조문만이 있다. 민법 제404조는 채권자대위권의 근거규정으로, 채권자가 자기의 채권 보전을 위해 채무자의 권리를 행사할 수 있으나 일신전속권에 대해서는 그렇지 아니함을(제1항), 채권자는 피보전채권의 기한 도래 전에

5) 이원, "채권자대위소송과 금전채권에 대한 집행의 경합", 법학평론 제8권(2018), 143면.

는 법원의 허가 없이 채권자대위권을 행사할 수 없으나 보전행위는 그렇지 아니함을(제2항) 각 규정하고 있다. 민법 제405조는 채권자대위권의 통지 및 그로 인한 채무자의 피대위권리에 대한 처분 제한에 관한 규정이다.

(나) 우리 민사집행법상 금전채권의 현금화 방법에는 추심명령, 전부명령, 특별현금화명령이 있는데, 이 중 추심명령과 전부명령은 독일의 채권집행 제도를 일본을 통해 계수한 것이다. 독일은 여전히 추심명령과 전부명령 제도를 두고 있으나(독일 민사소송법 제835조), 일본은 과거에는 우리나라와 채권집행 방법이 동일하였다가 1979년 민사집행법을 민사소송법으로부터 분리·제정하면서 추심명령 제도를 폐지하고, 채권의 압류명령이 채무자에게 송달된 때부터 1주일이 경과하면 압류채권자는 당연히 피압류채권의 추심권능을 취득하는 것으로 규정하였다(일본 민사집행법 제155조[6]). 한편 독일의 민사집행 절차는 기본적으로 평등주의가 아닌 우선주의를 취하고 있기 때문에 채권압류의 효력에 의하여 압류채권자는 압류질권을 취득하고, 그 이후의 압류채권자보다 우선하는 점에서 평등주의를 취하는 우리나라와는 상당한 차이가 있다.[7]

추심명령과 달리 채권자대위권 제도에 관한 우리 민법 제404조는 중국 민법과 만주국 민법 등도 참조하였으나 프랑스 구민법 제1166조를 계수한 일본 구민법(2017년 법률 제44호로 개정되기 전의 것) 제423조를 계수한 것이라고 본다. 그러나 우리 민법의 채권자대위권은 모법이라 할 수 있는 프랑스의 제도와는 상당한 차이가 있다. 프랑스의 채권자대위권은 채

6) 일본 민사집행법 제155조 ① 금전채권을 압류한 채권자는 채무자에 대하여 압류명령이 송달된 날부터 1주가 경과한 때에는 그 채권을 추심할 수 있다. 그러나 압류채권자의 채권 및 집행비용의 액수를 초과하여 지급받을 수 없다. ② 압류채권자가 제3채무자로부터 지급을 받은 때에는 그 채권 및 집행비용은 지급을 받은 금액의 한도에서 변제된 것으로 본다. ③ 압류채권자는 전항의 지급을 받은 때에는 즉시 그 취지를 집행법원에 신고하여야 한다.

7) 민일영 편집대표, 앞의 책, 544면(노재호 집필부분). 우리나라, 일본, 독일의 채권집행 제도 비교에 관한 더 자세한 내용은 전원열, "채권자를 제3채무자로 하는 전부명령", 법조(2018. 4.), 290-298면 참조.

권자가 대위권을 행사한 후에도 채무자 자신의 권리 행사는 방해받지 않고, 채권자대위권 행사 결과로 확보된 재산은 모든 채권자를 위한 일반재산으로 귀속된다. 또한 채권자대위소송의 기판력은 채무자에게 미치지 않고, 피고 적격은 제3채무자에게 있지만 채무자를 소송에 참가시키는 것이 관행이다. 프랑스의 채권자대위권 제도는 미비한 강제집행 제도의 보완과 일반채권자를 위한 공동담보 보전이라는 목적에서 비롯되었으나, 실제로는 행사의 실익이 없어 많이 활용되지 않았다. 이후 프랑스에서는 채무자의 제3채무자에 대한 금전채권에 대한 강제집행 방법을 정지압류(saisie-arrêt)에서 귀속압류(saisie-attribution)로 바꾸는 제도 개혁을 1991. 7. 9. 법률과 1992. 7. 31. 데크레(décret)의 개정을 통해 단행하였다. 귀속압류(saisie-attribution)란, 채권의 압류에 의하여 원칙적으로 피압류채권이 압류채권자에게 귀속되는 효과를 인정하는 것인데, 따라서 귀속압류 명령을 먼저 획득한 집행채권자는 그 피압류채권으로부터 배타적 만족을 얻으며, 채권자들이 피압류채권에 대해 경합하게 되는 경우란 그 귀속압류 명령이 제3채무자에게 같은 날 송달된 경우뿐이다. 귀속압류는 배타적 만족을 제공하면서도, 우리나라 민사집행법상 전부명령에 수반하는 집행채권의 소멸효가 없으므로, 집행채권은 만족을 얻지 않는 이상 잔존한다. 이에 따라 우선변제를 받고자 하는 채권자는 채권자대위권보다 이를 더 활용하게 되었다.[8] 이후 2016년 학설과 판례를 일부 반영하여 채권자대위권에 관한 민법 규정을 개정하였는데, 현행 프랑스 민법 제1341-1조가 해당 조항이다.[9] 한편 채권자대위 제도에 관하여 우리나라와 거의 같은 방식으로 규율하던 일본도 2017년 민법 개정을 통해 채권자대위권에 관한 규정 체계를 탈바꿈하였는데, 그중 주목할 만한 내용은, 종래 일본의 통설과 판례에 반하여 채권자대위권 행사 후 채무자의 처

8) 김용덕 편집대표, 앞의 책, 186-187(한애라 집필부분).

9) 2016년 채권자대위 제도에 관한 프랑스 민법 개정에 관해서는 여하윤, "채권자대위권에 관한 프랑스에서의 최근 입법 동향", 재산법연구 제34권 제4호(2018. 2.), 171면 이하 참조.

분 권한을 유지하는 조항을 신설하고 제3채무자의 이행에 대한 채무자의 수령권을 명시한 것(제423조의5[10])과 채권자대위권의 재판상 행사 시에 채무자에 대한 필수적 소송고지에 관한 조항을 신설한 것(제423조의6[11]) 이다.[12]

(3) 당사자적격

(가) 추심소송은, 추심채권자가 민사집행법 제229조 제2항에 따라 추심권능 및 소송수행권을 갖게 되어 집행채무자의 권리를 행사하는 법정 소송담당에 해당한다는 것이 판례(대법원 2000. 4. 11. 선고 99다23888 판결, 2008. 9. 25. 선고 2007다60417 판결), 통설[13]이나, 이와 달리 추심명령을 받은 채권자는 자기 고유의 권리를 행사하는 것이지 채권자의 자격에서 채무자를 위하여 소송을 수행하는 것이 아니라는 견해(이른바 '고유적격설')도 있다.[14] 그러나 우리 민사집행법 체계에서는 추심권능을 실체법상 권리로 파악하기 어려울 뿐 아니라,[15] 우리나라의 추심소송 제도는 추심채권자가 자신의 채권 만족을 추구하는 것보다는 채무자를 대신하여 피압류

10) 일본 민법 제423조의5 '채권자가 피대위권리를 행사한 경우에도 채무자가 피대위권리에 관하여 스스로 추심 기타 처분을 하는 것을 방해받지 않는다. 이 경우에는 상대방도 피대위권리에 관하여 채무자에게 이행하는 것을 방해받지 않는다.'

11) 일본 민법 제423조의6 '채권자는 피대위권리의 행사에 관하여 소를 제기한 때에는 지체 없이 채무자에게 소송고지를 하여야 한다.'

12) 채권자대위권 제도에 관한 일본의 민법 개정에 관해서는 문영화, "채권자대위권에 관한 일본 민법 개정의 시사점과 민사소송법적 쟁점", 법조(2017. 4.), 225면 이하 참조.

13) 이시윤, 신민사소송법(제15판), 박영사(2021), 158면; 김홍엽, 민사소송법(제10판), 박영사(2021), 171면; 정동윤 · 유병현 · 김경욱, 민사소송법(제8판), 법문사(2020), 227면; 한충수, 민사소송법(제3판), 박영사(2021), 214면; 전병서, 강의 민사소송법(제3판), 박영사(2021), 245면; 정영환, 신민사소송법(개정신판), 법문사(2019), 293면; 전원열, 민사소송법 강의(제2판), 박영사(2021), 210면.

14) 호문혁, 민사소송법(제14판), 법문사(2020), 1018면.

15) 독일의 경우에는 채권압류가 이루어지면 채권자는 피압류채권에 대하여 압류질권을 갖게 되는바, 이는 다른 채권자에 대한 관계에서 계약에 의해 취득한 질권과 동일한 효력이 있다. 그렇다면 독일에서 압류채권자는 압류질권 및 우선변제권을 가지고, 여기에 추심명령을 통하여 추심권이라는 처분 권한까지 더하게 되어 선순위 압류채권자가 없는 한 독점적 만족을 얻을 수 있으므로, 법적 효력 면에서 실체적 성격을 갖는다고 볼 수 있다[양진수, "추심의 소와 채무자의 당사자적격, 중복된 소제기의 금지", 민사판례연구 제37권, 박영사(2015), 822-823면].

채권을 추심하여 주는 지위에 초점을 맞추고 있으므로(특히 압류의 경합이 있는 한 추심채권자가 독점적 만족을 얻는 대신 다른 채권자들을 위한 추심신고 및 배당절차를 거쳐야 하는 점에 비추어 더욱 그러하다), 추심채권자가 추심의 소 제기에 관한 고유의 적격을 갖는다고 하기보다는 제3자를 위한 법정소송담당으로 이해하는 편이 자연스럽다.

법정소송담당설에 따라 압류 및 추심명령이 있으면 제3채무자에 대한 이행의 소는 추심채권자만 제기할 수 있고, 채무자는 피압류채권에 대한 이행의 소를 제기할 당사자적격을 상실한다는 것이 판례의 태도이다(대법원 2000. 4. 11. 선고 99다23888 판결 등. 이러한 의미에서 법정소송담당 중에서도 권리주체는 당사자적격을 상실하는 이른바 '갈음형' 법정소송담당에 해당한다). 따라서 추심명령이 내려진 피압류채권에 관하여 채무자가 제기한 이행의 소는 추심명령과의 선후와 무관하게 부적법한 소로서 본안에 관하여 심리·판단할 필요 없이 각하해야 하고(대법원 2000. 4. 11. 선고 99다23888 판결, 2008. 9. 25. 선고 2007다60417 판결, 2015. 5. 28. 선고 2013다1587 판결 등), 이 법리는 채무자의 이행소송 계속 도중 추심명령이 내려진 경우에도 적용되며, 채무자의 이행소송이 상고심에 계속된 경우에도 그러하다(대법원 2004. 3. 26. 선고 2001다51510 판결).[16)·17)]

법정소송담당 중 '갈음형' 법정소송담당은 압류·추심명령을 받은 추심채권자 외에도 파산선고 시의 파산관재인(채무자회생 및 파산에 관한 법률 제359조, 제384조), 회생절차개시결정 시의 관리인(동법 제56조 제1항, 제78조)에 대해서도 인정되는바, 도산을 포함하는 광의의 집행 절차에서 법원의

---

16) 채무자가 이행의 소에 관한 소송수행권을 상실하는 범위는 채무자의 제3채무자에 대한 채권 중 추심명령의 효력이 미치는 범위로 한정된다. 따라서 채무자의 제3채무자에 대한 채권 중 추심명령의 효력이 미치는 범위를 제외한 나머지 부분에 대하여는 채무자에게 여전히 이행의 소를 제기할 당사자적격이 있고, 이때 추심명령이 있는 부분에 관한 추심의 소와 나머지 부분에 관한 채무자의 이행의 소가 병합이나 승계참가 등에 의하여 하나의 절차에서 심리되는 경우에 두 소송은 가분급부 중 서로 다른 부분에 관한 소송으로서 통상공동소송에 해당한다.

17) 추심명령에서 집행채무자의 당사자적격 상실에 관한 상세한 논의에 대해서는 양진수, 앞의 글, 832-840면 참조.

결정을 계기로 채무불이행 상태에 있는 채무자의 권리에 대한 관리처분권 내지 소송수행권을 박탈하고, 법원이 정하는 제3자에게 그 권한을 부여하는 법정소송담당의 형태로 이해할 수 있을 것이다.

(나) 앞서 본 바와 같이 통설, 판례가 추심소송을 '갈음형' 법정소송담당으로 보아 추심채권자에게만 당사자적격이 있다고 보는 데 반해, 채권자대위소송에서는 채권자와 채무자 모두에게 당사자적격을 인정함이 통설이다.[18)·19)] 한편, 선행 채권자의 대위소송 계속 후 채무자가 제3채무자를 상대로 제기한 동일 채권의 이행을 구하는 후행의 소는 중복소송에 해당하여 그 제소가 부적법하다고 하는바(대법원 1992. 5. 22. 선고 91다41187 판결, 1995. 4. 14. 선고 94다29256 판결 등), 당사자적격의 흠결이 아닌 중복소송을 이유로 후소를 각하한 점에 비추어 보면, 판례도 채권자와 채무자 양자 모두에게 당사자적격을 인정하는 '병행형' 법정소송담당의 입장이라고 이해된다.

'병행형' 법정소송담당은 채권자대위소송에서의 채권자 외에도 주주대표소송에서의 주주(상법 제403조 제3, 4항, 제542조의6 제6항), 권리질권의 목적이 된 채권을 직접 청구하는 채권질의 질권자(민법 제353조 제1, 2항), 공유자나 합유자 전원을 위하여 보존행위를 하는 공유자나 합유자(민법 제265조 단서, 제272조 단서) 등의 경우에 인정되는데, 민법이나 상법 등 실체법에서 다수의 권리귀속 주체 중 특정인 또는 권리귀속 주체와 특별한 법적 관계에 있는 자에게 본래의 권리귀속 주체와 병행하여 소송을 수행할 권한을 부여하는 것이다. '갈음형' 법정소송담당과 달리 법정소송담당자의 지정에 관한 법원의 개입 없이 실체법에 규정된, 권리주체와의 관계에 의하여 정해지는 특징이 있다.

---

18) 이시윤, 앞의 책 158면; 정동윤·유병현·김경욱, 앞의 책, 227면; 한충수, 앞의 책, 211면; 정영환, 앞의 책, 293면; 전원열, 앞의 책, 210면.

19) 이에 대하여 채권자대위소송은, 민법이 채권자에게 부여한 대위권이라는 실체법상 권리를 소송상 행사하는 것이지 '채권자'라는 자격에서 법이 부여한 임무를 수행하느라 채무자를 위하여 소송을 하거나 직무를 행사하는 것이 아니고, 어디까지나 자기 이익을 위하여 소송을 수행하는 것이므로 법정소송담당으로 보아서는 안 된다는 견해도 있다[호문혁, 앞의 책, 257면].

(4) 처분금지효

(가) 유효한 압류·추심명령의 존재는 추심소송의 전제로서 당사자 적격 유무를 좌우하는 소송요건에 해당한다(대법원 2016. 11. 10. 선고 2014다54366 판결 참조). 채권에 대한 압류의 효력이 발생하면 채무자는 해당 채권의 처분이나 변제의 영수를 해서는 안 되고, 제3채무자는 채무자에 대하여 그 지급을 하여서는 안 된다(민사집행법 제227조 제1항). 이에 위반하는 채권의 처분이나 채무 변제는 압류채권자에 대한 관계에서 상대적으로 무효가 된다.

채권자대위권의 경우에도 채권자가 보존행위 외의 권리를 대위행사한 때에는 채무자에게 통지해야 하는데(민법 제405조 제1항), 채무자가 위 통지를 받은 후에는 그 권리를 처분하여도 이로써 채권자에게 대항하지 못한다고 함으로써(동조 제2항) 채권자의 대위권 행사와 상충되는 채무자의 처분행위가 제한된다. 이에 위반되는 처분행위는 그 자체로는 당사자 사이에서 유효하나, 채권자와의 관계에서는 그 처분행위가 없었던 것으로 취급된다.[20]

(나) 채권압류의 효력과 채권자대위소송에서 채무자 고지 시(판례는 채권자가 대위행사 사실을 통지한 때뿐 아니라 통지가 없더라도 채무자가 어떠한 사정에 의해서든 대위행사 사실을 안 경우에는 처분금지효가 발생한다고 한다. 대법원 1977. 3. 22. 선고 77다118 판결 등)에 발생하는 피대위채권의 처분금지효는 일응 유사하다고 볼 여지가 있다. 그러나 민법 제405조 제2항에 의해서는 채무자의 채권 처분행위, 즉 채권의 양도나 포기, 질권 설정, 채권이 발생한 계약의 합의해제 등은 금지되나, 제3채무자의 변제와 채무자의 변제 수령은 처분행위가 아니라 책임재산의 관리·보존행위로서 금지되지 않으므로 채무자는 제3채무자로부터 유효하게 변제를 수령할 수 있고(대법원 1991. 4. 12. 선고 90다9407 판결 등), 이는 대위행사 사실을 고지한 대위채권자에 대해서도 대항할 수 있다. 즉 피대위채권의 처분금

20) 김용덕 편집대표, 앞의 책, 314면(한애라 집필부분).

지 효과만 발생할 뿐 채권압류의 가장 중요한 효력이라 할 수 있는 채무변제 및 영수의 금지 효과는 발생하지 않는다는 점에서 큰 차이가 있다. 이에 따라 '직접 지급형' 채권자대위소송에서 승소 확정판결을 받더라도, 이후 제3채무자가 피대위채권의 채무 이행을 대위채권자가 아닌 채무자에게 하면 이는 유효한 변제가 되고, 그 후 대위채권자가 위 확정판결을 집행권원으로 삼아 제3채무자의 책임재산에 대한 집행을 시도할 경우 제3채무자는 사실심 변론종결 후 유효한 변제가 이루어졌음을 이유로 확정판결의 집행력 배제를 구하는 청구이의의 소를 제기할 수 있으며, 이를 본안으로 한 잠정처분으로 집행정지의 신청도 가능하다고 할 것이다.

그렇다면 민법 제405조 제2항에 의하여 채무자가 자기의 권리처분으로써 채권자에게 대항하지 못하더라도, 이를 근거로 피대위채권에 대하여 압류 및 추심명령이 발령된 것과 같은 효력을 갖는다고 할 수는 없다. 앞서 본 바와 같이 압류 및 추심명령이 내려지면 채무자는 제3채무자에 대하여 채권을 추심하거나 변제를 수령할 수 없고, 제3채무자도 채무자에게 변제하는 것이 금지되므로 피압류채권의 변제로 압류채권자에게 대항할 수 없는 반면, 채권자대위권 행사의 경우 처분금지효가 발생하더라도 채무자는 제3채무자를 상대로 피대위채권의 이행을 청구할 수 있고, 변제를 수령할 수도 있으며, 제3채무자가 피대위채권에 대해 변제하는 것 역시 허용된다. 이와 같은 구별은 앞서 본 추심소송과 채권자대위소송의 제도 목적의 차이에서 비롯된 것으로 생각된다.[21)]

(**다**) 비교법적으로 보면, 채무자의 권리처분을 제한하는 민법 제405조 제2항은 매우 이례적인 규정이다. 대법원은 이 조항의 취지를, 채권자가 채무자에게 대위권 행사 사실을 통지하거나 채무자가 채권자의 대위권 행사 사실을 안 후에 채무자에게 대위의 목적인 권리의 양도나 포기 등 처분행위를 허용할 경우, 채권자에 의한 대위권 행사를 방해하는 셈이 되므로 이를 금지하는 데에 있다고 한다(대법원 2012. 5. 17. 선고 2011

---

21) 同旨: 민일영 편집대표, 앞의 책, 380-381면(노재호 집필부분).

다87235 판결). 그러나 채권자대위권의 모법이라 할 수 있는 프랑스 민법에는 위와 같은 조항이나 해석이 애초부터 없었다. 일본 민법에는 우리 민법 제405조 제2항과 같은 명문 조항이 없었으나, 일찍부터 판례는 재판상 대위에 관한 구 비송사건절차법 제85조부터 제91조를 유추적용하여 '채권자가 채무자에게 대위행사 사실을 통지하거나 채무자가 대위권 행사의 사실을 안 경우에는 채무자는 채권자가 대위행사하고 있는 권리를 자기가 행사하거나 처분할 수 없다'고 판시하였다[日本 大審院 1939(昭和 14). 5. 16. 판결-民集 18, 557]. 당시 兼子一 교수는 위 대심원 판결에 찬성하면서 '민법은 보전되는 청구권에 대한 강제집행과 직접 관련된 대위권의 행사를 인정하고 있는데, 이는 결국 채무자의 의사에 관계없이 그 권리에 대한 채권자의 관리권을 취득하게 하는 일종의 사적(私的) 압류이고, 따라서 압류에 준하여 채무자에게 그 목적인 권리의 처분제한을 인정할 수 있다'고 하였고,[22] 이 견해가 일본 학계의 통설적 입장이 되었다. 그런데 이후 약 80년이 지난 2017년 일본 민법 개정을 통해 제423조의5를 신설하면서 위 판례나 학설과는 정반대로, 채권자가 채무자의 권리를 대위행사하더라도 채무자의 처분 권한은 제한되지 않음을 명문화하였다. 이는 1970년대 이래 학계에서 제기된 반론, 즉 본래 채권자는 채무자의 권리행사에 간섭할 수 없고 채무자 스스로 권리 행사를 하지 않는 경우에 한하여 채권자의 대위권 행사가 인정되어야 하며, 그 경우에도 채무자의 자기 권리 처분 권한을 박탈하는 것은 과도하고, 이러한 효과를 원하는 채권자는 압류 또는 가압류의 방법에 의하면 된다는 견해가 힘을 얻으면서 가능해진 것이다.[23]

우리 민법상 채권자대위권 제도에 큰 영향을 준 프랑스나 일본의 위와 같은 사정들을 고려해보면, 우리 민법 제405조 제2항도 채무자의

22) 兼子一, "債權者の代位權に基く訴訟中に於ける債務者の訴提起", 判例民事法(昭和十四年度), 民事法判例研究會, 有斐閣(1939), 136면.

23) 정태윤, "일본 개정민법(채권관계) 중 주요 부분에 관한 개관", 민사법학 제82호(2018), 278-279면.

처분 권한을 허용하는 방향으로의 개정을 검토할 필요가 있다고 본다. 채무자의 처분 권한을 그의 의사에 기하지 않고, 채권자의 대위권 행사 통지를 통해 제한하는 것은, 아무리 채무자에게 자력이 없고 자신의 권리를 행사하지 않고 있더라도 사적 자치라는 민법의 대원칙에 비추어 적절하지 않다. 자력이 없는 채무자라도 선택에 따라 자신의 권리를 행사할지 여부를 결정할 수 있어야 하고, 처분 권한의 박탈은 채권자의 임의적 판단에 따른 대위행사 사실의 통지에 의할 것이 아니라 국가가 집행력의 발동을 공적으로 확인해 준 집행권원이 있어야 비로소 가능하다고 함이 타당하다.

3. 검　토

위에서 살펴본 바와 같이, 추심소송과 채권자대위소송은 구조적 · 기능적인 면에서 일부 유사하다고 볼 여지는 있으나 그 내면을 들여다보면, 법체계상의 지위(집행권원에 기한 강제집행을 규율하는 절차법인 민사집행법상 제도와 채권의 효력에 관한 실체법인 민법상의 제도), 제도의 연원(독일 민사소송법상 채권집행 제도와 프랑스 민법의 간접소권 제도), 제도의 목적(강제집행의 일종으로서 현금화 및 배당을 통한 집행채권의 만족과 일반채권자들을 위한 채무자의 책임재산 확보), 당사자적격(갈음형 법정소송담당과 병행형 법정소송담당), 처분금지효의 범위(채권의 처분 금지 및 변제, 영수의 금지와 채권 자체만의 처분금지) 등에서 상당한 차이를 드러내며, 그러한 차이점들을 종합해보면, 양 소송의 운용 과정에서 누적된 판례의 해석론을 손쉽게 다른 한편에 적용하거나 유추적용하려는 시도는 가능한 한 자제하는 것이 타당하다고 본다.

이러한 관점에서 보면, 추심소송에서 기판력의 주관적 범위를 다룬 대상판결이나 추심소송의 중복소송 여부를 다룬 판결(대법원 2013. 12. 18. 선고 2013다202120 전원합의체 판결)에서, 대법원이 채권자대위소송에 관한 판례의 규율을 그대로 추심소송에 적용하려는 시도를 제한한 것은 적정하였다고 평가할 수 있다.

그러나 다른 한편, 채권자대위의 소가 제기되고 대위채권자가 채무자에게 대위권 행사 사실을 통지하거나 채무자가 이를 알게 된 후 이루어진 피대위채권에 관한 전부명령이 무효라고 본 대법원 2016. 8. 29. 선고 2015다236547 판결에서 '직접 지급형' 채권자대위의 소를 제기한 대위채권자의 지위가 추심채권자의 지위에 준하는 것을 전제로 압류의 경합에 관한 민사집행법 제229조 제5항을 유추적용한 것에 대해서는 상당한 의문이 남는다. 이 판결에 대해서는 다수 채권자 사이에 평등을 구현하고 채권자대위 제도와 민사집행 제도의 조화로운 공존을 모색한, 타당한 결론이라는 시각도 있으나, 채권자대위권의 행사는 집행법상 의미를 갖는 권리 행사라고 할 수 없으므로, 채권자대위권 행사에 압류의 경합에 관한 민사집행법 규정을 유추적용한 것은 타당하지 않다는 점을 비롯하여 많은 비판이 가해지고 있다.[24] 양 제도의 목적이나 처분금지효의 범위 등에 비추어 보면, '직접 지급형' 채권자대위권의 행사를 압류·추심명령과 동일시하는 것은 적절하지 않다고 생각된다.

우리 실무에 위와 같은 혼선이 생긴 이유를 연혁적 관점에서 보자면, 일본 민법과 민사소송법 등이 형성되는 시기에 프랑스형 집행제도와 독일형 집행제도가 일본법 내에 함께 위치하게 되면서 불협화음이 발생하였는데,[25] 우리나라가 민법과 민사소송법을 제정하는 과정에서 이러한

24) 대법원 2016. 8. 29. 선고 2015다236547 판결에 대해서는 다수의 평석이 있다. 이 중 판결의 결론을 지지하는 입장에 선 것으로 이재찬, "채권자대위소송과 민사집행법상 금전채권에 대한 강제집행 제도의 선후관계에 관한 연구", 사법논집 제63집(2017), 173면 이하; 범선윤, "채권자대위권의 행사와 채권압류·전부명령에 관한 경합-채권자대위권의 효용과 한계", 민사판례연구 제40권, 박영사(2018), 291면 이하; 이원, 앞의 글, 122면 이하 등이 있다. 판결의 결론에 반대하는 입장에 선 것으로는 문영화, "채권자대위권의 행사에 의한 처분제한과 피대위채권에 대한 전부명령의 효력", 민사소송 제21권 제1호(2016), 385면 이하; 이계정, "채권자대위권의 행사와 전부명령의 효력-대법원 2016. 8. 29. 선고 2015다236547 판결-", 법조 제728호(2018. 4.), 606면 이하; 황용경, "채권자대위권 행사와 압류 및 전부명령의 관계-대법원 2016. 8. 29. 선고 2015다236547판결-", 법학논고 제71권(2020), 213면 이하가 있다.

25) 三ケ月 章, "取立訴訟と代位訴訟の解釈論的·立法論的調整-フランス型執行制度とドイツ型執行制度の混淆の克服の方向", 民事訴訟法研究 7巻, 有斐閣(1978), 144면.

제도적 부조화가 있음을 제대로 인지하지 못한 상태에서 일본법의 관련 조항들을 무비판적으로 계수한 것이 주된 원인이 아닌가 생각된다. 앞서 본 바와 같이 일본은 2017년 민법 개정을 통해 학계의 비판을 받아오던 채권자대위권 행사 사실 통지 시 채무자의 처분 제한을 철폐하는 등 문제 해결을 위한 개혁을 단행하였는바, 우리나라도 입법을 통해 이 문제를 근원적으로 해결함이 최선의 방안일 것이다.

그러나 아직 입법이 이루어지기 전인 현재의 상황에서도 합리적 해석을 통해 문제를 시정하려는 노력은 계속되어야 한다. 여기서 유의해야 할 점은, 채권자대위권을 채무자의 책임재산 확보를 위한 실체법상의 권리를 넘어 채권의 강제적 실현이라는 민사집행의 방법으로 인정할 만한 근거는 매우 미약하다는 점이다. 강제집행 제도가 완비된 우리 법체계에서 채권자대위 제도는 책임재산 보전이라는 본래 목적에 충실하게 해석함이 타당하고, 채권자대위권 행사를 압류에 준하는 사적 집행으로 보는 것은 본래의 제도 목적에서 상당히 일탈한 것이므로 지양해야 할 것이다.

Ⅲ. 추심소송과 기판력의 주관적 범위

앞서 본 바와 같이 추심소송과 채권자대위소송에 대한 규율이 준별되어야 함을 전제로, 이하에서는 대상판결에서 쟁점으로 다루어졌던 추심소송과 기판력의 주관적 범위 문제에 대해 살펴본다.

1. 추심소송 확정판결의 기판력이 채무자에게 미치는지 여부

추심소송을 '갈음형' 법정소송담당으로 파악하는 통설의 입장에서는 그 확정판결의 기판력이 승·패소나 채무자의 지·부지를 불문하고 채무자에게 미친다고 하는바,[26] 이는 '다른 사람을 위하여 원고나 피고가 된 사람에 대한 확정판결은 그 다른 사람에 대하여도 효력이 미친다'는 기판

26) 양진수, 앞의 글, 841-844면; 민일영 편집대표, 앞의 책, 733면(노재호 집필부분); 손진홍, 채권집행의 이론과 실무(상), 법률정보센터(2004), 618면; 조관행, "추심명령에 의한 추심에 관한 제문제", 재판자료집 제35집, 법원행정처(1987), 515면.

력의 주관적 범위에 관한 민사소송법 제218조 제3항의 문언에 부합한다(이에 관해 명확하게 판시한 판례는 아직 없는 것으로 보인다). 이에 대하여 추심명령에 불구하고 채무자의 소송수행권은 계속 유지된다고 보는 견해에 입각하여 채권자대위소송과 같이 채무자가 추심소송 계속 사실을 어떠한 경위로든 알았을 때에만 채무자에게 기판력이 미친다고 보는 견해도 있다.[27)]

그러나 앞서 본 바와 같이, ① 추심소송은 병행형 법정소송담당에 해당하는 채권자대위소송과 달리 갈음형 법정소송담당에 해당하는 점, ② 채권자대위소송에서 채무자가 소송계속 사실을 안 때에만 기판력이 미친다고 하는 이유는, 다수의 채권자가 존재하는 상황에서 채무자로서는 어떤 채권자가 소송을 제기할지 예측하기 어려움에도 채무자 인식 여부와 무관하게 채권자대위소송확정판결의 기판력이 채무자에게 미친다고 한다면, 이는 절차보장의 견지에서 부당하다는 점에서 비롯된 것인데, 추심소송에서는 채권자가 채무자에 대한 집행권원을 이미 획득한 상태에서 채무자의 제3채무자에 대한 채권에 관하여 추심명령을 받았으며[추심명령은 채무자에게 송달된다(민사집행법 제229조 제4항, 제227조 2항)], 그로 인해 채무자는 추심권능을 상실하게 된다는 점에서 채무자로서는 추심채권자가 어느 시점엔가는 추심의 소를 제기할 것을 충분히 예상할 수 있다고 할 것인 점, ③ 채무자의 지·부지를 요건으로 삼지 않는 민사소송법 제218조 제3항의 문언 등을 종합하여 볼 때, 채무자가 추심소송의 계속 사실을 어떠한 경위로든 알았을 때에만 채무자에게 기판력이 미친다는 견해는 받아들이기 어렵다.

한편, 채권자대위소송에서는 채무자가 어떠한 경위로든 그 소송계속 사실을 안 때에만 기판력이 미친다고 하는 이른바 '제한적 기판력설'이 판례의 입장이다(대법원 1975. 5. 13. 선고 74다1664 전원합의체 판결 등). 이는 채권자의 안이한 소송 수행으로 인하여 채권자대위소송에서 패소했을 경우, 채무자가 그 소송이 제기된 사실을 전혀 알지 못했음에도 기판력

---

27) 이백규, "압류된 채권양수인의 이행청구와 추심명령", 민사판례연구 제24권, 박영사(2002), 526-527면.

이 채무자에게 미친다는 것은 절차보장의 관점에서 부당함을 주된 근거로 한다.[28]

2. 채무자 수행 소송 확정판결의 기판력이 추심채권자에게 미치는지 여부

추심명령이 발령되면, 채권자는 비록 채권 자체를 이전받지는 않으나 추심권능의 일환으로 소송수행권을 가지게 되고 채무자는 이를 상실하므로, 추심채권자는 채무자로부터 당사자적격 또는 분쟁 주체의 지위를 승계한 자로 볼 수 있다. 그렇다면 채무자가 수행한 소송의 변론종결 시 이후 추심명령을 받은 채권자는 민사소송법 제218조 제1항에 정한 '변론종결 후 승계인'에 해당한다 할 것이므로, 그 확정판결의 기판력은 추심채권자에게 미친다고 보아야 한다.[29] 이 경우 추심채권자는 법원으로부터 승계집행문을 부여받음으로써 제3채무자에 대한 추심의 소 제기 없이도 피압류채권에 대한 집행을 할 수 있다. 이미 피압류채권에 대한 확정판결이 존재하는 상태이므로 추심의 소를 제기하면 기판력에 저촉되는 결과가 된다.

한편 채권자대위소송에 관해 보면, 대법원은 채무자가 제3채무자를 상대로 이미 확정판결을 받은 경우 채권자가 채무자를 대위하여 제3채무자를 상대로 제기한 소는 기존 소송과 당사자만 다를 뿐 실질적으로 동일한 소송으로 그 확정판결의 기판력이 채권자대위소송에 미친다고 판시한 바 있다(대법원 1979. 3. 13. 선고 76다688 판결, 2002. 5. 10. 선고 2000다55171 판결). 그런데 채무자가 이행의 소를 제기하여 확정판결을 받았다면 승·패소를 불문하고 채권자가 이후 제기한 동일한 채권에 관한 채권자대위의 소는 '채무자의 권리불행사' 요건[30]을 갖추지 못하여 당사자적격

---

28) 이시윤, 앞의 책, 667면.

29) 이지영, 앞의 글, 307면; 양진수, 앞의 글, 846-847면; 민일영 편집대표, 앞의 책, 734면(노재호 집필부분).

30) 채권자대위권의 행사요건 중 '채무자의 권리 불행사' 요건에 관하여 민법상 명문의 규정은 없으나, 채무자 스스로 그 권리를 행사하였거나 행사하고 있음에도 불

이 없다. 판례도 이러한 사안에서 후소가 전소 판결(채무자 청구에 대한 기각 판결)의 기판력에 저촉된다고 보아 청구를 기각한 원심을 파기하고 채권자가 채무자를 대위하여 채무자의 권리를 행사할 당사자적격이 없다고 보아 소 각하의 자판을 한 바 있다(대법원 1992. 11. 10. 선고 92다30016 판결, 1993. 3. 26. 선고 92다32876 판결 등). 즉 이 문제에 관해서는 대법원의 태도가 통일되어 있지 않다고 볼 수 있다.

3. 추심소송 확정판결의 기판력이 다른 추심채권자에게 미치는지 여부 (대상판결의 쟁점)

이 경우는 먼저 제기된 추심소송의 변론종결 전에 다른 채권자가 추심명령을 받은 경우인지, 아니면 변론종결 후에 추심명령을 받은 경우인지를 나누어 살펴야 한다.

우선 기존 추심소송의 변론종결 후 다른 채권자가 추심명령을 받은 경우라면, 전소 추심소송 확정판결의 기판력은 채무자가 추심의 소 제기 사실을 아는지 여부를 묻지 않고 민사소송법 제218조 제3항에 따라 채무자에게 미친다는 것이 통설의 입장이고,[31] 앞서 본 바와 같이 채무자가 먼저 확정판결을 받고 그 소송의 변론종결 후 추심명령을 받은 채권자는 '변론종결 후 승계인'으로서 판결의 기판력이 미치는데(당사자적격의 승계인),[32] 이를 결합하면 추심소송 확정판결의 기판력은 채무자를 통하여 변론종결 후 추심명령을 받은 다른 추심채권자에게 미친다고 할 수 있다.[33] 또한 추심채권자는 민사소송법 제83조나 민사집행법 제249조 제2항에 따라 기존의 추심소송에 적법하게 공동소송참가를 할 수 있고,[34]

구하고 채권자가 채무자의 권리를 대위 행사할 수 있다고 한다면, 이는 채무자의 재산관리권에 대한 채권자의 부당한 간섭이 될 수 있으므로, 채권자대위권의 행사 요건으로 위 요건을 요구하는 데에 관해서는 특별한 이견이 없다.

31) 양진수, 앞의 글, 841-844면; 민일영 편집대표, 앞의 책, 733면(노재호 집필부분); 손진홍, 앞의 책, 618면; 조관행, 앞의 글, 515면.

32) 이지영, 앞의 글, 307면; 양진수, 앞의 글, 846-847면; 민일영 편집대표, 앞의 책, 734면(노재호 집필부분).

33) 이지영, 앞의 글, 307면.

채무자의 제3채무자에 대한 소송계속 중 압류 및 추심명령이 경합되어 제1 추심채권자가 승계참가를 하고 이어 제2 추심채권자도 승계참가를 한 경우 하급심에서는 후행 제2 승계참가 신청을 선행 승계참가인에 대한 공동소송참가의 취지로 선해하는바(서울고등법원 2012. 9. 7. 선고 2012나12162 판결, 2017. 7. 6. 선고 2016나2033521 판결), 승계참가의 인적 범위가 변론종결 후 승계인의 인적 범위와 원칙적으로 일치하는 점[35]에 비추어 보더라도, 기존 추심소송의 변론종결 후 추심명령을 받은 채권자는 민사소송법 제218조 제1항에 정한 '변론종결 후 승계인'에 해당하여 선행 추심소송 확정판결의 효력을 받는 지위에 있다고 할 수 있다.

그러나 기존 추심소송의 변론종결 전 추심명령을 받은 다른 채권자의 경우에는 그 확정판결의 기판력을 받는 지위에 있다고 보기 어렵다. 확정판결의 기판력이 미치는 주관적 범위는 당해 소송의 당사자, 변론종결 후 승계인(무변론 판결의 경우에는 판결 선고 뒤의 승계인), 청구의 목적물을 소지한 사람(이상 민사소송법 제218조 제1항)과 제3자 소송담당의 경우에 권리귀속 주체(민사소송법 제218조 제3항)에 한정되는데, 기존 추심소송과의 관계에서 변론종결 전 추심명령을 받은 다른 채권자는 이 중 어디에도 해당하지 않기 때문이다.

민사집행법의 특칙에 의해 추심소송 확정판결의 효력은 원고로서 추심의 소를 제기한 채권자 이외에도 원고의 공동소송인으로 참가한 채권자(제249조 제2항)와 참가명령을 받았음에도 불구하고 참가하지 아니한 채권자에게 미치나(제249조 제3항, 제4항), 그 반대해석상 공동소송인으로 참가하지도 않고 제3채무자로부터 참가명령의 신청도 받지 아니한 다른 추심채권자에게는 판결의 효력이 미친다고 할 수 없다.[36]

한편, 추심명령이 경합된 상태에서 채권자 중 1인이 추심의 소를 제

34) 민일영 편집대표, 앞의 책, 719면(노재호 집필부분).
35) 이른바 '동일설'이 판례 및 다수설의 입장으로 보인다. 대법원 1983. 3. 22.자 80마238 결정; 이시윤, 앞의 책, 834면; 김홍엽, 앞의 책, 1188면; 전원열, 앞의 책, 681면.
36) 同旨: 손흥수, 채권집행, 한국사법행정학회(2017), 367면.

기하여 승소 판결을 받았음에도 다른 채권자에 의한 추심소송이 허용된다면, 제3채무자는 모든 추심의 소에 일일이 응소해야 하는 불편이 있고, 청구 인용판결이 거듭될 때마다 이중집행의 위험에 노출되는 결과에 이른다고 볼 수 있으나, 제3채무자는 참가명령 신청(민사집행법 제249조 제3항)이나 집행공탁(민사집행법 제248조)을 통해 위와 같은 절차적 부담에서 벗어날 수 있으므로, 그리 부당한 결과는 아니라고 할 것이다.[37] 대상판결도 위와 같은 근거들을 들어 기존 추심소송에서 확정된 화해권고결정의 기판력이 그 확정 전 추심명령을 받은 다른 추심채권자의 추심소송에는 미치지 않는다고 보았다.

채권자대위소송에 관하여 보면, 판례는 기존 채권자대위소송의 확정판결이 있는 경우 그 판결의 효력이 이후 동일한 피대위채권에 대하여 채권자대위소송을 제기한 다른 채권자에게도 미친다고 하면서(대법원 1994. 8. 12. 선고 93다52808 판결), 그 근거로는 '어떠한 사유로든 채무자가 채권자대위소송이 제기된 사실을 알았을 경우에 판결의 효력이 채무자에게 미치므로, 이러한 경우에는 다른 채권자가 제기한 채권자대위소송에도 전소의 기판력이 미친다'고 판시하였다.

Ⅳ. 관련 논점

대상판결에서는 추심소송 확정판결(또는 화해권고결정)의 기판력의 주관적 범위에 관하여 판시하였는바, 기판력의 주관적 범위에 관해 논의되는 내용은 재소금지, 중복소송, 공동소송·참가 등의 논점들과도 연관이 되므로 관련된 범위에서 해당 논점들에 대하여도 검토하기로 한다.

1. 추심소송과 재소금지

소 취하로 인해 그동안 판결에 들인 법원의 노력이 무용화되고 종국판결이 당사자에 의하여 농락되는 것을 방지하기 위하여 본안에 관한

---

37) 同旨: 민일영 편집대표, 앞의 책, 734면(노재호 집필부분).

종국판결이 있은 뒤에는 취하한 것과 동일한 소를 제기할 수 없도록 하고 있고(민사소송법 제267조 제2항). 이를 '재소금지'라 한다.

재소금지의 적용요건은, ① 동일한 소를 제기할 것, ② 본안에 대한 종국판결 선고 후 소를 취하하였을 것이다. 위 ①은 다시 (ⅰ) 당사자가 동일할 것, (ⅱ) 소송물이 동일할 것, (ⅲ) 권리보호의 이익이 동일할 것으로 나누어 볼 수 있다.[38)]

최근 대법원에서는, 甲의 乙에 대한 채권에 대하여 甲의 채권자 丙이 압류·추심명령을 받아 乙을 상대로 추심의 소를 제기하였다가 항소심에서 소를 취하하였는데, 그 후 甲의 다른 채권자 丁이 위 채권에 대하여 다시 압류·추심명령을 받아 乙을 상대로 추심의 소를 제기한 사안에서, 丙이 선행 추심소송에서 패소 판결을 회피할 목적 등으로 종국판결 후 소를 취하하였다거나 丁이 소송제도를 남용할 의도로 소를 제기하였다고 보기 어려운 사정 등을 감안할 때, **丁은 선행 추심소송과 별도로 자신의 甲에 대한 채권 집행을 위하여 위 소를 제기한 것이므로, 새로운 권리보호이익이 발생한 것으로 볼 수 있어 재소금지 규정에 반하지 않는다**고 본 원심판결이 정당하다고 판시한 바 있다(대법원 2021. 5. 7. 선고 2018다259213 판결).

재소금지 원칙을 적용함에 있어 동일한 당사자는 아니지만, 기판력이 미치는 범위 내에 있는 전소의 '변론종결 후 승계인'에 대해서는 재소금지가 적용된다는 것이 판례의 태도인바(대법원 1969. 7. 22. 선고 69다760 판결, 1981. 7. 14. 선고 81다 64, 65 판결), 위 2018다259213 판결의 사안을 보면, 선행 추심소송에서 제1심판결이 선고된 뒤인 2009. 6. 13. 소가 취하되었고, 후행 추심소송의 근거가 된 채권압류 및 추심명령은 2016. 12. 13. 발령되었으므로 후행 추심소송의 원고인 丁은 '변론종결 후 승계인'에 해당하여 '당사자의 동일성'이라는 요건은 충족한다(만일 후행 추심명령이 선행 추심소송의 변론종결 전에 발령되어 효력이 발생하였다면, 후행 추심채권자는

---

38) 민일영 편집대표, 주석 민사소송법(제8판) 제1권, 박영사(2018), 355면(오영준 집필부분).

'변론종결 후 승계인'이 아니므로 '당사자의 동일성'요건을 충족하지 못하고, 따라서 이 단계에서 재소금지 원칙이 적용되지 못하는 결과가 되었을 것이다). 또한 선행 추심소송과 후행 추심소송의 각 소송물은 채무자의 제3채무자에 대한 채권의 존부로 동일하다.

그러나 판례는 재소금지의 또 다른 요건인 '권리보호이익'의 면에서 선행 추심의 소가 취하된 경위나 후행 추심의 소가 제기된 동기를 감안할 때, 양 소송의 권리보호이익이 다르다고 보아 재소금지 원칙의 적용이 없다고 판단하였다.

이 판결에 대하여 대상판결의 법리, 즉 선행 추심소송 판결의 효력이 후행 추심소송의 추심채권자에게는 미치지 아니함을 근거로 양 소송에서 '당사자의 동일성'을 인정할 수 없다고 보아 비판하는 견해도 있으나,[39] 재소금지 원칙의 적용에 있어서도 기판력의 경우와 마찬가지로 후행 추심소송의 근거가 된 채권압류 및 추심명령이 전소의 변론종결 이전 효력이 발생한 것인지, 이후에 발생한 것인지를 나누어 살펴볼 필요가 있고, 이 판결의 사안은 전소의 변론종결 이후 채권압류 및 추심명령의 효력이 발생한 경우이므로 위 판결의 논리 전개는 일응 타당하다고 할 것이다.

한편, 복수의 채권자들이 각 제기한 채권자대위의 소에서 재소금지 여부가 문제 된 판례는 아직 없으나, 채권자대위소송에서 채권자가 본안에 대한 종국판결이 있은 뒤 소를 취하한 경우에는 채무자가 대위소송의 계속 사실을 안 이상 재소금지의 효력이 채무자에게 미친다는 것이 판례의 태도이다(대법원 1996. 9. 20. 선고 93다20177 판결).

2. 추심소송과 중복소송

채무자가 제3채무자를 상대로 제기한 이행의 소가 계속 중인 상태에서 추심채권자가 제3채무자를 상대로 추심의 소를 제기한 경우, 민사소

---

39) 김홍엽, 앞의 책, 788면.

송법 제259조가 금지하는 중복소송에 해당하는지 여부가 다투어진 사안에서, 대법원은 ① 채무자가 제3채무자를 상대로 제기한 이행의 소는 추심명령에 의하여 부적법하게 되어 본안에 관하여 심리·판단할 필요 없이 각하해야 하므로 추심소송의 본안에 관해 심리·판단한다고 하여 제3채무자에게 과도한 이중 응소의 부담을 지우고, 본안심리가 중복되어 당사자와 법원의 소송경제에 반한다거나 판결의 모순·저촉의 위험이 크다고 볼 수 없는 점, ② 오히려 추심채권자가 제3채무자를 상대로 제기한 추심의 소를 중복소송에 해당한다는 이유로 각하한 다음 당사자적격이 없는 채무자의 이행의 소가 각하, 확정되기를 기다려 다시 추심채권자로 하여금 추심의 소를 제기하도록 하는 것이 소송경제에 반할 뿐 아니라, 이는 추심명령이 있는 때에 민사소송법 제238조, 제249조 제1항에 의하여 추심채권자에게 보장되는 추심의 소를 제기할 수 있는 권리 행사와 그에 관한 실체 판단을 바로 그 추심명령에 의하여 금지되는 채무자의 이행의 소를 이유로 거부하는 셈이어서 부당하다는 점, ③ 추심채권자는 채무자가 제3채무자를 상대로 제기한 이행의 소에 민사소송법 제81조, 제79조에 따라 참가할 수도 있으나, 채무자의 이행의 소가 상고심에 계속되고 있는 동안에는 승계인의 소송참가가 허용되지 않으므로, 추심채권자의 소송참가가 언제나 가능하지 않으며 추심채권자가 채무자가 제기한 이행의 소에 참가할 의무가 있는 것은 아닌 점 등을 종합하여 중복소송에 해당하지 않는다고 판시하였다(대법원 2013. 12. 18. 선고 2013다202120 전원합의체 판결 다수의견).

위와 같은 다수의견에 대하여 추심소송과 채권자대위소송의 성질이 같다는 전제에서, 채무자가 제3채무자를 상대로 제기한 소가 법원에 계속 중인 상태에서 채무자의 채권자가 동일한 소송물에 관하여 채권자대위의 소를 제기하면 채권자대위의 소는 중복소송 금지 원칙에 반하여 부적법하다는 확립된 판례(대법원 1974. 1. 29. 선고 73다351 판결, 1981. 7. 7. 선고 80다2751 판결, 1988. 9. 27. 선고 87다카1618 판결) 등을 근거로 반대하는 소수의견도 있었다.

결론적으로 채무자의 이행의 소 제기 후 추심채권자가 추심의 소를 제기할 경우에는 추심소송의 기초가 된 추심명령에 의하여 채무자가 추심권능 및 소송수행권을 상실하여 전소인 채무자의 이행소송이 부적법하게 되는 특수한 관계에 있다는 점에서 채무자의 이행의 소 제기 후 채권자대위의 소가 제기된 경우와는 구별된다고 할 것이고, 이러한 관계에서는 후소인 추심의 소를 중복소송으로 보아 각하하기보다는 전소인 채무자의 이행의 소를 당사자적격 흠결을 이유로 각하함이 추심명령의 제도 목적에 부합한다고 보인다. 다수의견에 찬성한다.[40]

한편, 동일한 피압류채권에 대한 복수의 추심채권자 중 1인이 제3채무자를 상대로 추심의 소를 제기한 후 그 소송계속 상태에서 다른 추심채권자가 추심의 소를 제기한 경우 중복소송에 해당하는지 여부에 관해서는 아직 판례가 없는 것으로 보인다. 중복소송 금지 원칙이 적용되기 위해서는 ① 당사자의 동일, ② 청구(소송물)의 동일, ③ 전소 소송계속 중 후소 제기의 요건이 요구되는데, 이 중 '당사자의 동일' 요건은 전·후소의 당사자가 동일한 경우뿐 아니라 당사자와 동일하다고 볼 수 있는 제3자로서 전소 확정판결의 효력을 받게 될 경우도 포함한다.[41]

그런데 대상판결의 법리에 비추어 보면, 후행 추심채권자가 선행 추심소송의 변론종결 이후 추심명령을 받은 경우가 아니라면 선행 추심소송 판결의 효력이 후행 추심소송의 원고에게 미치지 아니한다. 중복소송은 전소 소송계속 중 후소가 제기되는 경우에 발생하는바, 이러한 상황을 전제로 한다면 중복소송의 국면에서 전소의 변론종결 후 후행 추심명령을 받는 경우는 일반적으로 발생하기 어려우므로,[42] 후행 추심의 소를

40) 다수의견을 지지한 논문으로 양진수, 앞의 글, 811면 이하; 황진구, "추심의 소제기가 채무자가 제기한 이행의 소에 대한 관계에서 중복된 소제기에 해당하는지", 민사재판의 제문제 제23권, 한국사법행정학회(2015), 625면 이하 참조. 반대의견을 지지한 논문으로 황용경, "추심명령에 의한 추심의 소와 중복제소", 홍익법학 제16권 제4호(2015), 423면 이하 참조.

41) 이시윤, 앞의 책, 287면.

42) 다만, 선행 추심소송이 상고심에 계속된 상태에서 다른 채권자가 추심명령을 받아 후행 추심의 소를 제기한다면 이 경우는 전소의 사실심 변론종결 이후 후행

제기한 추심채권자가 전소 확정판결의 효력을 받게 될 경우에 해당하지 아니하고, 따라서 '당사자의 동일성' 요건을 충족할 수 없게 된다. 결국 선행 추심소송 계속 중 다른 추심채권자에 의해 후행 추심의 소가 제기되더라도 중복소송에는 해당되지 않는다고 볼 것이다.

한편, 채권자대위소송이 이미 법원에 계속 중인 상황에서 다른 채권자가 동일한 피대위채권에 관하여 채권자대위의 소를 제기한 경우 시간적으로 나중에 계속된 소송은 중복소송 금지의 원칙에 위배하여 부적법하다는 것이 판례의 입장이다(대법원 1994. 2. 8. 선고 93다53092 판결).

3. 추심소송과 공동소송 · 참가

별도의 집행권원을 기초로 동일한 피압류채권에 대하여 개별적으로 추심명령을 받은 다수의 채권자들이 공동으로 제3채무자를 상대로 추심의 소를 제기한 경우에 그 공동소송은 어떠한 법적 성질을 갖는지, 채권자 1인이 제3채무자를 상대로 추심의 소를 제기한 후 다른 추심채권자가 그 소송에 참가할 경우 그 참가는 어떤 성질을 갖는지가 문제 된다.

이 점에 관하여 명확한 판례는 아직 없는 것으로 보인다.[43] 학설상으로는 이러한 경우들에 있어 ① 합일확정의 필요가 있고 판결의 반사적 효력이 미침을 근거로 유사필수적 공동소송과 공동소송참가에 해당한다는 견해,[44] ② (판결의 반사효를 인정하지 않는 입장에서) 집행력 있는 정본

추심명령이 발령된 경우에 해당하나, 중복소송 해당 여부는 소송요건에 해당하여 전소의 상고심 계속 중 후소가 제기된 경우에도 역시 후소를 각하해야 할 것이므로, 이러한 경우에는 예외적으로 전소의 사실심 변론종결 후 추심명령을 받아 후소를 제기하는 경우도 포함될 수 있도록 그 기준시점을 사실심 변론종결 시가 아닌 상고심 심리종료 시로 보아야 할 것이다.

43) 다만, 채무자의 제3채무자에 대한 소송계속 중 압류 및 추심명령이 경합되어 제1 추심채권자가 승계참가를 하고 이어 제2 추심채권자도 승계참가를 한 사례에서 후행 제2 승계참가 신청을 선행 승계참가인에 대한 공동소송참가의 취지로 선해한 하급심 판결례들이 있다(서울고등법원 2012. 9. 7. 선고 2012나12162 판결, 2017. 7. 6. 선고 2016나2033521 판결).

44) 이시윤, 앞의 책, 748, 821면; 정동윤 · 유병현 · 김경욱, 앞의 책, 1026면에서는 위와 같은 경우 유사필수적 공동소송에 해당한다고 하나, 공동소송참가 가부에 대해서는 명확히 밝히지 않았다.

을 가진 모든 채권자가 공동소송인으로서 추심소송의 원고 측에 참가할 권리를 가지고, 소를 제기당한 피고인 제3채무자에게도 집행력 있는 집행권원 정본을 가진 모든 채권자에 대하여 공동소송인으로 원고 측에 참가하도록 참가명령을 신청할 수 있으며, 참가명령을 받은 다른 채권자는 참가 여부에 관계없이 추심소송의 판결의 효력을 받는다고 한 민사집행법 제249조 제2 내지 4항을 근거로 유사필수적 공동소송 및 공동소송참가에 해당한다고 보는 견해,[45] ③ 반사적 효력은 그 개념이나 성격이 정착된 것이 아니고, 이러한 경우에는 공동으로 변론과 증거조사를 하기 때문에 사실상 통일된 결과가 나오게 되며, 혹시 변론이 분리되어 어느 한 채권자의 소송이 먼저 종료하여 그 판결에 기판력이 생기면 그 판결서의 증명력에 의하여 통일된 결과가 나오므로 유사필수적 공동소송은 아니라는 견해,[46] ④ 대상판결에서 동일한 채권에 대해 복수의 채권자들이 압류·추심명령을 받은 경우 어느 한 채권자가 제기한 추심의 소에서 확정된 판결의 기판력이 그 소송의 변론종결 이전에 압류·추심명령을 받은 다른 추심채권자에게 미치지 않는다고 보았으므로, 이러한 판례의 태도에 비추어 보면 여러 압류채권자가 공동으로 제기한 추심의 소는 유사필수적 공동소송에 해당되지 않는다는 견해[47] 등이 있다.

사견으로는 대상판결에서 채권자 1인이 제기한 추심의 소에서의 확정판결의 기판력이 그 소송의 변론종결 전 추심명령을 받은 다른 추심채권자에게 미치지 않는다고 하였더라도, 현행 민사집행법 제249조의 규정과 그 해석상 복수의 추심채권자가 동일한 피압류채권의 추심을 위하여 공동으로 소를 제기한 경우는 유사필수적 공동소송에, 채권자 1인이 추심의 소를 제기한 후 동일한 피압류채권에 대한 추심채권자가 그 소

---

45) 김홍엽, 앞의 책, 1167-1168면; 한충수, 앞의 책, 718, 775면; 전원열, 앞의 책, 662면에서는 민사집행법 제249조 제2항이 여러 추심채권자들이 있는 경우 공동소송참가를 명문으로 정하고 있다고 설명한다.

46) 호문혁, 앞의 책, 912면. 유사필수적 공동소송 관계가 아니므로, 공동소송참가도 허용되지 않는다는 입장으로 이해된다.

47) 전병서, 앞의 책, 569-570. 이 견해 역시 유사필수적 공동소송 관계가 아니므로, 공동소송참가도 허용되지 않는다는 입장이라 할 것이다.

송에 참가하는 경우는 공동소송참가에 해당한다고 봄이 타당하다고 생각된다.

추심의 소에 관한 민사집행법 제249조 제2항은 '집행력 있는 정본을 가진 모든 채권자는 공동소송인으로 원고 쪽에 참가할 권리가 있다'고 규정하는데, 이는 추심채권자가 제3채무자를 상대로 추심의 소를 제기한 경우에 그 전제가 되는 압류·추심명령에서의 채무자에 대하여 집행권원을 갖는 금전채권자는 누구나, 즉 압류 · 추심명령을 받았는지와 상관없이 위 추심소송에 공동소송참가를 할 수 있도록 허용한 특칙이다. 공동소송참가는 본래 합일확정의 필요가 있고, 기판력 등 판결의 효력이 미치는 주관적 범위에 포함되며, 당사자적격이 인정되는 경우에 한하여 허용되는데,[48] 민사집행법 제249조 제2항에서 추심명령을 받았는지와 무관하게 집행권원을 가진 모든 채권자에게 공동소송참가를 허용한 것은, 그 참가인들에게 참가한 당해 추심소송에서의 확정판결의 효력이 미침을 전제로 한 것으로 이해된다.

유사필수적 공동소송은 소송법상 판결의 효력이 제3자에게 확장될 경우에 인정되는데,[49] 추심채권자들이 추심의 소를 공동으로 제기하거나 소송계속 도중 참가하는 경우에 해당 추심소송에서의 원고들 전원에게 기판력이 미친다는 것은 민사집행법 제249조 제4항의 해석상 인정될 수 있을 것이다. 민사집행법 제249조 제3항은 추심소송의 피고인 제3채무자가 채무자에 대하여 집행력 있는 정본을 가진 채권자들에게 공동소송인으로 원고 쪽에 참가하도록 명할 것을 첫 변론기일에 신청할 수 있도록 한 것인데, 동조 제4항은 제3채무자의 신청에 따라 법원이 내린 참가명령을 받은 채권자들에게는—설령 그 추심소송에 참가하지 않았더라도—그 판결의 효력이 미친다고 규정하고 있다. 참가명령에 따르지 않은 채권자들에게도 기판력 등 판결의 효력이 미친다는 것은, 반대해석상 참가명령에 따라 기존 추심소송에 참가하였거나 참가명령이 있기 전 동조 제2항

48) 이시윤, 앞의 책, 820-821면.
49) 이시윤, 앞의 책, 747면.

에 따라 소송에 참가한 집행권원을 갖는 채권자(별도의 추심명령에 기한 추심채권자도 포함)에게는 당연히 기판력이 미침을 의미한다고 할 것이다. 이처럼 참가명령이 있기 전 추심소송에 참가한 추심채권자들에게도 기판력이 미친다고 한다면, 기존의 추심소송에 참가한 것이 아니라 처음부터 공동으로 추심의 소를 제기한 추심채권자들 상호 간에 판결의 효력이 확장되어 합일확정이 요구되는 유사필수적 공동소송 관계에 있다고 봄이 타당하다. 동일한 피압류채권에 관하여 추심채권자들이 공동으로 제기한 추심의 소에 있어서 판결 효력의 확장에 관해서는 민사집행법상 명문의 규정은 없으나, 추심소송의 참가에 관해 정한 민사집행법 제249조 제2 내지 4항을 통해 파악되는 입법의 취지나 목적,[50] 형평의 관념 등에 비추어 보면, 적어도 위 조항들의 유추적용을 통해서 판결의 효력이 공동소송인들 사이에 합일적으로 확정되는 유사필수적 공동소송 관계로 보아야 할 것이다.[51]

한편, 판례는 복수의 채권자들이 공동으로 제기한 채권자대위의 소를 유사필수적 공동소송으로 파악하고 있고(대법원 1991. 12. 27. 선고 91다23486 판결), 채권자대위소송 계속 중 다른 채권자가 동일한 채무자를 대위하여 채권자대위권을 행사하며 공동소송참가하는 것은 양 청구의 소송물이 동일한 이상 적법하다고 본다(대법원 2015. 7. 23. 선고 2013다30301, 30325 판결).

---

50) 민사집행법 제249조 제3항의 참가명령 제도는 복수의 추심채권자가 개별적으로 추심의 소를 제기하는 것에 의한 재판의 모순·저촉을 피하고, 제3채무자가 거듭하여 추심소송에 응소해야 하는 불이익을 회피하기 위한 취지로 이해된다.

51) 이와 같이 보면, 추심채권자들이 개별적으로 추심의 소를 제기한 경우에 후소의 원고가 전소의 변론종결 전에 추심명령을 받았다면 기판력의 상대성 원칙 등을 고려하여 전소 확정판결의 효력이 미치지 않는 반면(대상판결의 입장), 추심채권자들이 공동으로 추심의 소를 제기하거나 기존의 추심소송에 참가하는 경우에는 유사필수적 공동소송이나 공동소송참가에 해당하여 판결의 효력이 합일적으로 정해진다고 보게 된다. 이러한 결론이 다소 이례적이기는 하나, 전자의 경우에는 민사집행법 제249조 제2 내지 4항이 적용 또는 유추적용될 여지가 없다는 점을 고려하면 무리한 해석은 아니라고 생각된다.

V. 마 치 며

추심소송과 채권자대위소송은 채권자의 지위에서 채무자가 제3채무자에 대해 갖는 권리를 대신하여 행사한다는 점에서 구조적으로 유사한 점이 있다. 특히 채권자가 제3채무자로부터 직접 금원을 수령하여 채무자의 해당 금원에 대한 반환채권과 피보전채권을 상계 처리함으로써 우선변제적 효과가 발생하는 이른바 '직접 지급형' 채권자대위소송의 경우에는 집행권원 있는 채권자의 만족을 위한 강제집행 방법으로서의 추심소송과 유사한 기능을 한다고 볼 여지가 있다. 또한 채권자대위의 소가 제기된 경우 채무자가 어떠한 경위로든 그 사실을 안 경우에는 민법 제405조 제2항에 따라 채무자는 피대위채권의 처분을 채권자에게 대항할 수 없는데, 이는 추심소송에서 그 전제가 되는 압류명령의 효과로서 채무자에게 피압류채권의 처분금지효가 발생하는 것과 유사하다.

그러나 위 두 소송유형은 법체계상의 지위(강제집행을 규율하는 절차법인 민사집행법상 제도와 채권의 효력에 관한 실체법인 민법상 제도), 제도의 연원(독일 민사소송법상 채권집행 제도와 프랑스 민법의 간접소권 제도), 제도의 목적(강제집행의 일종으로서 현금화 및 배당을 통한 집행채권의 만족과 일반채권자들을 위한 채무자의 책임재산 확보), 당사자적격(갈음형 법정소송담당과 병행형 법정소송담당), 처분금지효의 범위(채권의 처분 금지 및 변제, 영수의 금지와 채권 자체만의 처분금지) 등에서 상당한 차이를 드러내며, 그러한 상이점들을 고려해보면, 위와 같은 유사성에도 불구하고 어느 한편의 법리를 다른 한편에 손쉽게 적용하거나 유추적용하려는 시도는 가능한 한 지양되어야 할 것이다.

대상판결에서는 민사소송법상 기판력의 상대성 원칙, 민사집행법상 추심의 소에 관한 명문 규정의 해석, 기판력의 확장을 인정함으로써 제3채무자가 겪을 수 있는 법적 위험의 정도 등을 종합적으로 검토하여, 추심소송 확정판결의 기판력의 주관적 범위에 관하여 채권자대위소송에 관한 기존 판례의 태도와는 다른 결론에 도달하였는바, 결론에 이르는 논증 과정이 합리적일 뿐 아니라 앞서 본 추심소송과 채권자대위소송의 준별이라는 관점에서도 타당하다고 생각된다.

대상판결에서 밝힌 추심소송에서 기판력의 주관적 범위에 관한 법리와 연관된 소송법상 논점들인 재소금지, 중복소송, 공동소송 및 참가 등의 문제를 해결함에 있어서도 채권자대위소송에 관한 기존 법리와 구별하여, 민사집행법상의 강제집행 방법으로서 추심소송의 성질에 부합하는 독자적이면서도 적정한 해석을 도모하여야 할 것이다.

[Abstract]

Collection Litigation and Subjective Scope of Res Judicata

−Focusing on the Comparison Between Collection Litigation and Creditor Subrogation Litigation−

Chon, Huy Jae*

The collection lawsuit and the subrogation lawsuit of creditors are structurally similar in that they exercise the debtor's rights against the third debtor in the creditor's position. In particular, in the case of a so-called "direct payment" creditor subrogation lawsuit, which has a preferential repayment effect by directly receiving money from a third debtor and offsetting the debtor's return and preserved bonds, it functions similar to a collection lawsuit for the satisfaction of an executive creditor. In addition, if the debtor knows the fact in any circumstances when a lawsuit by subrogation of creditors is filed, the debtor cannot counter the disposition of his rights to the creditor under Article 405 (2) of the Civil Act, which is similar to the effect of the seizure order on the debtor.

However, the above two types of litigation reveal significant differences in the status of the legal system, origin of the system, purpose of the system, eligibility of parties, and prohibition of disposition, and considering these differences, attempts to easily apply or infer one legal principle to the other should be avoided.

The target judgment comprehensively reviewed the principle of relativity of res judicata under the Civil Procedure Act, the interpretation of provisions on collection lawsuits under the Civil Execution Act, and the degree of le-

* Professor, Sungkyunkwan University Law School.

gal risk that third debtors can face. As a result, the Supreme Court reached a different conclusion from the attitude of existing precedents on subrogation of creditors regarding the subjective scope of the final judgment of collection litigation, so it is reasonable and valid in terms of the discrimination between the collection litigation and subrogation litigation.

In resolving issues such as prohibition of double lawsuit, co-litigation, etc., related to the subjective scope of res judicata in the collection litigation revealed in the target judgment, it is necessary to distinguish from the existing legal principles on creditor subrogation litigation and seek an independent and appropriate interpretation consistent with collection litigation.

[Key word]

- collection litigation
- creditor subrogation litigation
- subjective scope of res judicata
- eligibility as a party
- prohibition of disposition

참고문헌

1. 단 행 본

김용덕 편집대표, 주석 민법(제5판) 채권총칙 제2권, 한국사법행정학회(2020).
김홍엽, 민사소송법(제10판), 박영사(2021).
민일영 편집대표, 주석 민사소송법(제8판) 제1권, 박영사(2018).
______, 주석 민사집행법(제4판) 제5권, 한국사법행정학회(2019).
손진홍, 채권집행의 이론과 실무(상), 법률정보센터(2004).
손흥수, 채권집행, 한국사법행정학회(2017).
이시윤, 신민사소송법(제15판), 박영사(2021).
전병서, 강의 민사소송법(제3판), 박영사(2021).
전원열, 민사소송법 강의(제2판), 박영사(2021).
정동윤 · 유병현 · 김경욱, 민사소송법(제8판), 법문사(2020).
정영환, 신민사소송법(개정신판), 법문사(2019).
한충수, 민사소송법(제3판), 박영사(2021).
호문혁, 민사소송법(제14판), 법문사(2020).

2. 논 문

문영화, "채권자대위권의 행사에 의한 처분 제한과 피대위채권에 대한 전부명령의 효력", 민사소송 제21권 제1호(2016).
______, "채권자대위권에 관한 일본 민법 개정의 시사점과 민사소송법적 쟁점", 법조 제722호(2017. 4.).
범선윤, "채권자대위권의 행사와 채권압류 · 전부명령에 관한 경합-채권자대위권의 효용과 한계", 민사판례연구 제40권, 박영사(2018).
양진수, "추심의 소와 채무자의 당사자적격, 중복된 소제기의 금지", 민사판례연구 제37권, 박영사(2015).
여하윤, "채권자대위권에 관한 프랑스에서의 최근 입법 동향", 재산법연구 제34권 제4호(2018).
이계정, "채권자대위권의 행사와 전부명령의 효력-대법원 2016. 8. 29. 선고

2015다236547 판결-", 법조 제728호(2018. 4.).

이백규, "압류된 채권양수인의 이행청구와 추심명령", 민사판례연구 제24권, 박영사(2002).

이 원, "채권자대위소송과 금전채권에 대한 집행의 경합", 법학평론 제8권(2018).

이재찬, "채권자대위소송과 민사집행법상 금전채권에 대한 강제집행 제도의 선후관계에 관한 연구", 사법논집 제63집(2017).

이지영, "추심금소송에서 청구를 일부 포기하는 내용의 화해권고결정이 확정된 경우 그 의미와 기판력", 대법원판례해설 제125호(2020년 하), 법원도서관(2021).

전원열, "채권자를 제3채무자로 하는 전부명령", 법조 제728호(2018. 4.).

정태윤, "일본 개정민법(채권관계) 중 주요 부분에 관한 개관", 민사법학 제82호(2018).

조관행, "추심명령에 의한 추심에 관한 제문제", 재판자료집 제35집, 법원행정처(1987).

황진구, "추심의 소 제기가 채무자가 제기한 이행의 소에 대한 관계에서 중복된 소제기에 해당하는지", 민사재판의 제문제 제23권, 한국사법행정학회(2015).

황용경, "채권자대위권 행사와 압류 및 전부명령의 관계-대법원 2016. 8. 29. 선고 2015다236547 판결-", 법학논고 제71권(2020).

_____, "추심명령에 의한 추심의 소와 중복제소", 홍익법학 제16권 제4호(2015).

兼子一, "債權者の代位權に基く訴訟中に於ける債務者の訴提起", 判例民事法(昭和十四年度), 民事法判例研究會, 有斐閣(1939).

三ケ月 章, "取立訴訟と代位訴訟の解釈論的・立法論的調整-フランス型執行制度とドイツ型執行制度の混淆の克服の方向", 民事訴訟法研究 7巻, 有斐閣(1978).

면책 주장과 기판력 및 청구이의의 소*

현 낙 희**

■요 지■

판결이 확정되면 전소의 표준시 전에 존재하였으나 제출하지 않았던 공격방어방법은 전소판결의 기판력에 의하여 주장이 차단된다. 이러한 기판력 법리와의 조화를 위해 민사집행법 제44조 제2항은 확정판결의 집행력의 배제를 구하는 청구이의사유를 변론종결 후에 생긴 사유로 제한한다. 채권자가 채무자를 상대로 제기한 이행청구 소송에서 승소확정판결을 받았는데, 채무자가 위 소송의 변론종결 전에 존재하였으나 주장하지 아니한 면책결정 확정사실을 주장하여 청구이의의 소를 제기할 수 있을까? 대상판결은 이를 긍정한다. 즉, 면책결정을 받은 개인채무자를 강하게 보호하기 위해 한정승인에 관한 기존 판례 법리를 그대로 적용하여, 면책결정에 따른 책임의 소멸은 소송물이 아니어서 채무자가 면책주장을 하지 않는 경우에는 책임 범위나 집행력의 문제가 현실적인 심판대상으로 등장하지 않아 이에 대하여 기판력이 미치지 않으므로, 채권자의 이행청구 소송에서 면책사실을 주장하지 않은 채무자는 그 후 이를 내세워 청구이의의 소를 제기할 수 있다고 하였다. 한정승인에 관한 판례의 법리는 논리적으로 일관되지 않고 기존 소송법 이론과도 부합되지 않으나, 상속인 보호의 강한 필요성으로 인해 이례적인 법리가 형성되었다. 그런데 면책결정을 받은 채무자는 한정승인을 한 상속인보다 보호

---

* 이 글은 필자가 「민사소송」 제26권 제3호, 한국민사소송법학회(2022. 10.), 379-421면에 게재한 동일한 제목의 글을 본서의 편집체계에 맞게 수정하여 그대로 게재한 것이다. 민사판례연구회 9월 월례회에서 토론을 맡아 주신 장보은 교수님, 김기홍 판사님을 비롯하여 귀중한 의견을 주신 모든 분들께 깊이 감사드린다.
** 성균관대학교 법학전문대학원 부교수.

의 필요성이 상대적으로 적고, 면책은 실질적으로 채무소멸에 가까운 의미를 지니며, 소송요건으로 기능하고 직권조사사항이어서 면책 인정 시 권리보호이익 흠결로 소각하판결을 하게 되어 집행권원의 성립 자체를 저지하는 등 한정승인과는 실체법적, 소송법적으로 많은 차이가 있는바, 면책의 경우도 위와 같은 이례적인 법리가 적용되는 새로운 유형으로 추가할 필요가 있었는지 의문이다. 또한 대상판결은 다른 결론을 취할 경우 부당한 결과가 초래됨을 우려하나, 대상판결의 결론에 따를 경우에도 절차적 공평 및 법적안정성의 측면에서 볼 때 부당한 결과가 생길 수 있다. 즉, 채권자목록에 기재되지 않은 채권자는 채무자가 손쉽게 할 수 있는 면책주장을 하지 않음으로 인해 두 번의 소송을 감당하여야 하는 것이다. 채권자간의 공평한 변제를 확보하고 개인채무자에게 경제적 재기와 갱생의 기회를 부여하기 위한 면책제도의 취지는 공감할 수 있고, 면책의 효력 자체는 존중되어야 한다. 그러나 법이 다른 규정을 두는 경우를 제외하고는 면책결정을 받은 개인채무자도 민사소송이나 민사집행에서 마련된 절차법에 따른 공정한 규율을 받아야 하고, 면책결정을 받았다는 이유로 원칙적으로 기존 법리에서 벗어나는 예외적인 취급을 하는 것은 타당하지 않다. 다만, 개별 사안별로 특별한 사정이 있는 경우에는 신의칙 내지 권리남용 등의 법리로 구제가 가능해야 할 것이고, 그러한 사유를 고려함에 있어 면책결정을 받은 채무자의 특수성이 고려되어야 할 것이다.

[주 제 어]
• 면책 주장
• 한정승인
• 기판력
• 청구이의의 소
• 책임의 범위
• 소송물
• 신의칙

대상판결 : 대법원 2022. 7. 28. 선고 2017다286492 판결

[사안의 개요]

Ⅰ. 사실관계

A는 원고를 상대로 하여 대여금 500만 원 및 이에 대한 이자 및 지연손해금을 구하는 소를 제기하였고, 2006. 10. 17. 법원으로부터 전부승소판결을 선고받아 2006. 11. 17. 위 판결이 확정되었다.

이후 A의 아들인 피고는 2014. 3. 25. A로부터 원고에 대한 위 판결금 채권을 양수한 후, 시효연장을 위하여 원고를 상대로 하여 양수금 청구의 소(이하 '선행소송'이라 한다)를 제기하였고, 2014. 12. 24. 법원으로부터 전부승소판결을 선고받아 2015. 1. 21. 위 판결이 확정되었다. 위 선행소송은 공시송달로 진행되었다.

원고는 2016. 6. 14. 선행소송의 집행력 있는 판결정본에 기한 강제집행의 불허를 구하는 이 사건 청구이의 소송을 제기하였다.

한편, 원고는 피고가 선행소송을 제기하기 전에 이미 개인파산·면책절차를 진행하여 파산 및 면책결정을 받아 2011. 3. 11. 및 2011. 12. 22. 위 결정이 각 확정되었다. 원고는 위 개인파산 및 면책 신청 당시 A의 채권을 채권자목록에 기재하지 아니하였다.

Ⅱ. 소송의 경과 및 대상판결의 요지

1. 제1심[1] 및 항소심[2]의 판단 : 원고 패소

원고는 제1심에서 청구이의의 사유로 (ⅰ) A가 피고에게 한 채권양도는 소송신탁 목적으로 이루어져 무효라는 주장, (ⅱ) 1993. 12.경 원고의 남편이 원고의 A에 대한 채무를 면책적으로 인수하였다는 주장, (ⅲ) 원고는 2011년경 면책결정을 받아 확정되었고, A를 채권자목록에 포함시키지 않았으나 악의로 누락시킬 의도는 없었으므로 원고의 A에 대한 채무는 면책되었다는 주장을 하였다.

제1심은 (ⅰ), (ⅱ) 주장에 대하여 선행소송의 변론종결 전에 이미 발생한 것으로 청구이의의 사유로 삼을 수 없고(이를 인정할 증거도 없음), (ⅲ) 주

1) 서울남부지방법원 2017. 6. 13. 선고 2016가단225920 판결.
2) 서울남부지방법원 2017. 11. 16. 선고 2017나56658 판결.

장에 대하여도 "선행소송은 원고에 대한 면책결정 이후에 변론이 종결되어 판결이 선고·확정되었으므로, 그 채권에 관하여 기판력이 발생하여 변론종결일을 기준으로 피고의 원고에 대한 양수금 채권의 존재가 확정되고 그에 대한 집행력도 발생하는 것인바, 선행소송의 판결이 있기 전에 면책결정이 있었다는 이유로 선행소송의 판결에 기초한 강제집행의 불허를 구하는 것은 그 기판력에 저촉되어 허용될 수 없다."고 판단하였다.

항소심은 제1심 판결이유를 원용하고, 원고의 A에 대한 채권은 원고의 남편이 1993. 12.경 면책적으로 인수한 후 1995. 5.경 변제하여 소멸하였으므로 선행소송의 판결에 기초한 강제집행이 권리남용에 해당하여 신의칙상 불허되어야 한다는 항소심에서의 추가 주장도 그러한 사실을 인정할 증거가 없다고 하여 배척하였다.

2. 대상판결의 요지[3] : 파기환송

(가) 「채무자 회생 및 파산에 관한 법률」 제566조 본문은 면책을 받은 개인채무자는 파산절차에 의한 배당을 제외하고는 파산채권자에 대한 채무의 전부에 관하여 그 책임이 면제된다고 정하고 있다. 여기서 면책이란 채무 자체는 존속하지만 개인채무자에 대하여 이행을 강제할 수 없다는 뜻이다(대법원 2015. 9. 10. 선고 2015다28173 판결 등 참조).

파산선고 후 면책결정이 확정되면 개인채무자의 파산채권자에 대한 채무는 그대로 존속하지만 책임은 소멸하므로, 개인채무자의 파산채권자에 대한 책임은 파산선고 당시에 개인채무자가 가진 재산 한도로 한정된다. 채무는 그대로 존속하지만 책임만이 위와 같은 범위로 제한되므로 개인채무자는 파산선고 이후에 취득하는 재산으로 변제할 책임은 지지 않는다. 이로써 개인채무자는 경제적 회생을 도모하여 파산채무로 인한 압박을 받거나 의지가 꺾이지 않은 채 경제적 회생을 위한 노력을 할 수 있게 된다(대법원 2021. 9. 9. 선고 2020다269794 판결 등 참조).

① [파산채권자가 개인채무자를 상대로 채무 이행을 청구하는 소송에서 면책결정에 따라 발생한 책임 소멸은 소송물인 채무의 존부나 범위 확정과는 직접적인 관계가 없다. 개인채무자가 면책 사실을 주장하지 않는 경우에는 책임 범위나 집행력 문제가 현실적인 심판대상으로 등장하지도 않아 주문이나 이유에서 그에 관한 아무런 판단이 없게 된다. 이런 경우 면책결정으로

3) 본문의 밑줄 및 ①, ②, ③ 번호, [ ] 표시는 필자가 임의로 부가하였다.

인한 책임 소멸에 관해서는 기판력이 미치지 않으므로, 개인채무자에 대한 면책결정이 확정되었는데도 파산채권자가 제기한 소송의 사실심 변론종결 시까지 그 사실을 주장하지 않는 바람에 면책된 채무 이행을 명하는 판결이 선고되어 확정된 경우에도 특별한 사정이 없는 한 개인채무자는 그 후 면책된 사실을 내세워 청구이의의 소를 제기할 수 있다.]

② [면책결정이 확정되었는데도 면책된 채무 이행을 명하는 판결이 확정된 경우에 개인채무자가 확정판결에 관한 소송에서 단지 면책 주장을 하지 않았다는 이유만으로 청구이의의 소를 통해 면책된 채무에 관한 확정판결의 집행력을 배제하는 것을 허용하지 않는다면 부당한 결과를 초래한다. 이미 면책결정을 통해 강제집행 위험에서 벗어난 개인채무자로 하여금 그 집행을 다시 수인하도록 하는 것은 면책제도의 취지에 반하고 확정된 면책결정의 효력을 잠탈하는 결과를 가져올 수 있기 때문이다. 또한 확정판결에 관한 소송에서 개인채무자의 면책 주장 여부에 따라 개인채무자가 일부 파산채권자에 대해서만 파산절차에 의한 배당 외에 추가로 책임을 부담하게 된다면, 파산채권자들 사이의 형평을 해치게 되어 집단적·포괄적으로 채무를 처리하면서 개인채무자의 재기를 지원하는 개인파산 및 면책제도의 취지에 반하게 된다. 이와 같이 확정판결에 관한 소송에서 주장되지 않았던 면책 사실도 청구이의소송에서 이의사유가 될 수 있다고 봄이 타당하다.]

(나) (중략) 위에서 본 법리에다가 ③ [기록상 원고가 법률관계의 조속한 안정을 저해하거나 분쟁의 해결을 현저하게 지연시킬 목적으로 위 양수금 청구소송에서 일부러 면책 주장을 하지 않았다고 볼 만한 특별한 사정이 확인되지 않는 점 등을 종합하면 이 사건 청구이의소송에 위 양수금 청구소송 확정판결의 기판력이 미치지 않는다고 보아야 한다.] 원심판결에는 기판력이나 청구이의소송에서 이의사유에 관한 법리를 오해하여 판결에 영향을 미친 잘못이 있다.

〔研　　究〕

Ⅰ. 들어가며

1. 기판력의 시적 범위 및 청구이의의 소

(1) 기판력의 시적 범위

확정판결의 내용을 이루는 사법상의 권리관계는 시간의 경과에 따라 변동되기 때문에 기판력으로 확정하는 것이 어느 시점에서의 권리관계인지가 문제되며, 이것이 기판력의 시적 범위이다. 당사자는 사실심의 변론종결시까지 소송자료를 제출할 수 있고, 종국판결은 그때까지 제출된 자료를 기초로 한 산물이기에 일반적으로 사실심 변론종결시를 기판력의 표준시로 삼는다. 전소판결의 기판력을 받는 당사자는 후소에서 기판력으로 확정된 표준시의 권리관계를 다툴 수 없게 되므로, 전소의 표준시 이전에 존재하였으나 그때까지 제출하지 않았던 공격방어방법의 제출권을 상실하며(기판력의 차단효 또는 실권효), 통설·판례는 당사자에게 이를 제출하지 못한데 과실 등 귀책사유가 있었는지 여부를 불문한다. 만일 당사자가 전소의 표준시 전의 사정을 후소에서 주장할 수 있게 된다면 확정판결의 효력은 유지될 수 없고 법적안정성을 해치기 때문이다. 이러한 입장은 당사자에게 사실심 변론종결시까지 발생한 사실에 대한 주장·증명의 기회가 이미 부여되었다는 점에서 절차보장의 관점에서도 정당하다.[4)]

기판력에 의해 차단되는 것은 공격방어방법이고 청구(= 소송물의 주장)가 아니다. 따라서 전소 표준시 전에 존재했던 사유를 후소에서 주장하더라도 그것이 전소 확정판결 기판력의 객관적 범위에 포함되지 않는 별개의 청구라면 차단효의 대상이 아니다.[5)]

---

4) 전원열, 민사소송법강의(제3판), 박영사(2022), 510-515면; 이시윤, 신민사소송법(제15판), 박영사(2021), 640-641면.

5) 청구와 공격방어방법의 구별은 소송물 이론에 따라 달라진다.

(2) 청구이의의 소의 의의 및 청구이의사유

확정판결 등 집행권원은 일정 시점(표준시)에서 특정 채권자가 특정 채무자에 대하여 갖는 청구권의 존재를 확정한 것에 불과하므로, 그 집행권원에 기초하여 실제 집행을 할 무렵에 사정변경이 생겨 해당 집행권원이 집행당사자들 사이의 권리관계를 제대로 반영하지 못할 수 있다. 이런 경우 집행은 절차상으로는 적법해도 실체상으로 위법이 되어 부당집행이 될 수 있는바, 그러한 부당집행을 막기 위해 집행기관이 아닌 판결기관이 실질적인 심리를 하여 집행권원의 집행력을 배제시키는 제도를 마련한 것이 청구이의의 소이다(민사집행법 제44조 제1항).[6)]

청구이의사유는 특정 집행권원의 집행력의 배제를 구하는 사유이다. 청구이의의 소는 실체이의(實體異義)이므로, 적극적 이행소송에서 피고의 방어방법인 항변사유가 청구이의의 소에서는 원고의 청구원인인 이의사유가 된다. 따라서 청구이의의 소에서는 권리발생원인사실에 대한 증명책임이 피고에게 있고, 권리장애 · 소멸 · 저지사실에 대한 증명책임이 원고에게 있다.[7)] 확정판결 등 기판력이 있는 집행권원의 경우[8)] 청구이의사유를 분류하면, (ⅰ) 청구권의 존재에 대한 이의(권리소멸사유: 가령 변제, 상계, 공탁, 소멸시효 완성 등), (ⅱ) 청구권의 내용에 대한 이의(청구권의 효력정지 · 제한과 같은 권리저지사유: 가령, 변제기 유예, 정지조건, 한정승인[9)], 파산절차 등에서

---

6) 편집대표 민일영, 주석 민사집행법(제4판) Ⅱ, 한국사법행정학회(2018), 238-239면(홍동기 집필부분); 이시윤, 신민사집행법(제7개정판), 박영사(2016), 212-213면; 민일영, "청구이의의 소에 관한 실무상 문제점", 재판자료 제35집(상), 법원행정처(1987), 207-208면.

7) 홍동기, 앞의 책, 252면; 이시윤, 앞의 책(주 6), 218면.

8) 한편, 기판력이 없는 집행권원은 청구권 성립에 대한 하자가 있는 경우에도 청구이의사유로 주장할 수 있다(권리장애사유, 가령 집행증서, 지급명령, 이행권고결정, 배상명령 등에 있어 통정허위표시, 공서위반, 대리권흠결 등). 기판력이 인정되는 확정판결 등과 달리 집행권원의 성립과정에서 소송절차 등을 통한 심사를 거칠 기회가 없었기에 표시된 청구권의 사후적 변동뿐만 아니라 성립 상 실체적 요건을 갖추지 못하였음을 이유로도 청구이의의 소제기를 허용한 것이다. 이러한 경우에는 민사집행법 제44조 제2항의 적용이 배제된다. 민사집행법 제58조 제3항, 제59조 제3항, 소액사건심판법 제5조의8 제3항, 소송촉진 등에 관한 특례법 제34조 제4항 참조.

9) 한정승인을 권리저지사실의 항변으로 볼 수 없다는 견해로는 송인권, "한정승인

의 면책 등), (iii) 청구권의 행사에 대한 이의(집행권원 자체에는 하자가 없으나 그 행사에 문제가 있는 사유: 가령, 부집행계약, 신의칙 위반 내지 권리남용 등)로 나눌 수 있다.[10] 민사집행법 제44조 제2항에서는 전소판결의 기판력과 모순되는 결과가 생기지 않도록 청구이의사유를 변론종결 후에 생긴 사유로 제한하는바, 위 분류 중 (i), (ii)는 변론종결 후 발생한 사유여야 한다. 한편, (iii)과 같이 확정판결 등에 기한 집행 자체가 실체상 부당한 경우에는 변론종결 전에 존재하였던 사유도 청구이의사유로 주장이 가능하다.[11]

2. 대상판결의 쟁점 및 본고의 논의 순서

채권자가 채무자를 상대로 제기한 이행소송의 사실심 변론종결 후에 채무자에 대한 면책결정이 확정된 경우 채무자는 청구이의의 소를 제기하여 그 집행권원의 집행력을 배제시킬 수 있다.[12] 그런데 만일 채무자가 채권자가 제기한 이행소송의 사실심 변론종결 전에 면책결정을 받았음에도 소송 과정에서 이를 주장하지 않은 경우 나중에 청구이의사유로 면책을 주장할 수 있을까? 즉, 그러한 주장이 위 이행소송 확정판결의 기판력에 반하고, 민사집행법 제44조 제2항에 위반되지 않는가? 이것이 대상판결의 쟁점이다.

대상판결은 이러한 경우 청구이의사유를 긍정하며 세 가지 측면에서 논거를 들고 있다. 먼저 대상판결에 표시한 ①[ ] 부분은 소송법적인 이론적 근거이고, ②[ ] 부분은 만일 청구이의사유를 부정할 경우 발생하는 부당한 결과로서 실질적 근거이며, ③[ ] 부분은 대상판결이 구체적 타당성 측면에서 고려한 추가적인 사정이다.

이하에서는 대상판결의 위와 같은 논거들을 차례로 분석하여 본다.

의 요건 및 효과에 관한 실무상 문제", 사법논집 제55집, 법원도서관(2012), 215면; 오창수, "한정승인과 소송절차", 법학논총, 제29권 제3호(통권 제55호), 국민대학교 법학연구소(2017), 246면(실체법상의 특수한 항변권이라는 견해) 참조.

10) 이시윤, 앞의 책(주 6), 218-223면.

11) 이시윤, 앞의 책(주 6), 218면; 대법원 1984. 7. 24. 선고 84다카572 판결; 대법원 1997. 9. 12. 선고 96다4862 판결 등 참조.

12) 대법원 2013. 9. 16.자 2013마1438 결정; 대법원 2021. 11. 5.자 2021마251 결정 참조.

① 먼저 대상판결의 이론적 근거는 한정승인에 관한 대법원 2006. 10. 13. 선고 2006다23138 판결의 법리를 기초로 한 것으로 보이는바, 우선 한정승인을 중심으로 제기된 기존의 논의들(이행소송의 소송물에 책임의 범위가 포함되는지, 한정승인 주장을 하지 않아 무유보 판결이 선고된 경우 그 후에 청구이의사유로 한정승인을 주장할 수 있는지) 및 이와 관련한 판례의 태도를 살펴본다. 다음으로, 면책결정의 경우에도 한정승인과 같은 취급을 하는 것이 타당한지와 관련하여, 면책결정의 효력 및 이에 대한 소송상 취급을 한정승인을 비롯한 다른 유사제도(부집행합의, 부제소합의)와의 비교·분석을 통하여 검토한다. ② 이어서 대상판결이 내세우는 실질적 논거가 과연 타당한 것인지 살펴보고, ③ 마지막으로 대상판결이 구체적 타당성을 도모하기 위해 설시한 추가적인 사정이 갖는 의미 및 그 타당성과 파급효에 관하여도 생각하여 본다.

Ⅱ. 대상판결의 이론적 근거

1. 기존의 논의-한정승인을 중심으로-

(1) 학　설[13)]

(가) 이행소송에서 책임의 범위도 소송물인지 여부

1) 소송물부정설[14)]

이행소송의 소송물은 채무의 존재 및 범위이고 책임의 범위는 포함

---

13) 조대현, “한정승인의 항변”, 민사소송 제1권, 한국민사소송법학회(1998), 147면 이하; 양지정, “한정승인 및 상속포기와 기판력에 의한 실권효”, 재판과 판례 제20집, 대구판례연구회(2011), 289면 이하; 심우용, “청구이의 사유로서의 한정승인”, 대법원판례해설 제63호, 법원도서관(2007), 404면 이하 등의 내용을 주로 참고하여 정리함.

14) 심우용, 앞의 논문, 408면; 오수원, “한정승인항변의 기판력과 집행에 관한 이의”, 서울법학 제19권 제2호, 서울시립대학교(2011), 384-386면(소송물부정설 및 기판력부정설을 취하고, 다만 청구이의의 소가 아니라 집행대상 아닌 재산에 대한 집행이므로 집행에 관한 이의로 다투어야 한다는 견해); 송인권, 앞의 논문, 238면; 강혜림, “한정승인항변의 기판력 저촉여부 및 청구이의의 소 사유 해당 여부: 대법원 2006. 10. 13. 선고 2006다23138 판결”, 외법논집 제37권 제3호, 한국외국어대학교 법학연구소(2013), 137면(소송물부정설 및 기판력부정설을 취하고, 다만 청구이의의 소가 아니라 제3자 이의의 소에 의해야 한다는 견해).

되지 않는다. 책임은 채무의 속성이 아니라 채무와 별개의 개념이므로 채무의 존재 및 범위에 대한 심판과 책임의 범위에 대한 심판이 반드시 결부되어야 하는 것은 아니다. 책임은 강제집행단계에서 비로소 문제되는 것이므로 판결절차에서 심판대상으로 삼을 필요가 없다.

이에 따르면 이행소송에서 책임제한사유는 소송물의 존부에 관한 것이 아니므로 심판할 필요가 없고, 피고가 그러한 사유를 주장해도 항변사유에 해당하지 않으며, 원고가 이를 자인하여 유한책임의 이행청구를 하더라도 이를 고려할 필요 없이 오로지 채무의 존재 및 범위만 심판하면 된다. 실무상 채무이행판결 주문에 책임제한문구를 붙이는 것은 강제집행의 편의를 위해 부가적으로 붙인 것에 불과하므로, 그러한 경우에도 채무를 전부인용하는 이상 나머지 청구를 기각해서는 안 된다. 책임제한문구가 주문에 기재되어도 기판력이 생기지 않으며, 변론종결 전에 생긴 책임제한사유나 책임확장사유를 이행판결 확정 후에 주장하는 것도 허용된다.

2) 소송물긍정설[15)]

이행소송의 소송물에는 채무의 존재 및 범위 외에 책임의 범위까지 포함된다. 책임은 채무의 속성 또는 채무이행청구의 이익한도이므로 채무의 존재 및 범위를 심판할 때에는 책임의 범위도 함께 심판해야 한다. 이행판결은 채무의 존부 및 범위를 확정하는 기능뿐만 아니라 집행권원을 창설하는 기능도 하므로 책임의 범위가 특히 문제되는 경우에는 이를 함께 심판하여 명시할 필요가 있다.

이에 따르면 채무의 주장에는 무한책임의 주장까지 포함되어 있으므로, 이를 제한하는 사유는 항변사유에 해당하고, 책임제한 항변을 하지 않으면 책임제한사유의 존부는 심판대상으로 되지 않는다. 채무의 이행을 명하는 판결에 책임을 제한하는 문구가 없으면 일반원칙에 따라 무한책임을 명한 것이 되므로, 책임이 제한되는 채무의 이행을 명하는 경우

15) 양지정, 앞의 논문, 299면; 김연, "한정승인을 한 상속인의 절차법적 지위", 법학논고 제60집, 경북대학교 법학연구원(2017), 202면.

에는 주문에 책임제한문구를 붙여야 한다. 그 경우 무한책임을 전제로 한 채무이행청구에 대한 일부인용이기 때문에 나머지 청구를 기각하여야 한다. 책임제한의 주문이나 나머지 청구기각 주문에는 기판력이 생기고, 변론종결 전에 생긴 책임제한사유나 책임확장사유를 이행판결 확정 후에 주장하면 기판력에 의해 차단된다.

(나) 선행소송에서 한정승인 항변 부제출시 청구이의사유 주장 가부

1) **긍정설**(기판력 부정)[16]

선행소송에서 상속인이 한정승인의 항변을 하지 않으면 책임의 범위는 현실적인 심판대상으로 등장하지 않고 주문에서는 물론 이유에서도 판단되지 않으므로 책임의 범위에 관하여 기판력을 인정할 수 없다. 책임제한 없는 집행권원에 대하여 무제한의 집행력이 부여되는 근거는 채무자 무한책임의 원칙, 즉 금전채권자는 채무자의 모든 재산에 대하여 강제집행할 수 있게 한 법률규정에 의한 것이지 기판력에 의한 것이 아니다. 한정승인에 의한 책임제한은 집행대상을 제한하는 것으로 채무의 존재 및 범위의 확정과는 관계가 없고 강제집행단계에서 비로소 문제되는 것이므로, 이를 판결절차에서 항변으로 주장하지 않고 사후에 강제집행단계에서 주장할 수도 있다. 또한 이러한 경우 집행단계에서 이를 주장할 수 있도록 하는 것이 우리 법감정에 맞으며, 상계의 항변이 집행단계에서 제출될 수 있는 것과의 균형상으로도 타당하다.

---

16) 박두환, 민사집행법(제2판), 법률서원(2003), 81면; 강대성, 신민사집행법, 탑북스(2014), 127면; 김홍엽, 민사집행법(제7판), 박영사(2022), 39면; 심우용, 앞의 논문, 408면; 김건호, "한정승인과 민사집행절차", 법학연구 제27권 제4호, 연세대학교 법학연구원(2017), 315-316면; 오수원, 앞의 논문, 384-386면; 강혜림, 앞의 논문, 137면; 三ケ月章, 民事執行法(法律学講座双書), 弘文堂(1981), 102면.

참고로, 상속인으로부터 한정승인사실을 통지받고도 무한책임의 주장을 유지하여 무유보 판결이 선고되고 이에 기한 집행이 이루어진 경우 채권자의 불법행위가 인정된다는 취지의 판결[日大判 1940. 2. 3. 판결(民事判例集 19권, 110면)]을 들어 일본 판례가 긍정설 입장이라고 평가하는 견해도 있으나{中野貞一郎 · 下村正明, 民事執行法, 青林書院(2016), 233면}, 위 판결은 부당판결의 집행 관점에서 고찰해야 한다는 견해도 있다(민일영, 앞의 논문, 220면).

2) 부정설(기판력 또는 기판력에 준하는 효력 긍정)[17)]

선행소송에서 한정승인의 항변을 하지 않아 무유보의 판결이 선고된 이상 그 판결은 무한책임을 인정한 것으로 기판력이 인정되어야 한다. 또한 기판력에 의한 차단 대상은 법적안정성을 위해 획일적으로 정해지고, 변론종결 전에 주장할 수 있었던 책임 범위에 관한 사유는 한정승인이든 특약이든 불문하고 모두 차단된다.

유한책임도 채권의 속성에 관계되는 것인데 그에 관한 항변은 방어방법의 일종이므로 기판력의 표준시 전에 제출되지 않았다면 기판력의 시적범위에 관한 일반법리에 따라 주장이 차단된다. 선행소송의 변론종결시까지 주장하지 않았던 유한책임의 항변을 집행단계에서 뒤늦게 내세우는 것은 적시제출주의나 실기한 공격방어방법의 각하와의 균형상 맞지 않으며, 절차의 집중, 법적안정성, 신의칙의 견지에서 허용할 수 없다. 유한책임의 항변은 표준시 이후에 자기의 독자적인 반대채권의 희생을 전제로 한 상계항변과 비교될 수 없고, 집행절차를 지연시키는 도구가 되

---

17) 선행소송의 기판력에 저촉된다는 견해로는 이시윤, 앞의 책(주 6), 95면; 민일영, 앞의 논문 220면; 양지정, 앞의 논문, 302면; 오창수, "한정승인과 민사집행의 관계", 법과 정책, 제24권 제3호, 제주대학교 법과정책연구원(2018), 151-152면; 김연, 앞의 논문, 215면; 김형석, "한정승인의 효과로서 발생하는 재산분리의 의미", 가족법연구 제22권 제3호, 한국가족법학회(2008), 496-497면(일반적으로 이행청구권에는 책임재산에 대한 강제력이 결부되어 있다는 현대법의 원칙에 비추어 볼 때, 판결은 청구권의 존재뿐만 아니라 강제가능성 내지 책임의 확정도 내용으로 하므로, 한정승인 항변이 없어 무유보판결이 선고된 경우 그 이후 분쟁은 기판력에 의해 차단된다고 설명함); 中野貞一郎 · 下村正明, 앞의 책, 233면(급부소송의 목적은 청구권의 강제적 실현의 기초가 되는 급부판결을 요구하는 것인 이상 청구권의 존재뿐만 아니라 그 강제가능성 내지 책임의 확정에도 미친다고 하여야 함).

기판력에 준하는 차단효가 인정되어야 한다는 견해로는 윤진수, "2006년 주요 민법 관련 판례 회고", 서울대학교 법학, 제48권 제1호, 법학연구소(2007), 443-444면; 전원열, 앞의 책, 513-514면 참조(원래 이행청구의 소에서 피고의 한정승인 주장이 인정되면 법원으로서는 그 채무가 상속인의 고유재산에 대해서는 강제집행을 할 수 없는 성질을 가지고 있으므로, 집행력을 제한하기 위해 이행판결의 주문에서 상속재산의 한도에서만 집행할 수 있다는 취지를 명시해야 하고, 이러한 경우 주문에서의 책임한정 기재가 적어도 기판력에 준하는 효력은 인정되어야 할 것인데, 그렇다면, 피고가 한정승인의 항변을 할 수 있었으나 하지 않은 경우에도 기판력에 준하는 차단효가 인정되는 것이 타당하다고 설명함).

어 절차적 정의를 희생시킨다.

또한 원칙적으로는 선행판결의 기판력에 의해 차단되어 청구이의의 사유가 되지 않지만, 한정승인을 한 상속인이 상속채권자의 강제집행 자체가 권리남용 또는 신의칙 위반에 해당한다는 점을 주장·증명한다면 구체적 사안마다 권리관계의 성질, 집행에 이른 경위, 제반 사정 등을 고려하여 강제집행을 불허할 수 있다는 견해도 있다.[18]

(2) 판례의 태도[19]

(가) 상속채무 이행소송에서 피고의 한정승인 주장이 인정된 경우 판결 주문의 표시

대법원은 상속채무는 존재하나 남아있는 상속재산이 없다는 이유로 원고의 청구를 전부기각한 원심을 파기하고 자판하면서 "상속의 한정승인은 채무의 존재를 한정하는 것이 아니라 단순히 그 책임의 범위를 한정하는 것에 불과하기 때문에, 상속의 한정승인이 인정되는 경우에도 상속채무가 존재하는 것으로 인정되는 이상, 법원으로서는 상속재산이 없거나 그 상속재산이 상속채무의 변제에 부족하다고 하더라도 상속채무 전부에 대한 이행판결을 선고하여야 하고, 다만, 그 채무가 상속인의 고유재산에 대해서는 강제집행을 할 수 없는 성질을 가지고 있으므로, 집행력을 제한하기 위하여 이행판결의 주문에 상속재산의 한도에서만 집행할 수 있다는 취지를 명시하여야 한다."라고 판시하고, "원고에게 피고~는 금 ~원을 소외 망 ○○으로부터 상속받은 재산의 한도에서 지급하라. 원고의 나머지 청구를 기각한다."고 선고하였다.[20]

(나) 유보부판결의 효력

대법원은 채권자가 상속재산 한도에서 이행청구를 하여 승소확정판결을 받은 후 다시 채무자의 단순승인사실을 주장하며 유보없는 판결을 구한 사안에서, "피상속인에 대한 채권에 관하여 채권자와 상속인 사이의

---

18) 김상수, "판례평석: 한정승인과 청구이의의 소-대판 2006. 10. 13. 2006다23138 [공2006. 11. 15.(262), 1910], 법조 제57권 제7호, 법조협회(2008), 304면.

19) 아래 판례 내용 중 밑줄은 필자가 임의로 부가하였다.

20) 대법원 2003. 11. 14. 선고 2003다30968 판결.

전소에서 상속인의 한정승인이 인정되어 상속재산의 한도에서 지급을 명하는 판결이 확정된 때에는 그 채권자가 상속인에 대하여 새로운 소에 의해 위 판결의 기초가 된 전소 사실심의 변론종결시 이전에 존재한 법정단순승인 등 한정승인과 양립할 수 없는 사실을 주장하여 위 채권에 대해 책임의 범위에 관한 유보가 없는 판결을 구하는 것은 허용되지 아니한다. 왜냐하면 전소의 소송물은 직접적으로는 채권(상속채무)의 존재 및 그 범위이지만 한정승인의 존재 및 효력도 이에 준하는 것으로서 심리·판단되었을 뿐만 아니라 한정승인이 인정된 때에는 주문에 책임의 범위에 관한 유보가 명시되므로 한정승인의 존재 및 효력에 대한 전소의 판단에 기판력에 준하는 효력이 있다고 해야 하기 때문이다. 그리고 이러한 법리는 채권자의 급부청구에 대하여 상속인으로부터의 한정승인의 주장이 받아들여져 상속재산의 한도 내에서 지급을 명하는 판결이 확정된 경우와 채권자 스스로 위와 같은 판결을 구하여 그에 따라 판결이 확정된 경우 모두에 마찬가지로 적용된다."고 판시하였다.[21)]

(다) 상속채무 이행소송 중 피고가 한정승인 주장을 하지 않은 경우

"채권자가 피상속인의 금전채무를 상속한 상속인을 상대로 그 상속채무의 이행을 구하여 제기한 소송에서 채무자가 한정승인 사실을 주장하지 않으면 책임의 범위는 현실적인 심판대상으로 등장하지 아니하여 주문에서는 물론 이유에서도 판단되지 않으므로 그에 관하여 기판력이 미치지 않는다. 그러므로 채무자가 한정승인을 하고도 채권자가 제기한 소송의 사실심 변론종결시까지 그 사실을 주장하지 아니하여 책임의 범위에 관한 유보가 없는 판결이 선고되어 확정되었다고 하더라도, 채무자는 그 후 위 한정승인 사실을 내세워 청구에 관한 이의의 소를 제기할 수 있다."[22)]

(3) 검　토

한정승인에 관한 판례의 태도는 논리적으로 일관되게 설명하기 어렵

---

21) 대법원 2012. 5. 9. 선고 2012다3197 판결.
22) 대법원 2006. 10. 13. 선고 2006다23138 판결.

다. (1)항 판례는 원고가 무한책임을 전제로 한 이행청구를 하였다는 입장에서, 피고의 책임제한 항변이 받아들여진 경우에는 주문에 책임제한문구를 기재하여야 하고, 이는 일부인용이므로 나머지 청구를 기각한 것으로 보이는바, 소송물긍정설에 가깝다.[23] (2)항 판례 사안은 원고가 스스로 유보부판결을 구하였다는 점에서 책임의 범위가 당연히 이행소송의 소송물이 되는 것은 아니라는 입장으로 볼 여지도 있으나, 판시 내용을 보면, 소송물긍정설을 전제로 한 논리 전개를 하고 있음을 알 수 있다. 즉, 원고가 먼저 유보부판결을 구한 경우이든 피고의 책임제한 항변에 따라 유보부판결이 선고된 경우이든 불문하고, 한정승인의 존재 및 효력, 즉, 책임제한 여부도 "소송물에 준하는 것"으로 심리 · 판단되었고, 그것이 인정된 경우 주문에 책임 범위에 관한 유보가 명시되어 책임제한에 관한 전소 판단에 "기판력에 준하는 효력"이 생기므로, 전소 변론종결 이전에 존재하였던 법정단순승인 등의 사실은 전소 확정판결의 기판력에 의해 차단효가 발생하여 후소에서 이러한 사유를 들어 무유보의 판결을 구할 수 없다는 것이다.[24] 반면, (3)항 판례는 소송물부정설의 입장에서 피고가 책임제한을 주장하지 않은 경우에 책임의 범위는 이행소송의 소송물에 포함되지 아니하므로, 전소 변론종결 전에 존재한 책임제한 사유는 전소 확정판결의 기판력의 객관적 범위에 포함되지 않는 별개의 소송물로서 전소 기판력에 따른 차단효의 대상이 아니라는 것이다.

결국 판례는 이행소송에서 원 · 피고 누구든지 책임제한을 주장하면 책임의 범위가 소송물이 되고, 주장하지 않은 경우에는 소송물이 되지

23) (1)항 판결(2003다30968판결)이 명시적으로 기판력을 인정한 것은 아니므로 (3)항 판결(2006다23138 판결)과 판례저촉의 문제는 생기지 않는다고 보는 견해도 있다. 심우용, 앞의 논문, 408면.

24) (2항) 판결(2012다3197 판결)이 한정승인에 대하여 명시적으로 기판력을 인정하는 것도 인정하지 않는 것도 아닌 중간적인 태도를 취했다는 견해도 있다. 이영숙, "한정승인에 기한 이행판결이 확정된 후 전소의 변론종결시 이전에 존재한 법정단순승인 등 사실을 주장하는 새로운 소송을 제기할 수 있는지 여부, 대법원 2012. 5. 9. 선고 2012다3197 판결", 재판과 판례 제23집, 대구판례연구회(2012), 317면.

않는다는 입장이라 할 수 있는데, 특히 피고의 책임제한 주장 유무에 따라 소송물 여부가 달라진다는 것은 소송법 법리상 이해하기 어렵다. 처분권주의에 의하여 법원에 판단을 구하는 소송의 객체인 소송물은 원고가 특정하는 것이고, 이에 대응하는 피고의 항변은 소송물이 아닌 방어방법에 불과하다. 그럼에도 판례는 마치 상속채무 이행소송에서 피고의 한정승인 항변이 있는 경우 원고가 승소확정판결을 받아 그 판결이 집행력을 갖게 될 것을 대비하여 그 집행력의 배제를 구하는 청구이의의 예비적 반소를 청구하는 것과 유사한 취급을 하고 있다(즉, 피고는 반소를 제기할 것인지 아니면 별소를 제기할 것인지 선택할 수 있고, 반소를 제기하는 경우 책임의 범위도 소송물이 되어 그에 대한 판단에 기판력이 생긴다). 그러나 실제로 위와 같은 반소가 허용되지 않을 뿐만 아니라[25] 항변 사실만으로 소제기를 의제할 수도 없다. 또한 한정승인 항변이 패소판결을 전제로 하여야 의미를 갖는 점, 만일 책임제한에 대한 판단에 구속력을 인정하지 않으면 이중분쟁이 유발될 가능성이 있는 점에서 상계항변과 유사하므로 상계항변과 유사한 취급(판결이유에서 판단되는 항변이지만 예외적으로 기판력을 인정하고, 전소 표준시 전에 발생한 상계권을 표준시 후에 행사하는 이상 실권되지 않는다)을 하고자 하는 논리로 판례 입장을 설명해 보려 할 수도 있으나, 상계권은 전소의 소송물에 내재되지 않은 독자적인 별도의 권리를 주장하는 것이며 자기 채권을 소멸시키는 것을 전제로 하므로, 한정승인과는 분명 차이가 있다.

소송물긍정설을 취하는 것이 논리적으로 간명하고, 기존의 소송법 이론에도 부합한다. 책임이 채무의 본질적인 속성은 아니지만 일반적으로 책임은 채무에 수반되고, 채권의 만족은 채무자의 모든 재산을 공취함으로써 얻어질 수 있다.[26] 소송물인 채권의 존재 및 범위를 정하는 것이 판결의 1차적인 목적이라 할 것이나, 그 채권을 실현하기 위해서는

---

25) 청구이의의 소는 확정된 판결에 대하여만 제기할 수 있을 뿐만 아니라, 제1심 판결법원이 전속관할이다.

26) 양창수, "자연채무, 채무와 책임", 월간고시 제19권 제5호, 법지사(1992), 68면.

채무자의 책임재산에 대한 강제집행이 가능해야 하고, 그것이 소를 제기한 원고의 실질적 목적이다.[27] 따라서 이행소송에서 원고의 소송상 청구에는 채권의 존재 및 범위뿐만 아니라 책임의 범위(무한책임의 존부)도 포함되어 있다고 봄이 타당하다. 통상 책임의 범위는 무한책임의 원칙에 따라 잠재적인 소송물로 존재하다가, 피고가 책임제한 항변을 하거나 원고가 이를 자인하는 경우 책임의 제한 여부가 '현실적인 심판대상'[28]으로 등장하고, 그 결과 책임제한이 인정되는 경우에는 잠재적인 소송물인 무한책임의 존재에 대한 일부인용이므로 판결 주문에 책임제한 한도에 대한 기재 및 나머지 청구기각이 기재되어야 한다.[29] 또한 확정된 유보부 판결 주문에 기판력이 인정되므로 원고가 유보부판결의 표준시 전에 존재한 사유를 들며 무유보의 판결을 구하는 것은 허용되지 않는다. 책임제한에 관한 주장이 없어 이에 대한 명시적인 판단이 없었던 경우에도 무한책임의 존부는 여전히 잠재적인 소송물에 해당하고 책임의 제한 없이 채무의 지급의무를 인정한 무유보의 판결 주문은 무한책임의 존재를 인정한 것으로 보아야 한다. 따라서 무유보의 판결이 확정된 경우 피고는 원칙적으로 그 판결의 표준시 전에 존재한 책임제한 사유를 들어 무유보판결에 따른 집행력을 배제할 수 없고, 다만, 구체적인 사안에서 무유보판결에 따른 집행이 현저히 부당한 경우에는 그러한 집행이 권리남용에 해당함을 이유로 청구이의를 할 수 있을 것이다. 나아가 정책적 차원에서도 적시제출주의나 절차의 집중을 도모하기 위해 소송물긍정설을 취하는 것이 바람직하다. 원고의 청구원인이 상속채무이행을 청구하는 때에는 법원은 석명권의 행사 등을 통해 법률지식의 부족 등으로 상속인이 보호받지 못하게 되는 경우를 방지할 수 있다.[30]

판례가 한정승인에 있어 위와 같이 모순되는 듯한 결론을 내린 이

27) 양지정, 앞의 논문, 299면.

28) 판례가 사용하는 "현실적인 심판대상"이라는 표현은 소송물긍정설을 취하여야 오히려 자연스럽다.

29) 조대현, 앞의 논문, 150-154면.

30) 이영숙, 앞의 논문, 318면 참조.

유는 실무적인 편의성 및 강한 상속인 보호의 필요성 및 개별 사안에서의 구체적 타당성 때문인 것으로 보인다. 즉, 한정승인에 의한 책임제한은 집행의 영역의 문제임에도 이를 소송 과정에서 주장할 수 있도록 하고, 집행권원에 집행제한 취지의 기재가 없으면 집행법원으로서는 이를 고려할 방법이 없기 때문에 주문에 이를 명시하여 주며,[31] 그와 같이 심리·판단된 이상 그러한 판단에 구속력을 인정할 필요도 있으나, 다른 한편, 차단효를 엄격하게 인정하면 현실적으로 상속인에게 가혹한 측면이 있으므로 집행단계에서 고유재산에 대한 집행을 막을 수 있게 해 주기 위해 부득이 그와 같은 입장을 취한 것으로 생각된다.[32] 각각의 결론에 이르는 논리 구성은 납득하기 어려운 측면이 있으나, 개개의 결론은 한정승인에 있어서는 어느 정도 수긍할 수 있다. 이하에서는 위와 같은 한정승인에 관한 판례의 법리를 과연 면책에 있어서도 동일하게 적용하게 적용할 수 있을지에 대하여 살펴본다.

2. 면책결정의 효력 및 소송상 취급

(1) 면책의 효력

(가) 견해의 대립

채무자 회생 및 파산에 관한 법률(이하 '채무자회생법') 제566조 본문

---

31) 편집대표 민유숙, 주석 민법(제5판) 상속법, 한국사법행정학회(2020), 420면(이화연 집필부분).

32) 대법원 2006다23138 판결은 채무자가 한정승인을 한 후 채권자의 이행청구소송에서 답변서를 제출하지 않아 무유보의 이행판결이 선고되었고, 채권자는 상속재산에 대한 강제경매를 통해 자신이 회수할 수 있는 한도 내에서는 모든 채권을 회수한 상태였음에도 채무자가 부동산을 취득하자 위 이행판결 집행권원에 기하여 강제집행을 신청한 사안이었다. 위 사건에 대한 대법원판례해설에서는 구체적 타당성 측면에서 검토하면서 "이 사건과 같은 문제는 상속인이 주변의 조언에 힘입어 한정승인을 하였으나 대부분 나이가 어리거나 사회생활의 경험이 없고 법률지식이 부족하거나 또는 아무런 재산이 없는 관계로 당장 다툴 실익이 없다고 생각하여 본안 소송에서 한정승인의 항변을 하지 않아 발생하는 것이 대부분이라고 보인다. 따라서 이들을 보호할 현실적인 필요성이 있다고 보이고, 반면 채권자의 경우에는 상속인의 고유재산에서 채권을 회수한다는 것은 처음부터 기대하기 어려운 이례적인 일이므로 그 보호의 필요성이 크지 않다고 본다."라고 기술하고 있다. 심우용, 앞의 논문, 408-409면.

은 "면책을 받은 채무자는 파산절차에 의한 배당을 제외하고는 파산채권자에 대한 채무의 전부에 관하여 그 책임이 면제된다."고 규정하는바, 위 규정의 해석을 둘러싸고 견해가 대립한다.

(i) 책임소멸설(자연채무설)[33]은 면책결정이 확정되어도 채무 자체는 소멸하지 않고 책임만 소멸되어 이른바 자연채무로 남게 된다는 견해이다. 위 법규정의 문언, 면책은 파산채권자가 채무자의 보증인 등에 대하여 갖는 권리에 영향을 미치지 않는다는 채무자회생법 제567조와의 조화, 채무자가 면책을 받은 후 채무의 일부라도 자진해서 변제하는 것까지 금지할 것은 아니고 오히려 사회통념상 바람직한 점 등을 근거로 든다.

(ii) 채무소멸설[34]은 면책결정의 확정으로 채무 자체가 소멸한다는 견해이다. 채무자의 갱생을 위한 면책의 실효성을 확보하기 위해 입법자의 의사나 법문언에 다소 반하더라도 채무가 소멸한다고 보는 것이 실천적이라는 점, 채무자회생법 제567조는 입법정책적으로 부종성의 예외를 규정한 것으로 볼 수 있는 점, 자연채무로 볼 경우 파산채권자가 사적인 압력으로 사실상 변제를 요구하거나 사후 합의로 본래 채무로 부활시키도록 요구할 수 있어 부당한 점 등을 근거로 든다.[35]

채무소멸설에 의하면 채권자는 채무자에게 임의변제를 구할 수 없고, 채권자가 변제를 수령하면 부당이득이 된다.[36] 반면 책임소멸설에 의

---

33) 김정만, "파산면책의 효력", 사법논집 제30집, 법원행정처(1999), 207면; 편집대표 곽윤직, 민법주해 제9권, 채권(2), 박영사(2011), 39-40면(송덕수 집필부분); 전대규, 채무자회생법(제3판), 법문사(2019), 1189면; 노영보, 도산법강의, 박영사(2018), 473면; 이동원, "각 도산절차상 면책의 효력 및 그 비교", 재판실무연구(5), 도산관계소송, 한국사법행정학회(2009), 376면.

34) 전병서, 도산법(제4판), 박영사(2019), 455면; 임치용, 파산법연구, 박영사(2004), 45면.

35) 나아가 일본에서는 제3의 견해로서 채무의 소멸이라는 입장을 피하면서 채권자로부터 추심을 억제하는데 상당한 배려를 하는 주체소멸설도 주장된다. 이에 의하면, 면책의 대상으로 된 채무 자체는 존속하나, 당해 채무는 채무주체와의 결합을 풀고, 채무자 인격의 재산법상의 표현인 '일반재산에 의한 담보의 뒷받침'을 상실하게 되어 채권자는 채무자에 대하여 그 책임재산에 대한 강제집행은 물론 재판상, 재판 외 청구도 할 수 없게 된다고 한다. 山野目章夫, "倒産と債權效力の實體的變動", 별책 NBL 제60호(2000), 166-172면(이동원, 앞의 논문, 376면에서 재인용).

하면 채권자는 해당 채권을 강제집행할 수 없지만 채무자의 임의변제를 수령할 수 있고, 이는 부당이득이 아니다. 한편, 책임소멸설의 입장에서도 채권자의 소송 외 청구는 그 행사 방법에 따라 채무자에게 심각한 고통을 줄 수 있으므로, 면책결정으로 채권자는 소송 외 임의변제청구권도 상실한다고 보며, 채무자가 임의로 변제한 경우에도 자발성을 엄격하게 해석하여야 한다고 보는 견해가 많다.[37)]

(나) 판례의 태도

판례는 채무자회생법 제566조 본문에서 말하는 면책이란 "채무 자체는 존속하지만 파산채무자에 대하여 이행을 강제할 수 없다는 의미이다. 따라서 파산채무자에 대한 면책결정이 확정되면, 면책된 채권은 통상의 채권이 가지는 소 제기 권능을 상실하게 된다."고 판시하여 책임소멸설을 취하고 있다.[38)] 나아가 면책결정 확정 후 파산채권을 변제하기로 하는 채무자와 파산채권자 사이의 합의(채무재승인약정)는 "채무자가 면책된 채무를 변제한다는 점에 대해 이를 충분히 인식하였음에도 자신의 자발적인 의사로 위 채무를 변제하기로 약정한 것일 뿐 아니라 위 약정으로 인해 채무자에게 과도한 부담이 발생하지 않는 경우에 한하여 그 효력을 인정할 수 있다."고 판시하였다.[39)]

참고로 일본의 판례[40)]도 책임소멸설의 입장으로 평가되고 있다.[41)]

---

36) 한편 양창수, 앞의 논문, 67면은 자연채무의 개념을 부인하는 전제에서 채무소멸설의 입장이지만, 채무자의 자발적 이행은 비채변제가 되는데 그것은 '도의관념에 적합한 변제'로서 반환을 청구하지 못한다고 하면 족하다고 설명한다.

37) 이동원, 앞의 논문, 376면; 서울회생법원 재판실무연구회, 개인파산 · 회생실무(제5판), 박영사(2019), 354-355면(가령, 채무자가 채권자로부터 추심독촉을 받은 가족들을 위하여 변제한 경우에는 채권자의 직접적인 변제요구가 없어도 자발성이 인정될 수 없다); 김정만, 앞의 논문, 218면.

38) 대법원 2015. 9. 10. 선고 2015다28173 판결 등 참조.

39) 대법원 2021. 9. 9. 선고 2020다269794 판결(이때 채무자가 자발적으로 채무재승인약정을 체결한 것인지, 채무재승인약정의 내용이 채무자에게 과도한 부담을 초래하는지 여부는 채무재승인약정을 체결하게 된 동기 또는 목적, 채무재승인약정을 체결한 시기와 경위, 당시의 채무자의 재산 · 수입 등 경제적 상황을 종합적으로 고려하여 판단하여야 한다).

40) 日最判 1999. 11. 9.(民集 53-8, 1403)(채권자는 면책된 채무에 대하여 강제적 실

(2) 면책의 소송상 취급

앞서 본 채무소멸설에 의하면, 채권자의 이행소송 중 채무자의 면책 주장은 본안에 대한 항변에 해당하여 인정될 경우 법원은 청구기각판결을 하게 되고, 만일 채무자가 사실심 변론종결시까지 이를 주장하지 않은 경우에는 채권자의 승소확정판결 후 면책을 주장하며 청구이의의 소를 제기할 수 없다.[42]

종래 하급심은 책임소멸설을 취하면서도 청구기각판결을 선고하는 입장이 다수였고,[43] 일본의 실무도 청구기각설이 일반적이라고 한다.[44] 그러나 대법원은 책임소멸설을 취하면서 파산채무자에 대한 면책결정이 확정되면, 면책된 채권은 통상의 채권이 가지는 소제기 권능을 상실하게 되므로 채권자가 채무자를 상대로 한 이행소송은 권리보호이익이 없어 부적법하므로 소각하판결을 해야 한다는 입장이다.[45] 권리보호의 자격(공통적인 소의 이익)을 갖추기 위해서는 청구가 재판상 청구할 수 있는 것이어야 하기 때문이다.[46] 면책허가결정 확정 사실의 주장이 본안전항변이라고 설명하는 경우도 있으나,[47] 이는 소송절차에 관한 이의권 포기·상

현을 도모할 수 없으므로 해당 채권에 대하여 권리를 행사할 수 있는 때를 기산점으로 한 소멸시효 진행을 부정한 예); 日最判 1997. 2. 25.(判時 1607, 51)(면책된 채무자에 대하여 강제집행이 허용되지 않으므로 사해행위취소권도 행사할 수 없다는 취지임).

41) 이동원, 앞의 논문, 375면; 전병서, 앞의 책, 454면.

42) 상속포기의 경우 대법원이 취하는 입장과 동일할 것이다. 대법원은 채무 상속에 따른 책임의 제한 여부만이 문제되는 한정승인과 달리 상속포기의 경우에는 상속에 의한 채무 존재 자체가 문제되어 그에 관한 확정판결의 주문에 당연히 기판력이 미치기 때문에 양자를 다르게 취급하여야 한다고 한다. 대법원 2009. 5. 28. 선고 2008다79876 판결.

43) 서울고등법원 2003. 10. 24. 선고 2003나14173 판결 등 참조.

44) 滝澤孝臣, "自然債務とその訴訟法上の取扱い", 銀行法務 21(643호)(2005. 3.), 46면; 이동원, 앞의 논문, 376에서 재인용.

45) 대법원 2015. 9. 10. 선고 2015다28173 판결.

46) 호문혁, 민사소송법(제14판), 법문사(2020), 308면; 이시윤, 앞의 책(주 4), 222면; 전원열, 앞의 책, 237면.

47) 편집대표 권순일, 주석 채무자회생법(제1판)Ⅴ, 799면(남현 집필부분); 개인파산·회생실무, 366면; 김상철·장지용, "도산절차가 민사소송절차에 미치는 영향", 인권과정의 제423권, 대한변호사협회(2011), 17면.

실의 대상이 되는 항변사항[48]에 해당한다는 의미로 보기는 어렵다. 판례는 직권조사사항에 해당한다고 보므로,[49] 채무자의 면책 주장은 단지 법원의 직권조사를 촉구하는 의미에 불과하다.

(3) 다른 유사 제도와의 비교

(가) 부집행합의

채권자와 채무자가 특정한 집행권원에 기초하여 강제집행을 하지 않기로 하는 특약을 부집행합의라 하는데, 부집행합의와 면책결정 모두 채무자의 책임재산에 대한 강제집행을 배제하는 역할을 한다는 점에서는 유사하다. 그러나 전자는 당사자의 합의에 따라 특정 집행권원에 대하여, 후자는 법률의 규정에 따라 파산채권 일반에 대하여 그 효과가 부여되는 점이 다르고, 소송상으로도 달리 취급되고 있다. 판례는 부집행합의는 사법상 채권계약[50]으로 이를 소송절차에서 주장하여 판결의 집행력을 배제할 수 없고, 채권자가 이에 위반하여 강제집행을 할 경우 (부집행합의가 선행소송 전에 존재하였더라도) 이는 실체상 부당한 집행이므로 민사집행법 제44조를 유추적용 또는 준용하여 청구이의사유가 된다고 한다.[51]

(나) 부제소합의

부제소합의란 특정한 권리나 법률관계에 관하여 분쟁이 있어도 제소하지 않기로 하는 합의를 말한다. 판례는 부제소합의는 직권조사사항이고, 부제소합의에 위배되어 제기된 소는 권리보호이익이 없고, 신의성실

---

48) 가령, 임의관할, 중재합의, 소·상소취하계약, 소송비용의 담보제공위반 등이다. 이시윤, 앞의 책(주 4), 215면.

49) 대법원 2015. 9. 10. 선고 2015다28173 판결.

50) 한편, 부집행합의를 소송법상의 계약으로 보는 입장에서도 이는 집행단계에서 비로소 문제되는 성질의 것이므로 선행소송의 변론종결 전에 체결되었더라도 이행소송에서 그 주장을 할 이익은 없고, 집행이 개시된 후에 채무자는 부집행합의를 주장하여 집행에 관한 이의를 할 수 있다고 한다. 日大判 1926. 2. 24.(民事判例集 5권, 235면); 홍동기, 앞의 책, 256면에서 재인용.

51) 대법원 1993. 12. 10. 선고 93다42979 판결(피고가 손해배상청구소송 계속 중 당사자 간에 부집행합의가 있었다는 이유로 가집행선고 주문이 배제되어야 한다고 주장하였던 사안에서, 선행소송절차에서 이를 주장할 수는 없고, 집행을 저지할 수 있는 사유로 내세울 수 있음에 불과하다고 한 사안임); 대법원 1996. 7. 26. 선고 95다19072 판결.

의 원칙(민사소송법 제1조 제2항)에도 어긋나 부적법하다는 입장이다.[52] 한편, 학설은 판례를 비판하며 부제소합의는 사법상 계약이므로, 항변사항에 해당한다는 견해가 다수이다.[53] 선행소송에서 피고가 부제소합의를 주장하지 않다가 나중에 이를 청구이의사유로 주장하는 것이 가능한 것인지에 관하여 판례는 없는 것으로 보인다. 부제소합의를 항변사유로 보는 입장에서는 소송과정에서 이를 주장하지 않은 이상 이의권이 포기·상실되었다고 할 것이므로 당연히 집행단계에서 다툴 수 없을 것이다. 부제소합의와 면책결정을 비교해 보면, 전자는 당사자의 합의에 따라 특정한 법률관계에 관하여, 후자는 법률의 규정에 따라 파산채권 일반에 대하여 그 효과가 부여되는 점이 상이하나, 둘 다 소제기 권능을 상실케 하여 권리보호이익이 흠결되어 집행권원의 성립 자체를 저지한다는 점, 판례에 의하면 모두 직권조사사항에 해당한다는 점에서 유사하다.

3. 대상판결의 이론적 근거에 대한 검토

(1) 한정승인과 면책의 비교

(가) 유 사 점

한정승인이 이루어지면 상속인은 상속채무는 그대로 승계하지만, 상속인의 고유재산은 상속채권자의 공취력에 복종하는 책임재산이 되지 않고 이에 대한 책임은 상속적극재산(상속개시 당시 피상속인이 보유하던 재산

---

52) 대법원 1993. 5. 14. 선고 92다21760 판결; 대법원 2013. 11. 28. 선고 2011다80449 판결(한편, 판례는 "당사자들이 부제소합의의 효력이나 그 범위에 관하여 쟁점으로 삼아 소의 적법 여부를 다투지 아니하는데도 법원이 직권으로 부제소합의에 위배되었다는 이유로 소가 부적법하다고 판단하기 위해서는 그와 같은 법률적 관점에 대하여 당사자에게 의견을 진술할 기회를 주어야 하고, 부제소합의를 하게 된 동기 및 경위, 그 합의에 의하여 달성하려는 목적, 당사자의 진정한 의사 등에 관하여도 충분히 심리할 필요가 있다. 법원이 그와 같이 하지 않고 직권으로 부제소합의를 인정하여 소를 각하하는 것은 예상외의 재판으로 당사자 일방에게 불의의 타격을 가하는 것으로서 석명의무를 위반하여 필요한 심리를 제대로 하지 아니하는 것이다."라고 판시함).

53) 이시윤, 앞의 책(주 4), 215, 225면; 호문혁, 앞의 책, 340면; 전원열, 앞의 책, 222-223면; 김홍엽, 민사소송법(제10판), 박영사(2021), 526면; 손한기, 민사소송법(제3판), 홍문사(2021), 218면.

상 권리로서 일신에 전속하는 것 제외)으로써만 부담하게 되므로 물적 유한책임이 성립한다(상속인에 있어 채무와 책임의 분리가 발생).[54] 면책의 경우에도 파산선고 후 면책결정이 확정되면 개인채무자의 파산채권자에 대한 채무는 파산선고 당시에 개인채무자가 가진 재산의 한도로만 책임재산이 한정되고,[55] 파산절차상의 배당에서 변제되지 않은 잔여 채무는 자체는 여전히 개인채무자의 채무로 존속하지만 파산채권자는 개인채무자에 대하여 그 이행을 강제할 수 없기 때문에 개인채무자가 파산선고 이후에 취득하는 재산은 책임재산이 되지 않는다. 즉, 개인채무자에 대하여도 채무와 책임이 분리되고, 강제집행의 대상이 일정한 범위의 재산으로 한정된다는 점에서 일종의 물적 유한책임이 성립된다고 볼 수 있어 한정승인과 면책은 분명 유사한 측면이 있다.

또한 선행소송의 변론종결 후에 한정승인 또는 면책이 있은 경우에는 모두 청구이의사유로 인정되고 있는 점도 공통된다.

(나) 차 이 점

1) 보호의 필요성 측면

먼저 한정승인을 한 상속인과 면책결정을 받은 개인채무자를 비교하면 상대적으로 전자가 후자보다 보호의 필요성이 크다. 상속인 입장에서 상속채무는 원래 타인인 피상속인의 채무인데, 피상속인의 사망이라는 우연한 사정이 발생함으로 인하여 상속인의 의사와 관계없이 상속인이 이를 당연히 승계하여 부담하게 된 것이다. 그런데 상속인이 피상속인 사망으로 자신의 의사에 반하여 귀책사유도 없이 피상속인이 남긴 소극재산만을 떠안아야 할 이유는 없으므로, 우리 상속법제는 상속의 포기 및 한정승인제도를 두어 상속인에게 그의 의사에 따라 상속의 효과를 귀속시키거나 거절할 수 있도록 한 것이다.[56] 또한 피상속인의 채권자가 피상속인의 사망으로 인해 피상속인이 살아있을 때 이상으로 이익을 도모

54) 이화연, 앞의 책, 418-419면.
55) 채무자회생법 제382조.
56) 헌재 2004. 10. 28. 2003헌가13, 공보 제98호, 1134 [전원재판부].

할 수 있는 근거도 없으므로 한정승인의 효과로 책임재산이 상속적극재산으로 한정된다고 하여 피상속인의 채권자의 기대에 반하거나 불리한 것이 아니다. 따라서 한정승인이 있는 경우에는 상속인의 고유재산에 대한 집행을 제한하여 상속인을 보호할 필요성이 크다.[57]

반면, 면책의 경우를 보면, 파산채권자에 대한 채무는 원래부터 개인채무자가 그의 의사에 따라, 그의 귀책으로 부담하고 그의 총재산으로 책임져야 하는 채무로서 파산절차에서 배당 후 잔존채무가 있다면 개인채무자는 여전히 법률상 변제할 의무를 부담하고 이에 대하여 무한책임을 지는 것이 원칙이다. 그런데 채권의 공평한 변제와 지급불능 상태에 빠진 개인채무자에 대하여 경제적 재기와 갱생의 기회를 부여하려는 정책적 고려하에 법이 특별히 잔존채무에 대한 채무자의 책임을 면제하여 준 것에 불과하다. 따라서 한정승인의 상속인에 비하여 상대적으로 보호의 필요성이 적다.

2) 실체법적 효과 및 소송법적 효과 측면

한정승인과 면책은 그 실체법적 효과 및 소송법적 효과 측면에서도 달리 취급된다. 한정승인을 한 상속인은 채무는 제한 없이 전부 승계하므로, 상속채권자나 수유자는 그러한 상속인을 상대로 채무 전액의 이행을 청구할 수 있고, 그에 응하여 상속인이 초과 부분을 임의로 변제한 때에는 채무자의 변제로서 유효하다.[58] 또한 한정승인은 실체적 항변사유에 해당한다고 보고, 상속채무가 인정되는 경우에는 상속채무 전부에 대한 이행판결을 선고하면서 집행대상을 제한하는 취지를 기재한다.

반면 면책의 경우에는 책임소멸설의 입장에서도 채권자는 소제기 권능 및 강제집행 권능을 상실할 뿐만 아니라 채무자에게 소송 외에서 임

---

57) 상속인이 한정승인을 하면 상속재산과 고유재산이 분리되는 효과가 있으므로, 상속인이 상속채권자의 고유재산에 대한 집행의 배제를 구하는 것은 제3자이의와 유사한 측면이 있다. 상속채무 이행소송의 채무자인 상속인은 집행권원상의 집행채무자이므로 청구이의의 소로써 다투어야 할 것이나, 위와 같은 측면을 고려하여 청구이의사유의 시적 제한을 유연하게 적용하는 것도 납득할 수 있다.

58) 이화연, 앞의 책, 418면.

의변제를 청구할 권리도 상실한다고 보는 견해가 많고, 채무자가 임의로 변제한 경우에도 자발성을 엄격하게 해석하여야 한다고 보며, 판례도 채무재승인 약정의 효력을 매우 제한적으로 인정하고 있다. 즉, 면책의 경우 법리상 채무는 존속하고 책임만 소멸하였다고 하지만 실제로는 법적으로 거의 의미 없는 채무가 되어 버린 셈인바, 한정승인과는 차이가 있다.[59] 종래 청구기각판결을 하였던 하급심 판결이나 일본의 현재 실무도 이러한 점을 감안한 것으로 생각된다. 나아가 면책의 이와 같은 효과를 고려하면, 면책에 관한 주장은 단지 집행단계에서 다툴 사항이 아니라 소송단계에서부터 다툴 필요성이 크다고 할 것이다.[60] 소송과정에서 면책이 인정되면 집행권원의 성립 자체를 저지하는 효과가 있기 때문이다. 판례도 면책된 채권은 소제기 권능을 상실하여 권리보호이익이 없다는 이유로 소각하판결을 내리는바, 면책사실의 존재는 소송요건으로 기능하며 직권조사사항에 해당하는 점도 한정승인과 다르다.[61]

3) 채권자의 예측가능성

채권자 입장에서 보더라도, 상속채권자는 상속인을 상대로 상속채무 이행소송을 하면서 그 소송물의 성격상 상속인이 소송단계든 집행단계든 한정승인을 주장할 수 있다는 점을 예상할 수 있다. 반면, 면책채권에 대한 이행소송은 주로 파산채권자목록에 기재되지 않은 채권자가 제기하는 경우가 많을 것인데, 이러한 채권자들은 아무런 절차적 보장을 받지 못해 자신의 채무자에 대하여 파산절차가 진행되었다는 사실조차 알지 못하여 소송단계에서 채무자가 이를 주장하지 않는 이상 향후 집행단계에서 면책이 문제될 수 있다는 것을 전혀 예상할 수 없다.

(2) 소 결

앞서 본 바와 같이 한정승인에 관한 판례의 태도는 기존의 소송법

59) 채무소멸설에 의하면 채무 자체가 소멸한다고 보므로 그 차이가 더욱 명백하다.
60) 이러한 점에서 면책은 집행권원의 성립 자체는 저지하지 않고, 다만 그에 기한 강제집행만 배제하기로 약정하는 부집행합의와 다르다.
61) 면책의 이러한 측면은 부제소합의와 유사하다.

이론과 부합하지 않고 논리적으로도 일관되지 않으나, 구체적 타당성을 고려하면 각각의 결론을 수긍할 수 있는 측면이 있다. 그러나 면책의 경우는 위에서 검토한 바와 같은 차이점이 있으므로, 면책에 있어서도 위와 같이 이례적인 한정승인의 법리를 그대로 적용하는 것이 타당한지 의문이다.[62)]

대상판결은 “파산채권자가 개인채무자를 상대로 채무 이행을 청구하는 소송에서 면책결정에 따라 발생한 책임 소멸은 소송물인 채무의 존부나 범위 확정과는 직접적인 관계가 없다.”고 판시함으로써 소송물부정설의 입장을 명확히 하면서 대법원 2006다23138 판결의 논리를 그대로 적용하였다. 이에 대하여는 앞서 본 한정승인에 관한 판례의 법리에 대한 비판이 그대로 가능하다. 이에 더하여 대상판결에 따르면 법원의 직권발동을 촉구하는 의미에 불과한 피고의 면책 주장 여하에 따라 책임의 범위가 소송물이 되는지 여부가 달라진다는 것이 되어 논리가 더욱 어색해진다. 또한 대상판결의 입장에 의하면 판결 확정 후 그 판결의 본안 판단의 전제가 된 소송요건의 존부를 다투며 확정판결의 집행력의 배제를 구하는 것을 허용하는 결과가 된다.[63)]

소송물긍정설의 입장에서 이행청구의 대상인 채권과 관련된 책임의 범위도 잠재적 소송물에 해당하므로, 개인채무자가 직권발동 촉구 의미의 면책 주장을 한 경우 법원은 소송요건인 권리보호이익을 조사하면서 당연히 책임 여부에 관하여도 심리·판단할 수 있다고 보는 것이 자연스럽다. 소송요건은 사실심 변론종결시를 기준으로 판단하는 것이 원칙이고,

---

62) 면책에 있어서도 한정승인과 같은 법리를 적용할 수 있다는 입장으로는 지은희, “파산절차에서 면책결정의 확정이 채권압류 및 추심명령에 대한 적법한 항고이유가 되는지 여부”, 사법논집 제61집, 법원도서관(2016), 477면; 김형률, “개인파산절차의 채권자목록에서 누락된 채권자에 관한 연구”, 민사집행법연구, 한국민사집행법학회지 제5권, 한국사법행정학회(2009), 370면.

63) 가령, 부제소합의에 관하여 피고가 아무런 주장을 하지 않아 법원도 그 존재를 알지 못해 원고승소의 본안판결이 선고되어 확정된 후에 피고가 확정판결 전에 존재한 부제소합의를 주장하며 청구이의의 소를 제기할 수 있을 것인가? 선행소송이 재소금지에 위반되었음에도 피고가 아무런 주장을 하지 않았던 경우도 마찬가지이다.

권리보호요건은 직권조사사항이나 이는 직권탐지사항과는 달라서 그 요건 유무의 근거가 되는 구체적 사실에 대하여 사실심 변론종결시까지 당사자가 제출한 소송자료를 기초로 판단해야 하므로,[64] 개인채무자가 사실심 변론종결시까지 면책 주장을 하지 않아 이행판결이 선고되어 확정된 경우에는 나중에 사실심 변론종결 전에 존재한 면책 사실을 주장하여 청구이의사유로 삼는 것은 기판력에 의해 차단되어 원칙적으로 허용될 수 없다고 보아야 한다.[65] 다만, 구체적 사안에 있어 그 집행이 현저히 부당한 경우는 신의칙 내지 권리남용을 이유로 청구이의가 가능할 것이다.[66] 다른 한편, 개인채무자가 면책 주장을 하고 파산채권자가 비면책채권임을 주장·증명하지 못해 소각하판결이 선고된 경우, 권리보호이익 흠결에 기판력이 생기므로 파산채권자는 비면책채권임을 주장하며 후소를 제기할 수 없다.

Ⅲ. 대상판결의 실질적 근거

1. 개인파산 및 면책제도의 취지

채무자회생법이 파산절차에서 개인채무자를 위한 면책제도를 둔 취지는 채권자들에 대하여 공평한 변제를 확보함과 아울러 지급불능 상태에 빠진 개인채무자에 대하여 경제적 재기와 갱생의 기회를 부여하고자 하는 데 있다.[67] 특히, 개인파산에서 채무자의 경제적 갱생 도모는 채무자가 파산선고 이후에도 잔여 채무에 대한 무제한의 책임을 지게 되는 경우 오로지 채권자에 대한 채무변제를 위해서만 경제활동을 해야 하는 극단적 상황을 방지하여야 한다는 요청에 따른 것이다. 한편, 파산자에 대한 면책은 채무자가 자산 상태의 악화를 숨겨 피해를 확대하거나, 특정 채권자가 자신의 채권만을 우선적으로 변제받기 위하여 파산신청을

64) 대법원 1981. 6. 23. 선고 81다124 판결.
65) 김상철·장지용, 앞의 논문, 19면.
66) 김정만, 앞의 논문, 208-209면.
67) 대법원 2021. 9. 9. 선고 2020다269794 판결.

협박의 수단으로 사용하는 것을 방지하는 역할도 하고 있는바, 이는 파산자에 대한 모든 채권의 공평한 변제의 실현에 기여하는 의미도 있다.[68)]

2. 대상판결의 실질적 근거에 대한 검토

대상판결은 선행소송에서 개인채무자가 면책 주장을 하지 않은 경우에 나중에 이를 이유로 한 청구이의의 소를 불허한다면 '부당한 결과'가 초래된다고 하나 다소 납득하기 어려운 측면이 있다.

먼저 대상판결은 "이미 면책결정을 통해 강제집행 위험에서 벗어난 개인채무자로 하여금 그 집행을 다시 수인하도록 하는 것은 면책제도의 취지에 반하고 확정된 면책결정의 효력을 잠탈"하는 것이라 한다. 그러나 면책의 효력은 채무자회생법 제566조 단서 각호의 비면책채권을 제외하고 발생하는 것이고, 면책절차에서는 해당 채권이 비면책채권인지 여부가 심리되는 것이 아니라[69)] 파산채권자가 개인채무자를 상대로 강제집행을 하여 온 경우에 개인채무자가 면책을 주장하여 청구이의의 소를 제기하거나, 파산채권자가 개인채무자에 대하여 이행소송을 한 경우에 비면책채권인지 여부가 다투어지고 확정된다.[70)] 따라서 개인채무자에 대하여 면책결정이 확정되었다고 하더라도 비면책채권이 어떠한 것인지 확정되지 아니한 이상 개인채무자가 이미 강제집행의 위험에서 완전히 벗어난 상태라고 할 수 없다. 면책제도에서 예정하는 바에 따라 개인채무자를 상대로 별도 소송을 제기하여 판결에 의해 비면책채권임을 확정받은 파산채권자가 그에 따른 강제집행을 하는 것이 왜 면책결정의 효력을 잠탈하는 것인지 의문이다.

또한 대상판결은 "선행소송에서 개인채무자의 면책 주장 여부에 따라 개인채무자가 일부 파산채권자에 대해서만 파산절차에 의한 배당 외

---

68) 헌재 2013. 3. 21. 2012헌마569, 공보 제198호, 492 [전원재판부].

69) 비면책채권자인지 여부의 판단은 해당 채권의 실체적 효력에 관한 판단이어서 비송절차를 기본으로 하는 파산절차와 부합되지 않으므로 도산법원에서 다루지 않는다는 점이 그 근거이다. 개인파산 · 회생실무, 361면.

70) 전병서, 앞의 책, 461면; 개인파산 · 회생실무, 361면.

에 추가로 책임을 부담하면 파산채권자들 사이의 형평을 해친다."라고 한다. 만일 개인채무자가 특정 파산채권자와의 통모 하에 채권자목록에서 그 채권의 기재를 누락하고 소송에서도 면책 주장을 하지 않거나, 파산채권자의 협박 등에 의해 선행소송에서 면책 주장을 하지 못한 결과 파산채권자가 추가적인 변제를 받았다면 이는 파산채권자들 사이의 형평을 해하는 문제가 있다고 볼 수 있으나, 그러한 사정이 없이 적법하게 비면책채권임이 확정되어 변제받는 경우가 왜 파산채권자들 사이의 형평에 반하는 것일까? 오히려 개인채무자의 선택에 따라 언제든지, 어떤 채권에 대하여 추가 변제를 할 것인지를 정할 수 있도록 하는 것이 파산채권자들 사이의 공평한 변제를 저해하는 결과가 될 수도 있다.

나아가 절차적 공평 및 법적안정성의 관점에서 보았을 때, 대상판결과 같은 결론을 취할 경우에도 부당한 결과가 생길 수 있다. 면책채권에 대한 이행소송은 대상판결 사안과 같이 주로 채권자목록에 기재되지 않은 채권자가 제기하는 경우가 대부분일 것이다. 그러한 채권자는 파산절차에서 절차적 보장을 받지 못해 채무자에 대한 파산선고 및 면책 사실에 대하여 전혀 알지 못한 상태에서 채무자를 상대로 시간, 비용 및 노력을 들여 이행소송을 제기한다. 채권자는 채무자가 위 소송 과정에서 면책을 주장하여야 비로소 면책사실에 대하여 알게 되고 이에 대응하여 비면책채권임(채무자의 악의 미기재)을 주장·증명할 기회를 갖게 된다. 채무자회생법 제566조 규정의 형식상 비면책채권이라는 점에 대한 증명책임은 채권자가 부담하고,[71] 면책결정의 존재는 직권조사사항에 해당하므로 채무자는 법원의 직권발동을 촉구하기 위해 면책허가결정이 확정되었다는 사실을 진술하기만 하면 된다. 그런데도 채무자가 이를 주장하지 않아 이행소송에서 채권자에 대해 승소판결이 확정되었고, 채권자는 시간, 비용 및 노력을 들여 채무자의 재산을 찾아내어 위 승소확정판결에 기한 강제집행을 하려고 한다. 그런데 이제 와서 개인채무자가 선행소송

71) 헌재 2014. 6. 26. 2012헌가22, 판례집 26-1하, 496 [전원재판부].

에서 주장할 수 있었던 면책 사실을 주장하며 청구이의소송을 제기한다. 청구이의소송에서도 채무자회생법 제566조에 따른 주장·증명책임의 분배에 따라 채무자는 면책 주장을 하기만 하면 청구이의사유를 주장한 것이 되고, 채권자는 채무자의 악의 미기재를 주장·증명하지 못하면 패소판결을 받게 되어 종전 승소확정판결의 집행력이 배제되어 버리므로 또 다시 시간, 비용 및 노력을 들여 열심히 응소하여야 한다. 이처럼 채무자가 선행소송에서 손쉽게 주장할 수 있었던 사유를 주장하지 않음으로 인하여 채권자가 자신의 정당한 권리를 실현하기 위해 소송을 두 번이나 하여야 하는 결과는 과연 공평한 것인가? 또한 확정판결에 기판력을 인정함으로써 법적안정성을 유지하고, 동일한 분쟁의 반복을 피하여 소송경제를 달성하려는 요청이 무시되는 결과는 타당한가?[72] 나아가 변제, 면제 등과 같은 청구권의 소멸사유 등도 그러한 주장을 제출하지 못한 것에 대한 당사자의 귀책사유 여부를 불문하고 기판력에 의해 실권되는 점과의 균형 측면에서도 의문이 든다.

Ⅳ. 대상판결이 설시한 추가적 사정

1. 추가적 사정의 의미

대상판결은 선행소송에서 주장되지 않았던 면책 사실을 청구이의사유로 원칙적으로 허용할 경우 보호의 필요성이 현저히 떨어지는 채무자까지 보호하게 될 우려가 있으므로 그러한 부당한 결과를 방지하기 위해 "채무자가 법률관계의 조속한 안정을 저해하거나 분쟁의 해결을 현저하

72) 실무상 재도(再度)의 파산신청(파산선고결정을 받았으나 면책결정을 받지 못한 채무자가 면책결정을 받기 위한 목적으로 다시 파산신청을 하는 것)을 허용하고 있으므로, 선행소송 이후에 채무자가 다시 채권자의 채권을 채권자목록에 기재하여 파산신청을 하면 면책결정을 받을 가능성이 높다는 이유로 대상판결의 입장이 소송경제상으로도 타당하다는 의견이 있을 수 있으나, 재도의 파산신청시점에서 다시 파산요건이 충족되고 면책이 되는지 여부와는 별개의 문제이고, 그러한 가능성이 있다고 하여 선행판결의 기판력을 인정할 필요가 없다고 보는 것은 부당하다. 오히려 그와 같은 구제의 가능성이 있으므로 변론종결 전 면책을 청구이의사유로 삼지 않아도 된다는 논거가 될 수 있다.

게 지연시킬 목적으로 일부러 면책 주장을 하지 않았다고 볼 만한 특별한 사정의 부존재"라는 추가적 사정을 설시한 것으로 보인다. 즉, 대상판결은 기판력에 의해 차단되는 경우는 원칙적으로 청구이의사유로 삼을 수 없으나 그 집행이 현저히 부당한 경우에는 예외적으로 가능하다는 기존 청구이의의 소의 법리를 거꾸로 하여, 선행소송에서 주장되지 않은 면책의 경우 기판력에 의해 차단되지 않아 원칙적으로 청구이의사유가 되나, 위와 같이 신의칙상 부당한 특별한 사정이 존재하면 청구이의사유로 삼을 수 없다는 취지로 해석된다. 개별 사안마다의 구체적 타당성을 도모하기 위한 방안을 마련하였다는 점에서는 타당하나, 설시 내용이 다소 혼란스러운 면이 있다. 대상판결은 '원칙적인 법리에 이 사건에서 위와 같은 특별한 사정이 부존재하는 점을 종합하면 선행소송의 기판력이 청구이의소송에 미치지 않는다'고 하였는바, 기판력이 미치는지 여부를 판단하기 위해 특별한 사정의 존부를 고려하여야 한다는 것인지, 위 판시 내용의 반대해석상 특별한 사정이 존재하는 경우에는 (면책 주장이 없어 책임의 범위가 소송물이 아니고, 주장되지 않아 이에 대하여 주문이나 이유에서 아무런 판단이 없었음에도) 선행소송의 기판력이 미친다는 것인지, 아니면 기판력은 미치지 않지만 신의칙상 청구이의사유를 주장할 수 없다는 것인지 명확하지 않다.

2. 이 사건의 경우

대상판결 사안은 선행소송이 공시송달로 진행되어 1심에서 확정되었으므로 위와 같은 특별한 사정은 존재하지 않았을 것이고, 채무자가 선행소송에서 면책 주장을 하지 못한 데 귀책이 없어 보호할 필요성이 있다고 판단한 것 같다. 사실관계를 정확히 알 수는 없으나, 공시송달에 의한 송달의 경우에는 추완항소로 다툴 기회를 부여할 수 있음에도 대상판결이 굳이 새로운 법리를 설시하여 이 사건 채무자를 구제할 필요가 있었는지 다소 의문이다. 대상판결의 법리가 더 필요한 경우는 선행소송이 무변론 또는 자백간주로 확정된 사건일 것이다. 파산에 이를 정도로 경제적 곤궁에 빠진 사람은 주거지 등이 일정하기 어렵고, 파산 및 면책 선고로 모든 채권·채무관계가 정리되었다고 생각하여 송달받은 소장 등에 대하여 무관심하게 대응할 우려가 있기 때문이다.[73] 다만 무변론, 자백간주로 인한 판결도 적법한 송달을 전제로 하므로, 이에 적절히 대응하지 않은 채무자를 원칙적으로 구제해줄 필요가 있는지는 의문이다. 결국 대상판결과 같은 입장은 면책결정을 받은 개인채무자들은 일률적으로 답변서를 기한 내에 제출할 능력이나, 소송에 적절히 응소할 능력, 추완항소를 신청할 능력이 부족하다고 보는 셈인바, 이러한 취급이 과연 타당한가?

오히려 변론종결 전 면책에 관하여도 원칙적으로 기판력에 의해 차단효가 미친다고 보되, 사안별로 채권자 및 채무자의 개별 구체적인 사정 등을 고려하여 구제가 필요한 경우에는 예외적으로 신의칙 내지 권리남용 법리에 따라 청구이의를 허용하는 것이 더 합리적이고 조화로운 해결이라 생각한다. 물론 현재 판례가 청구이의사유로서의 권리남용의 요건을 엄격하게 인정하고 있고, 그 증명책임도 이를 주장하는 자에게 부담시키는 입장[74]이므로 이에 의할 경우 개인채무자의 구제의 범위가 대상판결보다는 좁아질 수 있다. 다만, 신의칙 내지 권리남용이 원래 탄력적 적용이 가능한 개념임을 고려하면, 면책이 문제되는 사안에서는 그 요건을 조금 더 유연하게 해석하는 방법으로 해결이 가능할 것으로 생각한다.

---

73) 김형률, 앞의 논문, 369면.

74) 대법원 2017. 9. 21. 선고 2017다232105 판결.
"법적 안정성을 위하여 확정판결에 기판력을 인정한 취지 및 확정판결의 효력을 배제하려면 재심의 소에 의하여 취소를 구하는 것이 원칙적인 방법인 점 등에 비추어 볼 때, 확정판결에 따른 강제집행이 권리남용에 해당한다고 쉽게 인정하여서는 안 되고, 이를 인정하기 위해서는 확정판결의 내용이 실체적 권리관계에 배치되는 경우로서 그에 기한 집행이 현저히 부당하고 상대방으로 하여금 집행을 수인하도록 하는 것이 정의에 반함이 명백하여 사회생활상 용인할 수 없다고 인정되는 것과 같은 특별한 사정이 있어야 한다. 그리고 이때 확정판결의 내용이 실체적 권리관계에 배치된다는 점은 확정판결에 기한 강제집행이 권리남용이라고 주장하며 집행 불허를 구하는 자가 주장·증명하여야 한다."

V. 마 치 며

대상판결은 면책결정을 받은 개인채무자를 강하게 보호하기 위하여 한정승인에 관한 기존 판례 법리를 면책에 있어서도 그대로 적용하였다. 그러나 한정승인에 관한 판례 법리는 논리적으로 일관되지 않고 기존 소송법 이론과도 부합되지 않는바, 면책결정을 받은 개인채무자는 한정승인을 한 상속인보다 보호의 필요성이 상대적으로 덜 함에도 이러한 이례적인 법리가 적용되는 새로운 유형으로 추가할 필요가 있었는지 의문이다. 채권자간의 공평한 변제를 확보하고 개인채무자에게 경제적 재기와 갱생의 기회를 부여하기 위한 면책제도의 취지에는 충분히 공감할 수 있고, 그 효력 자체는 당연히 존중되어야 한다. 그러나 채무자회생법에서 특별한 취급을 하는 다른 규정을 두고 있는 경우를 제외하고는 면책결정을 받은 개인채무자도 민사소송이나 민사집행에서 마련된 절차법에 따른 공정한 규율을 받아야 하고, 면책결정을 받았다는 이유로 원칙적으로 기존 법리에서 벗어나는 예외적인 취급을 하는 것은 타당하지 않다. 다만, 개별 사안별로 특별한 사정이 있는 경우에는 신의칙 내지 권리남용 등의 법리로 구제가 가능해야 할 것이고, 그러한 사유를 고려함에 있어 면책결정을 받은 채무자의 특수성이 고려되어야 할 것이다. 소송물긍정설을 취하는 경우 그와 같은 해결이 가능하므로 소송물긍정설을 지지한다.

[Abstract]

Discharge Defense, *Res Judicata* and Objection Suit Against Execution

−A Review on Supreme Court Case 2017Da286492−

Hyun, Nak Hee*

Once a judgment has been finalized on a cause of action, parties are precluded from raising pleadings in support of, or defense to avoid the cause of action, which have existed prior to the final judgment but have not been submitted during the litigation. In the same vein, debtor cannot bring up pre-existing defense to object the execution based on the final judgment(Civil Execution Code Article 44②). During the lawsuit brought by the creditor seeking for monetary payment of his/her claim, if the debtor has not raised the fact that he/she has already been discharged, could the debtor later file an objection suit against the execution claiming that he/she has been discharged? The Supreme Court allowed this in 2017Da286492 case.

In order to offer strong protection to the debtor, the Supreme Court analogized discharge to qualified acceptance of inheritance, and took the same approach. Namely, the scope of liability is irrelevant to the cause of action, and unless it is raised by the parties during the litigation, it does not become a matter to be decided upon, and therefore bringing up the issue of discharge, which releases the debtor from liability, is not precluded by *res judicata* effect of the prior judgment. However, the Supreme Court case law regarding qualified acceptance of inheritance is inconsistent and

* Associate Professor, Sungkyunkwan University Law School.

does not conform with the jurisprudence in procedural rules. Such conclusion was inevitable in the case of qualified acceptance of inheritance, as it was necessary to protect the heir who had to inherit the decedent's debt which he/she was unaware of and had no reasons attributable to. On the other hand, the rationale for the debtor is less compelling, since it was his/her debt which he/she was supposed to be liable with his/her entire asset, yet has been discharged due to special consideration. Also, the substantive and procedural treatment regarding discharge is quite different from that of the qualified acceptance of inheritance. Moreover, 2017Da286492 judgment forces the creditor to relitigate on the same issue just because the debtor did not submit discharge defense during the prior lawsuit.

In order to maintain procedural fairness and legal certainty, in principle the debtor should not be allowed to bring up pre-existing discharge defense in order to file an objection suit against execution because it is precluded by the *res judicata* of the prior judgment. As for the exceptional cases in which the debtor needs to be protected, good faith principle could be applied and the special circumstances of the debtor should be considered as a factor.

[Key word]

- discharge defense
- qualified acceptance of inheritance
- *res judicata*
- objection suit against execution
- scope of liability
- cause of action
- good faith

참고문헌

1. 단 행 본

편집대표 곽윤직, 민법주해 제9권, 채권(2), 박영사(2011).
편집대표 권순일, 주석 채무자회생법(제1판) Ⅴ, 한국사법행정학회(2021).
편집대표 민유숙, 주석 민법(제5판) 상속법, 한국사법행정학회(2020).
편집대표 민일영, 주석 민사집행법(제4판) Ⅱ, 한국사법행정학회(2018).

강대성, 신민사집행법, 탑북스(2014).
김홍엽, 민사집행법(제7판), 박영사(2022).
______, 민사소송법(제10판), 박영사(2021).
노영보, 도산법강의, 박영사(2018).
박두환, 민사집행법(제2판), 법률서원(2003).
서울회생법원 재판실무연구회, 개인파산 · 회생실무(제5판), 박영사(2019).
손한기, 민사소송법(제3판), 홍문사(2021).
전대규, 채무자회생법(제3판), 법문사(2019).
전병서, 도산법(제4판), 박영사(2019).
전원열, 민사소송법강의(제3판), 박영사(2022).
이시윤, 신민사소송법(제15판), 박영사(2021).
______, 신민사집행법(제7개정판), 박영사(2016).
임치용, 파산법연구, 박영사(2004).
호문혁, 민사소송법(제14판), 법문사(2020).

三ケ月章, 民事執行法(法律学講座双書), 弘文堂(1981).
中野貞一郎 · 下村正明, 民事執行法, 青林書院(2016).

2. 학술논문

강혜림, "한정승인항변의 기판력 저촉여부 및 청구이의의 소 사유 해당여부: 대법원 2006. 10. 13. 선고 2006다23138판결", 외법논집 제37권 제3호, 한국외국어대학교 법학연구소(2013).
김건호, "한정승인과 민사집행절차", 법학연구 제27권 제4호, 연세대학교 법학연구원(2017).

김상수, "판례평석: 한정승인과 청구이의의 소-대판 2006. 10. 13. 2006다23138[공2006. 11. 15.(262), 1910], 법조 제57권 제7호, 법조협회(2008).

김상철 · 장지용, "도산절차가 민사소송절차에 미치는 영향", 인권과정의 제423권, 대한변호사협회(2011).

김 연, "한정승인을 한 상속인의 절차법적 지위", 법학논고 제60집, 경북대학교 법학연구원(2017).

김정만, "파산면책의 효력", 사법논집 제30집, 법원행정처(1999).

김형률, "개인파산절차의 채권자목록에서 누락된 채권자에 관한 연구", 민사집행법연구, 한국민사집행법학회지 제5권, 한국사법행정학회(2009).

김형석, "한정승인의 효과로서 발생하는 재산분리의 의미", 가족법연구 제22권 제3호, 한국가족법학회(2008).

민일영, "청구이의의 소에 관한 실무상 문제점", 재판자료 제35집(상), 법원행정처(1987).

송인권, "한정승인의 요건 및 효과에 관한 실무상 문제", 사법논집 제55집, 법원도서관(2012).

심우용, "청구이의 사유로서의 한정승인", 대법원판례해설 제63호, 법원도서관(2007).

양지정, "한정승인 및 상속포기와 기판력에 의한 실권효", 재판과 판례 제20집, 대구판례연구회(2011).

양창수, "자연채무, 채무와 책임", 월간고시 제19권 제5호, 법지사(1992).

오수원, "한정승인항변의 기판력과 집행에 관한 이의", 서울법학 제19권 제2호, 서울시립대학교(2011).

오창수, "한정승인과 소송절차", 법학논총, 제29권 제3호(통권 제55호), 국민대학교 법학연구소(2017).

______, "한정승인과 민사집행의 관계", 법과 정책, 제24권 제3호, 제주대학교 법과정책연구원(2018).

윤진수, "2006년 주요 민법 관련 판례 회고", 서울대학교 법학, 제48권 제1호, 법학연구소(2007).

이동원, "각 도산절차상 면책의 효력 및 그 비교", 재판실무연구(5), 도산관계소송, 한국사법행정학회(2009).

이영숙, "한정승인에 기한 이행판결이 확정된 후 전소의 변론종결시 이전에 존재한 법정단순승인 등 사실을 주장하는 새로운 소송을 제기할 수 있는지 여부, 대법원 2012. 5. 9. 선고 2012다3197 판결", 재판과 판례 제23집, 대구판례연구회(2012).

조대현, "한정승인의 항변", 민사소송 제1권, 한국민사소송법학회(1998).

지은희, "파산절차에서 면책결정의 확정이 채권압류 및 추심명령에 대한 적법한 항고이유가 되는지 여부", 사법논집 제61집, 법원도서관(2016).

외국재판의 승인 및 집행요건으로서 민사소송법 제217조 제1항 제2호에서 정한 '적법한 송달'의 의미*

김 영 석**

요 지

외국에서 내려진 재판은 그 재판을 발령한 국가 내에서만 효력을 가지는 것이 원칙이므로, 해당 재판의 승인·집행 여부는 승인·집행국가에서 정한 바에 따라야 한다. 이와 관련하여 우리나라 민사소송법은 제217조 제1항에서 ① 국제재판관할권, ② 송달(공시송달이나 이와 유사한 방식의 송달 제외), ③ 공서양속, ④ 상호보증이라는 네 가지 요건을 외국재판의 승인·집행의 요건으로 규정하고 있고, 대상판결은 그중 두 번째 요건인 '송달'을 다루고 있다.

대상판결은 보충송달은 '공시송달과 유사한 방식의 송달'에 해당하지 않으므로 보충송달의 방식으로 진행된 외국재판은 승인·집행요건을 적법하게 충족한 것이라고 보고, 이와 다른 입장을 취했던 기존 선례들을 대상판결의 견해에 배치되는 범위에서 모두 변경하였다. 이러한 판시는 본인과의 관계 등에 비추어 실제 본인에게 서류가 전달될 가능성이 높은 보충송달을 전형적인 의제송달에 해당하는 공시송달과 명확히 구분한 것으로서 법리적으로 타당하고, 국외송달이 빈번하게 문제되는 국제거래 실무에도 부합하는 유의미한 판시라고 생각된다. 다만, 우리나라가 송달실시국으로서의 지위와 승인·집행국으로서의 지위를 겸유하게 된 본 사안에서 대상판결이 양 지위를 명확히

* 이 논문은 서울대학교 *法學* 제63권 제3호(2022. 9.)에 게재되었다.

** 대법원 재판연구관(부장판사).

구분하지 않음으로써 다소 불명확하게 논거를 적시한 아쉬운 측면은 있다.

한편, 대상판결에서 직접 설시하지는 않았지만, 그 취지에 비추어 발신주의에 기초하여 송달이 의제되는 발송송달은 패소한 피고의 방어권을 현저히 침해하므로 승인·집행요건으로서의 적법한 송달에 해당하지 않는다고 보아야 할 것이다. 외국법원이 외교상의 경로를 거치지 않고 자국민이 아닌 국내거주자에게 직접 우편송달(postal channels)의 방식으로 송달하는 것도 부적법하다고 보아야 하고, 대법원 92다2585 판결이 같은 취지에서 영사송달의 범위를 자국민으로 제한한 것은 대상판결과 배치되는 것이 아니므로 지금도 여전히 유효한 법리라는 점에 유의하여야 한다.

그 밖에 송달 촉탁을 받았으나 공시송달/발송송달을 할 수밖에 없는 상황에서는 향후 승인·집행국가로서 난처한 상황에 처해지는 것을 피하기 위해 '송달불능회신'을 하는 것이 바람직하다. 전자적 송달이 도입된다면 기존의 국외송달 시스템은 대변혁의 시대를 맞이하게 될 것이므로, 현재 EU나 영미국가에서 고려되고 있는 전자적 송달에 대하여도 관심을 둘 필요가 있음은 물론이다. 도산사건과 같이 신속하고 통일적인 절차 진행이 필요한 집단적 채무처리절차에서는 기존의 엄격한 송달체계를 다소 완화하여 의제적 송달에 준하는 공고를 넓게 활용할 필요도 있다. 국외채권자와 국외자산 등이 빈번하게 문제되는 현대사회에서 효율적이면서도 당사자들의 권리를 충분히 보호할 수 있는 송달체계가 확립되기를 기대한다.

[주 제 어]

- 외국재판의 승인 및 집행요건
- 보충송달
- 헤이그송달협약
- 국제민사사법공조법
- 민사소송법 제217조 제1항 제2호
- 헤이그재판협약

대상판결 : 대법원 2021. 12. 23. 선고 2017다257746 전원합의체 판결 (공2022상, 168)

[사안의 개요]

1. 사실관계

(1) 원고(뉴질랜드 법에 따라 설립된 은행)는 2013. 2.경 뉴질랜드 법원(오클랜드 고등법원)에 피고(뉴질랜드에서 거주하면서 사업을 하던 자)를 상대로 대출채무 및 보증채무의 이행을 구하는 소송을 제기하였다.

(2) 원고는 2013. 2. 27. 뉴질랜드 법원에 피고가 대한민국에서 거주하고 있음을 이유로 소장/소송통지서/약식판결 중간신청서 등(이하 '이 사건 소송서류')의 국외송달을 신청하였고, 이후 아래와 같은 경로를 거쳐 (피고가 아닌) 피고의 남편인 A(원심공동피고)가 2013. 5. 1. 이 사건 아파트(= 피고의 거소)에서 위 소송서류를 수령하였다[보충송달].[1)]

> 뉴질랜드 법원 ➠ 뉴질랜드 법무부 ➠ 주한 뉴질랜드 대사관 ➠ 대한민국 외교통상부 ➠ 대법원 법원행정처 ➠ 서울중앙지법(피고의 주소지 관할법원)의 공조수행(공조번호 2013-185호, 사건번호 2013러51호) ➠ 2013. 5. 1. 피고의 거소에서 A(피고의 남편)에게 이 사건 서류를 송달[보충송달]

(3) 그 후 뉴질랜드 법원은 2013. 5. 1. 위와 동일한 역순경로(서울중앙지법 ➠ 대법원 법원행정처 ➠ 대한민국 외교통상부 ➠ 주한 뉴질랜드 대사관 ➠ 뉴질랜드 법무부 ➠ 뉴질랜드 법원)를 통해, 이 사건 소송서류가 피고에게 송달되었음을 통지받았고, 2013. 8. 15. 약식판결(summary judgment, 이하 '이 사건 외국재판')을 위한 심리기일을 진행하여, 같은 날 원고 승소판결(뉴질랜드 달러

---

1) 참고로 (상고되지 않아 대상판결의 심판대상은 아니지만) 피고와 함께 공동피고로 소가 제기된 A(= 피고의 남편)에 대한 청구 부분의 소송 진행 경과는 아래와 같다.

> 원고는 뉴질랜드 법원에 피고와 함께 'A'도 공동피고로 삼아 소송을 제기하면서 A에 대한 국외송달도 신청 ➠ 그런데 해당 서류는 서울중앙지법의 공조(공조번호 2013-183호, 사건번호 2013러50호)에도 불구하고 '수취인 미거주'를 이유로 A에게 송달되지 않았음 ➠ 그럼에도 뉴질랜드 법원은 임의로 대체송달(substituted service)이라는 방식으로 A에 대한 송달이 적법하게 이루어진 것으로 처리하여 소송절차를 진행한 다음 승소판결을 선고 ➠ 이후 위 승소판결에 대한 집행판결이 우리나라에 청구되자 1심은 "A에 대한 소송서류가 대한민국(송달이 실제로 행해진 국가 내지 사법공조 제공 국가)의 법에 따라 적법하게 A에게 송달되었다고 보기 어렵다"라고 판단하여 각하판결을 함 ➠ 원고의 항소, but 항소기각 ➠ 원고의 미 상고[A에 대한 패소 확정]

$8,336,110.71 및 그 지연손해금의 지급을 명하는 내용)을 선고하였다.[2] 그리고 이 사건 외국재판은 2013. 9. 12. 그대로 확정되었다.

(4) 원고는 2014. 6. 23. 서울중앙지법에 이 사건 외국재판의 강제집행을 허가하는 집행판결을 내려달라는 소송을 제기하였다.[3]

2. 소송의 경과 : 원고승소

(1) 제1심(서울중앙지법 2016. 6. 3. 선고 2014가합544291 판결)과 항소심(서울고법 2017. 7. 25. 선고 2016나2052577 판결)은 보충송달이 민사소송법 제217조 제1항 제2호에 따른 적법한 송달이라고 판단하고 원고의 강제집행을 허가하는 원고승소판결을 내렸다. 법원게시판에 게시하는 등의 방법으로 실시되는 공시송달과 달리, 보충송달은 피고가 실제로 소송서류를 받아서 어떤 소송이 제기되었는지 알고 대처할 수 있는 가능성이 있으므로 '방어기회 보장'의 측면에서 유사하다고 보기 어렵다는 것이다.

(2) 여기에다가 국제민사사법공조법 제15조에서 "외국으로부터의 촉탁에 따른 수탁사항은 대한민국의 법률에 의하여 이를 실시한다"라고 규정하고 있는데 보충송달은 민사소송법이 정한 적법한 송달 방식의 하나인 점, 사법 분야에서 국제적 협력과 공조증진 등이 점차 중요해지고 있는 사정들을 고려해야 한다는 점 등도 주요 논거로 제시되었다.

3. 대상판결 : 상고기각

대법원은 아래와 같은 이유로 보충송달이 민사소송법 제217조 제1항 제2

---

2) 약식판결(summary judgment)은 상호간의 심문이 보장된 사법절차에서 내려지는 재판이므로 적법한 승인·집행의 대상이 되고, 승인판결(confession judgment 또는 judgment by confession)과 차이가 있다. 참고로 대법원 2010. 4. 29. 선고 2009다68910 판결은 승인판결에 대하여 원고의 신청이 있으면 사법기관이 관여하지 아니한 상태에서 작성된 피고의 채무승인진술서 등만을 검토하여 그대로 판결로 등록하는 것이어서 집행판결의 대상이 되지 못한다고 판단한 바 있다. 상세는 구자헌, "집행판결의 대상이 되는 외국법원의 판결의 의미", **대법원판례해설** 제83호, 법원도서관(2010), 318면 이하를 참조.

3) 청구취지는 아래와 같다.

> 원고와 피고 사이의 뉴질랜드 오클랜드 고등법원(High Court of New Zealand Auckland) CIV-2013-404-000600호 사건에 관하여 위 법원이 2013. 8. 15. 선고한 판결 중 '피고는 A와 공동하여 원고에게 뉴질랜드국 통화 8,336,110.71 달러 및 이에 대한 2013. 2. 1.부터 판결 선고일까지 발생한 이자 뉴질랜드국 통화 84,039.49 달러를 지급하라'는 부분에 기한 강제집행을 허가한다.

호에서 정한 '적법한 송달'에 포함된다고 판단하면서, 이와 달리 보았던 기존 대법원 판결들(대법원 1992. 7. 14. 선고 92다2585 판결, 대법원 2009. 1. 30. 선고 2008다65815 판결, 이하 이를 통칭할 때는 '기존 선례'라 한다)은 대상판결의 견해에 배치되는 범위에서 모두 변경한다고 판시하였다.

(1) 우리나라는 2000년 헤이그송달협약(Convention on the Service Abroad of Judicial and Extrajudicial Documents in Civil and Commercial Matters)에 가입하였으나 뉴질랜드는 위 협약에 가입하지 않았다.[4] 따라서 뉴질랜드 법원의 촉탁에 따른 송달에는 국제민사사법공조법이 적용되는데, 국제민사사법공조법 제15조는 외국으로부터의 촉탁에 따른 수탁사항은 대한민국 법률에 의하여 실시한다고 규정하고 있고, 보충송달은 민사소송법 제186조에서 정하고 있는 적법한 송달 방식 중의 하나이다.

(2) 민사소송법 제217조 제1항 제2호는 소송에서 방어의 기회를 얻지 못하고 패소한 피고를 보호하려는 데 목적이 있는데(대법원 2016. 1. 28. 선고 2015다207747 판결 등 참조),[5] 송달할 장소에서 송달받을 사람을 만나지 못한 경우 그의 사무원, 피용자 또는 동거인으로서 사리를 분별할 지능이 있는 사

---

4) 우리나라는 2000. 1. 13. 헤이그송달협약에 가입하였으나(발효일은 2000. 8. 1.), 뉴질랜드는 2022. 6. 현재까지도 뉴질랜드는 헤이그송달협약에 가입하지 않았다. 참고로 헤이그송달협약은 1969. 2. 10. 발효된 이후(entry into force) 현재까지 미국, 영국, 독일, 프랑스, 중국, 일본을 포함한 약 79개의 주요 국가들이 가입한 협약으로 우리나라도 2000년에 이에 가입하였다. 국가별 가입현황에 관한 상세는 https://www.hcch.net/en/instruments/conventions/status-table/?cid=17을 참조(최종검색: 2022. 6. 7.). 또한, 헤이그송달협약에 관한 영문해설서로는 HccH Permanent Bureau, *Practical Handbook on the Operation of the Service Convention*(4th Ed.), HccH (2016)를, 위 Handbook의 국내번역문으로는 헤이그송달협약 실무편람 번역팀(대표 이명철), **헤이그송달협약 실무편람**, 법원행정처(2018)를 각 참조.

5) 민사소송법 제217조 제1항 제2호의 문언 자체에서 "방어권 보장"이라는 요건을 직접 제시하고 있지는 않으므로, 송달의 적법성·적시성이 충족되지 않은 경우 발생하는 방어권 침해를 공서위반(같은 항 제3호)으로 처리할 여지도 있다. 그러나 i) 위 대법원 2015다207747 판결에서 송달의 적법성·적시성은 방어권 보장에 그 목적이 있음을 밝히고 있고, ii) 이하에서 보는 것처럼 송달은 대륙법계 국가인 우리나라에서 주권행사의 측면으로 이해되어 영미법계 국가에 비해 주요기준으로 취급되고 있으므로, 이를 제2호의 송달요건으로 취급하는 것이 우리나라법의 체계에 더 부합한 해석이라고 생각된다. 석광현, **국제민사소송법, 국제사법(절차편)**, 박영사(2012), 375면 이하는 실제로 '공서위반' 요건이 문제되는 경우로 (송달 관련 문제가 아니라) 과도한 징벌배상이 내려진 경우, 사기에 의해 재판이 획득된 경우, 외국법에 따른 증거조사절차가 주권을 침해하는 방법으로 이루어진 경우(우리나라에서 이를 이유로 승인·집행이 거부된 사례는 확인되지 않고 미국에서의 논의로 보인다) 등을 언급하고 있다.

람에게 서류를 교부할 수 있도록 하는 보충송달의 방식은 법원 게시판의 게시에 의하여 송달의 효력을 부여하는 공시송달과는 달리, 피고로부터 방어권 행사의 기회를 박탈할 우려가 현저히 적다.

(3) 보충송달이 민사소송법 제217조 제1항 제2호에 따른 적법한 송달이 아니라고 판시한 기존 선례들은 보충송달의 효력이 직접적으로 문제 되는 사안들이 아니었고, 단지 적법한 송달에 관한 '일반론'으로 보충송달을 언급한 것뿐이다.[6] 또한, 위 민사소송법 조항에서 송달 방식 중 '공시송달이나 이와 비슷한 송달에 의한 경우'를 제외할 뿐 다른 송달 방식에 대하여 구체적으로 제한을 두고 있지 않다는 점을 고려할 때, 기존 선례들의 보충송달에 관한 판시는 위 민사소송법 조항의 문리해석에 부합하지 않는다.

(4) 기존 선례들의 입장을 유지한다면 우리나라에서 외국법원의 확정재판 등을 승인·집행하기 위해서는 우리나라에서 내려진 재판보다 더 엄격한 방식으로 송달이 이루어져야 한다. 특히 피고가 법인인 경우 보충송달을 허용하지 않는다면 그 소송서류를 법인의 대표자 본인에게 직접 전달해야만 하는 셈이어서 부당한 결과를 초래하게 된다.[7]

(5) 외국법원으로부터 공식적인 외교 경로를 통하여 송달을 요청받아 우리나라에 거주하는 피고에게 관련법령에 따라 보충송달 방식으로 소송서류 등을 송달한 이후에 이와 같이 실시된 송달이 외국재판의 승인·집행 관련 송달 요건을 충족하지 못한다고 판단한다면 그 자체로서 적법절차에 대한 논리적 일관성을 유지하기 어렵다. 더욱이 국제적인 교류가 빈번해지고 있는 오늘날의 현실에서 사법절차의 국제적 신뢰가 훼손될 수 있고, 송달지와 외국판결의 승인·집행지가 우리나라로 동일한 상황에서 송달 방식과 관련하여 모순되는 행위 또는 평가를 한 것으로 볼 여지도 있다.

---

6) 대법원 1992. 7. 14. 선고 92다2585 판결에서는 영사송달의 효력이, 대법원 2009. 1. 30. 선고 2008다65815 판결에서는 실제 소송서류를 송달받은 자가 피고를 대리 또는 대표하여 송달을 받을 자격이 있는지 여부가 문제되었다. 이하 해당 부분에서 자세히 살펴본다.

7) 법인인 소송당사자에 효과가 발생할 소송행위는 그 법인을 대표하는 자연인의 행위거나 그 자연인에 대한 행위라야 할 것이므로 동 법인에의 소장, 기일소환장 및 판결 등 서류는 그 대표자에게 송달하여야 한다(대법원 1976. 4. 27. 선고 76다170 판결). 그런데 실무상 법인의 주소지로 보낸 송달서류는 대표자가 아닌 그 직원이 수령하는 경우가 일반적이므로, 보충송달을 인정하지 않고 그 대표자를 만나 직접 교부송달하도록 하는 것은 송달실무에 부합하지 않는다는 취지이다.

〔研　　究〕

Ⅰ. 들어가며

1. 외국재판의 승인 및 집행요건으로서의 송달

국외재산을 가진 개인이나 법인이 더 이상 낯설지 않은 현대사회에서 외국재판의 승인 및 집행은 이제는 실무에서도 흔히 찾아볼 수 있는 자연스러운 모습이 되었다. 승소판결을 받은 원고로서는 재판이 내려진 국가에 강제집행을 할 피고의 재산이 없는 경우, 실제로 강제집행할 대상이 있는 피고의 재산소재지 국가에 승소판결에 관한 집행판결을 청구할 수밖에 없기 때문이다.

다만, 외국에서 내려진 재판은 그 재판을 발령한 국가 내에서만 효력을 가지는 것이 원칙이므로, 해당재판의 승인·집행 여부는 승인·집행 국가에서 정한 바에 따라야 한다. 이와 관련하여 우리나라는 ① 국제재판관할권, ② 송달, ③ 공서양속, ④ 상호보증이라는 네 가지 요건을 외국재판의 승인·집행의 요건으로 규정하고 있는데, 대상판결은 아래에서 보는 것처럼 그중 두 번째 요건인 '송달'에 관한 쟁점을 다루고 있다(민사집행법 제27조 제2항 제2호, 민사소송법 제217조 제1항 제2호).

민사집행법 제27조(집행판결)
② 집행판결을 청구하는 소는 다음 각호 가운데 어느 하나에 해당하면 각하하여야 한다.
2. 외국법원의 확정재판등이 민사소송법 제217조의 조건을 갖추지 아니한 때

민사소송법 제217조(외국재판의 승인)
① 외국법원의 확정판결 또는 이와 동일한 효력이 인정되는 재판(이하 "확정재판등"이라 한다)은 다음 각호의 요건을 모두 갖추어야 승인된다.
2. **패소한 피고**가 소장 또는 이에 준하는 서면 및 기일통지서나 명령을 적법한 방식에 따라 방어에 필요한 시간여유를 두고 송달받았거나(**공시송달**이나 **이와 비슷한 송달**에 의한 경우를 제외한다) 송달받지 아니하였더라도 소송에 응하였을 것

2. 공시송달 제외 취지

(1) 법정지법(*lex fori*)에 따른 공시송달의 적법성

절차는 법정지법에 따른다는 법정지법의 원칙(*lex fori* principle)에 따라 재판이 진행되는 국가(A국)에서 이루어진 송달의 적법성은 그 국가의 법을 기준으로 판단한다.[8] 즉, 의제송달 방식(우리나라의 공시송달에 유사한 방식)이 사용되었다고 하더라도 A국 법령에 따른 요건을 충족한 것이라면 이는 적법한 송달이 되는 것이다. 소송상대방이 다른 국가(B국)에 거주하고 있어 공조요청을 받은 국가(B국)에서 실제 송달이 이루어진 경우에는 B국 법령도 A국 법령과 함께 송달의 적법성을 판단하는 기준이 된다.[9] 따라서 승인·집행국(C국)은 재판국(A국)이나 송달을 실시한 국가(B국)에서 의제송달이 이루어졌다는 사정만으로 소송절차가 위법하다고 지적할 수는 없다.

유럽사법재판소(European Court of Justice)는 소송상대방의 소재지가 파악되지 않아 독일법원이 부득이 독일민사소송법(Zivilprozessordnung) 제185조[10]에 따른 공시송달(Öffentliche Zustellung)의 방식으로 소송서류를 송달하고 판결을 선고하였다면, 신의성실의 원칙(the principles of diligence and good faith)에 따라 상대방의 소재지를 파악하려고 모든 노력을 다한 것이

---

8) 석광현, **국제사법 해설**, 박영사(2013), 24면.

9) Lawrence Collins(eds.), *Dicey, Morris and Collins, The Conflict of Laws*, Sweet & Maxwell Ltd(15th Ed.) (2012), para. 8-065에서는 국외송달이 문제되는 경우 송달이 이루어진 장소(the place if service)의 법령에 반한다면 적법한 송달이 될 수 없다면서 이 점을 명확하게 지적하고 있다. 국내문헌으로는 석광현(註 5), 363면과 유영일, "외국판결 승인의 요건으로서의 송달의 적법성", **국제판례연구** 제2집, 서울국제법연구회(2001), 226면이 같은 취지로 설명하고 있다. 송달의 적법성은 1차적으로 판결국법에 따르고, 해외송달이 이루어진 경우에는 중첩적으로 송달이 실시된 국가의 법도 함께 고려하는 것이 상당하다는 것이다.

10) 독일민사소송법(Zivilprozessordnung) 제185조는 법원이 공시송달을 할 수 있는 네 가지 경우를 들고 있는데, ① 송달받을 자의 거주지가 불분명하고 그 대표자나 송달영수인에 대한 송달도 불가능한 경우, ② 상업등기부에 등록된 법인의 주소지 내지 그 송달수령권한을 가진 자 등에 대한 송달이 불가능한 경우, ③ 국외송달이 불가능하거나 그 성공을 기대할 수 없는 경우, ④ 법원조직법(Gerichtsverfassungsgesetz)에 따라 독일법원의 관할이 미치지 않는 자(외교관과 그 가족 등)에 대한 송달인 경우가 이에 해당한다.

어서, 그와 같은 공시송달이 위법하다고 볼 수 없다고 판시한 바 있다.[11)]

대법원도 2010. 7. 22. 선고 2008다31089 판결에서 "법정지인 판결국에서 피고에게 방어할 기회를 부여하기 위하여 규정한 송달에 관한 방식 · 절차를 따르지 아니한 경우에는 민사소송법 제217조 제2호에서 말하는 적법한 방식에 따른 송달이 이루어졌다고 할 수 없다"면서, 워싱턴 주(State of Washington)의 송달규정에서 정한'60일'의 응소기간이 아닌 '20일'의 응소기간만을 부여하여 피고에게 소환장을 송달한 것은 위법하다고 판시한 적이 있다. 송달의 적법성을 판단하는 기준이 재판국의 법(워싱턴 주의 법)이 되어야 함을 정확하게 지적한 것이라고 평가할 수 있다.

(2) 승인 · 집행요건으로서의 공시송달 제외 취지

다만, 재판국에서 진행된 소송절차가 위법하지는 않다고 하더라도, 패소한 피고가 실질적으로 방어할 수 있는 권리를 침해당한 경우에까지 해당 재판을 승인 · 집행해 주지는 않겠다는 입장을 취하는 것은 주권국가로서 당연히 행사할 수 있는 권리다. 우리나라는 이러한 입장에서 민사소송법 제217조 제1항 제2호를 통해 송달의 적법성과 적시성[12)]을 승인 · 집행의 요건으로 두고 있다. 이는 영미법상 적법절차(due process)나 독일법상 법적인 심문(rechtliches Gehör)을 받을 권리를 보장하기 위한 요건으로 설명되는데,[13)] 이때 공시송달이라 함은 우리 법상의 공시송달(민사소송법 제194조)에 한정되는 것이 아니라, 앞서 본 독일민사소송법 제185조

---

11) Case C-292/10 (Cornelius de Visser), ECLI:EU:C:2012:142, para. 59.

12) 상세는 전원열, **민사소송법 강의**, 박영사(2020), 497면을 참조. 참고로 석광현, "외국판결의 승인 및 집행에 관한 입법론", **국제사법과 국제소송** 제1권, 박영사(2001), 418, 432면에 의하면, 송달의 적법성과 적시성은 1999년 민사소송법 개정과정에서 석광현 교수님이 브뤼셀협약을 참고하여 법문에 명시하자고 제안한 것이 법원행정처에 전달되어 입법과정에 반영된 것(2002. 1. 26. 법률 제6626호로 개정된 것에서 도입됨)이라고 한다. 한애라, "루가노 협약상 재판의 승인 · 집행의 요건과 절차", **국제규범의 현황과 전망**, 법원행정처(2008), 309면에 의하면 루가노협약(Lugano Convention)도 송달의 형식적 적법성이 아니라 당해 송달로 피고의 방어권이 보장되었는지를 실질적으로 심사한다. 참고로 영국은 브렉시트 이후 루가노협약에 재가입하여 EU회원국, 스위스, 아이슬란드, 노르웨이와의 사이에 기존 브뤼셀규정이 구축한 체계를 그대로 따르려는 시도를 하였지만, EU 집행위원회(Commission)가 반대하고 있어 사실상 재가입이 어려울 것으로 예상된다.

13) 석광현(註 8), 362면.

상의 공시송달, 프랑스 민사소송법(Code de procédure civile) 제684조상의 검사에 대한 송달(remise au parquet),[14] 일본 민사소송법(民事訴訟法) 제110조상의 공시송달(公示送達)[15] 등 개별국가의 법령에 따른 의제송달 방식의 송달 일체를 의미하는 것임은 물론이다. 이를 정리하면 아래와 같다.

구 분	재판국(A국)	송달실시국(B국)	승인 · 집행국(C국)
사례 1	A국에서 자국 법령에 따라 송달을 한 경우		• A국의 송달 자체는 적법 • 다만, 그 송달이 의제송달에 해당하는 경우에는 C국이 이를 이유로 승인 · 집행 거부 可
사례 2	A국에서 자국 법령에 따라 국외송달 요청	(A국의 요청을 받은) B국에서 자국 법령에 따라 송달을 한 경우	• A국의 공조요청 및 B국의 송달 자체는 적법 • 다만, 그 송달이 의제송달에 해당하는 경우에는 C국이 이를 이유로 승인 · 집행 거부 可
비고	※ 만약, C국이 외국재판의 승인 · 집행요건으로 민사소송법 제217조 제1항 제2호와 같은 의제송달(공시송달 및 이와 유사한 방식의 송달) 제외 규정을 두고 있지 않다면, 당연히 의제송달을 이유로 승인 · 집행 거부 不可		

14) 석광현(註 8), 365면. 참고로 프랑스 민사소송법(Code de procédure civile)은 제684조에서 국외에 송달하여야 하는 서류를 프랑스의 검사에게 교부함으로써 송달이 이루어진 것으로 간주한다는 규정을 두고 있다. 다만, 위 조문은 EU규정이나 프랑스가 체결한 조약/협약에 따라 직접 국외송달을 해야 하는 경우에는 위 조문이 적용될 수 없음을 명시하고 있으므로 유의해야 한다.

15) 일본의 민사소송법 제110조는 공시송달을 할 수 있는 경우를 아래처럼 네 가지로 구분하여 규정하고 있는데, 특히 제4호는 외국으로의 송달이 지연될 시 공시송달을 허가할 수 있다고 명시함으로써 공시송달을 탄력적으로 운영할 수 있는 체계를 확립하였다. 우리나라는 이와 같은 조문을 두고 있지 않아, 헤이그송달협약 제15조 제2단(문서송부일로부터 6개월 이상이 지났을 시에는 송달/교부를 증명하는 서면이 접수되지 않아도 판결을 내릴 수 있다는 조문)의 해석에 관하여 견해가 대립한다. 상세는 법원행정처, **법원실무제요 민사소송[Ⅲ]**, 박영사(2017), 1996면을 참조.

> 제110조 (공시송달의 요건) ① 다음의 경우 재판소서기관은 신청에 따라 공시송달을 할 수 있다.
> 1. 당사자의 주소, 거소 그 밖에 송달할 장소를 모르는 경우
> 2. 제107조 제1항의 규정에 따라 송달할 수 없는 경우
> 3. 외국에서 하여야 할 송달에 대하여 제108조의 규정에 따라 할 수 없거나 이에 따라도 송달할 수 없다고 인정될 경우
> 4. <u>제108조의 규정에 따라 외국의 관할 공공기관에 촉탁한 뒤 6월이 지나도록 송달을 증명하는 서면이 도착하지 아니한 경우</u>

참고로 아직 발효되지 않고 우리나라도 가입하지 않았지만, 2019년에 성안된 헤이그재판협약(Convention on the Recognition and Enforcement of Foreign judgments in Civil or Commercial Matters)은 제7(a)(ⅱ)에서 서류송달에 관한 승인·집행국가의 근본원칙과 양립할 수 없는 방법(in a manner that is incompatible with fundamental principles of the requested State concerning service of documents)으로 피고에게 통지된 경우가 아니라면 적법한 송달로 보아야 한다는 취지의 규정을 도입하였다. 즉, 재판국에서 진행된 송달 방식이 승인·집행국가에서 예정하고 있는 송달이 아니라고 하더라도, 승인·집행국으로서는 그 송달이 자국의 근본원칙에 명백히 반하는 것이 아닌 한 이를 이유로 승인·집행을 거부할 수는 없게 되었다. 외국재판의 승인·집행이 원활히 이루어지는 방향으로 국제규범이 형성되어 가고 있는 것이라고 생각된다.[16)]

3. 이 사건의 특수성 및 논의의 범위

(1) 이 사건의 특수성

이 사건은 뉴질랜드 법원의 공조요청에 따라 우리나라에서 송달이 진행된 사안에 대해 우리나라가 또다시 승인·집행국으로 관여하고 있다는 점에 그 특수한 측면이 있다. 즉, 앞서 본 표에 따르면 송달실시국(B국)과 승인·집행국(C국)이 모두 대한민국이 되는 것이어서, 우리나라 스스로 우리나라에서 진행된 보충송달이 승인·집행요건에 따른 적법한 송달인지를 판단한 셈이다. 만약 송달실시국(B국)이 (뉴질랜드나 한국이 아닌) 제3국이었다면 법원으로서는 실제로 해당 국가에서 진행된 송달이 어떤 것인지 그 구체적 내용을 파악해야 하는 어려움이 있었을 것이나, 이 사

16) UNCITRAL이 2018년에 성안한 도산관련재판의 승인 및 집행에 관한 모델법(Model Law on Recognition and Enforcement of Insolvency-Related Judgments, 2018)도 제14조 제(g)호 제(ⅳ)목에서 간접관할권과 관련하여 동일한 규정을 둠으로써 도산관련재판의 원활한 승인·집행을 꾀하고 있다. 상세는 김영석, 국제도산에서 도산절차와 도산관련재판의 승인 및 집행에 관한 연구, 박사학위논문, 서울대학교(2022), 249면 이하를 참조.

건은 공교롭게도 송달실시국이 우리나라였으므로 법원으로서는 그만큼 어려움을 덜게 되었다.

그렇다면 (공시송달이 아닌) '보충송달'의 방식으로 진행된 송달은 외국재판의 승인·집행요건으로서의 적법한 송달 요건을 갖춘 것일까? 아니면 이 경우에도 공시송달과 마찬가지로 패소한 피고가 방어의 기회를 충분히 얻지 못한 것으로 취급해야 할까? 만약 그렇다면 민사소송법 제217조 제1항 제2호의 "이와 비슷한 송달"에 해당하는 것으로 보아 승인·집행의 요건을 충족하지 못한 것으로 볼 수 있을 것이다. 이것이 기존 대법원 판례들이 취하였던 입장이다. 그런데 대상판결은 앞서 본 바와 같은 이유로 보충송달은 민사소송법 제217조 제1항 제2호에서 정한 '적법한 송달'에 포함된다고 판단하면서(즉, 공시송달과 달리 패소한 피고가 충분히 방어권을 보장받을 수 있었던 것으로 보아야 하고 위 조문의 '이와 비슷한 송달'에 포함되지 않는다는 취지), 기존 판례를 변경하였다.

(2) 논의의 범위

결론부터 말하면 대상판결은 법리적으로나 국제거래실무에 비추어 충분히 그 결론을 수긍할 수 있고 타당하다고 생각된다. 보충송달은 송달수령인과 본인과의 관계 등에 비추어 서류가 본인에게 실제로 전달될 가능성이 높으므로 공시송달과 달리 패소한 피고가 방어의 기회를 충분히 가질 수 있었던 것으로 볼 수 있기 때문이다. 다만, 대상판결은 우리나라가 가지는 송달실시국가로서의 지위와 승인·집행국가로서의 지위를 혼동하여 다소 불명확하게 논거를 적시한 아쉬운 측면이 있다.

이에 이하에서는 외국으로부터의 송달이 문제 되는 경우 적용되는 규범 및 그에 따른 송달 방식을 먼저 개관하고, 보충송달이 외국재판의 승인·집행요건으로서 적법한 송달에 해당하는지를 검토한다. 특히 기존 선례들의 구체적 내용을 살펴보면서 대상판결로 변경되지 않고 여전히 유효한 법리 부분을 확인한다. 이후 보충송달과 마찬가지로 다소 불명확한 지위에 있는 우편송달[17]의 경우는 어떻게 취급해야 할 것인지를 논의하고, 마지막으로 대상판결에서 문제된 쟁점은 아니지만 외국으로부터 촉탁을 받은 송달이 원활히 이루어지지 않을 시의 처리방법, 전자적 송달의 문제, 도산사건에서의 송달완화 필요성 등의 관련 문제도 함께 생각해 본다.

참고로 대상판결의 원심은 피고가 방어에 필요한 시간여유를 두고 소송서류를 송달받았다고 보아 송달의 적시성에는 문제가 없다고 판단하였고,[18] 이에 대해서는 상고심(대상판결)에서 특별히 다투어지지도 않아 본 글에서 적시성을 검토하지는 않는다. 다만, 직접적으로 설시된 것은 아니지만, 원심은 (송달의 적법성뿐만 아니라) 송달의 적시성도 재판국법이 아닌 승인·집행국의 법을 기준으로 판단해야 한다는 입장에 서 있는 것으로 보인다.[19] 한편, 이 글에서 직접 다루지는 않지만 대상판결에서는 대법원 전원합의체를 통해 변경되어야 하는 '판례'의 의미가 무엇인지에 관하여도 흥미로운 논의가 이루어졌는데, 향후 대법원 재판실무의 운영에 있어 많은 후속 논의들이 오고 갈 것으로 생각된다.[20]

---

17) 우편송달이란 실무상 ① 발송송달(민사소송법 제185조 제2항, 제187조), ② 사설우편기관(private courier service)이 송달실시기관으로 담당하는 송달을 모두 의미하는 것으로 혼용되고 있으므로 개별적으로 검토한다. 상세는 이하 해당 부분을 참조.

18) 이 사건 피고가 보충송달의 방식으로 소송서류를 송달받은 시점은 2013. 5. 1.이었고, 뉴질랜드 법원에서 약식판결의 심리기일이 개최된 시점은 그로부터 약 50일 이후인 2013. 6. 20.이었기 때문에 피고는 방어에 필요한 시간여유를 두고 소송서류를 송달받았다고 판단되었다.

19) 석광현(註 5), 363면도 송달의 적시성과 관련하여, 재판국의 법이 정한 송달기간의 준수만으로는 부족하고, 번역에 소요되는 시간, 외국 변호사를 접촉하기 위한 시간 등 사안의 구체적인 사정을 고려하여 결정해야 한다고 설명하고 있다.

20) **다수의견**은 보충송달이 부적법하다는 취지로 판시된 기존 선례들은 변경대상이 되어야 한다는 입장을 취하였는데(다만, 다수의견은 판례변경의 필요성에 관한 구체적인 판시를 하지는 않았다), 이에 대해 **반대의견(대법관 김재형)**은 "사실관계에서 문제되거나 직접적으로 쟁점이 된 것이 아니라 단지 방론에 불과한 설시라면 법원조직법 제7조 제1항 제3호에 명시된 '종전에 대법원에서 판시한 헌법·법률·명령 또는 규칙의 해석 적용에 관한 의견'이라고 보기 어려우므로 변경대상 판례로 볼 수 없다"라는 반론을 제기하였다. 그리고 이에 대해 **다수의견에 대한 보충의견(대법관 민유숙, 천대엽)**은 다시 "쟁점을 해결하는데 필요한 선결적인 문제로서 법령의 해석 권한 내에서 그 일반·추상적인 법 명제에 관한 의견을 밝힌 이상 그 판시는 해당 사건의 쟁점에 관한 것임이 명백하므로 그러한 경우에는 변경 대상인 판례에 해당한다"라는 의견을 제시하였다.

Ⅱ. 외국으로부터의 송달에 관하여 적용되는 규범 및 그에 따른 송달 방식

1. 송달을 바라보는 관점의 차이

소송당사자에게 송달의무를 부과하는 당사자송달주의를 원칙적인 모습으로 취하고 있는 커먼로(Common Law) 국가들과는 달리,[21] 대륙법계 국가에서는 '송달'을 주권의 행사로 바라보아 재판기관이 이를 직권으로 시행하는 직권송달주의를 취하고 있는 경우가 많다. 우리나라도 특별한 사정이 없으면 법원이 직권으로 송달을 하도록 하는 '직권송달의 원칙'을 취하고 있고(민사소송법 제174조),[22] 국제민사사법공조법도 외국으로부터의 송달촉탁이 이루어진 경우 사법공조를 거쳐 '국내법원'이 송달업무를 처리하도록 하고 있어 동일한 태도를 유지하고 있다(국제민사사법공조법 제13조 제1항, 제11조).

2. 외국으로부터의 송달에 적용되는 규범

국제민사사법공조법은 외국으로부터의 송달이 문제되는 경우 그 구체적인 업무처리 방법에 관하여 규정하고 있는데,[23] 조약 기타 이에 준하는 국제법규에 다른 규정이 있는 경우에는 그 규정에 따르도록 하고

21) 가령 미국의 연방민사소송규칙(Federal Rules of Civil Procedure) 제4(a)(1)은 원고가 스스로 직접 소환장과 소장 등 관련 서류를 법령에서 정해진 기간 내에 피고에게 송달하여야 한다(The plaintiff is responsible for having the summons and complaint served)는 것을 원칙으로 삼고 있다. 김용진, "외국송달의 운영시스템과 그 개선방안", **법학논문** 제23권 제1호, 충남대학교 법학연구소(2012), 529면은 ⅰ) 로마법의 개인주의적 사상에 영향을 받아 당사자송달주의를 채택한 common law에서는 주권주의사상을 근저로 하는 civil law와의 저촉을 피하면서 송달의 효과를 달성하기 위하여 송달대리인제도를 도입하였고, ⅱ) 프랑스를 위시한 로만법계의 국가에서는 검사송달제도(remise au parquet)를 채택하였으며, ⅲ) 독일법계는 단체중심의 전통문화를 고려하여 공시송달 제도를 발전시켰다고 설명한다.

22) 양 당사자가 모두 변호사를 소송대리인으로 선임하는 경우에는 예외적으로 변호사들 간에 소송서류 부본을 송달하는 당사자송달도 허용된다(민사소송법 제176조 제1항, 민사소송규칙 제47조). 예외에 관한 상세는 법원행정처, **법원실무제요 민사소송[Ⅱ]**, 박영사(2017), 823면 이하를 참조.

23) '사법공조'는 '재판상 서류의 송달' 이외에 '증거조사에 관한 협조'도 포함하고 있고(국제민사사법공조법 제2조 제1호), 외국으로부터의 촉탁뿐만 아니라 외국으로의 촉탁도 함께 규율하고 있다.

있다(제3조). 따라서 우리나라와 양자조약을 체결한 국가와의 사이에서는 해당 양자조약이, 헤이그송달협약에 가입한 국가와의 사이에서는 헤이그송달협약이 우선적으로 적용되는데, 구체적인 내용은 아래와 같다.

우리나라에 송달을 촉탁한 국가		적용규범	촉탁 내지 연락대상이 되는 우리나라 기관
양자조약 체결국 (호주, 중국, 몽골, 우즈베키스탄, 태국)		양자조약	중앙당국(법원행정처)[24]
양자조약 미 체결국	헤이그송달협약 가입국	헤이그송달협약	중앙당국(법원행정처)[25]
	헤이그송달협약 미 가입국	국제민사사법공조법	외교상의 경로 (★그러나 어차피 이후 법원행정처로 이관되므로 큰 차이 없음)[26]

3. 적용규범에 따른 송달 방식의 차이 부존재

그런데 위 규범 중 어느 것이 적용되더라도 실제 송달 방식에 있어서 큰 차이는 없다. 국제민사사법공조법은 제15조에서 "외국으로부터의 촉탁에 따른 수탁사항은 대한민국의 법률에 의하여 이를 실시한다"라고 규정하고 있고, 헤이그송달협약도 기본적으로 "송달을 촉탁 받은 국가의 국내법이 정하는 방식(a method prescribed by its internal law)"의 송달 방식을 취하고 있기 때문이다(제5조).[27] 양자조약의 경우도 정하기 나름이나,

---

24) 현재까지 우리나라가 체결한 양자조약은 모두 (헤이그송달협약과 마찬가지로) 중앙당국(법원행정처)을 통한 촉탁방식을 취하고 있다. 다만, 중앙당국이 송달촉탁서를 직접 작성하여야 한다는 점에서 수소법원 재판장명의로 송달촉탁서를 작성하는 헤이그송달협약과는 차이가 있다. 상세는 김효정/장지용, **외국재판의 승인과 집행에 관한 연구**, 사법정책연구원(2020), 72면 이하를 참조.

25) 헤이그송달협약 제2조.

26) 국제민사사법공조법은 '외교상의 경로'를 거쳐 송달을 촉탁하도록 되어 있으나(제12조 제3호), 어차피 이후 법원행정처장이 사법공조촉탁서를 접수받아 송달을 할 장소를 관할하는 제1심법원으로 하여금 공조에 따른 송달업무를 진행하도록 한다(제13조 제1항, 제11조). 따라서 법원행정처가 중앙당국으로서 처음부터 직접 송달업무를 요청받아 이후 관할법원으로 하여금 송달하도록 하는 헤이그송달협약이나 양자조약과 비교하여 실무상 큰 차이가 없다.

27) 헤이그송달협약 제5조는 위와 같이 피촉탁국의 자국법이 정하는 방식(a방식) 이외에

우리나라가 체결한 조약(호주, 중국, 몽골, 우즈베키스탄, 태국)들은 모두 송달요청을 받은 국가가 그 국내법에 규정된 방식에 따라 송달촉탁을 실시하는 것을 허용하고 있다.[28]

결국 대한민국이 외국으로부터 송달을 촉탁받아 이를 실시하는 경우에는 (향후 승인·집행국가에서 이와 같은 송달이 승인·집행요건에 부합하지 않는 송달로 판단될 수 있는 것은 별론으로 하고) 우리나라의 민사소송법에서 정한 방식의 범위 내에서 송달이 이루어지게 되는데, 그 주요 방법은 아래와 같다.

구 분			송달실시기관[29]
원칙	교부송달(제177조, 제178조)		- 우편집배원·집행관·법원경위(원칙) - 법원사무관(당사자 출석 시)
	교부송달의 변형	조우송달(제183조 제3항)	우편집배원·집행관·법정경위
		보충송달(제186조 제1항)	
		유치송달(제186조 제3, 4항)	

(이어짐)

도 피촉탁국의 법에 저촉되지 않는 한도 내에서의 신청인이 요청한 특정방식(b방식), 수신인이 임의로 수령하는 방식(c방식)으로 송달할 수 있다고 규정하고 있다. 그러나 위 협약에 b방식, c방식은 피촉탁국의 자국법이 허용하는 범위 내에서만 허용된다고 명시하고 있고, 현재 시행되고 있는 국제민사사법공조 등에 관한 예규(재일 2014-1)[재판예규 제1764호, 시행 2020. 12. 23.]도 제15조 제2, 3항에서 이 점을 분명히 하고 있다. 참고로 b방식에 관한 제15조 제2항은 아래와 같다(밑줄은 필자가 임의로 표시).

> 제15조 (헤이그송달협약에 따른 송달촉탁을 받은 경우 처리절차)
> ② 촉탁서상 구체적 방법을 기재한 b 방식에 따른 송달을 요청받은 경우에는, 관할법원은 해당 방식이 민사소송법의 규정에 저촉되지 아니함을 조건으로 외국이 요청한 방식대로의 송달을 실시하고, 만일 저촉되는 경우라면 법원행정처에 그 취지를 통지하고 반송한다(예컨대, 요청의 내용이 송달받을 자 본인에게 직접 전달하여 달라는 취지일 경우에는 민사소송법에 저촉되지 아니하므로 그 요청을 받아들여 집행관송달을 실시한다. 이 경우에는 촉탁을 요청하는 국가(특히 미국)의 법규정에 따라 송달받을 사람 본인이 직접 교부받아야 송달로서의 효력이 있게 되고 유치송달이나 보충송달은 허용되지 않을 수 있으므로, 집행관에 의하여 송달받을 사람 본인이 직접 교부받을 수 있도록 송달하여야 하고 본인이 직접 교부받을 수 없는 경우에는 송달불능으로 처리하여야 한다).

28) 가령, 대한민국과 중화인민공화국간의 민사 및 상사사법공조조약 제12조 제2호는 i) 수탁국법에 규정된 방식에 따라 송달하면 되고, ii) 촉탁국의 특정방식의 송달요청도 수탁국법이 허용하는 범위 내에서만 가능하다고 규정하고 있다. 사실상 헤이그송달협약의 규정방식과 유사하다고 생각된다.

예외	**등기우편에 의한 발송송달(우편송달: 제185조 제2항, 187조)**	법원사무관
	송달함 송달(제188조)	
	변호사인 소송대리인에 대한 전화 등을 이용한 송달(민사소송규칙 제46조)[30]	
	공시송달(제194조 제1항)	
	전자소송에서의 전자송달(민사소송 등에서의 전자문서 이용 등에 관한 법률 제11, 12조)[31]	

참고로 '우편송달'이라 함은 민사소송법 제187조의 조문 표제 등에 따라 통상 '등기우편에 의한 발송송달'을 의미하는 것으로 이해되고 있으나, 일부 대법원 판례는 (법원사무관에 의한 발송송달이 아닌) 우편집배원이 송달실시기관으로서 실시하는 방식의 송달을 지칭하는 것으로 '우편송달'이라는 용어를 사용하고 있다.[32] 헤이그송달협약에서 규정하고 있는 우편기관을 통한 송달(postal channels)은 물론 후자를 의미하는 것인데, 이하 해당 부분에서 소개한다.

Ⅲ. 외국재판의 승인 · 집행요건으로서의 보충송달

1. 보충송달의 개념

보충송달은 우편집배원 · 집행관 · 법원경위가 교부송달을 시도하였음에도 송달할 장소에서 송달받을 사람을 만나지 못한 경우, 일정한 요건

29) '송달사무를 처리하는 자'는 원칙적으로 법원사무관등이지만(민사소송법 제175조), '송달실시기관'은 원칙적으로 우편집배원, 집행관, 법원경위이고(민사소송법 제176조, 법원조직법 제64조 제3항), 법원사무관이 오히려 예외적인 송달실시기관이다. 가령, 법원사무관은 위 표에서 명시된 발송송달/공시송달의 경우에는 송달사무를 처리하는 자로서의 지위와 송달실시기관으로서의 지위를 겸유하는 것이다.

30) 변호사인 소송대리인에 대한 송달은 법원사무관등이 전화 · 팩시밀리 · 전자우편 또는 휴대전화 문자전송을 이용하여 할 수 있다.

31) 송달받은 자가 전산정보시스템에 등재된 전자문서를 확인한 때에 송달된 것으로 간주하되(제11조 제4항 본문), 다만, 그 등재사실을 통지한 날부터 1주 이내에 확인하지 아니하는 때에는 등재사실을 통지한 날부터 1주가 지난 날에 송달된 것으로 된다(같은 항 단서).

32) 석광현(註 8), 233면이 그 불명확성을 지적하고 있는데, 해당 대법원 판결의 관련 부분 원문은 아래와 같다.

을 충족한 사람에게 해당 서류를 대신 교부할 수 있도록 하는 제도이다(민사소송법 제186조).[33] 수령대행인이 서류를 수령하여도 그의 지능과 객관적인 지위, 본인과의 관계 등에 비추어 사회통념상 본인에게 서류를 전달할 것이라는 합리적인 기대를 전제로 하는 것이다.[34] 송달실시기관인 우편집배원 등이 찾아간 장소가 근무장소인지 여부에 따라 그 요건 및 효과에 차이가 있는데, 구체적 내용은 아래와 같다.

우편집배원 등의 송달시도 장소	수령대행인 및 근거 조문	비고(유치송달 可否)
송달받을 자의 주소, 거소, 영업소, 사무소	• 사무원, 피용자 또는 동거인으로서 사리를 분별할 지능이 있는 사람에게 보충송달 可 • 민사소송법 제186조 제1항	• 동인들이 정당한 사유 없이 송달받기를 거부할 때 ➠ 유치송달 可 • 민사소송법 제186조 제3항
송달받을 자의 근무장소	• 고용주, 고용주의 법정대리인, 피용자, 종업원(동료근무자)에게 보충송달 可 • 민사소송법 제186조 제2항	• 동인들이 정당한 사유 없이 송달받기를 거부할 때 ➠ 유치송달 不可[35] • 민사소송법 제186조 제3항

■ 대법원 1993. 12. 28. 선고 93누20535 판결

피고는 원고 회사가 1988. 9. 9. 한국지점의 폐업신고를 하고 1989. 3. 9. 한국지점의 청산등기까지 마친 다음 본점의 소재지인 프랑스로 완전히 철수하여 원고 회사의 주소 또는 영업소가 프랑스에 있는 사실과 원고 회사의 등기부상의 본점 소재지를 알고 있었음에도 불구하고, 우편송달 등에 의한 방법으로 프랑스에 있는 본점의 소재지에 이 사건 납세고지서를 송달하여 보지도 아니한 채, 원고 회사가 국내에 납세관리인을 두지 아니하였다는 이유만으로 막바로 1991. 3. 8.자로 국세기본법 제11조의 규정에 의하여 원고 회사에 대한 납세고지서를 공시송달하였으므로 … (후략)

■ 대법원 2006. 3. 24. 선고 2004두11275 판결

피고는 국내에 주소 등이 없는 외국사업자인 원고에게 '심사보고서에 대한 의견제출요구 및 전원회의 개최통지서' 및 '의결서 정본'을 등기우편으로 송달하였음을 알 수 있고, 이는 행정절차법 제14조 제1항의 규정에 따른 우편송달로서 적법하다 할 것이므로 … (후략)

33) 독일과 일본에도 우리나라의 보충송달과 유사한 방식의 송달제도가 있다고 한다. 상세는 김호용, "보충송달 방식이 민사소송법 제217조 제1항 제2호에서 정한 적법한 송달에 포함되는지 여부가 문제 된 사건", **대법원판례해설** 제129호, 법원도서관(2022), 474면 이하를 참조.

34) 보충송달은 '합리적 기대'에 기초한 송달 방식이므로, 본인과 수령대행인 사이에 이해의 대립이나 상반된 이해관계가 있는 때에는 수령대행인이 소송서류를 본인에게 전달할 것이라고 합리적으로 기대하기 어려워 당연히 보충송달을 할 수 없다(대법원 2016. 11. 10. 선고 2014다54366 판결).

35) 유치송달은 송달을 받을 사람에게 수령의무가 있음을 전제로 하는 것이므로, 그러한

2. 기존 대법원 선례의 입장

대상판결이 변경을 선언한 기존 대법원 선례들은 모두 '보충송달이 외국재판의 승인 · 집행 요건으로서의 적법한 송달에 해당하지 않는다'는 판시를 하였으나, 이는 일반론을 설명하는 과정에서 이루어진 것이고 직접 보충송달에 관한 쟁점을 다룬 것은 아니다.

(1) 대법원 1992. 7. 14. 선고 92다2585 판결

(가) 주요내용

이 사건에서는 피고(대한민국 법인)에게 영사송달 방식으로 소송서류를 송달한 상태에서 내려진 대만법원의 재판이 승인 · 집행요건을 충족한 것인지가 문제 되었다. 대만법원이 피고에 대한 소장과 소환장을 국제민사사법공조법에 따른 외교상의 경로를 통하지 않고, 직접 영사송달(대만법원 ➠ 주한대만대사 ➠ 우편집배원을 통한 송달)의 방식으로 진행한 것이다. 이에 대해 대법원은 영사송달은 국제예양 등에 비추어 자국민(사안의 경우: 대만국적을 가진 대한민국 내 거주자)에 대해서만 가능한 것이므로, 우리나라 법인을 상대로 자국영사에 의한 직접실시송달 방식을 취한 것은 우리나라의 재판사무권을 침해한 것이어서 외국재판의 승인 · 집행 요건으로서의 적법한 송달을 충족하지 못한 것이라고 판시하였다.

다만, 이처럼 주된 쟁점은 영사송달의 적법성이었음에도 대법원은 이와 같은 결론을 내리기에 앞서 아래와 같이 보충송달에 관한 일반론을 설시하였다. 이에 대상판결에서 배치되는 범위에서 변경되어야 하는 판결로 지목된 것이다.

> 민사소송법 제203조 제2호[36]의 규정에 의하면, 외국판결의 효력을 국내에서 승인하기 위한 구비조건의 하나로서 "패소한 피고가 대한민국 국민인 경우에 공시송달에 의하지 아니하고 소송의 개시에 필요한 소환 또는 명령의 송달을 받은 일 또는 받지 아니하고 응소한 일"을

의무가 존재하지 않는 '근무장소'에서 수령대행인(고용주나 직장동료 등)이 서류의 수령을 거부하는 경우에는 유치송달을 실시할 수 없기 때문이다[법원행정처(註 22), 890면].

들고 있는바, 이때의 송달이란 보충송달이나 우편송달이 아닌 통상의 송달방법에 의한 송달을 의미하며, 그 송달은 적법한 것이라야 한다.

(나) 검토-영사송달 관련 법리는 여전히 유효함

영사송달의 허용범위를 재판국의 자국민으로 제한한 위 대법원 판결은 관련 조약 및 법령의 해석에 비추어 타당하다. 직접 논거로 설시되지는 않았지만 영사관계에 관한 비엔나 협약(Vienna Convention on Consular Relations) 제5조 (j)항에서는 영사송달이 접수국의 법령과 양립하는 기타의 방법으로만 가능하다고 명시하고 있으므로(in any other manner compatible with the laws and regulations of the receiving State), 굳이 국제예양까지 나아가 살펴볼 필요도 없이 우리나라의 국제민사사법공조법에서 인정하지 않는 내용이나 방식의 영사송달은 그 자체로 부적법하다.

그리고 이와 같은 대법원 92다2585 판결의 영사송달 관련 판시는 보충송달과 전혀 관계가 없는 부분이므로,[37] 대상판결에 의해 변경되는 범위에 해당하지 않고 여전히 유효한 법리라는 점에 유의해야 한다. 특히 이와 같은 법리는 (국제민사사법공조법이 적용되지 않는) 헤이그송달협약 가입국과의 사이에서도 마찬가지로 적용된다. 우리나라가 헤이그송달협약에 가입하면서 제8조 제2항에서 정한 바에 따라 '체약국의 영사송달은 그 촉탁국의 국민에 한하여 허용한다'는 선언을 하였기 때문이다. 참고로 헤

---

36) 구 민사소송법(2002. 1. 26. 법률 제6626호로 개정되기 전의 것) 제203조 제2호를 의미하는 것으로서 현행 민사소송법 제217조 제1항 제2호와 유사한 규정이지만 **패소한 피고가 대한민국국민일 것**이라는 추가 요건이 있었고, 적법성/적시성이 명시적으로 언급되지 않았다는 점에 차이가 있다. 즉, 구법에 따르면 패소한 피고가 외국인이라면 공시송달에 의하여 절차가 진행된 경우에도 승인·집행의 요건을 적법하게 갖춘 셈이 되는 것이다. 승인·집행요건이라는 것이 (송달 자체의 적법성과는 관계없이) 해당 국가의 재량에 따라 자유로이 정할 수 있는 것이라는 점을 여실히 보여주는 대목이다.

37) 정병석, "외국법원의 우리나라 국민에 대한 영사송달의 적법 여부", **서울지방변호사회 판례연구** 제6집, 서울지방변호사회(1993), 312면은 "대법원이 민사소송법 제203조 제2호의 '송달'은 보충송달이나 우편송달이 아닌 통상의 송달 방식에 의한 송달을 말하며 그 송달은 적법한 것이라야 한다고 전제한 다음 이 사건 영사송달의 효력에 관하여 판시하고 있으나 이 사건 판결의 주안은 송달의 '방법'에 관한 것이라기보다는 '영사'송달의 효력 문제가 그 핵심이 아닌가 생각된다"라고 평가하면서 이러한 점을 정확하게 지적하고 있다.

이그송달협약 가입국 중 미국, 영국은 영사송달을 폭넓게 허용하였지만, 독일, 프랑스, 중국, 일본[38] 등은 우리나라처럼 영사송달의 범위를 제한하는 선언을 하였으므로 외국으로의 송달이 문제되는 경우에도 해당 국가의 입장을 숙지해야 할 것이다.

(2) 대법원 2009. 1. 30. 선고 2008다65815 판결

(가) 주요내용

이 사건에서는 피고(대한민국 법인)가 아니라 피고의 법률상대리인으로 표시된 A(멕시코 거주자)에게 소송서류를 송달한 이후 내려진 멕시코법원의 재판이 승인·집행요건을 충족한 것인지가 문제 되었다. 그런데 대법원은 위 A가 피고를 대리 또는 대표하여 소장/소환명령장을 송달받을 자격이 있다고 볼만한 아무런 증거가 없다고 판단하고 그 승인·집행을 거부하였다. 즉, 송달에 관한 법리가 설시되었다기보다는 송달 자체가 제대로 이루어지지 않았다는 사실인정이 주된 쟁점이 된 사안이다.

다만, 이처럼 주된 쟁점은 A가 피고를 대신하여 소송서류를 송달받을 권한이 있는지 여부였음에도 대법원은 이와 같은 결론을 내리기에 앞서 아래와 같은 보충송달에 관한 일반론을 설시하였고, 이에 대상판결에서 위 판결도 배치되는 범위에서 변경되어야 하는 판결로 지목하였다.

> 민사소송법 제217조 제2호[39]는, 외국법원의 확정판결을 대한민국에서 집행할 수 있는 요건 중의 하나로, 패소한 피고가 소장 또는 이에 준하는 서면 및 기일통지서나 명령을 적법한 방식에 따라 방어에 필요한 시간여유를 두고 송달받았거나(공시송달이나 이와 비슷한 송달에 의한 경우를 제외한다), 송달받지 아니하였더라도 소송에 응하였을 것을 규정하고 있는데, 이때의 송달이란 보충송달이나 우편송달이 아닌 통상의 송달방법에 의한 송달을 의미하며, 그 송달은 적법한 것이어야 한다.

38) 일본은 1970. 7. 14. 헤이그송달협약에 가입하면서는 제8조(영사송달)에 대해서 이의를 제기하지 않았으나, 2018. 12. 21. 별도 선언을 통해 영사송달 방식을 규정한 제8조에 이의를제기하였다. 상세는 https://www.hcch.net/en/instruments/conventions/status-table/notifications/?csid=407&disp=resdn를 참조(최종검색일: 2022. 6. 7.).

39) 구 민사소송법(2014. 5. 20. 법률 제12587호로 개정되기 전의 것) 제217조 제2호를 의미하는 것으로서 현행 민사소송법 제217조 제1항 제2호와 유사한 규정인데, 당시에는 승인·집행 요건의 충족여부를 직권으로 조사해야 한다는 제2항이 존재하지 않았다는

(나) 검토-법률규정에 의한 송달영수인의 문제

대법원이 명확하게 설시하지는 않았지만, 법정지법인 멕시코법령에 따르더라도 A를 송달을 받을 적법한 권한이 있는 자로 볼 수 없다고 판단한 것으로 이해되므로 그 결론 자체는 수긍할 수 있다. 다만, 관련 멕시코법령이 구체적으로 어떤 것이며 그중 어떠한 요건이 불비된 것인지를 명확하게 판단하지 않은 아쉬움이 있다. 만약 A가 멕시코법령에 따른 요건을 충족하여 적법하게 피고의 송달영수인으로 신고된 것이라면 A에 대한 송달은 적법한 송달로 취급될 수 있었을 것이다. 여기에 송달영수인이란 사회통념상 본인에게 서류를 전달할 것이라는 합리적인 기대를 전제로 하는 자라는 점을 더하여 보면, 외국재판의 승인·집행요건의 측면에서도 (공시송달과 달리) 피고가 충분히 방어권을 보장받을 수 있었던 것으로 볼 여지가 있다.

한편, 델라웨어 주 회사법(Title 8, Corporations)처럼 해당 주 내에서 사업을 영위하는 외국법인이 주법이 요구하는 송달영수인 신고 등 요건을 구비하지 못한 경우에는, 그 주의 주무장관(州務長官, Secretary of State)에 대한 소송서류의 송달을 외국법인에 대한 적법한 송달로 취급하거나(제376조), 경우에 따라서는 아예 외국법인이 주무장관을 송달영수인으로 신고한 것으로 간주하는 입법례(제382조)도 발견된다.[40] 이러한 경우는 어떻게 취급해야 할까? 법률행위가 아닌 법률규정에 의한 송달영수인이므로 실질적으로 의제송달과 유사한 측면이 있기는 하다. 그러나 패소한 피고가 해당 주에서 외국법인으로 신고하고 사업을 영위함으로

차이가 있다. 2014년 개정을 통해 제2항이 신설되면서 제1항으로 새로 편제되었다.

40) 델라웨어 주 회사법(Title 8, Corporations)은 적격외국법인(qualified foreign corporations)이 송달영수인을 등록하지 않은 경우 주무장관에 대하여 소송서류 등을 송달하는 것을 적법한 것으로 취급하고(제376조), 부적격외국법인(non-qualifying foreign corporations)은 아예 처음부터 주무장관을 민사소송 등에 관한 송달영수인으로 임명한 것으로 간주한다(제382조). 미국에서의 외국법인에 대한 송달실무에 관한 상세는 Christian Kersting, "Corporate Choice of Law－A Comparison of the United States and European Systems and a Proposal for a European Directive", 28 *Brooklyn Journal of International Law* 1 (2002), 18면 이하를 참조.

써 해당 국가의 법령의 적용을 받겠다는 의사를 표시한 것으로 볼 수 있고, 나아가 의제송달이 이루어진 것은 영업활동이라는 권리만 누리고 그 의무를 다하지 않은 본인의 잘못에 따른 결과이므로 그 비난가능성도 크다. 또한 주요국가에서 이미 안정적으로 정착되고 있는 위와 같은 송달영수인 의제를 일방적으로 방어권 침해로 단정한다면 사법절차의 국제적 신뢰가 훼손될 우려가 있으므로 가능한 이를 존중해야 할 것으로 생각된다. 민사집행법 제13조(외국송달의 특례)에 따라 국내송달영수인 신고를 불이행한 자에 대하여 송달 · 통지를 생략하고 진행한 우리나라의 집행절차가 외국법원으로부터 존중받을 필요가 있는 것과 마찬가지다.

따라서 이와 유사한 사건이 발생한 경우, 법정지법인 재판국 법령의 송달영수인 관련 의제규정 및 그 충족여부를 보다 구체적으로 검토할 필요가 있다. 위 대법원 2008다65815 판결의 송달영수인 관련 판시는 보충송달과 전혀 관계가 없는 부분이므로, 대상판결에 의해 변경되는 범위에 해당하지 않고 여전히 유효한 법리라는 점은 앞서 본 바와 같다.[41)]

3. 대상판결에 대한 검토

(1) 적법한 승인 · 집행 요건으로서의 보충송달

송달이란 당사자, 그 밖의 소송관계인에게 소송상의 서류의 내용을 알 수 있는 기회를 주기 위해 법정의 방식에 좇아 하는 통지행위이다.[42)]

---

41) 미연방대법원은 한 걸음 더 나아가 Volkswagenwerk Aktiengesellschaft v. Schlunk, 486 U.S. 694, 698 (1988) 사안에서 모회사(독일)에 대한 국외송달을 공동피고인 자회사(미국)에 대한 국내송달(substituted service)로 갈음한 것이 일리노이주법과 연방헌법에 부합한 것으로서 적법하다고 판단한 적도 있다. 물론 (이는 미국법원 스스로의 판단일 뿐) 독일법원이 이와 같은 송달을 적법하게 인정하고 미국재판을 승인 · 집행한 것은 아니지만, 미연방대법원의 전향적인 입장을 확인할 수 있는 대목이다. 상세는 J. Christopher Erb/Michael LiPuma, "Service in Foreign Jurisdictions", *GPSolo* Vol. 28, No. 3, American Bar Association (2011), 31면 이하를 참조. 위 판결에 관한 비판으로는 William S. Dodge, "Substituted Service and the Hague Service Convention", *William & Mary Law Review* Vol. 63, No. 5 (2011), 1485면 이하를 참조.

42) 이시윤, **신민사소송법** 제15판, 박영사(2020), 432면.

그중 보충송달은 교부송달의 변형으로서 소송상대방에게 소송서류를 직접 전달하는 것은 아니므로, 공시송달과 같은 의제송달에 가까운 측면이 있기는 하다. 따라서 보충송달도 공시송달과 마찬가지로 취급하여 승인·집행요건으로서의 적법한 송달은 아닌 것으로 취급하자는 견해도 물론 가능하다.[43] 그러나 법원 게시판의 게시에 의하기 때문에 수송달자가 송달사실과 그 내용을 아는 경우가 매우 드물어 그의 불이익이 예상되는 것이 비교적 명백한 공시송달과 달리,[44] 보충송달은 본인과의 관계 등에 따라 본인에게 송달을 전달할 것이라는 합리적인 기대를 기초로 하므로 공시송달과 동일하게 볼 수 없다고 봄이 상당하다.

소송서류를 언제나 당사자 본인에게만 전달할 수 없는 복잡한 현대사회에서 보충송달은 실무상 상당한 부분을 차지하고 있고, 특히 대상판결이 지적한 것처럼 법인의 경우에 보충송달을 허용하지 않는다면 사실상 대표자 본인에게만 송달을 강제하는 결과가 되어 현실적이지도 않다. 또한 수령대행인이 사리를 분별할 능력이 없거나,[45] 송달을 받을 본인과 동일한 세대에서 생활을 같이 하는 자가 아니거나,[46] 본인과 상반된 이해관계를 가지는 때[47]에는 이미 확립되어 있는 법리를 통해 보충송달의 효력을 제한할 수 있으므로, 본인에게 큰 피해가 있다고 볼 수도 없다. 따라서 보충송달이 외국재판의 승인·집행 요건으로서의 적법한 송달에 해당한다고 본 대상판결의 결론은 타당하다.[48]

---

43) 호문혁, **민사소송법** 제14판, 법문사(2020), 732면; 이명환, “외국판결의 효력”, **계명법학** 제9집(2005), 9면.

44) 대법원 1999. 4. 27. 선고 99다3150 판결.

45) 대법원 2005. 12. 5.자 2005마1039 결정.

46) 대법원 1978. 2. 28. 선고 77다2029 판결.

47) 대법원 2016. 11. 10. 선고 2014다54366 판결.

48) 피정현, “외국법원의 확정판결의 승인과 그 집행—외국에서 하는 송달을 중심으로”, 법률신문 제2246호, 법률신문사(1993)는 이미 대법원 92다2585 판결이 선고된 무렵에 ‘보충송달과 유치송달도 외국재판의 승인·집행요건으로서의 적법한 송달에 포함시켜야 한다’는 의견을 개진한 바 있다. 김호용(註 34), 497면도 대상판결을 지지하는 주요논거로 보충송달은 공시송달과 달리 피고의 방어권을 침해할 우려가 현저히 적다는 점을 들고 있다.

(2) 비판적 검토–송달 자체의 적법성과 승인 · 집행요건으로서의 송달의 혼동

다만, 대상판결이 제시한 논거들 중 일부는 '송달 자체의 적법성'과 '승인 · 집행 요건으로서의 송달의 적법성'을 명확히 구분하지 않은 상태에서 거시된 것으로 보여 다소 아쉽다.

(가) 첫째, 대상판결은 '외국으로부터의 촉탁에 따른 수탁사항은 대한민국 법률에 의하는데(국제민사사법공조법 제15조), 보충송달은 민사소송법 제186조에서 정한 적법한 송달 방식의 하나이므로 적법한 송달로 보아야 한다'고 판시하였다(앞서 본 첫 번째 논거 중 일부). 그러나 이 사건 쟁점은 (송달 자체의 적법성 여부가 아니라) 송달이 적법하더라도 그 송달이 패소한 피고에게 충분히 방어권을 보장해 주었다고 평가할 수 있는지 여부이다. 즉, 송달 자체가 재판국(A국) 내지 송달실시국(B국)의 법령에 따라 적법하게 진행된 것인지가 아니라, 보충송달의 방식으로 진행된 송달이 패소한 피고의 방어권을 실질적으로 침해한 정도에 이르렀는지를 승인 · 집행국가(C국)의 관점에서 판단해야 하는 것이다.

그럼에도 대상판결은 송달실시국(B국)의 법령에 따라 적법한 이상 승인 · 집행요건으로서의 송달요건도 적법하게 충족된 것이라는 논거를 제시하였으므로 아쉽다. 위와 같은 논리대로라면 우리나라가 '공시송달'의 방식으로 서류를 송달한 경우에도 이는 승인 · 집행요건으로서 적법한 송달로 취급되어야 한다는 결론에 이른다.[49] 이 또한 국제민사사법공조법이 허용한 우리 민사소송법에 따른 적법한 송달 방식이기 때문이다. 따라서 위와 같은 대상판결의 첫 번째 논거는 받아들이기 어렵다.

(나) 둘째, 대상판결은 우리나라가 보충송달의 방식으로 송달실시를 했음에도 이제 와서 승인 · 집행국 법원으로서 스스로 실시한 송달 방식의 적법성을 부정한다면 논리적 일관성을 유지하기 어렵다는 부분도 논

49) 이와 같은 경우 민사소송법 제217조 제1항 제2호를 우회할 수는 없으므로 당연히 부적법한 송달로 보아야 하는 것임에도, 대상판결의 논리를 따르면 이러한 점이 매끄럽게 설명되지 않게 되는 것이다.

거로 제시하였다(앞서 본 다섯 번째 논거 중 일부). 그러나 이와 같은 논거는 구체적 타당성의 측면이나 국제적 신뢰의 훼손방지를 위한 것이므로 이해가 되면서도 한편으로는 선뜻 동의하기 어렵다. 마치 우리나라가 B국과 C국의 지위를 겸유하는 경우에는 B국으로서 실시한 모든 방식의 송달이 (사실상 패소한 피고의 방어권을 실질적으로 침해하더라도) 언제든지 적법하게 인정되는 것처럼 오해될 여지가 있기 때문이다.

위와 같은 논리대로라면 우리나라가 송달촉탁을 받아 '공시송달'의 방식으로 서류를 송달한 경우에도 공교롭게도 우리나라가 다시 승인·집행국가가 되는 경우에는 이를 적법한 송달로 취급되어야 한다는 결론에 이른다.[50] 가령, 일본이 송달실시국(B국)으로 진행한 공시송달에 대해서는 승인·집행의 요건을 충족하지 못한 송달이라고 판단할 것으로 보이는데, 우리나라가 송달실시국(B국)으로 공시송달을 실시한 경우에는 논리적 모순방지를 위해 이를 적법한 송달로 취급하는 것은 실질적으로 동일한 것을 다르게 취급하는 것이어서 타당하지 않다. 패소한 피고 입장에서는 방어권을 침해당한 것은 동일한데, 송달실시국과 승인·집행국이 같은 국가라는 우연한 사정만으로 불이익을 입게 되는 셈이다. 따라서 위와 같은 대상판결의 다섯 번째 논거도 받아들이기 어렵다.

Ⅳ. 외국재판의 승인·집행요건으로서의 우편송달

앞서 본 것처럼 '우편송달'이란 민사소송법상 발송송달과 우편집배원이 송달실시기관으로서 실시하는 방식의 송달을 함께 지칭하는 용어로 사용되고 있으므로 이하에서는 양자를 구분하여 살펴본다.

1. 발송송달로서의 우편송달

민사소송법 제185조 제2항 내지 187조에 따른 발송송달은 송달서류를 등기우편으로 발송하고 발송한 때에 송달의 효력을 발생시키는 송달

50) 각주 49에서와 동일한 비판이 가능하다.

방식인데,[51] 해당 서류가 상대방에게 실제로 도달되지 않더라도 반송되지 않고 발신주의에 기초하여 송달이 의제된다는 점에서 공시송달과 유사한 성질을 가진다. 법원게시판에 게시되지도 않아 서류를 송달받지 못한다면 이후에라도 그 내용을 인지하기 어렵다는 점에서 오히려 공시송달보다 더욱 의제송달의 실질이 강한 측면도 있다.

이러한 점을 고려하여 화해권고결정이나 조정을 갈음하는 결정, 소액사건에 대한 이행권고결정 등 실체적 권리·의무관계의 존부에 관한 재판은 발송송달에 의하여 할 수 없도록 하고 있는 것이다.[52] 따라서 이와 같은 점을 고려한다면 발송송달로서의 우편송달은 패소한 피고의 방어권을 실질적으로 침해할 여지가 크므로, 공시송달과 유사한 방식의 송달로 보아 승인·집행요건으로서의 적법한 송달에 해당하지 않는 것으로 보아야 한다.[53]

즉, 법원 사무관에 의한 발송송달(= 등기우편에 의한 발송송달)은 민사소송법 제217조 제1항 제2호에 따른 적법한 송달에 해당하지 않는 것으로 봄이 상당하다. 반면에 송달실시기관으로서의 발송송달은 항상 부적법한 것은 아니고 유형을 나누어서 보아야 하는데 이하에서 항을 달리하

51) 발송송달은 민사소송법상 ① 당사자가 송달장소 변경신고 의무를 이행하지 않은 경우(제185조 제2항), ② 보충송달이나 유치송달의 방법으로도 송달이 불가능한 경우(제187조)에 모두 가능한데, 전자의 경우에는 이후의 모든 송달에 발송송달이 가능한 반면에 후자의 경우에는 당해 서류만으로 그 효력이 제한된다는 점에 차이가 있다. 한편, 민사집행법에서도 이해관계인에게 하는 매각기일/매각결정기일 통지(민사집행법 제104조 제3항), 금융회사 등의 담보권 실행을 위한 경매신청에 발송송달이 허용되는 경우가 있다(금융회사부실자산 등의 효율적 처리 및 한국자산관리공사의 설립에 관한 법률 제45조의2 제1항). 상세는 법원행정처(註 22), 902면을 참조.

52) 민사소송법 제225조 제2항, 민사조정법 제38조 제2항, 소액사건심판법 제5조의3 제3항.

53) 임복희, 외국판결의 승인 및 집행법제의 개선방안에 관한 연구, 박사학위논문, 연세대학교(2010), 186면은 구체적 사안에 따라 공시송달과 동일시할 정도로 절차보장이 미흡한 경우에 한하여 위법한 송달로 보아야 한다는 입장을 취한다. 물론 공시송달/발송송달임에도 불구하고 사실은 그 상대방이 송달내용을 알았던 경우, 보충송달인 경우에도 사실은 그 상대방이 송달내용을 전달받지 못한 경우가 발생할 수 있다. 그러나 개별적으로 구체적 사정을 판단하기보다는 송달유형과 같은 특정기준에 따라 송달의 적법성을 정하는 것이 사회 전체적으로 비용을 절감시킬 수 있고, 이해관계인들에게 법적안정성을 제고할 수 있으므로 더 바람직하다고 생각된다.

여 살펴본다.

2. 송달실시기관으로서의 우편송달

우편집배원이 송달실시기관으로 수행하는 우편송달은 어떻게 취급하여야 하는가? 우리 민사소송법에서는 우편집배원이 송달실시기관으로서 수행하는 송달이 원칙적인 모습이므로 이는 당연히 적법하고 자연스러운 송달에 해당한다. 즉, 재판국(A국)으로부터 송달을 촉탁받은 우리나라(B국)가 우리나라의 우편집배원 등을 송달실기기관으로 하여 행한 교부송달·보충송달·유치송달은 특별한 사정이 없는 한 문제가 없다.

다만, 우편기관을 이용하더라도 외국법원이 외교상의 경로를 거치지 않고 직접 그 우편기관을 통해 국내에 거주하는 소송상대방에게 서류를 전달하는 유형의 송달은 외국재판의 승인·집행요건으로서의 적법한 송달이라고 볼 수 없다. 앞서 영사송달이 문제된 대법원 92다2585 판결에서 본 것처럼 국제민사사법공조법의 관점에서 외교상의 경로를 거치지 않은 외국법원의 직접송달은 우리나라의 주권을 침해한 것으로 해석할 수 있기 때문이다. 즉, 외교경로를 거치지 않은 우편송달이나 비(非)자국민에 대한 영사송달은 민사소송법 제217조 제1항 제2호에 따른 적법한 송달로 볼 수 없다.[54] 헤이그송달협약 가입국과의 관계에 있어서도 마찬가지다. 우리나라는 우편기관을 통한 송달(postal channels)[55]에 관한 헤이그송달협약 제10조 제1항에 이의함으로써 재판국이 재판상 문서를 우편으로 직접 송달하는 것을 인정하고 있지 않기 때문이다.

54) 물론 민사소송법 제217조 제1항 제2호는 '소장 또는 이에 준하는 서면 및 기일통지서나 명령'에 관한 것이므로 소송개시 관련 서류가 아닌 소송계속 중의 후속서류에 관한 송달이 위와 같이 이루어졌을 때에는 제2호를 근거로 승인·집행을 거부할 수는 없다. 그러나 우리나라의 주권을 침해한 송달 방식이라는 점에서는 동일하므로 사안에 따라 제217조 제1항 제3호에 따른 공서위반을 근거로 승인·집행을 거부할 여지는 있을 것으로 생각된다.

55) 헤이그송달협약 제10조는 목적지국이 반대하지 않는 한도 내에서 우편기관을 통한 송달(postal channel)도 가능하다고 규정하고 있는데 우리나라는 이에 반대선언을 하였다. 따라서 가령 미국의 소송당사자가 우편시스템을 이용하여 소송서류를 직접 소송상대방(대한민국 거주자)에게 임의로 송달한 경우 이는 효력이 없다.

V. 관련 문제

한편, 보충송달과 직접 관련된 것은 아니지만 외국재판의 승인·집행요건으로서의 송달과 관련하여, 향후 아래와 같은 이슈가 문제될 수 있으므로 간단히 살펴본다.

1. 송달불능 처리의 필요성–공시송달이나 발송송달을 할 수밖에 없는 경우

사법공조에 의하여 외국으로부터 송달을 촉탁 받았는데, 상대방의 주소, 거소 기타 송달할 장소를 알 수 없는 경우에는 어떻게 처리해야 할지 문제된다. 상대방이 요구하는 특정방식(= 가령 직접 전달하여 달라는 취지)으로 송달하기 어려운 경우에 송달불능으로 처리해야 함은 당연하다.[56] 그런데 상대방이 특정방식의 송달을 요구하지 않아 우리 법상 허용되는 방식에 의한 송달이 모두 가능한 경우는 어떨까? 법령상 요건은 충족되었다고 하더라도 공시송달이나 발송송달을 하는 것은 바람직하지 않다고 생각된다. 우리나라가 승인·집행국의 지위를 겸유하게 되는 경우에는 대상판결에서처럼 실질적 방어권의 침해보다 부득이 논리적 일관성에 중점을 둘 수밖에 없는 곤란한 상황에 처하게 되기 때문이다.

따라서 그와 같은 상황에서는 공시송달 내지 발송송달을 하지 않고 '송달불능'으로 회신하는 것이 바람직할 것이다. 송달촉탁을 받은 우리나라가 송달불능으로 회신한 경우에도 재판국이 의제송달된 것으로 처리할 것인지 여부는 그 국가의 법원이 결정할 사항이다.[57] 또한, 재판국법원이 의제송달 방식이 이루어진 것으로 간주하고 재판을 내리더라도 그와 같은 절차를 거쳐 내려진 재판의 승인·집행을 허용할지 여부는 승인·집

---

56) 헤이그송달협약 제5조의 b방식에 관한 국제민사사법공조 등에 관한 예규(재일 2014-1)[재판예규 제1764호, 시행 2020. 12. 23.] 제15조 제2항을 참조.

57) 석광현, "외국판결 승인요건으로서의 송달–대법원 1992. 7. 14. 선고 92다2585 판결에 대한 평석을 겸하여", **국제사법연구** 제2호, 길안사(1997), 599면도 같은 취지로 설명하고 있다.

행국의 별도 판단사항이다.

참고로 우리나라는 헤이그송달협약 제15조 제2단에 따라 재판국으로서 공시송달과 같은 의제적 송달을 활용하겠다는 선언을 하였으므로,[58] 우리나라가 외국에 송달을 촉탁한 이후 송달불능회신이 오더라도 문서송부일(the date of the transmission of the document)로부터 6개월 이상의 상당기간이 경과한 경우라면 공시송달의 방식을 활용하여 판결을 선고할 수 있다. 물론 이와 같이 내려진 판결이 향후 실제 승인·집행될 수 있을지는 승인·집행국에서 판단할 사항이지만, 적어도 우리나라가 재판국으로서는 공시송달을 허용하면서 승인·집행국으로서는 이를 허용하지 않는 등 상이한 입장을 취하고 있음은 분명하다.

2. 전자적 송달의 문제

국외에 거주하거나 주소를 두고 있는 상대방이 전산정보처리시스템을 이용한 민사소송 등의 진행에 동의한 경우 우리나라에서 전자적 송달/통지로 동인에 대한 소송을 진행할 수 있음은 당연하다(민사소송 등에서의 전자문서 이용 등에 관한 법률 제11조 제1항). 이때는 상대방 스스로 간이한 방식의 송달/통지에 동의한 것이어서 그 방어권을 침해한 것으로 볼 수 없으므로 승인·집행국가의 입장에서도 우리나라에서의 진행된 전자적 방식의 송달/통지를 적법한 송달로 취급할 것으로 생각된다.

문제는 소송의 상대방이 전자소송 방식의 소송 진행에 개별적으로 동의하지 않는 경우에도 동인에 대한 송달 내지 통지를 전자적으로 처리할 수 있는지 여부이다. 유럽연합은 최근에 이에 관한 규정을 신설하였고,[59] 미국과 영국 등 주요 국가들에서는 기존 규범의 해석을 통해 국제

58) 헤이그송달협약 제15조는 ⅰ) 당사자의 출석 없이 공시송달과 같은 의제송달을 통해서는 판결을 할 수 없는 것이 원칙이지만(제1단), ⅱ) 예외적으로 체약국이 원하는 경우에는 문서송부일(the date of the transmission of the document)로부터 상당기간(6개월 이상) 동안 송달이 되지 않는 경우, 당사자의 불출석에도 불구하고 재판국이 판결을 내릴 수 있도록 허용하고 있다(제2단). 우리나라는 제2단에 따른 예외선언을 하였다.

59)유럽연합은 2020. 11. 25. 회원국 간의 재판상 문서의 송달에 관한 유럽연합규정[(EU) Regulation No. 2020/1784 on the service in the Member States of judicial and extra-

적 전자송달을 허용하고 있는 반면에,[60] 우리나라는 아직 관련 법령을 두고 있지 않고, 이에 관한 실무도 찾아보기 어렵다. 따라서 향후 양자조약에서 이에 관한 명시적 규정을 두거나 국제민사사법공조법 등을 개정하여 그와 같은 전자적 송달의 체계를 도입할 수 있는 준비를 할 필요가 있다. 다만, 어떠한 방식을 취하든지 간에 수령인의 명확한 사전 동의나 사후승인이 없는 송달은 상대방의 방어권을 실질적으로 침해할 수 있음에 유의하여야 할 것이다.

3. 도산사건 등에서 기존 송달체계를 완화할 필요성

한편, 다수당사자의 이해관계가 관련되어 있는 집단적 절차 재판은 신속하고 통일적으로 처리되어야 할 필요성이 크므로 국외채권자가 문제되는 경우가 많은 도산사건에서는 송달의 엄격성을 완화할 필요가 있다. 물론 채무자 회생 및 파산에 관한 법률(이하 '채무자회생법'이라 한다)이 이러한 점을 고려하여 송달장소를 알기 어렵거나 도산절차의 진행이 현저하게 지연될 우려가 있는 경우에는 공고로서 송달에 갈음할 수 있도록 하고 있기는 하다(채무자회생법 제10조 제1항, 채무자 회생 및 파산에 관한 규칙 제7조). 그러나 실무에서는 공고로 갈음할 수 있는 '도산절차의 진행이 현저히 지연될 우려가 있는 경우'를 엄격하게 해석하고 있고, 송달을 생략할 수 없거나 송달/공고를 동시에 해야 하는 경우도 있기 때문에,[61]

---

judicial documents in civil or commercial matters (service of documents)]으로 종전 송달규정[Regulation(EC) No 1393/2007]을 개정하면서 제19조에서 전자적 송달(Electronic Service)에 관한 규정을 신설하였다. 물론 이는 수령인의 사전 동의(prior consent of the recipient), 수령인의 확인(confirmation of receipt by the recipient)과 같은 요건이 충족됨을 전제로 한 것이기는 하지만 명시적으로 전자송달에 관한 근거규정을 두었다는 점에서 큰 의미가 있다. 참고로 김효정 외, **국제적 전자송달에 관한 연구**, 사법정책연구원(2021), 15면 이하에서 소개하고 있는 2018년도 개정안은 2020년에 최종적으로 통과되기 전 단계에서 논의되었던 안이다.

60) 미국은 연방민사소송규칙(Federal Rules of Civil Procedure) 제4(f)(3)을 넓게 해석하여 전자적 방식의 송달을 허용하는 것으로 실무가 운영되어 오고 있고, 영국은 전자우편에 의한 대체적 송달을 인정하되 상대방 국가의 법에 반하지 않는 한도 내에서만 이를 허용하고 있다고 한다. 상세는 김효정 외(註 59), 20면 이하를 참조.

61) 포괄적 금지명령에 따라 중지되었던 강제집행을 아예 취소하는 결정(채무자회생법 제

현행 법령의 체계만으로는 도산절차를 신속하게 진행하기 어려운 측면이 있다.

가령, 우리나라에서 진행된 한진해운의 도산절차에서도 수많은 외국채권자들이 존재하였지만, 그 외국채권자들의 주소, 사무소를 일일이 정확히 알지 못하여 개별적으로 소송관련 서류를 직접 송달하지 못하고 대부분 채무자회생법 제10조에서 허용하는 "송달에 갈음하는 공고"를 거쳐서 절차를 진행하였다. 이러한 상황에서 특정 외국채권자가 "공고"의 방식으로 진행된 우리나라의 회생절차 진행을 제대로 인지하지 못하여 한진해운에 대한 국내도산절차에 참여할 기회를 상실했다고 주장하면서 해당 외국에서 우리나라에서 내려진 회생계획인가결정이나 면책결정 등의 효력이 부인되어야 한다고 주장하는 경우를 상정해보자. 이때 이와 같은 주장을 제한 없이 받아들인다면, 결국 한진해운은 해당 국가에서는 여전히 특정 외국채권자에 대한 채무를 부담하게 되고, 이는 해당 국가에 소재하는 채무자의 자산에 대한 개별적 강제집행이 발생할 여지를 남겨두게 된다. 즉, 건전한 재무구조를 형성하여 해당 국가에서 다시 영업활동을 재개하려는 채무자의 재건계획에 막대한 타격을 주는 것이다.[62)]

따라서 대립당사자구조가 아닌 집단적 · 포괄적 채무처리절차의 성격을 가지는 도산절차에서는 그 특수성을 고려하여 기존의 엄격한 송달체계를 완화하는 것도 입법 정책적으로 고려해 볼 만하다. 물론 이와 같은 완화된 방식의 송달이나 통지체계를 거쳐 내려진 도산관련재판에 대하여 해당 외국법원이 자국 법령에 따른 승인 · 집행요건을 충족하지 못했다고 판단하여 승인 · 집행을 거부할 수는 있다. 그러나 설령 그러한 경우에 직면하더라도 적어도 우리가 먼저 나서서 우리나라 법에 따르더라도 위법할 여지가 있다는 스탠스를 취할 필요는 없다고 생각된다. 따라서 공고로 갈

46조 제3항, 제45조 제5항), 포괄적 금지명령의 적용을 배제하는 결정(채무자회생법 제47조 제5항, 제1항)이 이에 해당한다. 상세는 권순일(편집대표), **주석채무자회생법(제1판)**(I), 한국사법행정학회(2021), 208면을 참조.

62) 상세는 김영석(註 16), 297면 이하를 참조.

음할 수 있는 영역을 입법 내지 해석을 통해 확대할 필요가 있다.

면책재판이나 인가재판과 같은 실체적 권리관계에 관한 외국재판을 민사소송법 제217조가 아니라 채무자회생법 제636조 제1항 제5호에 따른 외국도산절차에 대한 지원으로 처리하자는 입장도 같은 맥락으로 이해할 수 있다. 외국재판의 승인 및 집행에서 요구하는 다소 엄격한 요건으로부터 벗어나서 보다 효율적인 도산절차의 진행을 꾀할 수 있기 때문이다. 물론 대법원 2010. 3. 25.자 2009마1600 결정에 따라 우리나라가 당장 그와 같은 입장을 취할 수는 없다.[63] 그러나 UNCITRAL이 위와 같은 우리나라 대법원 결정을 비판하면서 2018년에 도산관련재판의 승인 및 집행요건을 완화하는 새로운 모델법(Model Law on Recognition and Enforcement of Insolvency-Related Judgments)을 성안하였음에 주목할 필요가 있다.[64]

Ⅵ. 나 가 며

대상판결은 보충송달을 교부송달과 마찬가지로 외국재판의 승인·집행요건으로서 민사소송법 제217조 제1항 제2호에서 정한 '적법한 송달'에

---

63) 위 대법원 결정은 외국법원의 면책재판 등의 승인은 일반적인 외국판결의 승인과 다를 바 없으므로 외국도산절차에서 이루어진 외국법원의 면책재판 등의 승인 여부는 그 면책재판 등이 민사소송법 제217조의 승인요건을 충족하고 있는지를 심리하여 개별적으로 판단함이 상당하고, 그 승인 여부를 채무자회생법의 승인절차나 지원 절차에 의하여 결정할 것은 아니라고 판시하였다. 위 대법원 결정에 따라 형성된 우리나라 하급심의 실무례 및 그에 대한 비판에 관하여는 김영석, "IRJ 모델법과 외국도산절차에서 내려진 면책재판의 승인-대법원 2009마1600 결정 및 그에 따른 하급심 실무동향을 중심으로", **국제거래법연구** 제31권 제1호, 국제거래법학회(2022), 353면 이하를 참조.

64) UNCITRAL, *Guide to Enactment of the UNCITRAL Model Law on Recognition and Enforcement of Insolvency-Related Judgments,* para. 2에 의하면, 대법원 2009마1600 결정은 영국대법원(Supreme Court of the United Kingdom)의 *Rubin and another (Respondents) v. Eurofinance SA and others (Appellants)* [2012] UKSC 46 판결과 함께 국제도산의 보편주의 이념을 저해하는 판결로 지적되면서 IRJ 모델법의 성안을 촉진하는 계기가 되었다. 참고로 영국은 자국법이 준거법으로 지정된 채권·채무는 영국에서만 그 조정이 가능하다는 Gibbs Rule에 따라 외국에서 내려진 면책결정이나 인가재판의 승인 및 집행에 소극적인 입장까지 취하고 있는데, 상세는 김영석, "Gibbs Rule에 관한 주요국가의 현황과 전망", **국제사법연구** 제28권 제1호, 사단법인 한국국제사법학회(2022), 81면 이하를 참조.

해당한다고 판단하고, 이와 다른 입장을 취했던 기존 선례들을 대상판결의 견해에 배치되는 범위에서 모두 변경하였다. 물론, 이 사건의 쟁점은 (보충송달 자체의 적법성 여부가 아니라) 보충송달이 적법하더라도 그 송달이 패소한 피고에게 충분히 방어권을 보장해 주었다고 평가할 수 있는지 여부임에도, 대상판결이 송달실시국가로서의 지위와 승인·집행국가로서의 지위를 명확히 구분하지 않음으로써 다소 불명확하게 논거를 적시한 아쉬운 측면은 있다.

그러나 대상판결은 본인과의 관계 등에 비추어 실제 서류가 전달될 가능성이 높은 보충송달을 전형적인 의제송달에 해당하는 공시송달과 명확히 구분한 것으로서 법리적으로 타당하고, 국외송달이 빈번하게 문제되는 국제거래실무에도 부합하는 유의미한 판시라고 생각된다. 대상판결에서 직접 설시하지는 않았지만 그 취지에 비추어, 발신주의에 기초하여 송달이 의제되는 발송송달은 패소한 피고의 방어권을 현저히 침해하므로 승인·집행요건으로서의 적법한 송달에 해당하지 않는다고 보아야 할 것이다. 외국법원이 외교상의 경로를 거치지 않고 직접 국내거주자에게 우편송달(postal channels)의 방식으로 송달하는 것도 부적법하다고 보아야 하고, 대법원 92다2585 판결이 같은 취지에서 영사송달의 범위를 자국민으로 제한한 것은 지금도 여전히 유효한 법리라는 점에 유의하여야 한다.

그 밖에 송달촉탁을 받았으나 공시송달/발송송달을 할 수밖에 없는 상황에서는 굳이 그와 같은 송달 방식을 취하여 향후 승인·집행국가로서 난처한 상황에 처해지는 것보다는 '송달불능회신'을 하는 것이 바람직하다고 생각된다. 전자적 송달이 도입된다면 헤이그체제하에서 구축된 기존의 국외송달 시스템은 대변혁의 시대를 맞이하게 될 것이므로, 현재 EU나 영미국가들에서 고려되고 있는 전자적 송달에 대하여도 관심을 둘 필요가 있음은 물론이다. 이와 별도로 도산사건과 같이 신속하고 통일적인 절차 진행이 필요한 집단적 채무처리절차에서는 기존의 엄격한 송달체계를 다소 완화하여 의제적 송달에 준하는 공고를 넓게 활용할 필요도 있다.

해후(邂逅)라는 우연한 사정에 기초한 조우송달이 아니면 실질적으로 외국으로의 송달을 제대로 처리할 수 없었던 과거 실무에 비해,[65] 우리나라의 국외송달체계는 그동안 많은 발전을 이루었다. 외국채권자와 국외소재 자산 등이 자연스럽게 느껴지는 현대사회에서 효율적이면서도 당사자들의 권리를 충분히 보호할 수 있는 더욱 효율적인 송달체계가 확립되기를 기대해 본다.

65) 남형두, "해후(邂逅)", The Way, 대한변호사협회(2012)는 1994년에 진행된 국내소송에서 미국 거주 피고에게 소송서류를 송달하기 어려웠던 일화를 소개하고 있다. 미국으로 제대로 송달이 되지 않을 것을 우려하던 중 마침 그 피고가 다른 국내사건의 증인으로 출석한다는 점을 알고, 해당 법정의 밖에서 대기하면서 조우송달을 시도하였으나 결국 조우송달에 실패하였던 경험을 소개하고 있다.

[Abstract]

The Meaning of “Service” Prescribed in Article 217①(2) of the Civil Procedure Act as One of the Requirements for Recognition and Enforcement of Foreign Judgments

Kim, Young Seok*

In principle, a judgment rendered in a foreign country is effective only within the country, thus whether to recognize or enforce the judgment must be in accordance with the laws of the recognizing and enforcing country. In this regard, Article 217① of the Civil Procedure Act of the Republic of Korea provides four requirements: (1) Jurisdiction, (2) Service (excluding service by public notice and similar types of service), (3) public policy, and (4) reciprocity, and the judgment studied in this paper, 2017-Da-257746 Judgment(hereinafter ‘the Judgment’), deals with the Service.

The Judgment concluded that service to a person who has a certain personal relationship with the recipient (hereinafter ‘substituted service ⓐ’) is legitimate service as a requirement for recognition and enforcement. It held that substituted service ⓐ is not similar to ‘service by public notice,’ and repealed all existing precedents that took a different position. The Judgment is meaningful, legally valid, and consistent with the practice of Cross-Border Transactions, in which service abroad is frequently performed. However, the Judgment does not clearly distinguish the two positions the Republic of Korea has in this case, which are the service-implementing country and recognizing/enforcing country, respectively.

Meanwhile, although not directly stated in the Judgment, service

* Research Judge(Presiding Judge), Supreme Court of Korea.

deemed to be served to the recipient upon shipment (hereinafter 'substituted service ⓑ') should be treated the same as 'substituted service ⓐ' since it significantly violates the defendant's right to defend and is similar to service by public notice. Also, it should be noted that direct service by a foreign court without diplomatic channels to domestic residents except for its own citizens is inappropriate. This is in line with the Supreme Court's 92-Da-2585 Judgment that limited the scope of consular service to its citizens for the same purpose, which was not repealed by the Judgment.

Furthermore, it is desirable to make a reply stating that service is not possible in situations where there is no choice but to serve by public notice or similar service such as 'substituted service ⓑ.' Otherwise, facing an embarrassing situation might happen where an application for recognition and enforcement is applied after serving by public notice duly under the domestic law. Attention should also be paid to electronic service, currently being considered in the EU, U.K and U.S., since there will be a revolution for the current service system based on physical service. Lastly, it is also necessary to somewhat ease the existing strict service system and widely utilize service by public notice or publication in insolvency matters because collective debt processing procedures require efficient and effective proceedings.

In the past, it was not easy to properly handle service abroad unless it was a service at the place where they met by chance, but the overseas service system had developed a lot since then. In a modern society where foreign creditors and overseas assets become commonplace, I look forward to the establishment of service system that can more effectively protect the rights of the parties harmoniously.

[Key word]

- Recognition and Enforcement of Foreign Judgment
- Substituted Service
- Hague Service Convention
- Cross-Border Judicial Mutual Assistance in Civil Matters Act

- Article 217①(2) of the Civil Procedure Act
- Hague Judgments Convention

참고문헌

[국내문헌]

1. 단행본

권순일 편집대표, **주석채무자회생법(제1판)(Ⅰ)**, 한국사법행정학회(2021).

김효정 외, **국제적 전자송달에 관한 연구**, 사법정책연구원(2021).

김효정/장지용, **외국재판의 승인과 집행에 관한 연구**, 사법정책연구원(2020).

법원행정처, **법원실무제요, 민사소송[Ⅱ]**, 박영사(2017).

______, **법원실무제요, 민사소송[Ⅲ]**, 박영사(2017).

석광현, **국제민사소송법, 국제사법(절차편)**, 박영사(2012).

______, **국제사법 해설**, 박영사(2013).

이시윤, **신민사소송법** 제15판, 박영사(2020).

전원열, **민사소송법 강의**, 박영사(2020).

헤이그송달협약 실무편람 번역팀(대표 이명철), **헤이그송달협약 실무편람**, 법원행정처(2018).

호문혁, **민사소송법** 제14판, 법문사(2020).

2. 논 문

구자헌, "집행판결의 대상이 되는 외국법원의 판결의 의미", **대법원판례해설** 제83호, 법원도서관(2010).

김영석, 국제도산에서 도산절차와 도산관련재판의 승인 및 집행에 관한 연구, 박사학위논문, 서울대학교(2022).

______, "Gibbs Rule에 관한 주요국가의 현황과 전망", **국제사법연구** 제28권 제1호, 사단법인 한국국제사법학회(2022).

______, "IRJ 모델법과 외국도산절차에서 내려진 면책재판의 승인－대법원 2009마1600 결정 및 그에 따른 하급심 실무동향을 중심으로", **국제거래법연구** 제31권 제1호, 국제거래법학회(2022).

김용진, "외국송달의 운영시스템과 그 개선방안", **법학연구** 제23권 제1호, 충남대학교 법학연구소(2012).

김호용, "보충송달 방식이 민사소송법 제217조 제1항 제2호에서 정한 적법한 송달에 포함되는지 여부가 문제 된 사건”, **대법원판례해설** 제129호, 법원도서관(2022).

남형두, “해후(邂逅)”, The Way, 대한변호사협회(2012).

석광현, “외국판결 승인요건으로서의 송달－대법원 1992. 7. 14. 선고 92다2585 판결에 대한 평석을 겸하여”, **국제사법연구** 제2호, 길안사(1997).

______, “외국판결의 승인 및 집행에 관한 입법론”, **국제사법과 국제소송** 제1권, 박영사(2001).

유영일, “외국판결 승인의 요건으로서의 송달의 적법성”, **국제판례연구** 제2집, 서울국제법연구회(2001).

이명환, “외국판결의 효력”, **계명법학** 제9집(2005).

임복희, 외국판결의 승인 및 집행법제의 개선방안에 관한 연구, 박사학위논문, 연세대학교(2010).

정병석, “외국법원의 우리나라 국민에 대한 영사송달의 적법 여부”, **서울지방변호사회 판례연구** 제6집, 서울지방변호사회(1993).

피정현, “외국법원의 확정판결의 승인과 그 집행－외국에서 하는 송달을 중심으로”, 법률신문 제2246호, 법률신문사(1993).

한애라, “루가노 협약상 재판의 승인·집행의 요건과 절차”, **국제규범의 현황과 전망**, 법원행정처(2008).

[외국문헌]

1. 단행본

Collins, Lawrence(eds.), Dicey, Morris and Collins, *The Conflict of Laws*(15th Ed.), Sweet & Maxwell Ltd (2012).

HccH Permanent Bureau, *Practical Handbook on the Operation of the Service Convention*(4th Ed.), HccH (2016).

UNCITRAL, *Guide to Enactment of the UNCITRAL Model Law on Recognition and Enforcement of Insolvency-Related Judgments* (2018).

2. 논 문

Dodge, William S., “Substituted Service and the Hague Service Convention”, *William & Mary Law Review* Vol. 63, No. 5 (2011).

Erb, Christopher J./LiPuma, Michael D., “Service in Foreign Jurisdictions”,

GPSolo Vol. 28, No. 3, American Bar Association (2011).
Kersting, Christian, "Corporate Choice of Law – A Comparison of the United States and European Systems and a Proposal for a European Directive", 28 *Brooklyn Journal of International Law* 1 (2002).

주주평등원칙의 발전적 해체와 재정립*

정 준 혁**

■요 지■

주주평등원칙이란, 회사가 주주와의 법률관계에 있어서 주주가 가진 주식 수에 따라 평등한 취급을 해야 한다는 법리를 의미한다. 판례는 주주평등원칙을 회사와 주주 간 법률관계 전반에 걸쳐 광범위하게 적용하고 있고, 회사가 다른 주주에게는 인정되지 않는 우월한 권리나 이익을 특정 주주에게 제공하거나 이를 약속할 경우 그 제공 행위는 물론 약정까지도 효력을 상실시키는 강력한 법원칙으로 운용하고 있다.

주주평등원칙은 주주의 비례적인 주주권 행사와 관련하여 상법이 명확한 규정을 두고 있지 않는 경우 그 공백을 채워 넣는 긍정적인 기능을 수행하지만, 판례가 택하는 주주평등원칙은 투자 유치 등을 위해 특정 주주에게 권리나 이익을 부여하는 것이 회사나 전체 주주의 이익에 부합하는 경우에도 이를 기계적으로 무효화시킨다는 점에서 그간 비판을 받아 왔다. 특히 2021년에는 투자계약에서 많이 활용되는 투자자의 사전동의권을 하급심이 주주평등원칙 위반을 이유로 무효로 본 반면, 지배주주의 각종 기회주의적 행동에 대해서는 막상 상법이 소액주주 보호 역할을 제대로 수행하지 못한다는 비판의 목소리가 커지면서, 주주평등원칙에 대한 판례의 입장이 과연 타당한지에 대한 문제의식이 커졌다.

---

* 이 논문은 상사판례연구 제35권 제4호(2022)에 게재된 글을 민사판례연구 게재 형식에 따라 편집한 것이다. 2022. 10. 24. 개최된 민사판례연구회 월례회에서 논문 초안에 대해 좋은 의견을 주신 김연미 교수님(성균관대학교 법학전문대학원), 오대석 판사님(대법원)께 감사드린다.

** 서울대학교 법학전문대학원 조교수, 법학박사.

본 논문은 주주평등원칙을 발전적으로 해체하고 재정립할 필요가 있음을 주장한다. 판례의 입장은 ① 주주인지 채권자인지에 따라 기계적으로 적용 여부를 결정한다는 점, ② 특정 주주에게 권리나 이익을 부여하는 것이 회사나 다른 주주들에게 제공하는 이익을 고려하지 않는다는 점, ③ 절차적 평등만 준수하면 결과적, 실질적으로 주주의 비례적 이익이 침해되더라도 이를 용인한다는 점, ④ 위반 시 회사법적 행위는 물론 당사자간 약정까지 효력을 상실시킨다는 점, ⑤ 해당 사안에 우선적으로 적용될 수 있는 구체적인 규정이 존재하는 경우에도 적용 범위가 모호한 주주평등원칙을 적용하여 예측가능성을 낮춘다는 점에서 변화가 필요하다.

주주평등원칙은 "주주는 회사와의 법률관계에서는 그가 가진 주식의 수에 따라 평등한 취급을 받아야 한다"는 판례의 정의를 출발점으로 삼아, 회사의 특정 주주에 대한 권리나 이익 부여가 다른 주주들의 주주권을 침해하는지 여부에 따라 그 법률 효과를 다르게 취급하는 형태로 재정립되어야 한다. ① 만일 회사가 특정 주주에게 우월한 권리나 이익을 부여하여 의결권이나 배당청구권과 같은 다른 주주들의 주주권이 침해되었다면 이에 대한 나머지 주주들 전원의 동의가 없는 한 주주평등원칙 위반으로 그 효력을 상실시키는 것이 타당하다. ② 반면 다른 주주들의 주주권은 직접적으로 침해되지 않았지만 보유 주식의 가치가 침해된 경우라면 이를 무효로 하기보다는 주주의 비례적 이익을 고려하지 않은 회사 이사의 선관주의의무 위반 및 손해배상책임 문제로 접근하는 것이 타당하다. 그리고 이때의 심사기준은 회사가 주주들을 기계적으로 평등(equal)하게 대우하였는지가 아니라, 주주들을 공정(fair)하게 대우하였는지가 잣대가 되어야 한다. 본 논문은 주주평등원칙에 대한 판례의 태도를 심층적으로 분석하여 이를 발전적으로 해체하고, 주주권 침해 여부라는 기준에 따라 재정립하여 실무에서 실제 사안 해결에 활용할 수 있는 지침을 제공하였다는 점에서 의미를 갖는다.

[주 제 어]
- 주주평등원칙
- 투자자계약
- 신주인수계약
- 사전동의권

- 주주권
- 주주의 비례적 이익
- 벤처캐피탈

대상판결 : 대법원 2020. 8. 13. 선고 2018다236241 판결

[사안의 개요]

1. 사실관계

(1) 원고 회사의 상황과 본건 유상증자

원고 회사[현 ㈜셀텍, 당시 ㈜엔케이바이오]는 본래 1986년 부직포 생산기업인 한올방적㈜로 설립되어 1992년 코스닥시장에 주식을 상장한 회사이다. 원고 회사는 2005년 항암면역세포 치료제 개발 업체인 바이오셀㈜의 주주들에게 회사의 전환사채(CB)를 발행하여 대가로 지급하고 이들로부터 바이오셀㈜의 주식을 전부를 취득하였다. 이후 2006. 9. 과거 바이오셀㈜의 최대주주였던 C가 전환권 행사를 통해 원고 회사의 최대주주가 되었고(사실상 우회상장), C는 2007. 2. 다시 K[1]에게 보유 원고 회사 주식을 매각하여 K가 원고 회사의 경영권을 취득하였다. 곧이어 원고 회사는 2007년 6월 자회사가 된 바이오셀㈜을 합병하고, 2008. 5. 기존의 부직포 사업을 물적분할을 통해 분리하여 ㈜한올글로텍을 설립하는 방법으로 바이오기업으로 그 사업 내용을 탈바꿈하였다. 2008년 8월 K는 보유 원고 회사 주식 전부를 자신이 사실상 영향력을 행사하던 코스닥 상장사인 ㈜큐리어스에 전부 매각하여 상당한 처분이익을 얻었고, 이후에도 ㈜큐리어스와 원고 회사의 대표이사 Y를 통해 원고 회사를 사실상 지배하였다.

원고 회사는 위와 같은 사업 내용 변경과 경영권 변동이 있던 무렵부터 여러 차례에 걸쳐 신주, 전환사채, 신주인수권부사채 발행 등을 통해 자금을 조달하였다. 본 사안의 분쟁 역시 원고 회사가 운영자금 및 차환자금 확보 목적으로 2010. 3. 23. 제3자 배정 방식 신주발행을 통해 투자자들로부터 투자를 유치하는 과정에서 투자자들과 별도로 체결한 투자계약과 관련하여 발생하였다. 원고 회사의 대표이사 Y는 K의 지시에 따라 자신의 지인 등에게 원고 회사 발행 신주의 인수를 권유하였고, 피고 A, B, C를 포함한 총 36인의 투자자가 원고 회사 발행 주식 총 16,901,402주(증자 후 발행주식총수의 약 25.4%에

1) 원심 판결에 의하면 K는 "주식회사 큐리어스, 주식회사 스템싸이언스, 주식회사 메카포럼 등 여러 코스닥 상장사들을 차명 지분을 통해 비밀리에 지배하는 이른바 'ㅇㅇ그룹'의 회장으로 행세하던 사람"이라고 한다. K는 이러한 회사들을 통해 원고 회사를 지배하였다.

해당)를 주당 1,370원(액면금액 1,000원)에 총 23,154,920,740원의 자금을 납입하여 인수하였다(이하 "본건 유상증자").[2)]

본건 유상증자 당시 원고 회사의 재무상황은 매우 열악하였다. 2009 사업연도에 관한 원고 회사의 감사보고서에 의하면, 2009년 말 기준 자본금은 487억원, 자본잉여금은 355억원임에 비해 순자산은 358억원에 불과하여 이미 자본잠식 상태에 있었고(자본잠식률 26.5%), 1997년 이래 2009년까지 2000 사업연도를 제외하고는 계속 당기순손실이 발생하여 2009년 말 기준 누적손실액이 482억원에 이르렀다. 당시 원고 회사에 당기순손실이 매년 100여억원 이상 발생한 점을 고려할 때, 이러한 당기순손실이 이어질 경우 머지않아 자본잠식률이 50% 이상이 되어 코스닥시장 상장규정에 따라 관리종목으로 지정될 것이 예상되는 상황이었다. 따라서 원고 회사로서는 자본금 확충의 필요성이 매우 큼에 비해, 통상적인 조건으로 투자자를 유치하는 것은 매우 어려웠을 것으로 보인다.

(2) 본건 투자계약의 내용과 전개

이에 따라 원고 회사는 본건 유상증자를 실시하면서 투자자들을 몇 개 그룹으로 나누어 이들과 투자원금 및 수익률을 보장하는 형태의 투자계약을 체결하였다. 이중 원고 회사가 투자자인 피고 A, B, C와 체결한 투자계약(이하 "본건 투자계약")의 주요 내용은 다음과 같다.

- 피고 A는 1,499,999,300원(1,094,890주), 피고 B는 999,999,990원(729,927주), 피고 C는 499,999,310원(364,964주)을 2010. 3. 23. 원고 회사에 납입하여 유상증자대금으로 사용
- 원고 회사는 위 투자금을 2010. 4. 22.(투자기한)까지 반환. 여기에 더하여 원고 회사는 투자보장수익률로 투자금원의 일정 %를 보장하기로 함(실제 보장수익률은 명시되지 않음)
- 원고 회사는 그 담보로 피고 A, B, C에게 공증약속어음, 유상증자로 발행하는 주식, 투자원금의 30%에 해당하는 현금성 자산을 제공
- 만일 원고 회사의 주가하락으로 원고 주식의 합산가액이 투자금액 대비 130%에 미달하는 경우 피고들은 임의로 주식을 처분하여 투자금 회수에 충당할 수 있음

---

2) 원고 회사의 2010. 3. 19.자 증권신고서, 2010. 3. 23.자 투자설명서, 2010. 3. 25.자 증권발행실적보고서 등.

- 투자기한 이전에 피고 A, B, C가 원고 회사의 동의하에 주식을 장내매도하여 투자수익이 발생하는 경우 이를 피고 투자자들과 원고 회사가 4 : 6으로 나누기로 함. 이 경우 위 투자보장수익은 지급하지 아니함
- 원고 회사의 대표이사 Y는 원고 회사의 위 채무를 연대보증

1심 및 원심 판결에 의하면 본건 투자계약에 따라 피고 A, B, C는 원고 회사로부터 발행 주식과 함께 원고 회사 명의 9억원 상당의 미래에셋증권 계좌를 담보로 제공받았다. 피고 A, B, C는 인수한 주식을 처분하였고, 원고 회사는 피고 A, B, C에게 2010. 5. 25. 1억 5,000만원, 2010. 6. 8. 5,000만원을 수익금으로 지급하였다고 한다.

이후 회장 K와 대표이사 Y가 위 유상증자 대금 중 일부를 용도 외로 사용하여 68억원을 횡령하였다는 등의 범죄사실로 2012. 6. 11. 검찰이 이들을 기소하였고, 횡령의 여파에 따라 원고 회사는 2012. 9. 5. 상장폐지 되었다. 법원의 재판을 거쳐 회장 K에 대해서는 징역 7년이, 대표이사 Y에 대해서는 징역 2년 6월의 유죄판결이 각각 선고되어 확정되었다. 한편 금융위원회 산하 증권선물위원회는 2015. 12. 23. 원고 회사가 회장 및 대표이사의 횡령 사실을 은폐하기 위해 단기금융상품과 현금 및 현금성자산을 허위로 계상하였다는 이유로 K와 Y를 검찰에 고발하였다. 이와 함께 원고 회사를 감사하면서 회계감사기준을 위반한 S회계법인에 대해서도 손해배상 공동기금 추가적립, 원고 회사에 대한 감사업무제한 등의 조치를 내렸다.

상장폐지 직전 ㈜큐리어스는 보유 원고 회사 주식을 전량 매각하였다.[3] 이후 2012. 12. ㈜센터스톤파트너스가 전환권 행사를 통해 원고의 최대주주가 된 후, 2013. 5.에는 해당 주식을 ㈜로케트전기에 매각하여 경영권을 이전하였다.[4]

---

3) 원고 회사의 2012. 7. 19.자 최대주주변경 공시.

4) 로케트전기의 2013. 5. 20.자 타법인 주식 및 출자증권 취득결정 공시. 로케트전기는 센터스톤파트너스로부터 원고 회사의 지분 42.15%를 600억원에 인수하였다. 참고로 위 인수 직후 로케트전기는 2013 영업연도 감사보고서에 대해 외부감사인이 의견을 거절하고, 2014. 3. 20. 광주지방법원에 회생절차 개시신청을 하였으나 같은 해 12. 5. 회생절차 폐지결정이 이뤄지며, 2015. 2. 상장폐지를 거쳐 2016. 4. 폐업하였다.

2. 소송의 경과

(1) 원고 회사의 소제기 및 1심 - 원고 패소

위와 같은 일련의 사태 이후 원고 회사의 경영진은 교체되었다. 원고 회사의 새로운 경영진은 2016. 1. 12. 피고 A, B, C를 비롯한 18명의 투자자들을 상대로 "원고와 피고들의 각 투자계약은 주식을 발행하는 원고가 직접 납입주주에 대하여 일정한 수익을 보장하고, 이를 담보하기 위하여 납입된 주금 중 일부를 통장담보형태로 제공하기로 하는 약정으로서 상법상 자본충실의 원칙에 반하고, 투자자들이 감수하여야 할 주가변동으로 인한 손실위험을 원고가 떠안는 것으로서 원고에게 손해를 가하는 배임적 약정이므로 무효"라는 이유로 원고 회사로부터 지급받은 돈을 부당이득으로서 반환할 것을 청구하였다.

먼저 1심(서울중앙지방법원 2017. 9. 14. 선고 2016가합501946 판결)은 원고 회사와 피고 A, B, C 사이의 투자계약이 상법상 자본충실의 원칙에 반하지 않고, 사적 자치의 원칙에 비추어 일정한 수익을 보장하여 회사에 배임적인 내용의 약정이라는 사유만으로 곧바로 그 약정이 무효라고 볼 수도 없다는 이유로 원고의 청구를 모두 기각하였다. 1심은 본건 유상증자가 주주들의 신주 인수라기보다는 투자자들에 의한 원고 회사에 대한 투자라는 점에 초점을 맞춘 것으로 보인다.

(2) 원고 회사의 항소와 원심 - 원고 패소

1심에서 원고 회사가 전부 패소하자 원고 회사는 피고 A, B, C에 대해서만 항소를 제기하였다. 원고 회사는 본건 투자계약이 자본충실의 원칙에 반한다는 기존의 주장에 더하여, "회사가 신주를 발행함에 있어서 신주인수인과 사이에서 그 투자 손실의 보전, 즉 원금(투하자본)의 회수를 보장하거나 나아가 일정한 투자 수익을 보장하기로 약정한 경우, 그 약정은 강행법규의 성질을 가지는 주주평등원칙에 위반되어 무효"라는 주장을 새롭게 추가하였다.

원심(서울고등법원 2018. 5. 10. 선고 2017나2058534 판결)은 기존 판례 법리에 따른 주주평등원칙을 인정하면서도 다음과 같이 그 적용의 한계를 인정하였다. 특히 개별 계약의 구체적 내용에 따라 합리적인 근거가 있고 이에 따른 차별이라면 주주평등원칙이 적용되지 않을 수 있다고 본 점에서 의미가 있다.

> “주주평등원칙은 주식회사의 주주가 ‘주주’라는 자격에서 가지는 권리의무에 관하여 평등한 대우를 받아야 한다는 원칙을 의미한다. 즉, 이러한 원칙이 적용되는 것은 주주의 자격에서 회사에 대하여 가지는 법률관계에 한정되는 것이고, 그 이외의 다른 법률요건에 기하여 발생하는 법률관계는 위 원칙의 적용대상이라고 할 수 없다.”

> “한편, 회사가 특정 주주에 대하여 투하자본의 회수를 절대적으로 보장하는 약정을 하는 것은 다른 주주들에게 인정되지 않는 우월한 권리를 해당 주주에게 부여하는 것으로서 주주평등원칙에 위반되어 무효라고 볼 수 있지만(대법원 2007. 6. 28. 선고 2006다38161, 38178 판결 등 참조), 회사가 주주와 사이에서 계약을 체결함으로써 해당 주주에게 일정한 권리를 부여하는 결과가 발생하였다는 사정만으로 위와 같은 모든 종류의 계약이 주주평등원칙에 위배된다고 볼 수는 없다. 예컨대, 회사와 주주가 어떤 계약을 체결한 사안에서, 그 개별 계약의 구체적인 내용에 합리적인 근거가 없고, 나아가 이로 인하여 해당 주주를 제외한 나머지 주주들에 대하여 자의적인 차별취급이 발생하였다고 볼 수 있는 경우에 비로소 주주평등원칙에 위배된다는 판단을 할 수 있는 것이다(헌법재판소 2015. 5. 28. 선고 2013헌바82 결정, 서울고등법원 2010. 6. 18. 선고 2009나106708 판결 및 대법원 2010. 10. 14. 선고 2010다61502 판결 등 참조).”

원심은 이러한 논리를 바탕으로, 본건 투자계약은 주주의 자격에서 회사에 대해 갖는 법률관계에 의한 것이 아니고, 투자계약에 기한 투자자로서의 지위가 주된 것이라고 보았다. 피고들이 원고 회사로부터 받은 수익금 역시 본건 투자계약에 기한 것으로 주가하락분을 보전 받은 것으로는 보기 어렵다고 보아, 주주평등원칙에 위반되지 않는다고 보았다. 아울러 자본충실의 원칙을 “회사법 전반을 관통하는 기본 원칙”이라고 보면서도 본건 투자계약의 경우 그 위반을 인정하지 않았다. 원심은 원고 회사가 발행한 주식은 “투자금의 반환을 담보하기 위한 담보로서의 역할”만을 한다고 보아, 1심과 마찬가지로 투자자들의 원고 회사에 대한 투자와 관련하여 신주 발행이라는 수단이 활용되었다는 식의 접근 방식을 취하고 있다.

3. 대상판결의 요지 - 원고 승소

대법원은 다음과 같이 주주평등원칙의 의미와 적용 요건 및 효력을 설시하였다. 대법원이 그 동안 다른 판례를 통해 확인한 내용과 유사하다.

> "주주평등원칙이란, 주주는 회사와의 법률관계에서는 그가 가진 주식의 수에 따라 평등한 취급을 받아야 함을 의미한다. 이를 위반하여 회사가 일부 주주에게만 우월한 권리나 이익을 부여하기로 하는 약정은 특별한 사정이 없는 한 무효이다."

> "회사가 신주를 인수하여 주주의 지위를 갖게 되는 자와 사이에 신주인수대금으로 납입한 돈을 전액 보전해 주기로 약정하거나, 상법 제462조 등 법률의 규정에 의한 배당 외에 다른 주주들에게는 지급되지 않는 별도의 수익을 지급하기로 약정한다면, 이는 회사가 해당 주주에 대하여만 투하자본의 회수를 절대적으로 보장함으로써 다른 주주들에게 인정되지 않는 우월한 권리를 부여하는 것으로서 주주평등원칙에 위배되어 무효이다. 이러한 약정의 내용이 주주로서의 지위에서 발생하는 손실의 보상을 주된 내용으로 하는 이상, 그 약정이 주주의 자격을 취득하기 이전에 체결되었다거나, 신주인수계약과 별도의 계약으로 체결되는 형태를 취하였다고 하여 달리 볼 것은 아니다."

이러한 원칙을 바탕으로, 대법원은 다음과 같은 이유로 본건 투자계약이 주주평등원칙에 위반된다고 판단하여, 원심판결을 파기하고 원심법원에 환송하였다.

- 본건 투자계약은 원고 회사 주주들에게 신주인수대금의 회수를 전액 보전해 주는 것을 내용으로 함
- 피고들이 투자한 자금이 그 액수 그대로 신주인수대금으로 사용될 것으로 예정되어 있었고 실제로도 그와 같이 사용됨
- 따라서 이는 회사가 주주에 대하여 투자자본의 회수를 절대적으로 보장하는 것인 동시에 다른 주주들에게 인정되지 않는 우월한 권리를 부여하는 계약임
- 주주로서의 지위로부터 발생하는 손실을 보상하는 것을 주된 목적으로 한다는 점을 부인할 수 없으므로 주주평등원칙의 규율 대상에서 벗어날 수 없음

〔硏　　究〕

Ⅰ. 문제의 제기와 논문의 구성

상법이 명문으로 주주평등원칙을 규정하고 있지 않음에도 불구하고, 판례는 주주평등원칙을 회사와 주주 간 법률관계 전반에 걸쳐 적용되는 강력하고 광범위한 법원칙으로 인정하고 있다. 우리 판례는 주주는 회사와의 법률관계에서는 그가 가진 주식의 수에 따라 평등한 취급을 받아야 한다는 전제에 따라, 회사가 일부 주주에게만 우월한 권리나 이익을 부여하기로 하는 약정을 특별한 사정이 없는 한 무효로 보고 있다. 이 글에서는 대법원 2020. 8. 13. 선고 2018다236241 판결(이하 "대상판결")의 주요 내용을 살펴보는 것을 통해, 판례가 인정하는 주주평등원칙의 문제점을 정리한다. 이를 바탕으로 판례가 인정하는 주주평등원칙을 발전적으로 해체하고, 주주권의 보호라는 본래의 목적 달성에 부합하는 내용으로 주주평등원칙을 새롭게 정립한다.

이 글에서는 먼저 대상판결의 내용을 검토한 후([사안의 개요]) 판례가 인정하는 주주평등원칙의 내용과 이에 대한 비판을 정리하고(Ⅱ.), 법리로서 판례가 인정하는 주주평등원칙의 긍정적 역할과 문제점을 검토한다(Ⅲ.). 이러한 문제의식을 바탕으로 판례가 인정하는 주주평등원칙은 다섯 가지 점에서 발전적으로 해체되어야 하고(Ⅳ.), 주주들의 주주권을 보장하고 회사가 주주들에 대한 공정(fair)한 대우를 해야 하는 내용으로 주주평등원칙을 재정립해야 함을 역설한다(Ⅴ. 1.). 이렇게 재정립된 주주평등원칙을 그간 판례나 실무에서 주주평등원칙이나 주주의 비례적 이익 침해가 문제 된 여러 사안들에 적용함으로써, 실무에서 실제 사안 해결에 활용할 수 있는 지침을 제공하는 것으로 마무리 짓는다(Ⅴ. 2.).

Ⅱ. 주주평등원칙과 그 한계

1. 주주평등원칙에 대한 판례의 입장과 비판

(1) 판례에 따른 주주평등원칙의 내용

주주평등원칙은, 주주는 회사와의 법률관계에서는 그가 가진 주식의 수에 따라 평등한 취급을 받아야 한다는 원칙을 말한다. 주식이란 회사에 대한 전체 주주의 권리를 균일한 크기로 나눈 지분인 점을 고려하면, 같은 종류의 주식 한 주가 회사에 대해 서로 평등한 권리를 갖고 회사로부터 평등한 취급을 받아야 하는 것은 주식의 정의 자체로부터 너무나 당연하게 도출된다.

판례는 주주평등원칙을 회사 관련 법률 관계 전반에 적용되고 위반시 법률행위의 효력을 부정할 정도의 중요한 법원리로 인정하고 있다. (1) 먼저 적용 범위 측면에서 판례는 주주평등원칙을 ① 회사의 주주에 대한 자본환급, 수익보장 및 손실보전,[5] 주주에 대한 각종 금원의 지급,[6] 이익배당,[7] 자기주식취득,[8] 신주발행,[9] 주식병합과 자본감소,[10] 주식소

---

5) 대법원 2007. 6. 28. 선고 2006다38161, 38178 판결(평화은행 사건), 대법원 2020. 8. 13. 선고 2018다236241(셀텍 사건).

6) 대법원 2017. 1. 12. 선고 2015다68355, 68362 판결(광남자동차 제1판결), 대법원 2013. 7. 11. 선고 2013다5091 판결(알티전자 사건. 연대보증계약의 효력 인정), 대법원 2013. 7. 11. 선고 2013다16473 판결(알티캐스트 사건, 연대보증계약의 효력 인정).

7) 대법원 1993. 5. 27. 선고 92누9012 판결(화천기공 법인세법 사건), 대법원 1980. 8. 26. 선고 80다1263 판결, 서울고등법원 1980. 4. 14. 선고 79나3882 판결(영풍 차등배당 사건, 1% 이상 주주에게는 30%, 1% 미만 주주에게는 33% 이익배당한 사례에서 해당 주주가 스스로 배당 받을 권리를 포기한 것으로 보아 유효로 봄. “상법 제464조의 취지는 정관상 같은 종류의 주식을 가진 주주는 이익이나 이자 배당에 있어서 주식수에 따라 이를 배당 받을 권리가 있고, 누구든지 자기의 의사에 의하지 아니하고 위 평등의 원칙에 반하는 내용을 강요당하지 아니한다는 것일 뿐 자기의 배당받을 권리를 포기하거나 양도하는 것을 절대로 금지한다는 취지는 아니라고 할 것”).

8) 대법원 2003. 5. 16. 선고 2001다44109 판결(대한종금 사건), 대법원 2021. 10. 28. 선고 2020다208058 판결(제이티넷 사건. 특정 주주의 주식을 회사가 취득한 것을 자기주식취득 관련 상법 제341조와 주주평등원칙에 위배되는 것으로 봄).

9) 대법원 2009. 5. 29. 선고 2007도4949 전원합의체 판결(삼성에버랜드 전환사채

각[11]과 같은 현금 관련 권리(cash-flow right, 자익권) 전반과 ② 1주 1의결권 원칙 등 의결권 행사,[12] 주주명부의 쌍면적 구속력,[13] 의결권 불통일 행사의 허용 여부,[14] 임원 추천권,[15] 회사 중요 경영사항에 대한 동의권[16] 등 회사 경영 참여 관련 권리(공익권) 관련 사건 전반에 적용하고 있다. (2) 위반 시 효과 면에서도 판례는 주주평등원칙을 위반한 경우 주주총회 결의, 자본감소, 신주발행, 이익배당 결의와 회사법적 행위의 효력뿐만 아니라, 회사와 주주간의 계약에 근거한 손해배상청구권 등의 채권적 효력은 물론, 계약 자체를 무효화시키기도 한다.

이처럼 주주평등원칙은 회사법 관련 관계 전반에 적용되는 회사법적, 사법적 효력까지 부인할 수 있는 강력한 법원칙으로서, 민법의 신의성실의 원칙(민법 제2조 제1항)이나 권리남용 금지의 원칙(민법 제2조 제2항)에 비견되는 것으로까지 평가되고 있다.[17]·[18]

(2) 판례에 대한 비판

판례가 인정하는 주주평등원칙의 적용 범위가 광범위하고 그 효력

사건), 대법원 2018. 7. 20. 선고 2018두40188 판결(미화콘크리트 주식회사 조세제한특례법 사건).

10) 대법원 2020. 11. 26. 선고 2018다283315 판결(울트라건설 10,000 : 1 감자 사건).

11) 제주지방법원 2008. 6. 12. 선고 2007가합1636 판결(미항소확정, 법인주주와 개인주주를 차별하여 개인주주들의 주식만을 액면가로 매입하여 소각하기로 한 주주총회결의가 주주평등원칙에 반하는 결의로서 무효라고 봄).

12) 서울고등법원 1990. 5. 9. 선고 89나28305 판결(서울폐차산업 사건, 추가출자를 추진하였으나 일부 주주가 응하지 않자, 주식수 비율이 아니라 출자금액비율로 의결권을 인정하였으나 이를 주주평등원칙 위반으로 판단. 다만 결의 결과에 영향을 미치지 않았다고 판단하여 주주총회결의 효력은 인정).

13) 대법원 2017. 3. 23. 선고 2015다248342 전원합의체 판결(신일산업 사건).

14) 대법원 2009. 4. 23. 선고 2005다22701,22718 판결(국민은행·한국주택은행 합병 사건).

15) 대법원 2018. 9. 13. 선고 2018다9920, 9937 판결(광남자동차 제2판결).

16) 서울고등법원 2021. 10. 28. 선고 2020나2049059 판결(털론 사전동의권 사건).

17) 이철송, 회사법강의 제29판(2021), 319쪽.

18) 실제 사건에서도 주주평등원칙과 함께 신의성실의 원칙, 권리남용금지 원칙이 판단기준으로 함께 사용되는 경우가 종종 있다. 대표적으로 울트라건설의 10,000 : 1 감자 사건의 원심(서울고등법원 2018. 10. 12. 선고 2018나2008901 판결)은 주식병합 및 자본 감소를 주주평등원칙에 반할 뿐만 아니라 신의성실의 원칙, 권리남용금지의 원칙에도 위배되어 무효로 보았다. 해당 판결은 대법원에서 파기되었다.

역시 강력하다 보니, 주주평등원칙의 무분별한 적용을 제한하여야 한다는 주장들이 상당히 오래전부터 많이 이뤄졌다. 특히 상법에 주주평등원칙이 명문으로 규정되어 있지 않은 상황에서 주주평등원칙이 적용되는 법률관계의 범위가 너무 넓다는 점, 특정 주주에게 다른 주주에게 인정되지 않는 우월한 권리나 이익을 제공하였는지에만 초점을 두어 절대적, 형식적 평등을 중요시한다는 점이 문제점으로 주로 지목된다. 선행연구들의 비판은 다음과 같이 정리할 수 있다.

- 회사나 주주 공동의 이익에 부합하는 등 정당한 사유가 있는 경우 주주평등원칙을 형식적으로 위반하는 것이 허용된다는 주장, 즉 주주간의 절대적 평등이 아닌 합리적 정당한 사유가 없는 차별적 취급을 금지하여야 하고, 형식적인 불평등이더라도 효율성 제고를 위한 정당화 사유를 넓게 인정하여야 한다는 주장[19)]
- 자기주식취득금지 등 구체적인 법령이나 개별 규제법리에 의해 해결할 수 있는 경우라면 해당 법령 등을 우선적으로 적용해야 하고,

19) 김태진, “주주평등원칙에 관한 소고”, 기업법연구 제22권 제3호(2008), 40쪽(어느 범위까지 주주들을 달리 취급하는 것이 허용될 것인지는 절차 및 내용상 중대한 하자가 존재하지 않는 한, 회사의 기업가치와 주주의 공동 이익을 위하여 주주 자신들이 판단할 문제임); 송옥렬, “포이즌필의 도입에 따른 법정책적 쟁점”, 상사법연구 제27권 제2호(2008), 107, 108쪽(주주평등원칙이 선험적으로 주어진 것이 아닌 이상 필요한 경우에는 제한이 가능하다고 보아야 하며, 주주평등원칙도 어디까지나 주주의 이익을 위하여 만들어진 제도라는 관점에서 본다면, 주주평등원칙을 위반하는 것이 주주 전체 또는 일정 지분 이하의 소액주주의 이익을 증대시킬 수 있다면 주주간 차별취급은 위법하지 않음); 정쾌영, “주주평등원칙에 대한 재고”, 상사판례연구 제23권 제4호(2010), 17쪽(다수파 주주의 이익과 소수파 주주의 이익이 상반되거나 또는 회사 전체의 이익을 위하여 필요한 경우에는, 합리적인 근거가 있는 한도 내에서 주주들 사이에 차별적 취급도 할 수 있다고 해석하는 것이 바람직함); 천경훈, “주주간 계약의 실태와 법리-투자촉진 수단으로서의 기능에 주목하여”, 상사판례연구 제26집 제3권(한국상사판례학회, 2013), 90쪽; 권기범, 현대회사법론 제7판(2017) 499쪽(일부 주주들을 불평등 취급하였더라도 필요, 적정하고 상당한 범위 내에서 회사의 보다 큰 이익을 위해 이루어진 것인 경우에는 주주평등원칙 위반이 아님); 천경훈, “회사와 신주인수인 간의 투자자보호약정의 효력-주주평등원칙과의 관계를 중심으로-”, 상사법연구 제40권 제3호(2021), 111쪽(절대적 평등을 보장하는 것이 아니라 합리적 정당화 사유가 없는 차별적 취급을 금지하는 원칙으로 유연하게 이해하고, 합리적 정당화 사유의 존부를 판단해야).

주주평등원칙은 보충적으로 적용해야 한다는 주장[20]
- 주주평등원칙에 따라 행위의 효력을 무효화하기보다는 이사 업무 집행에 관한 선관주의의무를 검토하는 문제로 해결해야 한다는 주장[21]
- 주주평등원칙을 보다 명료한 개념으로 재편할 필요가 있고, 소수주주 보호가 문제되지 않는 사안에서는 가급적 적용을 배제하는 것이 타당하다는 주장[22]
- 주주평등원칙이 우리나라에서 유독 교조화되고 있고 판례의 태도가 세계 각국에서 널리 활용되는 투자자보호약정 실무와 괴리된다는 주장[23]

2. 주주평등원칙의 재검토 필요성

이러한 비판에도 불구하고 판례는 주주평등원칙을 회사와 주주 간의 다양한 법률문제들을 해결함에 있어 널리 활용하고 있다. 1997년 말 금융위기 이후 외국에서 통용되던 각종 투자계약과 투자기법들이 우리나라에도 널리 활용되고, 긴급한 재무구조 개선의 필요성이 있는 회사들이 투자 유치를 위해 투자자들에게 투자수익을 보장하거나 일정한 경영 참여 권한을 부여하는 경우가 등장함에 따라, 주주평등원칙의 적용 여부가 문제되는 사례가 늘어나고 있다.[24] 주주평등원칙이 회사와 주주 간의 법률관계를 일거에 정리할 수 있는 강력한 법원칙으로 자리 잡다 보니, 당사자들이 분쟁 과정에서 이를 널리 주장하고 활용하는 것도 현실이다.

그런데 주주평등원칙이 과연 판례가 제시하는 방향대로 활용되는 것이 타당한지에 대해 근본적인 의문을 제기하는 사건들이 근래 들어 연이

---

20) 김태진. 앞의 논문, 39쪽(개별 구제법리에 의해 해결할 수 있는 경우라면 그러한 개별 구제법리에 의해 우선 해결하여야 함); 천경훈, 앞의 논문(2021), 110쪽(주주평등원칙을 다른 법리에 뒤이어 보충적으로 적용해야 함).

21) 김태진, 앞의 논문, 39쪽(주주평등 문제는 궁극적으로 이사의 업무 집행에 관한 선관주의의무 내지는 신인의무를 검토하는 문제로 해결하여야 함).

22) 박상철, "벤처투자계약의 국내법상 수용과 관련한 쟁점-상환전환우선주 조항의 효력을 중심으로-", 상사법연구 제37권 제2호(2018), 394쪽.

23) 천경훈, 앞의 논문(2021), 117쪽.

24) Ⅰ. 1. (1)에 열거된 판례들에서도 확인할 수 있듯이 주주평등원칙이 판결의 결론을 결정짓는 역할을 하는 사례가 2000년대 중반 이후 늘어나고 있다.

어 등장하고 있다. 대표적으로 ① 투자자의 회사 주요경영사항에 대한 사전동의권을 주주평등원칙 위반으로 무효로 본 서울고등법원 판결[25)]이 선고되어 투자업계에 논란을 불러일으킨 것과, ② 물적분할 후 재상장과 같은 지배주주의 기회주의적 행동에 대해 상법이나 자본시장법이 소액주주 보호 역할을 제대로 수행하지 못한다는 비판의 목소리가 커진 것을 들 수 있다. 주주평등원칙은 지배주주 보유 주식과 소액주주 보유 주식을 균등하게 취급함으로써 지배주주의 지배권 남용으로부터 소액주주를 보호하는 데에 그 목적이 있다.[26)·27)] 그런데 주주평등원칙에 대한 판례의 입장을 유지할 경우 ① 주주평등원칙이 오히려 투자자 보호 수단을 박탈하는 결과를 가져오면서도(주주평등원칙의 과잉 적용), ② 막상 지배주주의 각종 지배권의 남용으로부터는 소액주주를 적절하게 보호하지 못한다(주주평등원칙의 과소 적용). 이하 순서대로 살펴본다.

(1) 과잉 적용 사례-투자자 보호 수단의 제한

2021년 11월에 선고된 서울고등법원 판결(서울고법 2021. 10. 28. 선고 2020나2049059 판결)의 내용은 다음과 같다. 회사는 투자자로부터 상환주식 발행을 통해 투자금을 조달하면서, 향후 신주 또는 주식 관련 사채를 발행하는 경우 투자자의 사전 서면동의를 받을 것과, 위반 시 투자자가 회사에 상환주식의 조기상환 및 위약벌을 청구할 수 있음을 약정하였다. 회사가 사전동의 없이 제3자에게 신주를 발행하자 투자자가 계약 위반을

---

25) 서울고법 2021. 10. 28. 선고 2020나2049059 판결.

26) 최기원, 신회사법론 제14판, 박영사(2012), 274쪽.

27) 아울러 하급심 판결이지만, 주주평등원칙의 이러한 목적을 잘 설명한 내용이 있어서 이를 다음과 같이 소개한다. "주식회사의 주주는 주식을 통하여 자본적으로만 회사에 관여할 뿐 주주 상호간에 인적 신뢰관계가 없고, 주주총회 결의는 다수결의 원리에 의하기 때문에 그 남용에 의한 폐해가 생기기 쉬우며, 또한 근래에 이르러 주주총회의 권한이 이사회에 집중되고 기업의 소유와 경영이 분리되는 추세에 있어 이사의 자의적인 업무집행으로 인한 폐해가 생길 수 있으므로, 주주평등원칙은 다수결의 남용에 대하여 소수자를 보호함과 아울러 경영자의 전횡으로부터 일반주주를 보호하는 데도 그 목적이 있다"(서울중앙지방법원 2008. 9. 24. 선고 2008가합49481 판결. 감사 선임 관련 상법 제409조 제2항을 변형한 정관규정의 효력이 다퉈진 사건).

이유로 조기상환과 위약벌을 청구하였는데, 재판부는 다음과 같이 주주평등원칙을 근거로 사전동의권과 조기상환 및 위약벌 약정을 모두 무효로 보았다.

> "(5.27%의 지분을 가진 투자자에게[-저자 추가]) 회사의 경영에 대하여 다른 주주들과는 비교할 수 없을 정도로 강력하고 절대적인 영향력을 행사할 수 있도록 하는 것일 뿐 아니라, 그 위반 시에는 조기상환 및 위약벌이라는 재제를 통하여 배당가능이익의 존부와 상관없이 언제든지 출자금의 배액을 초과하는 금액의 반환을 받을 수 있는 권리를 부여함으로써, 실질적으로 회사의 주주에 대하여 투하자본의 회수를 절대적으로 보장하는 기능을 하는 것인바, 이러한 사전 서면동의 약정과 위반 시 재제로서의 조기상환 및 위약벌 약정은 주주평등원칙에 반하는 것으로서 무효라고 보지 않을 수 없다."

회사의 주요 경영사항에 대한 사전동의권 조항은 벤처캐피탈 등 기관투자자가 관여한 투자계약이라면 거의 대부분 포함되어 있다고 보아도 과언이 아니기 때문에, 위 판결은 하급심 판결임에도 불구하고 M&A 및 벤처투자업계에 큰 논란을 불러일으켰다.[28)·29)] 위 판결의 내용이 대법원에서 법원칙으로 확립될 경우 지난 수십여 년간 실무에서 활용된 사전동의권 조항을 비롯한 투자계약 전반의 효력에 의문이 발생할 것으로 예상된다. 최근 몇 년간 투자업계에 가장 큰 영향을 주는 판결 중 하나라 해도 과언이 아닐 정도다.

특히나 회사가 사전동의권의 제공을 통해 투자를 유치한 후, 자신이 약속한 사전동의권의 무효를 주장하는 일종의 배신적 행위를 해당 판결이 뒷받침하였다는 점에서 주주평등원칙을 이렇게 활용하는 것이 과연 타당한지에 대한 의문이 제기될 수밖에 없다.[30)] 현재 판례의 입장 하에

---

28) 법무법인(유) 광장, 2021. 11. 뉴스레터, "신주인수계약상 신주인수인 권리의 한계를 제시한 고법 판결(서울고등법원 2021. 10. 28. 선고 2020나2049059 판결)."
29) 천경훈, 앞의 논문(2021), 117쪽.
30) 위 판결이 벤처캐피탈 투자 관행은 물론 외국의 관행과도 정면으로 배치되는 매우 독특한 판시라는 평가로는 천경훈, 앞의 논문(2021), 117쪽.

서는 주주평등원칙이 위 사건에서처럼 지배주주의 일방적인 경영권 남용을 정당화하거나 지배주주가 투자자에게 약속한 보호 수단을 박탈하는 데에 악용될 여지가 존재한다.

(2) 과소 적용 문제-지배권 남용 행위에 무력

반면 주주평등원칙이 당초 제도의 목적대로 최근 문제된 지배주주의 각종 지배권 남용행위를 적절히 통제할 수 있을지는 의문이다. 최근 몇 년간 주식시장에서 개인투자자의 수가 크게 증가함에 따라[31] 주식시장에 대한 사회적 관심이 매우 높아졌다. 특히 ① 상장회사의 핵심사업 물적분할 후 재상장, ② 터널링(tunneling) 등 지배주주의 상장회사로부터의 각종 사적이익 편취, ③ 기업인수 시 지배주주의 높은 수준의 경영권 프리미엄 수취 등 일련의 거래 과정에서 지배주주의 이익을 위해 소액주주가 손해를 입는다는 목소리가 높아졌다. 정부도 이러한 비판에 따라 여러 법제도 개선대책을 발표하고 법개정을 검토하고 있는 상황이다.[32]

그런데 판례에 따른 주주평등원칙이 위와 같은 지배권 남용행위에 대해 소액주주 보호라는 역할을 수행할 수 있을지는 의문이다. 판례는 일부 주주에게만 회사와 주주간의 약정을 통해 우월한 권리나 이익을 부여하였는지 여부에 초점을 맞추다 보니, 지배주주가 사실상의 영향력 행사를 통해 회사의 의사결정을 자신에게 유리하게 내리는 것에 대해서는 개입하지 못한다. 예를 들어 회사가 지배주주의 지배권을 유지하면서도 핵심사업 운영에 필요한 자금을 조달하기 위해 물적분할 후 자회사 재상장을 추진하더라도, 1주 1의결권의 원칙에 따라 주주총회 결의 등 상법과 정관이 요구하는 필요한 절차를 거쳤다면, 위 거래의 결과 소액주주들이 핵심사업과 관련 의결권이나 주식 처분권을 상실하는 결과가 발생하였더라도[33] 이를 주주평등원칙 위반이라고 보기는 어려울 것이다.

---

31) 한국예탁결제원 자료에 의하면, 우리나라 개인 주식 투자자의 수는 2019년 614만 명에서 2021년 1,374만 명으로 두 배 이상 증가하였다.

32) 금융위원회 2022. 9. 5.자 보도자료, "물적분할 자회사 상장 관련 일반주주 권익 제고방안-물적분할과 상장과정에서 일반 투자자들의 권리가 충실히 고려되는 자본시장 체계를 만들겠습니다."

2022년에는 위와 같은 일련의 문제들을 해결할 의도로, 이사의 충실의무와 관련한 상법 제382조의3을 개정하여 이사의 충실의무 대상에 "주주의 비례적 이익"을 추가하는 상법 일부개정법률안이 발의되기도 하였다.[34] 현행 상법 하에서는 물적분할 등 자본거래 과정에서 일반주주에게 피해가 발생하더라도 회사에 아무런 영향이 없다면 이사의 임무해태에 해당하지 아니하므로, 일반주주 보호를 위해서는 상법이 개정되어야 한다는 것이 제안의 근거이다. 위와 같이 상법이 개정된다고 하여 여러 지배권 남용 사례에 대해 이사의 책임이 인정될 수 있을지는 별론으로 하더라도, 이러한 입법 제안이 이뤄진 것이야말로 주주평등원칙이 지배주주의 지배권 남용 방지와 주주의 비례적 이익보호라는 본래의 기능을 적절하게 수행하지 못하는 현실을 보여 주고 있다고 생각된다.

이상의 문제의식을 바탕으로, 이하에서는 상법상 주주의 비례적 이익 보호가 어떻게 규정화되어 있는지를 살피고, 판례가 주주평등원칙을 어떠한 논리를 바탕으로 정립하였는지, 현재 판례가 인정하는 법리로서의 주주평등원칙은 어떠한 긍정적 기능을 수행하고 어떠한 문제점이 있는지를 검토한다.

Ⅲ. 법리로서의 주주평등원칙과 판례의 문제점

1. 상법상 주주의 비례적 이익 보호 관련 규정

상법은 독일 주식법[35]이나 일본 회사법[36]과 같이 회사법 전반에 적용되는 주주평등원칙을 명문으로 규정하고 있지는 않다. 그렇지만 상법

---

33) 핵심사업을 물적분할할 경우 모회사의 일반주주 입장에서는 핵심사업의 경영과 관련하여 의결권 행사나 주주대표소송 등 소수주주권을 행사하는 것이 불가능해진다. 나아가 핵심사업의 성공으로 자회사의 주식가치가 크게 높아지더라도 자회사 주식의 처분은 모회사 이사회가 결정하므로 모회사의 일반주주는 이에 관여할 수 없게 된다.

34) 의안번호 14916 상법 일부개정법률안(이용우의원 대표발의).

35) 독일 주식법 제53a조("주주는 동일한 조건 하에서는 동일하게 취급한다").

36) 일본 회사법 제109조 제1항("주식회사는 주주를 그 소유하는 주식의 내용 및 수에 따라 평등하게 취급하여야 한다").

은 의결권 행사나 이익배당 등 주주의 권리별로 주식의 평등 대우를 규정한 여러 개별 규정들을 두고 있다.

① 먼저 의결권 등 회사의 경영에 참여할 수 있는 권리(이른바 공익권) 관련 규정들이다. 의결권은 1주마다 1개로 하고(상법 제369조), 각종 소수주주권 역시 법령에서 정한 일정 비율 이상의 주식을 보유하기만 하면 누가 소수주주권을 행사하는지 여부와 관계없이 행사할 수 있다.

② 이익배당 등 회사의 현금 흐름에 참여할 수 있는 권리(이른바 자익권)도 주식 수에 따라 결정된다는 개별 규정들이 존재한다. 이익배당은 각 주주가 가진 주식 수에 따라야 하고(제464조), 잔여재산 역시 주식 수에 따라 주주에게 분배하여야 한다(제538조). 이익배당을 재원으로 하는 자기주식 취득 역시 거래소에서 취득하거나 주식 수에 따라 균등한 조건으로 취득해야 한다(제341조 제1항). 한편 자본금 감소에 대해서는 이러한 비례적 취급이 이뤄져야 한다는 명문의 규정은 없다.[37)]

신주 인수 등 각종 자본거래에 대해서도 개별적인 규정이 존재한다. 주주는 주식 수에 따라 신주(제418조 제1항), 전환사채(제513조의2 제1항), 신주인수권부사채(제516조의11)의 배정을 받을 권리를 갖는다. 준비금의 자본금 전입(제461조 제2항)이나 주식배당(성질상 이익배당 관련 제464조가 적용)을 통해 회사가 무상으로 신주를 발행하면 주주들은 주식 수의 비율에 따라 신주를 취득한다.

상법은 비례적 취급에 대한 예외에 대해서도 개별 규정을 두고 있다. 종류 주식의 경우 이익의 배당, 잔여재산의 분배, 의결권 행사, 상환 및 전환 등에 관하여 보통주와 내용을 다르게 하는 것이 가능하다(제344조). 이익배당이나 잔여재산 분배의 경우 종류주식에 대해서는 보통주와

37) 다만 자본금 감소는 ① 액면 감액이나 ② 주식병합을 통한 주식 수의 감소를 통해서만 이뤄질 수 있는데, 액면주식의 금액은 균일하여야 하므로(제329조 제2항) 전자의 경우 자연스럽게 모든 주주들에게 균등한 취급을 하게 된다. 후자의 경우에는 주식병합 관련 상법 제440~443조가 균등한 취급에 대한 규정을 두고 있지는 않다. 이 경우에도 비례적 취급이 필요하다는 점은 아래 2.에서 살펴보는 바와 같이 판례가 인정하는 주주평등원칙에 따라 인정될 수 있다.

다른 비율로 배당하거나 잔여재산을 분배하는 것이 허용됨이 명시적으로 규정되어 있고(제461조 후문, 제538조 후문), 상환주식의 경우에도 회사가 상환주식만 취득하는 것이 가능함이 규정되어 있다(제341조 제1항 제2호).

이처럼 상법은 회사와 주주 간 법률 관계 전반에 적용되는 포괄적인 주주평등원칙 규정을 두고 있지 않지만, 위와 같은 개별 규정들을 통해 회사에 의한 주식의 평등한 대우를 실현하고 있다.

2. 법리로서 주주평등원칙의 긍정적 역할과 문제점

(1) 법리로서의 주주평등원칙과 긍정적 기능

판례는 상법상 주주평등원칙을 규정하는 명문의 규정이 없음에도 불구하고, ① 주식이 주주의 회사에 대한 권리를 균등한 단위로 나눈 지분이라는 점과 ② 의결권 행사, 이익배당 등 주주의 여러 권리행사에 있어 “주식의 수에 따른 취급”을 하는 여러 상법 규정들을 바탕으로 주주평등원칙을 지금과 같은 구체적인 내용으로 발전시켜 왔다. 대상판결은 주주평등원칙을 다음과 같이 정리하였다는 점에서 의미를 갖는다.

> “주주평등원칙이란, 주주는 회사와의 법률관계에서는 그가 가진 주식의 수에 따라 평등한 취급을 받아야 함을 의미한다. 이를 위반하여 회사가 일부 주주에게만 우월한 권리나 이익을 부여하기로 하는 약정은 특별한 사정이 없는 한 무효이다.”

이러한 점에서 주주평등원칙은 상법의 여러 규정들과 판례를 바탕으로 정립된 법리(doctrine)에 해당한다.[38] 법리는 법률이 규정하고 있지 않거나 규정하고 있더라도 그 의미가 명확하지 않은 경우 이를 보충하고 구체화하는 역할을 수행한다. 법리는 법관의 자의를 줄이고 구체적 사건을 해결할 수 있는 지침을 제공하며, 당사자들의 재판 결과에 대한 예측가능성을 높이고 이에 따라 사전에 필요한 행동을 할 수 있게 한다는 점

38) 권영준, “민사재판에 있어서 이론, 법리, 실무”, 서울대학교 법학 제49권 제3호 (2009), 316쪽.

에서 중요한 의미를 갖는다.[39)]

주주평등원칙은 상법이 명확한 규정을 두고 있지 않은 경우 그 공백을 채워 넣는 훌륭한 역할을 수행한다. 예를 들어 앞서 본 바와 같이 상법은 주식병합 방식 자본금 감소를 할 때 주식 수에 비례하여 주식병합이 이뤄져야 한다는 규정을 두고 있지 않다. 그렇지만 주주평등원칙이 판례에 의해 인정되는 이상, 주식병합 시에도 당연히 주식 수에 따라 평등한 취급을 해야 하고, 따라서 비례적으로 주식을 병합해야 한다. 또 다른 예로, 신주 발행 시 상법 제418조 제1항은 주주가 가진 주식 수에 따라서 신주의 배정을 받을 수 있다고 규정하고 있지만, 이 경우 모든 주주들에게 같은 가격에 주식을 발행해야 하는지에 대해서는 침묵하고 있다. 그렇지만 주주평등원칙에 따라 주주들 사이에 발행조건에 차등을 두어 발행하는 것은 상법 제418조 제1항에 따른 주주배정방식 신주발행으로 보기 어렵고,[40)] 이는 같은 조 제2항에 따른 제3자배정방식 신주발행에 해당하여 경영상의 필요성 등 요건을 갖추어야만 한다는 해석에 이를 수 있다.

(2) 판례가 인정하는 주주평등원칙의 경직성

문제는 주주평등원칙이 법률의 공백을 메우는 보충적 기능에 그치지 않고 마치 상법 전체를 관통하는 가장 중요한 법원칙으로 자리 잡으면서 위반 시 회사법적 효력뿐만 아니라 채권적 효력까지도 상실시키는 강력한 효과가 인정된다는 데에 있다. 주지하는 바와 같이 상법에서는 거래의 안전과 법률관계의 안정성을 중시한다. 예를 들어 상법에서 정한 절차를 위반한 주주총회 결의의 경우에도 제소기간을 규정하여 일정 기간이 경과한 후에는 그 효력을 다툴 수 없게 하고(제376조 제1항), 법원의

39) 권영준, 앞의 논문, 334쪽.

40) 대법원 2009. 5. 29. 선고 2007도4949 전원합의체 판결(삼성에버랜드 전환사채 사건). 대법원은 “주주 중 일부에게만 신주를 배정, 발행하거나 주주들 사이에 발행조건에 차등을 두어 발행하는 것은 여기에서의 주주배정방식에 해당하지 않는다고 할 것이다”라고 판시하였다. 이러한 전제하에 주주배정방식 신주발행의 경우 회사가 시가보다 낮은 가격에 신주를 발행하더라도 이사의 임무위배에 해당하지 않는다고 보았다.

재량에 의한 청구기각도 인정한다(제379조). 전단적 대표행위와 같이 법률이나 회사 내부 규정에서 정한 절차를 거치지 않은 경우에도 거래 상대방이 이에 대해 선의이고 중과실이 없으면 해당 거래를 유효하게 본다.[41] 이러한 경우 회사나 이에 불만을 갖는 주주로서는 비록 결의의 효력이나 거래 자체는 무효로 할 수 없지만, 임무위배를 통해 회사에 손해를 입힌 이사에게 책임을 추궁하는 방식으로 구제받을 수 있다.

이러한 점에서 판례가 인정하는 주주평등원칙은 상법의 다른 제도들과 비교할 때 매우 강력하고 다소 이질적이기까지 하다. 거래의 안전이나 법률관계의 안정성은 크게 고려하지 않고, 거래 시점이나 약정 시점과 관계없이 회사법적 효력은 물론 채권적 효력까지도 상실되기 때문이다. 문제는 주주평등원칙이 회사법과 관련한 거의 모든 법률관계에 적용되고 그 적용을 제한하는 법리가 아직은 별로 발전하지 못하다 보니, 주주 사이에 약간의 형식적인 차이만 있다면 그 구체적 타당성을 고려하지 않고 효력이 부인될 가능성이 존재한다는 데에 있다. 주주평등원칙의 이러한 경직성은 당사자들의 예측 가능성을 떨어뜨리고 지배주주나 경영진이 자신의 권한을 강화하는 데에 이를 악용할 수 있다는 점에서 재고가 필요하다. 이러한 문제의식을 바탕으로 다음 장에서는 현재의 주주평등원칙을 어떻게 발전적으로 해체하고 재정립할지를 검토한다.

Ⅳ. 주주평등원칙의 발전적 해체

판례의 내용을 종합하면, 법리로서의 주주평등원칙의 내용은 다음과 같이 정리할 수 있다.

- 주주 지위와 채권자 지위의 구분—주주로서 회사로부터 다른 주주에게 인정되지 않는 우월한 권리나 이익을 제공 받는 경우 적용. 따라서 회사가 주주가 아닌 채권자에게 이러한 권리나 이익을 부여하거나 주주 겸 채권자에게 부여한 경우에는 적용되지 않음[42]

41) 대법원 2021. 2. 18. 선고 2015다45451 전원합의체 판결.

- 절대적 평등의 중시 및 종합적 검토의 부재–다른 주주에게 인정되지 않는 손익보장 약정이나 임원 추천권 등 권리나 이익을 부여하였는지 자체에 초점을 둠. 해당 주주에게 우월한 권리나 이익을 부여함으로써 회사나 주주 전체, 나머지 주주가 어떠한 긍정적인 영향을 얻었는지를 크게 고려하지 않음
- 형식적 평등의 중시 및 결과에 대한 미고려–주주가 주식의 수에 따른 비례적 대우를 받았느냐는 형식적 평등을 중시하고, 형식적 평등을 준수하여 이뤄진 회사의 행위로 인한 결과는 크게 고려하지 아니함. 따라서 주식의 비율에 따라 평등한 취급을 한다면 일부 주주의 지위를 박탈당하는 결과가 발생하더라도 주주평등원칙에 위배되지 않음[43]
- 위반 시 효력 상실–주주평등원칙을 위반한 회사의 결정과 이를 위반하는 내용의 약정은 효력을 상실함
- 개별 조문이 존재하는 경우에도 적용–자기주식취득(제341조), 1주 1의결권(제369조)과 같이 사안에 적용될 수 있는 구체적인 규정이 있는 경우에도 주주평등원칙을 적용[44]

이하에서는 이러한 판례의 기준이 어떠한 문제점을 갖는지를 순서대로 살피고, 그 검토 내용에 따라 현재의 주주평등원칙의 발전적 해체와 재정립을 시도한다.

1. 주주 지위와 채권자 지위 구분 기준의 폐지

(1) 판례의 태도–주주 지위에서 부여된 권한에만 적용

판례는 회사가 약정을 통해 특정 채권자에게 다른 채권자나 심지어 주주에게도 인정되지 않는 우월한 권리를 부여하는 것은 무효로 보지 않

---

42) 대법원 2018. 9. 13. 선고 2018다9920(본소), 2018다9937(반소) 판결(광남자동차 제2판결).

43) 대법원 2020. 11. 26. 선고 2018다283315 판결(울트라건설 10,000 : 1 감자 사건).

44) 대법원 2003. 5. 16. 선고 2001다44109 판결(대한종금 사건), 대법원 2021. 10. 28. 선고 2020다208058 판결(제이티넷 사건).

는다. 주주의 지위에서 갖는 권리가 아니라 채권자의 지위에서 갖는 계약상 권리로 보기 때문이다. 대표적으로 광남자동차 사건[45]에서 대법원은 ① 회사 주식 매입과 자금 대여를 통해 회사에 자금을 공여한 투자자가 주주 겸 채권자의 지위를 유지하는 상황에서는 임원 추천권을 보유하고 추천권 미행사 시 회사로부터 약정금을 받는 것은 계약상 특수한 권리로서 허용되지만, ② 회사가 차입금을 모두 변제하여 투자자가 주주의 지위만을 갖게 된 경우에는 이러한 약정금 지급이 주주평등원칙에 위배되어 무효라고 본다. 본 논문의 대상판결에서도 ① 1심과 원심은 피고들이 투자자로서 회사와 투자수익약정을 체결하였다는 측면에 초점을 두어 본건 투자계약을 유효하다고 보았지만, ② 대법원은 피고들이 주주의 지위에서 신주인수대금의 회수를 보전하는 약정을 체결하였다고 보아 이를 주주평등원칙에 위배되는 무효인 약정으로 보았다.

(2) 주주-채권자 구분 기준의 폐지 필요성

이처럼 주주의 지위에서 체결한 약정인지, 아니면 채권자의 지위에서 체결한 약정인지에 따라 그 효력을 달리하는 판례의 태도는 타당한가? 판례의 입장은 다음과 같은 이유에서 받아들이기 어렵다.

(가) 채권자 사전동의권 등 재무확약과의 비차별성

먼저 회사 채권자에 대해서 회사가 사전동의권 등 각종 경영 참여권을 제공하는 것은 허용하면서, 주주에 대해서는 이를 전면적으로 금지할 합리적인 근거가 없다. 실무에서는 금융기관이 회사에 자금을 대여하면서 각종 재무확약(financial covenants)을 요구하는 경우가 있다. 특히 인수금융(acquisition financing)이나 프로젝트 파이낸싱(project financing)의 경우 신주, 주식연계증권의 발행은 물론, 일정 금액 이상의 투자, 차입, 대출, 계약 체결, 감자, 배당 등 회사가 채권단의 사전동의 없이 할 수 없는 경영사항을 대출계약서에 폭넓게 규정하는 것이 일반적이다. 만일 이러한 재무확약을 위반하는 경우 차주인 회사는 자금을 조기상환해야 하고(기한

---

45) 대법원 2018. 9. 13. 선고 2018다9920(본소), 2018다9937(반소) 판결(광남자동차 제2판결).

이익의상실사유, 의무조기상환사유) 손해를 배상할 의무를 부담한다. 채권자는 회사가 일정한 요건을 준수하는 것을 전제로 자금을 대출하고 대출조건을 정하기 때문에, 이러한 요건을 준수할 것을 계약상 의무로 규정하는 것이다. 회사를 운영하는 주주가 채권자의 이익보다 자신의 이익을 위해 당초 약속했던 것과 달리 보다 리스크가 높은 사업을 수행하는 등 기회주의적 행동(opportunistic behavior)을 하는 것을 방지하기 위함이기도 하다.[46)]

이러한 재무확약의 내용은 투자자가 회사 주식에 투자하면서 투자계약 등의 형태로 회사로부터 약속하는 사전동의권의 내용과 사실상 동일하다. 실무에서 통용되는 채권단의 인수금융계약서와 벤처캐피탈의 투자계약서를 살펴보면 오히려 금융계약서상 채권단의 경영관여 관련 권한이 투자계약서상 그것보다 넓은 경우가 많다. 그렇지만 채권자의 회사에 대한 사전동의권 등 경영참여권과 위반 시 채권자가 갖는 조기상환 및 손해배상 청구권은 주주평등원칙 적용 대상이 아니므로 당연히 그 효력은 인정된다.

그런데 채권자에게는 회사가 이러한 우월한 권리를 부여하는 것을 허용하고, 주주에게는 이를 금지시켜야 할 합리적인 이유가 있는가? 채권자는 회사재산에 대해 주주에 비해 선순위에 있고, 사업의 성공으로 회사재산이 크게 증가한다고 하여 약속된 원리금 이상 급부를 받지 못한다. 반면 리스크가 높은 사업을 수행한 결과 회사의 책임재산이 차입금에 비해 적게 되더라도 주주는 주주유한책임(상법 제331조)에 따라 출자금 이상으로 책임을 부담하지 않는다.[47)] 따라서 주주는 채권자보다 위험선호적(risk prone)인 방향으로 사업을 수행할 가능성이 있고, 이러한 점에서 채권자는 재무확약을 통해 주주가 회사를 보수적으로 운영하도록 통제할

46) 주주의 채권자에 대한 각종 기회주의적 행동에 대해서는 정준혁, “합병 및 분할 관련 채권자보호제도 개정 제안”, 저스티스 제174호(2019)(이하 “2019a”), 184-186쪽. 주주는 자산희석화, 청구권희석화, 자산교체, 과소투자 등을 통해 채권자의 이익을 침해하고 자신의 이익을 추구하는 기회주의적 행동을 한다.

47) 주주와 채권자의 행동 특성에 대해서는 정준혁, 앞의 논문(2019a), 181-184쪽.

필요성을 갖는다. 채권자는 회사가 리스크가 높은 사업을 수행함으로써 회사재산이 큰 폭으로 증가하는 것보다는 회사가 원리금을 상환할 수 있는 수준의 재산을 안정적으로 유지하는 것을 선호할 수 있다. 금융계약이 주주가 투자금을 당초 약속한 용도대로 사용하도록 강제하는 역할도 수행함은 물론이다.

비지배주주인 주주 역시 자신의 회사에 대한 투자금이 회사가 당초 약속한 용도대로 사용하도록 강제할 필요성이 있다. 나아가 채권자와 달리 비지배주주는 적어도 회사의 현금흐름 측면에서는 지배주주와 같은 입장에 있기 때문에, 채권자에 비해 지배주주와의 이해관계가 보다 일치하는 측면이 있다. 달리 말하면 비지배주주의 회사에 대한 사전동의권 행사가 회사나 지배주주의 이익에 반할 가능성은 채권자에 비해 일반적으로 낮다. 비지배주주는 사전동의권 등을 통해 지배주주의 지배권 남용 행위를 훌륭하게 감시(monitoring)할 수도 있다. 이러한 점을 고려할 때, 채권자와 달리 주주에 대해서만 사전동의권 등 경영 참여권을 금지시킬 이유는 뚜렷하지 않다.

(나) 지배주주에 의한 회사 경영 관여나 사익편취를 묵인

판례의 태도는 지배주주의 실질적 영향력 행사를 통한 회사 경영 관여나 회사와의 계약을 통한 각종 사익편취는 전혀 금지하지 않으면서, 투자자의 지배주주 견제를 위한 통제장치는 주주평등원칙 위반을 이유로 효력을 상실시키는 문제점이 있다. ① 지배주주는 이사 선임권 등을 바탕으로 회사의 경영진에 사실상의 영향력을 행사한다. 회사의 경영진이 지배주주에게 회사의 중요한 경영정보를 전달하고 중요한 의사결정에 앞서 지배주주의 동의를 받음은 물론이다. ② 나아가 지배주주는 자신의 영향력을 바탕으로 회사와 각종 계약을 체결하는 방법으로 회사의 채권자가 되어 사적이익(private benefit of control)을 편취할 수 있다.[48] 지배주주가 이사회의 승인을 얻어 회사와의 계약을 통해 자기거래의 형태로 다

48) 지배주주의 각종 사적이익 편취 방법 및 법률 문제에 대해서는 정준혁, "지배권의 사적이익과 경영권 프리미엄", 기업법연구 제33권 제2호(2019)(이하 "2019b).

른 주주나 채권자에 앞서 회사 재산을 가져가는 것은 이사의 선관주의의무 위반 등 책임 문제는 불러일으킬지 몰라도 그 거래의 효력이 주주평등원칙에 의해 부정되지는 않는다.

지배주주의 경영 관여나 사익편취는 주주로서의 지위가 아니라 ① 사실상의 영향력 행사나 ② 별도의 계약을 통해 이뤄지기 때문에, 주주로서의 지위와 채권자로서의 지위를 구분하는 현재 판례의 태도가 유지되는 이상 주주평등원칙이 적용될 여지가 없다. 주주평등원칙은 지배주주에 의한 비공식적 경영 관여나 사익편취는 용납하는 반면, 비재배주주의 투자계약에 기한 경영 관여나 지배주주에 대한 감시(monitoring)는 무력화하는 수단으로 악용될 수 있다. 판례가 인정하는 주주평등원칙이 소액주주 보호가 아닌 지배주주의 지배권 공고화에 사용되는 역설적인 결과를 가져오고 있다.

(다) 주주 지위와 채권자 지위 구분의 현실적 어려움

마지막으로 현실에서는 주주 지위와 채권자 지위를 명확하게 구분하기 어렵고, 구분이 가능하다고 하더라도 불합리한 결과를 가져온다는 점을 문제점으로 들 수 있다. 앞서 광남자동차 사건에서 보는 바와 같이, 해당 사건의 투자자는 대출금을 모두 변제 받았다는 이유만으로 주주평등원칙의 적용을 받았다. 그렇다면 어느 투자자가 100억원 상당의 회사 신주를 인수하고 100억원을 회사에 대출하면서 회사와 임원 추천권, 사전동의권 등의 약정을 체결했다면 이를 유효하다고 볼 것인가? 위 판례의 태도를 적용하면 주주 겸 채권자의 지위를 갖고 있으므로 주주평등원칙이 적용되지 않는다고 보아야 할 것이다. 100억원 상당의 신주를 인수하고 100만원을 대출한 경우에도 어쨌든 채권자 지위가 있으니 동일하게 판단할 것인가? 만일 신주인수계약에는 아무런 권리가 규정되어 있지 않지만 대출계약에는 각종 재무확약이 포함된 경우는 어떻게 볼 것인가? 판례의 논리는 지나치게 외관에 치중한 것으로 위 문제에 대해 명확하고 합리적인 답을 제공하지 못한다.

나아가 판례의 입장에 따르면, 주식을 인수하는 투자자가 회사와 체결하는 투자약정은 무효이지만, 신주인수권부사채(BW)나 전환사채(CB)를 인수한 투자자가 같은 내용의 약정을 체결한다면 무효가 되지 않아야 한다. 그러다 투자자가 신주인수권이나 전환권을 행사하여 주식을 취득하면 해당 약정은 다시 무효가 된다. 신주나 주식연계증권이나 모두 회사의 주식가치 상승을 목표로 투자한다는 점에서 이를 다르게 취급할 이유는 뚜렷하지 않다. 이처럼 주주 지위와 채권자 지위의 존재 여부에 따라 주주평등원칙 적용 여부를 판단하는 판례의 논리는 실제 사안에서 적절한 기준을 제시하지도 못하고 합리적이지도 않다.

2. 절대적 평등 기준에서 이익의 종합적 고려로의 전환

(1) 판례의 태도-주주간 절대적 평등을 중시하고 회사가 얻은 이익을 고려하지 않음

판례는 주주간의 절대적 평등이 보장되어야 한다는 전제하에, 다른 주주에게 인정되지 않는 손익보장 약정이나 임원 추천권이 특정 주주에게 제공되기만 하면 이를 주주평등원칙에 위반하는 것으로 보아 그 효력을 상실시킨다. 여러 선행 연구의 비판에도 불구하고,[49] 해당 주주에게 부여된 권리나 이익 이외에 해당 투자로 회사나 주주 전체가 얻은 이익이나 투자약정을 체결할 수밖에 없었던 당시 회사의 상황 등을 함께 고려한 사례는 발견되지 않는다.

대상판결의 사안에서도 당시 원고 회사의 열악한 재무상황과 주식거래정지 가능성, 대상회사의 자본금 확충 필요성 등 제반 사정을 고려할 때 수익보장약정 없이 원고 회사가 투자자를 유치하는 것은 어려웠을 것으로 보인다. 원고 회사 입장에서는 투자자에게 수익보장약정을 통해 자본금을 증가시킬 수 있었고, 이러한 방법을 통해 주식의 관리종목 지정이나 상장폐지를 지연시킴으로서 이로 인한 이익을 다른 주주들이 누릴 수 있었다.[50] 그러나 이러한 사정을 재판부가 고려한 것으로 보이지

49) Ⅱ. 1. 2).

50) 다만 뒤에서 검토하는 바와 같이, 회사가 위 약정에 따라 해당 투자자에게 투자

는 않는다. 대법원은 회사가 피고들과 다른 주주들에게 제공되지 않은 수익보장약정을 체결하였다는 이유만으로, 회사나 다른 주주들에게 발생한 이익에 대한 고려 없이 이를 주주평등원칙에 반하는 것으로 보았다.

(2) 권리나 이익 제공의 종합적 고려 필요성

이처럼 주주간의 절대적 평등이 아니라, 비록 회사가 특정 주주에게 다른 주주에게 인정되지 않는 권리나 이익을 제공하더라도 이러한 행위가 종합적으로 회사나 주주 공동의 이익에 부합한다면 그 효력을 인정해야 한다는 것은 앞서 본 바와 같이 많은 연구자들에 의해 주장된 바 있다.[51] 만일 회사가 특정 주주와 체결한 투자약정이 종합적으로 볼 때 회사에 이익보다는 손해를 입히는 것이었다면 투자약정의 효력을 부정하는 대신 이사에게 책임을 추궁하는 방식으로 해결하자는 주장도[52] 같은 맥락에서 합리적이다. 본 논문에서는 이러한 주장의 내용을 반복하기보다는 간단한 사례를 통해 이를 뒷받침하고자 한다.

스타트업 기업의 경우 성장단계에 따라 투자자들로부터 여러 차례의 투자를 받는 것이 일반적이다(이른바 시리즈 투자). 이때 투자자들로부터 얼마의 기업가치를 인정받았는지는 스타트업 기업의 향후 전망은 물론, 기투자한 투자자들의 성과에도 매우 중요하다. 따라서 이러한 투자계약에서는 회사가 투자자들의 동의 없이 투자자가 투자한 가격보다 낮은 가격에 신주를 발행하지 못하게 하는 규정이 포함되는 것이 일반적이다. 예를 들어 시리즈 A 투자에서 주당 10,000원에 신주 발행이 이뤄진 후 시리즈 B 투자에서 주당 5,000에 신주 발행이 이뤄지면, 기존 시리즈 A 투자자로서는 지분이 희석되는 것은 물론, 기존에 투자한 주식의 가치도 절반으로 하락한 것으로 평가받게 된다. 따라서 만일 회사가 이러한 사전동의권을 제공하는 것을 완강하게 거부한다면, 시리즈 A 투자자로서는

수익금을 지급한 것은 상법에 따른 이익배당이나 자기주식취득, 자본금감소 절차를 거치지 않고 사실상 주주에게 배당을 한 것으로서 위법하다.

51) Ⅲ. 1. 2).

52) 김태진, 앞의 논문, 39쪽.

훨씬 낮은 가격, 예를 들어 주당 5,000원에 투자하는 것을 고려할 수밖에 없게 된다.

이러한 상황에서 투자자의 사전동의권을 주주평등원칙에 위반하는 것으로 보아 효력을 상실시키면 회사나 투자자로서는 그만큼 주식 발행과 관련한 선택지가 줄어드는 결과를 맞이하게 된다. 10,000원이라는 높은 가격에 투자를 받으면서 투자자에게 사전동의권을 제공할지, 아니면 5,000원이라는 낮은 가격에 투자를 받으면서 사전동의권을 부여하지 않을지에 대한 결정은 통상적인 경영판단의 영역에 속한다. 그런데 주주평등원칙은 앞서 하급심 판결에서 보는 바와 같이 회사의 경영판단에 개입하여 전자와 같은 결정은 금지하고 후자와 같은 결정만을 택하게 하는 결과를 가져올 수 있다. 나아가 투자자로서는 10,000원이라는 높은 가격에 투자하면서 사전동의권도 보장 받지 못하는 결과를 맞닥뜨리게 될 수도 있다.

투자자의 사전동의권이 주주평등원칙에 위반되어 무효라는 법리가 확립되는 경우, 투자대상회사의 대주주나 대표이사 등에게 사전동의권을 요구하고 위반 시 이들이 책임을 부담하는 형태로 실무가 전개될 것으로 예상된다. 주주와 주주간의 계약에는 주주평등원칙이 적용되지 않으므로, 이러한 형태의 사전동의권은 적어도 판례가 인정하는 주주평등원칙 위반은 아닐 것으로 보인다. 그러나 이처럼 창업자 개인에게 의무를 부담시키는 것은 창업 활성화라는 측면에서 바람직하지 않고 개인에 대해 연대보증책임 등 무분별하게 책임을 지우는 것을 줄여야 한다는 사회적 분위기나 국제 관행와도 배치된다. 특히 대주주가 회사인 경우에는 투자로 인하여 직접적인 이익을 얻지 못하는 주주사가 왜 위와 같은 책임을 부담해야 하는지에 대해 문제 제기가 이뤄질 수 있고, 주주사 이사들의 선관주의의무 위반을 이유로 사전동의권 자체가 거절될 가능성도 상당하다. 사전동의권을 무효로 하는 경우의 파급효과는 위와 같이 상당히 클 수 있다.

이러한 점에서 대상판결의 원심이 “회사가 주주와 사이에서 계약을 체결함으로써 해당 주주에게 일정한 권리를 부여하는 결과가 발생하였다는 사정만으로 위와 같은 모든 종류의 계약이 주주평등원칙에 위배된다고 볼 수는 없다"고 판시한 것은 상당한 의미가 있다. 원심은 특정 주주에게만 일정한 권리를 부여하더라도 "그 개별 계약의 구체적인 내용에 합리적인 근거가 없고, 나아가 이로 인하여 해당 주주를 제외한 나머지 주주들에 대하여 자의적인 차별취급이 발생하였다고 볼 수 있는 경우에 비로소 주주평등원칙에 위배된다는 판단"을 할 수 있다고 판시하였다. 헌법상 평등권도 일체의 차별적 대우를 금지하는 절대적 평등으로 해석되지 않고 합리적 근거가 있는 차별 또는 불평등은 용인한다는 점을 감안할 때,[53] 주주평등원칙에 절대적 평등이라는 잣대를 사용하는 것은 지나친 면이 있다.[54]

따라서 주주평등원칙은 회사가 특정 주주에게만 일정한 권리나 이익을 제공하였다는 점만을 기준으로 삼아서는 안 되고, 이러한 권리나 이익 부여를 통해 회사나 다른 주주가 투자유치 등 이익을 얻는 등 합리적 근거가 있는 경우에는 권리나 이익 제공 약정이 주주평등원칙에 위배된다고 볼 것은 아니다.[55]

3. 형식적 평등에서 실질적 평등으로의 전환

(1) 판례의 태도-형식적 평등을 중시

판례는 적어도 형식적으로 모든 주주들에게 주식 수에 따른 취급을 하면 주주평등원칙 위반을 문제 삼지 않는다. 예를 들어 10,000 : 1 감자

53) 헌재 2015. 5. 28. 2013헌바82 등("일반적으로 평등원칙은 입법자에게 본질적으로 같은 것을 자의적으로 다르게, 본질적으로 다른 것을 자의적으로 같게 취급하는 것을 금하고 있다. 하지만 이러한 평등원칙은 일체의 차별적 대우를 부정하는 절대적 평등을 의미하는 것이 아니라 입법과 법의 적용에 있어서 합리적인 근거가 없는 차별을 하여서는 아니 된다는 상대적 평등을 뜻하고, 따라서 합리적 근거가 있는 차별 또는 불평등은 평등원칙에 반하는 것이 아니다[헌재 1999. 5. 27. 98헌바26]").

54) 천경훈, 앞의 논문(2021), 113쪽.

55) 주주들을 기계적으로 평등(equal)하게 대하였는지가 아니라 공정(fair)하게 대하였는지가 기준이 되어야 한다. 상세한 논의는 Ⅴ.1.

를 통해 10,000주 미만 보유 주주들을 사실상 강제로 축출한 울트라건설 사건[56]에서 대법원은 "단주의 처리과정에서 주식병합 비율에 미치지 못하는 주식 수를 가진 소수주주가 자신의 의사와 무관하게 주주의 지위를 상실하게 되지만, 이러한 단주의 처리 방식은 상법에서 명문으로 인정한 주주평등원칙의 예외"로 보면서, "주식병합의 결과 주주의 비율적 지위에 변동이 발생하지 않았고, 달리 원고가 그가 가진 주식의 수에 따라 평등한 취급을 받지 못한 사정이 없는 한 이를 주주평등원칙의 위반으로 볼 수 없다"고 판시하였다. 실질적으로 지배주주는 주주의 지위를 유지하고, 소액주주는 주주의 지위를 박탈당하는 결과를 가져왔고 지배주주의 영향력 하에 있는 회사 이사회는 이와 같이 지배주주와 소액주주를 차별적으로 대우할 의도를 갖고 주식병합을 실시했지만, 주주의 비율적 지위에 변동이 없었기 때문에, 즉 모든 주주들에게 10,000 : 1이라는 비율을 적용했기 때문에 주주평등원칙이 적용되지 않는다는 논리이다.

아울러 주주평등원칙이 문제된 사례는 아니지만 판례는 주식회사의 이사가 회사의 사무를 처리하는 자이지 주주의 사무를 처리하는 자는 아니라는 전제하에[57] 삼성에버랜드 전환사채 사건에서 회사의 이사들이 기존 주주들로부터 지배주주의 자녀에게 경영권을 이전시킬 명백한 의도를 갖고 신주를 발행하고 실권주를 배정하였음에도 불구하고, 이러한 경영권의 박탈과 이전은 신주발행으로 인한 "부수적인 효과에 불과"하다고 본다.[58]

판례는 회사의 이사들이 실질적으로 지배주주의 지배하에 있는지 여부를 크게 고려하지 않고, 회사의 이익을 위해 사무를 처리하는 독립적인 존재로 보는 듯하다. 이에 따라 회사의 이사가 지배주주의 이익 등을 위해 주주들의 지분비율이나 지배권의 균형을 변화시키는 의도를 갖고

56) 대법원 2020. 11. 26. 선고 2018다283315 판결(울트라건설 10,000 : 1 감자 사건).
57) 대법원 2004. 6. 17. 선고 2003도7645 전원합의체 판결.
58) 대법원 2009. 5. 29. 선고 2007도4949 전원합의체 판결(삼성에버랜드 전환사채 사건).

행위를 한 경우에도, 형식적으로 주주들을 균등하게 다루었다면 주주들의 실질적, 결과적 평등은 크게 고려하지 않는다. 대상판결을 비롯하여 관련 판례들은 “특별한 사정”이 있는 경우 회사가 일부 주주에게만 우월한 권리나 이익을 부여하더라도 유효할 수 있다고 판시하고 있지만, 지금까지 “특별한 사정”은 단주의 처리와 관련한 상법 제443조와 같이[59] 상법에 명시적으로 규정된 경우로 한정하고 있는 것으로 보인다.

(2) 실질적 평등으로의 전환과 경제적 실질의 고려

이러한 판례의 태도는 회사의 현금 흐름에 대한 참여권 등 주주들의 자익권이 관련된 경우에는 주주의 지위에 큰 영향을 미치지 않지만, 회사에 대한 지배권 등 주주들의 공익권이 관련되는 경우에는 그러하지 아니하다. 이익배당 등 회사의 현금 흐름에 대한 주주의 권리는 금전의 특성상 가분적이지만, 회사에 대한 지배권은 과반수를 확보한 주주가 독점하는 등 그 성질이 비가분적이기 때문이다.[60] 자본감소나 주식의 포괄적 교환 등 주식병합을 통해 주주를 축출하여 주주의 지위를 상실하는 경우도 마찬가지다. 이러한 상황에서는 회사가 형식적으로 주주들의 비율에 따라 평등하게 처우하더라도 실질적으로는 평등하게 처우하지 않은 결과를 가져오게 된다.

따라서 주주평등원칙은 회사가 형식적으로 주주를 평등하게 취급하였는가뿐만 아니라 이로 인하여 주주들에게 발생한 실질적인 결과가 어떠한지에 대해서도 고려할 필요가 있다. 특히 회사에 지배주주가 존재하여 회사의 이사회가 지배주주의 사실상의 지배력 하에 있는 경우에는 비록 외견상 자본감소나 주식의 포괄적 교환 등 회사와 주주들 간의 자본거래이더라도 그 경제적 실질에 따라 지배주주와 소액주주 간의 이익상충 거래에 회사가 이용된 것으로 보아 판단할 필요가 있다. 회사는 주주와는 구별되는 법인격을 가진 존재임이 분명하지만, 이와 같이 회사나 이사회가 지배주주의 이익을 위해 이용되는 경우에는 지배주주와 소액주

59) 대법원 2020. 11. 26. 선고 2018다283315 판결(울트라건설 10,000 : 1 감자 사건).
60) 정준혁, 앞의 논문(2019b), 50쪽.

주 간의 이해상충에 보다 초점을 맞출 필요가 있다.

4. 효력 문제에서 책임과 손해 조정의 문제로

(1) 판례의 태도-위반 시 효력 상실

판례는 회사와 주주가 체결한 계약이 주주평등원칙에 위반하면 계약의 효력을 상실시킨다. 주주평등원칙에 위반하여 이뤄진 주주총회나 이사회 결의와 같은 회사법적 행위뿐만 아니라,[61] 회사와 주주간 체결한 약정의 채권적 효력까지도 상실된다. 따라서 회사가 계약에 따른 권리나 이익을 주주에게 제공하지 않는 경우 해당 주주는 회사에 대해 이를 청구할 수도 없고, 위반 시 회사에 대해 손해배상청구를 하지도 못한다. 회사와 주주 간의 계약에 손해배상액 약정 규정을 두거나 위약벌 규정을 두더라도 마찬가지이다.

(2) 이사의 책임과 손해액 조정의 문제로

이러한 판례의 태도는 상법의 다른 강행법규를 위반한 경우에도 주주총회 결의 취소의 소 등을 통해 제한적으로 다툴 수 있도록 하는 것과 균형이 맞지 않는다는 점, 당사자들의 사적자치를 과도하게 제한한다는 점, 주주평등원칙이 상법에 명문으로 규정되어 있지 않고 그 적용범위 역시 명확하지 않다는 점에서 위와 같이 강력한 효력을 인정하는 것은 당사자들의 예측 가능성을 지나치게 낮춘다는 점 등을 고려할 때 재고가 필요하다. 복수의결권을 인정하거나 차등 배당을 실시하는 등 주주권을 직접적으로 침해하는 경우에는 이를 관련 규정 위반으로 그 효력을 상실시켜야 하겠지만, 이러한 수준에 이르지 않은 채 특정 주주에 대한 권리나 이익 부여가 과도하여 회사에 손해를 입힌 것으로 판단되는 경우에는 이사가 임무해태로 인하여 회사에 발생한 손해를 배상하게 하는 방식으로 회사나 다른 주주들을 보호하는 것이 합리적이다.

---

61) 대법원 1980. 8. 26. 선고 80다1263 판결, 서울고등법원 1980. 4. 14. 선고 79나3882 판결(영풍 차등배당 사건, 1% 이상 주주에게는 30%, 1% 미만 주주에게는 33% 이익배당).

예를 들어 회사가 투자자에게 신주를 발행하면서, 투자자에게 과도한 수준의 사전동의권을 제공하였다고 하자. 투자자가 보유하는 사전동의권 등을 금액으로 환산할 수 있다면, 회사가 경영참여권에 해당하는 금액만큼 신주를 할인발행하였다고 이해할 수 있다.[62] 주지하는 바와 같이 회사가 신주를 다소 저렴하게 발행하였다는 사유만으로 신주발행무효사유가 되지는 않고,[63] 다만 신주를 제3자에게 저가발행한 회사 이사의 책임이 문제 될 뿐이다. 마찬가지 논리로 회사가 특정 주주에게 과도한 권리나 이익을 제공하였다면 이를 무효화하기보다는 이러한 결정을 한 이사에게 책임을 묻는 방식으로 해결하는 것이 타당하다.

회사가 주주와 체결한 계약을 위반한 경우 배상하기로 한 손해배상 예정액이 과도한 경우에도 마찬가지다. 회사가 투자를 유치함으로써 얻은 이익에 비해 손해배상 예정액이 과도하다면 이를 무효로 보아 주주가 아무런 손해배상도 청구하지 못한다고 보기보다는, 손해배상액을 합리적인 수준으로 감액할 수 있겠다. 재산원리(property rule)에서 책임원리(liability rule)로의 전환이라고 이해할 수도 있겠다.

5. 우선적 적용에서 보충적 적용으로

(1) 판례의 태도-개별 규정이 있는 경우에도 적용

판례 중에는 해당 사안에 우선적으로 적용될 수 있는 구체적인 규

62) 앞의 Ⅳ. 2. 2)에서 본 사례에서 시리즈 A 투자자는 자신이 투자한 가격보다 낮은 가격에 신주를 발행하지 못하게 하는 사전동의권을 보유한 경우에는 주당 10,000원에 주식을 인수할 의향을 갖고 있지만, 사전동의권이 없는 경우에는 주당 5,000원에 주식을 인수할 의향을 갖는다. 이 경우 사전동의권의 금전적 가치는 주당 5,000원이라고 볼 수 있다. 만일 회사가 투자자에게 주당 5,000원 상당의 사전동의권을 부여하였음에도 불구하고 주당 8,000원에 주식을 발행하였다면, 회사의 이사는 주당 2,000원만큼 주식을 할인발행하였고 해당 금액만큼 회사에 손해를 입힌 것으로 볼 수 있다.

63) 대법원 2004. 6. 25. 선고 2000다37326 판결(전환사채의 발행 관련한 사안으로서, "전환가액이 발행시점의 주가 등에 비추어 다소 낮은 가격이라는 것과 같은 사유는 일반적으로 전환사채발행유지청구의 원인이 될 수 있음은 별론으로 하고, 이미 발행된 전환사채 또는 그 전환권의 행사로 발행된 주식을 무효화할 만한 원인이 되지는 못한다").

정이 있는 경우에도 주주평등원칙을 판결의 논거로 사용하는 사례가 발견된다. 예를 들어 회사가 특정 주주에게 주식매수를 요구할 수 있는 권리를 부여한 사안에서 판례는 이러한 약정을 무효로 판단하면서 "주식회사가 자기의 계산으로 자기의 주식을 취득하는 것은 회사의 자본적 기초를 위태롭게 하여 회사와 주주 및 채권자의 이익을 해하고 주주평등의 원칙을 해하며 대표이사 등에 의한 불공정한 회사지배를 초래하는 등의 여러 가지 폐해를 생기게 할 우려"가 있다[64]고 하여 자기주식 취득 관련 상법 제341조와 함께 주주평등의 원칙을 근거로 삼고 있다.

(2) 개별 규정이 없는 경우 보충적 적용

앞서 살펴본 바와 같이, 상법은 주주의 비례적 권리와 관련한 여러 구체적인 규정을 두고 있다. 주주평등원칙은 이러한 규정들을 근거로 정립된 일종의 법리(doctrine)로서, 그 성격상 개별 규정으로 구체적 사안의 해결이 어려운 경우 보충적으로 적용되어 합리적인 결과를 도출하는 역할을 수행한다. 따라서 1주 1의결권(제369조)이나 주식 수에 따른 비례적 배당(제464조)과 같이 구체적 규정이 존재하는 경우 해당 규정을 우선적으로 적용하고, 자본금 감소나 주주배정증자 시 적용되는 발행가격과 같이 비례적 취급에 대한 명문의 규정이 없는 경우[65] 주주평등원칙을 적용하는 것이 타당하다.

이러한 점에서 주식의 환매와 관련한 위 판례 사안들에 대해서도 자기주식 취득(제341조)이나 자본금 감소(제438조, 제439조)와 같이 사안에 직접 적용될 수 있는 개별 규정을 적용하면 충분하고, 주주평등원칙을 추가적으로 그 근거로 삼을 필요는 없다. 나아가 설사 회사가 특정 주주가 아니라 모든 주주에 대해 주식 수에 비례하여 환매를 했다고 하더라도 자기주식 취득이나 자본금 감소 절차를 거치지 않은 주식의 환매가 상법에 위반되는 것은 마찬가지이다.[66] 이러한 점에서 위 사안에 주주평

---

64) 대법원 2003. 5. 16. 선고 2001다44109 판결(대한종금 사건), 대법원 2021. 10. 28. 선고 2020다208058 판결(제이티넷 사건).

65) Ⅲ. 2. 1).

등원칙을 근거로 적용하는 것은 타당하지 않다.

Ⅴ. 주주평등원칙의 재정립과 사안별 적용

1. 주주평등원칙의 재정립

Ⅳ.장에서는 판례가 도입한 주주평등원칙의 문제점과 개선 방안을 다음과 같은 다섯 가지 항목으로 제시하였다. ① 주주 지위와 채권자 지위의 기계적 구분의 폐지, ② 특정 주주에 대한 권리나 이익 부여로 회사나 다른 주주들이 얻은 이익이 있는지에 대한 종합적 고려 필요성, ③ 절차적 평등뿐만 아니라 실질적으로 주주의 비례적 이익이 존중되었는지를 검토, ④ 위반 시 무조건적 효력 상실보다는 사안에 따라 이사의 책임이나 손해배상 문제로 해결, ⑤ 개별 규정 존재 시에는 해당 규정을 우선 적용하거나 유추 적용하고 주주평등원칙은 보충적으로 적용.

그렇다면 주주평등원칙은 어떻게 재정립되어야 하는가? 그 실마리는 판례가 여러 차례 확인한 바와 같이 "주주는 회사와의 법률관계에서는 그가 가진 주식의 수에 따라 평등한 취급을 받아야 함"이라는 주주평등원칙의 정의에서 찾을 수 있다. 여기서 주주와 회사 간의 법률관계란 무엇인가? 바로 의결권, 배당청구권 등과 같은 주주권을 의미한다. 상법이 여러 개별 규정을 통해 의결권, 배당권 등에 있어 주주의 비례적 권리를 규정하고 판례가 주주평등원칙을 인정하는 것은, 바로 주주권이 지배주주나 경영진의 권한 남용이나 개별 약정 등에 따라 부당하게 침해되는 것을 방지하기 위함이다. 따라서 주주평등원칙을 적용함에 있어서도 특정 주주에게 우월한 권리나 이익을 부여함으로 인하여 다른 주주들의 주주권이 침해되었는지가 판단의 기준이 되어야 한다.

① 만일 어느 주주에 대한 권리나 이익의 부여로 의결권이나 배당청구권과 같은 다른 주주들의 주주권이 침해되었다면, 이에 대해 나머지 주주들 전원의 동의가 없는 한 이는 원칙적으로 효력이 없다고 보는

66) 김연미, 2022. 10. 24. 민사판례연구회 토론문; 천경훈, 앞의 논문(2021), 111쪽.

것이 타당하다(제1유형). 무효의 근거는 1주 1의결권를 규정한 상법 제369조나 주식 수에 비례한 이익배당을 규정한 상법 제464조, 기타 사안별로 관련이 있는 상법의 규정을 적용하거나 유추적용할 수 있고, 구체적 규정을 근거로 하기 어려운 사안에서는 주주평등원칙을 근거로 들 수도 있다.

② 반면 어느 주주에 대해 권리나 이익을 부여하더라도 다른 주주들의 주주권이 직접적으로 침해되지 않고 다만 다른 주주들 보유 주식의 가치와 같이 비례적 이익이 침해된 경우에는 이를 무효로 하기보다는 이를 고려하지 않은 회사 이사의 선관주의의무 위반 및 손해배상책임 문제로 접근하는 것이 타당하다(제2유형). 예를 들어 회사에 긴급한 자금조달 필요성이 있어서 투자자를 유치하기 위해 정관 근거 규정에 따라 다소 저가에 신주를 발행한 경우 다른 주주들의 회사에 대한 주주권, 즉 신주인수권(상법 제418조 제1항)이 침해되었다고 보기는 어려우므로 이를 주주평등원칙에 위반하여 무효로 보거나 신주발행 무효사유로 볼 것은 아니다. 다만 이러한 결정이 종합적으로 볼 때, 즉 신주 저가 발행으로 인하여 회사 및 다른 주주들이 얻은 손해와 자금을 신속하게 확충함으로써 회사 및 다른 주주들이 얻은 이익을 함께 고려하여 회사 및 다른 주주들에게 손해가 되었다면, 이사에게 선관주의의무 위반 등을 이유로 책임을 물을 수 있겠다.

회사의 모든 행위에 있어 모든 주주들을 완전히 평등하게 대우하는 것은 불가능하다. 자본금 감소를 하면 필연적으로 단주가 발생하고, 그 결과 일정 수 이상의 주식을 가진 주주에게는 병합된 주식을, 이하의 주식을 가진 주주에게는 단주에 상응하는 현금을 지급할 수밖에 없다. 주주배정 유상증자나 현물배당의 경우도 그러하고,[67] 투자 유치를 위해 특

67) 주주들에게 배당하는 현물의 가분성에 한계가 있는 경우, 일정 수 미만의 주식을 가진 주주에게는 현물 대신 현금을 지급할 수밖에 없다. 상법 제462조의4 제2항 제2호도 일정 수 미만의 주식을 보유한 주주에게는 금전 외의 재산 대신 금전을 지급할 수 있도록 하고 있다. 정준혁, "2011년 개정 상법이 배당 실무에 미친 영향", 상사법연구 제37권 제2호(2018), 217쪽.

정 주주에게 합리적인 범위의 경영참여권을 부여하는 경우도 마찬가지로 보아야 한다. 물적분할 후 자회사 상장과 같은 거래에서도 결과적으로 지배권을 유지하는 지배주주와 그렇지 않은 소액주주 간에 차이가 발생할 수밖에 없다. 이러한 거래들에서 주주들을 완전하게 평등하게 대우하지 않았다는 이유로 이를 무효로 하거나 이사가 의무를 위반하였다고 보는 것은 합리적이지 않다. 따라서 이사의 행위에 대한 평가도 회사가 주주들을 기계적으로 평등(equal)하게 대우하였는지가 아니라, 주주들을 공정(fair)하게 대우하였는지가 잣대가 되어야 한다.[68]

이하에서는 이와 같이 재정립된 주주평등원칙을 주주평등원칙이 문제된 기존 판례 사안이나 아직 대법원에서 다퉈지지는 않았으나 주주의 비례적 이익이 문제될 수 있는 실무 사안에 구체적 사안별로 적용하여 그 타당성을 살핀다.

2. 사안별 적용

(1) 특정 주주에 대한 자본환급, 수익보장, 손실보전 등

먼저 회사가 특정 주주에 대해 투자금 환급이나 일정한 투자수익을 보장하는 경우를 살펴본다.[69] 상법은 주주에 대한 회사재산의 분배를 ① 상법 제462조에 따른 배당가능이익을 재원으로 한정하는 방법(이익배당, 자기주식취득, 상환주식의 상환)과 ② 재원에는 제한을 두지 않되 채권자 보

---

68) 일찍이 Easterbrook & Fischel은 주주들이 계약을 통해 주주평등원칙을 정한다면 어떠한 내용으로 이를 정했을 것인가를 이사 신인의무(fiduciary duty) 심사의 기준으로 하여야 한다고 보았다. Easterbrook, Frank H., and Daniel R. Fischel, “Corporate Control Transactions”, *The Yale Law Journal 91*, no. 4 (1982), 703. 위 논의는 경영권 거래 제도 설계에 관한 것이지만, 일반적인 주주평등원칙의 설계에도 그대로 적용할 수 있다. 주주들을 기계적으로 평등하게 대우하지 않는 것이 전체 주주의 이익을 증가시키는 데에 도움이 된다면 주주들은 이에 응할 것이다. 예를 들어 신주발행을 하면서 특정 투자자에게 경영상 동의권 등을 주는 것이 전체 주주에게 이익이 된다면, 전체 주주들은 여기에 동의하였을 것이라고 볼 수 있다.

69) 주주평등원칙이 문제되거나 언급된 대법원 판례 중 대법원 2007. 6. 28. 선고 2006다38161, 38178 판결(평화은행 사건), 대법원 2020. 8. 13. 선고 2018다236241 (셀텍 사건), 대법원 2003. 5. 16. 선고 2001다44109 판결(대한종금 사건) 등이 여기에 해당한다.

호 절차를 거치게 하는 방법(자본금 감소, 잔여재산의 분배)의 두 가지로 한정하고 있다.[70] 위 규정에 따른 요건을 충족하지 않거나 절차를 거치지 않은 회사재산의 주주에 대한 분배는 상법 위반이 된다.

이러한 자본환급, 수익보장, 손실보전 등을 자본금 감소(제438조, 제439조)나 이익배당(제462조, 제464조) 규정 위반으로 구성하는 것도 가능하겠지만, 판례는 이를 회사가 자기의 계산으로 자기의 주식을 취득한 것으로 보아 자기주식취득 관련 규정(상법 제341조)을 위반한 것으로 본다.[71] 이 때 판례는 주식취득에 따른 손익이 회사에 귀속되었는지 여부를 중요한 기준으로 삼고 있다.[72]

특정 주주에게 투자금을 환급하거나 투자수익을 보장하는 것은 상법 제464조에 따라 인정되는 주주권, 즉 회사재산을 주식 수에 비례하여 받을 수 있다는 주주의 권리를 침해하는 것으로 볼 수도 있다. 그러나 앞서 살펴본 바와 같이, 설사 특정 주주가 아닌 모든 주주에 대해 주식 수에 비례하여 자본환급, 수익보장, 손실보전 등을 했다고 하더라도 자기주식 취득 등의 규정에 위반되는 것은 마찬가지이므로, 이러한 경우에는 위 사안에 보다 직접적으로 적용될 수 있는 자기주식 취득 등을 적용하는 것이 타당하고 주주평등원칙을 우선적으로 적용할 필요는 없겠다.

---

70) 정준혁, 앞의 논문(2018), 199, 200쪽.

71) 대법원 2003. 5. 16. 선고 2001다44109 판결(대한종금 사건)("회사 아닌 제3자의 명의로 회사의 주식을 취득하더라도 그 주식취득을 위한 자금이 회사의 출연에 의한 것이고 그 주식취득에 따른 손익이 회사에 귀속되는 경우라면, 상법 기타의 법률에서 규정하는 예외사유에 해당하지 않는 한, 그러한 주식의 취득은 회사의 계산으로 이루어져 회사의 자본적 기초를 위태롭게 할 우려가 있는 것으로서 상법 제341조가 금지하는 자기주식의 취득에 해당한다").

72) 판례는 단지 주식취득을 위한 자금이 회사의 출연에 의한 것인지보다는 주식취득에 따른 손익이 회사에 귀속되는지를 중요한 기준으로 본다. 대법원 2011. 4. 28. 선고 2009다23610 판결 참조("乙 회사가 위 주식 인수대금을 마련한 것이 甲 회사의 출연에 의한 것이라는 점만을 인정할 수 있을 뿐, 甲 회사 이사 등이 설립한 乙 회사의 위 주식취득에 따른 손익이 甲 회사에 귀속된다는 점을 인정할 수 없으므로, 乙 회사의 위 주식취득이 甲 회사의 계산에 의한 주식취득으로서 甲 회사의 자본적 기초를 위태롭게 할 우려가 있는 경우로서 상법 제341조가 금지하는 자기주식의 취득에 해당한다고 볼 수 없다").

(2) 특정 주주에 유리한 이익배당, 자본금 감소 등

다음은 상법에 따른 이익배당이나 자기주식취득, 자본금 감소의 요건과 절차는 모두 갖추었으나, 특정 주주에게 배당액이나 처분대금, 감자대금을 차등적으로 지급하는 차등배당이나 차등감자를 살펴본다. 차등배당은 상법 제464조(이익배당은 각 주주가 가진 주식수에 따름)에, 차등적 자기주식취득은 상법 제341조 제1항(각 주주가 가진 주식 수에 따라 균등한 조건으로 취득)에 위반되어 무효가 된다. 앞서 살핀 바와 같이 주식병합 방식에 의한 차등 자본금 감소의 경우에는 상법에 이를 금지하는 구체적 규정이 없지만, 회사와의 관계에서 주식의 수에 따라 평등한 취급을 받아야 한다는 주주평등원칙에 위반하여 무효로 볼 수 있다. 이를 위반하여 이뤄진 배당은 위법배당이 되어 회사는 주주에게 부당이득반환을 청구할 수 있고, 자본금 감소는 감자무효의 소 대상이 된다.

어느 경우든 이로 인하여 손해를 입는 주주가 모두 동의한 경우에는 위 상법 규정이나 주주평등원칙에 위배되는 것으로 볼 수 없다. 일찍이 판례도 차등배당과 관련하여 이를 인정한 바 있다.[73)]

(3) 의결권 행사 관련 차별적 취급

상법 제369조 제1항은 "의결권은 1주마다 1개로 한다"고 규정하여, 종류주식이나 기타 상법에서 별도로 정한 경우를 제외하고 주주의 비례적 의결권을 인정한다. 주주의 비례적 의결권이 제대로 보장되기 위해서는 1주가 몇 개의 의결권을 행사할 수 있는지의 문제뿐만 아니라, 명의개서, 주주총회 소집 통지, 주주총회 입장, 의결권의 대리 행사나 불통일 행사 등 의결권 행사 전반에 걸쳐 주주들이 회사와의 관계에서 동등하게 권리를 행사할 수 있어야 한다. 예컨대 일부 주주의 의결권 대리 행사에 대해 차등적 제한을 두게 되면 1주 1의결권 원칙이 유명무실하게 됨은 물론이다. 따라서 의결권 행사와 관련한 전반적인 주주권 행사를 차별하

---

73) 대법원 1980. 8. 26. 선고 80다1263 판결, 서울고등법원 1980. 4. 14. 선고 79나3882 판결(영풍 차등배당 사건), 판례는 주주가 자기의 배당받을 권리를 포기하거나 양도하는 것이 가능하다고 보았다.

는 것은 주주평등원칙 위반하거나 상법 제369조 제1항의 유추적용에 따라 이에 위배된다고 보아야 한다. 이러한 점에서 주주명부의 쌍면적 구속력[74]이나 의결권 불통일 행사의 허용 여부[75]와 관련하여 주주들에게 동등한 대우를 해야 한다는 판례의 태도는 타당하다.

(4) 정보요청권, 사전동의권, 임원 추천권, 임원 임명권 등 경영참여 권한

특정 주주에게 회사에 대한 정보요청권, 사전동의권, 임원 추천권, 임원 임명권과 같은 경영참여 권한을 부여한 경우를 살펴본다. 이 중 임원 추천권에 대해서는 대법원 판결이 존재하고[76] 회사 중요 경영사항에 대한 동의권은 하급심 판결이 선고되어 관련 사건이 현재 대법원에 계류 중이다.[77]

이러한 경영참여권이 다른 주주들의 주주권을 침해하는지는 항목별로 살필 필요가 있다. ① 먼저 특정 주주에게 회사 경영상황에 관한 각종 정보를 제공하는 정보요청권부터 검토한다. 상법에 따라 주주는 회계장부열람등사청구권(제466조) 등 소수주주권을 행사하는 경우를 제외하고, 회사로부터 회사 경영상황에 관한 각종 정보를 받을 권리를 갖지는 않는다. 따라서 특정 주주에게 정보요청권을 부여한다고 하여 나머지 주주의 주주권이 침해된다고 보기는 어렵다. 기존 주주들의 회계장부열람등사청구권의 행사가 이러한 정보요청권 때문에 제한되지도 않는다. 따라서 특정 주주에 대해 정보요청권을 부여하는 것이 상법에 위반된다고 보기는 어렵다. 다만 투자자 유치 등을 위해 필요하지 않았음에도 불구하고 회사의 대표이사나 이사회가 이러한 정보요청권을 특정 주주에게 부여하였다면, 경우에 따라 이사의 선관주의의무 위반이 문제 될 수 있을 뿐이다.

② 회사 경영사항에 대한 사전동의권은 동의 대상 항목에 따라 다르게 보아야 한다. 예를 들어 특정 주주의 사전 동의 없이 회사가 주주

---

74) 대법원 2017. 3. 23. 선고 2015다248342 전원합의체 판결(신일산업 사건).

75) 대법원 2009. 4. 23. 선고 2005다22701,22718 판결(국민은행 · 한국주택은행 합병 사건).

76) 대법원 2018. 9. 13. 선고 2018다9920, 9937 판결(광남자동차 제2판결).

77) 서울고등법원 2021. 10. 28. 선고 2020나2049059 판결(털론 사전동의권 사건).

들에게 배당을 실시하는 것을 제한하거나, 이사를 선임하는 것을 제한하는 것은 각각 주주의 배당청구권이나 이사 선임권, 보다 근본적으로 주주의 의결권을 침해한다. 따라서 나머지 주주 전원의 동의가 없는 한, 이러한 사전동의권은 주주평등원칙에 위반하여 무효가 된다.

반면 일정 금액 이상의 차입이나 주요 자산의 처분, 신주 발행(이사회 승인 사항인 경우) 등에 대해 사전동의를 얻도록 하는 것은 이사회나 대표이사의 권한을 제한하는 것일 뿐, 주주권이나 주주총회의 권한을 침해한 것으로 보기 어렵다. 이러한 회사의 행위들은 애당초 주주의 권한이거나 주주총회의 승인 대상이 아니기 때문이다. 따라서 특별한 사정이 없는 한 이러한 사전동의권을 주주평등원칙에 위반되어 무효로 볼 것은 아니고, 회사가 이를 위반하여 투자자에 손해가 발생한 경우에는 투자자가 손해배상청구를 할 수 있다. 위반 시 투자계약에 예정된 손해배상액이 지나치게 큰 경우 법원의 판단에 따라 감액 등이 이뤄질 수 있음은 물론이다.

사전동의권이 과도하여 회사에 손해가 발생한 경우에는 이를 부여한 이사에게 회사가 손해배상책임을 추궁할 수 있겠고, 사안에 따라서는 회사의 경영을 합리적 이유 없이 장기간 제한하는 것이 사정변경이나 공서양속에 반하여 제한되는 경우도 존재할 수 있다.[78] 아울러 이사들이 이사회에서 사전동의권의 내용에 따른 승인을 거부하는 경우 사전동의권을 갖는 주주가 회사에 대해 이를 과연 강제할 수 있을지의 문제가 남는다.

③ 임원 추천권과 임원 임명권은 대상 임원이 누구인지에 따라 달라진다. 미등기임원과 같이 정관 등에 특별한 규정이 없는 한 일반적으로 대표이사나 이사회가 임명권을 갖는 임원의 경우에는 추천권과 임명권 모두 주주권의 침해로 보기 어렵고, 주주평등원칙에 반하는 것으로 볼 것은 아니다.

반면 이사나 감사와 같이 선임을 위해 주주총회 결의가 필요한 등

---

78) 송옥렬, "주주간 계약의 회사에 대한 효력-회사법에 있어 사적 자치의 확대의 관점에서-", 저스티스 제178호(2020), 356쪽.

기임원에 대해 임명권을 부여하는 것은 다른 주주들의 주주권을 침해한 것으로 주주평등원칙 위반으로 무효가 된다. 주주총회에서의 의결권 행사는 주주의 권한이므로 다른 주주와의 주주간계약을 통해 이사 선출 시 의결권 행사에 대해 합의하는 것은 별론으로 하고, 회사에 대한 계약을 통해 이사 임명권을 확보할 수는 없다. 한편 이사나 감사 후보의 추천은 이사회가 주주총회 안건을 결의하면서 후보로 추천하는 방법으로 진행할 수 있으므로, 그 자체가 주주들의 주주권을 침해하였다고 보기는 어렵다. 다만 회사 경영사항에 대한 사전동의권에서와 마찬가지로 사안에 따라서는 이사의 책임 문제 등이 발생할 수 있다.

(5) 신주인수계약 상 진술 및 보장 위반으로 인한 손해배상

신주인수계약 중에는 회사가 투자자에게 회사의 경영상황 등에 대해 일정한 진술 및 보장을 제공하고 위반 시 회사가 투자자에게 그 손해를 배상하는 내용의 조항이 포함되는 경우가 매우 많다. 대법원 판례에서 직접 다뤄진 사례는 없는 것으로 보이지만, 진술 및 보장 위반으로 회사가 해당 주주에게 손해배상을 하는 경우, 특정 주주에 대해서만 권리나 이익을 부여한 것으로 보아 주주평등원칙에 위반되는 것이 아닌지 검토할 필요가 있다.

진술 및 보장 위반 시 손해배상을 하게 하는 것은, 만일 이러한 진술 및 보장 위반을 투자자가 미리 알았다면 보다 낮은 가격에 신주를 인수하였을 것이라는 점을 근거로 한다. 투자자는 회사의 진술 및 보장 위반이 없다는 것을 전제로 인수가격을 결정하였으므로, 차액설에 따라 실제 인수가격과 진술 및 보장 위반을 반영했다면 결정되었을 인수가격의 차액만큼 투자자가 손해를 입었다고 볼 수 있다. 손해배상이 이뤄지면 결과적으로 신주를 당초 가격보다 저가에 발행한 것과 비슷한 결과가 발생한다.

그렇지만 앞서 본 바와 같이 정관 근거 규정에 따라 투자자에게 다소 낮은 가격에 신주를 발행하였다고 하여 주주들의 회사에 대한 신주인수권(상법 제418조 제1항)이 침해되었다고 보기는 어렵다. 따라서 이러한

손해배상 약정을 주주평등원칙 위반을 이유로 무효로 볼 것은 아니다. 자본시장법도 증권신고서 허위 기재 등으로 인하여 증권의 소지인이 손해를 입은 경우, 증권 소지인이 허위 기재 등을 미리 알고 있는 경우가 아닌 한, 회사가 이를 배상하도록 규정하고 있다(자본시장법 제125조 제1항).

다만 실무에서는 계약 체결 시에 이미 진술 및 보장 위반이 있음에도 불구하고 별다른 협상 없이 회사가 투자자에게 광범위한 내용의 진술 및 보장을 제공하는 경우가 벤처투자계약을 중심으로 상당히 많이 존재한다. 주식의 발행가격 관련 각종 규제를 회피하기 위해서나, 발행가격을 손해배상을 통해 사후적으로 낮출 의도로 이러한 진술 및 보장을 제공한 경우라면, 사안에 따라 이사의 회사에 대한 손해배상책임이 인정될 수 있고 이사와 통모하여 현저하게 불공정한 가격으로 주식을 인수한 인수인의 책임(상법 제424조의2)이 문제될 수도 있겠다. 나아가 회사의 대표이사가 회사의 이익보다는 특정 주주를 지원할 의도로 과도한 약정을 체결한 경우에는 대표권 남용 법리에 따라 거래 상대방이 이러한 남용 의도를 알거나 알 수 있었을 경우 손해배상 약정 자체의 효력이 상실될 수도 있다.

(6) 지배주주의 이익을 고려한 각종 거래

마지막으로 물적분할 후 재상장, 소액주주 축출 목적의 자본감소[79]나 사업기회 유용 등 지배주주의 각종 터널링(tunneling)과 같이 주주의 비례적 이익 침해가 문제된 사안들을 살펴본다. 앞서 검토한 바와 같이, 물적분할 등 거래 과정에서 주주총회 승인 등 상법이 요구한 절차를 적법하게 거쳤다면 이를 일반주주들의 주주권이 침해되었다고 보기는 어렵겠다. 따라서 이러한 거래가 주주평등원칙 위반으로 무효가 된다고 볼 것은 아니다.

그렇지만 이러한 의사결정 과정에서 이사가 주주들의 비례적 이익을 고려하지 않고 지배주주의 지배권 강화 등만을 고려하여 결정했다면 이

---

79) 대법원 2020. 11. 26. 선고 2018다283315 판결(울트라건설 10,000 : 1 감자 사건).

사의 선관주의의무 위반 등이 문제될 수 있다. 예를 들어 핵심사업을 물적분할하여 자회사로 독립시킨 후 이를 상장하는 방식으로 자금을 조달하는 것이 회사나 주주 전체의 이익을 고려할 때 인적분할을 통해 자금을 조달하는 방식이나 분할 없이 회사가 직접 자금을 조달하는 방식 등 다른 방식과 비교하여 유리한지를 충분한 정보를 바탕으로 경영판단의 원칙에 따라 결정하였다는 점이 확인되어야 할 것이다. 소액주주 축출 목적의 자본감소 역시 자본감소의 결과 축출된 소액주주에게 지급된 금액이 과연 공정한지가 핵심 검토 사항이 되어야 한다. 이처럼 주주들을 공정하게 대우하였는지, 지배주주의 이익을 위해 다른 주주들의 비례적 이익을 침해하지는 않았는지 여부가 이사 의사결정의 타당성을 판단함에 있어서의 기준으로 자리 잡아야 한다.

Ⅵ. 결 론

이상에서 살펴본 바와 같이, 판례가 택하고 있는 주주평등원칙은 상법상 명문의 규정이 없음에도 불구하고 때로는 상법의 구체적 규정보다도 우월한 법원칙으로 받아들여지고 있다. 판례는 주주로서의 지위로 제공받은 권한 및 이익인지, 다른 주주들에게 제공되지 않은 이익이 제공되었는지, 형식적 평등이 준수되었는지를 기준으로 삼고 있지만, 이러한 기준들은 때로는 적용 범위가 명확하지 않고, 소액주주보다는 지배주주에게 유리하게 작용하며, 지배주주의 지배권 남용에 대한 정당화 수단으로 악용되고, 나아가 회사나 지배주주의 배신적 행위를 법원이 묵인하는 결과를 가져올 수 있다. 주주평등원칙을 위반한 경우 그 약정이나 행위의 효력을 무조건적으로 상실시키는 것도 회사법의 다른 제도와 균형이 맞지 않고 근거가 뚜렷하지 않다.

따라서 판례가 인정하는 내용의 주주평등원칙은 발전적으로 해체하고, 이익의 종합적 고려와 주주의 비례적 이익을 중시하는 법해석의 원칙으로 재정립할 필요가 있다. 주주평등원칙이 본래 주주들의 주주권을 보호하는 것을 목적으로 하므로, 특정 주주에게 권리나 이익을 부여하더라도 의결권이나 배당청구권과 같은 다른 주주들의 주주권이 침해된 경우에 한하여 이를 무효로 하고, 이외의 경우에는 과연 전체 주주를 공정(fair)하게 다루었는지에 따라 이사의 책임을 추궁할 수 있겠다. 본 논문을 통해 자금조달과 관련한 회사와 이사의 자유로운 경영 판단을 존중하면서도, 지배주주의 지배권 남용으로부터 소액주주를 보호한다는 주주평등원칙의 본래의 목적이 달성될 수 있기를 기대한다.

[Abstract]

Rebuilding the Principle on Equal Treatment of Shareholders

Chung, Joon Hyug*

Korean Supreme Court has established a strong principle of equal treatment of shareholders, which obligates a company to treat its shareholders equally according to the number of shares they own. Provision of any superior rights or benefits by the company to certain shareholders–including investor's consent rights or nomination rights under an investment agreement–can be found null and void. Although the Korean Commercial Code, the governing law for all Korean companies does not explicitly stipulate such rule, the principle of equal treatment of shareholders adopted by the court is applied to any corporate actions and contractual arrangements between the company and its shareholders.

Such strict application of equality may hinder corporate actions and transactions that may promote general benefits of the shareholders, as it reduces management discretion with regards to investment agreements. It does neither prevent controlling shareholders from using their power to transactions that benefit themselves at the expense of minority shareholders. This paper thus argues that the current principle should be abolished and rebuilt to promote shareholder benefits as a whole.

Provisions of superior rights to certain shareholders that hinder other shareholders fundamental rights such as voting rights (including one share one vote rule) and pro rata rights to dividend shall be invalidated as it thwart the exercise of shareholder franchise. On the other hand, if share-

* Assistant Professor of Law, Seoul National University.

holder value, but not fundamental shareholder rights is infringed by such special rights provided by the company to certain shareholders, the directors of the company may be subject to judicial review if such decision breaches their fiduciary duty. The principle on equal treatment of shareholders needs to review whether shareholders are treated fairly by corporate decisions. This paper then apply this new principle to various cases where special rights are provided to certain shareholders.

[Key word]

- Equal treatment of shareholders
- Investors agreement
- Share purchase agreement
- Consent rights
- Shareholder rights
- Pro rata protection of shareholders
- Venture capital

참고문헌

1. 단 행 본

권기범, 현대회사법론 제7판(2017).

이철송, 회사법강의 제29판(2021).

최기원, 신회사법론 제14판, 박영사(2012).

2. 논 문

권영준, "민사재판에 있어서 이론, 법리, 실무", 서울대학교 법학 제49권 제3호(2009).

김태진, "주주평등원칙에 관한 소고", 기업법연구 제22권 제3호(2008).

박상철, 벤처투자계약의 국내법상 수용과 관련한 쟁점-상환전환우선주 조항의 효력을 중심으로-상사법연구 제37권 제2호(2018).

송옥렬, "주주간 계약의 회사에 대한 효력-회사법에 있어 사적 자치의 확대의 관점에서-", 저스티스 제178호(2020).

______, "포이즌필의 도입에 따른 법정책적 쟁점", 상사법연구 제27권 제2호(2008).

정준혁, "2011년 개정 상법이 배당 실무에 미친 영향", 상사법연구 제37권 제2호(2018).

______, "지배권의 사적이익과 경영권 프리미엄", 기업법연구 제33권 제2호(2019).

______, "합병 및 분할 관련 채권자보호제도 개정 제안", 저스티스 제174호(2019).

정쾌영, "주주평등원칙에 대한 재고", 상사판례연구 제23권 제4호(2010).

천경훈, "주주간 계약의 실태와 법리-투자촉진 수단으로서의 기능에 주목하여", 상사판례연구 제26집 제3권(2013).

______, "회사와 신주인수인 간의 투자자보호약정의 효력-주주평등원칙과의 관계를 중심으로-", 상사법연구 제40권 제3호(2021).

3. 외국문헌

Cox, James D., "Equal Treatment for Shareholders: An Essay", Cardozo L. Rev. 19 (1997).

Easterbrook, Frank H., and Daniel R. Fischel, "Corporate Control Transactions", *The Yale Law Journal 91*, no. 4 (1982).

이혼의 준거법의 결정방법 및 규율범위와 숨은 반정의 법리의 재고찰*

-대법원 2021. 2. 4. 선고 2017므12552 판결을 계기로 삼아-

이 종 혁**

요 지

본고는 대법원 2021. 2. 4. 선고 2017므12552 판결을 계기로 이혼의 준거법의 결정방법 및 규율범위에 대하여 고찰하고 숨은 반정의 법리에 대하여 재검토하였다. 원심판결인 서울고등법원 2017. 7. 11. 선고 2016르22226 판결은 이혼의 준거법으로 부부의 동일한 본국법인 캐나다 이혼법을 적용하였다. 부부의 동일한 본국법은 엄밀히는 부부의 공통 주소지법으로서 최밀접관련지법인 캐나다 퀘벡주법이지만, 캐나다 이혼법이 퀘벡주를 포함한 캐나다 전체에서 유효하므로 그것이 부부의 동일한 본국법의 자격으로 적용된 것이다. 캐나다 이혼법은 우리 민법과 달리 파탄주의를 취하고 있지만, 우리 법원이 그것을 적용하는 것이 국제사법상 공서에 반한다고 볼 수는 없다. 우리 법질서가 유책주의를 완화하는 해석론을 전개해오고 있으므로, 파탄주의 자체가 우리 헌법의 근본적인 가치관념과 정의관념에 반한다고 볼 수는 없기 때문이다. 이혼청구와 함께 제기한 이혼 자체에 대한 위자료청구는 이혼시 재산적 급부의 일종으로서 이혼의 효과에 속하는 문제이므로 이혼의 준거법 소속지법에 의하여야 한다. 재산분할청구 역시 이혼에 부수하는 부부간 재산관계

---

* 본고는 2022. 3. 21. 개최된 민사판례연구회 제449회 월례회에서 발표한 초고를 수정 · 보완하여 『국제사법연구』 제28권 제1호(2022. 6.)에 게재한 것을 2022. 7. 5. 국제사법 전부개정법률(법률 제18670호)의 시행에 따라 다소 수정한 것이다.

** 서울대학교 법학전문대학원 조교수.

조정으로서 이혼의 효과에 속하는 문제이므로 이혼의 준거법 소속지법에 의하여야 한다. 캐나다 퀘벡주 민법을 적용한다는 결론에는 차이가 없더라도, 이혼 자체에 대한 위자료를 불법행위로 성질결정하고 이혼시 재산분할을 부부재산제(부부재산의 청산)로 성질결정한 원심판결은 논의의 여지가 있다.

다만, 숨은 반정의 법리에 따르면 이혼의 준거법 소속지인 캐나다 퀘벡주의 국제재판관할규칙에는 자국 법원의 관할이 인정되면 자국 실질법을 적용한다는 준거법 결정원칙이 숨겨져 있다고 해석되는데, 종래 우리 재판례를 충실히 따르자면 법원은 캐나다 퀘벡주의 국제재판관할규칙을 적용한 결과 우리 법원에 관할이 인정되는지를 검토하였어야 한다. 사안의 경우 한국법으로의 숨은 반정이 인정되지 않았을 것이라고 하더라도, 원심판결과 대상판결이 숨은 반정의 법리 자체를 언급하지 않은 것은 그 법리를 우리 국제사법의 해석론으로 반드시 수용하여야 하는가에 대하여 재검토할 계기를 제공하고 있다. 숨은 반정의 법리는 내국법 적용의 편의를 도모하기 위한 법적 가장(假裝)일 뿐 반정의 본래 취지인 국제적 판결의 일치를 오히려 저해하고, 외국의 국제재판관할규칙은 자국법 이외에 타국법의 적용에는 무관심함에도 불구하고 이를 반정으로 재해석하는 것은 부당하며, 외국의 국제재판관할규칙에 의하여 우리 법원에 비전속관할만 인정되는 경우에는 우리 법원과 외국법원의 관할이 병존하여 법정지 쇼핑을 초래하는 문제가 있다. 숨은 반정에 대한 법이론적 · 법정책적 비판을 고려한다면, 숨은 반정의 법리는 우리 법원에서 더 이상 인정되지 않아야 할 것이다.

[주 제 어]
- 이혼의 준거법
- 이혼시 위자료의 준거법
- 이혼시 재산분할의 준거법
- 숨은 반정
- 파탄주의

대상판결 : 대법원 2021. 2. 4. 선고 2017므12552 판결[1)]

[사안의 개요]

대상판결 사안은 캐나다 국적의 남편이 캐나다 국적의 아내를 상대로 우리 법원에 이혼, 위자료, 재산분할을 청구한 사건이다. 사실관계는 비교적 간단하다. 원고와 피고는 2013. 7. 2. 자메이카에서 혼인신고를 하고 캐나다 퀘벡주에 거주하였는데, 피고는 2013. 11. 11.부터 2013. 12. 17.까지, 2014. 4. 2.부터 2014. 5. 2.까지, 2014. 10. 1.부터 2014. 10. 25.까지, 2014. 11. 5.부터 2015. 5. 22.까지 한국에 체류하다가 캐나다로 귀국하였고, 2015. 5. 22.부터는 원고와 피고의 주소지가 아닌 캐나다 퀘벡주의 다른 장소에 거주하였으며, 2015. 8. 11. 한국에 재입국한 후 한국에 거주하였다.[2)] 원고는 2014. 12. 7.부터 2015. 1. 19.까지 피고와 함께 한국에 체류하다가 캐나다로 귀국하였고, 2015. 3. 19. 피고를 상대로 서울가정법원에 이혼 등 청구의 소를 제기하였다. 피고는 2015. 6. 22. 원고를 상대로 캐나다 퀘벡주 몬트리올 법원에 이혼 등 청구의 소를 제기하였다가 이후 취하하였다.

[소송의 경과]

제1심판결(의정부지방법원 고양지원 2016. 8. 19. 선고 2015드합77 판결)은 이혼의 준거법은 구 국제사법[3)] 제39조,[4)] 제37조[5)]에 따라 원고와 피고의 동

---

1) [이혼및위자료등], [공2021상, 512].

2) 피고는 전 남편과 사이의 아들의 주소지(고양시 덕양구 소재)를 「재외동포의 출입국과 법적 지위에 관한 법률」 제6조에 따른 국내거소로 신고하였고, 법원에 이 사건 송달장소로 신고하였으며, 그곳이 거주지라고 주장하면서 의정부지방법원 고양지원으로의 소송이송을 신청하였다. 대상판결에는 "피고는 … 이 사건 소 제기 당시에도 … 한국에 생활의 근거를 두고 실제 거주하였다"라는 설시가 등장한다. "생활의 근거"라는 표현은 주소의 개념에 관한 우리 민법 제18조 제1항을 연상시킨다. 관할은 소 제기시를 기준으로 판단하여야 하나(민사소송법 제33조), 대상판결은 이 사건 소 제기 당시 피고의 주소가 한국에 있었다고 보지 않았다. 그렇다면 대법원은 피고의 한국 내 주소의 존재를 인정하기 위한 기준을 제시하였어야 한다. 석광현, "외국인 부부의 이혼사건에서 이혼·재산분할의 국제재판관할과 준거법", 안암법학 제62호(안암법학회, 2021), 649, 676면 참조.

3) 대상판결 사안에는 2022. 1. 4. 법률 제18670호로 전부개정되기 전의 국제사법(법률 제13759호)이 적용되었다. 이를 2022. 7. 5. 시행된 현행 국제사법과 구별하기 위하여 이하에서는 "구 국제사법"이라고 표기하기로 한다.

4) 이혼의 준거법에 관한 규정으로서 현행 국제사법으로는 제66조이다.

일한 본국법인 캐나다 이혼법(Divorce Act)[6]이라고 판시하고, 동법에 따른 이혼 사유가 없음을 이유로 위자료와 재산분할의 준거법에 대하여는 판단하지 않았다.

원심판결(서울고등법원 2017. 7. 11. 선고 2016르22226 판결)은 ① 이혼의 준거법은 구 국제사법 제39조에 의하여 준용되는 구 국제사법 제37조에 따라 원고와 피고의 동일한 본국법인 캐나다 이혼법이고, ② 위자료의 준거법은 구 국제사법 제32조 제3항[7]에 따라 원고와 피고 사이에 존재하는 법률관계의 준거법인 캐나다 퀘벡주 민법(Civil Code of Quebec)(제1457조)이며, ③ 재산분할의 준거법은 구 국제사법 제38조 제1항[8]에 의하여 준용되는 구 국제사법 제37조에 따라 원고와 피고의 동일한 본국법인 캐나다 퀘벡주 민법(제414조 내지 제426조)이라고 판시하였다.

대상판결은 원심판결의 준거법 판단을 그대로 인정하였다. 다만, 제1심판결과 원심판결은 우리 법원에 국제재판관할이 인정됨을 전제로 그에 관한 판단을 생략하였으나, 대상판결은 그에 관하여 명시적으로 언급하였고, 이혼사건의 국제재판관할 판단기준을 구체화하였다는 점에서 주목을 받았다.[9] 그러나 이 점은 본고의 관심사는 아니다.

---

5) 혼인의 일반적 효력의 준거법에 관한 규정으로서 현행 국제사법으로는 제64조이다.

6) 캐나다 이혼법은 파탄주의를 취하고 있다. 원심판결에 따르면, 캐나다 이혼법 제8조 제2항은 혼인관계의 파탄사유로 ① 배우자 쌍방이 이혼소송 제기 당시 별거상태에 있고 이혼판결 직전까지 1년 이상 별거상태에 있는 경우 또는 ② 이혼소송의 상대방 배우자가 혼인 이후 부정한 행위를 하였거나 일방 배우자에게 동거생활을 계속 유지할 수 없을 정도로 참을 수 없는 육체적·정신적 고통을 가한 경우를 규정하고 있다. 동조 제3항에 따르면, 위 ①과 관련하여 일방 배우자가 타방 배우자와 별거하려는 의사를 가지고 별거한 기간은 배우자 쌍방이 별거상태에 있는 것으로 간주된다. 캐나다 이혼법의 영문본은 https://laws-lois.justice.gc.ca/eng/acts/D-3.4/FullText.html 참조(2022. 11. 30. 최종방문).

7) 불법행위의 준거법 결정원칙 중 종속적 연결원칙에 관한 규정으로서 현행 국제사법으로는 제52조 제3항이다.

8) 부부재산제의 준거법에 관한 규정으로서 현행 국제사법으로는 제65조 제1항이다.

9) 평석으로 석광현, 전게논문(주 2), 643면 이하; 이종혁, "국제가사사건 재판례의 회고와 과제", 국제사법연구 제27권 제2호(한국국제사법학회, 2021), 473면 이하 참조. 다만, 현행 국제사법 제15조, 제56조 내지 제62조와 제76조가 가사사건(비송사건 포함)에 관한 상세한 국제재판관할규칙을 규정하고 있으므로, 국제재판관할에 관한 한 대상판결의 의의는 현행 국제사법이 시행된 2022. 7. 5.부터는 제한적인 것으로 변모되었다.

〔研　　究〕

Ⅰ. 서 언

대상판결 사안은 외국적 요소가 있는 이혼사건이므로 국제재판관할과 준거법이 문제된다(국제사법 제1조). 본고는 대상판결과 원심판결이 이혼의 준거법과 이혼의 부수적 효과(또는 이혼에 부수하는 결과)[10]의 준거법에 관하여 판단한 사항과 판단하지 않은 사항에 대하여 검토해보고자 한다.

원심판결은 이혼사유에 관하여 유책주의를 취하고 있는 우리 민법과 달리 파탄주의를 취하고 있는 캐나다 이혼법을 이혼의 준거법으로 적용하였다. 이와 같은 태도가 구 국제사법 제10조(현행 국제사법 제23조)[11]에 규정된 국제사법상 공서에 반하는 것은 아닌지를 검토해볼 필요가 있다. 이혼제도 자체를 인정하지 않는 외국법이 이혼의 준거법으로 지정되는 경우에 이를 적용하는 것은 국제사법상 공서에 반함을 쉽게 인정할 수 있겠으나, 이혼제도 자체는 인정하되 단지 파탄주의를 취하고 있는 외국법은 달리 보아야 하지 않겠는가 하는 것이다(Ⅱ. 2.). 그리고 대상판결뿐만 아니라 원심판결과 제1심판결 모두 이혼의 준거법을 판단함에 있어서 과거 섭외사법 아래에서부터 하급심이 인정해왔고 현행 국제사법 아래에

10) 이혼의 부수적 효과의 문제는 대상판결과 같이 위자료와 재산분할이 대표적이나, 이혼 당사자 간 부양의무와 이혼 당사자의 성씨의 변경이 문제될 수도 있고, 자녀가 있는 경우에는 친권자·양육자지정, 면접교섭권, 양육비가 문제될 수도 있다. 참고로 우리 민법상으로는 이혼 당사자 간 부양의무가 인정되지 않는다. 윤진수 편집대표, 주해친족법 제1권(박영사, 2015), 372, 378면(이동진 집필부분). 그러나 이혼 당사자 간 부양의무의 준거법이 이를 인정하는 경우에는 부양권리자로서는 부양의무자인 이혼 배우자를 상대로 부양청구를 제기할 실익이 있다. 석광현, 전게논문(주 2), 690-691면; 이종혁, 전게논문(주 9), 489면.

11) 현행 국제사법 제23조는 '사회질서에 반하는 외국법의 규정'이라는 표제 아래 "외국법에 따라야 하는 경우에 그 규정의 적용이 대한민국의 선량한 풍속이나 그 밖의 사회질서에 명백히 위반될 때에는 그 규정을 적용하지 아니한다"라고 규정하고 있다.

서도 우리 대법원이 인정하였던 '숨은 반정'의 법리를 검토하지 않았다. 본고는 이를 문제로 지적하고자 하는 것이 아니라 대상판결을 계기로 오히려 숨은 반정의 법리를 우리 국제사법 아래에서 인정할 것인지를 재검토해보고자 한다(Ⅱ. 3.). 또한 원심판결은 위자료와 재산분할의 준거법에 관하여 결론만 제시하고 별다른 논거는 제시하지 않았는데, 이혼시 위자료청구와 재산분할청구는 각각 불법행위로 인한 손해배상청구와 부부재산청산의 측면이 없는 것은 아니지만, 이들 청구가 이혼청구와 함께 제기되어 이혼에 따르는 재산적 급부로서 문제된다면, 원심판결의 판단과 달리 이혼의 준거법에 의할 사항이 아닌가 하는 의문이 있는 것이다(Ⅲ.).

Ⅱ. 이혼의 준거법과 숨은 반정의 법리

1. 이혼의 준거법 결정규칙

우리 국제사법 제66조 본문은 이혼의 준거법에 관하여 혼인의 일반적 효력의 준거법에 관한 제64조를 준용하고 있다.[12] 제64조는 혼인의

12) 제66조 단서는 "부부 중 한쪽이 대한민국에 일상거소가 있는 대한민국 국민인 경우 이혼은 대한민국 법에 따른다"고 규정하고 있다. 이와 같은 내국인 조항(또는 내국법 조항)을 설치한 이유는 가족관계등록실무의 현실을 고려한 것이라고 한다. 즉, 우리 민법은 협의상 이혼을 허용하므로 이혼신고서가 가족관계등록공무원에게 제출되면 그 공무원은 이혼의 성립 여부를 검토하여야 하는데, 부부의 동일한 본국법이나 부부의 동일한 상거소지법이 한국법이 아닌 경우 가족관계등록공무원은 최밀접관련국법을 판단함에 어려움이 있다는 것이다. 특히 혼인의 효력과 달리 이혼의 경우에는 부부의 동일한 상거소지법이 존재하지 않을 가능성이 높기 때문에 더욱 그러하다고 한다. 최흥섭, "개정법률과 국제친족·상속법의 제문제"(특집: 섭외사법개정의 입법론적 연구), 법조 통권 제536호(법조협회, 2001. 5.), 158면; 최흥섭, "섭외사법 개정법률안의 검토: 자연인, 친족, 상속", 국제사법연구 제6호(한국국제사법학회, 2001), 396-397면; 법무부, 국제사법 해설(법무부 국제법무과, 2001), 141-142면; 석광현, 국제사법 해설(박영사, 2013), 468-470면. 그러나 위와 같은 이유로 내국법을 우선시키는 것은 가장 밀접한 관련이 있는 국가의 법을 준거법으로 지정한다는 국제사법의 이념에 반하고, 법적용상 어려움이 있다면 그것은 가족관계등록공무원의 전문성 강화를 통하여 해결하여야 한다. 또한 우리 국제사법 제66조 단서는 일본의 입법례를 수용한 것인데, 일본과 달리 우리나라는 협의상 이혼시 가정법원의 확인을 받아 「가족관계의 등록 등에 관한 법률」에 따른 협의이혼신고를 하므로(민법 제836조 제1항, 가족관계의 등록 등에 관한 법률 제75조 제1항), 가정법원의 이혼의사 등 확인 과정에서 법관에 의하여 준거법 판단이 적절히 행하여지거나 당사자들의 잘못된 준거법 판단이 시정될 수 있는 제도적

일반적 효력의 준거법은 ① 부부의 동일한 본국법, ② 부부의 동일한 상거소지법, ③ 부부와 가장 밀접한 관련이 있는 곳의 법의 순으로 단계적 연결에 의한다고 규정하고 있다. 연결정책적으로[13] 이혼의 준거법과 혼인의 일반적 효력의 준거법을 반드시 일치시켜야 하는 것은 아니다. 이혼은 혼인의 파탄을 전제로 하고, 혼인의 효력은 혼인의 계속을 전제로 하기 때문이다. 그러나 우리 국제사법은 양자를 일치시키고 있는데, 그 이유는 이혼은 혼인의 해소의 일종이므로 혼인의 효력의 연장선상에 있고,[14] 혼인 중에 있었던 유책성이 이혼원인의 중요한 일부이기 때문이라고 한다.[15]

이혼의 준거법 결정시 연결시점은 이혼시점, 즉 이혼이 문제되고 있는 현재시점이다(변경주의). 재판상 이혼은 소 제기시, 협의상 이혼은 신청시가 원칙이지만 이후 국적, 상거소 등이 변경되는 경우 준거법 변경을 인정할 수 있다는 견해가 있고,[16] 재판상 이혼은 사실심 변론종결시, 협의상 이혼은 당사자들의 이혼의사의 외부적 표출시라는 견해도 있다.[17] 사견으로는 전자는 사실심 변론종결시,[18] 후자는 신청시(현행 민법

가능성이 있다. 따라서 입법론으로는 우리 국제사법 제66조 단서는 삭제함이 바람직하다고 생각된다. 이종혁, “국제혼인과 국제이혼의 준거법에 관한 입법론”, 가족법연구 제36권 제1호(한국가족법학회, 2022), 59-60면.

13) 연결정책이란 국제사법상 연결대상의 분류 방법과 각 연결대상에 대한 연결점의 할당 및 결합 방법에 관한 입법자의 판단을 말한다. 석광현, 전게서(주 12), 33면 참조.

14) 최흥섭, “국제친족법과 국제상속법”, 국제사법연구 제4호(한국국제사법학회, 1999), 269-270면.

15) 최흥섭, 전게논문(주 12)(법조), 158면. 그러나 유책성을 전제로 하는 것은 유책주의가 아닌 파탄주의 아래에서는 타당하지 않다. 석광현, 전게서(주 12), 467면.

16) 최흥섭, 한국 국제사법 I: 법적용법을 중심으로(한국학술정보, 2019), 364-365면. 다만, 준거법 변경을 인정한다면 소 제기시와 신청시를 원칙으로 제시하는 것이 무의미할 수도 있다. 위 견해는 원칙을 관철하기 위하여 예외조항을 동원하는 것을 해석론으로는 주장하지 않는다. 최흥섭, 상게서, 365면, 주 154. 준거법 변경을 어느 시점까지 인정할지도 문제되는데, 위 견해는 협의상 이혼의 경우에 관하여는 언급이 없지만 재판상 이혼의 경우에는 사실심 변론종결시까지 그것을 인정할 수 있다는 취지로 보인다.

17) 석광현, 전게서(주 12), 468면. 조수정, “섭외사법 개정법률안의 검토: 친족, 상속”, 국제사법연구 제6호(한국국제사법학회, 2001), 429면은 협의상 이혼의 경우 당

상 정확히는 협의이혼의사확인신청서 제출시)라고 본다.[19] 다만, 어느 당사자가 자신에게 유리한 법의 적용이나 불리한 법의 회피를 의도하고 본국법 및/또는 상거소를 자의적으로 변경한 것이 명백하다면 예외조항(국제사법 제21조 제1항)[20]을 통하여 교정할 필요가 있다.

원심판결은 원고와 피고 모두 캐나다 국적임을 이유로 양자의 동일한 본국법인 캐나다법, 정확히는 캐나다 이혼법을 이혼의 준거법으로 적용하였고, 같은 이유로 캐나다 퀘벡주 민법을 위자료의 준거법으로 적용하였다. 원고와 피고의 국적은 소 제기시부터 사실심 변론종결시까지 변

사자들의 이혼의사가 명시적으로 외부에 표출되는 시점은 신청시라고 한다.

18) 이혼하고자 하는 부부는 일방이 상거소를 변경할 가능성이 높고, 그에 부수하여 어느 국적을 취득 또는 상실함으로써 본국법이 변경될 수도 있으므로(예컨대 한국·미국 이중국적인 부부 일방이 상거소를 한국에서 미국으로 변경하고 한국 국적을 포기하는 경우), 재판상 이혼의 경우 소 제기시 이후 사실심 변론종결시까지 본국법 및/또는 상거소의 변경을 고려하여야 가장 밀접한 관련이 있는 곳의 법을 적용한다는 국제사법의 목적을 달성할 수 있을 것이다.

19) 협의상 이혼의 경우 가정법원의 필수적 확인절차(민법 제836조의2 참조)가 있음을 고려하여 연결시점을 가정법원의 이혼의사 확인시로 볼 여지도 있으나, 다음과 같은 이유로 신청시로 고정시킬 필요가 있다. 첫째, 이혼의 준거법이 한국법이 아니라면 우리 법원에 협의상 이혼신청 자체가 불가하다. 신청시 이후 본국법 및/또는 상거소의 변경을 고려하였을 때 이혼의 준거법이 한국법이 아닌 다른 법으로 변경된다면 협의상 이혼신청 자체가 무효로 된다. 둘째, 가정법원의 이혼의사 확인절차는 가정법원이 제공하는 이혼에 관한 안내를 받은 날로부터 1개월(피양육자가 있는 경우에는 3개월, 폭력으로 인한 참을 수 없는 고통 등 이혼하여야 하는 급박한 사정이 있는 경우에는 단축 또는 면제 가능)이 경과하면 개시되는데, 그 사이에 변경된 본국법은 실효적 국적이 아닐 가능성이 높고, 그 사이에는 상거소의 변경이 인정되지 않을 가능성이 높다. 셋째, 가정법원은 이혼의사 확인절차에서 미성년자녀 유무를 확인하고, 미성년자녀가 있는 경우에는 자녀의 양육 및 친권자결정에 관한 협의서를 확인하며(민법 제836조의2 제4항)(양육자·친권자 지정은 친자관계의 효력의 준거법에 의함), 양육비부담조서도 작성하는데(동조 제5항)(양육비는 부양의 준거법에 의함), 가정법원의 이혼의사 확인시를 기준으로 준거법을 결정하기 위하여 부모와 자녀의 국적과 상거소를 확인하도록 한다면 이혼의사 확인절차가 부당하게 장기화될 우려가 있다. 다만, 가정법원은 당사자들의 각종 협의가 신청시를 기준으로 잘못된 준거법에 기초하고 있었던 경우에는 당사자들이 그 내용을 시정하도록 촉구할 수는 있을 것이다.

20) 현행 국제사법 제21조는 '준거법 지정의 예외'라는 표제 아래 그 제1항에서 "이 법에 따라 지정된 준거법이 해당 법률관계와 근소한 관련이 있을 뿐이고, 그 법률관계와 가장 밀접한 관련이 있는 다른 국가의 법이 명백히 존재하는 경우에는 그 다른 국가의 법에 따른다"라고 규정하고 있다.

화가 없었다. 그런데 이혼의 준거법인 캐나다 이혼법은 불통일법국에 관한 구 국제사법 제3조 제3항(현행 국제사법 제16조 제3항)[21]을 거치지 않고 바로 동일한 본국법으로서의 캐나다법으로 지정된 것인가, 아니면 그 조항을 거쳐서 동일한 본국법으로서의 퀘벡주법의 자격으로 지정된 것인가? 원심판결과 대상판결은 이에 관하여 명시적으로 언급하지 않으나, 후자라고 보아야 할 것이다. 캐나다는 각 주가 독자적인 입법관할권을 가지고 있는 연방국가로서,[22] 국제사법 제16조 제3항 소정 불통일법국에 해당하기 때문이다. 당사자가 불통일법국의 국적을 가지는 경우에 본국법은 원칙적으로 그 국가의 준국제사법에 따라 지정되는 법에 의하고, 그와 같은 준국제사법이 없는 때에는 당사자와 가장 밀접한 관련이 있는 지역의 법에 의하는데(국제사법 제16조 제3항), 캐나다에는 그 국가 전체를 판도로 하는 준국제사법이 존재하지 않고 각 주의 독자적인 준국제사법이 존재할 뿐이므로,[23] 당사자의 현재 또는 과거의 주소지 등을 기준으로 당사자와 가장 밀접한 관련이 있는 지역의 법을 판단하여야 한다.[24] 대상판결 사안의 경우 원고와 피고 모두 퀘벡주에 주소를 두고 있으므로 퀘벡주법이 당사자들의 동일한 본국법이 된다. 그런데 이혼에 관하여는 캐나다 전체를 판도로 하는 이혼법이 존재하고,[25] 그것이 퀘벡주에서도 유효한 법률이므로, 캐나다 이혼법이 동일한 본국법으로서의 퀘벡주법의 자격으로 또는 퀘벡주법의 일부로서 적용된다고 보아야 정확할 것이다.

2. 이혼에 관한 파탄주의와 국제사법상 공서(또는 준거법 공서)

대상판결에서 문제된 캐나다 이혼법은 혼인관계 파탄사유의 하나로 부부 쌍방이 이혼소송 제기 당시 별거상태에 있고 이혼소송 판결 직전까

---

21) 불통일법국 국적자의 본국법 결정방법에 관한 규정이다.

22) Keith G. Banting/Richard Simeon, *And No One Cheered: Federalism, Democracy, and the Constitution Act* (Methuen, 1983), pp. 14-16.

23) 석광현, 전게서(주 12), 113면, 주 8.

24) 석광현, 전게서(주 12), 114면.

25) 캐나다 이혼법 제2조 제1항의 정의조항 중 캐나다 각 주의 법원을 열거하고 있는 “court” 항목 참조.

지 적어도 1년 이상 별거상태에 있는 경우를 규정하고(동법 제8조 제2항 (a)호), 부부 중 일방이 상대방과 별거하고자 하는 의사를 가지고 별거한 기간은 부부 쌍방이 별거상태에 있는 것으로 간주한다고 규정하고 있다(동법 제8조 제3항 (a)호). 이는 이혼에 관하여 유책주의가 아니라 파탄주의를 취하고 있는 것이다.

문제는 우리 법원이 이혼에 관하여 파탄주의를 취하고 있는 캐나다 이혼법 규정을 적용하는 것이 구 국제사법 제10조(현행 국제사법 제23조)에 따른 국제사법상 공서(또는 국제적 공서)에 반하여 허용되지 않는가 하는 것이다. 국제사법상 공서는 민법 제103조에 따른 공서(또는 실질법상 공서)가 양적으로 제한된 것으로서, 그 위반 여부는 우리 헌법이 보장하고자 하는 근본적인 가치관념과 정의관념을 기초로 개별적·구체적으로 판단하여야 한다.[26] 이혼의 자유는 우리 헌법상 기본권에 속하므로,[27] 이혼제도 자체를 인정하지 않는 외국법[28]이 이혼의 준거법으로 지정되는 경우

26) 상세는 석광현, 전게서(주 12), 176-179면 참조.

27) 윤진수, 친족상속법 강의 제4판(박영사, 2022), 85면. 헌법 제10조는 개인의 인격권과 행복추구권을 보장하고 있고, 이는 개인의 자기운명결정권을 전제로 하고 있으며, 여기의 자기운명결정권에는 성적 자기결정권, 특히 혼인의 자유와 혼인에서 상대방을 결정할 수 있는 자유가 포함되어 있다고 한다. 헌법재판소 1990. 9. 10. 선고 89헌마82 결정, 헌법재판소 1997. 7. 16. 선고 95헌가6 등 결정 등 참조. 그렇다면 이혼의 자유도 개인의 인격권과 행복추구권의 전제인 개인의 자기운명결정권에 포함된다고 할 수 있다. 문제는 헌법 제10조에서 파생되는 이혼의 자유가 외국인에게도 보장되는 헌법상 기본권인가 하는 것이다. 이를 긍정하여야 할 것이다. 그 근거는 종래의 통설과 같이 '인간의 권리'와 '국민의 권리'의 이분론에서 찾을 수도 있으나, "외국인은 국제법과 조약이 정하는 바에 의하여 그 지위가 보장된다"고 규정하고 있는 헌법 제6조 제2항, 그리고 여기의 조약에 해당하는 것으로 우리나라가 1990년 가입한 「시민적 및 정치적 권리에 관한 국제규약」에서 찾을 수도 있다. 예컨대 위 국제규약 제23조 제4항 제1문은 "이 규약의 당사국은 … 혼인 해소시에 혼인에 대한 배우자의 권리 및 책임의 평등을 확보하기 위하여 적절한 조치를 취한다"고 규정하고 있다. 헌법 제6조 제2항의 헌법해석상 실정성 제고에 관한 논의는 이종혁, "외국인의 법적 지위에 관한 헌법조항의 연원과 의의: 제헌국회의 논의와 비교헌법적 검토를 중심으로", 서울대학교 법학 제55권 제1호(서울대학교 법학연구소, 2014), 562면 이하 참조. 헌법상 기본권으로서의 이혼의 자유가 외국인에게도 인정되는지 여부는 국제사법상 공서에 있어서 사안의 내국관련성과도 관련이 있다.

28) 이혼제도 자체를 인정하지 않는 국가로는 현재 필리핀, 바티칸시국만이 있을 뿐

에 그 적용을 고집함으로써 당사자들이 어떤 경우에도 이혼할 수 없도록 하는 것은 부당하다. 협의상 이혼은 물론 재판상 이혼도 비교적 넓게 인정하는 우리 법제도에 비추어 보더라도 그와 같은 외국법의 적용은 우리 국제사법상 공서에 반한다. 섭외사법 아래에서 우리 하급심 재판례도 한국 국적의 아내가 필리핀 국적의 남편을 상대로 이혼을 청구한 사건들에서 위와 같이 판단하였다.[29)·30)]

이다. 이혼제도를 인정하지 않다가 비교적 근자에 이를 인정하는 것으로 태도를 변경한 국가로 산마리노(1986년), 아일랜드(1997년), 몰타(2011년) 등이 있다. 캐나다도 1968년 이혼법이 제정되기 전까지 퀘벡주와 뉴펀들랜드주는 이혼을 허용하지 않았다. Simon R. Fodden, *Family Law* (Irwin Law, 1999), p. 163.

29) 서울가정법원 1981. 3. 11.자 79드2574 심판, 서울가정법원 1984. 2. 10.자 83드209 심판 등. 이들 재판례의 소개는 석광현, 전게서(주 12), 182면; 이종혁, 전게논문(주 9), 481-482면 참조.

30) 한편 우리 민법은 1990년 개정으로 이혼시 재산분할청구권에 관한 규정(제839조의2, 제843조)을 신설하기 전까지 이혼시 위자료청구만을 인정하고 재산분할청구를 인정하지 않았는데, 흥미롭게도 과거 일본에서는 한국인 부부가 일본에서 이혼하는 경우 이혼시 재산분할청구를 인정하지 않는 우리 민법을 적용하는 것이 이를 인정하는 일본의 국제사법상 공서에 위반되는지 여부가 논의되었다. 일본의 하급심 재판례는 우리 민법을 적용한 경우도 있었고 우리 민법의 적용을 배척하고 일본 민법을 적용한 경우도 있었는데, 일본 최고재판소(제2소법정)는 1984. 7. 20. 선고한 판결에서 다음과 같은 취지로 판시하였다. 한국 민법은 이혼시 재산분할청구권은 인정하지 않으나 유책배우자가 상대방에게 지급하여야 하는 위자료의 액수를 산정하면서 혼인 중 협력하여 얻은 재산의 유무와 내용을 참작할 수 있는 것으로 보이므로, 그 참작 여하에 따라 재산분할청구권의 행사를 인정한 것과 실질적으로 동일한 결과가 발생한다. 한국 민법에 따라 재산분할청구권을 인정하지 않는 것이 곧 일본 법례(제30조)에 따라 국제사법상 공서에 반한다고 해석할 것은 아니다. 한국 민법에 의하여 유책배우자가 지급하여야 하는 위자료의 액수가 이혼 당사자의 국적, 생활력(生活歷), 자산상황, 부양의 요부, 혼인 중에 협력하여 얻은 재산의 유무, 내용 등 제반사정에서 보아 위자료와 재산분할을 포함한 일본의 이혼급부에 대한 사회통념에 반하여 현저하게 저액이라고 인정되는 경우에 한하여 이혼에 따르는 재산분할청구에 대한 한국 민법의 적용이 일본 법례(제30조)에 따른 국제사법상 공서에 반한다고 해석하여야 한다. 그 경우 한국 민법의 적용을 배척하고 일본 민법(제768조)을 적용하여 재산분할의 액수와 방법을 정하여야 한다. 상세는 최공웅, "국제사법상 이혼위자료 문제", 후암 곽윤직 교수 화갑기념논문집 편찬위원회 編, 민법학논총: 후암 곽윤직 교수 화갑기념(박영사, 1985), 788면 이하 참조. 일본 최고재판소는 한국 민법의 내용을 실질적으로 검토함으로써, 위자료제도를 통하여 재산분할청구권 행사를 인정하는 것과 실질적으로 동일한 결과를 도출할 수 있는 한, 한국 민법에 재산분할청구권이 없다고 할 수 없다고 본 것이다. 최공웅, 상게논문, 807면. 다만, 위 판결 사안에서는 위자료 300만엔, 재산분할

다만, 대상판결 사안과 같이 부부 쌍방이 외국인인 경우에는 부부 중 적어도 일방이 내국인인 경우에 비하여 사안의 내국관련성[31]이 작을 수밖에 없으므로, 내국관련성을 인정할 수 있는 다른 요소들이 없는 한, 외국법을 적용한 결과가 우리 공서를 위반하는 정도가 커야만 국제사법상 공서 위반이 인정될 수 있을 것이다. 부부 쌍방의 국적과 상거소지(또는 주소지)가 모두 외국이라고 하더라도, 대상판결 사안과 같이 이혼청구의 원인사실이 국내에서 형성되었고(예컨대 부부 중 일방이 국내에 상당기간 체류함으로써 부부의 별거상태가 형성되는 경우), 이혼과 함께 청구된 재산분할사건에서 국내 소재 재산이 재산분할대상인지 여부가 다투어지고 있는 경우에는 사안의 내국관련성을 좀더 높게 인정할 수 있을 것이다.

이혼의 준거법으로 지정된 캐나다 이혼법이 유책주의가 아니라 파탄주의를 취하고 있다는 사정만으로 국제사법상 공서 위반을 이유로 그 적용을 거부할 수 있는가? 대상판결 사안의 경우 캐나다 이혼법이 이혼 자체를 허용하지 않는 것은 아니고, 부부 쌍방의 국적과 주소가 모두 캐나다이므로 사안의 내국관련성이 크지 않다는 사정을 고려하여야 한다. 또한 국제사법상 공서 위반을 판단하기 위한 기준인 우리 법질서가 유책주의를 폐기하지는 않으면서도 이를 완화하는 해석론을 전개해오고 있으므로(대법원 2015. 9. 15. 선고 2013므568 전원합의체 판결 등 참조), 파탄주의 자체가 우리 헌법이 보장하고자 하는 근본적인 가치관념과 정의관념을 훼

1700만엔을 청구하였으나, 위자료 300만엔만 인정하였다.

31) 우리 대법원은 준거법 적용의 맥락이 아니라 외국판결 승인의 맥락이기는 하나, 외국판결 승인요건으로서의 공서와 관련하여 사안의 '내국관련성'이라는 개념을 제시하였다. 대법원 2012. 5. 24. 선고 2009다22549 판결은 일제강제징용사건에서 다음과 같이 판시하였다(밑줄은 필자가 추가): "민사소송법 제217조 제3호는 외국법원의 확정판결의 효력을 인정하는 것이 대한민국의 선량한 풍속이나 그 밖의 사회질서에 어긋나지 아니하여야 한다는 점을 외국판결 승인요건의 하나로 규정하고 있는데, 여기서 외국판결의 효력을 인정하는 것, 즉 외국판결을 승인한 결과가 대한민국의 선량한 풍속이나 그 밖의 사회질서에 어긋나는지 여부는 그 승인 여부를 판단하는 시점에서 외국판결의 승인이 대한민국의 국내법 질서가 보호하려는 기본적인 도덕적 신념과 사회질서에 미치는 영향을 외국판결이 다룬 사안과 대한민국과의 관련성의 정도에 비추어 판단하여야 하고, 이때 그 외국판결의 주문뿐 아니라 이유 및 외국판결을 승인할 경우 발생할 결과까지 종합하여 검토하여야 한다."

손하는 것이라고 볼 수는 없음도 고려하여야 한다. 대법원 2009. 6. 25. 선고 2009다22952 판결[32] 역시 구 국제사법 제10조(현행 국제사법 제23조)의 준거법 공서가 아니라 민사소송법 제217조 제1항 제3호의 승인 공서가 문제된 사건에서, 승인·집행 대상인 외국판결(캐나다 온타리오주 법원의 이혼판결)의 이혼사유인 혼인의 파탄은 우리 민법이 정한 이혼사유가 아니라는 사정, 해당 외국판결의 재산분할 방식이 우리나라에서의 그것과 다소 차이가 있다는 사정, 해당 외국판결에서 지급을 명한 배우자 부양료는 우리나라에서는 인정되지 않는다는 사정만으로는 해당 외국판결의 효력을 인정하는 것이 대한민국의 선량한 풍속이나 그 밖의 사회질서에 어긋난다고 할 수 없다고 판단하였다. 결국 대상판결이 유책주의가 아니라 파탄주의를 취하고 있는 캐나다 이혼법을 적용하는 것을 전제로 판단한 것은 국제사법상 공서의 법리에 비추어 타당하다고 평가할 수 있을 것이다.

3. 숨은 반정의 법리의 재고찰

(1) 숨은 반정의 개념과 연원

광의의 반정(反定)[33]이란 외국적 요소가 있는 법률관계의 준거법에 관하여 법정지의 국제사법이 외국법을 지정하고 있으나, 그 외국의 국제사법이 법정지법 또는 제3국법을 지정하는 경우에 그 외국의 국제사법에 따라 법정지법 또는 제3국법을 적용하는 것을 말한다.[34] 이는 각국이 상이한 연결정책을 취함에 따라 필연적으로 발생하는 문제이다. 협의의 반

32) [집행판결], [미간행](대법원 종합법률정보시스템에서 열람 가능).

33) 구 국제사법 제9조의 '준거법 지정시의 반정(反定)'이라는 표제는 현행 국제사법 제22조에서 '외국법에 따른 대한민국 법의 적용'이라고 수정되었다. '반정'(반대지정의 축약어)이라는 용어는 섭외사법 제4조가 의용법례상 용어인 '반치(反致)'(반대송치의 축약어)를 폐기하고 사용하기 시작한 것이다. 그동안 학계와 실무계에 정착된 '반정'이라는 용어를 법제처 심의과정에서 "헌신짝처럼" 폐기한 것은 이해할 수 없는 일이다. 위와 같은 표제의 수정만으로 국민들이 현행 국제사법 제22조의 내용을 알기 쉬워졌는지도 의문이다. 이종혁, 전게논문(주 12), 11면, 주 38.

34) 석광현, 전게서(주 12), 160면; 신창선/윤남순, 신국제사법 제2판(피데스, 2016), 149면 참조.

정(또는 직접반정)이란 광의의 반정 중에서 외국의 국제사법이 제3국법이 아니라 법정지법을 지정하는 경우를 말한다. 즉, 외국적 요소가 있는 법률관계의 준거법에 관하여 법정지의 국제사법이 외국법을 지정하고 있으나, 그 외국의 국제사법이 법정지법을 지정하는 경우에 그 외국의 국제사법에 따라 법정지법을 적용하는 것을 말한다.[35)] 우리 국제사법은 원칙적으로 직접반정만을 허용하되(제22조 제1항),[36)] 일정한 경우에는 이를 허용하지 않는다(제22조 제2항 각호).[37)] 직접반정은 외국 국제사법에 명시적으로 존재하는 준거법 결정규칙에 따라 법정지법이 지정되는 것을 전제로 하므로 '명시적 반정'이다.

반면에 숨은 반정(versteckte Rückverweisung, hidden *renvoi*) 또는 가정적 반정(hypothetische Rückverweisung)이란 이혼, 입양 등 혼인법과 친자법의 일부 쟁점에 관하여 자국 법원에 국제재판관할이 인정되면 자국법, 즉 법정지법(정확히는 법정지의 실질법)을 적용하는 외국(미국 기타 영미법계 국가)의 국제재판관할규칙에는 법정지법을 적용한다는 준거법 결정원칙이 숨겨져 있다고 보고, 마치 해당 외국 법원이 우리나라에서 재판하는 것처럼 가정하여 외국의 국제재판관할규칙에 따라 우리 법원에 국제재판관할이 인정된다면 우리 실질법을 적용하는 것을 말한다.[38)] 외국의 국제사

---

35) 그 밖에도 반정의 유형에는 전정(轉定), 간접반정, 이중반정이 있다. 상세는 이호정, 국제사법 중판(경문사, 1985), 139면 이하; 신창선/윤남순, 전게서(주 34), 155면 이하 참조. 우리 국제사법은 전정을 허용하지 않으므로 우리나라에서는 숨은 전정이 허용되지 않으나, 독일 민법시행법은 전정을 허용하므로 독일에서는 숨은 전정이 문제될 수 있다. 상세는 Jan von Hein (hrsg.), Münchener Kommentar zum Bürgerlichen Gesetzbuch, Band 12, Internationales Privatrecht I, 8. Auflage (C.H. Beck, 2020), Art. 4, Rn. 7 (Jan von Hein 집필부분) 참조. 이하에서는 위 문헌을 "MünKomm/집필자, 집필부분"의 방식으로 인용하기로 한다.

36) 전정을 허용하는 유일한 예외가 어음·수표 행위능력의 준거법이다. 국제사법 제80조 제1항 단서.

37) 직접반정의 예외사유는 ① 당사자가 합의로 준거법을 선택하는 경우, ② 국제사법에 따라 계약의 준거법이 지정되는 경우, ③ 부양의 준거법이 지정되는 경우, ④ 유언의 방식의 준거법이 지정되는 경우, ⑤ 선적국법이 지정되는 경우, ⑥ 기타 직접반정을 인정하는 것이 국제사법의 준거법 지정 취지에 반하는 경우이다. 숨은 반정은 직접반정의 일종이라고 할 수 있으므로, 숨은 반정에 대하여도 위 ⑥의 예외사유가 적용된다.

법에 준거법 결정규칙이 직접 존재하지는 않더라도 해당 외국의 국제사법 전체로부터 종합적으로 판단하였을 때 한국법을 준거법으로 적용하여야 한다고 정하여져 있다고 해석되는 경우에는 반정의 성립을 인정하여야 한다는 것이다.[39] 외국의 국제재판관할규칙에 숨겨져 있는 법정지법 원칙을 적용한다는 점에서 '숨은 반정'이고, 마치 외국 법원이 우리나라에서 재판하는 것처럼 가정한다는 점에서 '가정적 반정'이다.[40] 엄밀히 말하면 '숨은 가정적 반정'이지만, '숨은 반정'이라고 줄여서 말하는 것이 보통이다.[41]

숨은 반정은 영미법계 국가의 법원이었다면 국제재판관할의 존재를 인정하고 준거법으로 법정지법을 적용하였을 사건이 우리 법원에서 문제된다면 준거법을 어떻게 결정할 것인가의 문제이다. 원래 우리 법원이 "절차는 법정지법에 의한다"는 법정지법원칙에 따라 적용하는 것은 법정지인 우리나라의 절차법이고, 우리 국제사법에 따라 지정된 준거법 소속국인 외국의 절차법은 아니다. 그러나 숨은 반정은 영미법계 국가의 국제재판관할규칙에 숨겨진 준거법 결정규칙을 무시하지 않는 것이다.[42] 이와 같은 숨은 반정의 법리는 영미법계 국가의 국제사법이 명시적인 준거법 결정규칙을 규정하고 있지 않은 연결대상에 관하여 그 국가의 국제사법으로부터의 반정을 인정할 것인지를 중심으로 독일에서 논의되기 시작하였고,[43] 이를 인정하는 입장이 독일의 학설과 재판례의 다수를 형성

38) 석광현, 전게서(주 12), 170면; 신창선/윤남순, 전게서(주 34), 161-162면 참조.

39) 溜池良夫, 国際私法講義 第3版(有斐閣, 2005), 167頁.

40) MünKomm/von Hein, Art. 4, Rn. 56.

41) MünKomm/von Hein, Art. 4, Rn. 57. 중국 섭외민사관계법률적용법 제27조는 재판상 이혼은 법정지법에 의한다고 규정하고 있는데, 그 규정에 의하여 한국법으로 숨은 반정이 가능한지가 문제된다. 석광현, 전게서(주 12), 172면. 그러나 법정지법을 적용한다는 원칙이 국제재판관할규칙이 아니라 양면적 저촉규칙에 숨겨져 있는 경우에는 법정지 법원이 해당 저촉규칙을 바로 적용할 것이므로 '가정적 반정'으로서의 속성이 없어서 숨은 반정은 아니고 명시적 반정이라고 보아야 할 것이다. MünKomm/von Hein, Art. 4, Rn. 57 참조.

42) MünKomm/von Hein, Art. 4, Rn. 56.

43) 숨은 반정의 법리는 이론적으로는 Paul Heinrich Neuhaus, "OLG Celle: EGBGB Art. 22, 27; engl. AdoptionsG v. 1950", JuristenZeitung (JZ)(1954), S. 702 ff.에서

하고 있다.[44] 일본에서도 독일의 영향으로 숨은 반정을 인정한 재판례가 적지 않으나, 이를 명시적·묵시적으로 부정한 재판례도 있다.[45] 일본의 호적실무는 숨은 반정을 인정하는 전제 위에서 처리되고 있다고 한다.[46] 우리나라에서도 독일과 일본의 영향으로 학설의 절대다수와 재판례는 숨은 반정을 인정하는 태도를 보이고 있다.[47]

최초로 제시되었다. 위 판례평석은 제2차 세계대전 이후 독일에 근무 및 거주하던 영국군 남편(영국 국적)과 그 아내(영국 국적)가 1953년 독일에서 독일 아동(비적출자)을 입양하기 위한 입양계약의 공증을 받았으나 민법시행법 제22조(일면적으로 규정되어 있었으나 양면적인 것으로 해석되었음)에 따른 입양의 준거법(양친의 본국법)인 영국 입양법(Adoption Act 1950)에 따른 요건(영국법원의 확인)을 구비하지 못하였다는 이유로 입양을 허가하지 않은 독일 법원의 판결을 대상으로 한 것이다. Neuhaus는 "우리는 반정의 문제를 호의(Wohlwollen)를 가지고 고찰하여야 하고, [민법시행법] 제27조의 문언이 그 경우를 염두에 두고 있지 않더라도, 필요하다면 숨은 반정(versteckte Rückverweisung)도 인정하여야 한다"고 주장하였고, 영국인 부부가 영국법상 의미에서의 주소(domicile)를 독일에 두고 있었다면 반정을 통하여 입양의 준거법은 독일법이라고 보았어야 한다고 주장하였다. 위 판례평석, S. 704. 위 판례평석은 Paul Heinrich Neuhaus, Die Grundbegriffe des internationalen Privatrechts (Mohr Siebeck, 1962), S. 190 ff.(1976년 발간된 제2판으로는 S. 282 ff.)로 편입되었는데, 그 까닭에 위 단행본이 숨은 반정의 법리를 주창한 것으로 언급되고는 한다.

44) 학설로는 대표적으로 Christian von Bar/Peter Mankowski, Internationales Privatrecht, Band 1: Allgemeine Lehren, 2. Auflage (C.H. Beck, 2003), §7, Rn. 218 f.; Gerhard Kegel/Klaus Schurig, Internationales Privatrecht, 9. Auflage (C.H.Beck, 2004), §10 VI; Jan Kropholler, Internationales Privatrecht, 6. Auflage (Mohr Siebeck, 2006), §25 참조.

45) 山田鐐一, 国際私法 第3版(有斐閣, 2004), 73頁은 숨은 반정의 법리가 판례법으로 이미 확립되어 있다고 기술하나, 道垣内正人/中西康 編, 国際私法 判例百選 第3版[別冊 ジュリスト No. 256](有斐閣, 2021), 17頁(嶋拓哉 집필부분)에 소개되어 있는 국제입양에 관한 엇갈리는 재판례만 보더라도 그렇게 단정할 수는 없는 것으로 보인다.

46) 일례로 미국인 남편(코네티컷주 거주)이 일본인 아내의 자녀(일본인 전 남편과의 사이의 적출자)를 양자로 입양하는 문제와 관련하여, 법무성 제2과장은 1996. 8. 16. 나하(那覇) 지방법무국장에게, 반정에 관한 법례 제32조를 적용하여 일본법을 준거법으로 삼아 수리하여도 무방하다고 회답하였다고 한다. 櫻田嘉章/道垣内正人 編, 注釈国際私法 第2巻(有斐閣, 2011), 330頁, 註 68(北澤安紀 집필부분). 위 회답은 법례 제32조가 '유추적용'이 아니라 '적용'된다고 하였다.

47) 우리 학설로는 긍정설로 이호정, 전게서(주 35), 162면 이하; 최공웅, 국제소송 개정판(육법사, 1988), 698면(독일과 일본의 비판론을 소개하면서); 석광현, 전게논문(주 2), 681면(강한 거부감은 없음을 밝히면서); 최흥섭, 전게서(주 16), 148면; 안춘수, 국제사법(법문사, 2017), 145면; 김연/박정기/김인유, 국제사법 제4판(법문

근자에 주목할 만한 변화는 정작 숨은 반정의 법리가 유래한 독일에서는 숨은 반정이 배제되는 연결대상이 대폭 확대되었다는 것이다.[48] 실무상 가장 빈번하게 문제되었던 이혼에 있어서 숨은 반정이 더 이상 허용되지 않는다. 이혼과 법적 별거의 준거법에 관한 유럽연합 로마Ⅲ규정[49]은 이혼의 준거법 소속국이 유럽연합 회원국인지 여부와 관계없이 보편적으로 적용되는데(제4조), 로마Ⅲ규정 제11조가 반정을 명시적으로 배제하고 있기 때문이다.[50] 또한 독일 민법시행법 제17조 제1항과 제4항이 이혼의 재산적 효과와 연금청산에 관하여 로마Ⅲ규정에 따른 이혼의 준거법에 의한다고 규정하고 있으므로, 이들 경우에도 숨은 반정은 허용되지 않는다. 그 밖에도 헤이그 국제사법회의의 아동보호협약, 성년자보호협약, 유럽연합의 부부재산제규정, 상속규정 등이 적용되는 범위에서 마찬가지이다. 게다가 입양의 준거법 결정규칙마저도 2020년 민법시행법 개정으로 양친의 본국법주의에서 양자의 상거소지주의로 전환되어 숨은 반정의 가능성이 감소되었다.[51] 위와 같은 일련의 변화는 독일의 입법자

사, 2022), 223면이 있고, 부정설로 신창섭, 국제사법 제5판(세창출판사, 2022), 168면이 있다.

48) 상세는 MünKomm/von Hein, Art. 4, Rn. 60.

49) Council Regulation (EU) No. 1259/2010 of 20 December 2010 implementing enhanced cooperation in the area of the law applicable to divorce and legal separation.

50) 이는 준거법 결정의 용이성과 안정성을 도모하고, 이혼의 준거법에 관하여 당사자자치를 허용한 취지와 합치시키기 위한 것이다. 다만, 제11조는 주관적 연결과 객관적 연결을 구별하지 않으므로, 전자의 논거가 본질적인 것이다. 오석웅, "로마Ⅲ규칙에 있어서 이혼 및 법적 별거의 준거법", 가족법연구 제34권 제2호(한국가족법학회, 2020), 296-297면 참조.

51) 흥미로운 점은 독일이 입양의 준거법에 관하여 양자의 상거소지주의를 채택함에 따라 독일 양친이 우리 아동을 입양하기 위한 재판을 우리 법원에서 하는 경우(숨은 반정이 아니라) 명시적 반정에 의하여 (양친의 본국법인 독일법이 아니라) 독일 민법시행법이 반정하는 한국법이 적용되게 되었다는 것이다. 입양의 준거법에 관한 독일 민법시행법 제22조의 개정 경위는 석광현, "독일 개정 국제사법에 관한 고찰", 국제사법연구 제27권 제1호(한국국제사법학회, 2021), 656-658면 참조. MünKomm/von Hein, Art. 4, Rn. 60 (2020년 발간)은 숨은 반정의 법리가 여전히 통용되는 연결대상으로 입양이 있을 뿐이라고 언급하고 있으나, 이는 2020년의 개정을 반영하지 못한 것이다.

가 1986년 민법시행법 개정시 숨은 반정의 법리의 명문화를 시도하였던 과거를 무색하게 한다.[52)]

(2) 종래의 우리 재판례의 검토

(가) 섭외사법 아래에서의 재판례

섭외사법 아래에서 우리 하급심 재판례는 직접반정에 관한 섭외사법 제4조를 (유추적용이 아니라) 직접 적용하여 숨은 반정의 법리를 인정하였다. 대법원 종합법률정보시스템에 공개되어 있는 국제이혼사건 재판례 중 최초로[53)] 숨은 반정의 법리를 인정한 것은 서울가정법원 1986. 12. 30.자 85드6506 심판(확정)[54)]이다. 이는 한국 국적의 아내가 미국 국적의 남편(한국에서 혼인신고 후 6개월간 동거하다가 미국으로 출국 후 아내와 연락을 단절)을 상대로 이혼을 청구한 사건이다. 법원이 설시한 법리는 다음과 같다. 섭외사법 제18조 본문에 따라 이혼의 준거법은 피청구인의 본국법인 미국법이다. 미국은 불통일법국이므로 섭외사법 제2조 제3항에 따라 피청구인이 속하는 지방의 법에 의한다.[55)] 미국에서 이혼의 준거법은 당사자 쌍방 또는 일방의 주소가 있는 법정지의 법률이고, 이는 피청구인이 속하는 지방인 일리노이주의 법률도 같다. 따라서 이혼의 준거법은 당사자 일방인 청구인의 주소지인 우리나라의 이혼 관련 법률이다.

위와 같은 판시에 대하여는 ① 일리노이주 국제사법상으로는 준거법 결정규칙이 국제재판관할규칙에 숨겨져 있다는 것을 언급하지 않은 점, ② 당사자의 주소를 판단하는 기준이 한국법이 아니라 미국법이라는

52) 1986년 민법시행법 개정시 논의는 MünKomm/von Hein, Art. 4, Rn. 58 f.

53) 다만, 이전에도 일찍이 숨은 반정의 법리를 인정한 하급심 재판례로 서울가정법원 1972. 10. 31. 선고 71드2122 판결, 춘천지방법원 1975. 11. 11. 선고 75드16 판결, 서울가정법원 1977. 2. 2. 선고 76드2064 판결이 있었다고 한다. 최공웅, 전게서(주 47), 698-699면, 주 109.

54) [이혼심판청구사건], [하집1986(4), 641].

55) "속하는 지방의 법"의 의미에 관하여 통설은 간접지정설, 즉 그 국가에 준국제사법이 있는 경우에는 그것에 따라 지정되는 법에 의하고, 그것이 없는 경우에는 당사자와 가장 밀접한 관련이 있는 지방의 법에 의한다는 입장을 취하고 있었다. 이와 같은 입장이 2001년 개정시 구 국제사법 제3조 제3항(현행 국제사법 제16조 제3항)에 반영되었다. 석광현, 전게서(주 12), 113면.

것을 언급하지 않은 점, ③ 일리노이주의 국제재판관할규칙을 우리 법원이 가정적으로 적용하였을 때 (각 당사자의 주소가 있는 한국과 미국에 모두 관할의 근거가 있으므로) 우리 법원에 전속관할이 인정되지는 않음을 언급하지 않은 점을 지적할 수 있으나, 섭외사법상 반정에 관한 규정이 유추적용되는 것이 아니라 직접 적용되는 것이라는 취지로 판시한 점은 의미가 있다.

이후 서울가정법원 1991. 5. 9. 선고 90드75828 판결(확정)[56]은 숨은 반정의 법리의 적용에 관하여 진일보한 설시를 하였다. 이는 한국 국적의 아내가 미국 국적의 남편(혼인 후 3개월 내에 아내와 함께 미국으로 출국하기로 약속하였으나 이를 이행하지 않고, 아내와 장모를 구타하고 몰래 미국으로 출국 후 아내와 연락을 단절)을 상대로 이혼을 청구한 사건이다. 위 90드75828 판결은 미국의 판례와 학설에 따른 이혼에 관한 섭외사법의 일반원칙에 따르면 부부 일방의 주소지에 국제재판관할이 인정됨과 동시에 그 법정지법이 준거법으로 인정되고(Restatement (Second) of Conflict of Laws (1971) 제71조, 제285조), 이는 펜실베니아주에서도 동일하다고 판시함으로써, 펜실베니아주 국제사법상으로는 준거법 결정규칙이 국제재판관할규칙에 숨겨져 있다는 것을 명시하였다는 점, 그리고 원고는 출생 이래 판결 당시까지 계속 영주의사로 한국에 거주해와서 한국에 미국법상 주소를 가지고 있었다고 판시함으로써, 당사자 일방의 주소를 판단하는 기준이 한국법이 아니라 미국법이라는 것을 명시하였다는 점에서 위 85드6506 심판보다 한결 진전된 것으로 평가할 수 있다. 또한 위 90드75828 판결은 (이혼의 준거법으로 지정된 외국법인) "남편의 본국법이 대한민국의 법률에 의할 것을 정하고 있는 경우"에 해당하여 섭외사법 제4조에 따라 우리 민법이 준거법이 된다고 판시함으로써, 섭외사법상 반정에 관한 규정이 유추적용되는 것이 아니라 직접 적용되는 것이라는 점을 더 명확히 판시하였다.

---

56) [이혼청구사건], [하집1991(2), 539].

(나) 국제사법 아래에서의 재판례

구 국제사법 아래에서 비로소 숨은 반정의 법리를 인정한 최초의 대법원 판결이 등장하였다. 대법원 2006. 5. 26. 선고 2005므884 판결[57]은 숨은 반정의 법리에 따라 이혼의 준거법으로 법정지법인 우리 민법을 적용하였고, 반정에 관한 구 국제사법 제9조 제1항(현행 국제사법 제22조 제1항)이 직접 적용되는 것이 아니라 유추적용되는 것이라고 판시하였다.[58] 위 2005므884 판결은 미국 미주리주에 법률상 주소를 두고 있는 미국 국적의 남성인 원고가 한국 국적의 여성인 피고와 한국에서 혼인 후 (미국 국적을 취득한) 피고와 한국에서 거주하다가 피고를 상대로 이혼, 친권자·양육자지정 등을 청구한 사건이다. 법원이 설시한 법리는 다음과 같다. 먼저 우리 국제사법에 비추어 보든 미국 미주리주법에 비추어 보든 한국 법원에 국제재판관할이 인정된다. 다음으로 구 국제사법 제39조, 제37조 제1호(현행 국제사법 제66조, 제64조 제1호)에 따르면 이혼에 관하여는 부부의 동일한 본국법이 1차적으로 적용된다. 미국은 지역에 따라 법을 달리하는 국가이므로 구 국제사법 제3조 제3항(현행 국제사법 제16조 제3항)에 따라 미국 국적을 보유한 원·피고 사이의 이혼 등 청구의 준거법을 결정하기 위하여 종전 주소지를 관할하는 미주리주의 법규정 등을 검토하여야 한다. 미주리주의 법과 미국의 국제사법에 관한 일반원칙 등에 따르면, 미국 국적을 보유한 원·피고가 모두 선택에 의한 주소(domicile of choice)를 한국에 형성한 상태에서 한국 법원에 제기된 이 사건 이혼 등 청구에 관하여는 원·피고의 현재 주소(domicile)가 소속된 법정지의 법률이 준거법이 되어야 한다.[59] 결국 준거법 지정시 반정에 관한 구 국

57) [이혼및위자료등], [집54(1)가, 273; 공2006. 7. 1.(253), 1157].

58) 근자의 일련의 하급심 재판례도 구 국제사법 제9조 제1항(현행 국제사법 제22조 제1항)을 유추적용한다면서 숨은 반정의 법리에 따라 우리 민법을 적용하고 있다. 서울가정법원 2019. 5. 31. 선고 2018르31171 판결(확정), 수원가정법원 평택지원 2011. 8. 19. 선고 2010드합50 판결(확정), 서울가정법원 2020. 9. 24. 선고 2019드단104764 판결(확정) 등 참조.

59) 김시철, “주한 미국인 부부의 이혼 및 미성년자녀에 관한 양육처분 등에 대하여-이혼재판관할권 및 준거법에 관한 우리 제도와 미국 제도에 대한 비교법적 검토를

제사법 제9조 제1항(현행 국제사법 제22조 제1항) 등을 유추적용한 숨은 반정의 법리에 따라 이 사건에 대하여는 이혼 등을 규율하는 법정지법인 우리 민법을 적용하여야 한다.

위와 같은 판시에 대하여는 두 가지를 지적할 수 있다. 첫째, 구 국제사법 제9조 제1항(현행 국제사법 제22조 제1항)은 반정의 요건으로 "외국법이 준거법으로 지정된 경우에 그 국가의 법에 의하여 대한민국 법이 적용되어야 하는 때"라고 규정하고 있는데, 숨은 반정을 위하여 "그 국가의 법"에 포함되는 외국의 국제재판관할규칙을 해석·적용하는 것은 구 국제사법 제9조 제1항(현행 국제사법 제22조 제1항)에 명시된 요건("그 국가의 법에 의하여 대한민국 법이 적용되어야 하는 때")의 충족 여부를 판단하기 위하여 전체로서의 외국 국제사법을 해석·적용하는 문제이므로, 숨은 반정의 경우 구 국제사법 제9조(현행 국제사법 제22조)는 유추적용되는 것이 아니라 직접 적용되는 것이라는 점이다.[60] 이 점은 오히려 섭외사법 아래에서의 하급심 재판례의 설시가 더 타당한 것이 아닌가 싶다. 둘째, 우리 법원에 국제재판관할이 인정되는지 여부를 숨은 반정의 한 요건으로서 검토하지 않고 직접관할을 판단하듯이 검토하였다는 점이다. 특히 부적절한 것은 우리 국제사법상 국제재판관할규칙을 적용하여 우리 법원의 국제재판관할을 판단한 부분인데,[61]·[62] 반정의 한 요건으로서 적용하여야 하

중심으로-대법원 2006. 5. 26. 선고 2005므884 판결: 판례공보 2006. 7. 1.자 1157면", 저스티스 통권 제96호(한국법학원, 2007. 2.), 273면은 미국법상 이혼소송은 대물소송으로서 해당 주가 특별한 이해관계가 있으므로 법정지법을 적용하고, 대물소송에서는 재판관할권 결정 문제와 준거법 결정 문제가 분리되지 않는다고 설명한다.

60) 김시철, 전게논문(주 59), 270-271면, 주 91은 "[구] 국제사법 제9조 제1항이 바로 적용되는 것이 아니라 이를[구 국제사법 제9조 제1항을] 유추한 '숨은 반정(反正)의 법리'가 적용된다는 취지를 적시하는 것이 바람직하다"고 한다('反正'은 '反定'의 오기이고, [ ]는 필자가 추가). 숨은 반정은 섭외사법이 모범으로 삼았던 입법례가 본래 의도하였던 반정의 문제는 아니므로 '유추'의 측면이 있다고 보았는지 모르겠으나, 그렇더라도 반정 조항이 '유추적용'될 수는 없을뿐더러, 숨은 반정은 우리 법원이 섭외사법 아래에서 1970년대 초반부터 인정해온 법리이므로, 적어도 구 국제사법 아래에서는 본래 의도하지 않았던 문제라고 말할 수는 없을 것이다.

61) 김시철, 전게논문(주 59), 273-274면은 ① 주한 미국인 부부의 이혼소송에 대하

는 것은 우리 국제사법상 국제재판관할규칙이 아니라 우리 국제사법에 의하여 준거법으로 지정된 외국법상 국제재판관할규칙이기 때문에, 우리 국제재판관할규칙을 적용하는 것은 타당하지 않다. 또한 미국 미주리주 법상 국제재판관할규칙에 따라 우리 법원에 국제재판관할이 인정되는지를 판단한 부분에서도 마치 직접관할을 판단하듯이 피고에의 적법한 송달과 피고의 응소를 언급한 것은 마찬가지 이유로 타당하지 않다.[63)]

(3) 숨은 반정의 요건의 재검토

숨은 반정의 법리를 인정하는 것을 전제로 숨은 반정의 요건을 검토해보면 다음과 같다.[64)] ① 첫째, 우리 국제사법에 의하여 연결대상의

여 한국 법원이 재판관할권을 행사하는 것이 정당한 경우에는 당연히 법정지법인 우리 민법을 적용하여야 하고, ② 해당 이혼 소송과 우리나라 사이에 실질적 관련성을 인정하기 어려운 경우에는 국제사법 제2조 제1항, 제2항의 취지에 따라 이혼청구의 소 자체를 각하하는 것이 바람직하다고 한다. 숨은 반정은 준거법 결정의 맥락에서 외국의 국제재판관할규칙을 가정적으로 적용하는 것인데, 위 ①과 ②는 우리 국제사법에 따른 직접관할 판단과 혼동하고 있다.

62) 같은 지적으로 석광현, "2006년 국제사법 분야 대법원 판례: 정리 및 해설", 국제사법연구 제12호(한국국제사법학회, 2006), 597면; 석광현, 전게서(주 12), 171면, 주 34. 위 2005므884 판결은 원ㆍ피고는 거주기한을 정하지 않고 한국에 거주하고 있으므로 쌍방 모두 한국에 상거소를 가지고 있고, 그 혼인이 한국에서 성립되었고 그 혼인생활의 대부분이 한국에서 형성되었다는 점까지 고려한다면, 이 사건 이혼청구 등은 한국과 실질적 관련이 있다고 볼 수 있으므로 국제사법 제2조 제1항의 규정에 의하여 한국 법원은 이 사건에 대하여 재판관할권을 가진다고 판시하였다. 본문에서 지적하였듯이 부적절한 판시이다.

63) 위 2005므884 판결은 이혼 등에 관한 미주리주법의 관련 규정, 미주리주 주법원 판결, 미국 연방대법원 및 각 주법원의 관련 판결 및 학설 등에 근거하여 일반적으로 승인되어 있는 이혼에 관한 미국 국제사법의 일반원칙(Restatement (Second) of Conflict of Laws 제11조 내지 제21조, 제71조, 제285조 등)을 종합하여 보면, 원ㆍ피고는 늦어도 원고가 미군 복무를 마친 다음 그 자유의지에 따라 피고 및 사건본인들과 함께 한국에 정착한 시점부터는 선택에 의한 주소(domicile of choice)를 한국에 형성하였다고 볼 수 있고, 여기에 피고가 이 사건 소장 부본을 적법하게 송달받고 적극적으로 응소하였다는 점까지 고려한다면, 원ㆍ피고의 본국법인 동시에 종전 주소지를 관할하는 미주리주법에 비추어 대물 소송(*in rem*)에 해당하는 이 사건 이혼청구와 대인 소송(*in personam*)에 해당하는 이 사건 친권자 및 양육자지정 청구 등에 대하여 모두 한국 법원이 재판관할권을 행사하는 것은 정당하다고 볼 수 있으므로, 국제사법 제2조 제2항에 규정된 국제재판관할의 특수성을 충분히 고려하더라도 이 사건에 대한 한국 법원의 재판관할권 행사에는 아무런 문제가 없다고 판시하였다(밑줄은 필자가 추가). 위 밑줄 부분들은 본문에서 지적하였듯이 모두 부적절한 판시이다.

준거법으로 외국법이 지정되어야 한다. 국제사법 제22조 제1항이 명시하고 있는 요건이다. ② 둘째, 해당 외국의 법질서 내에 연결대상에 관한 독립적 저촉규칙이 존재하지 않아야 한다. 그것이 존재하는 경우에는 명시적 반정이다. ③ 셋째, 해당 외국의 국제재판관할규칙에 따라 우리 법원에 국제재판관할이 인정되어야 한다. 이에 관하여는 후술한다. ④ 넷째, 해당 외국은 자국 법원에 국제재판관할이 인정되는 경우 법정지인 자국의 실질법을 적용한다는 원칙을 가지고 있어야 한다. 다만, 해당 외국이 법정지법을 적용하는 이유가 국제재판관할과 준거법의 병행 내지 동조화를 위한 것이 아니라 해당 외국의 공서를 위한 것이거나 특별공서조항의 형태로 해당 외국의 국적자들에게 우위를 인정하기 위한 것이라면, 이는 우리 국제사법상 특별공서조항(예컨대 혼인의 방식에 관한 내국인조항인 제63조 제2항 단서, 이혼에 관한 내국인 조항인 제66조 단서, 불법행위에서 손해배상액의 제한에 관한 제52조 제4항)에 상응하는 것이므로, 양면적 저촉규칙으로 취급할 수 없다.[65] 또한 우리 국제사법에 의하여 준거법을 지정하고자 하는 연결대상이 해당 외국이 알지 못하는 제도라면 숨은 반정은 인정될 수 없다.[66] ⑤ 다섯째, 반정을 허용하는 것이 우리 국제사법의 준거법 지정 취지에 반하지 않아야 한다. 국제사법 제22조 제2항 제6호는 숨은 반정에도 적용되어야 한다.[67] ⑥ 여섯째, 우리 법원이 우리 실질법을 적용한 판결이 해당 외국에서 승인 가능성이 있어야 한다는 견해가 있으나,[68] 승인 가능성을 요구하는 것은 설득력이 없다.[69] 해당

64) 석광현, 전게논문(주 62), 596면 이하; 석광현, 전게서(주 12), 171-172면 참조.
65) MünKomm/von Hein, Art. 4, Rn. 63; 석광현, 전게논문(주 2), 685면, 주 87 참조.
66) MünKomm/von Hein, Art. 4, Rn. 71.
67) 반면에 최흥섭, 전게서(주 16), 148면, 주 81은 국제사법 제22조 제2항 제6호는 우리 국제사법에 따라 총괄지정된 영미법계 국가의 국제사법(준거법 결정규칙이 없는 경우에는 그 대신 국제재판관할규칙)을 적용한 결과 한국법으로 반정하는지를 재검토하는 규정이 아니라고 한다.
68) MünKomm/von Hein, Art. 4, Rn. 65 ff. 참조. 해당 외국의 간접관할규칙이 직접관할규칙과 동일하지 않은 경우에 주로 문제되고, 양자가 같은 경우에도 문제될 수 있다고 한다.
69) 석광현, 전게논문(주 62), 598면도 동지.

외국의 관점에서 우리 법원에 국제재판관할이 인정되고 법정지법의 적용을 반대하지 않는다면, 승인요건으로서의 절차적 공서 위반 등은 문제되지 않으므로, 숨은 반정도 문제되지 않는다.[70]

숨은 반정의 셋째 요건은 외국의 국제재판관할규칙에 따라 우리 법원에 국제재판관할이 인정되어야 한다는 것이다. 정확히 말하면, 외국의 국제재판관할규칙을 마치 우리나라의 국제재판관할규칙인 것처럼 가정하고 적용한 결과 우리나라에 국제재판관할의 근거가 존재하여야 한다는 것이다. 예컨대 영미법계 국가의 법적 의미에서의 '주소'(domicile)가 우리나라에 소재하고 있어야 한다. 반면에 본국관할과 같이 우리나라에는 있으나 영미법계 국가에는 없는 국제재판관할 근거에만 기초하여 우리 법원에 국제재판관할이 인정되는 경우에는 숨은 반정은 인정될 수 없다.[71] 다만, 우리 법원은 부적절한 법정지가 아니어야 하는데, 그 적절성의 판단 역시 우리나라의 국제재판관할규칙의 관점이 아니라, 우리 국제사법에 따라 지정된 외국의 국제재판관할규칙의 관점에서 행하여져야 한다.[72]

문제는 우리 법원의 국제재판관할이 전속관할이어야 하는가 하는 것이다. 독일의 다수설[73]과 재판례[74]는 독일 법원의 국제재판관할이 비전속관할(또는 임의관할, 선택적 관할)이어도 충분하다고 한다. 가장 강력한 근거로는 독일 법원에 전속관할이 인정되든 비전속관할이 인정되든 국제재판관할과 준거법에 관하여 하나의 법질서가 병행하여 적용되는 것이 효율적이라는 점을 든다.[75] 국제재판관할과 준거법이 병행함에 따르는

70) MünKomm/von Hein, Art. 4, Rn. 67.
71) MünKomm/von Hein, Art. 4, Rn. 64.
72) von Bar/Mankowski, 전게서(주 44), §7, Rn. 219.
73) 대표적으로 Kegel/Schurig, 전게서(주 44), §10 VI; Kropholler, 전게서(주 44), §25 III 1; Abbo Junker, Internationales Privatrecht, 3. Auflage (C.H.Beck, 2019), §8, Rn. 45; Rainer Hausmann (hrsg.), J. von Staudingers Kommentar zum Bürgerlichen Gesetzbuch, EGBGB/IPR: Art. 3-4, Neubearbeitung 2019 (Sellier/de Gruyter, 2019), Art. 4, Rn. 94 (Rainer Hausmann 집필부분). 이하에서는 마지막 문헌을 "Staudinger/집필자, 집필부분"의 방식으로 인용하기로 한다.
74) MünKomm/von Hein, Art. 4, Rn. 70, Fn. 248 참조.
75) MünKomm/von Hein, Art. 4, Rn. 62; Staudinger/Hausmann, Art. 4, Rn. 94.

이익은 전속관할이든 비전속관할이든 차이가 없다는 것이다.

이에 대하여는 다음과 같은 비판이 있다. 첫째, 비전속관할이 인정되는 독일 법원과 외국 법원(들)은 해당 사안의 준거법으로 같은 국가의 법을 적용하지 않고 서로 다른 국가의 법을 적용할 수 있다.[76] 독일 법원은 외국 법원과는 다른 준거법 결정규칙을 적용할 수 있고 그렇게 하여야 한다.[77] 둘째, 독일 법원의 비전속관할로 충분하다면 당사자들은 비전속관할이 인정되는 독일 법원과 외국 법원(들) 중에서 자신에게 유리한 법이 준거법으로 적용되도록 법정지 쇼핑(forum shopping)을 할 우려가 있다.[78] 이에 대하여는 외국 국제사법이 준거법에 관하여 선택적 연결을 규정한 경우에는 독일법으로의 반정을 허용하면서, 법정지 쇼핑의 가능성을 이유로 독일 법원에 비전속관할이 인정되는 경우에는 숨은 반정을 허용하지 않고 전속관할을 요구하는 것은 논리적이지 않다는 비판이 제기된다.[79] 다시 이에 대하여는 외국 국제사법이 선택적 연결을 규정하는 경우는 선택 대상으로 규정된 법질서들 간에 우열을 인정하는 것이 아니지만, 국제재판관할이 병존하는 경우에는 어느 법정지법을 적용할 것인가 하는 교착상태가 발생한다는 재비판이 제기된다.[80]

(4) 숨은 반정 자체에 대한 비판론

숨은 반정에 대하여는 다음과 같은 본질적인 비판이 제기된다. 첫째, 숨은 반정은 우리나라와 외국 모두 자국법을 적용하도록 하므로, 반정의 본래 취지 내지 목적인 국제적 판결의 일치가 달성되지 않도록 한다. 그럼에도 불구하고 숨은 반정을 인정하여 한국법을 적용함으로써 국제사법이 가장 적절한 법으로 지정한 준거법의 적용을 포기하고 결과적으로 법정지 쇼핑을 조장하는 것은 반정의 본래 취지에 반한다.[81] 오히

76) Wilhelm Wengler, "Zur Adoption deutscher Kinder durch amerikanische Staatsangehörige", Neue Juristische Wochenschrift (NJW)(1959), S. 130.
77) Wengler, 전게논문(주 76), S. 130.
78) Wengler, 전게논문(주 76), S. 130.
79) Staudinger/Hausmann, Art. 4, Rn. 94.
80) Mario Nawroth, Der versteckte renvoi im deutschen internationalen Privatrecht (Verlag Dr. Kovac, 2007), S. 182 ff.

려 숨은 반정을 인정하지 않아야 국제적 판결의 일치를 도모할 수 있다.[82] 숨은 반정이 반정의 취지에 반한다고 하지 않기 위하여는 반정의 취지를 왜소화하여 그 취지가 단지 내국법 적용의 편의에 있다고 하지 않을 수 없다.[83]

둘째, 숨은 반정은 준거법으로 지정된 외국법의 해석은 해당 외국법의 관점에서 행하여져야 하고 법정지법의 관점에서 행하여져서는 안 된다는 국제사법상 원칙에 반한다.[84] 외국 국제사법을 전체적으로 보아서 자국 법원에 국제재판관할이 인정되는 경우 자국 실질법을 적용한다는 원칙이 인정된다고 하더라도, 그 원칙이 당해 사안에서 한국법에 의할 것을 정하고 있다고 해석되는지는 의문이다.[85] 해당 외국은 자국 법원에 국제재판관할이 인정되면 자국법을 적용함을 일면적으로 규정하고 있을 뿐이지 자국법 이외에 타국법의 적용에 관하여는 아무런 규정을 두고 있지 않으므로, 해당 외국법이 해당 외국의 법관에게 한국법의 적용을 명하는 경우는 없다.[86] 해당 외국 법원은 자국 법원에 국제재판관할이 인정되지 않으면 소를 각하할 뿐이다.[87] 해당 외국은 우리 법원이 당해 사안에 대하여 어느 국가의 법을 적용하는지에 대하여 아무런 관심을 가지고 있지 않음에도 불구하고, 이와 같은 저촉법상 무관심을 반정으로 재해석하는 것은 부당하다.[88]

셋째, 숨은 반정은 국제민사소송법과 국제사법의 경계를 애매하게 만든다. 게다가 우리 법원에 비전속관할만 인정되어 우리 법원과 외국 법원의 국제재판관할이 병존하는 경우에는 준거법으로 어느 법정지법이 적용되어야 하는지가 명확하지 않다.[89] 또한 국제사법 제22조 제2항 제6

81) 池原季雄, 国際私法(総論)[法律学全集59](有斐閣, 1973), 217頁.
82) 석광현, 전게논문(주 2), 685면도 이를 지적하고 있다.
83) 池原季雄, 전게서(주 81), 220頁, 註 14 참조.
84) MünKomm/von Hein, Art. 4, Rn. 74.
85) 池原季雄, 전게서(주 81), 217頁.
86) 신창선/윤남순, 전게서(주 34), 162-163면.
87) 신창섭, 전게서(주 47), 168면.
88) Wengler, 전게논문(주 76), S. 129.

호에 비추어 우리 국제사법이 선택적 연결을 규정하고 있는 경우에는 반정이 허용되지 않는다고 해석되는데, 우리 국제사법상 선택적 연결에 의하지 않는 연결대상에 대하여 준거법 소속국인 외국의 법질서가 선택적 연결과 유사한 방법으로 한국으로 반정한다고 하여서 반정을 인정하는 것은 우리 국제사법상으로는 타당하지 않다고 생각된다. 이는 비전속관할을 선택적 연결과 동일시할 수 있는가의 문제이다. 내외국 법질서 간의 균형을 고려하는 근거로는 국제법상 예양(comity)이나 상호주의를 들 수도 있을 것이다.

넷째, 숨은 반정은 외국법 대신에 법정지법을 적용하기 위하여 동원하는 국제사법적 가장(假裝)에 불과하다.[90] 예컨대 우리 국제사법(제70조)은 입양의 준거법은 입양 당시 양친의 본국법이라고 규정하고 있는데, 우리 법원에서 입양재판을 하는 경우 양친의 본국법인 외국법을 조사·적용하기가 곤란하지만, 숨은 반정을 통하여 결과적으로 양친의 본국법 대신에 양자의 상거소지법을 적용하는 법적용상 편의를 도모할 수 있다.

다섯째, 외국 국제사법에 따라 우리 법원에 국제재판관할이 인정되는 경우에는 우리 법원이 한국법을 적용한 판결은 물론 우리 법원이 외국법을 적용한 판결도 승인하게 되므로, 해당 외국은 우리 법원이 한국법을 적용한 판결만 승인하겠다는 입장을 취한 것이 아니다.[91]

여섯째, 숨은 반정은 독일에 특유한 법리이고, 일본과 우리나라가 수용하였을 뿐 다른 국가에서는 반향이 없으며, 준거법 결정규칙의 국제적 통일화 경향에도 부합하지 않는다.[92] 전술하였듯이 근자에는 독일마저도 적어도 입법적으로는 숨은 반정을 사실상 폐기한 것에 가깝게 되었다.

(5) 숨은 반정을 인정하지 않는 경우의 처리

전술한 비판론을 고려하여 숨은 반정의 법리를 인정하지 않는다면,

89) MünKomm/von Hein, Art. 4, Rn. 74.
90) MünKomm/von Hein, Art. 4, Rn. 74.
91) 신창선/윤남순, 전게서(주 34), 163면.
92) MünKomm/von Hein, Art. 4, Rn. 74 참조.

우리 국제사법에 따른 준거법 소속국인 외국이 당해 사안에 관하여 명시적인 준거법 결정규칙을 두고 있지 않다는 문제를 어떻게 해결할 것인가? 반정을 넓게 인정하고 전정까지도 허용하는 독일에서는 반정을 고려하지 못하는 상황 자체를 문제 삼지만, 전정을 원칙적으로 허용하지 않고 독일보다 반정을 좁게 인정하는 우리의 경우에는 사정이 다르다. 결국 외국 국제사법에 명시적인 준거법 결정규칙이 없는 경우에는 직접반정의 요건을 구비하지 못한 것이므로 반정이 인정되지 않는다고 보는 것이 타당하다.

그러나 독일에서는 숨은 반정의 법리를 인정하지 않더라도 법정지의 실질법을 적용할 수 있다고 하고, 그 이론적 근거에 관하여 다음과 같은 견해들이 제시되었다. 제1설은 준거법으로 지정된 외국법상 요건(그 외국 법원에의 국제재판관할의 존재)을 구비하지 못하여 그 외국법이 준거법으로 적용될 수 없는 경우이므로, 법정지의 실질법이 바로 적용되어야 한다는 견해이다.[93] 독일 국제사법에 따른 준거법 소속국인 영미법계 국가는 자국 법원에 관할이 인정되는 것을 전제로 자국법의 적용을 규정하고 있는 것이고, 자국 법원에 관할이 인정되어야 한다는 요건을 충족하지 못한 경우에는 해당 영미법계 국가의 법질서가 준거법으로 적용될 수 없다는 것이다.

제2설은 독일 국제사법이 국적이라는 연결점에 의하여 준거법으로 지정한 외국법이 당해 사안에 관한 준거법 결정에 무관심한 경우에는 국적이라는 연결점이 준거법 결정을 위한 기능을 적절히 수행하지 못하고 있는 것이므로, 국적이라는 연결점 대신에 상거소라는 대체연결점을 사용할 수 있다는 견해이다.[94] 대체연결점이 정당화되는 이유는 비교법적 방법론에 의한 자유로운 법발견이라거나,[95] 법정지 국제사법 체계 내에서

93) Michael Schwimann, "Versteckte Rückverweisung und Art. 27 EGBGB", Neue Juristische Wochenschrift (NJW)(1976), S. 1003 f.

94) MünKomm/von Hein, Art. 4, Rn. 77.

95) Günther Beitzke, "Bemerkungen zur Kollisionsrechtsvergleichung in der Praxis", Rabels Zeitschrift für ausländisches und internationales Privatrecht (RabelsZ), Jahrg. 48,

의 사법부에 의한 법형성이라거나,[96] 준거법 소속국의 준거법에 대한 무관심 때문에 예외조항(또는 회피조항)을 통하여 가장 밀접한 관련이 있는 국가의 법을 판단하는 것이라고 한다.[97]

4. 대상판결의 검토

대상판결은 이혼의 준거법으로 부부의 동일한 본국법인 캐나다 이혼법을 적용하였다. 부부가 모두 캐나다 국적이고 캐나다 퀘벡주에 주소를 두고 있으므로, 부부의 동일한 본국법은 구 국제사법 제3조 제3항(현행 국제사법 제16조 제3항)에 따라 캐나다 퀘벡주법이지만, 캐나다의 경우 이혼법이 캐나다 전체에 적용되기 때문에 그것이 퀘벡주 법체계의 일부로서 적용된다. 캐나다 이혼법은 우리 민법과 달리 이혼에 관하여 유책주의가 아니라 파탄주의를 취하고 있지만, 그것을 적용하는 것이 구 국제사법 제10조(현행 국제사법 제23조)에 따른 국제사법상 공서에 반한다고 할 수 없고, 대상판결도 같은 전제 위에 있다. 국제사법상 공서 위반 여부를 판단할 때에는 우리 헌법상 기본권으로서의 이혼의 자유를 고려하여야 하지만, 그것이 외국인들에게도 보장된다는 점과 외국인들 간의 이혼소송이므로 사안의 내국관련성이 작다는 점을 함께 고려하여야 한다.

캐나다는 영미법계 국가이므로, 이혼의 준거법으로 지정된 캐나다법에는 이혼의 준거법 결정규칙이 명시적으로 존재하지 않고, 미국과 마찬가지로 자국 법원의 국제재판관할이 인정되면 자국 실질법을 적용한다. 그렇다면 종래 우리 재판례가 인정해온 숨은 반정의 법리에 따른다면, 캐나다의 국제재판관할규칙을 적용한 결과 우리 법원에 국제재판관할이 인정되는지를 판단하였어야 한다. 캐나다 이혼법 제3조 제1항은 이혼소

H. 4 (1984), S. 629.

96) Hans Jürgen Sonnenberger, "Sackgassen des versteckten hypothetischen Renvoi", Mélanges Fritz Sturm, Vol. II (1999), S. 1696. MünKomm/von Hein, Art. 4, Rn. 77에서 재인용.

97) Ian F. Fletcher, Loukas A. Mistelis, Marise Cremona, *Foundations and Perspectives of International Trade Law* (Sweet & Maxwell, 2001), para. 13-042.

송 개시 직전에 1년 이상 부부 중 일방이 통상거소를 가지고 있는 경우 통상거소지 법원에 관할이 인정된다고 규정하고 있다. 대상판결 사안의 경우 원고 또는 피고는 소 제기 직전에 우리나라에서 1년 이상 통상적으로 거주한 사실이 인정되지 않으므로, 캐나다의 국제재판관할규칙에 따라 우리 법원에 국제재판관할이 인정되지 않는다. 따라서 숨은 반정의 법리를 적용하였더라도 한국법으로의 반정이 인정되지는 않았을 것이다. 다만, 전술하였듯이 숨은 반정의 법리는 국제적 판결의 일치라는 반정의 본래 취지에 반할 뿐만 아니라, 외국의 국제재판관할규칙을 우리 법원에서 가정적으로 적용하는 과정에서 국제사법 이론상 정합적이지 않은 국면이 다수 발견되므로, 우리 국제사법상으로는 숨은 반정의 법리 자체를 인정하지 않는 것이 바람직하다.

Ⅲ. 이혼시 위자료와 재산분할의 준거법

1. 원심판결의 태도 및 다른 재판례와의 비교[98)]

원심판결은 이혼 청구에 관하여는 구 국제사법 제39조(현행 국제사법 제66조)에 의하여 준용되는 구 국제사법 제37조(현행 국제사법 제64조)에 따라 원고와 피고의 동일한 본국법인 캐나다 이혼법을 적용한 반면에, 위자료 청구에 관하여는 구 국제사법 제32조 제3항(현행 국제사법 제52조 제3항)에 따라 원고와 피고 사이에 존재하는 법률관계의 준거법인 캐나다 퀘벡주 민법을 적용하였고, 재산분할 청구에 관하여는 구 국제사법 제38조 제1항(현행 국제사법 제65조 제1항)에 의하여 준용되는 구 국제사법 제37조(현행 국제사법 제64조)에 따라 원고와 피고의 동일한 본국법인 캐나다 퀘벡주 민법(혼인관계를 기초로 한 재산 및 재산분할에 관한 동법 제414조 내지 제426조, 제448조 이하)을 적용하였다. 원심판결은 위자료, 재산분할 청구의 준거법 결정방법과 관련하여 별다른 이유를 밝히지 않았다. 대상판결은 위와 같은 판시를 그대로 인정하였다.

---

98) 이종혁, 전게논문(주 9), 485-489면의 논의에 기초한 것이다.

섭외사법 아래에서 원심판결과 유사한 태도를 보인 재판례가 있어서 주목할 만하다. 섭외사법은 현행 국제사법과 다른 연결정책을 채택하고 있었으므로 다소 한계는 있지만, 서울가정법원 1996. 11. 1. 선고 95드27138, 63979 판결(확정)은 성질결정의 맥락에서 재산분할은 이혼에 부수하여 부부간의 재산관계를 조정하는 것이라는 점, 양육비는 부양에 관한 사항이라는 점, 면접교섭은 친자간 법률관계에 관한 사항이라는 점을 근거로 제시하였던 것이다. 위 95드27138 등 판결은 미국 국적의 아내가 한국 국적의 남편을 상대로 위자료, 재산분할, 양육비, 면접교섭 등을 청구한 사건에서, 이혼에 따른 위자료의 준거법은 원고와 피고의 혼인공동생활의 주된 근거지 및 그 파탄 원인의 발생지가 우리나라이므로 섭외사법 제13조 제1항에 따라 한국법이고, 재산분할의 준거법은 이혼에 부수하여 부부간의 재산관계를 조정하는 것이므로 혼인의 효력에 관한 섭외사법 제16조, 제17조, 이혼에 관한 섭외사법 제18조를 유추적용하여 남편인 피고의 본국법인 한국법이며, 양육비는 부양의무에 관한 사항으로서 그 준거법은 섭외사법 제23조에 따라 부양의무자인 피고의 본국법인 한국법이고, 면접교섭은 친자간의 법률관계에 관한 사항으로서 그 준거법은 남편인 피고의 본국법인 한국법이므로, 결국 각 준거법은 모두 한국법이라고 판시하였다.[99)]

반면에 국제사법 아래에서 이혼뿐만 아니라 이혼의 부수적 효과를 모두 이혼의 준거법으로 일괄하여 연결한 재판례도 다수 보인다. ① 대법원 2014. 5. 16. 선고 2013므1196 판결[100)]은 국제재판관할의 맥락에서 원고의 이익을 고려하면서 별다른 이유를 밝히지 않고 이혼청구뿐만 아니라 이혼에 따른 위자료(정확히는 혼인 파탄에 책임 있는 배우자가 부담하는 이혼 자체에 대한 위자료),[101)] 재산분할, 친권자 및 양육자지정 청구가 문제

---

99) 밑줄은 필자가 추가한 것이다.

100) [이혼및위자료 · 재산분할등], [미간행](대법원 종합법률정보시스템에서 열람 가능).

101) 위 2013므1196 판결의 원심판결인 서울고등법원 2013. 2. 8. 선고 2012르3746 판결[각공2013상, 297]은 "[구] 국제사법 제39조, 제37조는 이혼의 준거법을 정함에 있어서 혼인과 달리 "다만, 부부 중 일방이 대한민국에 상거소가 있는 대한민국 국민인 경우에는 이혼은 대한민국 법에 의한다"는 특칙을 두고 있으므로, 대한민국 국민인 원고의 이익을 위해서도 대한민국 법원에 재판관할권을 인정할 현실적

되었던 해당 사건의 준거법이 이혼의 준거법이라고 판시하였다(구 국제사법 제39조 단서에 따라 우리 민법 적용). ② 대구지방법원 2005. 5. 18. 선고 2004르441 판결[102]은 이혼에 따른 친권자 및 양육자지정 청구는 이혼에 부수하는 문제라고 언급하면서("이혼과 그에 부수한") 이혼의 준거법에 따라 판단하였다(미국 미주리주법에서 반정하여 우리 민법 적용). ③ 서울가정법원 2009. 3. 20. 선고 2008르2020, 3283 판결(확정)[103]은 별다른 이유를 밝히지 않고 이혼에 따른 위자료, 친권자 및 양육자지정, 양육비 청구도 이혼의 준거법에 따라 판단하였다(구 국제사법 제39조 단서에 따라 우리 민법 적용). ④ 인천가정법원 부천지원 2018. 11. 21. 선고 2017드단3409 판결[104]은 별다른 이유를 밝히지 않고 이혼에 따른 재산분할, 친권자 및 양육자지정, 양육비 청구와 면접교섭(직권 판단)도 이혼의 준거법에 따라 판단하였다(구 국제사법 제39조 단서에 따라 우리 민법 적용).

섭외사법 아래에서도 이혼뿐만 아니라 이혼의 부수적 효과를 모두 이혼의 준거법으로 일괄하여 연결한 재판례가 보인다. ⑤ 대전지방법원 천안지원 1989. 3. 14.자 88드2012 심판[105]은 이혼에 따른 위자료, 결혼비용반환 청구도 이혼의 효력으로 보아야 한다면서 이혼의 준거법에 따라 판단하였다(남편의 본국법인 대만법 적용). ⑥ 서울가정법원 1990. 5. 24.자 89드59530 심판(확정)[106]은 별다른 이유를 밝히지 않고 이혼에 따른 양육자지정 청구도 이혼의 준거법에 따라 판단하였다(남편의 본국법인 일본법 적용).

인 필요성이 크다. 더구나 피고 대리인은 "대한민국 법원과 달리 스페인 법원에서는 파탄의 주된 책임자에게 위자료를 구하는 청구를 인정하지 않고 있다"고 스스로 밝히고 있으므로, 대한민국 국민인 원고에게 스페인 법원에서만 재판 받도록 하는 것은 원고에게 가혹한 결과를 낳을 수 있다"고 설시하고 있다(밑줄은 필자가 추가). 밑줄 부분에 비추어 보면, 위 2012르3746 판결은 혼인 파탄에 책임 있는 배우자가 부담하는 이혼 자체에 대한 위자료는 이혼의 준거법에 의한다는 입장이라고 볼 수 있다.

102) [이혼및위자료등], [미간행](대법원 종합법률정보시스템에서 열람 가능).

103) [이혼 · 이혼등], [각공2009상, 691].

104) (항소)[이혼], [미간행](대법원 종합법률정보시스템에서 열람 가능).

105) (항소)[이혼및위자료], [하집1989(1), 596].

106) [이혼등청구사건], [하집1990(2), 670].

2. 이혼시 위자료의 준거법

이혼시 위자료에는 서로 다른 두 종류가 있다. 하나는 혼인파탄에 관하여 유책배우자가 부담하는 이혼 자체에 대한 위자료이고, 다른 하나는 이혼의 원인행위에 관하여 유책배우자가 부담하는 이혼원인에 대한 위자료이다.[107] 이들의 준거법에 관하여는 불법행위의 준거법(제52조, 제53조)에 의한다는 견해와 이혼의 준거법(제66조)에 의한다는 견해가 대립하고, 전술하였듯이 재판례의 태도도 양자가 병존하고 있다.

대상판결과 원심판결은 혼인관계의 파탄사유로 “이혼소송의 상대방 배우자가 혼인 이후 부정한 행위를 하였거나 일방 배우자에게 동거생활을 계속 유지할 수 없을 정도로 참을 수 없는 육체적·정신적 고통을 가한 경우”(캐나다 이혼법 제8조 제2항 (b)호)가 아니라 “배우자 쌍방이 이혼소송 제기 당시 별거상태에 있고 이혼판결 직전까지 1년 이상 별거상태에 있는 경우”(동조 동항 (a)호)만을 인정하고 있으므로, 사안의 경우 이혼원인에 대한 위자료가 아니라 이혼 자체에 대한 위자료가 문제되었던 것으로 보인다. 그런데 원심판결은 이혼 자체에 대한 위자료가 불법행위의 준거법에 의한다고 판단하였는데(결론적으로는 불법행위의 성립을 부정함),[108] 이는 전술한 우리 재판례의 경향에 비추어 보더라도 상당히 이례적이다. 게다가 성질결정의 기준에 관하여 법정지인 우리나라의 실질법에 의하든,

---

107) 두 위자료는 개념상 서로 구별된다. 석광현, “국제가사사건을 다루는 법률가들께 드리는 고언(苦言)”, 가족법연구 제30권 제1호(한국가족법학회, 2016), 101면, 주 9; 석광현, 전게논문(주 2), 680면, 주 72; 서종희, “이혼원인 위자료와 이혼자체 위자료의 준별–준별에 의해 수반되는 법적 쟁점에 대한 검토: 일본최고재판소 平成31(2019)年 2月 19日 판결(民集 73卷 2號 187頁)을 계기로”, 안암법학 제64호(안암법학회, 2022), 372-373면 참조.

108) 원심판결은 캐나다 퀘벡주 민법상 이혼 자체에 대한 위자료가 인정되지 않는다고 보았다. 캐나다 이혼법이 파탄주의를 취함에 따른 당연한 귀결이라고 생각된다. 한편 캐나다 이혼법은 이혼 당사자 간 부양(또는 배우자 부양)(spousal support)을 인정하나, 파탄주의를 취한 결과 이혼원인이 부양의무의 내용에 영향을 미치지는 않는다고 한다. 캐나다 법무부 홈페이지의 설명자료(https://www.justice.gc.ca/eng/fl-df/spousal-epoux/ss-pae.html) 참조(2022. 11. 30. 최종방문).

이혼의 준거법 소속국인 캐나다의 실질법에 의하든, 단순한 별거가 불법행위로까지 성질결정되지는 않을 것이다. 따라서 원심판결이 이혼 자체에 대한 위자료의 문제를 불법행위로 성질결정하고 대상판결이 이를 그대로 인정한 것은 타당하지 않다.[109)]

이혼 자체에 대한 위자료의 경우에는 이혼시 재산적 급부의 일환으로서 이혼의 효과의 문제로 보아서 이혼의 준거법에 의한다는 견해가 일반적이다.[110)] 반면에 이혼원인에 대한 위자료의 경우에는 두 견해가 비등하다. 불법행위의 준거법에 의한다는 견해는 폭행, 간통 등 원인행위는 이혼의 효과가 아니라 그 자체로 독립적인 불법행위를 구성한다는 점을 든다.[111)] 이 경우 해당 불법행위가 가해자와 피해자인 부부 간에 존재하는 혼인관계를 침해하는 것이므로 국제사법 제52조 제3항의 종속적 연결원칙에 따라 혼인의 일반적 효력의 준거법, 즉 이혼의 준거법 소속국의 불법행위법이 적용될 것이다.[112)] 이혼의 준거법에 의한다는 견해는 부부 간 불법행위로 인한 손해배상은 부부라는 특별한 신분관계에 있는 사람들 간의 법률관계이므로 통상의 개인들 간의 불법행위와는 달리 취급할

109) 전술한 2013므1196 판결은 비록 국제재판관할의 맥락에서 한국과의 실질적 관련성을 인정하는 한 요소에 불과하기는 하였으나, 이혼 자체에 대한 위자료가 이혼의 준거법인 한국법에 의한다고 판시하였는데, 대상판결은 선행 대법원 판결인 위 2013므1196 판결과도 상충하는 것이다. 다만, 이혼 자체에 대한 위자료의 준거법에 관하여 서로 다른 태도의 대법원 판결이 있는 형국이므로 대상판결 사안은 전원합의체 판결에 의할 필요가 있었다고 볼 수도 있으나, 위 2013므1196 판결은 국제재판관할의 맥락에서 준거법에 관하여 간접적으로 판단한 것이므로 전원합의체에서 판결할 대상(법원조직법 제7조 제1항 제3호)에 해당하였는지에 관하여 논의의 여지가 있을 것으로 생각된다. 흥미롭게도 대법원 2021. 12. 23. 선고 2017다257746 전원합의체 판결[집행판결][공2022상, 168]에서는 선행 판결의 '방론'에 대하여 판례 변경이 필요한지가 문제되었는데, 위 2013므1196 판결이 국제재판관할의 맥락에서 준거법에 관하여 판단한 것은 '방론'은 아니라고 생각된다.

110) 석광현, 전게서(주 12), 470면; 신창선/윤남순, 전게서(주 34), 358면; 신창섭, 전게서(주 47), 346-347면; 김연/박정기/김인유, 전게서(주 47), 418면; 溜池良夫, 전게서(주 39), 469頁; 山田鐐一, 전게서(주 45), 450頁.

111) 윤진수 편집대표, 주해친족법 제2권(박영사, 2015), 1646면(석광현 집필부분); 김연/박정기/김인유, 전게서(주 47), 418-419면; 山田鐐一, 전게서(주 45), 450頁.

112) 석광현, 전게집필부분(주 111), 1646면; 溜池良夫, 전게서(주 39), 469頁.

수 있다는 점을 든다.[113] 또한 이 견해는 이혼원인에 대한 위자료도 이혼시 부부의 일방이 타방에 대하여 청구하는 한 이혼 자체에 대한 위자료와 불가분의 관계에 있으므로 이혼 자체에 대한 위자료와 마찬가지로 이혼의 준거법에 의하여야 한다는 점을 들기도 한다.[114] 사견으로는 이혼 자체에 대한 위자료와 이혼원인에 대한 위자료 모두 이혼의 준거법에 의하여야 한다고 생각한다. 하나의 위자료청구에 이혼 자체에 대한 위자료와 이혼원인에 대한 위자료의 취지가 모두 포함되어 있거나, 이혼원인이 불법행위에까지 해당할 수 있는지가 성질결정 단계에서 명확하지 않은 경우도 있을 수 있기 때문이다.[115]

3. 이혼시 재산분할의 준거법

이혼의 결과로 부부재산제가 종료하고 부부재산의 청산관계가 개시한다. 부부재산제의 종료는 이혼이 부부재산제에 미치는 효과의 문제로서 부부재산제의 준거법에 의함이 비교적 명백하다.[116] 그러나 부부재산의 청산관계는 실질법에 따라서는 혼인 중 부부재산관계의 연장선상에서 부부재산제의 일부에 속하는 문제일 수도 있고(예컨대 독일, 프랑스),[117] 부부재산제도와는 별개의 이혼시 재산분할제도에 속하는 문제일 수도 있다(예컨대 일본, 한국).[118] 전자라면 부부재산의 청산관계는 부부재산제의 준거법에 의하는 것이 자연스럽다.[119] 후자라고 하더라도 부부재산제의 준거법에 의하여야 한다는 견해가 가능한데, 그 근거로는 부부재산의 청산

113) 신창선/윤남순, 전게서(주 34), 358-359면; 신창섭, 전게서(주 47), 346-347면; 溜池良夫, 전게서(주 39), 469頁.
114) 松岡博/高杉直, 国際関係私法講義[改題補訂版](法律文化社, 2015), 207-208頁.
115) 이종혁, 전게논문(주 9), 486-488면 참조.
116) 석광현, 전게서(주 12), 470면; 석광현, 전게집필부분(주 111), 1644면; 신창선/윤남순, 전게서(주 34), 359면; 신창섭, 전게서(주 47), 347면; 김연/박정기/김인유, 전게서(주 47), 419면.
117) 조은희, "독일과 프랑스의 선택-잉여공동제 협약과 그 시사점", 국제법무 제13집 제1호(제주대학교 법과정책연구원, 2021), 203면(독일), 207면(프랑스).
118) 석광현, 전게집필부분(주 111), 1644면.
119) 석광현, 전게집필부분(주 111), 1647면 참조.

관계는 실질법상 제도의 외형과는 관계없이 대체로 부부재산제의 결함을 보완하는 것을 공통된 목적으로 한다는 점,[120] 부부재산제의 내용이 이혼시 재산분할의 대상과 방법에 영향을 미칠 수 있다는 점, 우리 국제사법이 이혼과 달리 부부재산제의 경우 당사자자치를 허용하는데 부부재산의 청산관계는 재산관계이므로 당사자자치를 허용할 필요성이 있다는 점을 들 수 있을 것이다. 원심판결은 별다른 논거를 제시하지 않고 이혼시 재산분할은 부부재산제의 준거법에 의한다고 판단하였고, 대상판결은 원심판결의 그와 같은 판단을 그대로 수긍하였다.

그러나 성질결정을 위하여는 법정지의 실질법에서 출발하여 비교법적으로 획득된 기능개념에 주목할 수밖에 없는데,[121] 이에 따르면 이혼시 재산분할은 부부재산제가 아니라 이혼의 문제로 성질결정하는 것이 적절하다고 생각된다. 그 근거로는 첫째, 혼인 중 부부공동재산과 이혼시 분할대상재산의 범위가 서로 다르다는 점, 둘째, 부부재산제에서 부부공동재산을 결정함에 있어서 부부의 공동성과 개별성을 고려하는 정도와 이혼시 재산분할에서 분할대상재산을 결정함에 있어서 부부(또는 개별재산의 형성에 대한 부부의 기여)의 공동성과 개별성을 고려하는 정도가 서로 다르다는 점,[122] 셋째, 이혼시 재산분할은 부부재산의 청산 그 자체라기보다

---

120) 이화숙, 비교 부부재산관계법(세창출판사, 2000), 347면 참조.

121) 석광현, 전게서(주 12), 30-31면 참조. 국제사법의 체계개념은 내국 실질법뿐만 아니라 다양한 외국 실질법을 비교법적으로 검토함으로써 기능개념으로 고양시켜 이해하여야 하고, 이를 위하여는 검토 대상인 개별 저촉규정의 기능과 목적, 그리고 내국 및 외국 실질법이 공통적으로 추구하는 기능과 목적을 고려하여야 한다. 이종혁, 국제자본시장법시론: 국제적 증권공모발행에서 투자설명서책임의 준거법(경인문화사, 2021), 70면.

122) 주로 일본의 학설상 논의이나, 실질법상 부부재산제도와 재산분할제도의 관계에 관하여는 ① 부부재산제는 순수한 별산제이고 공동제의 요소가 없다는 무관계설, ② 두 제도를 결합하여 단일한 공동제로 파악하고 재산분할은 그 귀결로서 공동재산의 청산절차라는 공동제설, ③ 부부의 협력으로 형성한 재산은 내부적으로 공유에 해당하고 재산분할은 이를 이혼시 청산하는 절차라는 내부적 공유설이 있다고 한다. 민유숙, "부부재산제도와 재산분할제도의 관계", 사법논집 제26집(법원행정처, 1995), 240-241면. 본문의 첫째와 둘째 근거는 위 ①의 견해의 연장선상에 있는 것이다. 실질법상 위 ② 또는 ③의 견해를 취하더라도 국제사법상 재산분할을 반드시 부부재산제로 성질결정하여야 하는 것은 아니다. 부부재산제와 재산분

는 부부재산의 청산적 요소뿐만 아니라 이혼 후 부양적 요소(이혼의 준거법이 이혼 후 부양을 인정하지 않는 경우)도 포함하는 이혼의 재산적 효과의 문제라는 점을 들 수 있다. 일부 견해와 우리 판례는 이혼시 재산분할이 위자료적 요소도 포함할 수 있다고 하는데(특히 협의분할의 경우),[123] 이에 따르면 이혼의 재산적 효과로서의 속성은 더욱 강조된다. 전술한 95드27138 등 판결이 언급한 대로 이혼시 재산분할은 "이혼에 부수하여 부부간의 재산관계를 조정"하는 것이라는 점도 고려할 수 있다. 재산분할이 부부재산의 청산에 해당하더라도, 이혼의 준거법에 따라 재산분할에 부양적 요소가 포함될 수 있고, 상황에 따라 재산분할에 위자료적 요소가 포

할이 수행하는 기능과 봉사하는 목적에는 차이가 있고, 실질법상 재산분할이 부부재산제와 별개의 제도로 의식되지 않더라도 쟁점 자체의 독자성은 인정할 수 있으며, 재산분할은 이혼을 원인으로 이혼 후의 재산관계를 결정하는 것이므로 부부재산제보다 이혼과 더 밀접한 관련성이 있다고 볼 수 있기 때문이다.

123) 김숙자, "재산분할청구권", 가족법연구 제4호(한국가족법학회, 1990), 120면; 조미경, "재산분할청구권", 사법행정 제31권 제8호(한국사법행정학회, 1990. 8.), 83면; 김영갑, "재산분할청구권", 사법논집 제22집(법원행정처, 1991), 221면은 모두 '전형적 포함설'이라고 명명하면서 川島武宜, "離婚慰謝料と財産分与との関係: 法的保護と法的構成との関係の問題として", 損害賠償責任の研究 上巻: 我妻栄先生還暦記念(有斐閣, 1957), 279頁을 인용한다. 이에 따르면, 川島武宜은 재산분할청구권이 신설되기 전에는 아내의 법적 보호를 도모하기 위하여 불법행위라고 하는 법적 구성을 차용할 수밖에 없었으나, 재산분할청구권이 신설됨으로써 그 간극이 해소되었으므로, 요건과 효과의 측면에서 위자료청구를 재산분할청구로 통일하여 해석하자고 한다. 그 근거로는 위자료청구도 이혼을 이유로 하는 재산적 급부의 청구임을 든다. 그러면서도 법원이 청구취지에 관하여 석명권을 행사할 여지를 인정한다. 또한 위자료의 내용이 실질적으로 재산분할과 동일한 것으로 귀결되어 재산분할과의 경합을 인정하는 것이 무의미한 경우에 위자료청구권을 독립적으로 인정할 필요가 없다고 한다. 川島武宜, 상게논문, 279頁. 그렇다면 川島武宜의 주장이 이혼시 위자료와 그 청구의 독자적 의의를 부정하는 것 같지는 않다. 우리 판례는 위자료 불포함설에 입각한 것도 있으나, 위자료 포함설에 입각한 것도 최근까지 다수 있다. 대법원 2000. 10. 10. 선고 2000다27084 판결, 대법원 2001. 5. 8. 선고 2000다58804 판결, 대법원 2013. 6. 20. 선고 2010므4071, 4088 전원합의체 판결(다수의견에 대한 보충의견, 김용덕 대법관의 별개의견), 대법원 2021. 6. 24. 선고 2018다243089 판결 등 참조. 그러나 윤진수, 전게서(주 27), 117면; 이동진, 전게집필부분(주 10), 379면은 재판에 의한 재산분할에 위자료적 요소가 포함될 수 있다는 재판례(위 2010므4071 등 전원합의체 판결의 보충의견과 별개의견, 위 2018다243089 판결)는 당사자들의 재산분할 합의에 위자료적 요소가 포함될 수 있다는 재판례(위 2000다27084 판결, 위 2000다58804 판결 등)의 취지를 오해한 것이라고 평가한다.

함될 수 있는데, 이들은 모두 이혼에 따른 재산적 급부의 일환이어서 상호보완적 성격이 있으므로, 서로 다른 준거법에 의하는 것이 적절하지 않다.[124] 국제사법 제73조 제2항이 이혼 당사자 간 부양은 이혼의 준거법에 의함을 특별히 명시하고 있는 이유도 거기에 있을 것이다. 따라서 이혼시 재산분할은 이혼의 준거법에 의하여야 한다. 우리 학설의 일반적인 태도도 같다.[125] 다만, 부부재산제도와 재산분할제도의 동조화 정도가 높아진다면, 저촉법적 차원에서도 후자를 전자로 성질결정할 여지가 커질 수는 있을 것이다.

이혼시 재산분할에는 부부재산의 청산적 요소가 포함되는데, 재산분할의 준거법과 부부재산제의 준거법이 서로 다른 경우에는 부부재산의 청산의 맥락에서 양자의 부조화가 초래될 수 있다. 이는 적응(또는 조정)의 법리에 의하여 해결하여야 한다.[126] 이 외에도 이혼시 재산분할에는 이혼 후 부양적 요소(이혼의 준거법이 이혼 후 부양을 인정하지 않는 경우)와 이혼시 위자료적 요소(재산분할에 위자료적 요소가 포함된다는 견해를 채택하거나 협의분할에 위자료적 요소를 포함시키고자 하는 경우)가 포함될 수 있는데, 이혼 후 부양의무의 존재, 위자료의 지급 등이 부부재산의 청산에 미치는 영향은 부부재산제의 준거법에 의한다고 한다.[127] 이 경우에도 발생할 수 있는 부조화 문제는 적응의 법리에 의하여 해결하여야 한다.[128] 여러 요소가 결합된 재산분할의 경우에 적응이 행하여질 수 있는지 여부는 부부재산제의 준거법에 의한다.[129]

---

124) 山田鐐一, 전게서(주 45), 452頁; 松岡博/高杉直, 전게서(주 114), 207-208頁.
125) 석광현, 전게서(주 12), 470면; 신창선/윤남순, 전게서(주 34), 359면; 신창섭, 전게서(주 47), 347면. 일본의 다수설도 같다. 대표적으로 溜池良夫, 전게서(주 39), 469頁.
126) 溜池良夫, 전게서(주 39), 469頁.
127) 석광현, 전게집필부분(주 111), 1646면. 이혼의 준거법에 의한다고 볼 여지도 있다.
128) 溜池良夫, 전게서(주 39), 469頁.
129) 신창선/윤남순, 전게서(주 34), 359면. 적응의 구체적인 방법론은 추후의 과제로 삼고자 한다.

Ⅳ. 결　어

본고는 대상판결을 계기로 삼아 이혼의 준거법의 결정방법 및 규율범위에 대하여 고찰하였고 숨은 반정의 법리에 대하여 재검토하였다. 이상의 논의를 정리하면 다음과 같다. 원심판결은 이혼의 준거법으로 부부의 동일한 본국법인 캐나다 이혼법을 적용하였다. 부부의 동일한 본국법은 엄밀히는 부부의 공통 주소지법으로서 최밀접관련지법인 캐나다 퀘벡주법이지만, 캐나다 이혼법이 퀘벡주를 포함한 캐나다 전체에서 유효하므로 그것이 부부의 동일한 본국법의 자격으로 적용된 것이다. 캐나다 이혼법은 우리 민법과 달리 파탄주의를 취하고 있지만, 우리 법원이 그것을 적용하는 것이 국제사법상 공서에 반한다고 볼 수는 없다. 우리 법질서가 유책주의를 완화하는 해석론을 전개해오고 있으므로, 파탄주의 자체가 우리 헌법의 근본적인 가치관념과 정의관념에 반한다고 볼 수는 없기 때문이다. 이혼청구와 함께 제기한 이혼 자체에 대한 위자료청구는 이혼시 재산적 급부의 일종으로서 이혼의 효과에 속하는 문제이므로 이혼의 준거법 소속지법에 의하여야 한다. 재산분할청구 역시 이혼에 부수하는 부부간 재산관계 조정으로서 이혼의 효과에 속하는 문제이므로 이혼의 준거법 소속지법에 의하여야 한다. 캐나다 퀘벡주 민법을 적용한다는 결론에는 차이가 없더라도, 이혼 자체에 대한 위자료를 불법행위로 성질결정하고 이혼시 재산분할을 부부재산제(부부재산의 청산)로 성질결정한 원심판결은 논의의 여지가 있다.

다만, 숨은 반정의 법리에 따르면 이혼의 준거법 소속지인 캐나다 퀘벡주의 국제재판관할규칙에는 자국 법원의 관할이 인정되면 자국 실질법을 적용한다는 준거법 결정원칙이 숨겨져 있다고 해석되는데, 종래 우리 재판례를 충실히 따르자면 법원은 캐나다 퀘벡주의 국제재판관할규칙을 적용한 결과 우리 법원에 관할이 인정되는지를 검토하였어야 한다. 사안의 경우 부부 쌍방 모두 소 제기 직전에 우리나라에서 1년 이상 통상적으로 거주한 사실이 인정되지 않으므로 한국법으로의 숨은 반정이 인정되지는 않았을 것이다. 그렇다고 하더라도 원심판결과 대상판결이 숨은 반정의 법리 자체를 언급하지 않은 것은 그 법리를 우리 국제사법의 해석론으로 반드시 수용하여야 하는가에 대하여 재검토할 계기를 제공하고 있다. 숨은 반정의 법리는 내국법 적용의 편의를 도모하기 위한 법적 가장(假裝)일 뿐 반정의 본래 취지인 국제적 판결의 일치를 오히려 저해하고, 외국의 국제재판관할규칙은 자국법 이외에 타국법의 적용에는 무관심함에도 불구하고 이를 반정으로 재해석하는 것은 부당하며, 외국의 국제재판관할규칙에 의하여 우리 법원에 비전속관할만 인정되는 경우에는 우리 법원과 외국 법원의 관할이 병존하여 법정지 쇼핑을 초래하는 문제가 있다. 숨은 반정에 대한 법이론적·법정책적 비판을 고려한다면, 독일에서 유래하여 그곳에서는 이제 적어도 입법상으로는 거의 포기되었고, 일본과 우리나라만을 여전히 풍미하고 있는 숨은 반정의 법리는 우리 법원에서 더 이상 인정되지 않아야 할 것이다.

[Abstract]

Applicable Law of Divorce and Hidden *Renvoi* Revisited:

Provoked by the Supreme Court Decision of Docket No. 2017Meu12552 Rendered on February 4, 2021

Lee, Jong Hyeok*

Provoked by the Supreme Court of Korea's decision of Docket No. 2017Meu12552 rendered on February 4, 2021, this paper reviews the method of determining the governing law of divorce and the scope of the law governing divorce, and reexamines the principle of hidden *renvoi*. The judgment of the lower court, the Seoul High Court, of Docket No. 2016Leu22226 rendered on July 11, 2017 applied the Canadian Divorce Act, the law of the couple's same nationality, as the governing law for divorce. Strictly speaking, the law of the couple's same nationality is the law of Quebec, Canada, which is the most closely related jurisdiction as the law of the couple's common place of habitual residence, but since the Canadian Divorce Act is valid throughout Canada including Quebec, it was applied as the law of the couple's same nationality. Unlike the Korean Civil Code, the Canadian Divorce Act is no-fault divorce law, but it cannot be said that the application of the same by the Korean courts is contrary to public policy under the Korean private international law. This is because, as the Supreme Court of Korea has developed an interpretation that alleviates its fault divorce law, it cannot be seen that no-fault divorce law itself goes against the fundamental values and justice under the Korean Constitution. The claim for alimony for

* Assistant Professor, Seoul National University School of Law.

the divorce itself, filed along with the divorce claim, is a type of payment of money in the case of divorce and is a matter of the effects of divorce, so it should be governed by the law of the same jurisdiction where the law governing divorce belongs. The claim for property division is a matter of the effects of divorce as well and an adjustment of family property incidental to divorce, so it should also be governed by the law of the same jurisdiction where the law governing divorce belongs. Even if there is no difference in the conclusion that the Civil Code of Quebec is applied, the Seoul High Court's decision that alimony for divorce itself is characterized as a tort and the division of property in the case of divorce as a matrimonial property regime (or its liquidation) is not reasonable.

However, the fact that the Seoul High Court and the Supreme Court of Korea did not mention the principle of hidden *renvoi* provides an opportunity to reexamine whether the principle should be accepted as an interpretation of the Korean private international law. The Courts, if they had followed the court precedents, should have reviewed whether the jurisdiction was acknowledged in the Korean courts as a result of applying the rules of international jurisdiction in Quebec. According to the principle of hidden *renvoi,* it is interpreted that the rules of international jurisdiction in Quebec, where the applicable law of divorce belongs, hides the conflicts rule that if the jurisdiction of Quebec is acknowledged, the substantive law of Quebec is applied. However, there are the following problems with the principle of hidden *renvoi*: (ⅰ) hidden *renvoi* is only a legal disguise to facilitate convenience in the application of domestic law, but rather hinders the international conformity of judgments, which is the original purpose of *renvoi*; (ⅱ) it is unreasonable to reinterpret the rules of international jurisdiction in foreign countries as *renvoi,* even though those rules are indifferent to the application of the laws of other countries other than their own; and (ⅲ) in cases where only non-exclusive jurisdiction is acknowledged in the Korean courts according to the rules of international jurisdiction in the foreign country, the situation that the jurisdictions of the Korean courts and the foreign courts coexist results in the problem of forum shopping. Considering the criticism from the perspective of both legal theory and policy, the principle of hidden *renvoi* should no longer be recognized in the Korean courts.

[Key word]

- applicable law of divorce
- applicable law of alimony in case of divorce
- applicable law for division of property in case of divorce
- hidden *renvoi*
- no-fault divorce law

참고문헌

1. 국내문헌

김숙자, "재산분할청구권", 가족법연구 제4호(한국가족법학회, 1990).
김연/박정기/김인유, 국제사법 제4판(법문사, 2022).
김영갑, "재산분할청구권", 사법논집 제22집(법원행정처, 1991).
민유숙, "부부재산제도와 재산분할제도의 관계", 사법논집 제26집(법원행청처, 1995).
법무부, 국제사법 해설(법무부 국제법무과, 2001).
서종희, "이혼원인 위자료와 이혼자체 위자료의 준별-준별에 의해 수반되는 법적 쟁점에 대한 검토: 일본최고재판소 平成31(2019)年 2月 19日 판결(民集 73卷 2號 187頁)을 계기로", 안암법학 제64호(안암법학회, 2022).
석광현, "2006년 국제사법 분야 대법원 판례: 정리 및 해설", 국제사법연구 제12호(한국국제사법학회, 2006).
______, "국제가사사건을 다루는 법률가들께 드리는 고언(苦言)", 가족법연구 제30권 제1호(한국가족법학회, 2016).
______, 국제사법 해설(박영사, 2013).
______, "독일 개정 국제사법에 관한 고찰", 국제사법연구 제27권 제1호(한국국제사법학회, 2021).
______, "외국인 부부의 이혼사건에서 이혼 · 재산분할의 국제재판관할과 준거법", 안암법학 제62호(안암법학회, 2021).
신창선/윤남순, 신국제사법 제5판(피데스, 2016).
신창섭, 국제사법 제4판(세창출판사, 2022).
안춘수, 국제사법(법문사, 2017).
오석웅, "로마Ⅲ규칙에 있어서 이혼 및 법적 별거의 준거법", 가족법연구 제34권 제2호(한국가족법학회, 2020).
윤진수, 친족상속법 강의 제4판(박영사, 2022).
윤진수 편집대표, 주해친족법 제1권(박영사, 2015).
______, 주해친족법 제2권(박영사, 2015).
이종혁, "국제가사사건 재판례의 회고와 과제", 국제사법연구 제27권 제2호

(한국국제사법학회, 2021).
______, 국제자본시장법시론: 국제적 증권공모발행에서 투자설명서책임의 준거법(경인문화사, 2021).
______, "국제혼인과 국제이혼의 준거법에 관한 입법론", 가족법연구 제36권 제1호(한국가족법학회, 2022).
______, "외국인의 법적 지위에 관한 헌법조항의 연원과 의의: 제헌국회의 논의와 비교헌법적 검토를 중심으로", 서울대학교 법학 제55권 제1호(서울대학교 법학연구소, 2014).
이호정, 국제사법 중판(경문사, 1985).
조미경, "재산분할청구권", 사법행정 제31권 제8호(한국사법행정학회, 1990. 8.).
조수정, "섭외사법 개정법률안의 검토: 친족, 상속", 국제사법연구 제6호(한국국제사법학회, 2001).
조은희, "독일과 프랑스의 선택-잉여공동제 협약과 그 시사점", 국제법무 제13집 제1호(제주대학교 법과정책연구원, 2021).
최공웅, "국제사법상 이혼위자료 문제", 후암 곽윤직 교수 화갑기념논문집 편찬위원회 編, 민법학논총: 후암 곽윤직 교수 화갑기념(박영사, 1985).
______, 국제소송 개정판(육법사, 1988).
최흥섭, "개정법률과 국제친족 · 상속법의 제문제"(특집 : 섭외사법개정의 입법론적 연구), 법조 통권 제536호(법조협회, 2001. 5.).
______, "국제친족법과 국제상속법", 국제사법연구 제4호(한국국제사법학회, 1999).
______, "섭외사법 개정법률안의 검토: 자연인, 친족, 상속", 국제사법연구 제6호(한국국제사법학회, 2001).
______, 한국 국제사법 I : 법적용법을 중심으로(한국학술정보, 2019).

2. 외국문헌

Abbo Junker, Internationales Privatrecht, 3. Auflage (C.H. Beck, 2019).
Christian von Bar/Peter Mankowski, Internationales Privatrecht, Band 1: Allgemeine Lehren, 2. Auflage (C.H. Beck, 2003).
Gerhard Kegel/Klaus Schurig, Internationales Privatrecht, 9. Auflage (C.H. Beck, 2004).
Günther Beitzke, "Bemerkungen zur Kollisionsrechtsvergleichung in der Praxis", Rabels Zeitschrift für ausländisches und internationales Privatrecht (RabelsZ),

Jahrg. 48, H. 4 (1984).

Hans Jürgen Sonnenberger, "Sackgassen des versteckten hypothetischen Renvoi", Mélanges Fritz Sturm, Vol. II (1999).

Ian F. Fletcher, Loukas A. Mistelis, Marise Cremona, *Foundations and Perspectives of International Trade Law* (Sweet & Maxwell, 2001).

Jan Kropholler, Internationales Privatrecht, 6. Auflage (Mohr Siebeck, 2006).

Jan von Hein (hrsg.), Münchener Kommentar zum Bürgerlichen Gesetzbuch, Band 12, Internationales Privatrecht I, 8. Auflage (C.H. Beck, 2020).

Keith G. Banting/Richard Simeon, *And No One Cheered: Federalism, Democracy, and the Constitution Act* (Methuen, 1983).

Mario Nawroth, Der versteckte renvoi im deutschen internationalen Privatrecht (Verlag Dr. Kovac, 2007).

Michael Schwimann, "Versteckte Rückverweisung und Art. 27 EGBGB", Neue Juristische Wochenschrift (NJW)(1976).

Paul Heinrich Neuhaus, "OLG Celle: EGBGB Art. 22, 27; engl. AdoptionsG v. 1950", JuristenZeitung (JZ)(1954).

______, Die Grundbegriffe des internationalen Privatrechts (Mohr Siebeck, 1962).

Rainer Hausmann (hrsg.), J. von Staudingers Kommentar zum Bürgerlichen Gesetzbuch, EGBGB/IPR: Art. 3-4, Neubearbeitung 2019 (Sellier/de Gruyter, 2019).

Simon R. Fodden, *Family Law* (Irwin Law, 1999).

Wilhelm Wengler, "Zur Adoption deutscher Kinder durch amerikanische Staatsangehörige", Neue Juristische Wochenschrift (NJW)(1959).

道垣内正人/中西康 編, 国際私法 判例百選 第3版[別冊 ジュリスト No. 256](有斐閣, 2021).

山田鐐一, 国際私法 第3版(有斐閣, 2004).

松岡博/高杉直, 国際関係私法講義[改題補訂版](法律文化社, 2015).

櫻田嘉章/道垣内正人 編, 注釈国際私法 第2巻(有斐閣, 2011).

溜池良夫, 国際私法講義 第3版(有斐閣, 2005).

池原季雄, 国際私法(総論)[法律学全集59](有斐閣, 1973).

川島武宜, “離婚慰謝料と財産分与との関係: 法的保護と法的構成との関係の問題として”, 損害賠償責任の研究 上巻: 我妻栄先生還暦記念(有斐閣, 1957).

지방자치단체의 사경제주체로서의 행위에 대한 공법의 적용

조 병 구*

■요 지■

대상판결은 지방자치단체가 주차장을 건립할 목적으로 소유자들로부터 토지 및 건물을 취득함에 있어 공용수용절차가 아니라 매매로 취득한 경우이더라도 건물 임차인들에게 토지보상법[1]에 따른 영업보상을 별도로 하지 아니하고 공사에 착수한 것은 불법행위라며 영업손실보상금 상당액의 손해배상을 명하는 판단을 하였다. 행정목적 달성을 위한 법형식 및 거래형식 선택의 자율성 보장과 국가나 지방자치단체가 사인과 동등한 지위에서 체결하는 계약의 법적 성격을 사법상 계약으로 본다는 일관된 대법원의 종래 입장에 기초해 볼 때 지방자치단체가 사법상 매매계약을 체결하였음에도 토지보상법에 따른 영업보상을 계약 외 제3자인 임차인에게 별도로 하여야 한다는 대상판결의 근거가 무엇인지 불명하다. 개별적 계약관계에서 행정주체의 고권적, 우월적 지위가 인정되는 경우에는 평등원칙, 비례원칙 기타 제반 공법원칙에 따른 제약을 가하고 관련 공법을 유추적용할 수 있다고 할 것이나, 거래의 실질이 일반적 시장거래와 다름이 없는 경우에는 국가나 지방자치단체가 거래의 주체이더라도 사법상 계약으로 봄이 합당하다. 사적자치 원칙이 적용되어야 할 거래에 공법의 적용을 통해 계약 주변인들을 보호하는 것은 과다한 후견적 개입이고 시장에 잘못된 시그널을 줄 수 있다. 대상판결은 지방자치

---

* 서울중앙지방법원 부장판사.

1) 공익사업을 위한 토지 등의 취득 및 보상에 관한 법률의 약칭이다. 공익사업법 혹은 공토법이라 기재하는 예도 있으나 이하 모두 '토지보상법'으로 기재한다.

단체의 사경제주체로서의 거래행위에 대한 선행 판결들의 법리와 충돌되고 지방자치단체가 향후 공익성이 있는 사업을 진행할 때 시장에서의 자율적인 사법상 거래를 하기보다는 곧바로 강제적 수용절차를 선택하도록 하는 유인을 제공하여 사적 자치와 거래의 효용 추구를 저해할 수 있는 문제점을 안고 있다.

[주 제 어]

- 사경제주체
- 공공계약
- 공익사업
- 협의취득
- 영업손실보상
- 토지보상법

대상판결 : 대법원 2021. 11. 11. 선고 2018다204022 판결[공2022상, 10]

[사안의 개요]

1. 기초사실

(1) 피고(인천광역시 계양구)는 2010. 6.경 병방시장 시설현대화사업으로 2011. 1.부터 2013. 12.까지의 사업기간을 정하여 시장 입구에 주차장을 설치하기로 하는 사업(이하 '이 사건 사업'이라고 한다)을 진행하였다.

(2) 이 사건 사업부지로 병방동 414, 415, 416번지가 검토되었으나, 416번지의 소유자가 사업에 동의하지 아니하였다. 이에 피고는 413, 414, 415 토지 및 건물(이하 순서대로 '1, 2, 3토지, 건물'이라고 한다)의 소유자(이하 같은 순서대로 '소유자1, 2, 3'이라고 한다)들로부터 이 사건 사업에 관한 동의를 받고 2013. 11. 18. 각 부동산에 관한 매매계약을 체결하였다.[2)]

(3) 소유자들은 피고와, 중도금 지급 시 임차인들의 건물 점유 이전에 대한 합의서를 제출하고, 잔금 지급 전에 매도인의 부담으로 임차인들의 점유를 해지 및 제거하며, 인도가 지연될 경우 지체금을 잔금에서 공제하는 것으로 약정하였다(이하 '이 사건 특약'이라고 한다).

(4) 각 건물의 임차인으로서 1건물 2층에서는 원고1이 1992년경부터 속셈학원을, 3층에서는 원고2가 2000년경부터 음악학원을 운영하였고, 3건물 1층 일부에서는 원고3이 2009년경부터 미용실을, 1층 나머지에서는 원고4가 2007년경부터 건강원을 운영하였으며, 2건물 1층에서는 원고5가 2006년경부터 음식점을 운영하였다.

(5) 소유자1은 원고1, 2를 상대로 임대차계약 종료를 이유로 한 인도청구소송을 제기하여 보증금 잔액과 상환 인도를 명하는 취지의 판결을 받았고, 이후 합의로 원고1은 2014. 2. 14.경, 원고2는 2014. 7.경 각 목적물의 인도를 마쳤다. 소유자3은 원고3을 상대로 인도청구소송을 제기하여 화해권고결정을 받았고, 그 후 원고3은 소유자3과 합의된 이전협의금 500만 원을 지급받고 일부 임차료를 감면받기로 피고와 2014. 4. 11. 합의한 후 인도를 마쳤다. 또한 소유자3은 원고4를 상대로 조정에 갈음하는 결정을 받아 인도집행을 마쳤다.[3)]

---

2) 매매대금은 2개 감정평가 금액을 산술평균하는 등으로 9억 8,895만 원, 9억 8,040만 원, 9억 7,220만 원으로 정해졌다.

(6) 이 사건 사업예산은 49억 8,100만 원이고, 이와 관련하여 피고는 국비와 시비 보조금으로 2011년 및 2012년에 합계 26억 3,600만 원 상당을 교부받았다. 피고는 1, 2, 3토지 및 건물을 모두 인도받은 후 2014. 12. 1.부터 공사를 시작하여 2015. 5.경 주차장 설치를 완료하였다.

(7) 원고들은 피고가 토지보상법상 영업손실보상금 지급절차를 준수하지 않고 주차장 공사에 착공하여 사전보상 원칙에 위반하는 불법행위를 저질렀고, 이로 인해 원고들이 영업을 계속하지 못하는 손실을 입었다며, 휴·폐업 손실보상 상당액 및 위자료의 손해배상을 구하는 이 사건 소를 제기하였다.

2. 소송의 경과[4)]

(1) 제1심(인천지방법원 15가합3484) : **원고들 청구 전부 기각**

(가) 이 사건 사업은 지방자치단체가 공공의 필요에 의하여 사회일반의 이익에 공여하는 사업으로 직접 주차장을 설치하는 것이어서 토지보상법에서 정한 공익사업에 해당하므로 피고는 관계인 등이 입은 손실을 보상할 의무가 있다.

(나) 원고들은 피고의 불법행위로 인한 국가배상 혹은 민사 손해배상을 구하고 있는데, 임차목적물 인도를 받는 절차와 과정을 보면 피고가 불법행위를 하였다고 인정할 수 없다.

(다) 피고는 1, 2, 3소유자들이 임차인의 이전비 등에 소요되는 비용을 부담하도록 하였고, 원고들은 사실상 이미 휴업하거나 소유자들로부터 이전협의금을 지급받는 조건을 받아들여 인도를 하였으므로 피고의 불법적 재산권침해에 의해 원고들이 영업을 하지 못하게 되었다고 볼 수 없다.

(라) 이 사건 사업 시행 시점인 2014. 12. 1. 당시 원고들은 적법한 임차인 지위가 없어 토지보상법에 의한 보상대상이라고 할 수 없으므로 원고들과의 관계에서 불법행위에 해당한다고 볼 수 없다.

(마) 이 사건 사업에 관한 직무를 진행하며 피고 소속 공무원이 객관

---

3) 소유자2는 원고5를 상대로 인도청구소송을 제기하여 차임연체를 이유로 인도하라는 취지의 판결을 받았고, 그 후 원고5는 소유자2와 합의된 이전협의금 1,700만 원을 지급받고 일부 임차료를 감면받기로 피고와 2014. 2. 24. 합의한 후 인도를 마쳤다. 원고5는 1심 패소 판결 후 항소하지 아니하여 분리확정되었다. 이하 원고5를 제외하고 '원고들'이라고 한다.

4) 제1, 2심의 경과는 판결 중 쟁점에 관한 판단 부분을 추출, 편집하였다.

적 주의의무를 결하여 사업시행의 객관적 정당성이 상실될 정도라고 볼 수 없다.

(바) 원고들의 영업은 피아노학원, 일반음식점, 미용실, 건강원 등으로 토지보상법에 따른 폐업보상의 대상도 되지 않는다. 원고1, 2는 이미 영업장을 이전한 상태였고, 피고가 2, 3건물을 매수한 이후에도 원고3, 5는 10개월 정도, 원고4는 4개월 이상 더 영업을 영위하였으므로 피고의 취득으로 인해 목적물을 사용하지 못하게 된 것이라고 보기도 어렵다.

(사) 결국, **이 사건 사업을 시행하며 토지보상법에 따른 절차를 거치지 아니한 것은 위법**하나, 원고들의 목적물 인도 및 폐업 경위를 볼 때 **피고측의 불법행위라고 할 수 없고 원고들이 손해를 입었다고 할 수도 없다**.

(2) 항소심(서울고등법원 2016나3088453) : 원고들 청구 일부 인용[5)]

(가) 지방자치단체가 공공의 필요에 의해 사회일반의 이익에 공여하는 사업으로 직접 주차장을 설치하는 사업은 공익사업에 해당하고, 도시·군계획시설로 결정되지 않았더라도 이 사건 사업은 국비 및 시비가 투입된 사업으로서 토지보상법 제4조 제2호에 따른 공익사업에 해당한다.

(나) 소유자들은 원고들과 오랜 기간 임대차계약을 갱신해왔는데 피고와의 매매에 따라 '중도금 청구 시 임차인의 건물 점유 이전에 대한 합의서를 피고에게 제출하여야 하고, 잔금 지급 전에 매도인의 부담으로 임차인 등의 점유를 완전히 해지 또는 제거하여야 한다'는 이 사건 특약에 의해 임대차계약을 더 이상 갱신하지 않음으로써 원고들이 폐업 또는 휴업하게 된 것이므로, 공익사업으로 인하여 비로소 폐업 또는 휴업하게 된 것이어서 토지보상법 제77조 및 규칙 제45조에 따른 영업손실 보상 대상이다.

(다) **피고가 토지보상법상 협의취득이나 수용을 통한 손실보상절차를 취하지 않음**으로써 원고들은 영업손실 보상금 재결신청을 할 수 없게 되었고, 이는 피고가 고의 또는 과실로 원고들에 대하여 **토지보상법상의 손실보상절차를 이행하지 않은 위법한 행위**로 인한 것이므로 피고는 이와 같은 불법행

5) 한편, 원고들은 항소심 진행 중 피고의 구청장을 상대로 영업보상금을 지급하기 위한 재결을 관할 토지수용위원회에 신청하라는 청구를 하였으나 구청장이 이를 거부하였다는 이유로 재결신청거부처분 취소의 소를 제기하였는데, 이 사건 사업에 관한 사업인정고시가 없어 재결신청청구의 요건이 구비되지 아니하였다는 이유로 항고소송의 대상이 되지 않는다며 각하판결을 선고받아 확정되었다(인천지방법원 2017구합460).

위로 인하여 원고들이 입은 손해를 배상할 의무가 있다.

(라) 피고가 관계법령에 따라 정당하게 보상하였을 경우 받을 수 있었던 것은 휴업손실보상금[6] 상당액이므로 해당 금액 및 각 목적물 인도완료시점부터 다 갚는 날까지의 지연손해금을 배상하여야 한다.

(마) 피고로부터 영업손실 보상금을 사전에 수령하지 못한 채 임차목적물을 인도하여 이에 대한 법적 이익과 기존의 생활관계가 깨어지는 불이익을 입게 되었고 이는 손실보상금 상당의 손해배상금만으로는 회복할 수 없는 정신적 손해이므로 각 700만 원의 위자료가 지급되어야 한다.

(3) 상고심(대법원 2018다204022) : 위자료 부분 파기, 나머지 상고 기각

(가) 원심판결 이유를 기록에 비추어 살펴보면, 이 사건 사업은 지방자치단체인 피고가 공공용 시설인 공영주차장을 직접 설치하는 사업임을 알 수 있으므로, 토지보상법 제4조 제3호의 공익사업에 해당한다.

(나) 공익사업의 시행자는 해당 공익사업을 위한 공사에 착수하기 이전에 토지소유자와 관계인에게 보상액 전액을 지급하여야 한다. **공익사업의 시행자가 토지소유자와 관계인에게 보상액을 지급하지 않고 그 승낙도 받지 않은 채 공사에 착수함으로써 토지소유자와 관계인이 손해를 입은 경우, 토지소유자와 관계인에 대하여 불법행위가 성립**할 수 있고, 사업시행자는 그로 인한 손해를 배상할 책임을 진다.

(다) 공익사업의 시행자인 피고는 공사에 착수하기 전 임차인인 원고들에게 영업손실 보상금을 지급할 의무가 있는데도 보상액을 지급하지 않고 공사에 착수하였다. 원고들은 영업손실 보상금을 받지 못한 채 영업장에서 영업을 계속할 수 없었고 그 과정에서 위와 같은 공사를 하는 것을 승낙하였다고 볼 자료가 없다. 피고는 영업손실보상을 구하는 원고들의 협의요청을 거부하였을 뿐 아니라 재결신청청구도 거부하여 원고들로 하여금 재결절차 등을 통하여 영업손실보상을 받을 수 없도록 하였다. 따라서 **피고는 원고들에게 손실보상청구권을 침해한 손해를 배상할 책임**이 있다.

(라) 공익사업의 시행자가 사전보상을 하지 않은 채 공사에 착수함으로써 토지소유자와 관계인이 손해를 입은 경우, 토지소유자와 관계인이 입은

---

6) 원고들은 주위적으로 폐업손실보상을 구하였으나 영업 이전이 불가능하거나 현저히 곤란하지 않다는 이유로 주위적 청구는 기각되었고 예비적으로 구한 휴업손실보상(1심 감정결과 등을 참작하여 원고들 별로 약 2~3천만 원 상당액)이 인정되었다.

손해는 손실보상청구권이 침해된 데에 따른 손해이므로, 사업시행자가 배상해야 할 손해액은 원칙적으로 손실보상금이다. 다만 그 과정에서 토지소유자와 관계인에게 손실보상금에 해당하는 손해 외에 별도의 손해가 발생하였다면, 사업시행자는 그 손해를 배상할 책임이 있으나, 이와 같은 손해배상책임의 발생과 범위는 이를 주장하는 사람에게 증명책임이 있다 … 재산적 손해배상으로 회복할 수 없는 정신적 손해가 있다는 사정에 관하여는 이를 주장하는 사람에게 그 증명책임이 있다. 손실보상금의 지급이 지연되었다는 사정만으로는 정신적 손해의 발생사실이 증명되었다고 볼 수는 없으므로, 재산적 손해 외에 별도로 정신적 고통을 받았다는 사정에 대하여 원고들이 증명을 해야 하나, 이 사건에서 이에 대한 원고들의 증명이 충분하지 않다.[7)]

〔研　　究〕

Ⅰ. 문제의 제기

국가나 지방자치단체(이하 '국가 등'이라고 한다)와 같은 행정주체들은 행정목적 달성을 위한 공적 역무제공에 필요한 재화를 조달하기 위하여 직간접적 다양한 방법을 통해 사인으로부터 재산을 취득할 수 있다. 이는 세법 등 법령에 의한 취득, 공익사업의 경우 부여되는 수용권 행사를 통한 취득 등 공권적 강제성을 띠는 방법부터 사경제주체로서 행하는 교환, 매매 등 사적 거래를 포함한다. 국가 등이 공적 목적에 제공하기 위하여 부동산 등 재화를 취득할 때에도 거래비용 문제가 없다면 시장에서의 자발적 거래를 통한 취득이 경제적으로 바람직하며 쌍방의 이익에 가장 부합하는 효율적인 수단이다. 그런데 비대체성(unsubstitutability), 부증성(unproducibility), 부동성(immovability) 등을 특질로 하고, 결합될 경우 증가되는 이용가치가 개별적 이용가치의 합을 상회하는데다가 그 이용과 관련하여 외부효과(externality)를 필연적으로 수반하는 토지의 재화로서의

7) 환송 후 항소심(서울고등법원 2021나2043553)에서는 환송판결(대상판결)로 확정된 부분을 제외한 나머지 부분에 대한 원고들의 항소를 모두 기각하였고, 그대로 확정되었다.

특수성으로 인해 국가 등이 대규모 공익사업을 추진함에 있어서는 사적 거래인 매매보다 공용수용의 방식을 택하는 경우가 많다. 공공필요에 의한 재산권 박탈에 헌법적 근거가 마련되어 있다는 점과 거래비용을 증가시키는 버티기(hold-out) 등 기회주의적 행태를 차단하는 수단으로 경제적 효율성을 달성할 수 있다는 점에서 수용권의 행사는 정당화된다.[8] 다만, 수용권이 헌법적, 경제적 근거에서 정당화된다고 하여 공익사업을 위한 모든 토지 취득에 있어 수용권을 행사하여야 한다고 할 수는 없으며 수용권의 행사는 헌법상 재산권 보장의 요청상 필요 최소한에 그쳐야 한다.[9]

이와 같이 행정목적 달성을 위한 거래행위에 있어 공법적 형식을 택할 것인가 사법적 형식을 택할 것인가와 같은 법형식 및 거래형식 선택의 자유(Die Wahlfreiheit der Verwaltung)는 현대사회에서 국가 등의 자율에 맡겨져 있다. 국가 등의 형식선택의 자유가 자의적 행정까지 허용하는 것은 아닐 것이나, 사적 거래임에도 관련 공법을 필수적으로 유추적용하거나 평등원칙, 비례원칙 등 공법원칙의 적용을 강조하게 될 경우 사실상 국가 등의 사경제주체로서의 지위를 부정하거나 형식선택의 자유를 침해하는 결과에 이를 수도 있다.

대상판결은 이 지점에서 주목할 만한 판단을 하고 있다. 종래 대법원에서는 공적 역무 제공을 위하여 사인과의 계약을 통해 토지 매수 혹은 사용대차를 한 것은 사경제주체의 행위로서 사적 자치의 영역이라고 판단해왔고 공용수용이나 공용사용으로 보지 아니했다. 그런데 대상판결은 국가 등의 사경제주체로서의 토지 매수이더라도 공익사업을 위한 것이라면 그 매수행위를 토지보상법상 공익사업 시행자의 토지취득행위와 동일하게 보고 계약당사자가 아니라 제3자 지위에 있는 임차인 등 관계

8) 헌법재판소 1998. 12. 24. 선고 89헌마214 결정 등.
9) 조병구, "토지수용이 야기하는 사회적 비용–우리 토지수용법제의 구조적 문제와 개선방안의 모색을 중심으로", 법경제학연구 제11권 제2호(2014. 8.), 138면; 대법원 1987. 9. 8. 선고 87누395 판결, 대법원 2011. 1. 27. 선고 2009두1051 판결, 헌법재판소 2014. 1. 28. 선고 2011헌바363 결정 등 참조.

인들에 대해서 영업보상을 하여야 한다고 하여 사적 매매에 토지보상법상 관계인 영업보상 의무를 부과하는 판단을 하고 있다.

이하에서는 대상판결의 이러한 판단에 대해서 비판적으로 검토를 하고자 한다. 우선, 대상판결을 검토하는 전제로서 국가 등의 사경제주체로서의 행위에 어떠한 법원칙을 적용할 것인지에 관하여 행정주체의 형식선택의 자유 및 종래 논의되어 왔던 공공계약에 적용될 법리에 관하여 간략히 살펴보고, 그다음 대상판결에 대한 구체적 검토[10]로서 이 사건 사업이 토지보상법이 적용되는 공익사업인지, 피고의 불법행위가 인정되는지 여부를 중점적으로 살펴본다.

Ⅱ. 국가 등의 계약 체결에서의 자율보장과 한계

1. 형식선택의 자유와 사경제주체로서의 행위

(1) 국가 등이 행정목적 달성을 위한 공적 법률관계를 형성할 때 이를 공법에 기초할지, 사법에 기초하는 것도 가능토록 할지 정하는 것은 일차적으로는 입법적 결정의 문제이다. 침익적 행정행위로서 반드시 법률유보가 필요하고 공법적 통제가 행해져야 하는 경우라면 법률에 명확한 근거가 있어야 하고 계약형식의 행정작용은 허용되기 어렵겠지만, 법질서가 명백히 특정의 조직이나 행위형식을 정해 놓고 있지 않는 한 계약의 형식으로 공적 역무의 제공이 가능한 급부행정 등의 영역에서는 행정주체가 어떠한 형식을 택할 것인지에 관한 자유가 인정된다.[11] 이러한

10) 공공계약에 대한 공사법의 구분적용의 문제가 다소 거대담론적 시각에서 논의되어 온 측면이 있는데, 본고에서는 '주차장 건립을 위하여 부동산을 매수한 거래'라는 구체적 사안을 두고 경제적, 실질적 관점에서 볼 때 어떠한 법원칙을 적용하는 것이 타당한지 살펴보고자 한다.

11) 이홍구, "사법행정작용과 행정사법", 현대공법논총 : 일암 변재옥박사 화갑기념논문집(1994), 463-474면, 김남진 · 김연태, 행정법 I (제25판), 법문사(2021), 436-440면, 박균성, 행정법 기본강의(제13판), 박영사(2021), 43-44면; 김동희, 행정법 I (제25판), 박영사(2019), 81-82면 등 참조. 우리 행정기본법(2021. 3. 23. 제정, 2021. 9. 24. 시행) 제27조 제1항에서도 '행정청은 법령 등을 위반하지 아니하는 범위에서 행정목적을 달성하기 위하여 필요한 경우에는 공법상 법률관계에 관한 계약을 체결할 수 있다'고 규정하고 있다.

경우에도 법률우위의 원칙은 당연히 적용된다. 또한 국가 등의 형식선택의 자유가 허용된다고 하여 남용이나 자의적 행사가 가능하다고 할 것은 아니다. 따라서 어떠한 법형식 및 거래형식을 선택하는 것이 실제적으로 공익에 맞고 보다 효율적인지에 대한 검증이 이루어져야 한다. 더불어 국가 등이 공법상의 책임을 회피하기 위하여 사법적 형식의 거래를 선택-이른바 '사법으로의 도피'-하는 것이 허용되어서는 아니 된다.[12]

(2) 그런데 이와 같은 형식선택의 자유(Wahlfreiheit) 혹은 이른바 행정사법(Verwaltungsprivatrecht)에 관하여 행해져 온 종래의 논의들은 기본적으로는 공법적 효과의 발생을 목적으로 하는 영역, 즉 행정주체가 사법의 형식을 빌려 공행정 행위를 한 경우 공법상의 제약과 수정을 받는다는 측면에서의 논의이다. 이에 비해 국가 등이 전적으로 사경제주체로서의 사법적 효과 발생을 목적으로 행하는 거래는 사법상 계약이다.[13] 다만, 공법적 효과의 발생을 목적으로 하는 공법상 계약[14]과 순수한 사법적 효과 발생을 목적으로 하는 사법상 계약의 구분이 용이하지 아니한 영역이 있고, 우리 대법원은 종래 국고이론에 뿌리를 두고 학계에서 공법상 계약으로 다루어 온 계약의 다수를 사법상 계약으로 판단하여 그 경계구분을 더 모호하게 만들고 있기도 하다.[15] 국가 등이 행한 거래를

---

12) 장태주, "사법형식에 의한 행정작용", 한양대 법학논총 제13집(1996), 110면 참조.

13) 행정사법 개념의 창시자인 볼프(H. J. Wolff)는 사법형식의 행정작용 가운데 상·하수도공급작용, 교통·가스·전기 등 에너지 공급작용과 같은 급부행정(Leistungsverwaltung) 및 자금조성(Subvention) 등을 통한 유도행정(Lenkungsverwaltung)의 영역에서, 사법이 자유권, 평등원칙, 과잉금지원칙과 같은 기본권규정에 의한 기속을 받게 되는 의미의 행정사법이 적용되는 것으로 보았다. 그 밖의 사법형식의 행정작용, 즉 협의의 국고작용(사법상 보조작용)이나 영리경제활동에는 행정사법이 적용되지 않는 것으로 보았다. 이러한 영역에서는 행정도 일반적으로 기본권규정 등에 의한 기속을 받음이 없이 사적 자치(Privatautonomie)를 향유하는 것으로 보았다[이홍구(주 11), 472면; Wolff/Bachoff, Verwaltungsrecht Ⅰ, 9.Aufl.(1974), S. 106].

14) 행정기본법 제27조에 의하면 '행정목적을 달성하기 위해 체결하는 공법상 법률관계에 관한 계약'을 공법상 계약이라고 정의할 수 있다.

15) 판례는 공무원 채용계약(대법원 2014. 4. 24. 선고 2013두6244 판결, 대법원 1995. 12. 22. 선고 95누4636 판결)과 국가연구개발협약(대법원 2017. 11. 9. 선고 2015다215526 판결)은 공법상 계약으로 판단하고 있으나, 그 외에 공공조달계약(대법원 2017. 12. 21. 선고 2012다74076 판결 등), 토지보상법상 토지의 협의취득(대

사법상 계약으로 평가할 경우 국가계약법이나 지방계약법 등에 관련 규정이 없다면 민법 조항을 판단의 기준으로 삼을 수 있다. 물론 공법상 계약에도 민법 규정을 유추적용할 수 있다는 점에 이견이 없기도 하다.[16] 이는 대등한 당사자 지위에서 상호의 이해관계를 조율하여 자율적으로 체결하는 '계약'의 본질적 성격이 사법의 기본법인 민법에 부합하기 때문이라고 할 것이다.

2. 공공계약에 적용될 법리

(1) 국가 등 행정주체가 당사자가 되는 계약은 공법상 계약과 사법상 계약으로 대별된다. 종래 판례는 국가 등이 사경제주체로서 상대방과 대등한 위치에서 체결하는 사법상 계약을 편의상[17] '공공계약'이라고 정의해왔다. 공공계약의 본질적인 내용은 사인 간의 계약과 다를 바가 없으므로, 법령에 특별한 정함이 있는 경우를 제외하고는 서로 대등한 입장에서 당사자의 합의에 따라 계약을 체결하여야 하고 당사자는 계약의 내용을 신의성실의 원칙에 따라 이행하여야 하는 등 사적 자치와 계약자유의 원칙을 비롯한 사법의 원리가 적용된다는 것이 일관된 판례의 입장이다.[18]

법원 1996. 4. 26. 선고 96다3319 판결 등), 민간위탁계약(대법원 2019. 10. 17. 선고 2018두60588 판결 등)은 모두 대등한 당사자 사이에서 체결된 사법상 계약이라고 판단하고 있다. 상세는 최승필 · 김대인, "행정기본법 주요쟁점 중 공법상 계약 분야 조사 · 검토 연구", 한국외국어대학교 연구산학협력단(2020), 13-39면 참조.

16) 이상덕, "지방계약과 판례법–사법상 계약, 공법상 계약, 처분의 구별을 중심으로–", 홍익법학 제10권 제4호(2018), 7-8면.

17) 공공계약은 국가를 당사자로 하는 계약에 관한 법률(이하 '국가계약법')이나 지방자치단체를 당사자로하는 계약에 관한 법률(이하 '지방계약법) 등에 정의된 개념은 아니고 실무적 편의상 국가, 지방자치단체, 공공기관이 사법상 효과의 발생을 목적으로 사경제주체로서 체결하는 계약을 지칭한다. 공공계약 및 정부계약, 행정계약, 정부조달계약, 행정조달계약 등 인접한 개념 구분에 관하여는 박정훈, "행정조달계약의 법적 성격", 민사판례연구[XXV](2003), 567면; 이영동, "공공계약을 둘러싼 몇 가지 문제–공공계약의 공법적 특성을 중심으로–", 사법논집 제44집(2007), 94-97면 참조. 다만, 공공계약이라고 칭할 경우 계약주체의 공공성이 강조되어 공법적 규율이 전제되는 듯한 오인소지가 있어 보인다.

18) 대법원 2001. 12. 11. 선고 2001다33604 판결, 대법원 2017. 12. 21. 선고 2012

(2) 학설은, 공공계약의 특수성을 고려하여 계약의 자유를 제한하여야 한다는 견해,[19] 공법적 규율이 반드시 필요하다는 견해[20] 등이 있으나, 판례와 동일하게 공공계약을 전적으로 사법상 계약으로 보아 사법이 적용되어야 한다는 견해가 통설이다.[21] 공법상 계약에 민법이나 사법원리가 유추적용될 수 있다는 것과 달리 사법상 계약인 공공계약에 역으로 관련 공법의 유추적용이나 공법원리의 적용이 가능한지는 따져 봐야 할 문제이다. 공사법의 이분법적 구분이 곤란한 경우가 있을 뿐만 아니라, 이른바 사법과 공법의 융합 경향[22]에 따라 사인간의 사법상 계약에 있어서도 계약자유와 사적 자치를 제한하는 현상이 발생하고 있는데, 자유주의 법모델의 기본법인 민사법의 축소를 더 촉진하는 것이 바람직한지 근본적 의문이 있기 때문이다. 특히 계약당사자 사이의 이해관계 조율이 중요한 거래에서 애초에 거래당사자가 공법적 효과발생을 예상하지 않고 사법적 거래를 하였는데 사후에 공법적 규율을 가하는 것은, 실질적 계약의 변경을 초래하여 사적 자치를 침해하고 거래의 인센티브 시스템을 왜곡하는 결과를 가져올 수도 있다.

(3) 사견으로는, 국가 등이 사법적 효과의 발생을 목적으로 형성한 개별적 거래관계의 실질을 살펴 개별적 공공계약에 적용될 구체적 법리

다74076 전원합의체 판결 등.

19) 권영준, "2017년 민법 판례 동향", 서울대학교 법학 제59권(2018), 477-484면; 헌법재판소 2018. 5. 31. 선고 2015헌마853 전원재판부 결정 중 법정의견에 대한 보충의견 참조.

20) 박정훈(주 17), 567-626면.

21) 외국의 논의와 학설 대립에 관한 정리는 김지건, "국가계약법상 물가변동에 따른 계약금액 조정규정의 적용을 배제한 특약의 효력", 민사판례연구[XLI](2019), 11-15면; 이영동(주 17), 97-103면 참조.

22) 양천수, "현대 사회에서 법적 관할영역의 경쟁과 융합-민법과 경제법의 경쟁과 융합을 예로 본 법철학적 고찰-", 법철학연구 제12권 제2호(2009), 227-260면; 김진우, "민사계약에서의 차별금지-DCFR과 그것의 우리 사법 및 차별금지기본법의 입법에의 시사점-", 비교사법 제22권 제1호(2015), 205-243면; 허성욱, "환경법에서의 공법과 사법 : -공법상 환경기준의 사법상 효력에 관한 논의를 중심으로-", 민사판례연구[XXXIX](2016), 161-165면; 김현준, "행정법과 사법", 사법 제181호(2020), 80-108면 등 참조.

를 정하는 것이 타당하다고 본다. 이와 같은 접근은 간명한 범주화나 재판관할의 신속한 확정에 지장을 줄 수는 있겠으나, 거래의 실질에 따라 적용할 법령과 법리를 정함으로써 국가 등의 계약 체결에서의 자율을 보장하면서 그 한계를 설정하는 구체적 타당성을 도모할 수 있을 것이다. 요컨대, 국가 등의 거래가 사인이 참여하는 시장에서의 거래와 실질적으로 차이가 없고, 국가 등이 우월하거나 비대칭적인 지위를 이용한 것도 아니어서 경쟁질서나 거래의 공정을 해칠 우려가 없는 경우라면, 거래의 재원이 세금이라거나 국가 등이 본질적으로 권력주체로서 후견적 보호기능을 수행할 임무가 존재한다는 이유 등을 들어 사법 법리의 적용을 배제하고 공법 법리를 직접 적용할 수는 없다고 할 것이다.[23] 계약에 공공성과 공익성을 침해하는 요소가 있다면 신의성실원칙 위반 여부, 민법 제103조 위반 여부 등 일반조항의 해석에 있어 이러한 사정을 간접적으로 반영할 수 있을 뿐이다.[24]

Ⅲ. 대상판결에 대한 구체적 검토

1. 주차장 부지 취득 방식의 적법성

(1) 공익사업 추진방식의 선택

(가) 토지보상법은 공익성 판단과 손실에 대한 정당한 보상을 두 축으로 하고 있고 두 절차는 서로 맞물려 돌아간다. 토지보상법 제4조에서 정한 공익사업의 유형[25]에 속해야만 사업인정을 받아 강제수용절차를 진행할 수 있다. 하지만 토지보상법에서 정한 공익사업의 유형에 속한다고 해서 반드시 협의취득이나 강제수용절차를 통하여 사업시행을 할 필요는 없다. 즉, 토지보상법에서 규정한 공익사업의 유형은 토지보상법상 협의

23) 이에 대하여 국가가 사인과 동일한 지위에 선다고 하는 것은 계약자유 등 사적자치를 빙자하여 법치주의를 회피하고 행정관료의 전횡을 정당화하고자 하는 허구적 논리에 지나지 않는다는 강력한 비판론도 있다[박정훈(주 17), 618면].

24) 대법원 2017. 11. 14. 선고 2016다201395 판결 참조.

25) 종래 토지보상법상 공익사업이 포괄주의에서 제한적 열거주의로 변경되어 온 흐름에 관하여는, 조병구(주 9), 146-151면.

취득 및 강제수용절차를 진행하기 위한 필요조건일 뿐 충분조건이라고 할 수는 없다.

(나) 대상판결은 이 사건 사업이 지방자치단체인 피고가 건립하는 공공용 시설인 주차장에 해당하므로 토지보상법이 적용되는 공익사업이라고 판단하고 있다. 물론 국가 등이 건립하는 공공용 시설은 토지보상법 제4조 제3호에서 정한 공익사업의 유형[26]에 포함된다. 하지만 국가 등은 관련 법령의 체계나 개별 사업의 공익성을 판단하여 토지보상법에 따른 사업시행을 하지 아니하고, 교환, 매매, 기부채납, 기타 강제성을 동원하지 않는 사적 거래를 통해 사업시행에 필요한 부지 확보를 할 수도 있다. 국가계약법, 국유재산법 등에서 규정한 절차를 준수할 경우 사법상 거래를 통한 부동산 등 취득이 제한된다고 볼 아무런 이유가 없고 실제 소규모 시설 설치 등에는 사법상 매매 등이 활용되는 예가 많다.[27] 오히려 공공필요성이 낮거나 거래비용이 크지 않아 강제수용 이외에 다른 대안이 충분히 존재함에도 토지보상법에 따른 수용절차로 진행한다면 공익성 검증단계에서 사업인정처분 자체가 취소될 수도 있다.[28]

---

26) 토지수용법 제4조 제1호 내지 제8호는 공익사업의 유형을 개괄적으로 나열하고 있을 뿐이고, 실제로는 동조 제8호에 따라 별표에 규정된 93개의 개별 법률에서 사업인정 관련 규정을 두고 있다. 즉, 공익사업임을 실제로 결정짓는 근거는 토지보상법이 아니라 대부분 위 별표에 한정적으로 열거된 개별 법률이다. 이 사건 사업에 있어서도 공익사업으로서 사업인정과 시행 및 수용 등과 관련한 규율을 하는 개별 법률은 토지보상법이 아니라 국토의 계획 및 이용에 관한 법률(이하 '국토계획법'이라고 한다)이다(동법 제7장). 그 외에 전통시장 및 상점가 육성을 위한 특별법도 이 사건 사업의 근거법률이 된다(다만, 위 법에는 사업인정이나 수용 관련 규정은 없다).

27) 국가 등이 공공행정을 위해 민간재산권을 어떠한 방법(사법적 거래, 강제수용 등)으로 취득할지는 자율적으로 결정할 수 있다. 다만, 예산이 뒷받침되는 '취득'을 위해서는 그 결정이 적법하고 타당한지 확인하는 절차가 필요하다. 그 절차는 국유재산관리계획 혹은 공유재산관리계획을 수립하고, 해당 계획에 대한 승인 혹은 의결절차를 거치는 것이다(국유재산법 제9조 및 공유재산 및 물품관리법 제10조의2 제1항). 또 국유재산은 '국유재산정책심의위원회'를 통해, 그리고 공유재산은 '공유재산심의회'를 통해 취득의 적정성 여부에 대한 전문가 자문을 거치고 있다(국유재산법 제26조, 공유재산 및 물품관리법 제16조). 실제로 토지보상법상 보상절차가 아니라 국유재산법상 매입절차를 거쳐 사법상 매매로 부지를 매입하는 예는 많고 소규모 주차장 부지매입의 예만 보아도 연간 수십 건이다.

(다) 요컨대, 이 사건 사업은 토지보상법 제4조 제3호에서 정한 공공용 시설 설치 사업으로서 공익사업의 유형에 해당하지만 피고가 반드시 토지보상법에 따른 공익사업으로 사업시행을 할 의무를 부담하는 것은 아니다. 따라서 토지보상법상 협의취득 혹은 강제수용절차를 거치지 아니하고 사법상 매매 형식으로 주차장 부지를 취득하기로 한 선택을 위법하다고 볼 수는 없다. 설령 사후적으로 보아 토지보상법상 공익사업 인정절차를 거치지 아니한 것이 결과적으로 위법하다고 평가될 수 있다고 하더라도 이를 피고 소속 공무원의 불법행위라 할 수 없음은 물론이다.[29]

(2) 형식선택의 자유와 한계

공익사업의 유형에 속한다고 하여 반드시 토지보상법에서 정한 절차를 경유하여 부동산을 취득할 필요는 없다고 하더라도, 국가 등이 사실상 토지보상법에서 정한 공법상 제한을 회피하기 위하여 우회적으로 사법상 절차를 채택하였다면 그와 같은 행위는 위법하다고 평가받을 여지가 없지 않다. 대상판결의 1심과 원심은 모두 이 사건 사업이 공익사업임에도 토지보상법에 따른 절차를 경유하지 않은 것이 위법하다고 판단하고 있다.[30] 따라서 피고에게 공익사업 추진 방식 선택의 자유가 있더라도 그 한계를 넘어 위법한 정도에 이른 것인지 살펴볼 필요가 있다.

(가) 강제수용 방식의 주차장 건립에 있어서의 형량

주차장 부지를 시장에서의 거래를 통한 취득이 아니라 전형적인 공익사업으로 추진하여 수용절차를 통해 강제적으로 취득할 경우 다양한 문제를 초래할 수 있다. 특히 주차장은 구도심의 상업시설 및 주거시설

---

28) 토지보상법상 사업인정의 요건은, 법에서 규정한 공익사업이어야 하고, 그 사업에 공익성(공공필요성)이 인정되어야 하며, 사업시행자에게 공익사업을 수행할 의사와 능력이 있어야 하는 것(대법원 2011. 1. 27. 선고 2009두1051 판결)이다.

29) 대법원 2013. 11. 14. 선고 2013다206368 판결, 대법원 2012. 5. 24. 선고 2012다11297 판결, 대법원 1998. 5. 26. 선고 96다21362 판결 등.

30) 환송 후 항소심(서울고등법원 2021나2043553)도 '피고가 … 토지보상법에 따른 협의취득절차 또는 수용취득절차를 통한 손실보상절차를 취하지 아니함'으로써 손해가 발생했다고 판시하고 있다.

밀집지역 등에서 그 수요가 더 높기 마련인데, 그와 같이 이해관계가 복잡다기한 지역에서 강제수용절차를 거쳐 공영주차장을 설치하는 것은 결코 용이하지 않다. 이와 관련하여 대법원은 공익사업으로서 강제수용을 통해 노외 공영주차장 건립을 추진한 사안에서, 중대한 공익상 필요가 분명히 인정되는지, 경제성과 효율성이 어떠한지 등을 살펴 이익형량을 하여야 한다는 취지의 판단을 하고 있다.

> 특히 노후·불량주택 자체를 효율적으로 개량하기 위한 목적이 아닌 공익사업을 시행하는 과정에서 다수의 기존 주택을 철거하여야 하는 경우에는 단순히 재산권 제한에 그치는 것이 아니라 매우 중요한 기본권인 '주거권'이 집단적으로 제한될 수 있으므로, **이를 정당화하려면 그 공익사업에 중대한 공익상 필요가 분명하게 인정되어야 한다**… 나아가 설치하려는 **주차장 자체의 경제성·효율성**과 주차장을 설치한 후 운영하는 과정에서 발생하게 될 인근 주민의 불편이나 해당 지역의 교통에 미칠 영향 등을 함께 비교·형량하여야 한다.
>
> (대법원 2018. 6. 28. 선고 2018두35490 판결, 대법원 2006. 4. 28. 선고 2003두11056 판결 등)

즉, 공공시설인 주차장 건립의 필요성이 있더라도 그 부지를 강제로 수용할 때 보상대상인 재산권을 넘는 주거권 등 기본권의 집단적 제한이 있는지 따져야 하고, 주차장 설치와 관련한 비용편익분석까지 하여야 한다는 것으로서, 행정주체의 계획재량 관련 형성의 자유가 크다고 하더라도 주차장 건립을 위해 주택 등 건물을 철거하고 토지를 수용하는 강제적 절차는 엄격히 제한되어야 한다는 기준의 제시이다. 이는, 주차장 건립을 공익사업의 방식으로 시행하여 강제적 수용을 통해 부지를 취득하는 절차에서는 상당한 거래비용이나 부정적 외부효과가 발생할 수 있으므로, 그러한 주차장 건립이 사회경제적으로 바람직하지 않을 수 있다는 고려가 내재되어 있는 것이다. 반대로 공법상 강제력이 수반되지 아니하는 순수한 사적 매매를 통해 부지를 확보하는 경우 사인간 거래와 다르지 아니하므로 거래비용의 저감이나 외부효과의 내부화를 도모할 수 있다고 할 것이다. 이러한 측면에서 볼 때 3필지 매입에 불과한 이 사건 사업을 군이 토지보상법상 강제수용을 전제로 하는 방식이 아니라 사적 매매 방식을 택하여 추진한 것에 어떠한 위법이 있다고 보기 어렵다.

(나) 소규모 주차장 건립 관련 특례

이 사건 주차장 부지의 면적은 총 726㎡이다. 국토계획법 제2조 6호 가목에서는 도로·철도·항만·공항·주차장 등 교통시설을 기반시설로 규정하고 있고, 제43조에서는 기반시설을 설치하려면 미리 도시·군 관리계획으로 결정하여야 하되 대통령령으로 정하는 경우에는 그러하지 아니하다고 규정하고 있다. 이 사건 사업 당시 시행 중이었던 구 국토계획법 시행령 및 시행규칙[31]에서는 자치단체장이 설치하는 면적 1,000㎡ 미만인 주차장과 자치단체장 이외의 자가 설치하는 주차장은 도시·군 관리계획으로 결정하지 않고 설치할 수 있는 주차장이라고 명시하고 있다.

즉, 이 사건 주차장은 국토계획법상 도시·군 관리계획으로 결정을 받을 필요도 없이 추진할 수 있는 소규모의 주차장이다. 이와 같은 법령 체계하에서 피고로 하여금 국토계획법 등에 따라 공익사업으로의 사업인정을 받은 후 공익사업으로 주차장을 건립함으로써 토지보상법[32]의 규율을 받아야 할 의무가 존재한다고 볼 수 있는지 매우 의문이다.

결국 법령상 예외조항에 따라 허용되는 주차장 건립 방식을 택함으로써 토지보상법상 공익사업으로서의 사업인정 절차 등을 거치지 아니하였다고 하여 이를 피고의 불법행위라고 평가할 수는 없어 보인다.

---

31) 구 시행령(2016. 12. 30. 대통령령 제27744호로 개정되기 전의 것) 제35조 제1호 다목 및 구 시행규칙(2016. 12. 30. 국토교통부령 제378호로 개정되기 전의 것) 제6조 제1항 제2호. 현행규칙에서는 면적 제한을 폐지(위 구 시행규칙 제6조 제1항 제2호 폐지)함으로써 주차장 설치는 도시·군관리계획으로 결정할 필요가 없도록 하고 있기도 하다.

32) 엄밀히 말하자면, 이와 같은 주차장 건립을 공익사업으로 시행한다고 하더라도 토지보상법의 사업인정 및 보상규정이 직접 적용되지 않는다. 토지보상법 제4조 제8호에서 정한 개별 법률인 국토계획법이 주차장 설치와 관련하여 국가 등에게 공익사업 시행자로서의 지위를 부여하고 수용절차를 진행할 수 있도록 한다(법 제85 내지 95조). 토지보상법은 국토계획법에 의하여 준용될 뿐이다(법 제96조).

(다) 사법으로의 도피 여부

대상판결의 사실관계를 볼 때 피고가 적법절차 등 공법상 제한을 회피하기 위하여 사법상 매수의 방식을 취한 정황은 보이지 아니한다. 오히려 피고는 소유자들과 이 사건 특약을 체결하면서 임차인 퇴거를 계약의 조건으로 하여 사적 자치에 의한 자율적 해결을 의도하였고,[33] 실제 예정한 사업기간보다 약 1년의 기간이 더 소요되었음에도 일부 목적물 이용을 용인하기도 하였으며, 퇴거하지 아니한 일부 임차인에 대해서는 직접 소송 및 별도 합의를 통해 인도를 받기도 하였다. 달리 토지보상법상 영업보상 등 관계인 등에 대한 보상 회피를 의도한 사정이 나타나지 아니한다. 피고가 직접 인도소송을 제기하는 등 소유자에게 강제적 집행과 관련한 행정적 부담을 전가시킨 것으로 보이지도 아니하며, 매매대금과 매매조건 협상시에 이러한 점을 계약에 충분히 반영한 이 사건 특약을 작성하고 매매대금을 정한 것으로 보이기도 한다. 결국, 피고가 공법상 제한을 회피할 목적으로 이 사건 주차장 부지를 사법상 매매 형식으로 매입하였다고 볼 수 없다. 피고는 관련 법령에 어긋남이 없이 소유자들과의 자율적 협상 즉, 시장거래를 통해 이 사건 토지를 매입한 것으로 평가할 수 있다.[34]

2. 협의취득과 사법상 매수의 준별

(1) 법적 성질의 준별

강제수용권은 필요한 경우 최소한으로 발동함이 바람직하다. 이에

33) 원고들 대부분이 이전협의금을 지급받는 등 소유자들과의 합의에 따라 인도를 마치기도 하였다.

34) 애초 이 사건 사업부지로 병방동 414, 415, 416번지가 검토되었으나, 시장에 더 가까운 부지인 416번지의 소유자가 매매에 동의하지 아니하여 대체부지로 413번지를 매입한 사정을 보아도 그러하다. 심지어 주차장 설치사업이 지연됨에도 임대수익을 얻지 못한다는 소유자2의 항의에 따라 피고는 1,280만 원을 추가로 지급하기도 하는 등 토지보상법상 공익사업 절차와는 부합하지 않는 사업진행을 하였다(설령 피고가 임차인들과의 협상이나 영업보상에 부담을 느껴 사법상 매입방식의 주차장 건립을 진행하였다 하더라도 그러한 피고의 선택이 당연히 불법행위라고 할 수 있는지는 근본적으로 의문이다).

토지수용법에는 강제수용이 아닌 협의취득 절차를 규정하고 있는데, 강제적 취득 이전에 우선적으로 토지소유자 등과 협의를 할 것으로 전치함으로써 강제수용을 제한하는 역할을 한다. 그렇다 하더라도 협의취득은 자유로운 시장에서의 토지거래와는 상당한 차이가 있는 공법상 매매절차이다. 우선, 협의취득에서의 대금은 수요·공급 법칙에 기초하여 당사자간 자율적 교섭에 의하여 정해지지 않고 토지보상법령에 따라 감정결과에 기초하여 정해지는데 특히 공시지가 기준과 개발이익 배제 원칙이 적용됨으로써 통상 시장가격보다 낮은 금액이 대금으로 정해지는 체계적 문제점을 내포하고 있다.[35] 이와 같이 제시된 대금을 토지소유자가 받아들이지 아니할 경우에는 사업시행자는 곧바로 사업인정을 받아 강제수용을 할 수 있다. 이른바 'take it or leave it' 제안에서 토지소유자로서는 제시된 대금을 받아들이든지 땅을 강제수용당하든지 중 선택을 강요받는 상황에 처하게 되는 것이다.[36] 이렇듯 협의취득과 사법상 매매는 거래의 자율과 사적자치라는 관점에서 볼 때 본질적으로 성격이 다르다.

그런데 대상판결은 이 사건 매매의 법적 성격에 관하여 원심이 '피고가 이 사건 각 토지와 건물을 소유자들로부터 매수하여 협의취득 하였다'고 사실인정을 한 듯 판시하고 있다. '매수하여 협의취득'하였다는 의미가 사법상 매매라는 것인지 토지보상법상 협의취득이라는 것인지 불명확하다.[37] 토지보상법이 적용되는 협의취득을 하려면 사업계획을 결정한

---

35) 상세한 것은 조병구(주 9), 158-161면. 이와 같이 정해지는 보상액(대금)이 헌법 제23조 제3항에서 정한 정당한 보상 원칙에 부합하는지 대한 헌법적 당부는 별론으로 하고, 적어도 사적 거래에서 매매대금이 정해지는 메커니즘과는 상당한 차이가 있다.

36) 정기상, "도시계획시설사업에 따른 협의취득이 당연 무효인 경우 환매권 행사 가능 여부–대법원 2021. 4. 29. 선고 2020다280890 판결–", 법률신문 2022. 5. 2.자, 13면.

37) 원심은 피고가 토지보상법상 협의취득이나 강제수용절차를 거치지 아니하였다고 하면서도, '이 사건 각 부동산에 관하여 이 사건 매매계약을 체결함으로써 협의성립한 사실'과 같은 모순적 기재를 하고 있다. 토지보상법에서의 협의는 법정절차를 경유하여야 하는 것이어서, 당사자간 사적 거래로서의 매매조건에 관한 교섭을 두고 토지보상법상 협의라고 할 수는 없다.

후 토지 출입 · 측량 · 조사를 하고 토지 · 물건조서를 작성하며, 특히 보상계획공고 · 열람절차를 거쳐야 하는데(토지보상법 제14 내지 16조), 이 사건 사업진행 시 피고가 위와 같은 토지보상법상 협의취득 단계에서 필요한 절차를 거쳤다고 볼만한 사정은 없다. 이 사건 매매는 토지보상법상 '협의취득'이 아니라 말 그대로 민법상 '매매'이고, 국유재산법 혹은 공유재산 및 물품관리법상 '매입'에 해당할 뿐이다. 대상판결에서 거래당사자간 교섭을 통해 매매조건을 정한 사법상 매매를 토지보상법상 협의성립 혹은 협의취득이라는 용어로 표현한 것은 토지보상법의 영업보상조항을 적용하기 위한 포섭으로 짐작되나 온당치 아니하다. 사법상 거래와 토지보상법에 따른 취득은 엄격히 구별하여야 한다.[38]

(2) 공용사용과의 준별에 관한 선행판결

대상판결은 사법상 매매를 토지보상법상 협의취득과 동일하게 보는 입장에 선 듯하다. 이와 같이 보는 이유는 협의취득의 법적 성격이 '사법상 매매'라고 한 종래 확립된 판례 법리[39]에 따라 양자를 동일하게 다루어도 무방하다고 보았기 때문이 아닌가 짐작된다. 하지만 종래 판례는 협의취득의 효과에 사법상 매매의 법리를 적용할 수 있다는 것이지 반대로 사법상 매매에 토지보상법의 규정이나 법리를 역적용하는 것을 긍정한 것이 아니다. 이는 토지보상법상 공용사용과 민법상 사용대차를 준별한 아래 판결을 보아도 그러하다.

---

38) 현행 토지보상법(2002. 2. 4. 제정) 이전에는 사업인정 이후 협의취득, 강제수용은 토지수용법에서, 사업인정 이전 협의취득은 공공용지의 취득 및 손실보상에 관한 특례법에서 규율하였다. 현행 토지보상법은 사업인정 이전 협의취득, 사업인정 이후 협의취득과 강제수용을 일괄하여 규율하고 있다. 토지보상법 혹은 그 이전 법률이든지, 사업인정을 받았든지 여부를 불문하고 사법상 매매와 공법상 취득은 구별된다(대법원 2000. 8. 22. 선고 98다55161 판결, 대법원 1981. 12. 22. 선고 80다3269 판결, 대법원 1987. 7. 7. 선고 87다카372 판결 등. 대상판결을 한 동일한 재판부에서 선고한 대법원 2021. 9. 30. 선고 2018다272988 판결에서도 '통상의 매매가 아니라 구 공특법에 따른 협의취득'이라는 원심판단을 인용하며 양자를 준별하여 판시하고 있다).

39) 대법원 1996. 4. 26. 선고 96다3319 판결, 대법원 2004. 7. 22. 선고 2002다51586 판결, 대법원 2013. 8. 22. 선고 2012다3517 판결, 대법원 2021. 4. 29. 선고 2020다280890 판결 등.

> 토지보상법 제1조, 제3조에 의하면, **토지보상법은 사업시행자가 공익사업에 필요한 토지 등을 사용하는 모든 경우에 적용되는 것이 아니라, 그 토지 등을 협의 또는 재결에 의하여 토지를 사용하는 경우에 한하여 적용**되고, 한편 토지 등 소유자의 사용승낙에 의하여 성립하는 민법상의 사용대차와 토지보상법상의 협의에 의한 토지사용은 **그 요건, 절차 및 법률효과가 상이**하므로, 사업시행자가 전자의 방법에 의하여 토지를 사용하는 경우 이를 토지보상법상 협의에 의한 토지사용이라고 보아 토지보상법을 적용할 수는 없다.
>
> (대법원 2011. 8. 18. 선고 2011다24104 판결)

민법상 사용대차가 토지보상법상 협의에 의한 토지사용과 요건, 절차 및 법률효과가 상이하여 토지보상법을 적용할 수 없다는 위 선행판결의 법리는 매우 타당해보이며, 위 선행판결의 법리에 기초할 때 이 사건 매매 또한 민법상 매매이고 협의취득과는 그 요건, 절차 및 법률효과가 상이하므로 토지보상법을 적용하여서는 아니 된다는 결론에 이른다.[40]

또한 판례는 국가 등이 공원[41]을 설치하여 사인 소유의 토지를 무단으로 사용하는 경우 공용사용으로 보아 토지보상법에 따른 보상절차를 경유할 의무가 있다고 하지 아니하고 점유부당이득반환을 명하는 확립된 입장을 취하고 있기도 하다.[42]

(3) 토지보상법의 선별적 적용 문제

토지보상법상 공익사업의 유형에 들어가는 사업의 시행 여부를 결정하기 위하여 공익성 판단을 할 때 국가 등은 토지를 토지보상법 절차에 따라 강제수용하든지, 협의취득하든지, 혹은 국가계약법 및 민법 등에 따라 사법상 매수를 하든지 선택할 수 있고, 대상판결의 사안에서는 사법상 매수라는 방법을 선택하였다. 그런데 대상판결은 그러한 경우에도 토

---

40) 대법원 2000. 8. 22. 선고 98다60422 판결 참조.

41) 국가 등이 설치하는 공원은 토지보상법 제4조 제3호에서 정한 공익사업의 유형에 해당한다.

42) 대법원 2018. 3. 29. 선고 2013다2559, 2566 판결, 대법원 2016. 11. 9. 선고 2013다42649 판결, 대법원 2010. 3. 25. 선고 2007다22897 판결, 대법원 2009. 11. 26. 선고 2009다35903 판결 등

지보상법의 일부 보상조항을 적용하고 있다. 피고가 공익성 판단 단계에서 이 사건 사업을 토지보상법에 따른 공익사업으로 진행하지 아니하기로 정하여 협의취득이나 강제수용 등 토지보상법상 정해진 절차를 밟지 않고 사법상 매매를 할 것임을 선택하였음에도, 대금 지급과 관련해서는 토지보상법상 보상원칙을 적용하라고 판단한 것이다. 이는 사업을 결정하는 공익성 판단 단계와 그에 따른 보상 지급 단계에서 토지보상법의 분열적 적용이기도 하고, 거래상대방인 토지소유자와의 관계에서는 사법상 매매의 원칙[43]을 적용하고 제3자인 임차인 영업자와의 관계에서는 공법상 손실보상의 원칙을 적용하는 측면에서 토지보상법의 분열적 적용이기도 하다. 이와 같은 방식의 분열적 발췌 적용이 행정주체나 거래계에 혼란을 가져다줄 것임은 두말할 나위가 없다.[44]

(4) 매매대금과 보상금의 차이

행정목적으로 사용할 부동산을 매입할 당시 취득가액의 결정은 그 취득의 형식이 토지보상법에 따른 협의취득 혹은 강제수용인지, 사법상 매매인지에 따라 상당한 차이가 나게 된다. 국가 등은 부동산 매입에 앞서 감정평가를 거쳐 적정가격을 산정하게 되는데 공익사업으로서 토지보상법의 적용을 받는 경우는 법 제67조 제2항에 따라 해당 공익사업에 따른 가치변동을 고려하지 않고 감정평가를 하여야 함에 비해, 사법상 매매의 경우 감정평가 및 감정평가사에 관한 법률에 따라 시장가치 즉, 해당 공익사업에 따른 가치변동을 포함하여 감정평가를 하게 된다. 이 사건 매매매계약 체결에 반영된 2012년 시점을 기준으로 이 사건 각 토지의 개별공시지가는 1,370,000원/㎡이어서 취득부지 726㎡에 대한 공시지가 합계액은 994,620,000원인데 실제 감정기관의 토지평가액은 시가를 반

43) 이 사건 매매를 협의취득 혹은 사법상 매수로 보는 이상 소유자인 영업자들에게는 영업보상이 허용되지 아니한다(대법원 2013. 8. 22. 선고 2012다3517 판결 등 참조).

44) 대상판결 이후 실제로 감정평가업계에서는 국유재산법에 따른 토지매입의 경우 감정가를 개발이익을 배제한 보상가를 기준으로 하여야 하는지 종전대로 실거래가를 참작한 기준으로 하여야 하는지 혼란이 발생해 있다고 한다.

영하고 개발로 인한 가격변동[45]을 배제하지 아니한 2,730,000원/㎡ 상당이어서 매매계약시 부지가격으로 책정된 합계액은 1,981,980,000원 상당이다.[46]

공익사업에서 보상액을 산정할 때에는 표준지 공시지가에 품등비교를 하고 시점보정을 하여 보상액을 최종결정하게 되는데, 시가나 개발이익을 반영하지 아니하는 이상 이와 같이 도시의 상업시설 부지와 관련하여 개별공시지가의 2배에 이르는 보상가가 도출되는 예는 쉽게 찾아보기 어렵다.[47] 결국, 토지보상법상 공익사업으로 사업시행을 하며 협의취득이나 강제수용 방식으로 이 사건 각 토지를 취득했다면 소유자들에게는 실제 이 사건 매매대금보다 상당히 낮은 보상금이 지급되었을 것이다.[48] 공익사업으로 추진하는 경우 보상금보다 높은 매매대금이 지급된 본질적 이유는 자율적 시장거래를 통한 사적 매매이기 때문이다. 그렇기 때문에 계약자유의 원칙에 따라 이 사건 특약을 매매계약에 포함시키는 것도 가능한 것이다. 매매와 협의취득 사이에 대금과 보상액의 실질적 차이가 이와 같이 존재함에 따라 국가 등이 보상가보다 상당히 높은 매매대금을 소유자에게 지급하였음에도, 토지보상법에 따른 영업보상을 임차인에게 별도로 추가지급하라고 명하는 것은 매매대금에 간접적으로 반영한 임차인 퇴거에 소요되는 비용을 재차 국가 등이 부담하라는 말과 다름이 아니다. 일반적 시장거래에서 매수인이 매도인에게 기존 임차인 퇴거를 선

45) 실제로 이 사건 각 토지는 2007년 이래 115만 원에서 116만 원으로 개별공시지가에 변동이 거의 없다가 병방시장 시설현대화사업이 추진된 2010년 이후 공시지가가 123만 원(2010년), 128만 원(2011년), 137만 원(2012년), 141만 원(2013년)으로 상승한다.

46) 각 건물의 감정평가액은 합계 9억 원이 넘어 이 사건 매매대금은 총합계 29억여 원으로 정해졌다(주 2 참조).

47) 참고로 현행 시도 용도지역/이용상황별 보상배율(=보상단가/공시지가)을 보면 인천광역시 상업지역에서의 보상배율은 평균 1.66이고, 이용상황에 따라 구분한 상업용, 주상용 부지는 1.11에 불과하다[「예비타당성조사 수행 총괄지침」(2019. 4. 25. 제정, 기획재정부훈령 제436호) [별표 1] 및 KDI, 「예비타당성조사 공시지가 보상배율 개정연구」(2021. 9.) 참조].

48) 조병구(주 9), 158-161면 참조.

행적으로 이행하라는 의무를 부과하는 특약의 효력이 부정되지 아니하는 이상, 국가 등의 사경제주체로서의 지위를 부인하는 것이 아니라면, 이와 같은 이중적 경제적 부담을 강요할 수는 없어 보인다. 대상판결이 이 사건에서 제시한 판단법리가 국공유 부동산 매입에 있어 일반적 기준이 된다면, 국가 등은 공익사업 추진에 있어 매매대금은 대금대로 높이 주고 추가로 영업보상까지 하게 된다. 이와 같은 사법상 매매를 할 경제적 유인이 없으므로 국가 등이 경제적으로 합리적인 판단[49]을 한다면 매매가 아니라 곧바로 공익사업의 사업인정을 통한 수용절차를 밟으려 할 것이다.

3. 불법행위의 특정과 손해배상 책임의 성립 여부

(1) 불법행위의 특정 문제

이 사건의 제1심, 원심 및 환송 후 항소심에서는 피고가 토지보상법에 따른 공익사업으로 이 사건 사업을 진행하지 아니함으로써 영업보상절차를 경유하지 아니한 것이 불법행위임을 전제로 삼고 있다. 대상판결은 피고 소속 공무원들이 직무집행에 있어서 어떠한 불법행위를 저질렀다는 것인지 구체적 판시는 하지 아니하고 있으나 판례 법리[50]를 제시한 후 이에 부합하는 원심의 판단을 발췌하여 정리하고 있다. 전체 취지에 미루어 보자면 피고가 공익사업의 시행자로서 영업손실 보상금 지급의무가 있음에도 재결도 거치지 않고 사전보상하지도 아니한 채 공사에 착수한 것을 불법행위라고 포괄적으로 보고 있는 듯하다. 그런데 이는 세부적으로 나누어 보자면, [① 공익사업임에도 토지보상법 절차에 따른 공익

---

49) 통상 소유자에 대한 보상금은 토지보상법 제67, 68조 등에 따라 시장에서의 매매대금보다 낮게 된다. 따라서 '매매대금 + 영업보상금 > 소유자보상금 + 영업보상금'의 부등식이 성립하고, 국가 등은 수용절차를 밟으려는 경제적 유인이 생기는 것이다. 그렇다면 왜 국가 등은 예산이 절감되는 수용방식을 택하지 않고 국공유재산법에 의한 매입절차를 택하는지 보아야 할 텐데, 소규모 사업을 신속하게 추진할 수 있는 장점과 강제적으로 토지를 취득하는 절차보다 행정적 부담이 덜하다는 면에서 -즉, 전체 거래비용을 절감하는 차원에서- 매입절차를 택하는 것으로 보인다.

50) 대법원 1998. 11. 3. 자 88마850 결정, 대법원 2013. 11. 14. 선고 2011다27103 판결.

사업으로의 사업시행을 하지 아니한 것→② 임차인 영업자들에게 토지보상법상 사전영업보상을 하지 아니한 것→③ 사전영업보상 없이 공사에 착수한 것]으로 단계별 구분을 할 수 있다.

피고는 공익사업의 유형에 해당하는 공용 주차장을 건립하기 위하여 토지소유자들과의 교섭에 따라 부지를 사법상 매매로 매수[51]하였을 뿐 토지보상법의 적용을 받는 공익사업의 시행자로 사업을 시행한 것이 아니어서 토지보상법상 보상주체가 아니라는 점은 앞서 살펴보았다. 더 나아가 대상판결이 전제로 하는 바와 같은 불법행위로 인해 피고의 손해배상책임이 성립할 수 있는지와 손해는 무엇인지, 즉 위 ③ 부분과 관련하여 더 살펴본다.

(2) 이 사건 미보상 공사 착수가 불법행위인지 여부

(가) 종래 미보상 공사 착수에 관하여 국가 등의 손해배상책임을 인정한 대법원 판결은 모두 사업인정을 받아 시행된 공익사업에서 영업손실보상 대상을 누락하거나 보상을 완료하지 아니한 채 사업에 착수하여 공사를 진행한 사례이다.

대상판결이 미보상 공사 착수에 따른 손해배상책임의 근거로 인용한 88마850 결정은 대한주택공사가 대규모 임대아파트를 건설하며 진주시 일대 토지를 수용함에 있어 양계장 경영자에 대한 보상 없이 정지공사를 시작한 사안이고, 2011다27103 판결은 경기도에서 고속도로를 건설하며 토지를 수용함에 있어 영농 보상을 완료하지 않고 공사를 시작한 사안으로서 모두 공익사업으로 사업인정처분을 받아 사업시행자가 수용권을 취득한 상황에서 보상을 누락한 사안이다. 그 외에도 토지구획정리사업,[52] 공유수면매립사업,[53] 제주첨단과학기술단지조성사업[54]과 같이 대규모 공

51) 국가배상법이 정한 배상청구의 요건인 '공무원의 직무'에는 권력적 작용만이 아니라 행정지도와 같은 비권력적 작용도 포함되나 행정주체가 사경제주체로서 하는 활동은 제외된다(대법원 1998. 7. 10. 선고 96다38971 판결).

52) 대법원 1975. 4. 22. 선고 74다1548 전원합의체 판결, 대법원 1990. 6. 12. 선고 89다카9552 전원합의체 판결 등

53) 대법원 2004. 5. 14. 선고 2003다32162 판결, 대법원 2000. 5. 26. 선고 99다37382 판결, 대법원 1999. 11. 23. 선고 98다11529 판결, 대법원 1999. 9. 17. 선고

익사업으로 사업인정을 받아 수용절차를 진행하면서 보상을 누락하고 공사에 착수한 경우에 관한 사례가 있을 뿐 대상판결의 사안처럼 애초에 사업인정을 득한 공익사업이 아니라 사적 거래로 소규모 토지를 취득한 경우에 관한 사안은 보이지 아니한다.

(나) 한편, 공익사업 시행자의 미보상 공사 착수가 토지소유자에 대한 불법행위가 된다는 점에는 이론이 없지만, 용익권자의 경우는 지상권 등 물권적 권리인지 임차권 등 채권적 권리인지, 사업시행자가 소유권을 취득하였는지 여부에 따라 손해배상 책임을 인정할 것인지에 관하여 견해가 나뉜다. 특히 토지소유권을 취득한 사업시행자가 공사에 착수하였음에도 채권적 임차권자에 대하여 손해배상책임을 부담하는지에 관하여는, 건물 매수인의 임차인에 대한 경우와 비교하여 이견이 있으나, 손해배상책임을 인정하여야 한다는 견해가 우세하다.[55] 그런데 이 경우에도 사전보상원칙 위반 그 자체가 손해배상책임 발생의 원인이 되는 불법행위가 아니다. 사업시행자가 공사를 위한 '적법한 권원을 취득하지 아니한 채 공사에 착수하여 임차권(영업권)을 침해한 것'이 손해배상책임의 발생 원인이라 할 것이다.[56] 판례도 미보상 공사착수로 인하여 실질적이고 현실적인 침해를 가한 경우에만 불법행위로 인한 손해배상을 인정할 수 있다는 입장으로,[57] 구체적으로 불법행위 성립일은 공유수면매립권자가 공유수면매립공사에 착수한 때가 아니라 그 공사진척에 따라 그 어업권자들로 하여금 어장을 상실하게 하는 손해가 발생하게 한 때라 하고 있

98다5548 판결, 대법원 1998. 7. 24. 선고 97다22935 판결, 대법원 1998. 4. 14. 선고 95다15032, 15049 판결 등.

54) 대법원 2014. 12. 11. 선고 2011다13548 판결.

55) 정기상, "토지보상법상 사전보상 절차 없이 공사에 착수한 사업시행자의 손해배상 책임-대상판결 : 대법원 2013. 11. 14. 선고 2011다27103 판결", 저스티스 통권 제149호(2015. 8.), 245-250면; 공도일. "사전보상 절차를 거치지 않고 공사에 착수하여 영농을 방해한 경우 2년분의 영농손실보상금과 별도로 손해배상책임을 부담하는지 여부", 대법원 판례해설 제97호(2013), 177-179면.

56) 정기상(주 55), 250면 참조.

57) 대법원 1999. 9. 17. 선고 98다5548 판결, 대법원 1999. 4. 23. 선고 97누3439 판결 등.

다.[58] 그러한 침해가 없다면 곧바로 그 사업시행이 불법행위라고 할 수는 없으며 소유자나 관계인은 재결신청 등 불복절차를 거치거나 사업시행자를 상대로 손실보상청구를 할 수 있을 뿐이다.[59] 이 사건에서는 공사 착수 이전에 임대차종료 및 적법한 해지로 이미 원고들의 영업행위와 목적물 인도가 모두 종료된 상황이었으므로 공사 착수 자체로 실질적이고 현실적인 침해가 발생했다고 볼 수 없고, 공사 착수와 손해 발생 사이에 인과관계가 존재한다고 볼 수도 없다.[60]

(다) 오로지 토지보상법 제62조에 따른 사전보상 원칙을 경유하여야만 공사 착수의 권원이 구비된다고 볼 것도 아니다. 공사를 위한 승낙이나 이에 준하는 사정이 존재하는 경우 그 성질이 사법적인 것이든 공법적인 것이든 착공이 위법하다고 할 수 없다.[61] 이 사건에서는 소송, 화해권고 및 조정, 합의, 이전협의금 수수 등을 통해 원고들이 자발적으로 혹은 적법한 강제집행을 통해 목적물의 인도를 종료한 상황이었으므로, 공사에 착수할 당시 피고에게 공사를 진행할 적법한 권원이 없었다고 보기 어렵다. 원고들이 임대차 갱신요구권(당시 행사기간 5년)을 더 이상 행사할 수 없는 상황이기도 하다. 대상판결은 '원고들은 영업손실 보상금을 받지 못한 채 영업장에서 영업을 계속할 수 없었고 그 과정에서 위와 같은 공사를 하는 것을 승낙하였다고 볼 자료가 없다'고 판시하고 있지만, 2014.

---

58) 대법원 2004. 5. 14. 선고 2003다32162 판결, 대법원 2004. 12. 23. 선고 2002다73821 판결 등.

59) 대법원 1998. 1. 20 선고 95다29161 판결.

60) 이 사건의 원심은 임차목적물 인도완료가 실질적이고 현실적 침해라는 취지로 판단하고 있으나 이는 대상판결이 제시하는 불법행위로서 공사 착수와는 상이하고 직접적 인과관계가 있다고 볼 수도 없다. 앞서 본 바와 같이 원심은 오히려 '이 사건 사업을 토지보상법상 공익사업으로 진행하지 않아 보상절차를 밟지 아니한 피고의 선택'을 위법하다고 보는 듯하다. 그러한 선택이 위법하지 아니함은 앞서 살펴본 바와 같고, [주차장 건립 결정 → 사법상 매수방식 선택 → 소유자들과의 교섭 → 매매계약 → 임대차 해지 및 임차인 퇴거조치 → 공사착수]의 순서로 진행된 이 사건 사업에서 임대차 기한만료 등으로 인한 소유자들의 임대차 해지가 별도로 적법하게 행해진 이상 이 사건 사업 방식 선택과 임차권 및 영업권 상실 사이에 직접적 인과관계가 존재한다고 하기 어렵다.

61) 정기상(주 55), 243-244면.

12. 1. 공사 시작 이전인 2014. 2. 및 4.에 원고1, 2, 3은 목적물 인도 합의를 해주었다.[62] 임차인 영업자가 임대차를 종료하고 목적물을 인도하기로 합의한 후 인도까지 마친 의사에 소유권을 취득한 피고가 공사를 함에 대한 승낙의 의사가 담겨있지 않다는 것인지 의문이다. 토지보상법 제62조 단서의 '관계인의 승낙'이 있는 경우라고 해석하기 충분하다고 본다.

(라) 결국, 대상판결의 사안은 수용절차에서 보상이 누락된 선행 판례들과 상이하고, 이미 임대차 종료와 목적물 인도가 마쳐진 후 공사 착수로 인하여 임차목적물인 영업장에 관한 실질적이고 현실적인 침해가 가해졌다고 보기도 어렵다.

(3) 손실보상청구권 침해 여부

(가) 종래 미보상 공사착수와 관련하여 불법행위 손해배상책임을 인정한 판례들은 미보상 공사착수로 인하여 권리(영업권, 허가어업권, 관행어업권, 지상권, 소유권 등)에 대한 실질적이고 현실적인 침해가 발생한 경우를 불법행위로 보고 그 손해액은 영업손실 보상금, 지상권 보상금, 청산금 등 상당액이라고 판단해 왔다. 그런데 대상판결은 피고가 원고들의 임차권 및 영업권이 아니라 '손실보상청구권을 침해'하였다고 판시하고 있다. 채권인 원고들의 손실보상청구권을 그 채무자인 피고가 침해하였다는 것이다. 우선, 공사 착수라는 사실행위로 채권인 손실보상청구권이 직접 침해된다고 할 수는 없다. 대상판결은 피고가 영업손실보상을 구하는 원고들의 협의요청을 거부하고 재결신청청구도 거부하여 재결절차 등을 통하여 영업손실보상을 받을 수 없는 결과에 이르렀으므로 손실보상청구권이 결과적으로 침해되었다고 판단한 듯하다.

(나) 토지보상법상 구체적인 손실보상청구권은 토지수용위원회의 재결에 의하여 발생한다.[63] 그런데 토지보상법 제28조 및 제30조에 의하면 사업시행자의 재결신청은 모두 사업인정고시가 행해진 것을 전제로 한다.[64] 이 사건에서는 애초에 사업인정 자체가 없었으므로 피고는 토지보

62) 원고4는 인도를 명하는 조정결정에 이의하지 아니하여 확정되었다.
63) 대법원 2021. 6. 30. 선고 2019다207813 판결 등 참조.

상법에 따른 요건이 구비되지 아니하여 재결을 신청할 수가 없다.[65] 그럼에도 만약 피고가 원고들의 청구를 받아들여 지방토지수용위원회에 재결신청을 한다면 토지보상법을 위반한 위법한 법집행이 된다. 손실보상 재결신청청구에 대한 거부처분이 적법함에도 이를 들어 손실보상청구권을 침해한 불법행위라 할 수는 없다. 물론, 영업보상은 재결을 반드시 거쳐야 하고 곧바로 사업시행자를 상대로 하는 손실보상청구는 허용되지 않으므로[66] 피고의 재결신청이 없다면 원고들은 토지보상법에 따른 영업손실보상을 받을 수 없는 한계가 있다. 하지만 이와 관련해서는 행정상 통합적 손해전보 이론 혹은 수용유사침해 법리 적용, 사실상 적법한 재결절차를 거친 것으로 의제하는 법리 적용,[67] 관련 조항 유추적용으로 토지수용위원회에 대한 원고들의 직접 재결신청 허용 가부 등을 살펴보아야 할 것이지 피고가 토지보상법의 요건을 위반하는 재결신청 조치를 취하지 아니한 것을 두고 위법하다는 평가를 할 것은 아니다.

(다) 재결이 없으면 구체적 손실보상청구권이 발생한다고 볼 수 없으므로 이 사건에서 원고들이 침해당한 권리가 영업권이나 임차권 혹은 권리금회수청구권으로서 그 손해액을 손실보상금 상당액으로 볼 것인지는 별론으로 하고, 손실보상청구권 자체의 침해라고 할 수는 없다.

Ⅳ. 결 어

1. 국가 등의 사경제주체로서의 행위에 대한 재평가

전통적 공사법 이원론이 합당한지에 대하여 근본적 의문이 제기되고 있고, 공사법 융합, 공법의 사법화 및 사법의 공법화 현상 등으로 국가

---

64) 토지보상법 제9조나 제80조 등을 제외하고 사업인정고시도 없는데 영업손실을 주장하는 자가 사업인정고시를 전제(이는 사인에게 수용재결 신청권을 허용하는 것과 다름이 아니다)로 하는 보상재결을 직접 신청할 수도 없다.

65) 같은 취지로 원고들의 재결신청거부처분 취소소송은 각하되어 확정되었다(주 5 참조).

66) 대법원 2011. 9. 29. 선고 2009두10963 판결 등.

67) 대법원 2019. 11. 28. 선고 2018두227 판결.

등이 관여한 법률관계에 어떠한 법원칙을 적용하여야 할 것인지에 대해서 다양한 견해와 시각이 대두된다. 현대사회에서 법은 국가정책의 산물인 경우가 많아 전통적 사적 자치와 자생적 사회질서에 근간을 둔 사법의 영역은 축소되고 공법중심의 법실증주의적 경향이 강해지고 있다는 우려가 표출되고 있다.[68] 반면에 국가 등의 사경제주체로서의 행위에 공법상 제한을 가해야 한다는 견해도 유력하게 제시되고 있다. 하지만 명시적 법령이 부존재함에도 국가 등의 지위에 있다는 이유만으로 순수한 사법상 거래에 공법상 제한을 적용해야 할 당위성은 없다고 본다.[69] 물론 행정주체의 우월적 지위를 이용하거나 공법상 제한을 우회하기 위한 사법으로의 도피 행위에 대하여 관련 공법의 취지를 고려한 일반조항 해석 등을 통해 제한을 가하는 것은 필요하고 가능할 것이다. 하지만 이는 개별 사안과 거래의 태양을 보고 기능적, 실질적으로 접근해야 할 문제이지 출발점부터 국가 등의 우월적 지위를 전제로 하고 이를 제한하여 계약의 상대방이나 주변인들을 후견적으로 보호하겠다며 접근할 문제는 아니다. 모든 합리적 경제주체는 자신의 효용을 극대화하는 최적의 선택을 할 수 있는 능력을 가지고 있다고 신뢰되어야 하고, 그러한 신뢰가 구현되어 합리적 의사결정이 자율적으로 이루어지는 곳이 시장이다. 따라서 거래의 실질이 일반적 시장거래와 다름이 없는 경우에는 국가 등이

68) 자세한 것은 박세일 등, 법경제학, 박영사(2019), 45-71면 참조.

69) 공공계약에서 국가 등의 권력주체로서의 잔영이 영향을 미치지 않으리라는 보장이 없다거나, 비유적으로 보면 상사와 부하 사이의 테니스 경기와 같다거나, 동일한 지위 운운은 허구적 논리라는 등의 비판이 있긴 하다. 본고에서 국가 등의 지위를 어떤 시각으로 인식할 것인지에 대한 철학적 논쟁으로 나아갈 것은 아니지만, 경제력의 우위나 협상에서의 우월적 지위 등을 남용하는지 여부, 즉 이른바 '갑을관계'를 개별적으로 따지지 아니한 채 일반적인 시장에서의 거래조차도 국가 등이 거래에 참여했다는 사정만으로 당연히 갑의 지위를 남용할 것이라고 추단할 수 있는지는 의문이다. 극단적인 비교례이긴 하지만, 민영화된 공기업 혹은 경제적 지위가 지방자치단체에 버금가는 대기업이 주차장을 만든다며 부동산을 매입하는 경우 임차인 영업자들에게 별도 영업보상을 하라고 명할 것인지, 국가 등보다 훨씬 우월한 정보력과 자금력을 가진 거대기업이나 글로벌 경제주체와의 거래에서도 국가 등에게 공법상 제한을 가할 것인지와 같은 상황을 상정해 보아도 그러하다.

거래의 주체이더라도 사법상 계약으로 봄이 합당하다. 사적자치 원칙이 적용되어야 할 거래에 공법의 적용을 통해 계약 주변인들을 보호하는 것은 과다한 후견적 개입이고 시장에 잘못된 시그널을 줄 수 있다. 사법상 거래에서 국가 등의 사경제주체로서의 지위를 인정하는 것은 국고주의적 관점에서 국가 등을 보호하기 위해서가 아니라 거래가 이루어지는 시장의 합리성과 예측가능성을 보호하기 위해서라고 평가되어야 한다.

2. 대상판결에 대한 평가

대상판결은 공익사업의 유형에 포함되는 주차장 건립이라는 이유로, 준별해야 할 협의취득 절차와 사법상 매매를 동일하게 다루어-혹은 혼동하여-토지보상법상 관계인 영업보상 조항을 사법상 매매에 곧바로 적용하는 해석을 하였다. 국가 등의 사경제주체로서의 거래에 대한 사법 적용 원칙에 관한 선행 판례들과 배치되는 듯 보이는 판단을 하였고 결과적으로 국가 등의 법형식 및 거래형식 선택의 자유를 축소하는 해석을 하였다. 대상판결에 대하여는 공법의 적용을 통한 후견적 개입으로 경제적 약자인 임차인 영업자를 보호하고 정당한 보상 원칙에 부합하는 결론에 이르렀다는 평가가 가능할 것으로 보이긴 한다.[70] 하지만, 종래 판결들과의 정합성 문제, 매매대금과 보상금의 중복지출, 감정평가에서의 혼란과 같은 현실적·실무적 우려는 차치하고서라도, 대상판결은 국가 등이 소규모 주차장을 건립하는 경우에도 사법상 매매보다는 공익사업의 사업인정을 통한 강제적 수용절차를 선택하도록 하는 경제적 유인을 제공할 우려가 있다. 이는 국가 등이 시장에서의 거래를 통한 협상과 자율적 이해조정의 과정이 아니라 강제권이 부여된 공법절차를 선택하도록 유도하는 것이다. 그러한 유인은 사적 자치나 거래의 효용을 저해함을 물론이고 헌법상 재산권 보장 원칙에 결코 부합한다고 볼 수 없다.

---

70) 민성철, 판례공보 스터디 2022. 1. 1.자 판례공보해설, 13면.

[Abstract]

The Application of the Public Law on the Local Government's Private Purchase

Cho, Byung Koo*

According to the 18da204022 decision of the Supreme Court, even if the local government makes a private purchase of land and buildings for constructing a public parking lot it is illegal for the local government not to compensate the tenants for business losses in accordance with the Land Compensation Act. The autonomy of the government in the choice of legal and transaction form for the achievement of administrative purposes should be respected. And the Supreme Court has considered the legal nature of a contract concluded by the government with a private person on an equal status as a private legal contract. From this point of view, the basis of this decision is not clear. In the case where the authority and superior position of the administrative entity is playing a role, it can be said that the relevant public laws and the principles of the public law should be applied on the case. But if such is not the case, the individual contractual relationship should be regarded as a private legal contract. Protecting those around the contract through the application of public law in a transaction where the principle of private autonomy should be applied is excessive paternalism and may give a false signal to the market. This decision conflicts with the previous judgements of the Supreme Court and can bring problems that hinder the pursuit of private autonomy and the utility of transactions by providing the wrong incentives to the market participants.

---

* Judge, Seoul Central District Court.

[Key word]

- private economic entity
- public contract
- public works
- acquisition through consultation
- indemnity for business loss
- Act on Acquisition of AND Compensation for Land

참고문헌

1. 단 행 본

김남진 · 김연태, 행정법 I (제25판), 법문사(2021).

김동희, 행정법 I (제25판), 박영사(2019).

박균성, 행정법 기본강의(제13판), 박영사(2021).

박세일 · 고학수 · 송옥렬 · 신도철 · 이동진 · 최준규 · 허성욱, 법경제학 재개정판, 박영사(2019).

2. 논 문

공도일, "사전보상 절차를 거치지 않고 공사에 착수하여 영농을 방해한 경우 2년분의 영농손실보상금과 별도로 손해배상책임을 부담하는지 여부", 대법원 판례해설 제97호(2013).

권영준, "2017년 민법 판례 동향", 서울대학교 법학 제59권(2018).

김진우, "민사계약에서의 차별금지-DCFR과 그것의 우리 사법 및 차별금지기본법의 입법에의 시사점-", 비교사법 제22권 제1호(2015).

김현준, "행정법과 사법", 사법 제181호(2020).

민성철, 판례공보 스터디 2022. 1. 1.자 판례공보해설.

박정훈, "행정조달계약의 법적 성격", 민사판례연구[XXV](2003).

양천수, "현대 사회에서 법적 관할영역의 경쟁과 융합-민법과 경제법의 경쟁과 융합을 예로 본 법철학적 고찰-", 법철학연구 제12권 제2호(2009).

이상덕, "지방계약과 판례법-사법상 계약, 공법상 계약, 처분의 구별을 중심으로-", 홍익법학 제10권 제4호(2018).

이영동, "공공계약을 둘러싼 몇 가지 문제-공공계약의 공법적 특성을 중심으로-", 사법논집 제44집(2007).

이홍구, "사법행정작용과 행정사법", 현대공법논총 : 일암 변재옥박사 화갑기념논문집(1994).

장태주, "사법형식에 의한 행정작용", 한양대 법학논총 제13집(1996).

정기상, "도시계획시설사업에 따른 협의취득이 당연 무효인 경우 환매권 행사 가능 여부-대법원 2021. 4. 29. 선고 2020다280890 판결-", 법률신문

2022. 5. 2.자.

_____, “토지보상법상 사전보상 절차 없이 공사에 착수한 사업시행자의 손해배상 책임-대상판결 : 대법원 2013. 11. 14. 선고 2011다27103 판결”, 저스티스 통권 제149호(2015. 8.).

조병구, “토지수용이 야기하는 사회적 비용-우리 토지수용법제의 구조적 문제와 개선방안의 모색을 중심으로”, 법경제학연구 제11권 제2호(2014. 8.).

최승필 · 김대인, “행정기본법 주요쟁점 중 공법상 계약분야 조사 · 검토 연구”, 한국외국어대학교 연구산학협력단(2020).

허성욱, “환경법에서의 공법과 사법 : -공법상 환경기준의 사법상 효력에 관한 논의를 중심으로-”, 민사판례연구[XXXIX](2016).

附　　錄

「會社法의 諸問題」

附錄에 부치는 말

우리 연구회는 2022년 8월 20일 서울 삼성동에 위치한 '오크우드 프리미어 코엑스센터'에서 제45회 하계 심포지엄을 열고 "會社法의 諸問題"라는 주제로 여러 쟁점들을 검토하고 논의하는 기회를 가졌다. 이 附錄은 그 모임에서 발표된 논문들을 다시 수정·보완한 것이다. 심포지엄은 다음과 같은 일정으로 진행되었다.

09:30~09:55 參加者 登錄 ------------------------ 오크·프리미어룸

09:55~10:00 開 會 辭 -------------------------------- 全元烈 會長

10:00~12:00 제1세션 : 主題發表와 討論 --------- 오크·프리미어룸

(1) 회사의 손해

--- 송옥렬(서울대학교 교수)

(2) 다중대표소송의 실무상 쟁점

-------------------------------- 진상범(서울북부지방법원 부장판사)

12:00~13:40 午 餐 -------------------------- 오크·프리미어룸

13:40~15:40 제2세션 : 主題發表와 討論 --------- 오크·프리미어룸

(3) 소수주주 축출 목적의 주식병합

--- 정대익(경북대학교 교수)

(4) 주식매매계약의 진술보증 조항에 따른 매도인의 책임

--- 천경훈(서울대학교 교수)

15:40~15:55 기념촬영 및 휴식

15:55∼17:55　제3세션 : 主題發表와 討論 ········· 오크 · 프리미어룸

(5) 주주총회, 주식 관련 가처분에 관한 최근의 실무상 쟁점

·············· 고홍석(인천지방법원 부천지원장)

(6) 종합토론

17:55∼18:15　會員總會 ·························· 오크 · 프리미어룸

18:15∼18:20　閉 會 辭 ·························· 全元烈 會長

18:30∼21:00　晩　　餐 ·························· 오크레스토랑

회사의 손해

송 옥 렬*

■요 지■

상법상 이사의 의무는 회사에 대한 것이지 개별 주주에 대한 것이 아니다. 이에 기초하여 법원은 배임죄 판결에서 주주의 이해관계를 회사와 준별하고 있다. 대부분의 구체적인 사안에서 이 법리는 합리적인 결론을 이끌지만, 가끔 이 법리를 너무 경직적으로 적용하여 비합리적인 결론에 이르기도 한다. 이 경우에는 회사의 개념을 전체 주주의 이해관계의 총합으로 보아, 전체 주주의 이익을 보호하기 위한 느슨한 도구개념이라고 이해하는 것이 중요하다. 이런 사고방식에 기초하면, 지배주주 등 일부 주주와 회사가 거래한 경우, 주주간 부의 이전은 회사의 손해가 발생하였다는 징표가 된다. 이런 결론은 거래의 성격이 자본거래인지 손익거래인지와 무관하다. 따라서 주주간 부의 이전은 단순히 주주에게 발생한 손해에 불과하고 회사의 손해가 아니라는 설명은 자칫 법률관계의 정확한 파악을 가로막을 수 있다.

본 논문은 이를 논증하기 위해서 간단한 분석틀을 제시한다. 이 분석틀은 회사와 거래하지 않은 주주가 손해를 입는다는 것은 회사의 손해가 그 주주에게 비례적으로 배분되기 때문이라는 점에 착안하고 있다. 이 분석틀을 가지고 불공정한 가격에 의한 손익거래, 신주의 저가발행, 고가의 유상감자, 합병비율의 불공정 등을 분석하고, 각 사례에서 주주간 부의 이전과 회사의 손해가 결국 같은 현상임을 보이고자 하였다. 다만 이 분석틀은 주주평등에 입각하여 이루어진 거래에 대해서는 분석의 한계를 보인다. 이 문제는 결국 1인회사의 배임죄 문제로 다루어야 할 것이다. 최근 문제가 되고 있는 쪼개

* 서울대학교 법학전문대학원 교수.

기 상장에도 이 분석틀을 적용하였으며, 최근 논의가 쪼개기 상장을 “회사에는 아무런 영향이 없으나 단지 주주 사이에서 부의 이전의 결과만 가져오는 경우”라고 잘못 이해하고 있다는 점을 설명하였다. 본 논문은 이렇게 주주간 부의 이전과 회사의 손해를 둘러싼 혼란을 쉽게 정리하는 분석틀을 제공하였다는 점에 이론적 공헌이 있다고 하겠다.

[주 제 어]
- 주주간 부의 이전
- 회사의 손해
- 1인회사
- 주주평등
- 합병비율
- 신주발행
- 유상감자

Ⅰ. 들어가며

우리나라 회사법의 특징 가운데 하나는 이사의 의무와 책임이라는, 회사법에서 가장 중요한 법리가 배임죄의 성립이라는 형태로 자주 다루어진다는 점이다. 구성요건의 엄격성을 추구하는 형사법의 사고방식이 침투한 것인지는 분명하지 않으나, 이런 배임죄의 형사판결에서 주주의 이해관계를 회사와 준별하는 설시를 자주 접하게 된다.[1] 그 준별의 이론적 근거는, 이사는 회사와 위임관계에 있고, 그 결과 회사에 대해서만 주의의무를 부담한다는 상법상 원칙에 있다(상법 제382조 제2항, 민법 제681조). 상법상 이사와 개별 주주는 아무 위임관계가 없다. 그 결과 배임죄에 있어서 손해와 임무위배의 요건은 모두 회사에 대해서 성립할 것을 요한다. 물론 이 경우 주주는 간접손해를 입는 것으로 구성한다.

대부분의 구체적인 사안에서 이사는 회사에 대해서만 의무를 부담한다는 법리는 상식에 부합하는 결론을 이끈다. 주주가 비례적 지분가치에 피해를 입었다고 느끼고 그 구제가 필요하다고 인정되는 상황에서, 보통은 회사에 대한 배임죄를 인정하는 방식으로 문제가 해결된다. 판사로서의 직관 또는 상식으로 충분하다. 그러나 간혹 위와 같은 준별론을 너무 경직적으로 적용하거나, 회사에 대한 손해 또는 임무위배인지 판단이 혼란스러운 상황도 등장한다. 극단적으로는, 우리나라 상법이 회사의 이익만 보호할 뿐 주주의 비례적 지분가치를 보호하지 않는다는, 이론적으로 수용하기 힘든 주장이 자본시장이나 국회에 널리 퍼지고 있고,[2] 이에 기

1) 예를 들어, 대법원 1996. 8. 23. 선고 96도1525 판결("주식회사의 주식이 사실상 1인의 주주에 귀속하는 1인회사에 있어서는 행위의 주체와 그 본인 및 다른 회사와는 별개의 인격체이므로 그 법인인 주식회사 소유의 금원은 임의로 소비하면 횡령죄가 성립되고 그 본인 및 주식회사에 손해가 발생하였을 때에는 배임죄가 성립한다.").

2) 금융정의연대, 참여연대, 한국기업거버넌스포럼, 한국주식투자자연합회 등 시민단체들은, "이사의 충실의무의 대상에 주주의 비례적 이익을 추가함으로써 회사에는 영향이 없더라도 일반주주의 가치가 훼손되는 경우 이사에게 책임을 물을 수 있도록 하

초한 상법개정안도 발의되어 있다.[3] 이렇게 혼란스러운 상황에서는 회사법의 기본적인 사고방식, 다시 말해서 많은 경우 **회사라는 개념은 관계된 이해관계자의 이익의 총합을 표현하기 위한 느슨한 도구개념**이라는 것을 상기함으로써 올바른 판단을 할 수 있다. 그 이해관계자는 많은 경우 주주 전체가 되지만, 채권자 전체가 포함되는 경우도 있다. 다시 말해서, 사후적 법적 판단을 내려야 할 경우, 구체적으로 주주 전체에게, 또는 필요하다면 채권자 전체까지 포함하여, 거래로 인하여 그들에게 어떤 효과가 발생했는지 따져 봄으로써 문제 해결의 단초를 구할 수 있다는 것이다. 이 글은 이런 분석을 위하여 주주 전체의 이해관계를 고려하는 간단한 틀을 제안하고, 이런 틀에 기초하여 몇 가지 논쟁에 대한 견해를 제시하고자 한다.

본격적인 설명에 앞서, 이 글에서 염두에 두고 있는 고려사항이나 핵심적인 결론을 간단히 소개한다. 첫째, 이 글은 전통적인 주주이익 극대화 모형에 기초하여 설명하고 있지만, 그렇다고 이해관계자 모형과 같은 회사의 본질에 관한 논의에 대한 일정한 입장을 전제하는 것은 아니다. 여전히 회사의 개념은 다양한 이해관계를 포괄하는 열린 개념이다. 다만 회사법에서 채권자보호는 배당규제나 채권자보호절차와 같은 형식적인 판단에 의존하는 경우가 많고, 실제 여러 분쟁에서 판단이 어려워지는 이유가 회사의 손해와 주주의 손해를 혼동하는 것에 기인하고 있기 때문에, 이 글에서는 우선 주주이익만 고려하고자 한 것이다. 따라서 1인 회사의 법리는 여전히 미해결의 문제로 남는다.

둘째, 지배주주 등 일부 주주와 회사가 거래한 경우, 회사의 손해를 주주 전체의 비례적 손해, 즉 간접손해로 환원시켜 이해한다면, **주주**

는 이용우 더불어민주당 의원의 상법개정안을 통과시켜야 한다."고 강조했다. 내일신문, "이사 충실의무에 주주 비례적 이익 추가 필요", 2022. 9. 6. 〈http://m.naeil.com/m_news_view.php?id_art=434856〉

3) 이용우 의원 대표발의 상법 일부개정법률안, 2022. 3. 23. 의안번호 14916. 현행 상법 제382조의3가 단순히 이사는 "회사를 위하여" 그 직무를 충실하게 수행하여야 한다고 규정하고 있는 것을, 이사는 "주주의 비례적 이익과 회사를 위하여" 그 직무를 충실하게 수행하여야 한다고 개정하는 안이 발의되어 있다.

간 부의 이전은 회사의 손해가 발생하였다는 징표가 된다. 다시 말해서, 주주간 부의 이전은 단순히 주주에게 발생한 손해에 불과하고 회사의 손해가 아니라는 설명은 자칫 현상에 대한 정확한 이해를 가로막을 수 있다는 것이다. 오히려 그 반대이다. 거래의 경제적 실질이 주주간 부의 이전이라는 것은 거의 언제나 회사의 손해로 이어진다. 나아가 이런 설명은 거래의 성격이 자본거래인지 손익거래인지와 무관하게 일관되게 적용될 수 있다. 일반적으로 자본거래에 대한 논쟁이 많으나, 손익거래는 회사의 손해가 분명해 보이고 자본거래는 그 손해가 잘 보이지 않는다는 차이가 있을 뿐이다. **문제의 핵심은 회사와 거래하지 않은 주주가 손해를 입는다는 것이고**, 이를 설명하는 방법은 회사가 손해를 입었다고 보는 것이다. 이런 논리구조는 손익거래와 자본거래가 다르지 않다.

셋째, 이 글에서 제시하는 틀은 회사가 일부 주주와 거래한 경우에 잘 들어맞는다. 반면 회사가 전체 주주와 주주평등에 입각하여 거래한 경우,[4] 이 틀이 정확하게 들어맞는지는 더 생각할 지점이 있다. 주주평등에 기초하여 거래가 이루어진 경우 주주간 부의 이전은 발생하지 않기 때문이다. 그렇다면 이 경우에도 회사의 손해가 성립할 수 있는지 이론적으로 문제가 될 수 있다. 만일 주주나 채권자 아무도 불만을 제기하지 않는다면 이 거래에 대해서 민형사상 책임을 묻는 정책적 이유도 불분명해진다. 1인 회사에서 배임죄가 성립하는지의 문제는 이 논의의 연장선상에 있다. 10여년 전 에버랜드 판결에서 대법원은 주주평등을 전제로 이사에게 임무위배가 없다고 판단하였는데, 이 결론과 1인 회사의 법리가 어떻게 조화될 수 있는지 생각해 볼 필요가 있다. 이 글은 이 문제에

4) 여기서 주주평등에 입각하여 거래가 이루어졌다는 것은 단순히 주주에게 거래할 기회를 부여하였다는 것이 아니라 실제로 평등하게 거래가 이루어졌다는 것을 의미한다. 주주에게 거래에 참여할 기회를 부여하였다는 것만 가지고는, 주주간 부의 이전으로 인한 이사의 책임을 배제하기에 충분하지 않다. 이런 점에서 주주배정을 했다는 이유로 이사에게 실권주의 저가처분의 책임을 부정한 에버랜드 판결은 한계를 가진다.

대해서는 설명의 한계를 가진다.

넷째, 최근 합병비율의 불공정이나 쪼개기 상장으로 인하여 주주이익이 침해되었다고 하면서, 우리나라 상법이 이사의 회사에 대한 의무만 인정할 뿐 주주의 비례적 이익을 보호할 의무를 인정하지 않는 것이 문제라는 주장이 있다. 합병비율의 불공정이나 쪼개기 상장은 소액주주의 이익이 직접 침해된 것이고, 회사의 손해와는 무관하다는 것이 그 전제이다. 이 주장에 기초하여 주주에 대한 충실의무를 도입하려는 입법안이 제출되어 있다.[5] 그러나 회사와 거래하지 않은 주주의 이익이 침해되었다고 하기 위해서는 회사의 손해를 통할 수밖에 없다. 따라서 소액주주의 이익이 직접 침해되었다고 전제하고 논의를 전개하는 것은 타당하지 않다. 입법안에서 도입하려는 주주에 대한 충실의무도 개별 주주에 대한 의무가 아니라 주주 전체의 지분비례적 이익을 보호할 의무라는 것인데, 그것은 이미 우리나라 회사법에서 회사의 손해라는 개념을 통하여 구현되고 있다고 이해하여야 한다. 입법안을 주의적인 규정이라고 선해하기에는 해석상의 혼란을 피하기 어렵다. 다만 합병비율의 불공정에 대해서는 약간 특수한 문제가 있어서 위 주장이 완전히 틀린 것은 아니지만, 그렇더라도 회사의 손해를 유연하게 해석하는 방식으로 문제를 해결하는 것이 더 바람직하다.

Ⅱ. 회사의 손해의 이해

1. 손익거래

(1) 사　　례

이 글에서 설명하는 틀은 사례를 통하여 이해하는 것이 가장 효과적이다. 먼저 아주 간단한 지배주주의 자기거래 사안을 본다. A 회사의 지배주주 甲이 50% 지분을 보유하고 있다. 편의상 다른 소액주주들을 집합적으로 乙이라고 한다. 乙의 지분도 50%가 되는 셈이다. 이제 甲이 자

5) 위 각주 3 참조.

기 소유의 시가 2억원의 부동산을 회사에 5억원에 매각한 경우, 甲은 얼마의 이익을 얻었는가? 甲이 A 회사로부터 3억원을 횡령하였다고 예를 만들더라도 동일하다. 이 사례에서 甲은 거래로부터 직접적으로 3억원의 이익을 얻었고, 회사는 3억원의 손해를 입었다는 것은 복잡한 설명을 요하지 않는다. 그러나 여기서 끝나는 것은 아니다. 회사에 발생한 3억원의 손해는 간접손해로서 전체 주주에게 비례적으로 귀속될 것이므로, 실제 경제적 효과는 甲이 1.5억원의 이익을 얻는 것이 된다. 그리고 이 1.5억원은 사실 다른 주주인 乙로부터 이전된 것이다. 이를 간단히 표로 정리하면 더 보기 쉽다.

[사례 1 : 부동산매매]

	甲	乙	A 회사
거래로 인한 직접효과	+ 3억원	0	- 3억원
회사의 손해의 귀속	- 1.5억원	- 1.5억원	
최종 경제적 효과	+ 1.5억원	- 1.5억원	

(2) 회사의 손해와 주주간 부의 이전의 관계

이 사례에서 회사의 손해가 3억원이라는 점은 너무 분명해서 많은 논증이 필요하지 않다. 대표소송의 구조와 간접손해의 개념으로부터 이미 익숙한 결론이다. 이사가 회사재산을 부당하게 횡령하거나, 잘못된 경영판단으로 회사에 손실이 발생한 경우, 그 형식적 피해자는 회사이지만, 실질적 피해자는 전체 주주라는 것이 회사법이 가지고 있는 기본적인 틀이다. 주주 乙은 대표소송을 통하여 이사를 상대로 회사가 입은 전체 손해 3억원을 회사에게 배상하라고 청구함으로써 간접적으로 자신이 입은 손해 1.5억을 전보한다. 乙이 자신의 지분에 비례하는 손해에 대한 배상을 이사에게 직접적으로 구하는 것은 허용되지 않는다.

그런데 여기서 자주 간과되는 부분은, **이런 거래가 회사와 일부 주주인 甲 사이에서 이루어진 경우 그 경제적 실질은 주주간 부의 이전이라는 점이다.** 회사와 甲과의 거래에서 새롭게 가치가 생기거나 없어진 것이 아니기 때문에, 결국 甲이 이익을 얻었다면 다른 누구로부터 이전된 것일 수밖에 없고, 위 사례는 乙로부터 1.5억원이 이전된 것임을 잘 보여주고 있다. 회사에 3억원의 손해가 발생하였고 그것이 간접손해로 귀속되는 과정에서 주주간 부의 이전의 결과가 된 것이다. **乙은 회사와 아무 거래를 하지 않았기 때문에, 乙이 어떤 손해를 보았다면 그것은 결국 회사가 입은 손해가 乙에게 귀속된 것이라고 설명하는 수밖에 없다**. 그리고 이하에서 보는 바와 같이, 이런 결론은 손익거래인지 자본거래인지를 불문하고 회사가 일부 주주와 거래하는 경우에는 항상 동일하게 나타나는 현상이다.

이를 간단하게 형식화하여 설명하면, 회사가 일부 주주와 거래한 경우, 회사에 손해가 발생하였는가라는 질문은 "**거래를 통하여 이익을 본 주주를 제외한 나머지 주주 전부에게 집합적으로 손해가 발생하였는가**" 라는 질문으로 치환될 수 있다는 것이다. 위 사례에서 보면, 회사가 3억원의 손해를 입었다는 명제와 乙에게 집합적으로 1.5억원의 손해가 발생하였다는 명제는 동치이다. 乙로부터 甲으로 1.5억원의 부가 이전되었다는 것은 회사가 3억원의 손해를 입었다는 징표가 될 수 있다. 다만 이것은 어디까지나 회사가 입은 손해의 징표에 불과하고, 손해 그 자체는 아니다. 乙이 입은 손해는 회사의 손해를 관념적으로 乙에게 귀속시킨 것이다. 甲도 1.5억원의 손해를 입었으므로, 결국 회사의 손해는 전체 주주가 입은 손해 3억원과 같아진다.

(3) 주주간 부의 이전이 없는 경우

주주간 부의 이전이 회사의 손해의 필요조건인지에 대해서는 조금 더 생각해 볼 필요가 있다. 예를 들어, 위 사례에서 50% 지분을 보유하는 乙도 마찬가지로 시가 2억원의 부동산을 회사에 5억원에 매각하였다고 하자. 그렇다면 그 결과는 아래 표와 같고, 甲과 乙 사이에 부의 이전이 없음은 쉽게 알 수 있다.

[사례 2 : 주주평등 부동산매매]

	甲	乙	A 회사
甲 거래로 인한 직접효과	+3억원	0	-3억원
회사의 손해의 귀속	-1.5억원	-1.5억원	
乙 거래로 인한 직접효과	0	+3억원	-3억원
회사의 손해의 귀속	-1.5억원	-1.5억원	
최종 경제적 효과	0	0	

甲의 거래로 인하여 회사가 3억원의 손해를 입었다면, 乙이 동일한 거래를 함으로써 역시 회사가 3억원의 손해를 입었을 것이다. 그렇다면 회사는 6억원의 손해를 입었고, 甲, 乙은 배임죄의 책임을 지게 될 것인가? 아마도 그런 결론을 피하기는 어려울 것으로 보인다. 乙에게 甲에 대한 책임추궁의 인센티브가 있는지는 분명하게 보이지 않지만, 그렇더라도 甲이 회사에 3억원의 손해를 끼치고 있었는데, 다시 乙이 회사에 같은 손해를 끼친다고 해서 甲의 행위로 인한 손해가 사라진다고 하는 것은 대단히 어색하다. 주주 사이에 부의 이전이 없다는 점에서, 사실 이 문제는 1인 회사에서 배임죄를 인정하는 문제와 같다. 1인회사의 법리는 단순히 100% 주주와의 거래에서만 문제되는 것이 아니고, **주주평등으로 이루어진 모든 거래에서 논점이 될 수 있다**는 것이다.

그러나 단순히 회사가 6억원의 손해를 입었다고 바로 결론을 내리기에는 어딘가 불편한 부분이 있다. 몇 가지 질문이 바로 떠오른다. ① 주주들 가운데 누가 이 거래에 불만을 제기할 것인가? ② 주주 누구도 아무도 불만이 없다면 이 거래를 사회적으로 억지해야 할 필요성이 있는가? ③ 이 거래는 이익배당과 동일한 효과를 가져온다는 점에 대해서는 어떻게 생각하는가? ④ 이 거래는 회사에 손해가 없는가, 손해는 있는데 임무위배가 없는가, 아니면 손해도 있고 임무위배도 있는가? ⑤ 에버랜드 판결에서 주주배정 저가발행은 임무위배가 아니라고 판단하였는데, 그렇다면 위 사례에서 최소한 임무위배는 부정되어야 하는가? 일단 여기에서는 이 정도의 의문만 제기하고, 자본거래를 살펴본 다음 다시 이 문제로 돌아오기로 한다.

2. 신주 저가발행

(1) 사 례

신주발행, 유상감자, 자기주식취득 등 자본거래는 회계적으로 거래로 인한 손익이 인식되지 않기 때문에, 회사가 손해를 입은 것인지 혼란을 일으키는 경우가 많다. 그래서 일부 주주와의 사이에 이루어진 자본거래의 경우, 단지 주주간 부의 이전이 있었던 것에 불과하고 회사가 손해를 입은 것은 아니라는 항변이 자주 제기된다. 반대로 주주평등이 유지된 자본거래의 경우, 개별 주주가 손해를 입은 것은 없더라도 회사에 손해가 발생하였다고 판시하는 경우도 없지 않다. 그러나 위와 같이 회사의 손해를 주주 전체의 집합적 이해관계의 관점에서 이해한다면, 앞서 살펴본 논리는 자본거래에도 그대로 적용될 수 있다. 간단한 사례를 가지고 이를 설명한다.

주당 10원으로 10주가 발행된 A 회사를 생각한다. 현재 A 회사의 50%를 보유하고 있는 지배주주 甲에게 제3자배정 방식으로 새로 10주를 주당 4원으로 발행한다고 하자. 에버랜드 판결에서는, A 회사는 주당 10원으로 신주를 발행할 수 있었음에도 4원으로 발행한 것이므로 주당 6원, 즉 합계 60원의 소극적 손해를 입었다고 판시하였다.[6] 이와 반대로, 회사에는 자금이 늘어났으므로 손해가 발생한 것이 없고, 다만 주주들 사이의 부의 이전만 있었던 것이라는 항소심 판결도 있었던 것을 기억한다.[7] 그런데 위 설명방식을 통하여 자연스럽게 회사의 손해를 유도할 수 있다.

먼저 이 사례의 경제적 실질이 주주간 부의 이전이라는 점은 쉽게

---

6) 대법원 2009. 5. 29. 선고 2007도4949 전원합의체 판결.

7) 서울고등법원 2007. 5. 29. 선고 2005노2371 판결. 대법원 에버랜드 판결에서 양승태 대법관의 별개의견도 주주들 사이의 부의 이전에 불과하므로 회사의 손해를 구성하지 않는다고 보았다.

알 수 있다. 최종적으로 A 회사의 순재산은 100원 + 40원 = 140원이 되고, 20주가 발행되어 있으므로 주당 가액은 7원이 된다. 따라서 5주를 가지고 있는 소액주주의 부는 35원인데, 이것은 원래 50원에서 15원이 줄어든 것이다. 15주를 가지고 있는 甲의 부는 15주 × 7원 - 납입금액 40원 = 65원으로 되는데, 이것은 원래 50원에서 15원이 늘어난 것이다. 따라서 15원의 부가 소액주주로부터 甲으로 이전되었다. 신주발행으로 인하여 새롭게 가치가 늘어나거나 줄어든 것이 없으므로, 저가발행으로 인한 주주가치의 희석화는 주주간 부의 이전에 불과하다는 것은 당연한 결론이다. 여기서 **소액주주는 회사와 아무 거래도 하지 않았기 때문에 거래로 인한 직접효과는 당연히 없을 것이다.** 여기까지만 적으면 아래 표와 같다.

[사례 3-1 : 신주발행]

	甲	소액주주	A 회사
거래로 인한 직접효과		0	
회사의 손해의 귀속			
최종 경제적 효과	+ 15원	- 15원	

이 숫자만 가지고도 나머지 칸은 아래 표와 같이 자동으로 채워진다. 아래 표에서 채우는 순서는 표에서 괄호로 표시하였다. (a) 최종 효과가 나오기 위한 것이다. (b) 甲은 15주를 가지고 있으므로, 5주에 15원의 손해가 배분되었다면 15주에는 45원의 손해가 배분되어야 한다. (c) 최종 효과와 관련된 당연한 계산이다. (d) 결국 회사의 손해는 45원과 15원의 합계인 60원이 되어야 한다.

[사례 3-2 : 신주발행]

	甲	소액주주	A 회사
거래로 인한 직접효과	+ 60원 (c)	0	- 60원 (d)
회사의 손해의 귀속	- 45원 (b)	- 15원 (a)	
최종 경제적 효과	+ 15원	- 15원	

이렇게 회사의 손해 60원을 유도하기 위한 전제를 다시 음미해 본다. 위 계산은, ① 거래로 인한 경제적 효과는 소액주주로부터 甲에게로 15원의 부가 이전되었다는 것이라는 점, ② 소액주주는 甲 또는 회사와 아무 거래도 하지 않았으니, 혹시나 실질적으로 부가 감소하였다면 그것은 회사 재산이 감소한 효과가 전체 주주에게 비례적으로 귀속된 것으로부터 발생하였다고 보아야 한다는 점, 이렇게 두 가지 전제에만 기초하여 이루어진 것이다. 첫 번째 전제는 관계된 판례와 학술 논의에서 모두 인정하는 부분이고, 두 번째 전제 역시 다른 설명을 기대하기 힘들다. 물론 회사의 손해 60원의 내용은 에버랜드 판결에서 선언한 소극적 손해일 것이다. 그러나 여기서 주목해야 할 것은 손해의 내용이 아니라, **주주간 부의 이전과 회사의 손해가 동전의 양면처럼 연결되어 있다**는 것이다. 나머지 칸을 채우는 과정을 생각해 보면, **결과적으로 회사의 손해를 인식할 수 있었던 것은 소액주주에게 15원의 간접손해가 발생하였기 때문이다**. 거래상대방을 제외한 주주들에게 발생한 손해는 회사의 손해가 지분비례적으로 귀속된 것이라는 점에서 당연한 결과라 할 수 있다.

(2) 정 식 화

다소 반복되는 것 같지만, 위 표의 내용을 다시 정리해 보면 다음과 같다. 일부 주주와의 자본거래에서 회사의 손해가 발생하였다면 이는 주주에게 두 가지 방향으로 영향을 미친다. 첫 번째는 회사의 손해가 실질적으로 거래당사자를 포함한 전체 주주에게 지분비율에 따라 귀속되는 것이다. 두 번째는 거래의 상대방인 주주가 회사의 손해만큼 이익을 얻는 것이다. 거래를 통하여 어떤 가치가 생산되거나 소멸되지 않기 때문이다. 이 효과는 거래상대방인 주주에게만 일어나고, 첫 번째 효과와 결합하여 주주간 부의 이전을 가져온다. 회사에 손해가 발생하였는지 불분명하게 보이는 것은 이런 두 번째 효과가 첫 번째 효과와 뒤엉켜 있기 때문이다. 이것을 분리해서 보면 분석은 단순해진다.

그렇다면 민형사책임의 추궁에 있어서 회사의 손해를 판단할 때 두 번째 효과를 고려해야 하는가? 그렇지 않다. 두 번째 효과는 단순히 회사에 손해가 발생하면서 동시에 동액의 이익이 가해자에게 발생했다는 의미에 불과하기 때문이다. 이 사실로 인하여 회사에 손해가 발생했다는 사실이 달라지지 않는다. 따라서 회사의 손해는 첫 번째 효과만 가지고 판단해야 한다. 거래당사자인 주주를 포함한 전체 주주에게 귀속된 만큼 회사의 손해가 인식되는 것이다. 따라서 이 경우 "이익을 얻은 주주를 제외한 나머지 주주"가 입은 손해가 회사의 손해가 되는 것은 아니다. 전체 주주를 보게 되면 부의 이전처럼 보여서 판단이 흐려지기 때문에 일부 주주에게 손해가 발생했는지에 주목하자는 것이고, 이렇게 나머지 주주에게 손해가 발생하는 것으로 회사에 손해가 발생했다는 징표로 삼을 수 있다는 것이다. 결국 주주가 거래상대방인 경우, 회사에 손해가 발생하였는지는 주주간 부의 이전이 있었는지에 의존한다. 주주간 부의 이전이 있다면 회사에 손해가 있는 것이다. 따라서 "주주간 부의 이전에 불과할 뿐 회사의 손해는 아니다."라는 논리는 회사법의 구조상 받아들이기 어려운 주장이다.

(3) 주주배정 신주발행

(가) 분석틀의 적용

신주발행에서 주주간 부의 이전이 발생하지 않는 경우를 본다. 신주발행이 주주배정 방식으로 이루어진 경우이다. 여기서 주주배정 방식으로 이루어졌다는 의미는, 단순히 주주에게 신주인수의 기회를 주었다는 의미가 아니라, 실제로 주주배정 방식으로 주주들 사이에 결과적 평등이 이루어졌다는 것을 말한다. 다른 글에서 자세하게 설명한 바와 같이, 단순히 주주에게 신주인수의 기회를 부여했다는 것만 가지고는 이사가 면책될 수 없다.[8)]

신주발행이 주주배정 방식으로 이루어졌다면 그 거래조건과 상관없이 주주가치의 희석화 또는 주주간 부의 이전은 발생하지 않는다. 손해를 본 주주가 없다면 회사의 손해도 없는 것인가? 예를 들어, 앞의 예에

8) 송옥렬, "신주의 저가발행과 이사의 임무위배", 민사판례연구 제33권(上), 2011, 703-741면.

서 주주배정으로 甲과 소액주주가 모두 주당 4원으로 10주씩 신주를 인수하였다고 하자. 이번에는 회사가 합계 20주를 새로 발행하였다. 이 주식은 원래 주당 10원의 가치를 가지고 있고, 甲과 소액주주가 모두 회사와 거래하였다는 점을 생각하면 그 거래로 인한 직접적인 효과는 각자가 주당 6원의 이익을 얻은 것이라고 말할 수 있다. 앞서 설명한 첫 번째 효과와 두 번째 효과를 명확히 구분하여 위 틀을 그대로 적용하면 다음과 같이 적을 수 있다.

[사례 4 : 주주배정 신주발행]

	甲	소액주주	A 회사
甲 거래 직접효과	+60원	0	-60원
회사의 손해의 귀속	-45원	-15원	
소액주주 거래 직접효과	0	+60원	-60원
회사의 손해의 귀속	-15원	-45원	
최종 경제적 효과	0	0	

이 표는 앞서 주주평등 방식의 부동산매매와 동일한 구조이고, 따라서 암시하는 바는 분명하다. 만일 주주평등 방식의 부동산매매에서도 회사의 손해가 있다는 입장에 선다면, 신주발행이 주주배정 방식으로 이루어진 경우 거래조건이 시가 또는 공정가치에서 벗어났다면 회사에는 손해가 발생한다고 보는 것이 논리적으로 일관된 결론이다. 손익거래인 부동산거래와 자본거래인 신주발행이 이 점에서 다를 것은 없다. 다만 이 거래가 궁극적으로 배임죄에 해당하는지는 다시 임무위배 요건이 기다리고 있다. 이런 결론은 얼핏 상당히 논리적으로 보인다. 에버랜드 판결에서 대법원 다수의견은 회사에 손해가 발생하였는지에 대해서는 침묵한 상태에서, 바로 다음과 같이 임무위배가 아니라고 하여 이사를 면책시켰다.[9)]

"주주는 … 주주유한책임의 원칙에 따라 회사에 대하여 추가 출자의무를

9) 대법원 2009. 5. 29. 선고 2007도4949 전원합의체 판결.

부담하지 아니하는 점, 회사가 준비금을 자본으로 전입하거나 이익을 주식으로 배당할 경우에는 주주들에게 지분비율에 따라 무상으로 신주를 발행할 수 있는 점 등에 비추어 볼 때, 회사가 주주배정의 방법, 즉 주주가 가진 주식수에 따라 신주 등의 배정을 하는 방법으로 신주 등을 발행하는 경우에는 발행가액 등을 반드시 시가에 의하여야 하는 것은 아니다. 그러므로 회사의 임원인 이사로서는 주주배정의 방법으로 신주를 발행함에 있어서 … 주주 전체의 이익과 회사의 자금조달의 필요성과 급박성 등을 감안하여 경영판단에 따라 자유로이 그 발행조건을 정할 수 있다고 보아야 할 것이므로, **시가보다 낮게 발행가액 등을 정함으로써 주주들로부터 가능한 최대한의 자금을 유치하지 못하였다고 하여 배임죄의 구성요건인 임무위배, 즉 회사의 재산보호의무를 위반하였다고 볼 것은 아니다."**

에버랜드 판결에서 주주배정의 경우에도 회사의 손해가 있을 수 있다고 생각하고 있었는지, 그리고 왜 "시가보다 낮은 발행가액으로 발행하였더라도 회사의 손해는 없다."고 판시하지 않았는지는 알 수 없다. 임무위배 또는 배임의 고의를 부정하는 방식은 실제로 대법원이 회사의 손해에 대한 논쟁을 피하면서 구체적으로 문제를 해결하고자 할 때 자주 등장하는 논리이기도 하다. 대법원은 불필요한 도그마틱 논쟁을 피하면서 문제의 해결에 집중하는 것으로 보인다. 그러나 이사는 주주가 아니라 회사에 의무를 부담한다는 법리에 주목하는 견해에서는 여전히 불편한 느낌을 지우기 어렵다. 회사에 대해서 임무를 부담하는 이사를, 주주에게 손해가 없다는 측면에서 면책시키고 있기 때문이다. 이 부분에 주목하여 생각해 보면 다음과 같이 서로 다른 접근방법을 생각할 수 있다.

(나) 회사의 손해를 긍정하는 입장

이 글에서 제시한 분석틀의 논리는 명확하게 회사의 손해를 긍정한다. 무엇보다 불공정한 조건의 신주발행이 주주에게 미치는 두 가지 영향을 다시 상기할 필요가 있다. 회사의 손해는 첫 번째는 회사의 손해가 거래당사자를 포함한 전체 주주에게 지분비율에 따라 귀속되고, 두 번째로 거래당사자인 주주는 회사의 손해만큼 이익을 얻어 결과적으로 주주간 부의 이전을 가져온다. 그런데 위 사례와 같은 주주배정 방식에서 주주간 부의 이전이 발생하지 않은 것은 거래조건이 공정해서가 아니라, 불공정성으로 인하여 주주에게 귀속될 손해, 즉 첫 번째 효과가 개별 주주가 얻은 이익, 즉 두 번째 효과와 정확하게 상쇄되기 때문이다. 다시 말해서, 불공정성으로 인한 손해와 이익이 같은 자에게 귀속되는 것에 불과하다는 것이다. 이런 논리에 따르면, 거래조건의 공정성과 그 거래가 주주평등으로 이루어졌다는 것은 다른 평면에서 다루어져야 한다고 볼 수 있다.

이 논리는 결국 주주평등이라는 요소는 회사의 손해가 아니라 임무위배에서 다루어져야 한다는 결론에 이른다. **일부 주주와의 거래였다면 회사에 손해가 발생하는 거래가, 단지 모든 주주와 주주평등에 입각하여 이루어졌다는 이유로 손해가 발생하지 않는다는 것은 다음과 같은 이유로 성립하기 어렵다는 것이다**. 첫째, 지금 다루고 있는 문제는 주주의 손해가 아니라 회사의 손해이므로, 그 손해가 어떻게 주주들에게 배분되는지가 그 손해의 발생을 좌우할 수는 없다. 둘째, 주주가 거래로 인하여 얻은 이익, 즉 두 번째 효과는 회사의 손해를 판단할 때는 고려하지 않는다. 이것은 주주평등으로 이루어진 거래도 마찬가지라는 것이다.

(다) 회사의 손해를 부정하는 입장

그러나 이렇게 회사의 손해와 임무위배를 엄격히 구분하여 회사의 손해는 긍정하되 임무위배는 없다고 보는 것은 형법 도그마틱의 입장에서는 만족스러울 수 있을지 몰라도 어딘지 작위적인 느낌이 없지 않다. 이런 관점에서, 주주평등에 입각한 거래의 경우 회사의 손해도 인정하기 어렵다는 논리를 생각할 수 있고, 이론적으로도 이 논리가 더 설득력이 있다. 크게 두 가지 접근방법이 가능하다.

첫 번째는 자본거래의 특수성에 착안하는 것이다. 자본거래 가운데 주식수의 변경을 가져오는 거래의 경우, "**주주간 평등하게 거래가 이루어졌다면 주식수 그 자체의 변화는 경제적 실질에 아무 차이를 가져오지 않는다.**"는 특수성이 있다. 주주의 이해관계에 영향을 주는 것은 주식수가 아니라 지분비율이라는 것이다. 지분비례로 이루어지는 주식분할이나 주식소각은 사실상 아무 변화도 일어난 것이 아님을 생각하면 된다. 이런 점을 감안한다면, 위 사례의 주주배정 신주발행의 요체는 사실 甲과 소액주주가 각각 40원씩 회사에 납입하는 것이고, 그 과정에서 주식을 10주를 받았는지 100주를 받았는지는 경제적 실질에 영향을 미치지 않는다. 심지어 전혀 주식을 받지 않았더라도 이 결론은 달라지지 않는다. 뒤집어 생각하면, 발행가액이 10원이 되든지 100원이 되든지, 아니면 그냥 공짜인지가 경제적 실질과 아무 상관이 없다는 것이다. 따라서 공정한 발행가액이란 처음부터 생각할 수 없고, 그 결과 회사의 손해도 생각할 수 없다는 것이다. 다만 이런 논리는 자본거래에서만 타당한 것이고 앞서 부동산매매와 같은 손익거래에서는 주주평등으로 이루어지더라도 거래상대방 주주가 얻는 이익이 분명하게 보인다. 따라서 이 논리는 결국 자본거래와 손익거래를 다르게 취급하는 결과가 된다.

두 번째, 이 글의 분석틀에 더 자연스럽게 부합하는 관점은, 손해의 개념을 규범적으로 이해하는 것이다. 차액설에 의한 손해 개념에서 "있어야 할 상태"란 현재의 재산 상태를 의미하는 것이 아니라 "규범적인 관점에서" 당위적으로 파악해야 한다는 것이다. 위 인용된 에버랜드 판결에서 대법원은 주주배정의 경우 이사는 발행가액을 반드시 시가에 의하여야 하는 것은 아니라는 점을 강조하고 있다. 다시 말해서, 규범적인 관점에서 "있어야 할 발행가액"은 생각하기 어렵다는 것이다. 그 이유로 위 첫 번째 논리도 생각할 수 있지만, 다른 이유를 들 수도 있을 것이다. 아마도 대법원의 주주배정의 경우 주주보호의 필요성이 없다는 점을 염두에 두었을 것이다. 근거가 무엇이든, 이사가 당위적으로 따라야 할 발행가액이 없다면, 차액설의 기준이 되는 있어야 할 상태도 없기 때문에, 어떤 가액으로 발행하더라도 회사에 손해가 있다고 말할 수 없다. 여기서 있어야 할 발행가액을 정하는 규범은 이사의 의무 측면과 연결되기 마련이므로, 결국 이 논리는 이사의 임무위배와 회사의 손해 요건이 상당 부분 중첩되는 결과를 가져온다.

(라) 두 번째 관점에서 주주평등 부동산거래와의 구별 : 1인 회사의 문제

두 번째 관점은 주주평등에 입각한 거래에서 손해의 개념을 파악함에 있어서 규범적 고려를 추가함으로써, 일반적인 상식 또는 직관에 부합하는 결과를 가져오는 것처럼 보인다. 이런 설명은, 예를 들어, 이익배당이 왜 회사의 손해가 아닌지를 쉽게 설명할 수 있다. 배당가능이익 내에서라면 이사는 얼마든지 주주에게 이익배당을 할 수 있으므로, 차액설 계산의 기초가 되는 "있어야 하는 이익배당 수준"을 생각할 수 없다는 것이다. 그렇다면 회사의 손해 자체가 인정될 수 없다. 이익배당으로 회사의 재산이 감소했다고 해서 그 자체가 회사의 손해는 아닌 것이다.

여기서 자연스러운 다음 질문은 왜 이사에게 특정한 거래조건을 따를 의무가 없는가 하는 점이다. 주주배정의 경우 왜 이사는 발행가액을 자유롭게 정할 수 있는가? 이익배당에서 왜 이사는 배당수준을 배당가능이익의 범위에서 자유롭게 정할 수 있는가? 구체적으로는 법해석의 문제이기는 하겠지만, 이론적인 관점에서 본다면, 결국 **어떤 거래조건에서도 주주간 부의 이전이 발생하지 않는다는, 즉 주주의 이해관계를 해치지 않는다**는 점이 가장 중요한 근거가 될 것이다. 그런데 이렇게 생각하면 처음의 문제, 즉 주주평등에 입각한 부동산매매에서는 회사의 손해가 있는가 하는 문제로 다시 돌아가게 된다. 위 첫 번째 논리, 즉 자본거래의 특수성에 착안하는 설명은 부동산매매에는 적용되지 않기 때문에 이런 문제가 생기지 않지만, 두 번째 논리의 근거를 어느 주주의 이익도 해하지 않는다는 점에서 구한다면 이런 문제를 피하기 어렵다. 편의상 앞의 표를 다시 적는다.

[사례 2 : 주주평등 부동산매매]

	甲	乙	A 회사
甲 거래로 인한 직접효과	+3억원	0	-3억원
회사의 손해의 귀속	-1.5억원	-1.5억원	
乙 거래로 인한 직접효과	0	+3억원	-3억원
회사의 손해의 귀속	-1.5억원	-1.5억원	
최종 경제적 효과	0	0	

이 거래에서도 甲과 乙의 이해관계에는 아무 영향이 없다. 그러나 이 거래에서는 2억원이라는 거래조건을 지키지 않아서 회사에 손해가 발생한 것처럼 보인다. 그런데 이 거래에서도 주주배정 신주발행이나 이익배당과 마찬가지로 甲과 乙이 준수해야 하는 매매가격에 대한 제약은 없는 것 아닌가? 이 거래는 甲과 乙이 회사로부터 3억원을 받아가는 결과가 되는데, 그렇다면 경제적 효과는 3억원의 이익배당을 받은 것과 차이가 없기 때문이다. **다만 다른 절차를 거친 것에 불과하다**.

여기서 甲과 乙이 지켜야 하는 절차는 두 가지를 생각해 볼 수 있다. 첫 번째는 각 거래 자체가 회사법적으로 유효하기 위한 절차이다. 예를 들어, 이 거래는 회사법상 자기거래이기 때문에 甲과 乙은 회사법에서 정하고 있는 이사회 승인 등 절차를 거쳐야 할 것이다. 물론 1인 회사인 점을 생각해 보면 이런 절차들이 거래를 제약하는 효과는 거의 없겠지만, 그렇더라도 일반적인 절차를 지켜 자금을 유출하는 것과 함부로 자금을 유출하는 것은 차이가 있다. 절차를 준수하였고, 경제적으로도 주주간 부의 이전이 없다면, 여기에서 회사의 손해가 발생한다고 이야기할 근거는 희박해진다. 회사법상 이사회 승인을 거친 자기거래의 경우에도 그 거래조건이 불공정하면 회사에 손해가 발생하고 이사의 책임이 인정되는데, 만일 甲과 乙이 주주평등에 입각하여 이런 자기거래를 하였다면, 위 주주배정 또는 이익배당과 같은 논리에서, 반드시 따라야 할 거래조건이 존재하지 않고, 따라서 그 거래조건과 상관없이 회사에는 아무 손해도 발생하지 않는다고 말할 수 있다.

문제는 두 번째 절차이다. 아마도 위 주장에 대한 가장 강력한 반론은, "**주주가 회사로부터 재산을 유출하기 위해서는 이익배당 등 회사재산의 반환을 위해 마련된 절차를 거쳐야 하는 것이지, 위와 같이 부동산매매를 통하여 각각 3억원씩 이익을 얻는 방식으로 회사로부터 재산을 반환받는 것은 회사법상 허용될 수 없다**."는 것이다. 이 반론에 의하면, 손익거래를 통하여 회사에 손해를 끼치면서 주주가 동액 상당의 이익을 얻는 것은, 주주평등의 방식으로 이루어지거나, 1인 회사에서 이루어지더라도, 여전히 회사의 손해 및 임무위배의 가능성이 있다는 결론에 이른다. 현재 판례는 이런 입장을 취하고 있는 것으로 보인다.[10)]

두 번째 절차는 회사재산의 반환에 관한 것이고, 회사법상 회사재산의 반환에 관한 통제는 주로 채권자의 이해관계를 고려한 것이다. 부동산매매와 같은 손익거래에서는 甲와 乙이 준수해야 하는 절차에 채권자의 이익을 보호하는 절차는 없을 수 있기 때문에, 위 거래의 결과 채권자의 이익이 침해될 우려가 있고, 이런 관점에서 위 반론은 설득력이 있다.[11)] 그러나 "결과적으로" 채권자의 이해관계에 아무 영향이 없다면 어떻게 판단하여야 하는가? 이 글에서 살펴본 위 분석틀은 이 문제에 대해서는 답하기 어렵다. 위 분석틀은 주주의 이익만을 고려한 회사의 손해를 생각하는 것이지, 채권자의 이익까지 고려한 모형은 아니기 때문이다. 이 논의는 결국 1인회사의 법리에 대한 논의로 미룰 수밖에 없다. 다만 1인회사의 법리의 문제는, "**이익배당을 통해서 회사재산을 유출하는 것이 가능한 상황에서, 이익배당이 아닌 다른 절차를 통하여 주주평등 방식으로 주주가 회사로부터 재산을 반환받는 것은 왜 허용되지 않는가?**"로 정식화되어야 한다는 점만 지적한다.

만일 위 두 번째 절차에 관해서 유연한 또는 완화된 입장을 취한다면, 회사의 손해를 판단함에 있어서 이사에게 어떤 의무가 있는지는 두 가지 요소를 가지고 판단할 수 있을 것이다. 첫 번째는 절차의 준수이다. 회사법에서는 주주의 이익을 해칠 가능성을 염려하여 거래 유형마다 절차를 정해 놓았으므로 이 절차를 실질적으로 이행하는 것은 당연한 이사의 의무이다. 이를 게을리하였다면 설사 주주간 부의 이전이 없더라도 회사의 손해가 인정될 수 있다. 이것이 주주이익만을 감안했을 때 1인회사 배임죄 법리의 내용이 될 수 있다고 생각한다.[12)] 채권자의 이익을

10) 위 각주 1 참조.

11) 신주발행은 회사의 재산이 증가하기 때문에 채권자의 이익은 문제되지 않는다. 다만 다음에서 설명하는 주주평등 방식의 감자에서는 본문의 설명과 동일한 문제가 발생한다.

12) 현재 1인 회사 배임죄의 판례는 회사의 독립적인 법인격이라는 논리에 기초하고

보호하기 위한 절차도 마찬가지로 이행되어야 할 것이다. 채권자의 이익을 해할 우려가 있지만 특별히 이와 관련된 절차가 정해져 있지 않더라도 이사에게는 필요한 경우 추가적으로 채권자의 이익을 보호하기 위한 조치를 취할 의무가 부과된다. 예를 들어, 부동산거래로 인하여 회사재산이 채권자의 이익을 해칠 정도로 감소하는 것은 허용될 수 없을 것이다. 그러나 이런 수준으로 회사 재산이 유출되지 않는다면 배당절차를 거치지 않았다는 것만 가지고 이사의 의무위반이라고 하기는 어려울 것이다. 다만 법원은 아직 이런 식으로 판단하고 있지 않다.

두 번째는 주주평등이다. 주주평등으로 인하여 주주간 부의 이전이 없다면 이사가 따라야 할 거래조건이 없고, 그 결과 주주평등 거래가 아니었다면 지켰어야 할 거래조건을 따르지 않더라도 회사의 손해나 임무위배가 인정되지 않는다.

이 결론은 거래조건의 공정성과 그 이외의 적법절차를 분리하고, 거래조건의 공정성은 주주평등으로 대체하는 것을 의미한다. 그 결과 1인 회사 배임죄의 법리에서는 거래조건 이외에 필요한 절차를 준수하였는지만 묻게 된다. 이런 식으로 회사의 손해를 이해하면, 현재 형성되어 있는 1인 회사의 법리를 어느 정도 수용하면서, 1인 회사의 법리가 단순히 채권자의 이해관계를 보호하기 위한 법리라는 제한적 해석으로부터도 벗어날 수 있다. 그러나 거래조건의 공정성을 요구하지 않는다는 점에서, 현재보다 현저하게 그 적용범위는 축소된다. 예를 들어, 1인 주주를 위한 담보제공형 LBO 거래의 경우, 담보제공을 위한 회사법적 의사결정 절차를 거쳤다면,

---

있는 것처럼 보이고, 이론적으로는 채권자의 이익을 보호하는 관점에서 쉽게 설명할 수 있다. 주주이익의 관점에서 현재 형성되어 있는 1인 회사 배임죄의 법리를 설명하기는 어렵지만, 이렇게 회사재산 반환의 절차를 거치지 않았다는 점을 강조하면 설명할 수 있다고 생각한다. 그러나 이런 설명에서도 거래조건에 관한 공정성은 이사의 의무에서 제외되기 때문에 배임죄의 적용범위가 크게 축소된다. 예를 들어, 담보제공형 LBO 판례에서, 사후적으로 채권자의 이익을 침해하는 결과가 되지 않는 한, 회사의 손해와 임무위배를 인정하는 것은 정당화되지 않는다. 회사가 담보를 제공하면서 그 대가를 받지 않았다는 것은 거래조건의 문제에 불과하기 때문이다.

단순히 담보제공의 대가를 받지 않았다는 이유로는 회사의 손해나 임무위배가 인정될 수 없다는 결론에 이른다. 대가를 얼마로 할 것인지는 거래조건의 문제이기 때문이다. 100% 모자회사 사이의 채무보증이나 자금지원 등도, 그것이 상방으로 이루어졌든 하방으로 이루어졌든, 절차를 따르기만 하면 거래조건에는 신경쓸 필요가 없다. 1인 회사의 법리를 이렇게 이해한다면 에버랜드 판결과 조화롭게 해석할 수 있다.[13] 물론 담보제공 등으로 회사재산이 위태로워져서 채권자의 이익을 해치게 되는 상황이 되었다면, 그것을 이유로 회사의 손해나 임무위배가 인정되는 것은 당연하다.

3. 자본금감소

감자는 신주발행과 방향만 반대일 뿐, 설명방식은 완전히 동일하다. 따라서 위에서 설명한 신주 저가발행의 논리는 시가 또는 공정가액보다 높은 가액으로 이루어지는 감자에 그대로 적용된다. 예를 들어, 불균등감자의 경우에는 회사의 손해가 발생하지만 경제적 실질은 주주간 부의 이전이 된다. 일반적으로 감자는 주주평등에 입각할 것이 요구되는데, 이 경우 거래조건의 공정성 요건은 주주평등으로 대체되므로 감자가 시가보다 높은 가액으로 이루어졌다는 것은 회사의 손해나 임무위배에 영향이 없다.[14] 그 결과 감자에서 배임죄의 성립 여부는 주주 또는 채권자의 이

13) 에버랜드 판결은 주주평등 거래의 경우 거래조건을 어떻게 정하더라도 회사의 손해 또는 임무위배가 없다는 취지인데, 이것은 1인 회사라 하더라도 거래조건이 불공정하면 배임죄가 성립될 수 있다는 현재의 1인 회사의 법리, 특히 담보제공형 LBO 판결과 상충되는 것으로 보인다.

14) 다만 대선주조 사건 하급심 판결에서는 방론으로, "유상감자는 회사법에 의해서 보호되는 주주의 투하자본 반환수단으로서 개인의 처분행위와는 명백히 구별될 뿐만 아니라, 유상감자를 통하여 회사재산이 감소한다고 하더라도 동시에 주주의 회사에 대한 지분의 가치 내지 주주에 대한 회사의 투하자본 환급의무도 함께 감소하게 되므로, 이로 인해서 주주가 부당한 이익을 얻고 회사가 손해를 입었다고 하기 위해서는 … **유상소각되는 주식의 가치를 실질상의 그것보다 높게 평가하여 감자환급금을 지급하는 등으로** 주주에게 부당한 이익을 취득하게 함으로써 결국 회사에도 손해를 입히는 등의 특별한 사정이 인정되어야 한다."고 판시하고 있다. 부산고등법원 2010. 12. 29. 선고 2010노669 판결. 이 판결은 대법원 2013. 6. 13. 선고 2011도524 판결에 의하여 그대로 확정되었다.

해관계를 보호하기 위한 절차를 모두 거쳤는지만 보면 된다. 더 이상의 설명은 지루한 반복에 불과하므로 간단한 숫자 사례만 제시한다.

예를 들어, 주당 10원으로 10주가 발행된 A 회사를 생각한다. 현재 A 회사의 50%, 즉 5주를 보유하고 있는 지배주주 甲이 자신이 보유한 1주만 19원에 불균등감자를 하였다. 감자 이후 A 회사의 순재산은 81원이 되는데 9주로 나누면 주당 가액은 9원이 된다. 따라서 5주를 가지고 있는 소액주주의 부는 45원이 된다. 원래 50원에서 5원이 감소하였다. 감자 이후 4주를 보유하는 甲의 부는 4주×9원+감자금액 19원=55원으로, 원래 50원보다 5원이 증가하였다. 5원의 부가 소액주주로부터 甲으로 이전되었다.

[사례 5-1 : 감자]

	甲	소액주주	A 회사
거래로 인한 직접효과		0	
회사의 손해의 귀속			
최종 경제적 효과	+5원	-5원	

이 표에서 나머지 칸을 차례로 채우는 것은 신주발행과 동일하다. 아래 [5-2]에서 하나씩 채우는 것은 다음 순서에 의한 것이다. (a) 최종효과가 나오기 위한 것이다. (b) 甲은 4주를 가지고 있고 소액주주는 5주를 가지고 있으므로, 소액주주에게 5원의 손해가 배분되었다면 甲에게는 4원의 손해가 배분될 것이다. (c) 최종 효과가 나오기 위한 계산이다. (d) 회사의 손해는 9원이다.

[사례 5-2 : 감자]

	甲	소액주주	A 회사
거래로 인한 직접효과	+9원 (c)	0	-9원 (d)
회사의 손해의 귀속	-4원 (b)	-5원 (a)	
최종 경제적 효과	+5원	-5원	

감자가 주주평등으로 이루어진 경우, 그 거래조건과 상관없이 부의 이전은 일어나지 않는다. 甲과 소액주주가 평등하게 1주씩 주당 18원에 감자를 하였다고 하면, 회사에는 모두 8주가 남아 있게 되고, 회사의 재산은 64원이 남아 있으므로, 회사의 주당 가액은 8원으로 줄어들게 된다. 이 거래로 인한 효과를 표에서 표시하는 것은 이제 쉬운 일이다.

[사례 5-3 : 감자]

	甲	소액주주	A 회사
甲 거래 직접효과	+8원	0	-8원
회사의 손해의 귀속	-4원	-4원	
소액주주 거래 직접효과	0	+8원	-8원
회사의 손해의 귀속	-4원	-4원	
최종 경제적 효과	0	0	

이 [사례 5-3] 표는 회사에 16원의 손해가 발생하는 것처럼 되어 있다. 그러나 위에서 자세하게 논의한 바와 같이, 이렇게 주주평등으로 이루어진 감자의 경우 주주총회나 채권자보호절차 등 다른 절차를 모두 거쳤다면 거래조건의 불공정성, 즉 현재의 주당가액 10원을 초과하는 가액으로 감자가 이루어졌다는 것만 가지고는 회사의 손해가 인정되기 어렵다.

첫 번째, 자본거래의 특수성, 즉 주식의 수 자체는 주주의 이해관계에 영향이 없다는 점에 기초하는 논리가 있다. 18원의 자본을 반환받으면서 1주를 소각하였는지 2주를 소각하였는지는 주주의 이해관계에 영향이 없다. 바꾸어 말하면, 주당 18원에 감자를 하는 것과 주당 9원에 감자를 하는 것은 사실상 동일한 감자이므로, 공정한 반환금액을 생각할 수 없다. 두 번째, 손해의 개념을 규범적으로 이해하는 접근도 가능하다. 이사가 준수해야 할 감자가액이 존재하지 않는 이상 주당가액을 초과하는 금액을 반환하였다고 하여 이를 회사의 손해라고 할 수 없다는 것이다. 특히 **감자는 채권자의 이익을 보호하기 위한 채권자보호절차가 따로 법**

정되어 있으므로, 이 절차를 준수하였다면 채권자 이해관계의 측면에서도 거래조건의 제약은 존재하지 않는다. 그렇다면 회사의 손해는 없다고 보아야 할 것이다.

Ⅲ. 특수한 상황

1. 합병비율의 불공정

(1) 문제의 소재

두 회사 사이에 합병비율이 불공정하게 정해진 경우 회사의 손해가 존재할 수 있는지가 문제될 수 있다. 먼저 회사의 손해가 불가능하다는 입장이 있다. 이미 존재하는 두 회사가 합병한다는 사실이나 그 결과 합병된 회사의 기업가치가 얼마가 될 것인지는 합병비율과 무관하고, 합병비율은 다만 두 회사의 주주들이 존속회사의 지분을 어떻게 나눌 것인지를 정하는 것에 그친다. 이렇게 보면, 합병비율이 불공정하게 정해지더라도 그것은 주주들의 문제일 뿐 소멸회사나 존속회사의 문제는 아니라고 생각할 여지가 있다.

그러나 다른 한편으로는 회사의 손해로 보아야 한다는 설명도 가능하다. 어느 나라에서나 합병 협상에서 가장 중요한 것은 합병비율을 정하는 것이다. 일방 회사의 이사가 상대방 회사와 협상하면서, 오직 합병할 것인지에 대해서만 신경을 쓰고 합병비율은 어떤 조건이라도 상관하지 않겠다고 협상하는 것은 어느 나라에서도 생각하기 어렵다. 이사가 주주에 대해서는 어떤 의무도 부담하지 않는다는 점을 상기한다면, 이런 협상의 법적 근거가 무엇인지 의문이 들 수 있다. 아마도 영미에서는 회사란 주주 전체 이익의 집합이기 때문이라고 설명할 것이고, 사실 이것이 쉬우면서도 우리나라 회사법에서도 가장 정확한 답변이라고 생각한다. 이사가 주주에 대해서 의무를 부담하지 않는다는 것은 개별 주주의 이익을 보호하는 것이 아니라는 것에 그치고, 이사는 당연히 주주 전체에게 지분비례적으로 영향을 미치는 요소에 대해서는 주의를 기울일 의무가 있다는 것이다. 그것이 회사에 대한 의무의 실체이기 때문이다. 이

것을 회사의 손해라는 개념을 통하여 구현하고 있을 뿐이다.

합병은 자본거래의 하나이고, 합병비율은 그 거래조건이다. 따라서 위에서 설명한 분석틀을 적용할 수 있다. 합병비율 불공정의 문제가 회사의 손해의 문제라는 점을 쉽게 설명할 수 있다. 이하에서는 간단한 숫자 사례를 가지고 이를 살펴보면서, 이런 설명의 한계를 보완하는 것에 대해서도 논의한다.

(2) 사 례

편의상 기업가치가 동일한 A 회사와 B 회사를 생각한다. 모두 10주로 이루어진 회사이고, 주당 가치는 모두 10원이다. A 회사는 50%를 보유하는 지배주주 甲과 나머지 50%를 보유하는 소액주주로 구성되어 있고, B 회사는 100%를 甲이 보유하고 있다. 이 상황에서 A 회사와 B 회사의 합병은 甲의 자기거래라고 생각할 수 있고, 이를 통하여 甲이 사익을 추구할 인센티브가 있음도 알 수 있다.

(가) A 회사가 존속회사인 경우

이제 A 회사가 존속회사가 되고, B 회사가 흡수합병되면서 A 회사가 B 회사 주주인 甲에게 A 회사 신주를 발행하는 경우를 생각한다. A 회사의 소액주주는 거래의 직접 당사자가 아니다. 두 회사의 기업가치가 동일하므로 공정한 합병비율에 의하면 甲은 B 주식 1주당 A 주식 1주를 받아야 한다. 그러나 합병비율이 불공정하게 B 주식 1주당 A 주식 3주로 정해졌다. 이 경우 그 결과가 주주간 부의 이전이라는 점은 쉽게 이해할 수 있다. 합병 후 A 회사의 기업가치는 200원이 될 것이고 신주가 30주 발행되어 전체 주식은 40주가 되므로 주당 5원의 가치가 된다. 소액주주는 합병 후 5주를 가지고 있으므로 25원의 부를 가진다. 원래 50원의 부를 가졌던 것에서 25원이 감소되었다. 甲은 원래 A 회사 50원, B 회사 100원, 합계 150원을 보유하고 있었으나, 합병 후에는 A 회사 주식 35주, 즉 175원을 가지고 있다. 25원이 증가하였다. 합병으로 인하여 새로운 가치가 발생하거나 소멸하지 않았기 때문에, 이것은 소액주주로부터 이전된 것이다. 이를 정리하면 아래 표와 같다.

[사례 6-1 : 합병]

	甲	소액주주	A 회사
거래로 인한 직접효과		0	
회사의 손해의 귀속			
최종 경제적 효과	+ 25원	- 25원	

그렇다면 앞에서 여러 차례 반복한 바와 같이 나머지 칸을 차례로 채울 수 있다. 5주를 가진 소액주주에게 25원의 손해가 배분되었으므로, 35주를 가진 甲에게는 175원의 손해가 배분되어야 한다. 그 이외의 설명은 생략한다.

[사례 6-2 : 합병]

	甲	소액주주	A 회사
거래로 인한 직접효과	+ 200원 (c)	0	- 200원 (d)
회사의 손해의 귀속	- 175원 (b)	- 25원 (a)	
최종 경제적 효과	+ 25원	- 25원	

여기서 회사의 손해 200원은 다음과 같이 에버랜드 판결에 기초하여 이해할 수 있다. 공정한 합병비율이 A 주식 1주를 발행하는 것인데, A 회사는 甲에게 A 주식 3주를 발행하였다. A 주식은 10원의 가치를 가지므로, 결국 A 회사는 甲에게 B 주식 하나당 20원씩, 합계 200원을 더 지급한 것이라고 할 수 있다. 이것이 위 표에서 지적하는 A 회사의 손해이다. 이것은 에버랜드 판결에서의 저가발행과 완전히 같은 것이다. B 회사의 기업가치는 고정되어 있지만, 10원의 가치를 출자받으면서 3주를 발행한다는 것은 1주를 3.33원, 즉 저가로 발행한다는 것과 같기 때문이다. "합병될 회사의 가치는 이미 주어져 있는 것이므로 합병비율이 어떻게 정해지든 두 회사가 합쳐져 생기는 기업가치는 변함이 없고, 그 결과 합병비율은 주주들 사이의 분배만 결정한다. 따라서 합병비율이 불공정하게 정해진다면 주주가 손해를 입을지언정 회사의 손해는 생각할 수 없다."는 설명은 에버랜드 판결과 모순되고, 이론적으로도 타당하지 않다.

A 회사는 합병대가를 과도하게 지급하였고, 이것은 A 회사의 손해를 구성한다. 합병을 현물출자처럼 생각하는 것만으로 문제는 깔끔하게 해결된다.

(나) A 회사가 소멸회사인 경우

1) 상황의 특수성

위와 같은 상황이지만 존속회사와 소멸회사가 뒤바뀐 경우는 어떠한가? B 회사가 존속회사가 되고, A 회사의 주주인 소액주주와 甲에게 B 주식을 발행한다. 공정한 합병비율에 의하면 A 주식 1주당 B 주식 1주가 발행되어야 하지만, 이번에는 B 주식 0.6주가 발행되는 것으로 가정한다. 이렇게 불공정한 합병비율에 의한 최종 결과는 주주간 부의 이전이다. 먼저 합병 후 B 회사의 발행주식은 16주이고 기업가치는 200원, 즉 주당 12.5원이다. 소액주주는 A 주식 5주가 B 주식 3주로 되었으므로, 처음 50원 보유하다가 B 주식 3주, 즉 37.5원을 가진다. 12.5원 손해가 발생하였다. 같은 금액의 이익이 지배주주에게 발생하였을 것인데, 지배주주는 처음 150원을 가지고 있다가, 합병 후 12.5원×13주 = 162.5원을 가지게 되는 것에서 확인할 수 있다. 표로 정리하면 다음과 같다.

[사례 6-3 : 합병]

	甲	소액주주	
거래로 인한 직접효과	- 20원	- 20원	
회사의 손해의 귀속			
최종 경제적 효과	+ 12.5원	- 12.5원	

위 표가 이전의 표와 다른 부분은, 이번에는 A 회사의 소액주주가 직접 거래의 당사자라는 점이다. 소액주주는 공정한 합병비율이었다면 5주를 받았어야 하는데 3주밖에 받지 못했으므로 주당 10원, 합계 20원의 손해가 발생하였다. 물론 甲에게도 같은 효과가 나타난다. 나중에 자세하게 설명하겠지만, <u>**소액주주와 甲이 입은 손해의 합계 40원이 A 회사의 손해가 된다**</u>.

거래의 당사자는 B 회사이므로, 앞의 분석과 달리 이번에는 표의 가장 오른쪽 칸에는 A 회사가 아니라 B 회사가 나타난다. B 회사가 40원의 이익을 얻었고, 그것은 합병 후 B 회사에서의 지분비율에 따라 甲과 소액주주에게 배분된다. 전체 16주 가운데 3주를 보유한 소액주주에게는 40원×3/16=7.5원이 배분되고, 甲에게는 40원×13/16=32.5원이 배분된다. 이것은 부의 이전을 계산하기 위한 수치와도 일치한다. 이상을 아래 표로 정리하였다.

[사례 6-4 : 합병]

	甲	소액주주	B 회사
거래로 인한 직접효과	- 20원	- 20원	+ 40원 (a)
B 회사 이익의 귀속	+ 32.5원 (b)	+ 7.5원 (b)	
최종 경제적 효과	+ 12.5원	- 12.5원	

2) 회사의 손해 인정 여부

이 사례는 지금까지 살펴본 사례와 다르다. 소액주주의 손해 20원이 A 회사의 손해를 주주에게 배분하는 과정에서 들어간 것이 아니라, 직접 소액주주가 B 회사와의 거래에서 입은 손해를 적었다는 것이다. A 회사는 소멸하였고, 소액주주의 손해를 매개하지 않았다. 오히려 B 회사가 협상대가를 과소하게 지급하여 이익을 얻었고, 그 이익을 합병 후 주주에게 배분하는 과정에서 소액주주에게도 7.5원의 이익이 배분되었다. B 회사의 이익 40원에 대응되는 손해는 소액주주 및 甲에게 직접 발생한 손해의 합이다.

위 표에서 알 수 있는 바와 같이, 소멸회사의 주주에게 불리하게 합병비율이 정해진 경우에는, 존속회사의 주주에게 불리한 경우에 이용한 논리, 즉 신주의 저가발행의 유추를 통하여 회사의 손해를 인정할 수 없다. A 회사가 입은 손해를 간접손해로 배분하는 과정이 명시적으로 드러나지 않기 때문이다. 독일에서 합병비율로 인한 손해를 회사의 손해가 아니라 주주의 손해로 보는 것이라든가, 미국에서 합병비율의 불공정에 대한 구제수단으로 대표소송이 아니라 이사에 대한 직접소송을 인정하고 있는 것도 이런 맥락에서 이해할 수 있다. 합병에서 이사의 주의의무에 관한 델라웨어 법원의 유명한 판결인 Van Gorkom 사건 역시 대표소송이 아니라 이사에 대한 직접소송을 집단소송으로 제기한 것이었다. 미국의 캘리포니아주 회사법과 같이 이사의 의무의 상대방을 "회사 및 주주"라고 적은 입법도 있는데, 이처럼 회사에 대한 의무만으로는 깔끔하게 설명하기 어려운 경우를 포섭하기 위한 것이라는 설명도 있다. 아마도 우리나라에서도 A 회사의 소액주주에 대한 구제를 위해서는, 그 근거가 상법 제399조이든 아니면 제401조이든, 이사에 대해서 직접 손해배상청구를 하는 수밖에 없을 것이다.

그러나 우리나라는 배임죄를 판단해야 하는 문제가 있기 때문에 여기서 논의가 중단될 수 없다. 소멸회사 주주의 이익이 침해된 상황의 특수성을 강조하여, 이 경우에는 회사의 손해가 인정될 수 없다는 주장도 가능할 것이다. 그렇게 되면 이사의 의무의 상대방으로서 회사만 인정하는 엄격한 해석을 통하여 배임죄를 부정하는 결론에 이르게 될 것이다.

그러나 몇 가지 이유에서 소멸회사 주주의 이익이 침해되는 경우에도 회사의 손해가 인정되어야 한다고 생각한다. ① 무엇보다 합병의 방향에 따라 규범적 결론이 반대로 되는 것은 너무 작위적이다. 합병에서 어느 회사를 존속회사로 할 것인지는 몇 가지 요소를 고려하여 전략적으로 정해지지만, 두 회사가 하나의 법인격으로 통합되는 것은 합병의 방향과 상관이 없으며, 주주의 지위도 마찬가지이다. 합병의 방향은 극단적으로는 어느 상호를 선택하는지의 문제 정도에 불과한 경우가 많다. 따라서 규범적인 관점에서는 종속회사의 주주를 보호하기 위한 법리와 소멸회사의 주주를 보호하기 위한 법리에 차이가 있을 수 없다. ② 이사의 의무의 상대방으로서의 회사를 "전체 주주"라고 파악한다면, 회사의 손해란 전체 주주에게 지분비례적으로 발생한 손해와 동치가 된다. 이 글의 분석틀이 채용하고 있는 기본적인 사고방식이다. 그렇다면 [사례 6-4] 표에서 소멸회사인 A 회사의 주주인 甲과 소액주주가 입은 손해의 합인 40원을 A 회사가 입은 손해라고 이해할 수 있다. 이사의 실질적인 의무가 주주의 지분비례적 이익을 보호하는 것이라는 측면에서 보더라도 이런 설명은 설득력이 있다. ③ A 회사가 소멸하였으므로 A 회사 주주는 A 회사의 잔여재산을 분배받았어야 할 것이다. 그런데 최종적으로 A 회사 주주가 보유하게 된 것이 B 회사 주식이라는 의미는, 합병의 대가인 B 회사 주식을 A 회사가 발행받아 보유하고 있다가 A 회사가 소멸하면서 그 잔여재산인 B 회사 주식을 A 회사 주주에게 배분한 것이라고 의제할 수 있다. 그렇다면 B 회사 주식의 보유로 인한 손해는 A 회사의 손해가 된다.

2. 쪼개기 상장

서론에서 언급한 바와 같이, 최근 상장회사의 쪼개기 상장 현상이 사회적으로 많은 지탄의 대상이 되고 있다. 상장회사가 핵심사업을 물적분할을 하여 100% 자회사로 만든 다음, 다시 그 자회사가 신주를 발행하면서 상장을 하는 것이다. 처음부터 바로 신주발행을 하는 경우에는 지배주주의 지배력이 희석될 수 있는데, 이 쪼개기 상장의 경우에는 지배주주가 모회사에 대해서 가지는 지배력에는 변화가 없기 때문에 지배주주가 안심하고 자금을 조달할 수 있다. 오히려 자회사는 신주발행을 통한 자금조달로 인하여 규모가 더 커지기 때문에, 지배주주의 전체 기업집단에 대한 지배력은 더 확대되는 효과가 있다. 이런 쪼개기 상장으로 인하여 원래 상장회사의 소액주주가 어떻게 손해를 입는지, 그리고 그 구제수단은 무엇인지에 대해서는 아직도 명확하지 않은 부분이 많지만, 구체적인 논의는 다른 글로 미루고 이 글에서는 회사의 손해에 대한 논의에만 집중하기로 한다.

사실 문제는 너무 간단하다. 지배주주가 甲인 A 회사가 핵심사업을 물적분할하여 B 회사로 만든 다음 이를 신주발행을 통하여 상장하였다고 하자. 여기서 A 회사의 소액주주는 물론이고 지배주주인 甲도 A 회사와 거래한 것이 아니므로 물적분할이나 이후의 상장과 관련해서 직접적인 손해가 생기지 않는다. 만일 소액주주가 손해를 보았다고 한다면, 그것은 A 회사가 위 거래로부터 입은 손해가 지분비례로 소액주주에게 귀속되기 때문일 것이다. 쪼개기 상장으로 인하여 A 회사의 주가가 급락한다는 것도 그것은 A 회사의 손해라는 것을 의미한다. 만일 소액주주가 어떤 손해를 입었다면 같은 내용의 손해를 지배주주인 甲도 입었고, 그 총합이 A 회사의 손해가 된다. 따라서 소액주주의 비례적 이익은 회사의 손해라는 개념을 매개로 한 현재의 개념틀로 충분히 보호될 수 있는 것이다.

그러나 최근 상법 제382조의3을 개정하여 이사의 "주주의 비례적 이익"에 대한 충실의무를 규정하고자 하는 상법개정안은 이를 다소 오해하는 것으로 생각된다. 개정안은 최근 물적분할이 "회사에는 아무런 영향이 없으나 단지 주주 사이에서 부의 이전의 결과만 가져오는 경우"라고 하면서, "특정 주주에게 피해가 발생하더라도 이사의 임무해태가 아니어서 이사는 어떠한 책임도 지지 않는다."고 인식하고 있다.[15] 그러나 소액주주가 피해를 입었다고 주장하면서 회사에는 아무런 영향이 없다고 보는 것은 자기모순이다. 회사의 기업가치가 종전 그대로이고 소액주주의 지분에도 변화가 없는데 소액주주가 피해를 보는 방법은 소액주주에게 직접손해가 발생하는 경우뿐이다. 그러나 소액주주는 아무 거래도 하지 않았으므로 이렇게 직접손해가 발생할 상황을 생각하기 힘들다.

또한 개정안이 주주 사이에서 부의 이전을 언급하는 것은 지배주주가 쪼개기 상장으로 이익을 보았다고 전제하는 것이다. 그러나 지배주주 역시 회사의 주가하락으로 소액주주와 동일한 손실을 보았다. 다만 지배주주는 지배력을 유지 또는 확장함으로써 지배권의 사적 이익을 더 누릴 수 있으므로 이런 거래를 감행하는 것이다. 물론 지배주주의 이런 인센티브는 사회적으로 바람직하지 않지만, 이것을 법적 손해로 구성해서 손해배상 또는 배임죄의 틀로 해결할 수 있는 것은 아니다. 지배주주의 증가된 사적 이익은 소액주주로부터 이전된 것도 아니고, 사실 법적 손해로 회사에 배상해야 하는 성질의 것도 아니기 때문이다.

이처럼 쪼개기 상장을 "회사에는 아무런 영향이 없으나 단지 주주

---

15) 위 각주 3 참조.

사이에서 부의 이전의 결과만 가져오는 경우"라고 잘못 이해하게 되면, 현행 법제에서 이사가 쪼개기 상장을 하더라도 아무 책임을 지지 않는다는 잘못된 결론에 도달하게 된다. 그러나 쪼개기 상장을 분석함에 있어서도 역시 핵심적인 개념틀은 회사의 손해가 될 수밖에 없다. 현행 상법으로도 회사의 손해를 입증한다면 이사에게 책임을 추궁할 수 있다. 반면 회사의 손해를 입증하지 못한다면, 설사 이사에게 "주주의 비례적 이익"에 대한 충실의무를 부과하더라도, 그 충실의무 위반을 입증하지 못할 것이다. 주주의 비례적 이익은 본질적으로 회사의 이익에 불과하기 때문이다.

Ⅳ. 맺 음 말

이사의 의무의 상대방은 회사로 국한된다. 이사는 개별 주주에 대해서는 아무런 의무도 지지 않는다. 그러나 이런 도그마를 너무 강조하게 되면, 어떤 거래가 회사에 미치는 영향은 대부분 주주에게 지분비례적으로 귀속된다는 점을 간과하고, 그 결과 회사와 주주를 준별하여 상식과 동떨어진 결론에 이르게 된다. 회사의 개념을 "전체 주주" 정도로 생각함으로써 이사의 의무에 대한 대부분의 문제는 쉽게 해결될 수 있다. 대부분의 입법례에서 이사의 의무의 상대방을 회사라고 하면서도, 이를 가지고 주주의 이익을 충분히 보호할 수 있는 것도 이런 이유에서이다. 그 연장선상에서, 특정 주주와의 거래로 인하여 주주간 부의 이전이 발생한다는 것은 회사에 손해가 발생했다는 의미라는 점도 위에서 논증하였다.

다만 이런 법적 보호장치가 실제로 현실에서 기능하고 있는지는 또 다른 문제이다. 최근 쪼개기 상장에 대한 규제의 움직임은 좋은 예이다. 쪼개기 상장에 대해서 소액주주는 상법상 이미 이사들에게 책임추궁의 수단을 가지고 있다. 따라서 이사의 회사에 대한 의무위반이 된다면 배임죄로 의율하는 것도 가능할 것이다. 그러나 이런 법적 보호장치는 인센티브의 부재나 입증의 어려움 등으로 실제로 기능하지 못하고 있다. 투자자들의 불만은 상법개정안으로 이어졌지만, 결국 동어반복이거나 주의적인 규정에 불과하다. 상법개정으로 문제가 해결될 수만 있다면 크게 환영할 만한 일이겠으나, 그럴 가능성은 높지 않아 보인다. 제도가 현실에서 기능하도록 지속적인 제도적 환경의 보완이 필요한 시점이다.

[Abstract]

On Damages to the Company

Song, Ok Rial*

Under the Korean Commercial Code, a director owes fiduciary duty to the company, not to individual shareholders. In that sense, the Korean court distinguishes the losses of shareholders from those of the company in the cases of violation of director's fiduciary duty. In most cases, such principle leads to reasonable conclusions, but sometimes it fails. When we deal with such cases, therefore, it is important to figure out that the notion of a company can be treated as a tool to protect the interests of all shareholders as a group. Against this backdrop, this paper shows that when a company transacts with some specific shareholders, e.g., the controlling shareholder, the transfer of wealth between shareholders implies that company has suffered losses. The argument that the transfer of wealth between shareholders is simply a matter of the shareholders, and not a matter of the company, therefore, may prevent an accurate understanding of director's fiduciary duty.

This paper presents an analytical framework to demonstrate this relationship. This framework was built based on the fact that shareholders who do not transact with the company suffer losses only when the company's losses are distributed pro rata to those shareholders. With this analytical tool, I can successfully analyze related party transaction, issuance of new shares at low prices, capital reductions at high prices, and unfair merger ratio. This framework can be also applied to the transaction such as a spin-off or an equity carve-out, which has recently become a big problem in Korean Commercial Code. Recent discussion turns out to misunderstand

* Professor, Seoul National University School of Law.

that such corporate division and immediate listing has no effect on the company but only results in the transfer of wealth among shareholders. This paper makes a theoretical contribution in that it provides an analytical tool to easily sort out the confusion relating to the transfer of wealth between shareholders and the company's losses.

[Key word]

- transfer of wealth between shareholders
- damages to the company
- one-person company
- equality of shareholders
- merger ratio
- issuance of new shares
- capital reduction

참고문헌

권기범, 현대회사법론 제8판, 2021.
김건식/노혁준/천경훈, 회사법 제6판, 2022.
이철송, 회사법강의 제30판, 2022.

江頭憲治郎, 株式會社法 제7판, 2017.
田中 亘, 會社法 제2판, 2018.
Gevurtz, Franklin A., Corporation Law (3rd ed. 2021).
Roach, Lee, Company Law (2019).

노혁준, "합병비율의 불공정성과 소수주주 보호 : 유기적 제도설계를 향하여", 경영법률 제26권 제2호, 2016.
송옥렬, "신주의 저가발행과 이사의 임무위배", 민사판례연구 제33권(上), 2011.
이상훈, "한국 기업집단 문제의 본질과 바람직한 상법 개정 : 주주의 비례적 이익 관점에서", 상사법연구 제36권 제2호, 2017.
______, "합병비율 불공정에 대한 상법 제399조, 제401조의 적용 가능성 : 주주는 보호되는가?", 증권법연구 제20권 제3호, 2019.

다중대표소송의 실무상 쟁점

진 상 범*

요 지

오랜 기간 논의 끝에 2020년 12월 29일 상법에 다중대표소송에 관한 조문이 신설되었다. 다중대표소송은 자회사 이사의 위법행위에 대하여 상당한 억제력을 가질 것으로 보이고, 향후 다양한 형태의 분쟁이 다중대표소송으로 이어질 것으로 예상된다.

상법에 도입된 다중대표소송제도는 50% 초과라는 지분비율에 의한 지배종속관계, 즉 기존 상법상 모자회사 개념을 전제로 입법되었다. 이에 다른 나라의 다중대표소송제도와는 상당히 다른 모습으로 태어난 다중대표소송제도를 어떻게 운영할지와 관련하여 상법 규정에 대한 해석이 중요해졌다.

다중대표소송에서 문제가 될 중요한 쟁점으로는 소를 제기한 모회사 주주의 모회사에 대한 지분요건, 모회사의 자회사에 대한 지분요건, 소송참가, 제소주주 또는 자회사에게 변동사항이 생긴 경우의 법률관계 등이다. 특히 제소주주가 합병이나 주식의 포괄적 교환 등과 같은 조직재편에 의해 비자발적으로 주주 지위를 상실하는 경우 대표소송의 원고적격을 유지하는지에 관하여는 기존 대법원의 판결에 대하여 많은 비판적 견해가 있었다. 이 글에서는 다중대표소송이 상법에 도입됨에 따라 주식의 포괄적 교환과 같은 조직재편의 경우에도 단순대표소송에서 다중대표소송의 형태로 원고적격이 유지될 수 있다는 견해를 제시해 보았다.

이 글에서는 실무가들이 다중대표소송에서 만나게 될 각종 쟁점에 관하여 기존 논의를 소개하거나 향후 전개될 논의를 예상해 본 다음 합리적인

---

* 서울서부지방법원 부장판사.

해결방법을 모색하였다. 명백한 입법의 오류는 빠른 시일 내에 개정하여 보완할 필요가 있다. 그리고 다중대표소송이 활성화되기 위하여는 다중회계장부열람권에 관한 근거규정도 마련될 필요가 있다.

[주 제 어]
- 주주대표소송
- 다중대표소송
- 모회사
- 자회사
- 지분요건
- 원고적격
- 조직재편

Ⅰ. 서 론

2006년 정부안이 처음 입법예고된 이후 다중대표소송제도의 도입 여부와 도입할 경우 제도를 어떻게 설계할 것인지에 대하여 다수의 의원안과 정부안이 제시되었고, 오랜 기간 학계와 재계 등에서 찬반논의가 있었다. 이러한 숙고 끝에 결국 2020년 12월 29일 개정상법은 제406조의2를 신설하여 '다중대표소송'이라는 표제 아래 모회사의 주주가 자회사를 위하여 자회사의 이사를 상대로 그 책임을 추궁하는 소를 제기할 수 있다고 규정하고, 상장회사에 관한 특례규정인 제542조의6에도 제7항을 신설하여 제406조의2를 준용하도록 규정하였다.

상법의 다중대표소송제도는 판례에 의해 인정되는 미국과 달리 제소 및 절차요건을 법률로 미리 정해 놓은 성문의 법체계이고, 같은 성문법체계이기는 하나 완전모자회사 관계를 전제로 한 일본과도 달리 실질적 지배종속관계가 아닌 50% 초과라는 지분비율에 의한 지배종속관계, 즉 기존 상법상 모자회사 개념을 전제로 입법되었다. 따라서 현 시점에서는 그간 많이 논의되어 왔던 입법론[1)]이 아니라 다른 나라의 다중대표소송제도와는 상당히 다른 모습으로 태어난 현재의 제도를 어떻게 운영할지와 관련하여 상법 규정에 대한 해석이 중요해졌다.

최근 수년 사이에 모회사의 핵심 사업부를 분리해 완전자회사를 신설하는 물적분할을 한 후 자금조달을 위한 IPO를 하는 과정에서 기존 모회사 주주의 지분가치가 희석되는 문제가 주식투자자들에게 큰 관심이 되고 있고, 특히 물적분할 후 신규상장을 하기 전에 제3자 배정방식의 유상증자를 하는 경우도 있었다. 만일 이때 제3자에 대한 저가발행이 있다면 자회사에 손해가 발생하고[2)] 이는 모회사 주주의 간접손해로 이어지

---

1) 기존의 입법론과 입법안에 대한 자세한 내용은 천경훈, "다중대표소송 재론", 「법학연구」 제28권 제1호, 연세대학교 법학연구원(2018), 78면 이하와 송옥렬, "기업지배구조 관련 상법개정안에 대한 검토", 「경영법률」 제31집 제1호, 한국경영법률학회(2020), 86면 이하 참조.

2) 대법원 2009. 5. 29. 선고 2007도4949 전원합의체 판결의 다수의견은, '제3자 배

는데, 다중대표소송이 인정되지 않았을 때에는 제3자 배정방식의 유상증자를 결정한 자회사 이사의 책임을 추궁할 수 있는 주체를 사실상 상정하기 어려웠지만 이제는 모회사 주주가 자회사 이사를 상대로 다중대표소송을 제기할 수 있게 되었다. 이러한 경우와 같이 다중대표소송은 자회사 이사의 위법행위에 대한 상당한 억제력을 가질 것으로 보일 뿐만 아니라, 향후 다양한 형태의 분쟁이 다중대표소송으로 이어질 것으로 예상된다.

이 글은 아직은 생소할 수밖에 없는 다중대표소송을 실무가들이 직접 다루게 될 경우 맞닥뜨릴 수 있는 쟁점에 관하여 기존 논의를 소개하거나 향후 전개될 논의를 예상해 본 다음 합리적인 해결방법을 모색하는 순으로 다루기로 한다.

Ⅱ. 다중대표소송의 법적 성격

1. 제3자 소송담당

주주대표소송의 성격에 관하여는 주주가 회사를 대위하여 회사의 권리를 소송상 행사하는 대위소송 또는 파생소송(derivative action)[3]으로 보는 것이 통설적 견해이다(대위소송설). 이와 달리 원고 주주가 전체 주주를 대표하여 소를 제기하는 집단소송(class action)의 한 형태로 보는 견해(대표소송설)도 있다.

대위소송설에 의하면 대표소송은 소송법상으로 주주가 회사의 권리를 행사하는 제3자의 소송담당에 해당한다. 나아가 주주가 소송수행권을 갖는 것은 상법 규정에 의한 것이므로 '법정소송담당'에 해당하고, 회사가 여전히 소송수행권을 가진다는 점에서 '병행형 소송담당'에 해당한다.[4]

정방식으로 제3자에게 시가보다 현저하게 낮은 가액으로 신주를 발행하는 경우 공정한 발행가액과 실제 발행가액과의 차액에 발행주식수를 곱하여 산출된 액수만큼 회사가 손해를 입은 것으로 보아야 하고, 이사는 회사에 대하여 상법 제399조 제1항에 의한 손해배상책임을 부담한다'고 판시하였다.

3) 미국법상 개념으로 원래 회사가 제기하여야 할 소이므로 주주의 소제기권이 회사로부터 연원(derive)한다는 의미이다.

상법 제403조 제3항이 주주가 '회사를 위하여' 소를 제기한다고 규정하고 있는 것은 위와 같은 대위소송의 성격을 보여 준다.[5] 다중대표소송의 경우에는 주주가 '자회사를 위하여' 소를 제기한다는 점(상법 제406조의2 제2항)이 다를 뿐, 역시 제3자의 소송담당에 해당한다.[6] 기판력의 주관적 범위가 확장되어 원고주주에 대한 확정판결의 효력이 본래의 법적 이익주체인 자회사에 대하여 미치는 것도 다중대표소송이 제3자의 소송담당에 해당하기 때문이다(민사소송법 제218조 제3항).

그런데 현재 상법 학계의 일반적 입장은 상법상 주주대표소송이 형식적인 측면에서 대위소송의 성격을 가질 뿐만 아니라 실질적으로 주주가 회사의 대표기관적인 지위에서 소송을 수행하는 대표소송의 성격도 갖고 있는 것으로 파악하고 있다.[7]·[8] 다중대표소송의 경우도 마찬가지이다.

한편 주주대표소송은 주주의 개별적인 이익을 위한 것이 아니고 회사와 주주 전체의 이익을 위한 것이므로 그 소제기권은 공익권의 일종이다.

---

4) 주주대표소송과 유사한 병행형 법정소송담당의 대표적인 예로는 채권자대위소송이 있다.

5) 임재연 · 남궁주현, 「회사소송」 제4판, 박영사(2021), 276면.

6) 한국상사법학회, 「주식회사법대계Ⅱ」 제4판, 법문사(2022), 1243면.

7) 김건식 · 노혁준 · 천경훈, 「회사법」 제6판, 박영사(2022), 503면; 이철송, 「회사법강의」 제30판, 박영사(2022), 841면; 정찬형, 「상법강의(상)」, 제24판, 박영사(2021), 1098면; 송옥렬, 「상법강의」 제11판, 홍문사(2021), 1105면; 권재열, "회사의 주주대표소송에의 참가에 관한 서설적 고찰", 경희법학 제52권 제4호, 경희대학교(2017), 6-8면.

8) 대표소송적 성격을 겸유하고 있다고 보는 견해는 ① 주주대표소송이 전형적인 대위소송이라면 획득가능한 이익을 소가로 보아야 하지만 현행 민사소송 등 인지규칙이 주주의 대표소송을 소가를 산출할 수 없는 소송으로 규정하고 있는 점, ② 상법 제403조 제6항이 제소주주가 법원의 허가를 얻지 아니하고 소취하, 청구의 포기 등을 할 수 없다고 규정한 점, ③ 주주대표소송에서 원고인 주주가 소를 제기하고 종국판결을 받아내고자 하는 유인이 크지 않다는 점에서 대위소송성만 존재한다고 풀이하기 어려운 점, ④ 주주대표소송에서는 원고의 이익이 회사 이익과 실제로 대립하거나 상이한 경우가 있다는 점 등을 근거로 든다(권재열, 전게논문, 8면).

2. 유사필수적 공동소송

수인의 주주가 공동원고가 되어 주주대표소송을 제기하는 경우 소송형태는 유사필수적 공동소송이다, 주식보유비율 요건만 갖추면 반드시 여러 주주가 공동으로 원고가 되어야 하는 것은 아니지만, 일단 여러 주주가 공동원고가 된 이상 판결이 당사자들에 대하여 합일확정될 필요가 있다.

Ⅲ. 당 사 자

1. 원　고

(1) 개　관

(가) 단순대표소송에 관하여 상법은 비상장회사의 경우는 '발행주식총수의 **100분의 1 이상**에 해당하는 주식을 가진 주주'(제403조 제1항)가, 상장회사의 경우는 '6개월 전부터 계속하여 발행주식총수의 **1만분의 1 이상**에 해당하는 주식을 **보유한** 자'(제542조의6 제6항)가 대표소송을 제기할 수 있다고 규정하고 있다. 한편 상법 제542조의6 제10항은 같은 조 제6항이 제542조의2 제2항에도 불구하고 제403조의 소수주주권 행사에 영향을 미치지 않는다고 규정하고 있다.

금융회사의 경우는 '6개월 전부터 계속하여 금융회사 발행주식총수의 **10만분의 1 이상**에 해당하는 주식을 **보유하는** 자'로 더 완화된 주식보유비율을 규정하는 한편, 상법에 따른 소수주주권 행사에 영향을 미치지 않는다고 규정하고 있다(금융회사의 지배구조에 관한 법률 제33조 제5항, 제10항).

(나) 한편 다중대표소송에 관하여 상법은 모회사가 비상장회사인 경우 '모회사 발행주식총수의 **100분의 1 이상**에 해당하는 주식을 **가진** 주주'(제406조의2 제1항)가, 모회사가 상장회사인 경우는 '6개월 전부터 계속하여 모회사 발행주식총수의 **1만분의 50 이상**에 해당하는 주식을 **보유한** 자'(제542조의6 제7항)가 다중대표소송을 제기할 수 있다고 규정하고 있다. 역시 상법 제542조의6 제10항은 같은 조 제7항이 제542조의2 제2항에도

불구하고 제406조의2의 소수주주권 행사에 영향을 미치지 않는다고 규정하고 있다.

다만 단순대표소송의 주식보유비율 요건을 '10만분의 1 이상'으로 완화하고 있는 금융회사의 지배구조에 관한 법률 제33조는 다중대표소송에 관한 상법 규정 신설에도 불구하고 다중대표소송에 대하여 별다른 규정을 두지 않고 있다.

(2) 원고의 모회사에 대한 지분요건

(가) 주식보유비율

1) 다중대표소송을 제기할 수 있는 자, 즉 원고는 모회사의 주주이다. 비상장회사인 경우에는 단순대표소송과 다중대표소송의 원고가 되기 위한 주식보유비율 요건이 모두 '100분의 1 이상'으로 동일한 데 비하여, 상장회사의 경우에는 다중대표소송의 주식보유비율 요건이 '1만분의 50 이상'으로서 단순대표소송의 '1만분의 1 이상'보다 훨씬 강화되어 있다. 이렇게 규정한 취지를 완전모자회사가 아닌 지배종속관계인 모자회사를 전제로 다중대표소송을 도입하는 것에 대한 입법과정에서의 비판을 고려하여 행사요건을 강화한 것으로 보는 견해가 있다.[9)]

한편 단순대표소송의 주식보유비율 요건을 완화하는 규정을 둔 금융회사의 지배구조에 관한 법률이 다중대표소송에 대하여는 별다른 규정을 두지 않고 있음은 앞서 본 바와 같으므로, 금융회사의 다중대표소송에 있어서는 상법에서 정한 주식보유비율 요건이 적용된다고 봄이 타당하다.[10)]

2) 중요한 것은 원고가 보유하는 주식의 경제적 가치이지 의결권 유무는 아니므로 단순대표소송의 주식보유비율 요건을 산정할 때에 의결권 없는 주식도 포함시키는 것이 통설적 견해이다. 이는 다중대표소송의 경우도 마찬가지이다.

---

9) 정준우, "2020년 개정상법상 다중대표소송의 비판적 검토", 「법학연구」 제24집 제3호, 인하대학교 법학연구소(2021), 371면.

10) 권순일 편집대표, 「주석 상법[회사 3]」 제6판, 한국사법행정학회(2021), 666면.

3) 회사가 가진 자기주식을 발행주식총수에 포함시킬 것인지가 문제될 수 있다. 자기주식은 회계처리상 자본의 조정항목으로 다루어지므로 포함시키지 않아야 한다는 견해[11)]가 있다. 자기주식의 법적 지위에 대하여는 자산으로 보는 자산설과 미발행주식으로 보는 미발행주식설이 대립하는데, 자기주식의 법적 지위를 미발행주식으로 본다면 그에 따른 논리적 귀결로 발행주식총수에서 자기주식을 제외하여야 할 것이다. 그런데 판례는 오래 전의 조세소송에 관한 것이기는 하나 '자본감소절차의 일환으로서 자기주식을 취득하여 소각하거나 회사합병으로 인하여 자기주식을 취득하여 처분하는 것이 아닌 자기주식의 취득과 처분은 과세처분의 대상이 되는 자산의 손익거래에 해당한다.'고 판시한 적이 있고,[12)] 최근에는 자회사 소수주주가 모회사에 상법 제360조의25 제1항에 따라 주식매수청구권을 행사한 사안에서 모회사가 지배주주에 해당하는지를 판단함에 있어 자회사가 보유한 자기주식을 발행주식총수에 포함시켜야 한다고 판시하면서 근거로서 상법 제360조의24 제1항이 발행주식총수의 범위에 제한을 두고 있지 않는다는 점을 든 것이 있다.[13)] 후자의 판례는 상법이 주주총회 결의요건에 관하여 규정하면서 자기주식은 발행주식총수에 산입하지 않는다고 명시한 것(상법 제371조 제1항)을 비롯하여 많은 조문에서 발행주식총수를 기준으로 삼으면서도 의결권 있는 주식만 기준으로 하는 경우에는 명문으로 '의결권 없는 주식을 제외한 발행주식총수' 또는 '의결권 있는 발행주식총수'라는 문구를 부가하고 있는 것[14)]과 달리 상법 제360조의24 제1항에는 발행주식총수의 범위에 제한을 두는 명문의 규정이 없다는 점을 고려한 문언해석에 방점을 둔 것이지만, 자산설에 입각한 것으로 보는 견해도 있다.[15)] 이러한 대법원판결들의 입장에 비추

---

11) 김정호, "2020년 개정상법상의 다중대표소송-해석론과 문제점-", 「고려법학」 제100호, 고려대학교 법학연구원(2021), 94면.

12) 대법원 1992. 9. 8. 선고 91누13670 판결.

13) 대법원 2017. 7. 14.자 2016마230 결정.

14) 주주제안권(상법 제363조의2), 집중투표청구권(제382조의2, 제542조의7), 감사·감사위원 선임시 3% 초과주식 의결권 제한(제409조 제2항, 제542조의12 제3항, 제4항) 등.

어 볼 때 주주대표소송의 주식보유비율 산정의 경우에 자기주식의 포함 여부가 문제된다면 판례는 발행주식총수에 포함시켜야 한다고 판단할 여지가 다분하다.[16]

(나) 주주명부상의 주주

1) 상법 제406조의2에서 단지 '주주'라고만 하고 있어 주주명부상 주주를 말하는 것인지 아니면 실질주주를 말하는 것인지 아니면 양자를 모두 포함하는지에 대한 의문이 있을 수 있다. 주주가 회사법상의 소를 제기하는 권리는 주주권(공익권)에 해당하고, 상법상 명의개서는 회사에 대하여 주주권을 행사하기 위한 대항요건이므로(상법 제337조 제1항), 회사를 상대로 제소권을 행사하려는 주주는 명의개서를 마친 주주명부상 주주이어야 한다. 종래에는 회사에 대한 주주권 행사의 일환으로 제기된 회사소송에서 원고적격이 문제된 경우 먼저 실질설에 따라 권리의 귀속주체인 '주주'를 확정한 후 그 주주가 회사에 대한 대항요건(명의개서)을 갖추었는지를 판단하는 두 단계의 과정을 거쳤고, 그 결과 원고가 주주명부상 주주이지만 실질설에 따른 권리의 귀속주체가 아니라고 판단하면 원고적격을 부정하는 것이 일반적이었다(다만 주주대표소송의 경우 타인의 명의를 차용하여 출자가 이루어진 경우 실질주주가 명의개서 없이 소를 제기할 수 있다고 판시한 것으로 보이는 판례[17]가 있었다). 그런데 대법원이 2017년 전원합의체 판결[18]을 통해 "특별한 사정이 없는 한, 주주명부에 적법하게 주주로 기재되어 있는 자는 회사에 대한 관계에서 주식에 관한 의결권 등 주주권을 행사할 수 있고, 회사 역시 주주명부상 주주 외에 실제 주식을 인수하거나 양수하고자 하였던 자가 따로 존재한다는 사실을 알았든 몰랐든 간에 주주명부상 주주의 주주권 행사를

15) 권순일 편집대표, 「주석 상법[회사 2]」 제6판, 한국사법행정학회(2021), 900면.
16) 참고로 일본 회사법의 경우 자기주식은 포함하지 않는다고 명정하고 있다(제847조의3 제1항).
17) 대법원 2011. 5. 26. 선고 2010다22552 판결. 다만 이 사안은 원고가 사실상 1인 회사임을 주장한 특수한 사정이 있었으므로, 실질주주가 명의개서 없이도 대표소송을 제기할 수 있음을 명시적으로 인정한 것이었다고 보는 관점에는 의문이 있다.
18) 대법원 2017. 3. 23. 선고 2015다248342 전원합의체 판결.

부인할 수 없으며, 주주명부에 기재를 마치지 아니한 자의 주주권 행사를 인정할 수도 없다. 주주명부에 기재를 마치지 않고도 회사에 대한 관계에서 주주권을 행사할 수 있는 경우는 주주명부에의 기재 또는 명의개서청구가 부당하게 지연되거나 거절되었다는 등의 극히 예외적인 사정이 인정되는 경우에 한한다."고 판시함으로써 원칙적으로 실질설에 따른 권리의 귀속주체인지와 관계없이 주주명부상 주주만이 회사에 대하여 주주권을 행사할 수 있는 것으로 판례가 변경되었다. 따라서 이제는 단순대표소송이나 다중대표소송도 주주명부상 주주만이 제기할 수 있다. 다만 위 전원합의체 판결에 따르면 '주주명부에 적법하게 주주로 기재되어 있는 자'가 회사에 대한 관계에서 주주권을 행사할 수 있으므로, 원고가 주주명부상 주주이더라도 상대방이 주주명부의 작성 또는 명의개서가 적법하게 이루어지지 않았다고 다툰다면 원고적격이 문제될 수는 있다.[19)]

한편 주주명부에 기재되지 않은 자도 주주명부에의 기재 또는 명의개서청구가 부당하게 지연되거나 거절된 경우에는 회사에 대한 관계에서 주주권을 행사할 수 있다. 회사는 명의개서청구자의 형식적 자격만을 심사하면 족하고 진정한 주주인지를 실질적으로 심사할 의무는 없으므로, 주권을 점유하여 적법한 주권의 소지인으로 추정되는 자(상법 제336조 제2항)가 주권을 제시하여 명의개서를 청구하거나 실질주주가 실질적인 권리자임을 증명하여 명의개서를 청구하였는데도 회사가 별다른 사정없이 명의개서를 지연하거나 거절한 경우에는 일응 명의개서청구가 부당하게 지연되거나 거절되었다고 볼 수 있을 것이다. 따라서 명의개서가 마쳐지지 않더라도 이러한 사정을 증명하면 제소청구와 대표소송 제기를 할 수 있다. 다만 주식양도의 효력이 다투어지고 있는 상황에서 회사가 명의개서

19) 주주명부의 작성이나 명의개서행위가 위법하거나 효력이 없다면 주주명부는 상법이 인정하는 효력이 발생할 수 없다는 전제 아래 부존재하는 주주총회결의에 의하여 선임된 대표이사가 작성한 주주명부에 기재된 주주는 의결권을 행사할 수 없다고 본 하급심 사례가 있다[광주고등법원 2018. 11. 15. 선고 (전주)2017나11839 판결].

청구에 불응한 경우[20] 등은 부당거절로 보기 어려울 것이므로, 상대방이 이러한 사정으로 다툰다면 원고적격이 부인될 수 있다.

단순대표소송에서 회사에 명의개서청구와 제소청구를 동시에 한 경우 '주주'가 제소청구를 한 것으로 볼 수 있을 것인지가 문제될 수 있다. 실질주주가 회사에 명의개서를 청구한 적이 없는 경우에는 주주명부에 기재되지 않은 자가 회사에 대한 관계에서 주주권을 행사할 수 있는 예외적인 경우에 해당한다고 볼 수 없다고 한 일련의 하급심판결[21]에 비추어 보면 적법한 제소청구로 보기는 어렵다. 다만 제소청구 후 적법한 명의개서가 이루어진 경우에 하자는 치유될 여지가 있다고 보이나 대기기간의 기산일은 적법한 명의개서가 이루어진 날로 보아야 할 것이다.[22] 다중대표소송의 경우 모회사에 대한 명의개서청구와 동시에 자회사에 대하여 제소청구를 한 경우도 마찬가지로 보아야 할 것이다.

2) 실제 소송에서는 주식의 유형에 따라 주주권을 행사할 수 있는 주주임을 회사에 대항하고 소송에서 증명하는 방법이 달라진다.

우선 2019년 9월부터 주식·사채 등의 전자등록에 관한 법률(이하 '전자증권법'이라 한다)이 시행됨에 따라 상장주식은 의무적으로 전자화가 시행되었다. 비상장주식 중 전자등록한 주식도 전자증권법의 규율을 받게 된다. 전자등록제도에서는 권리의 귀속은 전자등록계좌부의 기재에 의하고, 주주는 전자등록계좌부에 기재되어 주식을 직접 보유하며, 주주명부에도 직접 기재된다. 전자등록계좌부의 기록과 실체적 권리의 귀속이 일치한다는 점에서 사실상 전자등록계좌부가 주주명부의 기능을 대신하지만, 전자증권법은 전자등록계좌부를 주주명부와 별개의 법적 장부로 인식하여 발행회사에 대한 대항력은 인정하지 않는다. 발행회사는 전자

20) 대법원 1996. 12. 23. 선고 96다32768, 32775, 32782 판결.

21) 서울고등법원 2018. 2. 9. 선고 2017나2045989 판결, 대전고등법원 2019. 4. 30. 선고 (청주)2018나3268 판결, 광주고등법원 2020. 2. 7. 선고 2019나24062 판결(명의개서청구 취지의 내용증명우편이 반송된 사안).

22) 회사의 입장에서는 적어도 명의개서청구자의 형식적 자격을 심사하여 주주로 인정하여 명의개서를 마친 후라야 직접 제소를 검토할 것이기 때문이다.

등록기관이 작성하는 소유자명세에 기하여 주주명부를 작성·비치하여야 하므로(전자증권법 제37조 제6항), 주주가 회사에 대하여 주주권을 행사하기 위해서는 원칙적으로 명의개서를 하여야 한다. 전자등록기관(예탁결제원)이 발행회사의 요청에 따라 정기총회 등 주주명부가 필요한 일정한 날을 기준으로 소유자명세를 작성, 통보하면 발행회사는 이에 기하여 일률적으로 명의개서를 하게 된다. 이처럼 전자증권법은 소유자명세를 통한 집단적 명의개서만을 인정할 뿐이므로 주식양수인의 개별적인 명의개서가 불가능한 대신, 주주가 명의개서 없이 개별적으로 주주권을 행사할 수 있는 방법으로 '소유자증명서'와 '소유내용 통지'를 규정하여 주주명부와 같은 대항력을 인정하였다. 주식소유자가 계좌관리기관을 통하여 전자등록기관에 소유자증명서의 발행을 신청하면 전자등록기관은 소유자증명서를 발행하고 그 사실을 발행회사와 전자등록주식에 대한 권리를 행사하기 위해 소송을 제기한 해당 법원 등에 지체 없이 통지하게 된다(전자증권법 제39조 제1항, 제3항). 또한 주식소유자는 계좌관리기관을 통하여 전자등록기관에 전자등록주식에 대한 소유내용을 발행회사와 전자등록주식에 대한 권리를 행사하기 위해 소송을 제기한 해당 법원 등에 통지하여 줄 것을 신청할 수 있고, 전자등록기관은 발행회사와 법원 등에 소유내용 통지를 하게 된다(전자증권법 제40조 제1항). 이와 같은 절차를 통해 전자등록주식의 소유자는 발행받은 소유자증명서를 제출하거나 전자등록기관의 소유내용 통지에 의해 발행회사와 법원 등에 대하여 주주권을 행사할 수 있다(전자증권법 제39조 제5항, 제40조 제4항).

다음으로 비상장주식 중 전자등록을 하지 않고 증권예탁제도를 이용하고 있는 경우는 종전처럼 자본시장과 금융투자업에 관한 법률(이하 '자본시장법'이라 한다)에 따르면 된다. 즉 예탁결제원에 예탁된 주식의 공유자로서 투자자계좌부 또는 예탁자계좌부에 기재된 실질주주는 발행회사의 결산기 도래 또는 기타 권리기준일의 설정에 따라 예탁결제원의 실질주주명세 통보를 기초로 작성되는 실질주주명부에 기재되어 주주권을 행사할 수 있게 된다. 또한 예탁결제원에 주식을 예탁하였으나 실질주주명부에는 기재되어 있지 아니한 자는 주주권을 행사하고자 하는 경우 예탁결제원에 신청하여 발행받은 실질주주증명서를 발행회사에 제출하여 대항할 수 있다(자본시장법 제318조).

마지막으로 위 유형이 아닌 일반 비상장주식은 상법 제337조 제1항이 그대로 적용된다.

(다) 지분요건의 구비방법

1) 상법은 단순대표소송에서 지분요건과 관련하여 비상장회사의 경우에는 발행주식총수의 100분의 1 이상에 해당하는 '주식을 가진 주주'로(제403조 제1항), 상장회사의 경우에는 6개월 전부터 계속하여 발행주식총수의 1만분의 1 이상에 해당하는 '주식을 보유한 자'라고 규정하였고(제542조의6 제6항), 특히 후자와 관련하여 '주식을 보유한 자'란 ① 주식을 소유한 자 외에 ② 주주권 행사에 관한 위임을 받은 자, ③ 2명 이상 주주의 주주권을 공동으로 행사하는 자를 포함하는 것으로 규정하였다(제542조의6 제9항).[23] 그리고 다중대표소송에 관한 제406조의2와 제542조의6 제7항도 단순대표소송과 같이 '주식을 가진 주주'와 '주식을 보유한 자'라고 달리 규정하고 있다.

여기서 비상장회사에서의 '주식을 가진 주주'도 상장회사와 같이 주식보유자의 개념으로 해석해야 한다는 견해[24]가 있다. 그러나 상법은 '보유'라는 용어를 '소유'라는 의미로 사용할 경우 엄밀하게 구별하여 사용하지 않고 있고,[25] '보유'의 의미를 '소유'보다 확장하여 사용할 때에는 '보유'의 의미에 관하여 따로 정의하는데, 제542조의6 제9항이 그러한 경우

---

23) 금융회사의 지배구조에 관한 법률 시행령 제28조 제1항도 '주식을 보유한 자'에 주식의 소유 외에 주주권 행사에 관한 위임장의 취득, 주주 2인 이상의 주주권 공동행사의 방법에 의한 경우를 포함하고 있다.

24) 임재연 · 남궁주현, 전게서, 278면.

25) 상장회사 감사위원회 선임 시 의결권 제한에 관한 제542조의12 제4항, 자기주식의 처분과 소각에 관한 제342조, 제343조 제1항, 주식의 전자등록에 관한 제356조의2 제3항 등에서 '보유'를 '소유'의 의미로 사용하고 있다. 특히 지배주주 매도청구권에 관한 제360조의24 제1항의 '보유'도 문헌들이 '소유'의 의미로 파악하고 있음이 일반적이다.

에 해당한다.[26] 또한 제403조 제1항과 제406조의2 제1항은 주식을 '가진 주주'라고 표현한 반면 제542조의6 제6항은 주식을 '보유한 자'라고 표현하는데, 법문이 '가진 주주'와 '보유한 자'를 구별하여 사용한 의도가 있다고 보인다.[27] 이러한 문리해석, 연혁적 이유, 다른 상법규정의 용례 등을 고려하면 비상장회사에 관한 제403조 제1항과 제406조의2 제1항의 '주식을 가진'은 '소유'의 의미로 봄이 타당하다.

2) 그런데 상법 제542조의6 제9항은 같은 조 제1항부터 제6항까지의 경우에 주식보유자의 정의규정이 적용되는 것으로 되어 있을 뿐 다중대표소송에 관한 제7항을 신설하면서 제9항에 제7항을 포함시키는 개정을 하지 않았다. 이에 대하여 명백한 입법 오류로 보는 견해가 많은데,[28] 타당한 견해이다.

다만 개정 전까지는 입법의 흠결이 있게 되는데, 상장회사의 다중대표소송 제소자격인 지분요건의 구비방법은 단순대표소송의 경우와 공통점 또는 유사점이 있을 뿐만 아니라 법규범의 체계, 입법 의도와 목적 등에 비추어 유추적용이 정당하다고 평가할 수 있으므로,[29] 상장회사의 다중대표소송에서 지분요건의 구비 여부를 심리함에 있어 상법 제542조의6 제9항을 유추적용할 수 있을 것이다. 그 결과 상장회사 다중대표소송의 지분요건은 단순대표소송에서와 같이 여러 주주가 공동원고가 되어 모두 합산하여 충족할 수도 있고, 한명의 주주가 다른 주주로부터 주주권 행사에 관한 위임을 받거나 주주권을 공동으로 행사하기로 한 주주의

---

26) 전게「주석 상법[회사 2]」, 890면.

27) 상장회사 특례규정은 1997. 1. 13. 법률 제5254호에 의하여 증권거래법에 처음 신설되었는데, 당시 의안 검토보고서에서 개정이유를 "현행의 소수주주권제도는 소수파 주주의 권리남용에 대한 대책으로 5% 지주요건을 두고 있으나, 이를 개선하기 위해 대통령령이 정하는 방법으로 보유한 자로 완화한다."라고 설명하고 있다. '지주'라는 의미는 표준국어대사전에서 '소유하고 있는 주식'이라고 풀이한다.

28) 심영, "2020년 개정상법(회사법) 해석에 관한 소고",「법학연구」제31권 제1호, 연세대학교 법학연구원(2021), 51면; 천경훈, "2020년 개정상법의 주요 내용과 실무상 쟁점",「경제법연구」제20권 제1호, 한국경제법학회(2021), 8면; 정준우, 전게논문, 370면.

29) 유추적용이 인정되는 요건을 판시한 대법원 2020. 4. 29. 선고 2019다226135 판결 참조.

지분을 합산하는 방법으로 충족할 수도 있을 것이다.

(라) 지분요건의 충족시점

1) 동시보유의 원칙

모회사 주주인 원고가 자회사에 대한 소제기청구와 다중대표소송을 제기하기 위하여는 소제기청구 시(상법 제406조의2 제1항)와 다중대표소송 제기 시(제406조의2 제3항, 제403조 제5항)에 지분요건을 충족하면 되고 이사의 책임원인 발생 당시에 주주의 지위에 있어야 하는 것은 아니다. 미국법에서 요구하는 동시보유 원칙이 상법에서는 적용되지 않는다. 따라서 이사의 책임원인 발생 후에 대표소송을 목적으로 주식을 취득한 자도 대표소송을 제기할 수 있다.[30] 이는 상법의 대표소송제기권이 단독주주권이 아니라 소수주주권으로 되어 있어 주식동시보유 원칙을 관철할 유인이 크지 않기 때문인데, 다중대표소송의 경우에도 동일하게 보아야 할 것이다. 즉 자회사 이사의 책임원인 발생시점에 모회사 주주가 아니었고 그 후에 모회사의 주식을 취득한 주주도 다중대표소송의 원고가 될 수 있다.[31]

2) 제소 후 지분의 감소

반면 상법은 주식계속보유의 원칙은 갖고 있다. 즉 원고는 자회사에 대한 제소청구 시부터 사실심 변론종결 시까지 주주의 지위를 유지하여야 하나, 다만 원고의 보유주식이 제소 후 발행주식총수의 100분의 1 미만으로 감소하더라도 제소의 효력에는 영향이 없다(상법 제406조의2 제3항, 제403조 제5항). 소송법상으로는 제소요건을 변론종결 시까지 갖추고 있는 것이 원칙이나, 회사나 피고 측에서 제소주주 중 일부를 회유하여 소송에서 이탈하게 함으로써 대표소송을 무력화시키는 것을 막고 소송이 장기화됨에 따라 제소주주들이 오랜 기간 동안 주식을 양도하지 못하게 되는 불편을 해소하기 위하여 1998년 상법 개정 시에 단순대표소송에 관하여 위와 같은 규정을 둔 것인데,[32] 이는 다중대표소송에도 준용된다.

---

30) 전게 「주석 상법[회사 3]」, 620면.
31) 김정호, 전게논문, 94면.

그렇다고 하여도 원고가 모회사 주식을 전혀 보유하지 않게 되어 주주의 지위를 상실하면 그 주주는 원고적격을 상실하므로 그가 제기한 소는 부적법한 것으로 각하되어야 한다. 다중대표소송을 제기한 수인의 주주 중 일부가 제소 후 주식을 처분하는 등으로 주식을 전혀 보유하지 않게 되면 그들이 제기한 부분의 소는 부적법하게 되지만,[33] 함께 다중대표소송을 제기한 다른 원고들은 주주의 지위를 유지하므로 그들이 제기한 부분의 소는 적법하게 존속한다.

주식을 전혀 보유하지 않게 된 원인이 주식의 처분 등과 같이 주주의 의사에 의한 것이 아니라 주식교환 등과 같이 주주의 의사에 의하지 않은 비자발적인 경우까지 원고적격이 상실되는 것인지에 대하여는 견해가 대립한다. 판례는 단순대표소송을 제기한 후에 주식교환으로 다른 회사가 해당 회사의 100% 주주가 되고 원고는 해당 회사 주주로서의 지위를 상실한 사안에서 원고적격을 상실한다고 보았는데,[34] 이에 대하여는 학계에서 많은 비판적 견해가 있었다. 다중대표소송에 관한 규정이 시행된 이후에도 동일하게 볼 것인지가 문제인데, 이에 관하여는 뒤에서 다시 살펴보기로 한다.

(마) 지분요건의 선택

단순대표소송은 물론이고 다중대표소송에서도 주주의 지분요건은 일반규정과 상장회사에 대한 특례규정으로 이원화되어 있다. 상법 제542조의2 제2항은 "이 절[35]은 이 장 다른 절에 우선하여 적용한다."라고 규정하고 있는데, 그 해석과 관련하여 종래 상장회사 주주가 일반규정에 따라 제소할 수 있는지가 문제되었다. 배타적 적용설과 선택적 적용설의 견해 대립이 있었고, 대법원의 확립된 견해가 나오지 않은 가운데 상반된 입장을 취한 다수의 하급심판결이 있었다. 그런데 2020년 개정상법은

32) 전게 「주석 상법[회사 3]」, 621면.
33) 단순대표소송에 관한 대법원 2013. 9. 12. 선고 2011다57869 판결 참조.
34) 대법원 2018. 11. 29. 선고 2017다35717 판결, 대법원 2019. 5. 10. 선고 2017다279326 판결.
35) 상장회사에 대한 특례규정인 제13절을 말한다.

제542조의6 제10항을 신설하여 “제1항에서부터 제10항까지는 제542조의2 제2항에도 불구하고 이 장의 다른 절에 따른 소수주주권의 행사에 영향을 미치지 아니한다.”라고 규정함으로써 선택적 적용설을 입법으로 채택하였다. 이로써 상장회사의 주주는 상장회사 특례규정에 따른 소수주주권 행사요건과 일반규정에 따른 소수주주권 행사요건을 선택적으로 주장할 수 있다.

(바) 정관에 의한 행사요건의 완화

상법 제542조의6 제8항은 “상장회사는 정관에서 제1항부터 제6항까지 규정된 것보다 단기의 주식 보유기간을 정하거나 낮은 주식비율을 정할 수 있다.”라고 규정하고 있는데, 상장회사의 단순대표소송에 관한 제6항은 포함하고 있으나 다중대표소송에 관한 제7항은 제외하고 있다. 이와 관련하여 같은 조 제9항도 당연히 포함하여야 할 제7항을 명시하지 않았음을 볼 때 제8항의 경우도 제7항을 누락한 것으로 보아야 하고 따라서 모회사인 상장회사는 정관에 규정을 두어 다중대표소송 소주주주권 행사요건에 관한 보유기간이나 보유비율을 특례규정보다 완화할 수 있다는 견해[36]가 있다. 그러나 법제사법위원회 대안 작성과정 시 제7항을 신설하고 기존의 제7항과 제8항의 조항번호를 변경하는 과정에서 상장회사의 다중대표소송 행사요건을 완화할 수 있음을 명시하는 것을 누락한 것인지 아니면 다중대표소송은 자회사에 대해 권리를 행사하는 것인데 자회사 정관이 아닌 모회사 정관으로 그 행사요건을 변경할 수는 없다고 판단하여 정관으로 완화할 수 없는 것으로 결정한 것인지가 명확하지 않고,[37] 정관으로 지분요건을 완화할 수 있도록 한다면 단순대표소송보다 지분요건을 강화한 취지에 반하며, 자회사 이사의 유책행위로 인한 자회사의 손실과 모회사의 손실이 동질성을 갖고 모회사 주주 외에는 자회사

---

36) 심영, 전게논문, 52면. 현재의 조문 해석상 완화가 가능한지에 대하여는 입장이 명확하지 않지만 입법 오류로 보는 견해로는 김태진, “다중대표소송(상법 제406조의2)의 이해”, 「기업법연구」 제35권 제3호, 한국기업법학회(2021), 87면.

37) 심영, 전게논문, 52면.

에서 대표소송을 제기할 다른 주체가 존재하지 않는 완전모자회사 관계를 전제로 한 미국이나 일본과 달리 사실상 지배종속관계에 있는 모자회사를 전제로 하는 현재의 다중대표소송제도에 대한 비판이 있는 상황에서 현재보다 모회사 주주를 자회사 주주보다 더 우대하는 결과를 초래하고, 특히 자회사가 대표소송을 제기할 소수주주가 충분히 존재하는 상장회사인 경우에는 그런 결과를 더욱 심화시키는 결과가 된다.[38] 한편 법률의 유추적용은 법률의 흠결을 보충하는 것으로 법적 규율이 없는 사안에 대하여 그와 유사한 사안에 관한 법규범을 적용하는 것이고, 이러한 유추를 위해서는 법적 규율이 없는 사안과 법적 규율이 있는 사안 사이에 공통점 또는 유사점이 있어야 할 뿐만 아니라 법규범의 체계, 입법의도와 목적 등에 비추어 유추적용이 정당하다고 평가되는 경우에 비로소 유추적용을 인정할 수 있는 것이다.[39] 결론을 말하자면 단순한 입법의 오류인지가 명확하지 않아서 법률의 흠결이라고 단정하기 어려운 점, 우리의 다중대표소송제도가 완전모자회사를 전제로 하는 체계가 아닌 점과 단순대표소송에 비해 지분요건을 강화한 입법의도와 목적 등에 비추어 볼 때 현재로서는 상장회사의 다중대표소송 행사요건에 상법 제542조의6 제8항을 유추적용하는 것이 정당하다고 평가하기는 어렵다. 따라서 정관으로 완화하지 못한다고 봄이 옳다.[40]

(3) 모회사의 자회사에 대한 지분요건

(가) 모자회사관계의 범위

1) 상법 제406조의2는 '다중대표소송'이라는 표제 아래 일정 지분비율 이상의 주식을 가진 모회사 주주가 자회사를 위하여 자회사 이사의 책임을 추궁하는 소를 제기할 수 있다고 규정하고 있다. 즉 상법은 모자회사관계에 한하여 다중대표소송을 인정하고 있다. 모회사의 주주가 다중대표소송을 제기하기 위해서는 지분비율 요건에 더하여 각 회사 사이

38) 정준우, 전게논문, 372면.
39) 대법원 2020. 4. 29. 선고 2019다226135 판결.
40) 같은 취지에서 완화할 수 없다는 견해로는 정준우, 전게논문, 372면.

에 모자회사관계가 존재하여야 한다.

상법에서 '모회사'와 '자회사'란 개념을 사용하여 모자회사관계의 인정기준 및 범위를 정하고 있는 것은 주식상호보유의 규제에 관한 상법 제342조의2가 유일하다. 위 조항은 두 회사가 어떤 관계일 때 모자관계가 성립하는지에 대하여 크게 세 가지 유형으로 명시하는데, ① A회사가 B회사의 발행주식총수의 50%를 초과하는 주식을 가지고 있는 경우, A회사는 모회사, B회사는 자회사라고 규정하고(제1항), 나아가 ② A회사와 B회사가 각기 가지고 있는 C회사의 주식을 합산한 결과 발행주식총수의 50%를 초과하는 경우 또는 ③ A회사의 자회사인 B회사가 C회사의 발행주식총수의 50%를 초과하는 주식을 가지고 있는 경우, C회사(통상 '손회사'라고 한다)를 상법의 적용에 있어 A회사의 자회사로 본다(제3항). 따라서 ①의 경우에는 A회사의 주주가 B회사를 위하여 B회사 이사의 책임을 묻는 소(이중대표소송)를 제기할 수 있고, ②와 ③의 경우에는 A회사의 주주가 C회사를 위하여 C회사 이사의 책임을 묻는 소(삼중대표소송)를 제기할 수 있다. 그리고 상법은 다중대표소송의 제소권자를 최종모회사의 주주로 한정하고 있지 않으므로, ③의 경우 B회사의 주주도 C회사를 위하여 C회사 이사의 책임을 묻는 소(이중대표소송)를 제기하는 것도 가능하다.

2) 문제는 이른바 증손회사(손회사의 자회사 또는 모회사·자회사·손회사가 합하여 50%를 초과하는 주식을 보유하는 회사) 및 그 아래로 같은 관계에 있는 회사까지도 다중대표소송의 모자회사관계에 포섭할 것인가이다. 먼저 이 문제와 관련하여 상법 제342조의2는 주식상호보유의 규제를 위한 규정으로 주식상호보유 규제와 다중대표소송제도의 목적이 동일하다고 볼 수 없으므로 어느 단계까지 다중대표소송을 인정할 것인지는 다중대표소송의 취지에 비추어 별개로 판단할 수 있다는 취지의 견해[41]가 있다. 그러나 다중대표소송제도의 입법과정을 보면 지배회사의 종속회사에

---

41) 전게 「주석 상법[회사 3]」, 665; 심영, 전게논문, 55면.

대한 지분요건을 얼마로 할 것인지에 관하여 완전자회사, 30%, 50% 등 여러 안이 제시되었으나 최종적으로 별도의 기준을 정하지 않고 상법상 모자회사 기준을 채택하는 것으로 정리되었고,[42] 상법 제342조의2 제3항이 위 ②와 ③의 경우 C회사를 "이 법의 적용에 있어" A회사의 자회사로 본다고 규정하고 있고 별도의 규정이 없는 한 동일 법률 내에서 하나의 개념은 동일하게 해석함이 원칙이므로, 위 견해에 대하여는 선뜻 동의하기 어렵다. 다중대표소송에서 모자관계 범위가 증손회사 이후로 무한히 확장되는 것으로 보는 견해들도 모두 상법 제342조의2 제3항의 해석론에 근거하고 있다.[43] 결국 이 문제는 다중대표소송에 관한 조문이 의제자회사의 범위에 관한 별도의 규정을 두고 있지 않은 이상 상법 제342조의2 제3항의 해석론으로 귀결된다. 위 조항의 해석론으로는 ① 엄격하게 해석하여 증손회사 이하로는 모회사의 자회사로 볼 수 없다는 견해(부정설)와 ② 상법이 정하고 있는 모자관계의 인정방식이 증손회사 이후 계속되는 모자관계에도 무제한 적용된다는 견해(무제한 확장설)가 있다. 상법 제342조의2의 입법취지가 모든 주식상호보유를 금지하는 것이 아니라 일정한 경우로 한정하여 규제하려는 취지이므로 부정설에 찬동한다.[44] 만약 증손회사 이후로 무제한 확장되는 모자회사관계에서 다중대표소송을 인정할 현실적인 필요가 있다면 입법으로 별도의 규정을 명확하게 두는 것이 좋을 것이다.

3) 다중대표소송은 모회사 주주가 모회사를 대위하고 모회사가 자회사를 대위하는 이중의 대위소송으로서 모회사 주주의 모회사에 대한 주

---

42) 전게 「주식회사법대계Ⅱ」, 1244면; 이승규·이승화·장문일, "2020년 개정 상법의 분석 1: 다중대표소송과 소수주주권", 「BFL」 제106호, 서울대학교 금융법센터(2021), 8-9면.

43) 송옥렬, 전게서, 1111면; 김신영, "2020년 개정 상법상 도입된 다중대표소송에 관한 검토", 「법과 기업연구」 제11권 제1호, 서강대학교 법학연구소(2021), 183면; 황근수, "다중대표소송의 제도적 수용과 실무적 적용방안에 관한 고찰", 「법학논총」 제40권 제2호, 전남대학교 법학연구소(2020), 165면; 김정호, 전게논문, 183면; 이승규·이승화·장문일, 전게논문, 9면.

44) 전게 「주석 상법[회사 2]」, 600면; 정준우, 전게논문, 365면.

주권 행사와 모회사의 자회사에 대한 주주권 행사가 함께 이루어지는 것이라 할 것이므로, 모회사 주주가 모회사 주주명부에 등재되어 있을 뿐만 아니라 동시에 원칙적으로 모회사가 자회사의 주주명부에 주주로 등재되어 있는 경우에 한하여 제소청구와 소제기를 할 수 있다.[45)]

(나) 모자관계의 존재시점

1) 제소청구 후 모회사가 보유한 자회사 지분의 감소

상법 제406조의2 제4항은 "제1항의 청구를 한 후 모회사가 보유한 자회사의 주식이 자회사 발행주식총수의 100분의 50 이하로 감소한 경우(발행주식을 보유하지 아니하게 된 경우를 제외한다)에도 제1항 및 제2항에 따른 제소의 효력에는 영향이 없다."라고 규정하고 있다. 모회사의 소수주주가 자회사에 제소청구를 한 이후부터 다중대표소송을 제기하기 전까지의 기간 동안 회사 측에서 그 책임의 추궁을 무력화시키기 위하여 모자회사관계를 없앨 수 있으므로 이를 방지하기 위한 규정이다.[46)] 위 규정에 의하면 모회사의 자회사에 대한 지분요건은 제소청구 시에만 충족하면 되고 다중대표소송 제기 시나 변론종결 시에는 충족하지 않아도 된다.[47)]

이와 관련하여 모회사의 주주가 일정한 지분요건을 충족하여 자회사에 대하여 제소청구를 한 후에 모자회사관계가 해소되더라도 모회사였던 회사의 주주가 자회사였던 회사의 이사를 상대로 다중대표소송을 제기할 수 있다고 보는 것은 다중대표소송의 도입취지를 고려하더라도 불합리하고 상법 제403조 제5항의 법문('제3항과 제4항의 소를 제기한 주주…')과 비교하더라도 입법착오임이 분명하므로 '제1항의 청구를 한 후'란 법문을 '다중대표소송을 제기한 후'로 보완적인 해석을 해야 한다는 견해[48)]가 있

45) 전게 「주석 상법[회사 3]」, 666면.

46) 심영, 전게논문, 53면.

47) 전게 「주식회사법대계Ⅱ」, 1246면; 천경훈, 전게논문, 10면; 심영, 전게논문, 53면; 김신영, 전게논문, 182면.

48) 정준우, 전게논문, 380면; 이철송, 전게서, 853면. 김태진, 전게논문, 96-97면은 다중대표소송제도를 심사한 법안심사제1소위원회 회의록에 제소청구시점과 제소시점을 구별하여 논의한 흔적이 없다는 점도 들고 있다.

다. 그러나 상법 제406조의2가 '소'와 '청구'라는 용어를 명확하게 구별하여 사용하고 있다는 점을 고려하면 문언에 반하는 위와 같은 해석이 가능한지는 의문이다.

'발행주식을 보유하지 아니하게 된 경우를 제외한다'라는 부분과 관련하여, 일반적으로 모회사는 변론종결 시까지 자회사 주식을 적어도 1주는 보유하여야 하고,[49] 모회사 주주가 제소청구를 한 후 사실심 변론종결 시 전에 모회사가 자회사 주식을 전부 상실한다면 모회사의 자발적 또는 비자발적 상실인지와 관계없이 모회사 주주는 원고적격을 상실한다고 본다.[50]·[51]

여기서 구체적으로 모자회사관계의 유형에 따라 '모회사가 보유한 자회사의 주식이 발행주식총수의 100분의 50 이하로 감소한 경우' 내지 '모회사가 자회사 발행주식을 보유하지 아니하게 된 경우'에 해당하는지가 문제되는 경우가 생길 수 있다. 앞의 (3) (가) 1)에서 본 모자회사관계의 세 가지 유형 중 ①유형(A회사가 B회사의 발행주식총수의 50%를 초과하는 주식을 가지고 있는 경우)에서는 모회사와 자회사가 어떤 회사를 말하는지가 명백하므로 해석상 크게 문제될 것이 없다.

그러나 ③유형(A회사의 자회사인 B회사가 C회사의 발행주식총수의 50%를 초과하는 주식을 가지고 있는 경우, 이를 편의상 '수직적 모자손관계'라고 칭한다)

---

49) 김신영, 전게논문, 182면; 이철송, 전게서, 852면; 전게 「주식회사법대계Ⅱ」, 1246면. 이와 같이 1주만으로도 제소 효력이 유지된다고 보는 입법이 타당한 것인지에 대하여는 의문이 있을 수 있다. 하지만 그러한 극단적인 경우가 실제로는 있기 어렵고, 감소의 한도를 규정하더라도 어느 정도로 할 것인지 라는 어려운 문제가 생기며, 한도를 규정할 경우 대표소송 저지를 위해 잠시 그 한도 아래로 지분을 감소시킬 유인이 생길 수 있으므로 1주라도 있으면 제소 효력이 유지되는 것으로 규정하는 편이 지분 감소 시도에 대한 억제력이 있다는 점에서 입법의 당위성이 있다고 생각한다.

50) 심영, 전게논문, 53면; 전게 「주식회사법대계Ⅱ」, 1246면.

51) 사실심 변론종결 시까지 1주만 보유해도 되는 것이지만, 당사자적격의 소송요건은 사실심 변론종결 이후라도 흠결될 경우 상고심에서 이를 참작하여 소를 각하할 수 있으므로, 다중대표소송이 제기되어 이사에게 불리한 판결이 선고된 경우 모회사가 자신이 보유한 자회사 주식 전부를 다른 회사에 처분하는 등의 방법으로 결과를 무력화시킬 가능성은 있다(이승규 · 이승화 · 장문일, 전게논문, 17면).

에서 A회사와 B회사가 각기 B회사와 C회사의 지분을 51%씩 가지고 있는 경우를 상정할 때 A가 B주식을 1% 처분하거나 혹은 B가 C주식을 1% 처분하면 A는 C주식을 전혀 보유하지 않은 상황에서 A, C 간에 모자회사관계가 소멸한다. 먼저 B가 C주식을 1% 처분하는 경우에는 '모회사가 보유한 자회사의 주식이 발행주식총수의 100분의 50 이하로 감소한 경우'에 해당하고 '모회사가 자회사 발행주식을 보유하지 아니하게 된 경우'에는 해당하지 않는다고 봄이 타당하다. 그 이유에 대하여, 자회사가 손회사에게 갖는 지분은 모회사의 지배력에 복종하는 지분으로 모회사가 직접 가진 것과 기능적으로 같기 때문이라고 설명하거나,[52] '모회사가 자회사 발행주식을 보유하지 아니하게 된 경우'는 '모회사가 문제되는 자회사에 대하여 아무런 지분적 이해관계가 없게 되는 경우', 즉 A가 B주식을 전혀 보유하고 있지 않게 되거나 B가 C주식을 전혀 보유하고 있지 않은 경우를 의미하는 것이라고 설명한다.[53] 반대로 A가 B주식을 1% 처분하는 경우에 대하여는 견해가 나뉜다. 제소의 효력에 영향이 없다고 보는 견해는 A가 B주식을 전혀 보유하고 있지 않게 된 경우가 아니라서 A가 C에 대하여 여전히 지분적 이해관계를 갖고 있기 때문이라는 입장이다.[54] 제소요건을 결여한다고 보는 견해는 A와 B간의 기초 모자관계가 해소된다면 다중대표소송의 원고와 피고간에 모회사의 주주와 자회사의 이사라는 다중대표소송의 기초적인 요건을 결하기 때문이라는 입장이다.[55] 전자의 견해에 찬성한다. 이처럼 해석하지 않으면 입법취지와 달리 손회사 단계에서의 다중대표소송이 너무 쉽게 무력화되기 때문이다.[56]

수직적 모자손관계에서 B가 C주식을 전부 처분한 경우에는 A와 C 간에 아무런 지분적 이해관계가 없게 되었다고 볼 것이다. 다만 이러한

---

52) 이철송, 전게서, 854면; 정준우, 전게논문, 381면.
53) 이승규 · 이승화 · 장문일, 전게논문, 10면.
54) 이승규 · 이승화 · 장문일, 전게논문, 10면. 정준우, 전게논문, 381면도 이러한 경우 '모회사가 보유한 자회사의 주식이 발행주식총수의 100분의 50 이하로 감소한 경우'에 해당한다고 본다.
55) 이철송, 전게서, 854면.
56) 이승규 · 이승화 · 장문일, 전게논문, 10면.

경우에도 B가 C주식 전부를 A의 자회사는 아니지만 A가 일부라도 발행주식을 보유하고 있는 다른 회사에 양도한 경우에는 제소주주가 원고적격을 상실하지 않는다고 보는 견해가 있다.[57]

그럼 ②유형(A회사와 그 자회사인 B회사가 각기 가지고 있는 C회사의 주식을 합산한 결과 발행주식총수의 50%를 초과하는 경우, 이를 편의상 '복합적 모자손관계'라고 칭한다)에서 A회사가 B회사 지분을 51%, A회사와 B회사가 각기 가진 C회사의 지분을 합산하여 51%(= A 21% + B 30%)라고 상정할 때는 어떠한가. A와 B가 가진 C주식이 1주가 되기까지는 제소의 효력에 영향이 없다고 보아야 할 것이다.[58] 반면 A가 B주식을 1% 처분하여 기초 모자관계가 해소되는 경우에는 ③유형에서와 같은 견해의 대립이 가능한데, 실제로 제소요건을 결한다고 보는 견해[59]가 있다. 그러나 역시 제소의 효력에는 영향이 없다고 생각한다.

2) 동시보유의 원칙

동시보유 원칙과 관련하여 다중대표소송에서 문제되는 것은 자회사 이사의 책임발생 시점에 모자회사관계도 존재하여야 하는가이다.[60] 상법은 모회사 주주의 자회사에 대한 제소청구 시에만 모회사가 자회사 주식의 50% 이상을 가지면 되고, 제소청구 주주는 제소청구 시에만 모회사의 1% 이상 지분을 가지면 된다고 규정할 뿐이므로, 상법의 해석상으로는 동시보유 원칙은 의미가 없다. 즉 자회사 이사의 책임발생 시점에 원고주주가 반드시 모회사 주주였어야 할 필요가 없을 뿐만 아니라 그 시점에 모회사가 자회사 발행주식총수의 과반수를 가져야 할 필요도 없다.[61]

57) 이승규 · 이승화 · 장문일, 전게논문, 11면.

58) 이승규 · 이승화 · 장문일, 전게논문, 10면; 이철송, 전게서, 854면.

59) 이철송, 전게서, 854면.

60) 동시보유의 원칙이 철저하게 관철된 미국에서는 종래 이중대표소송의 경우에 피고인 자회사 이사의 부정행위가 이루어지던 시점에 원고 주주가 모회사 주주이어야 할 뿐 아니라 모회사는 자회사의 주식을 가지고 있어야 한다고 보았다가, 델라웨어 최고법원이 자회사 이사의 임무해태 시점에는 모회사가 자회사의 주식을 보유하면 되고 원고 주주는 이중대표소송의 제소시점에만 모회사 주식을 보유하면 된다고 판단하였다(김정호, 전게논문, 95면).

61) 김정호, 전게논문, 96면.

(다) 자회사의 요건

1) 상법 제406조의2는 자회사의 요건에 관하여 어떠한 제한도 하고 있지 않다. 입법론으로 우리나라에서는 비상장자회사에서 발생하는 위법행위에 대한 모회사 주주의 보호가 문제되므로 대상 자회사를 비상장회사로 한정해야 한다는 주장이 있으나, 상법은 자회사의 상장 여부를 불문한다. 상법은 자회사의 중요성 여부도 요건으로 하고 있지 않다. 일본 회사법과 같이 자회사의 규모가 모회사 총자산액의 일정비율 이상일 필요도 없다.

2) 상법의 해석상 '자회사'의 범위에 외국자회사가 포함되는지에 관하여는 다중대표소송을 먼저 성문화한 일본에서 외국자회사는 회사법의 해석상 자회사 범위에 속하지 않는 것으로 본다는 점을 근거로 우리 회사법 해석도 동일하게 보아야 한다는 견해[62]가 있는 반면, 법무부가 상법 제342조의2에서의 자회사에 외국자회사도 포함된다는 입장을 취하고 있는 점과 동일하게 자회사 개념을 차용하고 있는 상법 제398조 제4호의 해석상 거래상대방이 국내회사인지 외국회사인지를 묻지 않는 것이 일반적인 해석인 점 등을 들어 상법 제342조의2에 따른 자회사 개념을 따르는 다중대표소송에서도 외국자회사가 포함된다고 보는 견해[63]가 있다.

후자의 견해에 따를 경우 국내회사의 외국자회사 이사의 위법행위로 외국자회사가 손해를 입은 경우 모회사인 국내회사 주주가 상법 제406조의2에 따라 국내법원에 다중대표소송을 제기할 수 있을까. 원고가 주주로 있는 모회사의 속인법과 피고가 이사 등으로 있는 자회사의 속인법이 모두 다중대표소송을 인정하는 경우에만 허용된다고 보는 견해[64]가 있다. 그러나 위 사안은 국제사법 제1조의 외국적 요소가 있는 법률관계에 대한 것이므로 기본적으로 국제사법에 따른 국제재판관할권과 준거법의 문제가 될 것이다. 먼저 국제재판관할권과 관련하여, 당해 회사가 외국회

62) 김정호, 전게논문, 96면.
63) 이승규 · 이승화 · 장문일, 전게논문, 18면.
64) 천경훈, 전게논문, 18면.

사인 경우 대표소송에는 소송고지, 소송참가 등의 부수적인 법적 절차가 수반된다는 점, 대표소송이 회사와 전체 주주의 이익을 위해 인정되는 제도라는 점을 고려하여 이사가 대한민국에 주소를 두고 있다 할지라도 회사가 속한 국가가 관할을 가진다고 보아 대한민국에 국제재판관할권이 없다고 보는 견해[65]가 있는 반면, 소송당사자들의 공평, 편의 그리고 예측 가능성과 같은 개인적인 이익뿐만 아니라 재판의 적정, 신속, 효율 및 판결의 실효성 등과 같은 법원 내지 국가의 이익도 함께 고려하여야 하며 이러한 다양한 이익 중 어떠한 이익을 보호할 필요가 있을지는 개별 사건에서 법정지와 당사자의 실질적 관련성 및 법정지와 분쟁이 된 사안과의 실질적 관련성을 객관적인 기준으로 삼아 합리적으로 판단하여야 하므로,[66] 대표소송이 제기된 구체적 사안의 사실관계 및 문제되는 법률관계의 성질에 따라 국내법원에 국제재판관할권이 있는지 따져보아야 한다는 견해[67]가 있다. 준거법과 관련하여서는, 다중대표소송의 허용 여부와 제소요건은 당사자적격에 관한 문제이자 '기관과 구성원의 권리와 의무'에 대한 것으로서 국제사법 제30조[68]에 따라 결정될 가능성이 높고, 외국자회사 이사의 책임 추궁에 대한 것이므로 특별한 사정이 없는 한 외국자회사의 설립준거법이 적용된다고 해석해야 한다는 견해가 있다.[69]

(라) 모자회사관계에 유한책임회사 · 유한회사가 개재된 경우

유한회사 이사 · 감사 · 청산인의 유한회사에 대한 책임과 유한책임회사 업무집행사원의 유한책임회사에 대한 책임에 관하여는 그 성질에 반하는 않는 범위 내에서 단순대표소송에 관한 규정이 준용된다(상법 제565조, 제570조, 제613조 제2항, 제287조의22). 그러나 이들 회사에 대하여 다중

65) 이연주, "민사소송에 있어서 외국인의 법적 지위", 「법학연구」 제49집, 전북대학교 법학연구소(2016), 184-185면.

66) 대법원 2015. 1. 15. 선고 2012다4763 판결.

67) 이승규 · 이승화 · 장문일, 전게논문, 18-19면.

68) 국제사법 제30조는 법인은 그 설립의 준거법에 의하되, 대한민국에 주된 사무소가 있거나 대한민국에서 주된 사업을 하는 경우에는 대한민국 법에 의하도록 정하고 있다.

69) 자세한 내용은 이승규 · 이승화 · 장문일, 전게논문, 19-20면.

대표소송을 인정하거나 준용하는 조문은 신설되지 아니하였다. 따라서 모회사, 자회사, 손회사 중에 유한책임회사나 유한회사가 포함되어 있는 경우에는 다중대표소송을 제기할 수 없다고 해석할 수밖에 없다.[70)]

2. 피 고

다중대표소송의 피고는 자회사의 이사이다(상법 제406조의2 제1항). 그런데 제406조의2는 주식회사의 발기인(제324조), 집행임원(제408조의9), 감사(제415조), 청산인(제542조 제2항)에 대하여 준용되므로 이들에 대하여도 다중대표소송을 제기할 수 있다. 업무집행관여자에게도 준용되는데(제401조의2 제1항), 판례[71)]는 업무집행지시자에 자연인뿐만 아니라 법인인 지배회사도 포함되는 것으로 보고 있으므로, 이론적으로는 모회사 주주가 모회사를 상대로 다중대표소송을 제기하는 것도 가능할 것이다.

상법은 감사위원에 관한 규정인 제415조의2 제7항에서 다중대표소송에 관한 제406조의2가 준용됨을 명시하지 않았으나, 감사위원에 대하여만 다중대표소송을 허용하지 아니할 이유가 없으므로 제415조의2 제7항에서 감사위원회에 준용되는 조문으로 명시된 '제402조 내지 제407조'에는 제406조의2도 포함되는 것으로 보는 것이 합리적이다.[72)]

한편 상법은 불공정한 가액으로 주식을 인수한 자(제424조의2), 주주의 권리행사와 관련하여 재산상 이익을 공여 받은 자(제467조의2)에 단순대표소송에 관한 제403조는 준용하나 다중대표소송에 관한 제406조의2는 준용하고 있지 않다. 이를 입법의 착오로 보는 견해[73)]가 있다. 그러나 제20대 국회에서 제안된 다수의 의원안은 위 두 경우에도 다중대표소송에 관한 조문을 준용하고 있었으나 정부안은 이를 준용하고 있지 않았으며 국회 법제사법위원회의 최종대안 및 통과된 개정상법에서도 이를 준

---

70) 심영, 전게논문, 57면; 천경훈, 전게논문, 18면.
71) 대법원 2006. 8. 25. 선고 2004다26119 판결.
72) 심영, 전게논문, 55-56면; 천경훈, 전게논문, 11면; 전게 「주석 상법[회사 3]」, 656면.
73) 최준선, 「회사법」 제16판, 삼영사(2021), 586면.

용하고 있지 않았던 점, 제542조의6 제7항이 상장회사에서 제406조의2가 준용되는 경우를 괄호 안에 열거하면서도 위 두 경우는 제외하고 있는 점 등에 비추어 볼 때 위 두 경우는 다중대표소송의 제기가 인정되지 않는다고 봄이 타당하다.[74)]

Ⅳ. 제소요건

1. 대상인 이사의 책임

다중대표소송의 대상이 되는 이사의 책임은 단순대표소송에서와 같이 보면 될 것이다. 주주대표소송은 이사의 회사에 대한 책임을 추궁하기 위한 소송이므로 그 대상이 될 수 없는 책임 내지 채무를 추궁하는 대표소송, 예컨대 이사의 제3자에 대한 책임을 추궁하기 위해서나 주주자신의 손실회복을 위해서는 제기할 수 없고,[75)] 이는 다중대표소송의 경우도 마찬가지이다.

대표소송의 대상인 이사의 회사에 대한 책임의 범위에 관하여, 상법 제399조의 책임(법령 · 정관 위반 또는 임무해태로 인한 손해배상책임), 제428조의 책임(신주발생 시 이사의 인수담보책임) 등 이사의 지위에 기한 책임에 한정하는 견해가 있었으나, 현재의 통설적인 견해는 널리 이사와 회사 사이의 거래상 채무의 이행을 청구하기 위하여도 대표소송을 제기할 수 있다고 본다. 또한 이사의 지위에 있는 동안에 발생한 모든 책임에 대하여 퇴임하더라도 추궁할 수 있고, 취임 전에 부담한 채무도 취임한 후에 회사가 권리행사를 게을리할 경우에도 대표소송의 대상이 된다고 본다. 다중대표소송의 경우에 동일하게 볼 것이다.

한편 앞에서 본 바와 같이 상법의 해석상 다중대표소송에서 동시보유의 원칙은 의미가 없으므로, 자회사 이사의 책임이 발생한 후에 원고가 모회사 주주가 되거나 모자회사관계가 형성된 경우에도 모회사 주주

---

74) 심영, 전게논문, 56-57면; 천경훈, 전게논문, 11면; 전게 「주식회사법대계Ⅱ」, 1252면.

75) 이철송, 전게서, 842면.

는 다중대표소송을 제기할 수 있다.

2. 사전제소청구

(1) 개 관

다중대표소송을 제기하기 위하여는 먼저 제소자격을 갖춘 모회사 주주가 자회사에 대하여 이유를 기재한 서면으로 자회사 이사의 책임을 추궁할 소의 제기를 청구하여야 한다(상법 제406조의2 제1항, 제3항, 제403조 제2항). 자회사가 제소청구를 받은 날부터 30일 내에 소를 제기하지 아니한 때에는 소제기청구를 한 주주는 즉시 자회사를 위하여 소를 제기할 수 있다(제406조의2 제2항). 다만 이 기간의 경과로 인하여 자회사에 회복할 수 없는 손해가 생길 염려가 있는 경우에는 위와 같은 절차를 밟을 필요 없이 즉시 대표소송을 제기할 수 있다(제406조의2 제3항, 제403조 제4항). 다중대표소송에서도 제소청구절차는 자회사로 하여금 원래 자회사의 권리인 이사에 대한 책임추궁에 대하여 제소의 필요성을 검토할 기회를 주는 한편, 주주에 의한 남소를 방지하기 위한 것이다.

제소청구는 다중대표소송의 소송요건이므로 그 요건을 충족시키지 못하면 다중대표소송은 부적법한 것으로 각하되어야 한다.

(2) 서면에 의한 제소청구

제소청구는 이유를 기재한 '서면'으로 하여야 한다. 서면 외에 전자적 방법으로도 제소청구를 할 수 있도록 규정한 일본 회사법과 같이 이메일 등의 전자문서로 제소청구를 할 수 있는지에 대하여 현행법상으로는 부정함이 타당하다. 상법은 서면성이 중시되던 주주명부와 주주총회 소집통지 등을 전자적으로 할 수 있도록 개정한 바 있는데(제352조의2 제1항, 제363조 제1항), 이는 서면과 전자문서[76]가 개념적으로 구별되기 때문이다.

(3) 제소청구서의 기재사항

(가) 제소청구서에 기재되어야 하는 '이유'에는 권리귀속주체인 자회

76) 전자문서란 '정보처리시스템에 의하여 전자적 형태로 작성, 송신·수신 또는 저장된 정보'를 말한다(전자문서 및 전자거래기본법 제2조 제1호).

사가 제소 여부를 판단할 수 있도록 책임추궁 대상 이사, 책임발생 원인사실에 관한 내용이 포함되어야 한다. 다만 주주가 언제나 자회사의 업무 등에 대해 정확한 지식과 적절한 정보를 가지고 있다고 할 수는 없으므로, 주주가 제소청구서에 책임추궁 대상 이사의 성명이 기재되어 있지 않거나 책임발생 원인사실이 다소 개략적으로 기재되어 있더라도 자회사가 제소청구서에 기재된 내용, 이사회의사록 등 회사 보유 자료 등을 종합하여 책임추궁 대상 이사, 책임발생 원인사실을 구체적으로 특정할 수 있다면 요건을 충족한 것이다.[77]

(나) 다중대표소송을 제기하면서 제소청구서에 적시한 자회사 이사의 행위와 다른 새로운 행위를 추가한 경우 적법한 대표소송으로 볼 수 있는지가 문제된다. 판례는 단순대표소송 사안에서 주주가 제소청구서에 기재된 책임발생 원인사실과 전혀 무관한 사실관계를 기초로 청구를 하였다면 그 대표소송은 긴급제소(제403조 제4항) 사유가 있다는 등의 특별한 사정이 없는 한 부적법한 것이나, 주주가 대표소송에서 주장한 이사의 손해배상책임이 제소청구서에 적시된 책임발생 원인사실을 기초로 하면서 법적 평가만을 달리한 것이라면 적법하다고 판시하였다.[78] 다중대표소송의 경우에도 동일하게 보아야 한다.

(4) 제소청구의 상대방

(가) 상법 제406조의2 제1항은 제소청구의 상대방을 자회사로 규정하였는데, 권리의 귀속주체가 자회사이므로 이를 제소청구의 상대방으로 한 것이다. 이는 일본 회사법과 같은 입장이고 미국의 판례와는 다른 입장이다.[79] 입법론으로는 모회사와 자회사 모두를 제소청구의 상대방으로 하여야 한다는 견해가 많지만,[80] 상법의 문리해석상 자회사로 한정해서

77) 단순대표소송에 관한 대법원 2021. 5. 13. 선고 2019다291399 판결.
78) 대법원 2021. 7. 15. 선고 2018다298744 판결.
79) 전게 「주석 상법[회사 3]」 제6판, 667면.
80) 김정호, 전게논문, 107면; 김신영, 전게논문, 198면; 황근수, 전게논문, 165면; 김태진, 전게논문, 92면; 권재열, “2020년 상법 개정안의 주요 쟁점 검토-다중대표소송제와 감사위원 분리선임제의 도입을 중심으로-”, 「상사법연구」 제39권 제3호, 한국상사법학회(2020), 9면.

볼 수밖에 없다.[81)]

(나) 대표소송에서 제소청구는 모두 회사가 소를 제기하는 경우라면 회사를 대표할 자에 대하여 하여야 한다. 상법 제394조 제1항 전문이 회사와 이사 사이의 소송에서는 감사가 회사를 대표하는 것으로 규정하면서 후문에서 "회사가 제403조 제1항 또는 제406조의2 제1항의 청구를 받음에 있어서도 같다."라고 규정한 것도 이러한 원칙을 규정한 것이다. 회사를 대표할 자에 관한 논의는 다중대표소송에 특유한 것이 아니므로 단순대표소송에 관한 기존의 논의를 간략히 정리하는 것으로 갈음한다.

위 원칙에 의하면, ① 이사가 피고인 경우에 감사 또는 감사위원회가 제소청구의 상대방이 되지만(제394조 제1항, 제415조의2 제7항), 자본금 10억 원 미만의 소규모회사에서 감사를 선임하지 아니한 경우에는 대표이사가 제소청구의 상대방이 된다.[82)] ② 감사가 피고인 경우에는 대표이사가 제소청구의 상대방이 되지만, 감사위원회 위원이 피고인 경우에는 감사위원회 또는 이사의 신청에 의하여 법원이 선임한 회사를 대표할 자(제394조 제2항)를 상대로 제소청구를 하여야 한다. ③ 이사와 감사가 공

81) 김정호, 전게논문, 107면.

82) 이철송, 전게서, 844면; 김건식 · 노혁준 · 천경훈, 전게서, 515면; 전게 「주식회사법대계Ⅱ」, 1252면; 오세빈, "주주대표소송의 실무상 문제점에 관한 고찰", 「민사재판의 제문제」 제24권, 한국사법행정학회(2016), 104면. 이와 달리 회사, 이사 또는 이해관계인의 신청에 의하여 법원이 선임한 회사를 대표할 자(제409조 제5항)를 상대로 제소청구를 해야 한다는 견해(전게 「주석 상법[회사 3]」, 626면)가 있다. 그러나 제409조 제5항이 소수주주가 제403조 제1항에 의하여 이사의 책임을 추궁할 소제기를 청구하는 경우에까지 법원에 회사를 대표할 자의 선임을 신청하도록 명시적으로 규정하고 있지 않고 감사가 있는 회사에 관한 제394조 제1항 후문과 같은 규정도 없으므로 제소청구 상대방인 회사에 감사가 없는 경우 대표이사의 대표권한을 제한할 법률상의 근거가 없는 점, 제소청구를 받은 대표이사가 30일 내에 소를 제기하지 않는 경우에 소수주주는 대표소송을 직접 제기할 수 있어 실질적인 불이익이 없고 회사가 소를 제기하기로 결정하면 그 단계에서 제409조 제5항에 의하여 회사를 대표할 자를 선임하여 소송을 수행하게 되므로 어느 경우든 책임추궁의 소는 제기될 수 있는 점, 소규모회사의 소수주주가 제소청구에 앞서 회사를 대표할 자의 선임도 신청해야 하는 부담을 진다면 감사가 선임된 회사의 소수주주에 비하여 불리한 지위에 처하는 점 등에서 제409조 제5항을 유추적용하여 제소청구 상대방을 따로 선임할 것이 아니라 대표이사에게 제소청구를 하면 충분하다(서울고등법원 2017. 1. 17.자 2016라21077 결정).

동피고인 경우에는 이사와 관련해서는 감사를 상대로, 감사와 관련해서는 대표이사를 상대로 제소청구를 하여야 한다.[83] ④ 집행임원이 피고인 경우에는 이사회가 선임한 회사를 대표할 자(제408조의2 제3항 제3호)가 제소청구의 상대방이 된다고 봄이 일반적이다. ⑤ 그리고 전직 이사였지만 현재는 이사의 자리를 떠난 자에 대하여 이사 재직 중의 위법행위를 이유로 대표소송을 제기하는 경우에는 제394조 제1항이 적용되지 않고 일반원칙에 따라 대표이사를 상대로 제소청구를 해야 한다는 것이 판례이다.[84] 제소청구의 상대방을 잘못 선택한 경우 그 대표소송은 제소요건을 구비하지 못한 것으로 보아 부적법 각하된다.

이에 대하여는, 위와 같은 원칙을 관철할 경우 소규모의 회사에서 대표이사, 이사, 감사 등 모든 임원이 위법행위에 연루되어 있는 경우 제소청구 요건을 엄격하게 요구하는 것이 주주에게 과도한 부담이 되고, 제소청구 단계에서 법원에 회사를 대표할 자를 선임하여 달라는 절차를 밟는 것은 비경제적이라는 점을 이유로 제소청구의 상대방을 너무 엄격하게 해석하는 것은 옳지 않고 설령 주주가 제소청구의 상대방을 잘못 특정하거나 단지 회사라고 하더라도 대표소송을 부적법 각하하기보다는 하자의 치유를 인정해야 한다는 견해가 있다.[85]

(5) 대기기간

(가) 다중대표소송에 관한 제406조의2는 제2항에서 단순대표소송에 관한 제403조 제3항과 동일하게 모회사 주주의 자회사에 대한 제소청구 후 30일이라는 대기기간을 규정하면서도, 제3항에서 대기기간의 경과로 회사에 회복할 수 없는 손해가 생길 염려가 있는 경우에는 예외적으로 모회사 주주가 즉시 다중대표소송을 제기할 수 있도록 단순대표소송에

83) 이렇게 보면서도 하나의 소에서 회사를 대표하는 기관이 복수로 되므로 상법 제394조 제2항을 유추적용하여 감사위원회 또는 대표이사가 법원에 회사대표자의 선임을 신청해야 하는 것으로 해석하는 견해도 있다(임재연 · 남궁주현, 전게서, 288면).

84) 대법원 2002. 3. 15. 선고 2000다9086 판결.

85) 자세한 논의는 최문희, "판례에 나타난 주주대표소송의 절차법적 논점-주주의 제소청구 요건을 중심으로-", 「선진상사법률연구」 제82호, 법무부(2018), 60-66면 참조.

관한 제403조 제4항을 준용하고 있다. 따라서 긴급제소를 할 수 있는 '회사에 회복할 수 없는 손해가 생길 염려가 있는 경우'의 의미도 단순대표소송에 관한 판례[86]가 설시한 대로 이사에 대한 손해배상청구권의 시효가 완성된다든지 이사가 도피하거나 재산을 처분하려는 때와 같이 법률상 또는 사실상 이사에 대한 책임추궁이 불가능 또는 무익해질 염려가 있는 경우 등으로 볼 것이다. 그리고 회사가 제소청구를 명시적으로 거부한 경우에는 대기기간의 취지상 30일의 경과를 기다릴 필요 없이 즉시 단순대표소송의 제기가 가능하다는 것이 통설인데, 다중대표소송에서 자회사가 거절의사를 명백히 밝힌 경우도 동일하게 보아야 할 것이다.[87]

(나) 다만 제406조의2 제3항이 단순히 제403조 제4항을 준용하고 있어 손해가 생길 염려가 있는 법문상의 '회사'가 자회사인지 아니면 모회사인지 아니면 양자를 모두 포함하는 것인지는 명확하지 않다. 상법이 모회사 주주에게 다중대표소송을 인정하는 취지는 자회사가 이사에 대한 책임추궁을 게을리 하여 자회사에 발생한 손해가 종국적으로는 모회사의 손해로 연결되기 때문임을 고려하면 모회사의 이익을 위한 것이기도 하기 때문이다.[88] 그렇다고 하더라도 단순대표소송의 구조와 논리적인 연계를 고려하면 여기서의 '회사'는 자회사를 의미하는 것으로 봄이 옳다.[89]

(6) 하자의 치유

이 쟁점에 대하여는 1998년에 선고된 최초의 대표소송 판결부터 2017년 12월까지 선고된 137건의 단순대표소송에 관한 하급심판결을 대상으로 분석한 선행연구[90]가 있는데, 다중대표소송도 크게 다를 것은 없다고 보인다. 여기서는 유형별로 이루어진 논의만 간략하게 보기로 한다.

---

86) 대법원 2010. 4. 15. 선고 2009다98058 판결.
87) 천경훈, 전게논문, 12면.
88) 정준우, 전게논문, 376면.
89) 정준우, 전게논문, 376면.
90) 최문희, 전게논문, 50-60면.

(가) 제소청구 없이 대표소송을 제기하고 이후에도 서면제소청구가 없는 경우

이러한 경우 당연히 대표소송은 부적법하다. 다만 제소청구 없이 제기한 대표소송에 회사가 소송참가한 경우에는 대표소송을 각하해도 회사가 제기한 소가 존속하기 때문에 각하의 의미가 없고 회사가 책임을 추궁할 의사를 표명한 이상 제소청구제도의 취지에 비추어 하자의 치유를 인정해야 한다는 견해[91]와 이사에 대한 책임은 회사가 추궁하는 것이 원칙이므로 회사가 제소한 이상 부적법한 소를 존속시킬 이유가 없다는 견해[92]가 있다.

(나) 대표소송을 제기한 후 제소청구한 경우

이러한 경우 회사가 제소청구를 받은 날부터 30일 내에 소를 제기한 경우에는 대표소송은 제소요건을 갖추지 못한 부적법한 것으로 본다.[93]

30일 내에 회사가 소를 제기하지 아니한 경우에는 하급심판결이 엇갈리는데, 학설은 하자가 치유된다고 보더라도 회사는 여전히 공동소송참가가 가능한 점, 치유를 인정하지 않으면 소수주주는 새로이 동일한 대표소송을 제기해야 하는 불필요한 부담만 진다는 점에서 하자의 치유를 긍정한다.[94]

(다) 대기기간 경과 전에 대표소송을 제기한 경우

제소청구 후 30일이 경과하기 전에 대표소송을 제기하였는데 회사가 30일이 경과하기 전에 소를 제기한 경우 대표소송은 부적법하다.[95]

제소청구 후 30일이 경과하기 전에 대표소송을 제기하였는데 회사가 30일 내에 소를 제기하지 않은 경우 하자의 치유를 부정하는 견해[96]와

---

91) 최문희, 전게논문, 52면.

92) 전게 「주석 상법[회사 3]」, 630면.

93) 임재연 · 남궁주현, 전게서, 290면; 최문희, 전게논문, 52면; 서울중앙지방법원 2006. 11. 30. 선고 2005가합97694 판결.

94) 임재연 · 남궁주현, 전게서, 290면; 최문희, 전게논문, 53면.

95) 최문희, 전게논문, 53면; 전게 「주석 상법[회사 3]」, 629면.

96) 권재열, "주주대표소송에도의 개선방안", 「증권법연구」 제16권 제2호, 한국증권법학회(2015), 155면; 서울동부지방법원 2017. 1. 12. 선고 2015가합425 판결.

인정하는 견해[97]가 있다.

Ⅴ. 소송절차

1. 관　　할

다중대표소송은 자회사 본점소재지 지방법원의 관할에 전속한다(상법 제406조의2 제5항). 상법 제406조의2 제5항은 "제1항 및 제2항의 소는"이라고 하여 문언상 제1항의 소, 즉 제소청구에 의하여 자회사가 직접 제기하는 소도 같은 전속관할에 속하는 것처럼 규정하고 있고, 학설로도 자회사 본점소재지 지방법원의 전속관할로 보는 견해[98]가 있다. 그러나 단순대표소송의 경우 주주로부터 제소청구를 받은 회사가 직접 소를 제기하는 경우에 민사소송법의 일반원칙에 따라 피고인 이사의 주소지 관할법원에 제소해야 하는 것처럼 다중대표소송의 경우에도 동일하게 보아야 할 것이다. 위 문구는 제406조의2 제3항이 제소청구에 관련된 준용조항과 대표소송에 관련된 준용조항을 함께 표시하면서 "제1항 및 제2항의 소에 관하여는"이라고 한 문구를 그대로 옮기면서 생긴 오류인 것으로 보인다.[99]

2. 소송목적의 값

다중대표소송의 소송목적의 값은 단순대표소송과 같다. 즉 소가를 산출할 수 없는 소송으로서(민사소송 등 인지규칙 제15조 제1항) 소가는 1억원으로 한다(같은 규칙 제18조의2 단서).

3. 소송물과 청구취지

모회사, 자회사, 손회사를 전제로 할 때 손회사 이사에 대한 책임을

97) 임재연 · 남궁주현, 전게서, 290면; 최문희, 전게논문, 55-56면; 서울지방법원 1998. 7. 24. 선고 97가합39907 판결.
98) 김신영, 전게논문, 195면.
99) 전게 「주석 상법[회사 3]」, 668면.

추궁하는 소송으로는, 손회사가 손회사 이사를 상대로 하는 직접소송, 손회사 주주인 자회사가 손회사 이사를 상대로 하는 단순대표소송, 자회사 주주인 모회사가 손회사 이사를 상대로 한 이중대표소송, 모회사 주주가 손회사 이사를 상대로 한 삼중대표소송이 있을 수 있다. 위 각 소송의 소송물은 모두 손회사의 손회사 이사에 대한 손해배상청구권으로서 동일하고, 청구취지 역시 "피고(손회사 이사)는 손회사에게 얼마를 지급하라."라는 형식이 된다.[100]

4. 담보제공

모회사 주주가 대표소송을 제기한 경우 법원은 피고인 이사의 청구에 의하여 원고에게 상당한 담보를 제공할 것을 명할 수 있고, 이때 피고는 원고의 청구가 악의임을 소명해야 하는 것(상법 제406조의2 제3항, 제176조 제3항, 제4항)도 단순대표소송과 동일하다. 따라서 '악의'의 의미, 제공될 담보의 가액 산정에 관한 논의도 단순대표소송의 경우와 동일하다.

5. 소송고지

단순대표소송을 제기한 주주는 소를 제기한 후 지체 없이 회사에 그 소송의 고지를 하여야 하는데(상법 제404조 제2항), 위 규정은 다중대표소송에 준용된다(제406조의2 제3항). 민사소송법상의 소송고지는 소송참가의 기회 부여보다는 참가적 효력에 주안점이 있는 제도이지만, 대표소송에서는 어차피 확정판결의 효력이 회사에게도 미치므로 참가적 효력은 의미가 없고, 권리주체인 회사에게 대표소송의 제기사실을 알려 참가의 기회를 보장하기 위한 것이다.[101] 민사소송법상의 소송고지는 임의적인 것이지만 대표소송의 소송고지는 의무적인 것이므로, 소송고지를 게을리 한 경우 회사에 대하여 손해배상책임을 부담할 수 있다.[102] 다중대표소

---

100) 천경훈, 전게논문, 6면.
101) 임재연 · 남궁주현, 전게서, 292-293면; 전게 「주석 상법[회사 3]」, 640면.
102) 이철송, 전게서, 846면; 전게 「주석 상법[회사 3]」, 640면.

송에서 소송고지의 상대방에 대하여는 자회사만이라는 견해[103]와 자회사와 모회사 양자라는 견해[104]가 있다. 뒤에서 보는 바와 같이 제406조의2 제3항, 제404조 제1항에 의하여 다중대표소송에 참가할 수 있는 회사는 소송의 구조상 자회사라고 보아야 하는 점, 제404조 제2항의 소송고지는 제1항의 참가를 위한 의무적인 것으로 손해배상책임까지 부담할 수 있는 점 등을 고려하면 전자의 견해가 타당하다.

소송고지를 위하여는 그 이유와 소송의 진행정도를 적은 서면을 법원에 제출하여야 하고 법원은 그 서면을 회사에 송달하여야 한다(민사소송법 제85조).

6. 소송참가

(1) 제소주주를 위한 참가

(가) 자회사의 참가

상법 제404조 제1항은 회사는 주주의 대표소송에 참가할 수 있다고 규정하고 있다. 이는 제소주주가 소송수행을 제대로 하지 못하거나 피고인 이사와 결탁하여 회사의 이익이 침해될 우려가 있는 경우 권리주체인 회사가 직접 소송에 참가할 수 있도록 한 것이다. 회사는 소송고지가 없더라도 참가할 수 있다. 회사가 대표소송에 참가하는 경우 그 소송참가의 법적 성질에 대하여는, ① 대표소송에도 불구하고 회사는 여전히 당사자적격을 보유하나 회사가 당사자로서 참가하는 것은 중복소송에 해당하므로 회사의 참가는 공동소송적 보조참가로 보아야 한다는 견해[105]가 있지만, ② 회사는 여전히 소송수행권한을 가진 당사자로서 소송에 참가할 필요가 있고 당사자로서 참가하는 것이 소송경제와 판결의 모순·저촉 방지를 기할 수 있으므로 공동소송참가로 보아야 한다는 견해가 통설과 판례[106]이다. 공동소송참가는 새로운 소를 제기하여 기존의 소송에

103) 전게 「주석 상법[회사 3]」, 640면; 전게 「주식회사법대계Ⅱ」, 1255면.
104) 김정호, 전게논문, 108면.
105) 이시윤, 「신민사소송법」 제15판, 박영사(2021), 796면.

병합시키는 것과 같은 실질을 가지는 것이고, 회사의 참가로 인하여 회사와 제소주주는 유사필수적 공동소송 또는 그와 유사한 관계에 서게 된다.[107)]

제404조 제1항은 다중대표소송에 준용된다(제406조의2 제3항). 다중대표소송은 모회사 주주가 자회사의 이사에 대한 권리를 제3자 소송담당으로 행사하는 것이므로 권리귀속주체로서 다중대표소송에 참가할 필요가 있는 회사는 모회사가 아니라 자회사이고, 따라서 제406조의2 제3항, 제404조 제1항에 의하여 다중대표소송에 참가할 수 있는 회사는 자회사이다.[108)] 그리고 단순대표소송에 관한 앞서 본 판례의 취지에 의하면 다중대표소송에서 자회사의 참가도 그 형태는 공동소송참가이다.[109)] 그러므로 다중대표소송의 원고인 주주가 원고적격을 상실하더라도 소송은 종료되지 않고 참가인인 자회사와 피고간 소송으로 존속한다.[110)]

(나) 모회사의 다른 주주의 참가

제소주주가 아닌 모회사의 다른 주주가 다중대표소송에 참가할 수 있는지, 그리고 참가를 허용한다면 그 형태가 무엇인지 문제가 된다.

먼저 단순대표소송과 관련하여 제소주주가 아닌 다른 주주의 참가를 허용할 것인지에 대하여는, ① 많은 주주의 소송참가는 부당하게 소송을 지연시키거나 법원의 부담을 무겁게 할 염려가 있으므로 제404조 제1항은 회사의 소송참가만을 허용한 취지라고 하면서 주주의 소송참가를 부정하는 견해,[111)] ② 제404조 제1항은 입법의 착오라고 하면서 다른 주주들도 제404조 제1항에 의하여 공동소송참가를 할 수 있다는 견해,[112)] ③ 제소청구를 하였던 주주인지에 따라 당사자적격이 결정된다고 볼 수 없으

---

106) 대법원 2002. 3. 15. 선고 2000다9086 판결.
107) 전게 「주석 상법[회사 3]」, 641면.
108) 이승규 · 이승화 · 장문일, 전게논문, 14면; 김신영, 전게논문, 196면.
109) 전게 「주석 상법[회사 3]」, 668면; 전게 「주식회사법대계 Ⅱ」, 1255면.
110) 천경훈, 전게논문, 12면; 대법원 2002. 3. 15. 선고 2000다9086 판결.
111) 정찬형, 전게서, 1102면; 최준선, 「회사법」 제16판, 삼영사(2021), 584면.
112) 이철송, 전게서, 846면.

므로 대표소송이 일단 제기된 경우 다른 주주는 제소청구를 하였는지를 불문하고 원고적격이 없다고 보아야 하고, 대표소송의 기판력은 회사에만 미칠 뿐 주주에게는 미치지 않기 때문에 다른 주주의 참가는 민사소송법상 공동소송적 보조참가로 보아야 한다는 견해[113] 등이 있으나, 이에 관한 판례는 아직 없다. 다중대표소송과 관련하여서는, ① 공동소송참가는 신소제기의 실질을 갖추고 있어 그 자체로 당사자적격을 포함한 제반 소송요건을 갖추어야 하므로 제소자격과 제소청구 등 제소요건을 갖춘 모회사 주주는 당사자로서 공동소송참가를 할 수 있으나 제소자격과 제소요건을 갖추지 못한 주주는 당사자가 아닌 보조자로서의 참가, 즉 공동소송적 보조참가만을 할 수 있다는 견해[114]와 ② 원고가 제소자격과 제소요건을 구비하여 적법하게 대표소송을 제기하였다면 참가하려는 주주가 별도로 제소자격과 제소요건을 구비할 필요 없이 누구나 공동소송참가를 할 수 있다는 견해[115]가 있다.

우선 명문의 규정이 없는 이상 다른 주주는 제404조 제1항에 의하여 상법상의 참가는 할 수 없을 것이다. 그러나 한편으로 제소주주보다 더 많은 정보를 가지고 있고 충실하게 소송을 수행할 능력이 있는 주주가 대표소송에 참가하는 것이 오히려 신속·충실한 심리에 도움이 된다는 점에서 제404조 제1항이 다른 주주의 소송참가를 허용하지 않는 취지라고 보기도 어렵다. 따라서 다른 주주가 민사소송법의 규정에 의하여 대표소송에 참가하는 것은 허용된다고 보아야 한다.

문제는 참가의 형태인데, i) 넓게는 적법한 대표소송이 제기되어 있는 이상 모두 공동소송참가로 보는 견해, ii) 제소자격과 제소요건을 갖춘 주주와 그렇지 못한 주주를 구별하여 공동소송참가와 공동소송적 보조참가로 나누어 보는 견해, iii) 좁게는 대표소송이 제기되어 있는 이

113) 임재연·남궁주현, 전게서, 299면.

114) 전원열, 「민사소송법강의」, 박영사(2020), 649면; 전게 「주석 상법[회사 3]」, 643, 669면.

115) 이승규·이승화·장문일, 전게논문, 15면; 천경훈, 전게논문, 15면. 정준우, 전게논문, 383면도 같은 취지로 보인다.

상 원고적격이 없어 언제나 공동소송적 보조참가만 할 수 있다는 견해가 가능하다. 제3자 소송담당 중 주주대표소송과 같이 병행형으로 가장 많이 거론되는 채권자대위소송을 먼저 살펴볼 필요가 있다. 소송이 이미 제기되어 있는 경우에 다른 사람이 참가에 의하여 소를 제기하는 것은 중복제소에 해당하기 때문에 공동소송참가는 허용되지 않는다는 견해가 있기는 하다.[116] 그러나 판례는 채권자대위소송이 계속 중인 상황에서 다른 채권자가 동일한 채무자를 대위하여 채권자대위권을 행사하면서 공동소송참가신청을 할 경우, 양 청구의 소송물이 동일하다면 '소송목적이 한쪽 당사자와 제3자에게 합일적으로 확정되어야 할 경우'에 해당하므로 공동소송참가신청은 적법하다고 판단하였고,[117] 주주대표소송에서 회사가 참가한 경우도 공동소송참가로 보는 한편 중복제소에 해당하지 아니함을 분명하게 밝힌 바 있다.[118] 이처럼 판례는 병행형 제3자 소송담당에서의 공동참가에 있어서는 먼저 제기된 소송이 당사자적격과 중복제소 문제에 장애가 되지 않는다고 보는 입장이다.

따라서 iii)견해에 관하여는 대표소송이 먼저 제기되어 있다는 사정이 참가 주주에게 원고적격의 문제가 되지 않을 뿐만 아니라 중복제소에 해당하지도 않으며, 피참가소송이 후발적으로 소송요건을 흠결하거나 취하되는 경우에 참가 주주의 청구를 유지시킬 필요가 있음을 고려하면 일률적으로 공동소송적 보조참가로 취급할 것은 아니라는 비판이 가능하다. i)견해는 주주의 공동소송참가를 적법한 것으로 전제하고 소송을 진행한 하급심사례[119]가 있었음을 근거로 한다. 그러나 공동소송참가는 판결의 효력을 받는 제3자로서 당사자적격을 구비한 자가 할 수 있다고 봄이 일반적이고,[120] 그러한 당사자가 중복제소 금지 때문에 소를 제기할 수 없고 필수적 공동소송인의 추가(민사소송법 제68조)에 기하여 소송에 들

116) 민일영 편집대표, 「주석 민사소송법(Ⅰ)」 제8판, 한국사법행정학회(2018), 662-663면.
117) 대법원 2015. 7. 23. 선고 2013다30301, 30325 판결.
118) 대법원 2002. 3. 15. 선고 2000다9086 판결.
119) 서울지방법원 1998. 7. 24. 선고 97가합39907 판결.
120) 이시윤, 전게서, 820; 전원열, 전게서, 647; 전게 「주석 민사소송법(Ⅰ)」, 660면.

어올 수도 없는 경우에 소송에 참여하기 위해 이용하도록 한 제도이다.[121] 따라서 모회사 주주의 참가는 제소자격과 제소요건을 모두 갖추었는지에 따라 공동소송참가와 공동소송적 보조참가로 나누어 보는 ii) 견해가 이론적으로 타당하고, 피참가소송이 부적법 각하되거나 취하된 경우에 참가 주주에 대한 처리도 명확하게 구별하여 할 수 있을 것이다.

(다) 자회사의 다른 주주 및 모회사의 참가

다중대표소송에 있어서 자회사의 다른 주주가 또는 모회사가 자회사 주주 지위에서 참가할 수 있는지, 참가가 허용된다면 그 형태가 무엇인지 문제가 된다. 먼저 제기된 대표소송과 소송물은 동일하므로 앞 (나)항의 논의와 연장선상에 있다. 자회사의 다른 주주 또는 모회사가 스스로 제소자격과 제소요건을 갖추었다면 공동소송참가를 할 수 있고, 이를 갖추지 못하였다면 공동소송적 보조참가를 할 수 있다는 견해[122]와 제소자격과 제소요건을 갖추지 못하였더라도 공동소송참가를 할 수 있다는 견해[123]가 있는데, 앞에서 본 것과 같은 논의가 가능한 부분이다.

(2) 피고를 위한 참가

(가) 자회사의 보조참가

단순대표소송의 경우 회사가 피고인 이사를 위하여 보조참가하는 것은 허용되지 않는다고 보는 것이 통설적 견해이다. 이사의 책임이 인정됨으로써 회사의 법적 지위 내지 법적 이익을 해하는 경우를 생각하기 어렵고, 이를 판단하는 주체도 결국 이사이므로 참가의 필요성에 대한 판단의 공정성도 기대하기 어렵다는 점을 이유로 한다.[124] 제3자의 법정소송담당인 대표소송에서 권리귀속주체인 회사가 피고를 위하여 보조참가하여 자기의 권리를 부정한다는 것 자체가 보조참가의 구조에 모순되는 측면도 있다.[125] 다중대표소송에서도 마찬가지로 권리귀속주체인 자회

121) 전원열, 전게서, 647면.
122) 전게 「주석 상법[회사 3]」, 669면.
123) 이승규 · 이승화 · 장문일, 전게논문, 15면; 천경훈, 전게논문, 16면; 김신영, 전게논문, 199면.
124) 전게 「주석 상법[회사 3]」, 642면.

사가 피고를 위하여 보조참가하여 스스로의 권리를 부정하는 그 자체로 모순이므로 부정함이 타당하다.[126)]

(나) 모회사의 보조참가

반면 다중대표소송에서 모회사는 권리귀속주체가 아니므로 피고를 위하여 보조참가하는 것이 스스로의 권리와 반드시 모순되는 것은 아니다. 다만 보조참가를 위한 참가의 이익, 즉 '소송결과에 대한 법률상의 이해관계'를 인정할 수 있는 예외적인 사유가 존재할 때에 한하여 허용될 수 있을 것이다.[127)] 앞에서 본 바와 같이 다중대표소송의 피고가 될 수 있는 업무집행지시자에 지배회사도 포함되므로, 모회사가 자회사의 의사결정에 사실상 영향력을 미친 업무집행지시자로서 자회사에 대하여 책임이 있는 경우가 이 경우에 해당할 수 있다.[128)]

7. 중복제소의 문제

모회사 주주가 다중대표소송을 제기한 후에 같은 피고에 대하여 자회사가 소송을 제기하거나, 다른 모회사 주주 또는 자회사 주주(모회사 포함)가 대표소송을 별도로 제기하면 후소는 중복제소에 해당하고, 반대로 자회사 주주가 대표소송을 제기한 후에 모회사 주주가 제기하는 다중대표소송이나 자회사가 제기하는 소송 역시 중복제소에 해당한다고 봄이 일반적이다.[129)] 따라서 후소는 부적법 각하해야 한다. 이러한 경우를 회

---

125) 이승규 · 이승화 · 장문일, 전게논문, 16면.

126) 이승규 · 이승화 · 장문일, 전게논문, 16면; 천경훈, 전게논문, 16면.

127) 이승규 · 이승화 · 장문일, 전게논문, 16면; 천경훈, 전게논문, 16면.

128) 모회사 주주가 모회사에 대하여도 다중대표소송을 제기할 수 있는 사안에서 모회사로부터 지시를 받은 자회사 이사만을 상대로 다중대표소송을 제기하는 경우에 자회사 이사가 패소할 경우 모회사는 구상금청구소송을 당할 처지에 놓이고, 이 경우 모회사는 자회사 이사의 보조참가인이 될 수 있다. 특히 자회사 이사가 업무집행지시자인 모회사에 민사소송법상 소송고지를 하면 참가적 효력을 받는 모회사가 보조참가신청을 할 가능성이 있는데, 소송상대방인 모회사 주주의 이의신청이 있더라도 통상의 경우와 같이 대부분 종국판결에서 참가신청의 당부를 판단할 것이므로 소송지연의 문제는 생기지 않을 것이다.

129) 이승규 · 이승화 · 장문일, 전게논문, 13면; 천경훈, 전게논문, 13-14면; 정준우, 전게논문, 382면; 전게 「주식회사법대계 Ⅱ」, 1257면.

사법상 소권의 우선순위 문제로 보는 견해[130]가 있으나 중복제소 문제로 봄이 타당하다.

별소로 중복제소가 있었으나 부적법 각하되기 전에 어떠한 사유로 변론이 병합된 경우[131]에 여전히 후소를 중복제소로 볼 것인지, 아니면 공동소송참가나 유사필수적 공동소송으로 볼 것인지가 문제될 수 있다. 수개의 설립무효의 소 또는 설립취소의 소가 제기된 때에는 법원이 이를 병합심리하도록 하는 특별한 규정(상법 제188조)[132]이 있으나, 대표소송의 경우에는 이러한 규정이 없다. 중복된 제소금지의 원칙은 기판력이 어긋나는 것을 방지하는데 목적이 있는데 후소가 전소에 병합심리된 경우에는 하나의 판결이 선고되어 기판력의 저촉이 생기지 않으므로 중복제소의 금지가 적용되지 않는다는 견해[133]가 있으나, 이에 관한 판례는 아직 없는 것으로 보인다.

조심스럽게 결론을 말하자면 각하하지 않은 채 굳이 병합을 하였다면 중복제소로 보지 않는 것이 옳다고 생각한다. 후소에서 간혹 변론기일을 추후지정으로 하고 각하 등 사유로 종결될지 모르는 전소의 운명을 지켜보는 경우도 있는데 그렇게 하지 않고 굳이 병합을 하였다면 같이 심리를 진행하는 것이 맞고, 설령 병합 전의 전소가 소송요건 흠결이나 취하 등으로 종결되더라도 후소를 계속 심리할 수 있어 소송경제에 부합하기 때문이다. 이 경우 그 형태를 공동소송참가로 볼 것인지, 아니면 처음부터 공동원고로서 제소한 것과 같이 유사필수적 공동소송으로 볼 것인가 문제되나, 두 경우 모두 심리방식이나 별도의 사건번호가 부여되는 것이 동일하기 때문에 논의의 실익은 크지 않다고 생각한다.

---

130) 자세한 내용은 김정호, 전게논문, 110-117면 참조.

131) 복수의 대표소송이 제기될 때에는 전속관할에 따라 동일법원에 계속하게 되므로 병합될 가능성이 있다.

132) 회사합병무효의 소와 주주총회결의 취소 · 무효 · 부존재확인의 소에 준용된다.

133) 강현중, 「민사소송법」 제7판, 박영사(2018), 356면; 김상수, "중복된 소제기의 금지에 관한 연구", 「인권과 정의」 제327호, 대한변호사협회(2007), 117-118면.

8. 개정 상법 시행 전 행위에 대한 적용 여부

개정 상법 부칙 제1조는 “이 법은 공포한 날부터 시행한다.”고 규정하면서 다중대표소송과 관련하여 특별한 경과규정을 두지 않았다. 따라서 개정 상법 시행 전에 발생한 자회사 이사의 행위에 대해 모회사 주주가 다중대표소송을 제기할 수 있는지가 문제될 수 있다. 다중대표소송은 단순대표소송의 원고적격을 모회사 주주로 확대한 것일 뿐 소송물은 자회사의 자회사 이사에 대한 손해배상청구권으로서 다중대표소송으로 새로운 실체적 권리의무가 창설되거나 기존의 실체적 권리의무가 변동된 것이 아니다. 따라서 개정 상법 부칙에서 명시적으로 달리 정하지 않은 이상, 개정 상법 시행 전에 발생한 자회사 이사의 행위 역시 개정 상법에 따른 다중대표소송의 대상이 된다고 보아야 한다.[134] 종래에도 증권거래법 개정으로 대표소송의 원고 지분요건이 완화되었으나 개정 당시 부칙에 특별한 경과규정을 두지 않았던 경우에 개정 전에는 지분요건을 충족하지 못하였으나 개정으로 인해 지분요건을 충족한 일부 주주들이 개정 전에 발생한 이사의 위법행위에 대해 대표소송을 제기한 사안에서 개정된 법률에 따른 요건을 기준으로 소의 적법성을 인정한 사례가 있었다.[135]

Ⅵ. 주주와 회사의 변동

1. 제소주주에게 변동이 있는 경우

(1) 제소주주가 사망 또는 합병 등으로 소멸하는 경우

제소한 모회사 주주가 사망하거나 합병 등으로 소멸한 경우 다중대표소송은 기존 주주를 포괄승계한 상속인 또는 존속회사 등에게 당연히 승계된다. 소송대리인이 없다면 사망이나 합병 등으로 소송절차는 중단

134) 이승규 · 이승화 · 장문일, 전게논문, 11면; 천경훈, 전게논문, 17면; 김신영, 전게논문, 200면.

135) 수원지방법원 2001. 12. 27. 선고 98가합22553 판결(대법원 2005. 10. 28. 선고 2003다69638 판결로 확정).

되고 상속인 또는 존속회사 등이 소송절차를 수계할 수 있다(민사소송법 제233조, 제234조).[136] 민사소송법 제237조는 소송담당자의 사망으로 소송절차는 중단되고 이 경우 새로운 소송담당자가 소송절차를 수계하여야 한다고 규정하지만, 대표소송을 제기한 주주는 여기의 소송담당자에 해당하지 않으므로 제237조에 의한 중단의 문제는 생기지 않는다.[137]

(2) 제소주주가 보유주식을 전부 양도한 경우

제소한 모회사 주주가 주식을 전혀 보유하지 않게 되어 주주 지위를 상실하는 경우에는 원고적격을 상실하므로 그가 제기한 다중대표소송이 부적법 각하되어야 함은 앞에서 보았다.

그런데 그 모회사 주주가 보유 주식 전부를 제3자에게 양도한 경우에 민사소송법 제81조, 제82조에 의한 참가승계 또는 인수승계가 가능한지에 대하여는 견해가 대립한다. 긍정설은, 소송경제를 이유로 하거나,[138] 신주발행무효소송의 계속 중 제소원고의 주식이 양도된 사안에서 양수인의 참가승계를 인정한 판례[139]를 근거로 들거나,[140] 채권자대위권에 기하여 채무자의 권리를 대위행사하고 있는 채권자가 당해 대위권의 기초가 된 자기의 채권을 제3자에게 양도한 경우에 양수인은 참가승계할 수 있다는 견해[141]를 근거로 대표소송도 동일하게 보아야 한다는 점을 이유로 한다.[142]

이에 반하여 부정설은 "민사소송법 제81조, 제82조에 규정되어 있는 '소송목적의 권리 또는 의무의 승계'란 소송물인 권리관계가 이전된 경우

---

136) 전게 「주석 상법[회사 3]」, 669면; 임재연 · 남궁주현, 전게서, 283면.

137) 이에 관하여 ① 민일영 편집대표, 「주석 민사소송법(Ⅲ)」 제8판, 한국사법행정학회(2018), 606면은 주주가 자기의 지위에 기해서 소송을 하는 것이기 때문이라고 하고, ② 전원열, 전게서, 300면은 자발적으로 소송담당자가 된 자는 여기의 소송담당자에 해당하지 않는다고 설명한다.

138) 송옥렬, 전게서, 1108면.

139) 대법원 2003. 2. 26. 선고 2000다42786 판결.

140) 임재연 · 남궁주현, 전게서, 284면.

141) 전게 「주석 민사소송법(Ⅰ)」, 638면.

142) 손창완, "회사소송에서 주주의 원고적격", 「상사법연구」 제38권 제2호, 한국상사법학회(2019), 318면.

와 소송물인 권리관계의 목적물건(계쟁물)의 권리가 이전된 경우(여기에서 당사자적격을 엄밀하게 본안적격이라고 하면서 '당사자적격 이전의 근거가 되는 실체법상의 권리이전'이라고 표현하거나[143) '계쟁물에 관한 분쟁의 주체인 지위의 승계'라고 표현하기도 한다[144))를 포함하는데, 대표소송에서 원고가 보유한 주식의 양도는 제소자격의 이전에 불과하고 본안적격 내지 분쟁주체인 지위의 이전에 해당하지 않으므로 제소주주의 주식 양도는 참가승계나 인수승계의 사유가 될 수 없다"고 설명한다.[145)]

(3) 조직재편에 의한 지분의 변동이 있는 경우

(가) 기존 단순대표소송에 관한 판례와 학계의 논의

1) 다중대표소송에 관한 조문이 신설되기 전에 A회사의 주주가 단순대표소송을 제기하여 소송계속 중 주식의 포괄적 교환[146)]에 의하여 A회사가 B회사의 완전자회사가 되고, 주주는 A회사 주식 대신 B회사 주식을 취득한 경우 원고적격이 유지되는지가 문제된 사례들이 있었다. 이들 사례에서 대법원은, 대표소송을 제기한 주주가 A회사 주식을 전혀 보유하지 않게 되어 원고적격을 상실하여 소는 부적법하게 되고, 이는 주주가 자신의 의사에 반하여 주주의 지위를 상실하였다고 하여 달리 볼 것이 아니라고 판단하였다.[147)] 이러한 대법원의 입장에 대하여는 학계에서 비판적인 견해가 있었다.[148)]

---

143) 이시윤, 전게서, 834면.

144) 전원열, 전게서, 667면.

145) 전게 「주석 상법[회사 3]」, 633면. 이 견해는 긍정설이 근거로 드는 신주발행무효의 소에 관한 판례에 대하여는 신주발행무효를 주장할 수 있는 권리주체는 바로 주주 자신이므로 신주발행무효의 소에서 제소주주의 주식 양도는 본안적격 내지 분쟁주체의 지위의 이전에 해당하므로 위 판례가 대표소송에 그대로 적용될 수 없다고 한다,

146) 주식의 포괄적 교환이란 기존의 회사 사이에 일정한 절차를 거쳐 완전모회사가 되는 회사(인수회사)가 완전자회사가 되는 회사(대상회사)의 주주에게 인수회사의 신주를 발행하거나 자기주식 등을 교부하는 대신 대상회사의 발행주식 전부를 강제로 취득하여 완전모자회사관계를 창설하는 행위 또는 제도를 말한다(상법 제360조의2).

147) 대법원 2018. 11. 29. 선고 2017다35717 판결, 대법원 2019. 5. 10. 선고 2017다279326 판결.

2) 한편 최근 선고된 대법원 2021. 1. 14. 선고 2017다245279 판결은 대표소송의 항소심 계속 중에 회사의 흡수합병으로 존속회사의 주식을 합병대가로 배정받음에 따라 원고가 소멸회사 주주의 지위를 상실하고 존속회사의 주주의 지위를 가지게 된 사례에서 대표소송의 원고적격이 유지됨을 전제로 본안에 관한 상고이유 판단을 하였다. 대법원이 주식의 포괄적 교환 사안과 달리 본 까닭은 합병의 경우에는 회사가 그대로 존속하는 교환의 경우와 달리 회사는 소멸하고 소멸회사의 소멸회사 이사에 대한 손해배상청구권이 그대로 존속회사에 포괄승계됨에 따라 「원고→존속회사→피고」라는 형태로 단순대표소송의 구조가 그대로 유지되기 때문인 것으로 짐작된다. 그러한 점에서 합병과 주식교환의 경우에 원고적격을 달리 본 판례의 태도가 합리성을 결여한 것이라는 비판[149]은 타당하지 않고, 오히려 합병의 본질상 이는 당연한 것이라고 할 것이다.[150]

(나) 개정 상법 시행 이후의 해석론

1) 합병의 경우

가) 일반합병의 경우에는 위 2017다245279 판결과 같이 원고적격이 유지된다고 봄이 타당하다. 위 판결 사안에서는 쟁점이 되지 않았기 때문에 원고적격이 유지되는 근거에 대하여 따로 판단이 없었지만, 원고가 합병으로 인해 소멸회사 주주의 지위를 상실한다고 하여도 소멸회사가 존속회사로 합일되고 원고가 소멸회사 이사에 대한 손해배상청구권을 그

---

148) 김정호, "조직재편과 대표소송의 원고적격-대법원 2018. 11. 29. 선고 2017다35717 판결의 평석을 겸하여-", 「법학연구」 제29권 제4호, 연세대학교 법학연구원(2019), 119면 이하; 노혁준, "주주 지위의 변동과 회사소송의 원고적격", 「기업법연구」 제30권 제4호, 한국기업법학회(2016). 9면 이하; 손창완, 전게논문, 309면 이하; 최문희, "합병, 주식교환, 주식이전 등 조직재편과 대표소송의 원고적격의 쟁점-대법원 판례에 대한 비판적 고찰과 입법론적 제안-", 「상사판례연구」 제29권 제3권(2016). 247면 이하.

149) 김신영, 전게논문, 190면.

150) 황현영, "프로젝트 파이낸스 대출에서 이사의 선관주의의무에 관한 소고", 「법조」 제70권 제2호, 법조협회(2021), 485-486면.

대로 포괄승계한 존속회사의 주주 지위를 취득하는 이상 지분의 변동은 있지만 원고적격의 실질적인 동일성은 유지한다고 보아야 한다.[151)]

나) 그러나 합병신주 대신 현금 등을 제공하는 교부금합병의 경우에는 원고는 더 이상 소멸회사의 주주가 아니고 존속회사에 대하여도 아무런 이해관계가 없으므로 원고적격은 없다고 봄이 타당하다.[152)]

다) 존속회사 주식이 아닌 존속회사의 모회사 주식이 교부되는 삼각합병의 경우는 어떠한가. A의 주주가 A의 이사를 상대로 단순대표소송을 제기하여 소송계속 중에 A가 B에 합병되고 A의 주주가 존속회사 B의 모회사 C의 주식을 받아 C의 주주 지위를 취득하는 경우를 상정해 보면 「원고→A→피고」 형태의 소송이 「원고→C→B→피고」의 이중대표소송 형태로 변경된다. 여기서 단순대표소송에서 주식의 포괄적 교환이 이루어진 사안에 관한 기존 판례의 취지를 그대로 적용하면 원고는 소멸회사(A)의 주주 지위를 상실하므로 원고적격이 없다고 보아야 한다. 그러나 개정 상법에 의해 다중대표소송이 인정된 이후에는 달리 볼 여지가 충분하다. A의 피고에 대한 손해배상청구권은 B에게 그대로 포괄승계됨에 따라 삼각합병 전후로 소송물은 동일하고, 원고는 모회사인 C의 주주로서 소송물에 대한 이해관계가 있으며, 원고의 모회사 C에 대한 주식보유비율만 제외하면 전형적인 이중대표소송과 동일한 모습이 된다. 다중대표소송은 단순대표소송의 원고적격을 확대한 제도인데, 삼각합병에 의해 원고적격을 구비하는 근거만 달라졌을 뿐[153)] 원고적격 자체는 유지된다고 봄이 타당하다. 다만 원고의 제소자격인 모회사 C에 대한 주식보유비율이 상법에 정한 기준에 미치지 못할 수 있으나 이 경우 상법 제406조의2 제

151) 노혁준, 전게논문, 30면; 손창완, 전게논문, 325면; 최문희, 전게논문, 259면.
152) 노혁준, 전게논문, 31면; 손창완, 전게논문, 326면; 최문희, 전게논문, 261면.
153) 채권자대위소송에서 소송 중 피보전채권을 변경하더라도 이는 소변경이 아니라 당사자적격을 가지는 근거가 되는 공격방어방법의 변경에 불과하여 얼마든지 피보전채권을 교체할 수 있고, 심지어 복수의 피보전채권을 주장할 수도 있다. 다중대표소송의 경우도 이와 마찬가지이다. 즉 원고는 원고적격을 가지는 근거에 대하여 단순대표소송의 주주에서 다중대표소송의 주주로 주장을 변경할 수 있고 이는 공격방어방법의 차이에 불과하다.

3항, 제403조 제5항이 적용되어 대표소송의 형태만 변경되고 기존 제소의 효력에는 영향이 없다고 보아야 할 것이다.

라) 위 가)과 다)의 경우에 합병 전후로 소송물은 동일하고, 원고적격의 기초가 되는 법률관계만 변동되었을 뿐이다. 원고적격은 직권조사사항에 속하므로 원고가 원고적격의 기초가 되는 법률관계가 변동되었음을 주장하고 법원이 직권으로 판단하면 된다. 다만 판결주문에서 이행의 상대방이 되는 회사가 달라지므로 그 한도에서 청구취지의 변경은 필요할 것이다.

2) 주식의 포괄적 교환 · 이전의 경우

A회사와 B회사 사이에 주식의 포괄적 교환계약이 체결되어 A회사 주주가 소유하는 A주식이 B에게 이전하고, B가 교환의 대가로 A회사 주주에게 완전모회사인 B주식을 주는 주식교환의 경우나 C회사가 주식을 모두 신설되는 D회사에 이전하는 주식이전에 의하여 D는 C의 완전모회사가 되고 C회사의 기존 주주에게는 완전모회사인 D주식을 교부하는 주식이전의 경우에는 어떠한가.

역시 기존 판례의 취지를 그대로 적용하면 원고는 A(주식교환의 사례) 또는 C(주식이전의 사례)의 주주 지위를 상실하므로 원고적격이 없다고 볼 여지가 있다. 그러나 주식교환의 사례에서는 기존 「원고 → A → 피고」 형태의 단순대표소송이 「원고 → B → A → 피고」 형태의 이중대표소송으로 변경되고, 주식이전의 사례에서는 기존 「원고 → C → 피고」 형태의 단순대표소송이 「원고 → D → C → 피고」 형태의 이중대표소송으로 변경되는데, 앞서 본 삼각합병의 경우와 동일하게 판단할 수 있을 것이다.

2. 자회사(권리주체)에게 변동이 있는 경우

(1) 자회사(B)가 제소주주가 주식을 가진 모회사(A)에 합병되거나 A의 완전자회사가 된 경우

A의 주주가 A의 자회사인 B의 이사를 상대로 대표소송을 제기하여 소송계속 중에 B가 A에 합병된 경우 이사에 대한 B의 권리는 A에 이전

되므로 기존의 다중대표소송은 단순대표소송의 형태로 변경되어 유지된다고 보아야 한다. 그리고 위와 같은 소송계속 중 B가 A의 완전자회사가 된 경우에 기존 소송이 유지됨은 당연하다.[154)]

(2) 자회사(B)가 다른 회사(C)에 합병되거나 주식의 포괄적 교환 · 이전으로 완전자회사가 된 경우

(가) 모회사 A의 주주가 A의 자회사인 B의 이사를 상대로 대표소송을 제기하여 소송계속 중에 B가 C에 합병되고 A가 C의 합병신주를 받아 C의 주주 지위를 취득한 경우 이사에 대한 B의 손해배상청구권은 C에 포괄승계되고 기존 「원고 → A → B → 피고」 형태의 이중대표소송이 「원고 → A → C → 피고」 형태의 이중대표소송으로 변경되어 유지된다고 볼 수 있다.[155)] 그리고 합병에 의해 A의 지분이 C 발행주식총수의 50% 이하가 되어 A와 C간에 모자회사관계가 해소되더라도 상법 제406조의2 제4항에 의하여 제소의 효력에는 영향이 없다고 봄이 타당하다.

(나) 위와 같은 소송계속 중 주식의 포괄적 교환 · 이전에 의해 B가 C의 완전자회사가 되면서 그 과정에서 A가 B주식의 교환 또는 이전의 대가로 C주식을 취득하였다면 기존 「원고 → A → B → 피고」 형태의 이중대표소송이 「원고 → A → C → B → 피고」 형태의 삼중대표소송으로 변경되어 유지된다고 보아야 한다.[156)] 이 경우 역시 A의 지분이 C 발행주식총수의 50% 이하가 되더라도 상법 제406조의2 제4항에 의하여 제소의 효력에는 영향이 없다고 보아야 한다.

(3) 자회사(B)에 대한 파산절차나 회생절차가 개시된 경우

회사에 대하여 파산절차 또는 회생절차가 개시된 경우 회사 재산의 관리권은 파산관재인 또는 관리인에게 귀속되고 회사는 이사의 책임을 추궁하는 소를 제기할 수 없으므로 회사가 이사에 대한 책임추궁을 게을리 할 것을 예상하여 마련된 대표소송은 파산절차 또는 회생절차가 진행

154) 전게 「주석 상법[회사 3]」, 670면.
155) 전게 「주석 상법[회사 3]」, 670면.
156) 전게 「주석 상법[회사 3]」, 670면.

중인 때에는 적용이 없다고 보아야 한다. 따라서 주주가 파산관재인이나 관리인에게 이사의 책임을 추궁할 것을 청구하였는데 파산관재인이나 관리인이 이를 거절하였다고 하더라도 주주가 대표소송을 제기할 수 없고, 주주가 회사에 대하여 제소청구를 하였는데 회사가 소를 제기하지 않는 사이에 파산절차나 회생절차가 개시되었더라도 대표소송을 제기할 수 없다.[157)]

대표소송 계속 중 회사에 대하여 파산절차나 회생절차가 개시된 경우에는 소송절차는 중단되고 파산관재인이나 관리인이 기존의 소송을 수계할 수 있다.

Ⅶ. 소송의 종료

1. 판결에 의한 종료

다중대표소송도 제3자의 소송담당에 해당하므로 판결의 효력은 승패를 불문하고 권리주체인 자회사에도 미친다(민사소송법 제218조 제3항).

그렇다면 다중대표소송의 확정판결이 있는 경우 모회사의 다른 주주나 자회사의 다른 주주(모회사 포함)가 다중대표소송 또는 단순대표소송으로 동일한 청구를 할 경우에는 기판력에 의한 제한을 받게 되는가. 병행형 제3자 소송담당인 채권자대위소송에 관한 판례는 어느 채권자가 채권자대위권을 행사하는 방법으로 제3채무자를 상대로 소송을 제기하여 판결을 받은 경우 어떠한 사유로든 채무자가 채권자대위소송이 제기된 사실을 알았을 경우에 한하여 그 판결의 효력이 채무자에게 미치므로, 이러한 경우에는 그 후 다른 채권자가 동일한 소송물에 대하여 채권자대위권에 기한 소를 제기하면 전소의 기판력을 받게 된다고 본다.[158)] 이러한 법리에 준하여 보면, 다중대표소송에서는 확정판결의 기판력이 자회사에 당연히 미치므로, 모회사의 다른 주주나 자회사의 다른 주주(모회사 포함)가 대표소송으로 자회사의 해당 이사에 대한 동일한 청구를 하는 경우에

---

157) 파산 사례에 관하여는 대법원 2002. 7. 12. 선고 2001다2617 판결.
158) 대법원 1994. 8. 12. 선고 93다52808 판결.

는 전소의 기판력을 받게 된다고 봄이 타당하다.[159]

2. 당사자의 의사에 의한 종료

다중대표소송에서도 소의 취하·청구의 포기·인낙·화해를 위하여는 법원의 허가를 얻어야 한다(상법 제406조의2 제3항, 제403조 제6항). 법원은 허가 여부를 결정함에 있어 권리주체인 자회사, 모회사를 비롯한 자회사의 주주, 제소주주 외 모회사의 주주 등의 이익을 두루 고려하여 허가 여부를 결정하여야 한다.[160]

3. 승소주주의 비용청구권

다중대표소송에 있어 승소한 주주는 권리주체인 자회사에 대하여 소송비용 및 그 밖에 소송으로 인하여 지출한 비용 중 상당한 금액의 지급을 청구할 수 있고, 패소한 주주는 악의인 경우 외에는 권리주체인 자회사에 대하여 손해를 배상할 책임이 없다(상법 제406조의2 제3항, 제405조).

4. 재　　심

단순대표소송이 제기된 경우에 원고와 피고의 공모로 인하여 소송의 목적인 회사의 권리를 사해할 목적으로써 판결을 하게 한 때에는 '회사' 또는 '주주'는 확정한 종국판결에 대하여 재심의 소를 제기할 수 있는데(상법 제406조 제1항), 위 규정은 다중대표소송에 그대로 준용된다(제406조의2 제3항). 여기서 '회사'는 법문상 소송의 목적인 권리의 주체를 가리키는 것이 분명하므로 '자회사'로 봄이 타당하다.[161]

문제는 다중대표소송에서 재심의 소를 제기할 수 있는 '주주'를 어느 회사의 주주로 볼 것인가이다. 재심청구 당시 주주권을 행사할 수 있는

---

159) 이승규·이승화·장문일, 전게논문, 13면; 전게 「주석 상법[회사 3]」, 671면.

160) 전게 「주석 상법[회사 3]」, 671면.

161) 전게 「주식회사법대계Ⅱ」, 1257면. 그러나 법문상 모회사도 포함된다는 견해가 있기는 하다(김태진, 전게논문, 94면).

주주이면 재심청구를 할 수 있다고 보아 제소주주가 아닌 모회사 주주도 포함된다는 견해[162)]가 있다. 이에 반하여 자회사 주주로 한정하여 보아야 한다는 견해가 있는데, 그 근거로는 제406조의 규정 자체가 단순대표소송을 전제로 한 것이므로 실질적으로는 '회사 또는 (그) 주주'를 의미하는 것으로 봄이 타당하고 이를 준용하는 제406조의2 제3항의 해석 역시 같은 의미로 해석해야 하므로 다중대표소송에 대한 재심의 소는 자회사와 그 주주만이 제기할 수 있다고 보아야 한다고 설명하거나,[163)] 재심의 소를 제기할 수 있는 주체를 무한히 확장할 수 없기 때문이라고 한다.[164)] 모회사 주주와 피고인 자회사 이사가 사해판결을 받은 경우 다른 모회사 주주도 재심의 소를 제기할 필요성은 부정할 수 없으나 법조문의 체계상 제406조의2 제3항에서 제406조 제1항을 준용함에 있어 '주주'는 '소송의 목적인 권리의 주체인 자회사의 주주'로 읽는 것이 옳다고 생각한다.

Ⅷ. 결　론

이상 다중대표소송을 심리하면서 문제가 될 만한 쟁점들에 관하여 기존의 논의를 소개하거나 향후 전개될 논의를 예상하고 이에 관한 일응의 견해를 제시해 보았다.

쟁점들을 살펴보면서 드러난 명백한 입법 오류, 즉 상법 제542조의6 제9항에 다중대표소송에 관한 제7항을 포함시키지 아니한 점은 조속한 개정으로 보완될 필요가 있고, 같은 조 제8항에 제7항이 제외된 점은 앞서 본 바와 같이 입법의 오류인지 명확하지는 않지만 제9항의 개정 작업 시에 함께 검토하여 입법자의 의사를 분명하게 할 필요가 있다.

---

162) 전게 「주석 상법[회사 3]」, 672면; 김태진, 전게논문, 94면.

163) 전게 「주식회사법대계Ⅱ」, 1257. 피고에 대한 청구권을 갖는 회사는 피고가 이사로 있는 자회사이므로 그 자회사의 주주를 의미한다고 보는 견해(천경훈, 전게논문, 13면)도 같은 맥락이다.

164) 김신영, 전게논문, 197면. 다만 이러한 설명은 다중대표소송의 모자회사관계에 증손회사 이하의 회사까지 무제한 확장이 가능하다는 입장을 전제하고 있는 것으로 보이는데, 무제한 확장을 부정하는 입장에서는 적절한 근거가 되지 못할 것이다.

한편 다중대표소송이 활성화되기 위해서는 다중회계장부열람권 규정을 마련할 필요가 있다. 다중대표소송이 제기된 후에 본안에서 소수주주가 문서제출명령 등을 통하여 모색적으로 증거에 접근할 것이 아니라 미리 다중회계장부열람권의 행사를 통해 소송준비를 하는 편이 다중대표소송의 남소를 방지할 수 있을 뿐만 아니라 본안의 효율적인 심리에도 도움이 될 것이다.

[Abstract]

The Legal and Practical Issues on Multiple Derivative Suit

Jin, Sang Bum*

After a long discussion, on December 29, 2020, a new article on multiple derivative suit was established in the Korean Commercial Code(KCC). Multiple derivative suit is expected to have considerable deterrence against illegal acts by directors of subsidiaries, and it is expected that various types of disputes will lead to multiple derivative suit in the future.

The multiple derivative suit system introduced into the KCC was legislated on the premise of a parent-subsidiary relationship based on a share ratio of over 50%, that is, the concept of a parent company under the KCC.

Accordingly, the interpretation of commercial law provisions has become important in relation to how to operate the multiple derivative suit system, which was born in a very different form from the multiple derivative suit system of other countries.

The important issues that will be at issue in a multiple derivative lawsuit are as follows. Shareholding requirements for the parent company shareholders who filed the lawsuit, Shareholding requirements for the parent company, participation in lawsuits, and legal relationships in case of changes in the filing shareholders or subsidiaries.

In particular, there have been many critical views on the Supreme Court's ruling on whether standing for plaintiff for a derivative lawsuit is maintained when the filing shareholder involuntarily loses its shareholder

* Presiding Judge, Seoul Western District Court.

status due to corporate restructuring such as triangular merger or comprehensive share exchange. In this article, as the multiple derivative suit was introduced into the KCC, I presented the view that the standing for plaintiff can be maintained in the form of multiple derivative suit from simple derivative suit even in case of corporate restructuring such as triangular merger or comprehensive share exchange.

In this article, we have introduced existing discussions or anticipated future discussions on various issues that practitioners will encounter in multiple derivative litigation, and then sought reasonable solutions. Clear legislative errors need to be amended and supplemented as soon as possible. In addition, in order to activate multiple derivative suit, it is necessary that the shareholders of the parent company should have the right to inspect the books and records on the subsidiaries.

[Key word]

- Shareholder's Derivative Suit
- Multiple Derivative Suit
- Parent Company
- Subsidiaries
- Shareholding requirement
- Standing For Plaintiff
- Corporate Restructuring

참고문헌

1. 단 행 본

권순일 편집대표, 「주석 상법[회사 2]」 제6판, 한국사법행정학회, 2021.

______, 「주석 상법[회사 3]」 제6판, 한국사법행정학회, 2021.

______, 「주석 상법[회사 5]」 제6판, 한국사법행정학회, 2021.

민일영 편집대표, 「주석 민사소송법(Ⅰ)」 제8판, 한국사법행정학회, 2018.

______, 「주석 민사소송법(Ⅲ)」 제8판, 한국사법행정학회, 2018.

한국상사법학회, 「주식회사법대계Ⅰ」 제4판, 법문사, 2022.

______, 「주식회사법대계Ⅱ」 제4판, 법문사, 2022.

강현중, 「민사소송법」 제7판, 박영사, 2018.

권기범, 「현대회사법론」 제8판, 삼영사, 2021.

김건식 · 노혁준 · 천경훈, 「회사법」 제6판, 박영사, 2022.

송옥렬, 「상법강의」 제11판, 홍문사, 2021.

이시윤, 「신민사소송법」 제15판, 박영사, 2021.

이철송, 「회사법강의」 제30판, 박영사, 2022.

임재연 · 남궁주현, 「회사소송」 제4판, 박영사, 2021.

전원열, 「민사소송법강의」, 박영사, 2020.

정찬형, 「상법강의(상)」, 제24판, 박영사, 2021.

최준선, 「회사법」 제16판, 삼영사, 2021.

2. 논 문

권재열, "2020년 상법 개정안의 주요 쟁점 검토-다중대표소송제와 감사위원 분리건임제의 도입을 중심으로-", 「상사법연구」 제39권 제3호, 한국상사법학회, 2020.

______, "대표소송의 개선과 다중대표소송의 도입을 위한 2016년 개정안의 검토-델라웨어주의 관련 법제 및 판례 비교를 중심으로-", 「경영법률」 제27집 제1호, 한국경영법률학회, 2016.

______, "주주대표소송의 민사소송법적 쟁점", 「일감법학」 제47호, 건국대학교

법학연구소, 2020.
______, “회사의 주주대표소송에의 참가에 관한 서설적 고찰”, 경희법학 제52권 제4호, 경희대학교, 2017.
김상수, “중복된 소제기의 금지에 관한 연구”, 「인권과 정의」 제327호, 대한변호사협회, 2007.
김신영, “2020년 개정 상법상 도입된 다중대표소송에 관한 검토”, 「법과 기업연구」 제11권 제1호, 서강대학교 법학연구소, 2021.
김재형 · 김형호, “다중대표소송의 인정범위에 관한 고찰”, 「법학논총」 제24권 제1호, 조선대학교 법학연구원, 2017.
김정호, “2020년 개정상법상의 다중대표소송－해석론과 문제점－”, 「고려법학」 제100호, 고려대학교 법학연구원, 2021.
______, “조직재편과 대표소송의 원고적격－대법원 2018. 11. 29. 선고 2017다35717 판결의 평석을 겸하여－”, 「법학연구」 제29권 제4호, 연세대학교 법학연구원, 2019.
김태진, “다중대표소송(상법 제406조의2)의 이해”, 「기업법연구」 제35권 제3호, 한국기업법학회, 2021.
노혁준, “주주 지위의 변동과 회사소송의 원고적격”, 「기업법연구」 제30권 제4호, 한국기업법학회, 2016.
박정국, “자신의 의사에 반하여 주주의 지위를 상실한 경우 주주대표소송의 원고적격 상실 여부－대법원 2018. 11. 29. 선고 2017다35717 판결을 중심으로－”, 「상사판례연구」 제33집 제2권, 2020.
손창완, “회사소송에서 주주의 원고적격”, 「상사법연구」 제38권 제2호, 한국상사법학회, 2019.
송옥렬, “기업지배구조 관련 상법개정안에 대한 검토”, 「경영법률」 제31집 제1호, 한국경영법률학회, 2020.
심 영, “2020년 개정상법(회사법) 해석에 관한 소고”, 「법학연구」 제31권 제1호, 연세대학교 법학연구원, 2021.
오세빈, “주주대표소송의 실무상 문제점에 관한 고찰”, 「민사재판의 제문제」 제24권, 한국사법행정학회, 2016.
이승규 · 이승화 · 장문일, “2020년 개정 상법의 분석 1: 다중대표소송과 소수주주권”, 「BFL」 제106호, 서울대학교 금융법센터, 2021.
이연주, “민사소송에 있어서 외국인의 법적 지위”, 「법학연구」 제49집, 전북대학교 법학연구소, 2016.
정준우, "2020년 개정상법상 다중대표소송의 비판적 검토", 「법학연구」 제24집 제3호, 인하대학교 법학연구소, 2021.
______, "주주대표소송의 제소요건에 관한 쟁점의 비판적 검토", 「법과 정책연구」 제16집 제1호, 한국법정책학회, 2016.
천경훈, "2020년 개정상법의 주요 내용과 실무상 쟁점", 「경제법연구」 제20권 제1호, 한국경제법학회, 2021.
______, "다중대표소송 재론", 「법학연구」 제28권 제1호, 연세대학교 법학연구원, 2018.
최문희, "판례에 나타난 주주대표소송의 절차법적 논점-주주의 제소청구 요건을 중심으로-", 「선진상사법률연구」 제82호, 법무부, 2018.
______, "합병, 주식교환, 주식이전 등 조직재편과 대표소송의 원고적격의 쟁점-대법원 판례에 대한 비판적 고찰과 입법론적 제안-", 「상사판례연구」 제29권 제3권, 2016.
황근수, "다중대표소송의 제도적 수용과 실무적 적용방안에 관한 고찰", 「법학논총」 제40권 제2호, 전남대학교 법학연구소, 2020.
황현영, "프로젝트 파이낸스 대출에서 이사의 선관주의의무에 관한 소고", 「법조」 제70권 제2호, 법조협회, 2021.

소수주주 축출 목적의 주식병합*

정 대 익**

요 지

상법은 주식분할과 달리 주식병합에 관한 일반규정을 두고 있지 않고, 자본금감소 등 특정한 경우에 한하여 주식병합을 허용하고 있다. 이러한 입법태도로 인해 법률이 허용하는 경우 이외에 기타의 목적으로, 특히 소수주주 축출 목적으로 행해지는 주식병합이 허용되는지 여부가 논란이 된다. 상법 개정을 통해 소수주주의 주식에 대한 지배주주의 강제매수제도(상법 제360조의24)가 도입되어 소수주주 축출을 위한 일반적인 수단이 제공되고 있기 때문에 주식병합을 통한 소수주주 축출이 허용되는지 더욱 논쟁의 대상이 된다.

대법원 2020. 11. 26. 선고 2018다283315 판결은 주식병합을 통한 소수주주 축출을 정면으로 다룬 판례이다. 이 판례는 주식병합을 통한 소수주주 축출이 허용된다는 전제하에서, 주식병합 과정을 주주평등의 원칙, 권리남용 금지 및 신의성실의 원칙과 단주 발생으로 인해 축출된 주주에 대한 공정한 보상이라는 기준으로 검토하였다. 대법원은 주식병합으로 인한 주주축출이라는 결과가 발생하여도 주식병합이 상술한 기준을 충족하고 있으므로 적법하다고 보았다. 이러한 판례의 결론은 아래와 같은 이유에서 아쉬운 결론이라는 평가를 받을 수밖에 없다.

첫째, 대법원은 소수주주 보호라는 중요한 기능을 수행하는 주주평등의 원칙을 협소하게 형식적 평등의 관점에서만 파악하여 과도한 주식병합 비율이라도 모든 주주에게 공통되면 주주평등의 원칙에 반하지 않는다고 보아 대

* 이 글은 2022년 8월 20일 민사판례연구회에서 발표한 것으로 「상사판례연구」 제35권 제4호(2022. 12. 31.) 259면 이하에 게재되었다.

** 경북대학교 법학전문대학원 교수, 법학박사.

주주 이외의 소수주주만 주주 지위를 상실하게 되는 실질적 불평등 문제를 도외시하였다.

둘째, 주식병합을 통한 자본금감소라는 회사의 이익과 주식병합으로 인해 단주가 발생함으로 인해 침해되는 소수주주의 이익(주주 지위 유지라는 이익) 사이의 불균형이 현저하고, 명목상 목적인 자본금감소보다는 소수주주 축출이란 주된 목적이 객관적으로 인정되어 회사의 가해 목적도 분명하므로 권리남용의 요건을 충족한다. 주식병합 시 특별한 사정이 없으면 주주의 이익에 대한 침해가 최소화되도록 배려하여야 하는 신의성실의무에 대한 회사의 위반도 과도한 병합비율로 인해 인정된다.

셋째, 현행법상 단주 처리 절차는 단주 주주에 대한 공정한 보상을 보장하지 못한다. 따라서 주식병합을 통한 단주의 발생을 제한 없이 허용하고 사후적인 보상을 통해 소수주주의 이익을 보호하는 방법은 바람직하지 않다.

넷째, 소수주주 축출은 법이 인정한 예외적인 경우에 한하여 합리적인 범위 내에서만 허용되며, 소수주주 축출을 위해서는 원칙적으로 상법이 도입한 주식강제매수제도를 이용하여야 하고, 이를 우회하기 위해서 행해지는 주식병합을 통한 소수주주 축출은 원칙적으로 허용되지 않는다고 보아야 한다.

다섯째, 주식병합을 통한 소수주주 축출이 예외적으로 정당화되기 위해서는 경영상 목적이 있어야 하고, 그러한 주식병합이 경영상 목적 달성에 필요하며, 적합하고, 비례적이어야 한다.

[주 제 어]
- 지배주주의 강제매수제도
- 소수주주 축출
- 주식병합
- 단주
- 주주평등의 원칙
- 권리남용금지 및 신의성실의 원칙
- 단주에 대한 정당한 보상
- 경영상 목적

Ⅰ. 서 론

상법은 주식분할과 달리 주식병합에 관한 일반규정을 두고 있지 않고, 자본금감소 등 특정한 경우에 한하여 주식병합을 허용하고 있다. 이러한 입법태도로 인해 법률이 허용하는 경우 이외에 기타의 목적으로, 특히 소수주주 축출 목적으로 행해지는 주식병합이 허용되는지 여부가 논란이 된다. 상법개정을 통해 소수주주의 주식에 대한 지배주주의 강제매수제도(상법 제360조의24)가 도입되어 소수주주 축출을 위한 일반적인 수단이 제공되고 있기 때문에 주식병합을 통한 소수주주 축출이 허용되는지 더욱 논쟁의 대상이 된다.

대법원 2020. 11. 26. 선고 2018다283315 판결[공2021상, 115]은 주식병합을 통한 소수주주 축출을 정면으로 다룬 판례이다. 이 판례는 주식병합을 통한 소수주주 축출이 허용된다는 전제하에서, 주식병합을 주주평등의 원칙, 권리남용금지 및 신의성실의 원칙과 단주 발생으로 인해 축출된 주주에 대한 공정한 보상이라는 기준으로 검토하였다. 대법원은 주식병합으로 인한 주주축출이라는 결과가 발생하여도 주식병합이 상술한 기준을 충족하고 있으므로 적법하다고 보았다.

본 논고는 우선 주식병합의 적법성을 판단하기 위해 판례가 적용한 기준 자체에 대해 다음과 같은 비판적 검토를 한다. 첫째, 대법원이 소수주주 보호라는 중요한 기능을 수행하는 주주평등의 원칙을 주식병합과 관련하여 형식적, 실질적 양 측면에서 파악하여 적용하였는지 여부를 검토한다. 둘째, 대법원은 주식병합의 목적에는 제한이 없다는 전제하에서 논지를 전개하고 있으므로 이러한 입장이 타당한지 판단하기 위해서 상법상 주식병합이 허용되는 경우를 확정하고 주주축출 목적의 주식병합이 허용되는지 여부에 대해서 검토한다. 셋째, 주식병합 시 회사의 이익과 단주가 발생함으로 인해 침해되는 소수주주의 이익(주주 지위 유지라는 이익)이 적정한 비례관계에 있지 못해 권리남용에 해당하는지 여부와 주식병합 시 주주의 이익에 대한 침해가 최소화되도록 배려하여야 하는 신의

성실의무 위반이 없는지 여부에 대해서 평가한다. 넷째, 현행법상 단주처리 절차가 과연 대법원의 평가처럼 단주에 대한 공정한 보상을 보장하고 있는지 여부를 분석한다.

다음으로 이러한 비판적 검토와 평가 및 분석을 기초로 주식병합을 통한 소수주주 축출에 대한 통제수단으로서 경영상 목적이 필요함을 주식병합 남용방지, 주주 지위 박탈과 관련된 다른 제도와의 균형, 소수주식 강제매수제도의 입법 취지 유지, 축출되는 주주에 대한 보호수단 미비라는 관점에 검증한다.

마지막으로 주식병합을 통한 소수주주 축출이 예외적으로 허용되기 위해서 필요한 경영상 목적의 내용을 구체화하고, 정당한 경영상 목적이 있는 주식병합의 한계를 검토한다.

Ⅱ. 사안의 개요

1. 사실관계[1)]

(1) 토목, 건축 공사업을 목적으로 하는 X주식회사는 2014. 10. 22. 회생절차 개시결정을 받고 2015. 4. 13. 상장이 폐지되었다. X회사는 2015. 7. 1. 회생계획 인가결정을 받아 회생계획(이하 최초 회생계획) 인가 전 발행된 보통주 및 우선주에 대하여 액면가 5,000원의 주식 4주를 액면가 5,000원의 1주로 병합하여(제1차 주식병합) 자본금을 감소시킨 후 회생채권 5,000원을 액면가 5,000원의 주식 1주로 전환하였고, 위와 같은 자본금감소 및 회생채권의 출자 전환을 완료한 후 자본규모의 적정화를 위해 주식 전체에 대하여 다시 액면가 5,000원의 주식 5주를 액면가 5,000원의 1주로 재병합하였는데(제2차 주식병합), 이는 회생계획에 따라 이루어진 것이었다.

(2) X회사는 회생법원과 협의를 통해 M&A를 추진하여 2016. 3. 21.

1) 사실관계는 대법원 2020. 11. 26. 선고 2018다283315 판결 및 원심인 서울고등법원 2018. 10. 12. 선고 2018나2008901 판결, 1심인 서울중앙지방법원 2018. 2. 1. 선고 2017가합16957 판결을 참고하였다.

Y주식회사와 투자계약을 체결하였고,[2] 2016. 7. 20. 법원으로부터 X회사의 보통주 및 우선주를 액면가 5,000원의 주식 4주를 액면가 5,000원의 1주로 병합하고(제3차 주식병합), 병합 후 주식에 대하여 액면가 5,000원의 주식 32주를 액면가 5,000원의 1주로 재병합(제4차 주식병합)하는 내용으로 [4차례의 주식병합 비율을 모두 곱하면 2,560(= 4 × 5 × 4 × 32) : 1] 최초 회생계획을 변경하는 변경회생계획 및 Y회사와의 투자계약을 인가받았다.

변경회생계획에 따라 X회사는 보통주 및 우선주를 대상으로 액면가 5,000원의 주식 4주를 액면가 5,000원의 1주로 병합하고, 병합 후 주식에 대하여 액면가 5,000원 주식 32주를 액면가 5,000의 1주로 재병합하였다.

(3) 회생절차 후 X회사는 2016. 11. 4. 임시주주총회를 개최하였는데, 보통주와 우선주 구분 없이 X 회사의 주식 전부(X회사의 발행주식은 보통주 4,308,776주, 우선주 433주로 총 4,309,209주였고, 이 중 96.73%에 해당하는 4,168,400주를 Y회사가 보유)에 대해 1주당 액면가를 5,000원에서 50,000,000원으로 하는 10,000 : 1의 주식병합(액면병합)을 하고(제5차 주식병합, 주식병합의 효력발생일은 2016. 12. 8.), 10,000주에 미치지 못하는 주식을 보유한 주주에게 보통주와 우선주 구분 없이 1주당 액면가 5,000원을 지급하기로 하는 내용의 '주식병합 및 자본금감소' 안이 상정되었다.[3]

(4) 임시주주총회에는 의결권이 있는 발행주식총수의 97.2%의 주식(4,180,664주)을 가진 주주(우선주식도 보통주식과 마찬가지로 의결권이 부여되었고, 의결권 있는 주주의 총수는 980여 명이었음)의 참석과 출석한 주주의 의결권의 99.99% 찬성(발행주식총수의 97% 찬성)으로 위 상정 안건이 가결되었다.

주식병합 전 980여 명이었던 X회사의 주주의 수는 주식병합 후에는 416주를 보유하게 된 Y회사와 3주를 보유한 다른 주주 1인을 합하여 2인

---

2) 투자계약은 Y회사가 X회사에 208억 4,200만 원을 납입하고 X회사의 보통주 4,168,400주를 인수하며, 인수 대금의 납입기일은 회생계획에서 정하는 날로 하고, 신주는 신주인수대금 납입기일의 익일에 효력이 발생한다는 내용을 담고 있었으며, 회생법원의 허가를 얻은 때로부터 계약의 효력이 발생하기로 정하였다.

3) 액면가를 변경하므로 1주의 금액을 5,000원에서 50,000,000원으로 정관 규정(제6조)을 변경하는 안도 상정되었다.

(주식병합 전 2인 모두 대주주)만 남게 되었다. 주식병합 전 X회사의 보통주식 8,776주, 우선주식 433주 해당분이 1주 미만의 단주가 되었고, 이를 절사처리(round down)하여 자본금감소가 이루어졌다. Y회사는 자본금감소가 진행되던 2016. 12. 5. 투자계약에 따라 X회사에 208억 4,200만 원을 납입하고 보통주 4,168,400주를 인수하였으며, 2017. 3. 27. X회사에 500억 원의 유상증자가 있었다.

(5) 제5차 주식병합 전 X회사의 보통주 147주와 우선주 31주를 보유했던 甲은 주식병합 및 자본금감소 안건에 유일하게 반대하였다. 주식병합의 결과 甲에게 배정되는 병합 신주는 1주 미만의 단주가 되었는데(배정된 병합 신주는 보통주 0.0147주, 우선주 0.0031주), 병합 전 주식 1주당 그 액면가인 5,000원의 보상금액이 현금으로 지급되었고[4](원고 甲이 수령), 이로 인해 X회사 주주로서 지위를 더 이상 유지할 수 없게 된 甲은 2017. 4. 10. 종류주주총회 흠결, 주주평등의 원칙 위반, 신의성실의 원칙 및 권리남용금지의 원칙에 위배됨을 이유로 자본금감소 무효의 소를[5] 제기하였다.[6] 제1심은 감자무효 주장을 인용하지 않았으나, 원심은 인용하였고, 대법원은 인용하지 않고 원심으로 파기환송하였다.[7]

4) 주식액면병합으로 인하여 발생하는 1주 미만의 단주는 외부평가기관의 평가를 받은 주당 평가금액과 주당 액면금액 중 큰 금액 기준으로 환가하여 단주 비율에 따라 현금으로 지급하는 것으로 하였기 때문에 평가금액(3,812원)보다 높은 액면금액(5,000원)이 지급되었다. 1주 미만의 단주를 합산하여 산정된 1주 이상의 주식에 대해서는 신주를 발행, 상법 제341조의2 제3호의 규정에 따라 회사가 자기주식으로 취득하기로 되어 있었다. 서울고등법원 2021. 5. 12. 선고 2020나2043754 판결(환송판결).

5) 대법원 2020. 11. 26. 선고 2018다283315 판결에 따르면 상법은 자본금감소의 무효와 관련하여 개별적인 무효사유를 열거하고 있지 않으므로, 자본금감소의 방법 또는 기타 절차가 주주평등의 원칙에 반하는 경우, 기타 법령·정관에 위반하거나 민법상 일반원칙인 신의성실의 원칙에 반하여 현저히 불공정한 경우에 무효소송을 제기할 수 있다.

6) X회사는 2017. 4. 20. 상호를 B회사로 변경하였고, 2017. 8. 31. C회사에 흡수합병되어 법인격이 소멸되었으며, 2018. 8. 10 C회사는 다시 B회사로 상호를 변경하였기 때문에 실제 감자무효 소송의 피고는 존속회사(소송수계인)인 B회사이나 쟁점에 영향이 없고 단순화를 위해 X회사가 계속 존속하는 것으로 하였다.

7) 서울고등법원 2021. 5. 12. 선고 2020나2043754 판결(환송판결). 대법원(상고법원)으로부터 사건을 환송받은 법원은 대법원이 파기 사유로 삼은 사실상 및 법률

2. 원고 주장 및 법원 입장

(1) 원고 주장

원고가 감자무효의 원인으로 제1심과[8] 원심에서[9] 주장한 핵심내용은 다음과 같다.

(가) 보통주 주주들과 달리 우선주 주주들에게는 주식 병합으로 인해 보유한 모든 주식을 상실하는 결과가 발생하므로, 기존 우선주 주주들로 구성된 종류주주총회의 승인이 필요함에도 불구하고 피고가 종류주주총회를 개최하지 아니하였다.

(나) 주주총회에서는 원고 등 소수주주의 의견을 전혀 반영하지 않은 채 일방적으로 주식 병합 및 자본 감소결정을 한 후 주식 병합 절차가 진행되었고, 그 결과 소수주주는 모두 없어지고 대주주만 남게 되었는바, 이는 주주평등의 원칙에 반하여 위법하다.

(다) 이미 회생절차에서 주식 병합 및 자본 감소가 이루어졌음에도 재차 10,000 : 1의 주식 병합 및 자본 감소를 결정한 것은 구체적이고 명백한 경영상의 필요성이 없이 오로지 소수주주의 축출을 목적으로 한 것이므로 신의성실의 원칙 및 권리남용금지의 원칙에 위배된다.

(2) 원심 입장[10]

(가) 주식병합 및 자본 감소로 인하여 결과적으로 X회사의 기존 우

상 판단에 기속되므로(민사소송법 제436조 제2항) 환송판결은 필요한 예외적인 경우에만 참조하였다.

8) 서울중앙지방법원 2018. 2. 1. 선고 2017가합16957 판결.

9) 서울고등법원 2018. 10. 12. 선고 2018나2008901 판결(환송전판결).

10) 제1심은 상고심에서 쟁점이 되지 않았던 종류주주총회 필요 여부에 대해서만 상세한 논지를 전개하고 있으나, 주주평등의 원칙 위반과 신의성실의 원칙 및 권리남용금지의 원칙 위반 여부에 대해서는 간단한 논지만 전개하여 독립된 제목하에 제1심의 입장을 소개하지 않았다. 제1심은 X회사의 경영상 목적을 달성하기 위해 필요한 주식병합으로 인해 소수주주가 주주 지위를 모두 상실하였기 때문에 주주 지위를 상실한 주주에 대한 주주평등의 원칙 위반이 아니며, 경영상 목적 달성과 무관한 소수주주 축출만을 목적으로 한 주식병합이라는 사실을 인정할 수 없어서 신의성실의 원칙 및 권리남용금지의 원칙 위반으로 보기 어렵다고 판시하였다. 제1심의 판단이 필요한 경우에만 개별적으로 인용하였다.

선주 주주는 주주의 지위를 유지할 수 없게 된 반면 X회사의 기존 보통주 주주 중 일부는 주주로서의 지위를 유지할 수 있게 되었다고 하더라도, X회사의 기존 보통주 주주와 우선주 주주에 대하여 동일한 기준에 따라 주식병합 및 보상이 이루어진 이상, 주식병합 및 자본 감소가 원고 등 기존 우선주 주주에게 실질적으로 불이익한 결과를 가져오는 경우라고 볼 수는 없다고 할 것이다. 따라서 기존 우선주 주주로 구성된 종류주주총회의 결의가 필요하지 않다.

(나) 주식병합에 의한 자본 감소는 그 병합 비율을 정하여 복수의 주식이 더 적은 수의 주식으로 합쳐지는 것인바, 그 병합 비율에 따라 병합에 적당하지 아니한 수의 주식(이하 '단주'라 한다)이 발생하게 되고, 이는 소수주주를 축출하는 수단으로 악용될 소지가 있다. 주식병합 비율에 미치지 못하는 주식 수를 가진 소수주주는 자신의 의사와 무관하게 강제로 축출되기 때문이다.

이처럼 주식병합은 다수파에 의해 남용될 위험이 있고, 그 내용에 따라 주주권을 잃는 주주에게 간과할 수 없는 불이익을 입힐 우려가 있기 때문에 주주총회의 특별결의를 거친다고 해서 모든 주식병합이 허용된다고는 할 수 없고, 주주권을 잃는 주주와 그렇지 않은 주주 사이에 현저한 불평등을 야기할 수 있는 경우에는 그 결의가 주주 평등의 원칙에 반하여 무효가 된다고 보아야 할 것이다.

(다) 상법상 소수주식의 강제매수제도가 도입된 이상 소수주주에 대한 관리비용 절감이나 기업경영의 효율화 등 회사이익을 증대할 목적으로 주주구조의 조정을 하고자 하는 회사로서는 원칙적으로 소수주식의 강제매수제도를 활용하여야 하고, 소수주주 축출제도의 엄격한 요건을 탈법적으로 회피하기 위하여 소수주주의 주식매수청구권 등 구제수단이 인정되지 아니하면서 이와 동일한 효과를 갖는 주식병합 등을 활용하는 것은 신의성실의 원칙 및 권리남용금지의 원칙에도 위배되어 주식병합이 무효가 될 여지가 있다고 할 것이다.

이 경우 구체적으로 어떤 경우에 주식병합이 무효가 되는지는 ① 당해 자본 감소 및 주식병합의 목적, ② 그 목적을 달성하기 위한 수단으로서의 합리성, ③ 주주가 입는 불이익의 정도, ④ 그 불이익을 회피, 완화하는 조치의 상당성 등을 종합적으로 고려하여 판단하여야 할 것이다.

즉, 원심은 원고의 주장 중 종류주주총회결의의 필요성은 인정하지 않고, 원고의 주장처럼 주주평등의 원칙과 신의성실의 원칙 및 권남용금지의 원칙을 위반한 것으로 보아 주식병합에 의해 이루어진 이 사건의 자본금감소를 무효로 판단하였다.

(3) 대법원 입장[11)]

(가) 주주평등의 원칙은 그가 가진 주식의 수에 따른 평등한 취급을 의미하는데, 만일 주주의 주식 수에 따라 다른 비율로 주식병합을 하여 차등감자가 이루어진다면 이는 주주평등의 원칙에 반하여 자본금감소 무효의 원인이 될 수 있다. 그러나 이 사건 주식병합은 법에서 정한 절차에 따라 주주총회 특별결의와 채권자보호절차를 거쳐 모든 주식에 대해 동일한 비율로 주식병합이 이루어졌다. 단주의 처리 과정에서 주식병합 비율에 미치지 못하는 주식 수를 가진 소수주주가 자신의 의사와 무관하게 주주의 지위를 상실하게 되지만, 이러한 단주의 처리 방식은 상법에서 명문으로 인정한 주주평등의 원칙의 예외이다(제443조). 따라서 이 사건 주식병합의 결과 주주의 비율적 지위에 변동이 발생하지 않았고, 달

---

11) 참고로 주식강제매수제도가 도입되기 전 현저히 과도한 주식병합을 수단으로 한 소수주주 축출이 이루어져서 제기된 감자무효소송(2011.8.16 선고 서울동부지방법원 2010가합22628 판결)에서 피고 회사의 주식병합은 액면가를 높여 경영권을 방어하고, 많은 주식 수와 주주 수를 줄여(액면가 500원의 주식 10,000주를 액면가 5,000,000원의 주식 1주로 병합하여, 즉 10,000 : 1로 병합하여 감자 후 주식 수가 18,915,320주에서 1,880주로 감소하고 주주 수는 98명에서 7명으로 감소하였으나 자본금은 9,457,660,000원에서 9,400,000,000원으로 단지 57,660,000원 감소함) 관리비용을 절감하여 경영의 효율성을 제고하기 위한 것이므로 신의성실에 반하거나 권리남용에 해당하는 것은 아니라고 판시하였다. 이 사건에 원고는 본 사건의 원고 甲의 주장 유사하게 특정 지배주주의 이익을 위하여 소수주주의 주주지위를 박탈할 목적으로 감자를 실행함으로써 1만 주 미만의 소수주주는 주주지위를 상실하였으므로 피고 회사의 권리남용 내지는 신의성실의 원칙 위반이 인정되기 때문에 무효라고 주장을 하였다.

리 원고인 甲이 그가 가진 주식의 수에 따라 평등한 취급을 받지 못한 사정이 없는 한 이를 주주평등원칙의 위반으로 볼 수 없다.

(나) 주식병합 및 자본금감소는 주주총회 참석주주의 99.99% 찬성(발행주식총수의 97% 찬성)을 통해 이루어졌는데, 이러한 회사의 결정은 지배주주뿐만 아니라 소수주주의 대다수가 찬성하여 이루어진 것으로 볼 수 있고, 이와 같은 회사의 단체법적 행위에 현저한 불공정이 있다고 보기 어려다. 주주총회의 안건 설명에서 단주의 보상금액이 1주당 5,000원이라고 제시되었고, 이러한 사실을 알고도 대다수의 소수주주가 주식병합 및 자본금감소를 찬성하였으므로 단주의 보상금액도 회사가 일방적으로 지급한 불공정한 가격이라고 보기 어렵다.

(다) 우리 상법이 2011년 상법 개정을 통해 소수주식의 강제매수제도를 도입한 입법 취지와 그 규정의 내용에 비추어 볼 때, 엄격한 요건 아래 허용되고 있는 소수주주 축출제도를 회피하기 위하여 탈법적으로 동일한 효과를 갖는 다른 방식을 활용하는 것은 위법하다. 그러나 소수주식의 강제매수제도는 지배주주에게 법이 인정한 권리로 반드시 지배주주가 이를 행사하여야 하는 것은 아니고, 우리 상법에서 소수주식의 강제매수제도를 도입하면서 이와 관련하여 주식병합의 목적이나 요건 등에 별다른 제한을 두지 않았다.

또한 주식병합을 통해 지배주주가 회사의 지배권을 독점하려면, 단주로 처리된 주식을 소각하거나 지배주주 또는 회사가 단주로 처리된 주식을 취득하여야 하고 이를 위해서는 법원의 허가가 필요하다. 주식병합으로 단주로 처리된 주식을 임의로 매도하기 위해서는 대표이사가 사유를 소명하여 법원의 허가를 받아야 하고(비송사건절차법 제83조), 이때 단주 금액의 적정성에 대한 판단도 이루어지므로 주식가격에 대해 법원의 결정을 받는다는 점은 소수주식의 강제매수제도와 유사하다. 따라서 결과적으로 주식병합으로 소수주주가 주주의 지위를 상실했다 할지라도 그 자체로 위법이라고 볼 수는 없다.

Ⅲ. 대법원의 판단기준에 대한 평가[12)]

1. 주주평등의 원칙 위반 여부

(1) 형식적 불평등과 실질적 불평등

주주에 대한 불평등은 형식적 불평등과 실질적 불평등으로 나눌 수 있다. 형식적 불평등은 주주가 외적인(형식적) 기준상 동등하게 취급을 받지 못하는 경우, 예컨대 주주가 신주의 일부만을 인수할 수 있거나 혹은 외국 주주에 대해서만 의결권 상한(Höchststimmrecht)이 적용되는 경우 등을 그 예로 들 수 있다.

실질적 불평등은 모든 주주에게 동일한 처분이 이루어졌으나 주주권이 상이하게 영향을 받는 경우, 예컨대 10：1 비율의 주식병합을 통한 감자를 한 경우 외적으로 보면 모든 주주가 동일한 기준의 적용을 받지만(형식적 불평등은 없지만) 10주 미만의 주식을 가진 주주만이 주주권을 상실하는데 이런 경우가 실질적 불평등에 해당한다. 사후적으로 정관에 도입한 의결권 상한(Höchststimmrecht)도 모든 주주에게 적용되나(형식적 불평

12) 이 글에서는 대법원에서 다투지 않은 종류주주총회 필요 여부에 대하여서는 상세히 논하지 않는다. 우선주 주주의 불이익을 어떻게 파악할지에 따라 종류주주총회 필요 여부도 달라지는데, 제1심과 원심 모두 X회사의 우선주 주주들이 입은 실질적 불이익은 없다고 보아 종류주주총회가 필요 없다고 판단하였다. 대법원 2006. 1. 27. 선고 2004다44575,44582 판결에 따르면 회사의 어떠한 행위가 어느 종류의 주주에게 직접적으로 불이익을 가져오는 경우는 물론이고, 외견상 형식적으로는 평등한 것이라고 하더라도 실질적으로는 불이익한 결과를 가져오는 경우 혹은 유리한 면이 있으면서 불이익한 면을 수반하는 경우에 종류주주총회의 결의가 필요하다. 본 사건에서 우선주 주주들이 입은 불이익은 보통주 주주들에 비해서 불리한 주식병합 비율에 따른 불이익이 아니고, 단주에 대한 보상가액도 보통주와 마찬가지로 병합 전 우선주 1주당 액면가인 5,000원으로 보통주 주주에 대한 보상가액과 동일하며, 보통주 주주들과 마찬가지로 1만 주 미만의 우선주를 가진 주주의 주주 지위 상실이라는 동일한 실질적 불평등 문제만 발생하므로(단주 발생으로 인해 Y회사를 포함한 2인을 제외하고는 상대적으로 훨씬 다수인 보통주 주주 전원이 주주 지위를 상실하였으므로 상대적으로 소수인 우선주 주주들 전원이 주주 지위를 상실한 것이 보통주 주주와 비교하여 실질적 불이익을 입은 것으로 보기 어려움) 우선주 주주만의 종류주주총회의 필요성을 인정하지 않은 제1심과 원심의 결론은 타당하다고 본다.

등은 없으나) 의결권 상한이 적용되어 불이익을 입는 주주는 상한이 적용되는 지분 이상의 주식을 보유하고 있는 주주들만인데 이 경우도 실질적 불평등에 해당한다. 주주에 대한 이와 같은 실질적 불평등도 주주평등의 원칙에 반하는 것이 된다.

실질적 불평등의 경우 역시 특정 주주만의 이익을 추구할 위험이 있어서 주주평등의 원칙 위반의 범위에서 제외할 특별한 이유는 없다.[13] 주주평등의 원칙을 준수할 의무는 주식회사(주식회사의 기관인 이사회, 주주총회, 감사 혹은 감사위원회)의 의무이고 주주간에 부담하는 의무는 아니다.[14]

법률이 정한 주주평등의 원칙의 예외[15] 이외에도 주주평등의 원칙은 절대적인 것은 아니어서 객관적으로 정당한 사유(목적)가 있고 자의적인 성격이 없다면 주주에 대한 불평등한 취급도 허용된다. 즉, 어떠한 회사의 처분이 회사의 목적을 달성하는데 적합하고(적합성), 필요하며(필요성), 관련 주주의 대립하는 이해관계를 형량할 때 적절한(비례적인) 경우(비례성)에는 주주에 대한 불평등한 취급이 허용된다.[16]

불평등한 취급과 관련하여 대립하는 이해관계를 형량할 때 특히 주식회사 내에서 주주가 가지는 이해관계의 재산적 가치와 지배관계에 초점을 맞추어야 한다.[17] 장기적인 회사 정책을 추구하는 데 필요한 안정적인 주주 구성에 대한 주식회사와 주주 전체가 가지는 이해관계는 적절한 범위 안에서 대주주를 상대적으로 우호적으로 취급하는 것을[18] 정당

13) Koch, Aktiengesetz, 16. Aufl. 2022 § 53a Rn. 9. 형식적 불평등만 주주평등의 원칙에 반하는 것으로 보고 실질적 불평등은 주주평등의 원칙 위반으로 파악하지 않고 주주에 대한 충실의무 위반으로 파악하여야 한다는 견해는 Grigoleit/Grigoleit/Rachlitz, AktG, 2. Aufl. 2020, § 53a Rn. 15-16.

14) Grigoleit/Grigoleit/Rachlitz, AktG, 2. Aufl. 2020, § 53a Rn. 9.

15) 종류주식(상법 제344조), 각종 소수주주권(상법 제402조 등), 감사 선임 시 의결권 제한(상법 제409조), 단주의 처리(상법 제443조) 등을 법률이 정한 주주평등의 예외로 들 수 있다.

16) Grigoleit/Grigoleit/Rachlitz, AktG, 2. Aufl. 2020, § 53a Rn. 19; 권기범, 「현대회사법론」, 제7판, 삼영사, 2017, 547, 499면; 김건식 · 노혁준 · 천경훈, 「회사법」, 제6판, 박영사, 2022, 255-256면.

17) BGH NJW 2018, 2796 Rn. 53 f.; Grigoleit/Grigoleit/Rachlitz, AktG, 2. Aufl. 2020, § 53a Rn. 20.

화하는 사유가 되므로 주주에 대한 불평등한 취급이지만 허용된다.

불이익을 입는 현재 혹은 장래의 주주가 모두 불평등한 취급에 대해 명시적 혹은 묵시적으로 동의하는 경우(예컨대 대주주가 차별배당에 동의한 경우)에도 불평등한 취급이 허용된다. 따라서 주주에 대한 불평등한 취급을 허용하는 정관 규정의 도입, 변경 혹은 폐지를 위해서는 그러한 정관 규정으로 인해 불이익을 입는 주주 전원의 동의가 필요하다.[19]

주주평등의 원칙을 위반한 사실(불평등한 취급)에 대한 증명책임은 그 위반을 주장하는 주주가 부담하고, 불평등한 취급에 대한 정당한 사유(경영상 목적, 회사의 이익)의 존재 여부나 불이익을 입은 관련 주주의 동의에 대한 증명책임은 회사가 부담한다.[20]

(2) 본 사건의 주주평등 원칙 위반 여부

본 사건의 경우 주식병합 비율이 모든 주주에게 공통되므로(보통주 주주와 우선주 주주 및 대주주와 소수주주 모두에게 공통됨) 형식적으로는 주주평등의 원칙을 위반하지 않은 것으로 볼 수 있다. 그러나 단주가 발생하지 않아 주주의 지위를 유지하는 주주와 비교하면 병합비율에 미치지 못하는 주식 수를 가진 소수주주는 단주의 발생으로 인해 온전한 주주권을 행사하지 못하게 되어 단주를 매각할 수밖에 없어서 주주 지위를 상실하게 되는데 이는 단주가 발생하지 않은 주주에 비해 입는 실질적인 불이익으로서 실질적 불평등에 해당한다.

다만, 이러한 실질적 불평등을 정당화할 수 있는 경영상의 목적(회사의 이익)과 이러한 경영상 목적을 달성하기 위한 합리적인 수단을 사용한

18) 김건식 · 노혁준 · 천경훈, 전게서, 255면은 대주주에게만 직접 직원을 보내 위임장을 받거나 주요주주들만 초청하여 간담회를 하는 것은 주주평등의 원칙에 반하는 것은 아니라고 본다.

19) Grigoleit/Grigoleit/Rachlitz, AktG, 2. Aufl. 2020, § 53a Rn. 22; 권기범, 전게서, 547면 각주 307은 특정 종류주식만 병합하여 자본금감소를 하려는 경우 종류주식 발행 전 정관에 이에 관한 규정이 없거나 상법 제344조 제3항에 의거한 종류주식만의 병합에 관한 정함이 없는 경우 종류주주총회의 결의로는 부족하고 종류주주 전원의 동의가 필요하다고 본다.

20) BGH NJW 2018, 2796 Rn. 45; Grigoleit/Grigoleit/Rachlitz, AktG, 2. Aufl. 2020, § 53a Rn. 23.

경우라면 주주평등의 원칙 위반은 아닌데 본 사건의 경우 다수의 주주(970여 명 중 2명을[21] 제외한 모든 주주)에 대한 단주 발생을 특별히 정당화할 수 있는 경영상 목적과 합리적인 수단은 보이지 않는다. 즉, 10,000 : 1의 비율에 따른 주식병합은 회사의 소규모감자 목적을[22] 달성하기 위해 적합하고, 필요하며, 비례적인 것으로 인정되기 어려우므로 실질적 불평등을 정당화할 수 없어서 주주평등의 원칙에 반한다.[23)·24)]

대법원은 본 사건의 경우 모든 주식에 대해 동일한 비율로 주식병합이 이루어졌고, 단주의 처리 과정에서 주식병합 비율에 미치지 못하는 주식 수를 가진 소수주주가 자신의 의사와 무관하게 주주의 지위를 상실하게 되지만, 이러한 단주의 처리 방식(상법 제443조)은 상법에서 명문으로 인정한 주주평등의 원칙의 예외라는 논거를 기초로 주주평등의 원칙 위반이 없는 것으로 판단하고 있다. 주주지위 상실은 모든 주주에 대한 동등한 주식병합 비율의 결과이기 때문에 주주평등의 원칙 위반으로 볼 수는 없다고 보는 대법원의 입장은 형식적 불평등에만 초점을 맞추고 실질적 불평등 부분을 간과한 것이다.[25] 대법원이 판시한 바와 같이 상법

21) 제1심과 원심은 주식병합 후 남은 주주는 3인이라고 하고 있고 대법원은 2인이라고 하고 있는데 양자의 진위를 확인하기 어려워 대법원의 판결문을 따라 2인으로 본다. 남은 주주가 3인이든 2인이든 사건의 본질과 법적 판단에 끼치는 영향은 없다.

22) 제1심은 본 사건의 주식병합이 주주의 수를 줄여 주식 사무 비용을 줄이고 과도한 공시의무에서 벗어나고자 한 것이었다는 피고의 주장을 근거로 자본 감소보다는 주식병합을 통한 소수주주를 배제하기 위한 목적으로 이루어졌다고 봄이 상당하다고 판단하였다.

23) 김건식 · 노혁준 · 천경훈, 전게서, 254-255면; 김경일, "소수주주축출(Freeze-Out)에 관한 연구", 서울대학교 법학박사학위논문(2017년 2월), 196면은 10,000 : 1로 병합하는 것이 형식적으로는 모든 주주를 평등하게 대우하는 것처럼 보이지만 실질적으로는 소수주주를 축출하는 효과를 갖는 과도한 규모의 주식병합으로서 실질적으로 주주평등원칙에 반한다고 본다.

24) 제1심은 X회사의 10,000 : 1의 주식병합은 회생절차 종료 후 비용을 감소시키고 유상증자 등과 함께 재무상태 개선이라는 경영상 목적을 위한 것이어서 주주평등의 원칙 위반이 아니라고 판단하고 있다. 제1심의 입장을 그대로 받아들여 X회사의 경영상 목적이 인정된다고 하더라도 이러한 경영상 목적을 달성하기 위한 10,000 : 1의 병합비율을 적합하고, 필요하며, 비례적인 것으로 인정하기는 어렵다.

25) 형식적 평등만이 주주평등의 원칙에 포함된다고 보면 공통된 병합비율의 결과

이 정한 "단주 처리 방식(병합신주인 단주를 주주에게 배정하지 않고 매각하는 것)"은 주주평등의 원칙에 대한 법률상 예외로 허용되나 주주 모두에게 공통적으로 적용되는 과도한 병합비율로 인해 대주주 이외의 다수의 소수주주에게 단주가 발생하여 주주 지위를 상실하는 것은 전형적인 실질적 불평등에 해당한다. 본 사건에서 핵심 문제는 주식병합 절차를 통해 발생한 단주에 대한 처리 절차(보상)가 공정하였느냐가 아니라 그 이전의 선행문제로서 과도한 병합비율에 따른 대규모 단주 발생으로 인해 다수의 소수주주가 주주 지위를 상실하게 되는 실질적 불평등이 야기 되었는데 이것이 정당화되느냐의 문제이다.[26] 본 사건의 경우 실질적 불평등을 정당화할 수 있는 경영상의 목적이 없다.[27]

2. 소주주주 축출 목적의 주식병합 허용 여부

(1) 주식병합이 허용되는 경우

상법이 명문으로 주식병합을 허용하고 있는 자본금감소(상법 제438조~

단주가 발생한 것은 주주평등의 원칙 위반은 아니더라도 합리적인 병합비율을 선택하였더라면 단주 발생을 회피하거나 합리적인 범위 내로 단주 발생을 제한할 수 있었음에도 특별한 사정(정당한 목적=경영상 목적) 없이 과도한 병합비율을 정하여 다수의 단주를 발생시킨 경우에는 신의성실의 원칙 위반이거나 권리남용이 될 수 있다(이 쟁점은 아래에서 상술). 상술한 바와 같이 실질적 평등 위반을 주주평등의 원칙 위반에 포함하지 않는다면 주주에 대한 충실의무가 인정되는 독일의 경우 충실의무 위반으로 본다. 김건식 · 노혁준 · 천경훈, 전게서, 254-255면은 실질적 평등이 주주평등의 원칙에 포함되는 것으로 보고 있다.

26) 절대다수의 주주가 회사가 제시한 단주의 매각대금에 동의하였고, 반대한 후 감자무효의 소를 제기한 주주가 1인에 불과하다고 해서 단주로 인한 주주 지위 상실과 관련된 실질적 불평등 문제가 없는 것은 아니다.

27) 대법원은 실질적 평등을 고려하지 않았기 때문에 주주평등과 관련하여 실질적 불평등을 정당화할 수 있는 경영상 목적에 대한 판단을 하지 않았다. 대법원과 달리 원심은 형식적으로 동일한 병합비율이지만 대주주를 제외하고 다수의 소수주주가 주주 지위를 상실하는 것을 실질적 불평등으로 파악하고 있다. 제1심도 소수주주에 대한 실질적 불평등이 있으나 경영상 목적이 인정되므로 주주평등의 원칙 위반이 아니라고 판단하였다. 미국과 유럽의 주주평등의 원칙에 대해 비교법적으로 분석한 논문은 Nicola de Luca, *Unequal Treatment and Shareholders' Welfare Growth: 'Fairness' V. 'Precise Equality'* (November 9, 2009). Delaware Journal of Corporate Law (DJCL), Vol. 34, No. 3, 2009, Available at SSRN: https://ssrn.com/abstract=1503089.

제443조), 합병(상법 제530조 제3항, 제440조~제443조), 분할 또는 분할합병(상법 제530조의5 제1항 제4호, 제530조의6 제1항 제3호, 제530조의11 제1항, 제440조~제443조), 주식의 포괄적 교환이나 이전(상법 제360조의8, 제360조의11, 제360조의19, 제360조의22, 제442조~제443조)을 위해서만 주식병합이 가능하다는 견해가 다수이다.[28] 주식분할과 달리 주식병합을 허용하는 일반조항의 부존재, 단주 발생으로 인한 주주지위 상실 위험, 높은 병합비율을 통한 소수주주 축출 위험, 액면주식의 경우 자본금감소로 인한 채권자이익 침해 위험으로 등으로 인해 법이 인정하는 경우에만 주식병합이 허용된다고 본다.[29]

다만, 자본금의 변동(감소)이 없는 액면병합(예: 액면가 100원인 주식 5개를 액면가 500원인 주식 1개로 병합[30])은 굳이 금지할 필요는 없다고 보거나,[31] 실무상 액면병합이 널리 이용되는 점을 고려하여 병합비율이 합리적인 한 액면병합이 허용된다고 보는 견해가 있다.[32]

실무상 널리 이용하는 자본금감소 없는 액면병합과[33] 자본금의 감소 없는 무액면주식의 병합도[34] 채권자의 이익을 침해하지는 않지만 병합비

28) 이철송, 「회사법강의」, 제30판, 박영사 2022, 463면; 최준선, 「회사법」, 제15판, 삼영사, 2020, 713면; 권기범, 전게서, 549면. 원심 법원(서울고등법원 2018. 10. 12. 선고 2018나2008901 판결)도 자본감소와 같은 예외적인 경우에 한하여 주식병합이 허용되고, 주식병합 자체가 목적이 되고 자본감소가 수단이 되어서는 안 된다고 본다.

29) 권기범, 전게서, 549면.

30) 따라서 채권자보호절차는 필요 없으나 액면가의 변동이 있으므로 정관변경을 위한 주주총회 특별결의는 필요하다.

31) 김건식 · 노혁준 · 천경훈, 전게서, 235면.

32) 권기범, 전게서, 549-500면. 다만 이 견해는 대법원 2009. 12. 24. 선고 2008다15520 판결을 액면병합(10 : 1 비율)을 허용하는 근거로 제시하고 있는데, 이 판례는 상법개정(주식의 최저액면금액을 500원에서 5,000원으로 인상)의 결과 상법 부칙(1984. 4. 10.) 제5조 제2항에 따라 액면병합이 강제된 것이어서 상법이 명문으로 허용하는 예외에 해당하여 일반적인 액면병합의 허용 근거로는 적합하지 않다.

33) 한국예탁결제원 보도자료(2022. 1. 11.)에 따르면 2021년도에 상장회사 중 액면병합을 한 회사는 15개인데(유가증권시장 2개, 코스닥시장 13개), 액면 100원인 주식 5개를 액면 500원 주식 1개로 병합(병합비율 5 : 1)한 회사가 8개(53.3%)로 가장 많고, 최고 높은 병합비율인 10 : 1로 병합한 회사가 2개가 있었다.

율을 과도하게 정하는 방법으로 다수의 단주 주주들을 발생시켜 소수주주 축출에 남용될 수 있다. 실무상 필요를 무시하고 이러한 종류의 주식병합이 허용되지 않는다고는 보기는 어려우나 남용을 방지하기 위해 비교적 넓게 인정할 수 있는 정당한 경영상 목적(예컨대 유통주식 수의 축소를 통한 적정한 주가 유지, 주가상승을 통한 기업평판 제고, 안정적인 주주 구성 등) 달성을 위해서 필요하고, 적합하며, 비례적인 경우(경영상 목적 달성에 필요한 정도의 단주 발생의 경우[35])에 허용된다고 보아야 한다.

(2) 주주축출 목적의 주식병합 허용 여부

대법원판결의 기초가 된 사실관계를 보면 10,000 : 1로 인한 주식병합의 결과 자본금감소는 약 4,600만 원(자본금감소 규모는 약 0.21%)에 불과하여 주식병합은 자본금감소가 주된 목적이 아니라 소수주주 축출을 위한 명분으로 활용되었음을 알 수 있다.[36]

대법원은 상법이 주식병합의 목적을 명시적으로 제한하고 있지 않기 때문에 소수주주 축출을 위해 주식병합을 이용할 수 있다고 본다. 다수견해와는 달리 주식병합의 목적을 제한하는 규정은 없다고 해석하더라도 소수주주 축출은 제한적으로만 허용되고 있음이 분명하다.[37] 즉, 주주의 신주인수권 배제(상법 제418조 제2항, 지분율 희석되는 부분만큼 비례적 주주지위 상실), 지배주주의 주식매도청구권(상법 제360조의24), 교부금합병(상법

---

34) 무액면주식의 경우 자본금감소를 위해서 주식병합 없이 단순히 자본금의 액을 줄이는 자본금감소 절차(주주총회 특별결의와 채권자보호절차)만 밟으면 되기 때문에 자본금감소를 위한 주식병합의 계기는 없고, 유통 주식수의 축소 등의 목적으로 주식병합이 일어난다고 본다. 권기범, 전게서, 548면.

35) 한국예탁결제원 보도자료(2022. 1. 11.)에 따르면 2021년도 액면병합을 한 15개의 상장회사의 병합비율은 모두 10 : 1 이하인데 특별한 사정이 없다면 10 : 1 이하의 병합비율은 비례적인 것으로 볼 수 있다.

36) 원심(서울고등법원 2018. 10. 12. 선고 2018나2008901 판결)에 따르면 피고인 X 회사의 의안설명서는 '주식액면병합의 목적을 '주식분산 해소를 통한 경영효율성 제고', 자본감소의 목적을 '주식액면병합에 따른 단주처리'라고 기재하였고, '자본감소는 주식병합에 부수한다'고 표현하고 있다.

37) 정동윤(감수), 「상법 회사법 해설」, 법무부, 2012, 181면은 주식매도청구제도(주식강제매수제도)의 입법취지를 설명하면서 '누구도 주주를 회사에서 그 의사에 반하여 축출할 수 없는데' 주식강제매수제도만이 이를 가능케 한다고 설명하고 있다.

제523조 제4호), 교부금분할(상법 제530조의5 제1항 제5호), 교부금분할합병(상법 제530조의6 제1항 제4호), 교부금주식교환(상법 제360조의3 제3항 제4호), 교부금주식이전(상법 제360조의16 제1항 제4호)의 경우에는 주주축출이 명문으로 허용되고 있다. 자본금감소, 합병, 분할, 분할합병을 위해 허용되는 주식병합의 결과 발생하는 단주의 매수로 인한 주주축출도 허용된다. 더 나아가 주주축출만을 목적으로 하는 주식병합 혹은 형식적으로는 법률이 허용하는 자본금감소 등을 위한 주식병합이나 실질적으로는 주주축출 목적의 주식병합이 허용되는지는 의문이다.[38]

소수주주 축출은 회사 지배에 관한 주주의 이해관계(주주 지위 계속 유지에 관한 이해관계)라는 핵심적 이해관계에 중대한 영향을 미치는 것이기 때문에 상법이 명시적으로 규정하고 있지 않으면 주식병합을 통한 소수주주 축출은 원칙적으로 허용되지 않는다고 보아야 한다.[39]

자본금감소(상법 제438조~제443조), 합병(상법 제530조 제3항), 분할(상법 530조의5 제1항 제4호, 제530조의11 제1항), 분할합병(상법 제530조의6 제1항 제

---

38) 이동건 · 류명현 · 이승진, "상법상 소수주주 축출 방안과 관련한 법률상, 실무상 쟁점", 「법조」, 제60권 제9호(통권 제672호), 2012, 법조협회, 283-284면은 지배주주의 매도청구권(상법 제360조의24)이 도입되기 전 주주 관리비용을 절감하고 경영의 효율성을 제고하고자 주식병합을 하는 것은 권리남용이나 신의성실의 원칙 위반으로 보기 어렵다"고 판단한 판결(서울동부지방법원 2010가합22628 판결, 서울고등법원 2011나68397판결)을 소개하나 매도청구권 도입 이후에도 이 판결의 논지가 유지될지 의문을 표시하고 있다.

39) 이동건 · 류명현 · 이승진, 전게논문, 283면; 김경일, 전게박사학위논문, 196면도 2011년 상법개정을 통해 지배주주의 매도청구권과 교부금합병이 도입되었으므로 주식병합을 소수주주 축출의 방안으로 활용하는 것은 엄격한 요건하에서 허용되는 소수주주 축출제도를 탈법적으로 회피하는 것으로 본다. 반면, 평석대상인 대법원 2020. 11. 26. 선고 2018다283315 판결도 지배주주의 매도청구권(강제주식매수제도)의 도입으로 인해 소수주주 축출방법은 제한된다고 보나, 주식병합의 목적에는 제한이 없다고 판단하여 주식병합에 의한 소수주주 축출이 가능하다고 판시하였다. 반대로 지배주주의 매도청구권이 상법에 도입되기 전 판례(서울동부지방법원 2011. 8. 16. 선고 2010가합22628 판결)는 개정된 상법의 매도청구권과 같은 소수주식의 강제매수제도가 없는 상황에서 회사가 주주 관리비용을 절감하고 경영의 효율성을 제고하고자 주식병합을 통한 자본감소를 통하여 주주 수를 줄이는 조치를 취하였다 하여 이를 권리남용이나 신의성실의 원칙에 반하는 행위로 보기는 어렵다고 판시하였다.

3호, 제530조의11 제1항)을 위해서 허용되는 주식병합의 결과 발생하는 단주의 처리 과정에서 주주의 지위 상실이 이루어지는 것이 아니라 전적으로 소수주주 축출을 목적으로 하는 주식병합이나 혹은 자본금감소 등의 명목이지만 실질적으로는 소수주주 축출을 주된 목적으로 하는, 과도한 병합비율의 주식병합(탈법행위)은 원칙적으로 허용되지 않는다고 보아야 한다.

3. 신의성실 원칙 및 권리남용금지 원칙 위반 여부

계약 또는 법률이 보호하는 이익을 실현하고자 권리를 행사(법적 지위 주장과 법적 제도 이용도 포함)하는 것이 아니라 권리를 목적에 반하게 이용하는 경우에 신의성실의 원칙에 반하거나 권리남용이 되는데, 그 구체적 요건은 행사할 권리의 존재, 권리의 행사, 권리행사자의 이익과 침해되는 상대방의 이익 사이의 불균형, 권리행사자의 가해 목적(객관적 사정에 따라 판단) 등이다.[40]

사실관계에 따르면 10,000 : 1의 주식병합 이후 4,308,776주였던 보통주식의 수는 430주, 433주였던 우선주식의 수는 0주가 되었고, 주주 수는 980여 명에서 원래 대주주였던 Y회사와 다른 대주주 2명만 남게 되었으며, 자본금은 21,546,045,000원에서 21,500,000,000원으로 감소되어 자본금감소 규모는 46,045,000원(0.21%)에 불과했다.

따라서 단주가 대량 발생하는 10,000 : 1이라는 주식병합 비율을 정한 것은 자본금감소를 위한 주식병합 제도를 사용하였으나 소수주주를 축출할 목적으로 이용하여 그 본래의 목적인 자본금감소에 반하게 이용

40) 이러한 권리남용의 요건은 지원림, 「민법강의」, 제19판, 홍문사 2022, [2-33]. 판례(대법원 2002. 9. 4. 선고 2002다22083, 22090 판결)는 "권리행사가 권리의 남용에 해당한다고 할 수 있으려면, 주관적으로 그 권리행사의 목적이 오직 상대방에게 고통을 주고 손해를 입히려는 데 있을 뿐 권리를 행사하는 사람에게 아무런 이익이 없는 경우이어야 하고, 객관적으로는 그 권리행사가 사회질서에 위반된다고 볼 수 있어야 하는 것이며, 이와 같은 경우에 해당되지 않는 한 비록 권리의 행사에 의하여 권리행사자가 얻는 이익보다 상대방이 잃을 손해가 현저히 크다 하여도 그러한 사정만으로는 이를 권리남용이라고 할 수 없다"고 판시하고 있다.

하였으며,[41] 자본금감소라는 회사(지배주주)의 이익(자본금감소율 0.21%)과 그로 인해 침해되는 소수주주의 이익(주주 지위 유지라는 이익) 사이의 불균형이 현저하고(자본금감소율 0.21%를 위해 980여 명의 주주 중 대주주 2인을 제외한 모든 주주가 단주로 인해 주주 지위 상실), 자본금감소보다는 소수주주 축출이란 주된 목적이 객관적으로 인정되어 회사(지배주주)의 가해 목적도 있으므로 권리남용의 요건을 충족한다.[42]

다른 측면에서 보면, 과도한 주식병합 비율로 인해 소수주주를 축출하는 것은 소수주주의 이해관계(주주 지위의 계속 유지라는 이해관계)에 대한 침해가 최소화되도록 배려할 회사의 신의성실의무(회사와 주주간 출자계약에 기초해 발생, 충실의무의 독자적 의미를 인정한다면 회사의 주주에 대한 충실의무) 위반 (혹은 주주간 충실의무를 인정한다면 지배주주의 소수주주에 대한 충실의무 위반[43])에 해당한다.

---

41) 자본금감소가 필요한 회생절차에서 이루어진 4차례의 주식병합 비율을 모두 합산하여도 2,560 : 1인 것에 비하면 10,000 : 1의 병합비율은 합리적인 범위를 현저히 벗어난 것임은 분명하다.

42) 권리남용(다수결남용)으로 보는 견해는 김경일, 전게박사학위논문, 196면. 김건식·노혁준·천경훈, 전게서, 238면은 주식병합에 대한 주주총회결의가 있어도 적정하지 않은 보상액의 수령을 강제한 경우에는 다수결 남용이 될 수 있다고 보아 적정한 보상이 있으면 단주를 활용한 소수주주 축출이 위법하지 않다고 본다. 이러한 견해는 주주가 회사에 대해 가지는 이해관계를 재산적 관계로만 한정하는 것이고 계속적인 주주 지위 유지라는 지배적 이해관계를 고려하지 않은 것이다. 김재범, "주식병합에 의한 소수주주 축출", 「상사판례연구」 제34권 제4호(2021. 12. 31.), 한국상사판례학회, 98면 이하는 신의칙 및 권리남용금지의 원칙은 자의적 해석 염려가 있는 민법의 일반조항(포괄조항)이므로 회사법상 대응 법리인 다수결 남용론으로 본 사건을 검토하여야 한다고 본다. 다수결 남용은 권리남용의 하위 범주에 속하고 회사법적으로 중요한 사안은 주주총회 결의를 통해 이루어지므로 타당한 견해이다. 다만 본 논고에서는 대법원이 직접 적용한 판단기준에 따라 주식병합의 적법 여부를 판단하기 위해 대법원이 적용한 기준을 그대로 이용한다.

43) 판례가 아직 지배주주의 충실의무를 인정하지 않고 있어서 충실의무를 기준으로 한 논의는 생략하였으나 주식병합을 통한 소수주주 축출은 지배주주의 충실의무가 적용될 수 있는 전형적인 경우이다. 독일과 미국의 경우 회사의 의사를 결정하는데 영향력을 미칠 수 있는 지배주주는 소수주주의 이해관계(주주 지위의 계속적 유지라는 이해관계도 포함)에 대한 침해가 최소화되도록 배려할 충실의무(신인의무)가 있다고 본다. 반대로 소수주주도 회사의 회생이나 결손 보전을 위해 필요한 정당한 주식병합비율에 따른 자본금감소안에 대해서는 찬성할 충실의무가 있다고 본다. 독일에서 소수주주의 충실의무에 관한 대표적 판결은 BGH NJW 1995,

주식병합을 통한 자본금감소 시 과도한 병합비율로 인해 다수의 단주가 발생하여도 절대 다수의 주주(99.99%)가 그러한 주식병합 비율에 동의하였다면 소수주주 축출이 정당화된다는 판단은 부당하다. 압도적으로 회사를 지배하는 지배주주가 있을 때 특정 안건에 대한 주주총회의 절대적인 찬성 비율은 정당성이 있는 결의나 소수주주의 이해를 배려한 결의를 담보하는 것이 아니라 지배주주의 의사와 이익에 부합하는 결의일 개연성이 훨씬 높다.[44)]

4. 단주매각 시 공정한 보상 보장 여부

상법 제443조가 단주의 주주에 대해 단주의 경매 대금, 시세 있는 주식의 단주인 경우 거래소를 통한 매각대금 혹은 법원의 허가를 받은 경매 이외의 매각(임의매각)대금을 지급하는 내용을 두고 있으나 공정한 보상을 주주에게 보장하지 못한다.

주식병합을 통한 자본금감소의 결과 발행하는 신주(병합신주) 중에서 발생한 단주의 매각(다수의 단주를 합산하여 매각)은 경매를 통한 매각이든

1739(Girmes). 독일의 경우 주식강제매수제도(squeeze out, 독일 주식법 제327a-f)가 도입되기 전 소수주주 축출을 위해서 활용되던 감자 후 증자, 해산 후 기업계속, 지배주주 자신에 대한 회사자산 양도 등의 경우 지배주주의 소수주주에 대한 충실의무위반이 인정되었다고 한다. 김화진, 「서울대학교 法學」 제50권 제1호(2009), 서울대학교 법학연구소, 340면. 미국에서 주식병합 시 지배주주의 충실의무에 대한 상세한 논의는 Michael J. Lawson, *Reverse Stock Splits: The Fiduciar's Obligations Under State Law*, 63 Calif. L. Rev. 1226 (1975), 1232-1248. *Id.*는 소수주주에 대한 차별적 결과(주주지위 상실)를 정당화하는 적법한 이유(사업목적)가 있어도 소수주주에 대해 충실의무를 부담하는 이사나 지배주주는 유동성 감소와 지분 상실, 단주에 대한 보상이란 측면에서 주식병합으로 인한 소수주주의 잠재적인 손해가 최소화되도록 할 의무가 있다고 본다.

44) 이해관계를 가지는 지배주주가 주주총회결의의 결과를 지배할 수 있는 점 때문에 소수주주의 다수결(Majority of Minority)이 필요하다는 주장이 제기된다. 노혁준, "2020년 회사법 중요판례평석", 「인권과정의」 제496호(2021. 3.), 대한변호사협회, 129면. 원심은 오히려 원고 甲 등 X회사의 주주들이 주식 병합 및 자본 감소 당시의 1주당 평가금액(회계법인의 평가금액은 1주당 3,812원)이나 액면금액(5,000원)보다는 훨씬 더 높은 금액으로 주식을 매수한 것으로 보이는 상황에서, X회사가 주주들의 의사를 반영하지 않은 채 일방적으로 단주 보상 가격을 정하여 지급한 것으로 보아 보상의 정도가 충분하다고 단정하기 어렵다고 판단하고 있다.

(주로 비상장주식) 거래소를 통한 매각이든 용이한 것은 아니며,[45] 공정한 보상(공정한 매각대금)도 보장되는 것은 아니다. 특히 결손 보전을 위한 주식병합 방식의 자본금감소나 폐쇄회사에서 이루어진 주식병합에 의한 자본금감소의 경우 단주의 매각은 쉽지 않고 정당한 보상을 기대하기가 어렵다.[46] 경매를 통한 공정한 매각이 이루어지려면 다수의 수요자가 필요한데 자본금이 감소된 회사의 단주를 취득하려는 수요자는 많지 않은 것이 일반적이고, 경매에는 법원의 관여도 없기 때문에 단주의 저가 낙찰 시 소수주주에게 피해가 돌아가며, 거래소에 상장된 주식이라도 자본금이 감소된 회사의 단주에 대한 적절한 수요와 공정한 가액 형성을 기대하기는 어렵다.

법원의 허가를 받아야 하는 경매 이외의 임의매각의 경우에도 단주의 매각은 쉽지 않으며, 법원의 관여(허가)가 있어도 지배주주의 주식매도청구나 소수주주의 주식매수청구 시 당사자의 매매가액결정 청구에 따른 법원의 매수가격 결정과 같은 정도로 법원의 실질적 관여를 통한 정당한 보상이 담보되지 않는다.[47] 대법원은 단주의 임의매각에 대한 법원의 허가를 통해 단주금액의 적정성 판단도 이루어진다고 보는데, 매각대금에 대한 법원의 통제는 실질적 통제가 아닌 절차적 통제에 불과하다. 즉, 법원의 허가는 지배주주의 주식매도청구로 축출되는 소수주주가 지배주주가 제시하는 매매가액에 동의하지 않아 매매가액결정을 청구하는 경우

45) 공정한 단주 처리가 쉽지 않은 점에 대해서는 박지형, "단주처리에 관한 법적 문제", BFL 제76호(2016. 3.), 서울대 금융법센터, 63-64면; 노혁준, 전게논문, 129면. 2022년 9월부터 도입되는 상장주식의 소수점거래가 허용된다면 상장회사의 단주 매각이 다소 용이해질 수 있으나 단주에 ,대한 디스카운트 현상이 예상되고, 충분한 수량의 단주와 매수자가 존재하지 않으면 공정한 가격 형성이 쉽지 않고, 증권회사가 소수점 주문을 모아서 주문을 실행하기 때문에 원하는 시점에 원하는 가격으로 매도하기가 쉽지 않아 단주의 지분 가치를 제대로 반영한 공정한 보상이 담보된다고 볼 수 없다.

46) 김경일, 전게박사학위논문, 193면.

47) 참고로 독일의 경우 단주는 주주 스스로 매각할 수 있고, 회사에 단주의 매각을 위임할 수도 있다. 병합 대상인 주권이 회사에 제출되면 회사는 단주를 매각할 수 있는 권한이 있고, 주권제출의 최고에도 불구하고 제출되지 않은 주권에 대해서는 실효선언(Kraftloserklärung) 후 회사가 단주를 매각할 수 있다(독일 주식법 제226조).

법원이 회사의 재산상태 및 그 밖의 사정을 고려하여 공정한 매매가액을 '직접' 결정하는(상법 제360조의24 제6항~제9항) 정도의 실질적 통제가 아니라서 공정한 보상을 담보하지 못한다.[48)]

감자된 회사(특히 결손 보전이나 자본잠식 상태로 인해 감자된 회사)의 단주에 대해 공정한 가액으로 매수하려는 상대방을 찾기가 어려워 경매나 임의매각은 쉽지 않다. 따라서 단주 처리 실무상 경매 대신에 회사가 단주를 자기주식으로 취득하는 것이 일반적인데,[49)] 이는 임의매각으로서 법원의 허가를 받아야 함에도 법원의 허가 없이 이루어지는 것이 관행이다.[50)] 현재 실무상으로는 임의매각에 대한 법원의 허가는 사실상 없는 상태이다.

대법원은 주주총회에서 절대다수의 주주(99.99%의 주주)가 동의하였으므로(발행주식총수의 97%) 회사가 지급한 단주 매각대금은 공정하다는 판단을 내리고 있다. 이러한 입장은 절대다수의 주주가 합병비율에 대해 찬성하여도 회사가 제시한 합병비율에 따른 주식매수가격이 공정하다는 보장은 없고, 이의가 있는 주주는 주식매수가격의 결정을 법원에 청구할 수 있는 것과 상치되고, 단주 처리의 어려움으로 인해 회사가 제시한 매

48) 본 사건에서 원고 甲은 X회사의 재무상태를 고려할 때 단주 보상 금액이 적절하지 않다고 주장하였다. 서울고등법원 2021. 5. 12. 선고 2020나2043754 판결(환송판결) 단주 보상 금액이 적절하지 않은 것만으로 감자무효의 원인이 될 수는 없다.

49) 상법 제443조의 단주 처리 절차에 의해 회사가 자기주식을 취득할 수 있다고 보는 견해는 박지형, 전게논문, 65-66면; 김건식 · 노혁준 · 천경훈, 전게서 237면, 반대로 단주 처리 조항이 별도로 없는 경우에 상법 제341조의2 제3호에 근거해 회사가 자기주식을 취득할 수 있고, 단주 처리 조항(상법 제443조)을 별도로 두고 있는 경우에는 회사가 상법 제341조의2 제3호에 근거해 자기주식을 취득할 수 없다고 보는 견해는 대표적으로 이철송, 전게서, 418면. 임의매각의 상대방에 대한 법규정상 제한이 없고, 자본금감소 후 발생한 단주(집합된 단주) 매각의 어려움을 고려하면 회사가 단주(자기 단주)를 취득할 수 있다고 보아야 하고, 다만 상법 제443조에 따라 법원의 허가를 요한다고 보아야 하며, 법원의 허가를 받지 않은 경우라도 매각이라는 법률행위에 하자(사기, 착오, 강박 등)가 없거나 현저히 불공정한 매각대금이 아니라면 유효하다고 보아야 한다.

50) 박지형 전게논문, 66면. 회사 혹은 지배주주가 소수주주 축출을 위해서 주식병합을 단행한 경우라면 자기주식 취득 형태로 단주를 취득하는 것이 정해진 수순이다.

수가격에 대해 단주 주주의 동의가 사실상 강제되는 현실에 눈을 감은 판단이다.[51)]

Ⅳ. 주식병합을 통한 소수주주 축출에 대한 통제수단으로서 경영상 목적[52)]

1. 주식병합 남용방지를 위한 수단으로서 경영상 목적 필요

자본금증가(신주발행)와 마찬가지로 자본금감소의 방법이 주식병합인지 액면가 인하인지 여부를 묻지 않고 자본금감소를 위해서 원칙적으로 정당한 사유(경영상 목적)는 필요가 없고 자유로운 경영판단에 맡겨져 있다(어떠한 목적의 자본금감소도 허용되는 것이 원칙). 즉, 자본금감소의 경우 주주평등의 원칙과 권리남용 금지의 원칙(신의칙) 이외에 정당한 사유로서 경영상 목적에 대한 법원의 내용통제(실질적 내용통제)는 없는 것이 원칙이다.[53)]

---

51) 송옥렬, 「상법강의」, 제12판, 홍문사 2022, 813면도 다수주주의 찬성이 있고 단주의 보상금액이 적절하다고 해서 소수주주의 이익이 특별히 침해되지 않았다고 보는 판례의 입장에 회의적이며, 공정한 가액이 지급될 수 있는 수단의 모색이 필요하다고 본다.

52) 이 부분은, 주식병합은 원칙적으로 법률이 허용하는 경우에만 이용할 수 있다는 것을 전제로 법률상 허용되는, 본 사건과 같은 감자 목적의 주식병합을 대상으로 한정하여 서술하는데, 이 서술은 주식병합이 법적으로 허용되는 분할(합병), 합병, 교환, 이전 등에 있어서도 소수주주 축출만을 목적으로 하는 과도한 주식병합 비율 문제를 해결하는 데 그대로 적용할 수 있다. 소수주주 축출에 관해 사업목적 기준을 적용한 미국 판례를 분석한 문헌은 Richard L. Scott, *Comment, Going Private: An Examination of Going Private Transactions Using the Business Purpose Standard*, 32 SW L. J. 641 (1978). Elliot M. Kaplan, David B. Young, *Corporate Eminent Domain Stock Redemption and Reverse Stock Splits*, 57 UMKC L. Rev. 67 (1988-1989). 미국에서 주식병합을 통한 소수주주 축출에 사업목적 기준을 적용한 대표적인 판례는 600 : 1 주식병합과 관련된 Teschner v. Chicago Title & Trust Co., 59 Ⅲ. 2d 452, 322 N.E.2d 54 (1974); 4,000 : 1 주식병합과 관련된 Clark v. Pattern Analysis & Recognition Corp., 87 Misc. 2d 385 (N.Y. Sup. Ct. 1976), 384 N.Y.S.2d 660; 4,000 : 1 주식병합과 관련된 Leader v. Hycor, Inc., 479 N.E.2d 173, 395 Mass. 215; 주식병합에 대한 유지명령과 관련된 Lerner v. Lerner, 306 Md. 771 (Md. 1986) 511 A.2d 501.

53) 독일 연방법원(BGH)과 통설의 입장도 정당한 사유(경영상 목적)가 필요하지 않다고 본다. BGH DStR 1998, 690(Sachsenmilch). 이 판결의 기초가 된 사실관계를 보면 주식병합 비율이 매우 높은 75 : 1이었으나 독일 연방법원은 자본금감소 결의에 하자가 없다고 판시하였다. 독일 연방법원이 하자가 없는 것으로 판단한 이유를 보면 다음과 같다. 즉, 자본금감소 시 액면가 인하 방법을 우선적으로 사용하

다만, 주주 지위의 상실을 수반하지 않는 액면가 인하를 통한 자본금감소와는[54] 달리 주식병합을 통한 자본금감소의 경우 병합비율 여하에 따라 단주가 발생하여 주주 지위가 단주 부분만큼 상실될 위험(주주권 혹은 사원권 침해의 위험)이 있다.[55] 합리적인 병합비율로 인해 주주 지위를 상실하는 것은 자본금감소라는 목적을 위해 소수주주가 수인하여야 하나 과도한 병합비율을 통해 상당한 수준을 넘어서는 단주를 발생시켜 소수주주를 축출하는 것은 주식병합의 남용이 된다.[56]

주주 지위 박탈 후 사후적인 정당한 보상이라는 이해관계(재산권적 이해관계)와는 그 차원이 다른 계속적 지분참가(주주 지위 유지)에 대한 주주의 이해관계를 보호하기 위해서 자본금감소를 위해 허용되는 주식병합의 경우 단주 발생으로 인한 주주 지위 상실은 원칙적으로 자본금감소 목적을 달성하는데 필요한 최소한에 그쳐야 한다. 따라서 과도한 주식병합 비율을[57] 통해 감자목적에 비추어 합리적인 범위를 넘는 단주를 발생

여야 하고, 액면주식의 경우 주당 법정최저액면가 1유로(독일 주식법 제8조 제2항) 혹은 무액면주식의 경우 주당 법정최저지분가액(감액된 자본금의 액을 발행된 무액면주식총수로 나눈 금액)인 1유로(독일 주식법 제8조 제3항)를 하회하지 않고는 목표한 금액만큼 자본금감소가 불가능한 경우에만 예외적으로 주식병합에 의한 자본금감소를 허용하는 독일 주식법 제222조 제4항 제2문(주식 병합에 의한 자본금감소의 보충성 원칙 혹은 최후수단성)이 자본금감소 시 주주 지위 유지라는 (소수)주주의 이익과 자본금감소의 필요성이라는 회사의 이익을 이미 충분히 형량한 규정이어서 독일 주식법 제222조 제4항에 따라서 행한 주식병합을 통한 자본금감소의 결과 단주 발생으로 인한 주주 지위 상실이 있어도 자본금감소 결의에 하자는 없다고 보았다.

54) 액면가 인하를 통한 자본금 감소 시 주주 지위 상실이라는 문제가 발생하지 않기 때문에(주주의 비례적 지위가 그대로 유지되기 때문에) 정당한 사유인 경영상 목적이 당연히 필요하지 않다.

55) 단주가 발생할 염려가 있는 주식병합의 경우 주주는 병합비율을 기초로 할 때 단주를 발생시키지 않을 만큼 추가적으로 지분을 매수하거나 아니면 단주만큼의 주주 지위(주주권)를 포기해야 하는 양자택일의 상황 앞에 서게 된다.

56) 소수주주 축출을 통해서 상장유지 비용이나 주주 관리 비용 등이 감소하여 발생하는 이익은 회사에 남는 지배주주가 누리기 때문에 지배주주가 주식병합을 남용할 유인은 크다.

57) 본 판결의 기초가 된 사실관계에 따르면 10,000주를 1주로 병합하는 현저히 과도한 주식병합 비율이 결정되었는데, 이로 인해 10,000주 미만의 주식을 소유한 주주는 모두 단주의 주주가 되어 비자발적으로 주주 지위를 상실하게 된다.

시켜 주주의 지위를 상실시키려면 회사가 증명책임을 지는 정당한 사유로서 경영상 목적(회사의 이익[58])이 있어야 한다.[59] 회사에서 축출된 단주의 공정한 매각 문제는 합리적인 범위 내에서 단주가 발생되거나 경영상 목적으로 인해 불가피하게 과도한 단주가 발생한 경우에 논의되어야 하는 다음 단계의 소수주주 보호 문제이다. 일차적으로는 주식병합 비율은 자본금감소와 주주의 계속적 지위 유지라는 이해관계를 형량하여 합리적 범위 내의 단주를 발생시키는 수준에서 결정되어야 하고, 과도한 단주를

58) 미국의 business purpose(사업목적), 독일의 materielle Rechtsfertigung(실질적 정당화사유)과 유사한 개념으로 보면 된다. 김지환, "주식병합을 통한 소수주주축출 문제 해결 방안", 「상사법연구」 제40권 제2호(2021), 한국상사법학회, 196-197면은 주식병합을 통한 소수주주 축출의 경우 폐쇄회사에 한하여 정당한 사업목적에 의한 심사가 필요하다는 입장이다. 주식병합을 위해 필요한 경영상 목적(business purpose)이라는 기준의 내용에 대한 미국 법원의 다양한 입장은 Michael R. Rickman, *Reverse Stock Splits and Squeeze-Outs: A Need for Heightened Scrutiny*, 64 WASH. U. L. Q. 1219, 1225 seq. (1986).

59) 김건식·노혁준·천경훈, 전게서 238면은 정당한 보상이 이루어지면 단주 활용한 소수주주 축출은 위법하지 않다고 본다. 김지환, 전게논문, 175면 이하; 임재혁, "소수주주 축출제도에 있어 경영의 효율성 제고 및 소수주주 보호 이념의 조화-대법원 2020. 6. 11. 선고 2018다224699 판결 및 대법원 2020. 11. 26. 선고 2018다283315 판결의 평석을 겸하여", 「기업법연구」, 제35권 제2호(2021. 6.), 한국기업법학회, 172면, 각주 78에 의하면 미국의 경우 주식병합을 통한 소수주주 축출을 위해서는 정당한 사업목적(business purpose)이 필요하다고 보는 주와 그러하지 않은 주로 나뉘어 있다.

독일의 유력설은 분리된 (통상의 자본금감소에서 요구되는 채권자보호절차가 필요 없는) 간이자본금감소[isolierte vereinfachte Kapitalherabstzung, 자본금감소와 동시에 자본금증가를 하지 않는 (결손을 완전히 보전하지 못한) 자본금감소]의 경우 예외적으로 자본금증가가 동시에 이루어지지 않는 자본금감소에 대한 정당한 사유(경영상 목적)가 있어야 한다고 본다. 왜냐하면 자본금증가가 동시에 이루어지지 않으면 주식병합 방식의 자본금감소에 따른 단주 발생으로 인해 의사에 반해 주주 지위를 상실한 주주가 신주인수권(자본금감소와 동시에 자본금증가가 있으면 주주는 자본금감소 전 자신의 회사에 대한 지분 비율에 따라 신주인수권을 가지게 됨)을 행사하지 못하여 단주 부분만큼 주주의 지위(주주권, 사원권)를 상실하게 되기 때문이다. 독일 연방법원은 이 문제에 대해서는 직접적인 판단을 유보하고 있다. BGH NZG 1998, 422(Sachsenmilch); NZG 1999, 1158(Hilgers). 다만, BGH NZG 1999, 1158(Hilgers)은 완전 감자와 동시에 자본금증가를 하는 경우에 가능하면 다수의 주주가 계속 회사의 주주로 머무를 수 있도록 하여야 하는 회사와 지배주주의 충실의무를 인정하고, 이러한 충실의무에서 과도한 단주의 발생을 피하기 위해서 신주의 액면가를 법정최저액으로 설정할 의무를 이끌어 낼 수 있으며, 높은 액면가 설정이 필요한 정당한 사유는 회사가 주장·입증하여야 한다고 판시하였다.

발생시키는 주식병합 비율은 이를 정당화할 수 있는 경영상 목적이 있는 경우에만 예외적으로 허용된다고 보아야 한다.

특별한 경영상 목적이 없다면 회사(혹은 지배주주)는 자신의 의사에 반하여 주주의 지위를 상실하지 아니하고 주주의 지위를 계속적으로 유지할 수 있도록 배려할, 즉 회사의 지배에 관한 주주의 이해관계를 배려할 의무가 있으므로[60] 병합비율을 합리적으로 정하여 주주 지위 상실이 최소화되도록 할 의무가 있다.[61] 이러한 의무는 신주발행 시 신주인수 비율을 정할 때 특별한 사유가 없다면 단주 발생을 최소화하는 비율을 선택해야 하는 회사(혹은 지배주주)의 의무에 비견되는 의무이다.[62]

2. 주주 지위 박탈과 관련된 다른 제도와의 균형상 경영상 목적 필요

주주의 회사의 지배에 대한 이해관계에 큰 영향을 주는 경우, 즉 주

60) 회사의 주주에 대한 신의성실의무(충실의무의 독자성을 인정하면 충실의무)에서 혹은 주주간 충실의무를 인정하면 지배주주의 소수주주에 대한 충실의무에서 나오는 의무이다.

61) 주식병합에 의한 자본금감소의 보충성 원칙 혹은 최후수단성을 규정하고 있는 독일 주식법 제222조 제4항 제2문은 자본금감소 시 주주 지위를 충분히 보호하기 위한 입법으로 시사하는 점이 크다. 액면주식의 경우 주주 지위에 변동(주주 지위 상실)이 없는 액면가 인하를 통한 자본금감소를 먼저 하여야 할 의무를 부과하고 있는 이유는 주식병합의 경우 주주에게 단주(Spitzen)가 발생하면 주주의 사원권 및 재산권적 지위에 대한 침해가 나타나는데 이러한 침해를 최소화하기 위해서 비례성의 원칙에 기해(권리의 침해가 경미한 수단의 우선적 사용) 액면가 인하를 통한 자본금감소를 우선하도록 의무화하고 있다(주주 보호를 위한 규정이고 채권자 보호와는 무관한 규정). 입법취지에 관해서는 Hölters/Habersack/Greitemann, AktG, 3. Aufl. 2017, § 222 Rn. 63. 예외적으로 보충성 원칙이 적용되지 않는 자본금감소는 독일 주식법 제228조(법정최저자본금인 5만 유로 미만으로 하는 자본금감소는 자본금증가와 동시에 하면 예외적으로 허용)에 따라 이루어지는 영(零) 유로(Euro)로의 자본금감소(완전 감자, 전액 감자, Kapitalherabsetzung auf Null)인데 이 경우는 액면가 인하나 주식병합이 이루어지지 않고 주식 전부를 소각시킨다(0유로로 자본금을 감소하기 때문에 액면가를 밑도는 자본금감소라는 주식병합을 하기 위한 요건이 자동적으로 충족됨).

62) 신주발행 시에도 특별한 사유가 없는 한 신주인수 비율 혹은 신주의 액면가를 정할 때 회사(혹은 주주의 충실의무를 인정하면 지배주주)는 단주 발생이 가능한 최소화되도록 신주인수 비율 혹은 액면가를 정할 의무가 있다. 이에 관해 대표적으로 Koch, Aktiengesetz, 16. Aufl. 2022, § 186 Rn. 29; MüKoAktG//Schürnbrand/Verse, 5. Aufl. 2021, § 186 Rn. 120.

주가 자신의 의사에 반해 그 지위를 상실하는 경우, 예컨대 지배주주가 주식매도청구권을 행사하여 발행주식총수의 5% 미만을 보유하고 있는 소수주주의 주주 지위를 박탈하려면 경영상 목적이 있어야 하고(상법 제360조의24 제1항), 신주발행이나 전환사채 혹은 신주인수권부사채 발행 시 주주의 인수권을 배제하려면 역시 경영상 목적이 요구된다(상법 제418조 제2항 단서, 제513조 제3항 후단, 제516조의2 제4항 후단).

이런 점에 비추어 보면 단주 발생 가능성으로 인해 주주의 회사 지배에 관한 이해(주주 지위 계속 유지에 대한 이해)에 상당히 큰 영향을 미치는 주식병합 비율이 형식적으로 법적 절차를 따르면 아무런 제한 없이(경영상 목적 없이) 허용된다는 결론은 부당한 것임을 쉽게 알 수 있다.[63)]

3. 소수주식 강제매수제도의 입법 취지 유지 측면에서 경영상 목적 필요

특별한 경영상의 목적 없이도 과도한 병합비율을 통해 단주 주주를 다수 만들어 내는 것이 가능하면, 회사의 지배주주는 ① 상법 제360조의24 제1항이 규정하고 있는 매도청구권 행사를 위한 지분요건(발행주식총수의 95%)보다 낮은 지분요건으로[발행주식총수의 3분의 2 이상(약 66.7%) 보유하면 자본금감소를 위한 특별결의는 언제나 가능[64)]] 경영상 목적도 없이 더 많은 지분(발행주식총수의 5%를 넘는 지분)을 가진 소수주주를 축출할 수 있게 되고,[65)] ② 주식매도청구권을 행사하여도 소수주주가 주식매매대금을

---

63) 미국에는 상법 제360조의24와 같은 일반조항과 같은 소수주주 축출수단인 주식강제매수제도는 없는데 만약 이러한 제도가 미국에 있다면 이사나 지배주주의 충실의무에서 기인하는 최선대안 선택의무로 인해 주식강제매수제도 대신 소수주주 축출을 위해서 주식병합을 이용하려면 정당한 사업목적이 필요하다고 판단할 것이다.

64) 주주총회 참석률이 극단적으로 낮은 경우 이론상으로 발행주식총수의 3분의 1만 보유하여도 특별결의가 가능하다.

65) Michael R. Rickman, *supra* note 58 at 1221도 이러한 점을 소수주주 축출을 위한 주식병합이 가지고 있는 매력적인 요소라고 본다. 이러한 점을 포함한 주식병합을 통한 소수주주 축출의 장점은 Paul H. Dykstra, *The Reverse Stock Split—That Other Means of Going Private*, 53 Chi.-Kent L. Rev. 1, 7-10 (1976). 캘리포니아주 회사법(Cal. Corp. Code) 제407조는 명시적으로 발행주식총수의 10%를

지급받기 전까지 계속 주주 지위를 유지하는 것과는 달리 주권제출기간이 만료하는 즉시 주식병합의 효력이 발생하여 소수주주의 지위가 조기에 획일적으로 상실되는 이익(상법 제440조, 제441조)을 누릴 수 있으며, ③ 법원에 의한 매수가격의 결정(통제)이 가능한 주식매수청구권과 같은 수단이[66] 단주 주주에게 제공되지 않으므로 스스로 매수할 법적 의무가 없어 보상 부담 없이 주주를 축출할 수 있게 된다.[67] 이처럼 주식병합을 통한 소수주주 축출이 특별한 제한(경영상 목적) 없이 허용되면 소수주주 축출을 위한 제도로 도입되었으나 현재 여러 가지 문제로 잘 활용되지 않는[68] 소수주식의 강제매수제도(상법 제360조의24)의 기능은 더욱 약화되고

초과하는 주식에 대해 단주가 발생하면 단주의 매수를 금지하기 때문에 주식병합을 통해 축출할 수 있는 최대 상한은 발행주식 총수의 10%를 가진 주주이다. 10%라는 상한 기준은 합병당사회사의 이사회결의만으로 합병이 가능한 간이합병(short form merger)의 기준이 존속회사(보통 모회사)가 소멸회사의 발행주식 총수의 90%를 보유하는 것이어서 소멸회사의 발행주식 총수의 10%를 보유한 주주를 축출할 수 있는 것이 최대한인 점에서 착안한 것이라고 한다.

66) 주식매수청구권은 무의미한 수량의 주식을 계속 보유해야 하는 부담을 덜어 주는 한편, 시장성을 상실한 주식의 환가를 가능하게 해 주는 제도로 이해되는데 [정동윤(편집대표), 「주석상법」 회사(Ⅱ), 제5판, 한국사법행정학회 2014, 708면], 단주를 계속 보유할 유인이 없고, 단주의 시장성이 없음은 분명하므로 주식병합으로 인해 발생한 단주 주주에게 매수청구권을 인정할 필요성이 높다.

67) 이러한 우려는 노혁준, 전게논문, 129면; 임재혁, 전게논문, 183면 이하. 평석대상인 대법원판결은 주식매도청구 제도가 시행(2011. 4. 14. 개정되고 2012. 4. 15.부터 시행)되기 전의 과도한 주식병합으로 인한 감자무효의 소를 다룬 판례[2011. 8. 16 선고 서울동부지방법원 2010가합22628 판결(원고인 단주 주주의 감자무효의 소 청구 기각)→2012. 4 26. 선고 서울고등법원 2011나63897 판결(1심 판결 인용하여 항소 기각)→대법원 2012. 7. 26. 선고 2012다40400 판결(심리불속행기각)]를 그대로 승계한 것이다.

68) ① 매도청구권 행사의 통지가 소수주주에게 도달하여야만 되는데, 실기주(회사가 신원 자체를 파악하지 못하는 주주)가 있는 경우에는 매도청구권 행사의 통지를 도달시킬 수 있는 방법이 없고(의사표시 공시송달로도 불가능함), ② 공탁이 가능한 시점과 관련하여서도 매매가액에 대한 법원의 결정이 확정된 이후에야 비로소 공탁이 가능한 것인지 여부에 대해서 논란(이른바, 확정가액설, 제시가액설, 공정가액설의 대립)이 있어 공탁 공무원에 따라서는 법원의 결정이 확정되기 전까지는 공탁을 수리해 줄 수 없다는 입장을 취하는 경우도 있으며, ③ 설령 공탁을 하였다고 할지라도 추후 법원을 통해 최종 확인되는 매매가액이 공탁한 매매가액보다 큰 경우에는 기존 공탁은 일부 공탁으로 애초부터 무효가 되어 결국 공탁이 없었던 것과 같은 결과가 되어 버리는 이론상의 위험이 존재하고, ④ 계좌대체되는 주식의 경우에는 예탁결제원 및 증권사와의 관계에서 여러 가지 실무상의 어려

우회수단 혹은 탈법수단으로서 주식병합이 적극적으로 이용될 것이다.[69]

본 사건의 경우 피고 X회사는 주식병합 및 자본 감소의 목적을 '주주의 수를 줄여 의사결정의 신속성 및 효율성을 확보하고, 주주 관리비용을 줄이고, 과도한 공시의무에서 벗어나며, Y회사로부터 추가로 자금을 유입하여 X회사의 재무구조를 개선하기 위함'이라고 주장하고 있는데,[70] 이러한 목적을 위해서 마련된 것이 바로 소수주식의 강제매수제도이므로[71] 극히 작은 규모의 자본금감소 명목을 내세워 과도한 병합비율을 통해 소수주주를 축출하는 것은 강제매수제도의 입법취지에 반하는 것이며, 탈법행위에 해당한다.[72]

X회사는 Y회사로부터 유상증자, 자금대여 등을 받으려는 상황에서 소수주주들이 이에 반대하는 경우 차질이 생길 수 있어 소수주주 축출을 위한 주식병합이 필요하였고, X회사의 정상화를 위해 소수주식 강제매수제도를 이용할 수 있었으나, 다만 소수주식을 강제로 매수할 때 오랜 시일이 걸리게 되어 조속히 X회사를 정상화하기 어려워 주식병합 및 자본감소를 진행하였다고 주장하였다.[73] 이러한 X회사의 주장만으로는 법이

움이 발생하는 것 등을 강제매수제도(매도청구권제도) 이용이 저조한 이유로 든다. 법무법인 세종, "교부금 주식교환제도의 도입과 소수주주 축출 방안", Legal Update, March 11, 2016.

69) 미국에서도 잔류하게 되는 주주 수와 관련한 확실성과 소수주주 축출의 종결성이 담보되고, 상대적으로 적은 공시서류와 준비서류 및 소수주주에 대한 우호적 가격(sweetener) 제시 필요성 부재로 인해 비용이 절약되며, 반대주주의 주식매수청구권이 인정되지 않고, 상대적으로 낮은 소송위험 등으로 인해 주식병합은 가장 경제적이고 직접적인 소수주주 축출 수단으로 평가된다. 주식병합을 통한 소수주주 축출의 장점은 Paul H. Dykstra, *supra* note 65 at 8-10.

70) 제1심과 원심에서 피고 X회사가 주장한 사실이다.

71) 소수주식의 강제매수제도(상법 제360조의24)는 특정주주가 주식의 대부분을 보유하는 경우 주주 간 대등한 관계를 유지하기 어려우므로 주주총회 개최비용 등 소수주주 관리비용을 절감하고 기동성 있는 의사결정을 할 수 있도록 하고자 함에 그 입법취지가 있다. 강제매수제도 도입의 입법이유는 정동윤(감수), 전개서(각주 37), 179면(정상적인 동업관계 유지 어려움 해소, 소수주주 관리비용 절감 및 기동성 있는 의사결정, 소수주주에게 출자회수 기회 제공).

72) 탈법행위는 회피되는 법률(법규정)의 정신에 반하고 법률(법규정)이 원하지 않는 결과의 발생을 목적으로 하는 경우 무효이다. 김형배 · 김규완 · 김영숙, 「민법학강의 : 이론 · 판례 · 사례」, 제13판, 신조사, 2014, [1.191].

허용하는 강제매수제도를 이용한 X회사의 정상화가 불가능하여 자본금감소 명목의 주식병합을 통한 소수주주 축출이 반드시 필요하였던 것으로 보기 어려워 탈법행위의 비난을 피할 수 없다.[74)]

4. 축출되는 소수주주에 대한 보호수단 미비 측면에서 경영상 목적 필요

미국 혹은 일본과 같이 주식병합을 통한 자본금감소(소수주주 축출[75)])에 반대하는 주주에게 유지청구권이나 주식매수청구권 혹은 단주가 발생하는 경우 단주매수청구권이 인정되지 않고 있고,[76)] 독일과 같이 주식병합을 통한 자본금감소의 보충성 원칙(최후 수단성)도 규정되어 있지 않으며, 이사나 지배주주의 소수주주에 대한 충실의무가 인정되지 않고 있고,[77)] 단주로 인해 축출되는 주주에 대한 적절한 보상도 쉽지 않은 상황

73) 원심(서울고등법원 2018. 10. 12. 선고 2018나2008901 판결)에 따르면 피고 X회사의 주장 사실과 답변서 기재 사실이다.

74) 이런 점을 지적한 원심(서울고등법원 2018. 10. 12. 선고 2018나2008901 판결)의 판단은 타당하다. 본 사건의 경우 X회사가 다른 회사에 흡수합병되어 소멸하게 되었는데, 본 사건과 같이 합병 전에 주식병합을 통해 주주축출을 시도하기 보다는 합병비율 조정을 위해 법이 허용하는 소멸회사의 주식병합을 통해 주주를 축출하거나(마찬가지로 단주가 발생하고 과도한 병합비율 문제가 야기됨) 교부금합병을 통해(합병반대주주의 주식매수청구권 행사가 부담이 될 수 있음) 소멸회사의 주주를 축출하는 방법이 있다.

75) 미국과 일본에서의 주식병합을 통한 소수주주 축출 문제에 관해서 김지환, 전게논문 173-189면.

76) 미국에서는 주식병합 시 소수주주에게 주식매수청구권이 인정되지 않는다면 소수주주 보호가 충분하지 않다고 보고(지배주주와 소수주주 사이의 이익균형이 없다고 보고), 이 경우 주식병합을 통한 소수주주 축출을 위해서는 '상당하고 설득력 있는' 사업목적(substantial and compelling business purpose)이 필요하다고 본다. 반대로 상장회사의 경우 주식병합 시 축출되는 소수주주에게 주식매수청구권이 부여되면 소수주주 보호가 충분하다고 보므로 주식병합을 위한 '적법한' 경영상 목적(legitimate business purpose)만 있으면 족하다고 본다. 폐쇄회사의 경우 주식병합 시 축출되는 소수주주에게 주식매수청구권이 인정되어도 주식거래 시장이 없으므로 공정한 매수가격 산정이 지극히 어려워 공정한 매수가격 산정은 법원에 전적으로 의존해야 하므로 소수주주 보호가 충분하지 않다고 보아 주식병합을 통한 소수주주 축출을 위해서는 역시 '상당하고 설득력 있는' 사업목적이 필요하다고 보는 견해는 Michael R. Rickman, *supra* note 58 at 1228-1231.

77) 따라서 교부금합병을 통한 소수주주 축출에 정당한 사업목적을 요하지 않는다고 보

에서 경영상 목적이라는 실질적 통제수단이 없다면 자본금감소 시 과도한 병합비율을 통한 부당한 소수주주 축출에 대한 방어 수단이 없게 된다.[78] 지배주주와는 달리 축출되는 소수주주는 주식병합의 혜택(공시의무 등 상장유지에 따른 비용과 주주관리 비용 절감 등)을[79] 거의 누리지 못하는 최소수혜자(the least advantaged)이므로 더욱 충분한 보호수단이 제공되어야 하는데, 주식병합에 관한 현행 상법규정과 법리는 그러하지 못하기 때문에 소수주주 보호를 위한 최후의 보루로서 경영상 목적이 필요하다.[80]

주식매수청구권을 행사한 경우 대부분의 주주가 회사가 제시한 매수

는 미국의 델라웨어주 법원 등의 입장은 축출되는 소수주주 보호 수준이 한국과 현격한 차이를 보이기 때문에 그대로 수용할 수 없다. 미국의 경우 소수주주 축출과 관련하여(합병 등 조직재편을 위해 소수주주를 축출하는 경우에도) 이사와 지배주주의 소수주주에 대한 충실의무가 인정되고, 축출되는 주주에 대한 보상과 관련한 공정한 절차(fair dealing)와 공정한 가액(fair price)를 내용으로 하는 완전한 공정성(entire fairness) 대한 입증책임을 회사나 지배주주가 부담하며, 이해관계자인 지배주주를 배제한 소수주주의 다수결(MOM=Majority of Minority)도 허용하고, 주식병합에 반대하는 주주에 대한 주식매수청구권과 병합 유지청구권(injunction) 인정, 공정성 확보를 위한 공시의무 등 소수주주 보호가 한국보다 훨씬 높은 수준이다. 송종준, "소수주주 강제퇴출법제의 국제적 신조류와 그 입법론적 수용 가능성-미국, 영국, 독일법의 비교분석을 중심으로", 「증권법연구」 제6권 제1호(2005), 한국증권법학회, 15-17면.

78) 주식병합 시 소수주주 보호를 강화하기 위해 상법개정안이 제안되었었는데(이용우 의원 대표발의, 2021. 4. 22), 개정안의 주요내용은 ① 주식병합 시 병합사유와 병합비율을 사전에 주주명부상 주주와 질권자에게 통지하고, ② 법령이나 정관 위반 혹은 현저히 불공정한 방법에 의한 주식병합으로 주주가 불이익을 받을 염려가 있는 경우 주식병합에 대한 유지청구권을 인정하며, ③ 단주의 가액을 단주의 주주와 회사간 협의로 결정하고, 30일 이내에 협의가 성립하지 않는 경우 당사자(단주의 주주나 회사)의 청구에 의해 법원이 가액을 결정하며, 법원이 가액 결정 시 회사의 재산상태와 그 밖의 사정을 고려하여 공정한 가액으로 산정하여야 한다는 것이다. 임재혁, 전게논문, 196면도 개정안으로 단주 처리 절차에 있어서 위 ③과 유사한 단주 보유주주의 가격결정청구권을 보장할 것을 제안하고 있다.

79) 공개매수나 교환, 교부금 합병, 자산양도, 주식병합 등을 통한 폐쇄화거래(going private)의 장점과 단점은 Paul H. Dykstra, *supra* note 65 at 4-10.

80) 미국의 경우 델라웨어주 이외의 뉴욕주 등이 소수주주 축출에 정당한 사업목적을 요구하는데, 사업목적은 회사의 이익을 증진시키는 것이어야 하고, 사업목적이 요구된다고 하여 이것이 소수주주를 강력하게 보호해 주는 것도 아니고, 또 거래의 공정요건에 대한 법원의 면밀한 심사로부터 다수파주주를 보호해 주는 효과가 있는 것도 아니라고 평가하고, 사업목적요건은 법원으로 하여금 당해 거래에 관련된 전반적인 조건, 대상 및 동기를 폭넓게 검토하도록 유인하는 효과가 있다는 데에서 그 유용성을 찾을 수 있다고 한다. 송종준, 전게논문, 30면, 각주 73.

가격에 불만을 느끼고 법원에 매수가격결정을 신청하는 실무를 보면[81] 완전한 주주권 행사가 불가능한 단주의 경우 법원에 매수가격결정을 신청하는 제도도 없어 더욱 공정한 보상을 기대하기가 어렵다. 현재 상장회사의 주식매수가격 산정방법이[82] 존속회사나 영업을 양수한 회사 등의 기대되는 가치상승을 매수가격 산정에 반영하지 못하고 있듯이[83] 주식병합 후 회사의 가치상승이나 비용감소 효과가 단주 가액 산정 시 반영되지 않기 때문에 단주에 대한 사후보상은 본질적으로 취약점을 지니고 있다.

5. 경영상 목적의 의미와 병합비율의 한계

소수주주 축출을 위한 (과도한) 병합비율을 정당화하기 위해 필요한

81) 독일의 통계를 보면 주식강제매수(squeeze out)에 의해 축출된 소수주주가 주주총회결의 취소소송(Anfechtungsklage)이나 주식매수가격 결정을 구하는 신청(Spruchstellenverfahren)을 하는 경우가 매우 빈번하다(예컨대 법원의 심판을 받은 강제매수 비율은 2002년 강제매수 건수의 20%에서 2006년 강제매수 건수의 96%로 상승해서 법원의 심판을 구하는 것이 원칙이 됨). 2002년부터 2011년 사이 이루어진 상장회사의 주식강제매수 323건 중 법원에 주식매수가격 결정을 신청한 건수는 226건이고, 취소소송은 122건이며, 양자를 결합하여 다툰 건수는 97건이다. 이 기간 법원은 매수가격결정과 관련해서 회사가 제시한 가격보다 평균적으로 34.9% 더 많은 금액을 주주에게 지급하라는 결정을 내렸다. Ettore Croci, Eric Nowak, Olaf Ehrhardt, *The corporate governance endgame-minority squeeze-out regulation and post-deal litigation in Germany*, Managerial Finance, Vol. 43 No. 1 (2017), 112.

82) 상장회사 주식의 경우 합병 등에 관한 이사회 결의일 이전 과거 2개월, 1개월, 1주일간 매일의 최종시세를 거래량을 가중치로 하여 산정한 각각의 가중산술평균가격을 평균한 산술평균가격, 비상장회사 주식의 경우 자산가치와 수익가치를 각각 1 : 1.5로 하여 가중산술평균한 본질가치, 자본시장법 제165조의5 제3항, 자본시장법 시행령 제167조의7 제3항).

83) 강형구 · 최한수 · 이창민, “소수주식 전부취득제에서 지배주주와 소수주주의 상대적 이익-소수주주의 프리미엄의 필요성”, 「경영법률」 제24권 제3호(2014), 한국경영법률학회, 125면 이하는 이러한 문제점을 지적하고 축출되는 소수주주에게 프리미엄이 지급되어야 한다고 주장한다. 현행 주식매수가격 산정방법이 가지고 있는 이러한 문제점으로 인해 주식매수가격 결정에 관한 자본시장법 제165조의5 제3항 등에 대한 개정안[이용우의원 등 14인, 제2117417호(2022. 9. 19.)] 제출된 상태이다. 개정안에 따르면 주식매수청구권을 행사하는 주주들의 권익을 두텁게 보호하기 위해 매수가격은 자산가치와 수익가치를 가중산술평균한 가액을 기준으로 하되 그 가액이 증권시장에서 거래된 해당 주식의 거래가격을 기준으로 산정된 금액에 미치지 못할 경우에는 그 거래가격을 기준으로 산정된 금액으로 할 수 있도록 하고 있다.

경영상 목적은 주주 지위 상실을 수반하는 지배주주의 매도청구권 행사나 주주의 신주인수권 배제를 위해서 필요한 경영상 목적과 그 내용이 반드시 일치할 필요는 없다.[84] (과도한) 병합비율을 통한 소수주주 축출을 위해 필요한 경영상 목적의 예시로 재무구조 개선의 필요성, 즉 회사 회생을 위한 유동성 확보를 위해 기존의 소수주주를 배제한, 대규모 신규 투자자나 전략적 투자자(외국투자자) 확보 필요성, 자본금감소 후 증자 시 기존 주주로부터 투자를 받기 어려워 제3자로부터 자금조달을 받아야 할 필요성, 투자 유치를 위한 단순한 주주구성 필요성, 제3자의 출자를 통한 전략적 제휴, 지나치게 낮은 주가관리 등을 들 수 있다.

자본금감소 시 과도한 병합비율로 인한 소수주주 축출을 정당화할

---

84) 주식매도청구권 행사 요건(상법 제360조의24 제1항)과 신주인수권(전환사채인수권, 신주인수권부사채 인수권) 배제를 위한 요건(상법 제418조 제2항 단서, 제513조 제3항 후단, 제516조의2 제4항 후단)으로서 경영상 목적은 동일한 표현으로 동일하게 해석해야 하나 매도청구의 실효성을 위해 엄격하게 해석할 수는 없다고 보는 견해는 이철송, 전게서, 1211-1212면. 주식매도청구권을 행사하기 위한 요건으로서 경영상 목적을 엄격하게 해석할 필요는 없고 주주관리비용 및 주주총회 운용비용을 줄이기 위한 것도 충분하다고 보는 견해는 김건식·노혁준·천경훈, 전게서 860면; 송옥렬, 전게서, 890-891면. 주주 지위 상실이라는 결과에도 불구하고 규정의 입법 취지가 다른 점을 고려하면(전자는 경영의 자율성과 효율성 제고를 위한 소수주주 축출 허용, 후자는 자금조달의 편의성과 기동성 및 유연성을 위해 기존 주주의 우선적 인수권을 배제) 양자의 경영상 목적을 동일하게 해석할 이유는 없다. 주식매도청구권을 행사하기 위한 요건으로서 경영상 목적에는 소수주주권 남용으로 회사의 효율적 운영이 방해받고 있거나 시너지가 큰 합병을 위해 합병 상대회사의 요청에 따라 소수주주의 지분을 해소할 필요성 이외에[서완석, "상법상의 소수주주 축출제도-소수주식 강제매수제도와 교부금합병제도를 중심으로", 「상사법연구」 제30권 제2호(2011), 432면], 주주관리비용 절감 및 경영 효율성의 제고 등도 포함된다고 보아야 한다. 그러나 신주인수권 등의 배제나 자본금감소를 위한 주식병합을 통한 주주축출에는 이러한 것이 경영상 목적으로 인정될 수 없다. 자본구조 조정과 관련된 공통점이 있으므로 자본감소 시 과도한 주식병합을 통한 소수주주 축출을 정당화하는 경영상 목적은 신주인수권 등의 배제를 위해 필요한 경영상 목적과 유사하게 해석할 필요가 있다. 주식매도청구권 행사 요건으로서 굳이 경영상 목적이 필요한지에 대한 입법론적 논의는 다른 차원의 문제이다. 법률 규정에 경영상 목적이라는 요건이 규정되어 있지 않아도 그 필요성을 해석론으로 인정하는 것이 가능하다. 예컨대 독일 주식법에는 신주인수권 배제를 위한 요건으로 우리 상법 제418조 제2항 단서와는 달리 경영상 목적이라는 요건이 규정되어 있지 않으나(독일 주식법 제186조), 통설과 판례는 경영상 목적(신주인수권 배제에 대한 실질적인 정당화사유)이 필요하다고 본다.

수 있는 경영상 목적이 인정되더라도, 그러한 과도한 병합비율이 경영상 목적 달성에 필요하고, 적합하여야 하며, 비례적이어야(회사의 이익과 축출되는 주주의 주주 지위 유지라는 이익의 형량) 한다.[85] 본 사건을 보면, 과도한 주식병합 비율을 정당화할 수 있는 경영상 목적(회사의 이익)이 보이지 않고,[86] 소규모감자 목적에 비추어 보면 과도한 주식병합 비율은 필요하

85) 캘리포니아주 회사법처럼 발행주식총수의 일정 비율 이상을 단주로 만드는 결과를 초래하는 주식병합은 허용하지 않을 필요가 있는데, 주식강제매수제도를 우회하는 것을 방지하여 그 실효성을 확보하기 위해 발행주식총수의 5%를 초과하는 주식이 단주가 되는 주식병합은 허용하지 않는 것이 바람직하다. Elliot M. Kaplan, David B. Young, *supra* note 52 at 74-82는 주식병합을 통한 소수주주 축출을 위해서는 ① 타당한 사업목적(valid business purpose)이 있어야 하고(교부금합병 시 소수주주 축출에 사업목적을 요구하지 않는 대표적인 델라웨어주 판례인 Weinberger v. U.O.P., Inc. 457 A.2d 701 (Del. 1983)를 포함한 일부 판례는 주식병합을 통한 소수주주 축출에도 사업목적 불필요하다고 봄), ② 주식병합 과정이 사기나 부실표시 혹은 공시의무 불이행으로부터 자유로워야 하며(지배주주가 소수주주에게 모든 관련정보를 공개해야 하며), ③ 축출되는 소수주주에게 공정한 보상, 즉 단순한 주식의 시장가격이 아니라 계속기업(going concern)에 대한 소수주주의 지분가치를 비례적으로 반영하는 보상이 제공되어야 하는 세 가지 요건이 충족돼야 한다고 본다.

86) 김재범, 전게논문, 85면 이하는 자본금 감소가 없는 주식병합을 통한 소수주주 축출을 위해서는 경영상 목적이 필요하다는 입장을 전제로 하면서(주주에 대한 실질적 불평등이나 권리남용으로 인정되지 않기 위해서도 경영상 목적이 필요하다고 봄), 본 사건의 경우 경영상 목적이 존재하므로 본 사건의 주식병합은 적법한 것으로 본다. 김재범, 전게논문, 98면 각주 31은 주식병합 및 자본금감소 후 4개월여 지난 시점에서 500억 원의 대규모 유상증자가 실시되어 재무상태가 개선되었고, 유상증자 후 5개월 지난 시점에서 피고에게 흡수합병된 사실로부터 이 사건 주식병합에 흡수합병이라는 구조조정을 용이하게 하려는 목적이 있다고 보았다. 그러나 제4차까지의 주식병합은 모두 회생계획의 일환이었기 때문에 주식병합으로 인한 주주 지위 상실을 정당화하는 경영상 목적이 있었으나, 회생절차 후 이루어진 본사건 제5차 주식병합을 위한 주주총회 안건에 이러한 목적은 적시되지 않았고 단지 '주식병합 및 자본금감소'만 안건으로 상정되었기 때문에 정당한 경영상 목적을 인정하기 어렵다. 제1심 법원도 주식병합을 통한 주주축출의 경우 경영상 목적이 필요하다는 전제하에 주식병합의 결과 나타난 비용감소, 주식병합 후인 2016. 12. 5. 이루어진 Y회사에 대한 제3자 배정 방식의 신주발행으로 인한 200억 원의 유상증자와 2017. 3. 27. 이루어진 500억 원의 유상증자 등이 재무상태를 개선하기 위한 일련의 절차이므로 주식병합을 통한 주주축출에 경영상 목적이 있는 것으로 보았다. 미국의 경우 informed decision을 위해서 주주에게 송부되는 의결권위임 권유장(proxy statement)에 예정된 주식병합의 이유, 즉 회사가 공언한, 주식병합이 필요한 경영상 목적이 기재되어야 한다(Item 15 of Schedule A). 이 점에 관해서는 Paul H. Dykstra, *supra* note 65 at 15. 지배주주가 주식매도청구권을 행사

지도 않고, 적합하지도 않으며, 비례적이지도 않다.[87]

V. 결　론

상술한 판례의 비판적 검토를 요약하면 다음과 같다.

첫째, 대법원은 소수주주 보호라는 중요한 기능을[88] 수행하는 주주평등의 원칙을 협소하게 형식적 평등의 관점에서만 파악하여 과도한 주식병합 비율이라도 모든 주주에게 공통되면 주주평등의 원칙에 반하지 않는다고 보아 대주주 이외에 다른 소수주주 전부가 주주 지위를 상실하게 되는 실질적 불평등 문제를 도외시하였다. 본 사건은 전형적인 실질적 주주평등 원칙 위반 사건이다.

둘째, 주주평등의 원칙을 형식적으로만 파악하여 주주평등의 원칙 위반을 인정하지 않았더라도 신의성실의 원칙 혹은 권리남용 금지 원칙을 좀 더 철저히 적용하였다면 본 사건의 주식병합은 신의성실의 원칙 혹은 권리남용 금지 원칙에 반한다는 결론이 가능하였을 것이다.

본 사건의 경우 자본금감소라는 회사의 이익과 그로 인해 침해되는 소수주주의 이익(주주 지위 유지라는 이익) 사이의 불균형이 현저하고, 자본금감소보다는 소수주주 축출이란 주된 목적이 객관적으로 인정되어 회사

하기 위해서도 주주총회 소집통지서에 매도청구의 목적을 기재하고 주주총회에서 그 내용을 설명하여야 한다(상법 제360조의24 제4항 제2호).

87) 10,000 : 1의 주식병합 이후 자본금은 21,546,045,000원에서 21,500,000,000원으로 자본금감소 규모는 46,045,000원(0.21%)에 불과한데 단주의 대량 발생으로 980여 명의 주주 중에서 2명을 제외하고 모두 축출되었다. 이러한 감자규모는 주주 축출이라는 결과 발생 없이 소액의 액면가 인하로 충분히 달성할 수 있다.

88) Koch, Aktiengesetz, 16. Aufl, 2022 § 53a Rn. 1. 법률이 주주평등의 원칙에 대한 적지 않은 예외를 두고 있고, 주주권에 대한 침해가 언제나 주주평등의 원칙에 반하는 것은 아니며, 주주평등의 원칙은 '주식회사의 주주에 대한 의무이기 때문에' 주주 상호간 관계에서 주주총회결의를 통제하는데 적용할 수 없으므로 주주평등의 원칙만으로는 회사 기관을 통한, 특히 주주총회를 통한 주주권에 대한 침해를 방지하는 데 충분하지 않다. 따라서 소수주주 보호를 위해서는 주주평등의 원칙 이외에 주주간 충실의무를 통한 보완이 필요하다. Koch, Aktiengesetz, 16. Aufl. 2022 § 53a Rn. 2. 주주의 충실의무를 인정하고 있지 않은 한국 현실에서 주주평등의 원칙은 따라서 소수주주 보호를 위한 더욱 중요한 역할을 한다.

(지배주주)의 가해 목적도 있으므로 권리남용의 요건을 충족한다. 회사는 주식병합 시 특별한 사정이 없으면 주주의 이익에 대한 침해가 최소화되도록 배려하여야 하는 신의성실의무를 부담하는데 과도한 병합비율로 인해 신의성실의무 위반도 인정된다.

셋째, 현행법상 단주 처리 절차는 단주 주주에 대한 공정한 보상을 보장하지 못한다. 따라서 주식병합을 통한 단주의 발생을 제한 없이 자유롭게 허용하고 사후적인 보상을 통해 소수주주의 이익을 보호하는 방법은 단주에 대한 공정한 보상이 보장되지 않는 상태에서 바람직하지 않다. 주주 지위의 계속 유지라는 더 근본적인 회사의 지배에 관한 주주의 이익을 보호하는 데 중점을 두어야 한다.

넷째, 소수주주 축출은 법이 인정한 예외적인 경우에 한하여 합리적인 범위내에서만 허용되어야 하고, 소수주주 축출이 필요한 경우 일반적인 소수주주 축출수단으로 상법이 도입한 주식강제매수제도를 이용하여야 하며, 이를 우회하기 위한 주식병합을 통한 소수주주 축출은 원칙적으로 허용되지 않는다고 보아야 한다.

다섯째, 의사에 반하여 회사에서 축출당하지 않고 잔류할 수 있는 권리는 주주의 핵심적 권리이지만 신성불가침의 권리는 아님은 분명하다. 다만, 회사법적 공용수용[89](gesellschaftsrechtliche Enteignung, Corporate Eminent Domain)으로 볼 수 있는 주식병합을 통한 소수주주 축출이 예외적으로 정당화되기 위해서는 경영상 목적이 있어야 하고,[90] 그러한 주식

89) Teschner v. Chicago Title & Trust Co., 59 Ⅲ. 2d 452, 322 N.E.2d 54 (1974) 사건에서 원고는 강력하고 효과적인 공격방법인 피고가 제시한 사업목적과 주식매수가액의 정당성을 다투지 않고 공용수용에 관한 고상한 헌법상 법리만으로 소수주주 축출 목적의 주식병합의 무효를 다투어 패소했지만 주식병합을 통한 소수주주 축출이 공용수용과 같은 효과가 있음을 보여 주는 사례이다.

90) 본 사건에 관한 대법원의 입장처럼 과도한 주식병합을 통한 소수주주 축출이 법적 절차를 거친 경우 제한 없이 허용된다면 반대로 신주발행 시 구주 10,000주에 대해 신주 1주를 배정하는 방식도 법적 절차만 준수하면 허용될 것이므로 이를 통해 다량의 단주를 발생시켜 소수주주의 지분율을 강제적으로 낮출 수 있고, 대표소송을 제기하려는 주주의 원고적격을 박탈하기 위해 과도한 비율의 주식병합을 이용할 수 있으며, 과도한 비율의 주식병합을 통해 소수주주를 축출한 후 동등한

병합이 경영상 목적 달성에 필요하며, 적합하고, 비례적이어야 한다는 기준을 적용하여 본다면 본 사건의 과도한 주식병합을 통한 주주축출은 정당화되지 못한다.

종합하면, 과도한 병합비율을 통해 다수의 단주가 발생함으로써 의사에 반해 축출당하는 소수주주 보호를 위한 법적 수단인 주주평등의 원칙, 신의성실의 원칙 및 권리남용 금지 원칙과 주식병합의 허용범위와 한계, 주식강제매수제도의 취지, 단주 처리 방법의 문제 등에 대한 더 깊이 고려하였다면 다른 결론이 가능하였을 것으로 본다.

비율로 주식을 분할(forward stock split)하여 원래 상태로 복귀하거나, 과도한 비율의 주식병합을 통해 대상회사(소멸회사)의 소수주주를 축출하여 간이합병이 가능한 상태를 인위적으로 만들어 내는 등의 부당한 시도가 행해질 위험이 있다.

[Abstract]

Squeeze-out of Minority Shareholders Through a Reverse Stock Split

Jung, Dae Ik*

In contrast to stock splits, the Commercial Code does not contain general provisions on reverse stock splits, allowing them only in specific cases such as capital reduction. Due to this legislative attitude, it is controversial whether reverse stock splits are allowed for purposes other than those permitted by the Commercial Code, in particular for the purpose of squeezing out shareholders. The revision of the Commercial Code introduced the right of the controlling shareholders to demand the sale (squeeze out, Article 360-24 of the Commercial Code), which is a general tool for squeezing out minority shareholders. It is still under discussion whether a squeeze-out of shareholders through reverse stock splits is allowed despite the controlling shareholders' right to demand sale.

The Supreme Court 2020. 11. 26. Sentence 2018DA283315 ruling is a precedent that directly addresses the squeeze out of shareholders through reverse stock splits. Under the premise that squeeze out through reverse stock splits is allowed, this precedent reviewed the reverse stock split based on the principle of equal treatment of shareholders, prohibition of abuse of rights and good faith, and fair compensation to shareholders who are excluded due to the occurrence of fractional shares in the reverse stock split process.

The Supreme Court held that even if the reverse stock split resulted in

* Professor, Dr. jur. Kyungpook National University Law School.

the squeeze-out of shareholders, it was legal because it met the above criteria. It is difficult to agree with this conclusion for the following reasons.

First, the Supreme Court narrowly interpreted the principle of equal treatment of shareholders, which plays an important role in protecting minority shareholders, only from the perspective of formal equality. The issue of substantive inequality, in which minority shareholders other than major shareholders lose their shareholder status as a result of the reverse stock split, was ignored.

Second, there is a remarkable imbalance between the company's interest of capital reduction through the reverse stock split and the minority shareholder's interest (the interest of maintaining the shareholder position) due to the creation of too many fractional shares through the reverse stock split. Since the main purpose of squeezing out minority shareholders rather than capital reduction is objectively recognized, the purpose of the company's offense cannot be denied. Therefore, all the conditions for abuse of rights are met. An excessive reverse stock split ratio is also recognized as a violation of the duty of good faith, which requires consideration to minimize the infringement of shareholders' interests, unless there are special circumstances in the case of a reverse stock split.

Third, the procedure for dealing with fractional shares under the current Commercial Law does not guarantee fair compensation to shareholders. Therefore, it is undesirable to allow the occurrence of fractional shares through reverse stock splits without restriction and to protect the interests of minority shareholders through subsequent compensation in a state where fair compensation for fractional shares is not guaranteed.

Fourth, the squeeze-out of minority shareholders should be allowed to a reasonable extent only in the exceptional cases recognized by the Commercial Code, and the rights of controlling shareholders to demand the sale introduced by the Commercial Code should be used for the squeeze-out, except where the Commercial Code expressly permits it. The squeeze-out of minority shareholders through reverse stock splits for the purpose of circumventing these restrictions is generally not permitted.

Fifth, in order for the squeeze-out of minority shareholders through a reverse stock split to be exceptionally justified, there must be a business purpose and the reverse stock split must be necessary, appropriate and proportionate to achieve the business purpose.

[Key word]

- controlling shareholders' rights to request sale(squeeze out)
- reverse stock split
- fractional shares
- squeeze out of minority shareholders
- principle of equal treatment of shareholders
- prohibition of abuse of rights and good faith
- fair compensation for fractional shares
- business purpose

참고문헌

[국내문헌]

1. 단행본

권기범, 「현대회사법론」, 제7판, 삼영사, 2017.
김건식 · 노혁준 · 천경훈, 「회사법」, 제6판, 박영사, 2022.
김형배 · 김규완 · 김영숙, 「민법학강의 : 이론 · 판례 · 사례」, 제13판, 신조사, 2014.
송옥렬, 「상법강의」, 제12판, 홍문사, 2022.
이철송, 「회사법강의」, 제30판, 박영사, 2022.
정동윤(감수), 「상법 회사편 해설」, 법무부, 2012.
정동윤(편집대표), 「주석상법」 회사(Ⅱ), 제5판, 한국사법행정학회, 2014.
지원림, 「민법강의」, 제19판, 홍문사, 2022.
최준선, 「회사법」, 제15판, 삼영사, 2020.

2. 논문 및 보고서

강형구 · 최한수 · 이창민, "소수주식 전부취득제에서 지배주주와 소수주주의 상대적 이익-소수주주의 프리미엄의 필요성", 「경영법률」 제24권 제3호(2014), 한국경영법률학회.
김경일, "소수주주축출(Freeze-Out)에 관한 연구", 서울대학교 법학박사학위논문(2017년 2월).
김재범, "주식병합에 의한 소수주주 축출", 「상사판례연구」 제34권 제4호(2021. 12. 31.), 한국상사판례학회.
김지환, "주식병합을 통한 소수주주축출 문제 해결 방안", 「상사법연구」 제40권 제2호(2021), 한국상사법학회.
김화진, "소수주식의 강제매수제도", 「서울대학교 法學」 제50권 제1호(2009), 서울대학교 법학연구소.
노혁준, "2020년 회사법 중요판례평석", 「인권과정의」 제496호(2021. 3.), 대한변호사협회.
박지형, "단주처리에 관한 법적 문제", BFL 제76호(2016. 3.), 서울대 금융법센터.

법무법인 세종, “교부금 주식교환제도의 도입과 소수주주 축출 방안”, Legal Update, March 11, 2016.

송종준, “소수주주 강제퇴출법제의 국제적 신조류와 그 입법론적 수용 가능성-미국, 영국, 독일법의 비교분석을 중심으로”, 「증권법연구」 제6권 제1호(2005), 한국증권법학회.

이동건 · 류명현 · 이승진, “상법상 소수주주 축출 방안과 관련한 법률상, 실무상 쟁점-지배주주의 매도청구권, 교부금합병, 주식병합을 중심으로”, 「법조」 제60권 제9호(통권 제672호)(2012), 법조협회.

임재혁, “소수주주 축출제도에 있어 경영의 효율성 제고 및 소수주주 보호 이념의 조화-대법원 2020. 6. 11. 선고 2018다224699 판결 및 대법원 2020. 11. 26. 선고 2018다283315 판결의 평석을 겸하여”, 「기업법연구」 제35권 제2호(2021. 6.), 한국기업법학회.

[외국문헌]

1. 단행본

Goette, Wulf/Habersack, Mathias/Kalss, Susanne(Hrsg.), Münchener Kommentar zum Aktiengesetz, 5. Auflage 2021(Abk.: MüKoAktG/Bearbeiter, 5. Aufl. 2021).

Grigoleit, Hans Christoph(Hrsg.), Aktiengesetz, Kommentar, 2. Auflage 2020(Abk.: Grigoleit/Bearbeiter, AktG, 2. Aufl. 2020).

Hölters, Wolfgang, Aktiengesetz, Kommentar, 3. Auflage 2017(Abk.: Hölters/Bearbiter, AktG, 3. Aufl. 2017)

Koch, Jens, Aktiengesetz, Kommentar, 16. Auflage 2022(Abk.: Koch, Aktiengesetz, 16. Aufl. 2022)

2. 논 문

Elliot M. Kaplan, David B. Young, *Corporate Eminent Domain Stock Redemption and Reverse Stock Splits,* 57 UMKC L. Rev. 67 (1988-1989).

Ettore Croci, Eric Nowak, Olaf Ehrhardt, *The corporate governance endgame-minority squeeze-out regulation and post-deal litigation in Germany*, Managerial Finance, Vol. 43 No. 1 (2017).

Michael J. Lawson, *Reverse Stock Splits: The Fiduciary's Obligations Under State Law*, 63 Calif. L. Rev. 1226 (1975).

Michael R. Rickman, *Reverse Stock Splits and Squeeze-Outs: A Need for Heightened Scrutiny*, 64 WASH. U. L. Q. 1219 (1986).

Nicola de Luca, *Unequal Treatment and Shareholders' Welfare Growth: 'Fairness' V. 'Precise Equality'* (November 9, 2009). Delaware Journal of Corporate Law (DJCL), Vol. 34, No. 3, 2009, Available at SSRN: https://ssrn.com/abstract=1503089.

Paul H. Dykstra, *The Reverse Stock Split—That Other Means of Going Private,* 53 Chi.-Kent L. Rev. 1 (1976).

Richard L. Scott, *Comment, Going Private: An Examination of Going Private Transactions Using the Business Purpose Standard*, 32 SW L. J. 641 (1978).

주식매매계약의 진술보증 조항에 따른 매도인의 책임

천 경 훈*

■요 지■

진술보증 조항은 매수인에게 대상회사에 관한 정보를 제공함으로써 정보의 비대칭을 해소하고 효율적인 거래를 촉진하는 '정보제공기능'과 당사자들이 거래의 전제로 삼지 않았던 위험을 배분하는 '위험배분기능'을 가진다. 이러한 기능 수행을 위해 M&A 계약서에는 진술보증조항의 위반을 해제사유, 선행조건의 미충족 사유, 손해배상사유로 정하고, 진술보증의 범위를 제한하기 위해 인식제한문구 또는 중대성제한문구를 두기도 한다. 진술보증 위반으로 인한 책임은 채무불이행 책임으로 이해하는 것이 타당하나, 매도인의 고의과실 요부 및 매수인의 선의 요부는 원칙적으로 계약의 해석에 따라야 할 것이다. M&A 계약의 진술보증 조항 및 이와 관련한 계약상 장치들은 전문가들의 관여하에 치열한 협상하에 정해지는 것이 원칙이므로, 법원이 섣불리 후견적으로 개입하거나 일반 민사법리에 따라 연역적 추론을 시도하기보다는 해당 계약의 합의된 문구를 존중하여야 할 것이다.

[주 제 어]

- 주식매매계약
- M&A
- 진술보증

---

* 서울대학교 법학전문대학원 교수.

- 선행조건
- 손해배상

I. 서 언

흔히 M&A라고도 불리는 기업인수는 대상회사 경영진의 동의를 얻어 진행되는 우호적 기업인수와 대상회사 경영진의 의사에 반하여 진행되는 적대적 기업인수로 구분된다. 이 중 거래빈도에 있어서는 우호적 기업인수가 절대 다수를 차지한다. 한편 거래형태를 기준으로는 자산매매, 주식매매, 신주인수, 합병 등으로 구분할 수 있는데, 이 중 이미 발행된 주식을 매매하는 주식매매가 다수를 차지한다. 주식매매 중에서도 공개매수를 통해 불특정 다수의 주주가 매도인으로 참여하는 형태는 특히 우리나라에서는 극히 드물고,[1] 소수의 지배주주가 그들이 소유한 주식을 새로 지배주주가 되려는 자에게 장외에서 계약에 의해 양도하는 경우가 대부분이다.[2] 이처럼 우리나라의 기업인수는 매도인과 매수인 사이의 주식매매계약(share purchase agreement: SPA)의 형태를 취하는 경우가 가장 일반적이다.

이 점은 주요 외국에서도 비슷한 것으로 보인다. 어느 나라에서든 기업인수의 가장 보편적이고 기본적인 형태는 주식매매계약에 의한 우호적 인수라고 할 수 있고, 우호적 M&A에 관한 실무서적들도 SPA의 기본구조를 설명하는 데에 가장 많은 부분을 할애하고 있다. 이러한 SPA의 기본구조가 자산양수도, 신주인수, 합병 등 다른 방식의 계약에서도 적절히 변주된다.

우리나라의 주식매매계약은 미국의 M&A 계약 실무에서 강한 영향을 받아 1990년대 후반 외환위기 무렵부터 본격적으로 사용되기 시작하였다. 따라서 초창기는 물론 지금까지도 주식매매계약에서는 영어문장을 직역한 것과 같은 어색한 표현을 많이 볼 수 있는데, 이런 현상은 다른

1) 지난 20년간 공개매수의 현황에 관하여는 천경훈, "기업인수에 관한 법리와 실무", 기업법 · 금융법의 주요 흐름(2001~2020)(정순섭 · 천경훈 편저), 홍문사, 2022, 260-262면.

2) 천경훈, "주식양수에 의한 기업인수", 주식회사법대계 Ⅲ(제4판)(한국상사법학회 편), 법문사, 2022, 614면 참조.

대륙법계 국가인 일본이나 독일의 경우에서도 어느 정도 나타나는 것으로 보인다. 주식매매계약에 관한 법실무는 처음에는 실사, 협상과 계약문구 작성이 주를 이루다가 점차 관련 분쟁이 나타나면서 중재와 송무로 확장되기 시작하였고, 2000년대 이후로 다수의 판결례가 형성되기 시작하였다.

주식매매계약에 관한 법적 분쟁은 거래진행 단계에 따라 몇 가지로 유형화해 볼 수 있다. 첫째, 본계약 체결 이전의 예비적 합의(양해각서, 의향서 등)에 관한 분쟁이다(제1유형). 우선협상대상자 지위에 관한 분쟁, 양해각서 해지 여부 및 이행보증금 몰취 여부에 관한 분쟁 등이 대표적이다. 둘째, 본계약 체결 후 그 이행 전 단계에서의 분쟁이다. 본계약의 무효, 취소, 해제 등을 주장하여 급부의 이행을 거절하거나(제2-1유형), 본계약 자체의 효력은 부인하지 아니하되 선행조건의 불성취를 주장하여 급부의 이행을 거절하는 경우(제2-2유형)가 이에 해당한다. 셋째, 본계약 체결 및 이행 후 단계에서의 분쟁이다. 이는 다시 계약의 효력 자체를 부정하여 이미 이행한 급부의 반환을 구하는 분쟁(제3-1유형)과 계약의 효력 자체는 부정하지 않으면서 손해배상, 대금감액, 대금증액 등을 구하는 분쟁(제3-2유형)으로 구분해 볼 수 있다. 이 중에서 특히 제1유형과 제3-2유형에 해당하는 분쟁을 많이 찾아볼 수 있다.

제3-2유형 중에서도 특히 진술보증(representations and warranties) 조항[3]에 관해 다양한 분쟁이 꾸준히 발생하고 대법원 판례도 나타나고 있다. 이에 관한 국내의 연구도 활발해지고 있지만, M&A 거래에서 나타나는 당사자들의 실제 이해관계를 포착하면서도 기존의 민사법적 이론 및 실무와 조화를 이루는 이론적 작업은 아직 완성되었다고 보기 어렵다. 또한 산발적으로 출현하는 대법원과 하급심의 재판례들을 통일적으로 설

---

3) 영어의 representations and warranties를 '진술 및 보장' 또는 '진술보장'이라고 지칭하는 용례와 '진술 및 보증' 또는 '진술보증'이라고 지칭하는 용례가 모두 발견되나, 여기서는 '진술보증'이라고 부르기로 한다. 일본에서는 表明保證이라는 역어를 사용하고, 독일에서는 특히 warranties에 주목하여 Gewährleistung(담보책임) 또는 Garantie(보증책임)로 번역한다.

명하려는 노력이 충분히 성과를 거두고 있는지도 의문이다.

이 글은 주식매매계약의 진술보증 조항에 따른 매도인의 책임에 관하여 현재까지 형성된 계약 실무와 판례 법리를 간략하지만 체계적으로 정리하여 독자들에게 효과적으로 전달하는 것을 목표로 한다. 이런 목표에 비추어, 필자 고유의 새로운 주장이나 이론을 제시하기보다는 지금까지 형성되어 온 실무, 이론, 판례상의 법리를 일관된 흐름으로 정리하고 체계화하여 독자들에게 효과적으로 전달하는 데에 주안점을 두고자 한다.[4] 이를 위해 우선 Ⅱ.에서는 진술보증 조항의 의의와 기능을 밝히고, Ⅲ.에서는 실제 계약서의 진술보증 조항의 실례를 제시한다. Ⅳ.에서는 진술보증 조항의 위반에 따른 책임의 성질, 성립요건, 배상의 범위 등에 관한 여러 쟁점을 분석하고, Ⅴ.에서는 글을 마무리한다.

Ⅱ. 진술보증 조항의 의의와 기능

1. 의 의

주식을 매수함으로서 기업을 인수하고자 하는 자는 우선 대상회사의 법적·경제적 상황을 정확히 파악하여야 한다. 그래야 그 거래를 할 것인지 여부를 결정할 수 있고, 가격과 기타 거래조건을 어떻게 정할지 판단할 수 있기 때문이다. 예컨대, 대상 회사가 적법하게 설립되었는지, 재무제표에 기재된 자산·부채·매출·이익 등의 정보는 정확한지, 그 회사가 중요 재산에 대해 적법한 소유권을 가지고 있는지, 그 회사가 관련 법령을 위반하거나 세금을 미납한 것은 없는지, 현재 진행 중이거나 예상되는 중요한 소송으로는 어떤 것이 있는지 등을 확인할 필요가 있다.

이를 위해 매수인은 기업인수 전후로 기업실사(due diligence review) 작업을 수행하지만, 매수인이 실사 결과만을 믿고 거래를 하는 것은 위험부담이 크다. 그 이유는 (i) 해당 기업에 관한 정보가 근본적으로 매

4) 따라서 이 글은 필자가 이미 발표한 몇몇 글들, 특히 각주 1, 각주 2의 문헌 및 천경훈, "진술 및 보증조항", 우호적 M&A의 이론과 실무(제2권)(천경훈 편저), 소화, 2017, 23-50면에 상당 부분 의존하였다.

도인 측에 존재한다는 정보의 편재성과 (ii) 기업에 관한 정보는 매우 다양하고 복잡하여 심지어 매도인 스스로도 정확히 파악하기 어렵다는 정보의 불확실성에서 찾을 수 있다. 따라서 매수인은 매도인으로부터 일정한 사항에 관하여 보장을 받고자 한다. 즉 계약을 체결하고 계약조건을 정하는 데에 전제가 된 일정한 사항을 매도인으로 하여금 계약서에 상세히 밝히게 하고, 이것이 진실이 아니라면 매수인은 계약의 이행을 거절하거나 손해배상을 청구하는 등의 구제수단을 취할 수 있음을 계약서에 규정하게 되는 것이다.[5)]

이처럼 계약체결에 있어 중요한 전제가 된 사항을 "진술(represent)"하게 하고 그 진실성을 "보증(warrant)"하게 하는 것이 이른바 "진술보증(representations and warranties)" 조항이다. 원래 영미법상 진술(representation)은 과거 또는 현재의 사실을 진술하는 것이고, 보증(warranty)는 이러한 사실이 현재와 미래에 진실할 것이라는 약속으로서 서로 구분되는 개념이다. 그러나 현재 미국의 M&A 실무에서 이런 구분은 그리 중요하지 않다고 하고,[6)] 한국의 실무에서도 진술과 보증은 별도의 법적 의미를 가지는 두 단어라기보다는 "진술 및 보증" 또는 "진술보증"이라는 하나의 용어처럼 사용된다. 일본, 독일 등 다른 대륙법계 국가의 M&A 실무에서도 이 둘을 엄격히 구분하지는 않는 것으로 보인다.[7)] 이러한 진술보증 조항은 대륙법계 · 영미법계를 불문하고 전세계적으로 M&A 계약서는 물론 각종 금융계약이나 대규모자산의 매매 · 임대차 거래에서도 널리 사용되고 있다.

---

5) 물론 이러한 필요는 매도인과 매수인이 서로 가지므로 계약서에도 매도인과 매수인이 각자 자신에 관한 진술 및 보증을 제공한다. 그러나 더 본질적인 필요는 매수인에게 있으므로, 진술보증을 제공하는 주된 당사자는 매도인이 된다.

6) American Bar Association Mergers and Acquisitions Committee, Model Stock Purchase Agreement with Commentary (Second Edition), 2010, p. 77.

7) 독일에서 비슷한 설명으로, Kästle/Oberbrachtm Unternehmenskauf (Share Purchase Agreement) (2. Aufl.), C.H. Beck, 2010, s. 153.

2. 기 능

이와 같은 진술보증 조항은 다음과 같은 기능을 수행한다.

첫째, 대상회사에 관한 정보가 매도인 또는 대상회사 경영진에 편재된 상황에서 매수인에게 대상회사에 관한 정보를 제공함으로써 정보의 비대칭을 해소하고 효율적인 거래를 촉진한다(정보제공기능). 즉 계약서에 진술보증 조항을 마련하고 사실과 다른 진술보증에 관해서는 일정한 제재를 규정함으로써, 대상회사의 재무상태, 영업상황, 준법상황 등에 관한 비교적 정확한 정보가 매수인에게 제공되는 결과를 달성하는 것이다. 이로써 그러한 정보가 제공되지 않았더라면 성사되지 못했거나 비효율적인 조건으로 이루어졌을 거래가 더 효율적인 조건으로 이루어지게 된다.

둘째, 대상회사에 관하여 당사자 중 일방 또는 쌍방이 거래의 전제로 삼지 않았던 위험요소가 발생하였거나 발견된 경우에 그로 인한 위험을 분배한다(위험배분기능). M&A 계약에서 제공된 진술보증과 다른 사실이 드러난 경우에 이를 계약해제, 이행거절, 손해배상 등의 사유로 삼음으로써 그 위험을 합리적으로 당사자 사이에 배분하는 것이다. 즉 진술보증 조항 그 자체로서 위험배분기능을 수행한다기보다는, 진술보증 위반을 사유로 한 계약해제, 이행거절, 손해배상 등에 의해 그러한 기능을 수행하는 것이다.

하급심 판결에서도 진술보증 조항의 취지를 위험배분이라는 관점에서 파악하여, "계약체결 및 이행 과정을 통하여 인수대상에 대한 정보의 제공, 거래종결의 선행조건 또는 해제의 사유, 거래종결 이후의 면책 또는 위반에 따른 손해배상책임의 근거와 같은 역할을 하며, 그중 M&A계약이 실행된 이후에 있어서는 매매목적물인 대상기업에 진술 및 보증을 위반한 사항이 있는 경우 그에 따른 경제적 위험을 매도인과 매수인 중 누가 부담할 것인지를 정하고 손해배상 내지 면책을 제공함으로써, 실질적으로는 매매가격이 사후 조정되는 효과를 가져 온다"고 판시하였다.[8] 대법원도 "M&A 계약에서 진술 및 보증 조항을 둔 목적은, 계약 종결과

이행 이후 진술 및 보증하였던 내용과 다른 사실이 발견되어 일방 당사자에게 손해가 발생한 경우에 상대방에게 그 손해를 배상하게 함으로써, 불확실한 상황에 관한 경제적 위험을 배분하고 사후에 현실화된 손해를 감안하여 매매대금을 조정할 수 있게 하기 위한 것"이라고 판시하여,[9] 진술보증 조항의 위험배분 기능에 주목하고 있다.

3. 진술보증 조항의 기능 수행을 위한 계약상 장치

(1) 계약의 구조

위와 같은 기능을 수행하기 위해 M&A 계약서에 다음과 같은 장치를 둔다.

첫째, 거래종결 전에 진술보증의 (중대한) 위반이 있을 경우 상대방 당사자에게 해제권을 부여하여, 거래의 전제가 충족되지 않았을 때에 거래로부터 이탈할 권리를 부여한다. 일정한 기간을 정하여 시정을 요구한 후에 해제할 수 있도록 규정하기도 하고, 그러한 최고기간 없이 바로 해제할 수 있도록 규정하기도 한다. 다만 아래 두 가지 방안에 비해 그 사용빈도는 상대적으로 떨어지는 것으로 보인다.

둘째, 진술보증의 (중대한) 위반이 없을 것을 상대방 당사자의 거래종결의무의 선행조건으로 하여, 거래의 조건이 충족되지 않으면 거래의 종결을 거절할 권리를 부여한다. 선행조건이 충족되지 않았다는 것만으로는 거래종결(즉 계약이행)을 거절할 수 있을 뿐 아직 계약을 해제할 수는 없으나, 많은 계약서에서 일정한 일자(이른바 long stop date 또는 drop dead date)까지 거래가 종결되지 않으면 자동 해제되도록 하거나 또는 일방 당사자에게 해제권을 부여하고 있으므로, 선행조건 미충족을 이유로 거래종결이 지연되다 보면 위 일자가 도래하여 계약해제의 결과에 이를 수도 있다.

셋째, 진술보증의 위반을 면책 내지 손해배상(indemnification)[10] 사유

---

8) 서울중앙지방법원 2013. 12. 13. 선고 2011가합128117 판결.

9) 대법원 2018. 7. 20. 선고 2015다207044 판결.

로 함으로써, 진술보증이 사실과 달라서 당사들 간의 거래의 전제가 달라졌을 때에 사후에 금전적으로 정산하도록 한다. 앞의 두 장치(해제와 선행조건)가 거래종결 자체를 확정적으로 하지 않게 하거나 지연시키는 장치라면, 손해배상은 일단 거래종결을 하되 사후적으로 대가를 조정하는 구제수단을 매수인[11)]에게 인정하는 것이다.

이처럼 진술보증 조항이 그 기능을 수행하려면 다른 계약조항과 적절히 연계되어야 한다. 즉 진술보증 조항 그 자체로서는 법률효과가 명확하지 아니하지만,[12)] 해제조항, 거래종결의 선행조건 조항, 손해배상 조항 등에서 진술보증 조항의 위반에 따른 법률효과를 정함으로써 진술보증 조항은 그 의도한 기능을 비로소 수행하게 된다. 이를 간단히 도해하면 다음과 같다.

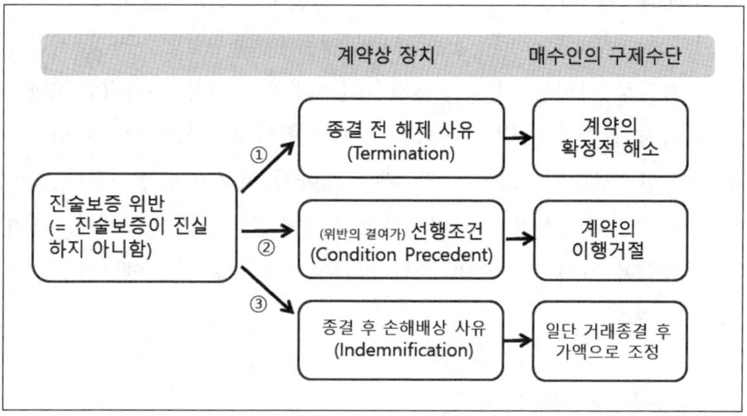

10) '면책', '보상' 등으로도 번역되나, 이 글에서는 다수 국문계약서 및 판례의 용례에 따라 '손해배상'으로 표현하기로 한다. 일본에서는 "補償"이라는 역어를 사용한다.

11) 매수인도 매도인에게 일정한 사항에 관하여 진술보증을 하지만, 실제 위반 여부가 문제되는 것은 대부분 대상회사에 대한 진술보증이고 이는 매도인이 매수인에게 제공하는 것이므로, 현실적으로 진술보증 조항은 매수인을 위한 구제수단으로 기능하게 된다. 그런 관점에서 이 글에서는 특별한 경우가 아닌 한 매도인이 매수인에 대하여 진술보증 위반책임을 부담하는 상황을 전제로 설명한다.

12) 다만 미국법상 이론적으로는 진술보증 조항의 위반만으로도 계약불이행에 따른 손해배상청구권 등을 발생시킬 수 있다고 한다. American Bar Association Mergers and Acquisitions Committee, 전게서, pp. 285-286.

(2) 계약상 장치의 선택

위 구제수단 중 어느 것에 주로 의지하는지는 계약에 관한 당사자들의 선호와 이해관계 상황, 협상 여하에 따라 달라질 수 있다. 예컨대 진술보증의 위반을 해제 사유 또는 거래종결 거절 사유로 하지 않으면서 손해배상 사유로 정하고 있다면(즉 위 그림의 ①, ②는 없거나 미약하고 ③에 주로 의지한다면), 거래를 가능한 한 성사시키되 문제가 있으면 사후적으로 정산하겠다는 당사자들의 의사가 반영되었다고 할 수 있다. 예컨대 매도인이 주식매각을 일단 완료하기를 강력히 희망하고 그 후 이견이 있는 부분을 금전적으로 정산하자는 입장이라면 이러한 형태를 취하게 될 것이다.

반면 진술보증의 위반을 해제 사유 또는 거래종결 거절 사유로 하면서 손해배상을 인정하지 않거나 매우 제한적으로만 인정하고 있다면(즉 위 그림의 ①, ②는 인정되나 ③은 없거나 매우 미약하다면), 차라리 거래종결을 미룰지언정 거래가 일단 종결된 다음에는 더 이상 추가적인 정산 문제를 남기지 않겠다는 당사자들의 의사가 반영되었다고 할 수 있다. 예컨대 매도인 또는 매수인의 수가 매우 많아서 사후적 금전조정이 곤란한 경우[13]라든가, 매도인이 사모펀드여서 거래종결 후 청산을 통한 대가분배가 예정되어 있어 추가적인 금전 지급이 불가능한 경우에 이러한 형태를 취하게 된다.

Ⅲ. 진술보증 조항의 내용

1. 개　　관

진술보증의 내용, 분량, 범위는 계약서마다 다르다. 여기에 영향을 미치는 요소로는 거래의 규모를 우선 생각할 수 있으나, 그 밖에도 위험에 관한 당사자들의 성향, 당해 거래에 대해 가지는 협상력(leverage) 등이

13) 특히 상장회사의 불특정 다수 주주가 매도인이 되는 경우에는 사후적으로 이들로부터 손해배상을 받아내는 것이 사실상 불가능하므로, 손해배상조항을 두지 않거나 극히 형식적으로만 두게 된다.

중요하게 작용한다. 예컨대 매수인의 위험회피 성향이 강하거나 협상력이 강한 경우에는 소규모의 거래에서도 상당히 강력한 진술보증 조항을 두게 되고, 반대로 매수인의 위험회피 성향이 그리 강하지 않거나 협상력이 약한 경우에는 대규모의 거래임에도 간소한 진술보증 조항을 두게 될 수 있다.

진술보증 조항은 (ⅰ) 주식매매의 경우에는 매도인에 관한 사항, 매수인에 관한 사항, 대상회사에 관한 사항으로, (ⅱ) 신주인수의 경우에는 발행회사에 관한 사항, 신주인수인에 관한 사항으로, (ⅲ) 자산/영업양수도의 경우에는 양도인에 관한 사항, 양수인에 관한 사항, 대상자산/영업에 관한 사항으로 대별된다. 주식매매계약에서 가장 중요하고 이해관계가 첨예하게 대립되는 것은 대상회사에 관한 사항이다. 이하에서는 주식매매계약을 전제로 진술보증 조항의 대표적인 예를 실제 문구를 들어 소개한다.

2. 진술보증 조항의 문구례

(1) 매수인에 관한 사항

진술보증의 핵심은 대상회사에 관한 것이므로 매수인에 관한 진술보증은 상대적으로 그 실무상의 중요성은 떨어진다. 다만 매수인은 (ⅰ) 자신이 적법하게 설립되어 해당 주식매매계약의 체결 및 이행에 필요한 능력을 가지고 있다는 점, (ⅱ) 해당 주식매매계약의 체결 및 이행에 관하여 법령 및 정관에 따라 필요한 매수인의 내부절차를 거쳤다는 점, (ⅲ) 해당 주식매매계약의 체결 및 이행이 매수인이 체결한 주요 계약이나 매수인이 받은 정부 인허가에 위반되지 않는다는 점, (ⅳ) 매수인에 대하여 해당 주식매매계약에 따른 대상주식의 매수를 금지하거나 제한하는 소송 등의 절차가 존재하지 않는다는 점 등을 진술보증한다. 다음은 간략한 문구례이다.

- 매수인은 대한민국 법률에 따라 적법하게 설립되어 유효하게 존속하는 법인이다.
- 매수인은 본 계약을 체결하고 본 계약에 따른 의무를 이행하기 위하여 필요한 권한과 자격을 가지고 있다.
- 매수인은 본 계약을 체결하고 본 계약에 따른 의무를 이행하기 위하여 필요한 이사회결의 등 유효하고 적법한 내부수권절차를 거쳤다.
- 별지 [XX]에 기재된 사항을 이행하는 한, 매수인에 의한 본 계약의 체결 및 이행은 (x) 매수인의 정관에 위반되거나, (y) 매수인에게 적용되는 법령 또는 정부승인에 위반되거나, (z) 매수인이 당사자인 중요한 계약 또는 매도인이 부담하고 있는 중요한 의무의 위반 또는 불이행에 해당하거나 기한의 이익을 상실시키지 아니한다.

(2) 매도인에 관한 사항

진술보증의 핵심은 대상회사에 관한 것이므로 매도인에 관한 진술보증 역시 상대적으로 그 실무상의 중요성은 떨어진다. 다만 매도인은 (ⅰ) 자신이 적법하게 설립되어 해당 주식매매계약의 체결 및 이행에 필요한 능력을 가지고 있다는 점, (ⅱ) 해당 주식매매계약의 체결 및 이행에 관하여 법령 및 정관에 따라 필요한 매도인의 내부절차를 거쳤다는 점, (ⅲ) 해당 주식매매계약의 체결 및 이행이 매도인이 체결한 주요 계약이나 매도인이 받은 정부 인허가에 위반되지 않는다는 점, (ⅳ) 매도인에 대하여 해당 주식매매계약에 따른 대상주식의 매수를 금지하거나 제한하는 소송 등의 절차가 존재하지 않는다는 점, (ⅴ) 매도인이 매매대상 주식에 대한 소유권을 가진 주주명부상의 주주라는 점 등을 진술보증한다. 다음은 간략한 문구례이다.

- 매도인은 대한민국 법률에 따라 적법하게 설립되어 유효하게 존속하는 법인이다.
- 매도인은 본 계약을 체결하고 본 계약에 따른 의무를 이행하기 위하여 필요한 권한과 자격을 가지고 있다.
- 매도인은 본 계약을 체결하고 본 계약에 따른 의무를 이행하기 위하여 필요한 이사회결의 등 유효하고 적법한 내부수권절차를 거쳤다.
- 별지 [XX]에 기재된 사항을 이행하는 한, 매도인에 의한 본 계약의 체결 및 이행은 (x) 매도인의 정관에 위반되거나, (y) 매도인에게 적용되는 법령 또는 정부승인에 위반되거나, (z) 매도인이 당사자인 중요한 계약 또는 매도인이

부담하고 있는 중요한 의무의 위반 또는 불이행에 해당하거나 기한의 이익을 상실시키지 아니한다. • 매도인은 대상주식을 적법하고 유효하게 소유하고 있고, 대상주식은 적법하고 유효하게 발행되었으며, 별지 [XX]에 기재된 사항을 제외하고 대상주식에는 어떠한 제한이나 부담도 설정되어 있지 아니하다.

(3) 대상회사에 관한 사항

(가) 적법한 설립, 행위능력 및 내부수권에 관한 사항

우선 회사가 적법하게 설립되어 유효하게 존속하고 있을 것을 진술보증하는 것이 통례이다. 나아가 매도인 외에 대상회사도 당해 M&A 계약의 당사자로 되어 있는 경우에는 그 계약의 체결 및 이행에 관해 법령 및 정관에 따라 필요한 내부절차를 거쳤을 것을 요구하게 된다.

(나) 기존 계약, 법규 등과의 저촉에 관한 사항

당해 거래가 회사의 정관, 법규는 물론 회사가 체결한 각종 계약에 위반되지 않는다는 점도 중요한 진술보증의 대상이 된다. 다음은 간략한 문구례이다.

• 별지 [XX]에 기재된 것 이외에는, 매도인에 의한 본 계약의 체결 및 이행은 (x) 회사의 정관에 위반되거나, (y) 회사에 적용되는 법령 또는 인허가에 위반되거나, (z) 회사가 당사자인 중요한 계약 또는 회사가 부담하고 있는 중요한 의무의 위반 또는 불이행에 해당하거나 기한의 이익을 상실시키지 아니한다.

대상회사가 체결한 기존 계약에서 회사의 최대주주의 변경에 관하여 계약 상대방의 동의권 또는 해지권 등을 인정하는 경우가 있다(이른바 change of control 조항). 예컨대 대상회사가 X 회사와 체결한 합작투자계약에서 "일방 당사자의 최대주주가 변경되는 경우에는 사전에 상대방 당사자에게 통지하여야 하고, 그 경우 상대방 당사자는 00일 이내에 합작투자계약을 해지할 수 있다"는 취지로 규정하는 경우가 있을 수 있는 것이다.[14] 이런 경우에는 그러한 사정을 진술보증 조항 또는 그에 관한 공개

14) 따라서 실사과정에서 이런 계약을 발견해내고 쟁점을 분석하는 것이 중요하다. 실사과정에서 이런 조항을 가진 계약을 찾아내고, 주식매매계약서의 진술보증 조항에

목록(disclosure schedule)에 명시하고, 그 기존 계약 상대방으로부터 미리 동의를 받거나 이의를 제기하지 아니하기로 하는 권리포기(waiver)를 받아야 하고, 이러한 동의 내지 권리포기를 받을 것이 선행조건 중의 하나로 명시되어야 할 것이다.

(다) 재무제표에 관한 사항

회사의 재무제표, 즉 재무상태표(상법상 명칭으로는 대차대조표), 손익계산서, 이익잉여금처분계산서, 결손금처리계산서, 현금흐름표 등은 회사의 재무상황에 관한 정보를 집약한 자료로서, 계약 체결 여부 및 가격 등 매수인의 의사결정에 가장 기본적인 근거가 된다. 재무제표에 나타난 수치 그대로 대상회사의 기업가치를 평가하는 것은 아니지만, 대상회사의 기업가치를 평가하기 위한 가장 기본적인 정보가 바로 재무제표에 나타난 정보인 것이다.

따라서 대부분의 기업인수계약에서는 재무제표가 정당한 회계원칙에 따라 작성되었고 중요한 점에 있어 허위나 누락이 없다는 점을 진술보증하도록 하고 있다. 나아가 재무제표 작성 시점인 최근 회계연도말 이후 회사의 자산, 부채, 수익, 현금흐름 등에 중대한 부정적 변화가 발생하지 않았음을 진술보증하기도 한다. 아래는 간략한 문구례이다.

회사의 재무제표는 관계법령 및 회계처리기준에 따라 작성되었으며, 해당 일자 현재 및 해당 기간 동안의 회사의 재무상태를 중요성의 관점에서 적정하게 표시하고 있다. 회사에는 (x) 재무제표에 반영된 것, (y) [ ]년 [ ]월 [ ]일 이후에 [XX] 사업의 통상적인 사업활동으로 인하여 발생한 것, (z) 별지 [YY]에 기재된 것 외에는 어떠한 우발채무나 부외부채도 존재하지 않는다.

(라) 인 허 가

회사가 영업을 수행하는데 필요한 정부 인허가를 모두 적법하게 받아서 유효하게 보유하고 있고, 그러한 인허가의 무효·취소 등을 초래할 사유가 없다는 것도 중요한 진술보증의 대상이 된다. 그러한 인허가의 조

이를 반영하고, 해당 계약상대방으로부터 필요한 동의 또는 권리포기를 받을 것을 주식매매계약서의 선행조건 조항에 반영하는 작업이 유기적으로 이루어져야 한다.

건 등 부관을 위반하지 아니하였다는 점, 매도인과 회사가 인허가의 무효·취소·갱신거절, 영업의 정지 등에 관하여 해당 관청으로부터 통지를 받은 사실이 없다는 점도 진술보증하는 경우가 많다. 다음은 간략한 문구례이다.

> 매도인과 회사는 [XX] 사업을 위해 필요한 모든 중요한 정부인허가[15]를 적법하게 취득하여 보유하고 있다. 각각의 정부인허가는 현재 유효하며, 매도인과 회사는 중요한 정부인허가 또는 그 부관과 관련된 의무를 중요한 점에서 모두 충실히 준수하였고, 중요한 정부인허가의 무효, 취소, 정지 또는 갱신거절을 초래할 수 있는 어떠한 사유나 사정도 발생하지 아니하였다. 매도인과 회사는 정부기관으로부터 중요한 정부인허가의 무효, 취소, 정지 또는 갱신거절을 초래할 수 있는 어떠한 사유나 사정에 관해 통지 받은 사실이 없다.

(마) 법령준수

회사가 제반 법령을 준수하고 있다는 점도 중요한 진술보증의 대상이다. 그러나 실제로 상당한 규모의 영업활동에 종사하는 회사가 사소한 법령의 위반조차 전혀 없다고 자신하기는 매우 어려울 것이므로, "회사는 법령을 모두 준수하고 있다"는 식의 단정적인 진술보증을 제공하는 것은 매도인에게 매우 불리한 결과를 낳을 수 있다. 이에 매도인으로서는 회사의 법령 위반이 의심되는 사항을 후술하는 공개목록(disclosure schedule)에 자발적으로 기재함으로써 진술보증 위반을 피하거나, 후술하는 이른바 중대성 제한문구(materiality qualifier)를 두어 "중대한" 또는 "회사에 중대하게 부정적인 영향을 미치는" 법령 위반이 없다고 진술보증하기도 한다. 다음은 공개목록과 중대성 제한문구를 모두 활용하여 매도인의 진술보증 범위를 줄인 문구례이다.

> 별지 [XX]에 기재된 사항을 제외하고 회사는 관련 법령을 준수하고 있다. 다만 회사에 중대하게 부정적인 영향을 주지 않았거나 중대하게 부정적인 영향을 줄 것으로 합리적으로 예상되지 않는 법령의 위반은 예외로 한다.

---

15) '정부인허가'이든 '정부승인'이든, 각종 허가, 인가, 등록, 신고, 보고 등을 포괄하도록 정의 조항을 두는 것이 보통이다. 영문계약서에서는 보통 Government Approval 이라고 한다.

(바) 자 산

회사의 중요한 자산에 관하여 적법한 소유권을 가지고 있다는 점도 진술보증의 대상이다. 특히 영업양수도, 자산양수도 거래에서는 양수하는 자산을 특정하려면 반드시 양수자산의 목록을 첨부하여야 한다. 주식양수도 거래에서는 대상회사의 자산목록을 첨부할 필요는 없지만, 부동산 등 중요자산의 목록을 공개목록의 형태로 첨부하는 예도 드물지 않다. 그러한 자산에 설정된 각종 담보권, 용익물권, 정부인허가에 따른 각종 부담 및 제한에 관하여도 공개목록에 기재하고 그 이외에는 각종 부담이나 제한이 없음을 진술보증한다.

별지 [XX]에 기재된 사항을 제외하고, 회사는 [XX] 사업과 관련하여 소유하거나 사용하고 있는 모든 중요한 유형자산에 대하여 적법한 소유권을 가지고 있거나 임차권 기타 적법한 사용권을 가지고 있으며, 동 유형자산에는 어떠한 부담도 설정되어 있지 아니하다.

(사) 소 송

회사 또는 그 임직원을 당사자로 하여 회사의 재무상태나 영업에 중요한 영향을 미칠 수 있는 민사소송이나 형사소송이 진행되고 있거나 예상되지 아니한다는 점도 진술보증의 대상이다. 실제로 그러한 절차가 진행 중이거나 예상되는 것이 있다면 공개목록을 활용하게 된다. 다음은 간략한 문구례이다.

별지 [XX]에 기재된 사항을 제외하고, 회사의 영업에 관하여 회사 또는 그 임원을 당사자로 하여 진행 중이거나 합리적으로 예상되는 소송, 신청, 중재, 수사, 조사, 행정심판 등의 사법상 또는 행정상 절차는 존재하지 않는다.

(아) 조 세

회사가 관련법령에 따라 요구되는 세무신고 및 납부의무를 모두 이행하였고, 회사에 세무조사가 진행 중이지 아니하며, 매도인이 알고 있는 한 세무조사가 예정되어 있지 아니하다는 점도 진술보증의 대상이 된다. 다만 납세의무의 성부와 범위는 견해에 따라 달라질 수 있는 만큼, "납부의무를 모두 이행하였다"는 단정적인 진술보증을 제공하는 것은 매도인에게 위험하다. 이에 납부의무 이행 여부에 관해 논란이 있을 수 있는 항목을 공개목록에 기재한다거나, 중대한 사항에 한정하는 등의 조치를 취하는 것이 매도인으로서는 바람직할 것이다.

> 회사는 관련법령에 따라 요구되는 세무신고 및 납부의무를 중요한 점에서 모두 이행하였다. 회사에는 세무조사가 진행 중이지 아니하고, 매도인이 알고 있는 한 세무조사가 예정되어 있지 아니하다.

(자) 중요계약

회사가 체결한 중요한 계약이 유효하고 회사 및 그 계약상대방이 이를 준수하고 있다는 점도 진술보증의 대상이다. 특히 영업양수도, 자산양수도 거래에서 인수하는 계약을 특정하려면 반드시 인수하는 계약의 목록을 첨부하여야 한다. 주식양수도 거래에서는 대상회사의 계약목록을 첨부할 필요는 없지만, 중요계약[16)]의 목록을 공개목록의 형태로 첨부하는 예도 많이 있다. 그러한 중요계약에 관하여 상대방으로부터 해지/해제 통보를 받았거나 분쟁이 발생하지 않았다는 점도 진술보증하는 것이 보통이다.

(차) 기　　타

그 밖에 노동, 환경, 보험, 지적재산권 등에 관하여 다음과 같은 취지로 진술보증하는 것이 통례이다.

- 회사가 환경 관련 인허가를 모두 적법하게 보유하고 있고, 중요한 환경법규를 준수하고 있으며, 회사의 부지나 시설에서 유해물질 등이 적법하게 관리되고 있고, 회사의 부지에 유해물질이 묻혀 있지 않다.
- 회사가 인사노무와 관련한 모든 법령, 단체협약, 취업규칙, 기타 계약을 준수하고 있고, 회사에는 파업 또는 단체행동이 진행 중이거나 예정되어 있지 아니하다.

---

16) 어떤 계약이 중요계약에 해당하는지는 거래금액 또는 관련된 영업부문을 기준으로 해당 M&A 계약에서 정의하게 된다.

- 회사가 관련법상 의무적으로 가입하여야 하는 강제보험에 가입하고 있고, 그 밖에 영업상의 위험을 합리적으로 부보할 수 있는 임의보험에 가입하고 있다.
- 회사가 중요한 지적재산권에 대하여 적법한 소유권 또는 사용권을 확보하고 있다.

3. 공개목록

(1) 의의와 기능

위 문구례에서도 드러났듯이 진술보증 조항에서는 작성의 편의상 공개목록(disclosure schedule)이란 것이 활용된다. 이는 진술보증 조항의 부속명세서라고 볼 수 있는데, 그 기능 내지 용도로는 두 가지를 들 수 있다.

첫째, 중요자산의 목록, 중요계약의 목록, 대상회사가 보유한 지적재산권 목록 등과 같이 분량상 계약서 본문에 기재하기에 적절치 않은 경우에 공개목록을 활용한다. "회사의 자산은 [별첨 X]에 기재된 바와 같다"거나, "회사가 체결한 중요계약은 [별첨 Y]에 기재된 바와 같다"는 방식으로 규정하는 것이다. 이러한 목록은 기업을 구성하는 개별 자산 별로 양도행위가 일어나야 하는 자산양수도/영업양수도 거래에서는 양도대상을 특정하기 위해 필수적이지만, 주식매매거래에서는 필수적이지는 않다. 그러나 주식매매거래에서 중요자산이나 중요계약에 관해 일정한 진술보증을 제공하는 경우에는 그러한 진술보증의 대상을 명확히 하기 위해 공개목록에 포함시키는 경우가 많다.

둘째, 진술보증의 예외를 기재하는 경우이다. 예를 들어 어떤 회사가 법령위반이 하나도 없다거나, 분쟁이 하나도 없다거나 하는 식으로 진술보증을 하기는 어렵다. 그러한 진술보증의 예외가 되는 사유가 있으면, 매도인으로서는 이를 따로 명시하여야 진술보증이 허위가 되는 것을 피할 수 있다. 그리하여 예컨대 "[별첨 X] 이외에는 회사를 상대로 중요한 소송이 진행 중인 것이 없다" "[별첨 Y] 이외에는 회사는 관련 법령을 준수하고 있다"라는 형식으로 규정하는 것이다.

공개목록에 명시된 내용은 그 자체로서 진술보증의 일부를 구성하므로, 일단 여기에 명시하면 진술보증 위반에 해당하지는 않게 된다. 따라서 매수인은 계약 체결 후에는 공개목록에 명시된 사유를 이유로 계약을 종결하지 아니하거나 손해배상을 청구할 수는 없고, 원칙적으로 협상단계에서 가격 기타 계약조건에 반영할 수 있을 뿐이다. 만약 어떤 사실이 공개목록에 명시되었음에도 불구하고 이를 가격 기타 계약조건에 반영하는 대신 추후 그로 인한 손실이 현실화되는 경우에 별도로 보상을 받고자 한다면, 당사자들의 협상을 통해 이를 계약서에 별도로 명시해야 한다. 이것은 진술보증의 위반을 이유로 한 손해배상과는 성질을 달리하므로, 소위 "특별손해배상(special indemnification)" 내지 "특정손해배상(specific indemnification)"이라는 이름으로 계약서에 별도 조항을 두거나 "사후 가격조정(post-closing adjustment)" 방법을 정하고 그에 따르게 된다.

예컨대 매수인이 "회사가 법령을 준수하고 있음"이란 진술보증을 요구하는데 회사에서 개인정보 유출 혐의로 수사기관의 수사를 받고 있는 건이 있다면, 매도인으로서는 이를 공개목록에 기재함으로써 진술보증 위반을 피하려고 할 것이다.[17] 일단 이것이 공개목록에 적절히 기재되고 매수인이 그 공개목록을 포함한 계약서에 서명하였다면, 예컨대 거래종결 후 그 개인정보 유출 혐의사실에 대해 대상회사에 벌금형이 선고되거나 민사상 손해배상청구가 제기되어 대상회사에 손해가 발생하더라도, 해당 사실을 이미 밝혔기 때문에 진술보증 조항의 위반에는 해당하지 않는다. 당사자들로서는 그 개인정보 유출 건이 대상회사에 초래할 손해의 가능성과 액수를 평가하여 계약체결 시에 가격에 반영할 수도 있고, 사후에 특별손해배상 또는 가격조정의 방식으로 해결하기로 합의하여 계약서에 액수산정 방법 내지 공식을 정할 수도 있다.

공개목록에 진술보증의 예외 사실을 적시할 때 어느 정도 구체적으

17) 이 경우 계약서 본문에는 "별첨 X에 기재된 것 이외에는 회사는 회사에 중대한 영향을 야기할 수 있는 법령 위반을 하고 있지 아니하다"라는 취지로 기재하고, 별첨 X에는 당해 개인정보 유출 건의 개요를 기술하게 될 것이다.

로 기재해야 하는지 문제되는 경우가 있다. 예컨대 거래종결 후 대상회사를 상대로 제3자가 특허권 침해를 이유로 거액의 소송을 제기하였는데, 당초 주식매매계약상 진술보증 조항 중에 "회사는 공개목록 [별첨 Y]에 기재된 것 이외에는 타인의 지적재산권을 침해하였거나 침해한 것으로 다투어지고 있지 아니하다"는 취지의 조항이 있었다면, 과연 [별첨 Y]에 그러한 특허침해 관련 사실이 기재되어 있었는지 여부가 문제될 것이다. 이때 그러한 사실이 어느 정도까지 구체적으로 기재되어 있어야 충분한 공개(disclosure)가 되어 진술보증 위반에 해당하지 않는다고 할 것인지 문제된다. 구체적인 사실관계에 따라 달라지겠지만, 적어도 당해 사실을 특정하고 필요시 매수인이 그 의미를 추가로 문의 및 조사할 수 있을 정도로는 기술이 되어 있어야 할 것이다. 그러나 공개목록 자체만으로 그 법적 파급효과 및 손해의 규모를 완전히 이해할 수 있을 정도로 상세히 기술되어 있어야만 유효한 공개가 이루어졌다고 볼 것은 아니다.

(2) 공개목록의 갱신

진술보증은 계약체결 시점에 제공하는 것이다. 그러나 실제로 대부분의 주식매매계약에서는 이른바 브링다운(bring-down) 문구를 두어 진술보증이 계약체결 시점에서는 물론 계약종결 시점에서도 진실할 것을 요구한다. 예컨대 선행조건 조항에서 매수인의 대금지급 의무에 대한 선행조건 중 하나로 "이 계약서에 포함된 매도인의 진술보증이 계약체결 시점은 물론 거래종결 시점에도 진실할 것"을 요구하는 것이다.

이 경우 계약체결과 거래종결 사이에 발생한 변화에 대하여 매도인이 그 위험을 감수하게 된다. 예컨대 계약체결 시점에는 "회사가 아는 한 회사 소유 부지에 환경오염 물질이 묻혀 있지 않다"고 진술보증하였고 이것이 진실하였으나, 그 후 거래종결 시점 이전에 회사 소유 부지에 환경오염 물질이 묻혀 있음이 드러나서 회사도 이를 알게 된 경우에는, 비록 인식 요건에 의한 제한 문구가 있더라도 거래종결 시점 기준으로는 진술보증이 더 이상 진실하지 않게 된다. 따라서 매수인은 계약문구 여하에 따라 (i) 선행조건 미충족을 이유로 계약이행을 거절하거나,

(ii) 계약을 해제하거나, (iii) 일단 거래종결을 한 후 손해배상청구를 할 수 있다.

이러한 매도인의 위험을 경감하기 위해, 일단 브링다운 문구를 두되 계약체결 이후 거래종결시까지 상황 변화가 생긴 경우 매도인이 공개목록(disclosure schedule)을 갱신(update)할 수 있도록 하고, 갱신된 공개목록을 기준으로 진술보증 위반 여부를 판단하게 하는 조항을 두기도 한다. 이처럼 공개목록 갱신권이 인정된다면 매도인은 계약체결 이후에 생긴 사유들을 공개목록에 추가로 기재함으로써 브링다운 문구를 무력화하고, 진술보증 조항 위반을 피할 수 있게 된다. 결국 브링다운 문구가 있는 상태에서, 공개목록의 갱신을 전혀 허용하지 않으면 계약체결과 거래종결 사이에 발생한 사유로 인한 위험을 매도인이 부담하고, 공개목록의 갱신을 제한 없이 자유로이 허용하면 그 위험을 매수인이 부담하게 된다.[18)]

계약실무에서 브링다운 문구는 일반적이지만, 공개목록의 갱신권은 아직 일반적인 것으로 보이지는 않는다.[19)] 즉 계약체결과 거래종결 사이에 발생한 사유에 대한 위험은 매도인이 주로 부담하고, 매수인은 그러한 사유를 이유로 거래를 거절하거나 금전으로 배상받을 수 있도록 하는 것이 통례인 것으로 보인다. 그러나 매도인이 우월한 협상력을 가지고 있고, 특히 회사에 관한 진술보증에 영향을 미칠 수 있는 변동이 예상되는 상황이라면, 매도인으로서는 계약체결과 거래종결 사이에 발생한 사유에 대한 위험을 부담하지 않기 위해 계약협상 과정에서 공개목록 갱신권을 두자고 제안할 수 있을 것이다. 그러한 제안에 대해 매수인으로서는 그 본질이 리스크 부담의 문제임을 정확히 이해하고 그로 인한 득실을 면밀히 분석하여 협상에 임해야 할 것이다.[20)]

---

18) 허영만, "M&A계약과 진술보장 조항", BFL 제20호(2006. 11.), 22-23면.

19) 일본의 계약실무에서도 흔하지는 않다고 한다. 藤田友敬 編著, M&A契約研究, 有斐閣, 2018, 58면.

20) 심포지엄에서 지정토론자는 공개목록 갱신권을 인정하면 위험이 매수인에게 전가되고 매도인이 최소비용회피자임에도 불구하고 책임을 면하게 되는 문제가 있으므로 갱신을 허용하지 않거나 허용하더라도 갱신사유를 엄격하게 해석함이 타당하다는 의견을 제시하였다. 그런데 계약서에 공개목록 갱신권을 규정했다는 것은 매

4. 진술보증 범위의 제한

진술보증을 제공하는 당사자, 특히 매도인 입장에서는 진술보증의 범위를 제한함으로써 그 위반으로 인한 불이익의 가능성을 최소화하려고 한다. 이는 진술보증을 매도인이 아는 범위에서만 제공하는 방식 및 중요한 사항에 관하여만 제공하는 방식으로 이루어질 수 있다.

(1) 인식 요건에 의한 제한

인식 제한 문구(knowledge qualifier), 즉 "매도인이 알고 있는 한 … 한 사항이 없다"라는 문구를 사용함으로써, 자신이 알고도 밝히지 않은 사항에 대해서만 책임을 지도록 규정하는 방식이다. 이 방식에 의하면 매도인은 자신도 모르고 있던 회사의 부실이나 문제점에 대해 매수인에게 추후에 책임을 지는 일은 상당 부분 피할 수 있게 된다. 그러나 이는 매도인과 매수인 모두가 모르던 문제가 발생할 경우 매수인에게 위험을 부담시키는 결과가 된다. 매수인으로서는 양자가 모두 모르던 문제에 대해서는 대상회사의 정보 및 경영에 더 가까이 있었던 매도인이 책임을 지는 것이 타당하다고 주장함으로써 인식 제한 문구를 두는 데 반대할 것이다.

인식 제한 문구를 두는 경우에는 계약협상 과정에서 주의할 몇 가지 쟁점이 있다. (i) 어떤 진술 및 보증 사항에 대해 그러한 제한을 둘 것인가, (ii) "알 수 있었던 경우" 내지 "알아야 했던 경우"를 알았던 경

수인이 그 불리함을 자발적으로 감수했다는 것이다. 즉 계약협상시에 매수인은 공개목록 갱신권을 주는 대신, 가격을 싸게 하든, 매매시기를 앞당기든, 무언가를 얻었을 것이다. 그럼에도 불구하고 법원이 사후적으로 "매도인이 최소비용 회피자인데 책임을 부담하지 않는 것은 부당하다"라는 이유로 갱신을 허용하지 않는다면 이는 당사자들이 흥정한 결과를 깨뜨리는 비효율적 외부효과로 작용할 수 있다. 실제로 거래계에서는 진술보증을 전혀 제시하지 않는 no-rep deal 또는 as-is-deal도 이루어진다. 매도인의 책임을 경감시키는 공개목록 갱신권이 부당하다면, 매도인이 아예 책임을 지지 않는 as-is-deal은 더욱 부당하겠으나, 그에 상응하는 주고받음이 있다면 합리적인 당사자들이 그런 거래를 하기도 하는 것이다. 이처럼 합리적인 당사자들의 흥정에 따라 성립하는 계약서상 합의는 기본적으로 존중될 필요가 있다고 생각한다.

우와 동일시할 것인가(즉 과실로 인한 부지를 악의와 동일시할 것인가), (iii) 회사의 어느 직급 이상의 누가 알았던 경우를 "회사가 알았던 경우"로 볼 것이며 그 범위에 퇴직자도 포함할 것인가 등의 문제이다. 이런 문제를 해결하기 위해 "인식(Knowledge)"의 의미에 대해 상세한 정의 규정을 두기도 한다. 다음은 매도인에 관하여 인식의 범위를 "알 수 있었던 경우"에까지 확대한 정의규정의 한 예이다.

> "알고 있는"이라 함은 특정 사람(특정 사람이 법인인 경우 그 등기된 사내이사를 의미함)이 실제로 알고 있는 경우를 의미하며, 다만 대상회사와 대상회사 계열회사에 관한 사실의 경우 대상회사와 대상회사 계열회사의 등기된 사내이사 또는 본부장급 이상의 미등기임원이 실제로 알고 있거나 합리적인 주의를 기울였다면 알 수 있었을 것으로 기대되는 경우에는 매도인이 이를 알고 있는 것으로 본다.

이러한 인식 제한 문구의 해석이 대법원 판결에서 문제된 사례가 있다. 출자전환으로 대우건설의 주식을 취득한 금융기관들로 이루어진 매도인들이 대우건설의 주식을 금호그룹 계열사들에게 매도한 해당 사건의 주식매매계약에서는 "매도인대표회사의 이사들 및 대우건설 이사들"이 인지하였거나 인지할 수 있었던 경우에 진술보증조항 위반으로 인한 손해배상책임을 인정하고 있었다. 여기서 (i) 매도인대표회사의 이사들 또는 대우건설 이사들 중 어느 한 쪽이라도 이를 인지하였거나 인지할 수 있었으면 손해배상책임이 성립하는지, 아니면 (ii) 이들이 모두 인지하였거나 인지할 수 있었어야 하는지가 다투어졌다. "및"이라는 단어는 일반적으로 and를 의미하므로 후자로 해석되어야 한다는 주장도 있을 수 있을 것이다. 그러나 대법원은 계약문구 협상과정에 비추어 "및"이라는 용어에도 불구하고 당사자들의 의사는 매도인대표회사 이사들과 대우건설 이사들 중 어느 하나라도 진술보증 위반을 인지하였거나 인지할 수 있었다면 손해배상책임을 지우려고 했던 것으로 해석하였다.[21]

---

21) 대법원 2018. 7. 20. 선고 2015다207044 판결; 대법원 2018. 8. 1. 선고 2015다209583 판결. 이에 관한 해설로 이영선, "진술 및 보장 위반에 따른 책임의 범위

(2) 중대성 요건에 의한 제한

진술보증의 범위를 줄이는 또 하나의 방법은 소위 중대성 제한(materiality qualifier)을 두는 방식이다. 사실 어느 회사도 전혀 법령을 위반한 적이 없다거나, 전혀 타인의 지적재산권을 침해한 바가 없다거나, 전혀 세금을 추가로 추징당할 위험이 없다고 단언하기는 어려울 것이다. 따라서 "회사의 경영 및 재무상태에 중대한 부정적 영향[22]을 미치는 법령 위반은 없다"거나 또는 "회사는 그에 적용되는 모든 관련 법령을 중요한 면에서 준수하고 있다"는 방식으로 진술보증을 하는 것이다. 진술보증 조항 첫머리나 손해배상 조항 자체에 그런 문구를 두어 중대성 제한이 진술보증 사항 전부에 미치도록 하는 경우도 있지만, 일부 문제가 되는 개별 사항에만 그러한 제한을 두기도 한다.

이와 관련하여 "중대한 영향" 또는 "중요한 면" 등의 의미는 그에 대하여 별도의 정의조항이 없는 한 (심지어 정의조항이 있더라도) 모호할 수밖에 없다. 일본의 정평 있는 실무서에서도 진술보증 위반을 중요한 위반에 한정시킨다고 계약서에 규정하더라도 "그 구체적인 범위에 관하여는 해석에 맡겨진 경우가 많다"고 설명한다.[23] 결국 이는 계약 해석의 문제로 귀결되므로, 계약 전체에 걸쳐 당사자들이 어떤 경우에 진술보증 위반으로 인한 책임을 부담하고자 하였는가를 탐구하여 그 의미를 밝혀야 할 것이다. 이를 위해서는 당해 조항뿐 아니라 계약서 전체의 구조 및 다른 조항과의 관계도 유념하여야 한다.

와 제한", BFL 제93호(2019. 1.), 60-74면.

22) "중대한 부정적 영향(material adverse effect; MAE)" 또는 "중대한 부정적 변경(material adverse change)"을 별도로 정의하는 예도 많다. 다만 이는 진술보증 조항에서의 중대성 제한 문구로 등장할 때보다 선행조건 조항에서 "계약체결 후 거래종결 전까지 MAE/MAC가 없을 것"이라는 형태로 등장할 때에 훨씬 더 중요한 의미를 갖는다. 국내 M&A 계약실무에서 MAE/MAC 조항의 구체적인 문구와 실무적 쟁점에 관해서는, 신영재·황병훈, "중대한 부정적인 변경조항의 쟁점", BFL 제67호(2014. 9.), 6-18면 참조. 이에 관한 미국의 판례와 사례에 관하여는, 정영철, "기업인수계약상 '중대한 악영향' 조항에 관한 실무연구", 상사법연구 제26권 제4호(2008), 273-300면 참조.

23) 森·濱田松本法律事務所(編), M&A法大系, 有斐閣, 2015, 233頁.

예컨대 손해배상 조항에서는 많은 경우 건당 최소청구금액 조항(de minimis 조항) 및 합계 최소청구금액 조항(basket 또는 threshold 조항)을 두고 있다. 전자는 다양한 진술보증 위반 사유 중에서 일정 금액 이상인 것만 손해배상 대상으로 삼는다는 취지의 기준, 즉 금액상 사소한 건들은 아예 배상대상에서 제외하는 기준이다. 후자는 건당 최소청구금액 기준을 통과한 건들의 금액을 합산하여 일정 금액 이상인 경우에만 손해배상 대상으로 삼는다는 취지의 기준이다. 합계 최소청구금액 기준 금액을 넘어설 경우 금액 전체에 대해 손해배상을 인정하는 방식(이른바 first dollar 방식)과 해당기준을 넘어서는 금액에 한하여만 손해배상을 인정하는 방식(이른바 deductible 방식)이 있고, 이 중 어디에 해당하는지를 계약문구로 명시하게 된다. 예컨대 건당 최소청구금액이 2억원이고 합산 최소청구금액이 100억원인 경우, 진술보증 위반 사유가 각각 1억원, 2억원, 20억원, 80억원에 해당하는 4건이 있다면, 1억원짜리 건은 아예 합산대상에서 제외되므로 합산금액은 102억원이 되고, first dollar 방식에서는 102억원, deductible 방식에서는 2억원이 배상금액이 된다.[24)]

이것들이 바로 사소한 문제를 걸러 내고 중요한 문제만 배상의 대상으로 삼기 위한 기준에 해당한다. 따라서 진술보증 위반의 중요성 내지 중대성 위반 여부를 판단함에 있어서도 이러한 손해배상 조항의 정함이 중요한 판단지침이 될 것이다. 일본의 정평 있는 실무서에서도 "[진술보증의 위반이] 중요한지 여부의 판단은 안건에 따라 달라질 것이나, 손해배상[補償]의 범위를 일정액 이상인 경우로 한다는 한정을 붙인 경우에는 당해 금액 이상인지 여부가 중요성 유무를 판단하는 하나의 지침이 될 것이다"라고 하여, 결국 손해전보 조항에서 정한 건당 또는 합계 최소청구금액 기준이 중요성의 판단지침이 됨을 밝히고 있다.[25)]

---

24) 이에 관한 상세는 이진국 · 최수연, "M&A계약상 손해전보조항의 법적 쟁점", BFL 제68호(2014. 11.), 6-17면, 특히 12-14면 참조.

25) 柴田義人 · 石原坦 · 関根良太 · 廣岡健司(編), Ｍ＆Ａの実務の基礎, 商事法務, 2015, 107頁.

따라서 예컨대 de minimis가 1억원으로, basket이 계약금액의 2%로 정해져 있다면, 그것이 어떤 진술보증 위반의 중요성 여부를 판단하는 중요한 지침이 될 것이다. 매도인과 매수인은 아마도 건당 최소 1억원과 합계 최소 매매가액의 2%라는 기준에 합의하기 위해 상당한 이견조정과 협상을 거쳤을 것이고, 그것이 당사자들이 생각하는 “손해배상을 해야 할 정도로 중요한 위반”의 표준이기 때문이다. 따라서 금액상 그러한 요건을 충족하였음에도 불구하고 그와 별도로 매우 추상적인 “중요성” 내지 “중대성” 테스트를 추가로 더 거쳐야 손해배상청구를 할 수 있다는 해석은[26] 건당 및 합계 최소청구금액에 애써 합의한 당사자들의 추성적 의사와는 거리가 멀어 보인다. 그러한 해석을 하려면, 당사자들이 계약 체결 시 건당 및 합계 최소청구금액을 합의함에 있어 그 금액 기준을 충족하더라도 별도로 추상적인 중요성 기준을 충족해야 한다는 의사의 합치가 있었다는 등의 특별한 사정이 증명되어야 할 것이다.

Ⅳ. 진술보증 위반에 대한 책임

1. 책임의 성질

‘진술보증이 계약일 또는 거래종결일 현재 진실하지 않았을 것’이 손해배상 사유로 정해져 있는 경우, 이러한 손해배상 의무의 법적 성격이 무엇인지에 관해 논의가 있다. 이에 대하여는 일본에서는 (ⅰ) 위반당사자의 고의, 과실이 필요하지 아니한 채무불이행 책임이라는 견해,[27] (ⅱ) 계약상 의무의 존재 또는 그 불이행, 고의, 과실이라는 요건을 전제로 하고 있지 않다는 점에서 이를 채무불이행으로 보기는 곤란하고 특약에 기한 담보책임이라고 보는 견해,[28] (ⅲ) 일종의 손해담보계약에 따른 책임으로

---

26) 예컨대 어떤 법령 위반으로 인해 회사에 초래된 손해액이 건당 최소청구금액 및 합계 최소청구금액을 초과하여 손해배상 조항에서 정한 손해배상 대상기준을 충족하지만, 그 법령이 사소한 법령이거나 위반 양태가 사소하기 때문에 손해배상의 대상에서 제외된다는 해석.

27) 岡内真哉, “表明保証違反による補償請求に際して, 買主の重過失は抗弁となるか”, 金融·商事判例(2006. 4. 15.), 2-5頁.

보는 견해[29] 등이 있다.

국내에서는 (i) 하자담보책임의 일종이나 그 책임은 모든 M&A 거래가 아니라 진술 및 보증 조항을 둔 경우에 한하여 성립하기 때문에 '약정하자담보책임'에 해당한다는 견해,[30] (ii) 진술 및 보증 조항은 그 목적물이 갖추고 있어야 하는 내용을 특약으로 정한 것이므로 목적물이 이에 부합하지 않을 경우에는 매도인이 계약의 내용대로 이행하지 아니한 것이 되어 채무불이행을 구성하므로 이에 대한 책임은 채무불이행책임이라는 견해[31] 등이 있다. 이들 견해는 설명방식에 차이가 있을 뿐 그 근거를 당사자들 간의 계약에서 찾는다는 점에서 큰 차이는 없다고 본다.

대법원은 "매도인이 대상회사의 상태에 관하여 사실과 달리 진술보증을 하고 이로 말미암아 매수인에게 손해를 입힌 경우에는 계약상 의무를 이행하지 않은 것에 해당하므로 일종의 채무불이행 책임이 성립한다"고 하여 그 법적 성질을 채무불이행 책임으로 보았다.[32] 다만 후술하듯이 채무불이행 책임이라고 하여 반드시 매도인의 고의·과실이 필요하다고 한 것은 아니고, 책임의 근거를 당사자들의 계약 및 그 계약에 따른 의무를 이행하지 못한 데에서 찾는다는 의미이다. 결국 중요한 것은 책임의 본질론이라기보다는 해당 계약의 해석을 통한 당사자들의 의사의 탐구가 될 것이다.

2. 책임의 요건

(1) 진술보증이 사실과 다를 것

일방 당사자가 제공한 진술보증이 사실과 다르다[33]는 점이 손해배상

---

28) 金田繁, "表明保証条項をめぐる実務上の諸問題(上) － 東京地判平18.1.17.を題材として", 金融法務事情 第1771号(2006. 5. 25.), 43-50頁.

29) 藤田友敬 編著, M&A契約研究, 有斐閣, 2018, 56頁.

30) 김홍기, "M&A계약 등에 있어서 진술보장조항의 기능과 그 위반시의 효과", 상사판례연구 제22집 제3권(2009), 78면.

31) 김태진, "M&A 계약에서의 진술 및 보장 조항 및 그 위반", 저스티스 제113호(2009), 49면.

32) 대법원 2018. 10. 12. 선고 2017다6108 판결.

책임 성립의 일차적인 요건이다. 그 기준일은 원칙적으로 계약일이지만, 브링다운 조항이 있는 대부분의 경우 거래종결일 현재에도 진술보증이 진실할 것이 요구된다는 점은 전술하였다. 그리고 이때의 진술보증은 계약서 본문과 공개목록을 종합하여 판단하므로, 공개목록에 기재된 해당 진술보증(예: 세금을 완납하였다)의 예외 중에 해당 사유가 이미 포함되어 있다면(예: 2021년도 ○○용역에 관한 부가가치세에 관하여 과세당국과 다툼이 있어 쟁송 중이다), 해당 사유가 존재한다는 이유로 진술보증이 사실과 다르다고 할 수는 없다.

(2) 매도인의 주관적 사정

진술보증 위반으로 인한 손해배상청구권이 성립하려면 매도인의 고의, 과실 등 주관적 귀책사유가 필요한가? 계약에서 그러한 사유가 필요 없음을 명시하였다면 매도인의 고의, 과실은 불필요하다고 보아야 할 것이다.[34] 반면 계약에서 매도인의 고의 또는 과실이 있는 경우에만 책임이 있는 것으로 정하였다면 그러한 특약 역시 존중되어야 함은 물론이다.[35]

문제는 계약상 매도인의 고의, 과실이 필요한지 여부에 관하여 별다른 정함이 없는 경우이다. 이에 관해서는 (ⅰ) 진술보증 위반으로 인한 손해배상의무의 "본질"이 채무불이행이므로 채무불이행 책임의 "원칙"상 매도인의 고의, 과실이 필요하다는 입장, (ⅱ) 진술보증 위반으로 인한 책임이 사실상 매도인의 담보책임과 유사한 기능을 하는 것인 점에 비추어 매도인의 고의, 과실이 불필요하다는 입장 등이 있을 수 있다. 그러나 이러한 이론적 접근보다는 (ⅲ) 당사자의 의사에 따라 주관적 귀책사유의 요부를 달리 정할 수 있다는 점을 중시하여 과연 당사자의 의사가 무

---

33) 한편 흔히 '진술보증 위반', 영어로는 'breach of representations'라는 표현도 자주 사용된다. 엄밀히는 '진술보증이 사실과 다름', '진술보증이 진실이 아님' 등과 같이 표현하여야 할 것이나, '진술보증 위반'이라는 표현이 관용화되어 있으므로 이 글에서도 진술보증이 사실과 다르다는 의미로 해당 표현도 종종 사용하기로 한다.

34) 김태진, 전게논문, 52면.

35) 김홍기, 전게논문, 93-94면.

엇인지를 탐구하는 것이 옳을 것이다.

그렇다면 당사자의 의사는 무엇일까? 진술보증 위반시의 손해배상책임은 궁극적으로 양당사자의 가격산정 등 계약조건 합의의 전제가 되었던 사실에 변경이 발생했을 때 이를 누구의 위험부담으로 처리할 것인가의 문제이므로, 매도인의 주관적 비난가능성은 크게 의미 있는 요소는 아니다. 양 당사자에게 귀책사유가 없는 경우에도 계약조건 합의의 전제사실에 변경이 발생한 이상 손해배상 조항을 통해 그 이해관계를 조정할 필요가 있는 경우가 많을 것이고, 따라서 일반적인 경우에는 매도인의 고의, 과실에 관계없이 진술보증 위반으로 인한 손해배상을 인정하려는 것이 당사자들의 의도일 것이다. 앞서 보았듯이 협상 과정에서 매도인의 인식(knowledge) 여부에 따라 진술보증의 효력범위를 조정하려는 시도가 자주 이루어지는 것도 이를 반증한다. 즉, 매도인의 고의, 과실 또는 인식이 있는 경우에 한하여 진술보증 위반으로 인한 손해배상을 부담하려는 경우에는, 협상을 통해 이 점을 계약서상 명시("매도인이 아는 한… "이라는 문구 삽입)하려고 하는 것이 일반적 관행인 것이다. 따라서 계약상 별다른 정함이 없고 계약의 해석으로도 고의, 과실 요부에 관한 결론을 도출하기 어렵다면, 매도인의 고의, 과실은 진술보증 위반으로 인한 손해배상청구권의 요건이 아니라고 보아야 할 것이다.[36]

대법원은 진술보증 위반으로 인한 손해배상책임을 채무불이행책임이라고 하면서도, "계약서에 진술보증 조항과 그 위반으로 인한 손해배상 조항이 함께 있다면 그 조항에 따른 손해배상책임을 인정하여야 하고, 무과실책임인지 아니면 민법 제390조 단서가 적용되는 과실책임인지는 계약 내용과 그 해석에 따라 결정해야 한다"고 하여 채무자의 과실이 필요한지 여부는 계약의 해석에 따른다고 본다.[37] 다만 "이와 달리 계약서

36) 허영만, 전게논문, 31면. 일본에서도 "매도인이 아는 한"이라거나 "매도인이 알 수 있는 한" 등의 문구로 한정하고 있지 않다면, 매도인이 무과실이라도 진술보증 위반이 된다고 해석한다. 藤田友敬 編著, 전게서, 240頁.

37) 대법원 2018. 10. 12. 선고 2017다6108 판결.

에 진술보증 조항만 있고 그 위반으로 인한 손해배상 조항이 없다면[38] 민법 제390조를 비롯한 관련 규정들에 따라 채무불이행 책임의 성립 여부를 판단하여야 한다"고 판시하여, 계약서에 손해배상에 관한 정함이 없는 경우에는 채무불이행에 관한 민법의 규정이 적용되어 과실책임이 원칙일 것임을 시사하였다.[39]

(3) 매수인의 주관적 사정

매도인의 진술보증이 사실과 다르다는 것을 매수인이 알면서 계약을 체결하거나, 계약체결 후 거래종결 이전에 이를 알게 되었는데 이행을 완료한 경우, 매도인을 상대로 진술보증 위반을 이유로 손해배상청구권을 행사할 수 있는지가 문제된다.

물론 계약서에서 이 점을 명시해 놓을 수도 있다. 즉 진술보증이 부정확하다는 사실을 매수인이 알고 있었는지 여부에 관계없이 손해배상청구권을 인정하는 이른바 pro-sandbagging 조항, 또는 반대로 매수인이 이를 알고 있었던 경우(또는 알 수 있었거나 알고 있었어야 하는 경우)에는 손해배상청구권을 인정하지 않는 이른바 anti-sandbagging 조항이 있는 경우에는 그에 따라 해결하면 된다.[40]

문제는 계약서에 이 점이 명시되지 않은 경우이다. 이에 대해서는 (i) 매수인이 '고의'인 경우에는 손해배상청구권을 부정하고 경과실인 경우에는 인정하되, 중과실인 경우에는 판단을 유보하고 있는 견해,[41] (ii) 진술보증 조항의 기능이 위험배분에 있음과 당사자들의 의사해석을 근거로 매수인이 악의인 경우에도 손해배상청구권을 인정해야 한다는 견해,[42] (iii) 매도인이 일단 '매수인이 실사 등을 통하여 당해 진술보증 위반사실

---

38) 매도인의 고의과실 필요 여부에 관한 정함이 없는 경우를 말하는 것이 아니라 아예 손해배상 조항이 없는 경우를 말하는 것이다.

39) 대법원 2018. 10. 12. 선고 2017다6108 판결.

40) 서완석, "미국의 진술 및 보장 조항에 관한 최근 동향", 선진상사법률연구 제67호(2014), 107면, 110-111면; 이준기, "진술 및 보장 위반에 관한 매수인의 악의의 법적 효과—샌드배깅에 관한 고찰—", BFL 제68호(2014. 11.), 20-25면.

41) 김홍기, 전게논문, 81-83면.

42) 허영만, 전게논문, 33면.

을 알았다'는 점만 입증하면, 매수인이 이러한 사유를 계약조건에 어떠한 형태로든 반영시켰을 것으로 추정하여 손해배상청구권을 부정하여야 한다는 견해,[43] (ⅳ) 원칙적으로 악의의 매수인은 손해배상청구를 할 수 없지만, 매도인도 악의인 경우에는 일반적인 악의의 매수인인 경우와 달리 손해배상청구를 할 수 있다는 견해[44] 등이 제시되고 있었다.

이 문제는 한화에너지 사건에서 대법원의 판단을 받게 되었다. 매수인인 원고(현대오일뱅크)는 매도인인 피고들(한화케미컬 등)로부터 대상회사인 한화에너지의 주식을 매수하였다. 그 주식매매계약에서 매도인은 "대상회사는 대한민국의 법령을 위반하고 있지 않다"는 취지로 진술보증하였는데, 실제로는 대상회사가 '독점규제 및 공정거래에 관한 법률'에 위반하여 담합에 참여하였음이 밝혀져 대상회사는 거액의 과징금을 부과 받고 민사상 손해배상의무를 부담하게 되었다. 이에 매수인은 매도인에게 진술보증 위반에 따른 손해배상을 구하였는데, 문제는 매수인 역시 이 담합의 일원이었으므로 악의인 매수인에 해당한다는 점이다.[45] 과연 주식매매계약상 진술보증이 사실이 아님을 알고 있는 매수인도 매도인의 책임을 물을 수 있을까?

1심 법원은 진술보증 위반에 대한 보상은 매수인의 선의·무과실을 요건으로 하지 않는다고 보았으나,[46] 2심 법원은 신의칙 및 공평의 이념상 악의의 매수인은 보상청구를 할 수 없다고 보았다.[47] 그러나 대법원은 매수인의 악의 여부에 상관없이 매도인의 손해배상의무를 인정하였다.[48] 그 근거로는 ① 이 사건 계약서에는 원고가 계약 체결 당시 이 사

43) 김태진, 전게논문, 57면. 이는 그러한 추정이 번복되는 경우에는 악의의 매수인도 손해배상청구를 할 수 있다는 점에서 (ⅰ)설과 구분된다.

44) 이동진, "기업인수계약상 진술·보증약정 위반과 인수인의 악의", 서울대학교 법학 제57권 제1호(2016), 192-194면.

45) 물론 이 사건 주식매매계약을 담당한 매수인 측 담당 임직원이 가격담합 사실을 알았으리라고는 단정하기 어려우나, 매수인 법인 자체에 '인식'이 귀속된다고 보면 결국 악의의 매수인에 해당한다.

46) 서울중앙지방법원 2007. 12. 18. 2002가합54030(미간행).

47) 서울고등법원 2012. 6. 21. 2008나19678(미간행).

48) 대법원 2015. 10. 15. 2012다64253. 이 판결에 대한 평석으로, 김연미, "진술 및

건 진술보증 조항의 위반사실을 알고 있는 경우에 손해배상책임이 배제된다는 내용이 없는 점, ② "(불확실한 상황에 관한) 경제적 위험의 배분과 주식양수도대금의 사후조정의 필요성은 원고가 피고들의 진술보증한 내용에 사실과 다른 부분이 있음을 알고 있었던 경우에도 여전히 인정"되는 점, ③ 이에 비추어 보면 이 사건 계약서에 나타난 당사자의 의사는, 양수도 실행일 이후에 진술보증 조항의 위반사항이 발견되고 그로 인하여 손해가 발생하면, 원고가 그 위반사항을 계약 체결 당시 알았는지 여부와 관계없이 피고들이 원고에게 손해를 배상하기로 합의한 것으로 봄이 상당하다는 점, ④ 공정거래위원회가 이 사건 담합행위에 대한 조사를 개시한 것은 이 사건 계약에 따른 양수도 실행일 이후여서 계약 체결 당시에는 원고가 거액의 과징금 부과 가능성을 예상하고 있었을 것으로 보기 어렵다는 점 등을 들었다. 나아가 매수인이 악의라 하여 그의 손해배상청구가 공평의 이념 및 신의칙에 반한다고 보기도 어렵다고 판시하였다.

(4) 매수인의 주식 계속소유 要否

진술보증 위반에 대한 손해배상청구권을 행사하기 위해 매수인은 계속 주식을 보유하고 있어야 하는가? 이 손해배상청구권은 주주의 지위에서 인정되는 것이 아니라 계약당사자의 지위에서 인정되는 것이다. 만약 매도인의 진술보증 조항 위반으로 대상회사에 손실이 발생하고 그로 인해 매수인이 새로운 매수인에게 책임을 부담하게 되었음에도, 매수인이 주식을 매각하여 주주의 지위에 있지 않다는 이유로 당초의 매도인에게

보증 조항의 쟁점과 함의: 대법원 2015. 10. 15. 선고 2012다64253 판결을 중심으로", 금융법연구 제14권 제3호(2017); 김희중, "악의의 주식양수인이 '진술 및 보증조항' 위반을 이유로 손해배상청구를 할 수 있는지 여부", BFL 제76호(2016. 3.); 정영철, "주식매수인이 악의인 경우 진술과 보장위반을 이유로 한 손해배상청구가 가능한지 여부", 선진상사법률연구 제73호(2016); 최승재, "기업 인수 과정에서의 진술과 보증조항의 의미: 대법원 2015. 10. 15. 선고 2012다64253 판결을 중심으로", 경영법률 제26집 제3호(2016) 등 참조. 한편 이 판결은 손해배상의무의 존부에 관한 것이었고, 같은 사건에서 손해배상의 범위에 관하여는 2018년에 두 번째 대법원 판결이 내려졌다.

책임을 물을 수 없는 결과에 이른다면 경제적 위험의 적정한 배분이라는 진술보증 조항의 목적에 반하게 된다.[49] 따라서 당사자들 사이에 특별한 합의가 없다면 매수인이 대상회사의 주식을 처분하더라도 손해배상청구 및 액수 산정에 별다른 영향을 미치지 않는다.[50]

(5) 손해의 발생

진술보증 위반과 인과관계 있는 손해가 발생하여야 한다. 이는 손해배상 범위의 문제로서 항을 바꾸어 분석한다.

3. 손해배상의 범위

(1) 일 반 론

진술보증 위반이 있는 경우의 손해배상의 범위도 실무상 자주 다투어진다. 계약서상 손해배상의 범위와 금액을 산정하는 방법을 정하고 있는 경우에는 원칙적으로 그에 따라야 한다. 계약서상 그런 정함이 없는 경우에는 '매수인이 소유한 대상회사의 주식가치 감소분' 또는 '매수인이 실제 지급한 매매대금과 진술보증 위반을 반영하였을 경우 지급하였을 매매대금의 차액'을 산정하는 방법으로 손해배상액을 정해야 할 것이다.[51] 여기서 주식가치 감소분이라 함은, 진술보증이 진실함을 전제로 한 주식가치와 진술보증이 사실이 아닌 상황(실제 상황)을 전제로 한 주식가치의 차액을 의미한다고 본다.

(2) 판례에 나타난 사례

예컨대 전술한 한화에너지 사건의 주식매매계약에서는 진술보증 조항의 위반으로 인한 손해배상책임에 관하여 "대상회사 또는 매수인에게 손해가 발생한 경우 현금으로 원고에게 배상한다"고 정하고 있었다. 대법원은 "[이] 문언에 따르면, 피고들이 진술보증한 것과 달리 기업지배권이 이전되는 시점 이전의 사유로 [대상회사]의 우발채무가 발생하거나 부실

49) 대법원 2018. 7. 20. 2015다207044; 대법원 2018. 8. 1. 2015다209583.
50) 대법원 2018. 7. 20. 2015다207044; 대법원 2018. 8. 1. 2015다209583.
51) 대법원 2018. 10. 12. 2017다6108.

자산 등이 추가로 발견되면 특별한 사정이 없는 한 그 금액이 진술보증 위반으로 원고가 입게 되는 손해이고, 나아가 원고가 직접 비용을 지출하는 등으로 손해를 입었다면 그 또한 손해에 포함된다"고 하면서, 대상회사가 담합행위의 결과로 부담한 과징금, 손해배상, 벌금, 소송비용은 해당 계약서에서 말하는 '대상회사에 발생한 손해'에 해당한다고 하였다.[52] 다만 일반적으로 매수인의 손해는 대상회사에 발생한 손해 전액이 아니라 그것에 주식매매계약의 이행으로써 매수인이 취득하게 된 지분율을 곱한 금액이 되어야 할 것이다.[53]

한편 대우건설 사건에서는 대상회사에 "현재 진행 중인 소송이나 분쟁이 없다"는 진술보증에도 불구하고 실제로는 일조권 침해 분쟁이 있었던 경우에 매수인이 청구할 수 있는 손해배상의 범위가 문제되었다. 대법원은 "대상회사에 대한 소송이나 분쟁의 존재는 우발채무에 따른 손실로 이어질 가능성이 있어 진술보증의 대상으로 삼는 것"이라고 하면서 "소송 또는 분쟁으로부터 직접 그리고 자연스럽게 도출되거나 합리적으로 예상 가능한 범위의 손해에 관하여는 매도인이 그에 관한 배상책임을 부담하여야 한다"고 보았다. 그리하여 대상회사가 시공한 아파트 신축으로 인근 초등학교에 일조권 침해가 문제되고 공사중지가처분이 제기되자, 그 사건의 항고심에서 대상회사가 초등학교 건물을 전면 재건축해 주기로 조정이 성립하였다면, 그로 인한 비용지출은 소송으로부터 직접 그리고 자연스럽게 도출된 것이고 합리적으로 예상 가능한 범위 안에 있다고 보았다.[54]

---

52) 대법원 2018. 10. 12. 2017다6108.

53) 환송 후 판결에서는 대법원 판결의 취지에 따라 손해배상액을 계산하면서도, 원고가 한화에너지의 공정거래법 위반 사실을 알고 있었던 점, 1999년 담합행위가 이 사건 주식양수도계약 거래종결일 이후에도 이루어진 점, 원고가 인수한 주식비율이 38.8%에 불과한 점 등을 근거로 피고들의 손해배상책임을 40% 감액하였다. 서울고등법원 2019. 8. 22. 2018나10526. 그러나 이는 감액의 문제가 아니라, 회사가 입은 손해에 38.8%를 곱한 금액이 원고의 손해액이 되는 것이다. 감액은 논리적으로 그 다음 단계의 문제이다.

54) 대법원 2018. 7. 20. 2015다207044.

(3) 재무제표 부실기재의 경우

재무제표에 대한 진술보증된 내용이 사실이 아닌 경우 그로 인한 손해배상액을 어떻게 산정할 것인지 문제된다. 예컨대 "재무제표가 회사의 재무상태를 적정하게 표시하고 있다"는 취지의 진술보증이 있는데, 실제로는 자산의 과다계상 또는 부채의 과소계상 등으로 인하여 실제 순자산이 재무제표에 기재된 순자산보다 적은 경우가 있다. 이 경우 재무제표에 관한 진술보증 위반으로 인한 매수인의 손해액이 순자산 부족액(에 매수인의 지분율을 곱한 금액)인지 아니면 그와 같이 감소한 순자산을 전제로 평가한 가치평가액의 감소분(에 매수인의 지분율을 곱한 금액)인지가 문제된다.

예컨대 대상회사의 재무상태표에 나타난 재고자산이 실제보다 10억원만큼 과다계상되고 미지급금이 실제보다 10억원만큼 과소계상되었다면 순자산은 20억원만큼 과다계상된 것이다. 그런데 당초 재무제표에 나타난 정보를 기초로 현금흐름할인법에 따라 계산한 기업가치는 250억원이었는데 실제 상황을 기초로 현금흐름할인법에 따라 계산한 기업가치는 210억원이라고 가정하면, 가치감소액은 40억원에 이른다.[55] 이때 매수인이 대상회사의 100% 지분을 취득하였다고 가정하면, 매수인의 손해액이 순자산 부족액 20억원인지 아니면 그와 같은 순자산 부족액이 가치평가에 미친 영향인 40억원인지가 문제되는 것이다.

이러한 경우 적어도 순자산감소액 20억원은 재무제표가 진실했더라면 존재했을 이익상태와 실제의 이익상태와의 차이에 해당하므로 차액설에 따른 매수인의 손해로 인정되어야 할 것이다. 나아가 "재무제표에 그와 같은 잘못이 없었더라면 매수인이 40억원만큼 매매가격을 덜 지급했

55) 계속기업으로 존속하는 기업이라면 현금흐름할인법에 따라 계산한 기업가치가 순자산가치보다 큰 것이 원칙이다. 만약 그렇지 않다면 그 기업은 계속기업으로 존속하는 것보다 자산을 처분하여 청산하는 편이 나을 것이다. 따라서 특히 순자산감소가 유동자산의 과다계상 및 유동부채의 과소계상으로 인해 초래된 경우에는, 순자산감소액 그 자체보다 그것이 현금흐름할인법에 따른 기업가치평가액에 미친 부정적 영향이 더 크게 될 수 있다.

을 것"임이 입증된다면 40억원까지도 차액설에 따른 손해로 인정될 수 있을 것이다. 그러나 후자(40억원)의 사항이 입증되지 않았다고 하여 전자(20억원)의 손해까지 부정되는 것은 아니라고 보아야 할 것이다.

V. 결 어

지금까지 주식매매계약에서 진술보증 조항의 기능, 실제 문구례, 그 위반으로 인한 손해배상책임의 성립요건과 범위에 관하여 실무, 학설, 판례로 형성된 현재의 법상황을 정리해 보았다. 검토 과정에서 드러났듯이 이 분야는 계약실무, 즉 계약서 문구작성 및 협상에 관한 법실무가 먼저 형성되고, 그로 인한 분쟁이 늘어나면서 소송실무가 형성되고 있다. 그 과정에서 우리 민사법 이론과 민사실무가 충분히 고려되지 못하고 있음은 사실이다. 그렇다고 해서 영미법 이론이나 판례가 심도 있게 고려된 것도 아니다. 즉 M&A에 관한 계약실무에서는 개별 계약의 문구작성과 협상이, 소송실무에서는 개별 계약의 해석이 중심이 되어, 그때그때 결의론적으로 문제에 대응하고 있는 실정이라고 봄이 솔직한 관찰일 것이다.

그러나 이러한 현상을 반드시 부정적, 비판적으로만 볼 것은 아니라고 생각한다. 거래마다 당사자들의 이해관계가 다른 상황에서, 실사를 거쳐 파악한 당해회사에 관한 방대한 정보를 바탕으로, 전문 변호사들과 당사자들의 현업 인원들이 참여한 강도 높은 협상을 거쳐, 길고 상세한 계약서가 작성되는 것이 실무 관행으로 자리 잡고 있다. 즉 각각의 주식매매계약에는 그 회사에 특유한 정보와 그 거래에 특유한 맥락이 때로는 명시적으로 때로는 묵시적으로 진하게 반영되어 있고, 그에 기한 당사자들간의 주고받음의 결과가 반영되어 있는 것이다. 따라서 그 거래를 전제로 하지 않은, 나아가 M&A 거래를 전제로 하지 않은, 추상적이고 일반적인 조문이나 법리를 개별 거래에 적용한다면, 당사자들의 의사와 그 거래의 목적에 어긋난 엉뚱한 결론에 이를 위험이 있다.

최근 약 10년간 M&A 계약에 관한 분쟁과 판례가 늘어나면서 그로부터 피드백을 받은 계약실무에도 변화가 생기고 있다. 2000년대 중반만

해도 공개목록에 의한 예외나 인식요건, 중대성요건에 의한 제한을 달지 않은 과감한 (무리한?) 진술보증이 계약서에 자주 등장하였으나, 그로 인해 매도인의 책임이 문제되는 사건들을 경험하면서 지금은 그런 면에서 훨씬 신중해진 것으로 보인다. 적어도 M&A 전문 변호사들이 관여한 거래에서는 진술보증 조항과 그 위반으로 인한 책임의 의미를 당사자들이 이해한 상황에서 개별 거래의 특수성을 감안한 신중한 문구작성이 보편화되고 있다. 손해배상책임의 범위(de minimis, basket, ceiling), 매수인의 인식요건(sandbagging, anti-sandbagging), 중대한 부정적 변화(MAC) 등 주요 계약조건에 관해서도 명시적으로 협상이 이루어지고 계약서 문구에 반영되고 있다. 적어도 변호사들이 제대로 관여한 거래에서는 계약서가 점점 더 충실하고 신뢰할 수 있게 되어 가고 있는 것이다.

따라서 앞으로도 주식매매계약에 관한 분쟁에서는 일반이론을 선불리 적용하기보다는 계약의 해석 문제로 접근하여야 할 것이다. 이를 위해서는 주식매매계약 각 조항의 취지와 기능을 이해하고, M&A 계약실무의 전반적인 패턴을 이해할 필요가 있다. 다만 계약의 해석 과정에서 그 계약에 이르게 된 당사자들의 협상과정이나 내부교신 등을 지나치게 들여다보기보다는 최종 산출물로서의 계약문구에 집중하는 것이 바람직할 것이다. 특히 전문가들이 관여한 협상에서는 최종적으로 합의된 계약서의 문구를 기준으로 각 당사자의 권리의무를 정함이 원칙이 되어야 한다. 그래야 계약 협상 과정에서 당사자들이 각자의 선호와 정보를 충분히 드러내고 충실한 계약서 작성에 이르게 될 것이다. 법원이 협상과정과 내부교신 등에서 추단되는 당사자들의 “진의” 내지 속마음을 파악하는 데에 지나친 관심을 기울인다면, 당사자들은 그러한 법원의 후견적 개입에 대한 기대를 갖게 되고, 이는 계약서 문구의 “의도적 모호함”을 부추기게 될 수도 있을 것이다.

[Abstract]

Seller's Liability Under the Representations and Warranties Clauses of the Share Purchase Agreements

Chun, Kyung Hoon*

Representations and warranties ("R&Ws") clauses of the share purchase agreements perform two functions. First, they resolve information asymmetry and promote efficient transactions by providing the buyer with information on the target company. Second, they allocate various risks between the parties that the parties did not presuppose when entering into the transaction. In order to perform these functions, the share purchase agreements stipulate the breaches of R&Ws as the causes for termination, walk-away (non-fulfillment of the conditions precedent to closing), and indemnification. The share purchase agreements sometimes contain so-called knowledge qualifier clauses and materiality qualifier clauses to limit the scope of the R&Ws, as a result of negotiation between the parties. The liability for the breach of the R&Ws is contractual liability by nature, but the related issues (such as whether the seller's negligence is necesssary and whether the buyer's ignorance is necessary) should be analyzed and solved by interpreting the languages of the contract rather than by deduction from the general contract theory. Given that the R&Ws clauses and related provisions of the M&A contracts are usually results of intense negotiation with the involvement of experts, the court's basic stance should be honoring the contractual wordings.

---

* Professor, Seoul National University School of Law.

[Key word]

- share purchase agreement
- M&A
- representations and warranties
- condition precedent
- indemnification

참고문헌

1. 국내문헌

김연미, "진술 및 보증 조항의 쟁점과 함의: 대법원 2015. 10. 15. 선고 2012다64253 판결을 중심으로", 금융법연구 제14권 제3호(2017).

김태진, "M&A 계약에서의 진술 및 보장 조항 및 그 위반", 저스티스 제113호(2009).

김홍기, "M&A계약 등에 있어서 진술보장조항의 기능과 그 위반시의 효과", 상사판례연구 제22집 제3권(2009).

김희중, "악의의 주식양수인이 '진술 및 보증조항' 위반을 이유로 손해배상청구를 할 수 있는지 여부", BFL 제76호(2016).

서완석, "미국의 진술 및 보장 조항에 관한 최근 동향", 선진상사법률연구 제67호(2014),

신영재 · 황병훈, "중대한 부정적인 변경조항의 쟁점", BFL 제67호(2014).

이동진, "기업인수계약상 진술 · 보증약정 위반과 인수인의 악의", 서울대학교 법학 제57권 제1호(2016).

이영선, "진술 및 보장 위반에 따른 책임의 범위와 제한", BFL 제93호(2019),

이준기, "진술 및 보장 위반에 관한 매수인의 악의의 법적 효과-샌드배깅에 관한 고찰-", BFL 제68호(2014).

이진국 · 최수연, "M&A계약상 손해전보조항의 법적 쟁점", BFL 제68호(2014).

정영철, "기업인수계약상 '중대한 악영향' 조항에 관한 실무연구", 상사법연구 제26권 제4호(2008).

_____, "주식매수인이 악의인 경우 진술과 보장위반을 이유로 한 손해배상청구가 가능한지 여부", 선진상사법률연구 제73호(2016).

천경훈, "기업인수에 관한 법리와 실무", 기업법 · 금융법의 주요 흐름(2001~2020)(정순섭 · 천경훈 편저), 홍문사, 2022.

_____, "주식양수에 의한 기업인수", 주식회사법대계 Ⅲ(제4판) (한국상사법학회 편), 법문사, 2022,

_____, "진술 및 보증조항", 우호적 M&A의 이론과 실무(제2권)(천경훈 편저), 소화, 2017.

최승재, "기업 인수 과정에서의 진술과 보증조항의 의미: 대법원 2015. 10. 15. 선고 2012다64253 판결을 중심으로", 경영법률 제26집 제3호(2016).

허영만, "M&A계약과 진술보장 조항", BFL 제20호(2006).

2. 해외문헌

American Bar Association Mergers and Acquisitions Committee, Model Stock Purchase Agreement with Commentary (Second Edition), 2010.

Kästle/Oberbrachtm Unternehmenskauf (Share Purchase Agreement) (2. Aufl.), C.H. Beck, 2010.

柴田義人・石原坦・関根良太・廣岡健司(編), Ｍ＆Ａの実務の基礎, 商事法務, 2015.

藤田友敬 編著, M&A契約研究, 有斐閣, 2018.

森・濱田松本法律事務所(編), M&A法大系, 有斐閣, 2015.

岡内真哉, "表明保証違反による補償請求に際して, 買主の重過失は抗弁となるか", 「金融・商事判例」(2006. 4. 15.).

金田繁, "表明保証条項をめぐる実務上の諸問題(上)－東京地判平18.1.17.を題材として", 「金融法務事情」 第1771号(2006. 5. 25.).

주주총회, 주식 관련 가처분에 관한 최근의 실무상 쟁점*

고 홍 석**

요 지

'회사 관련 가처분'은 사전적 분쟁해결방법으로 활발히 이용되고 있다. 회사 관련 가처분은 본안 대체화라는 특성과 단심화라는 특성이 있다. 이 때문에 회사 관련 가처분의 다양한 유형과 쟁점에도 불구하고 그에 관한 대법원 판례가 드물고, 하급심의 가처분결정들이 유력한 선례로 남게 되고 그 결정들이 누적되어 회사 관련 가처분의 실무가 형성된다.

주주총회개최금지가처분은 '주주총회가 권한 없는 자에 의하여 소집된 경우'인지, 아니면 '주주총회의 소집절차 또는 결의방법, 결의내용 등이 법령이나 정관에 위반된 경우'인지에 따라 당사자와 피보전권리가 달라진다. 주주총회개최금지가처분이 내려진 경우에 그 가처분에 위반하여 개최된 주주총회 결의의 효력도 문제된다. '주주총회개최금지가처분에 위반하여 개최된 주주총회 결의는 일단 효력을 인정할 수 없지만, 이후 채권자가 주주총회 결의의 하자를 다투는 본안소송에서 패소 확정판결을 받아 피보전권리가 없음이 밝혀지면 소급하여 주주총회 결의가 유효로 된다.'는 '잠정적 무효설'이 타당하다.

주주총회 안건상정가처분은 소수주주의 권리 강화, 적대적 M&A 증가의

* 바쁜 업무 속에서도 서울중앙지방법원 민사 제50부(신청합의부) 근무 경험을 바탕으로 이 글에 관한 귀중한 의견을 주신 원도연 판사님(광주지방법원 해남지원)께 깊은 감사를 드린다.

** 인천지방법원 인천가정법원 부천지원장.

흐름 속에서 이를 명하는 가처분이 증가하고 있다. 주주제안권이 주주총회 안건상정가처분의 피보전권리에 해당함에는 다툼이 없다. 임시주주총회 소집청구권을 피보전권리로 삼을 수 있는지에 대해서 다툼이 있지만, 이를 부정함이 타당하다. 또한, 채무자적격이 이사에게 있다는 견해도 있으나, 채무자적격은 회사에게 있다고 보아야 한다. 나아가 주주총회 개최에 필요한 소집통지기간이 부족한 경우에도 주주총회 안건상정가처분을 명할 수 있는 '보전의 필요성'이 인정되는지도 실무상 다투어진다.

신주발행의 효력을 다투는 가처분은 신주발행의 효력 발생 전후에 따라 허용되는 가처분의 유형이 달라진다. 그 중 신주발행금지가처분의 경우에는 그 가처분에 위반하여 발행된 신주의 효력 유무가 문제되는데, 이에 대해서는 긍정설, 절충설, 부정설의 대립이 있고 대법원 판례의 태도는 명확하지 않다.

주주간 계약과 관련해서는 의결권구속계약과 관련된 가처분이 주로 문제된다. 그중 최근에는 의결권구속계약의 이행을 구하는 가처분이 허용되는지도 다투어지는데, 의결권구속계약을 체결한 주주는 의결권구속계약을 위반할 우려가 있는 상대방 주주에 대하여 의결권행사가 의결권구속계약에 합치되도록 그 계약 내용과 같은 의결권행사를 명하는 가처분이 가능하다고 보는 것이 타당하다.

[주 제 어]

- 회사 관련 가처분
- 주주총회개최금지가처분
- 주주총회 안건상정가처분
- 신주발행금지가처분
- 주주간계약

Ⅰ. 서 론

회사와 관련된 가처분은 M&A 활성화 등에 따른 경영권 분쟁, 소수주주권 행사의 보호강화 및 활성화, 회사법상 분쟁에서 유리한 지위의 선제적 확보 가능성 등을 이유로 활발히 이용되고 있다. 그런데 회사 관련 분쟁은 본안소송에 이르지 않고 가처분 단계에서 종결되는 경우가 대부분이다. 주지하다시피 회사 관련 가처분은 가처분의 본안화 또는 본안대체화라는 특성을 갖고, 그 시기행위적 성격으로 인하여 단심화 경향까지 발생한다. 이러한 본안화, 단심화 경향으로 가처분 후 본안소송의 제소 비율이 낮고 가처분재판의 판단에 잘못이 있더라도 가처분에 대한 불복절차나 본안소송을 통해 바로 잡기 어렵다. 회사 관련 가처분에 관한 대법원 판례도 회사 관련 가처분의 다양한 유형과 쟁점에 비하여 드문 형편이다. 따라서 하급심의 가처분결정들은 나름대로 하나의 유력한 선례로 남게 되고 그 결정들이 누적되어 회사 관련 가처분의 실무가 형성되는 경향이 있으므로 하급심의 실무상 쟁점에 대한 검토가 필요할 수밖에 없다.

회사 관련 가처분의 개념, 특징과 범주에 관해 여러 견해가 있고 이를 통해 회사 관련 가처분 고유의 심리구조와 통일적인 법리를 구성하려고 하지만,[1] 아직 발표자의 연구가 부족한 관계로 이 글은 회사 관련 가처분에 관한 새로운 이론을 제시하는 것을 목적으로 하지 않는다. 아래에서는 회사 관련 가처분을 회사 관련 소송 중 회사법상 권리를 피보전권리로 하는 민사집행법상 임시의 지위를 정하는 가처분의 일종으로 보고,[2] 주주총회, 주식과 관련된 가처분[3] 중 최근 실무상 분쟁이 자주 발

---

1) 회사가처분의 개념에 대해서는 노혁준, "회사가처분에 관한 연구 : 기본구조와 주요가처분의 당사자 및 효력을 중심으로", 민사판례연구 제32권, 박영사(2010), 975-976면; 신필종, "회사가처분의 실무적 고찰 : 소송구조와 효력에 관한 최근 논의를 중심으로", 민사재판의 제문제 제20권, 한국사법행정학회(2011), 469-470면에서 깊이 논의하고 있다.

2) 실무에서는 회사 관련 가처분의 법적 성격을 민사집행법에서 정한 분류에 따라 '임시의 지위를 정하는 가처분'(민사집행법 제300조 제2항)의 일종으로 보고 사건

생하는 유형에 한정하여 그 가처분에서 문제되는 여러 쟁점 중 단체법인 회사법 법리와 절차법인 보전처분법 법리가 교차하는 지점에 있는 쟁점에 관하여 그에 관한 이론적 논의와 가능한 한 최근의 하급심 실무례를 살펴보고 발표자의 의견을 제시하고자 한다. 임시의 지위를 정하는 가처분의 당사자는 '신청인', '피신청인'으로 지칭하기도 하나, 이 글에서는 가처분 실무상 많이 사용되는 '채권자', '채무자'로 지칭한다.

Ⅱ. 주주총회와 관련된 가처분

1. 주주총회개최금지가처분

(1) 개 요

주주총회의 소집절차나 결의방법이 법령 또는 정관에 위반하거나 법령 또는 정관에 위반하는 사항을 결의사항으로 하는 주주총회가 소집된 경우에는 결의하자를 다투는 소송으로 사후에 구제를 받기에 앞서 주주총회의 개최 또는 특정사항의 결의를 미리 금지하는 가처분을 할 필요가 있다. 주주총회개최금지가처분은 모든 안건에 공통적으로 적용될 수 있는 하자가 있는 경우에 인정되는 가처분이고, 주주총회결의금지가처분은 주주총회 개최 자체를 금지할 필요는 없고 일부 의제 또는 의안에만 하자가 있어 그 결의만을 금지할 필요성이 있는 때에 인정되는 가처분이다.[4] 주주총회개최금지가처분이 제기되는 경우는 크게 ① 주주총회가 권한 없는 자에 의하여 소집된 경우와 ② 주주총회의 소집절차 또는 결의방법, 결의내용 등이 법령이나 정관에 위반한 경우로 나뉘는데, 이하에서는 주주총회개최금지가처분을 중심으로 실무상 쟁점을 살펴본다.

을 처리하고 있다.

3) 법원실무제요 민사집행(Ⅴ) 보전처분, 사법연수원(2020), 491-518면은 '상사 사건에 관한 가처분'이라는 범주 아래 이사의 행위를 금지하는 가처분, 주주총회에 관한 가처분, 주주총회안건상정가처분, 주식에 관한 가처분, 회계장부 등 열람·등사 가처분으로 유형을 분류하고 있다.

4) 김대연, "주주총회 관련 가처분", 민사법이론과 실무 제21권 제3호, 민사법의 이론과 실무 학회(2018), 233면. 같은 취지로 법원실무제요 민사집행(Ⅴ) 보전처분, 앞의 책, 496-497면.

(2) 피보전권리와 당사자

(가) 회사 관련 가처분 일반론

기본적으로 가처분의 당사자를 누구로 볼 것인지는 어떠한 소송을 본안소송으로 볼 것인지에 따라 달라진다. 통상 회사 관련 가처분에서도 피보전권리에 따라 본안소송을 결정하고, 그 본안소송의 당사자적격에 따라 가처분사건의 당사자적격을 결정하는 것이 실무이다.[5]

채권자적격의 경우, 본안소송의 원고적격과 채권자적격을 동일하게 보고 본안소송에서 원고적격을 가진 자라면 가처분의 채권자적격을 갖게 된다고 보는 것이 실무이다. 대표적으로 통상 주주는 주주총회개최금지 가처분의 채권자가 될 수 있다. 회사법상 소나 청구는 소수주주권으로 규정되어 있는 경우가 많은데, 가처분 단계에서도 본안소송과 마찬가지로 소수주주권행사를 위한 지분보유요건을 갖추어야 하는지에 대해서 실무는 이를 긍정하고 있으나,[6] 회사 관련 가처분이 현저한 손해나 급박한 위험을 방지하기 위한 임시의 지위를 정하는 가처분인 점, 공유관계에서 보존행위는 각자 할 수 있고 본안이 필수적 공동소송인 보전처분에서 전원이 당사자가 될 필요가 없다는 점을 들어 가처분 단계에서 반드시 그 요건을 갖출 필요가 없고 본안소송에서 이를 충족시킬 개연성이 있으면 된다는 견해[7]도 있다.

채무자적격의 경우, 본안소송의 피고적격이 없더라도 회사를 채무자로 삼을 수 있는지가 주로 문제된다. 대법원 판례는 가처분 유형마다 당사자를 달리 보아 회사가 당사자가 될 수 있는지를 개별적으로 판단하고 있다.[8] 이에 대해서는 회사라는 단체의 특성상 회사 관련 가처분은 그 효력이 회사 자체에 미칠 수 있어야 하는데 그 효력을 회사에 미치게 하

5) 피보전권리를 무엇으로 보느냐에 따라서 주주총회개최금지가처분의 당사자도 달라진다는 법원실무제요 민사집행(Ⅴ) 보전처분, 앞의 책, 494면.
6) 법원실무제요 민사집행(Ⅴ) 보전처분, 앞의 책, 494면.
7) 노혁준, 앞의 논문(주 1), 1012면; 신필종, 앞의 논문, 496면.
8) "이사직무집행정지가처분에 있어서 피신청인이 될 수 있는 자는 그 성질상 당해 이사이고, 회사에게는 피신청인의 적격이 없다."는 대법원 1982. 2. 9. 선고 80다2424 판결 참조.

는 방법은 회사 자체를 당사자에 포함시키는 것 이상이 없다는 점 등을 들어 분쟁이 제기되고 있는 자와 회사 양자를 공동채무자로 하여야 한다는 견해[9]도 유력하다.

(나) 소집권한 없는 자에 의한 주주총회 소집의 경우

주주총회 소집권한은 대표이사에게 있다. 대표이사 아닌 자가 주주총회를 소집하는 경우, 소수주주가 법원으로부터 임시총회소집허가결정을 받았는데(상법 제366조) 그 후 대표이사가 소집허가결정과 동일한 안건을 대상으로 주주총회 소집절차를 밟는 경우 등은 모두 소집권한 없는 자에 의한 주주총회 소집에 해당하고, 그 주주총회에서 이루어진 결의에는 하자가 존재한다.

먼저 '정당한 소집권자'(대표이사, 임시총회소집허가 받은 소수주주)는 채권자가 되어 그 지위에 기한 방해배제청구권의 행사로서 개최금지가처분을 구할 수 있다. 또한 소집권한부존재확인, 지위부존재확인 등도 피보전권리가 될 수 있다.[10] '주주'는 아래와 같이 주주총회 결의의 하자를 다투는 권리를 피보전권리로 하여 가처분을 제기할 수 있고, 주주총회를 소집한 자가 대표이사 이외의 이사라면 이사의 위법행위유지청구권을 피보전권리로 주장할 수도 있다. 소집권한 없이 주주총회를 개최하는 것은 회사에 대한 업무방해행위에 해당하므로 '회사'도 방해배제청구권을 피보전권리로 하여 개최금지가처분을 신청할 수 있다.[11]

채무자는 소집권한이 없는 데도 주주총회를 소집한 자가 된다. 여러 명이 공동명의로 소집권한 없이 주주총회를 소집한 경우 그 중 1인에 대하여만 개최금지가처분을 신청하는 것도 적법하다고 본 실무례[12]도 있다. 한편 적법한 소집권자에 의하여 소집되지 않은 하자로 인한 결의취소 또는 부존재확인청구권을 피보전권리로 하여 회사도 채무자로 하여

9) 김대연, 앞의 논문, 244면; 노혁준, 앞의 논문(주 1), 1012, 1017면.
10) 법원실무제요 민사집행(Ⅴ) 보전처분, 앞의 책, 495면.
11) 임재연, 회사소송(제4판), 박영사(2021), 670면.
12) 서울동부지방법원 2014. 1. 6.자 2013카합1964 결정.

주주총회개최금지를 명할 수도 있다는 것이 실무이다.[13)]

(다) 소집절차, 결의방법, 결의내용 등의 법령 또는 정관 위반의 경우

1) 주주총회 결의하자를 다투는 권리

가) 피보전권리

주주총회결의취소, 결의무효 또는 부존재확인의 소를 본안소송으로 하고 주주총회결의취소청구권, 결의무효 또는 부존재확인청구권을 피보전권리로 하여 주주총회개최금지가처분을 명할 수 있는지는 견해가 나뉜다. 이를 부정하는 견해로는, 주주총회개최금지가처분이 이루어지면 주주총회 결의하자를 다투는 소송은 그 제기 자체가 불가능하여 이를 가처분의 피보전권리로 하는 것은 논리적 모순이라거나 본안사건이 존재할 수 없다는 이유로 주주총회결의취소청구권 등을 피보전권리로 보기는 어렵다(이 경우 이사의 위법행위유지청구권을 본안소송으로 삼아야 한다고 한다)는 견해[14)]가 있고, 이에 부합하는 실무례[15)]도 있다. 그러나 주주총회개최금지는 주주총회가 실제로 개최되어 결의가 이루어질 경우 그 결의가 취소, 무효 또는 부존재함을 이유로 인정되는 것이므로, 주주총회결의취소청구권 등을 피보전권리로 보는 것이 타당하고, 실무도 대체로 마찬가지다.[16)] 그 근거로는, ① 주주총회 개최 전이라도 향후 열릴 주주총회에서 상법 제376조, 제380조에서 정한 소집절차나 결의방법, 결의내용 등의 법령 또는 정관 위반 등이 예견되는 경우에는 현 상태를 방치하여 주주총회가 개최되면 발생할 수 있는 조건부 권리, 즉 '주주총회 결의하자를 원인으로 제기할 수 있는 소송상 권리'를 피보전권리로 삼을 수 있다고 볼 수 있는 점,[17)] ② 민법상 법인, 비법인사단의 경우 상법 제380조와 같은

---

13) 서울동부지방법원 2014. 1. 6.자 2013카합1964 결정, 서울동부지방법원 2020. 4. 23.자 2020카합10109 결정, 수원지방법원 2022. 4. 4.자 2022카합10115 결정. 회사만을 채무자로 삼은 사안에서도 소집권한 없는 자에 의한 소집이라는 이유로 주주총회개최금지를 명한 제주지방법원 2019. 11. 25.자 2019카합10387 결정.

14) 노혁준, 앞의 논문(주 1), 1007-1008면; 신우진 · 김지평 · 고정은, "주주총회 관련 가처분의 실무상 쟁점", BFL 제84호, 서울대학교 금융법센터(2017), 74면.

15) 서울남부지방법원 2020. 3. 30.자 2020카합20134 결정.

16) 회사재판실무편람, 회사재판실무편람 발행위원회, 박영사(2020), 273면.

규정이나 임원의 위법행위유지청구권과 같은 권리가 법률상 인정되지는 않지만, 총회 소집절차나 결의방법, 결의내용에 법령 또는 정관에 위반되는 하자가 있는 경우에 사후적으로 발생할 결의무효 또는 부존재확인청구권을 피보전권리로 삼아 단체를 상대로 총회개최금지가처분이 허용되는 점[18] 등을 들 수 있다.

나) 당 사 자

주주총회결의취소, 결의무효 또는 부존재확인의 소를 본안소송으로 볼 경우 상법 제376조 제1항, 제381조 제1항에서 정한 자나 결의무효 또는 부존재확인을 구할 법률상 이익이 있는 자가 채권자가 될 수 있고, 본안소송에서 피고적격이 있는 회사가 채무자가 된다.[19] 이때 총회를 소집한 이사를 채무자로 삼는 경우가 있으나, 임시의 지위를 정하는 가처분에서 채무자가 될 수 있는 자는 채권자가 주장하는 법률상 지위와 정면으로 저촉되는 지위에 있는 자로 한정됨[20]을 전제로, 하자가 있다고 주장되는 주주총회를 개최하는 법률상 주체는 회사이고 대표이사, 이사 등은 회사의 기관으로서 소집절차를 진행하는 것에 불과하므로, 주주총회결의취소청구권 등을 피보전권리로 주장하는 경우 대표이사, 이사를 채무자로 하면 당사자적격이 없는 자에 대한 신청으로 보아 각하하는 것이 실무례[21]이다. 다만 법원으로부터 임시총회소집허가를 받은 소수주주가 소집절차를 위반한 사안에서 그 소수주주에 대하여 주주총회개최금지를 명한 사례[22]가 있다.

---

17) 전휴재, "주주총회 관련 가처분에 관한 연구", 사법 제57호, 사법발전재단(2021), 186면. 같은 취지로 김대연, 앞의 논문, 243-244면.

18) 같은 취지로 전휴재, 앞의 논문(주 17), 186면.

19) 회사가 채권자가 되어 주주총회 결의무효확인청구권을 피보전권리로 하여 주주총회를 소집한 자를 채무자로 하여 주주총회개최금지가처분을 신청한 사안에서 결의무효확인을 구하는 본안소송의 피고적격이 회사에게 있다는 이유로 당사자적격이 없는 자에 의한 신청으로 부적법하다고 본 수원지방법원 안양지원 2020. 8. 14.자 2020카합10073 결정 참조.

20) 대법원 1997. 7. 25. 선고 96다15916 판결.

21) 서울중앙지방법원 2019. 2. 28.자 2019카합20301 결정. 같은 취지로 광주지방법원 2021. 10. 28.자 2021카합50806 결정.

2) 이사에 대한 위법행위유지청구권

가) 피보전권리

이사의 위법행위유지청구권을 피보전권리로 한 주주총회개최금지가처분도 허용된다.[23] 특히 '주주총회 결의하자를 다투는 권리'가 발생할 여지가 없는 경우에는 더욱 그러하다. 예를 들면 주주제안권 침해가 문제된 사안(상세는 후술)에서 이사회가 주주의 '의안' 제안을 부당거절하고 이에 대응하는 회사의 의안에 관하여 결의가 이루어진 때에는 이는 주주제안권을 침해한 소집절차 또는 결의방법의 하자로 주주총회 결의취소사유가 된다. 그러나 이사회가 주주의 '의제' 제안을 부당거절하고 의제로 상정하지도 않은 채 결의를 한 경우에는 제안된 의제에 대응하는 결의 자체가 존재하지 않게 되므로 주주제안권이 부당하게 침해되었더라도 의제 제안 부당거절이 주주총회에서 이루어진 다른 결의의 효력에는 영향을 미치지 않아 그 총회에서 이루어진 결의 자체는 유효하므로, 주주총회 결의하자를 이유로 한 본안소송 제기를 상정할 수 없어 이를 전제로 한 주주총회개최금지가처분은 허용되지 않는다. 하지만 이 경우 의제 제안이 거부된 주주는 주주제안권 침해를 이유로 한 이사의 위법행위유지청구권을 피보전권리로 하여 주주총회개최금지가처분을 구할 수 있다.[24]·[25] 물론 주주의 '의안' 제안이 거절된 경우에도 이사의 위법행위유지청구권을 피보전권리로 삼아 주주총회개최금지가처분을 구할 수 있다.[26]

---

22) 수원지방법원 평택지원 2020. 2. 5.자 2020카합1004 결정, 수원지방법원 성남지원 2020. 6. 18.자 2020카합50105 결정, 서울서부지방법원 2021. 4. 22.자 2021카합50221 결정.

23) 서울중앙지방법원 2014. 12. 10.자 2014카합1781 결정, 서울중앙지방법원 2018. 9. 11.자 2018카합21285 결정, 서울중앙지방법원 2019. 1. 31.자 2019카합20156 결정.

24) 서울남부지방법원 2022. 3. 11.자 2022카합20130 결정. 신우진, 앞의 논문, 72-73면; 전휴재, 앞의 논문(주 17), 187-188면.

25) 다만 김민수, "주주총회 안건상정 가처분에 관한 실무적 검토", 민사집행법연구 제4권, 한국사법행정학회(2008), 218-219면은 이사의 위법행위유지청구권을 피보전권리로 삼는다고 하더라도 특별한 사정이 없는 한 소수주주 제안내용과 관계없는 안건만을 가지고 개최되는 주주총회에 관하여 그 개최금지가처분을 발령할 보전의 필요성을 쉽게 인정하기는 어렵다고 한다.

26) 신우진, 앞의 논문, 73면.

결국 주주총회 결의하자를 다투는 권리와 이사의 위법행위유지청구권 양자 모두 피보전권리가 될 수 있으므로 선택적 또는 중첩적으로 주주총회개최금지가처분을 신청할 수 있다.[27]

나) 당 사 자

채권자는 상법 제402조의 이사의 위법행위유지청구권을 행사할 수 있는 감사, 발행주식총수 1/100 이상에 해당하는 주식을 가진 주주가 된다.

채무자의 경우 실무상 주주총회를 소집한 대표이사나 이사가 됨이 통상이다.[28] 그런데 이 경우 본안소송인 이사의 위법행위유지청구소송의 피고로는 해당 이사만 당사자적격이 인정되나, 가처분의 채무자와 본안소송의 피고는 달라질 수 있고 가처분의 효력을 회사에 대해 주장하기 위해서는 대표이사뿐 아니라 회사도 공동채무자로 하여야 한다는 견해[29]가 있다. 실무상 회사도 채무자로 삼을 수 있는지에 대해서는, 이사의 위법행위유지청구권의 청구권자는 감사나 소수주주이고 상대방은 회사의 이사이며 유지청구는 감사나 소수주주가 회사의 권리를 회사를 위하여 행사하는 것이므로 회사를 상대방으로 하여 청구할 수 없다는 결정례[30]가 있는 반면, 이사의 위법행위유지청구권만을 피보전권리로 주장한 사안에서 이사뿐만 아니라 회사도 채무자로 하여 주주총회개최금지가처분을 명

---

27) 전휴재, 앞의 논문(주 17), 186-188면.

28) 서울중앙지방법원 2011. 7. 26.자 2011카합1830 결정, 서울중앙지방법원 2014. 12. 10.자 2014카합1781 결정. 이와 반대로 이사의 위법행위유지청구권을 피보전권리로 주장하였음에도 주주총회를 개최하는 주체는 이사들이 아니라 회사라는 이유로 회사만을 상대로 주주총회 개최금지를 구하면 족하고 이사들을 상대로 주주총회 개최금지를 구할 수는 없다고 한 수원지방법원 성남지원 2017. 5. 12.자 2017카합50075 결정도 있다.

29) 노혁준, 앞의 논문(주 1), 1017면; 전휴재, 앞의 논문(주 17), 186-188면. 같은 취지로 김대연, 앞의 논문, 246면.

30) 대구지방법원 2019. 7. 29.자 2019카합10315 결정. 같은 취지로 광주지방법원 2009. 5. 28.자 2009카합584 결정, 서울중앙지방법원 2014. 8. 14.자 2014카합262 결정. 마찬가지로 회사를 채무자로 하여 이사의 위법행위유지청구권을 피보전권리로 주장한 사안에서 이는 주식회사의 이사 개인에 대한 행위금지를 구하는 근거가 될 수 있을 뿐이라는 이유로 주주총회 결의부존재확인청구권을 피보전권리로 주장하는 것으로 선해한 서울중앙지방법원 2017. 8. 17.자 2017카합81120 결정 참조.

한 결정례[31)]도 있다. 물론, 주주총회 결의하자를 다투는 권리를 피보전권리로 함께 주장한 경우에는 회사를 채무자로 포함하여 가처분을 발령함은 당연하다.[32)]

(3) 보전의 필요성

채권자가 주주총회개최금지와 특정 안건에 대한 결의금지를 함께 구하고 있고 주주총회개최금지 부분을 인용하는 경우, 개최금지만으로도 채권자의 신청 목적은 모두 달성할 수 있으므로 별도로 안건에 대한 결의금지를 구할 보전의 필요성이 있다고 보기 어렵다.[33)]

(4) 심리와 재판

(가) 통상 주주총회개최금지가처분신청은 이사회가 소집을 결의하고 주주총회일의 2주 전에 소집통지서를 발송한 후에 이루어지므로 시간적 여유가 없어 충실한 심리에 어려움이 많다. 신청이 급박하게 이루어진 경우 채무자도 채권자의 공격에 대응하기 어렵다. 이에 총회에 임박하여 주주총회 개최 자체의 금지를 구하는 가처분신청에 대해서는, 하자 있는 결의에 대하여 그 효력이 없음을 주장하는 당사자는 본안소송에 의하여 효력을 다투는 것이 가능함은 물론 주주총회결의효력정지가처분 등 사후적 권리구제방법이 있는 반면, 가처분으로 총회 개최 자체를 금지당하는 상대방은 사실상 그 가처분결정에 불복할 기회 자체를 잃을 수 있으므로,[34)] 가처분을 발령하기 위해서는 총회 개최가 위법함이 명백하고 그로

---

31) 수원지방법원 평택지원 2010. 4. 6.자 2010카합24 결정, 대전지방법원 천안지원 2022. 3. 28.자 2022카합10083 결정.

32) 서울중앙지방법원 2018. 9. 11.자 2018카합21285 결정, 서울중앙지방법원 2019. 1. 31.자 2019카합20156 결정, 대전지방법원 천안지원 2021. 3. 3.자 2021카합10076 결정 등 다수.

33) 서울중앙지방법원 2017. 7. 4.자 2017카합80856 결정, 서울중앙지방법원 2019. 2. 28.자 2019카합20301 결정.

34) 주주총회 개최 자체를 금지시키는 경우 채무자가 이의신청이나 본안소송을 통하여 가처분결정을 다투어 볼 기회가 사실상 박탈된다. 즉, 주주총회개최금지가처분은 대부분 주주총회일 직전에 이루어지므로, 이의신청을 하더라도 이의신청에 관한 결정은 주주총회 이후에 이루어지는 경우가 대부분이다. 이 경우에는 이의신청으로 가처분의 취소나 변경을 구할 이익이 없다고 보아 이의신청을 각하하게 된다(대법원 2004. 10. 28. 선고 2004다31593 판결).

인하여 또 다른 법률적 분쟁이 초래될 염려가 있는 등 피보전권리 및 보전의 필요성에 대한 고도의 소명이 필요하다는 것이 실무[35]이다.

(나) 이처럼 주주총회개최금지가처분의 심사는 엄격한 기준에 의하므로 채무자가 회사인 경우에는 주주총회개최금지가처분신청을 주주총회결의효력정지가처분으로 변경하도록 유도하는 경우도 있다. 나아가 신청취지 변경이 없는 경우라도 그 가처분신청에는 주주총회에서 결의가 이루어질 경우 그 결의의 효력정지를 구하는 취지가 포함되어 있다고 선해하여 질적 일부 인용의 형태로 장래 주주총회 결의의 효력정지가처분을 명한 사례[36]도 있다. 이러한 경우 회사에게는 이의신청 및 본안소송으로 불복할 기회를 부여하면서도 채권자에게는 본안소송 확정 전까지 결의의 효력을 결의 즉시 정지시킬 수 있는 이점이 있다.[37] 같은 맥락에서 주주가 신주발행이 무효라는 이유로 예정된 주주총회개최금지가처분을 신청한 사안에서 해당 신주에 대한 의결권행사금지가처분을 한 사례[38]도 있다. 그 밖에 주주총회개최금지가처분과 그 장래 결의의 효력정지가처분을 함께 명한 결정례[39]도 있다.

(다) 위와 같이 주주총회개최금지가처분은 총회 개최가 위법함이 명

35) 법원실무제요 민사집행(Ⅴ) 보전처분, 앞의 책, 496면. 부산지방법원 서부지원 2020. 1. 13.자 2020카합100374 결정, 서울남부지방법원 2020. 10. 12.자 2020카합20432 결정, 부산지방법원 2021. 2. 8.자 2021카합10071 결정.

36) 서울중앙지방법원 2012. 12. 4.자 2012카합2368 결정. 같은 취지로 서울중앙지방법원 2010. 12. 8.자 2010카합3598 결정, 서울중앙지방법원 2011. 7. 4.자 2011카합1622 결정, 서울중앙지방법원 2013. 3. 18.자 2013카합541 결정.

37) 이종문, "상사가처분 사건의 현황과 실무적 쟁점 : 회사와 관련된 '임시의 지위를 정하기 위한 가처분'을 중심으로", BFL 제54호, 서울대학교 금융법센터(2012), 70면 참조.

38) 서울중앙지방법원 2013. 10. 8. 선고 2013카합2106 결정. 이 결정에 대해서는 신주발행무효의 소에는 소급효가 없어 무효인 신주발행에 근거한 주식인수인의 의결권행사는 완전히 유효한 것으로 취급되므로 장래 결의의 효력정지를 명하는 것은 적당하지 않고, 따라서 신주발행무효의 소를 본안으로 하는 의결권행사금지가처분이 인용되는 것을 고려하여 이러한 한도 내에서 가처분을 발령한 것이라는 이봉민, "임시의 지위를 정하기 위한 가처분의 구체적 방법 및 주문에 관한 고찰 : 법원의 재량과 한계를 중심으로", 민사집행법연구 제10권, 한국사법행정학회(2014), 573면.

39) 제주지방법원 2017. 12. 20.자 2017카합10297 결정.

백하고, 그로 인하여 다른 법률적 분쟁이 초래될 염려가 있는 경우에 한하여 허용되므로, 개최 예정인 주주총회를 특정하지 않고 총회개최를 일반적으로 금지하는 가처분은 허용되지 않는다.[40] 주주총회 결의하자를 다투는 권리를 피보전권리로 하는 경우, 주주총회 결의취소사유만을 주장하는 가처분사건 진행 중 본안소송 제기 없이 결의일로부터 2월이 경과하였다면 그 결의의 효력을 부인할 수 없으므로(가처분신청만으로 2월의 제소기간을 준수하였다고 볼 수 없다) 신청을 기각하여야 한다.[41] 결의무효 또는 부존재사유를 주장하고 있더라도 그 사유가 취소사유에 해당하는 경우에는 결의일로부터 2월 내에 본안소송을 제기하지 않으면 신청의 이유가 없게 된다.

(라) 특정일자의 주주총회개최를 금지하는 가처분은 특정일자가 경과함으로써 효력을 상실하고, 보전처분에 대한 이의신청은 보전처분이 유효하게 존재하고 취소나 변경을 구할 이익이 있는 경우에 한하여 허용되므로, 그 이후에는 채무자로서는 이의신청으로 가처분의 취소나 변경을 구할 이익이 없다.[42]

(5) 주주총회개최금지가처분에 위반하여 개최된 주주총회 결의의 효력

(가) 임시의 지위를 정하는 가처분에 위반한 행위의 효력 일반론

1) 임시의 지위를 정하는 가처분에 위반한 행위의 효력은 가처분의 형성력, 대세효, 그리고 가처분결정에 본안판결보다 더 강력한 효력을 부여할 수 있는지 하는 보전처분의 성질 일반론과 관련되어 논의되고 있다. 임시의 지위를 정하는 가처분 위반행위의 효력에 대해서는 학설상 주로 절대적 무효설,[43] 잠정적 무효설(상대적 무효설)[44]로 나뉜다.[45] 양자

---

40) 광주지방법원 순천지원 2013. 11. 5.자 2013카합355 결정, 대전지방법원 천안지원 2022. 2. 16.자 2021카합10366 결정. 같은 취지로 법원실무제요 민사집행(Ⅴ) 보전처분, 앞의 책, 496면.

41) 서울중앙지방법원 2019. 1. 23.자 2018카합21610 결정.

42) 대법원 2004. 10. 28. 선고 2004다31593 판결.

43) 가처분에 위반한 행위는 무효이고, 그 후 가처분이 취하, 취소되더라도, 나아가 채권자가 본안소송에서 패소하더라도 유효로 되지 않는다는 견해이다.

44) 가처분 위반행위는 무효이고, 다만 채권자가 본안소송에서 패소하여 피보전권리

의 차이는, ① 본안판결 확정시까지 가처분 위반행위의 효력을 어떻게 볼 것인지, ② 가처분채권자가 본안소송에서 패소한 경우 가처분 위반행위의 효력을 어떻게 볼 것인지, ③ 가처분 위반행위 자체를 독자적인 본안판결의 사유로 삼을 수 있는지에 있다.[46)]

2) 대법원 판례는 가처분의 유형에 따라 그 태도를 달리하고 있다.

먼저 대표자의 직무집행정지가처분 위반행위와 관하여 대법원은 절대적 무효설의 입장에 서 있다. 대법원 2008. 5. 29. 선고 2008다4537 판결은 "법원의 직무집행정지 가처분결정에 의해 회사를 대표할 권한이 정지된 대표이사가 그 정지기간 중에 체결한 계약은 절대적으로 무효이고, 그 후 가처분신청의 취하에 의하여 보전집행이 취소되었다 하더라도 집행의 효력은 장래를 향하여 소멸할 뿐 소급적으로 소멸하는 것은 아니라 할 것이므로, 가처분신청이 취하되었다 하여 무효인 계약이 유효하게 되지는 않는다."라고 판시하여 절대적 무효설을 택하고 있다.[47)]

반면 본안소송에서 피보전권리가 없음이 확정된 의결권행사금지가처분에 위반한 의결권행사에 대하여는 그 가처분 위반만으로 무효라고 볼 수 없다는 입장이다. 즉, 대법원 2010. 1. 28. 선고 2009다3920 판결은 '의결권행사금지가처분과 동일한 효력이 있는 강제조정결정에 위반하는 의결권행사로 주주총회 결의에 가결정족수 미달의 하자 여부가 문제된 사안'에서 "가처분결정 또는 가처분사건에서 이와 동일한 효력이 있는 강제조

가 없는 것으로 확정되면 소급적으로 유효하게 된다는 견해이다.

45) 학설 대립의 구체적 내용은 이승영 · 이우재 · 이원 · 김민수 · 이재혁 · 박기쁨 · 범선윤, "임시의 지위를 정하기 위한 가처분의 효력에 관한 연구", 민사집행법 실무연구 Ⅲ, 사법발전재단(2011), 88-106, 143-149면 참조.

46) 절대적 무효설에서는 ① 본안판결 확정시까지 가처분 위반행위는 무효이고, ② 가처분채권자가 본안소송에서 패소하더라도 가처분 위반행위는 무효이며, ③ 가처분 위반행위 자체가 본안소송에서 독자적인 무효사유가 된다. 잠정적 무효설에서는, ① 본안판결 확정시까지 가처분 위반행위는 무효이지만, ② 채권자가 본안소송에서 패소한 경우 가처분 위반행위는 소급하여 유효로 되고, ③ 가처분 위반행위 자체가 본안소송에서 독자적인 무효사유가 되지 않는다.

47) 같은 취지로 대법원 1992. 5. 12. 선고 92다5638 판결, 대법원 2000. 2. 22. 선고 99다62890 판결.

정 결정에 위반하는 행위가 무효로 되는 것은 형식적으로 그 가처분을 위반하였기 때문이 아니라 가처분에 의하여 보전되는 피보전권리를 침해하기 때문인데, 이 사건 가처분의 본안소송에서 가처분의 피보전권리가 없음이 확정됨으로써 그 가처분이 실질적으로 무효임이 밝혀진 이상 이 사건 주식에 의한 의결권 행사는 결국 가처분의 피보전권리를 침해한 것이 아니어서 유효하고, 따라서 이 사건 주주총회결의에 가결정족수 미달의 하자가 있다고 할 수 없다."라고 판시한 원심의 판단이 정당하다고 보았다.

(나) 주주총회개최금지가처분에 위반하여 개최된 주주총회 결의의 경우

1) 이에 대해서는 학설상 견해가 나뉜다.

먼저 '절대적 무효설'의 입장에서, 주주총회개최금지가처분에 위반하여 열린 주주총회 결의는 그 자체로 결의부존재사유 또는 최소한 결의취소사유에 해당하고, 설령 주주총회 결의하자를 다투는 본안소송에서 반대의 결론이 나오더라도 그와 관계없이 그 주주총회 결의는 확정적으로 무효라는 견해[48]가 있다. 법원 판단의 권위와 가처분 제도의 실효성 확보, 주주총회개최금지가처분의 대세효, 해당 가처분에 의한 주주총회개최권 박탈 등을 근거로 한다.

반면 '잠정적 무효설'의 입장에서, 주주총회개최금지가처분에 위반하여 개최된 주주총회 결의는 일응 그 효력을 인정할 수 없지만, 채권자가 주주총회 결의하자를 다투는 본안소송에서 패소 확정판결을 받아 피보전권리가 없음이 밝혀지면 소급적으로 주주총회 결의가 유효로 된다는 견해[49]도 있다. 주주총회개최금지가처분의 형성적 효력에 의한 임시적인 주주총회 개최권한 정지로 그 가처분에 위반하여 개최된 주주총회 결의는 일단 효력이 없지만, 본안소송과의 관계에서 잠정성과 종속성 등과 같은 가처분의 본질적 특성을 감안할 때 본안소송에서 주주총회 결의가

48) 곽경직, "주주총회 의안의 상정 여부를 둘러싼 가처분", 민사재판의 제문제 제16권, 한국사법행정학회(2007), 739면(결의취소사유); 노혁준, 앞의 논문(주 1), 1034면(결의부존재사유); 최준선, 회사법(제16판), 삼영사(2021), 374면(결의부존재사유).

49) 김대연, 앞의 논문, 247-248면; 전휴재, 앞의 논문(주 17), 198-201면.

유효하다는 판결이 확정되면 더는 가처분에 위반한 주주총회 결의가 효력이 없다고 할 수 없다는 것 등을 근거로 한다.

2) 대법원 판례에서 이에 관하여 명시적으로 판단한 경우는 없다. 다만 앞에서 본 본안소송에서 피보전권리가 없음이 확정된 의결권행사금지가처분에 위반하는 의결권행사의 효력에 관한 대법원 판례의 취지에 비추어 보면, 주주총회개최금지가처분에서도 본안소송에서 피보전권리가 인정되지 않는 경우에는 가처분에 위반하여 주주총회가 개최되었다는 이유만으로 그 결의에 하자가 있다고 보기 어려울 것이다.[50] 다만 실무상 주주총회개최금지가처분이 발령되었는데도 그에 위반하여 주주총회를 강행하는 사례는 찾아보기 어렵다.

3) 사견으로는 잠정적 무효설이 타당하고 본다. 주주총회개최금지가처분은 형성적 효력이 인정되고 그 형성적 효력은 주주총회 개최권한을 정지시키는 것이라고 볼 수 있으므로, 그 가처분에 위반하여 이루어진 주주총회 결의는 일단 효력이 없다고 볼 수 있다.[51] 그러나 보전처분은 궁극적으로 본안소송을 통하여 구제받을 피보전권리가 그 이전에 침해되는 것을 미리 막기 위한 잠정적, 임시적 조치이고, 보전처분 위반행위가 무효가 되는 것은 위반행위가 피보전권리를 침해하기 때문이다. 그런데 주주총회개최금지가처분의 피보전권리의 존재가 본안소송에서 인정되지 않은 경우에는 채무자가 가처분을 위반하였더라도 가처분에 의하여 보전되는 피보전권리를 침해한 것이 아니다. 나아가 가처분에 의하여 보전되는 피보전권리를 침해한 것이 아니므로 가처분 위반행위와 결의의 하자 사이에 관계가 있다고 보기 어렵다. 주주총회개최금지가처분에 위반하여 총회를 개최한 것을 독자적인 무효사유로 보면 본안소송에서 실질적인 결의무효사유 존부에 대하여 판단할 여지가 없게 되어 당사자들이 본안소송에서 실체적 판단기회를 상실하는 결과를 초래한다. 대표이사의 직무집행정지가처분은 공시방법이 있으나, 주주총회개최금지가처분은 공시

50) 신우진, 앞의 논문, 78면.
51) 전휴재, 앞의 논문(주 17), 198-199면.

방법도 없다. 가처분은 증명이 아니라 소명에 의하여 발령되는 잠정적 재판에 불과한데, 증명에 의하여 본안소송에서 피보전권리가 없는 것으로 확정되었음에도 가처분에 본안판결보다 강력한 효력을 부여하는 것은 타당하지 않다.

4) 반대로 주주총회개최금지가처분의 피보전권리에 해당되는 사유가 인정되는 경우에 그 가처분에 위반하여 개최된 주주총회 결의의 효력에 대해서는 결의부존재사유가 된다는 견해와 가처분에 위반하여 개최되었다는 사정만으로 결의가 부존재한다고 할 수 없고 결의의 실질적인 하자의 정도에 따라 결의취소, 무효 또는 부존재사유가 된다는 견해가 대립하고 있다.[52]

(6) 집　행

주주총회개최금지가처분에 대하여 간접강제를 명할 수 있는지의 문제도 있다. 그 허용 여부에 대해서도 견해가 나뉘는데, 실무상으로는 채권자가 주주총회개최금지가처분신청을 하면서 간접강제신청을 함께 하는 경우도 있고, 그 개최금지가처분을 명하면서 동시에 간접강제를 명한 사례[53]가 있다.

2. 주주총회 안건상정가처분

(1) 개　관

소수주주는 주주총회의 목적사항과 의안을 이사회에 제안할 '주주제안권'을 갖는다(상법 제363조의2). 이사는 주주제안이 있을 경우 이사회에 보고하고, 이사회는 그 내용이 법령 또는 정관에 위반되는 경우나 대통령령으로 정하는 경우를 제외하고는 주주총회의 목적사항으로 상정하고, 총회소집 통지 또는 공고에 기재하여야 하며, 제안자의 요청이 있으면 주주총회에서 해당 의안을 설명할 기회를 주어야 한다(상법 제363조의2 제3항). 이러한 주주제안을 이사회가 거부할 경우 해당 주주가 주주제안권

---

52) 법원실무제요 민사집행(Ⅴ) 보전처분, 앞의 책, 498-499면.

53) 서울중앙지방법원 2019. 2. 28.자 2019카합20301 결정.

침해를 이유로 주주제안을 의제 또는 의안으로 상정할 것을 구하는 '안건상정가처분'이 문제된다. 2007년 이를 허용하는 가처분결정[54]이 내려진 이후, 소수주주 권리 강화, 적대적 M&A 증가 등의 흐름 속에서 실무상 주주총회 안건상정가처분신청이 증가하고 있고, 이를 명하는 가처분도 증가하면서 관련 쟁점들도 나타나고 있다.

(2) 피보전권리와 당사자

(가) 피보전권리-주주제안권

1) 주주제안권(상법 제363조의2)이 피보전권리에 해당함에 실무상 이견이 없다. 주주제안에는 두 가지 형태가 있다. 하나는 이사에 대하여 주주총회일 6주 전에 일정한 사항을 주주총회의 목적사항('의제')으로 삼아달라고 청구하는 것(예컨대 '이사 선임의 건', '감사 선임의 건', '정관 변경의 건')이고(상법 제363조의2 제1항, 의제제안권), 다른 하나는 주주총회에서 결의할 '의안'과 의안의 요령(예컨대 '김○○를 이사로 선임한다', '이○○를 감사로 선임한다', '정관 제1조의 목적에 제8호로서 자동차의 수출을 추가한다')을 주주총회 소집통지와 공고에 기재할 것을 청구하는 것이다(상법 제363조의2 제2항, 의안제안권). 이사회가 소수주주의 정당한 주주제안을 거부하는 경우 해당 주주는 주주제안 내용을 주주총회 소집통지 및 공고에 기재하고 주주총회에 의제 또는 의안으로 상정할 것을 구하는 가처분을 신청할 수 있다.

2) 소수주주가 일정한 안건을 목적사항으로 '임시주주총회 소집청구'를 할 수 있음을 이유로 주주총회를 재차 개최하는 손해 방지를 위하여 개최가 예정된 주주총회에서 해당 안건을 상정할 것을 요구할 피보전권리를 가진다고 주장하는 경우가 실무상 있다. 그러나 주주제안권과 임시주주총회 소집청구권은 법적 근거, 지주요건, 절차, 목적사항, 구제수단 등이 다르므로 채권자가 법원의 허가를 얻어 임시주주총회를 개최하는 것과 별개로 '임시주주총회 소집청구권'을 피보전권리로 이사회가 소집한 주주총회에 특정한 안건의 상정을 요구하는 것은 허용될 수 없다.[55] 같

54) 서울북부지방법원 2007. 2. 28.자 2007카합215 결정.
55) 서울중앙지방법원 2018. 10. 31.자 2018카합21370 결정.

은 이유로 임시주주총회 소집청구를 한 것을 주주제안권 행사라고 볼 수 없다(따라서 주주제안권의 침해가 없다).[56]

3) 주주제안은 주주총회일 6주 전에 하여야 한다(상법 제363조의2 제1항). 기간을 준수한 적법한 주주제안권 행사가 있는지와 관련하여 채권자가 주주총회일 6주전에 주주제안(배당액 1주당 11,100원)을 하였으나 이는 정관에 위반되거나 실현할 수 없는 사항에 관한 것으로 부적법하자 6주가 남지 않은 시점에서 변경된 제안(배당액 1주당 11,050원)을 한 사안에서, 최초안건과 변경안건 사이에 동일성이 유지되고 변경안건은 최초안건을 보완한 것이라는 이유로 최초안건 상정으로 주주제안요건을 갖추었다고 본 사례[57]가 있다.

(나) 당 사 자

1) 채 권 자

상법 제363조의2에 의하여 주주제안을 할 수 있는 주주(의결권 없는 주식을 제외한 발행주식총수의 3/100 이상의 주식을 가진 주주)[58]가 채권자가 될 수 있다. 행사시점을 기준으로 지주요건을 갖춘 주주가 그 요건을 언제까지 유지해야 하는지에 대해서는 견해가 나뉜다. 회사법 학설로는 총회에서 의결권을 행사할 주주가 확정되는 주주총회 기준일(또는 주주명부 폐쇄일)까지는 유지하여야 하고 그 후에는 지주요건을 갖출 필요가 없다는 견해가 다수[59]로 보인다. 그러나 가처분실무에서는 주주제안 제도의

---

56) 서울중앙지방법원 2011. 9. 22.자 2011카합2294 결정, 광주지방법원 순천지원 2012. 8. 9.자 2012카합335 결정, 서울중앙지방법원 2015. 9. 18.자 2015카합81061 결정.

57) 서울중앙지방법원 2021. 3. 10.자 2021카합20285 결정.

58) 상장회사의 경우 6개월 전부터 계속하여 의결권 없는 주식을 제외한 발행주식총수의 10/1,000(최근 사업연도 말 자본금이 1,000억 원 이상인 상장회사의 경우 5/1,000) 이상을 보유한 주주는 주주제안권을 행사할 수 있다(상법 제542조의6 제2항). 이때 6개월의 주식보유기간을 충족하지 못한 주주의 상법 제363조의2에 의한 주주제안권 행사 가부에 대하여는 견해가 대립하였으나, 2020. 12. 29. 상법 개정으로 신설된 제542조의6 제10항은 주주가 상장회사 특례규정에 따른 소수주주권 행사요건과 일반규정에 따른 소수주주권 행사요건을 선택적으로 주장할 수 있도록 하였다.

59) 권기범, 현대회사법론(제8판), 삼영사(2021), 723면; 김건식 · 노혁준 · 천경훈, 회

취지와 남용 방지, 소수주주권에 관한 상법 규정 등을 고려하여 적어도 안건상정가처분결정 시까지 지주요건을 유지해야 한다는 결정례[60]가 있고, 주주제안권이 가처분 이후 개최될 주주총회에서 의결권을 행사할 수 있음을 전제로 함을 이유로 지주요건은 가처분신청 당시부터 가처분결정 시까지 계속 유지되어야 한다는 견해[61]도 있다.

2) 채 무 자

상법은 주주제안의 상대방을 '이사'로 정하고(제363조의2 제1항), 주주제안을 주주총회의 목적사항으로 하여야 할 주체를 '이사회'로 정하고 있다(같은 조 제3항). 여기서 안건상정가처분의 채무자적격을 누가 갖는지가 문제된다.

본안소송인 결의하자의 소나 의안상정을 구하는 소와 마찬가지로 회사가 채무자가 되는 것은 당연하고, 주주가 본안소송에서 승소하더라도 직접 총회에 의안을 상정할 수 없으므로 총회에 직접 의안을 상정하는 대표이사도 채무자에 포함하여야 한다는 견해[62]가 있고, 대표이사와 회사에 대하여 함께 안건상정가처분을 명한 실무례[63]도 있다.

그러나 대부분의 실무례는 대표이사는 채무자적격이 없고, 회사에게 채무자적격이 있다고 보고 있다.[64] 원칙적으로 안건상정가처분의 채무자적격은 그 피보전권리를 무엇으로 보느냐에 따라 결정되는데, 피보전권리를 상법이 정한 '주주제안권'으로 볼 경우 제안된 안건의 상정 여부 결정은 이사회가 하지만 이사회는 회사의 기관에 불과하여 독자적 법인격을 갖지 않는 점,[65] 안건상정가처분의 본안소송(주주총회 결의의 효력을 다투거

사법(제6판), 박영사(2022), 302-303면; 안영수 · 이소영, "주주제안권 행사와 관련한 실무상의 쟁점 분석", BFL 제84호, 서울대학교 금융법센터(2017), 28면; 임재연, 회사법Ⅱ(개정 7판), 박영사(2020), 56-57면.

60) 수원지방법원 2015. 3. 12.자 2015카합10043 결정.

61) 전휴재, 앞의 논문(주 17), 205면.

62) 곽경직, 앞의 논문, 745면; 김대연, 앞의 논문, 246면; 임재연, 앞의 책(주 59), 75면.

63) 서울남부지방법원 2022. 3. 11.자 2022카합20130 결정.

64) 서울중앙지방법원 2015. 3. 2.자 2015카합80032 결정, 전주지방법원 2015. 11. 18.자 2015카합1000042 결정, 수원지방법원 2020. 3. 26.자 2020카합10091 결정 등.

나 의안상정을 구하는 소)의 피고적격 등을 고려하면, 채무자는 주주제안을 받은 개별 이사가 아니라 회사가 된다고 봄이 타당하다.

(3) 보전의 필요성

(가) 실무상 일반적으로 주주제안권이 침해된 주주총회 개최까지의 시간적 제약상 가처분에 의하지 않고는 주주제안권 행사기회를 상실하게 되는 점, 통상 주주제안권이 행사된 경우 회사는 그 안건을 소집통지에 기재하고 주주총회에 상정하는 것으로 족하거나 안건상정가처분을 명하더라도 주주총회에서 주주에 의해 표결이 이루어지므로 회사에 별다른 불이익이 없는 점 등을 근거로 피보전권리가 소명되는 경우 특별한 사정이 없는 한 보전의 필요성을 인정하고 있다.[66] 여기에서 더 나아가 회사가 소수주주의 적법한 주주제안권 행사를 정당한 사유 없이 거부하였다는 것 자체로 보전의 필요성이 인정된다는 결정례[67]도 있다. 실무상 피보전권리가 인정될 때 보전의 필요성이 결론에 영향을 미칠 정도로 크게 다투어지는 경우는 드물고,[68] 아래와 같이 주주총회 개최에 필요한 소집통지 기간이 부족해지는 경우가 주로 문제되곤 한다.

(나) 주주총회는 2주 전까지 소집통지를 하고 소집통지서에는 회의의 목적사항을 기재해야 하므로(상법 제363조 제1, 2항), 안건상정가처분을 인용하더라도 주주총회일로부터 2주 이전까지 결정되어야 제안된 안건이 기재된 소집통지서가 발송될 수 있다. 그런데 피보전권리가 소명되더라도, 주주제안권을 행사한 주주는 소집통지를 받은 때 비로소 제안된 안건이 상정되지 않았음을 알게 되고, 통상 주주총회일 2주전에 임박하여 소집통지가 이루어지는 실정을 감안하면, 그 시점에서는 주주총회 개최가 연기되지 않는 한 제안된 안건이 기재된 소집통지를 다시 할 만한 시간이 없다. 이때 보전의 필요성을 인정할 수 있는지가 문제된다.

---

65) 김민수, 앞의 논문, 216면; 전휴재, 앞의 논문(주 17), 205면.
66) 수원지방법원 안산지원 2022. 3. 8.자 2022카합50021 결정, 수원지방법원 안양지원 2022. 3. 14.자 2022카합10028 결정 등. 같은 취지로 김민수, 앞의 논문, 217면.
67) 서울서부지방법원 2022. 3. 4.자 2022카합50106 결정.
68) 안영수 · 이소영, 앞의 논문, 39면.

실무상 주주총회일 2주 전의 소집통지 기간이 경과한 후에 안건상정가처분이 신청된 경우에는 주주총회 개최가 연기되지 않는 한 제안된 안건이 기재된 소집통지를 다시 할 시간적 여유가 없다는 이유로 보전의 필요성이 없다고 함이 보통이다.[69] 또한 소집통지 기간 경과 전에 안건상정가처분이 신청된 경우에도 이를 인용하더라도 시간적 여유가 없어 현실적으로 소집통지 기간 내에 제안된 안건을 기재하여 소집통지를 하는 것이 불가능하다는 이유로 보전의 필요성을 인정하지 않은 실무례[70]도 있다. 이 경우 신청취지를 주주총회개최금지가처분이나 결의효력정지가처분으로 변경하도록 하여 심리하기도 한다.[71]

다만 제안된 의안이 소집통지에 이미 기재된 의제와 동일성이 유지되는 범위 내에 있다는 이유로 주주총회일로부터 2주가 남지 않은 시점에서 해당 안건을 상정하도록 명한 실무례도 다수 있다. 예컨대 주주제안된 '제23기 재무제표 수정안 승인의 건' 의안의 의제는 '제23기 재무제표 승인의 건'으로 볼 수 있는데, 주주총회 소집통지에는 회의의 목적사항만을 기재하면 되고(상법 제363조 제2항) 의안의 요령을 기재하는 것이 요구되지 않으며 주주총회 소집통지에 위 의제가 회의의 목적사항으로 기재되어 있으므로 위 의안은 소집통지 기재 의제와 동일성이 유지되는 범위 내에 있다는 이유로, 위 의안이 정기주주총회 의제(회의의 목적사항)에 포함되어 소집통지가 이루어진 것으로 볼 수 있어 정기주주총회에 상정될 수 있다고 보아 2021. 3. 31. 개최 예정인 주주총회에 대하여 2021. 3. 24. 안건상정가처분을 명한 결정례[72]가 있다.

---

69) 서울중앙지방법원 2016. 3. 30.자 2016카합80338 결정. 같은 취지로 서울중앙지방법원 2011. 3. 30.자 2011카합746 결정.

70) 인천지방법원 2010. 3. 4.자 2010카합159 결정(2010. 3. 5. 개최 예정 주주총회, 2010. 2. 17. 가처분신청), 수원지방법원 2016. 3. 29.자 2016카합10075 결정(2016. 3. 30. 개최 예정 주주총회, 2016. 3. 15. 가처분신청), 인천지방법원 2021. 3. 16.자 2021카합10112 결정(2021. 3. 29. 개최 예정 주주총회, 2021. 3. 11. 가처분신청, 2021. 3. 15. 신청서 부본 송달). 수원지방법원 성남지원 2021. 10. 19.자 2021카합50216 결정(2021. 10. 29. 개최 예정 주주총회, 2021. 10. 13. 가처분신청).

71) 법원실무제요 민사집행(Ⅴ) 보전처분, 앞의 책, 503면.

72) 서울서부지방법원 2021. 3. 24.자 2021카합50170 결정. 마찬가지로 주주총회일로

주주총회 소집통지 시 목적사항의 기재는 정관변경(상법 제433조 제2항), 자본감소(상법 제438조 제3항) 등과 같이 '의안의 요령', 즉 결의할 사항의 주된 내용까지도 자세히 기재하여야 하는 특별한 경우를 제외하고는 총회에서 결의할 사항이 무엇인가를 주주가 알 수 있을 정도로 기재하면 족하고, 목적의 동일성을 해하지 않는 한 총회에서 의안의 수정도 수정동의에 의해 가능하므로, 주주가 제안한 특정 의안이 소집통지서에 기재된 의제(회의의 목적사항)와 동일성이 유지되는 범위 내에 있다면 이미 이루어진 소집통지서에 의안이 기재되지 않았더라도 주주총회에 상정될 수 있다고 보는 것이 타당하다.

(다) 상법 제363조의2의 주주제안권과 상법 제366조의 임시주주총회 소집청구권은 특정 안건의 주주총회 상정을 요구하는 권리라는 공통점이 있다. 이때 주주제안을 거부당한 주주가 임시주주총회 소집을 청구할 수 있는데도 안건상정가처분을 명할 보전의 필요성이 인정되는지도 실무상 문제된다.

이때 보전의 필요성을 인정하기 어렵다는 견해[73]도 있으나, 상법이 주주제안권을 임시주주총회 소집청구권과 별도로 인정하고 있는 점, 소수주주가 임시주주총회 소집청구권을 행사할 경우 그 소요비용과 시간이 적지 않은 점 등을 감안할 때, 특별한 사정이 없는 한 소수주주의 임시주주총회 소집청구가 가능하다는 이유만으로 보전의 필요성을 부정할 수는 없다.[74] 다만 주주제안을 한 소수주주가 임시주주총회 소집청구의 지

부터 2주가 남지 않은 시점에 안건상정가처분을 명한 사례로, ① 제안된 의안은 '1주당 500원 배당안'이었으나, 회사가 이를 거절하고 '배당금에 관한 사항'을 의제로, '1주당 175원 배당안'을 의안으로 기재하여 소집통지한 사안에 관한 서울중앙지방법원 2009. 3. 19.자 2009카합957 결정, ② 제안된 의안은 '이사 보수한도 5억원으로 감액', '주당 300원 이익배당'이었으나, 회사는 이를 거절하고 '이사 보수한도 승인의 건', '배당의 건'을 의제로, '보수총액 또는 최고한도액 20억 원', '주당 100원 현금배당'을 의안으로 기재하여 소집통지한 사안에 관한 울산지방법원 2021. 3. 23.자 2021카합10105 결정 참조.

73) 곽경직, 앞의 논문, 745-746면; 이철송, 앞의 책, 525면.

74) 청주지방법원 2011. 3. 15.자 2011카합107 결정. 같은 취지로 김민수, 앞의 논문, 217면; 전휴재, 앞의 논문(주 17), 207-208면.

주요건을 충족하고 실제로 주주제안과 별도로 임시주주총회 소집요구를 하여 그 총회 개최가 임박한 경우에는 가처분으로 안건상정을 구할 보전의 필요성은 없다고 한 결정례[75)]도 있다.

(4) 심리와 재판

주주제안에 대해 이사회는 법령 또는 정관을 위반하는 경우와 그 밖에 대통령령으로 정하는 경우를 제외하고는 이를 주주총회의 목적사항으로 하여야 한다. 실무상으로는 제안된 안건이 위와 같은 주주제안 거절사유에 해당하지 않는 이상 안건의 적정성이나 정당성을 판단하지 않고 주주제안의 절차적 요건이 충족되었다면 피보전권리를 인정하고 있다.[76)] 다만 의제제안권을 행사한 때에는 자신의 의안을 제시하여야 하므로, 주주가 의제만 제안하고 의안을 제출하지 않으면 의제만으로는 주주총회 결의대상이 될 수 없어 회사가 이를 거부할 수 있고,[77)] 이러한 경우 안건상정가처분을 받아들일 수 없을 것이다. 또한, 주주제안권에 주주총회에서 결의할 안건순서나 표결방법까지 정할 권한이 포함되지 않으므로(이는 이사회에서 정한다), 제안된 안건이 이사회에서 제안한 안건보다 표결순서가 후순위라는 이유만으로 주주제안권이 침해된다거나 주주총회 결의에 하자가 있다고 볼 수는 없다.[78)] 다만 그 표결순서로 인하여 주주제안권이 실질적으로 침해되는 경우는 달리 보아야 할 것이다.

(5) 다른 구제수단

(가) 주주총회개최금지가처분 또는 결의금지가처분

회사가 적법한 주주제안 요건을 갖춘 의제 또는 의안을 무시하고 이를 상정하지 않은 채 주주총회를 개최하는 경우(이 경우 제안된 의제

---

75) 서울중앙지방법원 2009. 12. 9.자 2009카합4291 결정.

76) 원도연, "임시의 지위를 정하기 위한 가처분 신청사건 I", 2021년도 신청재판실무연구 교육자료(2021), 55-56면; 이종문, 앞의 논문, 70-71면. 주주제안권 제도의 취지상 주주제안에는 그 필요성 또는 합리성에 대한 소명이 필요 없다는 서울서부지방법원 2022. 3. 3.자 2022카합50106 결정 참조.

77) 임재연, 앞의 책(주 59), 68면.

78) 인천지방법원 2019. 4. 16.자 2019카합10097 결정. 같은 취지로 안영수 · 이소영, 앞의 논문, 34-35면.

또는 의안에 대한 결의 자체가 없고 다른 안건에 대한 결의만 있게 된다), 이에 대한 주주총회개최금지 또는 결의금지가처분이 허용되는지가 문제된다.

소수주주가 적법하게 '의안'을 제안하였음에도 회사가 이를 배제하고 해당 제안에 대응하는 의안에 관하여 주주총회 소집통지 및 공고를 한 경우, 이는 주주제안권 침해에 해당하고 장차 주주총회에서 그 대응의안에 대하여 결의가 이루어진다면 이는 소집절차 또는 결의방법에 하자가 있는 결의로서 취소를 면하지 못하고,[79] 아울러 이사의 위법행위유지청구의 대상이 된다. 따라서 소수주주는 이를 피보전권리로 하여 회사 또는 대표이사를 상대로 해당 주주총회개최금지(또는 주주제안과 관련 있거나 양립할 수 없는 안건결의금지)가처분을 구할 수 있다.[80] 실무상 주주제안권 침해를 이유로 주주총회 개최금지를 명한 사례들을 보면, ① 'A 사외이사 선임안'이 제안되었는데 회사가 이를 배제하고 'B, C 사외이사 선임안'을 목적사항으로 한 경우,[81] ② '이사 선임의 건'이라는 동일한 의제에 대하여 기존 이사 후보들과 주주가 제안한 후보들이 있는데, 주주가 제안한 후보들을 배제한 채 기존 이사 후보들에 관하여만 소집통지 및 공고가 이루어지고 의안이 상정된 경우[82] 등이 있다. 또한, A를 이사로 선임하는 주주제안에 대하여 안건상정가처분이 내려진 상황에서 회사가 B를 이사로 선임하는 안건을 포함한 안건들에 대한 주주총회를 소집한 사안에서 해당 이사 선임안건의 결의금지를 명한 사례[83]도 있다.

반면 ① 주주가 단순히 의제만 제안하고 구체적인 의안을 제출하지 않은 경우(회사는 주주제안을 거부할 수 있다), ② 주주가 의제를 제안하면서 그에 해당하는 의안도 제출하였으나 회사가 주주가 제안한 '의제' 자

---

79) 권기범, 앞의 책, 727-728면; 김건식 · 노혁준 · 천경훈, 앞의 책, 305-306면; 이철송, 앞의 책, 524-525면; 임재연, 앞의 책(주 59), 68면; 법원실무제요 민사집행(V) 보전처분, 앞의 책, 501면.

80) 전휴재, 앞의 논문(주 17), 208면 주 93).

81) 서울서부지방법원 2018. 12. 21.자 2018카합50756 결정, 울산지방법원 2021. 3. 3.자 2021카합10057 결정.

82) 서울중앙지방법원 2019. 2. 28.자 2019카합20301 결정.

83) 수원지방법원 2019. 3. 27.자 2019카합10122 결정.

체를 부당하게 거절하여 주주총회의 의제로 상정하지 않은 경우(제안된 의제에 대응하는 결의 자체가 존재하지 않는다),[84] ③ 주주가 의안을 제안하였으나 그 '의안'과 대응하는 회사 측의 의안이 결의된 바 없는 경우[85]에는 주주제안 거절이 다른 의제 또는 의안에 관한 결의에는 영향을 미치지 않아 하자가 없으므로 해당 주주총회 결의의 효력을 다툴 권리가 없다. 따라서 만약 주주총회가 개최되기 전이라면 이를 근거로 주주총회개최금지가처분은 허용되지 않는다.[86] 다만 이사의 위법행위유지청구권을 피보전권리로 하여서는 주주총회개최금지가처분을 신청할 수 있을 것이다.

한편, 주주제안권 침해를 이유로 정기주주총회의 개최금지가처분을 명하면서 동시에 이후 개최될 정기주주총회에서 주주제안된 안건을 상정할 것을 명하는 가처분도 함께 명한 실무례[87]도 있다.

(나) 안건상정금지가처분의 허용 여부

실무상 회사가 주주가 제안한 안건을 변형하여 상정하는 경우가 있다. 이는 주주가 제안한 내용에 관한 결의가 이루어질 수 없도록 하여 주주제안권을 침해하는 행위에 해당하므로 주주는 주주제안권이 침해되었음을 이유로 변형된 안건의 상정금지를 구할 수 있다고 보는 실무례[88]도 있으나, 구체적 사정을 따져 주주제안권 침해로 볼 수 없다는 실무례[89]도 있다.

(다) 주주총회개최연기가처분의 허용 여부

주주제안이 부당하게 거부된 경우 주주제안이 거부된 상태에서 개최되는 주주총회를 연기하고 주주제안을 안건으로 상정할 것을 명하는 가처분이 허용되는지의 문제가 있다. 이를 긍정하는 견해도 있다. 그러나

84) 서울고등법원 2015. 8. 28. 선고 2015나2019092 판결. 송옥렬, 상법강의(제11판), 홍문사(2021), 929면; 안영수 · 이소영, 앞의 논문, 36면; 이철송, 회사법강의(제29판), 박영사(2021), 524-525면.

85) 권기범, 앞의 책, 727-728면; 임재연, 앞의 책(주 59), 68면.

86) 서울중앙지방법원 2016. 3. 30.자 2016카합80338 결정.

87) 서울남부지방법원 2022. 3. 11.자 2022카합20130 결정.

88) 서울중앙지방법원 2015. 9. 18.자 2015카합81061 결정.

89) 인천지방법원 2021. 12. 31.자 2021카합10709 결정.

영미법상 잠정적 금지명령과 같은 제도가 없는 우리 법제에서 가처분은 본안청구의 범위를 벗어날 수 없다는 한계를 갖는데, 안건상정가처분의 본안소송은 해당 주주총회 결의의 효력을 다투거나 의안상정을 구하는 소송인 점을 고려하면, 가처분으로 회사가 소집한 주주총회의 연기를 명하는 것은 본안의 청구로서 회사에게 요구할 수 있는 범위를 벗어나므로 그러한 가처분이 허용되지 않는다.[90]

Ⅲ. 주식과 관련된 가처분

1. 의결권행사금지 및 허용가처분

(1) 개　요

주주총회를 앞두고 특정 주주나 주식의 의결권행사에 다툼이 있는 경우에는 특정 주주나 주식의 의결권행사금지를 구하는 가처분을 구하고, 경우에 따라서는 채권자가 자신이 해당 주식의 의결권을 행사할 수 있음을 들어 자신의 의결권행사허용을 구하는 가처분을 구하기도 한다. 이러한 가처분은 주주명부 폐쇄에 의하여 의결권을 행사할 주주가 확정된 후 신청하는 것이 보통이다.[91]

(2) 문제되는 경우

(가) 주식의 귀속이 문제되는 경우-형식주주와 실질주주, 주식양도인과 주식양수인 등

주주명부에 기재되지 않은 사람이 주주명부상 주주는 형식상 주주에 불과하고 자신이 실제 주주라고 주장하면서 주주명부상 주주의 의결권행사금지가처분을 구하는 경우가 있다. 또한 주식양수인이 명의개서가 되지 않은 상태에서 주식양도인의 의결권행사금지를 구하는 경우도 있다. 그런데 주주명부에 적법하게 주주로 기재된 자는 회사에 대한 관계에서

---

90) 김민수, 앞의 논문, 218면; 안영수 · 이소영, 앞의 논문, 39면; 임재연, 앞의 책(주 59), 76면. 같은 취지로 주주제안이 부당하게 거부된 경우 제안주주가 해당 주주총회의 소집을 연기하는 가처분을 허용할 수 없다는 이철송, 앞의 책, 525면.

91) 임재연, 앞의 책(주 11), 701면.

그 주식에 관한 의결권 등 주주권을 행사할 수 있고, 회사 역시 주주명부상 주주 외에 실제 주식을 인수하거나 양수하고자 하였던 자가 따로 존재한다는 사실을 알았든 몰랐든 간에 주주명부상 주주의 주주권 행사를 부인할 수 없으며, 주주명부에 기재를 마치지 아니한 자의 주주권 행사를 인정할 수 없다(대법원 2017. 3. 23. 선고 2015다248342 전원합의체 판결). 따라서 원칙적으로는 실질주주 또는 주식양수인이라는 주장만으로는 형식주주 또는 주식양도인의 의결권행사금지가처분을 받아들일 수 없다.[92]

그러나 예를 들면 위 대법원 판결에서 판시한 "주식이 양도되었음에도 불구하고 회사가 정당한 이유 없이 명의개서에 불응하고 종전의 주주에게 의결권을 행사하게 하려고 하는 경우와 같이 회사가 정당한 주주의 명의개서 요청을 부당하게 거부하거나 지연하고 있거나 주주명부가 허위 내지 권한 없이 작성되었다는 등"과 같은 "주주명부에 기재를 마치지 않고도 회사에 대한 관계에서 주주권을 행사할 수 있는 극히 예외적인 사정"의 존재하는 경우에는 의결권행사금지가처분이 받아들여질 수 있다.[93] 이 경우 주주명부상 주주의 의결권행사금지를 명한다고 하여 그로써 실질주주 또는 주식양수인이 바로 의결권을 행사할 수 있는 것은 아니므로, 실질주주 또는 주식양수인은 형식주주 또는 주식양도인의 의결권행사금지가처분과 자신의 의결권행사허용가처분을 함께 받아야 한다.[94] 이러한 법리는 주식양도계약이 실효되었다거나 주식명의신탁계약이 해제되었음을 이유로 한 경우에도 마찬가지이다.

(나) 주식 자체의 효력이 문제되는 경우

의결권 행사가 법령상 제한되는 경우[95]가 있다. 법령에 따라 의결권

---

92) 서울고등법원 2022. 2. 4.자 2022카합20003 결정, 서울중앙지방법원 2022. 3. 30.자 2022카합20473 결정 등 다수.

93) 수원지방법원 2020. 7. 23.자 2020카합29 결정, 광주지방법원 2021. 8. 26.자 2021카합50646 결정.

94) 서울중앙지방법원 2022. 3. 25.자 2022카합20028 결정.

95) ① 자본시장과 금융투자업에 관한 법률(이하 '자본시장법')상 대량보유상황보고의무 위반(제147조 제1항, 제150조 제1항), 공개매수규정 위반(제133조 제1, 3항, 제134조 제1, 2항, 제145조)이 있는 경우, ② 자회사가 모회사의 주식을 10% 이상

행사가 제한되는 주주가 의결권을 행사하려고 하는 경우 의결권행사금지가처분을 신청할 수 있다. 신주발행에 무효사유가 있는 경우는 아래 Ⅲ. 2.에서 살펴본다.

(다) 의결권행사계약 또는 의결권구속계약 위반이 문제된 경우

의결권행사계약 또는 의결권구속계약 위반을 이유로 한 의결권행사금지가처분에 대해서는 아래 Ⅲ. 3.에서 살펴본다.

(라) 그 밖의 경우

1) 자기주식처분

회사가 가진 자기주식은 의결권이 없으나 처분되면 의결권이 부활하는데(상법 제369조 제2항), 이러한 점에서 회사의 자기주식처분과 신주발행은 유사점을 갖는다. 이 때문에 경영권 분쟁 상황에서 경영진이 특정주주 등 제3자에게 회사의 자기주식을 처분하는 행위는 신주발행과 마찬가지로 의결권에 변동을 가져온다. 이때 주주로서는 회사의 자기주식처분을 다툴 필요가 있지만, 주주는 회사와 특정인 사이의 주식양도계약에 대하여 제3자에 불과하므로 이를 다툴 방법이 마땅하지 않다.[96] 여기서 자기주식처분행위가 무효라는 이유로 회사와 자기주식을 취득한 자를 채무자로 하여 해당 주식의 의결권행사금지가처분신청을 하는 경우가 있다. 그러나 자기주식처분에는 상법 제429조를 유추적용하기 어렵고, 대법원 판례도 회사가 자기주식을 매도하는 계약을 체결한 경우에 주주가 그 매매계약의 무효확인을 구할 수 없다고 한 취지 등에 비추어 의결권행사금지가처분을 일반적으로 허용할 수는 없다. 실무례도 부정하는 입장이다.[97] 다만 회사의 자기주식처분에 대하여 언제나 의결권행사금지가처분

보유하는 상법상 상호주(상법 제369조 제3항)의 경우, ③ 회사가 가진 자기주식(상법 제369조 제2항)의 경우, ④ 주주총회 결의에 관한 특별이해관계인(상법 제368조 제3항)에 해당하는 경우, ⑤ 감사 선임과 상장회사 감사위원회위원 선임 및 해임에서 3/100 초과 대주주(상법 제409조 제2항, 제542조의12 제4항)의 경우 등.

96) 대법원은 자기주식처분에 반대하는 주주가 회사와 자기주식을 매수한 주주를 상대로 주식거래무효의 확인을 구하는 소에서 주주가 회사의 주식매매계약의 무효확인을 구할 확인의 이익이 없다고 한다(대법원 2010. 10. 28. 선고 2010다51413 판결, 대법원 2016. 2. 18. 선고 2015다5491 판결).

이 허용되지 않는다고 볼 것은 아니라는 것이 실무[98]이다.

2) 주주권 남용

실무상 주식취득 경위나 의결권행사 목적 등을 문제 삼아 의결권 행사가 주주권 남용이라고 주장하면서 의결권행사금지를 구하는 경우가 있다. 실무례를 보면 권리남용을 인정하지 않는 사례[99]가 더 많지만, 구체적 사정을 따져 주주권의 행사가 권리남용임을 이유로 의결권행사금지를 명한 사례[100]도 있다. 다만 이를 긍정하는 경우에도 의결권이 주주의 이해와는 관계없이 오로지 개인적인 이해관계에 기하여 행사되고, 그러한 의결권행사로 회사와 다른 주주들에게 손해가 발생할 것이 명백한 경우와 같은 엄격한 요건 하에서 제한적으로만 의결권 행사를 금지하는 것이 실무이다.[101]

(3) 당 사 자

(가) 채 권 자

주식의 귀속이 문제되는 경우에는 의결권행사금지 및 허용가처분 모두 의결권행사를 방해받을 우려가 있는 주주가 채권자가 되는데, 통상 자신이 실질주주, 주식양수인라고 주장하는 사람이 채권자가 된다. 주식

---

97) 부산지방법원 2021. 1. 12.자 2021카합10003 결정, 서울동부지방법원 2022. 1. 7.자 2022카합10006 결정, 서울중앙지방법원 2022. 3. 21.자 2022카합20253 결정.

98) '상법 제429조가 자기주식처분행위에 유추적용되지는 않으나, 자기주식처분이 오로지 현 경영진 또는 대주주의 지배권 유지에만 목적이 있고 다른 합리적인 경영상의 이유가 없으며, 그 처분이 회사나 주주 일반의 이익에 부합한다고 보기 어렵고, 처분 절차 및 방법 등에 관한 법령 및 정관을 위반하였거나 그 규제범위 내에 있더라도 처분 시기, 방법, 가액의 산정 등에 관한 의사결정에 합리성이 없고 회사와 주주 일반의 이익에 반한다면 사회통념상 현저히 불공정한 처분행위로서 공서양속에 반하는 행위에 해당하여 무효에 해당하므로, 자기주식처분의 효력을 다투는 주주는 의결권행사금지를 구할 수 있다'는 일반론을 제시한 서울중앙지방법원 2012. 1. 17.자 2012카합23 결정, 서울중앙지방법원 2015. 7. 7.자 2015카합80597 결정, 부산지방법원 2021. 1. 12.자 2021카합10003 결정, 서울중앙지방법원 2022. 3. 21.자 2022카합20253 결정. 다만 위 결정례 모두 회사의 주식처분행위가 무효라고 보기 어렵다는 이유로 채권자의 신청을 기각하였다.

99) 서울중앙지방법원 2016. 1. 26.자 2016카합80046 결정, 서울중앙지방법원 2019. 1. 30.자 2019카합20096 결정, 서울서부지방법원 2019. 2. 12.자 2019카합50072 결정 등 다수.

100) 서울남부지방법원 2009. 9. 18.자 2009카합965 결정, 서울중앙지방법원 2018. 9. 5.자 2018카합21198 결정.

101) 회사재판실무편람, 앞의 책, 285-286면.

자체의 효력이 문제되는 경우 중 법령상 의결권행사가 제한되는 주식에 대한 의결권행사금지가처분은 의결권행사 제한법령에 위반하여 결의가 이루어질 경우 결의취소의 소를 구할 수 있는 당사자적격을 가진 주주 등이 채권자가 된다.

회사가 특정 주주의 의결권행사금지를 주장하면서 직접 채권자가 되어 주주를 상대로 의결권행사금지가처분을 구하는 경우가 있다. 이를 허용하는 견해[102)]도 있으나, 실무는 회사는 본안소송인 주주총회 결의하자를 다투는 소송에서 피고의 지위에 있으므로 의결권행사금지가처분의 채권자 적격이 없다고 판단한 사례[103)]처럼 부정적이고, 이러한 입장이 타당하다.

(나) 채 무 자

1) 실무상 주식의 귀속이 다투어지거나 법령상 의결권 제한사유에 다툼이 있는 경우에는 의결권행사금지가처분의 실효성을 위하여 회사도 포함하여 주주명부상 주주와 회사를 채무자로 하여, 주주에 대해서는 의결권행사금지가처분을, 회사에 대해서는 그 주주의 의결권허용금지가처분을 신청하고 이를 명하는 것이 통상이다. 회사가 채권자와 마찬가지로 주주의 의결권행사에 반대하는 입장인 경우에는 주주만을 채무자로 신청하기도 한다. 반대로 회사만을 채무자로 하여 신청하는 경우도 있다.[104)] 다만 자본시장법상 대량보유상황보고의무 위반사건에서 주주에 대한 의결권행사금지가처분을 발령하면서, '회사에 대한 신청은 주주에 대한 신청이 인용됨으로써 그 신청의 목적이 달성되므로 회사에 대한 보전의 필요성을 인정하기 어렵다'는 이유로 회사에 대한 의결권행사허용금지가처분신청을 기각한 실무례[105)]도 있다.

2) 채권자의 의결권행사를 허용할 것을 구하는 가처분은 회사를 채

102) 임재연, 앞의 책(주 11), 704면.
103) 서울중앙지방법원 2017. 3. 22.자 2017카합80252 결정.
104) 서울중앙지방법원 2020. 7. 31.자 2020카합21179 결정.
105) 서울동부지방법원 2021. 4. 27.자 2021카합10114 결정.

무자로 한다.

(4) 피보전권리

주식의 귀속에 다툼이 있는 경우에는 진정한 주주임을 주장하는 채권자의 주주권 확인의 소가 본안사건이 되고, 피보전권리는 주주권 또는 주주권에 기한 방해배제청구권이며, 회사가 부당하게 명의개서를 거부하는 경우에는 명의개서청구권도 피보전권리가 될 수 있다. 법령에 의한 의결권 제한이 문제되는 경우에는 그 본안사건을 주주총회 결의하자를 다투는 소로 보는 견해가 있는 반면, 의결권행사금지가처분이 내려진 뒤에는 제소명령에 의하여 제기할 본소가 없어지는 문제점이 있음을 이유로 의결권 부존재확인의 소 또는 이사의 위법행위유지청구의 소를 본안으로 삼을 수 있다는 견해[106]도 있다.

(5) 보전의 필요성

(가) 회사의 경영권 분쟁이 발생한 상황에서 의결권행사금지 및 허용가처분은 채권자에게는 가처분으로 경영권의 귀속을 변동시켜 버리는 거의 종국적인 만족을 얻는 것과 동일한 결과에 이르게 되는 반면, 채무자로서는 가처분결정의 당부를 다투어 보지도 못한 채 의결권행사를 할 수 없게 되고 원상회복도 곤란한 상황에 이르게 되므로, 그 피보전권리 및 보전의 필요성에 관하여 통상의 가처분보다 고도의 소명이 요구된다.[107]

(나) 의결권행사금지가처분을 명하더라도 특정 주주총회에 한해서만 의결권행사금지를 명할 수 있는지 아니면 장래 개최될 특정되지 않은 주주총회를 대상으로도 의결권행사금지를 명할 수 있는지에 대해서는 견해가 나뉜다.

아직 소집이 결정되지 않은 주주총회에서의 의결권을 일반적으로 금

106) 노혁준, 앞의 논문(주 1), 1009-1010면.

107) 서울중앙지방법원 2021. 3. 25.자 2020카합22330 결정, 부산지방법원 동부지원 2022. 2. 24.자 2021카합100679 결정, 인천지방법원 2022. 3. 30.자 2022카합10018 결정 등 다수.

지하는 가처분신청은 보전의 필요성이 인정되지 않는다는 견해[108]가 있고, 이에 따라 본안판결 확정시 등 개최가 예정된 특정된 주주총회 이후까지 의결권행사금지를 구한 사안에서 특정된 주주총회에서만 의결권행사금지 등을 명하고 나머지 기간의 주주총회에 대해서는 신청을 기각한 결정례[109]도 있다. 반면 경영권 분쟁이 있는 경우 동일한 쟁점으로 분쟁이 반복될 수 있음을 들어 본안판결 확정시까지를 기한으로 의결권행사금지를 명할 수 있다는 견해[110]가 있고, 본안판결 확정시(또는 제1심, 항소심판결 선고시)까지 개최되는 주주총회에서 의결권행사금지(및 의결권행사허용)를 명한 실무례[111]도 다수 있다.

(6) 가처분의 효과[112]

(가) 발행주식총수 산입의 문제

의결권행사금지가처분이 이루어진 경우 의결권행사가 금지되는 주식이 정족수 계산의 기초가 되는 '발행주식총수'에 산입되는지에 관해서는, 단순히 '주식의 귀속'이 다투어진 경우에는 발행주식총수에 산입되나, '주

---

108) 임재연, 앞의 책(주 59), 136-137면; 전휴재, "경영권 분쟁과 가처분 : 적대적 M&A를 중심으로", 보전소송 재판실무연구, 한국사법행정학회(2008), 317면.

109) 수원지방법원 안산지원 2020. 2. 11.자 2019카합50158 결정, 의정부지방법원 2022. 2. 24.자 2022카합5074 결정.

110) 회사재판실무편람, 앞의 책, 287면.

111) 서울중앙지방법원 2012. 4. 12.자 2012카합339 결정, 서울중앙지방법원 2019. 3. 20.자 2019카합20350 결정, 수원지방법원 2020. 7. 23.자 2020카합29 결정, 광주지방법원 2021. 8. 26.자 2021카합50646 결정, 서울고등법원 2022. 2. 4.자 2022카합20003 결정, 창원지방법원 2022. 3. 10.자 2022카합10044 결정.

112) 신필종, 앞의 논문, 474-475면은 '주식 자체의 효력에 다툼이 있는 경우'와 '주식의 귀속 또는 의결권계약에 의한 경우'를 나누어 의결권행사금지가처분의 효력을 달리 논하고 있다. 즉, 전자의 경우는 상법상 소나 청구 또는 상법 등 법률의 위반을 근거로 한 가처분으로서, 다른 주주 등 회사구성원과 사이에서 의결권행사금지 또는 허용 여부가 합일확정될 필요가 있고, 가처분 당사자 이외에 회사는 물론 다른 주주나 그 밖의 회사구성원과의 관계에서 가처분명령의 효력이 상대적으로 정해져서는 가처분의 목적을 달성할 수 없는 반면, 후자의 경우에는 결국 주식의 소유권이나 의결권의 귀속이나 내용을 둘러싼 당사자 간의 개인법적 분쟁일 뿐, 단체법적 원리가 적용될 영역이 아니고, 다른 주주 등 회사구성원에 대한 관계에서 합일확정될 필요도 없으므로, 해당 가처분은 가처분 당사자 간에만 법률관계를 설정하는 형성력이 있을 뿐, 대세적 효력까지 부여할 필요는 없다고 한다.

식 자체의 효력'이 문제된 경우에는 상법 제371조 제1항을 유추적용하여 발행주식총수에서 제외하여야 한다는 견해가 통설이다.[113)]

더 자세히 보면, 대법원 판례도 '주식 귀속'과 관련하여 의결권행사금지가처분결정을 받은 경우 그 명의상 주주는 주주총회에서 의결권을 행사할 수 없으나, 그가 가진 주식은 1995. 12. 29. 개정 전 상법 제368조 제1항의 정족수 계산의 기초가 되는 '발행주식의 총수'에는 산입되는 것으로 해석된다는 입장이었다.[114)] 같은 취지로 상법 제371조 제1항에 의하여 발행주식총수에 산입되지 않는 의결권 없는 주식은 자기주식 등과 같이 법률상 의결권 자체가 애초부터 존재하지 않는 경우이고, 원래 의결권이 있으나 그 귀속 여부에 대해 다툼이 있어 의결권행사금지가처분이 된 주식은 제외된다고 해석하는 것이 적절하다.[115)] 반면 신주발행무효소송이 제기되는 등 유효한 발행 여부 자체가 다투어지는 경우에는 상법 제371조 제1항을 유추적용하여 이는 발행주식총수에 산입되지 않는다고 본 결정례[116)]가 있는데, 이러한 주식은 궁극적으로 의결권이 존재하지 않는 주식이 될 수 있으므로 이러한 입장은 수긍할 수 있다.[117)]

한편, 의결권행사금지가처분결정이 된 주식이 의결정족수를 구성하는 출석주식총수에 포함되는가도 문제인데, 특정 주주총회에서 의결권을 행사할 수 없는 주식을 가진 주주가 출석하였다고 보기 어려우므로 이는 출석주식총수에 포함되지 않는다고 봄이 타당하다는 견해[118)]가 있다.

(나) 가처분 위반 또는 준수와 주주총회 결의하자

1) 의결권행사금지 또는 허용가처분의 효력이 회사에 미치는 경우, 회사가 의결권행사금지 또는 허용가처분에 위반하여 채무자의 의결권행사를 허용하거나 채권자의 의결권행사를 금지하면 이는 결의방법과 관련

---

113) 법원실무제요 민사집행(Ⅴ) 보전처분, 앞의 책, 508면.

114) 대법원 1998. 4. 10. 선고 97다50619 판결.

115) 윤영신, "주주총회 관련 분쟁과 가처분의 법적 쟁점", 홍익법학 제10권 제2호, 홍익대학교(2009), 406면.

116) 서울중앙지방법원 2019. 10. 10.자 2019카합21290 결정.

117) 윤영신, 앞의 논문(주 115), 406-407면; 임재연, 앞의 책(주 59), 138면.

118) 윤영신, 앞의 논문(주 115), 407면.

된 것으로서 일단 그 자체로는 결의취소사유가 된다.[119] 문제는 이후 본안소송에서 가처분의 피보전권리가 존재하지 않는 것으로 확정될 경우에 결의의 효력 유무에 있다.

학설로는, 먼저 절대적 무효설의 입장에서 법원 판단의 권위와 가처분 제도의 실효성 측면, 조직법상 행위인 회사가처분의 특수성 등을 들어 의결권행사금지가처분 위반행위는 절대적 무효라는 견해[120]가 있다. 원칙적으로 절대적 무효설을 지지하면서도 개인법적 영역인 권리의 귀속 등의 분쟁에 관한 가처분의 경우 아래 대법원 판례와 같은 입장을 취해도 된다는 견해[121]도 있다. 이와 달리 본안소송에서 가처분의 피보전권리가 없음이 확정된다면 주주총회결의는 다른 하자가 없는 한 유효한 결의라고 하면서도, 다만 현저히 불공정한 때에 해당하는지 여부의 판단에는 중요한 참고사항이라는 견해[122]가 있다.

대법원 판례는 위에서 본 것처럼 이 경우 의결권행사금지가처분에 위반한 의결권행사에 대하여 그 가처분 위반만으로 무효라고 볼 수 없다는 입장이고,[123] 이러한 입장에 찬성한다.

2) 이와 반대로 회사가 의결권행사금지 또는 허용가처분에 따라 의결권행사를 금지 또는 허용하였으나 후에 본안소송에서 의결권행사를 금지 또는 허용할 사유가 인정되지 않아 채권자가 패소한 경우에도 그 결의의 효력이 문제된다. 이에 대해서는 회사가 가처분을 준수하였다는 것만으로는 결의하자가 치유되는 것으로 볼 수 없어 결의취소사유에 해당한다는 견해[124]와 가처분결정에 따라 결의가 이루어졌음에도 그 효력이 사후적으로 번복하는 것은 회사를 둘러싼 법률관계의 안정을 해한다는 등의 이유로 결의취소사유가 되지 않는다는 견해[125]의 대립이 있다. 가

119) 임재연, 앞의 책(주 59), 138면; 회사재판실무편람, 앞의 책, 288면.
120) 노혁준, 앞의 논문(주 1), 1034-1035면.
121) 이승영 등, 앞의 논문, 114-115면.
122) 임재연, 앞의 책(주 59), 139면.
123) 대법원 2010. 1. 28. 선고 2009다3920 판결.
124) 노혁준, 앞의 논문(주 1), 1033면; 임재연, 앞의 책(주 59), 140면.
125) 윤영신, 앞의 논문(주 115), 408면.

능한 한 변론과 증명의 방법에 의한 본안소송의 결과를 따르는 것이 타당하고, 이를 취소할 수 없으면 잘못 발령된 가처분이 판단을 본안에서 바로잡을 수 없다는 점에서 전자의 견해가 설득력이 있으나, 다만 전자의 견해에 따르더라도 채권자가 패소한 본안판결 확정시 채무자가 제기할 결의취소의 소의 제소기간이 이미 경과한 후일 가능성이 높다.

(7) 임시로 주주의 지위를 정하는 가처분

당사자 사이에 주식의 귀속에 관한 다툼이 있는 경우에 의결권행사금지 또는 허용을 구하는 데에서 나아가 채권자가 회사를 상대방으로 하여 아예 주주지위확인소송을 본안소송으로 하여 임시로 주주의 지위를 정하는 가처분을 구하는 경우도 있다. 이러한 가처분은 주주의 지위가 포괄적이고 그 권리내용이 다양하기 때문에 자칫하면 필요성을 초과하는 가처분이 되기 쉽고 본안과의 관련성도 의문인 경우가 있을 수 있어 가처분을 명함에 있어서 신중을 요한다는 것이 실무이나,[126] 이를 명한 사례도 다수 발견된다.

다만 회사를 채무자로 하는 임시로 주주의 지위를 정하는 가처분을 받아들이기 위해서는 위 대법원 2015다248342 전원합의체 판결에서 인정한 "주주명부에 기재를 마치지 않고도 회사에 대한 관계에서 주주권을 행사할 수 있는 극히 예외적인 사정"의 존재가 되어야 한다. 실무도 마찬가지인데, 채권자가 '주식양도인을 상대로 한' 주주의 지위를 정하는 가처분신청은 주주명부상 주주인 주식양도인과 사이에서 주식의 귀속을 다투는 것임을 들어 이를 인용하면서도, '회사를 상대로 한' 같은 가처분신청은 실질적으로 채권자가 회사에 대하여 주주권을 행사할 수 있는 지위에 있음을 구하는 것으로서 주식의 귀속이 아니라 회사에 대한 관계에서 주주권을 행사할 자를 정하는 문제인데, 실질주주라는 점만으로는 피보전권리가 소명되었다고 볼 수 없다고 기각한 사례[127]가 있고, 예외적인 사정

---

126) 법원실무제요 민사집행(Ⅴ) 보전처분, 앞의 책, 184면; 대전지방법원 2017. 5. 30.자 2017카합50121 결정.

127) 서울중앙지방법원 2020. 9. 16.자 2020카합21749 결정, 서울고등법원 2022. 2. 4.자

을 인정하여 회사를 상대방으로 하여 주주의 지위를 정하는 가처분을 명한 사례[128]도 있다.

2. 신주발행의 효력을 다투는 가처분

(1) 신주발행과 관련된 가처분의 유형[129]

신주발행과 관련한 가처분은 신주발행의 효력이 발생하는 납입기일의 전후에 따라 허용되는 가처분의 유형이 다르다. '납입기일 이전'에는 신주발행유지의 소(상법 제424조) 또는 이사의 위법행위유지의 소(상법 제402조)를 본안소송으로 하여 '신주발행금지가처분'을 구할 수 있다. '납입기일 이후'에는 신주가 이미 발행되어 효력이 발생하고 있으므로 신주발행무효의 소(상법 제429조)를 본안으로 하여 '의결권행사금지가처분'이나 신주의 유통을 막기 위하여 '주권상장금지가처분', '주식처분금지가처분' 등을 구할 수 있다. 납입기일 이후에 '신주발행효력정지가처분'을 구할 수 있는지도 실무상 문제된다.

(2) 신주발행 효력 발생 전의 가처분-신주발행금지가처분

(가) 신주발행금지가처분의 실효성

신주발행유지청구권이 행사된 경우에도 회사가 신주를 발행하면 신주발행이 곧바로 무효가 되는 것은 아니므로 다시 신주발행무효의 소를 제기하여 신주발행무효판결을 받아야 한다. 그런데 대법원 판례는 신주발행유지사유보다 신주발행무효원인을 매우 엄격하게 해석하므로, 일단 신주가 발행되면 신주발행을 무효로 돌리기 쉽지 않다. 따라서 신주발행유지청구권의 실효성 확보를 위해서는 신주발행 전에 신주발행금지가처분을 받을 필요가 있다.[130]

2022카합20003 결정.

128) 서울중앙지방법원 2018. 4. 30.자 2018카합20456 결정, 서울중앙지방법원 2022. 3. 25.자 2022카합20028 결정, 대전지방법원 천안지원 2022. 5. 26.자 2022카합10132 결정.

129) 주석 상법, 회사법(Ⅳ) 제6판, 한국사법행정학회(2021), 131면.

130) 임재연, 앞의 책(주 11), 827면.

(나) 피보전권리와 당사자

신주발행유지청구권(상법 제424조)이나 이사의 위법행위유지청구권(상법 제402조)이 피보전권리가 된다. 신주발행유지청구권과 이사의 위법행위유지청구권은 요건이 다르므로 채권자는 어느 하나를 선택할 수 있다. 행사요건에 비추어 신주발행유지청구권을 피보전권리로 하는 것이 보다 용이하다.

피보전권리에 따라 당사자가 다르다. 신주발행유지청구권을 피보전권리로 하는 경우 채권자는 신주발행으로 불이익을 입을 염려가 있는 단독주주이고, 채무자는 신주를 발행하려는 회사이다. 대표이사도 채무자인지에 관하여는 이를 긍정하는 견해[131]와 부정하는 견해[132]가 있다. 이사의 위법행위유지청구권을 피보전권리로 하는 경우 채권자는 발행주식총수의 1% 이상 주식을 소유한 주주나 감사이고, 채무자는 그 이사이다.

(다) 가처분 신청시기

1) 시 기

가) 주주배정 방식의 신주발행의 경우, 반드시 신주모집에 착수한 이후에 제기될 필요는 없고, 일반적으로 이사회의 신주발행 결의 등 신주발행 의사가 대외적으로 표시된 후에 신청할 수 있다. 대외적 표시나 이사회 결의 이전으로 유지청구의 대상이 되는 신주발행이 구체적으로 준비 중임이 소명되지 않는 상황에서는 피보전권리와 보전의 필요성이 인정되기 어려울 것이다.[133]

나) 제3자배정 방식의 신주발행의 경우, 2011. 4. 14. 상법 개정으로 주주에 대한 납입기일 2주 전 통지나 공고가 의무이므로(제418조 제4항), 경영권 분쟁에 관한 급박한 상황이 아닌 통상의 경우에는 이러한 통지나 공고가 있어야 신주발행금지가처분을 신청할 수 있다고 보아야 한다.[134]

---

131) 노혁준, 앞의 논문(주 1), 1017면.

132) 신필종, 앞의 논문, 497면.

133) 임재연, 회사법 I (개정 7판), 박영사(2020), 677면. 같은 취지로 이종문, 앞의 논문, 65면. 대구지방법원 포항지원 2021. 5. 27.자 2021카합10014 결정(보전의 필요성 부정).

상법 개정 전에는 이사회 결의 당일에도 인수가액 납입이 가능하므로 그 결의 전에도 제3자배정 신주발행의 개연성이 인정되면 신주발행금지가처분을 신청할 수 있다고 보기도 하였다.

2) 종　기

신주발행무효판결이 확정된 경우에도 신주는 장래에 대하여만 효력을 상실하고(상법 제431조 제1항), 신주발행의 효력은 납입기일 다음날에 발생하므로(상법 제423조 제1항), 신주발행의 효력이 발생하는 납입기일 다음날 이후에는 신주발행금지가처분이 허용되지 않는다. 그 이후에는 의결권행사금지가처분 등에 의하여야 한다. 따라서 신주발행유지청구권은 가처분을 통해 행사하는 경우가 대부분이고, 본안소송에 이르는 경우는 거의 없다.[135)]

(라) 보전의 필요성

신주발행금지가처분의 피보전권리가 인정될 경우, 신주발행절차가 그대로 진행되어 신주가 발행되면 회사의 주주 구성 및 지분 비율에 변동이 초래되고, 회사를 둘러싼 법률관계에 혼란이 야기될 개연성이 크며, 원상회복이 곤란한 위험이 있고, 사후에 이를 무효로 하는 경우 거래의 안전과 법적 안정성을 해할 위험이 크므로,[136)] 일반적으로 보전의 필요성도 인정할 수 있을 것이다.

(마) 신주발행금지가처분의 효력

이미 신주가 인수되어 있는 경우에는 신주발행금지가처분의 효력은 인수인에 미치지 못하고, 다만 회사로서는 가처분결정에 따라 인수인의 주금납입에 대한 수령을 거부할 의무가 있다.[137)]

신주발행금지가처분 후에 회사가 새로운 이사회 결의에 의하여 신주

---

134) 임재연, 앞의 책(주 133), 678면. 신주발행 여부가 결정되지 않은 상태에서 보전의 필요성을 부정한 서울중앙지방법원 2011. 5. 4.자 2011카합383 결정, 서울중앙지법 2020. 6. 1.자 2020카합20911 결정 참조.

135) 이종문, 앞의 논문, 65면.

136) 서울중앙지방법원 2021. 12. 3.자 2021카합21775 결정, 서울중앙지방법원 2022. 1. 12.자 2021카합22046 결정, 수원지방법원 2022. 3. 28.자 2022카합10113 결정.

137) 법원실무제요 민사집행(Ⅴ) 보전처분, 앞의 책, 511면; 주석 상법, 회사편(4)(제5판), 한국사법행정학회(2014), 143-144면.

를 발행하려고 하는 경우에는 채권자는 다시 가처분을 신청하여 가처분을 받아야 한다. 이 때문에 가처분신청 시 신주발행금지기간을 정하여 신청을 하는 것이 바람직하다는 견해[138]가 있으나, 장래 일정기간 동안 신주발행의 금지를 구하는 가처분신청은 해당 기간 동안 신주발행을 준비 중이라는 등의 소명이 없는 한 피보전권리나 보전의 필요성을 인정하기 어렵다는 실무례[139]도 있다.

(바) 신주발행금지가처분에 위반한 신주발행의 효력

1) 문제의 소재

임시의 지위를 정하는 가처분 위반행위의 효력에 관한 일반적인 논의는 피보전권리에 관한 본안판단이 가능함을 전제로 본안소송과의 관계, 즉 본안판결이 확정되기 전까지 또는 본안에서 채권자 패소판결이 확정되었을 때 그 효력을 어떻게 보아야 할 것인지에 초점이 맞추어져 있다. 그러나 신주발행금지가처분의 경우에는, 예컨대 신주발행유지청구권을 피보전권리로 할 경우 회사가 신주발행금지가처분에 위반하여 신주발행을 완료하면 주주는 신주발행유지청구의 본소를 제기할 이익을 상실하여 원래 예정하였던 본안판단을 받을 기회 자체가 사라진다는 특수성이 있다. 나아가 대법원 판례는 "신주발행유지청구권은 위법한 발행에 대한 사전 구제수단임에 반하여 신주발행 무효의 소는 사후에 이를 무효로 함으로써 거래의 안전과 법적 안정성을 해칠 위험이 큰 점을 고려할 때, 그 무효원인은 가급적 엄격하게 해석하여야 하고, 따라서 법령이나 정관의 중대한 위반 또는 현저한 불공정이 있어 그것이 주식회사의 본질이나 회사법의 기본원칙에 반하거나 기존 주주들의 이익과 회사의 경영권 내지 지배권에 중대한 영향을 미치는 경우로서 신주와 관련된 거래의 안전, 주주 기타 이해관계인의 이익 등을 고려하더라도 도저히 묵과할 수 없는 정도라고 평가되는 경우에 한하여 신주의 발행을 무효로 할 수 있을 것이다."[140]라고 하여 신주발행유지사유보다 신주발행무효원인을 더 엄격하

138) 임재연, 앞의 책(주 11), 835면.

139) 부산지방법원 서부지원 2020. 9. 15.자 2020카합100262 결정.

게 보고 있다는 특수성도 있다. 이러한 점들에서 신주발행금지가처분에 위반한 신주발행의 효력은 일반적인 임시의 지위를 정하는 가처분 위반 행위의 효력과는 다소 결을 달리하는 측면이 있다. 여기서 회사가 신주발행금지가처분을 위반하고 계속 절차를 진행하여 신주발행을 완료한 경우, 그 가처분 위반사실 자체만을 이유로 신주발행이 무효에 해당하는지 아니면 가처분 위반사실 외에 별도의 신주발행 무효원인이 있어야 신주발행이 무효에 해당하는지가 문제된다.

2) 학설 및 대법원 판례

가) 긍정설(다수설)[141]은, 신주발행금지가처분을 위반한 신주발행은 그 자체로 신주발행 무효원인이 된다는 견해이다. 그 근거로는, ① 신주발행금지가처분에 위반한 신주발행은 법원의 공권적 판단을 위반한 것이므로 무효라고 보아야 하고 이로써 가처분의 실효성을 확보해야 한다는 점, ② 신주발행금지가처분에 위반하여 신주발행을 하더라도 신주발행이 유효하다고 하면 주주의 신주발행유지청구권이 형해화되는 점, ③ 일단 신주발행이 이루어지면 그 무효의 판단은 신중해야 하므로 가급적 사전적 구제수단을 적극 활용하는 것이 바람직하고 그 핵심은 신주발행금지가처분인데, 그 위반행위에 사법상 불이익을 주지 않는다면 결국 사후적 구제수단에 치중하는 결과가 될 수밖에 없고, 그러면서도 사후적 구제수단의 활용 폭을 좁히는, 즉 무효사유를 제한적으로 해석하는 법리를 구성한다면 정당한 권리자 보호에 소홀하게 되므로, 사전적 절차통제의 실효성을 담보하여야 한다는 점 등이 제시되고 있다.

부정설[142]은 신주발행금지가처분에 위반하여 신주발행이 이루어지더

140) 대법원 2010. 4. 29. 선고 2008다65860 판결.

141) 권기범, 앞의 책, 1125면; 김홍기, 상법강의(제4판), 박영사(2019), 652면; 노혁준, “신주발행의 무효사유에 관한 연구”, 선진상사법률연구 제60호, 법무부(2012), 55-56면; 이승영 등, 앞의 논문, 96면; 정찬형, 상법강의(상)(제22판), 박영사(2019), 1156 · 1162면; 주석 상법, 회사편(4)(제5판), 한국사법행정학회(2014), 176면; 최준선, 회사법(제16판), 삼영사(2021), 667면.

142) 이충상, “신주발행금지가처분 위반의 신주발행은 무효인가”, 법률신문 제3909호(2011), 12면; 임재연, 앞의 책(주 11), 836-837면; 임채균, “회사법상 유지청구권”,

라도 가처분 위반사실 그 자체는 신주발행 무효원인이 될 수 없다는 견해이다. 근거로는, ① 이사직무집행정지가처분은 공시방법이 있고 대세적으로 권한을 정지하는 것임에 비하여 신주발행금지가처분은 공시방법도 없고 대세적 효력도 없는 점, ② 가처분결정은 소명에 의하여 발령되는 잠정적 재판에 불과하여 강력한 효력을 부여하기 곤란하고, 거래의 안전 등을 위하여 신주발행 무효사유는 가급적 제한적으로 보아야 하며, 신주발행유지청구에 관한 상법 제424조를 신주발행금지가처분의 효력까지 정한 규정이라고 볼 수 없는 점, ③ 신주발행금지가처분에 위반하여 신주를 발행한 경우에도 그 무효 여부는 가처분 위반 여부가 아니라, 제반사정을 종합하여 신주발행 무효사유인 "법령이나 정관의 위반 또는 현저하게 불공정한 방법에 의한 주식의 발행"인지에 따라 판단할 것인 점, ④ 이를 독자적인 무효사유로 인정하면 본안소송에서 실체적 판단기회를 상실하는 결과를 초래하는 점 등이 제시되고 있다. 그런데 부정설에 의하면 신주발행금지가처분에 불구하고 회사가 신주를 발행하는 것을 사전에 방지할 수 없다. 이 때문에 부정설을 취하면서 가처분의 실효성을 위하여 '신주발행을 금지' 외에 '가처분 후에 신주를 발행하는 경우에는 신주발행의 효력을 정지한다'고 명해야 한다는 취지의 견해[143]도 있는데, 신주발행효력정지가처분의 허용 여부에 대해 실무가 부정적인 태도임(후술)을 고려하면 신주발행 전에 사전적으로 신주발행효력정지를 명할 수 있는지는 신중한 검토가 필요하다.

절충설로는, ① 원칙적으로 신주발행금가처분에 위반한 신주발행의 효력을 인정할 수 있지만, 예외적으로 신주가 선의의 제3자에게 양도되지 않은 경우 무효로 보아야 한다는 견해,[144] ② 이사의 위법행위유지청구권을 피보전권리로 한 가처분을 위반한 경우에는 그로 인하여 회사에 회복할 수 없는 손해가 생긴다고 할 수 없어 신주발행은 유효하나, 신주

재판자료 제38집, 법원도서관(1987), 334-337면.

143) 임재연, 앞의 책(주 11), 838면.

144) 김오수, "주주권에 기한 가처분", 재판자료 제37집, 법원도서관(1987), 298면.

발행유지청구권을 피보전권리로 하는 가처분을 무시한 신주발행은 무효라는 견해[145] 등이 있다.

나) 대법원 판례가 신주발행금지가처분에 위반하여 신주가 발행된 경우 가처분 위반 그 자체를 신주발행 무효원인으로 볼 수 있는지에 대하여 어떠한 태도인지는 명확하지 않다.[146] '하자 있는 주주총회에서 선임된 이사들이 신주발행을 결의하고 그 후 이사선임의 주주총회결의가 확정판결로 취소되었고, 이러한 하자를 지적한 신주발행금지가처분이 발령되었음에도 신주를 발행한 사안'에 관한 대법원 2010. 4. 29. 선고 2008다65860 판결에서 신주발행이 신주발행금지가처분에 위반한 것으로서 무효인지도 함께 문제되었다. 원심은 주주의 신주발행유지청구권을 피보전권리로 하는 신주발행금지가처분이라는 공권적 판단에 위반하여 신주가 발행되었을 때에는 그 발행을 무효로 볼 수 있다고 판단하였다. 그러나 대법원은 원심판결 이유에 의하더라도 신주발행금지가처분은 주주가 아닌 이사의 신청에 따라 발령되었다는 것으로서, 피보전권리가 주주의 신주발행유지청구권임을 전제로 한 원심판단은 전제의 오류로 인하여 더 나아가 살펴볼 필요 없이 그대로 유지할 수 없게 되었다고 판단하면서도, '제반사정을 종합하여' 그 신주발행이 법령과 정관을 위반하고 현저하게 불공정하다는 등의 이유로 신주발행을 무효라고 보고, 원심판단은 이유 설시에 부적절한 면이 있지만 신주발행을 무효라고 본 결론은 정당하다고 판단하였다.

이 판결에서 대법원은 피보전권리가 신주발행유지청구권인 신주발행금지가처분을 위반한 것 자체가 독자적인 무효원인이 되는지에 관하여 직접적인 판단을 하지는 않았다. 다만 이 판결에 대한 대법원판례해설에서는 '주주의 신주발행유지청구권의 실효성을 유지한다는 정책판단을 고려할 수 없다면 가처분에 위반하였다는 사정만으로 극히 제한적으로 해

---

145) 최기원, 신회사법론(제14판), 박영사(2012), 821면.

146) 참고로 일본 판례는 무효설을 채택하고 있다. 日最判 1993. 12. 16.(民集 47卷 10號 5423頁).

석하여야 할 신주발행의 무효사유가 있다고 보기 힘들 것'이라고 설명하고 있음[147]을 참고할 만하다.[148]

하급심 결정례로는 신주발행금지가처분이 있었음에도 신주가 발행된 사안에서 신주발행금지가처분에 위반한 신주발행은 현저히 불공정한 발행이라는 점을 발행절차의 법령 및 정관 위반, 신주발행에 따른 지배구조의 변경, 거래의 안정성 등의 사정과 함께 신주발행 무효원인으로 판단하고, 발행된 신주에 기한 의결권행사금지를 명한 사례[149]가 있다.

(3) 신주발행 효력 발생 후의 가처분

(가) 본안소송

신주발행의 효력이 발생한 이후에는 상법 제429조에 근거한 신주발행무효의 소를 본안소송으로 하여 가처분을 구할 수 있다. 신주발행의 실체적, 절차적 하자가 극히 중대하여 신주발행이 존재하지 않는다고 볼 수밖에 없는 경우에는 신주발행부존재확인의 소를 제기할 수 있으므로, 이를 본안으로 하여 가처분을 구할 수도 있다.[150]

(나) 실무상 사용되는 가처분

1) 의결권행사금지가처분

신주발행무효의 판결이 확정되더라도 신주발행은 장래에 대하여 효력을 잃을 뿐이고 판결 확정 이전에 신주에 의하여 이루어진 의결권행사는 유효하므로, 상법 제429조의 신주발행무효의 소를 본안소송으로 하여 이미 효력이 발생한 신주에 대한 의결권행사금지(주주) 및 의결권행사허용금지(회사)가처분을 구하여 미리 의결권행사를 제한할 수 있다.[151]

---

147) 곽병훈, "신주발행의 무효원인 및 그 유무의 판단 기준", 대법원판례해설 제83호, 법원도서관(2010), 249면.

148) 이 판결에 대한 비판으로 권미연, "신주발행의 무효원인과 판단기준", 재판실무연구, 서울남부지방법원(2010), 113면 참조.

149) 서울고등법원 2019. 7. 22.자 2019카합20069 결정.

150) 일부 신주인수인이 납입기일에 신주대금을 납부하지 않았는데 그에게 신주가 발행된 경우 등 신주발행의 일부 효력이 다투어지고 있는 경우에는 주주권 부존재확인의 소가 본안사건이 된다는 노혁준, 앞의 논문(주 1), 1010-1011면 참조.

151) 서울중앙지방법원 2018. 5. 15.자 2018카합20522 결정, 서울중앙지방법원 2021. 12. 7.자 2021카합21860 결정 등 다수.

2) 주식처분금지가처분

상법 제429조의 신주발행무효의 소를 본안소송으로 하여 신주인수인을 상대방으로 하여 주식처분금지가처분을 신청하기도 한다.[152] 주식처분금지가처분을 받은 주주는 여전히 주주권자로서 주주총회에서 의결권을 행사할 수 있으므로, 의결권행사금지가처분을 함께 신청할 필요가 있다.

(다) 신주발행효력정지가처분의 허용 여부

납입기일 이후에 신주발행효력정지가처분을 신청하는 경우가 있다. 그러나 신주발행효력정지가처분은 본안소송이 신주발행무효의 소인데, 신주발행무효의 판결은 확정되면 장래에 향하여만 효력을 가지므로(상법 제431조 제1항), 신주발행무효의 소로 주식의 효력을 장래에 향하여 소멸시킴은 별론으로 하더라도 신주발행효력정지가처분을 명할 경우 이는 본안소송에 의해 얻을 수 있는 것보다 더 큰 권리의 만족을 주는 셈(신주발행효력정지가처분은 신주발행무효의 소의 판결 확정 전에 신주발행의 효력을 정지시켜 본안판결의 내용이 전부 실현된 것과 같은 결과를 가져오는데, 이처럼 본안소송에 의해 얻을 수 있는 시적 범위를 초과하여 가처분을 명할 수 있는지의 문제)이 되어 보전처분의 부수성에 반한다고 보는 것이 실무의 경향이다.[153] 장래의 형성력을 가지는 이사해임의 소를 본안으로 이사직무집행정지가처분을 신청하는 것도 동일한 구조로 이해될 수 있지만, 이에 대해서는 상법상 이를 허용하는 명문의 근거규정(상법 제407조 제1항)이 존재한다는 점에서 차이가 있다.[154] 다만 신주발행의 절차적, 실체적 하자가

152) 임재연, 앞의 책(주 133), 698면. 피보전권리를 신주발행무효청구권으로 보면서도, 다툼의 대상에 관한 가처분으로 처분금지를 명한 서울고등법원 2018. 7. 20.자 2018카합20070 결정, 서울중앙지방법원 2021. 10. 26.자 2021카합21474 결정, 서울중앙지방법원 2021. 12. 14.자 2021카합21942 결정 등 다수가 있고, 임시의 지위를 정하는 가처분으로 처분금지를 명한 전주지방법원 군산지원 2015. 6. 2.자 2015카합64 결정 등이 있다.

153) 법원실무제요 민사집행(Ⅴ) 보전처분, 앞의 책, 506-507면; 이종문, 앞의 논문, 67-68면. 서울중앙지방법원 2018. 5. 15.자 2018카합20522 결정, 대전지방법원 2021. 1. 12.자 2020카합50779 결정, 수원지방법원 2022. 4. 21.자 2022카합10048 결정 등 다수.

154) 이종문, 앞의 논문, 68면 주 24).

극히 중대하여 신주발행이 존재하지 않는다고 볼 수밖에 없는 경우에는 신주발행무효의 소가 아니라 신주발행부존재확인의 소가 본안소송이 되므로,[155] 이 경우는 신주발행효력정지가처분이 가능하다.[156]

3. 주주간 계약과 관련한 가처분

(1) 주주간 계약 개설

주주간 계약(Shareholders' agreement)은 회사 지배구조, 의결권행사, 주식의 처분, 회사의 운영 등에 대하여 회사의 주주들 사이의 이해관계를 조정하기 위하여 체결하는 계약이다.[157] 주주간 계약을 통하여 주주들은 그들의 구체적 수요에 부합하는 회사의 운영질서를 구축할 수 있고, 그러한 계약이 없었다면 투자를 주저했을 투자자의 투자를 촉진하는 기능도 한다.[158]

주주간 계약은 그 자체로는 회사법상 효력이 없는 일반 사법상 채권계약에 해당한다는 견해가 일반적이다.[159] 이에 따르면 주주간 계약은 당사자 사이에 채권적 효력을 발생시키는 데에 그치고, 당사자가 아닌 회사나 경영진, 제3자를 구속하는 효력은 인정되지 않는다. 예컨대 서로 상대방을 이사로 추천하여 찬성의 의결권을 행사하기로 합의한 경우에는 이를 그대로 이행할 의무(하는 채무)를 질 뿐, 이에 위반하여 제3자를 이사로 선임한 경우에도 주주총회의 이사선임결의는 유효하다.[160] 그런데 이에 따르면 주주간 계약을 위반하더라도 회사에 대하여 그 위반으로 인

155) 대법원 1989. 7. 25. 선고 87다카2316 판결.

156) 서울중앙지방법원 2013. 9. 16.자 2013카합1635 결정, 대구지방법원 서부지원 2020. 10. 5.자 2020카합5195 결정, 서울중앙지방법원 2022. 4. 21.자 2022카합20239 결정.

157) 이동건 · 류명현 · 이수균, "M&A계약의 주요 조항과 법적 쟁점 : 주주간계약의 실무상 쟁점-작성시 주의 사항을 중심으로", BFL 제67호, 서울대학교 금융법센터(2014). 77면; 회사재판실무편람, 앞의 책, 253면.

158) 천경훈, "주주간 계약의 실태와 법리 : 투자촉진 수단으로서의 기능에 주목하여", 상사판례연구 제26집 제3권, 한국상사판례학회(2013), 9-11면.

159) 권기범, 앞의 책, 758면; 이동건 · 류명현 · 이수균, 앞의 논문(주 157), 81면.

160) 권기범, 앞의 책, 758면

한 법률효과를 주장할 수 없어 주주간 계약의 실효성이 떨어진다. 물론 주주간 계약이 유효하려면 신의칙, 사회질서, 강행법규 또는 회사법의 기본원리에 반해서는 안 된다.

이러한 일반적인 견해에 따르면 주주간 계약의 위반이 있더라도 당사자 사이의 손해배상 문제로만 귀결될 뿐 현실적인 권리구제가 어렵고, 손해배상 역시 그 손해액을 산정하기 어렵다. 이점에서 사전적, 예방적 구제책으로 주주간 계약의 위반이 예상될 경우 임시의 지위를 정하는 가처분으로서 위반행위의 금지 또는 약정한 행위의 이행을 구할 수 있는지가 문제된다.

아래에서는 다양한 주주간 계약 중 주식과 관련한 주식양도제한계약, 의결권행사계약(의결권구속계약)과 관련한 가처분에 관하여 살펴본다.

(2) 주식양도제한계약

(가) 의의 및 효력

'주식양도제한계약'이란 주주의 주식양도를 일정기간 제한하거나 그 상대방, 방법 등을 제한하는 계약이다.[161] 주식양도를 제한하는 방법으로 이사회의 승인을 요하도록 정관에 정할 수 있다는 상법 제335조 제1항 단서의 취지에 비추어 주주들 사이에서 주식양도를 제한하는 약정은 주주의 투하자본회수의 가능성을 전면적으로 부정하지 않고 공서양속에 반하지 않는다면 당사자 사이에서는 원칙적으로 유효하다.[162] 다만 주주 사이의 주식양도제한계약은 당사자 사이에 채권적 효력만 있으므로 그에 위반하여 주식을 양도하는 경우 주식양도는 유효하고 회사도 명의개서를 거부할 수 없다는 것이 일반적인 견해[163]이다.

---

161) 주주간 계약의 당사자들은 그 계약의 구속력 유지를 위해 그리고 그들이 공동으로 회사 경영에 참여한 취지를 유지하기 위해 당사자를 항정할 필요가 있다는 천경훈, 앞의 논문, 12면.

162) 대법원 2008. 7. 10. 선고 2007다14193 판결, 대법원 2022. 3. 31. 선고 2019다274639 판결.

163) 이동건 · 류명현 · 이수균, "주주간 계약상 주식양도의 제한 : 주식양도제한조항에 관한 실무상 쟁점을 중심으로", BFL 제88호, 서울대학교 금융법센터(2018), 23면; 이철송, "주주간계약의 회사법적 효력론의 동향", 선진상사법률연구 제86호, 법무부

(나) 주식처분금지가처분

주식양도제한계약을 체결한 상대방 주주가 그 계약에 위반하여 주식을 양도하려고 하는 경우에는 채권자는 주주간 계약에 기하여 상대방 주주를 상대로 처분금지가처분신청을 할 수 있다. 이때의 처분금지가처분은 임시의 지위를 정하는 가처분이라고 보아야 한다.[164] 그러나 이미 양도가 이루어진 경우에는 주주간 계약에 기해서는 주식양수인을 상대로 처분금지가처분을 구할 수 없다.[165]

한편 회사가 주식양도제한계약의 당사자가 된 경우에는 이에 반하는 주식양도의 효력이 무효라고 단정할 수는 없으나, 적어도 계약의 채권적 효력[166]에 의하여 명의개서금지가처분이 가능하다는 견해[167]가 있다.

(3) 의결권행사계약 또는 의결권구속계약

(가) 개 관

1) 의 의

주주간 계약의 일종으로 주주의 의결권행사에 관한 계약이 있다. 주주의 의결권행사를 제한하는 계약에 관하여 미국에서는 '의결권행사계약(voting agreement)', 독일에서는 '의결권구속계약(Stimmbingungsvertrag)'이라는 용어를 사용하고 있다.[168] 우리 학설에서는 두 용어가 모두 사용되는데, '의결권구속계약'이란 의결권을 특정한 방향으로 행사한다든지, 일정한 경우에는 의결권을 행사하지 않는다든지 또는 특정 제3자의 지시에 따라

(2019), 9-10면; 임재연, 앞의 책(주 133), 452-453면.

164) 서울고등법원 2017. 3. 10.자 2015라1302 결정 참조.

165) 서울고등법원 2016. 7. 4.자 2016라20291 결정.

166) 주주와 회사 간의 주식양도제한약정이라도 채권적 효력을 발휘하는데 그치므로 상법 제335조 제1항과 무관하게 원칙적으로 유효하다는 견해가 다수설이다.

167) 이동건 · 류명현 · 이수균, 앞의 논문(주 157), 86면. 이와 다른 견지에서 회사가 당사자가 되어 맺은 주식양도제한계약을 주주가 위반하여 양도한 경우, 회사가 양도의 효력을 부정한다면 이는 양도제한약정에 회사법적 효력을 인정하는 결과가 되므로 회사는 양도의 효력을 부정할 수는 없다는 이철송, 앞의 논문, 10면 참조.

168) 윤성승, "의결권 신탁과 의결권행사 계약의 비교법적 고찰", 상사판례연구 제24집 제2권, 한국상사판례학회(2011), 151면 각주 4). 다만 양 용어는 유사한 개념이나 적용요건 및 법률효과가 반드시 동일하지 않다고 한다.

의결권을 행사한다든지 등을 내용으로 하는 계약이라고 하거나,[169] '의결권행사계약'이란 주주가 다른 주주 또는 제3자와 특정한 의제 내지 모든 의제에 대하여 일정한 기간 동안 약정한 방식에 따라 의결권을 행사할 것을 약정하는 내용의 계약이라고 하거나,[170] 특정 의안에 대하여 의결권 행사를 포기하거나 의결권을 찬성 또는 반대하는 방향으로 행사하거나 특정인의 지시에 따라 의결권을 행사하여야 하는 내용의 계약이라고 한다.[171] 아래에서는 편의상 의결권구속계약이라는 용어를 사용하고, 의결권구속계약은 주주와 회사 또는 제3자와 체결될 수도 있으나 특별한 경우 외에는 주주 사이에만 체결된 경우에 한정하여 살펴본다.

의결권구속계약의 종류로는 ① 당사자가 의결권의 과반수로 결정하는 바에 따라 의결권을 행사하기로 하는 합의, ② 특정 제3자의 결정에 따라 의결권을 행사하기로 하는 합의, ③ 당사자가 의결내용을 미리 정하고 그 정함에 따라 각자 의결권을 행사하기로 하는 합의 등이 있고, ③이 가장 흔하게 발견된다.[172] 나아가 주주총회에서 행사할 의결권을 상대방 주주에게 위임하는 '의결권위임계약'도 의결권구속계약의 일종으로 함께 논의되고 있다.

2) 효　　력

의결권구속계약은 원칙적으로 당사자 사이에 채권적 효력이 인정되고,[173] 합의의 내용이 다른 주주의 권리를 해하거나 그 밖에 불공정한 내용이나 공서양속에 반하는 것이 아닌 한 유효하다.[174] 하지만 통설은

---

169) 권기범, 앞의 책, 757면; 이동건 · 류명현 · 이수균, 앞의 논문(주 157), 79면; 윤영신, "주주총회와 의결권 행사", BFL 제100호, 서울대학교 금융법센터(2020), 59면.

170) 박정국, "의결권행사를 위한 주주간 계약의 고찰", 외법논집 제36권 제1호, 한국외국어대학교 법학연구소(2012), 244면.

171) 임재연, 앞의 책(주 11), 711-712면.

172) 김건식 · 노혁준 · 천경훈, 앞의 책, 322면.

173) 권기범, 앞의 책, 759면; 이동건 · 류명현 · 이수균, 앞의 논문(주 157), 81면.

174) 부산고등법원 2019. 9. 25. 선고 2019나50291 판결; 권기범, 앞의 책, 759면. 한편, 우리 법상 의결권구속계약의 유효성을 전제로 한 규정으로는, 특별관계자의 범위에 관하여 "의결권(의결권의 행사를 지시할 수 있는 권한을 포함한다)을 공동으로 행사하는 행위"라고 규정한 자본시장법 시행령 제141조 제2항 제3호가 있다.

주식회사의 단체법적 성격을 고려하여 그 효력이 회사에 미친다고 보기 어렵다는 입장이다.[175)·176)] 따라서 의결권구속약정에 위반한 의결권행사에 따라 통과된 결의도 그것이 법령, 정관에 위반하지 않는 한 의결권행사의 효력 자체는 인정되고 주주총회 결의에 하자가 발생하지 않으며,[177)] 계약 당사자 사이에 채무불이행이 문제될 뿐이다.[178)] 다만 모든 주주가 의결권구속계약의 당사자가 된 경우,[179)] 의결권구속계약의 내용이 정관에 기재된 경우,[180)] 회사가 의결권구속계약의 당사자가 되어 계약의 실현에 조력하고 그에 위반한 의결권행사는 허용하지 않는다고 약정한 경우[181)] 에는 회사에 효력이 미쳐 의결권구속계약에 위반한 의결권행사로 이루어진 결의는 하자 있는 결의로 보아야 한다는 견해도 있다.

어쨌든 통설에 따르면 의결권구속계약의 실효성을 확보하는 것은 쉽지 않다. 위반자에게 채무불이행을 이유로 손해배상을 청구하는 것은 가능하지만 그 손해액 산정도 쉽지 않다.

---

175) 박정국, 앞의 논문, 251면; 백숙종, "주주간 계약과 가처분", BFL 제88호, 서울대학교 금융법센터(2018), 80면; 이동건·류명현·이수균, 앞의 논문, 81면(주 157); 전휴재, 같은 논문(주 108), 315면.

176) 이와 달리 주주간 계약이 원칙적으로 회사에 대해서도 효력을 가진다는 견해로 곽관훈, "벤처기업에 있어서의 주주간 계약–의결권구속계약을 중심으로", 상사법연구 제37호, 한국상사법학회(2003), 349면; 송옥렬, "주주간 계약의 회사에 대한 효력: 회사법에 있어 사적 자치의 확대의 관점에서", 저스티스 제178호, 한국법학원(2020) 참조.

177) 권기범, 앞의 책, 761면; 김건식·노혁준·천경훈, 앞의 책, 323면; 박정국, 앞의 논문, 251-252면; 백숙종, 앞의 논문, 90면; 송옥렬, 앞의 책, 945면; 이철송, 앞의 논문, 14·19면. 천경훈, 앞의 논문, 39-40면도 우리나라 통설은 의결권구속계약에 반하는 의결권행사가 있어도 결의의 하자사유는 되지 않는다고 하고, 이는 상법상 주주총회 결의하자의 사유에 관한 규정에 비추어 불가피한 해석이라고 한다. 같은 취지의 하급심 결정례로는 부산지방법원 서부지원 2019. 3. 25.자 2019카합100083 결정.

178) 전휴재, 같은 논문(주 108), 315면.

179) 김지환, "주주간 계약과 정관자치법리에 관한 연구", 상사판례연구 제26집 제3권, 한국상사판례학회(2013), 219-220면; 정동윤, "폐쇄회사의 법리", 법문사(1982). 168면. 같은 취지로 송옥렬, 앞의 논문, 353면.

180) 김건식·노혁준·천경훈, 앞의 책, 324면; 김태정, "합작투자회사의 지배구조와 주주간 계약", BFL 제88호, 서울대학교 금융법센터(2018), 16면; 박정국, 앞의 논문, 244면; 송옥렬, 앞의 논문, 354면; 천경훈, 앞의 논문, 40면.

181) 이동건·류명현·이수균, 앞의 논문(주 157), 81면.

3) 가처분의 가부

의결권구속계약을 위반하려는 주주가 있을 경우 의결권구속계약의 채권적 효력에 기하여 가처분으로 그 상대방 주주에 대하여 계약 내용에 반하는 의결권행사금지나 계약 내용대로의 의결권행사를 구하는 경우가 문제된다. 의결권구속계약의 당사자 중 일방이 약정에 위반하여 의결권을 행사할 위험이 있고 그 사정이 급박한 경우에는 장래이행의 소를 제기할 수 있다고 본다.[182] 따라서 원론적으로 보자면 의결권구속계약의 실효성을 확보하기 위하여 위 소를 본안으로 하여 의결권구속계약에 따른 의결권행사를 구하거나 그에 배치되는 의결권행사를 금지할 것을 구하는 가처분을 허용할 필요가 있다(의결권구속계약의 이행을 구하는 가처분의 허부에 대해서는 아래에서 상세히 살펴본다).

(나) 의결권행사금지가처분

1) 의결권위임계약의 경우

의결권위임계약은 주주총회에서 행사할 의결권을 상대방 주주에게 위임하는 계약이다. 주주는 타인에게 의결권행사를 위임하거나 대리행사를 하도록 할 수 있다(상법 제368조 제2항). 이때 의결권행사를 구체적·개별적인 사항에 국한하여 위임해야 한다고 해석할 근거는 없고 포괄적으로 위임할 수도 있다.[183] 하나의 위임장으로 수회의 주주총회에 걸쳐 포괄적으로 위임하는 것도 가능하다.[184]

실무상으로는 의결권위임계약에 기해서 의결권을 위임받은 채권자가 의결권을 위임한 상대방 주주의 의결권행사금지를 구하는 가처분이 주를 이룬다. 주된 쟁점은 의결권의 위임(주로 포괄위임)을 자유롭게 철회할 수 있는지와 관련되는데, 의결권위임계약은 당사자가 언제든지 해지할 수 있으므로 주주는 의결권행사 전에는 언제든지 명시적 또는 묵시적으로 의

182) 김지환, "주주간 계약의 효력과 그 위반에 대한 구제방안 : 서울중앙지법 2008. 8. 26.자 2011카합674 결정 등", 판례연구 제26집, 부산판례연구회(2015).

183) 대법원 1969. 7. 8. 선고 69다688 판결, 대법원 2014. 1. 23. 선고 2013다56839 판결 등.

184) 김건식 · 노혁준 · 천경훈, 앞의 책, 318면; 송옥렬, 앞의 책, 939면. 7년간의 대리권 수여를 유효하다고 한 대법원 2002. 12. 24. 선고 2002다54691 판결 참조.

결권행사위임을 철회할 수 있다는 견해[185)]가 통설이다. 대법원 판례 역시 주주가 일정기간 주주권을 포기하고 타인에게 의결권행사권한을 위임하기로 약정한 사정만으로는 그 주주가 주주로서 의결권을 직접 행사할 수 없게 되었다고 볼 수 없다고 한다.[186)] 이러한 법리에서 의결권위임계약을 체결한 주주는 언제든지 그 위임을 철회할 수 있다는 이유로 의결권행사금지가처분신청을 기각한 실무례[187)]가 있다.

다만 언제든지 위임계약을 철회할 수 있다는 규정은 임의규정이므로 철회금지특약을 할 수 있다. 이를 전제로 의결권위임의 철회금지특약을 하고 의결권을 포괄위임한 주주에 대하여 의결권행사금지가처분을 명한 실무례[188)]가 있다. 또한 의결권위임의 철회금지특약 존부에 대해서는 별도로 판단하지 않고 상대방 주주에 대하여 의결권행사금지가처분을 명한 실무례[189)]도 있다.

2) 의결권구속계약(의결권위임계약 제외)의 경우

의결권구속계약을 체결한 주주에 대하여 그 계약에 반하는 내용으로 의결권을 행사하는 것을 금지하는 가처분을 명하기도 하는 것이 실무이다. 예를 들면, ① 채권자와 채무자가 주주간 계약을 체결하고 그에 따라 채권자가 지명한 자를 이사로 선임하였다가 그를 해임하는 주주총회를 개최하기로 한 사안에서, 채무자는 채권자의 지명으로 선임된 이사를 해임하는 내용의 의결권을 행사하지 않을 의무를 부담한다고 보아 '해당 이사의 해임의 건'에 찬성하는 내용의 의결권행사금지가처분을 명한 경

185) 김건식 · 노혁준 · 천경훈, 앞의 책, 320면; 임재연, 앞의 책(주 59), 89면; 송옥렬, 앞의 책, 941면; 이철송, 앞의 책, 551면; 전휴재, 같은 논문(주 108), 315면. 따라서 의결권위임계약에도 불구하고 위임인이 위임을 철회하고 스스로 의결권을 행사한 경우 해당 주주총회 결의에 하자가 있다고 볼 수 없고, 다만 당사자 사이의 계약 위반의 문제만 발생한다.

186) 대법원 2002. 12. 24. 선고 2002다54691 판결.

187) 서울중앙지방법원 2005. 12. 12. 2005카합4271 결정, 서울중앙지방법원 2017. 3. 3.자 2016카합81336 결정.

188) 서울중앙지방법원 2010. 9. 7.자 2010카합2663 결정.

189) 서울중앙지방법원 2013. 2. 27. 2013카합63 결정, 수원지방법원 안산지원 2016. 3. 29.자 2016카합10056 결정.

우,[190] ② 지분비율을 3 : 7에서 5 : 5로 변경하기로 한 주주간 계약에 따라 상대방 주주에 대하여 변경된 지분비율에 해당하는 의결권행사금지가처분을 명한 경우[191]가 있다. 반면 의결권을 행사하지 않기로 한 주주간 계약에 따라 상대방 주주에 대하여 의결권행사금지를 신청한 사안에서 기한의 정함 없이 장래를 향하여 주식의 의결권 등 일체의 주주권을 포기하는 내용의 의결권구속계약만으로 해당 주주의 의결권이 상실되거나 행사가 제한된다고 볼 수 없다는 이유로 신청을 기각한 경우[192]도 있다.

(다) 의결권구속계약의 이행을 구하는 가처분

1) 의결권구속계약을 체결한 주주가 의결권구속계약 위반이 예상되는 상대방 주주에 대하여 계약 내용대로 의결권을 행사하도록 하는 판결을 본안으로 하여 그 가처분을 구하는 것이 가능한지의 문제가 있다. 이 문제는 가처분의 일반론으로 종래 임시의 지위를 정하는 가처분으로 '의사의 진술을 명하는 가처분'이 허용되는지와 관련하여 논의되어 왔다.[193]

2) 학설은 의결권구속계약에 따라 상대방 주주에 대하여 계약에서 정한 특정한 의결권행사를 구하는 가처분이 허용되는지에 관하여 '긍정설'과 '부정설'이 대립하고 있다.

'긍정설'은 의결권구속계약의 내용과 같이 의결권을 행사할 것을 청구할 수 있는 권리를 피보전권리로 삼아 가처분으로서 의결권구속계약에 따른 의결권행사를 명할 수 있다는 견해[194]인데, 그 구체적 집행방법에

---

190) 서울중앙지방법원 2014. 5. 8.자 2014카합655 결정.
191) 서울동부지방법원 2020. 4. 20.자 2020카합10108 결정.
192) 수원지방법원 2022. 4. 14.자 2022카합10144 결정.
193) 의사의 진술을 명하는 가처분이 허용되지 않는다는 '부정설'로 대표적으로 양석완, "의사표시를 명하는 소송과 보전처분의 한계", 비교사법 제14권 제3호, 한국비교사법학회(2007), 688면과 의사의 진술을 명하는 가처분이 허용된다는 '긍정설'로 대표적으로 권창영, "의사표시를 명하는 가처분", 사법논집 제52집, 법원도서관(2011), 82-83면 참조.
194) 김건식 · 노혁준 · 천경훈, 앞의 책, 323면; 김지환, 앞의 논문(주 182), 546면; 김태정, 앞의 논문, 13면 이하; 윤영신, 앞의 논문, 60면(주 169); 이동건 · 류명현 · 이수균, 앞의 논문(주 157), 82면; 이봉민, 앞의 논문, 565면; 천경훈, 앞의 논문, 35-36면.

대해서는 다시 견해가 나뉜다. 먼저 의사의 진술을 명한 가처분결정으로 의사의 진술이 '의제'된다는 견해가 있다. 다음으로 해당 가처분은 의사표시의무의 '이행'을 구하는 것이고 이는 민사집행법 제261조의 간접강제의 방법에 의하여 집행될 수 있다는 견해[195]가 있는데, 그 근거로는 ① 의사표시를 명하는 본안판결은 진술의제의 방법에 의해 집행되는 것에 반해, 의사표시를 명하는 가처분은 잠정성이라는 본질에서 민사집행법 제263조의 요건을 충족하지 못하므로 위 조항으로 집행될 수 없고, 간접강제의 방법에 의해 집행될 수 있다는 점, ② 의결권행사는 주주총회 참석 및 표결이라는 주주의 직접적인 사실행위가 요구되므로 의결권행사는 간접강제의 대상이 보는 것이 타당하다는 점 등이 제시되고 있다.

'부정설'로는 의결권구속계약이 당사자 간에 채권적 효력이 있더라도 의사표시의무의 집행에서 의사의 진술을 명한 판결이 확정된 때 그 판결로 의사를 진술한 것으로 보므로(민사집행법 제263조 제1항), 의결권구속계약에 따라 의결권을 행사하라는 가처분은 허용되지 않는다는 견해[196]가 있다.

3) 하급심 실무 동향은 그러한 가처분을 부정하는 입장에서 긍정하는 입장으로 변화하고 있다.

종래 실무에서는 채무자의 특정한 의결권행사를 구하는 신청은 결국 '의사표시를 명하는 가처분 신청'의 일종이고, 이는 '의사표시의무의 강제이행방법에 관하여 채무자의 의사표시에 갈음하는 재판을 청구하고 그 의사의 진술을 명한 판결이 확정된 경우 판결로 의사표시를 한 것으로 간주되도록 한 민법 제289조 제2항 및 민사집행법 제263조 제1항의 규정 취지에 저촉되는 것으로서 허용될 수 없다'고 한 사례[197]가 있었다.

그러나 2010년경 이후 (회사 관련 가처분은 아니지만) 의사표시를 명하

---

195) 김지환, 앞의 논문(주 182), 546면; 김태정, 앞의 논문, 13면 이하; 이동건 · 류명현 · 이수균, 앞의 논문(주 157), 82면; 이봉민, 앞의 논문, 565면; 천경훈, 앞의 논문, 35-36면.

196) 임재연, 앞의 책(주 59), 78면.

197) 서울중앙지방법원 2008. 2. 25.자 2007카합2556 결정.

는 가처분결정이 종종 이루어지다가,[198] (의결권행사는 아니지만) 주주간 계약관련 사안에서도 의사의 진술을 명하는 가처분도 다른 가처분과 동일하게 고지와 동시에 효력이 발생하고 간접강제 등의 집행방법이 가능한 점 등을 들어, 의사의 진술을 명하는 가처분은 부적법하다는 본안 전 항변을 정면으로 배척한 사례[199]도 있다. 또한, 일반론으로 채무자의 특정한 의결권행사를 구하는 신청이 가능함을 전제로, 이러한 신청은 의사표시를 명하는 가처분신청의 일종으로 만족적 가처분에 해당하여 피보전권리 및 보전의 필요성에 대하여 고도의 소명이 필요하다고 본 사례[200]도 있고, 결국 의결권구속계약에 따라 상대방 주주에게 '정기주주총회에서 공동대표이사 선임의 건에 관하여 찬성하는 내용으로 의결권을 행사하라'고 명시적으로 명한 가처분결정[201]까지 이루어졌다.

의결권위임계약과 관련해서는 채권자에게 의결권을 위임할 것을 명하는 가처분을 한 일련의 결정례가 있다. 먼저 서울중앙지방법원 2011. 11. 24.자 2011카합2785 결정은 가처분으로 채무자에 대하여 채권자에게 의결권을 위임하라고 결정하였다. 그러나 채무자가 이를 이행하지 않자 서울중앙지방법원 2012. 2. 21.자 2012카합324 결정은 다시 의결권을 위임하라고 명하면서, 이번에는 의결권위임을 명하는 가처분은 부대체적 작위의무를 부과하는 것이라고 하며 간접강제를 함께 명하였다. 이번에도 채무자가 이를 이행하지 않자 서울중앙지방법원 2012. 3. 28.자 2012카합711 결정은 채권자가 '의사표시를 명하는 가처분'을 구하는 것이 아니라

198) 서울중앙지방법원 2010. 10. 20.자 2010카합2874 결정(공동시행자 사이의 예금인출요청서에 의한 예금인출에 동의할 것을 명하는 가처분), 서울중앙지방법원 2016. 1. 29.자 2015카합810507 결정(시행사에 대하여 신탁회사에 대한 자금인출요청절차 이행을 명하는 가처분).

199) 서울고등법원 2013. 10. 7.자 2013라916 결정(다만, 채권자들 주장의 피보전권리와 보전의 필요성에 대한 소명이 부족하다고 보아 신청을 기각한 원결정을 유지하였다).

200) 서울중앙지방법원 2017. 1. 9.자 2016카합80389 결정, 서울중앙지방법원 2020. 3. 27.자 2020카합20533 결정(이 결정들은 피보전권리와 보전의 필요성에 대하여 고도의 소명이 없다고 보았다).

201) 수원지방법원 안양지원 2018. 5. 29.자 2018카합10006 결정.

'의사표시 절차의 이행을 명하는 가처분'을 구하는 것이라고 하면서 채무자에 대하여 '의결권을 채권자에게 위임하는 절차를 이행하라.'는 가처분을 명하면서 다시 간접강제를 함께 명하였다.[202)]

4) 의결권구속계약의 주주는 의결권구속계약을 위반할 우려가 있는 상대방 주주에 대하여 의결권행사가 의결권구속계약에 합치되도록 그 계약 내용과 같은 의결권행사를 구하는 장래이행의 소(민사소송법 제251조)를 제기할 수 있고, 그 소를 본안으로 하여 의결권구속계약에서 정한 내용에 따른 의결권행사를 명하는 가처분이 가능하며, 그 집행방법은 민사집행법 제263조에 따른 간접강제에 의한다고 봄이 타당하다. 그 근거는 아래와 같다.

가) 의결권의 행사는 의사표시에 해당하고, 일정한 의사표시를 하여야 할 의무는 대체성이 없는 작위채무의 일종에 해당한다. 따라서 의결권구속계약에서 정한 내용에 따라 의결권을 행사할 것을 구하는 것은 비대체적 작위채무의 이행을 구하는 것이므로, 그 집행방법만 마련되어 있다면 가처분으로도 해당 채무의 이행의 구하는 것이 가능하다고 봄이 타당하다.

나) 의결권위임계약의 경우에는 추가적인 검토의 여지가 있으나, 적어도 의결권구속계약에서 정한 내용에 따라 의결권을 행사하여야 할 의무는 그 성질상 애초부터 민법 제289조 제2항 및 민사집행법 제263조 제1항의 적용대상이 아니라고 봄이 타당하다. 위 조항들이 적용될 수 있는 의사표시는 그 의사표시에 의하여 일정한 법률효과가 생기는 것이어야 하고, 사실적 행위를 수반하는 의사표시는 판결에 의하여 갈음할 수 없어 그 적용대상이 아니다.[203)] 그런데 의결권행사는 의사표시에 해당하지만, 주주의 의결권 행사방법은 본인이 총회에 출석하여 직접 표결에 참가하는 것이 원칙이다.[204)] 그 외에는 상법에 의해 대리인을 통하여 의결

---

202) 같은 취지로 서울중앙지방법원 2013. 3. 28.자 2013카합667 결정.
203) 주석 민사집행법(Ⅵ), 한국사법행정학회(2018), 144면.
204) 권기범, 앞의 책, 738면; 이철송, 앞의 논문, 13면.

권을 행사하거나(제368조 제2항), 서면(제368조의3 제1항) 및 전자적 방법(제368조의4 제1항, 제3항)에 의한 의결권을 행사할 수 있지만, 대리인을 통한 의결권행사도 대리권 수여는 서면으로 하고 대리권을 증명하는 서면을 원본으로 총회에 제출하여야 하며,[205] 서면에 의한 의결권행사는 정관에 근거규정이 있어야 하고, 전자적 방법에 의한 의결권행사는 이사회결의를 거쳐 대통령령이 정한 바에 따라 이루어져야 한다. 이렇듯 의결권행사는 의사표시만으로 그 법률효과가 발생하는 것이 아니고 사실적 행위가 수반된다고 볼 수 있으므로 민법 제398조 제2항, 민사집행법 제263조 제1항의 적용대상이 된다고 볼 수 없다.[206]

그런데 사실적 행위를 수반하는 의사표시는 의사표시만으로는 목적을 달성할 없으므로 그 집행방법은 민사집행법 제263조가 아니라 부대체적 작위채무의 강제집행으로서 간접강제의 방법에 의하여야 한다는 것이 통설[207]이다. 이점에서 의결권구속계약에서 정한 내용에 따른 의결권행사를 명하는 가처분도 그 발령이 가능하고 간접강제에 의해 집행이 가능하다고 볼 수 있다.

다) 일반론으로 보자면, 의사표시를 명하는 가처분이 허용되더라도[208] 그 가처분에 의하여 민법 제389조 제2항, 민사집행법 제263조 제1항에 의한 의사표시 의제의 효과가 발생한다고 보기 어렵다.[209] 위 규정 내용에 비추어 의사표시에 '갈음'하는 재판은 확정판결로만 집행이 가능한 것으로 보이고 가처분의 경우에는 위 규정들이 적용된다고 보기 어려우며, 별도의 규정 없이 의사표시를 명하는 가처분의 고지만으로 의사표시 의제의 효과가 발생한다고 단정하기 어렵다.[210] 이 경우 의사표시를

---

205) 대법원 2004. 4. 7. 선고 2003다29616 판결.

206) 같은 취지로 이철송, 앞의 논문, 13면.

207) 주석 민법, 채권총칙(Ⅰ) 제5판, 한국사법행정학회(2020), 588면.

208) 다만 등기절차를 명하는 가처분은 허용된다고 볼 수 없다. 주석 민사집행법(Ⅵ), 앞의 책, 142면.

209) 같은 취지로 곽희경, "의사표시를 목적으로 하는 채무의 강제이행 : 가처분 절차를 중심으로", 법조 제725호, 법조협회(2017), 370면; 법원실무제요 민사집행(Ⅳ) 동산 · 채권 등 집행, 사법연수원(2020), 793면.

명하는 가처분이 허용되더라도 그 의사의 진술에 '갈음'하는 방식의 강제집행은 이루어질 수 없을 것이다.

그런데 민사집행법 제263조 제1항에 의한 강제이행이 허용되는 채무에 대하여는 간접강제와 같은 다른 강제이행방법을 사용할 수 있더라도 이는 인정되지 않는다는 것이 다수의 견해[211)]여서 해석상 논란의 여지가 있을 수 있지만, 위 조항이 의사의 진술을 명하는 채무의 이행은 반드시 확정판결의 형식을 갖춘 경우에만 그에 갈음하는 방식으로 허용된다는 것을 의미하는 것인지 단정하기 어려운 점,[212)] 본안판결을 통하여 얻고자 하는 내용과 실질적으로 동일한 내용의 권리관계를 잠정적으로 형성하는 만족적 가처분이 허용되므로 위 조항만으로 의사의 진술을 명하는 가처분을 부정할 수 있는지 의문인 점, 아래 라)와 같은 현실적 필요성 등에 비추어 보면, 본질적으로 대체성이 없는 작위채무에 해당하는 일정한 의사표시를 명하는 가처분에 민사집행법 제263조 제1항의 집행방법이 아닌 다른 집행방법은 당연히 배제된다고 하기보다는 이는 민사집행법 제261

---

210) 법원실무제요 민사집행(Ⅳ) 동산 · 채권 등 집행, 앞의 책, 793면. 의사의 진술을 명하는 판결이 확정되면 다른 이행판결과는 달리 사실적 집행행위 없이 바로 채무자가 그 판결의 내용대로 이행한 것으로, 즉 특정한 의사를 진술한 것으로 의제되는 효과를 발생시키나, 그러한 법률관계 형성의 효과는 그 판결 자체에 의하여 발생하는 것이 아니라 민사집행법 제263조 제1항에 의하여 발생하는 것이라는 곽희경, 앞의 논문, 344-345면 참조.

211) 주석 민법, 앞의 책, 586면.

212) 민사집행법 제263조가 의사진술을 명하는 판결의 집행을 위해 진술의제라는 특별한 방법을 적용한 것은 그것이 가장 효율적이고 간편하기 때문이고, 그 외의 방법은 의사표시채무의 집행에 적당하지 않기 때문이 아니다. 본래 의사표시를 하여야 할 의무는 대체성이 없는 '하는 채무'의 일종이므로 그 강제집행은 민사집행법 제261조의 간접강제의 방법에 의하여야 하지만, 의사표시의무는 그 의사표시에 의하여 발생하는 법률효과가 인정되기만 하면 집행의 목적이 달성되고 채무자 자신이 의사표시를 하는 것이 반드시 필요하지는 않다. 이 경우에도 간접강제에 의하도록 하는 것은 채권자 입장에서는 시간이 걸리고 채무자에 대하여 불필요하게 번거로움만을 끼치는 것에 불과하므로, 민법 제389조 제2항은 보다 직접적인 구제수단으로서 "채무가 법률행위를 목적으로 한 때에는 채무자의 의사표시에 갈음할 재판을 청구할 수 있다."고 규정하는 한편, 민사집행법 제263조 제1항은 그 재판의 현실적인 실현수단으로서 채무자의 의사표시를 명하는 판결이 확정된 때 등에는 채무자가 그러한 의사표시를 한 것으로 보도록 하는 특수한 집행방법을 마련한 것이다. 주석 민사집행법(Ⅵ), 앞의 책, 137-138면.

조의 간접강제의 방법으로 집행할 수 있다고 적극적으로 해석할 수도 있을 것이다.[213] 이렇게 본다면 의결권구속계약에서 정한 내용에 따른 의결권행사를 명하는 가처분 역시 문언 그대로 가처분으로 의사표시(정확히는 의사표시의 이행)인 의결권행사를 명하는 것으로서 민사집행법 제261조의 간접강제의 방법으로 집행할 수 있다고 봄이 타당하다.

라) 의결권구속계약에 따른 의결권행사는 가처분에 의하여 구할 수 없고 확정판결에 의해서만 구할 수 있다는 것은 의결권구속계약이 체결, 활용되는 현실을 외면한 것이다. 의결권행사를 구하는 본안소송을 제기하여 승소확정판결을 받더라도, 이미 그 의결권의 행사와 관련한 안건은 주주총회에서 처리된 후일 가능성이 높으므로 확정판결이 의미가 없게 된다.[214] 또한, 의결권구속계약의 당사자가 의사표시에 갈음하는 판결을 통한 구제가 힘들다는 점을 고려하여 가처분으로써 의결권구속계약에 따른 의결권행사의무의 '이행'과 그 위반 시 간접강제를 구함에도 굳이 이를 금지할 실익이 있는지 의문이다.[215]

5) 가처분결정에 위반하여 의결권이 행사된 경우 주주총회 결의의 효력도 문제된다. 위와 같이 의결권구속계약에 따라 특정한 내용의 의결권행사를 명하는 가처분을 명한 경우에는 민사집행법 제263조 제1항에 따른 진술의제의 효과가 발생하지는 않는다. 따라서 특정한 내용의 의결권행사를 명하는 가처분결정에도 불구하고 채무자가 가처분결정에 위반하여 의결권을 행사할 수 있다.

의결권구속계약의 일방이 가처분결정에 위반하여 의결권을 행사한 경우 해당 결의의 효력에 관하여는, ① 의결권구속계약은 당사자 간 채권적 효력만 가지고 집행력 역시 채무자가 아닌 회사에 미친다고 볼 수

---

213) 의사표시를 명하는 가처분의 집행방법은 간접강제라는 곽희경, 앞의 논문, 272-274면.

214) 김태정, 앞의 논문, 14면; 천경훈, 앞의 논문, 35면. 천경훈, 앞의 논문, 35면은 이와 달리 소유권이전등기절차이행판결의 경우에는 미리 처분금지가처분을 받아놓고 그 부동산이 남아 있으면 3~4년 판결이 확정되더라도 판결의 집행이 가능하고 실익이 있다고 한다.

215) 김태정, 앞의 논문, 14면 참조.

없어 가처분에 위반한 의결권행사에 의한 주주총회 결의에 하자가 있다고 볼 수 없다거나,[216] 회사에 대한 법률관계를 획일적으로 처리하기 위해 그러한 의결권행사도 유효하고 주주총회 결의의 효력에 영향이 없다[217]는 견해, ② 다툼이 있는 법률관계 본연의 상태를 유지, 보전하려는 가처분의 목적이나 기판력은 없지만 집행력을 발생시키는 가처분의 효과에 비추어 가처분결정에 위반된 의결권행사는 효력이 없다는 견해[218] 등이 대립하고 있다. 실무례로는 의결권행사에 관한 계약 등 주주간 합의에 위반하여 의결권을 행사하였다는 사정만으로 그에 따른 주주총회 결의에 하자가 있다고 볼 수는 없다고 판단한 사례[219]가 있다.

(라) 회사를 채무자로 한 가처분 허용 여부

1) 의결권구속계약에 의하여 상대방인 주주에 대하여 의결권구속계약에서 정한 내용에 따른 의결권행사를 구하는 가처분을 구할 수 있음을 긍정하는 것에서 더 나아가 회사를 상대로 의결권구속계약에 반하는 상대방 주주의 의결권행사허용을 금지하는 가처분을 구할 수 있는지가 문제된다.

통설은 의결권구속계약의 효력이 회사에까지 미친다고 보기 어렵다는 입장이고, 따라서 의결권구속계약에 위반하여 의결권을 행사하였다는 사정만으로 그에 따른 주주총회 결의에 하자가 있다고 볼 수는 없으므로, 의결권구속계약에 근거하여서는 당사자가 아닌 회사를 상대로 의결권

216) 이동건 · 류명현 · 이수균, 앞의 논문(주 157), 81-82면. 같은 취지로 의결권구속계약은 당사자간 채무적 효력만 갖는다는 점에서 회사에 대한 효력에 의문을 갖는 권오성, "의결권구속계약에 관한 소고", 변호사 제38집, 서울지방변호사회(2008), 300면. 다만 이동건 · 류명현 · 이수균, 앞의 논문(주 157), 82면은 이는 전체 주주가 체결한 계약인지 여부에 따라 결론을 달리하지 않으나, 회사 역시 계약 당사자라면 상대방 주주뿐만 아니라 회사를 상대로도 '주주는 ~하도록 의결권을 행사하여야 하고, 회사는 주주의 이와 다른 의결권행사를 허용하여서는 아니 된다'는 신청이 인용되면 회사는 가처분결정에 위반한 의결권행사를 허용하여서는 안 되고, 이를 허용한다면 결의방법에 하자가 있다고 한다.

217) 정동윤, 앞의 논문, 167면.

218) 이태종, "주주간의 의결권구속계약에 관한 연구", 서울대학교 석사학위논문(1984), 90면.

219) 수원지방법원 안양지원 2018. 5. 29.자 2018카합10006 결정.

행사허용금지가처분 등을 구할 수는 없다. 다만 위에서 본 바와 같이 모든 주주가 의결권구속계약의 당사자가 된 경우나 그 계약의 내용이 정관에 기재되었을 경우에는 회사에 효력이 미쳐 의결권구속계약에 위반한 의결권행사로 이루어진 결의를 하자 있는 결의라고 볼 수 있다는 입장에 선다면, 회사를 상대로 한 의결권행사허용금지가처분 등을 구할 수 있을 것이다.

실무상으로도 계약당사자가 아닌 회사를 상대로 한 (의결권구속계약에서 정한 내용에 반하는) 상대방 주주의 의결권행사허용금지가처분신청에 대하여 그 계약에 위반하여 의결권을 행사하였다는 사정만으로 주주총회 결의에 하자가 있다고 볼 수는 없으므로 원칙적으로 당사자도 아닌 회사에 대하여 상대방 주주의 의결권행사허용금지가처분을 구할 수는 없다고 한 사례,[220] 의결권위임계약이 체결된 사안에서 회사를 상대로 상대방 주주의 의결권행사허용금지와 채권자의 위임받은 의결권행사허용을 구한 것에 대하여 회사가 주주간 계약의 당사자가 아님을 이유로 신청을 기각한 사례[221] 등이 있다. 또한 주주명부에 기재된 자는 회사에 대한 관계에서 주주권을 행사할 수 있다는 법리를 들어 회사를 상대로 상대방 주주의 의결권행사허용금지를 구할 권리가 없다고 판단한 사례[222]도 있다. 반면 의결권위임계약이 체결된 사안에서 당사자가 아닌 회사에 그 효력이 미치지 않는다고 회사가 다투었으나, '의결권위임계약이 유효한 이상 채권자로서는 그 이행을 위하여 회사에 대하여 의결권행사를 허용하도록 청구할 수 있다'는 이유로 상대방 주주의 의결권행사금지가처분을 명하면서 회사에 대하여도 상대방 주주의 의결권행사허용금지 및 채권자의 의결권행사허용가처분을 명한 경우[223]도 있다. 이 결정에 대해서는 회사가

---

220) 수원지방법원 안양지원 2018. 5. 29.자 2018카합10006 결정, 부산지방법원 서부지원 2019. 3. 25.자 2019카합100083 결정, 수원지방법원 2022. 4. 14.자 2022카합10144 결정, 수원지방법원 안양지원 2022. 5. 26자 2022카합10051 결정.

221) 서울중앙지방법원 2010. 9. 7.자 2010카합2663 결정.

222) 서울동부지방법원 2018. 3. 14.자 2018카합10124 결정.

223) 수원지방법원 안산지원 2016. 3. 29.자 2016카합10056 결정.

당사자가 아님에도 주주간 계약이 회사를 구속함을 전제로 한 것이라는 견해[224]가 있다.

2) 문제는 회사도 의결권구속계약의 당사자인 경우이다. 일반론으로 회사가 의결권구속계약의 당사자인 경우 그 계약의 회사에 대한 효력에 대해서는 이를 긍정하는 견해[225]와 부정하는 견해[226]의 대립이 있다.

가처분과 관련해서는 회사가 의결권행사 주체가 될 수는 없고 의무부담자는 주주가 되므로 주주간 계약상 합의된 주주총회 결의가 제대로 이행되지 않는 때에도 회사를 상대로 한 가처분은 어려울 것이라는 견해[227]가 있다. 같은 취지로 의결권행사는 주주의 재량에 의하여 행사되고 행사 즉시 효력이 발생하는 것이지 회사가 행사내용을 미리 파악하여 내용 여하에 따라 사전에 행사를 허용하거나 금지하는 것은 가능하지 않고, 한편 주주가 가처분결정과 다른 내용으로 의결권을 행사하였다고 하여 그 효력을 인정하지 않는 것은 가처분결정에 주주간 계약에 따른 의결권행사의 의사표시와 동일한 효력을 인정한 때에만 가능한데, 이것이야말로 의사의 진술을 명하는 확정판결로만 가능하다는 이유로 회사에 대한 가처분은 허용되지 않는다는 견해[228]도 있다. 이와 반대로 회사가 당사자로 포함된 의결권위임계약에 따라 상대방 주주에 대하여 의결권위임을 명하는 한편, 회사에 대하여도 '회사는 채권자에게 위임받은 의결권의 행사를 허용하여야 한다.'는 가처분을 명한 사례[229]도 있다.

Ⅳ. 결　　론

이상으로 주주총회, 주식에 관한 회사 관련 가처분의 당사자, 피보전권리, 보전의 필요성, 가처분의 효력 등에 관한 최근 실무상 쟁점에 관

224) 이철송, 앞의 논문, 16-17면.
225) 이동건 · 류명현 · 이수균, 앞의 논문(주 157), 81면.
226) 이철송, 앞의 논문, 27면.
227) 신우진, 앞의 논문, 82면.
228) 김태정, 앞의 논문, 15면 이하 .
229) 서울중앙지방법원 2011. 11. 24.자 2011카합2785 결정.

하여 개괄하여 보았다. 향후 보다 폭 넓은 사례의 조사와 깊이 있는 연구가 이루어지고 이를 통하여 튼튼한 이론적 토대를 기초로 회사 관련 가처분을 둘러싼 실무가 실제의 분쟁을 합리적으로 해결하는 데 기여하기를 기대한다.

[Abstract]

Latest Practical Issues Concerning Preliminary Injunctions Regarding Shareholders' Meeting and Shares

Ko, Hong Seok*

'Preliminary injunctions in corporate law disputes' are widely used as a preliminary dispute resolution method. Preliminary injunctions in corporate law disputes are characterized by replacing merits of the case and single trial. Despite various types and disputes related to preliminary injunctions in corporate law disputes, there are few judicial precedents by Supreme Court and injunction decisions at the lower court remain powerful precedents and accumulated decisions form the practice of preliminary injunctions in corporate law disputes.

For injunctions regarding the ban on holding shareholders' meeting, the parties and rights protected by preliminary injunction become different depending on whether it is the case where the shareholders' meeting is convened by unauthorized person or the the case where the procedure of convening shareholders' meeting, resolution method, resolution details are against laws or articles of incorporation. If injunction to ban the holding of shareholders' meeting is made, the effectiveness of the resolution made at the shareholders' meeting which was held against the injunction to prohibit the holding of shareholders' meeting. 'Provisional invalid theory', where the effectiveness of the resolution made at the shareholders' meeting held against the injunction to ban the holding of shareholders' meeting cannot be accepted but if the creditor receives final sentence of defeat in the lawsuit

* Chief Judge, Bucheon Branch Court of Incheon District Court, Incheon Family Court.

on the defects in the resolution made at the shareholders' meeting and it is found that the creditor do not have the rights protected by preliminary injunction, the resolution made at the shareholders' meeting became effective retrospectively, is valid.

The number of injunctions regarding the agenda at the shareholders' meeting is increasing in the trend of strengthening the rights of the minority shareholders and increasing number of hostile M&As. There is no dispute that the shareholders' right to make proposal constitutes the rights protected by preliminary injunction regarding the agenda presented at the shareholders' meeting. There is dispute regarding whether the right to call an extraordinary shareholders' meeting can be rights protected by preliminary injunction but it is reasonable to deny the argument. Some say that debtor qualification belongs to directors but the company should be considered to have debtor qualification. In practice, whether to recognize the rights protected by preliminary injunction to order injunction on agenda proposal at the shareholders' meeting is contested if the period of convocation notice of shareholders' meeting is not long enough.

For injunction regarding the effectiveness of new shares issuance, type of injunction becomes different depending on whether the new shares issuance takes effect or not. In the case of injunction for banning the new shares issuance, what matters is whether the new shares issued in violation of injunction is effective or not. However, there are conflicts among positive theory, compromise theory and negative theory and the position in the judicial precedents by Supreme Court is not clear.

In relation to shareholders' agreement, problems arise mainly from injunction related to vote agreement. Recently, injunctions seeking for the implementation of vote agreement are disputed and it is reasonable to assume that shareholders who signed vote agreement are able to apply for injunctions that order the exercise of voting rights in accordance with the vote agreement signed against other shareholders who may violate the vote agreement.

[Key word]

- Preliminary injunctions in corporate law disputes
- injunctions regarding the ban on holding shareholders' meeting
- injunctions regarding the agenda at the shareholders' meeting
- injunction for banning the new shares issuance
- shareholders' agreement

참고문헌

주석 민법, 채권총칙(Ⅰ) 제5판, 한국사법행정학회(2020).
주석 민사집행법(Ⅵ), 한국사법행정학회(2018).
주석 상법, 회사편(4)(제5판), 한국사법행정학회(2014).
주석 상법, 회사법(Ⅳ) 제6판, 한국사법행정학회(2021).

권기범, 현대회사법론(제8판), 삼영사(2021).
김건식 · 노혁준 · 천경훈, 회사법(제6판), 박영사(2022).
김홍기, 상법강의(제4판), 박영사(2019).
법원실무제요 민사집행(Ⅳ) 동산 · 채권 등 집행, 사법연수원(2020).
법원실무제요 민사집행(Ⅴ) 보전처분, 사법연수원(2020).
송옥렬, 상법강의(제11판), 홍문사(2021).
이철송, 회사법강의(제29판), 박영사(2021).
임재연, 회사법Ⅰ(개정7판), 박영사(2020).
______, 회사법Ⅱ(개정7판), 박영사(2020).
______, 회사소송(제4판), 박영사(2021).
정동윤, "폐쇄회사의 법리", 법문사(1982).
정찬형, 상법강의(상)(제22판), 박영사(2019).
최준선, 회사법(제16판), 삼영사(2021).
회사재판실무편람, 회사재판실무편람 발행위원회, 박영사(2020).

권오성, "의결권구속계약에 관한 소고", 변호사 제38집, 서울지방변호사회(2008).
곽관훈, "벤처기업에 있어서의 주주간 계약-의결권구속계약을 중심으로", 상사법연구 제37호, 한국상사법학회(2003).
곽경직, "주주총회 의안의 상정 여부를 둘러싼 가처분", 민사재판의 제문제 제16권, 한국사법행정학회(2007).
곽병훈, "신주발행의 무효원인 및 그 유무의 판단 기준", 대법원판례해설 제83호, 법원도서관(2010).
권미연, "신주발행의 무효원인과 판단기준", 재판실무연구, 서울남부지방법원

(2010).
김대연, "주주총회 관련 가처분", 민사법이론과 실무 제21권 제3호, 민사법의 이론과 실무 학회(2018).
김민수, "주주총회 안건상정 가처분에 관한 실무적 검토", 민사집행법연구 제4권, 한국사법행정학회(2008).
김지환, "주주간 계약과 정관자치법리에 관한 연구", 상사판례연구 제26집 제3권, 한국상사판례학회(2013).
______, "주주간 계약의 효력과 그 위반에 대한 구제방안 : 서울중앙지법 2008. 8. 26.자 2011카합674 결정 등", 판례연구 제26집, 부산판례연구회(2015).
김태정, "합작투자회사의 지배구조와 주주간 계약", BFL 제88호, 서울대학교 금융법센터(2018).
노혁준, "신주발행의 무효사유에 관한 연구", 선진상사법률연구 제60호, 법무부(2012).
______, "회사가처분에 관한 연구 : 기본구조와 주요가처분의 당사자 및 효력을 중심으로", 민사판례연구 제32권, 박영사(2010).
박정국, "의결권행사를 위한 주주간 계약의 고찰", 외법논집 제36권 제1호, 한국외국어대학교 법학연구소(2012).
백숙종, "주주간 계약과 가처분", BFL 제88호, 서울대학교 금융법센터(2018).
송옥렬, "주주간 계약의 회사에 대한 효력 : 회사법에 있어 사적 자치의 확대의 관점에서", 저스티스 제178호, 한국법학원(2020).
신우진 · 김지평 · 고정은, "주주총회 관련 가처분의 실무상 쟁점", BFL 제84호, 서울대학교 금융법센터(2017).
신필종, "회사가처분의 실무적 고찰 : 소송구조와 효력에 관한 최근 논의를 중심으로", 민사재판의 제문제 제20권, 한국사법행정학회(2011).
안영수 · 이소영, "주주제안권 행사와 관련한 실무상의 쟁점 분석", BFL 제84호, 서울대학교 금융법센터(2017).
원도연, "임시의 지위를 정하기 위한 가처분 신청사건 I ", 2021년도 신청재판 실무연구 교육자료(2021).
윤성승, "의결권 신탁과 의결권행사 계약의 비교법적 고찰", 상사판례연구 제24집 제2권, 한국상사판례학회(2011).
윤영신, "주주총회 관련 분쟁과 가처분의 법적 쟁점", 홍익법학 제10권 제2호, 홍익대학교(2009).

______, “주주총회와 의결권 행사”, BFL 제100호, 서울대학교 금융법센터(2020).

이봉민, “임시의 지위를 정하기 위한 가처분의구체적 방법 및 주문에 관한 고찰 : 법원의 재량과 한계를 중심으로”, 민사집행법연구 제10권, 한국사법행정학회(2014).

이동건 · 류명현 · 이수균, “M&A계약의 주요 조항과 법적 쟁점 : 주주간계약의 실무상 쟁점–작성시 주의 사항을 중심으로”, BFL 제67호, 서울대학교 금융법센터(2014).

______, “주주간 계약상 주식양도의 제한 : 주식양도제한조항에 관한 실무상 쟁점을 중심으로”, BFL 제88호, 서울대학교 금융법센터(2018).

이승영 · 이우재 · 이원 · 김민수 · 이재혁 · 박기쁨 · 범선윤, “임시의 지위를 정하기 위한 가처분의 효력에 관한 연구”, 민사집행법 실무연구Ⅲ, 사법발전재단(2011).

이종문, “상사가처분 사건의 현황과 실무적 쟁점 : 회사와 관련된 ‘임시의 지위를 정하기 위한 가처분’을 중심으로”, BFL 제54호, 서울대학교 금융법센터(2012).

이철송, “주주간계약의 회사법적 효력론의 동향”, 선진상사법률연구 제86호, 법무부(2019).

이충상, “신주발행금지가처분 위반의 신주발행은 무효인가”, 법률신문 제3909호(2011).

이태종, “주주간의 의결권구속계약에 관한 연구”, 서울대학교 석사학위논문(1984).

임채균, “회사법상 유지청구권”, 재판자료 제38집, 법원도서관(1987).

전휴재, “경영권 분쟁과 가처분 : 적대적 M&A를 중심으로”, 보전소송 재판실무연구, 한국사법행정학회(2008).

______, “주주총회 관련 가처분에 관한 연구”, 사법 제57호, 사법발전재단(2021)

천경훈, “주주간 계약의 실태와 법리 : 투자촉진 수단으로서의 기능에 주목하여”, 상사판례연구 제26집 제3권, 한국상사판례학회(2013).

民事判例研究會 日誌

▣ 月例 研究發表會 ▣

○ 第447回(2022. 1. 24.)

- 권재문 교수 : 유류분 침해액 산정과 구체적 상속분 -대법원 2021. 8. 19. 선고 2017다235791 판결에 대한 비판-

  지정토론 : 이진만 변호사, 이지영 부장판사

○ 第448回(2022. 2. 21.)

1. 전휴재 교수 : 추심소송과 기판력의 주관적 범위 -추심소송과 채권자대위소송의 비교를 중심으로-

   지정토론 : 이정환 변호사, 이승일 판사

2. 이건희 판사 : 상가건물 임대차보호법 제10조의4 제2항 제3호의 해석에 관한 연구

   지정토론 : 박수곤 교수, 이현경 판사

○ 第449回(2022. 3. 21.)

1. 이종혁 교수 : 이혼의 준거법의 결정방법 및 규율범위와 숨은 반정의 법리의 재고찰 -대법원 2021. 2. 4. 선고 2017므12552 판결을 계기로 삼아-

   지정토론 : 장준혁 교수, 한나라 판사

2. 윤성헌 판사 : 국민건강보험공단의 구상권과 피해자의 손해배상청구권 사이의 조정 방식

   지정토론 : 이재근 변호사, 이동진 교수

○ 第450回(2022. 4. 18.)

1. 노혁준 교수 : 법인격 부인의 역적용: 대법원 2021. 4. 15. 선고 2019다293449 판결을 글감으로

   지정토론 : 김태진 교수, 김태균 판사

2. 정우성 판사 : 가등기담보 등에 관한 법률에 따른 청산절차를 거치지 않고 이루어진 본등기의 효력과 선의의 제3자 보호

   지정토론 : 이계정 교수, 김영진 고법판사

○ 第451回(2022. 5. 23.)

1. 양승우 판사 : 화해계약의 요건으로서의 분쟁의 존재와 그 인식

   지정토론 : 백경일 교수, 문준섭 변호사

2. 김상중 교수 : 명의도용에 의한 전자금융거래의 효력과 책임

   지정토론 : 이병준 교수, 유형웅 판사

○ 第452回(2022. 6. 20.)

1. 고유강 교수 : 특정물매도인의 하자담보책임으로서 손해배상의 범위

   지정토론 : 여하윤 교수, 김세용 판사

2. 김영석 판사 : 외국재판의 승인 및 집행요건으로서 민사소송법 제217조 제1항 제2호에서 정한 '적법한 송달'의 의미

   지정토론 : 한애라 교수, 장지용 고법판사

○ 第453回(2022. 7. 18.)

1. 조병구 부장판사 : 지방자치단체의 사경제주체로서의 행위에 대한 공법의 적용

   지정토론 : 서을오 교수, 이경민 판사

2. 박민준 판사 : 주채무자에 대한 회생계획 인가 후 연대보증인의 변제와 현존액주의

   지정토론 : 최준규 교수, 이창민 판사

○ 第454回(2022. 9. 19.)

1. 현낙희 교수 : 면책 주장과 기판력 및 청구이의의 소

   지정토론 : 장보은 교수, 김기홍 판사

2. 임윤한 판사 : 임대차보증금반환채권 담보 목적의 전세권에 저당권이 설정된 경우 통정허위표시 법리의 적용 여부

   지정토론 : 권재문 교수, 이승훈 판사

○ 第455回(2022. 10. 24.)

1. 이국현 부장판사 : 상속채권자와 상속포기

   지정토론 : 박진수 부장판사, 김병선 교수

2. 정준혁 교수 : 주주평등원칙의 발전적 해체와 재정립

   지정토론 : 김연미 교수, 오대석 판사

○ 第456回(2022. 11. 21.)

1. 이지영 고법판사 : 미성년자의 불법행위에 대한 비양육친의 감독의 무자책임

   지정토론 : 김수정 교수, 정현희 판사

2. 김형석 교수 : 사후(死後) 이행을 위한 제3자를 위한 계약

   지정토론 : 정태윤 교수, 김창모 부장판사

▣ 新年學術會 ▣

○ 2022年 新年學術會(2022. 1. 6.) (서울 서초구 신반포로 176 'JW메리어트')

- 김선화 판사 : 채권의 실현을 방해하는 제3자 채권침해의 위법성 판단기준 －대법원 2021. 6. 30. 선고 2017다10827 판결을 중심으로－

  지정토론 : 이연갑 교수, 이현수 변호사

▣ 夏季 심포지엄 ▣

○ 第45回(2022. 8. 20.)(서울 강남구 테헤란로87길 46 '오크우드 프리미어 코엑스센터')

主題 : 「會社法의 諸問題」

1. 회사의 손해(송옥렬 교수)
   지정토론 : 한정석 부장판사
2. 다중대표소송의 실무상 쟁점(진상범 부장판사)
   지정토론 : 최문희 교수
3. 소수주주 축출 목적의 주식병합(정대익 교수)
   지정토론 : 김정연 교수
4. 주식매매계약의 진술보증 조항에 따른 매도인의 책임(천경훈 교수)
   지정토론 : 송영복 판사
5. 주주총회, 주식 관련 가처분에 관한 최근의 실무상 쟁점(고홍석 부장판사)
   지정토론 : 전휴재 교수

民事判例研究會 2022年度 會務日誌

1. 月例發表會

□ 2022년에도 하계 심포지엄이 열린 8월과 연말인 12월을 제외한 나머지 달에 빠짐없이 연구발표회를 개최하여 총 19명의 회원들이 그동안 연구한 성과를 발표하였다. 2022년 1월의 제447회 월례발표회부터 11월의 제456회 월례발표회까지의 발표자와 논제는 위 일지에서 밝힌 바와 같다.

□ 2022년부터는 발표자가 PPT 슬라이드 자료를 활용하여 발표하도록 하고 하나의 주제에 관하여 회원 2인이 토론하도록 함으로써, 더욱 효율적이고 생동감 있는 방식으로 월례발표회가 운영되었다.

2. 2022년 新年學術會

□ 코로나19 확산에 따라 개최되지 못한 2021년도 송년모임을 대체하여 2022년 1월 6일 서울 서초구 반포동에 있는 JW메리어트 호텔에서 신년학술회를 개최하였고, 총 54명의 회원이 참석하였다.

□ 신년학술회의 연사로 국립외교원 외교안보연구소 인남식 교수님을 모시고 '탈레반의 아프가니스탄, 그 미래는?'이라는 제목의 매우 흥미롭고 유익한 강연을 들었다. 강연 이후 연구발표회를 진행하였고, 발표자와 논제는 위 일지에서 밝힌 바와 같다.

□ 바쁘신 가운데에서도 시간을 내어 강연을 해 주신 인남식 교수님과 회원으로서 발표를 맡아 주신 김선화 판사님, 지정토론을 맡아 주신 이연갑 교수님, 이현수 변호사님께 깊은 감사의 말씀을 드린다.

3. 제45회 夏季 심포지엄

ㅁ 2022년도 하계 심포지엄은 8월 20일 서울 강남구 테헤란로87길 46 소재 오크우드 호텔에서 '회사법의 제문제'라는 주제로 개최되었는데, 89명의 회원과 외부인사 2명 등 총 91명이 참석하여 성황리에 진행되었고, 매우 유익한 발표와 토론이 이어졌다. 상세한 일정은 앞의 "부록에 부치는 말"에서 밝힌 바와 같다.

ㅁ 회원이 아니면서도 심포지엄에 참석하여 발표를 맡아 주신 진상범 부장판사님, 정대익 교수님, 회원으로서 발표를 맡아 주신 송옥렬 교수님, 천경훈 교수님, 고홍석 부장판사님, 지정토론을 맡아 주신 한정석 부장판사님, 최문희 교수님, 김정연 교수님, 송영복 판사님, 전휴재 교수님과 심포지엄의 원활한 진행을 위하여 도움을 주신 모든 회원님들께 깊이 감사드린다.

4. 送年모임

ㅁ 2022년도 송년모임이 12월 9일(금) 서울 서초구 강남대로 213 소재 엘타워 엘하우스홀에서 개최되어 총 108명의 회원과 배우자들이 참석하였다.

ㅁ 송년모임의 연사로 오은영 원장님을 모시고 부부 관계 및 육아 등 다양한 주제에 관하여 매우 흥미롭고 유익한 강연을 들었다.

ㅁ 바쁘신 가운데에서도 시간을 내어 강연을 해 주신 오은영 원장님께 이 기회를 통해 다시 한 번 감사의 말씀을 드린다.

5. 會員動靜

ㅁ 양창수 전 대법관님께서 2022년 7월 제18대 정부공직자윤리위원회 위원장으로 위촉되셨다.

ㅁ 김수정 교수님, 최준규 교수님, 이동진 교수님, 윤진수 교수님, 이계정 교수님의 공저인 “민법의 경제적 분석”, 남효순 교수님, 이동진 교수님, 김형석 교수님, 이계정 교수님 등의 공저인 “부당이득반환의 비교법적 연구”, 김형석 교수님의 저서인 “담보제도의 연구”, 최준규 교수님의 저서인 “계약법과 도산법 －민법의 관점에서 도산법 읽기－”가 각 2022년 7월 대한민국학술원 우수도서에 선정되었다.

ㅁ 유형웅 판사님, 백경일 교수님께서 2023년 1월 한국법학원으로부터 법학논문상을 수상하셨다.

ㅁ 허성욱 교수님께서 2023년 2월 한국법경제학회 회장으로 선출되셨다.

6. 2023년도 新入會員

ㅁ 학계의 김유성(연세대), 남궁주현(성균관대), 이성범(서울대) 교수와 법원의 김찬미, 문혁, 성창희, 이윤재, 이종욱, 한성민 판사의 신청을 받아 2023년도 신입회원으로 맞이하였다.

(幹事 李 在 璨)

고 김진우 교수를 추모하며

김진우 교수님이 2023. 1. 19. 별세하셨다. 김 교수님은 학문에 뜻을 두고 독일 레겐스부르크 대학교에서 법학 박사학위를 취득하신 후 2003년 광운대학교 교수로 부임하여 근무하시다가 2007년 한국외국어대학교로 자리를 옮겨 민법을 담당하셨다. 민사판례연구회에는 2010년에 가입하여 2011년 월례회, 2014년 하계심포지엄, 2020년 월례회에서 발표를 하셨고, 그 이외에도 다수의 월례회 및 하계심포지엄에서 토론을 맡아 주셨다. 김 교수님은 단체법/비영리공익활동법, 소비자법, 과학기술법 등의 다양한 쟁점에 관하여 이론적으로 깊이가 있는 논문을 다수 발표하셨고, 이에 한국연구재단 법학분야 논문 피인용지수 2위의 업적을 달성하였을 뿐만 아니라 다수의 학술상을 수상하셨다. 이와 같이 활발히 활동을 하시다가 학문의 뜻을 미처 다 펼치지 못한 채 숙환으로 돌아가셔서 김 교수님을 아는 사람들에게 깊은 슬픔을 안겨 주었다. 민사판례연구회도 여기서 소박하게나마 김 교수님을 추모하고자 한다.

연　　보

□ **생년월일** : 1966년 9월 7일

□ **학　　력**

동국대학교 법과대학 법학사, 1989.

동국대학교 법과대학 법학석사, 1993.

독일 레겐스부르크 대학교 법학박사, 1999.

□ **경　　력**

광운대학교 교수

한국외국어대학교 교수
법무부 법무자문위원회 전문위원, 공익법인법 개정위원
한국재산법학회 수석부회장
한국민사법학회 부회장, 편집위원장 등

□ 저서, 논문, 수상 내역

- 소비자법(공저), 박영사, 2013.
- 기업공익재단법제연구(공저), 경인문화사, 2021.
- 도급계약에서의 담보책임기간, 민사판례연구 제34권, 2012.
- 금융거래에서의 약관에 대한 사법적 통제, 민사판례연구 제37권, 2015.
- 지능형 로봇과 민사책임, 저스티스 제164호, 2018.
- 스마트계약과 약관통제에 관한 시론(試論)적 고찰, 비교사법 제88호, 2020.
- 인공지능 시스템의 책임능력: 전자인 제도의 도입 필요성에 관한 논의를 중심으로, 중앙법학 제23권 제4호, 2021.
- 헬스클럽의 회비 임의변경조항에 관한 약관법적 문제, 민사판례연구 제43권, 2021.

외 다수

- 법무부장관 표창
- 전남대학교 법학논총 우수논문상
- 조선대학교 법학연구원 학술상
- 한국외국어대학교 교원업적평가 우수교원 표창

民事判例研究會 2024年度
新入會員 募集 案內

우리 연구회에서는 2024년도 신입회원을 모집합니다. 민사법, 상사법, 민사소송법 분야의 판례 및 이론 연구에 높은 관심과 열의가 있으신 법학교수 및 법조인(판사, 검사 및 변호사 포함)으로서 우리 연구회에 가입하여 활동하기를 원하시는 분들께서는 2023. 10. 14.까지 아래 연락처로 문의해 주시기 바랍니다.

– 아　　래 –

주　　소 : 서울 서대문구 연세로 50 연세대학교 법학전문대학원
광복관 310호(조인영 교수)

이 메 일 : inyoung.cho@yonsei.ac.kr

전화번호 : (02) 2123-2994

民事判例研究會 定款

(2010. 8. 28. 제정)

제1장 총　　칙

제1조(목적) 본회는 판례의 연구를 통하여 민사법에 관한 이론과 실무의 조화로운 발전에 기여하고 회원 상호간의 친목을 도모함을 목적으로 한다.

제2조(명칭) 본회는 「민사판례연구회」라고 한다.

제3조(주소지) 본회는 서울특별시에 그 주소지를 둔다.

제4조(사업) 본회는 제1조의 목적을 달성하기 위하여 다음 사업을 한다.

1. 판례연구 발표회 및 심포지엄의 개최
2. 연구지를 비롯한 도서의 간행
3. 그 밖에 본회의 목적을 달성함에 필요한 사업

제2장 회　　원

제5조(회원) 회원은 본회의 목적에 동의하는 다음 각 호에 해당하는 사람으로서 가입신청을 하여 운영위원회의 승인을 얻어야 한다.

1. 민사법의 연구에 관심이 있는 대학교수
2. 민사법의 연구에 관심이 있는 법관, 검사, 변호사, 그 밖에 변호사 자격이 있는 사람

제6조(회원의 권리 · 의무) ① 회원은 본회의 운영과 관련된 의사결정에 참여하며, 본회의 각종 사업에 참여할 수 있는 권리를 갖는다.

② 회원은 정관 및 총회 결정사항을 준수할 의무를 지며 회비를 납부

하여야 한다.

제7조(회원의 자격상실) 다음 각 호의 1에 해당하는 회원은 그 자격을 상실한다.

1. 본인의 탈퇴 신고
2. 회원의 사망
3. 회원의 제명 또는 탈퇴 결정

제8조(제명 또는 탈퇴 결정) ① 회원이 본회의 명예를 심각하게 훼손한 때 또는 본회의 목적에 위배되는 행위를 하거나 회원으로서의 의무를 중대하게 위반한 때에는 총회의 의결로 제명할 수 있다. 제명에 관한 총회의 의결은 회원 3/4 이상의 출석과 출석회원 과반수의 찬성으로 한다.

② 회원이 정당한 사유없이 상당한 기간 동안 출석을 하지 아니하는 등 회원으로서 활동할 의사가 없다고 인정되는 경우에는 운영위원회의 의결로 탈퇴를 결정할 수 있다.

제 3 장 자산 및 회계

제9조(자산의 구성) 본회의 자산은 다음 각 호에 기재한 것으로 구성한다.

1. 회원의 회비
2. 자산으로 생기는 과실
3. 사업에 따른 수입
4. 기타 수입

제10조(자산의 종류) ① 본회의 자산은 기본재산과 보통재산으로 구분한다.

② 기본재산은 다음 각 호에 기재한 것으로 하되 이를 처분하거나 담보로 제공할 수 없다. 다만, 부득이한 사유가 있는 때에는 운영위원회의 의결을 거쳐 이를 처분하거나 담보로 제공할 수 있다.

1. 기본재산으로 하기로 지정하여 출연된 재산
2. 운영위원회에서 기본재산으로 하기로 결의한 재산

③ 보통재산은 기본재산 이외의 재산으로 한다.

제11조(경비지출) 본회의 경비는 보통재산에서 지출한다.

제12조(자산의 관리) 본회의 자산은 운영위원회의 의결에 의하여 운영위원회에서 정한 관리방법에 따라 회장 또는 회장이 지명하는 회원이 관리한다.

제13조(세입 · 세출 예산) 본회의 세입 · 세출예산은 매 회계연도개시 1개월 전까지 운영위원회의 의결을 얻어야 한다. 다만, 부득이한 사정이 있는 경우에 운영위원회의 의결은 새 회계연도 후 첫 회의에서 이를 받을 수 있다.

제14조(회계연도) 본회의 회계연도는 매년 1월 1일에 시작하여 12월 31일까지로 한다.

제15조(회계감사) 감사는 연 1회 이상 회계감사를 하여야 한다.

제16조(임원의 보수) 임원의 보수는 지급하지 아니한다. 다만 실비는 변상할 수 있다.

제4장 임 원

제17조(임원의 인원수 및 자격) 본회에는 법률상 그 결격사유가 없는 자로서 다음과 같은 임원을 둔다.

1. 회장 1인
2. 운영위원 5인 이상 20인 이내
3. 감사 1인
4. 간사 2인 이내

제18조(임원의 선임) ① 회장은 운영위원회에서 선출하며 총회의 인준을 받는다.

② 운영위원은 회장이 추천하여 총회의 인준을 받는다.

③ 감사는 총회에서 선출한다.

④ 간사는 회장이 지명한다.

제19조(임원의 직무) ① 회장은 본회의 업무를 통괄하고 본회를 대표한다.

② 회장 유고시에 운영위원 중 연장자가 그 직무를 대행한다.

③ 감사는 본회의 업무 및 회계에 관한 감사를 한다.

④ 간사는 회장의 지시에 따라 본회의 실무를 수행한다.

제20조(임기) 회장, 운영위원 및 감사의 임기는 4년으로 하되 연임할 수 있다.

제21조(명예회장과 고문) ① 본회의 발전을 위하여 명예회장과 고문을 둘 수 있다.

② 명예회장과 고문은 운영위원회의 추천에 의하여 회장이 추대한다.

제 5 장 총 회

제22조(총회) ① 총회는 본회의 최고의결기구로서 회원으로 구성한다.

② 회장은 총회의 의장이 된다.

제23조(총회의 소집) ① 총회는 정기총회와 임시총회로 나누되 정기총회는 년 1회 하반기에, 임시총회는 회장 또는 운영위원회가 필요하다고 인정한 경우에 각각 회장이 소집한다.

② 회장은 회의 안건을 명기하여 7일전에 각 회원에게 통지하여야 한다. 이 통지는 본회에 등록된 회원의 전자우편주소로 발송할 수 있다.

제24조(총회의사 및 의결의 정족수) 총회는 회원 30인 이상의 출석과 출석회원 과반수로서 의결한다.

제25조(표결의 위임) 회원은 다른 회원에게 위임하여 표결할 수 있다. 이 경우 그 위임을 증명하는 서면을 미리 총회에 제출하여야 한다.

제26조(총회에 부의할 사항) 총회는 다음에 기재하는 사항을 의결한다.

1. 정관의 제정 및 개정에 관한 사항
2. 임원의 선임과 인준에 관한 사항
3. 세입세출의 예산 및 결산의 승인
4. 기본재산의 처분 · 매도 · 증여 · 기채 · 담보제공 · 임대 · 취득의 승인
5. 본회의 해산
6. 그 밖에 주요사항으로서 운영위원회가 총회에 부의하기로 의결한 사항

제6장 운영위원회

제27조(운영위원회의 구성) ① 운영위원회는 회장과 운영위원으로 구성한다.

② 회장은 운영위원회의 의장이 된다.

제28조(운영위원회의 권한) 운영위원회는 다음 각 호의 사항을 심의 의결한다.

1. 회장의 선출
2. 회원의 가입과 탈퇴에 관한 사항
3. 운영계획에 관한 사항
4. 재산의 취득, 관리, 처분에 관한 사항
5. 총회의 소집과 총회에 회부할 의안에 관한 사항
6. 총회가 위임한 사항
7. 그 밖에 회장이 회부한 본회의 운영에 관한 중요사항

제29조(운영위원회의 소집) ① 운영위원회는 정기 운영위원회와 임시 운영위원회로 구분하고 회장이 소집한다.

② 정기 운영위원회는 년 1회 이상 개최한다.

③ 임시 운영위원회는 회장이 필요하다고 인정하거나 운영위원 1/3 이상 또는 감사의 요구가 있을 때에 회장이 소집한다.

제30조(운영위원회 의사 및 의결의 정족수) 운영위원회는 운영위원 5인 이상의 출석과 출석운영위원 과반수의 찬성으로 의결한다.

제7장 보 칙

제31조(정관의 변경) 본 정관은 총회에서 회원 1/3 이상의 출석과 출석회원 2/3 이상의 동의를 얻어 이를 변경할 수 있다.

제32조(해산, 잔여재산의 처분) ① 본회는 민법 제77조 및 제78조의 규정에 의하여 해산한다.

② 총회원 3/4 이상의 출석과 출석회원 2/3 이상의 찬성으로 본회를 해산할 수 있다.

③ 본회가 해산한 때의 잔여재산은 총회의 결의를 거쳐 유사한 목적을 가진 다른 단체에 출연할 수 있다.

제33조(시행세칙의 제정) 본 정관의 시행에 필요한 세칙은 운영위원회의 의결을 거쳐 정한다.

부　칙

제1조(시행일) 이 정관은 2010년 8월 28일부터 효력이 발생한다.

제2조(회원 및 임원 등) ① 이 정관의 효력 발생일 당시의 민사판례연구회의 회원은 본회의 회원으로 본다.

② 이 정관의 효력 발생일 당시의 회장은 이 정관에 의하여 선임된 것으로 본다. 그 임기는 본 정관의 규정에 의하되, 정관 효력발생일부터 개시된다.

제3조(기존의 행위에 관한 규정) 이 정관의 효력 발생 이전에 민사판례연구회가 한 활동은 이 정관에 따른 것으로 본다.

民事判例研究 간행규정

2005년 12월 27일 제정

2021년 2월 22일 개정

제 1 조(목적) 이 규정은 민사판례연구회(이하 연구회)가 발간하는 정기학술지인 『민사판례연구』에 게재할 논문의 제출, 작성 기준에 관한 사항을 규정함을 목적으로 한다.

제 2 조(삭제)

제 3 조(논문의 제출자격) 논문의 제출은 연구회의 회원인 자에 한하여 할 수 있다. 그러나 운영위원회의 승인을 받은 경우에는 회원이 아닌 자도 논문을 제출할 수 있다.

제 4 조(논문의 제출기일) ① 『민사판례연구』에 논문을 게재하고자 하는 자는 발간예정일을 기준으로 2개월 전에 원고를 이메일로 간사에게 제출하여야 한다.

② 연구회가 주최 또는 주관한 심포지엄 기타 학술모임에서 발표한 논문을 『민사판례연구』에 게재하는 경우에도 제 1 항에 의한다.

제 5 조(삭제)

제 6 조(원고분량의 제한) 논문은 200자 원고지 240매를 초과할 수 없다. 그러나 논문의 성격상 불가피하다고 인정될 경우에는 운영위원회의 승인을 얻어 게재할 수 있다.

제 7 조(논문불게재) 연구회는 운영위원회의 심의를 거쳐 제출된 논문을 게재하지 아니할 수 있다.

제 8 조(원고작성 기준) 게재를 위하여 제출하는 원고는 아래와 같은 기준

으로 작성한다.

1. 원고는 훈글 워드 프로그램으로 작성하여 제출하여야 한다.
2. 원고표지에는 논문제목(영문제목 병기), 필자의 인적 사항(성명, 영문성명, 소속, 직책) 및 연락처를 기재하여야 한다.
3. 논문의 저자가 2인 이상인 경우에는 주저자와 공동저자를 구분하고 주저자 · 공동저자의 순서로 표시하여야 한다.
4. 목차순서는 다음과 같이 기재한다.
   ㉠ 로마 숫자 예) Ⅰ.
   ㉡ 아라비아 숫자 예) 1.
   ㉢ 괄호 숫사 예) (1)
   ㉣ 괄호 한글 예) ㈎
   ㉤ 반괄호 숫자 예) 1)
5. 논문의 결론 다음에는 국문 및 국제학술어(영어, 독일어, 프랑스어)로 된 논문초록 및 10개 이내의 주제어를 기재하여야 한다.
6. 마지막으로 참고문헌 목록을 작성하여야 한다.
7. (삭제)

제 9 조(원고제출 및 게재안내) ① 게재를 신청하는 원고의 접수 및 그에 관련된 문의에 관한 사항은 간사가 담당한다.

② 『민사판례연구』에는 다음 호에 게재할 논문의 투고 및 작성기준을 안내한다.

부　　칙(2005년 12월 27일)

이 규정은 2006년 1월 1일부터 시행한다.

부　　칙(2021년 2월 22일)

이 규정은 2021년 3월 1일부터 시행한다.

논문의 투고 및 작성기준 안내

1. 제출기일

민사판례연구회의 『민사판례연구』는 매년 1회(2월 말) 발간됩니다. 간행규정 제 4 조에 따라 위 정기 학술지에 논문이나 판례평석(이하 논문이라고 한다)을 게재하고자 하는 자는 발간예정일을 기준으로 2개월 전에 원고를 이메일로 간사에게 제출하여야 합니다. 연구회가 주최 또는 주관한 심포지엄 기타 학술모임에서 발표한 논문을 『민사판례연구』에 게재하는 경우에도 마찬가지입니다.

2. 논문의 제출자격 등

논문의 제출은 연구회의 회원인 자에 한하여 할 수 있습니다. 그러나 운영위원회의 승인을 받은 경우에는 회원이 아닌 자도 논문을 제출할 수 있습니다.

연구회는 운영위원회의 심의를 거쳐 제출된 논문을 게재하지 아니할 수 있습니다.

3. 원고분량 제한

논문은 200자 원고지 240매를 한도로 합니다. 다만 논문의 성격상 불가피하다고 인정될 경우에는 운영위원회의 승인을 얻어 게재할 수 있습니다(간행규정 제 6 조 참조).

4. 원고작성 기준

게재할 원고는 아래와 같은 기준으로 작성하여 주십시오.

(1) 원고는 [훈글]워드 프로그램으로 작성하여, 원고표지에는 논문제

목(영문제목 병기), 필자의 인적 사항(성명, 영문성명, 소속, 직책, 학위) 및 연락처를 기재하여 주십시오.

(2) 논문의 저자가 2인 이상인 경우에는 주저자와 공동저자를 구분하고 주저자·공동저자의 순서로 표시하여 주십시오.

(3) 목차순서는 다음과 같이 하여 주십시오.

㉠ 로마 숫자(중앙으로) 예) Ⅰ.

㉡ 아라비아 숫자(2칸 들여쓰기) 예) 1.

㉢ 괄호 숫자(4칸 들여쓰기) 예) (1)

㉣ 괄호 한글(6칸 들여쓰기) 예) ㈎

㉤ 반괄호 숫자 예) 1)

(4) 논문의 결론 다음에는 국문 및 국제학술어(영어, 독일어, 프랑스어)로 된 논문초록 및 10개 이내의 주제어를 기재하여 주십시오.

(5) 마지막으로 참고문헌목록을 작성하여 주십시오.

5. 원고제출처

게재신청 원고의 접수 및 문의에 관한 사항은 실무간사인 이재찬 판사에게 하시면 됩니다.

Tel: (032) 320-1453

e-mail: leejaechan@scourt.go.kr

◇ 2024년 2월경 간행 예정인 민사판례연구 제46권에 투고하고자 하시는 분들은 2023년 11월 30일까지 원고를 제출하여 주십시오.

民事判例研究會 會員 名單

(2023. 2. 28. 現在, 285名, 가나다 順)

姓 名	現 職	姓 名	現 職
姜東郁	변호사	金琪泓	서울회생법원 판사
姜棟勛	광주고법(제주) 판사	金度亨	변호사
康承埈	서울고법 부장판사	金東鎬	서울북부지법 판사
姜永壽	변호사	金文煥	국민대 법대 명예교수
姜志曄	광주고법(전주) 판사	金旼秀	변호사
姜智雄	창원지법 마산지원 부장판사	金炳瑄	이화여대 법전원 교수
姜賢俊	부산지법 판사	金相瑢	중앙대 법전원 교수
高範溱	인천지법 판사	金上中	고려대 법전원 교수
高錫範	전주지법 정읍지원 판사	金相哲	변호사
高唯剛	서울대 법전원 교수	金善和	서울중앙지법 판사
高銀設	서울행정법원 부장판사	金成昱	변호사
高弘錫	부천지원장	金星泰	연세대 법전원 명예교수
郭喜卿	아주대 법전원 교수	金世容	사법연수원 교수
丘尙燁	서울남부지검 1차장검사	金昭英	전 대법관
具泰會	서울고법 고법판사	金水晶	명지대 법대 교수
具河庚	서울중앙지법 판사	金延美	성균관대 법전원 교수
權光重	변호사	金永錫	대법원 재판연구관
權大祐	한양대 법전원 교수	金煐晋	변호사
權珉瑩	울산가정법원 판사	金榮喜	연세대 법전원 교수
權英俊	서울대 법전원 교수	金龍潭	전 대법관
權五坤	전 ICC 당사국총회 의장	金禹辰	서울고법 부장판사
權載文	서울시립대 법전원 교수	金雄載	서울대 법전원 교수
權 澈	성균관대 법전원 교수	金有成	연세대 법전원 교수
權兌相	이화여대 법전원 교수	金裕鎭	변호사
金敬桓	변호사	金在男	대전지법 천안지원 판사
金圭和	대구고법 판사	金廷娟	이화여대 법전원 교수

姓 名	現 職	姓 名	現 職
金志健	수원지법 안산지원 판사	朴珉俊	대법원 재판연구관
金辰河	서울동부지법 판사	朴庠彦	수원지법 안산지원 부장판사
金讚美	서울동부지법 판사	朴相漢	수원지법 성남지원 판사
金贊榮	서울행정법원 판사	朴雪娥	대법원 재판연구관
金昌模	서울중앙지법 부장판사	朴秀坤	경희대 법전원 교수
金天秀	성균관대 법전원 교수	朴仁範	창원지법 밀양지원 판사
金泰均	대구지법 포항지원 부장판사	朴仁煥	인하대 법전원 교수
金兌宣	서강대 법전원 교수	朴宰瑩	변호사
金兌珍	고려대 법전원 교수	朴在允	변호사
金賢錫	변호사	朴鍾垣	청주지법 판사
金賢眞	인하대 법전원 교수	朴之妍	변호사
金炯錫	서울대 법전원 교수	朴鎭秀	서울중앙지법 부장판사
金滉植	전 국무총리	朴贊益	변호사
金孝貞	수원지법 판사	朴 徹	변호사
羅載穎	부산지법 판사	朴哲弘	대전지법 판사
羅眞伊	수원지법 성남지원 부장판사	朴海成	변호사
南宮珠玄	성균관대 법전원 교수	朴彗辰	한양대 법전원 교수
南馨斗	연세대 법전원 교수	方泰慶	변호사
南孝淳	서울대 법전원 명예교수	裵容浚	서울고법 고법판사
盧榮保	변호사	白慶一	숙명여대 법대 교수
盧柔慶	대법원 재판연구관	白昌勳	변호사
盧在虎	변호사	范鐥允	양형위원회 운영지원단장
魯赫俊	서울대 법전원 교수	徐 敏	충남대 법전원 명예교수
都旻浩	부산회생법원 판사	徐乙五	이화여대 법전원 교수
睦榮埈	전 헌법재판관	徐 正	변호사
睦惠媛	대전지법 천안지원 판사	徐靚源	성균관대 법전원 교수
文容宣	변호사	石光現	전 서울대 법전원 교수
文準燮	변호사	成昌姬	서울중앙지법 판사
文赫	서울중앙지법 판사	孫哲宇	부산고법(울산) 고법판사
閔聖喆	서울동부지법 부장판사	孫台沅	대법원 재판연구관
閔日榮	전 대법관	宋德洙	이화여대 법전원 명예교수
朴東奎	대법원 재판연구관	宋相現	전 ICC 재판소장

姓 名	現 職	姓 名	現 職
宋永福	서울고법 고법판사	劉玄墇	대전지법 판사
宋沃烈	서울대 법전원 교수	劉亨雄	사법정책연구원 연구위원
宋宰馹	명지대 법대 교수	劉慧珠	수원지법 안양지원 판사
宋惠政	서울고법 고법판사	尹聖憲	서울중앙지법 판사
宋鎬煐	한양대 법전원 교수	尹榮信	중앙대 법전원 교수
申世熙	청주지법 제천지원 판사	尹楨雲	대전가정법원 판사
申元一	변호사	尹智暎	의정부지법 판사
申智慧	한국외국어대 법전원 교수	尹眞秀	서울대 법전원 명예교수
沈承雨	서울고법 고법판사	李健熙	수원지법 여주지원 판사
沈仁淑	중앙대 법전원 교수	李京珉	창원지법 진주지원 부장판사
沈俊輔	서울고법 부장판사	李啓正	서울대 법전원 교수
安炳夏	강원대 법전원 교수	李恭炫	전 헌법재판관
安正鎬	변호사	李國鉉	수원지법 부장판사
安台埈	한양대 법전원 교수	李均釜	서울서부지법 판사
梁勝宇	인천지법 판사	李均龍	서울고법 부장판사
梁栽豪	변호사	李東明	변호사
梁鎭守	서울고법 고법판사	李東珍	서울대 법전원 교수
梁彰洙	전 대법관	李茂龍	대전고법(청주) 판사
嚴東燮	서강대 법전원 명예교수	李丙儁	고려대 법전원 교수
呂東根	춘천지법 영월지원 판사	李鳳敏	서울고법 고법판사
呂美淑	한양대 법전원 교수	李相元	변호사
呂河潤	중앙대 법전원 교수	李새롬	대법원 재판연구관
吳大錫	대법원 재판연구관	李宣憙	성균관대 법전원 교수
吳英傑	서울대 법전원 교수	李城範	서울대 법전원 교수
吳泳俊	서울고법 부장판사	李承揆	변호사
吳姃厚	서울대 법전원 교수	李丞鎰	수원지법 판사
吳宗根	이화여대 법전원 교수	李承勳	대법원 재판연구관
吳興祿	부산지법 서부지원 부장판사	李縯甲	연세대 법전원 교수
庾炳賢	고려대 법전원 교수	李允宰	서울중앙지법 판사
劉아람	대전지법 천안지원 부장판사	李仁洙	서울고법 고법판사
柳元奎	변호사	李載根	변호사
柳濟瑨	서울고법 고법판사	李在敏	춘천지법 강릉지원 판사

姓 名	現 職	姓 名	現 職
李栽源	법원행정처 사법정책심의관	張輔恩	한국외국어대 법전원 교수
李載璨	서울고법 고법판사	張善鍾	광주지법 순천지원 판사
李在璨	인천지법 부천지원 판사	張洙榮	부산지법 동부지원 부장판사
李在赫	법원행정처 인사제도연구심의관	張允瑄	서울중앙지법 부장판사
李政玟	평택지원장	張允實	부산지법 판사
李政洙	서울대 법전원 교수	張埈赫	성균관대 법전원 교수
李貞兒	수원지법 안양지원 판사	張志墉	수원고법 고법판사
李政桓	변호사	張智雄	대전고법(청주) 판사
李鍾基	대법원 재판연구관	張哲翼	변호사
李鍾文	수원지법 부장판사	張泰永	서울고법(춘천) 판사
李鍾郁	서울중앙지법 판사	全甫晟	서울중앙지법 부장판사
李鍾赫	서울대 법전원 교수	全元烈	서울대 법전원 교수
李準珩	한양대 법전원 교수	全宰賢	전주지법 정읍지원 판사
李重基	홍익대 법대 교수	全烋在	성균관대 법전원 교수
李芝姈	서울고법 고법판사	鄭璟煥	변호사
李智雄	인천지법 판사	鄭肯植	서울대 법전원 교수
李鎭萬	변호사	鄭基相	수원고법 고법판사
李彰敏	대법원 재판연구관	鄭多周	변호사
李昌鉉	서강대 법전원 교수	丁文卿	서울고법 고법판사
李玹京	대법원 재판연구관	鄭炳浩	서울시립대 법전원 교수
李賢洙	변호사	鄭仙珠	서울대 법전원 교수
李賢鍾	서울중앙지법 판사	鄭素旻	한양대 법전원 교수
李惠美	수원지법 판사	鄭洙眞	변호사
李慧民	대법원 재판연구관	鄭宇成	서울회생법원 판사
李孝濟	변호사	鄭煜都	의정부지법 부장판사
李興周	대전고법 고법판사	鄭載優	법원행정처 형사지원심의관
林奇桓	서울북부지법 부장판사	鄭晙永	서울고법 부장판사
林 龍	서울대 법전원 교수	鄭俊爀	서울대 법전원 교수
任允漢	대법원 재판연구관	鄭泰綸	이화여대 법전원 교수
林貞允	대법원 재판연구관	鄭鉉熹	사법정책연구원 연구위원
張斗英	인천지법 판사	諸哲雄	한양대 법전원 교수
張民河	수원지법 평택지원 판사	趙敏惠	수원가정법원 판사

姓　名	現　　職	姓　名	現　　職
趙炳九	서울중앙지법 부장판사	韓나라	사법정책연구원 연구위원
曺媛卿	변호사	韓相鎬	변호사
趙恩卿	대법원 재판연구관	韓成旼	서울동부지법 판사
趙璘英	연세대 법전원 교수	韓愛羅	성균관대 법전원 교수
趙在憲	대법원 재판연구관	韓政錫	서울중앙지법 부장판사
趙弘植	서울대 법전원 교수	咸允植	변호사
朱大聖	변호사	許文姬	수원지법 안양지원 판사
朱宣俄	서울고법 고법판사	許　旻	수원가정법원 판사
池宣暻	대구지법 서부지원 판사	許盛旭	서울대 법전원 교수
池元林	고려대 법전원 교수	玄洛姬	성균관대 법전원 교수
陳賢敏	서울고법 고법판사	玄昭惠	성균관대 법전원 교수
車永敏	서울남부지법 부장판사	玄在彦	서울동부지법 판사
千景壎	서울대 법전원 교수	胡文赫	서울대 법전원 명예교수
崔文壽	서울고법 고법판사	扈帝熏	변호사
崔文僖	강원대 법전원 교수	洪承勉	서울고법 부장판사
崔俸京	서울대 법전원 교수	洪晙豪	변호사
崔瑞恩	대구지법 부장판사	洪眞映	서울대 법전원 교수
崔乘豪	춘천지법 속초지원 판사	黃勇男	대구지법 서부지원 판사
崔宇鎭	고려대 법전원 교수	黃銀圭	변호사
崔允瑛	헌법재판소 헌법연구관	黃進九	대법원 수석재판연구관
崔竣圭	서울대 법전원 교수		

民事判例研究〔XLV〕

2023년 2월 20일 초판인쇄
2023년 2월 28일 초판발행

편 자 전 원 열

발행인 안 종 만·안 상 준

발행처 (株)博 英 社
서울특별시 금천구 가산디지털2로 53, 210호
(가산동, 한라시그마밸리)
전화 (733) 6771 FAX (736) 4818
등록 1959. 3. 11. 제300-1959-1호(倫)

www.pybook.co.kr e-mail: pys@pybook.co.kr

정 가 67,000원

ISBN 979-11-303-4455-3
978-89-6454-552-2(세트)
ISSN 1225-4894 46